The Oxford Handbook of

BANKING

SECOND EDITION

牛津银行业手册

【第二版】

艾伦·N. 伯杰（ALLEN N.BERGER）
菲利普·莫利纽克斯（PHILIP MOLYNEUX）◎著
约翰·O. S. 威尔逊（JOHN O. S. WILSON）
范小云　刘澜飚　段月姣　张　潇◎译

中国金融出版社

责任编辑：肖丽敏
责任校对：刘　明
责任印制：张也男

图书在版编目（CIP）数据

牛津银行业手册：第二版/范小云等译．—2版．—北京：中国金融出版社，2019.6

ISBN 978-7-5049-9980-1

Ⅰ．①牛…　Ⅱ．①范…　Ⅲ．①银行业务—手册　Ⅳ．①F830.4-62

中国版本图书馆CIP数据核字（2019）第030256号

牛津银行业手册
Niujin Yinhangye Shouce
出版
发行　中国金融出版社
社址　北京市丰台区益泽路2号
市场开发部　(010)63266347，63805472，63439533（传真）
网上书店　http://www.chinafph.com
(010)63286832，63365686（传真）
读者服务部　(010)66070833，62568380
邮编　100071
经销　新华书店
印刷　北京市松源印刷有限公司
尺寸　185毫米×260毫米
印张　53
字数　1256千
版次　2019年6月第1版
印次　2019年6月第1次印刷
定价　198.00元
ISBN 978-7-5049-9980-1
如出现印装错误本社负责调换　联系电话(010)63263947

序　言

自2010年《牛津银行业手册》第一版发布以来，世界各地的银行体系均持续受到2007年国际金融危机的影响。旨在控制银行风险承担能力的广泛监管改革已出现。在美国，最为标志性的监管改革是在2010年通过的《多德—弗兰克法案》，这项法案旨在消除大银行“太大而不能倒闭”和隐性救助，该法案还旨在通过限制自营交易和其他不稳定的业务领域以减少银行的风险承担能力，同时也体现在沃克尔规则中。类似的重大改革在整个欧盟持续，表现为《2012利卡宁报告》和《2011维氏报告》，这两者的目的都是从相对稳定的零售银行业务中分离或限制银行风险证券活动。这三项改革的目的都是加强监管监督以及迫使金融机构持有更多的资本和流动性。其中后两项改革均囊括在巴塞尔协议Ⅲ的改革中，预计各国将在2019年全面实施巴塞尔协议Ⅲ改革。

除了金融危机带来的动荡之外，欧洲还经历了主权债务危机：脆弱的银行系统和政府过度负债导致希腊、爱尔兰、西班牙、葡萄牙（所谓“欧元区外围国家”）出现主权救助。这影响了欧洲单一货币和欧洲央行的政策的可信度，促使大家认识到银行和主权风险之间千丝万缕的联系。

第二版在第一版的基础上进行了更新和变革，有超过40%的新内容，反映了全球银行系统的前所未有的变革。这个新版本及时、全面地概述和分析了银行业的最新发展。以下40章的作者汇集了在该领域的顶尖学者及政策制定者，他们分别来自北美、欧洲、南美和亚洲的顶尖大学；美国联邦储备系统；货币监理署；爱尔兰中央银行、欧洲中央银行；世界银行；国际货币基金组织。本手册平衡了理论研究、实证研究、实践分析和相关政策，手册的不同章节对这四部分有不同的侧重，希望可以给未来的银行业研究和政策制定搭建全新的舞台。

艾伦·N. 伯杰

菲利普·莫利纽克斯

约翰·O. S. 威尔逊

2014年

目　　录

第四部分　宏观经济展望

第五部分　世界银行体系

第1章　后危机世界的银行业

1.1　介绍

银行在经济中扮演着重要的角色。它们的支付系统，是货币政策实施的渠道，是家庭、企业和政府信贷的主要来源。银行也是存款人资金的避风港。如果中介是有效的，那么存款和贷款就可以在低成本下匹配，从而为各方创造收益。银行也为公众创造流动性，可以通过将资产负债表上流动性较差的资产，转化为相对具有流动性的负债，如将贷款转化为交易存款，也可以通过在资产负债表外的贷款承诺和对流动资金的索赔权利来创造流动性。银行也可以通过在资产负债表上的多元化和中间业务及资产负债表外的衍生工具来减少信贷、利率，降低外汇汇率和流动性风险。

有证据表明，发达的银行系统可以通过增加可用投资资金，提高投资质量来促进经济增长（Levine，2005）。然而，最近金融危机的爆发促使研究者重新审视金融发展和经济增长的关系（Cecchetti 和 Kharroubi，2012）。

近年来，随着技术变革和金融创新，经济环境和监管的变化改变了银行业。在传统领域和新产品领域，进入壁垒及地理障碍已逐渐减少或消失。这使得许多国家可以建立非常大的银行组织，全能银行模式成为可能。一些大的银行已经转变成多产品、多市场的金融服务集团，提供零售银行、投资银行、经纪、保险和财富管理服务。技术的进步改善了财务数据的处理、分析和传输，也改变了交付和分配系统。这使得银行成本降低，贷款能力提高，扩大了银行服务的品种并提升了质量。金融工程以及新的衍生工具市场也改变了银行管理风险的方式。

新的资金来源已经出现。住房抵押贷款、信用卡应收账款、其他贷款以及直接销售的商业贷款的证券化，使银行从“放贷并持有”模式转变为“放贷并证券化”模式，并减少了银行在各自存款基础上进行贷款的限制。建立创造结构性投资工具（SIVs）的目的，是为了确保大型银行能够抵押由短期票据发行资助的资产，从而为资金缺口（贷款减去存款）提供资金，不过在最近的金融危机中，许多结构性投资工具的资产又被带回到资产负债表中。中小银行也积极使各自的产品和融资多样化。

资产证券化的许多参与者包括投资银行、对冲基金、私募股权公司、结构性投资公司和货币市场基金在一个不受监管、缺乏监督的环境中运行，被称为影子银行体系。投资银行和商业银行的证券部门也分别建立资本独立的结构性投资工具在资产负债表外进行证券化活动（Pozsar 等，2012）。影子银行的增长造成了不透明性和复杂性。2000 年后，美国的影子银行系统的交易量大幅增长，尽管一些大型投资银行在金融危机期间为了获得稳定的流动性来源成为更加规范的金融服务控股公司，2008 年影子银行系统的交易量也超过了 10 万亿美元。

如今，银行是依托于规模、经营范围及风险管理技术以确保取款、贷款供应和表外负债可以平衡的复杂组织。通过诸如存款保险制度、最后贷款人的措施、对于流动性和风险角度的资本监管等各种规定，这种机制得到了增强。然而，不管有怎样的制约与平衡，银行的特殊性在于对任何一个银行或部分银行的信心缺乏会引起不信任的传染并预示着金融系统和经济会出现潜在的灾难。

1.2 最近的金融危机及其后果

在 2007 年底之前，美国房地产价格有所下降。越来越多的初级和次级贷款的借款人出现违约，对证券化抵押贷款产品和银行资产负债表上的剩余抵押贷款的价值产生下行压力，由于次级抵押贷款投资人不知道次级抵押贷款的价值，他们不了解在资产负债表和结构性投资工具中损失的程度，因此银行间贷款开始收紧。这个过程导致了银行间市场流动性冻结及随后出现的信贷紧缩（Brunnermeir，2009）。美国金融危机调查委员会（2011）认为，造成危机的基本因素包括紧缩的货币政策，对投资者、银行和信用评级机构的错位激励措施，有限的财务披露，公司治理和会计规则不充分，宽松的贷款标准，监管漏洞以及欺诈。

最近的金融危机造成了大量的损失，许多银行因此倒闭，市场流动性和资本损失的问题大幅降低了银行的贷款和流动性创造，并导致了中央银行和政府双双进行干预。应对危机的初步措施包括政府购买问题资产，提高金融机构从中央银行借款的限额而设立的额外程序，对金融机构实现国有化或进行资本注入，增加对存款和其他银行负债的政府担保。干预的规模是巨大的。尽管估计方法不同，但一些人认为美国财政部和联邦储备的净支出是 3.3 万亿美元，担保金额为 16.9 万亿美元。

独立评估政府方案对于恢复金融稳定、市场流动性和银行贷款的有效性是非常困难的。因为在很短的时间内许多计划同时发生，同时影响了许多金融机构。然而，一些计划只影响一部分银行，因此可以测算和验证这些方案对这部分银行的风险和贷款行为的影响。例如，有一些研究关注美国问题资产救助计划（TARP）资金注入银行对风险和贷款的影响。Black 和 Hazelwood（2013）的研究与 Duchin 和 Sosyura（2014）的研究结果表明，美国大银行接受不良资产救助计划增加了其贷款风险，这大概是由于道德风险的激励增强，尽管前者还发现，小银行接受不良资产救助计划降低了其贷款风险。Black 和 Hazelwood（2013）、Li（2013）的研究结果表明，虽然大型银行贷款维持不变或减少，接受了不良资产救助计划的小银行与没有接受救助计划的银行相比，增加了贷款。Black 等（2013）发现，通过贴现窗口和定期拍卖工具（TAF）向美联储借款的美国银行相对于非借款银行显著增加了贷款。

政府也通过一些方法做出回应以减少未来危机的可能性和严重性，包括：增加资本要求；逆周期资本要求；加强流动性监管；加强对信用评级机构的监管；规范高管薪酬；改进对跨境银行活动的监管安排；改革会计信息披露规则以及建立消费者保护机构。在一些细节方面，2010年全球银行监管机构通过了巴塞尔协议Ⅲ，这大大增加了世界最大的银行必须持有的普通股本资本的数额，2012年美国监管机构决定将其应用到所有美国银行和所有超过5亿美元资产的银行控股公司。同时，根据巴塞尔协议Ⅲ，在一定的条件下所有银行都要保持逆周期资本缓冲。此外，它们还必须遵守两个新的流动性准则，包括：要求银行持有足够的现金和流动性资产的流动性覆盖率；鼓励银行持有更多的长期资金的净稳定资金比率。具有系统重要性的银行需要持有更多的资本。

除了这些国际通用改革，美国、英国和欧洲的监管部门也有各自的改革。2010年7月，美国《多德—弗兰克华尔街改革和消费者保护法案》的通过代表了国家政府采取措施的类型。此外还包括：2011年9月将银行业独立委员会（维克斯委员会）纳入英国银行业立法；2012年10月欧盟高级专家组提出改革由埃尔基·利卡宁主持（利卡宁报告，2012）的欧盟银行业结构的建议。然而，在本书写作的时候（2014年）改革进程仍在持续，例如，Dodd - Frank的大多数规定并没有被监管机构全面实施。

在2010年和2011年，主权债务危机开始在欧洲各经济体（特别是希腊、爱尔兰、葡萄牙、意大利和西班牙）相继发生，银行系统和经济复苏进一步停滞。政府债务和赤字导致了信心危机，进而导致这些国家和欧盟其他成员——特别是德国（Lane，2012）之间的债券收益率利差和信用违约掉期的成本扩大。欧元区国家和国际货币基金组织同意在实施严格的紧缩措施的条件下向希腊、爱尔兰和葡萄牙提供贷款，为确保整个欧元区的金融稳定，还成立了欧洲金融稳定基金（包括一个金额达1万亿美元的广泛救援计划）。上述主权债务问题成了银行业不可分割的问题。2012年，欧洲理事会提出建立一个欧洲银行联盟的建议，旨在从银行业风险中分离主权风险，促进金融稳定。银行业联盟将包括三大支柱：一是将从欧洲层面对大型银行进行监管；二是将建立对困境银行决议的共同机制；三是将建立一个欧洲存款保险基金。然而，在本书写作时间（2014年），由于在几个关键问题存在原则上的分歧，实施的程度和速度仍然不明朗。

很多大银行已经将业务部分转移从而远离高风险的非传统业务，如放弃自营交易，更专注于零售银行业务。其目的是为了提高与低风险活动收入相关的利率、费用和佣金。在许多情况下，由于零售业务提供了相对稳定的回报，可以帮助抵消非零售业务的波动性，许多银行纷纷回归零售业务。为满足国家和巴塞尔协议Ⅲ的严格要求，大银行也提高了它们的资本和流动性。

自最近的金融危机爆发以来，美国和欧洲的银行业务已大幅重组，而其他地方银行业受到的影响较小，如许多经历银行业快速增长的新兴市场国家。在这一发展背景下，我们在下一节列出了已经出现的相关银行研究主题。

1.3　新的研究主题和未解决的研究问题

在理论和实证方面，对于银行的研究出现了复兴。许多关键问题已经显现，未来的研究途径充满希望。在这一节中，我们选择性地进行讨论。

1.3.1　金融发展、经济增长及政府职能

在最近的金融危机爆发之前，学术界和政府的共识是金融机构和市场有助于长期经济

增长。以信息和交易成本形式存在的市场摩擦使得对金融市场和中介机构的需求成为必然，金融市场和中介机构可以动员储蓄、分配资源，完善公司控制、促进风险管理，简化商品和服务的交换。金融发展水平取决于很多因素，包括经济自由度、产权保护和法律制度（La Porta 等，1998）。然而，自危机爆发以来，有一些担忧认为，在许多国家金融系统只是过于庞大，事实上并没有对经济增长产生积极的影响。Arcand、Berkes 和 Panizza（2012）研究是否存在一个阈值，超过这个阈值金融发展不再对经济增长具有正向效应。研究结果表明，当私营部门的信贷占 GDP 的比重在 80% ~100% 时，金融深度对产出增长的影响转为负效用。Cecchetti 和 Kharoubi（2012）利用发达和新兴经济体的大样本首先证明存在一个阈值，超过这个阈值时，金融发展不再促使总生产率提高。此外，在发达国家，快速增长的金融部门会损害总生产率的增长。Beck 等（2012）将银行贷款分解为家庭贷款和企业贷款，作者发现企业贷款刺激经济增长，而家庭贷款不刺激经济增长。

在最近的金融危机中大规模的政府干预导致学者和政策制定者重新审视政府在金融体系中的作用。在最近的金融危机之前，大多数的证据表明政府对银行的所有权会导致银行业绩不佳并阻碍金融发展（La Porta、Lopez de Silanes 和 Shleifer，2002）。然而，最近的证据表明，国有银行贷款的顺周期性比私营银行低，国有银行的贷款在危机时期可以平滑宏观经济波动（Bertay、Demirgüç－Kunt 和 Huizinga，2012）。

1.3.2 金融创新和证券化

竞争性金融系统具有金融创新广泛的特点。金融危机前一个关键的例子便是证券化产品的大幅增长。原则上，资产证券化和信用衍生品交易通过将风险转移给那些最愿意或能够承担风险的投资者、促进整个系统中风险的广泛分散、将风险转移到证券化资产的非银行购买者等途径，提高了金融体系的效率和稳定性（Gorton 和 Metrick，2013）。然而在实践中，由于在评估信用风险时产生的不透明、逆向选择和道德风险问题，以及贷款人在贷款前对借款人筛选不力并在随后对借款人监督不力等原因，使得证券化间接促进了危机的形成（Mian 和 Sufi，2009；Keys 等，2010；Dell'Ariccia、Igan 和 Laeven，2012）。

由于证券化为银行提供额外的流动性，它可能会激励银行将投资组合转移到高风险高收益的投资上。Purnanandam（2011）提供的证据表明，银行利用证券化发行贷款的违约风险高于平均水平，特别是在 2007 年次贷危机之前广泛从事证券化的美国银行，其在危机后有较大的抵押贷款冲销。然而，无论是支持交易结构的契约或非契约规定都可能意味着证券化资产的内在风险不转移给投资者，而实际上由发行银行在资产负债表外持有。Gorton 和 Pennacchi（1995）认为，发行银行在资产负债表中保留部分贷款或提供对贷款的隐性担保可以降低道德风险，可以有效评估和监控借款人。Sarkisyan 和 Casu（2013）探讨了银行证券化保留收益和破产风险之间的关系，发现信用增级和担保条款导致银行破产风险增加。最近的研究致力于评估证券化如何影响银行的整体业绩。例如，Casu 等（2013）使用趋势得分匹配方法估计资产证券化对一些银行业绩指标的影响，包括资金成本、信用风险和盈利能力，研究发现几乎没有证据表明证券化对银行业绩有影响。

1.3.3 为什么有大银行？规模经济与“大而不倒”

最近的金融危机和对银行等大型金融机构的后续救助凸显了银行规模的增加带给宏观

经济和金融市场稳定的影响。然而，这样的担忧需考虑大型银行所能带来的经济规模效益。最近的研究重新审视了规模经济问题。Wheelock 和 Wilson（2012）使用 1984 年到 2006 年美国银行的面板数据发现各种规模的银行均存在规模经济，而 DeYoung（2013）、Hughes 和 Mester（2013）发现规模经济普遍存在于大银行。然而，大银行的部分潜在优势可能在于所谓的“大而不倒”（TBTF）。例如，如果私人投资者相信，当这些“大而不倒”银行业绩不佳时他们不会出现亏损，那么这些银行的资金成本会低于规模较小的银行。结果，观察到的大银行的规模经济可能部分或全部是由“大而不倒”内含的隐性补贴产生的（Laeven 和 Valencia，2010；Carow、Kane 和 Narayanan，2011）。Davies 和 Tracey（2014）使用一个美国和欧洲银行的样本来探讨这种可能，通过将银行的资金成本向上提高一个水平，使这些银行不再享有“大而不倒”状态优势，结果发现大型银行规模经济消失。因此，银行会扩大规模可能并不是因为真正的规模经济，而是因为它们能够获得更高的信用评级并且通过更多地获得政府保障降低融资成本（Brewer 和 Jagtiani，2013）。投资银行业的快速增长和贷款证券化模式也鼓励银行业整合，同时道德风险会加大承担的风险（Blinder，2010；Feldman 和 Stern，2010）。此外，如上所述，一些大型投资银行或与金融服务控股公司合并，以获得更稳定的流动性来源并扩大规模。

1.3.4　多元化

大量的文献探讨了企业多元化的决定因素以及多元化对银行价值和风险的影响。许多学者和评论家认为，零售业务的收入、利润的稳定性及非零售业务的相对波动性导致了银行重心重新回到对国内传统银行业务上。一般情况下，对北美洲银行业绩和多元化的实证研究结论是，非传统金融活动的扩张与风险增加和回报率降低有关（DeYoung 和 Roland，2001；Brunnemeier、Dong 和 Palia，2012）。同样，美国银行的国际扩张似乎与高风险、低回报有关（Berger、El Ghoul 等，2014）。DeYoung 和 Torna（2013）使用包含最近金融危机的美国银行样本也得出了相似的结论。银行将其活动多元化，转向非传统的佣金业务，如证券经纪和保险销售，这些业务享有稳定的收入而且破产的可能性较低。然而，大银行也可能从事以资产为基础的非传统业务，这些业务可能会增加银行倒闭的概率。因此，在一定程度上多元化对倒闭的整体影响是相互抵消的。

在美国以外的国家，研究结论往往不是很统一。在对俄罗斯银行的研究中，Berger、Hasan、Korhonen 和 Zhou（2014）发现在完全集中和充分多元化的一个中间地带，预期收益增加、风险及倒闭可能性降低。对于欧洲银行的跨国研究，Lepetit 等（2008）发现风险与银行交易活动程度呈负相关，而 Mercieca、Schaeck 和 Wolfe（2007）认为，已从事非利息收入业务的多元化小银行比专注于传统业务领域的小银行风险更大。Demirgüç - Kunt 和 Huizinga（2010）利用来自 101 个国家 1999—2007 年的样本银行研究了多元化和融资策略对样本银行风险和收益的影响，证据表明非利息收入比例高或依靠非存款资金的银行往往风险很高。DeJonghe、Diepstraten 和 Schepens（2014）验证银行规模和非利息收入对 1997—2011 年全球上市银行的系统性风险敞口的共同影响，他们发现对小银行而言，将业务转移到非利息收入业务上会导致系统性风险敞口增加；另外当大中银行扩大非利息业务时系统性风险较低。在银行业集中的国家或在有更多的信息不对称和腐败的国家，上述现象不存在。

1.3.5 竞争和风险

有大量的文献研究对于竞争的测量、竞争对银行绩效和经济福利的影响。然而，只是最近研究人员才试图建立和理解竞争和银行风险之间的联系、竞争和金融稳定的联系。一种观点认为，因为众多的借贷机会、高额利润以及现有银行的特许价值阻碍过度冒险行为，缺乏竞争力的银行体系脆弱性较小（竞争脆弱观点，Keeley，1990；Carletti，2008）。另一种观点认为竞争会导致脆弱性的减小。这是因为银行的市场力量会导致更高的利率，这加剧了客户的道德风险和逆向选择问题，并使他们更难以偿还贷款。由此而来的贷款违约概率上升，增加了银行的投资组合的风险，并导致金融体系不稳定（竞争的稳定观，Boyd 和 DeNicolo，2005）。Berger、Klapper 和 Turk Ariss（2009）利用来自 23 个国家的银行的数据库提取风险和竞争测度变量。他们的研究结果对竞争—脆弱性观点和竞争—稳定性观点提供了有限的支持：市场影响力大的银行似乎有较高的贷款风险，但整体风险较低，因为它们持有更多的资本确保安全。Martinez - Miera 和 Repullo（2010）认为银行竞争与稳定之间存在非线性关系。他们认为竞争加剧可能会降低借款人的违约概率（称为风险转移效应），但也可能会降低贷款的利息支付，以作为缓冲区以覆盖贷款损失（称为保证金效应）。他们假设竞争（由银行的数量衡量）和银行的稳定性之间存在一个“U”形的关系。在高度集中的市场，风险转移效应占主导地位，更多的竞争降低了银行的风险，而在竞争非常激烈的市场，保证金效应占主导地位，竞争的加剧侵蚀银行的特许经营价值，风险上升。Liu 和 Wilson（2013）通过研究 2000—2009 年的日本银行样本，探讨竞争和风险之间的关系是否随着银行类型的不同发生改变。竞争关系和风险随着银行类型的改变发生改变，很大程度上取决于初始的银行风险水平。风险水平较高的银行在面临日益激烈的竞争时承担更多的风险（这会导致银行竞争与风险之间的负相关关系）。风险较低的银行（城市银行）在竞争增加时更有可能避免风险增加，以保护它们的特许经营价值（这会导致竞争与风险之间的整体正相关关系）。信托银行表现出中等程度的风险，竞争加剧时承担适度的风险，因此没有表现出明确的竞争和风险之间的关系。Beck、DeJonghe 和 Schepens（2013）使用一个大的跨国银行数据库，表明竞争加剧会导致拥有严格业务限制和低集中度的国家的金融脆弱性增强。

1.3.6 流动性风险和创造

最近的金融危机突出了市场流动性消失带来的风险以及流动性创造对经济的重要作用。在最近的危机中，投资者通过拒绝展期和其他合同协议来从集体资金池中撤出资金。这些行动迫使许多银行出售证券以满足流动性需求的增加（Cornett 等，2011）。未预期的流动性冲击引发了流动性不足。因此，投资者要求资产有更高预期收益，进而导致资产价格的快速下降和随后的流动性不足，形成恶性循环，放大了初始流动性冲击（Brunnermeier 和 Pedersen，2009）。为了对最近的金融危机中流动性下降的严重性提供一个解释，最近出现了研究市场和资金流动性之间相互作用的文献。这些文献的研究结果表明，资产市场价值的变化对流动性的冲击是不对称的，流动性面临负面冲击时下降得更为迅速

(Hameed、Kang 和 Viswanathan，2010)。此外，由于与高杠杆相关的代理问题，资产冲击限制了银行债务展期的能力。这会导致银行的流动性囤积并减少贷款。在极端的情况下，银行同业拆借市场失去活力。经济好时，不良资产的冲击会加速去杠杆化和市场资金流动性干涸（Acharya 和 Skeie，2011；Acharya 和 Viswanathan，2011）。

银行业文献的另一种发展是关于银行流动性创造的实证研究（Berger 和 Bouwman，2009）。流动性创造是衡量银行将其流动性较差的资产（如商业贷款）转为由银行体系外持有的流动负债（如交易存款）的能力。它还包括银行通过资产负债表外工具，如贷款承诺和其他类似的流动资金索赔权创造流动性。有证据表明，银行创造流动性的程度随着银行规模、所有制结构、零售银行业务集中程度的不同有所差异。研究表明流动性创造量与银行价值有显著的正相关关系（Berger 和 Bouwman，2009）。

Berger 和 Bouwman（2009）验证最近的理论中资本和流动性的创造之间的关系，发现大型银行二者之间正相关，小银行二者之间负相关。Hovath、Seidler 和 Weill（2014）探讨了 2000—2010 年捷克的样本银行资本和流动性创造之间的关系，发现资本与流动性创造之间存在一个负面的、双向的因果关系。具体而言，资本抑制流动性创造，特别是对小银行。作者得出结论，更强的资本要求和更大流动性创造带来的利益之间存在权衡。

然而，流动性创造可能并不总是有好处。Berger 和 Bouwman（2013）分析了过去 25 年的金融危机，发现在控制其他因素不变时，高流动性创造（相对于趋势）有助于预测未来的危机。这大概是因为这种过度的流动性创造产生了资产价格泡沫，而资产价格泡沫最终破裂会引起金融危机，这些与 Acharya 和 Naqvi（2012）的观点一致。

1.4　本书结构与章节总结

1.4.1　银行理论

本手册的第一部分包括九章，探讨了银行为什么存在，它们如何运作，它们面临的风险及如何管理，它们的法律、组织和治理结构。其中的重点是，银行在更广泛的金融体系中演变。需要指出的是，随着银行产品和地理上的多样化，银行业务的规模、范围和复杂性增加了。这导致了用于管理信贷、流动性和其他风险的技术发生了改变。新的复杂的组织结构已经出现，如系统重要性金融机构（SIFIs）给监管带来了新的挑战。

在第 2 章，Franklin Allen、Elena Carletti 和 Xian Gu 验证了在跨期平滑风险、促进经济增长的条件下，银行对于改善贷款人和借款人之间可能出现的信息不对称的作用。需要注意的是，银行扮演着被委派的监视器的重要角色，以确保公司有效利用它们的贷款。此外，银行在分散风险与平滑消费中发挥核心作用。然而，银行具有本质的脆弱性，小的冲击会对金融体系和实体经济产生很大的影响。

世界各国的股票和债券市场发展程度不同，因此，对银行的依赖程度有所不同。一般来说，欧元区国家的股票市场较小但发展迅速，银行贷款对国内生产总值有重要作用，债券市场在金融体系中发挥着重要作用。英国的股票市场和银行部门都很大，但英国债券市场相对比较小。与美国经济规模相比，美国银行业规模较小，但股市和债券市场都比较大。日本有较大的银行部门和高度发达的资本市场。

银行、非银行金融机构和金融市场之间的竞争近年来愈演愈烈。这种竞争导致了银行的转型，同时银行和资本市场之间的互补性越来越强。在第 3 章，Arnoud Boot 和 Anjan Thakor 验证这些变化对近期金融机构和市场以及监管设计演变的影响。作者阐述了银行如何依靠资本市场获取收入来源、筹集股权资本和风险管理，而资本市场参与者则越来越依赖银行在金融创新和投资组合管理方面的技能。银行与金融市场的整合增加了对国内和跨境金融稳定的担忧，反过来又对国内和国际金融体系的监管设计有一定的影响。

随着商业银行兼营投资银行业务，一些大的系统重要性金融机构已经出现。在第 4 章中，Richard Herring 和 Jacopo Carmassi 研究了全球系统重要性银行（G – SIBs）的现象，证明了自最近金融危机爆发以来其复杂性已经发生了变化。作者指出，税收与监管使企业的复杂性增加，进一步阻碍对全球系统重要性银行（G – SIBs）的监管。最近几年，一些 G – SIBs 已经简化了组织结构并降低规模。然而，有一些变得越来越复杂。更高的资本要求、改进的银行解决方案以及“生前遗嘱”可能有助于对 G – SIBs 的监督，但也需要提高透明度，规范市场纪律。

全能银行同时提供商业银行和投资银行的服务。全能银行提供传统的存款、贷款和付款服务，同时也提供资产管理、经纪、保险、证券承销服务。在第 5 章中，Alan Morrison 考察了各国全能银行的发展。全能银行在德国经营多年，但是在美国很长一段时间内受《格拉斯—斯蒂格尔法案》限制，直到 1999 年国会通过《格雷姆—里奇—比利雷法案》后才得以发展。全能银行存在潜在的利益冲突是其模式的关键问题所在，也是目前监管机构面临的重大挑战，如不适当的内部保险及对银行客户的投资服务之间的交叉销售，或金融服务集团内部资本转移的错误定价，等等。作者解释了新兴的后危机时代对于全能银行业的监管共识。

为了反映资本结构、不透明性、复杂性以及它们对更广泛经济的重要性之间的差异，银行的公司治理应该区分于非金融公司。在第 6 章中，Jens Hagendorff 专注于公司治理方面，认为银行与非金融企业的公司治理应该有所不同。他提供了一个关于高管薪酬、董事会组成、所有权和风险管理的文献综述。他的主要结论是，旨在调整股东和经理利益的银行治理结构，将会导致更高的风险承担。本章提出了各种不同的方法来解决这个问题，并认为最近的金融危机为学者和政策制定者重新思考银行的公司治理提供了一个机会。

银行面临信用风险、流动性风险、利率风险、市场风险和操作风险。对于任何银行，这些风险的测量和管理都是最重要的。在第 7 章中，Linda Allen 和 Anthony Saunders 描述了广泛使用的风险价值模型（VaR）风险测量方法。准确的风险度量确保银行可以利用衍生工具，如期货、远期、期权和掉期，制定适用的风险管理策略。最近的金融危机表明，我们需要更加了解风险度量和风险管理。

银行业的主要职能之一是创造流动性。在第 8 章中，Christa Bouwman 回顾了银行流动性创造的理论和实证文献并作综述。作者提供了一个将“贷款并持有”与“贷款并证券化”两种商业模式相结合的新方法来创造流动性，以及如何影响监管和监督。分析提出了关于传统银行和影子银行流动性和资本要求设计的研究问题。当监管者不擅于区分破产和流动性不足时，银行救助可能是低效的，因此了解流动性和资本的相互关系同样重要。

放松管制和技术创新使得银行机构如金融控股公司可以从非利息来源中增加收入。非利息收入的增加部分反映在与传统的零售银行服务相联系的投资银行、风险投资、保险承销和佣金支付服务等多元化业务中。在第 9 章中，Kevin Stiroh 考察了多元化对金融机构风险收益特征的影响。通常，多元化后非利息收入活动的风险调整回报率下降，这种现象可能是由于收入流多元化而非客户多样化所致，使得利息和非利息收入越来越多地受到同样的冲击。另外，管理者可能愿意通过多元化实现增长而牺牲利润，或者多元化的调整成本可能比预期的更大。

1.4.2　银行绩效与业务

这本书的第二部分包括八章，针对银行的绩效和业务。该部分对以下问题进行了评估，包括效率、技术进步、全球化以及为小企业、消费者提供服务和按揭贷款服务的能力，同时也对商业银行在经营零售和批发支付系统中发挥的关键作用进行了讨论。

在第 10 章中，Joseph Hughes 和 Loretta Mester 概括了检验银行效率和整体绩效的不同方法。在这里，作者讨论了测度效率的各种结构和非结构性方法。结构性方法需要选择银行的基本生产特征（中介、生产、附加值或其他）和成本、利润或收入函数标准，从中（使用各种优化技术）可以得出相对的绩效指标措施。在银行的经营特征中风险特征是很重要的，因此在银行业绩的评估中应包括风险评估。作者表明，不将风险包含在内的研究结果不能证明大银行存在规模经济，而考虑银行间不同风险水平的研究往往可以证明大银行存在规模经济。

技术进步和金融创新导致了过去 25 年来银行业性质发生了根本性变化。在第 11 章中，W. Scott Frame 和 Lawrence White 专注于银行产品的创新（次级抵押贷款，零售服务包括借记卡、网上银行的增长和使用预付卡）和程序创新（自动结算公司、小企业信用评分、资产证券化和风险管理）。此外也讨论了各种新的组织形式，如互联网银行和将在第 20 节讨论的证券附属公司。金融和技术创新影响了银行绩效和更广泛的经济。然而，作者指出对于金融创新仍然没有足够的研究，作者认为这是一个未来可以关注的研究领域。

对于小企业而言，银行是唯一的最大的外部融资渠道。在对这些公司进行贷款时，银行使用许多不同的贷款技术以克服缺乏公开可用的财务信息的弊端。在第 12 章中，Allen Berger 讨论了银行对小企业的贷款。他特别介绍了如何使用一些技术对小企业进行贷款决策，以及随着时间推移如何从依托基于定性软信息的关系模型转化为基于定量硬信息和定性软信息组合的更复杂的模型。他还探讨了银行业整合和技术进步对贷款技术及其对小企业信贷的影响。他发现，银行业整合和技术进步及其相互作用似乎已促使银行更大程度上依赖于硬信息作出贷款决定，这种现象体现在银行与其小企业客户之间的距离更大。

消费贷款是银行业务的一个领域，可以引来大量政治利益，近年来消费贷款大幅增长。在第 13 章中，Thomas Durkin 和 Gregory Elliehausen 研究了消费贷款的主要特点和内在风险，强调了信贷违约风险的评估方法以及逆向选择和信息不对称对消费信贷过程的影响。作者指出，最近的金融危机使得消费信贷的供给和需求都减小，超出正常经济衰退时期的范围。

抵押贷款是银行业的重要组成部分。在第 14 章中，Gregory Donadio 和 Andreas Lehnert

指出，放松管制、操作和产品的创新使得银行将发起、资金和服务功能分离成为可能。这允许小型金融机构向其他金融机构和投资者发起抵押贷款、将其证券化并出售。这种分拆过程中引入借款人、抵押贷款基金、投资者和监管机构间的关系。从近期金融危机以来，包销标准有所增加。本章还评估了旨在促进金融稳定的抵押贷款市场的监管的最新变化。

证券化改变了银行业及更广泛的金融体系和经济。银行的作用已经由“贷款并持有”转变为“贷款并证券化”，资产证券化凭借减轻信贷约束并允许一定的风险转移的特征，已成为现代金融系统的重要部分。然而，由于最近的金融危机，证券化有所减少。在第 15 章中，Barbara Casu 和 Anna Sarkisyan 提供理论和实证研究来解释银行为何进行证券化以及证券化对消费者、金融机构和经济的影响。作者指出了证券化的一些缺陷，包括错位的激励和不透明。同时本章还对最近解决错位激励和信息不对称以提高信用评级质量的措施进行了详细的讨论。

在第 16 章中，Adam Ashcraft、Tobias Adrian 和 Nicola Cettorelli 指出，信用中介的转型（从单个到多个金融机构）不仅导致了中介的成本降低，同时导致了传统银行体系以外的影子银行活动的增长。作者探讨了影子银行出现的基本原因，以及影子银行如何传导到传统金融体系增加系统性风险。最近的发展包括：抵押贷款机构的房地产投资信托基金；再保险；第三方回购；货币市场共同基金。本章对中国的影子银行也进行了讨论。

支付系统在最近的金融危机中相对不受影响。在第 17 章中，David Humphrey 分析了零售支付系统（现金、支票、借记卡、信用卡、自动结算所）和跨国批发支付系统（有线传输网络）的使用。突出强调了在银行体系中使用不同系统的成本和效益，同时就零售（例如，隐私问题，卡交换费）和批发支付系统（集成的后台系统和使用的高价支付系统，系统性风险）的政策途径进行探讨。

1.4.3 监管和政策前景

手册的第三部分包括九个章节，研究了直接影响银行业的中央银行、监管机构以及其他政府机构的作用。中央银行执行货币政策很大程度上是通过银行系统运作的；央行也承担各银行最后贷款人的角色；执行其他功能，例如支付系统的操作部分。最近的金融危机以来，中央银行业务的规模和范围大大增加。为了防止大规模或系统性的银行倒闭，政府部门提供安全网保护，如显性或隐性的存款保险，无条件支付制度保障，以及接管有问题的机构。政府当局同时进行审慎监管并制定关于银行倒闭的政策，一方面是为了应对系统性危机，另一方面是为了消除政府安全网保护的不良激励效应。旨在防止滥用市场权力的竞争性政策也对银行业有直接影响。关于外资进入国内市场的显性或隐性政策以及国内产业的外资所有权政策也对银行业有影响。

连续的货币和金融危机奠定了现代金融体系中中央银行的作用。在第 18 章，Michel Aglietta 和 Benoît Mojon 研究与中央银行有关的问题。如今中央银行的主要任务是银行间支付的结算、银行监管、最后贷款人和执行货币政策。然而，并非所有中央银行都承担这四项任务。在美国，监管和监督的责任由美国货币监理署（OCC）和联邦存款保险公司（FDIC），以及中央银行（美联储）分担。未来影响中央银行进一步演变的挑战包括证券化、新的电子支付媒介的发展以及资产价格波动。

在第 19 章，Joe Peek 和 Eric Rosengren 研究了中央银行执行货币政策的作用以及银行部门在货币政策传导过程中的作用。货币政策被认为通过三个渠道影响实际支出：传统利率渠道，利率的变化影响消费者的支出偏好；广泛的信贷渠道，利率变动影响投资者行为和企业部门的借款偏好；银行信贷渠道，货币政策通过影响存款人行为或银行资产和负债价值的变化来影响银行信贷的供给。作者指出最近金融危机以来银行信贷渠道的效应已经受到越来越多的关注。近年来开展的研究使学者和政策制定者更好地了解银行在货币政策传导过程中的作用。

中央银行作为最后贷款人对存在流动性问题的银行非常重要。最后贷款人为破产银行提供流动性并允许它们规避市场约束。在第 20 章，Xavier Freixas 和 Bruno Parigi 研究了这种最后贷款人作用及其与银行倒闭政策的关系。值得强调的是，区分流动性和偿付能力冲击是很难的。最后贷款人功能通常由中央银行承担，而银行倒闭的审查通常由一个独立机构负责，一般是存款保险机构。最近的金融危机强调了最后贷款人的复杂性，包括涉及货币政策、银行监管、银行间市场运行等问题。作者认为最后贷款人的功能应该是一个整体的、相互依赖的安全网，将存款保险制度、资本管制制度以及救助或清算陷入困境银行的法律程序囊括在内。

银行业监管安排的设计可能导致利益冲突，有可能损害监管和执行的质量。在第 21 章，爱德华·凯恩解释了在极端情况下，利益冲突以及激烈的竞争和技术、金融创新，可能导致银行家的不当行为，增加银行危机的可能性。凯恩指出，最近的技术变革和竞争监管鼓励银行以屏蔽信用风险的方式对其贷款进行证券化，而监管者将其大部分责任推给承担评级外包业务的信用评级机构。

存款保险旨在防止存款人对个别银行的挤兑。它还限制了银行倒闭时存款人的损失，并降低了一个银行的挤兑可能通过传染效应破坏对其他银行信心的风险。最近的金融危机表明，如果保险产生的道德风险导致银行过度冒险，有缺陷的存款保险制度可能会造成更多的危害。在第 22 章中，George Kaufman 和 Robert Eisenbeis 描述了一个运作良好的高效存款保险制度。这包括在杠杆率下降到不可接受的低水平时迅速关闭陷入困境的银行，及时向未保险的银行索赔人分配信用损失，并尽快重新开放已关闭的机构，以使被保险存款人和预先存在的借款人能够充分利用其资金和信贷额度。作者认为，这样的系统可以被设计为高效的金融安全网的一部分。然而，作者也承认，不同国家存款保险制度的异质性使陷入资金困难的跨境银行问题变得复杂。

为了减少道德风险和系统性风险，监管机构要求银行持有资本，以缓冲不可预见的风险。巴塞尔银行监管委员会制定的标准已经在某种程度上使这种资本要求与银行的风险配置相一致。在第 23 章中，Michael Gordy、Erik Heitfield 和 Jason Wu 研究了资本监管的理由，并描述了巴塞尔协议的主要特征。作者关注的是资本监管的理论和经验基础，以及评估银行投资组合资产风险的挑战。在本章的最后部分，作者介绍了巴塞尔协议Ⅲ的制定和实施，并讨论了巴塞尔委员会正在进行的活动。

随着银行业务变得越来越复杂，传统监管工具在监控银行风险承担方面的有效性受到质疑。有效市场假设表明，私人投资者可以识别与投资银行及其他复杂的金融机构股票相关的风险，从而施加市场约束。然而，最近的金融危机使一些评论家认为市场参与者没有符合市场纪律。在第 24 章中，Robert Bliss 定义了市场纪律的概念，并解释了它的重要性。市场纪律直接和间接渠道的理论和实证，尤其是股票和债券市场的作用，被广泛关注。自最近的金融危机以来，监管机构设法调整激励机制，以恢复银行和金融部门的市场纪律。Bliss 指出，市场纪律的支持者仍然认为，复杂的市场参与者最适合评估银行和其他公司的复杂风险，并可能对这些承担过度风险的公司进行裁决。然而，他认为这种传统观点是基于市场是弱有效的理论和经验基础，并且认为行为因素影响市场参与者，特别是在危机时期会使市场纪律效率大大降低。

银行业的竞争很重要，因为银行的任何形式的市场失灵或反竞争行为都会对生产效率、消费者福利和经济增长产生深远的影响。在第 25 章中，Hans De Gryse、Paolo Morales Acevedo 和 Steven Ongena 研究了研究人员和政策制定者用来评估银行业竞争形式和强度的方法，讨论了市场结构和非市场结构指标的相对优点，如 Panzar – Rosse H 统计量、Lerner 指数和 Boone 指标。作者还阐述了银行之间的监管和信息共享如何影响银行竞争以及竞争对银行业绩、信贷可用性和风险的影响。

如前所述，自最近的金融危机以来，SIFIs 的兴起对政策制定者提出了特殊的挑战。在第 26 章，James Barth、Daniel Nolle、Tong（Cindy）Li 和 Christopher Brummer 研究了对系统重要性银行（SIBs）的监管。作者利用世界银行编制的一个新数据集，对 135 个国家的监管举措进行了概述。在本章后半部分，作者提出了一些使系统重要性银行跨境监管变得困难的法律问题。

1.4.4 宏观经济前景

本书第四部分包括七章，着重讨论银行、公司和宏观经济之间的相互作用。本书的这一部分讨论银行倒闭和危机的决定因素以及对金融稳定、制度发展和经济增长的影响。

在第 27 章中，Philipp Hartmann、Olivier De Bandt 和 José – Luis Peydró – Alcalde 为了解极端的金融危机如何对宏观经济产生严重的负面影响，对银行系统风险进行了全面的回顾。更清楚地了解系统性风险的原因和后果还有助于决策者制定更好的银行监管、审慎监管政策并建立更有效的危机管理工具。本章的第一部分概述了系统性风险的关键分析要素，并将其作为确保金融体系稳定的基准。系统性风险的三个重要来源被认为具有传染效应、总冲击（对金融体系具有外生性）以及金融失衡的内生性积累和解体。作者继而讨论旨在遏制这种风险的公共政策，包括事前（预防）以及事后（危机管理）两方面。本章还介绍了系统性风险相关问题的一系列理论和实证文献综述，旨在确定未来研究的有效领域。总之，作者指出自国际银行危机以来，人们对分析系统性风险和银行/金融危机的兴趣增加，但同时需要谨慎识别宏观审慎政策的影响和银行商业模式的作用。

在第 28 章中，Gerard Caprio 和 Patrick Honohon 描绘了银行危机的频率和严重程度。导致银行危机的一系列因素包括低实际利率、不健全的宏观经济政策、扩大存款保险计划、官方外汇储备的积累以及衍生品和证券化的过度扩张。作者指出，最近的金融危机表明金融体系中的信息不对称问题将使得投资者对不了解的产品承担了过度风险。

历史上主权债务危机的爆发往往与战争和商品价格波动有关。然而近年来，特别是自最近金融危机爆发以来，主权债务已经与银行部门的健康联系在一起。在第 29 章中，Ricardo Correa 和 Horacio Sapriza 探讨了银行和主权之间的相互联系，并展示了这些关系如何导致金融体系和实体经济的不稳定性。本章重点讨论银行危机造成的主权危机，并解释压力如何从银行部门转移到主权国家，反之则相反。值得注意的是，监管机构需要打破银行部门和主权风险之间的联系。人们普遍认识到这可以通过建立一个更有效的安全网来帮助纳税人减少银行（特别是大银行）的破产成本。

在第 30 章，Charles Calomiris 回顾了与银行倒闭、恐慌和传染性相关的理论和历史证据。他认为，银行系统恐慌既不是随机事件，也不是银行功能或银行资产负债表结构所固有的，而是由银行体系内冲击发生的暂时混乱造成的。根据经验证据，Calomiris 认为，政府安全网因放松市场纪律导致银行不稳定性增加，从而导致银行过度冒险的行为。

国际银行合并业务飞速增长，直到最近的金融危机爆发后开始下降。在第 31 章中，Claudia Buch 和 Gayle DeLong 研究了国际银行间合并的原因和影响。作者审查跨国银行合并的决定因素和障碍，以及它们对金融机构和金融系统效率、竞争力和风险的影响。银行间合并主要发生在大型和发达国家的机构之间、位于邻近地区国家的银行之间以及具有共同文化背景国家的银行之间。

在第 32 章中，Asli Demirgüç - Kunt 和 Martin Čihák 研究在最近金融危机爆发前后，政府在金融和经济发展中的作用。作者认为国家金融部门的积极参与有助于在危机期间维持经济和金融的稳定，但这些影响并不持久。但国家以监管和监督的形式参与，对稳定起到了至关重要的作用，即使从长远来看也是如此。无论如何，这种监管应旨在使私人激励与更广泛的公共利益保持一致。不幸的是，考虑到现代金融体系的规模和复杂性，这远非是一个简单的任务。

在第 33 章，Nicola Cetorelli 继续研究金融发展和实体经济活动之间的联系，重点关注例如竞争这种将银行活动与实体经济联系起来的具体机制。证据表明，由于信贷可用性较低，银行集中度与经济增长呈负相关，虽然这种影响因行业而异。例如，集中度提高可以促进长期贷款关系的发展，进而也就促进了依赖外部融资的新兴公司的增长。

1.4.5　世界各地银行系统

本手册第五部分重点介绍世界各地银行体系不同部分的特点。第五部分这七章着重介绍各种系统的主要结构和制度特征。这些章节涵盖了美国、欧盟 15 国、日本、非洲、亚洲的发展中国家、转型国家和拉丁美洲国家的银行业。

美国银行体系近年来发生了巨大变化。取消有关分支、产品和价格竞争的限制性规定后，银行数量通过兼并和收购出现了系统性的下降。这伴随着新银行数量的显著增加。调节的变化（特别是 Gramm - Leach - Bliley1999 年法案）允许美国银行组织建立金融服务持有公司并从事全方位的金融服务。向全能银行模式的转变导致了资产负债表组合、战略和绩效的变化。在第 34 章，Robert DeYoung 详细讨论了美国银行业在过去 25 年的演变。他研究了解除管制、技术变革和金融创新如何影响银行业的行业结构和战略。他提出了有说服力的证据，表明小型和大型银行可以共存，并在长期均衡中追求非常不同的策略。在这种均衡中，大型银行利用规模化的优势来追求基于交易的银行业务模式，这种模式依赖于技术和硬信息，而小型银行则保持着地理上的重点战略，以建立和维持长期贷款关系。大银行因此可以以低成本创造大批量标准化产品，而小银行可以高价小规模生产定制产品。DeYoung 指出，虽然这种新的均衡给银行业和经济带来了巨大的利益，但也带来了不稳定性，这是最近金融危机期间的损失和政府救助所证明的。

欧盟银行近年来经历了显著的变化。在第 35 章，John Goddard、Philip Molyneux 和 John Wilson 专注于原来的欧盟 15 国，并说明了直到最近金融危机才发生的结构和行为的管制放松，减少或消除了银行和其他金融服务提供商之间的许多划界，并帮助银行提高国内和跨境的竞争力。最近的金融危机和欧洲主权债务危机导致了巨大的损失，许多银行的失败和关闭，迫使中央银行和政府在国内银行系统中进行干预。这就需要进行包括欧洲银行联盟的计划在内的监管变革，以确保金融体系的稳定性。

日本的银行系统，包含各种各样的私人、合作和公共银行，都从事一系列的银行业务。从 20 世纪 90 年代初开始，于 1997—1998 年结束的重大金融危机使得该体系在过去几十年发生了巨大变化。这在一定程度上是由被银行过度借贷而放大的房地产资产价格泡沫造成的。这导致了一些银行的失败和银行体系中大量不良贷款的积累。20 世纪 90 年代末，银行体系的危险状态导致了一系列广泛的改革，旨在改善金融部门的健全性和银行信贷扩张，包括大量的行业重组以及 2001—2006 年的量化宽松。在第 36 章中，Hirofumi Uchida 和 Gregory Udell 分析了日本银行体系和市场结构，竞争和银行效率的分段性质。此外，作者还探讨了日本主要银行体系和相关银行。

非洲的银行业在过去 20 年中经历了快速发展。全球化、技术变革和金融自由化形成了更加开放稳定的深层金融系统。然而，在大多数国家，仍然缺乏银行竞争和相对较高的财政排斥。在第 37 章，Thorsten Beck 和 Robert Cull 使用各种数据来说明非洲银行体系的演变。作者讨论了旨在金融深化的政府政策的有效性，并评估各种金融创新对之前未被普惠人群的有效性。

在第 38 章，Leora Klapper、Maria Soledad Martinez Peria 和 Bilal Zia 审查了亚洲发展中国家的银行业。作者审查了 1997 年亚洲金融危机后发生的重大改革和结构性变化。改革包括私有化和允许更多的外国人参与银行业。作者根据他们在改革中的积极程度，突出了不同国家的差异。本章还讨论了危机对亚洲银行部门的影响，并对危机期间该地区外国银行贷款的行为进行了实证分析。

在第 39 章，John Bonin、Iftekhar Hasan 和 Paul Wachtel 审查了转型国家的银行业。他们指出，苏联采用的集中规划系统，让位于大多数转型国家的由私人（主要是外国）银行组成的银行业结构，并由一系列监管机构监管。这些银行为企业和家庭提供广泛的服务。作者指出，最近的金融危机测试了过渡银行系统的弹性。在大多数情况下，过渡银行系统是有弹性的。

拉丁美洲近年放松了对银行体系的管制。在第 40 章，Jonathan Williams、Fernando Carvalho 和 Luizde Paula 评估了在巴西、智利、阿根廷和墨西哥等国家的利率放松管制、银行私有化以及消除外国银行障碍所导致的银行危机的程度。作者指出 20 世纪 80 年代和 90 年代的银行危机没有导致金融自由化进程的逆转。相反，该地区的大多数国家都投资建设监管和监督基础设施，以确保银行体系未来的稳定性。因此，拉丁美洲的银行系统在最近的金融危机中保持了相对稳定。

参考文献

[1] Acharya V. V. and Skeie D. (2011). A Model of Liquidity Hoarding and Term Premia in Inter – Bank Markets, Journal of Monetary Economics 58, 436 – 447.

[2] Acharya V. V. and Viswanathan S. (2011). Leverage, Moral Hazard, and Liquidity, *Journal of Finance* 66, 99 – 138.

[3] Arcand J. L., Berkes E., and Panizza U. (2012). Too Much Finance? IMF Working Paper No. 12/161.

[4] Beck T., Buyukkarabacak B., Rioja F. K., and Valev N. T. (2012). Who Gets the Credit? And Does it Matter? Household vs. Firm Lending across Countries, B. E. Journal of Macroeconomics 12, 1 – 44.

[5] Beck T., De Jonghe O., and Schepens G. (2013). Bank Competition and Stability: Cross – country Heterogeneity, *Journal of Financial Intermediation* 22, 218 – 244.

[6] Berger A. N., Black L. K., Bouwman C. H. S., and Dlugosz J. L. (2014). The Federal Reserve's Discount Window and TAF Programs: Pushing on a String? University of South Carolina Working Paper.

[7] Berger A. N. and Bouwman C. H. S. (2009). Bank Liquidity Creation, *Review of Financial Studies* 22, 3779 – 3837.

[8] Berger A. N. and Bouwman C. H. S. (2013). Bank Liquidity Creation, Monetary Policy, and Financial Crises. University of South Carolina Working Paper.

[9] Berger A. N., El Ghoul S., Guedhami O., and Roman R. A. (2014). Internationalization and Bank Risk. University of South Carolina Working Paper.

[10] Berger A. N., Hasan I., Korhonen I., and Zhou M. (2014). Bank Portfolio Diversification, Performance, and Failures. University of South Carolina Working Paper.

[11] Berger A. N., Klapper L. F., and Turk – Ariss R. (2009). Bank Competition and Financial Stability, *Journal of Financial Services Research* 35, 99 – 118.

[12] Berger A. N. and Roman R. A. (2014). Did TARP Banks get Competitive Advantages? University of South Carolina Working Paper.

[13] Bertay A. C. Demirgüç – Kunt A., and Huizinga H. (2012). Bank Ownership and Credit over the Business Cycle: Is Lending by State Banks less Pro – cyclical? Centre for Economic Policy Research Discussion Paper No. 9034.

[14] Black L. K. and Hazelwood L. N. (2013). The Effect of TARP on Bank Risk – Taking, *Journal of Financial Stability* 9, 790 – 803.

[15] Blinder A. S. (2010). The Squam Lake Report: Fifteen Economists in Search of Financial Reform, Journal of Monetary Economics 57, 892 – 902.

[16] Boyd J. and De Nicolo G. (2005). The Theory of Bank Risk Taking Revisited, *Journal of Finance* 60, 1329 – 1343.

[17] Boyd J. and Prescott E. (1986). Financial Intermediary Coalitions, *Journal of Economic Theory* 38, 211 – 232.

[18] Brewer E. and Jagtiani J. A. (2013). How Much did Banks Pay to Become Too – Big – To – Fail and to Become Systemically Important?, *Journal of Financial Services Research* 43, 1 – 35.

[19] Brunnermeier M. K. (2009). Deciphering the Liquidity and Credit Crunch 2007 – 08, *Journal of Economic Perspectives* 23, 77 – 100.

[20] Brunnermeier M. K. , Dong G. , and Palia D. (2012). Banks Non - Interest Income and Systemic Risk. Princeton University Unpublished Working Paper.

[21] Brunnermeier M. K. and Pedersen L. (2009). Market Liquidity and Funding Liquidity, *Review of Financial Studies* 22, 2201 - 2238.

[22] Calomiris C. W. and Kahn C. M. (1991). The Role of Demandable Debt in Structuring Optimal Banking Arrangements, American Economic Review 81, 497 - 513.

[23] Carletti E. (2008). Competition and Regulation in Banking. In: A. W. A. Boot and A. Thakor (Eds.), Handbook of Financial Intermediation and Banking, 449 - 482. Amsterdam: Elsevier.

[24] Carow K. A. , Kane E. , and Narayanan P. (2011). Safety - Net Losses from Abandoning Glass - Steagall Restrictions, *Journal of Money, Credit and Banking* 43, 1371 - 1398.

[25] Casu B. , Clare A. , Sarkisyan A. , and Thomas S. (2013). Securitization and Bank Performance, *Journal of Money, Credit and Banking* 45, 1617 - 1658.

[26] Cecchetti S. G. and Kharroubi E. (2012). Reassessing the Impact of Finance on Growth. BIS Working Paper No. 381.

[27] Congressional Oversight Panel (2009). Guarantees and Continent Payments in TARP and Related Programs, November Oversight Report, Submitted under Section 125 (b) (1) of Title 1 of the Emergency Economic Stabilization Act of 2008, Pub. L. No. 110 - 343, November 6.

[28] Cornett M. M. , Mcnutt J. J. , Strahan P. E. , and Tehranian H. (2011). Liquidity Risk Management and Credit Supply in the Financial Crisis, *Journal of Financial Economics* 101, 297 - 312.

[29] Davies R. and Tracey B. (2014). Too Big to be Efficient? The Impact of Too - big - to - fail Factors on Scale Economies for Banks, Journal of Money, Credit, and Banking 46, 219 - 253.

[30] Dell'ariccia G. , Igan D. , and Laeven L. (2012). Credit Booms and Lending Standards: Evidence from the Subprime Mortgage Market, *Journal of Money, Credit and Banking* 44, 367 - 384.

[31] Demirgüç - Kunt A. and Huizinga H. (2010). Bank Activity and Funding Strategies: The Impact on Risk and Returns, *Journal of Financial Economics* 98, 626 - 650.

[32] De Jonghe O. , Diepstraten M. , and Schepens G. (2014). Banks' Size, Scope and Systemic Risk: What Role for Conflicts of Interest?, <http: //papers. ssrn. com/sol3/papers. cfm? abstract_id = 2394884. >.

[33] DeYoung R. (2013). Modelling Economies of Scale in Banking: Simple versus Complex models. In: F. Pasiouras (Ed.), Efficiency and Productivity Growth: Modelling in the Financial Services Industry, 49 - 94. Chichester: John Wiley & Sons.

[34] DeYoung R. and Roland K. P. (2001). Product Mix and Earnings Volatility at Commercial Banks: Evidence from a Degree of Total Leverage Model, *Journal of Financial Intermediation* 10, 54 - 84.

[35] DeYoung R. and Torna G. (2013). Nontraditional Banking Activities and Bank Failures during the Financial Crisis, *Journal of Financial Intermediation* 22, 397 - 421.

[36] Diamond D. W. (1984). Financial Intermediation and Delegated Monitoring, Review of Economics Studies 51, 393 - 414.

[37] Diamond D. W. and Dybvig P. (1983). Bank Runs, Deposit Insurance, and Liquidity, *Journal of Political Economy* 91, 401 - 419.

[38] Diamond D. W. and Rajan R. G. (2001). Liquidity Risk, Liquidity Creation, and Financial Fragility: A Theory of Banking, *Journal of Political Economy* 109, 287 - 327.

[39] Duchin R. and Sosyura D. (2014). Safer Ratios, Riskier Portfolios: Banks' Response to Government Aid, *Journal of Financial Economics*, 113, 1 - 28.

[40] Fama E. F. (1985). What's Different about Banks?, Journal of Monetary Economics 15, 29 – 39.

[41] Feldman R. J. and Stern G. H. (2010). The Squam Lake Report: Observations from Two Policy Professionals, *Journal of Monetary Economics* 57, 903 – 912.

[42] Financial Crisis Inquiry Commission (2011). The Financial Crisis Inquiry Report: Final Report of the National Commission on the Causes of the Financial and Economic Crisis in the United States. Washington: US Government Printing Office.

[43] Gorton G. and Metrick A. (2013). Securitization. In: G. Constantinides, M. Harris, and R. Stulz (Eds.), Handbook of the Economics of Finance. 2nd edition, 2 – 70. Amsterdam: Elsevier.

[44] Gorton G. and Pennacchi G. (1995). Banks and Loan Sales: Marketing Non – Marketable Assets, *Journal of Monetary Economics* 35, 389 – 411.

[45] Gorton G. and Winton A. (2003). Financial Intermediation. In: G. Constantinides, M. Harris, and R. Stulz (Eds.), Handbook of the Economics of Finance, 432 – 552. Amsterdam: Elsevier.

[46] Hameed A., Kang W., and Viswanathan S. (2010). Stock Market Declines and Liquidity, *Journal of Finance* 65, 257 – 293.

[47] Holmstrom B. and Tirole J. (1998). Public and Private Supply of Liquidity, *Journal of Political Economy* 106, 1 – 40.

[48] Horvath R., Seidler J., and Weill L. (2014). Bank Capital and Liquidity Creation: Granger – Causality Evidence, *Journal of Financial Services Research* 45, 341 – 361.

[49] Hughes J. P. and Mester L. J. (2013). Who said Large Banks don't Experience Scale Economies?

[50] Evidence from a Risk – Return – Driven Cost Function, *Journal of Financial Intermediation* 22, 559 – 585.

[51] Kashyap A. K., Rajan R. G., and Stein J. C. (2002). Banks as Liquidity Providers: An Explanation for the Coexistence of Lending and Deposit – Taking, *Journal of Finance* 57, 33 – 73.

[52] Keys B. J., Mukherjee T., Seru A., and Vig V. (2010). Did Securitization Lead to Lax Screening? Evidence from Subprime Loans, *Quarterly Journal of Economics* 125, 307 – 362.

[53] Koetter M. and Noth, F. (2012). Competitive Distortions of Bank Bailouts, < http://papers.ssrn.com/sol3/papers.cfm? abstract_id = 2190902 >.

[54] Laeven L. and Valencia F. (2010). Resolution of Banking Crises: The Good, the Bad, and the Ugly. International Monetary Fund Working Paper No. 10/146.

[55] Lane P. R. (2012). The European Sovereign Debt Crisis, *Journal of Economic Perspectives* 26, 49 – 68.

[56] La Porta R., Lopez De Silanes F., Shleifer A., and Vishny R. (1998). Law and Finance, *Journal of Political Economy* 106, 1113 – 1155.

[57] La Porta R., Lopez De Silanes F., and Shleifer A. (2002). Government Ownership of Banks, *Journal of Finance* 57, 265 – 301.

[58] Leland H. and Pyle D. E. (1977). Information Asymmetries, Financial Structure and Financial Intermediation, *Journal of Finance* 32, 371 – 387.

[59] Lepetit L., Nys E., Rous P., and Tarazi A. (2008). Bank Income Structure and Risk: An Empirical Analysis of European Banks, *Journal of Banking & Finance* 32, 1452 – 1467.

[60] Levine R. (2005). Finance and Growth: Theory and Evidence. In: P. Aghion and S. Durlauf (Eds.), Handbook of Economic Growth, 836 – 964. Amsterdam: Elsevier.

[61] Li L. (2013). TARP Funds Distribution and Bank Loan Supply, *Journal of Banking & Finance* 37,

4777 -4792.

[62] Liikanen E. (2012). High - Level Expert Group on Reforming the Structure of the EU Banking Sector. Brussels: European Commission.

[63] Liu H. and Wilson J. O. S. (2013). Competition and Risk in Japanese Banking, European *Journal of Finance* 19, 1 -18.

[64] Martinez - Miera D. and Repullo R. (2010). Does Competition Reduce the Risk of Bank Failure? *Review of Financial Studies* 23, 3638 -3664.

[65] Mercieca S., Schaeck K., and Wolfe S. (2007). Small European Banks: Benefits from Diversification?, *Journal of Banking & Finance* 31, 1975 -1998.

[66] Mian A. R. and Sufi A. (2009). The Consequences of Mortgage Credit Expansion: Evidence from the US Mortgage Default Crisis, Quarterly Journal of Economics 124, 1449 -1496.

[67] Pozsar Z., Adrian T., Ashcraft A., and Boesky H. (2012). Shadow Banking, Federal Reserve Bank of New York Staff Reports No. 458.

[68] Purnanandam A. K. (2011). Originate - to - Distribute Model and the Sub - Prime Mortgage Crisis, *Review of Financial Studies* 24, 1881 -1915.

[69] Sarkisyan A. and Casu B. (2013). Retained Interests in Securitizations and Implications for Bank Solvency, European Central Bank Working Paper No. 1538.

[70] Vickers J. (2011). Independent Commission on Banking, Final Report. London: HMSO.

[71] Wheelock D. and Wilson P. (2012). Do Large Banks have Lower Costs? New Estimates of Returns to Scale for US Banks, Journal of Money, Credit, and Banking 44, 171 -199.

第一部分　银行理论

第 2 章　金融系统中银行的作用

2.1　引言

了解银行在金融系统中所起的多重作用是理论经济和金融领域的一项基本课题。2007 年夏季开始的次贷危机恰恰说明了银行对一个经济体的重要性。储蓄转化为投资从而进入生产活动领域，这一过程的效率对于经济增长和社会福利具有重要作用。银行是过程中的一部分。图 2. 1 给出了金融系统功能的概述图。资金的贷方主要是家庭和企业。这些贷款人将资金提供给最终的借款方，借方主要是企业、政府和家庭。资金从贷方到借方的转移有两个途径：第一个途径是通过金融市场，该市场由货币市场、债券市场和股票市场组成；第二个途径是通过银行与其他金融中介，比如货币市场基金、共同基金、保险公司和养老基金。

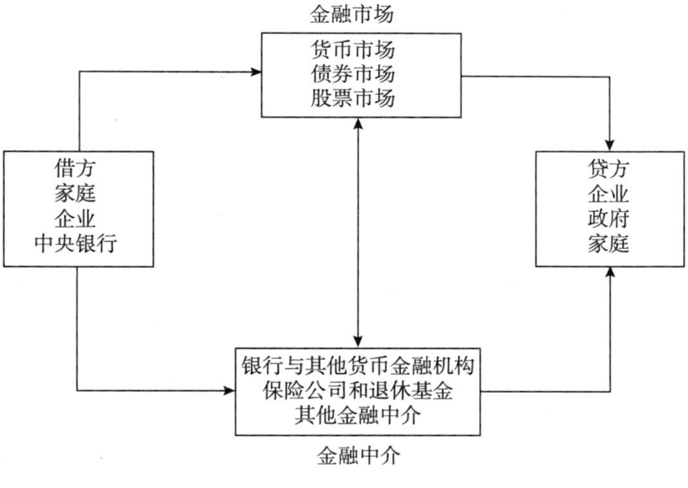

来源：Allen、Chui 和 Maddaloni（2004）p. 491。

图 2. 1　金融系统概述

尽管近些年来全球化一直持续，但不同经济体中银行的重要性明显不同。图 2. 2 比较了不同经济体在 2001 年和 2012 年的长期金融结构，这些经济体包括欧元区、英国、美国、日本和除日本外的其他亚洲经济体①；图 2. 2 中的数字是以 GDP 为分母的百分比、银

① 除日本外的其他亚洲经济体包括中国香港、印度尼西亚、韩国 、马来西亚、菲律宾、新加坡、中国台湾和泰国。

行资产包括在国内对私人部门的贷款、股票市场一栏反映的是市场总资本；债券市场分为政府债券和私人部门债券。

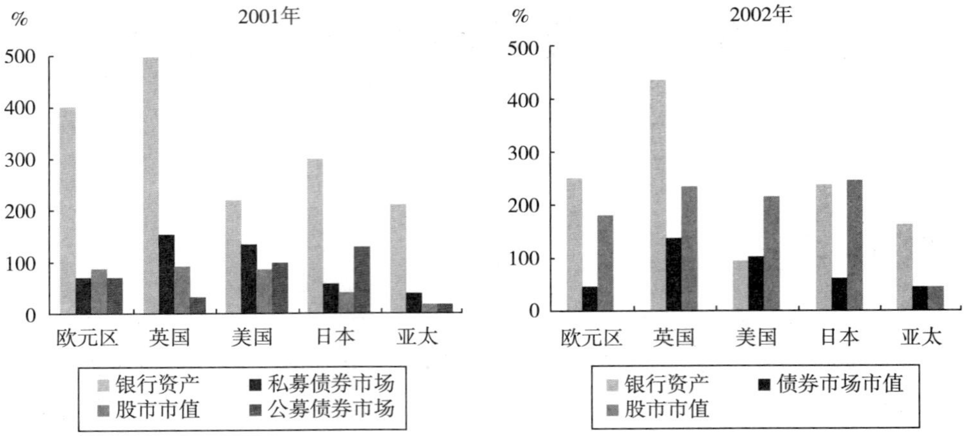

来源：IMF，全球金融稳定报告。

图 2.2　按国家/区域分列的金融市场规模占国内生产总值的百分比

从图 2.2（2001 年）中可以看出 2001 年欧元区的股票市场规模较小但银行贷款规模较大，这说明欧元区的金融体系为银行主导型，然而从中也可以看出欧元区的政府债券市场和私人部门债券市场比股票市场更重要。英国的股票市场和银行贷款规模较大，债券市场，尤其是公共部门债券市场规模较小①，在某种程度上，英国的金融体系看起来既是市场主导型的又是银行主导型的。美国金融结构的主要特征是相对其他市场而言银行资产总量较小，股票市场更为重要，债券市场更大，这说明美国的金融体系在最大程度上是市场主导型的。日本所有类别的金融部门都比较重要，它是一个银行—市场主导型的经济体。亚洲新兴市场的经济体看起来和欧元区差不多：银行资产看起来更为重要，金融市场相对不重要一些。

从图 2.2（2012 年）中可以看出在 2008 年国际金融危机后的 2012 年的经济情况。所有经济体的金融结构基本保持不变，但是银行资产明显缩水了。一个有趣的现象是尽管受国际金融危机的影响，但是除日本外的亚洲的金融结构并没有明显的改变。

图 2.2 的研究主要集中在借方发行的债权方面，考察银行重要性的另一种方法是研究家庭资产。如图 2.3（家庭）所示，不同经济体的家庭资产的特征明显不同：欧元区的家庭持有的金融资产明显少于其他经济体，欧元区所有家庭持有的金融资产总量是 GDP 的 198%，而在英国、美国和日本，这个数字分别是 286%、385% 和 289%。不同经济体家庭资产的结构也明显不同。在欧元区，持有的金融资产总量的前三位分别是保险和养老基金、银行资产、股票。英国的家庭资产组合跟欧元区相类似，但有一点明显不同：在保险和养老基金上的投资额非常高，可能的原因是两个经济体在公众养老金上有差别，在英

① 英国曾经有一个重要的公司债券市场，但在 20 世纪 70 年代因为高通货膨胀的影响而倒闭，虽然如今通胀降了下来，然而也没有恢复。

国，国家的基本养老金支出很少，而在欧元区国家的养老金支出很大。在美国，最突出的特征是家庭直接持有股票或其他股权的资产份额很大，而持有银行资产的份额相对较小；而在所有的国家中，日本的家庭持有银行资产的份额最大。实际上，日本的邮政储蓄银行是全世界最大的存款接受者。日本的家庭同时持有比较高比例的保险和养老金，在很大程度上是因为保险公司提供这种类似债权的合约。考虑到日本的家庭持有的股票或其他股权的份额很小，日本家庭受到的金融风险比英美两国更小。尽管美国的金融中介的总数在所有经济体中是显著的，但金融中介却比其他经济体要少一些。

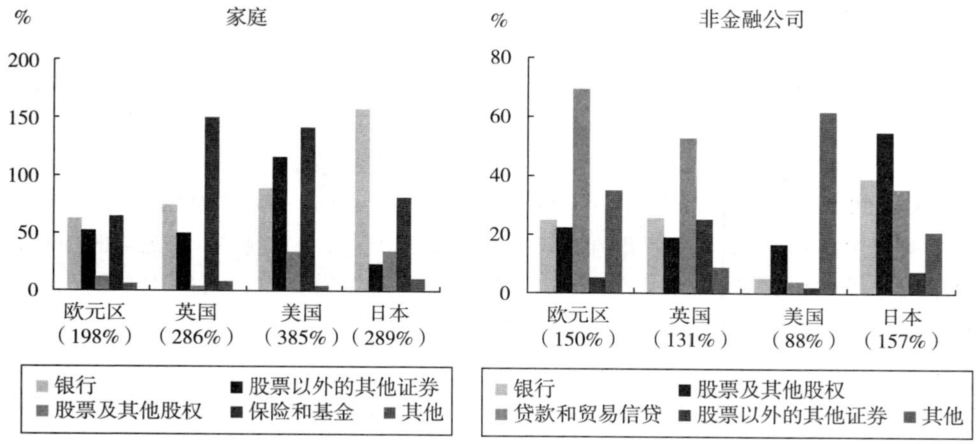

来源：日本银行、ECB、EUROSTAT、美联储委员会、英格兰银行与英国国家统计局。

图 2.3　投资组合分配占国内生产总值的百分比（1997—2012 年平均数）

图 2.3（非金融公司）所反映的是各经济体非金融企业的资产状况。不同经济体的情况是不同的。欧元区和英国基本相同，但欧元区在持有的股票与其他股权的总量上比英国更大，英国在持有除股票外的其他证券的总量上比欧元区更大。美国除了“其他”[①] 这一项外，其余的金融资产的投资额比其他经济体都要小，“其他”这一项包括持有其他资产，这些资产不能根据现金流进行清晰分类。日本可能是最特别的，日本的银行资产和贸易信贷明显比其他国家多。

图 2.2 和图 2.3 说明在不同经济体中银行的重要性，其所扮演的角色是明显不同的。现在我们开始研究银行存在性的基本原理。第 2.2 节研究银行的监督作用；第 2.3 节研究银行的风险分担作用，银行对风险的承担对金融系统的稳定具有重要影响；第 2.4 节研究银行危机；第 2.5 节研究在危机中银行之间的传染性；第 2.6 节研究银行对经济增长的促进作用；第 2.7 节研究银行在公司治理中的作用；第 2.8 节研究关系型银行业务；第 2.9 节是最后的总结。

① “其他”这一项是不能划分的各种混杂资产。它是一个剩余条目，是根据现金流的种类对所有的资产和流动性项目进行分类后剩余的不能分类的资产。换句话说，不代表对另一方的债权被统一归到“其他”一项中。一个例子是在收购和兼并后企业的商誉的会计价值。

2.2 委托监管与银行

一个经常用来支持银行主导型金融体系的论点是银行能够解决各种各样的信息问题。其中一个重要的问题是借款人是否合理地使用了他们所借来的资金，包括合理使用资金的努力程度和谨慎选择风险不同的投资项目。借款人总会声称收益过低是运气不好而非没有采取正确的措施造成的。对于贷方而言，除非它们花费固定的成本去监督借款人，否则它们无法注意到借款人损害债权人利益的行为。在一个存在众多贷款人的金融市场里，存在“搭便车”的问题。每一个贷款人都很弱小，以至于根本不值得花费一笔固定成本去监督贷款人。每个人都想“搭便车”，想让别人来承担监督成本，最终的结果是将没有监督存在。

一个可能的解决方案是雇用一个监督者去检查借款人做了什么事。但接下来的问题是谁来监督这个监督者，以确保他履行了自己的监督职责。Diamond（1984）建立了一个代理监督模型来解决这一问题。中介机构为各种项目提供资金，因此拥有多元化的项目投资组合。由于向出借方承诺了固定的回报，中介机构必须监督借款人，否则中介机构将不能向出借方支付承诺的收益。Diamond 的模型说明了银行进行代理监管的动机和具有生产必要信息来提高资源配置效率的功能。

Boot 和 Thakor（1997）基于银行作为代理监督者的视角建立了金融系统框架模型。他们假设有三种不同的信息问题。第一个问题是存在企业未来投资项目的不完全信息，外部投资者能够收集有关这些（投资项目）可能性的信息。第二个问题是出借人很难发现借款人是将借款投资在高风险的项目上还是安全的项目上。第三个问题是借款人有机会投资高风险项目的可能性。Boot 和 Thakor 证明了第一个问题能通过金融市场完美地解决；第二个问题和第三个问题通过金融中介机构能解决。他们认为银行将在新兴的金融系统中起支配作用，在一个成熟的金融系统中能凭借市场信息的优势获得发展。

2.3 银行的风险分担作用

金融系统的一个重要作用是分担风险，一般而言金融市场足以完成这一目标。正如图 2.3 和在 2.1 节里所讨论的，如果既考虑直接持有股票又考虑通过保险公司与共同基金间接持有股票，那么英国和美国的家庭资产中，持有的股票资产份额会很大，银行资产的份额很小；通过股票的持有，英美两国的家庭将暴露在众多风险下。而另一个极端是日本，日本家庭持有的主要资产是银行资产，只持有少量股票，因此日本的家庭所面临的风险很小。欧元区家庭所持有的资产安全程度不如日本，但比英美更安全一些。

尽管英美两国的家庭风险资产持有比例高于日本和欧元区，但是这并不一定意味着对英美家庭所承受风险的绝对量比日本更大，因为日本及欧元区的家庭在金融资产的投资量更大。然而从图 2.2 可以看出欧元区的金融资产总量与 GDP 的相对值明显更低一些。这说明家庭财富中所持有的金融资产总量会增加不同国家的家庭所承受的风险的差异，而不是减小这种差异。因此英美的家庭所承受的风险，不仅受他们持有高比例的风险证券的影响，还受到他们所持有的金融资产的总额的影响。

如何解释在不同金融系统里家庭所面临的风险差异？经典金融理论认为金融市场的主要目的是改善风险承担状况。美国和英国的金融市场比日本和欧元区更为发达，那么英美的金融市场是如何做到使家庭承担更大的风险呢？

Allen 和 Gale（1997，2000a，ch. 6）提供了一种解决上述悖论的思路。他们指出传统金融理论并没有提及不可分散的风险的对冲。该理论假设一组资产是给定的，然后主要关注通过市场交易来有效分担这些风险。举个例子，经典的投资组合多样化理论（standard diversification argument）要求投资者交易资产，这样投资者只承担任何一个风险中相对较小的部分。在金融资产交易的过程中，风险也会被交易，因此风险厌恶者会比更具风险承受能力的人承担更小的风险。这种风险分担的方法被称为横截面风险分担，因为它是在某一给定的时间点通过在不同个体之间交易风险完成的。然而重要的是，这种策略并不能消除宏观经济变量的冲击，因为这种冲击会以相似的方式影响所有的资产。

与传统的方法不同，对那些不能在某一时间点通过多样化投资分散的风险，Allen 和 Gale 关注这些风险的跨期平滑，他们认为通过银行进行跨期平滑，这类风险能随着时间进行平均处理，以此来减少个人财富受到冲击的影响。具体方法是当银行资产的回报率高时就增加银行储备，当银行资产的回报率低时就减少银行储备。这样一来，银行就可以在每一段时期里支付相对稳定的金额并且使存款者不会面临过多的风险。然而在一个市场主导型的金融系统里进行跨期平滑的动机是不一样的。一方面，在一个不完备的金融市场里不会出现有效的跨期平滑操作。因为金融市场中的长期资产能够以相同价格进行买卖，此外长期资产还会支付利息，因此没有必要进行平滑操作，即长期资产会“挤出”跨期平滑效应。另一方面，如上所述长期存在的银行可以进行跨期平滑。然而要维持这一结果，银行就必须不能受到来自金融市场上的大量竞争。实际上，来自金融市场的竞争会使银行出现“脱媒化”现象，长期存在的机构的跨期平滑会失效。

2.4　银行危机

银行在期限变换上具有重要作用。银行通过吸收活期存款和从短期金融市场筹措资金，然后投资于长期资产。这种期限的错配会使银行承担的风险一部分转嫁给存款人，但是也会使银行面临所有存款人提前撤回资金的可能性。银行挤兑的产生有两种原因，一是所有的储户撤离资金引发的（即零售业务上的挤兑），二是短期金融市场上流动性的枯竭引发的（即批发业务上的挤兑）。在英国 2007 年的北岩银行案例中，这两种情况都出现过。

目前，有两种理论来解释银行危机的起源。第一种解释认为银行危机是由于与经济基本面无关的随机提取存款的行为而引发的不利事件。在这种情况下，普通的提存行为会因“羊群效应”或“集体歇斯底里”而引发大众恐慌（例如，Kindleberger，1978）。或者，银行危机产生于作为经济周期一部分的基本因素（见 Mitchell，1941）。储户会根据领先经济指标来判断经济是否进入了衰退期。在衰退期，银行不能偿还负债，因此储户撤离资金。

银行恐慌理论认为银行危机是一个随机事件，银行危机的爆发与实体经济无关。在

Bryant（1980）、Diamond 和 Dybvig（1983）具有影响力的工作中，银行挤兑被认为是太阳黑子现象，这种想法同样存在于 Cass 和 Shell（1983）的研究中。在先到先得与清算成本高昂的假设条件下，存在多重均衡。如果每一个人都认为不会发生恐慌，那么只有那些真正有流动性需求的人会提取资金，而这部分流动性需求的满足不需要昂贵的资产清算。然而，如果每个人都认为危机将会发生，那么危机就会成为一个自我实现的预言，因为此时每个人都会争着去提现以避免成为最后一人。在上述两种均衡中的哪一个会发生取决于外生变量或"太阳黑子"。尽管太阳黑子不会影响实际经济变量，但它会影响储户的信念从而在某种程度上使这种信念会自我实现。

第二种解释认为银行危机是商业周期的自然结果。经济衰退会减少银行资产的价值，增加银行不能兑现承诺的可能性。Jacklin 和 Bhattacharya（1988）开发了一个理论模型。该理论认为如果储户得到经济即将衰退的信息，那么他们会预期银行将出现经营困难并取出他们的存款，这种行为会加速危机的到来。根据该理论，银行危机不是一个随机事件，而是储户对逐渐明朗的经济环境的负面经济信息的反应。Gorton（1988）提供了相关证据：在 19 世纪末 20 世纪初，一个基于破产企业负债的领先经济指标准确预测到了银行危机的爆发。有许多学者已经发展了由总风险引发的银行危机模型。比如 Chari 和 Jagannathan（1988）关注信号提取问题，该模型的主要内容是：假设只有部分投资者能得到关于未来收益的信号，其他投资者必须推测前面能获取信息的投资者的提存行为是因为接收到不利的信号引起的，还是仅仅因为流动性需求过高引起的。Chari 和 Jagannathan 发现不仅仅是当对未来悲观预期时会产生银行危机，当流动性需求突然变高时也会产生银行危机。

Gorton（1988）关于 19 世纪银行危机的实证研究发现：领先经济指标能够预测到银行危机的爆发。基于该研究，Allen 和 Gale（1998）发展了一个新模型，这个模型和商业周期下的银行危机起源理论是一致的。他们假设储户能够观测到领先经济指标，这些领先经济指标含有关于未来银行资产收益的公共信息。如果指标说明未来银行资产具有高收益，那么储户将会继续把钱储存在银行里；然而如果指标反映未来银行资产的收益相当低，储户将会在低收益的预期下取走存款，银行危机爆发。

Allen 和 Gale（2004）开发了一个一般均衡框架来理解银行危机的标准层面。该框架用来调查金融系统的福利特性，同时讨论在何种条件下，监管能够提高资源的配置。Allen－Gale 框架的一个有趣特征是它模拟了银行与金融市场的相互作用。金融机构是金融市场的主要参与者，银行和中介机构可以分担风险和流动性。个体投资者不能直接进入市场，但他们可以通过金融中介进入市场。金融中介和市场在模型中起着重要但不同的作用。金融中介可以为消费者提供针对特殊流动性冲击的保险。市场允许金融中介及其存款人分担总流动性风险和资产收益受到冲击的风险。

如果金融中介机构可以在金融市场上对冲所有的风险，那么该金融市场是完备的。如果取决于总流动性与资产回报的所有可能组合（或者说是所有可能的状况）证券是可得的，那么金融市场很有可能是完备的。相似地，如果收益能够清晰地取决于总流动性与资产回报冲击的所有可能组合，那么中介与消费者之间的风险分担合约可以称得上是完备的。一个不完备合约的例子比如普通债务，合约的收益并不取决于总流动性需求与资产回报的总体状况。Allen 和 Gale（2004）的研究表明在完备的市场里，自由放任的资源配置是有效的。即使合约不完备，该结论仍然成立。然而，如果市场不完备，那么危机将会低效。在这种情况下，金融脆弱性与传染性可能就会出现。

虽然关于银行挤兑的多重均衡理论解释了恐慌是如何发生的，但是它并没有说明在这两个均衡中哪一个均衡将会发生。储户的信念受到“太阳黑子”的影响并自我实现。太阳黑子的理论在教学上是方便的，但却没有预测能力。因为该理论并没有指明什么实际因素引发了危机，所以很难将该理论用于政策分析。经济周期理论既有基础型挤兑又有恐慌性挤兑。再一次，该理论也没有说明两个均衡中的哪一个将会发生。

Carlsson 和 van Damme（1993）发现在协调博弈中，少量不对称信息的引入是如何消除均衡的多重性的。他们把带有关于经济基本面的不对称信息的博弈称为“全局博弈”。研究表明多重均衡的存在取决于玩家对经济基本面具有相同的认识。引入噪声能确保所有玩家对经济基本面的认识不再相同，因此就阻止了对于均衡的多重性至关重要的协调了。Morris 和 Shin（1998）将这种方法应用到了货币危机的模型中。Rochet 和 Vives（2004）、Goldstein 和 Pauzner（2005）同样也用了这种方法研究银行危机。

使用一个全局博弈的方法来使均衡变得具有唯一性，从理论上看这种方法十分具有吸引力。然而除了逻辑上的一致性外，还需要实证检验该方法有效。在一项重要的贡献中，Chen、Goldstein 和 Jiang（2010）建立了一个关于共同基金赎回的全局博弈模型。通过使用详尽的数据，他们发现实证结论与模型结论相一致，这意味着全局模型的方法是可行的。

最近许多研究都对银行危机理论有重要的贡献。比如 He 和 Xiong（2010）的研究，他们抛离了静态框架，建立了一个银行挤兑的动态模型。该模型强调的是不同债权人之间在不同时间点上作展期决策时的动态协调问题。该模型有一个独一无二的均衡点——所有的债权人都能观测到在不同时刻企业公开的经济基本面信息，通过债权人之间“激烈的竞争”，优先债务的挤兑便发生了。

Martin、Skeie 和 von Thaden（2014）开发了一个影子银行的无限期模型。非银行机构从事借短投长的期限转换业务。该模型与标准模型的一个重要的不同是长期资产能够在市场上交易。模型显示以证券化为形式的净资产销售削弱了借款者的资产负债表，并且使非银机构更加脆弱。同样模型还显示如果出现一个对资产价值相当大的冲击，对所有非银机构的挤兑作为一种自我实现的预期是可能的。

除了理论研究，Reinhart 和 Rogoff（2009）对从拿破仑战争开始到最近的 2007 年由美国次贷危机引发的国际金融危机的所有银行挤兑和破产事件进行了全面的实证调查。他们发现银行危机对穷国和富国的威胁都是一样的并且会在各地反复发生。开始于 2007 年的危机提供了一个绝佳的机会去研究银行危机的破坏力究竟有多大，至今关于这场危机爆发的原因还没有完全被了解。但过度刺激发放抵押贷款与其证券化、对证券的评级和投资公司的风险控制系统，这些因素在很大程度上，至少部分引起了此次危机。本次危机对全球造成的巨大冲击说明了次级贷款问题只是危机的征兆而非原因。主要的问题是市场上存在大量泡沫，最开始出现在股票价格上，随后是在资产价格上出现泡沫。现在整个经济系统都在遭受着由泡沫破灭带来的下滑痛苦。中央银行尤其是美联储的货币政策看起来过于宽松，将过多的注意力放在消费者价格通胀上，没有过多关注资产价格的通胀。此外，1997年的亚洲金融危机和IMF在危机期间的政策导致亚洲各国政府都开始囤积资金。这进一步扩大了全球信贷规模，推高了泡沫，引起了全球失衡。Allen 和 Gale（2000b）的研究显示了这种信贷的扩张是如何引发泡沫的。

不管1997年亚洲金融危机的背后原因是什么，它的影响确实蔓延到了实体经济领域。大多数工业化和非工业化的国家都经历过产业衰退的问题。问题是多重的。一方面，金融部门的困难让金融中介收紧了信贷标准，使得企业更难获得贷款和较低的贷款利率。另一方面，消费需求的突然下滑使销售额和未来的订单减少。就像在金融部门，这些问题不会仅仅局限于单个企业而是会影响整个行业。汽车行业是一个最好的例子，其他制造业、建筑业也同样如此。许多行业都面临相当大的压力。银行业的系统性危机的余波也对政府资源产生巨大的压力。正如 Reinhart 和 Rogoff（2011）的研究表明，在银行危机后的三年里，由于对银行业的大规模救助和财政收入的减少，政府债务平均上升了86%。在一些情况下，如果银行过多地持有政府债务，那么银行危机和政府债务危机会或多或少地同时产生。

2.5 银行与传染性

经常发生银行危机使得许多人认为金融部门非常容易受到冲击。一个理论认为即使一个极小的震动也会带来巨大的冲击。这种震动只会影响一个特殊的区域和部门，甚至少量的机构，但是通过银行和金融机构的相互联系会传染到其余金融部门然后传染至更大的经济体。

关于银行传染性的研究一般有两种方法。一方面，很多论文寻找由直接联系引起的传染性影响。Allen 和 Gale（2000c）研究了当银行的连接处在不同的网络结构下时，银行系统是如何对传染作出反应的。在由 Diamond 和 Dybvig（1983）设定的消费者所具有的流动性偏好类型的设定下，银行完全可以通过银行同业存款来解决流动性冲击。正是银行同业存款业务使得银行间具有了联系并产生了危机传染的风险。他们的研究表明不完整的网络结构相比于完整的网络结构更容易导致危机的蔓延。一个更好的网络结构在应对危机传染时更有弹性，因为可以通过银行间协议使一个银行的资产组合损失部分转移到更多的银行中去。

其他的模型能很好地观测到由单个银行风险引发的整个银行网络的外部性。Freixas、Parigi 和 Rochet（2000）认为由于消费者不确定他们消费的地点，在此情况下银行面临着流动性需求。在他们的模型中，银行之间通过同业拆借业务联系在一起，而同业拆借可以对冲银行面临的局部流动性冲击。与 Allen 和 Gale 使用的方法相同，银行间的联系提高了系统对于单一银行破产的弹性。但缺点是不能使低效的银行及时淘汰。此外，他们还发现银行系统的稳定性取决于储户是否选择在充当货币中心的银行的所在地进行消费。

Dasgupta（2004）使用了全局博弈的方法来研究当银行持有同业存款时，系统传染的唯一均衡点将如何产生。本着同样的精神，Brusco 和 Castiglionesi（2007）发现当银行持有同业存款并在没有雄厚资本的条件下过度冒险时，存在银行破产和危机跨区域传播的正的可能性。Leitner（2005）开发了一个金融网络模型并发现：由于存在危机传染的威胁，银行可能愿意救助其他银行。然而在某些情况下，银行可能没有足够的资金去进行必要的救助，导致整个网络的崩溃。

大量的研究将传染的风险与金融创新、使用的会计制度联系在一起。这些分析的共同特征是不完备市场的存在，在该市场中，流动性供给是通过在市场中卖出资产来实现的。资产的价格是由可得的流动性，即“市场中的现金”决定的。人们必须持有流动性以便可以随时购买被出售的资产。流动性的提供者不能根据不同地区的不同流动性情况来补偿其机会成本。此成本由不同地区成本的平均值构成。这意味着资产价格的波动反过来会导致高成本低效率的危机。为了使人们愿意提供流动性，必须给予他们一定的利润。在均衡条件下，资产价格使得银行及金融中介在售卖资产的状况下，流动性提供者获得的收益足以弥补其不提供流动性情况下持有资产的机会成本。换句话说，当某地区的银行和中介机构需要流动性时，资产的价格将会下降。但是从效率的角度看，这仅仅是银行和中介机构从流动性需求者转变成流动性提供者的时间上的错配。这是因为一些储户的收入过低，更早地需要流动性，因此不得不提前提取资金。

Allen 和 Gale（2006）使用资产变现能力为资产定价（cash - in - the - market pricing），并展示了能使信用风险转移的金融创新是如何产生跨行业的传染性的以及如何相对于封闭经济的方案降低福利。他们认为对银行部门的流动性冲击的结构是决定传染性的主要机制。当银行面临均匀的流动性需求时，它们将会保持充足的短期资产并不需要在市场上获取额外的流动性。在这种情况下，信用风险的转移是有益的，因为它改善各部门的风险分担情况。不同的是，当银行面临特殊的流动性需求时，银行会持有长期的无风险资产并在市场上随时卖出。信用风险的转移此时就变成有害的，因为它导致了对流动性更高的需求和资产价格更大的波动。这反过来会影响银行抵御流动性冲击的能力，因为银行为了对冲它们的流动性风险会抛售大量的长期资产，从而导致长期资产的价格大幅下滑，银行以低价卖出长期资产，可能并不足以付清储户的提款。

正如 Allen 和 Garletti（2008）所指出的，引入信用风险转移的影响还很大程度上取决于使用的会计制度，即会计制度使用的是历史成本法还是市值计价法。直观上与第1章类似，当银行需要在一个流动性不足的市场上清算长期资产时，可能不会根据市场价值进行估值，因为市场价值反映的是价格的波动，价格的波动需要有流动性供给。

另一种传染性模型是侧重于资产负债表的间接联系。Lagunoff 和 Schreft（2001）建立了一个模型，在该模型里，代理商之间是相互关联的，一个代理商的组合收益取决于其他代理商的组合分配。外部冲击会使代理商的组合重新分配，此时会打破原有的联系。两种相关类型的金融危机会相互相应地发生。一种危机发生后会随损失的扩大逐步显现，这会打破更多的联系。当具有前瞻性的代理商预先将资金转移到更安全的组合以避免未来由于危机传染造成损失时，另一种类型的金融危机也会立即发生。类似地，de Vries（2005）的研究表明，鉴于潜在资产的“厚尾”特征，银行的投资组合间具有依赖关系，因此有系统性崩溃的潜在危险。Cifuentes、Ferrucci 和 Shin（2005）提出了一个模型，其中金融机构可以通过投资组合相互联系，该网络是完备的，因为人人都拥有相同的资产。虽然作者通过引入共同信贷敞口在模型中纳入了银行间的直接联系，但危机的传染性主要是靠资产价格的变化来驱动。

作为对网络效应文献的补充，Babus（2009）考虑了一个模型，在该模型中银行为了降低危机传染的危险而彼此形成了联系。因此银行网络是内生形成的，并且充当保险机制。正如 Allen 和 Gale 所指出的：越好的网络连接方式对传染性越具有弹性。该模型预测银行间的连接性存在一个阈值，高于该阈值时不会发生传染，并且证明了银行间的连接可以达到该阈值。然而，银行间的连接存在一个隐性成本，该隐性成本会阻止银行形成超过阈值所需要的连接。银行会设法形成很少发生传染的连接。Castiglionesi 和 Navarro（2007）感兴趣的是银行是否会设法分散社会规划者发现的最优的网络结构。当银行代表储户进行投资时，投资回报存在正的网络外部性。当银行的资金不够雄厚却拿储户的资金投机时，脆弱性增加。当银行破产的可能性比较低时，分散方案是接近最好的。

Allen、Babus 和 Carletti（2012）基于银行间资产共性的相互作用和短期债务的使用建立了一个传染模型。银行互换资产以使它们的单个风险变得多元化。此时出现两种资产结构，在聚类结构中，银行集团持有共同的资产组合和面临共同的违约风险。在非聚类结构中，违约风险更加分散。单个银行的投资组合的质量情况是不透明的，但债权人可以从关于银行偿付能力的汇总信息来推断。当银行债务是短期债务时，作为对不利信号的反应，债权人不会对债务展期，此时所有的银行都面临着无效率的破产清算。这种信息传染更有可能发生在聚簇资产结构下。相反地，当银行债务是长期债务时，两种资产结构的福利状况是相同的。

除了理论研究外，人们对寻找金融机构因相互索赔而导致的传染性失败的实证研究也有浓厚的兴趣。这类研究大多数使用资产负债表信息估计不同银行系统的双边信贷关系。随后，根据单个银行的崩溃来模拟银行间市场的稳定性。比如，Upper 和 Worms（2004）分析了德国的银行体系。他们发现就资产而言，一个银行的破产可能导致最多15%的银行部门崩溃。Cocco、Gomes 和 Martins（2009）研究了葡萄牙案例。Furfne（2003）分析了美国案例，Boss 等（2004）分析了澳大利亚案例。Degryse 和 Nguyen（2007）研究了比利时案例。Iyer 和 Peydro – Alcalde（2011）对由诈骗导致的大型银行倒闭从而引发银行间传染的案例进行了研究。Jorion 和 Zhang（2009）证明了信贷传染是通过直接交易对手效应产生的。Upper（2010）的论文包含了对上述研究成果的调查，其主要结论是：只要价格在受到冲击时不会出现重大变动，那么传染性就不是一个严重的风险。否则，正如 Cifuentes、Ferrucci 和 Shin（2005）所说的，传染性的影响是重大的。

2007—2009 年的危机说明了传染性在实际中的重要性。中央银行和政府对防止系统性金融机构破产的干预的正当理由是：为了阻止危机的传染。例如美联储进行了干预以确保在 2008 年 3 月贝尔斯登银行不会破产（见 Bernanke，2008）。在 2008 年 9 月雷曼兄弟破产后的几个月里，市场状况足以说明传染的破坏性是多么可怕。尽管美联储和财政部认为不应该救助雷曼兄弟，但危机却爆发了，这一过程不以学术文献设想的方式起作用。首先被传染的是货币市场共同基金领域。一只名为“Reserve Capital”的基金价格很快“跌破面值”，因为它持有雷曼发行的大量债券。这导致人们纷纷从其他货币市场基金中大量提款，在雷曼宣布倒闭的四天后，美国政府被迫宣布为整个行业担保。看到雷曼兄弟倒闭后，对银行、其他金融机构和企业的信誉的信心大幅下降，此时金融危机开始蔓延到实体经济领域且对实体经济产生了破坏性影响。从未来看，需要有更多的研究来了解危机传播的途径。

2.6　银行与经济增长

银行的另一个重要作用是促进经济增长。关于银行与金融市场谁更能促进经济增长的争论一直存在。这一争辩最初是在德国和英国 19 世纪末 20 世纪初的经济增长背景下进行的。Gerschenkron（1962）认为，相比英国的市场主导型的金融体系，德国的银行主导型的金融体系能让提供资金的银行和工业企业之间的关系更为密切，Goldsmith（1969）指出，在 19 世纪末 20 世纪初，尽管德国的制造业增长速度比同时期的英国快得多，但总体的增长率是差不多的。最近，Levine（2002）使用了 48 个国家从 1980 年至 1995 年的面板数据对该问题进行了研究。他发现，银行主导型金融体系与市场主导型金融体系之间的区别并不能解释与经济增长的关系。相反，一个国家的法律环境和金融服务的质量对促进经济增长更为重要。相比之下，Tadesse（2002）在一篇研究中使用了 36 个国家从 1980 年到 1985 年的数据，确实发现了市场主导型金融体系与银行主导型金融体系之间的不同之处。对于不发达的金融部门，银行主导型金融体系优于市场主导型金融体系。而对于发达的金融部门，市场主导型金融体系优于银行主导型金融体系。Levine 和 Zervos（1998）发现在不考虑其他层面的发展的条件下，股票市场的流动性越高，或者银行越发达，那么经济增长的速度越快。有一些证据表明金融市场和银行是互补的而不是相互替代的。Demirgüç - Kunt 和 Maksimovic（1998）发现，在发展中国家，股票市场越发达银行资金的使用往往越多。Beck 和 Demirgüç - Kunt（2009）的最新证据表明，随着时间的推移，金融会逐步深化，在高收入国家尤为明显，并且这一现象在市场中比在银行部门更显著。

对关于银行主导型的金融体系与市场主导型的金融体系在经济增长和市场创新中的相对优势有大量的研究。Bhattacharay 和 Chiesa（1995）考虑了一个研究与开发（R&D）激励和融资的模型。在市场上，出资人在企业处于技术研发的中间阶段（即技术已经成熟但还没有进入生产阶段）时就能了解到该公司的研发价值。出资人可以在公司之间分享这些信息——如果这样做符合他们利益的话。Bhattacharya 和 Chiesa 发现，实现公司研发项目总体价值的最大化与它们去做这件事的利益是一致的。同样地，可以达成一个只有一家公司进行生产的共同协议。然而，这种行为产生了“搭便车”的问题，并减少了企业在初始阶段研发的动力。如果这个激励问题足够严重，那么双边融资是更好的选择。根据这一安排，一家银行只为一家企业提供融资，且没有信息分享。结果是，每家企业的研发信息将是专有的。

Allen 和 Gale（1999，2000，ch. 13）发现了一个问题：当为一个项目融资（比如新技术的开发）存在不同的意见时，是金融市场还是银行能够更好地提供项目融资。不同的意见来自人们脑中初始的不同的观念，而不是由信息的差异引起的。金融市场的优势在于它允许具有相同观点的人一起为项目融资。只要每个投资者在作出投资决策之前形成意见的成本足够低，这种方式就是最优的。即使投资者之间存在大量的分歧，金融市场也能为项目提供融资。中介金融（intermediated finance）是将投资决策权委托给经理，经理在形成意见的过程中需要花费一定的成本。这里存在一个委托代理问题——银行经理可能不具有与投资者相同的优先级。当形成意见的成本很高，而且在任何情况下都可能有相当大的协议时，这种类型的授权才是最佳的。根据以上分析，说明以市场主导型的金融体系比以银行主导型的金融体系更能促进创新。

2.7　银行的公司治理作用

在日本和德国，金融机构对公司持股的重要性以及对公司控制的强势市场的缺乏使人们认为这些国家的代理问题已经通过银行对大公司的外部监督解决了。在日本，这种监督制度被称为主银行制度。这个制度的主要特点是银行与它的客户公司保持着长期的关系。银行持有客户公司的债券和股权，当客户公司遭遇经济困难时，银行会积极进行干预。人们普遍认为，主银行制度能确保银行充当代理监督者，克服管理层与企业之间的代理问题。然而，关于主银行制度有效性的实证检验结果是复杂的（见 Hoshi、Kashya 和 Schaifstein，1990，1993；Aoki 和 Patrick，1994；Hayashi，2000）。总的来说，主银行制度在财务困难时期显得十分重要，但是当企业表现良好时就不是那么重要了。

在德国，与日本主银行制度相对应的是开户银行制度。银行往往与工业有密切的联系，并与企业形成长期关系，不仅仅是因为银行提供贷款和持有企业股份，还因为银行能够行使代管权。大量的研究都提供了德国银行作为外部监管者有效性的证据（见 Gorton 和 Schmid，2000）。

在一本重要的书中，Edwards 和 Fischer（1994）认为在德国，银行的公司治理作用被过度强调了。他们提供的各种证据表明，银行并不像人们想的那样，拥有与贷款人、股东和代理人一样的影响力。例如，他们发现在一家企业，银行控制的投票数与银行在监事会的代表席位之间的关系很弱。Hellwing（1991，1994）也提出了一些关于德国银行系统缺点的理论。

2.8　银行关系

有越来越多的研究关注银行关系的优缺点（参见 Boot，2000；Gorton 和 Winton，2003；Degryse 和 Ongena，2008）。一方面，与银行保持密切持久的联系能够为企业提供更好的机会，并且能改善一些关于贷款的信息问题。在另一方面，也会产生与套牢和预算软约束有关的低效问题。套牢问题（hold - up problem）是指银行利用其掌握的关于企业的优先私人信息去获取利益，这会扭曲企业的激励并造成低效的投资选择（Sharpe，1990；Rajan，1992；von Tadden，1995）。预算软约束涉及银行不履行自己对先前在特定项目上的承诺。一旦借款人违约，尽管此时最优的选择是事先威胁停止发放贷款，但第一笔贷款仍将变成“沉没成本”。如果企业有另外一个好的项目，那么我们认为即使借款人会违约，贷款人也将继续展期贷款。重新谈判会产生时间上的风险。停止发放贷款的威胁为借款人避免违约风险提供了良好的激励作用。事后停止发放贷款并不是帕累托有效的，但是这产生的激励效应对双方都有利。然而，如果借款人预期贷款人实际上不会采取这种威胁，那么激励效应将会消失。虽然贷款人的做法在事后是最优的，但双方的处境将比事前更糟。

就套牢与软预算约束的问题来讲，多重银行关系能够缓解单一银行关系的缺陷。对于前者，企业可以从多家银行借款，这会恢复银行之间的竞争从而改善企业的激励问题（Padilla 和 Pagano，1997）。对于后者，Dewatripont 和 Maskin（1995）认为，通过使再融资过程复杂化和降低利润，多个银行贷款使银行不会扩大更低效贷款的发放。同样，Bolton 和 Scharfstein（1996）指出多银行贷款减小了企业策略性违约的激励，因为这会使债务再谈判复杂化。

银行关系的数量对于银行作为企业监督者的作用也具有重要影响。在公司和银行都面临着道德风险的情况下，Carletti（2004）分析了与企业保持关系的银行的数量对银行的监督功能、贷款利率水平的影响，以及企业在单一银行关系和多重银行关系中的选择。多个银行贷款尽管会出现重复成本和"搭便车"的问题，但是却能从监管的规模不经济中获益。监管水平较低，但此时的贷款利率水平并不比单一银行的贷款利率更高。尽管银行选择的是与其预期收益最大化相符的监管水平，但是它们选择的监管水平从企业的角度看可能是过度的。当这种情况发生时，银行可以选择更多的银行关系来减少过度监管问题。这种选择的吸引力会随着监管成本、公司个人利益和预期收益的增加而增加。在类似的框架里，Carletti、Cerasi 和 Daltung（2007）分析了那些只有有限投资机会的银行进入多银行关系时会有利可图的情况。他们的研究表明，虽然贷款的分担能使银行让自己的投资组合更加多元化，然而依然会导致重复成本和"搭便车"的问题。当使投资组合多元化的利益占主导地位时，多银行贷款能缓解银行和储户之间的代理问题，提高银行的预期收益，但也会导致过度监管问题。目前尽管监管成本很高，但由于银行之间对股权和利润优先求偿权的争夺，使多银行贷款的吸引力逐步下降。

多银行关系的其他理论与企业减少流动性风险和通过信贷关系来披露信息的意愿有关。Detragiache、Garella 和 Guiso（2000）发现当银行面临内部流动性风险时，使用多银行贷款能避免盈利项目遭到过早地清算。Yosha（1995）认为企业更喜欢多银行贷款，因为这可以发出关于它们项目质量的信息，并可以避免竞争对手的过激行为。

最后，除了多重银行关系之外，还有其他方法可以解决缺乏影响独有银行关系的承诺问题。比如，金融机构可能为了维护声誉而维持贷款承诺。在任何一种情况下，为了维护声誉的价值，承担次优行动的微小成本是值得的。关于借款人类型的不完整信息可能会造成类似结果。如果企业的违约行为使得金融机构认为该企业更可能是一个坏的类型，那么银行拒绝与发生过违约的企业进行交易将是最优的。金融机构采取一些策略比如将决策权委托给没有权力决定重新谈判的代理人将也是一种有效的手段。一些学者（Hart 和 Moore，1988；Huberman 和 Kahn，1988；Gale，1991；Allen 和 Gale，2000a，ch. 10）认为，在某些情况下，重新谈判将会使双方总体福利增加。如果那样的话，结论是相反的。与客户建立长期关系的金融中介机构比金融市场更具有优势，因为它们更容易重新谈判再签订新协议。

2.9　结论

在本章中我们介绍了金融系统中银行的多种作用。银行能充当一个代理监管者以确保企业能合理地利用分配给它们的资源。银行通过多样化投资和跨期平滑的方式来分担经济风险。银行发挥着各种积极的作用。然而，它们提出声明的固定性可能会导致金融体系的脆弱性。银行通常处于金融危机的中心，比如2007年夏季开始的金融危机。如果具有传染性，银行会使危机快速蔓延。此时，即使一个微小的冲击也会对金融系统和经济体造成巨大影响。银行在为企业提供资金上起到重要的作用，并且能帮助企业和经济快速增长。它们对公司治理也很重要，尤其是在德国这样的国家，在这些国家，银行家们在董事会中占有相当多的席位，并控制着大量的代理投票。最后，银行还能通过与企业维持长期关系来克服信息不对称的问题。

银行还有许多本章没有涉及的其他作用，这些作用将在本书后面的章节里作介绍。其他的作用包括银行在证券承销上的作用（第7章）和银行在支付系统的作用（第28章）。

银行剩下的其他重要功能并不容易理解。这些功能涉及银行和各种类型金融市场的相互作用。2008年的国际金融危机说明资产证券化会产生严重的问题，因为当银行的贷款可以被卖出去而不是持有时，银行的激励根本不同了。而银行在金融衍生品市场的作用并没有被人们充分了解。如果有一连串的交易对手，并且这一链条像往常一样不透明时，风险如何充分评估？最后，政府会在发生危机时及时救助银行，这使银行更乐于冒险去获取收益，如何防止银行这种冒险行为呢？这些问题在未来都值得去研究。

参考文献

[1] Allen F., Babus, A., and Carletti E. (2012). Asset Commonality, Debt Maturity and Systemic Risk, *Journal of Financial Economics* 104, 519 - 534.

[2] Allen F. and Carletti E. (2006). Credit Risk Transfer and Contagion, *Journal of Monetary Economics* 53, 89 - 111.

[3] Allen F. and Carletti E. (2008). Mark - to - Market Accounting and Liquidity Pricing, *Journal of Accounting and Economics* 46 (2 - 3), 358 - 378.

[4] Allen F., Chui M., and Maddaloni A. (2004). Financial Systems in Europe, the USA, and Asia, *Oxford Review of Economic Policy* 20, 490 - 508.

[5] Allen F. and Gale D. (1997). Financial Markets, Intermediaries, and Intertemporal Smoothing, *Journal of Political Economy* 105, 523 - 546.

[6] Allen F. and Gale D. (1998). Optimal Financial Crises, *Journal of Finance* 53, 1245 - 1284.

[7] Allen F. and Gale D. (1999). Diversity of Opinion and the Financing of New Technologies, *Journal of Financial Intermediation* 8, 68 - 89.

[8] Allen F. and Gale D. (2000a). *Comparing Financial Systems.* Cambridge, MA: MIT Press.

[9] Allen F. and Gale D. (2000b). Bubbles and Crises, *Economic Journal* 110, 236 - 255.

[10] Allen F. and Gale D. (2000c). Financial Contagion, *Journal of Political Economy* 108, 1 - 33.

[11] Allen F. and Gale D. (2004). Financial Intermediaries and Markets, *Econometrica* 72, 1023 - 1061.

[12] Aoki M. and Patrick H. (Eds.) (1994). The Japanese Main Bank System: *Its Relevancy for Developing and Transforming Economies.* New York: Oxford University Press, 592 - 633.

[13] Babus A. (2009). The Formation of Financial Networks, Tinbergen Institute Discussion Paper No.

06 – 093.

[14] Beck T. and Demirgüç – Kunt A. (2009). Financial Institutions and Markets across Countries and Over Time – Data and Analysis, World Bank Policy Research Working Paper No. 4943.

[15] Bernanke B. (2008). Reducing Systemic Risk. Federal Reserve Bank of Kansas City Opening Speech at the 2008 Jackson Hole Symposium.

[16] Bhattacharya S. and Chiesa G. (1995). Financial Intermediation with Proprietary Information, *Journal of Financial Intermediation* 4, 328 – 357.

[17] Bolton P. and Scharfstein D. (1996). Optimal Debt Structure and the Number of Creditors, *Journal of Political Economy* 104, 1 – 25.

[18] Boot A. (2000). Relationship Banking: What Do We Know?, *Journal of Financial Intermediation* 9, 7 – 25.

[19] Boot A. and Thakor A. (1997). Financial System Architecture, *Review of Financial Studies* 10, 693 – 733.

[20] Boss M., Elsinger H., Thurner S., and Summer M. (2004). Network Topology of the Interbank Market, *Quantitative Finance* 4, 1 – 8.

[21] Brusco S. and Castiglionesi F. (2007). Liquidity Coinsurance, Moral Hazard and Financial Contagion, *Journal of Finance* 62, 2275 – 2302.

[22] Bryant J. (1980). A Model of Reserves, Bank Runs, and Deposit Insurance, *Journal of Banking and Finance* 4, 335 – 344.

[23] Carletti E. (2004). The Structure of Bank Relationships, Endogenous Monitoring and Loan Rates, *Journal of Financial Intermediation* 13, 58 – 86.

[24] Carletti E., Cerasi V., and Daltung S. (2007). Multiple – Bank Lending: Diversification and Free – Riding in Monitoring, *Journal of Financial Intermediation* 16, 425 – 451.

[25] Carlsson H. and van Damme E. (1993). Global Games and Equilibrium Selection, *Econometrica* 61, 989 – 1018.

[26] Cass D. and Shell K. (1983). Do Sunspots Matter?, *Journal of Political Economy* 91, 193 – 227.

[27] Castiglionesi F. and Navarro N. (2007). Optimal Fragile Financial Networks, Tilburg University Center Discussion Paper No. 2007 – 100.

[28] Chari V. and Jagannathan R. (1988). Banking Panics, Information, and Rational Expectations Equilibrium, *Journal of Finance* 43, 749 – 760.

[29] Chen Q., Goldstein I., and Jiang W. (2010). Payoff Complementarities and Financial Fragility: Evidence from Mutual Fund Flows, *Journal of Financial Economics* 97, 239 – 262.

[30] Cifuentes R., Ferrucci G., and Shin H. (2005). Liquidity Risk and Contagion, Journal of *European Economic Association* 3, 556 – 566.

[31] Cocco J., Gomes F., and Martins N. (2009). Lending Relationships in the Interbank Market, *Journal of Financial Intermediation* 18, 24 – 48.

[32] Dasgupta A. (2004). Financial Contagion through Capital Connections: A Model of the Origin and Spread of Bank Panics, *Journal of the European Economic Association* 6, 1049 – 1084.

[33] Degryse H. and Nguyen G. (2007). Interbank Exposures: An Empirical Examination of Systemic Risk in the Belgian Banking System, *International Journal of Central Banking* 3 (2), 123 – 171.

[34] Degryse H. and Ongena S. (2008). Competition and Regulation in the Banking Sector: A Review of the Empirical Evidence on the Sources of Bank Rents. In: A. Thakor and A. Boot (Eds.), *Handbook of Finan-*

cial Intermediation and Banking, 483 – 554. Amsterdam: Elsevier.

[35] Demirgüç – Kunt A. and Maksimovic V. (1998). Law, Finance, and Firm Growth, *Journal of Finance* 53, 2107 – 2137.

[36] Detragiache E., Garella P., and Guiso, L. (2000). Multiple vs. Single Banking Relationships: Theory and Evidence, *Journal of Finance* 55, 1133 – 1161.

[37] Dewatripont M. and Maskin E. (1995). Credit and Efficiency in Centralized and Decentralized Economies, *Review of Economic Studies* 62, 541 – 555.

[38] de Vries C. (2005). The Simple Economics of Bank Fragility, *Journal of Banking and Finance* 29, 803 – 825.

[39] Diamond D. (1984). Financial Intermediation and Delegated Monitoring, *Review of Economic Studies* 51, 393 – 414.

[40] Diamond D. and Dybvig P. (1983). Bank Runs, Deposit Insurance, and Liquidity, *Journal of Political Economy* 91, 401 – 419.

[41] Edwards J. and Fischer K. (1994). *Banks, Finance and Investment in Germany.* Cambridge, UK: Cambridge University Press.

[42] Freixas X., Parigi B., and Rochet J. (2000). Systemic Risk, Interbank Relations and Liquidity Provision by the Central Bank, *Journal of Money, Credit and Banking* 32, 611 – 638.

[43] Furfine C. (2003). The Interbank Market during a Crisis, *Journal of Money, Credit and Banking* 35, 111 – 128.

[44] Gale D. (1991). Optimal Risk Sharing through Renegotiation of Simple Contracts, *Journal of Financial Intermediation* 1, 283 – 306.

[45] Gerschenkron A. (1962). *Economic Backwardness in Historical Perspective.* Cambridge, MA: Harvard University Press.

[46] Goldsmith R. (1969). *Financial Structure and Development.* New Haven, CT: Yale University Press.

[47] Goldstein I. and Pauzner A. (2005). Demand – Deposit Contracts and the Probability of Bank Runs, *Journal of Finance* 60, 1293 – 1327.

[48] Gorton G. (1988). Banking Panics and Business Cycles, *Oxford Economic Papers* 40, 751 – 781.

[49] Gorton G. and Schmid F. (2000). Universal Banking and the Performance of German Firms, *Journal of Financial Economics* 58, 29 – 80.

[50] Gorton G. and Winton A. (2003). Financial Intermediation. In: G. Constantinides, M. Harris, and R. Stulz (Eds.), *Handbook of the Economics of Finance*, 431 – 552. Amsterdam: North – Holland.

[51] Hart O. and Moore J. (1988). Incomplete Contracts and Renegotiation, *Econometrica* 56, 755 – 785.

[52] Hayashi F. (2000). The Main Bank System and Corporate Investment: An Empirical Reassessment. In: M. Aoki and G. Saxonhouse (Eds.), *Finance, Governance, and Competitiveness in Japan*, 81 – 97. Oxford and New York: Oxford University Press.

[53] He Z. and Xiong W. (2012). Dynamic Debt Runs, *Review of Financial Studies* 25, 1799 – 1843.

[54] Hellwig M. (1991). Banking, Financial Intermediation and Corporate Finance. In: A. Giovannini and C. Mayer (Eds.), *European Financial Integration*, 35 – 63. New York: Cambridge University Press.

[55] Hellwig M. (1994). Liquidity Provision, Banking, and the Allocation of Interest Rate Risk, *European Economic Review* 38, 1363 – 1389.

[56] Hoshi T., Kashyap A., and Scharfstein D. (1990). The Role of Banks in Reducing the Costs of Fi-

nancial Distress in Japan, *Journal of Financial Economics* 27, 67 – 68.

[57] Hoshi T., Kashyap A., and Scharfstein D. (1993). *The Choice between Public and Private Debt: An Analysis of Post – Deregulation Corporate Financing in Japan*, NBER Working Paper No. 4421.

[58] Huberman G. and Kahn C. (1988). Limited Contract Enforcement and Strategic Renegotiation, *American Economic Review* 78, 471 – 484.

[59] Iyer R. and Peydro – Alcalde J. L. (2011). Interbank Contagion at Work: Evidence from a Natural Experiment, *Review of Financial Studies* 24 (4), 1337 – 1377.

[60] Jacklin C. J. and Bhattacharya S. (1988). Distinguishing Panics and Information – based Bank Runs: Welfare and Policy Implications, *Journal of Political Economy* 96 (3), 568 – 592.

[61] Jorion P. and Zhang G. (2009). Credit Contagion from Counterparty Risk, *Journal of Finance* 64 (5), 2053 – 2087.

[62] Kindleberger C. (1978). Manias, Panics, and Crashes: *A History of Financial Crises.* New York: Basic Books.

[63] Lagunoff R. and Schreft, S. (2001). A Model of Financial Fragility, *Journal of Economic Theory* 99, 220 – 264.

[64] Leitner Y. (2005). Financial Networks: Contagion, Commitment and Private Sector Bailout, *Journal of Finance* 60 (6), 2925 – 2953.

[65] Levine R. (2002). Bank – Based or Market – Based Financial Systems: Which is Better?, *Journal of Financial Intermediation* 11, 398 – 428.

[66] Levine R. and Zervos S. (1998). Stock Markets, Banks and Economic Growth, *American Economic Review* 88, 537 – 558.

[67] Martin A., Skeie D., and von Thadden E. (2014). The Fragility of Short – term Secured Funding Markets, *Journal of Economic Theory* 149, 15 – 42.

[68] Mitchell W. (1941). Business Cycles and Their Causes. Berkeley: University of California Press.

[69] Morris S. and Shin H. (1998). Unique Equilibrium in a Model of Self – Fulfilling Currency Attacks, *American Economic Review* 88, 587 – 597.

[70] Padilla A. J. and Pagano M. (1997). Endogenous Communication Among Lenders and Entrepreneurial Incentives, *Review of Financial Studies* 10, 205 – 236.

[71] Rajan R. (1992). Insiders and Outsiders: The Choice between Informed and Arm's – Length Debt, *Journal of Finance*47, 1367 – 1400.

[72] Reinhart C. M. and Rogoff K. S. (2009). *This Time Is Different: Eight Centuries of Financial Folly. Princeton*, NJ: Princeton University Press.

[73] Reinhart C. M. and Rogoff K. S. (2011). From Financial Crash to Debt Crisis, *American Economic Review* 101 (5), 1676 – 1706.

[74] Rochet J. and Vives X. (2004). Coordination Failures and the Lender of Last Resort: Was Bagehot Right after All? *Journal of the European Economic Association* 2, 1116 – 1147.

[75] Sharpe S. (1990). Asymmetric Information, Bank Lending, and Implicit Contracts: A Stylized Model of Customer Relationships, *Journal of Finance* 45, 1069 – 1087.

[76] Tadesse S. (2002). Financial Architecture and Economic Performance: International Evidence, *Journal of Financial Intermediation* 11, 429 – 454.

[77] Upper C. (2010). Simulation Methods to Assess the Danger of Contagion in Interbank Markets, *Journal of Financial Stability* 7, 111 – 125,

[78] Upper C. and Worms A. (2004). Estimating Bilateral Exposures in the German Interbank Market: Is There a Danger of Contagion? *European Economic Review* 48, 827 - 849.

[79] von Thadden E. (1995). Long - Term Contracts, Short - Term Investment and Monitoring, *Review of Economic Studies* 62, 557 - 575.

[80] Yosha O. (1995). Information Disclosure Costs and the Choice of Financing Source, *Journal of Financial Intermediation* 4, 3 - 20.

第3章　商业银行与影子银行

——银行与市场的加速整合及其对监管的影响

3.1　引言

随着监管的放松以及信息技术的发展，上个十年金融部门的发展非常迅速，竞争变得更加激烈。国内市场和国际市场上的银行间竞争以及其他金融市场竞争的重要性与日俱增。金融机构的制度结构以及金融机构与金融市场的界限都已经发生了改变，2007 年金融危机的发生说明了这种界限的混乱，这些事件同时也强调了影子银行部门①已经成长的有多大。Pozsar 等（2010）估计美国影子银行系统的规模在 2010 年达到 16 万亿美元，但是多种估计方法（和测度方法）的结果是不同的（参见 Claessens 等，2012）。这一章回顾了有关这些内容的文献并用它们来验证金融服务业的结构变化以及相关监管的设计与组织变化的重要性。

如同我们将要探讨的，银行与金融市场联系的加剧并非没有成本。尤其是在 2007—2009 年的金融危机期间，系统性风险的问题可能更为普遍。在本章，我们试图提供一种可以解释银行业发展的根本原因的基础性分析。我们从讨论有关金融中介的文献中得到的关键洞见开始，这些理论涉及银行与市场潜在的互补性，在银行活动与金融市场活动（承销、证券化等）间的利益冲突。尽管有关金融中介的文献大多是对债券融资的研究，私募股权公司的发展使得许多研究将重点转移到股权融资上。在某种程度上，我们可以把私募股权公司当作股权融资中介。那么在赋予了银行债券融资中介、私募股权公司股权融资中介后，它们是如何相互影响的呢？

我们的讨论揭露了银行与私募股权公司之间的相互影响只不过是银行与市场加速整合的一个方面。银行越来越依赖市场，这不只是因为银行将市场作为发放贷款的资金来源，同时也因为银行为对冲以及分散风险要通过市场进行证券化，此外还有可能涉及自营业务。金融市场的联系也意味着金融部门内部联系的增加，例如证券化产生的资产支持证券也可以作为金融机构用来在影子银行系统筹资的担保物。银行对市场多个维度的依赖对于银行来说既有可能降低风险又有可能加剧风险。例如，尽管对冲可能减少了风险，但是自营业务、对证券化债务的流动性保证及信贷违约互换的头寸可以加剧风险，这也增加了潜

---

① Gorton 和 Metrick（2012）将影子银行系统定义为由以下主要组成部分组成的：（1）货币市场共同基金或其他机构（市场主导型）贷款人，它们取代了存款人作为影子银行的主要资金来源；（2）银行贷款的证券化，允许创建资产支持证券，然后作为银行从共同基金和其他机构贷款人借款的抵押品；（3）回购协议（或回购），代表银行用以从投资者筹集资金的金融合约。

在的监管隐患。这些发展对于谨慎监管意味着什么呢？银行与市场相互影响程度的加剧是否使金融系统更加脆弱或牢固呢？2007—2009 年的金融危机证明了金融系统会更加脆弱，但是从危机中我们能得到什么呢？这些问题越发需要解决不仅是因为银行与市场的整合程度的增加，同时也是由于金融机构跨国发展程度的增加。

许多研究也聚焦于“看门人”的作用（Coffee，2002），例如信用评级机构。尽管关于金融中介的文献已经承认信用评级机构作为信息处理者与售卖者的作用有一段时间了（例如，Ramarkrishman 和 Thakor，1984；Allen，1990），但是这些文献并没有讨论信用评级机构如何通过它们扮演的重要角色即“机构与市场的蛛网上的蜘蛛”的作用影响金融脆弱性，在之后我们将会讨论。

本章结构如下：在第二节我们聚焦于金融中介的作用，首先关注银行在信贷上的作用以及与直接通过金融市场融资对比。同时我们将会分析竞争对银行信贷关系的影响。这种竞争是损害了关系、减少了其价值并因此导致了更多的交易为导向的银行业务还是相反？有关于此的讨论将会总结现代关于金融中介的文献的重要见解。第三节我们讨论银行与市场相互联系程度的加剧，重点关注证券化。这项“技术”在 2007—2009 年的金融危机中扮演了重要的角色。证券化的前景如何？非银行金融机构的增加，尤其是私募股权公司，将会在第四节展开讨论。我们将会论述这种情况对于银行作用来说是一种互补而不是威胁。在第五节我们关注信用评级机构的作用，对于证券化的迅猛发展（与临时终结），这些机构是必不可少的。它们是如何发挥其作用的？我们在第六节将会讨论监管的含义，在此我们将银行信贷的作用（正如我们之前的讨论中所强调的）与提供流动性的作用联系在一起，这就涉及近来管理问题的核心金融脆弱性问题。

3.2 理解银行作为信息处理中介的作用

在这一部分我们将讨论两个问题：（1）与市场相比，银行的关键作用是什么；（2）竞争对其作用的影响如何？

3.2.1 银行的经济作用

我们首先要讨论的是银行改变资产性质的作用——银行吸收风险然后改变资产流动性和信用风险特征的过程（Bhattacharya 和 Thakor，1993）。例如，银行投资于风险贷款但是以无风险存款融资获取（Diamond，1984；Ramakrishnan 和 Thakor，1984；Millon 和 Thakor，1985）。银行也投资于非流动性贷款，以流动性活期存款获得（例如 Diamond 和 Dybvig，1983）。银行中介理论特别强调了银行在创造贷款过程中监管借款者的作用。银行贷款通常与直接从金融市场融资进行对比，那么与公众资本市场债券融资相比其优势是什么呢？

当代金融中介理论中最深刻的见解是在解决信息问题上银行要优于市场。因为拥有贷款者更优的信息，因此银行能够距离贷款者更近。有趣的是，这就产生了一个信息反馈圈，因为这种提供融资者与贷款者在贷款安排上的拉近同时减轻了信息不对称的问题，而该问题往往会对市场交易形成干扰，这有几方面的原因。贷款者可能愿意告知银行自己的个人信息而对于金融市场则不情愿（Bhattacharya 和 Chiesa，1995）。而银行也有更强的动机投资于信息的获取。银行在贷款者资金中的大量份额和它们这种持久的关系——随着时间的推移信息有再利用的可能——增大了银行获取信息的边际收益，尽管成本很高。[①] Boot 和 Thakor（2000）分析了这种关系中银行业务所产生的经济剩余。

但这种贷款者—借款者的接近可能也有相反的一面。其中一个重要的问题是由信息垄断造成的"敲竹杠"问题，该问题可能会由于贷款者自发产生的专有信息产生。这种信息垄断使银行事后可以索要更高的贷款利率（参见 Sharpe，1990；Rajan，1992；Boot，2000）。由于担心"资金搁置"，或是被银行控制信息，贷款需求可能事前会被抑制，这导致了潜在的有价值的投资机会的损失。此时，公司可能就会倾向于多银行关系（参见 Carletti、Cerasi 和 Daltung，2007）。这可以减少任一单一银行的信息垄断，但存在成本。Ongena 和 Smith（2000）表示这种多银行关系的确减少了"敲竹杠"问题的发生，但也会损害信贷的可获得性（了解基本原理，见 Thakor，1996）。

另外，关系型银行可以接受跨期平滑的合约（参见 Boot 和 Thakor，1994；Allen 和 Gale，1995，1997），这种合约会带来银行短期的损失但会在长期得到补偿。Petersen 和 Rajan（1995）表示对于年轻人或初创公司来说，信贷津贴可能会减少银行在这种贷款中遇到的道德风险和信息摩擦。如果在这种情况下银行预计其初始损失能够通过从借款者获得的长期收益得到抵消，它们就会愿意提供这种补贴化的资金。如果在早期初创公司不能获得这种信贷津贴，它们就会产生严重的逆向选择与道德风险，最后导致没有银行愿意借钱给它们。关系借款之所以可行是因为，在这种关系下产生的专有信息产生了"竞争免疫"租金，这使得银行可以弥补其早期的损失。这种贷款定价的跨期转变在 Berlin 和 Mester（1999）中得到体现。他们说明了对利率敏感的核心储蓄允许贷款利率的跨期平滑，这也说明了贷款与存款之间的互补性。再者，有关贷款承诺的文献强调了跨期税收补贴通过定价解决道德风险（参见 Boot、Thakor 和 Udell，1991；Shockley 和 Thakor，1997）的重要性以及吸收存款和贷款承诺的互补性（参见 Kashyap、Rajan 和 Stein，2002）。

与金融市场相比，银行—贷款者的关系也表现出更好的合约灵活性。这种灵活性存在于银行关系中专有信息的产生上。这些信息使银行有能力在获取新信息之后调整款项并因此鼓励银行签署事前的"自由裁量合约"，这种合约赋予了银行事后调整的空间。这和经济学理论中关于依固定规则还是斟酌处置的讨论是一致的，斟酌处置使得决策的制定基于微小的、潜在的不可缩小的信息（参见 Simons，1936；Boot、Greenbaum 和 Thakor，1993）。

Stein（2002）、Berger 等（2005）的文章强调了在贷款中"软信息"的重要性，这可以作为更微小和不可缩小的信息的一个例子。在这个问题上有两个维度，第一个维度涉及银行—贷款者关系的本质，而银行和贷款者有很强的动机去稳固这种关系的持久性，这就

---

① Ramakrishnan 和 Thakor（1984）、Million 和 Thakor（1985）关注合同签订前的信息不对称，以使金融中介机构相对于市场的价值合理化。Diamond（1984）关注合同签订后的信息不对称，以使中介合理化。Coval 和 Thakor（2005）表明，金融中介机构可以在个人投资者层面提供认知偏差问题的制度性解决方案，作为悲观投资者和乐观企业家之间的"信念桥梁"。James（1987）、Lummer 和 McConnell（1989）、Gande 和 Saunders（2005）提供了银行融资信息价值的实证证据。另见 Berlin（1996）提供的"故事"，支持银行的特殊作用。

允许了隐性的非强制的长期合约。有一个最优的信息流入对于维持这种合约是极其重要的。金融市场的信息不对称及不可缩小的多种信息将会排除掉作为替代品的资本市场资金介入的可能性以及银行显性的长期承诺。因此，银行和贷款者可能会意识到其关系的附加值，因此也有动机去维护其关系。①

第二个维度涉及显性契约的结构，因为银行签订更自由的契约，银行贷款要比债权条款和其他资本市场基金工具更容易重新谈判（参见 Berlin 和 Mester，1992）。重新谈判可能是一个好坏参半的事，因为银行可能会被"软预算约束"问题限制：贷款者可能会意识到他们可以事后重新谈判，这会因此给他们不正当的事前动机（参见 Dewatripont 和 Maskin，1995；Bolton 和 Scharfstein，1996）。由于与关系型银行业务密切相关的"议价权"的事后分配，预算软约束问题涉及潜在的缺乏合约的执行力（参见 Boot，2000）。实际上，银行解决该问题的一种方式是通过设计合约的优先结构，如果银行比其他借款者拥有优先权，这就能强化银行的议价能力因此使其更有执行力，这些问题在 Diamond（1993）、Berglöf 和 von Thadden（1994），及 Gorton 和 Kahn（1993）中得到验证。

当银行认为其长期利益有可能会被损害时，它们就会介入贷款者的决策过程。例如，银行可能会认为公司的战略是有缺陷的，或者其重组是长期未兑现的。银行能够推动重组吗？如果银行没有优先权，贷款者可能就会忽视银行的期许。银行可以威胁要求还款，但是这样的威胁是缺乏可信度的。因为对于有更强优先权的借款者，处理贷款者资产的收益要更大，而对于具有较低优先权的借款者终止贷款者经营的成本要低。当银行贷款具有足够的优先权时，银行可以可信地威胁还款，这就能够弥补软预算约束的负面影响。这显示了银行融资的一个潜在的优点：及时干预。当然，股东可以提出请求，询问是否可以赋予债券持有人优先权并且分配及时干预工作。要注意到债券持有人所受到的信息不对称问题更严重，而其往往是分散的（例如有很少的股份）。这两个特点使他们不适合及时干预的工作。

3.2.2 中介与竞争

既然关系银行是银行提供的经济服务中的一个完整部分并会给银行产生利润，那么也会导致客户可能选择多银行关系，这就会产生银行间的竞争。这导致的一个有趣的问题是竞争会如何影响选择关系银行的动机。尽管这最后会演化成一个实证问题，但理论上已经出现了两个相对立的观点。一个观点是提供资金的机构之间的竞争鼓励贷款者转向其他银行或是金融市场。银行—贷款者关系的预期"寿命"的缩短可能会减少银行在特定关系上的投资，因此阻止了信息的再利用并缩小了信息的价值（Chan、Greenbaum 和 Thakor，1986）。银行可能之后会发现其获取专有信息的动机弱化，关系因此动摇。有实证表述关系时长的增加有益于借款者。Brick 和 Palia（2007）证明关系长度中一个单位标准差的增加会导致贷款利率下降 21 个基点。

此外，通过对贷款者和借款者跨期分享剩余价值能力的限制，信贷市场的竞争加剧也

① Mayer（1988）和 Hellwig（1991）讨论了银行融资的承诺性质。Boot、Thakor 和 Udell（1991）讨论了承诺的可信性。

会影响关系型贷款（参见 Petersen 和 Rajan，1995）。尤其是对于银行来讲，这会使发放早期补贴并在未来获得利益变得困难。因此，依 Peterson 和 Rajan（1995）在研究初创企业时所指出的，在竞争加剧的情况下，银行提供资金的作用不再可持续，这说明银行间的竞争可能会对减少银行贷款有一个事后效应。①

竞争损害关系银行业务的另一个方式是合并，很多实证文献关注于银行部门合并对小规模企业贷款的影响。这种合并一部分可以被看做是对竞争压力的反应，但合并对小规模企业贷款的影响还不清楚。Sapienza（2002）发现在至少涉及一家大银行的银行合并企业的情况下，合并的银行会提供小额贷款者更少的资金。这可能与大机构在使用“软信息”上有困难有关（Stein，2002；Berger、Miller 等，2005）。但是，Berger 等（1998）表示在银行合并之后对于小企业的贷款提供量并没有实际减少，因为专注于小企业贷款的新银行的进入（参见 Strahan，2007）。

相反的观点是竞争实际上可能会提升关系导向作为独特竞争优势的重要性。这种观点认为，竞争对现有产品的利润率造成压力，并增加了融资者差异化的重要性，而更紧密的关系型贷款可能是银行获得利润的一种方式。Boot 和 Thakor（2000）将这个讨论正式化来表述一个更加具有竞争性的环境可能会鼓励银行受客户偏好驱动并且提供订制服务，因此银行对关系银行业务更加关注。②“被动”交易型贷款和关系型银行业务是不同的。交易型贷款与金融市场正面竞争，更严重的银行间竞争导致银行涉入更多关系贷款，但是每个关系贷款对于贷款者来说价值更低。作为对比，在资本市场更严重的竞争导致了关系贷款的减少，但是每一个关系贷款价值更高。Berger 等（2008）实证发现银行所有者类型（外国、本国持有或私人）会影响银行在交易型和关系贷款的选择。

关系会导致信息的交换，但是可能同时给借款者信息垄断并会损害竞争价格。如以上讨论，如果一个贷款者涉入多银行关系，在“内部”借款者的信息垄断可能会更小。这会减轻信息更多的借款者的利润榨取的可能性并会带来更加竞争性的定价（参见 Sharpe，1990；Petersen 和 Rajan，1995）。但是，交易型贷款可能会使银行缺乏动机来获得信息，交易性贷款也可能会面临更大的竞争。这表明在没有明确的信息获取和银行信息处理的介入，当信息不对称的问题不能解决时以交易为导向的融资市场可能会失败。这个争论被一些人用来强调银行导向（关系导向）的金融体系（例如德国和日本）相对于市场导向的金融体系的优点。有部分文献涉及金融体系的设计（参见 Allen，1993；Allen 和 Gale，1995；Boot 和 Thakor，1997）。本章的一个目标就是去评价相互替代的金融体系结构的经济后果。

这个讨论指出的是竞争对于关系银行的冲击是复杂的；这里有几个问题需要解决。实证结果（参见 Degryse 和 Ongena，2007）似乎是支持 Boot 和 Thakor（2000）的预测的：关系型银行业务将适应越来越剧烈的银行间竞争，因此，更深化的竞争并没有驱逐关系贷款。尽管存在这种适应，有证据表明最近贷款者和借款者的地理距离在加大，随之产生的

① Berlin 和 Mester（1999）提供了一个相关的，虽然不同的论点。他们的分析表明，竞争迫使银行支付存款的市场利率，这可能阻碍它们参与潜在的价值增强平滑贷款利率的能力。

② 在相关工作中，Hauswald 和 Marquez（2006）关注银行为获得市场份额而获得借款人特定信息的动机，Dinç（2000）检验了银行的声誉激励，以履行承诺为更高质量的公司提供资金。Song 和 Thakor（2007）从理论上分析了竞争对关系型和交易型贷款之间组合的影响，特别关注脆弱性问题。

问题是更高比率的贷款违约（参见 DeYoung 和 Nigro，2008）。

3.3 银行贷款、证券化、资本市场融资

之前我们大多关注于银行间的竞争，但是银行也面临着资本市场的竞争，标准的观点是银行和市场的相互竞争，以至于一方收益是以另一方的损害为代价的（参见 Allen 和 Gale，1995；Boot 和 Thakor，1997）。在这种背景下，Deidd 和 Fattouh（2008）在理论上表述了银行和市场的发展对经济增长都有一个正的效应，但是当股票市场的发展程度更高时，银行发展对经济增长的影响较低。他们也列举了实证结果进行证明。这也说明，银行与市场之间的动态相互影响具有真实效应，银行与市场如何相互影响因此得到了关注。

与银行贷款和资本市场融资之间相互竞争的标准观点相对比，前一部分提到的观点认为，它们之间存在潜在的互补性。我们论述了具有优先性的银行贷款可能会促进及时干预，银行贷款的这一特征，对于公司债券持有人也是有利的。他们可能会发现，赋予银行贷款优先于他们的索取权是最优的，因为这会有效地将及时介入的任务委托给银行。而债券持有人显然会因为他们的次级地位而寻求补偿。忽略及时介入的效应，这是一个“清洗”，换句话说，优先权和次级地位的特征是可以定价的。高级别债务也许会更“便宜”（风险更小），次级债务可能会更昂贵，对于银行优先权来说，除了通过及时的银行介入，没有更好的选择。因此，通过同时使用银行信贷和金融市场，贷款者可以减少其总的融资成本。①

另一个用来表示银行贷款和资本市场活动的互补性的是越发重要的证券化，这是金融服务分拆的一个例子。证券化是资产从银行资产负债表中移除的过程，当资产证券化后，银行不需要永久为资产融资；购买资产抵押证券的投资者提供资金。因此是资产抵押证券而不是存款最终为源于银行的资产的专有资产池提供资金。更特别的是，贷款功能可以被分解为四个基本活动：起始、资金提供、服务和风险处理（Bhattacharya 和 Thakor，1993）。起始活动包括监测预期贷款者和金融合约的设计和定价。资金提供涉及金融资源的提供。服务包括收集和缓解支付，也包括信用监管。风险处理是指对冲，多样化和吸收信用、利率、流动性、汇率风险。因为证券化分解了贷款功能，因此银行不再全部为资产提供融资，但银行仍然会涉入其他贷款活动。证券化一个潜在的好处是更好地分散风险，但是，证券化的快速发展可能也导致了监管套利——例如，作为缓和资本监管的工具（参见 Gorton 和 Pennacchi，1995，理解银行贷款销售及证券化的经济学原理）。被 Boot 和 Thakor（1993）强调的第三个好处是，证券化中的资产池和索取权分组使得信息多样化，并创造了对敏感信息的索取权，这增加了发行人通过出售证券的所得的收益。

---

① 这与议价能力和资历的工作直接相关；参见 Gorton 和 Kahn（1993）、Berglöf 和 von Thadden（1994）的工作。Diamond（1991），Hoshi、Kashyap 和 Scharfstein（1993）进一步强调了银行贷款和资本市场融资之间的互补性。Diamond（1991）表明，借款人可能希望先从银行借款，以便在进入资本市场之前建立充分的可信度。同样，银行提供认证和监测。一旦借款人“建立”，它就转向资本市场融资。Hoshi、Kashyap 和 Scharfstein（1993）表明，银行贷款将借款人暴露给监测，这可以作为同时促进资本市场融资的认证机制。在这种解释中，银行和资本市场融资之间存在顺序互补性。在相关的理论工作中，Chammanur 和 Fulgheiri（1994）表明，银行的质量对其认证作用至关重要。这表明关系型银行的价值与贷款人的质量之间存在正相关。见 Petersen 和 Rajan（1994）、Houston 和 James（1996）的经验证据。

大量关于证券化的学术研究的核心观点是，发起人完全免除初始资产的风险是不效率的。发起银行需要保留在资产中的经济利益，以减轻道德风险，这也导致发起银行在监管上投入大量精力。这说明，即使进行资产证券化，银行也并不能停止涉入其初创资本。银行仍会提供监督贷款者，设计与定价金融债权，提供风险管理和贷款服务支持等服务。这样，证券化保留了银行存在的核心功能，这与证券化有效减少了银行重要性的观点是相反的。

Boyd 和 Gertler（1994）已经论述过由于证券化导致的银行表内业务被表外业务的替换可能错误地说明了银行作用的下降。实际上，通过让银行涉入贷款前对贷款者的筛选活动，证券化保留了银行在资产方面的大部分增值。

直到 2007—2009 年的金融危机，证券化越来越重要，实际上，在 2007 年夏天之前，对于多种信贷，证券化已经很普遍，这包括先前由于信息不透明被认为很难证券化的商业信贷。对于涉及资产支持商业票据通道的证券化的新市场的出现是一个重要的推动力，就像 2007 年次贷危机所展示的，这些发展并非没有问题。在真实世界中，证券化交易的结构似乎采用了一种更脆弱的形式，特别是，导致了这场危机的证券化中的很大一部分涉及用短期资金为长期资产融资，这引致了大量流动性风险，认识到这一点是很重要的。尽管流动性风险有时被流动性担保减缓（例如，备用信用证和再融资承诺），承销机构经常低估它们涉及的风险因此过度发展。[①] 最近的事件可能会加重对这样的战略的最优性的怀疑。同时，因为发起机构想去承担最小剩余风险，监管动机可能会被损害（参见 Mian 和 Sufi，2009）。[②] 银行对证券化的渴望——同时保证打包“机器”运行——可能也已经对初始贷款的质量产生了不利的影响，因为银行承担较低的剩余风险，以此银行监管贷款的动机受到了稀释（例如次级贷款；见 Keys 等，2010）。

2007—2009 年的金融危机已经使证券化几乎停止，但是证券化所能完成的风险多样化似乎更加重要。因此，我们希望证券化重新出现，虽然这有可能会导致较低的流动性风险水平以及审查（贷款承销标准）与监督中较低的道德风险。要提醒的是证券化中的有些活动可能只是导致了资本套利，在这种情况下证券化的社会价值会受到限制。

银行与市场相互影响的另一个效应是随着市场的发展，银行贷款者被吸引至市场，银行有创造新产品和提供结合市场与银行服务的新服务的动机。这使得银行追随其消费者进入市场而不是失去他们，有大量例子可以证明。比如，当一个贷款者进入市场发行商业票据，向他提供贷款的银行可以提供一个信贷的备用线。多种分类的证券化是另一个例子，银行不仅提供构建资产池与进行证券化的初始贷款，它们也购买不同的证券化的资产作为投资证券。随着银行间的竞争导致传统的银行产品的利润率受到压力，资本市场向传统的贷款者提供了更好的流动性以及更低的资本成本，这样银行涉及以市场为基础的活动的动

① 最值得注意的是 German Lander 银行破产，涉及提供流动性担保。

② 部分通过信用增强促进证券化，包括由证券化交易的安排者的部分担保（和/或他持有交易的最高风险层）。在最近的信贷危机中，这种纪律机制崩溃了；剩余风险是最小的或框架化为对表外工具的流动性担保，却没有意识到固有的风险。也就是说，银行也在证券化交易中承保流动性风险，例如，通过备用信用证保证为 ABCP 交易中商业票据的再融资提供担保。这种担保为银行创造了利润，但也带来了风险，银行在最近的次贷危机中造成的损失就是这样。证券化债权的可销售性也通过信用评级机构的认证来促进（参见 Boot、Milbourn 和 Schmeits，2006）。然而，即使次级贷款危机期间评级机构的作用也受到质疑。

机越来越强。结果，银行自然有动机倾向于加速整合，这使得一种空前的互相依赖关系的出现，这种关系使得银行和资本市场风险越发纠缠。关于这是否可取以及对监管的影响将会如何的讨论将在之后展开。

3.4 银行、股权、私募股权公司

私募股权公司等非银行金融机构的出现被一些人认为是银行作用降低的标志，但是我们将会讨论这些机构的发展与银行的作用是互补的。我们首先讨论私募股权公司的作用。

上文中关于银行需要优先权的论述表明对银行投资于公司股权的天然的经济抑制。股权弱化了银行介入的动机，这与次级债务弱化银行介入动机的原因类似。因此，尽管公司金融理论对代理问题的强调说明银行同时拥有对一家公司债券和股权的索取权是可能有效率的，然而从及时干预的视角来看这却不是最明智的。这可能可以解释为什么股权融资机构大部分被私募股权公司或大型跨国投资银行掌握，这些机构传统上很少涉及关系银行业务并且主要关注交易型和联合的资本市场活动。

有关私募股权公司的研究更多，它们可以被看作股权融资中介。私募股权投资是从一群投资者手中吸收资金并将其投资作为企业的股权。它们涉及更多的关于企业的监管与建议，这与银行作为债权融资中介的作用有何不同呢？为了回答这个问题，首先应该注意银行偶尔会作为风投，尤其是后期融资，此时有发展一个有价值的贷款关系的可能性。因此，如果随后的贷款活动盈利可能性较大，银行就比较可能作为风投参与融资（Hellmann、Lindsey 和 Puri，2008）。银行也可能拥有或参与 PE 子公司，这些子公司独立于银行的其他业务而运行，但是银行这个股权融资的作用是受限制的，也并不意味着这对银行永久成为债权和股权融资的提供者——一站式的金融机构（参见我们之前的有关优先索取权价值的讨论）是有效的。特别是，股权由于优先级较低可能会损害银行的议价能力并因此损害其及时干涉的作用。同时，预算软约束问题也可能产生。

更普遍的，可能会有这样的疑问，私募股权公司的监管作用是否可以替代与贷款相关的银行监管，答案是可能的。但要注意，股权和债权本质是完全不同的两种证券，它们的监管类型是完全不同的。一定正确的是，私募股权投资涉入的增加会导致银行与这些投资者进行合作。在某种意义上，银行开始与私募股权公司建立关系而不是与私募股权公司投资的公司建立关系。这并非没有风险，因为这会影响到银行对贷款者及时干预的附加值甚至影响银行涉足于此的动机。① 然而，就私募股权投资公司是资本市场不可分割的一部分

① 这表明潜在的利益冲突。许多文献集中在银行结合贷款和资本市场活动的潜在担忧，例如全能银行中的潜在利益冲突。这种文献是由美国的 Glass - Steagall 法规所推动的（见 Kroszner 和 Rajan，1994；Puri，1996；Ramírez，2002）。类似的精神，Drucker（2005）表明，当垃圾评级公司和地方贷款关系中的公司期望在未来发行公共债务时，它们更有可能选择一个综合（全能）商业投资银行。这揭示了对发行信息敏感证券的公司对商业投资银行关系的偏好，这表明银行有利于使用投资银行贷款中的私人信息。如果在 1999 年《金融服务现代化法案》之后关注美国银行业，也会出现类似的相当积极的情况。看来，通过银行的商业贷款业务收集的信息可能降低了承销债务和股本的成本（见 Drucker 和 Puri，2005；Schenone，2004）。Gande（2007）得出结论，商业银行在承保中有降低发行人成本的明显好处。他还认为，“对于非投资级，小型和首次公开募股的公司，银行关系的价值似乎是最大的，对于这些公司，人们预期银行监测的利益将是最高的”。

而言，这种发展也使得银行在资本市场上的参与更加深入和复杂。这种复杂程度随着其他中介诸如对冲基金的出现越来越恶化，尤其是由于对冲基金作为直接借款者作用的增加。参见 Brophy、Ouimet 和 Sialm（2009），他们指出对冲基金已经以“最后贷款人”身份出现，它们向银行一般不会提供贷款的公司提供融资。这是影子银行部门作为融资渠道的重要性增加的部分原因。

3.5 信用评级机构的作用

信用评级机构是当今金融市场一个很有趣的部分，它们的重要性很明显从市场参与者的行为可以看出。但是，学术研究总是怀疑其是否对于市场有增加值，这主要是因为评级机构理论的欠缺。在关于金融中介存在的文献中，银行贷款具有监管优势，这是金融市场欠缺的。对于资本市场欠缺监管的传统争论是，投资者的“搭便车”问题阻碍了有效的监管。Boot、Milbourn 和 Schmeits（2006）表述过信用评级机构给金融市场增加了一个监管种类，因此其对于解决众多分散投资者（贷款者）协调失灵的问题扮演着重要的角色。信用评级机构之所以能够解决协调失灵问题，是因为它们的行为——信用评级和信用监管过程——会影响到公司的行为，因为投资者的投资决策是以信用评级为参考的。Darin 和 Hellmann（2002）表述过，银行可以通过协调贷款者的投资决策解决多均衡问题，Boot、Milbourn 和 Schmeits（2006）赋予了信用评级机构类似的作用。

在金融市场中信用评级机构解决协调失灵的问题的作用使得公众贷款和银行贷款得以区分，然而，这种机制比在银行融资的情况下拥有更少的“直接性”：是通过信用评级（尤其是降级的威胁）使公司采取好的行为，而不是在公共信贷市场中通过直接干预来阻碍公司采取坏的行为。除了银行贷款，非银行的私人信贷市场也对信用评级机构有一个潜在的直接替代作用。实际上，私人贷款者纪律更加严明，因此相比较银行可以向风险更高的贷款者提供贷款（Carey、Post 和 Sharpe，1998）。

另一个连接银行和信用评级机构的机制是银行贷款的鉴定作用。Datta、Iskandar - Datta 和 Patel（1999）表述对银行贷款的监管促进贷款者流入公众贷款市场，银行的这种鉴定作用因此与信用评级机构作为互补。随着信用评级机构越来越复杂，越来越可信，银行鉴定作用的重要性正在降低，这导致了银行贷款者流入资本市场。在某种程度上信用评级机构增强了银行与市场的竞争，但同时，信用评级机构也将银行拉入了资本市场。比如，银行提供证券化的初始贷款，之后寻找信用评级机构进行评级，而评级结果反过来使银行更具能力在资本市场出售这种资产抵押证券。

信用评级机构的这种有利影响在一定程度上被最近的负面报道掩盖了。在 2001 年安然事件引发的危机中，信用评级机构被指责降低信用评级的速度太慢。[①] 而近来，人们将次贷危机（部分地）归咎于信用评级机构，因为它们在证券化交易中对优先级的评级太过

---

① 例如，参见美国参议院的讨论。2002 年 3 月 20 日，参议院委员会举行了一次听证会，名为“评估评级人：安然和信用评级机构”…… 听证会试图了解为什么信用评级机构在安然宣布破产前四天还将其信用风险评为良好 ……（美国参议院听证会，2002 年）。同样，美国参议院工作人员报告（2002 年）指出：“在安然的案例中，信用评级机构在对安然的报道和评估方面表现出缺乏勤奋”。另见 Cantor（2004）和 Partnoy（1999）。

宽松。有人指控信用评级机构存在利益冲突，因为结构化金融是信用评级机构不断增长的收入来源，这导致了它们缺少对涉及结构化金融的发行者进行正确评级的动机（Cantor，2004）。在这种背景下，Coffee 和 Sale（2008）认为仅仅依靠建立声誉动机就能使评级机构的行为得到控制是很幼稚的。

更被担心的是被称为“评级触发”的机制，例如当评级下降时，一些贷款合约可能会要求加速偿还。这种加速偿还的后果可能会导致信用评级机构不愿意及时降低这些贷款者的评级。被称为“单一风险保险公司”的作用也会引起相应的后果，“单一风险保险公司”是指传统上担保市政债券的保险公司现在也担保证券化交易中风险最小的部分的保险公司。被认为是再保险的多种形式的证券化的存在离不开这些保险公司。但是这些单一风险保险公司发行信用担保的能力（与因此它们在证券化中的作用）需要它们自己有 AAA 评级，这潜在地产生了对于信用评级机构一个间接的连锁反应机制。通过评级（与监督）单一风险保险公司，信用评级机构对证券化市场的存在产生影响。因此，信用评级机构的影响既是直接的（为证券化的部分评级）又是间接的（为单一风险保险公司评级）。这样的单一风险保险公司可能的失败对于多种多样的结构化金融产品价值有巨大的影响，也导致了结构化金融市场的参与者包括投资者之间产生了一个额外的连锁反应。这也更加强调了金融市场中的相互连接的加速发展。其他的关注涉及该行业的寡占特性，以及由于法规而拥有的重要性。后者包括通过“全国认可统计评级机构”（NRSPO）分类几家评级机构获得的独占权，这一独占权在 2006 年的信用评级机构改革法案中被削弱，然而依然是新的巴塞尔协议Ⅱ中资本监管框架对外部评级的参考。

在 2010 年《多德—弗兰克法案》下，信用评级机构的法律责任提升了，这是否能使信用评级更准确地反映信用风险仍是一个开放的问题。其他人已经检验了信用评级市场的制度特点对评级结构的影响（例如 Sangiorgi、Sokobin 和 Spatt，2009）。

3.6 管理以及银行存在的第二个理由：流动性创造

在本章第二节我们讨论了银行作为信息处理者和委托监督者的作用，这主要是基于信用风险。但是银行仍具有另外一个重要功能即提供流动性，银行获得大量的活期储蓄之后投资于非流动资产，且通过这种中介过程在经济中创造流动性。但是在创造流动性的过程中，银行变得脆弱并面临着挤兑风险。在本节我们对这一问题的讨论将关注于金融机构导致的金融脆弱性，这是指传统的对于单个银行的经典的挤兑，同时也会关注市场导致的脆弱性，就是指通过金融市场和银行间的联系导致的风险，这种风险似乎是更加系统性的。我们将会讨论银行与市场的加速整合如何使银行将其部分传统风险转移至市场，以及这会对金融系统的稳定性和监管造成什么影响。内容涉及 Bhattacharya、Boot 和 Thakor（1998，2004）的银行监管经济学。

3.6.1 脆弱的银行：流动性提供者

在经典的理论中，金融危机与银行挤兑密不可分。在以（流动性高的）活期存款为长期的非流动贷款提供资金的部分准备金制度下，储户的协调失灵可能会导致挤兑（Diamond 和 Dybvig，1983）。即使是一个资本充足的银行，如果资产清算成本太高，其也会面临挤兑风险。通过最后贷款人（LOLR）、存款保险，以及暂停自由兑换的监管干预都是有帮助的，甚至可能消除低效率。实际上这些介入之所以有效，是因为其潜在地消除了由于个人银行失败导致的可能的传染性所产生的负社会外部性的作用。这些含义理论上简单而又标准化，许多人认为这种简单设定是由于不对称信息和不完全合同；参见 Rochet（2004）。一般的结论为脆弱性是的确存在的，而以信息为基础的挤兑问题貌似是合理的。特别是，Gorton（1988）的实证表明银行挤兑不是太阳黑子现象（Diamond 和 Dybvig，1983），而是由有关银行的不利信息引起的。更重要的是，由于挤兑引发的银行危机的确有相对独立的负面影响（参见 Dell'Ariccia、Detragiache 和 Rajan，2008），本章也提到有大量文献研究发展了银行与流动性的问题（参见 Acharya 和 Schaefer，2006；Acharya、Gromb 和 Yorulmazer，2007；Brunnemeier 和 Pedersen，2009）。

由于认为银行挤兑是由于储户拥有关于银行财务健康的不利信息所导致的，会有观点认为，一个简单的解决方法是提高银行资本充足要求。Carlomiris 和 Kahn（1991）最先提出观点认为银行挤兑的威胁对于银行经理人的诚实是一个有力的规范工具，因为将银行资源转移至个人消费会引起银行挤兑发生的可能性。在这个观点的基础上，Dimond 和 Rajan（2001）认为，金融脆弱性可能在诱导银行创造流动性方面发挥重要作用，因此通过更高的资本充足要求降低脆弱性可能会导致流动性创造的下降。直到最近，还没有实证能够解决这个问题，部分原因是因为流动性创造的测量的缺陷。在最近的研究中，Berger 和 Bouwman（2009）发展了流动性创造的测度并提供了有关银行资本和流动性创造的实证解释。它们表示，对于大银行（它们创造了美国经济中超过 80% 的流动性）更高的资本充足要求会导致更高的流动性创造，而对于小银行则是相反的。每一美元的资产美国银行创造 4.56 美元的流动性。因为资本充足要求也会通过贷款的决策影响银行的资产组合（见 Thakor，1996），这会约束到一些银行，这就提出了信用风险和流动性风险相互影响的问题，该问题仍需要去探讨。但是，Admati 等（2011）反对这些股权的假定成本。进一步，Cocal 和 Thakor（2005）发展了一个银行理论，该理论认为银行需要一个最小的资本水平保持运营，Mehran 和 Thakor（2011）认为不管从理论还是实证上，银行资本与价值正相关，这也就指出了对于银行来讲更高的资本充足要求的好处。

使这个问题更复杂的是，银行提供流动性的功能也会被金融市场所影响，有两个论述与此相关。首先，进入金融市场减弱了活期储蓄流动性保障。Diamond 和 Dybvig（1983）假定世界中金融脆弱性的根源是基本的活期储蓄合约，在他们的模型中，合约的基本原理是风险厌恶的储户由于不确定未来的流动性需求因此需求流动性保障。但是，如 von Thadden（1998）所说，金融市场的存在使储户可以早些提现并投资于金融市场，这对于流动性保证施加了限制。实际上当市场投资机会是完全可逆时，存款合约提供不了任何流动性保障。Jacklin（1987）的早期研究涉及该问题，他认为如果存款合约的限制交易能够执行，那么存款合约具有有益的流动性保障特点。[①] 不管怎么样，这些争论都认为金融市场

① 实际上，Jacklin（1987）表明，通过"极端"Diamond - Dybvig 偏好，股息支付股权合同可以实现相同的分配，而没有银行运行的可能性。然而，对于基本上所有其他偏好，只要交易机会有限，活期存款合同就会更好。

的扩大会减弱活期存款的流动性提供，这有助于解释基于市场的扩大对于存款的替代。

另一个论述是关于金融市场的发展是否削弱了中央银行作为最后贷款人提供流动性的作用。在 Bagehot 传统下，有人会提出疑问当资本市场和银行间市场发展良好时，最后贷款人在对流动性受限却仍有偿付能力的机构提供流动性上是否有作用。Goodfriend 和 King（1988）认为具有偿还能力的机构不丧失流动性，因为回购市场与银行间市场的知情者可能会介入向其提供应有的流动性。在这种精神下，以前的欧洲央行董事成员 Tommaso Padoa－Schioppa 认为传统的银行挤兑只会发生在书本上，因为今天的银行间市场深度与广度的发展使得其他的机构很可能替代撤资的机构接着向市场提供流动性（引自 Rochet 和 Vives，2004）。

尽管这些评论认为金融市场的发展与深化能够减少对最后贷款人提供流动性支持的需求，我们相信依旧很难下结论认为最后贷款人毫无作用，尤其是把信息不对称问题考虑进来时。例如，Rochet 和 Vives（2004）认为银行间市场的协调失灵也是可能发生的，尤其是当基本面薄弱时，这就会导致需要最后贷款人向有偿付能力的机构提供流动性支持。①2007—2009 年的金融危机是一个很好的例子，这说明银行间市场的确可能出现协调失灵的问题，而最后贷款人的作用依旧很重要。

我们的讨论得到了两个初步的结论：首先，金融市场（包括银行间市场）的发展使银行有更多机会分担风险并减少了单个银行发生银行挤兑的可能性。单个机构总体的偿还风险是否下降取决于实际的风险承担和资本化。其次，由于银行与市场的整合，风险分担的机会变得更多，这也会导致系统性风险的增加。换句话说，单个银行由于特定冲击导致破产的可能性虽然下降，但是局部的流动性和偿付问题快速在整个金融体系中传播的概率增加了，从而导致更高的系统性风险。这些问题导致了监管问题很棘手，我们将在之后进行讨论。

3.6.2 管理的含义

之前的讨论关注于这样一个事实：银行与市场正在加速整合。其部分原因是愈演愈烈的竞争使银行追随其贷款者进入资本市场，并提供融合银行主导型融资和市场主导型融资特点的产品。另一个原因是银行越来越倾向于用金融市场管理风险。购买新银行产品市场参与者的可获得性鼓励银行进行金融创新，但是，像 Thakor（2012）所表达的一样，这会增加金融危机发生的可能性。因此，有许多因素促进了这个令人惊讶的快速的融合过程。

这种整合的一个重要影响是，把银行风险从金融市场风险中独立出来变得越来越难。金融市场的危机不可避免地流入银行系统，而银行系统作出相应的反应非常迅速。因此如果银行监管者的主要工作是银行系统的安全与稳定，那么他们现在需要担心金融市场，因为金融市场参与者不在他们的监管范围内。很明确的是，这些因素催生了内生系统性风险，因此导致了美国金融稳定监督委员会（FSOC）的诞生，以及作为后次贷危机监管局面一部分的欧洲系统性风险董事会（ESRB）的成立。

① 另一项研究研究了流动性对资产定价的影响（例如，Acharya 和 Pedersen，2005），以及资产价格泡沫作为脆弱性和传染性来源的可能作用（见 De Bandt 和 Hartmann，2002；Allen，2005）。

此外，尽管明确的保险保障只针对于银行存款，站在事后效率的立场上，政府监管者救助各种不被保的参与者的诱惑——包括投行和金融市场投资者——在资本市场出现危机时似乎很难抵制，尤其是因为对银行安全和系统稳定性的影响。[①] 测试这种事前动机的内涵以及政府提供的隐性“软”安全网的程度会很有趣。应该正确的推测是，更多的对事后效率的监管关注——因此更愿意去介入——已经提高了道德风险的重要性。这种情况发生在一个监管问题日益国际化的环境中，这既是由于金融机构的跨境扩散，也是由于银行与金融市场日益融合，而这通常是国际性的。

3.6.3　跨国界监管的协调需求：以欧盟为例

跨国界的监管工作有些复杂，以欧盟为例，在欧盟中协调整个欧洲地域各个国家监管产生的结果非常复杂。[②] 就像 2007—2009 年危机所展现的一样，这种情况下关于信息共享的充分性以及欧洲中央银行和各国中央银行之间合作的关注更高。特别的，在这种情况下谁是领导者是最大的问题。监管机构、各国央行，以及欧洲央行之间的潜在紧张局势可以预见。此外，一个人可以提出疑问监管机构应该达成的目标是在多大程度上可以有效且有效率地完成的。

政策制定者担心这些问题。困难的是如何协调这些不同利益集团的利益，尤其是在危机的情况下。第二布劳沃报告（Economic 和 Finance Committee，2001）核心观点是在危机情况下没有什么机制适合协调。[③] 因此，全部欧洲的中央银行以及监管者达成了一个谅解备忘录，构建出了在危机管理的情况下特定的原则和合作手段（ECB，2003）。然而，对于财政来讲尤其是在紧急援助的情况下，成员国面临着预算责任，同时也需要国家财政部的允许。在下一个谅解备忘录中，这些财政部的作用也被涉及（ECB，2005）。关于监管安排效率的几个问题被提出，权力下放的结构会导致国家权力机构和外部人员发生利益冲突，比如，国家权力机构可能会倾向于对“大而不能倒”的企业救助，这使得大型机构的道德风险问题变得更严重。有人认为“大而不能倒”企业政策所产生的道德风险可以通过被迫签订的条款减轻，例如代替管理，消除股权所有人以及未保债权所有人等的索取权。在理论上，这是可行的，但实际操作中似乎不会发生。其中一个原因可能是由于当地监管者与“标志性机构”的关系太近（Boot 和 Thakor，1993）。此外还有，“太多而不能倒”（见 Achaya 和 Yorulmazer，2007）、“太紧密而不能倒”（Herring，2008）的公司问题也会导致对于这些机构的监管的仁慈。或者国家权力机构没有将其他国家可能发生的银行破产的混乱情况内部化。效率也会通过其他途径被阻碍，例如多国范围内的监管者可能会鼓励在监管者中“一国冠军”的产生，他们会试图去保护其本国的机构。更基本的问题是权力

① 一个例子是 2008 年时政府向崩溃的贝尔斯登提供担保以促进其成功出售给摩根大通。一般的措施是让投资银行持有商业银行执照的资格（让它们可以获得存款并拥有存款保险的资格）。

② 有几件事情出了问题，最引人注目的是围绕存款保险的不协调行动。一些国家选择一夜之间提供一揽子担保（例如爱尔兰），这样做对其他国家以及本国市场中未涵盖的外国银行施加了严重的外部性。这些外国银行立即面临其存款基础的侵蚀。在随后的欧元危机中，国内弱势银行和政府之间的致命拥抱成为一个中心注意点。人们普遍认为，政府通常对其国内银行过于宽厚，这可能部分是由于他们有兴趣鼓励这些银行持有本国的风险主权债券。

③ 见 2001 年经济及财政委员会的进一步建议。

下放的结构会导致不平衡的竞技环境、监管套利的可能以及解决跨过运行机构的金融问题的协调失灵。

从一些研究中可以得到的结论是监管者整合和进一步的协调（如果权力没有集中）可能会产生大量的利好，这不仅是对于监管者，更重要的是对于被监管的金融机构是极好的。目前欧盟中有超过 35 个监管者对谨慎监管负有责任，一个典型的大金融机构需要向超过 20 个监管者报告。

然而，实际情况则是欧洲所有监管功能的整合很难保证有效性，但清晰的是监管的整合需要跟得上银行规模的发展与其跨国的足迹，潜在的监管系统的不一致性以及整合的隐性成本不应该被低估。一个有趣的例子是 Barth、Caprio 和 Levine（2004）表明的欧盟国家在监管机构和运行上的差别。他们的结论是，欧盟的监管安排的不同就像世界上其他国家一样。这个例子，更深刻的含义是不管是以前还是现在欧盟国家都有着所有主要法律渊源的标准。现在有许多文献研究法律渊源如何影响金融系统的结构和功能。在大陆法系和普通法系国家，银行监管的实施大不相同，后者往往更加灵活。

尽管通常的观点认为一个更加整合的监管结构最终是可取的，但如何达成这一点我们仍不清楚。① 由于实际情况，包括政治上的关系，零散的结构在短期内是无法避免的，一个协调计划需要施加于这个结构上。Jacques de Larosiere 主持的欧盟委员会的报告建议泛欧监管者的引入，这项建议已经被实施，并且导致了欧洲银行管理局的诞生，虽然它的名字中有“authority”，然而其权力被限定为促进协调。②

这种现状在 2007—2009 年金融危机之后受到挑战，危机可能会导致中央银行在监管上发挥更大的作用。尽管中央银行总是有保证金融系统稳定性的作用，在 2007—2009 年金融危机期间我们已经看到美联储和欧洲央行都直接参与到救助存款或是非存款金融机构。近来争论的一个重要的问题是这种扩大的作用是否应该被正式化。例如，在欧盟，欧元危机已导致欧洲央行（ECB）采取政治行动，争取建立一个拥有（真正的）泛欧监管权的银行业联盟。更具体而言，已作出决定，使最大银行的监管责任转移到欧洲央行（单一监督机制—SSM）。这反映了在思考上的一个巨大转变，在危机之前，大家的共识似乎是，在扩大中央银行的职权范围时要谨慎行事，因为这会使央行在制定货币政策时的关键作用被损害。③

---

① 实际上，一些理论工作表明监管者之间的竞争的潜在价值。例如 Kane（1988）。

② 需要在商业行为监管和审慎监管之间作出重要区分。我们集中在后者。前者更接近金融市场的运作，更容易在欧洲一级集中。但即使在这些金融市场的情况下，Lamfalussy 报告没有直接在欧盟层面提出建立权威机构，而是引入了一个理想地将引起监管和监督的趋同的合作模型。该报告表示，如果其提议的方法不成功，应考虑建立一个单一的欧盟监管机构。随后的 Larosière 报告（主要集中在银行）是以 Lamfalussy 完成的，强调了在欧盟层面协调的必要性。Larosière 报告还引入了养老基金/保险公司和金融市场监管的“权威机构”以及系统性的“权威机构”——欧洲系统性风险委员会。

③ 欧元作为欧元区共同货币的可持续性是建立银行业联盟的主要动力。人们认为，疲弱的国内银行破坏其地方政府，并通过这种渠道进而破坏欧元的可持续性。或者，政府可能使用其国内银行作为融资来源，这可能会鼓励与共同货币不相容的不负责任的财政政策。见 European Council（2012）、Véron 和 Wolff（2013）。Acharya 和 Steffen（2013）认为，使欧洲的银行持有其总部所在国家（尤其是陷入困境的国家）得到主权债务的诱惑可能导致欧洲危机的加深以及欧洲的银行从危机中复苏的缓慢。

3.6.4 其他改革建议

为更好地协调跨国监管，各国应该携手在监管结构上进行更基础的改革，首先监管的范围应该被明确。考虑到金融机构跨部门和跨国界的迅速发展，有效监管需要对系统性风险有一个更准确的描绘。先前涉及系统性风险的传播机制的讨论实际上指的是同一个问题。金融机构跨部门的整合以及金融市场和机构更无缝的整合极大拓宽了监管的范围与系统性风险的潜在来源。

另一个相关的问题是市场规则是否有助于抑制系统性风险，或者市场是不是只会放大这种风险（参见 Flannery，1998）。情况有点复杂。巴塞尔协议Ⅱ尽力通过旨在更加透明的第三大支柱鼓励市场纪律，其观点是市场规则有助于监管者保护金融部门的健康。表面上这是有优点的，在文献中也有所证明，文献认为市场规则通过三个方式运行：（1）向监管机构提供基于市场的银行风险信号，这一信号通过银行发行的次级贷款的收益产生；（2）通过次级债务收益率的上调，抑制银行承担过度的风险；（3）当银行承担了足够大的风险被市场侦测到时终止次贷的供应，对银行缓和其风险承担提供额外的鼓励。然而，在理论与实践上都证明了实际上只有未被保的投资者（次级贷款、股权）的索取权不被保护（这种保护实际上是通过政府支持救助破产机构的事后保险实现的）时，市场才是有效的。对于这些问题的理论上的解决办法，Decamps、Rochet 和 Roger（2004）给出了答案，而对于市场的风险控制的作用，Barth、Caprio 和 Levine（2004），Goyal（2005）在实证检验上是支持的。然而，尽管所有的研究都支持市场的作用，但我们仍不清楚市场是促进还是阻碍了在金融危机期间维持银行业稳定的监理任务。特别是当金融部门严重承压时，例如在2007—2009 年的金融危机，市场规则可能会导致群体行为，就好像所有人同时朝出口跑，这实际上可以作为不稳定的根源。这说明，“正常时期”的监管与在金融危机时的大不相同。尽管市场纪律在正常时期是有价值的，然而在金融系统承压时其作用却是相反的。这可能是在危机时管理者倾向于向陷入困境的金融机构提供或多或少的担保来对抗市场的不利影响的原因。尽管如此，下结论认为市场规则在好的时候应该依赖，不好的时候应该摒弃也是很危险的。关键是要找出在好的时候最适合的管理措施——银行有足够的灵活性而不损害其生存能力——这会使银行更有能力去应付不好的时候市场所带来的影响。在不好的时候银行不能完全被保护以不受市场压力的影响，这一点是很重要的，否则市场规则的事前效应就会完全损失（例如，Decaps、Rochet 和 Roger，2004）。

这导致了在金融部门中引入防火墙的问题。例如，一个附属结构减少了系统性风险吗？我们认为答案是不容易获取的。更一般地，金融部门的公司结构应该如何限制呢（如果有的话）？直到 2007—2009 年金融危机，一般的观点是金融部门放松管制会一直进行下去，这可能导致金融机构的更大更广。但是未来会如何，现在却不清楚。有人认为，应重新引入《格拉斯—斯蒂格尔法案》以使当地银行与周期性地困扰金融市场的风险与狂热相隔离。提议重启《格拉斯—斯蒂格尔法案》的包括美国的《多德—弗兰克法案》，英国的维克斯报告（Vickers，2011），以及欧盟的利卡宁报告（Liikanen，2012）。[①] 这些在多大

① 所有这些建议都旨在保护核心银行职能免受来自金融市场的风险。在《多德—弗兰克法案》的情况下，限制特别旨在控制来自私募股权、对冲基金投资和衍生品的风险。Vickers 和 Liikanen 专注于内部分离银行业务。见 BIS（2013，第 5 章），关于各种提案的讨论与比较。

程度上有效以及其是否没有过高的成本仍然值得讨论。[①] 对于监管的设计与有效性，最重要的是金融部门的行业结构，如果这些问题不能很好解决，我们对于泛欧监管的效果和效率仍持不乐观的态度，更不要说协调全球的监管，即使是在长期。

第二个需要解决的问题是资本监管的发展。许多人相信，银行的运行应该在更高的资本缓冲的基础上［见 Thakor（forthcoming）］。这和巴塞尔协议Ⅱ的规则有点不一样，规则允许银行通过它们内部的模型微调资本充足率。问题是这些模型是否引起了顺周期性，以及是否引起了自身的系统性风险（例如，机构们都使用相同的模型，因此它们由于模型有相同不足而有受到相同影响的可能性）。对于巴塞尔协议Ⅱ给予银行的酌情决定权，仍需要关注其潜在的不利后果。[②] 同样的担忧使得联邦存款保险公司在巴塞尔协议Ⅱ规定的环境下要求银行有最低杠杆率。联邦存款保险公司表示，要求资本的最低水平（不管风险）对于在出现问题时及时的监管干预是非常重要的。在跨国情况下，银行失败的问题更加复杂，这样的及时介入似乎更加重要。特别是，及时介入能够帮助抑制在这种情况下当地监管机构之间的冲突（见 Eisenbeis 和 Kaufman，2005）。这是为什么新规则——通常被称为巴塞尔协议Ⅲ——规定了更高的资本充足率，同时也要求杠杆率，尽管有人认为这些更高的要求仍然是不足的。[③]

第三个问题是存款保险。2007—2009 年的金融危机表明，当一个真实的危机发生时，国家权力机构马上会感到必须充分担保其金融机构中的存款基础，以消除大量挤兑现象发生的可能性。其对存款保险的重度依赖需要被再检验。现有研究明晰地展示了被保存款会导致道德风险。此外，Barth、Caprio 和 Levine（2004）表明（实际上的或法律上的）存款保险会阻碍市场的效率，并加大了银行危机发生的可能。一个问题是，是否应该对机构存款可能面临的风险进行严格的监管限制。早期的研究曾在某个时候提倡狭义的银行业务，这完全隔离了被保险的存款。但是有什么替代方案吗？此外，更一般的是，作为筹资工具，被保存款对于金融机构的重要性较低吗？

第四个问题是监管是否有效地解决了宏观谨慎问题，尤其是系统性风险。似乎大部分的管理都聚焦单个金融机构的健康，也就是说微观谨慎占主导地位。这一问题应该被解决，以便更好地协调监管与最重要的系统性问题之间的关系。

第五个问题是对于不同监管结构的有效性和效率我们知之甚少。像 Barth 等（2003）指出的，“少有实证解释监管的结构、范围以及独立性如何或事实上是否影响银行业”。他们自己的研究表明，效果充其量是边际的，然而测度问题令人烦恼。他们由此得出结论：

---

① 需要考虑各种其他结构性问题。例如，早些时候我们提到信用评级业务的集中度和结构融资（证券化）市场的评级的重要性。有趣的是，要问一个主要信用评级机构崩溃对这些市场会有什么影响，这又将对这些市场的参与者意味着什么。

② 这一关注源于这样的观察：个别银行不太可能充分内化其行为的系统性风险外部性。因此，巴塞尔协议Ⅱ给予银行使用自己的内部风险评估模型来确定适当资本水平的自由度是错误的。银行似乎有强大的动机来调整这些模型，以产生保持低水平资本的方案。Behn、Haselman 和 Vig（2014）为德国银行证实了这一担忧。巴塞尔协议Ⅲ的后续行动试图解决这些问题。

③ Berger 和 Bouwman（2013）提供了实证证据表明，更高的资本在金融危机期间为银行带来更大的利益，包括资本更高的银行更高的生存概率。这与 Thakor（2012）的理论一致，即较高的资本削弱了对银行引入与金融危机较高概率相关的金融创新的激励。

我们可能因此选择仅仅关注监管对系统性风险的影响。但是在这里，我们也不知道对于解决系统性风险的最有效率的监管结构是什么。这意味着我们需要相当多的研究来提高我们对于不同监管涉及的成本效益的认识。考虑到现存的各国监管安排的显著不同，我们在这个问题上的无知对于我们发展一个协调“最优”模型是一个很大的阻碍。[①]

3.7　结论

我们已经回顾了关于银行存在、它们创造的风险以及银行间竞争和其与市场的竞争如何影响银行的经济作用和风险的文献。一个重要发展是银行与市场正在加速整合，这个整合产生了两个完全不同的影响。一方面，单个银行更有能力去管理其风险，因为通过市场对冲其风险变得更简单并且成本更低，这可以减少单个银行由于冲击导致失败的风险。另一方面，对一小部分银行的冲击扩散至整个金融市场产生系统性影响的可能性增加，因此，银行与市场的整合会导致系统性风险的增加。

不难看出，这大大复杂化了对银行进行审慎监管的任务，并引发了对“隐性”政府安全网扩大的担忧，因为事后效率问题诱使政府救助甚至没有保险的参与者。这不再仅仅是一种理论上的推测，2008—2009 年投行和和保险公司所受到的救助就印证了这一观点。我们认为这些问题很重要，因此需要更多理论和实证关注。特别是，我们需要更好地理解在危机中的监管应该是怎么样的。在 2007—2009 年危机时见到的政府主动行为——政府向银行和其他金融机构大量注入流动性和资本，然而政府却没有发挥对公司控制的作用——成本高昂并且有可能无效，这是因为可怕的道德风险和信息不对称问题。许多重要的教训应该在先前的金融危机中学到，例如 20 世纪 90 年代的瑞典金融危机（见 Ingves 和 Lind，1994；Aghion、Bolton 和 Fries，1999）。

在最后，总结我们的讨论提出的最重要的问题，尽管还没有被完全回答：

- 银行与市场的加速整合对于系统性风险和金融脆弱性有何影响？
- 在最优的监管设计中，我们应该考虑哪些问题来应对（至少直到最近）主要金融机构不断增长的跨境足迹和日益增长的银行与金融市场的整合？
- 为抑制系统性风险，金融服务业的结构，尤其是银行部门的结构应该有怎么样的改变呢？
- 市场在帮助维护金融部门稳定性上有何作用？
- 银行与私募股权公司（与其他非银金融机构）如何相互影响，这对银行与金融市场的监管有何影响？
- 在金融市场中信用评级机构有何作用，这如何影响银行，这对于银行监管关注的系统性风险有何影响？

这些问题代表了未来研究的丰富内容。

---

① 我们没有关注银行内部激励结构可能需要的变化。正如在当前危机中已经清楚的，内部风险管理显示出大量的失误（参见 Group of Thirty，2009）。本章中没有讨论的其他问题涉及“巴塞尔协议 Ⅱ”和“国际财务报告准则”（IFRS）会计中的顺周期性。

参考文献

[1] Acharya V., Gromb D., and Yorulmazer T. (2007). Failure in the Market for Liquidity Transfers and the Origins of Central Banking. Working Paper.

[2] Acharya V., Gromb D., and Yorulmazer T. (2012). Imperfect Competition in the Inter – Bank Market for Liquidity. Working Paper.

[3] Acharya V. and Pedersen L. (2005). Asset Pricing with Liquidity Risk, *Journal of Financial Economics* 77, 375 – 410.

[4] Acharya V. and Schaefer S. (2006). Liquidity Risk and Correlation Risk: Implications for Risk Management. Working Paper.

[5] Acharya V. and Steffen S. (2013). The Greatest Carry Trade Ever? Understanding the Eurozone Bank Risks. NYU Stern Working Paper.

[6] Acharya V. and Yorulmazer T. (2007). Too Many to Fail—An Analysis Of Time – Inconsistency in Bank Closure Policies, *Journal of Financial Intermediation* 16, 515 – 554.

[7] Admati A. R., Demarzo P. M., Hellwig M. F., and Pfleiderer P. C. (2011). Fallacies, Irrelevant Facts, and Myths in the Discussion of Capital Regulation: Why Bank Equity is Not Expensive. Stanford University Working Paper.

[8] Aghion P., Bolton P., and Fries S. (1999). Optimal Design of Bank Bailouts: The Case of Transition Economies, *Journal of Institutional and Theoretical Economics* 155, 51 – 70.

[9] Allen F. (1990). The Market for Information and the Origin of Financial Intermediation, *Journal of Financial Intermediation*1, 3 – 30.

[10] Allen F. (1993). Stock Markets and Resource Allocation. In: C. Mayer and X. Vives (Eds.), *Capital Markets and Financial Intermediation.* Cambridge: Cambridge University Press, 81 – 108.

[11] Allen F. (2005). Modeling Financial Instability, *National Institute Economic Review* 192, 57 – 67.

[12] Allen F. and Gale D. (1995). A Welfare Comparison of Intermediaries and Financial Markets in Germany and the US, *European Economic Review* 39, 179 – 209.

[13] Allen F. and Gale D. (1997). Financial Markets, Intermediaries and Intertemporal Smoothing, *Journal of Political Economy* 105, 523 – 546.

[14] Barth J., Caprio G., and Levine R. (2004). Bank Regulation and Supervision: What Works Best?, *Journal of Financial Intermediation* 13, 205 – 248.

[15] Barth J. R., Nolle D. E., Phumiwasana T., and Yago G. (2003). A Cross – Country Analysis of the Bank Supervisory Framework and Bank Performance, *Financial Markets, Institutions & Instruments* 12, 67 – 120.

[16] Behn M. Haselman, R., and Vig V. (2014). The Limits of Model – Based Regulation. *Working Paper*, London Business School, 1 – 47.

[17] Berger A. and Bouwman C. (2009). Bank Liquidity Creation, *Review of Financial Studies* 22, 3779 – 3837.

[18] Berger A. and Bouwman C. (2013). How Does Bank Capital Affect Bank Performance During Financial Crises?, *Journal of Financial Economics* 109, 146 – 176.

[19] Berger A., Klappper L. F., Martinez – Peria M. S., and Zaidi R. (2008). Bank Ownership Type and Banking Relationships, *Journal of Financial Intermediation* 17, 37 – 62.

[20] Berger A., Miller N., Petersen M., Rajan R., and Stein, J. (2005). Does Function Follow Organizational Form? Evidence from the Lending Practices of Large and Small Banks, *Journal of Financial Economics* 76, 237-269.

[21] Berger A., Saunders A., Scalise J., and Udell G. (1998). The Effects of Bank Mergers and Acquisitions on Small Business Lending, *Journal of Financial Economics* 50, 187-229.

[22] Berglöf E. and von Thadden E.-L. (1994). Short-Term Versus Long-Term Interests: Capital Structure with Multiple Investors, *Quarterly Journal of Economics* 109, 1055-1084.

[23] Berlin M. (1996). For Better and for Worse: Three Lending Relationships, *Business Review Federal Reserve Bank of Philadelphia*, 3-12.

[24] Berlin M. and Mester L. (1992). Debt Covenants and Renegotiation, *Journal of Financial Intermediation* 2, 95-133.

[25] Berlin M. and Mester L. (1999). Deposits and Relationship Lending, *Review of Financial Studies* 12, 579-607.

[26] Bhattacharya S., Boot A. W. A., and Thakor A. V. (1998). The Economics of Bank Regulation, *Journal of Money, Credit and Banking* 30, 745-770.

[27] Bhattacharya S., Boot A. W. A., and Thakor A. V. (Eds.). (2004). *Credit Intermediation and the Macro Economy*. Oxford: Oxford University Press.

[28] Bhattacharya S. and Chiesa G. (1995). Proprietary Information, Financial Intermediation, and Research Incentives, *Journal of Financial Intermediation* 4, 328-357.

[29] Bhattacharya S. and Thakor A. V. (1993). Contemporary Banking Theory, *Journal of Financial Intermediation* 3, 2-50.

[30] BIS (Bank for International Settlements) (2013). 83rd BIS Annual Report 2012/2013, June 23. BIS, Basel, Switzerland.

[31] Bolton P. and Scharfstein D. (1996). Optimal Debt Structure and the Number of Creditors, *Journal of Political Economy* 104, 1-25.

[32] Boot A. W. A. (2000). Relationship Banking: What Do We Know?, *Journal of Financial Intermediation* 9, 7-25.

[33] Boot A. W. A., Greenbaum S. G., and Thakor A. V. (1993). Reputation and Discretion in Financial Contracting, *American Economic Review* 83, 1165-1183.

[34] Boot A. W. A., Milbourn T., and Schmeits A. (2006). Credit Ratings as Coordination Mechanisms, *Review of Financial Studies* 19, 81-118.

[35] Boot A. W. A. and Thakor A. V. (1993). Self-Interested Bank Regulation, *American Economic Review* 83, 206-212.

[36] Boot A. W. A. and Thakor A. V. (1994). Moral Hazard and Secured Lending in an Infinitely Repeated Credit Market Game, *International Economic Review* 35 (3), 899-920.

[37] Boot A. W. A. and Thakor A. V. (1997). Financial System Architecture, *Review of Financial Studies* 10, 693-733.

[38] Boot A. W. A. and Thakor A. V. (2000). Can Relationship Banking Survive Competition?, *Journal of Finance* 55, 679-713.

[39] Boot A. W. A., Thakor A. V., and Udell G. (1991). Credible Commitments, Contract Enforcement Problems and Banks: Intermediation as Credibility Assurance, *Journal of Banking & Finance* 15, 605-632.

[40] Boyd J. H. and Gertler M. (1994). Are Banks Dead, or Are the Reports Greatly Exaggerated?,

Federal Reserve Bank of Minneapolis Quarterly Review 18, 2 – 23.

[41] Brick I. E. and Palia D. (2007). Evidence of Jointness in the Terms of Relationship Lending, *Journal of Financial Intermediation* 16, 452 – 476.

[42] Brophy D., Ouimet P. P., and Sialm C. (2009). Hedge Funds as Investors of Last Resort?, *Review of Financial Studies* 22, 541 – 574.

[43] Brunnemeier M., Crockett A., Goodhart C., and Shin H. (2009). *The Fundamental Principles of Financial Regulation*, *Preliminary Draft of Geneva Reports on the World Economy*, No. 11, International Center for Monetary and Banking Studies, Geneva.

[44] Brunnemeier M. and Pedersen L. (2009). Market Liquidity and Funding Liquidity, *Review of Financial Studies* 22, 2201 – 2238.

[45] Calomiris C. and Kahn C. (1991). The Role of Demandable Debt in Structuring Optimal Banking Arrangements, *American Economic Review* 81, 497 – 513.

[46] Cantor R. (2004). An Introduction to Recent Research on Credit Ratings, *Journal of Banking & Finance* 28, 2565 – 2573.

[47] Carey M., Post M., and Sharpe S. A. (1998). Does Corporate Lending by Banks and Finance Companies Differ? Evidence on Specialization in Private Debt Contracting, *Journal of Finance* 53, 845 – 878.

[48] Carletti E., Cerasi V., and Daltung S. (2007). Multiple Bank Lending: Diversification and Free – Riding in Monitoring, *Journal of Financial Intermediation* 16, 425 – 451.

[49] Chan Y. S., Greenbaum S. G., and Thakor A. V. (1986). Information Reusability, Competition and Bank Asset Quality, *Journal of Banking & Finance* 10, 243 – 253.

[50] Chava S., Ganduri R., and Ornthanalai C. (2012). Are Credit Ratings Still Relevant?. Working Paper, Georgia Tech, December, <http: //ssrn. com/abstract = 2023998>.

[51] Chemmanur T. J. and Fulghieri P. (1994). Reputation, Renegotiation, and the Choice between Bank Loans and Publicly Traded Debt, *Review of Financial Studies* 7, 475 – 506.

[52] Claessens S., Pozsar Z., Ratnovski L., and Singh M. (2012). *Shadow Banking: Economics and Policy*, IMF Staff Discussion Note No. SDN 12/12, December 4.

[53] Coffee J. C. (2002). Understanding Enron: It's about the Gatekeepers, Stupid, Columbia Center for Law and Economics Studies Working Paper No. 207.

[54] Coffee J. C. and Sale H. A. (2008). Redesigning the SEC: Does the Treasury Have a Better Idea?, Columbia Center for Law and Economics Studies Working Paper No. 342.

[55] Committee of Wise Men (2001). Final Report of the Committee of Wise Men on the Regulation of the European Securities Markets. Lamfalussy Report, Brussels.

[56] Coval J. and Thakor A. V. (2005). Financial Intermediation as a Beliefs – Bridge between Optimists and Pessimists, *Journal of Financial Economics* 75, 535 – 570.

[57] Da Rin M. and Hellmann T. (2002). Banks as Catalysts for Industrialization, *Journal of Financial Intermediation* 11, 366 – 397.

[58] Datta S., Iskandar – Datta M., and Patel A. (1999). Bank Monitoring and Pricing of Corporate Public Debt, *Journal of Financial Economics* 51, 435 – 449.

[59] De Bandt O. and Hartmann P. (2002). Systemic Risk: A Survey. In: C. Goodhart and G. Illing (Eds.), *Financial Crises, Contagion and the Lender of Last Resort*. Oxford: Oxford University Press, 249 – 298.

[60] Decamps J., Rochet J., and Roger B. (2004). The Three Pillars of Basel Ⅱ: Optimizing the Mix, *Journal of Financial Intermediation* 13, 132 – 155.

[61] Degryse H. and Ongena S. (2007). The Impact of Competition on Bank Orientation, *Journal of Financial Intermediation* 16, 399 – 424.

[62] Deidda L. and Fattouh B. (2008). Banks, Financial Markets and Growth, *Journal of Financial Intermediation* 17, 6 – 36.

[63] Dell'Ariccia G., Detragiache E., and Rajan R. (2008). The Real Effect of Banking Crises, *Journal of Financial Intermediation* 17, 89 – 112.

[64] Dewatripont M. and Maskin E. (1995). Credit and Efficiency in Centralized and Decentralized Economies, *Review of Economic Studies* 62, 541 – 555.

[65] DeYoung R., Glennon D., and Nigro P. (2008). Evidence from Informational – Opaque Small Business Borrowers, *Journal of Financial Intermediation* 17, 113 – 143.

[66] Diamond D. (1984). Financial Intermediation and Delegated Monitoring, Review of Economic Studies 51, 393 – 414.

[67] Diamond D. (1991). Monitoring and Reputation: The Choice between Bank Loans and Directly Placed Debt, *Journal of Political Economy* 99, 689 – 721.

[68] Diamond D. (1993). Seniority and Maturity of Debt Contracts, *Journal of Financial Economics* 33, 341 – 368.

[69] Diamond D. and Dybvig P. H. (1983). Bank Runs, Deposit Insurance and Liquidity, *Journal of Political Economy* 91, 401 – 419.

[70] Diamond D. and Rajan R. G. (2001). Liquidity Risk, Liquidity Creation and Financial Fragility: A Theory of Banking, *Journal of Political Economy* 109, 287 – 327.

[71] Dinç I. S. (2000). Bank Reputation, Bank Commitment, and the Effects of Competition in Credit Markets, *Review of Financial Studies* 13, 781 – 812.

[72] Drucker S. (2005). Information Asymmetries and the Effects of Banking Mergers in Firm – Bank Relationships. Proceedings, Federal Reserve Bank of Chicago, 140 – 147.

[73] Drucker S. and Puri M. (2005). On the Benefits of Concurrent Lending and Underwriting, *Journal of Finance* 60, 2763 – 2799.

[74] ECB (European Central Bank) (2003). Memorandum of Understanding on High – Level Principles of Cooperation. ECB Press Release, March 10.

[75] ECB (European Central Bank) (2005). Memorandum of Understanding on Cooperation between the Banking Supervisors, Central Banks and Finance Ministries of the European Union in Financial Crises Situations. ECB, May 10.

[76] Economic and Finance Committee (2001). *Report on Financial Crisis Management*, Commission of the EC, Directorate – General for Economic and Financial Affairs European Economy Economic Papers No. 156.

[77] EFC (2002). *Financial Regulation, Supervision and Stability*, Economic and Financial Committee Document No. EF76/ECOFIN 324.

[78] Eisenbeis R. A. and Kaufman G. G. (2005). Bank Crises Resolution and Foreign – Owned Banks, *Federal Reserve Bank of Atlanta Economic Review* 90, 1 – 18.

[79] European Council (2012). Towards a Genuine Economic and MonetaryUnion. Report by the President of the European Council, Herman Van Rompuy, June, <http://ec.europa.eu/economy_finance/focuson/crisis/documents/131201_en.pdf>.

[80] Flannery M. (1998). Using Market Information in Prudential Bank Supervision: A Review of the US Empirical Evidence, *Journal of Money, Credit and Banking* 30, 273 – 305.

[81] Gande A. (2007). Commercial Banks in Investment Banking. Vanderbilt University Working Paper.

[82] Gande A. and Saunders A. (2005). Are Banks Still Special When There Is a Secondary Market for Loans? New York University Working Paper.

[83] Goodfriend M. and King R. (1988). Financial Deregulation, Monetary Policy and Central Banking. In: W. Haraf and R. M. Kushmeider (Eds.), *Restructuring Banking and Financial Services in America*. American Enterprise Institute Studies 481, Lanham, MD: University Press of America.

[84] Gorton G. (1988). Banking Panics and Business Cycles, Oxford Economic Papers 40, 751 -781.

[85] Gorton G. and Kahn J. A. (1993). The Design of Bank Loan Contracts, Collateral, and Renegotiation, National Bureau of Economic Research Working Paper No. W4273.

[86] Gorton G. and Metrick A. (2012). Securitized Banking and the Run on Repo, *Journal of Financial Economics* 104, 425 -451.

[87] Gorton G. and Pennacchi G. (1995). Banks and Loan Sales: Marketing Nonmarketable Assets, *Journal of Monetary Economics* 35, 389 -411.

[88] Goyal V. (2005). Market Discipline of Bank Risk: Evidence from Subordinated Debt Contracts, *Journal of Financial Intermediation* 14, 318 -350.

[89] Group of Thirty (2009). Financial Reform: A Framework for Financial Stability. Report by theWorking Group on Financial Reform, Washington, DC.

[90] Hauswald R. and Marquez R. (2006). Competition and Strategic Information Acquisition in Credit Markets, *Review of Financial Studies* 19, 967 -1000.

[91] Hellmann T., Lindsey L., and Puri M. (2008). Building Relationships Early: Banks in Venture Capital, *Review of Financial Studies* 21, 513 -541.

[92] Hellwig M. (1991). Banking, Financial Intermediation and Corporate Finance. In: A. Giovanni and C. P. Mayer (Eds.), *European Financial Integration*, 35 -63. New York: Cambridge University Press.

[93] Herring R. J. (2008). The US Subprime Crisis: Lessons for Regulators. Proceedings of the 44th Annual Conference on Bank Structure and Competition, Federal Reserve Bank of Chicago, 48 -55.

[94] Hoshi T., Kashyap A., and Scharfstein D. (1993). *The Choice between Public and Private Debt: An Analysis of Post - Deregulation Corporate Financing in Japan*, National Bureau of Economic Research Working Paper No. 4421.

[95] Houston J. and James C. (1996). Bank Information Monopolies and the Mix of Private and Public Debt Claims, *Journal of Finance* 51, 1863 -1889.

[96] Ingves S. and Lind G. (1994). The Management of the Bank Crisis: In Retrospect, *Sverigs Riksbank Quarterly Review* 1, 5 -18.

[97] Jacklin C. J. (1987). Demand Deposits, Trading Restrictions and Risk Sharing. In: E. Prescott and N. Wallace (Eds.), *Financial Intermediation and Intertemporal Trade*. Minneapolis: University of Minnesota Press, 26 -47.

[98] James C. (1987). Some Evidence on the Uniqueness of Bank Loans, *Journal of Financial Economics* 19, 217 -235.

[99] Kane E. J. (1988). How Market Forces Influence the Structure of Financial Regulation. In: W. S. Haraf and R. M. Kushmeider (Eds.), *Restructuring Banking and Financial Services in America*, 343 - 382. Washington, DC: American Enterprise Institute Press.

[100] Kashyap A., Rajan R., and Stein J. (2002). Banks as Liquidity Providers: An Explanation for the Co - Existence of Lending and Deposit - Taking, *Journal of Finance* 57, 33 -73.

[101] Keys B., Mukherjee T., Seru A., and Vig V. (2010). Did Securitization Lead to Lax Screening: Evidence from Subprime Loans, *Quarterly Journal of Economics* 125, 307 - 362.

[102] Kroszner R. S. and Rajan R. G. (1994). Is the Glass - Steagall Act Justified? A Study of the US Experience with Universal Banking before 1933, *American Economic Review* 84, 810 - 832.

[103] LaPorta R., Lopez - de - Silanes L., Schleifer A., and Vishny R. W. (1998). Law and Finance, *Journal of Political Economy* 106, 1113 - 1155.

[104] Liikanen E. (2012). High - level Expert Group on Reforming the Structure of the EU Banking Sector, Brussels, October 2, < http: //ec. europa. eu/internal _ market/bank/docs/high - level _ expert _ group/report _ en. pdf >.

[105] Lummer S. L. and McConnell J. J. (1989). Further Evidence on the Bank Lending Process and the Reaction of the Capital Market to Bank Loan Agreements, *Journal of Financial Economics* 25, 99 - 122.

[106] Mayer C. (1988). New Issues in Corporate Finance, *European Economic Review* 32, 1167 - 1183.

[107] Mehran H. and Thakor A. V. (2011). Bank Capital and Value in the Cross - Section, *Review of Financial Studies* 24 (4), 1019 - 1067.

[108] Mian A. R. and Sufi A. (2009). The Consequences of Mortgage Credit Expansion: Evidence from the 2007 Mortgage Default Crisis, *Quarterly Journal of Economics* 124, 1449 - 1496.

[109] Millon M. and Thakor A. V. (1985). Moral Hazard and Information Sharing: A Model of Financial Information Gathering Agencies, *Journal of Finance* 40, 1403 - 1422.

[110] Ongena S. and Smith D. C. (2000). What Determines the Number of Bank Relationships? Cross - Country Evidence, *Journal of Financial Intermediation* 9, 26 - 56.

[111] Partnoy F. (1999). The Siskel and Ebert of Financial Markets: Two Thumbs Down for the Credit Rating Agencies, *Washington University Law Quarterly* 77, 619 - 712.

[112] Pearson P. J. (2003). Comment. In: J. Kremer, D. Schoen - maker, and P. Wierts (Eds.), *Financial Supervision in Europe*, 51 - 57. Cheltenham: Edward Elgar.

[113] Petersen M. and Rajan R. G. (1994). The Benefits of Lending Relationships: Evidence from Small Business Data, *Journal of Finance* 49, 1367 - 1400.

[114] Petersen M. and Rajan R. (1995). The Effect of Credit Market Competition on Lending Relationships, *Quarterly Journal of Economics* 110, 407 - 443.

[115] Pozsar Z., Adrian T., Ashcraft A., and Boesky H. (2010). *Shadow Banking*, Federal Reserve Bank of New York FRNBNY Staff Report No. 458.

[116] Puri M. (1996). Commercial Banks in Investment Banking: Conflict of Interest or Certification Role?, *Journal of Financial Economics* 40, 373 - 401.

[117] Rajan R. G. (1992). Insiders and Outsiders: The Choice between Informed and Arm's Length Debt, *Journal of Finance*47, 1367 - 1400.

[118] Ramakrishnan R. and Thakor A. V. (1984). Information Reliability and a Theory of Financial Intermediation, *Review of Economic Studies* 51, 415 - 432.

[119] Ramírez C. (2002). Did Banks' Security Affiliates Add Value? Evidence from the Commercial Banking Industry during the 1920s, *Journal of Money, Credit and Banking* 34, 391 - 411.

[120] Rochet J. - C. (2004). Bank Runs and Financial Crises: A Discussion. In: S. Bhattacharya, A. W. A. Boot, and A. V. Thakor (Eds.), *Credit Intermediation and the Macro Economy.* Oxford: Oxford University Press, 324 - 338.

[121] Rochet J. - C. and Vives X. (2004). Coordination Failures and the Lender of Last Resort: Was

Bagehot Right After All? *Journal of the European Economic Association* 2 - 6, 1116 - 1147.

[122] Sangiorgi F., Sokobin J., and Spatt C. (2009). Credit - rating Shopping, Selection and the Equilibrium Structure of Ratings. Carnegie Mellon University Working Paper.

[123] Sapienza P. (2002). The Effects of Banking Mergers on Loan Contracts, *Journal of Finance* 57, 329 - 367.

[124] Schenone C. (2004). The Effect of Banking Relationships on the Firm's Ipo Underpricing, *Journal of Finance* 59, 2903 - 3058.

[125] Sharpe S. A. (1990). Asymmetric Information, Bank Lending, and Implicit Contracts: A Stylized Model of Customer Relationships, *Journal of Finance* 45, 1069 - 1087.

[126] Shockley R. and Thakor A. V. (1997). Bank Loan Commitment Contracts: Data, Theory and Tests, *Journal of Money, Credit and Banking* 29, 517 - 534.

[127] Simons H. C. (1936). Rules versus Authorities in Monetary Policy, *Journal of Political Economy* 44, 1 - 30.

[128] Song F. and Thakor A. V. (2007). Relationship Banking, Fragility and the Asset - Liability Matching Problem, *Review of Financial Studies* 20, 2129 - 2177.

[129] Stein J. C. (2002). Information Production and Capital Allocation: Decentralized versus Hierarchical Firms, *Journal of Finance* 57, 1891 - 1921.

[130] Strahan P. E. (2007). Bank Structure and Lending: What We Do and Do Not Know. Boston College Working Paper.

[131] Thakor A. V. (1996). Capital Requirements, Monetary Policy and Aggregate Bank Lending: Theory and Empirical Evidence, *Journal of Finance* 51, 279 - 324.

[132] Thakor A. V. (2012). Incentives to Innovate and Financial Crisis, *Journal of Financial Economics* 103 - 1, 130 - 148.

[133] Thakor A. V. (Forthcoming). Bank Capital and Financial Stability: An Economic Tradeoff or a Faustian Bargain? *Annual Review of Financial Economics.*

[134] US Senate Hearings (2002). Rating the Raters: Enron and the Credit Rating Agencies. Hearings before the Senate Committee on Governmental Affairs, Washington, DC.

[135] US Senate Staff Report (2002). Financial Oversight of Enron: The SEC and Private - Sector Watchdogs. Report of the Staff to the Senate Committee on Governmental Affairs, Washington, DC.

[136] Véron N and Wolff, G. B. (2013). From Supervision to Resolution: Next Steps on the Road to European Banking Union. Bruegel Policy Contribution, Bruegel, Brussels, February 4.

[137] Vickers J. (2011). Independent Commission on Banking, Final Report, September 12, <http: // webarchive. nationalarchives. gov. uk/ + /bankingcommission. independent. gov. uk. >.

[138] von Thadden E. - L. (1998). Intermediated versus Direct Investment: Optimal Liquidity Provision and Dynamic Incentive Compatibility, *Journal of Financial Intermediation* 7, 177 - 197.

第 4 章　复杂性和系统性风险

——危机后发生了什么变化?[①]

4.1　引言

自 2007 年起草本章第一稿以来，发生了许多事情。大型复杂金融机构刚刚引起一些决策者的注意。[②] 然而，总的来说，官员们似乎没有预料到，如果其中一个机构需要解决这些问题，那么这些问题就需要被解决，更不用说此类机构复杂的公司结构是否会阻碍甚至阻止问题有序的解决。

在 2008—2009 年金融危机期间与危机之后，这些问题迅速上升到政策议程的首位。事件清楚地表明，有几家机构已经变得“大而不能倒了”（TBTF）。[③] 20 国集团在危机后的第一批行动之一是将金融稳定论坛转变为金融稳定委员会（FSB），而且授权它确定具有全球系统重要性的银行（G－SIBs）且确保每一家 G－SIB 提交一份可靠的恢复和解决计划。金融稳定委员会的主要成就是谈判一套有效的决议制度，每个成员国都应执行这些制度（FSB 2011a，2012a，2013a，2013b，2013c）。此外，它还建立了同侪审查制度，以监测个别成员国在实现这些属性方面的进展（FSB，2013d）。

随着对 G－SIBs 的官方审查的增加，人们可能会认为有更多可获得的公共数据来分析它们的公司结构。然而事实并非如此。尽管官方文件强调加强市场规则，然而可公开获得的信息仍然不完整，而且因为定义、报告标准和阈值不同所以很难在各机构和来源之间进行比较。[④]

放松管制和技术创新（Frame 和 White，2014）加速了大型金融机构之间显著的全球

---

① 对该项目的支持是由系统风险委员会（Systemic Risk Council）提供的，系统风险委员会由特许金融分析师协会（CFA Institute）与皮尤慈善信托基金（The Pew Charitable Trusts）组成，它是一个独立的、无党派的委员会，其目的是监督和鼓励以系统性风险为重点的美国资本市场的监管改革。本章所表达的观点是作者的观点，并不一定反映系统风险委员会、其成员或支持组织的意见。

② 例如，英格兰银行与国际货币基金组织都已经确定了 16 个对世界经济运行至关重要的低风险投资基金。关于这一分类方法的讨论，见 Herring 和 Carmassi（2010）。在此次危机中幸存下来的 16 个 LCFIs 中，有 13 个列入了 G－SIBs 样本，这是本修订章节的重点。

③ 令人遗憾的是，这个词虽然是常用的，然而却不准确，因为规模是其中之一，但不是这类机构的唯一属性。它应被解释为机构的代名词，这些机构也过于相互关联、过于复杂或过于重要，无法有序地加以解决。

④ 美国当局错失了提高 G－SIB 组织结构透明度的重要机会。他们对“生前遗嘱”公开部分的指导，允许银行将披露的信息限制在已经公开的信息上。即使是这些稀疏的披露也不需要采用共同的定义和方法（CarMassi 和 Herring，2013）。

化进程。这些力量改变了过去25年国际银行的规模、范围和复杂性。[①] 其结果是建立了一个规模更大、更加复杂的金融体系，将更多的资产集中在G－SIBs中。从1990年到2007年，美国三大银行的市场份额从国内存款总额的10%增加到40%，法国、德国、瑞士和英国的三大银行控制着本国市场存款总额的三分之二至四分之三（Haldane，2012）。这些机构不仅规模大，而且大多是大企业集团，从某种意义上说，它们至少结合了银行、证券公司或保险公司这三种传统上截然不同的功能中的两种。这些G－SIBs的增长和日益复杂的情况提出了这些机构是否已成为TBTF的问题。实际上，如果G－SIBs中的一家摇摇欲坠，那么对金融系统其他部分的预期损害会不会如此之大以至于当局认为有义务将纳税人的资金置于风险之中来支持该G－SIB？

虽然过度的冒险和杠杆可能导致了这场危机，然而体制的复杂性和不透明的相互联系妨碍了当局事前的有效监督，而且极大地复杂了事后危机管理与解决机构的工作。雷曼兄弟的破产清楚地证明了复杂、不透明的法律结构所固有的危险，这些结构跨越多个国界，与企业之间的关系不大。正如Thomas Huertas（2009）所观察到的，“雷曼破产表明金融机构在全球范围内运作，然而破产时却变成了一个国内问题。当它们接受行政和/或清算时，它们成为一系列当地的法律实体”。事实证明，跨多个法域协调、更不用说统一几十个法律程序的挑战是无法克服的。一旦金融集团被解散为独立的法律实体，信息变得如此零散，以至于几乎不可能保存该集团可能拥有的任何持续经营价值。

尽管危机期间几家主要金融机构明显崩溃，然而更大、更复杂的金融机构的总体趋势仍在继续（经常被公共补贴合并所鼓励）。虽然一些公司在使其公司结构合理化和简化方面取得了一些进展，但是其他公司已经大大增加了它们的复杂性。所以平均来说，整体的复杂性程度（以子公司的数量来测度）自危机以来没有减少。[②]

我们的中心前提是，大多数国际金融集团发展起来的公司结构的复杂性本身就是系统性风险的一个重要来源。在破产的情况下，需要解决数以百计甚至数千个法律实体的问题。因为大多数这些公司都是综合管理的，各条业务线对法律实体、国家边界或职能监管领域的关注很少，而且与集团内其他部分有着很多复杂的关系，因此简单地将一家机构的业务活动映射到其法律实体中是一项艰巨的挑战。此外，这些法律实体将受到许多不同的国家监管和破产程序的制约，其中许多程序是相互冲突的。

我们将首先概述作为我们分析重点的G－SIBs。目前G－SIBs的法律结构受到税收和监管政策的严重影响，因此，我们首先考虑的是，在不存在税收和监管扭曲的情况下，G－SIBs希望企业达到多大的复杂程度。然后，我们研究税收和监管政策对公司结构的一些（很大程度上是意想不到的）后果。我们分析了这种公司复杂性对一家国际金融集团有

---

① 关于国际银行业务的兴起参见，例如，CGFS（2010a）和Claessens，Herring和Schoenmaker（2010）；关于外国银行的行为与影响参见，除其他外，Claessens和Van Horen（2012）。

② 这是一个非常简单的企业复杂性指标，然而它仍然是唯一可以用任何程度的精确测量的指标，甚至还远远不够完美。我们依赖于Bankscope数据库，因为我们在本章的第一版中使用了它们，并且因为它们遵循的是一种清晰的方法，该方法在各国和银行之间是一致的。其他来源，如SEC文件和美联储/国家信息中心（/National Information Center）的数据，遵循不同的方法，并提供不同的数字（两者也是不同的）。然而，数据的总体趋势通常是高度相关的。

序清盘带来的一些挑战，考虑了为解决这一问题而实施的一些政策改革。本章最后对仍然存在的挑战作简要评论。

4.2　全球系统重要性银行和复杂性

2008 年金融危机清楚地表明，一些金融机构可被视为 TBTF，因为它们提供对金融系统运作至关重要的服务。它们的失败预计将危及金融体系和实体经济的稳定。危机过后，政策制定者们试图找出使这些公司"系统性"的关键因素。他们商定了确定"具有系统重要性的金融机构"（SIFIs）的标准。① 巴塞尔银行监管委员会（BCBS）还商定了一种方法，以确定 G－SIBs。G－SIBs 是 SIFIs 的子集，在其中银行业务占主导。2011 年 7 月，BCBS 发表了一份协商文件，概述了一种基于指标的方法，包括五大类：规模、关联性、缺乏现成的替代品或金融机构基础设施、全球（跨管辖）活动和复杂性。② 本章分析的重点是 2012 年 11 月 FSB 根据这些标准确定的 28 个 G－SIBs。

G－SIB 已经形成了相当程度的企业复杂性。在下面的内容中，我们将重点放在多数股权子公司的数量上，以此作为企业复杂性的一个指标。这是对公司复杂性的一种有点武断、可能具有误导性的、令人遗憾的肤浅的测度。不幸的是，公开的数据不允许我们区分空壳公司、交易主体或其他无关紧要的子公司，因此，我们的数据无疑夸大了具有系统重要性的业务的数量。③ 此外，补充这一简单的操作将是有益的。量化度量，指出每个实体在整个金融集团中的重要性，包括资产负债表和损益表、关联交易、交叉担保、为集团其他成员提供关键服务，以及更广泛地说，实体在整个业务结构中的作用。不幸的是，这类信息并不能轻易提供给公众。④ 尽管如此，拥有多数股权的子公司的数量表明了当局在将 G－SIB 通过破产的过程中所面临的法律挑战的严重程度。

表 4.1 提供了 28 家 G－SIB 的概况，包括子公司、分支机构以及整个集团的资产和收益的数据。这 28 家 G－SIBs 是大型、复杂和地理上多样化的银行集团。16 家 G－SIBS 总部设在欧洲，8 家在美国，3 家在日本，1 家在中国。平均总资产规模约为 1.6 万亿美元。在许多 G－SIB 中，外国资产和收入的份额往往很大。大多数银行从国外业务中赚取收入的 50% 以上。平均来说，每家银行拥有多数股权的子公司约有 1000 家，其中 60% 设在外

① 批评人士指责，命名具有系统重要性的金融机构可能会增加道德风险，而不是减少道德风险。争论的焦点在于市场是否相信当局有意愿和手段来解决这些机构，即使它需要对一些债权人造成损失。见 Elliott 和 Litan（2011）。

② 三个指标被用作测度复杂性：场外衍生产品的名义量、三级资产与交易及可供出售的证券。在计算具有系统重要性的指数时，这五个指标各有 20% 的权重。最后规则于 2011 年 11 月公布（BCBS，2011，更新于 2013 年 7 月，BCBS，2013）。根据 BCBS 的方法，金融稳定委员会于 2011 年 11 月首次确定了 29 家 G－SIBs（FSB，2011 b）。随后于 2012 年 11 月公布了一份由 28 个 G－SIB 组成的更新清单（FSB，2012b）；这份清单将每年更新一次。

③ 然而，应该注意的是，NIC/FED 在总子公司的数据往往比 Bankscope 的控股子公司都要高得多。关于基于 NIC/FED 数据的美国银行控股公司结构的分析，见 Avraham、Selvaggi 和 Vickery（2012）。

④ Opencorporates 是一家致力于为世界上的每一家公司建立一个开放的数据库的组织。创始人讲道："我们经常听到公司的等级制度和网络被称为商业信息的圣杯。这不仅仅是对这些数据的价值和重要性的认识。而且真的很难找到……收益，也使之有用。" http：//blog. opencorporates. com/2013/07/11/open－corporate－network－data－not－just－good－but－better/。

表 4.1 **全球系统重要性银行（根据 2012 年总资产排序）**

		2012 年总资产（USD min）	2007 年总资产（USD min）	2012 年外国资产比重（%）	2012 年外国净收入比重（%）	子公司总数（2013 年 5 月）	国内子公司占比（%）（2013 年 5 月）	外国子公司占比（%）（2013 年 5 月）	国家数量（2013 年 5 月）	OFCs[①]中子公司占比（%）（2013 年 5 月）	2012 年分支机构	2012 年外国分支机构占比（%）
1	香港上海汇丰银行有限公司	2692538	2354266	65	87	1565	21	79	69	27	*	*
2	德意志银行	2655138	2833804	73	64	2124	24	76	61	27	2984	35
3	农业信贷银行	2649627	2268310	17	19	1255	55	45	59	9	11300	20
4	法国巴黎银行	2516546	2494412	48	68	2592	17	83	88	8	*	*
5	三菱日联金融集团	2407111	1824397	31	58	112	46	54	21	4	*	*
6	摩根大通	2359141	1562147	33	12	1095	45	55	57	10	*	*
7	巴克莱银行	2351777	2459149	66	70	1739	37	63	58	21	*	*
8	美国银行	2209974	1715746	14	13	1910	72	28	48	10	*	*
9	苏格兰皇家银行	2070846	3807892	31	44	799	40	60	36	13	3700	41
10	中国银行	2016124	820198	8	3	116	72	28	16	15	*	*
11	花旗集团	1864660	2187631	64	58	2297	39	61	95	10	*	*
12	瑞穗银行	1839477	1495285	25	39	103	62	38	16	7	*	*
13	桑坦德银行	1675192	1343905	72	85	605	25	75	37	7	14392	68
14	法国兴业银行	1650212	1577745	23	57	913	47	53	74	8	*	*
15	三井住友银行	1578522	1124788	15	12	165	59	41	20	18	455	4
16	荷兰国际集团	1541934	1932151	58	66	764	32	68	44	4	*	*
17	BPCE 银行集团	1514080	N. A.	8	16	1448	65	35	70	6	*	*

① 金融稳定论坛（2000 年）和国际货币基金组织（2000 年）确定的离岸金融中心。

续表

		2012年总资产（USD min）	2007年总资产（USD min）	2012年外国资产比重（%）	2012年外国净收入比重（%）	子公司总数（2013年5月）	国内子公司占比（%）（2013年5月）	外国子公司占比（%）（2013年5月）	国家数量（2013年5月）	OFCs中子公司占比（%）（2013年5月）	2012年分支机构	2012年外国分支机构占比（%）
18	美国富国银行	1422968	575442	5	*	1549	93	7	27	4	*	*
19	瑞士联合银行集团	1373808	2021227	64	57	458	17	83	45	8	*	*
20	裕信银行	1222889	1504134	54	57	2216	41	59	67	3	9322	54
21	瑞士信贷银行	1008379	1208956	78	63	242	10	90	37	21	*	*
22	高盛集团	938555	1119796	35	41	420	29	71	24	11	*	*
23	北欧银行	893665	572728	79	78	220	5	95	19	4	978	76
24	西班牙对外银行	841516	739296	50	70	415	30	70	29	4	7978	56
25	摩根斯坦利	780960	1045409	25	23	1311	41	59	45	20	*	*
26	渣打银行	636518	329871	87	94	118	42	58	32	8	*	*
27	纽约梅隆银行	358990	197656	28	36	279	35	65	22	17	*	*
28	美国道富银行	222582	142543	25	40	155	26	74	14	28	*	*
	平均值	1617633	1528107	42	49	964	40	60	44	12	6389	44
	中值	1614367	1504134	34	57	782	40	61	41	10	5839	48
	范围	2469956	3665349	82	91	2489	88	88	81	25	13937	72

注：*表示我们无法找到足够详细的数据，以进行一致有意义的比较。对于6个GSIB（巴克莱、法国巴黎银行、BPCE、花旗集团、摩根大通和法国兴业银行），我们只能在零售分支机构找到数据。

资料来源：Bankscope，SNL数据库和总资产年度报告；Bankscope子公司（G-SIB为最终所有者的多数股权子公司，最低控股50.01%）；外国资产和收入以及分支机构的年度报告和其他官方银行文件。有关数据的其他详细信息，请参阅沃顿金融机构中心网站上本章的扩展版本<http：//fic. wharton. upenn. edu/fic/papersHTML>。

国。①而且，平均而言，这些 G－SIBs 在超过 40 个国家设有子公司，然而，它们的业务范围差异较大，如花旗集团在 95 个国家拥有业务，而道富银行仅在 14 个国家开展业务。虽然关于分支网络的信息不那么容易获得，但 G－SIBs 似乎有非常大的分支结构，从 450 个到 14000 多个分支不等。应该指出，为了进行决议规划，应考虑到外国分支机构。如果发生麻烦，东道国可以限制分支机构，并把它当作附属机构对待。② 许多银行集团缺乏关于全球分行网络详细且易获取的数据，这是信息披露政策方面的一个显著差距。对于这些机构，似乎没有关于分支机构的数据，或者这些数据与集团网络有关的其他数字混杂在一起，它们并非严格意义上的分支机构，但可能包括“办公““零售”“代理”“地点”“银行中心”等。因此，不能从公开的来源中分离分支上的数据。或者，在某些情况下，有零售分支机构的数据，但没有批发分支机构的数据，出于系统原因，应将重点放在这些数据上。不同的 G－SIBs 用于报告其网络信息的方法的不一致可能会阻碍比较。除非报告了分行及其地点的确切数字。因此，在表 4.1 中，只有当我们找到明确引用国外和国内分支的数字时，我们才包含分支机构的数据。如果可能的话，收集关于分支机构大小的信息显得更加艰巨。

在本章的早期版本（本手册第一版第 8 章）中，我们将重点放在 50.01% 的所有权阈值上，以识别受控子公司。如果我们比较既包括在我们先前分析的又包括在 2012 年 G－SIBs 集团里面的控股子公司数量③，我们会发现自 2007 年年底以来，子公司的数量平均增长了 23%，而且每家银行的平均子公司数量也从 1088 家增加到了 1343 家。10 家银行集团增加了子公司的数量，而 3 家银行集团减少了子公司数量（见图 4.1）。法国巴黎银行、巴克莱银行、美国银行和摩根大通的子公司数量分别增加了 122%、73%、36%、36%。④ 就子公司数量而言，法国巴黎银行的增幅最大（＋1422 家），其次是巴克莱银行（＋736 家）和美国银行（＋503 家）。自 2008 年以来，这些银行中的大多数都进行了重大收购⑤。其中一些集团确实设法减少了控股子公司的数量。2007 年拥有最多子公司的花旗集团将子公司数量减少了 6%，瑞士信贷减少了 17%。然而下降最显著的是英国政府拥有的苏格兰皇家银行，子公司数量减少了 31%。这些发现支持了本章第一版的意见之一（Herring 和 Carmassi，2010）：企业复杂性的增加往往是收购的结果。

尽管收购发挥了重要作用，但在一些没有参与重大收购的群体中，也可以观察到公司法律复杂性的增加。如果我们从 13 家参与最大并购的银行中剔除美国银行、法国巴黎银

① 这些数据来自截至 2013 年 5 月的 Bankcope。官方银行文件报告的数据证实了子公司数量的大小，尽管计算标准可能不同。例如，在 2013 年提交给美联储和德国银行联邦存款保险公司（FDIC Deutsche Bank）的决议中，其指出，截至 2012 年 12 月 31 日，“DB Group 由大约 2906 个活跃的法律实体组成”（Deutsche Bank，2013：20）。

② 例如，纽约州在 BCCI 破产时隔离了其分支机构（Herring，1993）。

③ 我们 2007 年样本中包括的所有 LCFIs 也在 2012 年 11 月的金融稳定委员会的 G－SIBs 清单中，除了三个例外：雷曼兄弟，在 2008 年 9 月破产了；荷兰银行，于 2007 年首次被三家银行财团收购：苏格兰皇家银行、桑坦德银行和富通银行，在富通破产和救助之后，其在荷兰的活动被荷兰政府接管；美林证券，在 2008 年 9 月被美国银行收购。其余 13 家银行集团和其他 15 家机构目前都在 G－SIB 名单上。

④ 然而，根据 NIC/FED 的数据，美国银行和摩根大通都大幅减少了与 2008 年危机后峰值相比的子公司数量。

⑤ 法国巴黎银行收购了比利时富通集团的银行业务；美国银行收购美林和全国金融公司，摩根大通收购贝尔斯登和华盛顿互惠银行。

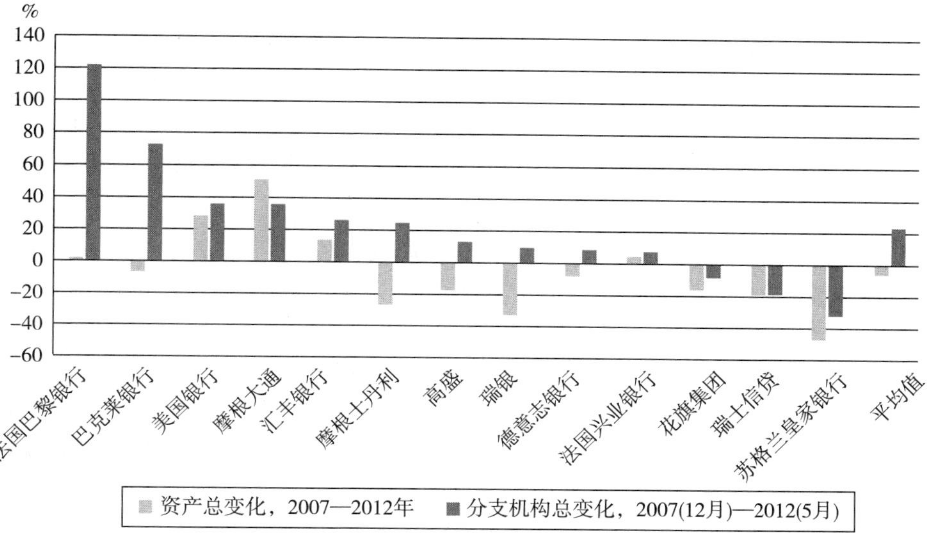

来源：根据 Bankscope 数据计算。

图 4.1 2007 年以来 13 家 G－SIBs 规模与复杂性的演变（按子公司数目的变化排列）

行和摩根大通，从 2007 年到 2013 年，多数股权子公司的平均数量仍然增加了 10%。在这 10 家 G－SIBs 的子公司中，花旗集团的子公司数量在 2007 年（2435 家）和 2013 年（2297 家）都是最高的，而瑞士信贷在 2007 年（290 家）和 2013 年（242 家）的子公司数量都是最低的。因此，尽管收购在解释子公司数量不断增加方面发挥了重要作用，但它们并不是唯一的因素。

不幸的是，我们缺乏数据来对未被指定为 LCFIs 的 16 个 G－SIBs 进行类似的比较，因为我们在本手册第一版中的章节仅仅关注了 LCFIs。然而，我们已经能够捕捉到其中 8 家 G－SIBs 2010 年 4 月的数据。这些数据显示了过去三年的趋势，在这三年里，决策者试图鼓励 G－SIBs 简化公司结构并使其合理化。

通过将 2010 年的数据与 2013 年的数据进行比较，我们发现这当然并不表明当局取得了压倒性的成功。一些银行大幅增加其子公司数目，而其他银行则大幅减少。平均而言，子公司的数目减少了 16%，但有显著差异。从 2010 年到 2013 年，意大利联合信贷银行的子公司数量增加了 72%（至 2216 家），三井住友的子公司数量增加了 15%（至 165 家）。同时，西班牙对外银行、三菱银行、瑞穗、桑坦德银行、荷兰国际集团和渣打银行都减少了其子公司数量（分别为 －16%、－23%、－26%、－33%、－55% 和 －60%）。然而，一些银行减少了子公司的数量，倾向于以相对较低的子公司数量经营，但总体上依赖于庞大的分行网络：以西班牙对外银行和桑坦德银行为例，它们分别拥有约 400 家和 600 家子公司（截至 2013 年 5 月），但有 8000 家和 14000 家分支机构开展业务，其中一半以上设在外国。

复杂性（以子公司的数量来衡量）经常随着资产负债表的增加而增加：从 2007 年到

2012 年，整个 G－SIBs 样本的总资产平均增长了 23%。[①] 然而，我们的样本 13 家 G－SIB 的规模平均下降了 5%，而子公司的数量平均增加了 23%。对一些银行来说，子公司数量的变化反映了规模的变化。然而，对于许多银行来说（例如，巴克莱、高盛和摩根士丹利），尽管资产负债表萎缩，但子公司的数量还是增加了（见图 4.1）。法国巴黎银行资产总额仅增加了 1%，而其子公司却增加了 122%。显然，单靠资产负债表增长并不能解释子公司的扩张。

总括而言，G－SIBs 在危机后并没有降低公司结构的复杂性或资产负债表的规模。应强调几个注意事项：这种分析仅仅关注了复杂性的一个方面——子公司的数量，忽略了复杂性的其他有关方面，如子公司与集团中与其他公司的互动、与金融系统的相互联系以及向集团提供关键服务。此外，这种测度无疑夸大了公司复杂性的程度，因为它包括交易或空壳子公司，这些在集团崩溃时不会构成系统性威胁。然而，它低估了复杂性的程度，因为不包括重要的外国分支，一旦集团出现问题，这些分支机构中的许多将被限制而且被看作是集团的子公司。不幸的是，公开的数据不允许进行更深层次的分析。

4.3 如果不受法规和税收的限制，G－SIBs 会选择多大程度的企业复杂性？

在没有税收和监管约束的情况下，G－SIBs 会选择多大的企业复杂性？子公司的组建可能代价高昂。除了获得章程和建立治理结构的启动成本外，还有会计、财务报告和纳税申报的持续成本。尽管如此，G－SIBs 已经采用了相当数量的公司复杂性，即使在它们没有监管义务的一些国家也是如此。能感觉到的，能够证明子公司的成立是合理的利益是什么？

在 Modigliani 和 Miller（1958）的无摩擦世界里，一个企业对资本结构的选择，以及它的公司结构，都不能影响它的价值。然而，这样的世界是不存在的，因此对金融机构的研究一般从假设信息不对称、交易成本、财务困境成本、税收和监管等缺陷开始（Berger、Herring 和 Szegö，1995）。我们将研究这些不完善之处如何影响金融机构对公司结构的选择。

4.3.1 信息不对称与交易成本

不对称信息问题似乎对金融机构的困扰比许多其他类型的公司更为严重。[②] 当交易或关系的一方拥有另一方没有的信息时，就会出现信息不对称的问题。编写、监控和执行一份能够充分弥补信息不平衡的合同成本太高了。当公司的目标与其债权人、对手方或客户的目标不同时，公司就会产生代理成本，以处理对逆向选择（担心消息灵通的一方会利用消息不多的一方歪曲产品或服务的质量）抑或道德风险（担心一旦交易发生，一方将秘密地将风险转移到另一方的不利地位）的关切。金融公司设计了许多不同的方法来降低这些

---

① BPCE 自 2009 年成立以来未包括在内。

② Morgan（2002）根据债券评级机构之间的分歧，提出了金融机构天生比其他公司更不透明的证据。

成本，有时还包括设立独立的子公司。信息不对称程度加剧了股东与债权人之间、股东与管理者之间以及公司与客户之间的利益冲突。我们会逐一考虑。

4.3.2　信息不对称：股东 vs 债权人

股东与债权人之间的根本利益冲突源于其收益函数的差异。在还本付息后，股东将获得所有的收益。然而，他们的下跌损失仅限于股权的范围。相比之下，债权人的回报仅限于承诺的回报，而他们可能会失去所有贷款。因此，与股东相比，债权人通常更倾向于更安全的投资。在信息不对称的情况下，债权人会担心在贷款条款确定后，股东可以通过将风险较高的资产替换为更安全的资产来进行风险转移。为了防范这种可能性，债权人可能收取更高的溢价，并试图通过坚持一些合同条款或甚至拒绝贷款来限制公司。Kahn 和 Winton（2004）已经证明公司结构的选择可以缓解这个问题。通过组建一家高风险的子公司，该公司提供了一种限制其参与风险转移的承诺。将更安全的资产放在单独的子公司中，会增加安全子公司在糟糕状况下的净回报，并降低其参与风险转移的动机。它还可以改善安全子公司获得外部融资的条件。虽然公司可能仍有动机参与风险较高的子公司的风险转移，但 Kahn 和 Winton（2004）认为这限制了企业集团内部的风险转移。[①]

4.3.3　信息不对称：股东 vs 经理与内部代理问题

国际金融集团通常有分散的股东，没有一个占主导地位。这种所有权与管理控制权的分离意味着股东面临着相对于公司管理者的信息不对称问题。这是一个典型的委托代理问题，在这个问题中，经理们可能会被诱惑去追求自己的目标，例如建立帝国或享受奢侈的企业福利，而不是服务股东利益。这可能会导致几种不同类型的资源分配不当，从而降低股票价值。经理们可能过分回避风险，并试图通过对高风险、正净现值项目投资来保护他们根深蒂固的地位（Smith 和 Stulz，1985）。或者管理者可以利用自由现金流过度投资于价值破坏的负净现值项目（Jensen，1986）。更广泛地说，经理们可能会推卸责任。

高级管理人员也面临着类似的问题，涉及公司高层的更低层次的管理人员。这些内部代理成本包括管理壁垒、资源分配不当和寻租行为（Fulghier 和 Hodrick，2005）。虽然一些公司治理机制处理这些问题，组织形式的选择也可以作为一种工具来控制多主体的行为，更好地调整所有者和管理者的激励。例如，如果某一特定行业的薪酬或文化与企业集团中的其他业务非常不同，将这一业务划分为一个单独的实体可能有助于监督和控制。

尽管对管理信息系统进行了大量投资，但综合的金融集团可能难以跟踪和评估各个业务领域的业绩。非正式的内部资本市场有时会造成绩效的模糊，导致意外的交叉补贴（Rajan、Servaes 和 Zingales，2000）。[②] 可引入一定程度的公司分离，以突出战略重点和改进监测工作。

偶尔，一家公司可能会采取额外的步骤，将一家子公司部分分拆，这样它就可以单独上市，并可以公开交易。正如 Habib、Johnsen 和 Naik（1997）所观察到的，这在产生信

---

① 相反的观点见 Merton 和 Perold（1993）。

② 然而，Holdd 和 Peek（2006）提供的证据表明，多银行控股公司的内部资本市场可以提高二级贷款市场（secondary loan markets）的效率。特别是，内部二级贷款市场避免了外部二级贷款市场参与者面临的信息不对称问题，因此减轻个别子公司面临的财务限制。

息方面得到了资本市场的帮助，从而提高了投资决策的质量。这也可以减少不知情的投资者对子公司价值的不确定性。即使分拆从未真正发生，企业也可以通过简单地组成一个单独的实体来获得一些激励利益。Aron（1991，p. 505）指出："未来分拆的可能性使部门经理表现得好像受到资本市场的监督和评价，即使资本市场的评估只有在实际发生分拆的情况下才能被观察到。"

4.3.4 信息不对称：客户对利益冲突的关注

即使在专门的金融机构，利益冲突也是普遍存在的。然而，正如 Walter（2003，p. 21）所指出的："客户和产品的范围越广，潜在的利益冲突就越多，控制他们的任务就越困难——且避免更大的特许经营损失。"顾客担心一家公司可能利用它的信息优势损害他们的利益。公司投入大量资源，向客户和潜在客户保证，相对于公司或其他客户，他们不会处于不利地位。这些努力包括竖立"中国墙"，限制跨业务领域的信息流动，通过行为守则，加强合规审计，以及披露潜在冲突。[①] 有时，公司会采取额外的行动，将活动分离成单独的子公司。例如，投资咨询服务可以由独立于承销商和经纪人/交易商的实体提供。抑或，管理咨询服务可通过与母公司不同地点的单独实体提供，以此向客户保证，机密信息不会用于贷款决策或帮助母公司可能拥有所有权地位的其他公司。同样，公司分离可能会为运营单位提供更大的灵活性，否则将受到利益冲突的关切或繁重的报告要求的制约。

Kroszner 和 Rajan（1997）在 1933 年《格拉斯—斯蒂格尔法案》强制商业银行业务与投资银行业务分离之前美国银行组织投资银行业务的方式中发现了这种行为的证据。这段时间，一些银行将其投资银行业务组织为银行内部的一个部门，而其他公司则分别成立联营公司，并设有独立的董事会。他们发现市场对于有内部部门承销的发行给予了更高的风险溢价。Krozner 和 Rajan（1997，p. 475）认为这与"当贷款和承销在同一结构内时，投资者更有可能发生利益冲突"是一致的，而且一个独立的附属机构结构是一种"有效的承诺机制"，以向客户保证承销商不会滥用其信息优势。

4.3.5 财务困境的成本：保护集团不受高风险子公司的影响

当财务困难的代价很大的时候，即便信息在公司内部和资本市场之间是平等共享的，公司可能更愿意将风险活动隔离在单独成立的子公司中。一种控股公司结构，其中子公司是分开供资的，可以限制集团其他成员因其附属公司的财务困境而受到的损害。当其中一家子公司的亏损将危及集团中其他子公司的偿付能力时，公司分离提供了部分清算的选择。Bianco 和 Nicodano（2002）指出，当外债是通过单独成立的子公司而不是通过控股公司筹集的然后转入子公司的时候，这家金融集团的股东和社会上的其他人都过得更好。[②]

---

① 关于金融业利益冲突的详细研究，见 Walter（2004）。

② 在何处筹集外部资金的选择是影响银行业务模式集中化或分散化程度的关键特征之一（CGFS，2010 b）；另外两个相关因素是风险管理的集中/分散以及通过分支机构或子公司进行扩张的选择（Schoenmaker，2013）。关于美国全球银行的内部融资，见 Cetorelli 和 Goldberg（2012）；关于分行和子公司之间的选择，见 Fiechter 等（2011）。Bertay、Demirgüç－Kunt 和 Huizinga（2012）发现，外国子公司的融资成本比国内银行的资金成本高 1.5% 至 2.4%。同样要注意的是，Bianco－Nicodano 的结果表明，监管机构提出的单一切入点解决策略可能会带来巨大的成本。

在任何一种情况下，共同保险的收益都可以实现：控股公司可以选择使用从集团其他成员那里获得的利润拯救一家摇摇欲坠的子公司。然而，如果资金主要来自控股公司，一家子公司遭受的威胁集团的损失肯定会使集团的其他成员承受财务困难的成本。相比之下，如果子公司在外部资本市场获得资金，那么损失可在直接受影响的子公司上停止，从而减少集团其他成员的财务困难费用。当然，当债务提供者向子公司贷款时会收取较高的风险溢价。然而，只要溢价不包括大量的、逆向选择溢价，股东和社会都会更好。当然，这在很大程度上取决于作者对全部信息的假设。如果贷款者担心他们对风险知之甚少，那么上面讨论的 kahn 和 winton 模型就更有意义了。

有时有人断言，一家金融集团不能放弃一家摇摇欲坠的子公司，因为它会破坏对集团其他成员的信心（Baxter 和 Sommer，2005，p. 187）。诚然，声誉损失对金融公司来说可能比对其他杠杆率较低的公司代价更高，但有限责任确实具有期权价值。在某些情况下，银行放弃了破产的子公司，对其业务的其余部分没有明显的不利影响（Herring 和 Schuermann，2005；Dermine，2006）。

此外，银行有时似乎将风险较高的活动隔离在单独的子公司中。例如，Dermin（2006）与 Cerutti、Dell'Ariccia 和 Martínez－Pería（2005）观察到，银行倾向于在风险较高的国家组建子公司（而不是分支机构）。Herring 和 Santomero（1990）报告说，一些银行选择加入与单独资本化的子公司签订开放式亏损分担协议的清算和结算计划，以便限制潜在损失。巴林证券公司倒闭后席卷亚洲证券市场的恐慌，部分源于人们担心：如果亏损超过部分交易所会员的资本投资，许多机构会放弃其子公司（Herring，2003）。然而在其他情况下——例如处理出现问题的结构投资载体（SIV）或特殊目的载体（SPV）——金融机构提供了额外的资金来保护它们的名誉，尽管它们没有法律义务这样做。

此外，在一些司法管辖区，有限责任选择受到监管的限制。美联储（Federal Reserve Board）长期以来一直认为，母公司控股公司未能成为陷入困境的银行子公司的力量源泉，将被视为“不安全和不健全的银行做法”（Ashcraft，2004）。力量源泉学说旨在提高银行在控股公司中的地位。这意味着在金融压力期间，应允许监管当局利用控股公司及其附属公司的资源来支持银行。实质上，力量源泉学说将给予监管当局对控股公司其他部分资产的选择权，以防止银行违约。然而，美联储在 1989—1991 年乐山银行（Mcorp）案中执行这一理论的企图遭到了法院的阻挠。而且，联邦存款保险公司（FDIC）解决了两起案件：一家破产银行的母公司起诉破产管理人，要求收回被控股公司转让给一家摇摇欲坠的银行子公司的资金和资产。随后国会颁布了两项法律，增强了监管机构在某些情况下迫使银行控股公司发挥实力的能力。第一，1989 年的《金融机构改革、恢复和执行法》（FIRREA）载有一项交叉担保条款，允许联邦存款保险公司将破产的银行子公司的任何预期损失冲抵非破产附属银行的资本。第二，根据 1991 年《联邦存款保险公司改进法》（FDICIA）迅速纠正行动部分，联邦储备委员会被授权强制母公司银行控股公司作为资本恢复计划的一部分，为陷入困境的子公司的业绩提供担保。最后，2010 年的《多德—弗兰克法案》将美联储的力量来源从理论转变为法律。［Sec. 616（d）］。

4.3.6 财务困境的成本：保护子公司不受集团其他成员的影响

证券化的发展导致了特殊目的载体（SPV）① 的激增，其目的是在财务上与集团的其他成员隔绝。SPV 是由公司保荐人为特定、有限的目的而设立的法律实体。它购买通常由保荐人发起的资产池，并从该资产池中发行以现金流偿还的债务。它受到一套合同义务的严格约束，这些义务确保实体的活动基本上是预先确定的。SPV 的资本化程度较低，缺乏独立的管理层或员工，而且由根据详细合同收取和分发现金的受托人履行所有行政职能。大多数参与证券化的 SPV 都是以信托的形式组织的，尽管它们也可以是有限责任公司、有限合伙公司或公司。对于某些类型的交易，如果 SPV 在海外注册，通常在百慕大、开曼群岛或英属维尔京群岛，就可以获得可观的税收优惠（Gorton 和 Souleles，2006）。

G – SIBs 一直是结构性信贷市场增长的核心，而且在严重依赖 SPV 的住房抵押贷款证券化与其他资产支持证券化方面占有主导地位。从表 4.2 中可以明显看出，信托公司可能代表着 13 家 G – SIBs 中的大量的子公司，这些公司是那些在危机中幸存下来的 LCFIs。其中一些信托基金是 SPV，然而大多数证券化工具不可能包括在我们控股子公司的计数中，因为保荐人通常试图避免出现投票控制。②

表 4.2　　2013 年按行业分列的 G – SIBs 子公司细目（2007 年括号内）

	银行	保险公司	共同基金和养老基金/候选人/委托人/受托人	其他金融分支机构	非金融分支机构	分支机构总计
美国银行	72 (32)	12 (24)	584 (396)	322 (282)	915 (673)	1910 (1407)
巴克莱银行	54 (49)	16 (21)	465 (309)	380 (239)	824 (385)	1739 (1003)
法国巴黎银行	103 (88)	68 (74)	323 (102)	760 (433)	1338 (473)	2592 (1170)
花旗银行	111 (101)	41 (35)	456 (706)	650 (584)	1039 (1009)	2297 (2435)
瑞士信贷银行	30 (31)	4 (4)	89 (91)	52 (63)	67 (101)	242 (290)
德意志银行	68 (54)	8 (9)	541 (458)	618 (526)	889 (907)	2124 (1954)
高盛	15 (7)	10 (4)	74 (48)	121 (151)	200 (161)	420 (371)
汇丰银行	89 (85)	37 (37)	309 (246)	298 (381)	832 (485)	1565 (1234)

① 术语“特殊目的实体”（SPE）或多或少是可以交换使用的。

② 例如，德意志银行（2013，p. 20）在其 2013 年解决计划中报告说，有 1541 个特别目的实体。

续表

	银行	保险公司	共同基金和养老基金/候选人/委托人/受托人	其他金融分支机构	非金融分支机构	分支机构总计
摩根大通集团	54 (38)	13 (17)	305 (229)	205 (145)	518 (375)	1095 (804)
摩根士丹利	19 (19)	12 (22)	245 (225)	236 (170)	799 (616)	1311 (1052)
苏格兰皇家银行	33 (31)	5 (29)	162 (168)	206 (450)	393 (483)	799 (1161)
法国兴业银行	95 (81)	20 (13)	97 (93)	405 (270)	296 (387)	913 (844)
瑞士联合银行	28 (29)	4 (2)	108 (121)	152 (66)	166 (199)	458 (417)
行业总值	771 (720)	255 (310)	3758 (3490)	4405 (4263)	8276 (6729)	17465 (15512)
行业百分比	4% (5%)	1% (2%)	22% (22%)	25% (27%)	47% (43%)	100% (100%)

注：①数据截止时间分别为2013年5月与2007年12月。

②“其他金融分支机构”包括对冲基金、私募股权和风险资本子公司。

③“非金融分支机构”包括所有既不是银行，也不是保险公司或金融公司的公司。它们可以从事制造活动，也可以从事贸易活动（批发商、零售商、经纪人等）。我们也将基金会与研究机构归到了这个类别。

来源：Bankscope控股子公司。

SPV的构建是为了远离破产。其目的是向SPV的投资者保证，它们承诺的现金流的权利不会因保荐人或其子公司的财务困境或破产而受到损害。同样，SPV本身的结构使得它无法破产。通常情况下，任何可能导致违约的现金短缺都会触发资产池的早期摊销。这种结构的好处在于它避免财务困境带来的无谓成本。因此，SPV发行的债务不受破产溢价的影响。通过将对资产的控制权与这些资产的融资分开，SPV降低了财务困难的成本，从而降低了债务融资的成本（Gorton和Souleles，2006）。

虽然避免财务困境造成的无谓成本的可能是资产证券化的主要动机，Tufano（2006）指出其他因素也很重要。例如，设立SPVs可能是为了为保荐人提供更优惠的会计待遇，提高税收效率，避免资本监管要求，通过改变资产池的风险特征开发新的资金池，抑或通过将更透明的资产池的资金来源与保荐人资产负债表的其他部分分开减少信息不对称的无谓成本。

保护SPV的破产风险隔离地位要求发起人不作出任何支持SPV的承诺。令人担心的是，一项法律承诺可能会使得破产风险隔离失效。如果保荐人进入破产程序，法官可能会将向SPV出售资产重新定性为一种担保融资，这将使该资产重新列入保荐人的资产负债表。尽量减少这种可能性的努力是证券化工具复杂性相当大的原因。例如，保荐人通常采用两层SPV结构为投资者和保荐人的索赔提供额外的隔离层（Gorton和Souleles，2006，

p. 558）。

如果 SPV 实际上是破产风险隔离的，它们会不会使一家 G – SIB 的解决变得复杂呢？可能不会，但是 Gorton 和 Souleles（2006）提供的证据表明保荐人支持他们的 SPV，且根据 SPV 发行的债券的定价和担保机构的信用评级，得出结论认为投资者依赖这种隐含的支持。Gorton 和 Souleles（2006）认为，这种隐含的承诺对于解决内含于资产发起人与 SPV 投资者之间的信息不对称中的道德风险和逆向选择问题至关重要。然而，在 2007 年下半年金融市场动荡期间，几个 LCFIs 为支持其 SIVs 与资产支持商业票据（ABCP）渠道所做的努力似乎让股东与一些监管机构感到意外。无论如何，这种显性和隐性契约之间的脱节使任何关于 SPV 的存在可能会影响遭受极端财务困境的 G – SIB 的解决方法的分析变得更加复杂。此外，许多创新的证券化结构还没有在破产程序中经受过考验。虽然这些破产风险隔离结构很可能被证明是“防弹的”，然而它们可能会使摇摇欲坠的 G – SIB 的解决复杂化。

4.3.7　并购的遗留问题

并购可能会对公司结构的复杂程度产生重大影响。如果仅仅是因为关闭或合并的成本很高，相对于一家规模相同的有机成长的公司，一家贪婪的金融集团很可能会拥有更多的子公司。G – SIBs 参与了大量的合并，其中一些并购规模非常大。例如，1990 年以来，美国银行、德意志银行、摩根大通和瑞银进行了合并，目标机构超过收购公司总资产的 10%（汤姆森证券数据公司）。

收购公司可能会选择在目标公司保留相当数量的公司分离，原因有两方面。一是它可以感知品牌的价值，并希望保留目标公司的声誉资本。二是保留现有公司结构的意愿可能有助于接受合并。正如 Dermin（2006）所指出的，通过承诺保留当地的结构和员工，目标公司的当地股东和董事会可能会对目标公司的未来感到放心。此外，正如我们下文所讨论的那样，东道国监管当局有时要求收购银行将目标银行维持为一个单独的当地特许公司。然而，Dermine（2006）指出，维持一个单独实体的决定往往是战术性的，而不是战略性的。随着时间的推移，G – SIBs 通常决定建立一个全球品牌标识，这可能与保留带有遗留名称的独立子公司不一致。根据他对 ING 和 Nordea 的采访，Dermine（2006）发现，尽管两家公司最初都留下许多遗留组织，然而它们也致力于在一段时间内打造一个全球品牌。

可能需要花费大量的时间才能使大集团的结构合理化。例如，涉及法律实体的诉讼可能要求收购人将其维持为一个单独的实体，直至诉讼得到解决。最后，由于简化结构可能费用昂贵和耗时，有时创建一个新的法律实体比确定和利用现有的法律实体更为容易。因此，子公司的部分激增可能仅仅是由于公司结构管理不力所致。在某种程度上，复杂性的增长可能是由于对公司结构日益复杂的重视不够，生存过程应该能有效地鼓励银行集团简化其公司结构并使其合理化。

摩根大通提供了一个很好的例子，说明合并可能会增加企业复杂性。目前的组织是一系列大型银行合并的结果，这些合并始于 1991 年化学银行（Chemical Bank Corporation）和汉诺威制造商公司的合并。这一合并使幸存的机构化学银行的规模几乎翻了一番，并于 1996 年与大通曼哈顿公司合并。由此产生的机构在 2000 年与摩根合并，形成摩根大通。

这一系列的合并在金融危机之前，随着 2004 年 7 月 JPMC 与芝加哥第一银行（BOC）的合并而达到高潮，危机期间包括与贝尔斯登和华盛顿互惠银行的合并。根据美联储/国家信息中心的数据，截至 2003 年年底，JPMC 拥有 1569 家子公司；收购芝加哥第一银行后，在 2004 年底拥有 3406 家子公司，增幅达 117%。截至 2007 年年底，JPMC 拥有 3683 家子公司。在 2008 年收购贝尔斯登与华盛顿互惠银行之后，这一数字上升至 5384 家，增幅为 46%。随后，JPMC 的机构经历了一个简化的过程。到 2013 年 6 月，该公司已成功地将其子公司数量减少到 4059 家。① 美国银行也有类似的情况，2008 年收购后，子公司数量增加了一倍，随后大幅减少（2009 年年底至 2013 年 6 月期间减少了约 25%）。富国银行的情况也差不多，在它收购美国瓦乔维亚银行之后在 2007 年年底时有 1112 家子公司，在 2008 年年底时有 2698 家子公司（增加了 143%）。

降低公司复杂性的努力与 Klein 和 Saidenberg（2005）提出的证据一致，即拥有多家银行子公司的银行控股公司相对于银行子公司较少的类似的银行控股公司，其估值较低。尽管这种集团折价有时是由于内部资本市场效率低下造成的。他们发现，与可比的非联营银行相比，联营银行通过放贷更多、持有的资本更少，从进入内部资本市场的机会中获益。由于他们样本中的联营银行和非联营银行的活动和地域多样化大致相似，他们推断，估值折扣主要归因于组织结构的复杂化，而不是多样化。Laven 和 Levine（2007）采用了不同的方法，但也发现金融集团对多元化的折价。它们确定机构问题和范围经济不足是可能的原因。Rosengren（2003，p. 111）提供的证据表明，从 1993 年到 2002 年，相对于其前身机构中的子公司数量，8 家美国大型银行控股公司减少了它们子公司的数量。尽管做出了这些努力，不断地合并肯定增加了公司的复杂性。

4.4 税收摩擦

税收可能对所有公司，特别是国际金融公司的公司结构选择产生重大影响，因为它们往往有更大的灵活性，将利润从一个实体转移到另一个实体（Demirgüç - Kunt 和 Huizinga，2001，p. 430）。公司结构的选择（包括 SPEs 的位置和组织形式）可能会受到所得税（以及允许扣减和抵免的细节）、资本利得税、利息和股息税、增值税、代扣所得税、交易税与印花税等因素的影响。②

税收方面的考虑对国际上活跃的金融集团尤其重要。因为母国经常对其在全世界的综合收入征税，同时，大多数东道国也对当地产生的收入征税，跨境交易通常要双重征税。如果没有某种减免措施，多重税收可能会完全抑制跨境交易。

当外国来源收入在国内不免税时，公司通常被允许以国内欠税抵免外国税收。一般来说，外国税收抵免受到公司在国内赚取的收入支付税额的限制。因此，企业有强烈的动机通过将利润从税率相对较高的国家转移到避税天堂来降低对外国来源收入的平均税率［允

① 注意表 4.1 和表 4.2 中的数据反映了基于 Bankcope 数据的拥有多数股权的子公司，与采用不同方法的 FED/NIC 数据库没有直接可比性。

② 银行通常也要缴纳一些隐性税，其中可能包括在中央银行以低于市场利率或存款利率持有所需准备金抑或持有超过保险公允价值的存款保险费的义务。

许的外国税收抵免也可能在其他方面受到限制；见 Demirgüç - Kunt 和 Huizinga（2001）关于美国对利润转移施加的限制的论述]。

税收问题可能在多大程度上导致 G - SIBs 的复杂性，这可以从避税天堂的实体数量中看出。我们的避税天堂名单是根据金融稳定论坛列为离岸金融中心的 42 个国家/地区/司法管辖区制定的（金融稳定论坛，2000；国际货币基金组织，2000）。该名单包括提供低或零税收、适度或宽松的金融监管以及（或）银行保密和匿名的国家/地区/管辖区。当然，税务问题对组织复杂性的影响远比计算这些中心的子公司数量更为普遍和复杂。尽管如此，对于一些 G - SIB 来说，即使是这个数字也是相当可观的（见表 4. 1）。我们的 9 家 G - SIBs 在这些记账中心（booking centers）设有 100 多家子公司。此外，G - SIBs 中有 6 家已将 20% 或更多的子公司设在避税天堂。

4. 5 监管约束

上述关于公司分离的所有理由——不对称信息问题、风险隔离、兼并和收购遗留问题以及税收——一般适用于大公司，而不仅仅是金融集团。然而，金融集团还受制于另一个使其公司结构复杂化的制约因素——监管。这可能有助于解释，至少在一定程度上，为什么它们拥有的子公司数量远多于规模相当的非金融集团。金融稳定委员会确定的 28 个G - SIB 多数股权子公司平均数量（截至 2012 年 11 月）是按市值计算最大 28 家非金融公司的控股子公司数量（截至 2012 年底）的 2. 6 倍。[①]

尽管各国对银行扩展到其他业务领域的限制有不同的看法，但是银行是世界上被监管最严格的机构之一。大体上，有三种不同的监管模式：（1）完全整合；（2）拥有非银行经营子公司的母公司银行；（3）拥有银行及非银行子公司控股公司母公司。[②] 全能银行国家倾向于遵循第一种模式，由于监管方面的原因，只实行了最低限度的公司分离。例如，德国允许银行和证券业务合并在一个单一的法律实体中，然而第三种模式在美国占主导地位。在美国，修订后的《联邦储备法》第 23A 节和第 23B 节以及 1999 年《格拉姆—利希法案》规定，对银行控股公司和金融服务控股公司实行公司分离，因对不同职能单位与银行之间信贷流动的限制而得到加强。

在对 143 个国家调查后，Čihák 等（2012，p. 31）发现在 93% 的允许银行从事某些证券活动的国家中，43% 的国家将某种形式的公司分离强加于这些活动。在 83% 的允许银行从事保险业务的国家中，78% 的国家实行某种形式的公司分离。最后，在允许银行从事房地产业务的 60% 的国家中，44% 的国家要求某种形式的公司分离。

不同的职能监管机构可能要求其监管的活动在单独的法律实体中进行。这不仅有利于监督，而且在有必要干预的情况下，可以更容易地将这些活动隔离起来。[③] 因此，即使不

① 截至 2015 年 5 月 G - SIBs 子公司的数目（来源 Bankscope）；截至 2013 年 8 月非金融公司的子公司数目（来源：Osiris）。

② 请参阅 Herring 和 Santomero（1990）对这些模型及其变化的更加详细的讨论。

③ 在某些法域，将未单独注册的实体隔离起来是可能的，例如，美国监管当局可以隔离一家外国分支机构。

考虑国际扩张带来的复杂性，为了监管的目的，金融集团可能也需要采取一定数量的公司分离。

G－SIB 在许多国家设立了子公司（见表 4.1 第 10 栏），而且国际扩张可能需要大量额外的公司复杂性，原因有两方面。第一，对国内金融集团适用上述模式三（控股公司母公司与银行和非银行附属公司）的一些变化的东道国，一般对外国公司实行同样的限制，以保持公平的竞争环境。美国（全球最大的金融服务市场）对国内外企业都应用模型三这一事实导致总部设在美国以外的 G－SIBs 公司结构的复杂性。

第二，即使东道国没有为国内公司采用模式三的变化形式，它可能要求外资公司在当地注册，以确保国内当局能够进行干预，以保护国内居民。新西兰超过 85% 的银行系统由外资银行控制，这也许是第二个理由中最极端的例子（Woolford 和 Orr，2005）。

Čihák 等（2012，p. 25）发现，在 143 个国家的样本中，只有 4% 的国家禁止外国子公司进入，14% 的国家禁止外国分支机构入境。此外，即使不禁止外国分支机构入境，东道国经常对外国分支机构实施更严格的监管要求，从而使单独的子公司的组建具有相对的吸引力。

职能和国家监管机构经常使用公司分离作为监管、监督和监测金融集团中属于其管辖范围部分的一种手段。虽然这可能会加强当地的监管监督，一个意想不到的后果可能是，国际金融集团公司结构可能比规模相当国内公司要复杂得多。

更广泛地说，G－SIBs 经常以更高的公司复杂性作为对新法规的回应。Kane（1977，1981，1984）将这种动态描述为一种监管辩证法，在这种辩证法中，监管机构实施了一项规则（或隐性税收），而受监管的企业则在其受限的环境中作出反应以尽量减少隐性税负。监管者则会用更多的监管来回应人们对监管回避的看法，这种动态无疑增加了 G－SIBs 公司的复杂性。[①] 然而，在财务困难的情况下，这种复杂性可能会妨碍有效的监管反应。

4.6　企业复杂性对金融体系安全性和稳健性的影响

尽管它们的公司很复杂，G－SIBs 的管理往往是以综合的方式进行，只考虑到法律实体、国家边界或职能管理当局。此外，金融集团内各独立实体之间往往存在着大量的相互联系。Baxter 和 Sommer（2005）指出，除了它们共同的（尽管可能是不同的）所有权结构，这些实体很可能通过跨机构的信用关系、跨机构的业务关系和声誉关系联系起来。

如果这些 G－SIBs 中的一个遭遇极端的财务困境，会发生什么？除了为其他附属公司提供关键服务的运营子公司的分离以及将一家综合公司的活动映射到需要破产程序的实体中外，这类机构的公司复杂性将会带来重大挑战。根本问题源于监管机构之间、国家间，

---

① 见 Tröger（2013），其中讨论了监管如何能够创造激励措施，改变公司结构以最大限度地提高效率或适应新的监管环境：他观察到一些欧洲大型银行最近经历了一个将子公司转变为分行的过程，方法是将外国子公司跨国合并到母公司。银行声称，组织结构这种变化的主要驱动因素是其公司结构的效率和简化，然而这种转变也为避免东道国的监管和监督提供了一种有效的手段。在美国，《多德—弗兰克法案》对外国银行控股公司的更严格要求，例如在单独基础上增加资本，以及要求外国银行集团设立中间控股公司的拟议规则在一些情况下会使外国银行选择重组其法律结构，结束银行控股公司的地位，将存款所有权转让给母公司，只将非存款业务留给美国实体。

有时甚至在国家内部对破产采取的相互冲突的做法。在哪一项法律和哪一套破产程序应当适用的问题上，可能会出现争议。一些当局可能会试图在他们所能达到的范围内将 G－SIBs 的部分围起来，以满足他们的监管目标，而不一定考虑到一些更广泛的目标，例如维持持续经营价值或金融稳定。至少，当局在各司法管辖区之间的协调和信息共享方面将面临艰巨的挑战。跨越国界的损失将加剧母国与东道国当局之间的冲突，而且难以达成合作来解决无力偿债的金融集团问题。经验表明，在压力大的时候，信息共享协议很可能会失效（Herring，2007）。

尽管巴塞尔公约协调委员会 30 多年来采取了协调一致的举措，然而各国对银行决议的处理方式却有很大的不同。例如，各国对脆弱的银行在什么时候需要解决以及由哪个实体发起解决程序方面存在分歧。显然，在如何和何时启动解决进程方面存在着跨界差异，这可能造成的延误在危机中代价高昂。

管辖权的选择也可能对破产程序的结果产生重要影响。大多数国家对破产采取了普遍的做法：一方管辖主要破产程序并进行资产分配，而其他方则收集在主要程序中分配的资产。然而美国对外国银行在美国的分支机构采取更加领土化的做法，而且将根据当地资产和负债进行自己的破产程序。资产只有在（以及如果）所有当地债权得到满足后才转移到母国。管辖权的选择还将决定债权人是否有权将破产银行的债权与其欠该银行的款项相抵。国际信贷和商业银行（BCCI）的案件显示，BCBS 成员之间存在着明显的差异（BCBS，1992）。同样，尽管 ISDA 取得了相当程度的国际协调，然而根据国际互换交易商协会（ISDA）总合同执行关闭净额结算条款的能力可能因管辖权而异。

破产程序的结果也将取决于决议当局的权利和义务，而这种权利和义务可能因国家而异。例如，在不经过漫长的司法程序的情况下，清算当局是否有权对债权人的债权施加“估值折扣”？决议当局是否有能力（且获得必要的资源）提供资本注入？在银行方面，像美国那样，清算机构是否有选择成本最低的解决方法的限制？还是按照澳大利亚和美国法律的要求，清算机构有义务优先考虑国内储户？更根本的是，监督干预和解决进程的目标是什么？在破产情况下，监督者不可避免地会优先考虑国内目标，这是母国和东道国当局之间冲突的根本根源。

母国和东道国之间的三种不对称可能会造成更多的问题，即使可以统一程序。首先是资源不对称：监督机构在人力资本和财政资源方面可能有很大的差异，这意味着国内监督机构可能无法依赖东道国监督当局（反之则相反），因为它可能缺乏进行有效监督的能力。金融基础设施的不对称可能导致各国监督质量的差异。会计准则的缺陷和外部审计的质量可能会妨碍监管者的努力，就像知情的机构债权人一样，而且一个积极和负责任的金融媒体可能会帮助他们。法律基础设施也很重要。低效或腐败的司法程序甚至可能损害最高质量的监管。

然而，最重要的冲突可能来自暴露的不对称：如果实体失败，后果是什么？对于某一具体实体是否危及金融稳定，可能存在不同的看法。这将取决于该实体在任何一国或两国是否具有系统重要性，以及该外国实体在母国集团内是否具有经济重要性。

4.6.1 雷曼兄弟的倒闭与改革的动力

2008 年 9 月 15 日雷曼兄弟破产表明，这些潜在的冲突不仅仅是理论上的。在试图促成雷曼兄弟与其他的更加强大的机构合并之后，美国当局拒绝对其实施救助，并根据美国破产法第 11 章将其控股公司雷曼兄弟控股有限公司（LBHI）送入破产法院寻求保护。这成为美国历史上规模最大的（无疑也是最无准备的）破产。尽管雷曼兄弟只是美国第四大投资银行，然而其足具系统重要性以致其破产导致了对国内外资本市场产生了巨大的溢出效应。

在破产申请中，雷曼报告的资产总额为 6340 亿美元；它在 40 多个国家拥有 25000 多名员工和 7000 多家子公司（Lehman Brothers，2009）。有趣的是，在破产程序中，法院裁定只有不到 1000 家子公司与正在进行的业务有正面的积极的关系。雷曼兄弟的运作方式是如此的一体化，以至于员工们基本上不知道是哪个法律实体雇用了他们。纽约股票部门的交易员可能会在世界任何地方与雷曼实体进行交易（Miller 和 Horwitz，2012）。这种公司复杂性极大地阻碍了公司的有序破产，并导致对其他机构和市场的重大溢出效应。

根本的问题是，雷曼兄弟是作为一个综合实体来管理的，而对需要在破产程序中处理的法律实体的关注是最低限度的。LBHI 发行了绝大部分无担保债务，并将这些资金投资于其大部分受监管和不受监管的子公司。这种做法是全球公司的典型做法，旨在促进对全球业务的控制，同时减少资金、资本和税收成本。实际上，LBHI 是其子公司的银行家，运营着一个零余额现金管理系统。在每一天开始时，LBHI 将现金借给其运营子公司，然后在每一天结束时将现金返还给 LBHI。破产申请是在 9 月 15 日大多数子公司获得资金之前提交的，因此大部分现金都被困在了美国的法庭诉讼程序中，而这些子公司别无选择，只能宣布破产或接受管理。

雷曼还将其信息技术集中起来，以便将不同产品和不同子公司的数据混合在一起。这是一种经营企业的有效方式，然而在全球破产程序中却带来了一个巨大的挑战。雷曼将数据存储在 26666 台服务器中，其中 20000 台包含累积的电子邮件、文件、语音邮件消息、即时消息和录音通话，这些对于进行中的业务和在破产中分配资产和负债都是必要的。最大的数据中心在纽约、伦敦、东京、中国香港和孟买。英国行政长官关闭了雷曼兄弟的一个关键信息和业务系统，这扰乱了信息网络的其余部分，阻碍了查明资产和负债的基本信息的检索。此外，雷曼使用了大约 2700 个专有的、第三方的现成的程序，每个程序都与交易数据交互或创建交易数据。

破产管理人有责任保存、提取、存储和分析与他们负责解决问题的实体相关的数据。这一挑战因 LBHI 的管理人员成功出售两个因人力资本损失而迅速贬值的重要实体而加剧：拥有大量关键数据投资银行业务与资产管理业务。

大多数美国投行业务的运营——是资产，而不是法律实体——都被出售给了巴克莱。这就需要一个证券投资者保护公司（SIPC）程序，它将所有的 LBI 账户置于 SIPC 受托人的控制之下，并允许经纪人—交易商被清算。野村证券收购了亚洲和欧洲大陆的大部分投行业务，LB 的资产管理业务以管理层收购方式出售。然而这意味着这些数据属于巴克莱、野村证券与现在独立的资产管理部门，因此破产管理人依赖新的所有者获得数据，以确定每个法律实体的资产和负债。伦敦四家子公司的管理人抱怨说，破产九周后，他还没有收到对这些子公司拥有的资产的确认。

美国行政人员表示了乐观的看法：他们能在 18 ~ 24 个月内完成决议，然而主审法官提醒管理人，及时完成行政管理的最大障碍是世界各地其他破产信托人的时间表。伦敦的管理人员警告说，债权人可能需要数年时间才能拿回他们的钱，并指出他们仍在继续解决安然公司，该公司七年前就倒闭了，其规模和复杂性大约是雷曼的十分之一（Hughes，2008）。今天，至少有 16 个不同的司法管辖区正在进行 100 多个涉及雷曼遗留物的破产程序。

虽然七国集团成员曾表示，美国当局应该救助雷曼兄弟，然而它们也开始意识到，救助会产生对更大救助的预期，并可能会产生巨大的纳税人债务，而这些债务无法以政治或经济理由为根据。Haldan（2009）估计，在危机最严重的时候，美国、英国和欧元区已承诺提供 14 万亿美元（约占世界 GDP 的四分之一）支持其银行系统。

到 20 国集团第一次会议召开之时，已形成共识，认为 TBTF 的政策已变得过于昂贵而难以维持。团结一致的呼声是，纳税人永远不应再面临这种损失的风险。而且领导人开始意识到，他们缺乏有效的工具来对付一个摇摇欲坠的金融巨人。如果没有有效的解决政策，他们将面临两个糟糕的选择：一是救助，二是大范围金融混乱的风险。事实证明，在大型复杂金融机构的政策方面，这种看法是一个转折点。在下一节中，我们将回顾为改善 TBTF 问题而启动的一些政策改革。

4.7 应对 G－SIBs 的政策改革：综述

自本章初版以来最显著的变化是，规模和复杂性问题已从鲜为人知上升到政策议程的首位。实际上，国际组织以及美国、欧盟与其他众多国家的监管当局已经制定了一系列的提案和规章。这类提案的数量和范围非常广泛，因此本章的综述必须有很大的选择性，我们仅仅关注这些明确针对国际这一级别以及美国的太复杂“太大而不能倒”问题的倡议。①

4.7.1 全球倡议

在国际一级，巴塞尔银行监督委员会迅速对越来越多的证明巴塞尔资本规则没有奏效的证据作出反应。分子中资本的定义过于宽泛，包括许多不能作为持续经营资本的工具。分母中的风险权重过低，所需的最低风险太低。委员会立即开始就新的“巴塞尔协议Ⅲ”框架展开工作，以解决这些问题。新协议作出了一些调整，以增加风险权数，特别是对于交易账簿的复杂工具更要加大风险权重。由于 G－SIB 占交易活动的比重不是成比例的，这使得对它们的风险监管措施增加。同样，通过增加银行资产负债表之外的此类风险敞口的风险权重，推动衍生品活动从银行转移到交易所的措施也将对 G－SIBs 有着特别的影响，因为 G－SIBs 在场外衍生品交易活动中占了绝大部分份额。

然而，最重要的变化是分子。BCBS 认为银行应该拥有更多更高质量的资本。关注的

---

① 我们将讨论欧盟的一些政策建议，重点是将零售银行业务与银行集团内风险较高的业务隔离开来，然而空间限制阻碍了我们讨论更广泛的欧盟银行联盟项目。应该指出的是，欧盟正试图解决我们在欧元区范围内强调的许多跨界问题。关于欧盟银行联盟的进一步讨论，参见 Goddard、Molyneux 和 Wilson（2014）与 Herring（2013）。

焦点是一级股本资本，一旦监管措施不可靠，市场往往会对其进行监管。这一较高质量的资本随后成为额外资本要求的基础。最低普通股一级资本增加到风险加权资产（RWAA）的4.5%，增加了2.5%的额外保护缓冲，而且一个担心信贷扩张过快的国家当局可能需要一个自由裁量的从0到2.5%不等的逆周期缓冲。这些资本要求适用于所有在国际上活跃的银行。然而，此外，一项附加费是直接针对G－SIBs的：这个额外的一级股权资本收费可以从1%到3.5%不等。每年11月，当G－SIB被识别出来时，根据它们所构成的系统性风险的程度，将它们分成五个不同的量。到目前为止，G－SIB已分配了1%、1.5%、2.0%和2.5%四个收费标准。3.5%的那一级还是空的，其被认为是一种潜在的制裁手段，可用于对付具有系统重要性的机构。

这完全颠覆了巴塞尔协议Ⅱ所依据的哲学。在巴塞尔协议Ⅱ中，风险加权计划旨在减少大型机构的风险加权资产，以激励它们采用最先进的风险度量与管理方法（SRC，2013a）。对这些权重进行了校准，使风险权重低于采用标准化方法时的风险权重。当然，这种方法完全忽略了这一事实：非常大的机构很可能比小机构施加更大的系统性风险，所以应该被要求持有更高的而不是更低的资本缓冲。因此，巴塞尔协议Ⅲ改革对那些变得更具有系统重要性的银行施加了惩罚。

此外，BCBS还提出了3%的一级杠杆资本率（Tier 1 leverage capital ratio）。这对几家曾以高达50:1的杠杆率经营的大型银行来说，将是一个制约因素。杠杆率还将为防范操纵内部模型以降低风险权重提供保障（CarMassi 和 Micossi，2012；Admati 和 Hellwig，2013；Bair，2013；Hoenig，2013；SRC，2013b，2013c）。一些非常大的银行将被迫大幅增加股本或缩小资产负债表规模。此外，杠杆率的分母正在重新定义，以考虑表外敞口与表内敞口。这也将给G－SIB增加障碍，因为它们的表外业务比大多数其他银行都要多。

当BCBS专注于资本要求时，FBS则专注于解决问题的政策。可能它最重要的成就就是已经就“有效解决政策的关键属性”达成了协议，而且发展了一套评估成员国在多大程度上采纳这些属性的方法。有效的决议制度应（FSB，2011a）：

- 确保系统重要职能的连续性；
- 保护投保人，确保独立客户资产的快速返还；
- 以尊重破产付款优先权的方式向股东、无担保和无保险债权人分配损失；
- 不依赖公众对偿付能力的支持，也不产生这样一种它是可以得到的预期；
- 避免不必要的价值破坏；
- 根据法律和程序的明确性以及有序解决的先进规划，提供速度、透明度和尽可能多的可预见性；
- 为与外国决议当局合作、信息交流与协调提供法律授权；
- 确保不能接着生存的公司能够有序地退出市场；
- 实现和维护信誉，增强市场纪律，并为市场解决方案提供激励。

在危机期间，许多国家发现它们没有一致的解决办法，因此这些关键属性设定了非常雄心勃勃的目标，而且随着各国已开始建立或改革其决议制度，它们已经相当有影响力。为了鼓励在实现这些目标方面取得进展，金融稳定委员会监测每个国家的进展（FSB，2013），且向20国集团提交年度报告（FSB，2013e）。由 Mark Carney 主持的金融稳定委员会作出了乐观的评估："在落实这一国际政策框架方面取得了良好进展，而且有迹象表明，企业和市场正开始适应当局终结'大到不能倒'的决心"（FSB，2013f）。然而，它还观察到许多司法管辖区尚未进行必要的改革以达到所规定的标准。

4.7.2 美国的回应

美国对金融危机的主要反应是在2010年7月通过了庞大而复杂的《多德—弗兰克华尔街改革和消费者保护法案》（DFA）。DFA有2319页的立法，要求各机构制定500条规则，编写81份研究报告和93份报告。即使到了现在，这些法律规定中还有一多半没有得到执行。我们将专注于DFA中特别针对G-SIBS的方面。

尽管DFA废除了一个监管机构，然而它却设立了一个新的金融稳定监督委员会（FSOC），由财政部长担任主席，负责查明对金融稳定的威胁与监管方面的差距。FSOC还指定了那些被认为具有系统重要性，因此应该受到美联储严格监管的非银行金融公司。DFA确定了银行控股公司被指定为SIFIs的门槛：将门槛设为500亿美元，而大多数观察人士认为这一门槛太低了。

FSOC还负责限制SIFI的规模和复杂性。它可以为那些规模和复杂性不断增长的机构推荐更高的监管标准，而且它必须（以三分之二多数通过）批准美联储强迫未能提交令人满意的解决方案的SIFI出售资产的任何决定。

DFA试图通过建立一个新的两级解决机制来缩小当局在危机期间行使的酌处权的范围。[①] 国会希望阻止任何SIFI"太大而不能倒"的假设，要求每一个SIFI都能像其他公司一样通过破产程序。每个SIFI都必须每年提交一份"生前遗嘱"，描述如何在不产生无法容忍的溢出效应的情况下破产。如果某个SIFI的"生前遗嘱"没有说服力，美联储与联邦存款保险公司必须给出改进建议，这些建议可能包括出售业务、合并子公司或其他使SIFI更容易在破产中解决的措施。如果SIFI没有反应，这些建议可能会成为要求。

虽然破产是首选的解决方式，然而国会提供了一种可能的行政替代方案，其名称为有序的清算管理局（OLA），具有一定的误导性。这个行政程序的目的不是要清算这个集团，而是通过执行快速好银行/坏银行拆分来保持持续经营价值，在拆分中，具有持续经营价值的资产以及在偿还优先权中排名第一的负债被转移到一个新的机构。该机构会接着经营该集团的系统重要性业务直到该业务的全部抑或部分出售给了第三方抑或以有序的方式结束。坏银行将随着时间的推移被清算，目的是使留在坏银行的债权人的资产价值最大化。在许多方面，这种做法与联邦存款保险公司已经并将继续采用的解决被保险的存托机构问题的办法是平行的。事实上，OLA代表了联邦存款保险公司管理潜在的任何金融机构的流程权力的扩展。然而，它在OLA下的权力在一些重要方面不同于它对被保险银行行使的权力：OLA只打算在涉及动荡的金融状况的极端情况下使用。国会的意图是，任何金融机构都不应事先知道它将由OLA解决，而不是破产（而且，这并不能免除SIFI开展业务的责任，从而使它们能够接受正常的破产程序）。国会试图在OLA可以使用之前，实施一些

---

① 关于美国解决银行问题的新方法的讨论，见Tarullo（2013）。关于美国解决计划现状的讨论参见Norton（2013）。

必须克服的高程序性障碍。在联邦存款保险公司被任命为接管人之前，美国财政部长（与美国总统协商）必须在联邦储备委员会三分之二和联邦存款保险委员会三分之二的支持下作出三项决定。第一，金融公司有违约或违约的危险。第二，破产解决会对美国的金融稳定产生严重的不利影响。第三，找不到私营部门替代违约的可行办法。如果财务困难的公司董事会同意，联邦存款保险公司可以被任命为接管人。如果董事会不同意，它可以在华盛顿的美国地方法院对财政部长提起秘密诉讼，然而只能以该机构是否是 DFA 所致金融机构以及其是否违约或存在违约风险的狭隘理由为理由。法院必须在 24 小时内作出裁决。

一经委任为接管人，联邦存款保险公司在挑选资产和负债方面有相当大的空间，这些资产和负债将转移到过渡机构。然而它的行动受到以下要求的限制，即被留下的债权人至少会像根据第 7 章的清算程序那样好。为了限制 OLA 权力行使中的道德风险，联邦存款保险公司必须解除管理层和董事会的职务，这可能比管理人员和一些董事会成员在破产时可能受到的待遇更为严厉。

为了给过渡机构融资，联邦存款保险公司会从财政部借一笔不多于预期从过渡机构最终处置中获得的数额款项。如果无法从这一来源偿还贷款，将通过对资产超过 500 亿美元的公司进行特别评估来弥补资金缺口。这是为了保证纳税人不会因行使 OLA 的权力而处于危险之中。

DFA 的另外两个特性与 G－SIB 特别相关。首先，柯林斯修正案为基于风险的资本要求和杠杆资本要求设定了一个最低标准，该比率等于 DFA 通过时的有效比率。由于美国尚未采用巴塞尔协议Ⅱ，这意味着按照先进方法计算的风险加权资产（预计将由最大的一些机构使用）不能低于标准化方法下的资产（预期将被大多数其他机构使用）。美国巴塞尔协议Ⅲ资本要求可以更加严格，然而必须不低于 2010 年 7 月生效的资本金要求。此外，柯林斯修正案要求监管机构提高对在衍生品、证券化产品、金融担保、证券借贷及回购等领域有重大活动的公司的资本要求。还必须对资产集中的公司施加更高的资本要求，因为它们报告的价值取决于内部模型。这些都是倾向于将 G－SIB 和其他较大的 SIFI 与较小的银行区分开来的特征。因此，柯林斯修正案实际上授权美国监管机构对规模较大的 SIFI 实施更高的资本金要求。2013 年第四季度，美联储宣布了实施“巴塞尔协议Ⅲ”的方式，并引入了新的杠杆率，该杠杆率对大银行与大银行控股公司要求更高（瑞士和英国也提高了资本要求，大大超过了巴塞尔协议的最低要求）。

其次，尚未执行的沃尔克规则侧重于限制大型 SIFI 的范围和规模。沃尔克修正案不是最初的 DFA 的一部分，而是由美国政府为了回应出口民调而插入的，这表明选民们对政府对华尔街的宽大对待感到非常愤怒，以至于他们选举了一位共和党参议员，这个席位已经被肯尼迪占据了几十年之久。沃尔克规则的主要原理是保护受保险的存款不受人们认为特别危险的活动的影响。沃尔克规则禁止自营交易，但允许交易服务于客户的利益。事实证明，这一区别很难转化为一项执行条例，并将沃尔克规则的实施拖延了三年多。沃尔克规则还限制了对冲基金和私人股本基金的投资和赞助：SIFI 对此类基金的投资不得超过其一级资本的 3%，其投资占任何基金融资的比例不得超过 3%。最后，沃尔克规则限制了 SIFI 通过兼并和收购增长的能力：任何 SIFI 都不能在合并后导致产生负债超过上年年底美国所有金融机构负债总额的 10%。

沃尔克规则的基本意图是将公共存款担保的好处限制在被认为是系统性的且免受风险较高活动影响的核心银行服务上。沃尔克规则含蓄地认为，有些活动是如此危险和复杂，因此应该加以禁止。英国和欧盟的监管机构也试图保护一组核心活动不受人们认为风险更大的活动的影响，然而它们选择依靠补贴（或公司分离）来支持集团内部暴露的限制。维克斯报告试图通过将其他业务从接受存款机构中剥离出去，来隔离零售银行业务。然而，只要它们不接受英国的零售存款，这些活动就可以继续由子公司进行。欧盟的利卡宁报告（HLEG，2012）禁止存款机构从事做市商买卖（market making）、自营交易以及投资对冲基金与私人股本，然而同一银行集团的其他子公司可以自由经营这些业务。

法国和德国政府采用了一种略弱的利卡宁模式，它们允许存款机构参与做市。所有这些办法都试图保护存款机构不受其他活动的冲击，然而每种方法的细节都有很大的不同。[①] 事实上，这是银行监管各个方面尤其是决议政策的特点。这就是为什么联邦存款保险公司在以一种对跨境银行有效的方式实施 OLA 的过程中面临着特殊的挑战。

这是一个重要的挑战，因为美国所有最大的 SIFI 在美国以外都有大量业务。如果联邦存款保险公司不能具体说明 OLA 如何跨国界工作，它将缺乏可信度。联邦存款保险公司一直积极参与由 BCBS 组织的监督学院和危机管理小组，而且已经与其他国家的同行（当他们可以被识别的时候）签订了一些谅解备忘录。然而目前尚不清楚这些措施在实际危机的压力下是否有效。一个解决办法可能是协调世界各地的决议制度。FSB 建立的关键属性方法实际上是朝这个方向迈出的一步，然而当出现分配损失的问题时，几乎没有人相信这种做法会坚持下去。可以理解的是，各国不愿意事先分配损失——任何国家都不愿意作出不受限制的财政承诺。而且跨境损失将更难以事后分配，因为总是有可能说，如果母国监督更有效，损失就不会发生。在这个问题上，可能没有比欧盟不愿考虑设立共同存款保险基金更好的例子了。然而，只要存款的安全取决于存款保险制度的强度和存款所在国的信誉，银行风险和国家风险之间的致命联系就是无法打破的。对缺乏解决 G-SIB 问题的强有力的跨境系统的一种反应是，准备对处于一国边界内的银行集团的各个部分进行隔离。美国提议要求在美国拥有大量业务的外国银行设立一家美国控股公司，该公司将在美国受到审慎监管（包括资本充足率要求），而且如果母国的解决程序似乎不公平对待美国的利益，原则上该公司可以在美国被解决。

然而，联邦存款保险公司与英格兰银行合作（FDIC and Bank of England，2012）提出了一种备选方案，该方案要求集团中的高层实体（在美国，银行控股公司）持有足够的资本从而能够在几乎违约的情况下对其子公司进行资本重组，这样就可以巧妙地解决公司复杂性问题与国家决议制度的差异。实质上，控股公司可以被带上破产法庭，而集团其余部分可以放入一个过渡机构，该机构在联邦存款保险公司的监督之下继续运行。所有经营实体将继续运作。当然，这个方法依赖于至少三个重要的假设：（1）高层控股公司的资本充足，足以对集团其他成员进行资本重组；（2）子公司的对手方不会将控制权的改变视为将使它们能够将现有合同净额化并结清的违约事件；（3）东道国政府相信，在本国经营的子

① 关于结构性银行监管举措的详细概览，见 Gambacorta 和 van Rixtel（2013）；他们还对银行业的规模与范围经济这一密切相关的问题进行了深入分析。

公司将继续运作，而不会给当地债权人或对手方造成损失。然而，这会将联邦存款保险公司置于一个非常棘手的位置。为了使单点入口（SPE）方法发挥作用，子公司的债权人、对手方以及国外监管者一定要相信过渡机构能够且将会继续经营这些子公司。然而联邦存款保险公司不能作出这样的担保，尤其是如果控股公司的一级资源不充足时。如果 OLA 发出这样的担保，则 OLA 的反对者将有理由声称法律是补贴大型 SIFIs 的另一种方式。实质上，DFA 将无法取消大型 SIFIs 对政府资源的特殊获取（即使这些资源最终要通过对其余大银行的征税来偿还）。然而，如果联邦存款保险公司不能作出这样的担保，那么一家外国子公司的债权人、交易对手以及监管者将会质疑其所处理的子公司是否能够得到支持。鉴于这类集团缺乏透明度，对子公司可能失败的怀疑可能会引发怀疑的行为，从而导致该公司的失败。

4.8　结论

我们不能再声称当局忽视了复杂性问题。这个问题现在得到了广泛的承认，并在国际和国家两个层面采取了许多举措以减少公司的复杂性并限制 G－SIBs 的规模。更高的资本要求、更严格的监督、对活动的限制，以及“生前遗嘱”的解决机制的改进都有助于减少这一问题。所有这些新政策都需要时间来实施，然而，金融机构通常试图在新法规生效之日之前遵守新规定，因为市场会奖励那些为新制度做好准备的金融机构。尽管如此，我们对很少公开的关于复杂性的数据的分析表明，进展是相当不平衡的。一些机构似乎简化了它们的结构并缩小了规模，而另一些机构则变得更大和更复杂。这就引发了几个关于新政策是否会成功的疑问。

当局必须面对的一个问题是，市场是否相信他们会严格执行新政策。在这里，他们面临着巨大的可信度差距。尽管数十年的论调都声称没有一家机构“太大而不能倒闭”，但这一理论唯一被应用的例子——雷曼兄弟的破产——却被广泛批评为世界金融市场带来了巨大的破坏。此外，当几家银行由于太大以致不能在不给其母国带来不可能的财政负担的情况下存活这一情况变得明朗后，这些国家选择救助它们的银行，即使代价是严重损害它们自己的信用评级。此外，当面临实际危机时，当局不愿使用他们已经拥有的权力。在美国，即使是陷入困境的机构的次级债务人也受到保护（雷曼兄弟除外）。当局是否有意愿使用赋予他们的新权力，仍是一个未知的问题。也许只有通过一场规模恰当的危机才能解决这一疑问，在这场危机中，当局可以证明他们有意愿和能力在不破坏市场的情况下行使他们的新权力。到目前为止，信用评级机构和市场似乎有很大的疑虑。

危机管理小组、谅解备忘录和解决战略（如 SPE）是否能够承受危机的压力？在这里，再一次，危机期间的经验会让人产生怀疑。也许最明显的例子是富通银行的倒闭，富通是一家由比利时、荷兰和卢森堡的利益集团所有的大型银行，而这三个国家被称为比荷卢集团，它们在欧元推出之前很久就维持了货币联盟。然而，当面临以可能会保护其持续经营价值的方式解决富通问题的挑战时，合作失败了，每个国家都攫取了自己能够控制的资产。如果采用 SPE 制度，如果母国有资源和意愿加以执行，这一问题可能会得到解决。然而到目前为止，这是一个聪明却未受检验的想法。

在迄今的进展中，最令人不安的是完全缺乏公开披露。这意味着市场缺乏信息来约束结构过于复杂的银行，或者实际上缺乏监管机构是否在执行其新权力的信息。美国率先要求公开“生前遗嘱”，并且没有什么价值，因为它没有新的数据。并且，其他国家甚至没有采取这一有限的步骤。更糟糕的是，市场对如何解决每一个 G－SIB 问题都缺乏明确的理解。解决制度要想成功，就必须事前遵守市场纪律。债权人和交易对手应该知道如何实施解决计划，以便对索赔进行适当的定价。这可以显著加强监管工作。同样重要的是，这项决议在执行时不应令市场感到惊讶。事后给债权人带来意想不到的损失是不明智的。虽然监管者常常迷恋于“建设性模棱两可”的理论，然而 2007—2008 年金融危机的明确教训之一是，当监管机构采取意想不到的造成损失的行动（或在预期能防止损失时未能采取行动）令市场感到惊讶时，金融不稳定加剧。投资者会倾向于逃到安全的地方，而且二级市场将消失，直到投资者再次相信他们理解游戏规则。在有效解决机制的关键目标中，似乎受到最少关注的一个目标是“建立与保持信誉，以加强市场纪律，并为市场解决方案提供激励措施”。虽然这在关键目标清单上最后出现，然而肯定不是最后一项重要目标。

最后，当局应借此机会审查自己的监管与税法。显然，这些为过于复杂的交易和公司结构提供了强有力的激励。当局应该不断地质疑他们的目标是否可以通过会减少扭曲与减少产生相反结果的行为的税收和监管来实现。

参考文献

[1] Admati A. and Hellwig M. (2013). *The Bankers'New Clothes—What's Wrong with Banking and What to Do About It.* Princeton: Princeton University Press.

[2] Aron D. (1991). Using the Capital Market as a Monitor: Corporate Spinoffs in an Agency Framework, RAND *Journal of Economics* 22, 505－518.

[3] Ashcraft A. (2004). Are Bank Holding Companies a Source of Strength to Their Banking Subsidiaries?, Federal Reserve Bank of New York Staff Report No. 189, June.

[4] Avraham D., Selvaggi P., and Vickery J. (2012). A Structural View of US Bank Holding Companies, *Federal Reserve Bank of New York Economic Policy Review* 65－81.

[5] Bair S. (2013). Bull by the Horns—*Fighting to Save Main Street from Wall Street and Wall Street from Itself.* New York: Free Press.

[6] Baxter T. and Sommer J. (2005). Breaking Up is Hard to Do: An Essay on Cross－Border Challenges in Resolving Financial Groups. In: D. Evanoff and G. Kaufman (Eds.), *Systemic Financial Crises, Resolving Large Bank Insolvencies*, 175－191. Singapore: World Scientific.

[7] BCBS (Basel Committee on Banking Supervision) (1992). The Insolvency Liquidation of a Multinational Bank, BCBS Compendium of Documents, International Supervisory Issues Ⅲ, 1－21.

[8] BCBS (Basel Committee on Banking Supervision) (2011). Global Systemically Important Banks: Assessment Methodology and the Additional Loss Absorbency Requirement—Rules Text. Bank for International Settlements, Basel, November.

[9] BCBS (Basel Committee on Banking Supervision) (2013). Global Systemically Important Banks: Updated Assessment Methodology and the Higher Loss Absorbency Requirement. Bank for International Settlements, Basel, July.

[10] Berger A. N., Herring R. J., and Szegö G. P. (1995). The Role of Capital in Financial Institutions, *Journal of Banking & Finance* 19: 393 - 430.

[11] Bertay A. C., Demirgüç - Kunt A., and Huizinga H. (2012). Is the Financial Safety Net a Barrier to Cross - Border Banking?, The World Bank Development Research Group, Finance and Private Sector Development Team Policy Research Working Paper No. 5947, January.

[12] Bianco M. and Nicodano G. (2002). Business Groups and Debt. Universitá di Torino Working Paper, January 29.

[13] Carmassi J. and Herring R. J. (2013). Living Wills and Cross - Border Resolution of Systemically Important Banks, *Journal of Financial Economic Policy* 5, 361 - 387

[14] Carmassi J. and Micossi S. (2012). *Time to Set Banking Regulation Right.* CEPS Paperback, Brussels, March.

[15] Cerutti E., Dell'Ariccia G., and Martinez Peria M. S. (2005). How Banks Go Abroad: Branches or Subsidiaries?, World Bank Policy Research Working Paper No. 3753, October.

[16] Cetorelli N. and Goldberg L. S. (2012). Liquidity Management of US Global Banks: Internal Capital Markets in the Great Recession, *Journal of International Economics* 88, 299 - 311.

[17] CGFS (Committee on the Global Financial System) (2010a). Long - term Issues in International Banking, Bank for International Settlements, Basel CGFS Papers No. 41, July.

[18] CGFS (Committee on the Global Financial System) (2010b). Funding Patterns and Liquidity Management of Internationally Active Banks, Bank for International Settlements, Basel, CGFS Papers No. 39, May.

[19] Čihák M., Demirgüç - Kunt A., Martínez Pería M. S., and Mohseni - Cheraghlou A. (2012). *Bank Regulation and Supervision Around the World—A Crisis Update*, World Bank Policy Research Working Paper No. 6286, December.

[20] Claessens S., Herring R. J., and Schoenmaker D. (2010). A Safer World Financial System: Improving the Resolution of Systemic Institutions, International Center for Monetary and Banking Studies, Geneva Reports on the World Economy No. 12, July.

[21] Claessens S. and Van Horen N. (2012). Foreign Banks: Trends, Impact and Financial Stability, International Monetary Fund, Washington DC, IMF Working Paper No. 12/10, January.

[22] Demirgüç - Kunt A. and Huizinga H. (2001). The Taxation of Domestic and Foreign Banking, *Journal of Public Economics* 79, 429 - 453.

[23] Dermine J. (2006). European Banking Integration: Don't Put the Cart before the Horse, *Financial Markets, Institutions & Instruments* 15, 57 - 106.

[24] Deutsche Bank (2013). Deutsche Bank Resolution Plan Section 1. Public Section, October 1.

[25] Elliott D. J. and Litan R. E. (2011). Identifying and Regulating Systemically Important Financial Institutions: The Risks of Under and Over Identification and Regulation. Brookings Institutions Policy Brief, Washington DC, January 16.

[26] FDIC (Federal Deposit Insurance Corporation) and Bank of England (2012). Resolving Globally Active, Systemically Important, Financial Institutions. Joint Paper, December 10, <http://ww.fdic.gov/about/srac/2012/gsifi.pdf.>.

[27] Fiechter J., Ötker - Robe I., Ilyina A., Hsu M., Santos A., and Surti J. (2011). Subsidiaries or Branches: Does One Size Fit All?, International Monetary Fund, Washington DC, IMF Staff Discussion Note No. 11/04, March 7.

[28] Financial Stability Forum (2000). Press Release, May 26.

[29] Frame W. S. and White L. J. (2014). Technological Change, Financial Innovation, and Diffusion in Banking. In: A. N. Berger, P. Molyneux, and J. O. S. Wilson, *Oxford Handbook of Banking*. 2nd edition. Oxford: Oxford University Press.

[30] FSB (Financial Stability Board) (2011a). Key Attributes of Effective Resolution Regimes for Financial Institutions, October.

[31] FSB (Financial Stability Board) (2011b). Policy Measures to Address Systemically Important Financial Institutions, November 4.

[32] FSB (Financial Stability Board) (2012a). Resolution of Systemically Important Financial Institutions—Progress Report, November.

[33] FSB (Financial Stability Board) (2012b). Update of Group of Global Systemically Important Banks (G – SIBs), November.

[34] FSB (Financial Stability Board) (2013a). Recovery and Resolution Planning for Systemically Important Financial Institutions: Guidance on Developing Effective Resolution Strategies, July 16.

[35] FSB (Financial Stability Board) (2013b). Recovery and Resolution Planning for Systemically Important Financial Institutions: Guidance on Identification of Critical Functions and Critical Shared Services, July 16.

[36] FSB (Financial Stability Board) (2013c). Recovery and Resolution Planning for Systemically Important Financial Institutions: Guidance on Recovery Triggers and Stress Scenarios, July 16.

[37] FSB (Financial Stability Board) (2013d). Thematic Review on Resolution Regimes, April 11.

[38] FSB (Financial Stability Board) (2013e). Implementing the FSB Key Attributes of Effective Resolution Regimes—How Far Have We Come? Report to the G20 Finance Ministers and Central Bank Governors, April 15.

[39] FSB (Financial Stability Board) (2013f). FSB Reports to the G20 on Progress and Next Steps Toward Ending Too – Big – To – Fail. Press Release, September 2.

[40] Fulghieri P. and Hodrick L. (2005). Synergies and Internal Agency Conflicts: The Double – Edge Sword of Mergers. Kenan – Flagler Business School Working Paper.

[41] Gambacorta L. and van Rixtel A. (2013). Structural Bank Regulation Initiatives: Approaches and Implications, Bank for International Settlements, Basel, BIS Working Papers No. 412, April.

[42] Goddard J., Molyneux P., and J. O. S Wilson (2014). Banking in the European Union: Deregulation, Crisis and Renewal. In: A. N. Berger, P. Molyneux, and J. O. S. Wilson (Eds.). *Oxford Handbook of Banking*. 2nd edition. Oxford: Oxford University Press.

[43] Gorton G. and Souleles N. (2006). Special Purpose Vehicles and Securitization. In: M. Carey and R. Stulz (Eds.), *The Risks of Financial Institutions*, 549 – 597. Chicago: National Bureau of Economic Research.

[44] Habib M., Johnsen B., and Naik N. (1997). Spinoffs and Information, *Journal of Financial Intermediation* 6, 153 – 176.

[45] Haldane A. (2009). Banking on the State. Paper Based on Presentation to the Federal Reserve Bank of Chicago, September 25.

[46] Haldane A. (2012). On Being the Right Size. The Beesley Lectures Delivered to the Institute of Directors, October 25.

[47] Herring R. J. (1993). BCCI: Lessons for International Bank Supervision, *Contemporary Policy Issues* 11, 1 – 11.

[48] Herring R. J. (2003). International Financial Conglomerates: Implications for National Insolvency

Regimes. In: G. Kaufman (Ed.), *Market Discipline and Banking: Theory and Evidence*, 99 – 129. New York: Elsevier.

[49] Herring R. J. (2007). Conflicts between Home and Host Country Prudential Supervisors. In: D. Evanoff, G. Kaufman, and J. LaBrosse (Eds.), *International Financial Instability, Global Banking and National Regulation*, 201 – 219. New Jersey: World Scientific.

[50] Herring R. J. (2013). The Danger of Building a Banking Union on a One – Legged Stool. In: F. Allen, E. Carletti, and J. Gray (Eds.), *Political, Fiscal and Banking Union in the Eurozone?*, 9 – 28. Florence: European University Institute and Philadelphia: Wharton Financial Institutions Center, University of Pennsylvania.

[51] Herring R. J. and Carmassi J. (2010). The Corporate Structure of International Financial Conglomerates: Complexity and Its Implications for Safety & Soundness. In: A. N. Berger, P. Molyneux, and J. O. S. Wilson (Eds.), *Oxford Handbook of Banking*, 195 – 229. Oxford: Oxford University Press.

[52] Herring R. J. and Santomero A. (1990). The Corporate Structure of Financial Conglomerates, *Journal of Financial Services Research* 4, 471 – 497.

[53] Herring R. J. and Schuermann T. (2005). The Regulation of Position Risk in Banks, Securities Firms and Insurance Companies. In: H. Scott (Ed.), *Capital Adequacy Beyond Basel, Banking, Securities and Insurance*, 15 – 86. Oxford: Oxford University Press.

[54] HLEG (High – Level Expert Group on Reforming the Structure of the EU Banking Sector) (2012). Final Report, Group Chaired by Erkki Liikanen, Brussels, October 2.

[55] Hoenig T. (2013). Basel Ⅲ Capital: A Well – Intended Illusion. Remarks to the International Association of Deposit Insurers 2013 Research Conference, Basel, April 9.

[56] Holod D. and Peek J. (2006). Capital Constraints, Asymmetric Information and Internal Capital Markets in Banking: New Evidence. Working Paper available on SSRN Website, December.

[57] Huertas T. F. (2009). The Rationale and Limits of Bank Supervision, Unpublished Manuscript.

[58] Hughes J. (2008). Lehman Creditors to Face Years of Waiting, *Financial Times November* 14.

[59] International Monetary Fund (2000). Offshore Financial Centers. IMF Background Paper, Washington DC, June 23.

[60] Jensen M. (1986). Agency Costs of Free Cash Flow, Corporate Finance, and Takeovers, *The American Economic Review* 76, 323 – 329.

[61] Kahn C. and Winton A. (2004). Moral Hazard and Optimal Subsidiary Structure for Financial Institutions, *Journal of Finance* 59 (6), 2531 – 2575.

[62] Kane E. (1977). Good Intentions and Unintended Evil: The Case against Selective Credit Allocation, *Journal of Money Credit and Banking* 9, 55 – 69.

[63] Kane E. (1981). Accelerating Inflation, Technological Innovation, and the Decreasing Effectiveness of Banking Regulation, *Journal of Finance* 36, 355 – 367.

[64] Kane E. (1984). Technological and Regulatory Forces in the Developing Fusion of Financial Services Competition, *Journal of Finance* 39, 759 – 772.

[65] Klein P. and Saidenberg M. (2005). Organizational Structure and the Diversification Discount: Evidence from Commercial Banking, University of Missouri CORI Working Paper No. 2005 – 2006, April.

[66] Kroszner R. and Rajan R. (1997). Organization Structure and Credibility: Evidence from Commercial Banks Securities Activities before the Glass – Steagall Act, *Journal of Monetary Economics* 39, 475 – 516.

[67] Laeven L. and Levine R. (2007). Is There a Diversification Discount in Financial Conglomerates?,

Journal of Financial Economics 85, 331 –367.

[68] Lehman Brothers (2009). Press Release on Cross – border Insolvency Protocol, May 26.

[69] Merton R. and Perold A. (1993). Management of Risk Capital in Financial Firms. In: S. Hayes (Ed.), *Financial Services: Perspectives and Challenges*, 215 –245. Boston MA: Harvard Business School Press.

[70] Miller H. and Horwitz M. (2012). Lehman—An Unnecessary Tragedy—Lessons that Should Have Been Learned. Cross – Border Resolution Policy: Issues and Opportunities. A Presentation at Joint Penn/Wharton Financial Institutions Center & Stanford/Hoover Resolution Project Workshop, July 25.

[71] Modigliani F. and Miller M. (1958). The Cost of Capital, Corporation Finance and the Theory of Investment, *American Economic Review* 48, 261 –297.

[72] Morgan D. P. (2002). Rating Banks: Risk and Uncertainty in an Opaque Industry, *American Economic Review* 92: 874 –888.

[73] Norton J. O. (2013). Discussion on the Current State of Resolution Planning. Remarks to the American Bankers Association, New Orleans, Louisiana, October 21.

[74] Rajan R., Servaes H., and Zingales L. (2000). The Cost of Diversity: The Diversification Discount and Inefficient Investment, *Journal of Finance* 55: 35 –80.

[75] Rosengren E. (2003). Comment. In: V. Gaspar, P. Hartmann, and O. Sleijpen, (Eds.), The Transformation of the European Financial System. Second ECB Central Banking Conference, October, 109 –115.

[76] Schoenmaker D. (2013). *Governance of International Banking—The Financial Trilemma*. New York: Oxford University Press.

[77] Smith C. and Stulz R. (1985). The Determinants of Firms'Hedging Policies, The *Journal of Financial and Quantitative Analysis* 20, 391 –405.

[78] SRC (Systemic Risk Council) (2013a). Letter to Bank Regulators about Delayed and Weakened Global Capital and Liquidity Standards, Washington, DC, January 23.

[79] SRC (Systemic Risk Council) (2013b). Systemic Risk Council Comment Letter to Bank Regulators on Proposed Enhanced Supplementary Leverage Ratio, Washington, DC, October 15.

[80] SRC (Systemic Risk Council) (2013c). Systemic Risk Council Comments to Discussion Paper Issued by Basel Committee on Banking Supervision, Washington, DC, October 15.

[81] Tarullo D. (2013). Toward Building a More Effective Resolution Regime: Progress and Challenges. Speech at the Federal Reserve Board and Federal Reserve Bank of Richmond Conference, Planning for the Orderly Resolution of a Global Systemically Important Bank, Washington, DC, October 18.

[82] Tröger T. H. (2013). Organizational Choices of Banks and the Effective Supervision of Transnational Financial Institutions, *Texas International Law Journal* 48 (2), 177 –221.

[83] Tufano P. (2006). Comment. In: M. Carey and R. Stulz (Eds.), *The Risks of Financial Institutions*, 597 –602. Chicago: National Bureau of Economic Research.

[84] Walter I. (2003). Strategies in Financial Services, the Shareholders, and the System: Is Bigger and Broader Bettter?, *Brookings/Wharton Papers on Financial Services* 8, 1 –36.

[85] Walter I. (2004). Conflicts of Interest and Market Discipline among Financial Service Firms, *European Management Journal* 22, 361 –376.

[86] Woolford I. and Orr A. (2005). The Limits to Hospitality, *The Financial Regulator* 10, 41 –46.

第5章　全能银行

5.1　前言

全能银行在商业银行提供贷款和支付服务的基础上提供范围更广的金融服务。特别是，全能银行可以从事证券承销业务，因而，全能银行能给客户公司提供比专业的商业银行和投资银行范围更广的融资来源。全能银行制在19世纪的德国比较常见，但英国和美国很少实行该种制度。事实上，20世纪的最后三分之二时期美国的法律禁止实行全能银行制。自从Schumpeter（1939）和Gerschenkron（1962）提出早期德国的全能银行用金融资本取代有限的人力资本开始，经济学家就一直在关注这种制度性差别。

本章概述了Gerschenkron的观点，并结合最近全能银行业的发展状况进行分析。特别是，作者认为现代经济体中人力资本和金融资本之间关系的转变是近来全能银行模式在全球普及的原因之一。然而，作者认为实行全能银行制的制度背景是很重要的。因此，比如说，在全能银行的有效性不受组件业务之间的冲突影响的情况下，全能银行需要有效的监管。2008—2009年的金融危机大幅缓解了这种监管需求。作者概述了有关监管问题讨论的现状，同时，在混业经营结构方面，作者还强调了在设计和推进相关有效规则中面临的一些挑战。

5.2　全能银行、工业发展与人力资本形成

不少文章提及规模大且资本充足的全能银行，这些全能银行在第一次世界大战前德国工业的融资中扮演着重要角色。这些银行持有客户的股票和债券，Schumpeter（1939）认为这促使一种长期关系的形成，有利于资源的有效配置。相比之下，英国工业化所需的资金部分来源于商业银行以及股票上市，其中股票由融不到商业银行金融资本的小规模的商业机构负责上市。

在一篇著名的论文里，Gerschenkron（1962）解释到这种差别来自不同经济体发展的模式不同。他指出了“经济落后”这一概念，他并未对这一术语给出一个精确的定义，但他用这一术语来描述相对较晚采用现代生产和分配方法的经济体。他指出一些“制度障碍”阻碍了这些经济体的发展。首先，企业家在发展的早期阶段没有积累资本。其次，“经济落后”的经济体中的劳动力几乎没有新技术或做事方式相关的经验。用现代劳动经济学的话来说，他们缺乏人力资本，特别是，他们缺乏隐性人力资本，这种人力资本需要

从实际工作经验中获得，而非简单地通过手把手教学比如在课堂上学习获得。[①]

Gerschenkron 关于人力资本的观点是他争论的核心，然而现代经济学家很少讨论这一方面。劳动技能的匮乏给发展造成了困难。在某些情况下，比如他认为在 1861 年以前的俄国农奴制，不可能有所发展。[②] 总体来说，Gerschenkron 认为，只有当科技发展达到一个足够发达足以替换人力资本的时候，经济落后的经济体的工业化才可以推进：教工人操作非常先进的生产机器比教他从一台没那么精密的机器上获利所需要的隐性生产技能要更简单。

Gerschenkron 认为 19 世纪的德国以及法国和俄国是“经济落后”的：他将这些国家同更早完成工业化因而不属于“经济落后”国家的英国进行对比。Gerschenkron 得出，在“经济落后”的国家进行工业化有赖于某种技术水平，这种技术使得难以传递的隐性技能变得不再重要。但这种技术操作的规模比较大。只有当基础设施足够完备得以支持技术发展时，实施这些技术才能有效果：工厂需要铁路运输以确保足够的吞吐量，而铁路的建设需要煤炭等。[③] 因此，工业化只能在一个“广泛的战线”基础上进行，这对资本的规模提出了一定的要求，而由于经济落后的影响，当地企业未能达到这一要求。这就要求能有合适的机构集中资本用以支持能支撑经济发展的技术的发展，这一机构就是全能银行。

总的来说，Gerschenkron 认为全能银行在那些不得不进行经济追赶的国家中会自然产生，因为人力资本的匮乏产生了对大量资本的迫切需求，而这种需求只有当分散的资本集中后才能得到满足。同时，因为资本的来源比较分散，负责管理的银行必须密切关注这些资本。Gerschenkron（p. 225）指出德国的银行同工业企业建立了“尽可能亲密的关系”，而且从摇篮到坟墓，从创立到清算，德国的银行陪伴了工业企业变迁的整个过程。

Gerschenkron 进一步分析了现代作者称为“工业组织”，但他称为经济体“工业结构”的内容。他认为全能银行内权力和关系的集中强化了落后国家固有的基本倾向，因而大规模的金融资本使用最有效的重工业板块更受重视。此外，Gerschenkron 认为 19 世纪末德国行业的卡特尔化运动是德国银行融合的一种自然结果。相比较而言，尽管同时期英国的银行也出现了合并，但英国的行业并未显示出这样一种进程。

Gerschenkron 并未讨论美国的银行业部门。美国的工业化要晚于英国，尽管美国缺少一些 Gerschenkron 认为会碍于其他领域发展的制度特性，我们可以预期美国的银行系统是沿着德国的体系发展的。事实上，尽管同德国的体系相比，美国金融系统的融资模式同英国的体系更接近，且美国银行业混业经营的程度受到监管的限制，美国银行业的某些特征，至少在偶然经验主义的水平上，与 Gerschenkron 的观点是一致的。1910 年左右，Redlich（1968，pp. 381 – 382）认为，不超过六家银行公司[④]负责管理美国经济组织。

① Becker（1964）讨论了人力资本；许多作者已经强调了它对于发展的重要性。Polanyi（1966）讨论了隐性技能。

② 人们可能会认为农奴制会激励农民进行人力资本投资。Gerschenkron 认为，农奴制是社会硬化的症状，破坏了任何创新的趋势。

③ 最近，Chandler（1990）强调了能够服务昂贵资本的大型基础设施的工业资本主义发展的重要性。

④ 它们是 J. P. 摩根，纽约第一国家和国家城市银行，Kuhn，Loeb&Co.，以及较小程度上的 Kidder，Peabody&Co. 和 Lee，Higginson&Co.

Lamoreaux（1985）记录了 1895—1904 年美国经历的并购潮：它见证了 1800 家公司在合并实体中消失了，同时那时成立的不少公司在 20 世纪继续保持行业主导地位，比如美国钢铁公司、杜邦公司、国际收割机、匹兹堡平板玻璃、美国罐和、美国冶炼和精炼厂。正如 Morrison 和 Wilhelm（2007，pp. 182 - 184）所讨论的，这些合并主要是由银行家，特别是 J. P. 摩根主导的。与 Gerschenkron 的观察一致，摩根在整个职业生涯中都在担心避免竞争对手之间的破坏性竞争，而这一担忧也影响了他当时的交易。

笔者认为，Gerschenkron 对于人力资本形成率影响德国（而且，可以说，在美国）银行业发展方式的主张未经过正式的实证分析。然而，Gerschenkron 关于全能银行形成了比其对手更紧密、更长期的关系的观点已经被讨论过了。

Calomiris（1993，1995）研究了第二次工业革命（1870—1914 年）期间妨碍美国银行合并和拓展分支的法律的影响。他认为这些法律增加了发行证券的信息和交易成本，因此，他认为，在美国发行股票的倾向低于德国，他认为德国的全能银行更有能力从借款人处提取有价值的信息。此外，他提出证据表明德国工业化的融资成本低于美国，正因为德国有全能银行。他认为提高美国银行集中度的制度变革降低了该国的融资成本。

Caroline Fohlin 在一系列论文中质疑了 Calomiris 的结论。假如同银行的长期关系改善了融资条件，那么当前同银行保持这样一种关系的公司应该很少会用到信贷配给。Fohlin（1998b）通过研究同银行保持或不保持长期关系的公司的现金流对投资的敏感度来检验同德国九家“大银行”之一的银行保持关系是否可以放宽信贷条件。她的方法参考了 Fazzari、Hubbard 和 Petersen（1988），Hoshi、Kashyap 和 Scharfstein（1990）：比较容易筹得资金的公司在给投资项目融资时应该较少依赖于留存收益，因此，在管控好投资机会的质量后，他们的投资水平应该独立于经营得到的现金流。Fohlin 面临着一个内生性问题，因为和一个全能性银行的关系可能同投资机会的质量是相关的。然而，她发现，即使控制了这种影响，同银行之间的关系实际上增加了公司对持有流动资产投资的敏感性，这和之前关于银行和公司之间的关系的假设显然是矛盾的。在另一篇论文中（Fohlin，1998a），她指出在意大利同全能银行保持关系并不能改善投资的流动性敏感问题，并且她发现从业绩数据中找不到支持全能银行为投资者提供甄别服务的观点。

在其他论文中，Fohlin 提供了相关论据，首先指出德国的银行比英国的银行持有更多的流动性资产，虽然他们在组合中仅持有有限的证券，但这往往仅是因为他们不能把新的证券全部发行出去（Fohlin，2001）。其次，德国的银行关系与证券发行和股票市场上市有关，而不是监督债务合同与提供咨询服务（Fohlin，1997）。

Edwards 和 Ogilvie（1996）研究了全能银行在德国工业化进程中的作用。同 Gerschenkron 不同的是，他们发现 1914 年以前全能银行在德国的金融机构中资产占的比重相对较小。在那时，股份制公司在工业资本存量中所占比例从未超过 20%。至少在 80% 的情况下，全能银行的特殊技能与此无关。在大多数情况下，对股份公司来说内源融资是最重要的融资渠道，并且其余大部分来自非全能性银行的中介机构，例如储蓄和抵押银行以及信用合作社。

因此，想要进一步找到证据来支持 Gerschenkron 全能银行论几乎是不可能的。有趣的是，Ramirez（1995）发现了该理论在美国成立的论据。他发现，不同于 Fohlin（1998b）

对德国的分析，同 J. P. 摩根保持关系显著减少了美国公司投资的现金流敏感性。很难说这反映了主动监管还是自动筛选，但这确实表明和全能银行保持关系可以减少进入信贷市场的阻力。事实上，投资银行可能帮助错误类型的公司进入了资本市场，这导致了美国政府要将商业银行从投资银行业务中剥离出来。有关这一部分的理论分析和相关论据详见 5.3 部分。

5.3 全能银行及利益冲突

商业银行在 1900 年的美国证券市场有很强的存在感。尽管美国货币监理署在 1902 年裁定国家银行不允许从事证券业务，但是 1903 年芝加哥第一国民银行通过创建一个证券子公司规避了这一裁决。证券子公司是拥有自有资本的国有银行，国有银行的股东按照一定比例来持有国有银行的股票。随着国有银行不再被审计关注，子公司可以在证券市场运作，因此国家银行是事实上的投资银行。[①]

然而，尽管商业银行能够通过证券子公司在证券市场中经营，它们的活动还是会被民粹主义的监管者和立法者怀疑。20 世纪初期，对投资机构的一系列调查使国家与证券公司产生了矛盾。[②] 1905 年阿姆斯特朗委员会表达了对大型投资银行和保险公司之间过度紧密关系的担心，1912 年普若委员会试图证明"金钱信托"的存在抑制了金融的竞争，但是最终失败了。在 1929 年股市崩盘后，投资银行再次面临危机，这次危机来源于佩科拉委员会，这个委员会 1932 年由 Herbert Hoover 成立，其致力于证实股市正在受到卖空者的侵害。

Ferdinand Pecora 一点也不中立：摩根说，"佩科拉的行为方式就像检察官一样试图定罪一个盗马贼"。[③] 然而，他发现了一些治理失败的证据，尤其是在花旗银行[④]。他的发现激起了公众要求更改投资银行业管理框架的情绪，并要求体现其在新政立法的声音：不仅要通过创建美国证券交易委员会来建立证券行业的监管框架，而且要深刻改变行业的产业组织。

1933 年 6 月的银行法，俗称《格拉斯—斯蒂格尔法案》，通过要求将投资银行业务完全从商业银行业务中分离出来从而废除了证券子公司。这一行为有巨大的影响，因为在 20 世纪 20 年代末，超过一半的新发行证券是由证券子公司支持完成的。大危机后，所有证券必须由专业投资机构发行到市场。摩根大通保留了商业银行，因此不得不离开证券行业[⑤]。

虽然一些学术文章讨论这一点[⑥]，《格拉斯—斯蒂格尔法案》的产生是由于担心商业

---

① Carosso（1970，p. 276）详细讨论了证券附属公司的运作。

② Morrison 和 Wilhelm（2007，pp. 196 – 215）详细讨论了听证会及其后果。

③ 见 Leuchtenburg（1963，p. 59）。

④ 国家城市银行总裁兼董事长 Charles E. Mitchell 获得了 25000 美元的薪金，但在 1927 年和 1928 年获得了 100 万美元的奖金。Seligman（1982）详细讨论了听证会及其立法后果。

⑤ 一年后，来自摩根和德雷克塞尔的合伙人成立了摩根士丹利新公司作为投资银行。参见 Carosso（1970）讨论该法案引起的行业变化。

⑥ 例如，Macey（1984）认为，该法旨在以商业银行家为代价保护投资银行家；Langevoort（1987）认为，Carter Glass 觉得他的法案会鼓励银行向小公司提供资金，而不是投向证券市场。

银行在使用它们的证券子公司将劣质证券投放市场从而避免损失自己的贷款组合。例如，佩科拉委员会发现的证据表明，当国民城市银行的证券子公司，国家城市公司推高了秘鲁的债务时，它仍然向市场投放了大量抵质债券，尽管它知道这是一个糟糕的投资。然而，证据表明，当承销它们的债务人发行证券时，商业银行遭受了巨大的损失（见 Kroszner 和 Rajan，1994）。

证券子公司推低发行质量，以损害消费者的代价使其母公司受益的观点在多年的学术文献中都未受到挑战。但这相当令人难以置信：如果证券子公司推低发行质量，如果它们面对的是理性的投资者，低质量应该反映在股价上。因此，如果证券子公司推出低质量的证券，要么它们面对的是毫无投资经验的投资者，要么它们不会在它们的行为中获得任何利润。这两个故事都不是特别有说服力的。此外，投资银行面临的利益冲突并不一定是制度失败的证据：Morrison 和 Wilhelm（2007，chs 2 和 3）认为，投资银行在经济上是有用的，因为通过将它们的声誉置于风险之上，它们能够管理利益冲突。

20 世纪 90 年代，随着要求废除《格拉斯—斯蒂格尔法案》的压力越来越大，很多学者对 1933 年前投资银行业务的利益冲突进行了仔细研究。Kroszner 和 Rajan（1994）通过检测子公司承销的证券的业绩来测试“天真的投资者”理论。他们发现很少有子公司承销的证券违约，这也反驳了那些认为这些证券质量很低的假设。

Kroszner 和 Rajan 提出关于证券发行的模式的证据，这些证据强烈表明，投资者们完全意识到他们的投资银行面临的冲突。正是因为它们面临一个潜在的利益冲突，证券子公司更难向评级机构传递它们发行的证券质量。Kroszner 和 Rajan 通过展示评级对子公司承销证券的违约风险的预测不如对专业投资银行承销债券的违约风险的预测准确来支持这个观点。他认为以上的利益冲突对于有很强声誉资本股份的银行有更少的不良后果。因此，人们认为这些问题主要体现在拥有声誉股份较低的小分支机构。成熟的投资者应该不愿意购买复杂和不透明的由小分支机构承销的证券。与这个论点一致，Kroszner 和 Rajan 首先发现在信息不对称不可能成为一个问题的前提下，子公司通常承保更大的发行，然后发现，与大型子公司相比，较小的子公司承销了更多的风险较小的公司发行的高级债券。

Kroszner 和 Rajan 的结果强烈表明，投资者过于聪明而不会被一家推荐低质量股票的子公司所欺骗。损失较少的附属公司不能承保信息敏感问题，因此，它们的证券业务无法像拥有更多声誉资本的竞争对手那样赚钱。商业银行与投资银行的结合甚至有可能改善激励措施，因为商业银行努力建立声誉，使它们能够进入利润丰厚的证券市场。

Ang 和 Richardson（1994）目前展示的证据与 Kroszner 和 Rajan 的观点一致。他们发现银行分支机构较低的违约率，较低的事前收益率，与纯投资公司发行的债券相比有较高的事后价格上涨；此外，他们发现对于分支机构发行和投资银行发行而言，用事前产量预测事后表现的相对能力没有差异。由花旗公司和大通证券公司发行的证券，它们的目标是皮科拉听证会，尽管与其他银行附属公司发行的证券相比有较低的质量，也并不比由那些投资银行承销的差。Puri（1994）还提供证据，表明 1933 年以前银行承销证券的违约率比非银行承销证券的违约率低。

与其他写这个问题的论文相比，Puri（1996）将关于子公司发行质量的结论建立在事前定价，而不是事后违约表现的基础上。她发现 1933 年之前投资者向银行承销的证券支付的价格高于向证券公司承销的证券支付的价格。Puri 认为，这些结果表明银行认证的作用，这是由于银行有关于它们借出公司的更多信息并且银行面临着声誉风险。

简而言之，最近的研究表明，1933 年以前的美国商业银行没有使用它们的证券子公司来发行证券从而偿还最低质量的贷款。《格拉斯—斯蒂格尔法案》规定不可以对当代的美国公司进行这种类型的研究。然而，Gompers 和 Lerner（1999）做的研究比较接近，他们检查了 1972 年 12 月至 1992 年 12 月价格低估的有投资银行承销的 IPO 股票，投资银行通过风险投资子公司在发行公司中获得股票。再一次，他们没有发现支持“天真的投资者”假说的证据；理性投资者是导致证券质量的原因。样本中由附属投资银行承销的 IPO 至少和那些没有立场的承销商一样好。投资者对于投资于附属公司发行的证券需要一个更大的折扣，投资银行的附属风险投资公司喜欢投资于信息不敏感的发行证券，这与 Kroszner 和 Rajan（1994）的证据一致。

另一个对现代数据进行研究的机会是 1987 年部分放宽了《格拉斯—斯蒂格尔法案》，根据该法，一些银行被允许设立子公司（“第 20 条子公司”）来承销公司证券。子公司要服从防火墙来限制信息流动，它们被限制规模：最初仅占母公司收入的 5%，最终达到 25%。Gande 等（1997）检查了“第 20 条子公司”的运行。他们的发现符合上面所提到的所有研究，他们没有发现不法行为的证据。他们在研究中控制发行的证券的使用用途。当发行的证券用于债务偿还以外的其他目的时，次级投资级别的债券的利差比投资公司的低 42 点。当目的是再融资时，利差几乎是相同的。此外，与早期的一些论文相比，Gande 等在 1997 年发现第 20 款子公司倾向于承保比投资公司更小的发行者。因此这项研究的证据是，贷款银行利用信息优势来吸引投资者，而不是排斥它们：Puri（1999）沿着这些思路提出了一种模型，商业银行通过贷款获得的信息使它们可以获得更低的证券价格。Gande、Puri 和 Saunders（1999）发现另外 20 家子公司降低证券承销费用，尤其是评级较低和发行规模较小的证券，在这些方面，这 20 家子公司尤为活跃。Roten 和 Mullineaux（2002）提出了与这些论文的结果基本一致的证据，他们发现“第 20 款子公司”比那些能够利用它们强大的声誉资本的投资银行承销商收取更低的费用，但总体上这两种类型的承销商之间的利差没有明显区别。

最近 Focarelli、Marques - Ibanez 和 Pozzolo（2011）检查了在《格拉斯—斯蒂格尔法案》被撤销之前承保的证券的结果，而不是初始收益率，他们得出了不同的结论。Focarelli、Marques - Ibanez 和 Pozzolo 发现商业银行的“第 20 款子公司”承销的证券比投资公司承销的证券有更高的违约率。在他们的证据基础上，得出结论，无法拒绝《格拉斯—斯蒂格尔法案》的废除会使试图获得市场份额的全能银行的信用检查变弱的假说，并且无法拒绝这些银行对安全风险的评估能力较低的假说。

Focarelli Marques - Ibanez 和 Pozzolo 的结果与大部分对于美国证券承销的研究结果不同，这说明，当美国银行承销证券时市场出现利益冲突；并且，这种冲突很少能引起关注。没有在其他国家有类似的证据。然而，一篇由 Ber、Yafeh 和 Yosha（2001）写的论文生成的结果显示现代以色列市场与 20 世纪 30 年代的美国市场不符。以色列银行业高度集中且全能，银行管理投资基金并控制专门从事承销的子公司。虽然大多数《格拉斯—斯蒂格尔法案》颁布以前的数据是债券发行数据，但 Ber、Yafeh 和 Yosha 专注于直接股票发行。他们发现由出借人承销的公司的发行后会计表现明显好于平均水平。然而，他们发现发行后的第一天与第一年，同样的公司表现出负的股票超额收益，这表明发行价格被系统地高估了。如果买家“不天真”，我们必须从别处寻找一个持续的错误定价的解释。作者认为这是因为买家是由发行人控制的投资基金。因此，他们认为，至少在以色列市场，银行贷款、承销和投资基金管理在同一个机构可能存在潜在的不利影响。

Ber、Yafeh 和 Yosha 的发现令人担忧。他们认为，尽管管理基金由完全理性的代理人管控，但他们能够找到并利用“天真”的散户投资者；因此，需要设计金融基础设施以确保基金经理人激励与投资者利益相关。进而，全能银行在同一个经济体中的效率不同于那些存在不同机构和法律特征的经济体。虽然关于《格拉斯—斯蒂格尔法案》之前美国经济研究证明了银行法废除的合理性，然而在将其应用到其他经济体时要慎重。

5.4　21 世纪银行业的规模及范围

Gerschenkron（1962）对德国工业化的描述强调了制度环境在解释德国全能银行业出现中的重要性。具体来说，如上所述，Gerschenkron 强调人类和金融资本在 19 世纪德国的相对重要性。在 20 世纪的最后十年，全能银行成为世界各地金融服务公司越来越主要的模式。笔者在本节中认为，这种现象的一个重要驱动因素是技术变革，如 Gerschenkron 所说，增加了金融相对于人力资本在许多金融公司的重要性。

投资银行业在 20 世纪下半叶越来越依赖金融资本。Morrison 和 Wilhelm（2008）报告了美国的数据：CPI 调整的基础（1983 年美元），前十大投资银行公司的合并资本总额从 1955 年的 8.21 亿美元增长到 1970 年的 23.14 亿美元，1980 年为 63.49 亿美元，1990 年为 312.62 亿美元，2000 年为 1941.71 亿美元。同在这一时期，该行业变得日益集中，第 11 至第 25 大投资银行的资本在前十大投资银行中所占的比例从 80% 降至 10%。此外，在这段时期，相比于人力资本而言，金融资本的重要性显著增加：虽然最大的五家银行的员工平均人数在 1979—2000 年翻了两番，但是这些银行的每个员工的平均资本增加超过了 15 倍。笔者将在本节中指出，20 世纪末的全能银行的必要性是由同样的经济力量创造的，这增加了投资银行业的集中度和资本总额。

从 19 世纪大西洋贸易的起源开始，投资银行提供的服务是很难签约的：虽然客户可能能够区分价格合理的 IPO 与定价很差的 IPO、好的建议与坏的建议或执行良好的证券交易与拙劣的交易，然而坚持在法庭上做这种区分是非常困难的。正是由于这个原因，投资银行依赖于它们的声誉：因为客户会对可信赖的银行支付很高的溢价，投资银行家将努力保留他们的声誉，以致一个强大的声誉可以支撑那些在法律规定下不可执行的协议。对声誉的需求对进入企业造成了巨大的障碍，可以说，这解释了早期投资银行家所制造的长期超常利润。[①]

当投资银行家依赖声誉来支持与交易对手的默契协议时，他们的业务不可避免地要依

---

① De Long（1991）认为，J. P. 摩根无可匹敌的声誉使公司在 19 世纪具有强大的竞争地位。Morrison 和 Wilhelm（2007，4～8 章）描述了现代投资银行的演变。

据密切的关系。投资银行家需要的许多技能是默认的，也就是说，他们最好通过与高级银行家的密切指导关系在工作中学习。Morrison 和 Wilhelm（2004）认为合伙公司提供最强烈的激励来维持这些关系，因此早期的投资银行是以合伙形式成立的。虽然伙伴地位有助于人力资本形成，然而它限制了投资银行的规模和资本总额（Morrison 和 Wilhelm，2008）[①]。

从 20 世纪 60 年代初开始，一些因素破坏了投资银行公司的传统结构。首先，60 年代初基于晶体管的主机计算机的出现给予了与结算相关的大规模重复性任务的隔夜批量处理获得成本效益。这种类型的处理对于“零售”公司，例如美林公司，特别有价值，其执行大量的小额交易。大型计算机计算成本极高，然而未能采用这一方法的零售公司发现，在 20 世纪末无法应对交易量的大幅增长：它们最终失败了，或被更大的机构吸收了（见 Morrison 和 Wilhelm，2007，pp. 235 - 238）。20 世纪 70 年代初，零售公司获得了购买大型计算机所需的资本（见 Morrison 和 Wilhelm，2008）。

信息技术的进一步发展更适用于专门从事批发业务的投资银行，最终适用于全能银行。计算机的成本在 20 世纪 70 年代末开始下降，因为微型计算机进入银行，允许交易者和关系经理查询数据库并实时执行复杂的定价计算。例如，快速创建基于电子表格的财务模型的能力彻底改变了 LBO 市场的运营，并使得对新股（new offerings）定价更容易。与此同时，金融经济理论的进步正在转变金融市场。用于金融期权定价的 Black - Scholes - Merton 框架成为一个实用工具，而不是一个学术练习，当它可以用台式计算机实现时；风险管理做法可以硬编码到计算机，而不是基于判断和实践；交易和套期策略可以由计算机算法而不是人为驱动。[②]

与大型计算机不同，微型计算机是便宜的，它们代替了大量的人类专业知识。人们可能希望他们降低投资银行运作的最低规模。实际上，Rajan（1996）提出了这一点，认为没有先验的理由去假设更好的信息技术应该提高银行的最佳规模。但是，更好的信息技术不仅可以自动化以前是人类专家来完成的任务，而且它也改变了投资银行技能的性质。可以用金融经济学的正式语言表达的活动可以在课堂上教授。使用计算机捕获并使用投资组合理论分析的交易结果签约。结果，以前只有少数几个靠人力资本和声誉的储备运作的业务开始对任何可以聘请聪明的金融工程师的公司开放。正是因为信息技术和技能编纂结合起来使任何公司，无论大小，更容易进入市场，金融市场变得极具竞争。最后，小型企业使金融市场变得如此具有竞争性，以至于它们不再能够维持小规模交易：竞价利差缩小，只有那些能够大规模经营的公司才会对市场的参与具有成本效益。结果是笔者在本节开头段落强调过的投资银行资本化和集中度的大量增加[③]。

简而言之，在许多投资银行活动中，分布式微型计算机和金融经济学的进步降低了隐性技能相对于技术和可编码技能的价值。它也促进了市场进入，因此降低了这些活动在经济上可行的最低规模。Morrison 和 Wilhelm（2008）认为，这些影响导致了传统投资银行

① 原因有两方面：首先，合伙资本由资源有限的合伙人提供；其次，合作伙伴的数量受到合作伙伴之间的“搭便车”问题的限制。

② Morrison 和 Wilhelm（2007，pp. 238 - 249）讨论了本段概述的现象。

③ 这一论点在 Morrison 和 Wilhelm（2008）的论文中有更详细的说明和更多的支持性统计。

伙伴关系的消亡。它们还打开了商业银行进入投资银行的大门。商业银行的资本储备比投资银行多。在合法允许它们承保的地方，它们可以以投资银行不能的方式将其服务与贷款业务捆绑在一起。特别是当承保债券发行时，其价格易于篡改，商业银行因此具有投资银行不具备的优势。同样，商业银行在 20 世纪 80 年代后期投资于衍生品交易伙伴关系时也在发挥自己的优势：衍生品交易是一项技术性的面向计算机的需要大规模资本的活动[①]。

Gerschenkron 在 20 世纪 60 年代认为，“经济落后”的经济依赖于嵌入在大规模和资本密集型生产技术中的编码知识的发展；正是由于这个原因，他认为全能银行在历史上从“落后的国家”发展起来的经济体中是常见的。本节的论点表明，在现代银行业中出现了类似的情况，生产技术通过新的基于计算机的技术革命化，新技术使许多以前的隐性技能形式化。正如在 Gerschenkron 的工作中，新技术需要非常高水平的资本投资，它们在这种情况下出现，因为它们产生竞争压力，显著提高银行的最小经营规模。鉴于这种观点，全能银行的商业压力似乎并不奇怪；在 1986 年，美联储批准银行家信托基金申请承销商业票据——《格拉斯—斯蒂格尔法案》被逐步侵蚀也许是不可避免的。

然而，现代全能银行的巨大规模和范围并没有遇到挑战。一个机构可能很难与那些依靠更传统的隐性技能的大型企业并肩作战。当全能银行围绕可以输入计算机的“硬”可编码信息建立系统和程序时，它们的决策与客户建立关系的贷款人越来越遥远。因此，它们很难适应基于不易计算机化的基于“软”关系的信息的贷款。Stein（2002）认为，因此，银行中依赖正式系统进行决策的贷款官员可能根本不倾向于收集信息。Berger 等（2005）发现证据符合 Stein 的假设，说明“大银行不愿意借贷给信息‘困难’的公司，如没有财务记录的公司”。当然，信息是否是硬的在一定程度上是一个决策变量：Petersen（2004）认为，评级机构在 19 世纪出现，作为强化以前关于借款人的软信息的方法。但是，这一过程可能有局限性，一般来说，将小规模的关系贷款与全能银行的需求协调起来，可能是困难的。

5.5 全能银行与经济效率：《格拉斯—斯蒂格尔法案》的废除

上一节的技术发展给世界各地采用全能银行带来了竞争压力。1989 年，第二银行协调指令出台，通过在整个欧盟引入单一银行牌照，并对国内监管机构对混合产品的限制加以约束，促使全能银行在欧盟普遍发展起来。[②] 在协调指令通过后，欧洲银行通过稳步推进金融集团化进程，应对不断变化的技术环境。[③] 1998 年，美联储通过了花旗集团与旅行者的合并方案，意味着集团化进程势在必行。1999 年 11 月，《金融服务现代化法案》的通过也迅速支持了这一观点，该法案摒弃了《格拉斯—斯蒂格尔法案》对美国全能银行的限制。

只有当以下两个问题得到解决时，《金融服务现代化法案》才能通过，全能银行才能

① 最突出的衍生品交易伙伴关系是 O'Connor、CRT 和 Cooper Neff，它们分别由瑞士银行、国家银行和 BNP 收购，参见 Morrison 和 Wilhelm（2007，p. 279）。

② 参见 Berger、De Young 和 Udell（2001）对于这一指令以及欧洲联盟的金融服务合并的讨论。

③ 参见 Lown 等（2000）。

在美国建立起来。首先，立法者必须相信该法案能够有效改善资源分配，特别是因《格拉斯—斯蒂格尔法案》带来的利益冲突一定要被解决。其次，监管机构和立法者必须确信全能银行不会产生新的系统性风险，威胁到金融部门的稳定和效率。在下文中我们将依次讨论这些问题。

5.5.1 利益与效率冲突

如上所述，20 世纪 90 年代，越来越多的研究表明，全能银行面对的利益冲突所带来的有害后果，可能更加容易被感知。实际上，最近一系列证据表明，全能银行提高了经济效率。例如，Barth、Brumbaugh 和 Wilcox（2000）指出技术进步为大银行创造了新的经济规模。Berger 等（2000）讨论了规模经济：全能机构可以共享办公室、计算机、信息系统、投资部门、账户服务中心和其他业务；它们可以节省资本筹集的固定成本，可以在几条业务线中重复使用客户的信息[①]。同时，像其他任何企业一样，全能银行可能会面临规模不经济（参见 Winton，1999，包含这种效应的模型）：全能银行在多大程度上能够实现规模经济和范围经济是一个实证问题。

Gorton 和 Schmid（2000）采用 1975—1985 年的数据，检验全能银行对德国实体经济的影响，其中考虑了控制权、投票限制和共同决策制[②]。他们发现，银行对企业业绩的影响，超过其作为非银行的影响，且银行控制权的集中提高了企业的业绩。一些学者提议，根据德国的实践，将全能银行推广至全球范围将产生收益。实际上，在对 60 个国家的分析中，Barth、Caprio 和 Levine（1999）发现，限制证券活动会降低银行效率，并增加发生银行危机的可能性。但是其数据没有证明限制金融公司有助于金融发展，或者会增加工业竞争。

具体来说，欧洲关于范围经济的实证研究比较复杂。Allen、Rai（1996）和 Vander Vennet（1999）发现欧洲全能银行存在范围经济的证据有限；Cyberto - Ottone 和 Murgia（2000）发现证据表明，在欧洲银行市场上扩大并购范围将增加股东财富；Rime 和 Stiroh（2003）没有发现任何表明瑞士的效率收益源于其全能银行化趋势的证据。然而，关于股价效应的扩展文献的主旨，似乎支持了全能银行有利于增加投资者利益的假说。Laeven 和 Levine（2007）利用 1998—2002 年来自 43 个国家的 836 家银行的数据，发现了金融集团多元化折价的证据。但 van Lelyveld 和 Knot（2009）指出，Laeven 和 Levine 仅关注了传统银行业务的多元化，Lelyveld 和 Knot 并没有在兼具银行和保险功能的全能银行中发现存在多元化折价的证据。同样地，Schmid 和 Walter（2009）在存在贷款和证券交易的企业中发现了多元化折扣，但是在商业银行和保险业务之间，及商业银行和投资银行之间发现了显著的多样化溢价。Elsas、Hackethal 和 Holzhäuser（2010）也发现了银行业中集团溢价的证据，并通过对溢价来源的检验，发现其来自非利息业务的超额边际利润。

当然，Elsas、Hackethal 和 Holzhäuser 发现的收入效应不一定是效率的证据。投资银

① 相关讨论，见 Milbourn、Boot 和 Thakor（1999）与 Dierick（2004）。

② 共同决策赋予德国工人除了最小公司之外的所有董事会的代表权。Gorton 和 Schmid 发现它使公司业绩恶化。

行同样可以从滥用市场力量中获益，这样可以从客户处获得更多盈余。根据这个假设，Fang、Ivanisha 和 Lerner（2013）发现，银行附属的私募股权集团不进行优先级股权投资，但在信贷繁荣期间，利用交叉销售机会，在扩张中获得高额回报。更一般来说，政策制定者担心全能银行可能导致更多的“捆绑”，也就是说，销售一种产品以销售另一种产品为条件，如以担保承销为条件销售商业贷款。例如，2002 年美国国会议员 John Dingell 写信给当时的美联储主席格林斯潘，表示金融机构使用贷款作为“特价商品”，以吸引更多有利可图的投资银行业务。根据“联邦储备法”第 23A 和 23B 条，这一策略是非法的，但是很难去证明。金融专业人士协会（2004，第 2 页）指出，“尽管与监管机构的声明相反，金融专业人士依然继续报告商业银行频繁通过购买其他金融业务获得信贷”。

即使发生捆绑，也不明显是有害的。Lóránth 和 Morrison（2012）认为，捆绑可能有助于减轻信贷配给，因为交叉销售的收益确保了银行在社会盈余中拥有足够的份额，从而保证了其贷款业务。Ferreira 和 Matos（2012）给出了支持性证据，他们指出，当银行通过董事会代表或持有股份施加某种控制时，它们更有可能成为贷款安排的牵头机构。这种联系提高了盈利能力，正如 Ferreira 和 Matos 在 2003—2006 年信贷繁荣期间的优先级贷款中所发现的，当信贷条件紧张时，银行愿意放贷，在数据中表现为减少信用利差。此外，Neuhann 和 Saidi（2012）指出，全能银行提供融资的公司的全要素生产率提高了 9%；当存在交叉销售时，这种效应尤其显著。

本分节的证据表明，至少在单个借款人的层面上，全能银行正在提高效率。金融市场似乎理性地体现了全能银行内部的利益冲突。因此，正如 Kanatas 和 Qi（1998）所说，只有当全能银行能够实现的范围经济超过冲突成本时，借款人才会选择与全能银行打交道。只有全能银行产生了不合理的社会成本时，才有限制它的理由。Kanatas 和 Qi 表示，这种成本可能会出现，因为利益冲突导致了软预算约束：他们认为，由于全能银行的借款人预期在业绩不佳时，还可以通过发行新股挽救损失，因此可以选择较低质量的投资。然而，在上一节中回顾的实证证据表明，事后冲突相对较小。在发达经济体，人们可以通过严格监管来解决其他潜在的问题，如反竞争行为和滥用存款保险安全网问题。

5.5.2　系统性效应

笔者在上节中提出，最新证据表明，从个体公司层面考虑，全能银行可以提高金融业的效率。然而，经济向全能银行转型是有代价的，其形式是加剧系统的脆弱性。在本节中，我们将讨论与全能银行相关的系统性风险。

一个问题是，由于全能银行规模庞大，在一系列市场中运作不同的产品，可能会抑制机构和市场的竞争性。Rajan（1996）认为，良好的监管可能会抵消这种影响，但是，在发展中国家，监管体系不太先进，他认为，少数全能银行金融权力的集中可能会阻碍经济活动。如上所述，Gerschenkron 也提出了类似的观点，确定了 19 世纪晚期和 20 世纪早期银行抑制实体经济竞争的趋势。与 Rajan 不同的是，Gerschenkron 认为全能银行有助于经济发展，因此反竞争行为的危险是可以接受的。Benston（1994）认为，现代全能银行服务于如此广泛的选民群体，它们不太可能偏袒一个利益集团而不是另一个利益集团，因此，比起更专业的机构，它们更不可能成为破坏性寻租的来源。

Boot 和 Thakor（1997）证明了另一种竞争效应。他们认为，借款人通过权衡银行监管的相对优势来选择银行或市场融资，减轻道德风险，选择更有价值的价格信号，促进有效的资源分配。提升价格信号的创新使经济从银行金融转向市场金融。这些创新提高了福利，但它们在全能银行内部的作用是将收入从业务的一部分转移到另一部分。因此，Boot 和 Thakor 认为，全能银行的创新动机低于投资银行，投资银行希望通过创新吸引新客户。

另一个系统性问题不涉及竞争效应，而涉及稳定性问题。在 Gramm - Leach - Bliley 法案通过之前，立法者和监管机构关注的是，大型全能银行作为经济运行的核心，不允许破产，因此，银行股东和监管机构之间会出现道德风险问题，银行股东会因承担太多低估的风险而获益，而监管机构则会利用纳税人的资金来承担过度冒险的成本。

一些银行可能将视为“大到不能倒”的危险反映在市场价格上，美国最大的 11 家国家银行可能会收到 1984 年向破产的伊利诺伊州大陆银行提供的 10 亿美元救助。Avery、Belton 和 Goldberg（1988）随后表明，银行债券利差几乎与评级无关，Boyd 和 Gertler（1993）发现大银行承担的风险大于小型商业银行。

立法者通过尝试改善监管来应对“大到不能倒”（TBTF）的问题。1991 年的联邦存款保险公司保险法（FDICIA）是旨在解决 TBTF 问题的具有里程碑意义的立法。它要求监管机构对不良银行迅速采取纠正措施，并在决定宣布一个银行因“太大而不能破产”时作出制衡。Stern 和 Feldman（2004）认为，FDICIA 对解决 TBTF 问题没有什么作用，声称监管机构仍然有激励和能力来救助无力偿债银行。

即使在金融危机之前，也有证据表明，FDICIA 没有完全解决 TBTF 问题：Morgan 和 Stiroh（2005）发现，在 20 世纪 80 年代中期确定为“大而不能倒”的银行的扩展评级关系几乎没受 FDICIA 影响，尽管他们比 Avery、Belton 和 Goldberg 发现了更大的敏感性。Brewer 和 Jagtiani（2007）认为，银行准备为收购支付溢价，这些收购将推动它们超越人们所认为的 TBTF 的边界。然而，有一些乐观情况。Mishkin（2006）在一篇评论 Stern 和 Feldman 的文章中提出证据不足以支持他们的论断：Ennis 和 Malek（2005）发现在 FDICIA 颁布之后，没有证据表明大银行存在过度的风险承担，Flannery 和 Sorescu（1996）发现，在后 FDICIA 时期，在银行的次级债市场上存在着更强的市场约束。因此，即使大型全能银行重要到监管机构不能可信地承诺拒绝它们进入政府安全网，许多学者依然在金融危机之前就准备好了一个案例，即随之而来的激励问题应由设计良好的监管机构解决。Mishkin（1999）采用了这一立场，认为全能银行应该有更大的监管力度，加上一些模糊性的救助政策。

TBTF 问题与关于银行规模扩大的讨论，在以下两个原因上存在相关性。首先，随着银行对技术因素的回应，监管机构不得不越来越多地应对事实上的 TBTF 政策的扭曲影响；我们已经提出了危机前的证据，说明监管在这方面只取得了部分成功。其次，如果 TBTF 问题使银行投资者对风险的敏感度降低，银行家们就会面临着超越其有效规模追求 TBTF 地位的强大动机。

关于后一点的证据很难解释。早期关于银行规模的研究表明，银行的有效规模不超过 250 亿美元（Berger 和 Mester，1997）。但是这个结论是在互联网改变金融服务业之前得出的：DeYoung（2005）认为这种互联网的引入可能对银行有效规模的提高有显著效果。最近的研究证实了超大型银行的规模经济可归因于新技术，并且受到新的计量经济学技术的影响。例如，Hughes 和 Mester（2013）发现，在考虑到多元化金融集团的内生风险激励[①]后，非常大的银行产生的规模经济并不受其 TBTF 地位的驱动。Wheelock 和 Wilson（2011）指出，信用合作社的运作是以增加规模的回报为基础的，并且随着工会采用新的信息技术，这种效应会加强。他们在后来的研究中（Wheelock 和 Wilson，2012）表明，就在 2006 年，大多数美国银行都面临着越来越大的规模回报。

因此，最新证据表明，即使是超大型银行也可以实现规模经济。此外，它们可能无法将一些规模社会效益内部化：DeYoung 和 Jiang（2013）提出的证据表明，虽然产品特定的规模经济在贷款和存款吸收中被相当快地消耗了，但是通过这些行为，超大型银行在涉及宏观经济整体流动性的社会重要生产环节中实现了规模经济。然而，该证据只是指出了大规模银行的一些优点，它不表明银行不存在 TBTF 问题，也不反驳 TBTF 问题产生严重的资源分配错误的假设。近年来，银行规模变得越来越大[②]，可能就是规模效率和 TBTF 问题的证据：事实上，Hughes 和 Mester（2013）的研究表明，这两种效应似乎可以大致抵消。

TBTF 问题将导致风险低估，从而过度增加股东的风险偏好。当全能银行的证券部门能够进入提供给商业银行部门的存款保险安全网时，全能银行也会产生类似的效果。这种扩大存款保险范围的后果是价格过低的债务，因此也是过度的风险承担。此外，正如 Boyd、Chang 和 Smith（1998）指出，持有其借款人股权的银行有强烈的动机，利用存款保险安全网。另外，由于全能银行更加多样化，它可能能够更好地抵御金融冲击，因此可能不太动用存款保证金。

在 2008—2009 年金融危机之前的一些学术研究表明，上述权衡有利于金融稳定。例如，Benston（1994）认为没有证据表明全能银行比商业银行风险更大。Cornett、Ors 和 Tehranian（2002）支持 Benston 的观点，发现引入“第 20 条附属公司”的银行风险不会改变。Mälkönen（2004）与 Allen 和 Jagtiani（2000）都利用商业银行贷款和保险公司投资组合进行模拟，结果显示两者的结合，产生了跨部门多元化。然而，这项工作受到了卢卡斯式的批判：Freixas、Lóránth 和 Morrison（2007）认为，金融集团的非银行部门为了从存款保险卖出期权中获利，可以比其作为独立公司时承担更多的风险。多元化效应是否超过强化的风险转移激励视具体情况而定。通过恰当的资本充足政策，Freixas、Lóránth 和 Morrison 证明，最佳监管迫使银行保持单独的资产负债表：虽然这减少了多元化机会，但它足以提高市场约束。笔者将在下一节讨论这种类型的监管举措。

2008—2009 年金融危机的经验表明，至少在极端的市场条件下，多样化效应不会超过冒险的激励。Wilmarth（2009）指出，17 家[③]大型全能银行占世界银行和保险公司报告的 1.1 万亿美元损失的一半以上。他认为，这些问题的根源在于大银行的贷款并证券化策

① 这些激励在 Freixas、Lóránth 和 Morrison（2007）的论文中进行了模拟，笔者将在下面讨论。

② DeYoung（2010）记录了美国的这种扩张，Goddard、Molyneux 和 Wilson（2010）记录了欧洲的这种扩张。

③ Wilmarth 将下列公司归类为全能银行：美国银行、大通银行、花旗集团、美联银行、贝尔斯登、高盛、雷曼兄弟、美林、摩根士丹利、瑞士信贷、德意志银行、巴克莱银行、苏格兰皇家银行、汇丰银行、法国巴黎银行、法国兴业银行与美国国际集团。

略，助长了信贷繁荣，而这些机构的投机活动又进一步加剧了信贷繁荣的影响。

当然，人们不能在其体制框架之外考虑全能银行。德意志银行是威尔玛特大型全能银行之一，并且相对而言，在金融危机中毫发无损。事实上，德国唯一经历严重问题的银行是德国商业银行，现在几乎已经偿还了其得到的政府支持。Dietrich 和 Vollmer（2012）提供了一些证据，表明德国的经济危机不是由全能银行造成的。他们认为，全能银行在德国起到了减少金融脆弱性和抑制金融危机的宏观经济后果的作用。因此，如果全能银行效应导致危机，它们可能是作为更广泛的体制和法律的一部分而这样做的。

全能银行非常复杂。这种复杂性的一种表现方式是开辟了新的金融传播路径，通过这种路径，不稳定性可以在银行和其他机构之间进行传递，例如保险市场。2008 年美国国际集团（AIG）的倒闭暴露了这种传染渠道。在危机爆发前，该集团由大约 70 家美国保险公司和 175 家非美国保险公司组成，其在 130 个国家开展业务。① AIG 4. 5% 的收入来自金融服务，包括消费金融、飞机租赁及其子公司 AIG 金融产品（AIGFP）的活动。AIGFP 是信用违约掉期市场中违约保护的主要卖家，因此使 AIG 面临传统上仅限于银行市场的风险。这些风险致使其失败，并从美国联邦政府获得了超过 1820 亿美元的援助（Harrington，2009）。

金融危机突出了全能银行带来的金融传染的风险。但是，在金融危机之前，这种传染的证据却相当混杂。Kroszner 、Rajan 和 White（1986）指出，在 20 世纪 30 年代初，并不能发现全能银行制更加不稳定的证据：虽然 26. 3% 的国家银行在 1930 年到 1933 年遭遇危机，但在 1929 年拥有证券附属机构的 63 家银行中仅有 6. 5% 的破产了，145 家拥有大规模债券业务的银行中仅有 7. 6% 的破产了。对 White 数据的 Logit 回归证实，证券附属机构的存在降低了银行破产的概率。Colvin（2007）认为，荷兰在 20 世纪 20 年代经历了自 1600 年以来唯一的传统银行危机；他提出的证据表明，与其竞争对手阿姆斯特丹银行相比，鹿特丹银行面临的较大困难可归因于其全能性地位。Franke 和 Hudson（1984）没有发现表明全能银行是 20 世纪影响西德的主要金融危机的幕后推手。Canals（1997）援引 Cuervo（1988）关于 20 世纪 70 年代末和 90 年代初欧洲衰退对西班牙银行的影响。在当时两种情况下，经历了最大损失的银行是在工业部门拥有重大股份的全能银行。

总之，2008 年之前的证据表明，全能银行在管理个体客户关系方面具有优势，并且通过适当的监管，可以控制与全能银行相关的系统性风险。这场危机表明，事实上，全能银行可能是金融脆弱性的重要来源。全能银行经常被认为是“大而不能倒”，人们普遍认为它们将存款保险网扩展到预期的零售存款业务之外，并且是金融传染的一个来源。② 其结果是对监管改革产生了强烈的政治压力，这种影响在撰写本报告时仍然存在。

5. 6 全能银行的结构管制

金融危机初期，人们开始讨论全能银行管制面临的挑战，并提出将存款业务和其他金

① 关于 AIG 及其在危机期间的失败的详细讨论，见 Harrington（2009）。

② 例如，Wilmarth（2008）讨论了存款保险变动的早期迹象，Martin Wolf（2011）是英国银行业独立委员会的成员，将激进的普遍银行确定为最大的危险。

融业务相分离将有利于金融稳定。[①] 在应对金融危机的早期管制当中，金融服务管理局的 Adair Turner 认可了这种方法的“理论清晰性”，但同时也提到这一政策在没有国际间协调配合的情况下难以实施。他进一步提出商业银行参与证券市场这一行为具有良好的经济理由（Turner Review，2009，p. 95）。其他的政策制定者鼓励将商业银行业务和其他业务分隔开来，最值得注意的是，美联储前主席保罗·沃尔克，主持了一个 G-30 工作小组，该小组提出应当禁止商业银行从事自营交易（Group of Thirty，2009），该提议经常被称为“沃尔克规则”。

全球的监管者似乎越来越认同银行的零售业务应当和其他风险业务分离开来。沃尔克规则作为《多德—弗兰克华尔街改革和消费者保护法（2010）》的第 619 条进入了美国法规。沃尔克规则禁止在美国拥有执照的依靠存款融资的商业银行或拥有美国子公司的银行控股公司从事自营交易，或者投资或保荐对冲基金与私募股权基金。[②] 在英国，银行业独立委员会的维克斯报告（Vickers Report）（2011）要求总部设在英国的银行集团设立“围栏”以将零售和小企业存款、投资透支，与投资银行业务（如衍生品交易、债券和股票承销以及证券交易）相隔离。欧共体发布的 Liikanen Report（2012）建议强制分离自营交易，并对银行交易和房地产资产有了更高的资本要求，对银行的公司治理作出了一些调整。[③]

然而事实证明，这些建议的实施绝非微不足道。只有在相关管理机构出台了具体规定，沃尔克规则才可能得以实施。这项任务的规模似乎很大。监管者在一些简单的术语（如“做市”）上难以达成共识。此外根据一些媒体评论，这个过程由于有关机构之间的政治斗争被进一步复杂化。沃尔克规则的第一版于 2011 年 10 月出版，长达 280 页，在超过 380 个问题上征求意见，并在“对冲基金”与“私募股权基金”的定义上引发了分歧。在撰写该版的过程中，美国监管部门声称或将于 2013 年末撰写用于实施沃尔克规则的相应规则（或长达 900 页）。规则有可能在 2014 年实施。可以预见规则的实施或将面临更进一步的法庭上或法庭外的争议。[④] Liikanen Report 旨在作为欧盟未来指令的基础。目前正在进行协商，以确定业务分离的程度（例如见欧盟委员会，2013），而美国政策实施过程当中存在的术语定义模糊不清的问题仍然悬而未决。英国政府采纳了维克斯报告中的建议，在编写本报告时，这些建议正被颁布为 2014 年金融服务（银行改革）法案。英国银行将于 2019 年前实施 Vickers 报告中的“围栏”，但这一要求将如何受到欧盟指令的影响尚未阐明。

总之，2008—2009 的金融危机为大型全能银行“大而不能倒”提供了强有力的证据，

---

① 例如，Will Hutton 和 Jon Moulton 都在 2009 年 1 月 13 日向英国下议院财政部特别委员会证明，废除《格拉斯—斯蒂格尔法案》，引发了信贷繁荣，最终，又促成了信贷紧缩。Geoffrey Wood 在 2009 年 1 月 20 日向上议院经济事务委员会提出了类似的观点，指出复杂性会导致银行迅速倒闭，而这反过来又会造成系统性问题。John Kay（2009）在一个被广泛引用的报告中说明，狭义银行的采用将允许国家承诺不救援非存款性机构，从而恢复其活动的市场纪律。Pennacchi（2012）调查了与狭义银行有关的理论和证据，并得出结论，一个适当设计的强制性狭义银行体系将减少道德风险，而不丧失与传统全方位服务银行相关的任何传统利益。

② 对于某些美国政府或政府支持的证券，在做市、套期保值与代理交易方面有许多豁免。

③ 关于 Volcker 规则、Vickers 和 Liikanen 报告的调查，见 Gambacorta 和 van Rixtel（2013）。

④ 关于沃尔克规则的制定过程的概要，参见 Patterson 和 Solomon（2013）。

阐明全能银行可能带来新的与存款保险有关的道德风险问题，以及全能银行可能会为危机蔓延开辟新的渠道。立法者通过将传统零售和商业银行业务从市场交易和证券市场活动中分离开来作出反应。这些改变并不能构成一个全新的《格拉斯—斯蒂格尔法案》，因为商业银行被禁止从事投机交易而非承销交易。①

现在判断这些监管措施上的改变是否有效还为时尚早。危机中凸显了规模庞大、业务复杂的全能型银行中存在的问题。但是许多在危机中垮塌的机构是在抵押信贷市场中专门从事零售金融的公司，在一些情况下事实证明向非零售金融机构提供支持十分必要。早期美国在撰写限制银行经营活动的规章制度时就面临着巨大的监管挑战，从长期来看这些规章制度则有可能成为监管套利的集中地带。这一领域显然有待进一步研究。

5.7 结论

历史上，全能银行制经常出现在一些经济体当中，而其他经济体则不然。Gerschenkron（1962）认为这种差别可以通过发展的方式来解释，处于“赶超”发展状态下的经济体通过运用科技来解决人力资本的不足，而全能银行起到了将资本收集并引向这些科技的作用。

尽管全能银行制取得了成功，但是它在20世纪的大部分时间内在美国受到了质疑并在1933年的《格拉斯—斯蒂格尔法案》中被宣布为非法。到20世纪末，越来越多的证据表明这种质疑是存在问题的。而且，面临商业压力的主要是大型、复杂，业务涵盖证券市场以及传统商业银行的金融中介机构。笔者认为这些压力来源于Gerschenkron此前提到的几种力量的再作用：信息技术和金融经济的同步发展将传统知识法典化，并对银行规模造成了巨大的压力。这些压力最终导致了1999年《格拉斯—斯蒂格尔法案》的废除。

现如今的全能银行的制度背景与《格拉斯—斯蒂格尔法案》出台时差别很大。大部分发达国家经济体为储户提供了银行违约保险，现在普遍观点认为大银行不会完全垮塌。此类观点在2008—2009年的经济危机中变得更加显著，并且促进了一系列监管措施（包括直接禁止或隔离银行的部分业务）的出台，这些措施似乎有可能通过防止零售银行承担重大的投机头寸风险来改变全能银行的模式。这些监管措施的长期影响难以预测。它们遇到了严重的编纂问题，最终可能成为监管套利的焦点。未来的全能银行本身可能会简化，但其监管问题依然十分复杂。

参考文献

[1] Allen L. and Jagtiani J.（2000）. The Risk Effects of Combining Banking, Securities, and Insurance Activities, *Journal of Economics and Business* 52, 485 -497.

[2] Allen L. and Rai A.（1996）. Operational Efficiency in Banking: An International Comparison, *Journal of Banking and Finance* 20, 655 -672.

① 虽然参议员John McCain和Elizabeth Warren已经在美国提出了立法，试图重新引入《格拉斯—斯蒂格尔法案》的一种版本。参见“拆分银行”，《金融时报》2013年7月12日评论部分。

[3] Ang J. S. and Richardson T. (1994). The Underwriting Experience of Commercial Bank Affiliates Prior to the Glass – Steagall Act: A Re – Examination of Evidence of Passage of the Act, *Journal of Banking and Finance* 18, 351 – 395.

[4] Association for Financial Professionals (2004). Credit Access Survey: Linking Corporate Credit to the Awarding of Other Financial Services.

[5] Avery R., Belton T., and Goldberg M. (1988). Market Discipline in Regulating Bank Risk: New Evidence from the Capital Markets, *Journal of Money, Credit, and Banking*3, 597 – 619.

[6] Barth J. R., Brumbaugh Jr. R. D., and Wilcox J. A. (2000). The Repeal of Glass – Steagall and the Advent of Broad Banking, *Journal of Economic Perspectives* 14, 191 – 204.

[7] Barth J. R., Caprio Jr. G., and Levine R. (1999). *Banking Systems Around the Globe: Do Regulation and Ownership Affect Performance and Stability*?, World Bank, Washington, DC Policy Research Working Paper No. 2325.

[8] Becker G. S. (1964). *Human Capital: A Theoretical and Empirical Analysis, with Special Reference to Education. Chicago*: University of Chicago Press.

[9] Benston G. J. (1994). Universal Banking, *Journal of Economic Perspectives* 8, 121 – 143.

[10] Ber H., Yafeh Y., and Yosha O. (2001). Conflict of Interest in Universal Banking: Bank Lending, Stock Underwriting, and Fund Management, *Journal of Monetary Economics* 47, 189 – 218.

[11] Berger A. N. and Mester L. J. (1997). Inside the Black Box: What Explains Differences in the Efficiencies of Financial Institutions?, *Journal of Banking and Finance* 21, 895 – 947.

[12] Berger A. N., De Young R., Genay H., and Udell G. F. (2000). Globalization of Financial Institutions: Evidence from Cross – Border Banking Performance, *Brookings – Wharton Papers on Financial Services* 3, 23 – 125.

[13] Berger A. N., De Young R., and Udell G. F. (2001). Efficiency Barriers to the Consolidation of the European Financial Services Industry, *European Financial Management* 7, 117 – 130.

[14] Berger A. N., Miller N. H., Petersen M. A., Rajan R. G., and Stein J. C. (2005). Does Function Follow Organizational Form? Evidence from the Lending Practices of Large and Small Banks, *Journal of Financial Economics* 76, 237 – 269.

[15] Boot A. W. A. and Thakor A. V. (1997). Banking Scope and Financial Innovation, *Review of Financial Studies* 10, 1099 – 1131.

[16] Boyd J. H., Chang C., and Smith B. D. (1998). Moral Hazard Under Commercial and Universal Banking, *Journal of Money, Credit and Banking* 30, 426 – 468.

[17] Boyd J. H. and Gertler M. (1993). U. S Commercial Banking: Trends, Cycles, and Policy. In: O. J. Blanchard and S. Fisher (Eds.), *NBER Macroeconomics Annual* 1993. Cambridge, MA: MIT Press.

[18] Brewer Ⅲ, E. and Jagtiani J. (2007). *How Much Would Banks be Willing to Pay to Become "Too – Big – to – Fail" and to Capture Other Benefits*?, Federal Reserve Bank of Kansas City Research Working Paper No. 07 – 05.

[19] Calomiris C. W. (1993). Corporate Finance Benefits from Universal Banking: Germany and the United States, 1870 – 1914, NBER, Cambridge, MA Working Paper No. 4408.

[20] Calomiris C. W. (1995). Universal Banking and the Financing of Industrial Development, World Bank, Washington, DC Policy Research Working Paper No. 1533.

[21] Canals J. (1997). *Universal Banking: International Comparisons and Theoretical Perspectives.* New York, NY: Oxford University Press.

[22] Carosso V. P. (1970). *Investment Banking in America: A History.* Cambridge, MA: Harvard University Press.

[23] Chandler A. D. (1990). *Scale and Scope; The Dynamics of Industrial Capitalism.* Cambridge, MA: Harvard University Press.

[24] Colvin C. L. (2007). Universal Banking Failure? An Analysis of the Contrasting Responses of the Amsterdamsche Bank and the Rotterdamsche Bank to the Dutch Financial Crisis of the 1920s, London School of Economics Economic History Working Paper No. 98.

[25] Cornett M. M., Ors E., and Tehranian H. (2002). Bank Performance around the Introduction of a Section 20 Subsidiary, *Journal of Finance* 57, 501 – 521.

[26] Cuervo Á. (1988). *La Crisis Bancaria en Espana*, 1977 – 1985. Barcelona: Ariel.

[27] Cyberto – Ottone A. and Murgia M. (2000). Mergers and Shareholder Wealth in European Banking, *Journal of Banking and Finance* 24, 831 – 859.

[28] De Long J. B. (1991). Did J. P. Morgan's Men Add Value? *An Economist's Perspective on Financial Capitalism. In: P. Temin (Ed.), Inside the Business Enterprise: Historical Perspectives on the Use of Information.* Chicago, IL: University of Chicago Press.

[29] DeYoung R. (2005). The Performance of Internet – Based Business Models: Evidence from the Banking Industry, *Journal of Business* 78, 893 – 947.

[30] DeYoung R. (2010). Banking in the United States. In: A. N. Berger, P. Molyneux, and J. O. S. Wilson (Eds.), *Oxford Handbook of Banking*, 777 – 806. Oxford: Oxford University Press.

[31] DeYoung R. and Jiang C. (2013). Economies of Scale and the Economic Role of Banks. University of Kansas: Mimeo.

[32] Dierick F. (2004). The Supervision of Mixed Financial Services Groups in Europe, Frankfurt European Central Bank Occasional Paper No. 20.

[33] Dietrich D. and Vollmer U. (2012). Are Universal Banks Bad for Financial Stability? Germany during the World Financial Crisis, *Quarterly Review of Economics and Finance* 52, 123 – 134.

[34] Edwards J. and Ogilvie S. (1996). Universal Banks and German Industrialization: A Reappraisal, *Economic History Review* 49, 427 – 446.

[35] Elsas R., Hackethal A., and Holzhäuser M. (2010). The Anatomy of Bank Diversification, *Journal of Banking and Finance* 34, 1274 – 1287.

[36] Ennis H. M. and Malek H. S. (2005). Bank Risk of Failure and the Too – Big – To – Fail Policy, *Federal Reserve Bank of Richmond Economic Quarterly* 21 – 44.

[37] European Commission (2013). Report on Stakeholders' Meeting—Reforming the Structure of the EU Banking Sector, Brussels, May 17.

[38] Fang L., Ivanisha V., and Lerner J. (2013). Combining Banking with Private Equity Investing, *Review of Financial Studies* 26, 2139 – 2173.

[39] Fazzari S. M., Hubbard R. G., and Petersen B. C. (1988). Financing Constraints and Corporate Investment, *Brookings Papers on Economic Activity* 1988, 141 – 195.

[40] Ferreira M. A. and Matos P. (2012). Universal Banks and Corporate Control: Evidence from the Global Syndicated Loan Market, *Review of Financial Studies* 25, 2703 – 2744.

[41] Focarelli D., Marques – Ibanez D., and Franco Pozzolo A. (2011). *Are Universal Banks Better Underwriters? Evidence from the Last Days of the Glass – Steagall Act*, European Central Bank Working Paper No. 1287.

[42] Flannery M. J. and Sorescu S. M. (1996). Evidence of Bank Market Discipline in Subordinated Debenture Yields, *Journal of Finance* 51, 1347 – 1377.

[43] Fohlin C. (1997). Universal Banking Networks in Pre – War Germany: New Evidence from Company Financial Data, *Research in Economics* 51, 201 – 225.

[44] Fohlin C. (1998a). Fiduciari and Firm Liquidity Constraints: The Italian Experience with German – Style Universal Banking, *Explorations in Economic History* 35, 83 – 107.

[45] Fohlin C. (1998b). Relationship Banking, Liquidity, and Investment in the German Industrialization, *Journal of Finance* 53, 1737 – 1758.

[46] Fohlin C. (2001). The Balancing Act of German Universal Banks and English Deposit Banks, 1880 – 1913, *Business History* 43, 1 – 24.

[47] Franke H. – H. and Hudson M. (1984). *Banking and Finance in West Germany.* New York, NY: St. Martin's Press.

[48] Freixas X., Lóránth G., and Morrison A. D. (2007). Regulating Financial Conglomerates, *Journal of Financial Intermediation* 16, 479 – 514.

[49] Gambacorta L. and van Rixtel A. (2013). Structural Bank Regulation Initiatives: Approaches and Implications, Bank for International Settlements Working Paper No. 412.

[50] Gande A., Puri M., and Saunders A. (1999). Bank Entry, Competition, and the Market for Corporate Securities Underwriting—A Survey of the Evidence, *Journal of Financial Economics* 54, 165 – 195.

[51] Gande A., Puri M., Saunders A., and Walter I. (1997). Bank Underwriting of Debt Securities: Modern Evidence, *Review of Financial Studies* 10, 1175 – 1202.

[52] Gerschenkron A. (1962). *Economic Backwardness in Historical Perspective.* Cambridge, MA: Harvard University Press.

[53] Goddard J., Molyneux P., and Wilson J. O. S. (2010). Banking in the European Union. In: A. N. Berger, P. Molyneux, and J. O. S. Wilson (Eds.), *Oxford Handbook of Banking*, 807 – 843. Oxford: Oxford University Press.

[54] Gompers P. and Lerner J. (1999). Conflict of Interest in the Issuance of Public Securities: Evidence from Venture Capital, *Journal of Law and Economics* 42, 1 – 28.

[55] Gorton G. and Schmid F. A. (2000). Universal Banking and the Performance of German Firms, *Journal of Financial Economics* 58, 29 – 80.

[56] Group of Thirty (2009). Financial Reform: A Framework for Financial Stability.

[57] Harrington S. E. (2009). The Financial Crisis, Systemic Risk, and the Future of Insurance Regulation, *Journal of Risk and Insurance* 76, 785 – 819.

[58] Hoshi T., Kashyap A., and Scharfstein D. (1990). Corporate Structure, Liquidity and Investment: Evidence from Japanese Industrial Groups, *Quarterly Journal of Economics* 106, 33 – 60.

[59] Hughes J. P. and Mester L. J. (2013). *Who Said Large Banks Don't Experience Scale Economies? Evidence from a Risk – Return – Driven Cost Function*, Federal Reserve Bank of Philadelphia Working Paper No. 13 – 13.

[60] Kanatas G. and Qi J. (1998). Underwriting by Commercial Banks: Incentive Conflicts, Scope Economies, and Project Quality, *Journal of Money, Credit and Banking* 30, 119 – 133.

[61] Kay J. (2009). *Narrow Banking: The Reform of Bank Regulation*, *Center for the Study of Financial Innovation Report* No. 88.

[62] Kroszner R. S. and Rajan R. G. (1994). Is the Glass – Steagall Act Justified? A Study of the US

Experience with Universal Banking before 1933, *American Economic Review* 84, 810 – 832.

[63] Laeven L. and Levine R. (2007). Is There a Diversification Discount in Financial Conglomerates?, *Journal of Financial Economics* 85, 331 – 367.

[64] Lamoreaux N. R. (1985). *The Great Merger Movement in American Business*, 1895 – 1904. Cambridge, UK: Cambridge University Press.

[65] Langevoort D. C. (1987). Statutory Obsolescence and the Judicial Process: The Revisionist Role of the Courts in Federal Banking Regulation, *Michigan Law Review* 85, 672 – 733.

[66] Leuchtenburg W. E. (1963). *Franklin D. Roosevelt and the New Deal*, 1932 – 1940. New York, NY: Harper and Row.

[67] Liikanen Report (2012). High Level Expert Group on Reforming the Structure of the EU Banking Sector Final Report.

[68] Lóránth G. and Morrison A. D. (2012). Tying in Universal Banks, *Review of Finance* 16, 481 – 516.

[69] Lown C. S., Osler C. L., Strahan P. E., and Sufi A. (2000). The Changing Landscape of the Financial Services Industry: What Lies Ahead?, *Federal Reserve Bank of New York Economic Policy Review* 6, 39 – 55.

[70] Macey J. R. (1984). Special Interest Groups Legislation and the Judicial Function: The Dilemma of Glass – Steagall, *Emory Law Journal* 33, 1 – 40.

[71] Mälkönen V. (2004). *Capital Adequacy Regulations and Financial Conglomerates*, Bank of Finland, Helsinki, Discussion Paper No. 10. 2004.

[72] Milbourn T. T., Boot A. W. A., and Thakor A. V. (1999). Megamergers and Expanded Scope: Theories of Bank Size and Activity Diversity, *Journal of Banking and Finance* 23, 195 – 214.

[73] Mishkin F. S. (1999). Financial Consolidation: Dangers and Opportunities, *Journal of Banking and Finance* 23, 675 – 691.

[74] Mishkin F. S. (2006). How Big a Problem is Too Big to Fail? A Review of Gary Stern and Ron Feldman's *Too Big to Fail: The Hazards of Bank Bailouts*, *Journal of Economic Literature* 91, 988 – 1004.

[75] Morgan D. and Stiroh K. J. (2005). *Too Big to Fail After All These Years.* Federal Reserve Bank of New York Staff Report No. 220.

[76] Morrison A. D. and Wilhelm Jr. W. J. (2004). Partnership Firms, Reputation and Human Capital, *American Economic Review* 94, 1682 – 1692.

[77] Morrison A. D. and Wilhelm Jr. W. J. (2007). *Investment Banking: Institutions, Politics and Law.* Oxford, UK: Oxford University Press.

[78] Morrison A. D. and Wilhelm Jr. W. J. (2008). The Demise of Investment Banking Partnerships: Theory and Evidence, *Journal of Finance* 63, 11 – 350.

[79] Neuhann D. and Saidi F. (2012). The Rise of the Universal Bank: Financial Architecture and Firm Volatility in the United States. University of Pennsylvania and New York University: Mimeo.

[80] Patterson S. and Solomon D. (2013). Volcker Rule to Curb Bank Trading Proves Hard to Write, *Wall Street Journal*, eptember 10.

[81] Pennacchi G. (2012). *Narrow Banking*, *Annual Review of Financial Economics* 4, 1 – 36.

[82] Petersen M. A. (2004). Information: Hard and Soft. Kellogg School of Management, Northwestern University Working Paper.

[83] Polanyi M. (1966). *The Tacit Dimension.* Garden City NY: Doubleday.

[84] Puri M. (1994). The Long – term Default Performance of Bank Underwritten Security Issues, *Journal of Banking and Finance* 18, 397 – 418.

[85] Puri M. (1996). Commercial Banks in Investment Banking. Conflict of Interest or Certification Role?, *Journal of Financial Economics* 40, 373 – 401.

[86] Puri M. (1999). Commercial Banks as Underwriters: Implications for the Going Public Process, *Journal of Financial Economics* 54, 133 – 163.

[87] Rajan R. G. (1996). The Entry of Commercial Banks into the Securities Business: A Selective Survey of Theories and Evidence. In A. Saunders and I. Walter (Eds.), *Universal Banking: Financial System Design Reconsidered*, 282 – 302. Chicago: Richard D. Irwin.

[88] Ramirez C. D. (1995). Did J. P. Morgan's Men Add Liquidity? Corporate Investment, Cash Flow, and Financial Structure at the Turn of the Twentieth Century, *Journal of Finance* 50, 661 – 678.

[89] Redlich F. (1968). *The Molding of American Banking: Men and Ideas.* New York, NY: Johnson Reprint Corporation.

[90] Rime B. and Stiroh K. J. (2003). The Performance of Universal Banks: Evidence from Switzerland, *Journal of Banking and Finance* 27, 2121 – 2150.

[91] Roten I. C. and Mullineaux D. J. (2002). Debt Underwriting by Commercial Bank – Affiliated Firms and Investment Banks: More Evidence, *Journal of Banking and Finance* 26, 689 – 718.

[92] Schmid M. M. and Walter I. (2009). Do Financial Conglomerates Create or Destroy Economic Value?, *Journal of Financial Intermediation* 18, 193 – 216.

[93] Schumpeter J. A. (1939). *Business Cycles: A Theoretical, Historical and Statistical Analysis of the Capitalist Process.* New York: McGraw – Hill.

[94] Seligman J. (1982). *The Transformation of Wall Street: A History of the Securities and Exchange Commission and Modern Corporate Finance. Boston*, Mass: Houghton Mifflin Company.

[95] Stein J. C. (2002). Information Production and Capital Allocation: Decentralized versus Hierarchical Firm, *Journal of Finance* 57, 1891 – 1921.

[96] Stern G. H. and Feldman R. J. (2004). *Too Big to Fail: The Hazards of Bank Bailouts.* Washington, DC: Brookings Institution Press.

[97] The Turner Review (2009). *A Regulatory Response to the Global Banking Crisis. London*: Financial Services Authority.

[98] van Lelyveld I. and Knot K. (2009). Do Financial Conglomerates Create or Destroy Value? Evidence for the EU, *Journal of Banking and Finance* 33, 2312 – 2321.

[99] Vander Vennet R. (1999). The Effect of Mergers and Acquisitions on the Efficiency and Profitability of EC Credit Institutions, *Journal of Banking and Finance* 20, 1531 – 1558.

[100] Vickers Report (2011). Independent Commission on Banking: Final Report Recommendations.

[101] Wheelock D. C. and Wilson P. W. (2011). Are Credit Unions Too Small?, Review of Economics and Statistics 93, 1343 – 1359.

[102] Wheelock D. C. and Wilson P. W. (2012). Do Large Banks Have Lower Costs? New Estimates of Returns to Scale for US Banks, *Journal of Money, Credit and Banking* 44, 171 – 199.

[103] White E. N. (1986). Before the Glass – Steagall Act: An Analysis of the Investment Banking Activities of National Banks, *Explorations in Economic History* 23, 33 – 55.

[104] Wilmarth Jr. A. E. (2009). The Dark Side of Universal Banking: Financial Conglomerates and the Origins of the Subprime Financial Crisis, *Connecticut Law Review* 41, 9631 – 11105.

[105] Winton A. (1999). Don't Put All Your Eggs in One Basket? Diversification and Specialization in Lending. Carlson School of Management, University of Minnesota Working Paper.

[106] Wolf M. (2011). Of Course it's Right to Ringfence Rogue Universals, *Financial Times* September 15.

第 6 章　银行公司治理

6.1　简介

公司治理解决的是外部投资者和其他利益相关者，例如政府机构和公司员工，为了保护自身的利益，对高管和公司内部人士进行管理控制的方式。詹森和梅克林在 1976 年发表了影响深远的著作，主要描述了在一个预期的公司风险水平下，公司内部人士与股东之间以及股东与公司外部债权人之间的摩擦。简而言之，由于股东拥有公司资产的剩余索取权，因此，他们更愿意提高公司的风险。尽管股东从追求高风险的策略中获益（受益于任何具有上涨潜力的股票价值），而公司外部债权人却要在追求高风险却没有获得高收益的情况下承担损失。

银行与非银行机构在许多方面不同。银行的核心业务的本质是信息化和高度不透明，其资本结构中债务比重要比其他主要行业高很多，政府机构作为监管者和财政支持者（例如充当最后贷款人功能），在银行业中是个重要的利益相关者。这表明，银行的公司治理与非金融机构的治理是不同的。

也许令人惊讶的是，银行治理和其他公司治理并不是不同的。在某些方面银行治理是独一无二的（例如，在一些国家，监管机构会对杠杆进行限制从而对银行所有权和银行资本结构进行限制），但最关键的方面比如董事会组织和高管的薪酬都大致与非金融公司是一致的。因此，许多银行的治理方式都高度模仿非金融公司，但没有充分地考虑银行的独特性。本章认为，举例来说，对于像银行这样的高杠杆行业，采用过度关注股东的治理方式是有问题的。

在 2007 年金融危机开始之前，在不同的期刊和金融、管理、经济学分支中，研究银行公司治理的性质和影响是完全不同且分散的（参见 Haan 和 Vlahu，2013 年不同方面研究的概述）。除了一些例外，银行治理的论文很少被顶级学术期刊发表，这也可能反映出直到最近依然被普遍认同的一种观点，银行治理是一个利基问题，而且银行与其他公司没有足够的不同，因此没有必要对其公司治理安排进行单独研究。至今，我们仍缺乏一系列实证研究结果来推动我们对这个主题领域的理解，并作为良好政策建议的基础。

然而，在治理规章制度方面，其他国家的银行业正逐渐成为一个有着独立公司治理标准的行业。从决策制定的角度来看，这表明一个新的共识出现，即由于对于银行债权人、纳税人和实体经济的重要性，银行的公司治理问题值得特殊单独的关注。

下面就举一些有关银行业治理规则和法规的例子。在英国，大卫·沃克爵士做的有关英国银行业和其他金融机构的公司治理的研究对董事会安排、董事成员资质以及薪酬安排提出了建议。同样，荷兰在2010年实施的银行业法规对银行董事会成员构成、资质、培训与薪酬提出了指导意见。此外，美国大银行的CEO和其他高管的薪酬指导方法与银行业薪酬结构规定是相近的（Board of Governors 等，2010，p. 33）。一系列新的银行治理规则意味着，在许多国家，银行现在有不同于其他行业的独立的银行治理规则。

然而，本章认为有理由对银行公司治理进行更深刻的反思。本章将对银行治理的重要文献进行研读，并提出银行业和非金融机构的不同，使得反映这些不同的治理安排成为必需。至关重要的是，没有充分考虑银行特性的治理安排将面临加剧现有机构冲突的风险，这些冲突可能导致银行在近期的危机前过度的风险承担。

作为一个例子，银行是极高杠杆公司。在所有行业中，银行业的自有资金在资产负债表中占比最小。然而，就像由股权构成绝大部分资金，同时股东有更大的风险暴露（投入更多关注更多）的其他行业一样，股东控制着银行关键的治理机制，例如董事会（股东享有任命和罢免董事的权利）和高管的报酬。结果，基于风险的利润归于股东，在牺牲债权人（作为银行倒闭的财政担保人——存款保险公司和纳税人）利益为代价下，股东更愿意实施有风险的货币激励措施来获取更高的回报。

由于银行的高负债的资本结构，股东导向型的公司治理将导致更冒险的策略，并伤害银行其他利益相关者的利益。这是股权人和债权人在风险方面有着不同利益的一个例子。与此一致的是，Beltratti 和 Stulz（2012）表明在金融危机期间表现不佳的银行在金融危机发生前有着“更佳”的公司治理安排。因此，本章将超出现有理论，考虑银行业的独特性，从而讨论银行的独立治理安排。

本章将按如下讨论，6.2 节讨论银行与非金融机构的不同行为以及银行进行公司治理的重要性。接下来的章节讨论高管的薪酬、独立性、董事会的构成、股东结构以及风险管理实践分别是如何对银行的业绩和风险进行影响的。

6.2 为什么银行是不同的，以及银行治理问题

银行理论认为金融中介的本质使得银行资产的信息非透明，并且对于局外人和易受挤兑的银行来说，银行资产难以评估和监管（例如 Diamond 和 Dybvig，1983；Diamond 和 Rajan，2001）。虽然有许多因素使得银行与非金融机构不同，但并不是所有的这些因素都对公司治理有影响。然而，有两个因素使得银行变得特殊，并对银行公司治理产生影响，它们是银行资本结构（高杠杆）和银行活动的严格监管性。为什么这两个因素使得银行不同是本节关注的重点。

确保银行治理进行单独分析的其中一个原因是银行很少发行股票（和其他行业相比）。虽然股权投资者并不如给银行提供资金的债权人重要，但股权投资者仍然控制着关键的治理机制，比如董事会、董事的任命与解雇、高管的薪酬。因此，将可以设计并带来股东导向型结果的监管机制和激励机制落实到位的是股东。这一点很重要，因为股东（风险中性）与债权人（风险厌恶）的风险偏好是不同的，由银行倒闭导致的负外部性意味着银行的冒险行为是与政策相关的问题。

强调银行财务杠杆的运用是如何不同寻常的十分重要。图 6.1 表明 2007 年（危机发

生之前）美国上市公司的资产中平均有 30% 的股权。然而，对于银行来说，资产负债表中负债占比高于 90% 是很正常的。一些陷入最近危机的欧洲大型银行的股权比例不足 3%。正如图 6.1 所示，没有其他任何行业像银行业这样有如此高的杠杆比率。

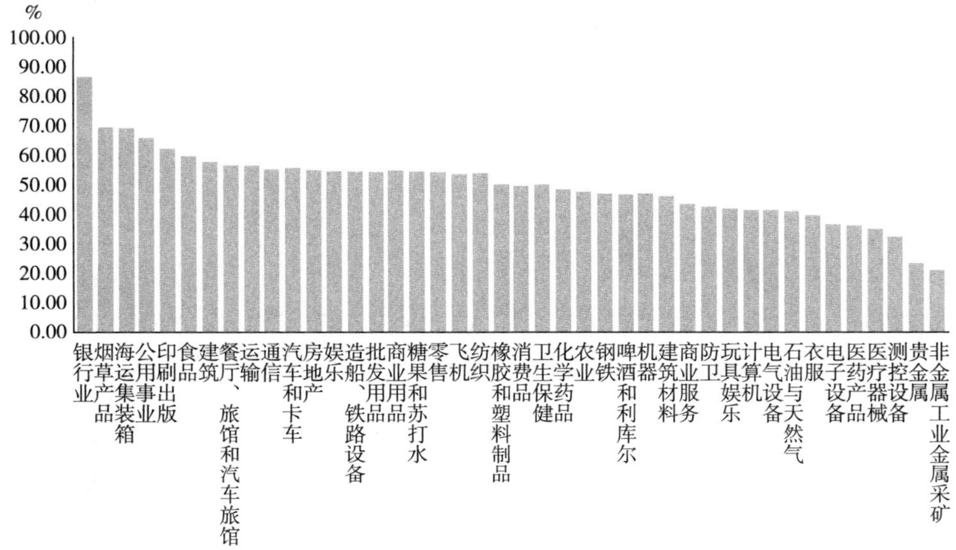

图 6.1　2007 年美国上市公司杠杆率［负债/（负债 + 权益）］

银行的高杠杆会对公司治理产生两点重要的影响。第一，如果银行股东过度拥有治理权，高杠杆会导致过度的冒险。回溯到詹森和梅克林 1976 年的文献，众所周知，股东和公司外部债权人在期望风险水平上存在冲突。股东通过追求高风险的策略获益（他们受益于任何股票的潜在价值），而公司外部债权人却要在承担高风险却没有获得预期收益的情况下承担损失。

第二，在银行业中，监管者和政府的保证会加剧与股权有关的冒险激励行为。因此，我们普遍认为金融安全网（监管者）至少应该为高杠杆银行承担部分责任。监管机构为银行发补贴，从而导致银行超额发行更多的负债。例如，由于银行倒闭而引发得极大的外部性预期，会触发银行的紧急救助计划，银行可以通过更高的冒险行为获取金融安全网提供的更多的隐性资金。显性的存款保险和隐性的救助担保保护着银行债权人免受市场约束，并导致银行以更低的成本加杠杆。

与公共银行担保诱发了杠杆的观点一致，Berger、Herring 和 Szegö（1995）表明自从 19 世纪中期以来，美国银行的杠杆大幅增加，这与金融安全网更加宽松多变的监管制度有关。例如 1914 年的联邦储备条例，允许银行通过向美联储再贴现获得流动性；1993 年存款保险制度的出现，保证了在银行倒闭的情况下储户的资金安全。

当然，银行的高杠杆不仅与安全网的补贴有关，还与作为金融中介本质的流动性供给者的角色有关（具体请参考 Diamond 和 Dybvig，1983；Diamond 和 Rajan，2001 等）。从本质上讲，如果资金受约束的企业或家庭需要流动性债权（以存款或其他短期流动性工具的形式）并且溢价，银行将会产生大量的负债。DeAngelo 和 Stulz（2013）认为，即使没有摩擦的情况下（例如存款保险和隐性救助保证），银行负债的需求（例如存款）也会造成银行的高杠杆。

尽管如此，由于监管者作为陷入困境的银行的财政支持者，金融安全网会对银行杠杆和银行冒险行为提供补助。这使得监管者成为不同于其他行业的银行公司治理的利益相关者。作为利益相关者的监管机构是使得银行公司治理与非银行机构分开的第二个方面。

综上所述，在使银行与其他非金融机构不同的众多方面中，本节明确了银行资本结构和对银行行为相对严格的监管是对银行公司治理有重要影响的关键特征。6.3 节将讨论银行薪酬安排以及其对银行风险的影响。

6.3 银行薪酬

高管薪酬策略可以作为减少经理和股东在公司资源部署和风险方面冲突的一种机制（Jensen 和 Meckling，1976）。2007—2008 年金融危机之后，公众和学术界对于银行业 CEO 的薪酬越来越感兴趣。虽然这在一定程度上源于公众对越来越依赖于公共资金的 CEO 报酬的愤怒，即高管薪酬的结构引发了银行过度并有害的冒险行为。因此，银行业使用的激励性薪酬普遍被认为是导致银行过度冒险并引发最近金融危机的一个诱导因素（例如 Bebchuk 和 Spamann，2009；Federal Reserve Bank，2010）。

本节批判地回顾了有关 CEO 薪酬与银行冒险之间关系的现有实证研究，并认为之前的研究过于片面，只研究了与股权（主要是股票和期权）相关的 CEO 报酬，却忽视了常见的非股权形式的 CEO 报酬，这一部分会促进银行进行更优的风险承担。对 CEO 非股权部分薪酬的研究，特别是养老金和其他形式的递延补偿，仍处于初级阶段。然而，许多研究结果认为，与股权相关的薪酬会激励公司冒险，与非股权相关的薪酬会使 CEO 更加厌恶风险（Edmans 和 Liu，2011）。本节认为，由于对于非股权形式薪酬（本质更像债务）产生的风险影响的实证研究并不多，因此，需要对 CEO 薪酬中的债务部分进行更详细的研究。

6.3.1 现金和奖金报酬

现有的很多文献在很大程度上忽视了增加冒险动机的 CEO 现金奖金的作用。缺少对银行 CEO 奖金计划的实证研究主要有两点原因。第一，CEO 现金奖金是高管薪酬的重要组成部分，占 CEO 总薪酬的三分之一左右。第二，奖金支付对管理者风险偏好的影响与期权很有可能是不同的。

一旦一年中公司的利润目标达到，CEO 的现金奖金就会获得。超过这个阈值后，CEO 的奖金支付会与公司业绩保持线性增长，直到达到奖金的最大支付额。因此，当公司业绩表现超过阈值时，CEO 的奖金就会获得，并且 CEO 的奖金曲线不应该是凸的（Smith 和 Stulz，1985），而且不应该进行过度冒险（Noe、Rebello 和 Wall，1996；Duru、Mansi 和 Reeb，2005），这与 CEO 持有股票期权形成鲜明对比。由于持有股票期权的收益是股票收益波动的凸函数，期权会促使 CEO 增加股票价格的波动性从事高风险活动（Guay，1999；Rajgopal 和 Shevlin，2002；Coles、Daniel 和 Naveen，2006；Hagendorff 和 Vallascas，2011）。

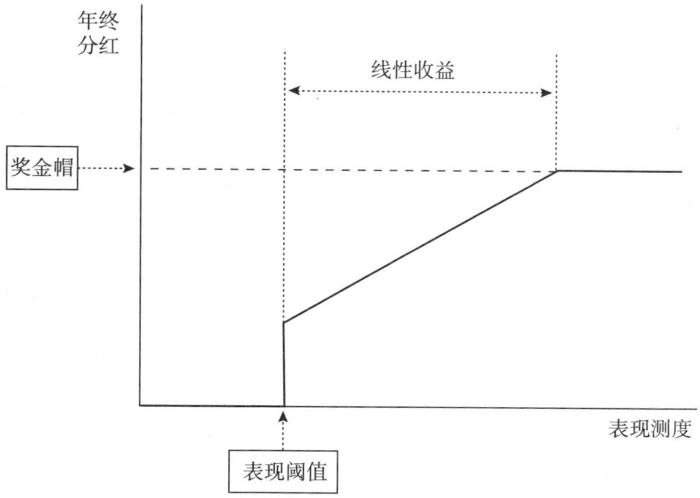

图 6.2　典型的奖金函数图像

理论研究认为 CEO 的现金奖金在减轻从事高风险活动的管理激励方面发挥了重要作用。在一个理论模型中，Smith 和 Stulz（1985）认为只要现金奖金线性增长于公司绩效，与奖金有关的回报是非凸的，则风险回报就不是固定的。但是，当绩效低于奖金获得的阈值时，奖金计划就类似于一份基于公司绩效的看涨期权。在这种情况下，奖金回报是凸的，并与 CEO 风险厌恶效用函数的凹性相抵消。相反，当业绩高于奖金支付的阈值时（低于最大奖金），奖金计划的斜率线性于公司绩效，这样就不会激励风险厌恶型 CEO 通过增加银行风险来确保更高的奖金收益。

其他研究表明，奖金会降低 CEO 的风险偏好，而不是毫无影响。其中一项论证表明，由于奖金支付只能在公司有清偿能力时才会获得，因此会激励 CEO 避免公司破产（John 和 John，1993）。与此观点一致，Duru、Mansi 和 Reeb（2005）发现基于公司收益的现金奖金促使管理者寻找一种稳定的现金流来履行合同中的债务义务。作者认为，支付 CEO 更高的现金奖金会降低债务融资的成本，其反映了更低的债务代理成本并降低了公司的风险水平。

尽管有上述观点，但仍有一些观点认为现金奖金会鼓励银行进行过度冒险（例如 2009 年金融稳定委员会）。但是，奖金增加风险往往基于两个假设条件，这两个条件最近都被实证检验所质疑。第一个假设是现金奖金合同并没有让管理者充分暴露在下跌风险中，因此会奖励管理者冒更大的风险来实现基本奖金合同中的公司绩效目标。相比之下，实证研究表明奖金合同更倾向于对绩效不佳进行惩罚而不是对优越的表现进行奖赏。

第二个假设是将奖金支付与年度绩效挂钩，股东制订奖金计划来影响短期行动，管理者追求更高的风险策略来实现其短期目标。尽管一些证据表明，管理者通过配给生产力来最大化奖金支付（Bouwens 和 Kroos，2011），但这也并不排除奖金可被设计为长期的薪酬工具。事实上，Indjejikian 等（2011）表明，奖金计划为管理者提供了长期激励来发挥自己的才能。这些研究表明，随着时间的推移，在制订管理者薪酬计划时，公司会在奖金和激励之间进行权衡取舍。

银行业的实证结论在 CEO 奖金支付和银行风险方面相互冲突。Harjoto 和 Mullineaux（2003）表明奖金和回报波动（风险）之间是正相关的。Balachandran、Kogut 和 Harnal（2010）提供了一些证据表明，奖金和其他现金激励的总和会降低银行违约的概率。

Fahlenbrach 和 Stulz（2011）并没有发现在金融危机中 CEO 的现金奖金支付会影响美国银行的绩效。再来看风险，Vallascas 和 Hagendorff（2013）表明 CEO 现金奖金的增加会降低银行的违约风险。他们解释说，由于奖金支付取决于银行的偿付能力，这会降低 CEO 的风险偏好。然后，他们证明当银行接近违约点时，现金奖金降低风险的效应消失。结果表明，对于偏好冒险的银行，奖金会促进而不是减轻银行的冒险行为。这一发现也与陷入财务困境的银行寻求金融安全网价值最大化的观点相一致。

显然，现金奖金并不是影响 CEO 冒险行为的唯一报酬激励形式。股票和股票期权会使 CEO 克服他们的风险厌恶情绪，并激励他们参与具有更大风险的项目。6.3.2 节将会讨论基于股权的薪酬和其对银行冒险行为的影响。

6.3.2 基于股权的薪酬

近几十年来，对于银行业和非银行业来说，与股权相关的薪酬急剧增长。与股权相关的 CEO 薪酬以公司股票和看涨期权的形式获得，特别是期权使得 CEO 对冒险行为十分敏感。

薪酬激励使得薪酬对风险（vega）和公司绩效（delta）更加敏感，这一结论被 Guay（1999）发现。该方法是通过对 CEO 的期权组合（使用股息调整的 BS 公式）或股票组合价值求偏导获得。

$$\text{vega} = \frac{\partial value}{\partial \sigma} \times 0.01 = e^{-dT} N'(Z) S \sqrt{T} \times 0.01 \tag{6.1}$$

$$\text{delta} = \frac{\partial value}{\partial S} \frac{S}{100} = e^{-dT} N(Z) \frac{S}{100} \tag{6.2}$$

其中，$Z = \left[\ln\left(\frac{S}{X}\right) + (r_f - d + 0.5\sigma^2)T\right] / \sigma\sqrt{T}$，$N'(\cdot)$ 和 $N(\cdot)$ 分别是正态概率密度函数和累积正态分布函数。S 是财政年度末的股票收盘价格，X 是期权执行价格，σ 是股票日收益的年化标准误，r 是和期权合同到期价值相等的无风险利率，d 是股息收益率，T 是期权的到期时间。

DeYoung、Peng 和 Yan（2013）研究表明，在过去几十年，美国银行业中与股权相关的薪酬增长迅速，银行业中与公司风险（vega）增加相关联的 CEO 报酬比非金融机构高。DeYoung、Peng 和 Yan（2013）计算发现，2004 年，当股票收益波动增长 0.01% 时，银行 CEO 的平均财富增加大约 30 万美元。

之前有关风险（vega）和管理者投资决策的证据是模棱两可的。例如，非金融的文献发现 CEO 的 vega 越高，投资决策风险越大，公司资源越被投入到较高风险的活动中（Guay，1999；Rajgopal 和 Shevlin，2002；Coles、Daniel 和 Naveen，2006）。对于银行业而言，Mehran 和 Rosenberg（2007）与 DeYoung、Peng 和 Yan（2013）表明拥有高 vega 的银行会进行高风险类型的活动。相反，Fahlenbrach 和 Stulz（2011）并没有发现在最近的金融危机中，CEO 的 vega 能解释银行股票（例如之前风险管理）绩效。Hagendorff 和 Vallascas（2011）发现在兼并时，CEO 对薪酬中是否考虑 vega 是敏感的。因此，对于薪酬风险的高敏感度使得 CEO 会进行高风险的交易。

关于薪酬绩效的敏感度水平（delta），delta 会加重管理者的风险厌恶（Amihud 和 Lev，1981；Smith 和 Stulz，1985）。DeYoung、Peng 和 Yan（2013）发现 delta 降低了银行活动的风险，然而，Mehran 和 Rosenberg（2007）并没有发现任何 delta 对银行冒险行为的稳健影响。关于 CEO 的 delta 对兼并决策风险的影响，Datta、Iskander－Datta 和 Raman（2001）发现高的 delta 值导致兼并后股票收益波动性增加。对于银行业而言，Bliss 、Rosen（2001）与 Minnick、Unal 和 Yang（2011）发现，delta 较高的银行不太可能从事收购，这也与高 delta 的 CEO 进行前述的风险投资项目例如兼并和收购的观点相一致。

Berger 等（2013）研究了金融危机期间管理者持股（上述 delta 的主要组成部分）和银行倒闭问题。结果发现低级管理者（例如副总裁）的持股会增加违约风险，而 CEO 和其他高管持股并不会对倒闭的概率产生影响。虽然作者关注的是持股问题而不是薪酬问题，但是结果发现工资和其他治理变量的探讨不应仅仅在董事会层面，还应该包括对低于董事会层面的人的研究。

6.3.3　基于债务的薪酬

债务作为高管薪酬的一种形式是很普遍的。它往往以递延补偿的形式出现，尤其是以固定养老金的形式出现（参见 Sundaram 和 Yermack，2007；Wei 和 Yermack，2011）。这些公司所承诺的在未来某个时点支付一大笔固定回报对 CEO 来说是没有着落且不保证的。在美国和其他一些国家，公司破产时高管递延补偿的求偿权是落后于无担保债权人的，从而有效地将内部债务持有人转变为无担保公司债权人。

CEO 递延补偿的价值——也被称为“内部债务”（Jensen 和 Meckling，1976），占了 CEO 总薪酬的很大部分。Wei 和 Yermack（2011）指出在标普 1500 家公司中，超过三分之二的 CEO 持有不同形式的内部债务，2006 年这些内部债务的平均价值达到 570 万美元。

一小部分实证研究表明内部债务会遏制 CEO 的冒险行为。Sundaram 和 Yermack（2007）发现 CEO 持有大量的内部债务会减少公司债务违约的概率。最近，Wei 和 Yermack（2011）检验了债券和股票价格对 2007 年由证券交易委员会强制披露的内部债务持有情况的反应。作者发现大量的 CEO 养老金（以及 CEO 其他形式的递延津贴）都与债券持有人的获利和股东的亏损有关。

有关银行内部债务对银行行为影响的研究很少。Tung 和 Wang（2012）表明在金融危机发生前，持有大量内部债务的银行 CEO 会从事低风险活动（在金融危机时有更好的股票市场表现）。Bennett、Guntay 和 Unal（2012）表明在金融危机发生前，CEO 持有越多的内部债务，在金融危机发生时，银行的违约风险就越低。

在未来很长一段时间内，还需要对内部债务持有对公司冒险行为的影响进行深入探究。最近证监会加强了对 CEO 递延补偿的披露要求，这将会给研究者提供大量检验 CEO 债务薪酬支付影响的机会。然而，即使在 2007 年加强披露要求之前，向 SEC 提交的代理权公告中也包含了足够的信息来使用精算方法估算 CEO 养老金的期望现值（详细参考 Sundaram 和 Yermack，2007）。

6.4 董事会和股东导向型治理

在所有的经济部门中，上市公司的董事会是最重要的内部控制机构之一。由于董事会有提供专业知识和监督经理自主权的作用，董事会可以促进和保护股东的利益。更具体地说，董事会有权批准或阻止管理计划，评估高管的表现，并决定管理者薪酬和职业发展道路。

董事会可以有效减轻管理者自私自利的行为，其独立于管理者的特性需要被确保。有一个共同的假设是，董事会越独立（大多数董事在家庭、社会或商业活动中与管理者无联系），就越能带来股东导向型结果，比如高风险或好绩效。

Adams 和 Mehran（2003）发现在 1986—1999 年美国银行董事会要比标普 500 制造业企业更大更独立。制造业公司董事会的平均人数是 12 人，银行业是 18 人。考虑到公司特质风险（管理者的人力资本的投资且无法被分散化），股东是风险中性的，管理者是风险厌恶的，股东控制力越强的银行，风险越大。有权力的银行董事会会增加冒险的活动，而当股东导向型董事会权力较弱时，有权力的银行 CEO 则不愿进行冒险。

与股东导向型董事会会增加风险的观点一致，Pathan（2009）指出，银行控股公司的董事会会更大程度地反映股东的利益（例如当董事会更小更独立时），银行的风险会增加。同样地，Laeven 和 Levine（2009）指出在银行公司治理结构中，银行的风险会随着股东相对权力的增加而增加。

对最近的金融危机时段进行考察，结果发现与危机的根源是弱公司治理的观点并不一致，其中“弱”是根据股东和董事会之间的治理关系来定义的。因此，Erkens、Hung 和 Matos（2012）发现有着更加独立董事会的公司在金融危机期间有着更低的股票收益。同样，对于一个国际银行样本，Beltratti 和 Stulz（2012）认为在金融危机时期表现不佳的银行都是股东导向型的董事会。

Beltratti 和 Stulz 为他们的结论提供了一个有趣的解释。作者认为有着更好治理的银行会在危机发生之前通过进行一些在那时候是价值增值型的活动来提高业绩，但后来却会是表现不佳的一个原因。虽然 Beltratti 和 Stulz（2012）对股东导向型公司治理的多项指标进行控制，但是作者认为投资风险在投资时是不可能被预料到的（在金融危机时股东导向型董事会会趋向于减少股东利益，这样的观点似乎并不可信）。因此，他们认为股东导向型银行会遭受“坏运气”（而不是“恶意为之”）。

Beltratti 和 Stulz（2012）的研究很重要，因为它揭示了过度股东导向型公司治理的缺陷。这样的治理模式带来的结果是，当时似乎是为了股东的利益，但结果对于包括政府在内的其他利益相关者可能并不是最优的。因此，股东导向型治理并不应该被视为应对最近危机的监管方式的主要部分，它甚至可能会导致危机。

最后，Berger 等（2013）发现未来对公司治理的研究将趋向于低于董事会的中高层管理者。作者发现管理层（例如副总裁或财务主管）持股可能会导致金融危机时期银行倒闭，但是高管（例如 CEO 或 CFO）却不会。

6.5 董事会多元化：谁经营银行真的重要吗?

大家普遍认为董事会的组成会对公司绩效起着重要作用（详情参考 Hermalin 和 Weisbach，2003）。在过去的几十年里，银行业内部和外部任命的董事越来越多地来自更加广泛的人口、教育和社会背景。危机后，这样的观点更加根深蒂固，即银行董事会对管理者冒险行为的监督责任应该提高，董事会多元化在对提高董事会制定决策方面起重要作用。

政策制定者和公众青睐于这一观点。例如，在最近的危机之后，社会流传这样一句话，如果雷曼兄弟叫做雷曼姐妹的话，就不会倒闭了。而这句话要归因于欧盟委员 Viviane Reding 和英国前部长 Harriet Harman。本节基于理论基础和至今极少的检验银行董事会多元化的影响的实证研究，探讨是否支持董事会的多元化。

6.5.1 董事会多元化

董事会多元化基本上围绕两方面讨论：伦理道德和经济。伦理道德将董事会多元化看做自身的一个理想化目标，强调以性别、种族和其他与公司业绩无关的特征为基础，将某一部分人排除在公司精英外是不公平的（Singh、Vinnicombe 和 Johnson，2001）。同样，促进董事会多元化也是向那些曾经被排除出权力拥有者的阶级授权的一种方式。因此，董事会多元化的概念就与平等的概念相联系，最终达到社会理想公平的结果（Brammer、Millington 和 Pavelin，2007）。董事会多元化提高了合法性并且会提高公司相对于其各种利益相关者的议价能力。

在董事多元化的经济方面，主要的观点认为董事会多元化会增强董事会的功能性，尤其是解决复杂问题、决策制定和监管的能力（Forbes 和 Milliken，1999）。董事会也许被视为知识性资产，通过将组织和外部环境联系起来为股东创造价值（Pfeffer 和 Salancik，1978）。例如，董事会多元化可以延伸现有董事成员的社交网络，并帮助公司与其他公司进行联系。这一社交网络会使公司从中受益（Hillman、Cannella 和 Paetzold，2000）。具体来说，董事会社交网络会提高与资本、商界精英、行业监管者（比如银行业）的联系交流（Macey 和 O'Hara，2003）。

除了可以将公司置于外部联系的关系网中，董事会多元化还可以提高董事会的内部运作机制。由于他们特殊的经历和价值观，多元化的董事会成员会为组织带来特殊的经济资源来帮助他们了解公司的行业动态（Hambrick 和 Mason，1984）。例如，知识和专业技能可以加深组织对其市场地位的理解，当董事会将其多元化与顾客和供应商相匹配时，会提高公司业绩。但是，决策者会任命那些拥有更多专业知识的人成为董事，这与增加董事会多元化的初衷是背道而驰的。

然而，董事会多元化会带来很多成本。对董事会多元化的不同观点导致了协调性问题（Forbes 和 Milliken，1999）。多元化可能会腐蚀组织凝聚力并导致董事成员之间不合作甚至引发矛盾。与此观点一致，Adams 和 Ferreira（2009）指出女性董事的监管更加严格但并不能提高公司绩效。作者认为过多的监管会导致冲突和更差的绩效。

6.5.2 银行董事会多元化的实证检验

关于银行业多元化影响的实证研究很少，但是迄今为止已有的研究结果是很有趣的，因为研究发现性别、学历、董事性格确实会影响银行业绩效和冒险行为。由于银行业是相对非透明的、复杂的、技术密集的，学历以及与能力有关的其他董事特征在银行业都显得尤为重要。

Beck、Behr 和 Guettler（2013）分析了信贷员表现的性别差异。与女性信贷员作决定更加谨慎的观点相一致，作者发现与女性信贷员相关的贷款违约率要低于男性信贷员。

Berger、Imbierowicz 和 Rauch（2013）将董事会组成的变化和银行投资组合风险相联系。具体来说，作者将董事会层面的度量指标如年龄、性别和教育背景（之后又衡量董事会中拥有博士学位董事的比例）及银行资产负债表中风险加权资产的比重相联系。作者表明年轻的高管队伍和女性更多的队伍会承担更大的组合风险。作者认为这是由于女性董事平均比男性董事经验不足，经验不足的董事将承担额外风险。

关于董事会多元化，Hagendorff 和 Keasey（2012）对美国银行业董事会多元化进行了度量。他们发现在一个董事会成员具有多样化的职业背景的样本中，银行兼并具有正收益。相比之下，Erkens、Hung 和 Matos（2012）并没有发现董事会成员的金融工作经历与危机时期公司股票收益有显著关系。

Nguyen、Hagendorff 和 Eshraghi（2013）检验了银行新董事任命的公告效应，并发现在美国银行业，年龄、学历和之前高管的经历会为股东创造价值。相比之下，性别、银行业以外的工作经历和博士学位却没有带来可衡量的市场回报。另外，任命那些拥有独立公司的非执行董事，在任命当天会导致负的收益，这与这些董事太忙无暇进行有效监管的观点相一致。

总之，虽然董事会多元化在伦理道德方面理论充分，但多停留在实证检验方面。因此，未来还需要在董事成员和公司表现（例如银行收益与风险）之间建立更强的因果关系。

6.6 银行所有权：谁拥有银行重要吗?

本节将分析银行所有权对银行风险的影响。股权和政府的所有权的集中与银行业其他类型的所有权不同。从本质上讲，本节将提出一个疑问：哪个组织拥有银行真的很重要吗?

6.6.1 所有权集中

Saunders、Strock 和 Travlos（1990）与 Laeven 和 Levine（2009）表明管理控制较多的银行会比由股东控制的银行进行更少的冒险活动。Gropp 和 Köhler（2010）补充道，无论股东是集中还是分散，相比于股东，银行管理者更偏好于低风险。进一步，Gropp 和 Köhler 表明股东控制的银行在危机发生前有更高的利润，也会遭受更大的损失。和管理者控制的银行相比，更有可能在危机发生时要求政府的帮助。另外，这也表明股东控制的治理方式会导致个人最优（他们会带来更高的股东期望收益），却没有实现社会最优。

Erkens、Hung 和 Matos（2012）分析了机构投资者持股对股票表现的影响。他发现机构投资者持股越多，在金融危机之前，银行会越冒险，因此也会在金融危机时遭受更低的股票回报。Beltratti 和 Stulz（2012）也得到了类似的结果。Aebi、Sabato 和 Schmid（2012）发现机构投资者和其他大型投资者会降低银行的绩效。他们的分析表明大股东并不能在危机发生之前对银行的风险提供有效的监管。

要记住，在许多国家，银行业的所有权集中度是大幅低于非金融机构的（Adams 和 Mehran，2003）。这主要由于监管机构对那些持有大量银行股权的公司实施显性或隐性的控制，从而对潜在投资者进行限制，大大降低其股权投资的流动性。在美国，只有金融机构可以有自己的银行，大多数国家要求对银行大额持股（持股超过 20%）进行审批。

6.6.2　政府作为股东

在一定程度上，机构持股人和政府是相似的，他们都有着大量资源并对投资的公司有影响。尽管如此，这些投资者也有着不同的目标，尤其是对政府来说，创造利润并不是其主要目标。因此，政府持股银行是一种特殊情况，需要单独讨论其对风险和银行治理的影响。

对于政府是唯一股东或者主要控股股东的银行来说，对其绩效和风险影响的研究在说明国家控股导致银行表现不佳的问题上模棱两可（Barth、Caprio 和 Levine，2004；Beck、Demirgüç - Kunt 和 Maksimovic，2004；Berger、Hasan 和 Klapper，2004）。在其他原因中，由于有对国家支持项目提供资金的压力，国有银行很有可能相对低效（Altunbas、Evans 和 Molyneux，2001）。

政府控股银行表现不佳已经在不同的地域中被证实。例如，Iannotta、Nocera 和 Sironi（2007）对来自 15 个国家的欧洲银行样本进行实证检验，证实政府控股银行盈利性不如私营银行。同样，Lin 和 Zhang（2009）表明中国大型国有银行与股份制银行以及城市商业银行相比，其资产质量较低。政府控股同样会影响银行冒险行为。Cornett 等（2010）分析了在一国银行系统中，政府控股和政府参股的影响。他们表明，和私有银行相比，国有银行经营利润少，持有更少的核心资本，具有更高的信用风险。有趣的是，银行绩效表现的差异与政府参与银行业程度之间的关系越来越显著。

然而，这些文献在危机发生后受到了新的冲击，在一些国家中，将银行国有制推向了史无前例的层面。政府所有权是否以及如何影响银行的问题因此成为大众关注的焦点。

在美国，自从 2008 年起，问题资产救助计划（TARP）将纳税人出资的股权注入上百家银行。经常会引起人们关注的是 TARP 通过扩大其金融安全网，再一次鼓励银行冒险。与此观点一致，最近的结果表明 TARP 银行的确同意更高风险的贷款（Black 和 Hazelwood，2013），并将投资组合移向更高风险的证券（Duchin 和 Sosyura，2011）。另外，许多国家不得不将陷入困境的贷款银行所有权纳为公有（例如英国的苏格兰皇家银行和劳埃德银行，德国的商业银行）。这些新文献仅仅只是对冒险行为与政府控股关系的初步了解（Gropp、Gruendl 和 Guettler，2014）。对政府控股银行的单一影响的探究发现，政府控股会导致竞争扭曲，这可能会对行业发展产生深远影响。

另外，政府一旦开始着手将曾经公有的银行重新私有化，对银行行为影响的研究则变得重要而有趣。Gropp、Gruendl 和 Guettler（2014）与 Fischer 等（2012）研究了一个相关的话题，他们对取消了政府担保的德国银行进行了分析。特别是，Fischer 等（2012）结果表明在宣布取消（2001 年）和真正实施（2005 年）这段时间之间，德国银行通过向高风险借款者借贷进行高风险活动。一旦政府所有权撤出，政府所有权和相关担保最终取消，会产生有趣的影响。

考虑公司治理和政府控股之间的相互影响，Borisova 等（2012）基于 2003—2008 年 373 家欧洲公司（包括银行）的样本进行研究，表明政府控股会影响公司治理。他们发现政府控股会降低治理质量，但是这种影响会随着国家法律框架的不同而不同。在大陆法系国家中，政府干预与公司治理质量是负相关的，但是在英美法系国家中却是正相关的。

总之，银行业政府控股是一种特殊形式的所有权。由于最近全球各国政府广泛地向银行注入股权资本，使其成为最近关注的重点。增加银行业的政府控股是一个重要的课题，因为它是一个行之有效的经验事实——政府控股银行比私有银行表现较差。另外，最近收为公有而又即将私有化的银行很有可能进行冒险行为，这也需要更进一步的实证调查。

6.7 董事会的内部和外部风险管理

在一项治理失败的报告中，OECD（2009）认为较差的银行治理会导致银行风险管理不充分，特别是通过董事会的风险监管不到位，这在金融危机中导致了银行极大的不稳定。有一小部分研究开始着手于检验风险管理部门（特别是风险管理委员会和其成员）如何影响公司绩效。考虑到银行高杠杆和股东过度冒险行为，加强对董事会的内部和外部的风险管理应该是重要的治理手段。

Keys 等（2009）表明具有相对有力的风险管理的贷款人会创造具有较低的事后违约率的抵押贷款资产组合。该研究用风险管理者相对于前五大高管的总薪酬中的股份来度量其重要性。同样地，Aebi、Sabato 和 Schmid（2012）发现当银行的首席风险官直接向董事会而不是 CEO 或其他部门报告时，在经济危机时银行会有较高的股票收益和较高的投资收益。

Ellul 和 Yerramilli（2013）对 1995—2010 年董事会外部风险管理实践和美国前 100 家银行的尾部风险的关系做了研究。他们基于银行风险管理力度的五大变量构建了风险管理指数 RMI。他们发现在 2006 年 RMI 高的银行风险较低表现较好，在金融危机期间，他们也有较好的经营和股票收益。因此，一个强大独立的风险管理可以减小银行的风险敞口。

总之，尽管风险管理并没有对更细微的层面进行探索，当然没有达到对董事会运作进行详细研究的层面，但至今的研究结果表明风险管理在缓解银行股东冒险行为方面起着重要的作用。另外，使得风险管理文献特别有趣的是它并非仅仅简单地关注董事会，还关注了能够减少银行冒险行为的其他公司治理方式的重要性。

6.8　政策建议与结论

本章对与银行公司治理有关的银行高管薪酬安排、董事会的构成与银行所有权的文献进行了研究。本章的一个主要结论是银行独有的特征使得其应该有更为独特的治理方式。例如，在银行的高杠杆下，与其他行业相比，银行业的报酬激励应该使管理者更偏向于债权人而不是股东。然而，基于对美国的研究发现，与非金融机构的 CEO 相比，银行业的 CEO 更偏向于股东而不是债权人（DeYoung、Peng 和 Yan，2013）。

同样，由于高杠杆的直接影响以及银行债权人自身的重要性，在公司治理中，债权人应该被给予更重要的角色。目前，股东控制着银行的主要治理机制，例如董事会（股东有权任免董事）以及高管的薪酬制定。债权人代表成为银行董事会成员是有可能的。这种想法背后的简单直觉是，如果银行的资本结构与非金融机构是不同的，那么银行的治理结构应该反映出这些。

尽管债权人代表成为银行董事与董事会股东代表比例原则（一股一票）是不符的，要记住许多公司的董事会要代表利益相关者而不是股东的利益。例如，德国的共同决策法案规定，在大型德国公司中，董事会的一半席位要留给员工代表。当银行杠杆水平超过某一值并继续增长，直到某一特定值时，按比例增减的债权人代表是被允许的。这将保证债权人代表和银行杠杆保持线性增长，并给予债权人更多机会影响银行治理（例如高管任命、风险管理、薪酬政策）。

总的来说，研究结果并不支持这样的结论，即最近的金融危机是由缺少股东导向型公司治理引起的。按照这种观点，未来银行危机可以通过提高股东在银行公司治理的影响力来阻止。本章的文献表明股东导向型治理导致了冒险结果，并会因此导致银行政策的非持续性，最终出现危机。

本章还强调了两条重要的银行公司治理的未来研究方向。第一，应该更多地去了解单个董事的有效性及其个人特征。实证研究最近才刚开始对单个董事特征和董事差异性进行研究。一些结果与谁经营银行的观点一致，但并不是所有的结果都与现今对董事会构成的政策讨论相一致。例如，实证检验对于女性董事的加入以及更多银行业经历会降低风险的观点的支持力度较弱。

第二，至今对银行公司治理的研究都过多地关注董事会。虽然毫无疑问这是个关键的治理手段，但是还有一些董事会以外的机构也对减少银行风险的代理摩擦是重要的。例如，对风险管理文化和银行内部风险管理实践的研究（Ellul 和 Yerramilli，2013），以及对中高层而不是董事层面管理者的研究（Berger、Imbierowicz 和 Rauch，2013）都为未来研究提供了有效路径。

银行公司治理对于投资者和政策制定者来说都显然是重要的话题。然而，我们所了解的有关银行治理大多依赖于对非金融机构的复制性研究，而没有充分地将银行的特殊性考虑进来。但是银行的特殊性要求对银行公司治理进行更深刻的反思，围绕债权人而不是股东，并对该主题进行研究，从而为即将发生的银行业监管改革建立坚实的实证基础。

参考文献

[1] Adams R. and Mehran H. (2003). Is Corporate Governance Different for Bank Holding Companies?, *Economic Policy Review* 9, 123 – 142.

[2] Adams R. B. and Ferreira D. (2009). Women in the Boardroom and Their Impact on Governance and Performance, *Journal of Financial Economics* 94, 291 – 309.

[3] Aebi V., Sabato G., and Schmid M. (2012). Risk Management, Corporate Governance, and Bank Performance in the Financial Crisis, *Journal of Banking and Finance* 36, 3213 – 3226.

[4] Altunbas Y., Evans L., and Molyneux P. (2001). Bank Ownership and Efficiency, *Journal of Money, Credit and Banking* 33, 926 – 954.

[5] Amihud Y. and Lev B. (1981). Risk Reduction as a Managerial Motive for Conglomerate Mergers, Bell *Journal of Economics* 12, 605 – 617.

[6] Balachandran S., Kogut B., and Harnal H. (2010). The Probability of Default, Excessive Risk, and Executive Compensation: A Study of Financial Services Firms from 1995 to 2008. Columbia University Unpublished Working Paper.

[7] Barth J., Caprio G., and Levine R. (2004). Bank Supervision and Regulation. What Works Best?, *Journal of Financial Intermediation* 13, 205 – 248.

[8] Bebchuk L. A. and Spamann H. (2009). Regulating Bankers' Pay. *Georgetown Law Journal* 98, 247 – 287.

[9] Beck T., Behr P., and Guettler A. (2013). Gender and Banking: Are Women Better Loan Officers?, *Review of Finance* 17, 1279 – 1321.

[10] Beck T., Demirgüç – Kunt A., and Maksimovic V. (2004). Bank Competition and Access to Finance: International Evidence, *Journal of Money, Credit and Banking* 36, 627 – 648.

[11] Beltratti A. and Stulz R. M. (2012). The Credit Crisis Around the Globe: Why Did Some Banks Perform Better during the Credit Crisis?, *Journal of Financial Economics* 105 (1), 1 – 17.

[12] Bennett R., Guntay L., and Unal H. (2012). Inside Debt, Bank Default Risk and Performance during the Crisis. University of Maryland Unpublished Working Paper.

[13] Berger A. N., Hasan I., and Klapper L. F. (2004). Further Evidence on the Link between Finance and Growth: An International Analysis of Community Banking and Economic Performance, *Journal of Financial Services Research* 25, 169 – 202.

[14] Berger A. N., Herring R. J., and Szegö G. P. (1995). The Role of Capital in Financial Institutions, *Journal of Banking & Finance* 19, 393 – 430.

[15] Berger A., Imbierowicz B., and Rauch C. (2013). *The Roles of Corporate Governance in Bank Failures during the Recent Financial Crisis.* European Banking Center.

[16] Black L. K. and Hazelwood L. N. (2013). The Effect of TARP on Bank Risk – Taking, *Journal of Financial Stability* 9, 790 – 803.

[17] Bliss R. and Rosen R. (2001). CEO Compensation and Bank Mergers, *Journal of Financial Economics* 61, 107 – 138.

[18] Board of Governors of the Federal Reserve System, Federal Deposit Insurance Corporation, Office of the Comptroller of the Currency, Treasury, and Office of Thrift Supervision. (2010). *Guidance on Sound Incentive Compensation Policies.* June 25, <http://www.fdic.gov/news/ news/press/2010/pr10138a.pdf.>.

[19] Borisova G., Brockman P., Salas J. M., and Zagorchev A. (2012). Government Ownership and Corporate Governance: Evidence from the EU, *Journal of Banking and Finance* 36, 2918 - 2934.

[20] Bouwens J. and Kroos P. (2011). Target Ratcheting and Effort Reduction, Journal of Accounting and Economics 51, 171 - 185.

[21] Brammer S., Millington A., and Pavelin S. (2007). Gender and Ethnic Diversity among UKCorporate Boards, *Corporate Governance: An International Review* 15 (2), 393 - 403.

[22] Carbo - Valverde S., Kane E. J., and Rodriguez - Fernandez F. (2012). Regulatory Arbitrage in Cross - Border Banking Mergers within the EU, *Journal of Money, Credit and Banking* 44, 1609 - 1629.

[23] Coles J. L., Daniel N. D., and Naveen L. (2006). Managerial Incentives and Risk - Taking, *Journal of Financial Economics* 79, 431 - 468.

[24] Cornett M. M., Guo L., Khaksari S., and Tehranian H. (2010). The Impact of State Ownership on Performance Differences in Privately - Owned versus State - Owned Banks: An International Comparison, *Journal of Financial Intermediation* 19 (1), 74 - 94.

[25] Datta S., Iskandar - Datta M., and Raman K. (2001). Executive Compensation and Corporate Acquisition Decisions, *Journal of Finance* 56, 2299 - 2336.

[26] DeAngelo H. and Stulz R. (2013). Why High Leverage is Optimal for Banks. Fisher College of Business Working Paper.

[27] DeYoung R., Peng E., and Yan M. (2013). Executive Compensation and Business Policy Choices at US Commercial Banks, *Journal of Financial and Quantitative Analysis* 48, 165 - 196.

[28] Diamond D. and Dybvig P. (1983). Bank Runs, Deposit Insurance, and Liquidity, *Journal of Political Economy* 99, 689 - 721.

[29] Diamond D. and Rajan R. (2001). Liquidity Risk, Liquidity Creation, and Financial Fragility: A Theory of Banking, *Journal of Political Economy* 109, 287 - 327.

[30] Duchin R. and Sosyura D. (2011). Safer Ratios, Riskier Portfolios: Banks'Response to Government Aid. Ross School of Business Paper.

[31] Duru A., Mansi S. A., and Reeb D. M. (2005). Earnings - Based Bonus Plans and the Agency Costs of Debt, *Journal of Accounting and Public Policy* 24, 431 - 447.

[32] Edmans A. and Liu Q. (2011). Inside Debt, *Review of Finance* 11, 75 - 102.

[33] Ellul A. and Yerramilli V. (2013). Stronger Risk Controls, Lower Risk: Evidence from US Banking Holding Companies, *Journal of Finance* 68, 1757 - 1803.

[34] Erkens D. H., Hung M., and Matos P. (2012). Corporate Governance in the 2007—2008 Financial Crisis: Evidence from Financial Institutions Worldwide, *Journal of Corporate Finance* 18 (2), 389 - 411.

[35] Fahlenbrach R. and Stulz R. (2011). Bank CEO Incentives and the Credit Crisis, *Journal of Financial Economics* 99, 11 - 26.

[36] Federal Reserve Bank (2010). *Guidance on Sound Incentive Compensation Policies.* Washington, DC: Board of Governors of the Federal Reserve System.

[37] Financial Stability Board. (2009). Principles for Sound Compensation Practices, Basel, Switzerland, <http://www.financialstabilityboard.org/publications/r_0904b.pdf.>.

[38] Fischer M., Hainz C., Rocholl J., and Steffen S. (2012). Government Guarantees and Bank Risk Taking Incentives. University of Frankfurt Unpublished Working Paper.

[39] Forbes D. P. and Milliken F. J. (1999). Cognition and Corporate Governance: Understanding Boards of Directors as Strategic Decision - Making Groups, *The Academy of Management Review* 24 (3), 489 - 505.

[40] Guay W. R. (1999). The Sensitivity of CEO Wealth to Equity Risk: An Analysis of the Magnitude and Determinants, *Journal of Financial Economics* 53, 43 – 71.

[41] Gropp R., Gruendl C., and Guettler A. (2014). The Impact of Public Guarantees on Bank Risk – Taking: Evidence from a Natural Experiment, *Review of Finance* (Forthcoming).

[42] Gropp R. and Köhler M. (2010). Bank Owners or Bank Managers: Who is Keen on Risk? Evidence from the Financial Crisis, Centre for European Economic Research Discussion Paper No. 10 – 013, 1 – 36.

[43] Haan J. De and Vlahu R. (2013). Corporate Governance of Banks: A Survey, De Nederlandsche Bank Working Paper No. 336/2013.

[44] Hagendorff J. and Keasey K. (2012). The Value of Board Diversity in Banking: Evidence from the Market for Corporate Control, *The European Journal of Finance* 18, 41 – 58.

[45] Hagendorff J. and Vallascas F. (2011). CEO Pay Incentives and Risk – Taking: Evidence from Bank Acquisitions, *Journal of Corporate Finance* 17, 1078 – 1095.

[46] Hambrick D. C. and Mason P. A. (1984). Upper Echelons: The Organization as a Reflection of its Top Managers, *Academy of Management Review* 9, 193 – 206.

[47] Harjoto M. A. and Mullineaux D. J. (2003). CEO Compensation and the Transformation of Banking, *Journal of Financial Research* 26, 341 – 354.

[48] Hermalin B. and Weisbach M. (2003). Boards of Directors as an Endogenously Determined Institution: A Survey of the Economic Literature, *Economic Policy Review* 9, 7 – 26.

[49] Hillman A. J., Cannella A. A., and Paetzold R. L. (2000). The Resource Dependence Role of Corporate Directors: Strategic Adaptation of Board Composition in Response to Environmental Change, *Journal of Management Studies* 37 (2), 235 – 256.

[50] Iannotta G., Nocera G., and Sironi A. (2007). Ownership Structure, Risk and Performance in the European Banking Industry, *Journal of Banking & Finance* 31, 2127 – 2149.

[51] Indjejikian R., Matějka M., Merchant K., and Van Der Stede W. (2011). Earnings Targets and Annual Bonus Incentives. Arizona State University Unpublished Working Paper.

[52] Jensen M. C. and Meckling W. H. (1976). Theory of the Firm: Managerial Behavior, Agency Costs and Ownership Structure, *Journal of Financial Economics* 3, 305 – 360.

[53] John T. A. and John K. (1993). Top – Management Compensation and Capital Structure, *Journal of Finance* 48, 949 – 974.

[54] Keys B. J., Mukherjee T., Seru A., and Vig V. (2009). Financial Regulation and Securitization: Evidence from Subprime Loans, *Journal of Monetary Economics* 56, 700 – 720.

[55] Laeven L. and Levine R. (2009). Bank Governance, Regulation, and Risk – Taking, *Journal of Financial Economics* 93, 259 – 275.

[56] Lin X. C. and Zhang Y. (2009). Bank Ownership Reform and Bank Performance in China. *Journal of Banking and Finance* 33, 20 – 29.

[57] Macey J. R. and O'Hara M. (2003). *The Corporate Governance of Banks*, Federal Reserve Bank of New York Economic Policy Review No. 9 (1), 91 – 107.

[58] Mehran H. and Rosenberg J. V. (2007). *The Effect of Employee Stock Options on Bank Investment Choice, Borrowing, and Capital*, Federal Reserve Bank of New York Staff Report No. 305.

[59] Minnick K., Unal H., and Yang L. (2011). Pay for Performance? CEO Compensation and Acquirer Returns in BHCs, *Review of Financial Studies* 24, 439 – 472.

[60] Murphy K. J. (2000). Performance Standards in Incentive Contracts, *Journal of Accounting and Eco-*

nomics 30, 245 - 278.

[61] Nguyen D. D., Hagendorff J., and Eshraghi A. (2013). The Value of Executive Director Heterogeneity in Banking: Evidence from Appointment Announcements. University of Edinburgh Unpublished Working Paper.

[62] Noe T. H., Rebello M. J., and Wall L. D. (1996). Managerial Rents and Regulatory Intervention in Troubled Banks, *Journal of Banking & Finance* 20, 331 - 350.

[63] OECD. (2009). The Corporate Governance Lessons from the Financial Crisis, *Financial Markets Trends* 2009/1.

[64] Pathan S. (2009). Strong Boards, CEO Power and Bank Risk - Taking, *Journal of Banking & Finance* 33, 1340 - 1350.

[65] Pfeffer J. and Salancik G. R. (1978). *The External Control of Organizations: A Resource Dependence Perspective.* New York: Harper & Row.

[66] Rajgopal S. and Shevlin T. (2002). Empirical Evidence on the Relation between Stock Option Compensation and Risk - Taking, *Journal of Accounting and Economics* 33, 145 - 171.

[67] Saunders A., Strock E., and Travlos N. (1990). Ownership Structure, Deregulation and Bank Risk Taking, *Journal of Finance* 45, 643 - 654.

[68] Singh V., Vinnicombe S., and Johnson P. (2001). Women Directors on Top UK Boards, *Corporate Governance: An International Review* 9 (3), 206 - 216.

[69] Smith C. W. and Stulz R. M. (1985). The Determinants of Firms' Hedging Policies, *The Journal of Financial and Quantitative Analysis* 20, 391 - 405.

[70] Sundaram R. K. and Yermack D. L. (2007). Pay Me Later: Inside Debt and Its Role in Managerial Compensation, *Journal of Finance* 62, 1551 - 1588.

[71] Tung F. and Wang X. (2012). Bank CEOs, Inside Debt Compensation, and the Global Financial Crisis. Working Paper.

[72] Vallascas F. and Hagendorff J. (2013). CEO Bonus Compensation and Bank Default Risk: Evidence from the US and Europe, *Financial Markets, Institutions & Instruments* 22, 47 - 89.

[73] Wei C. and Yermack D. (2011). Investor Reactions to CEOs' Inside Debt Incentives, *Review of Financial Studies* 24, 3813 - 3840.

第 7 章　银行业风险管理

7.1　引言

如果你打开任何一家银行的保险库，你也许认为你会知道你将在那里找到什么。你可能错了。在货币背后的真正内容是银行对风险的投资。银行之所以存在是为了承担基于其客户的风险。通过对客户提供风险管理产品，银行吸收每一笔交易的投资风险。银行通过对每笔交易内在的风险管理成本估值来对这些产品进行定价。金融机构是风险管理的专家。事实上，其主要的专业技能源于其对自身和客户风险暴露的测度和管理——无论是通过金融市场产品转移风险的演进还是通过将其客户的风险纳入自身的资产负债表。因为金融机构是风险中介，因此它们在吸收风险前必须进行仔细的测度，从而使风险暴露不会威胁到中介机构的偿付能力。因此，对风险的准确测度是进行合适的风险管理的第一步。同时，由于金融中介业务的特性，它们倾向于新的风险测度和风险定价技术的研发。

然而，正如 2007—2008 年的银行业次级抵押贷款支持证券危机所示，当金融机构对风险作出错误定价时，风险投资规模可能超过金融机构吸收风险的能力，从而导致如同 2007 年信用危机所示的全球市场危机。例如，银行对其在次贷证券泡沫中形成的信用化投资工具（SIVs）提供权益和信用最高限额支持。SIV 是一种结构化运营公司，它们投资于收益高于 SIV 资金成本的资产。SIV 将债券或商业票据出售给投资者以募集资金，而不是直接向投资者出售资产支持证券（正如特殊用途工具，SPV 在标准证券化中做的那样）。SIV 随后在其资产负债表上将从发起银行购买的贷款持有至到期。由 SIV 持有的这些贷款资产对 SIV 对投资者发行的债务工具形成支持。因此，在本质上 SIV 自身是资产支持证券，SIV 的商业票据债务被认为是资产支持商业票据。投资者购买 SIV 的债务（更一般地，资产支持商业票据，ABCP），对从发起银行购买的贷款提供收益。SIV 的债务由 SIV 持有的贷款组合提供支持。然而，SIV 并不是像抵押担保证券（CMO）那样简单地通过其投资组合中的贷款支付。事实上，投资者对组合中的标的贷款现金流没有直接权利。他们有权获取 SIV 债务工具的支付。SIV 的 ABCP 债务所包含的利率负担独立于标的贷款组合现金流。因此，在证券化的传统形式中，SPV 仅支付从支持资产支持证券的资产池中的相关贷款中获得的收益。在证券化的新形式中，无论标的资产池是否生成了足够覆盖成本的现金流，SIV 都需对其 ABCP 债务支付负责。当然，如果资产池的现金流超过 ABCP 债务的成本，则 SIV 保有溢价并形成利润。然而，如果标的资产池的资产不能形成充足的现金流，SIV 仍然必须对其债务工具支付利息和本金。

SIV 的经营方法应该看上去与银行的非常相似。SIV 就是去除监管的银行。SIV 像传统银行一样行动——持有贷款资产至到期，并发行债务工具（如 ABCP）为其资产组合融资。SIV 与传统银行的主要不同是 SIV 不能募集存款以对其资产集融资（即其在技术上不是一个“银行”）。然而，根据许多 SIV 用商业票据和银行间贷款（如回购协议）为其资产组合融资的程度，它们甚至比传统银行面临更大的流动性风险。[①] 这是因为在现代世界的银行中，复杂的贷款人（称为“购入资金”的提供者）倾向于在问题出现后立即“逃跑”，而存款人反应更慢。也就是说，银行间贷款者和商业票据购买者会比依赖存款进行日常业务往来或可能被政府存款保险保护的传统的“核心”存款者更快地收回资金（或拒绝展期）。因此，英国的北石银行 2007 年 8 月广为人知的问题是由银行间贷款者和其他购入资金提供者撤回资金造成的。核心存款者只占大约北石银行融资资产的 25%。当 SIV 依赖于必须在九个月内更新的商业票据，以及必须在所有时间点被抵押品完全支持的回购协议等短期资金来源时，流动性风险问题被放大了。因此，若由于信贷条件恶化导致投资组合的价值下降，SIV 被迫以甩卖价格出售长期非流动性资产以达到短期债务要求。

许多 2007—2008 年危机前的 SIV 由焦急地想要从资产负债表移除有风险的次级抵押贷款（和其他债务）的银行发起。银行和银行监管者相信这些表外 SIV 基本不为银行带来风险。然而，这些 SIV 大多带有银行信贷支持的 ABCP 项目。当 ABCP 市场在 2007 年夏季停顿时，SIV 信用额度减少。同时，移出资产负债表的风险突然返回并给银行带来困扰。银行暴露在承销的劣质次级抵押贷款支持证券相关的风险中，因为其被迫贷款给这些只有风险证券而没有其他资产的 SIVs。银行股东和利益相关者受到损害，高管丢掉工作，全球信贷市场枯竭，SIV 实验就此终结——这全都因为抵押贷款证券市场的风险被不当测度和定价。

银行暴露于以下几个主要风险源。第一，市场风险，包括利率风险。即如果利率未预期地增加，银行的资金成本可能上升，长期非流动性的资产价值可能下降，同时损害银行利润（净息差）和银行股权的市场价值。

风险的第二个来源是信用风险。因为银行资产负债表上最重要的资产由贷款（无论是对企业、居民家庭甚至主权国家政府）组成，银行面临违约或借款者的信用质量下降的风险。[②] 2005 年和 2006 年形成的次级抵押贷款资金池在发行后一年或不足一年后出现流动性下降，尽管其具有 AAA 级和 AA 级信用评级。

以上描述的是 2007 年信贷危机中风险的第三个来源，即流动性风险。银行将短期流动性负债（如活期存款）转换为长期非流动性资产（如贷款）。如果具有突然的需求，由于紧急出售非流动性资产组合的成本，银行不能满足所有取款的需求。

风险的另一个来源是操作风险。银行代表其客户进行清算和保管交易。欺诈、管理不善、计算机故障以及人为错误均会导致客户损失，而银行可能必须偿还以保护其名誉。经营策略错误可能导致威胁银行生存能力的灾难性损失。名誉损失可能意味着公司对一个金融机构依赖的结束——正如巴林银行的案例。在 2007 年信贷危机背景下，汇丰银行吸收

① 回购协议允许银行借入转让给交易对手的抵押品（证券）。此交易通常在短时间内（一周到三个月）对冲。此外，抵押品每天都按市价计价。

② 例如，在 1998 年 7 月，俄罗斯债务违约，随后是 2001 年阿根廷的违约。

了 SIVs 的 450 亿美元资产以保护其在市场上的名誉。此外，像花旗、美林、瑞银公司和贝尔斯登由于其参与的次级抵押贷款崩溃，均使名誉受损。

这个对风险暴露的简短研究强调了在连续基础上测度银行风险投资的风险量的重要性。因此，在我们谈论风险管理前，我们首先必须讨论风险测量。本章 7.2 节将描述银行风险管理普遍使用的模型——在险价值（VaR）。只有在测量了银行的风险暴露后，我们才能讨论如何管理这种风险。人们普遍认为，VaR 类的模型导致了 2007—2008 年的国际金融危机。风险测量模型中的缺陷被认为可能误导了银行与其他金融机构，从而通过掩盖系统中真实的风险水平使之安心。毋庸置疑，模型中存在缺陷。然而，有证据表明银行在 2006 年就意识到其极端的风险暴露。例如，高盛在 2007 年夏天危机爆发前数月积极地对其抵押贷款风险暴露进行套期保值。但同时，大多数金融机构贪图眼前的丰厚利润前景而忽略了由其内部模型发出的未来风险的红色警告。这可以被称为是金融界未能对模型发送的信号作出回应，而不是模型未能提示金融界。事实上，在这一章中，我们将展示金融专业人士如何轻率地忽略了警告信号，并采取了实际上使风险暴露加剧的行为。

如果在衡量银行风险投资的风险量时，我们发现从高管的视角看会带来过高的风险暴露会怎样？银行可以简单地拒绝承担更多风险吗？答案是“不”。银行业需要银行准备好以一定的价格吸收其客户的风险。如果客户想以这样的价格进行支付，银行拒绝，顾客可能会被迫转去其他银行，并且可能不再回来。相反，银行应继续承担其客户的风险暴露——无论是通过放贷承担信用风险，或通过对进出口公司提供跨货币信用证来吸收货币风险，还是通过执行信托协议从而使银行暴露于操作风险。然而，当将风险配置进行投资后，银行的风险管理团队随后可以决定是否持有这一风险，或将其转卖给全球市场。这一“风险转售”通过金融衍生品完成。银行可以通过金融期货、远期合约、期权和互换管理其风险投资。这是一种比使长期客户失望更有效的银行风险管理方式。因此，风险管理几乎完全采用衍生品交易形式，而非资产负债表调整。7.3 节回顾了银行在衍生品市场可用的风险管理机会，7.4 节讨论了 2007—2008 年国际金融危机时，由于金融中介忽略了由其风险模型发出的信号，导致的风险管理失败。最后，本章 7.5 节通过对银行部门风险的经济重要性的讨论进行总结。

7.2 风险测量

自从金融出现以来，金融市场参与者专注于风险测量。然而，许多过去的尝试被证实为复杂得不切实际。例如，哈利马科维茨关于组合风险测量的诺贝尔奖获奖理论由于其繁杂的数据要求，因此在现实中并不适用。[①] 事实上，比尔·夏普与其他人一起[②]通过将风险分为系统性风险（市场风险）和剩余风险（公司特有或个别风险）两部分简化假设，

---

① 现代组合理论基于马科维茨的观点，即分散化虽然不能完全消除风险，但可以减少风险，从而对组合选择提供风险回报指导。为在均值方差世界估计效率投资边界，需要期望收益、收益标准差和每种可能的金融证券组合间的相关性的数据。在马科维茨（1952）的经典论文发表 50 年之际，鲁宾斯坦（2002）对马科维茨和其他人创造的现代组合理论提出了一个有趣的讨论。

② 例如，Mossin（1968）发展了夏普（1963）的论文。

使组合理论成为现实世界金融风险测量的标准。由此形成的资本资产定价模型（CAPM）理论中，只有不可分散的市场风险与证券定价有关，只有市场风险测度 β 是必需的，因此显著地减少了所要求的数据输入。该模型形成了一个实际的风险测度，β 可以应用于实时市场环境。唯一的问题是 β 只与实际证券收益具有微弱的联系，从而导致了对能否将 β 作为真实风险测度的质疑。[①]

对 β 的质疑，以及考虑"定价风险"定义与资产定价整体混乱是否真正相关，使市场参与者寻求准确并相对便宜的替代风险测度。尽管考虑了许多其他测度方法与模型，VaR 仍被广泛接受。VaR 被广泛接受的部分原因是 J. P. 摩根创造了一个名为"RiskMetrics"的透明的 VaR 测度模型的决定。"RiskMetrics"由存有大量估计模型所需数据的公开数据库做支持。[②] VaR 广泛应用的另一个原因是 1998 年国际清算银行（BIS）在对国际银行资本要求中允许复杂的机构通过内部模型，如 VaR，计算自身的资本需求。[③]

过去，许多风险测度模型是由金融机构内部开发的私有的内部模型，在真正意义上被用于风险管理。事实上，VaR 是对许多其他内部风险测度的补充，如 20 世纪 70 年代银行家信托创造的 RAROC[④]。然而，在 20 世纪 90 年代后期，市场力量为 VaR 演变成金融企业的主要风险测度工具创造了条件。

20 世纪 90 年代的美国金融环境以可追溯到 1933 年的 Glass – Steagall 法案的商业银行和投资银行在法理上的分离为特征。[⑤] 然而，这些约束在实践中被第 20 节子公司（允许商业银行持股公司以一定约束参与投资银行业务）、投资银行与商业银行间的兼并以及商业银行"保险"产品的出售（尤其是年金）所破坏。因此，在全球化、风险暴露加强以及证券化和市场化迅速推进的环境下，商业银行与投资银行和保险公司竞争以为客户提供金融服务。考虑到风险不断增加的环境对银行系统安全性和稳健性的影响，银行监管机构（1992 年）制定了风险调整后的银行资本要求，对资产负债表内和表外信用风险敞口征收资本费。

虽然保险公司和证券公司必须满足其自身的储备和头寸管理，承担市场基于经济风险模型暴露测度的破产需求资本——即经济资本的压力，但风险调整后的资本需求初始只适用于商业银行。[⑥] 其他 BIS 资本要求的缺陷是忽略了测度银行风险暴露的分散优势。因此，监管资本要求倾向于高于经济必需的资本要求，因此与大多不受监管的投资银行相比降低了商业银行的竞争力。为了与其他金融机构竞争，虽然需要满足监管资本要求，商业银行

---

① 对 β 测度的不满始于 Douglas（1969），随后上升的疑虑促成了 Roll（1977）的论文。业界随即出现了如 Wallace（1980）等的学术争论论文。Fama 和 French（1992）的论文发现在控制了公司规模和账面市值比后，公司的 β 对公司权益的解释力不再具有统计显著性。这一研究敲响了 β 的丧钟。

② 在 Mina 和 Xiao（2001）的介绍中强调了 RiskMetrics 并不是一个严格的 VaR 模型，虽然其可被用于估计 VaR 模型。RiskMetrics 在金融市场参与者间宣传 VaR 中的重要角色主要源于可用的公有产业免费提供的金融市场波动的实时数据。

③ 对巴塞尔资本要求的市场风险修正在欧洲于 1996 年 11 月被接受，在美国于 1998 年 1 月被接受。

④ RAROC（资本的风险调整收益）模型是经济表现的风险敏感测度，可被用于在公司内配置风险资本。参见 Saunders 和 Allen（2010）第 11 章。

⑤ 1999 年 Gramm – Leach – Bliley 法案允许金融服务控股公司在单一企业法人下包含商业银行、投资银行和保险子公司，从而有效地废除了 Glass – Steagall 法案。

⑥ 美国保险监管者在 20 世纪 90 年代中期至末期对寿险和财险要求采用其基于风险资本的要求。

更有动力紧凑地追踪经济资本需求。商业银行提供投资银行业务时更具有竞争力，比如，其对通过增加杠杆并减少资本储备以增加潜在利润的动力更大。

J. P. 摩根（现在的J. P. 摩根大通）是在商业银行和投资银行均处于特殊地位的全球多元化商业银行之一。从某种意义上说，这些银行位于两者之间。一方面，从经济角度，它们可被认为更像投资银行而非商业银行，其交易业务、咨询业务以及其他公司金融业务带来更大市场风险。另一方面，这些全球多元化的商业银行持有商业银行执照，适用于商业银行的资本要求。这些特殊地位使以 J. P. 摩根为代表的银行有较强的激励，主动弥补其所面临的资本充足性问题。特别地，市场风险资本要求对多元化效应考虑有限，因此不能代表实际的经济风险。同时，竞争性金融机构特别是美林、高盛和所罗门兄弟等投资银行不受银行资本充足率要求。因此，它们对市场风险持有的资本更多地由经济和投资者的考虑决定，而非监管要求。这使得这些机构可以达到更大的股本回报率（ROE）和资产回报率（ROA）。

针对上述压力，J. P. 摩根设计了一个开放体系（而非内部的）的方法，称为 RiskMetrics。RiskMetrics 迅速成为风险测量的行业基准。RiskMetrics 的发布是使监管者开始采用基于经济资本的模型测度银行资本充足率的关键一步。事实上，世界范围内的银行监管者允许（复杂的）商业银行采用通常基于 VaR 的内部模型测量市场风险暴露。对巴塞尔协议的市场风险修正使银行内部风险测量模型成为金融领域的支柱。世界范围的金融机构开始转而采用这种新方法。

我们现在知道作为 VaR 基础的基本问题是“在明天收盘前我们的交易组合可能损失多少?”注意这是一个风险测量问题，而非风险管理问题。此外，这与在风险约束下通过投资组合头寸来最大化银行交易组合的盈利能力或其他最优化问题不相关。相反，这是一个纯粹的风险测量问题。VaR 以一种统计或概率的方法回答了 Mr. Weatherstone 关于在“糟糕的一天”内会损失多少的问题。我们在统计学意义上定义“糟糕的一天”，即给定近期历史的所有可能日度收益分布，日度损失大于这一数量的概率不超过 x%。也就是说，我们定义“糟糕的一天”后，只有 x% 的概率会遇到更糟的一天。此外，VaR 模型可被用于估计在这样糟糕的日子里的期望平均损失（期望损失）。

执行 VaR 模型需要估计收益（或损失）的概率分布，从而我们可以测度在给定的一天以 x% 的概率超过给定损失的临界值。“RiskMetrics”最简单的形式，例如 415 模型，假设金融证券服从正态分布。这使得 VaR 的估计十分简单，因为我们只需利用历史数据估计证券价格的均值和标准差。不幸的是，通常 VaR 测度的简化，例如用于分析权益组合风险的那些，大部分通过不被实证结果支持的假设得到。最重要的（也是最有问题的）假设是日度股权收益服从正态分布。总体而言，假设精确度和计算简易度间具有权衡关系，即更高的精确度往往伴随着更大的复杂性。[1]

当可用于估计模型基础假设的数据匮乏时，这个复杂性问题会加剧。未预期的证券价格波动增加市场风险暴露，可用每日价格波动的长期历史数据估计。不幸的是，测度贷款的信用风险暴露困难得多。由于贷款不总能够交易，即使当其交易时，交易也不频繁，因

① 关于估计 VaR 模型的特殊方法，参见 Allen、Boudoukh 和 Saunders（2004）。

此往往没有可用于构建（贷款）损失分布的每日价格波动的历史数据。此外，违约或评级下调等信用事件很少见，且通常为不可重复发生事件。因此，我们对信用风险暴露的日度 VaR 估计的统计能力往往不足，即数据的有限性对利用 VaR 技术估计信用风险暴露形成了挑战。然而，如果考虑的时间间隔较长，我们可以利用 VaR 技术估计信用事件的损失。事实上，新一代信用风险模型的惯例是假设信用风险时间期限为一年，从而假定下一年为“糟糕的”一年，估计其在给定 VaR 水平下的损失；例如，百分之 99.5 VaR 下（即 x% 等于 0.5%）估计 1000 年中最坏的五年内的最小损失。VaR 模型，如 CreditMetrics，测度任何给定债券在一年信贷期限内信用评级改变的概率。信用评级的潜在改变表——称为信用转移矩阵——考虑信用事件的整体范围，包括上调、下调与实际违约。公司债等公开交易债务工具的历史转移被用于将任何给定信用风险变化的年度概率制成表格。这些损失概率随之被应用于非交易贷款等特定债务工具上，以计算贷款组合的 VaR。

由于采用 VaR 模型进行信用风险评估，银行通常采用其他信用风险度量模型。在抵押贷款、商业贷款、信用卡与循环债务等银行贷款领域，信用评分模型被广泛采用。信用评分模型（例如 FICO 评分模型）通过识别某些决定违约概率的关键因素（如拒绝还款）对一类贷款人进行判别分析，并对其组合或加权得到定量评分。在某些情况下，评分可被实际解释为违约概率；在另一些情况下，评分可被用作分类系统：基于评分和临界值，它将潜在借款者分为好的组或坏的组。

VaR 模型可能最适用于测量操作风险暴露。VaR 测度未预期到的、极端的冲击，即概率分布尾部（即在极端不可能发生的结果末端）冲击造成的损失。因此，VaR 规模事件概率（x%）非常小（即 5%，或 1%，或 0.5%）。然而当这些小概率事件发生时，对公司是灾难性的，一般会导致破产。Allen 和 Bali（2007）发现操作风险事件可能成为大型的未预期灾难损失的原因。他们使用综合方法测量包括名誉风险、商业策略风险在内的操作风险并发现金融机构收益的大约 18% 为对操作风险的补偿。相比之下，巴塞尔协议Ⅱ基于监管目的，提出了狭义上的操作风险的定义，关注计算机故障与人为错误等造成的日度损失事件，而不包括由名誉损失和商业策略错误导致的灾难性损失事件。虽然这个定义决策在务实方面上是必要的（例如，极端尾部操作风险事件的行业数据库的缺失），最终目标是设计一套更为复杂的经营风险衡量方法，其与将监管资本作为对未预期损失的缓冲相一致。Frame 和 White（本手册第 11 章）描述了由金融公司技术创新和扩散带来的运营问题。VaR 使银行能够测度操作风险（为经济资本目的，如果不是为了监管资本目的），因为它重点衡量了极端不可能但具有灾难性的风险事件的影响。因此，VaR 方法可被用于测量市场风险、信用风险与操作风险。

7.3　风险管理

假设银行使用的 VaR 模型测度的风险暴露是巨大的——甚至超过了银行的资本头寸。我们可以做什么？首先是不要恐慌。其次是炒掉衍生品交易员。银行可以通过在衍生品市场交易管理其风险头寸。一方面，如果初始风险投资过高，银行可以进行套期保值交易以减少其风险暴露而不减少利润和损失长期客户。另一方面，如果初始风险投资太低，盈利不足，银行可以进行投机交易以增加其风险暴露。衍生品市场是银行用于管控风险的调节器。

Warren Buffett 称衍生品为“大规模杀伤性金融武器”。① 他描述了由需要很少前端支付但可代表巨大的不确定的未来债务的衍生品促进的“菊花链风险”。这种观点导致了禁止特定衍生品的呼声，虽然 Warren Buffett（在 Berskshire Hathaway 公司 2002 年年报中）承认“衍生品这种妖怪已经被放出魔瓶，且这些工具几乎必然在种类和数量上成倍增长，直到某些事件使其显示其毒性”。然而，基础问题是衍生品是否是这种“毒性”行为的原因，还是仅仅是过度承担风险的工具。如果是后者，总会有为个人收益利用此系统的金融参与者，无论其是否拥有衍生品以达到其邪恶的目标。

在纯套期保值或纯投机的任何一种极端情况下，衍生品交易依附于另一个或一系列组成标的现金头寸的交易，事实上由其促进。商品期货交易委员会（CFTC）估计高达 85% 的期货交易均与其他交易具有明确的联系。一方面，如果衍生品交易的现金流与这些标的现金头寸相反，我们认为这些衍生品交易是套期保值。另一方面，如果现金流在同向运动，我们认为衍生品交易为投机。衍生品的现金流由利率、汇率、权益价格、违约概率等的波动决定，即衍生品可被用于管理所有种类的风险暴露。

例如，假设银行有与利率上升相反的标的现金头寸。“借短放长”的结果是，这对银行是一种非常普遍的头寸。因此，银行资产比银行负债具有更长期限（久期），这导致了正的久期缺口。在这些情形下，当利率上升时，标的现金头寸（银行组合）价值与利润将会下降。为对这一风险套期保值，银行可以利用衍生品头寸在利率上升时形成正的（对冲）现金流——即空头头寸。空头头寸可由卖空利率期货或利率远期、买入利率敏感性工具的看跌期权和/或买入固定到浮动利率互换得到。我们简要地研究每一个市场。

7.3.1 金融期货和远期

远期合约的概念起源于 16 世纪的日本，那时地主提前向富有的商人卖大米以募集资金。更正式的交易所合约，起源于 19 世纪早期的美国中西部。1848 年，82 名商人在芝加哥南水街的一栋四层建筑相聚，成立了芝加哥期货交易所（CBOT）。现在，在与芝加哥商品交易所（CME）合并后，CBOT 交易数以百万计的期货合约、期权和互换合约。

金融期货或远期是在特定交割日以前定价格（即期货或远期价格）买卖标的金融资产的义务。买入合约的对手方同意购买标的金融资产并持有多头头寸。卖出合约的对手方有义务卖出标的金融资产并持有空头头寸。如果交割日价格高于前定价格，多头方获得收益，而若价格低于前定价格，空头方获得收益。通常情况下，金融期货/远期合约中不存在标的金融资产的实际交割（与商品期货/远期相反）。这些合约通常为现金结算而非实物交割，即损失方对盈利方支付交割时的即期价格减去前定期货/远期价格的差额。

例如，如果银行有正久期缺口并想要对冲其对利率上升的风险暴露，它可能会买入一

① Warren Buffett 的引用来自 Berkshire Hathaway 公司 2002 年年报。

份利率期货合约的空头头寸，如美国国债期货合约或三月欧洲美元期货合约。[①] 如果利率上升，合约价格下降，空头方（卖方）获得收益。利率每增加一个基点，国债和欧洲美元期货合约每一百万美元面值获得 25 美元收益。这种现金流入或抵消由银行正久期缺口形成标的现金头寸的一部分（或全部）损失。[②]

银行可以利用期货和远期合约对利率风险、货币风险、权益价格风险、商品风险、信用风险与操作风险进行对冲。这种方法与前文所述一致，即空头期货/远期头寸对冲对标的现金对价格下降的风险暴露，多头期货/远期头寸对冲对标现金对价格上升的风险暴露值。唯一的不同是证券的识别，即对冲货币风险时，参考证券的价值必须随外汇汇率变化而波动。当对冲信用风险时，衍生品标的证券随违约风险变化而波动。

7.3.2　金融期权

金融期货和远期合约是保护标的现金头寸不受风险暴露损失的有效工具。然而因为其对称的现金流支付，使得标的现金头寸无法获得收益。即当银行对正久期缺口持有空头期货头寸，且利率下降而非上升，银行的投资组合将获得收益，但对冲会有损失。因此，存在对不受损失但不影响收益的对冲工具的需求——即损失的保险策略。这个保险策略就是期权合约。

期权合约是赋予持有者在给定到期日前的一定时期内以前定价格（执行或击打价格）购买（看涨期权）或出售（看跌期权）标的参考金融资产的权利而非义务的一种衍生品。[③] 期权买方（持有者）具有当合意时行使期权的权利。这意味着，如果持有者拥有一份看涨期权，当价格上涨超过执行价格时将会获益。如果价格在到期日不超过执行价格，行使这份期权不具有价值。因此，如果银行想利用期权对冲利率上涨的风险暴露，它会购买一份利率敏感性工具（如欧洲美元期货合约）的看跌期权，[④] 如果利率上升（且价格下降）这将会形成正的现金流，从而对冲了银行由于其带有正久期缺口的标的现金头寸的损失。反之，如果利率下降，正久期缺口，银行得到正的现金流，而对冲期权在到期时不具有价值，从而允许银行保有其收益。

一个例外是期权买方必须支付前端成本——期权费——这是当期权到期时若无价值不能重新赎回的。[⑤] 期权费数额很大。因此，我们看到了复合期权头寸的发展，例如起初为

---

① 欧洲美元 CD 与欧元这一货币并无关系。欧洲美元 CD 指由美国之外的银行或美国国内的国际银行部门持有的美元定价存款。Libor（伦敦银行同业拆借利率）是对欧洲美元存款的银行间贷款提供利率。参见 Allen（1997，12 章）。

② 如果所有损失均被套保，我们称为“完全”或“单纯”套保。实际中，我们不会观测到这种套保，因为（1）很难完全正确；（2）当“完全”期货/远期套保消除了所有损失的可能，它也消除了所有的可能盈利，因此这并非是合意的。

③ 美式期权可以在到期日前的任意时间行使，而欧式期权不能在到期日前行使。除非有期内现金流（例如分红支付），在到期日前行使美式期权并不合意，因期权具有时间价值，未行使比行使后具有更大价值。因此，在现实中，对于不存在期间现金流（如零息债券）的金融证券而言，美式期权与欧式期权无差异。

④ 总体而言，对期货合约的金融期权倾向于比对现金工具的金融期权更具有流动性。因此，例如，我们看到美国财政债期货期权市场比美国财政债期权市场更加活跃。

⑤ 相比之下，期货合约需要前端保证金（支付给交易所的清算公司，其作为第三方保证人），这是一笔诚信保证金，并在期货合约到期时返还给合约持有者（买方和卖方）。因为远期市场限制了参与金融中介机构的信誉，因此在远期市场没有保证金或第三方保证人。

减少期权交易的前端期权费的分跨期权、封顶保底利率双向期权以及蝶式期权。然而，当市场参与者对这些“低成本期权套期保值”进行实验时，他们发现其是他们自身有权变化的产品。因此，现在，封顶保底利率双向期权作为单独的风险管理产品出售给金融机构的消费者。此外，它们也可以与其他金融产品一起打包，如包含封顶保底利率双向期权的可调整利率抵押贷款。

7.3.3 互换

金融改革创新的过程带来了框 7.1 中描述的跨通货互换的产生。金融市场专家在短时间内就发现了其延伸——固定对浮动利率互换（对冲利率风险）和信用违约互换（对冲信用风险暴露）。互换本质上是带有重置日期、前定支付日期与前定价格的远期合约组合。例如，在固定对浮动利率互换中，互换买方将浮动利率支付（假设与 Libor 相关）换为固定利率支付。如果利率上升，互换买方获得收益，因为其只需支付较低的前定固定利率而非较高的 Libor 支付。因此，正久期缺口银行可以购买固定对浮动利率互换以对冲利率上升的风险暴露。

在互换期限内的重置日期（可能在月度、季度、半年度、年度发生），互换中介计算所需的付款，将其终止并监督交易对手之间的净现金流量（固定利率与浮动利率之间的差额）的转移。因此，如果利率上升，互换卖方支付给互换买方的额度为固定利率减去浮动利率乘以互换的名义价值，利率下降时与之相反。互换中介也作为保证人以确保每个互换对手方均能支付债务。互换中介在每一个重置日收到一笔费用，以补偿其安排交易、管控现金流和担保对手方的信用风险的工作。

7.1 跨通货互换简介

那是在 1981 年 8 月，美元对欧洲货币进入了强势期。在 1979 年，IBM 在其定期融资计划中发行以瑞士法郎和德国马克计价的债务。随着美元升值，IBM 的债务美元成本显著下降。只要债务可以被回购并转换成美元，IBM 即可实现显著的现金流入。然而以折扣赎回债务会使 IBM 暴露于大量税收负担。另外，在欧洲债务持票人市场，IBM 很难发现可以回购的债券。看上去 IBM 将错过这一机会。

世界银行介入。世界银行通常借入所有主要货币为其业务融资。由于欧洲货币的巨幅波动，世界银行对未来这些市场可用信用被吸干有所担忧。世界银行如何在不与其他借款者竞争的情况下借入瑞士法郎与德国马克?

在看到匹配 IBM 和世界银行需求的机会时，所罗门兄弟介入。IBM 想要将德国马克和瑞士法郎借款替代为美元借款。世界银行想要德国马克和瑞士法郎借款并愿意借美元以避免欧洲债务市场混乱。至少当有人指出时，协同效应十分明显，一个新的金融工具——跨通货互换诞生了。

迄今为止，最主要的信用衍生品是信用违约互换（CDS）。CDSs 本质上是对公司债务（债券或贷款）面值（名义价值）的保险策略，即 CDS 买方支付溢价以获得对标的（参考）债务工具的信用事件[①]（如违约）损失的保护。这就是说，在违约事件中，CDS 卖方必须根据结算方法向 CDS 买方支付一定量的现金，或转移实物证券。CDS 是可定制的柜台交易（OTC）合约，标准化加强了合约的可交易性（流动性）。[②] 也就是说，虽然一年、三年、七年和十年合约也可交易，但是五年期 CDS 合约更为便利。[③]

与实际保险策略不同，CDS 买方不需要实际持有标的参考证券，因此近年来的 CDS 合约名义值已经超过了标的债务工具总价值。例如，Helwege 等（2009）报告通用汽车发行在外的债务为 200 亿美元，少于其 650 亿美元的 CDS 名义价值。在 2006 年年末，英格兰银行估计全球公司债务工具（债券和贷款）总计为 17.1 万亿美元。[④] 相比之下，BIS 报告 2007 年上半年发行在外的单一名称 CDS 的宗名义价值超过 20 万亿美元。这对 CDS 合约的结算和系统性风险暴露均有影响。

信用衍生品市场增长源于银行对将其风险暴露转移给创新交易商系统的特定尝试，其已经演化成为一个标准化的全球市场。[⑤] 在 2012 年 12 月，图 7.1 表明 OTC 衍生品名义价值总计为 633 万亿美元，几乎达到危机前 2008 年中期超过 680 万亿美元的水平。在这之外，CDS 在 2012 年年末具有 25 万亿美元名义价值，大大少于危机前超过的 40 万亿美元。总市场重置价值（图 7.1 的中间栏）在 2012 年 12 月达到 24.7 万亿美元。

在 2003 年 9 月，道琼斯 CDX（DJ CDX）北美投资级指数发布。在 2004 年 11 月，马奇特开始提供信用指数数据服务，包括了 DJ CDX（其也包括覆盖发展中市场信用衍生品指数）和国际指数公司（IIC）iTraxx（覆盖了欧洲、日本和除日本外亚洲）。这两个指数集均由 125 个最具流动性的 CDS 形式的投资级信用构成。例如，DJ CDX 由 125 个美国公司的具有流动性的 CDS 合约形式的投资级公司债组成。指数中的组成元素每六个月改变一次——DJ CDX 是每年 3 月和 9 月。如果公司评级下调或流动性下降，可能会被移出指数。例如，福特和通用汽车在 2005 年 9 月债务低于投资级后被剔除出 DJ CDX。指数为等权重，因此，每个 CDS 元素组成指数价值的 0.8%。用指数化 CDS 对冲信用风险可能会更便

---

① 信用事件可被认定为违约、未能支付、重组等。然而，当参考证券是贷款时将重组作为信用事件是模棱两可的，因为贷款重组的发生十分普遍，可由借款者金融压力之外的一些其他因素造成。因此，重组被称为“软”信用事件。否认或暂停被用作基于政府债务的信用衍生品的信用事件。

② 有一些理由应将信用衍生品交易移入有组织的交易所。交易所交易的收益（增加的透明度和流动性）是否会由于标准化证券与被套保的标的风险分离而产生的基差风险和缺乏定制化的成本抵消尚不清晰。

③ 对冲基金的增加（自从 20 世纪 90 年代末期对美国和伦敦信用工具的投资）导致 2006 年加强 CDS 市场流动性的认同。使 CDS 头寸具有流动性通常需要对冲交易或双方共同认同终止（撕毁）交易。然而，对冲基金愿意通过协议转移其份额——这一过程称为更新。然而，在协调更新协议与得到确认过程中存在问题。在 2006 年 9 月，公布了 ISDA 更新协议，需要各方先行通过电子交流达成共识以标准化更新过程。其结果是大幅减少了确认积压问题。

④ 单一名称 CDS 指定单一参考证券。与之相对，多名称 CDS 参考 CDS 或 CDS 指数组合中的多个标的，例如道琼斯 CDX。篮子是基于较小贷款或债券组合的信用衍生品，即标的资产池中的所有资产单独列出。相反，更大组合的内容由其特性描述。一篮子 CDS，也被称为第一违约互换，与传统 CDS 具有相同结构，但参考证券由几个证券组成。第一参考违约实体触发的违约支付为面值减去回收价值，随后所有支付终止。在 2007 年上半年，多名称 CDS 另有 20 万亿美元名义价值。

⑤ 参见 Smithson（2003）和 Mengle（2007）对信用衍生品市场发展阶段的讨论。由国际互换和期货协会（ISDA）提供的标准化合约、期限和争论解决在这一演化过程中扮演了重要角色。

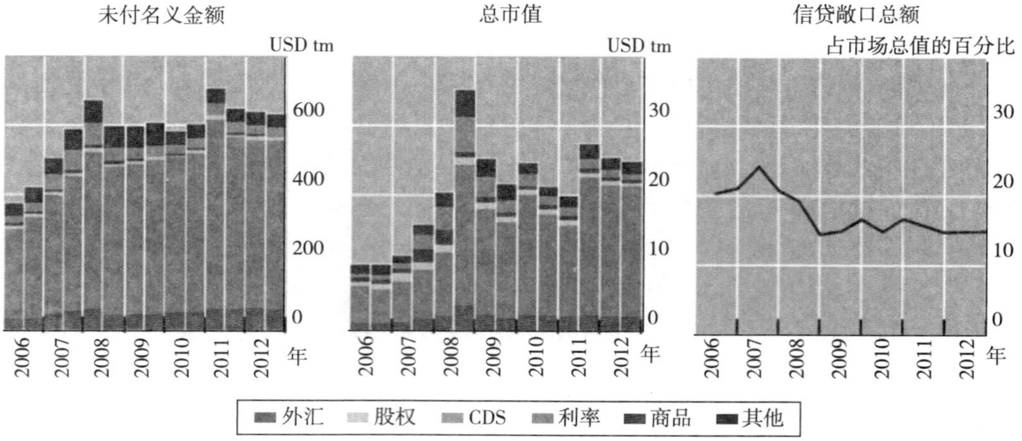

来源：国际清算银行，“数据发布：截至2012年12月底OTC衍生品的统计数字”，2013年5月。

图7.1　全球OTC衍生品

宜，因为这些工具具有流动性，虽然会面临基差风险。① 人造CDOs由指数CDS组成。因此，CDS是金融证券设计和风险管理的基石。②

与期权类似，但与非信用相关互换不同，信用互换风险不是对称的。也就是说，保护买方在发生信用事件收到付款，但如果没有事件发生，此互换“无价值到期”。③ 在那些事件中，卖方保有对互换支付的各期溢价，这与描述期权的凸性现金流相似。即买方以交换溢价为代价将信用风险转移至卖方。溢价规模被称为互换价差，是使各期溢价支付与信用事件被触发时的期望支付相等的内部收益率。价差以年度报价，但在年内按季度支付。④

虽然信用保护的买方对冲了违约风险暴露，仍然存在卖方不能履行合约规定义务的对手方风险（正如2008年9月AIG这一积极CDS卖方的案例中的考虑）。⑤ 纯粹的信用违约互换与买信用保险和/或多期信用期权类似。这些信用衍生品交易的增长产生了银行信用风险向非银行，主要为保险公司的净总体转移。银行、证券公司和企业为信用保护的净买方，而保险公司、对冲基金、共同基金和养老基金是净卖方。保险公司将信用衍生品看作保险产品，因其相关的高信用评级可被用于确保信用保护买方（如银行）不受其贷款消费者的风险暴露影响。CDS等信用衍生品允许银行在不用卖出或移动资产负债表的贷款前提

① 当衍生品的参考证券的价值波动与套保头寸运动不能锁定时，会出现基差风险。例如，如果CDS指数被用于对不属于指数中125个公司的公司贷款组合进行套期保值时会存在基差风险。

② 最著名的CDS指数包含125个公司实体。多名称或篮子CDSs包含多于一种参考证券，通常为三种到十种。最普遍的多名称CDS形式是第一违约CDS，其对保护买方在参考实体篮子中的第一个违约提供补偿，随后此互换自动终止。由指数化CDS组成的分档人造CDOs同样优先考虑信用保护，但其比第一违约互换更为灵活。

③ 相比之下，利率互换（固定对浮动利率互换）会形成对称的支付，即互换买方（互换固定利率方）当利率上升时收到正的现金流而互换卖方（互换浮动利率方）当利率下降时收到正现金流。

④ OTC CDS有标准化的溢价支付日期，分别为3月20日、6月20日、9月20日和12月20日。价差在互换期内恒定，但价差按新发行CDS的市场率，分期重置的固定期限CDS例外。

⑤ 互换价差包含对手方信用风险。例如，Hull和White（2001）在模拟对手方信用暴露影响时发现大约50个基点的幅度。

下改变贷款组合的风险—收益权衡。除避免不利客户关系效应外，利用信用衍生品（而不是卖出贷款或其他减少银行信用风险暴露的组合方法）可能允许银行避免不利的税收支付时间，以及风险—收益考虑带来的与在随后买回相似贷款有关的流动性问题。因此，基于消费者关系、税收、交易成本和流动性因素，银行可能更愿意通过信用衍生品实现贷款组合最优化，而不是通过更加直接的（贷款交易）组合管理方法。

7.4　2007—2008年国际金融危机

经济依赖于金融机构在风险测量与风险管理中像专家一样的行动。其重要性已经由银行未能实现这一重要职能的后果证明：导致全球信用市场崩溃与权益市场巨幅波动的2007—2008年的国际金融危机。当银行未能实现其重要的风险测量和风险管理职能时，结果是使整个经济瘫痪的信心危机，即使是隔夜信贷市场也会出现问题。由于对其自身和竞争对手不确定的金融状态的忧虑，银行不愿意为其他银行贷款。这种流动性的囤积阻止银行提供保持业务发展所需的基本信贷。商业票据和其他债务市场停止运作，从而导致即使是信用良好的公司也不能得到营运资本或投资资本的来源。这些公司随即不能进行商业行为，从而以失业增加和经济活动减少的形式转移至实体经济领域。

为分析2007年开始的国际金融危机，我们描述三个阶段与三种不同风险：（1）初始信用风险危机；（2）随后的流动性风险危机；（3）操作风险危机。

第一个阶段开始于2007年年初，此时次级住房抵押贷款支持证券（RMBS）的违约率上升。2007年2月，次级抵押贷款支持证券逾期达90天以上的比例达10.9%，较2006年10月的9.08%有所上升，且这远远高于2005年5月的5.37%（Shenn，2007）。第二大次贷贷款者，新世纪金融，受到大量抵押贷款违约的打击，并于2007年4月2日，在其不能达到贷款者对其信用额度的更多抵押品要求时申请破产。贝尔斯登高评级结构化信用优质基金（对四个大量投资次贷CMOs、CMOs和CDOs的贝尔斯登对冲基金的投资级工具）和UBS的一个子公司狄龙里德资本管理（DRCM）都在2007年春天遭受了大量损失并最终在几个月后关闭。

在以楼市泡沫为特征的过热的市场环境中，我们可以发现这些信用问题的根源。虽然难以追溯2007年信贷危机的起源日期，但对此危机的先决条件从2001年，特别是“9·11”恐怖袭击后就开始形成了。事实上，监管者对恐怖袭击的立即回应提高了金融市场的稳定性。例如，美联储降低了银行和其他金融机构在联邦基金市场、主要银行间的隔夜拆借市场支付的短期金融市场利率，并且甚至使最后贷款人资金对投资银行等非银行金融机构可用。这对降低其他市场工具，如外国的美元短期借款（Libor）的短期借款利率具有即期效应。事实上，名义短期利率迅速降低至接近1%，即历史最低水平。也许不那么令人惊奇地，给定中央银行如美联储提供的低利率和增大的流动性，这确保了经济中无论是消费借款者还是商业借款者的借款或债务水平迅速扩张。也就是说，消费者大量需要抵押贷款和信用卡债务。另外，商业贷款需求上升，且私人实体企业通过商业贷款融资（通常以辛迪加银行贷款的形式）进行收购变得越来越便宜。

然而，更重要的是不仅消费和商业债务数量有所增加，而且债务质量出现下降。随着对抵押贷款需求的增长，特别是对于那些之前由于低信用质量而不能参与这一市场的人，银行和其他金融机构开始降低其信用临界值。另外，为了增加其在现在称作“次贷市场”的相对较新市场的收益，银行和其他抵押贷款支持机构经常提供低“戏弄”利率或具有极低初始利率但在初始利率到期后，如果未来市场利率上升具有潜在递增利率的可调整利率抵押贷款（ARMs），以及由于无须证实借款者声明而在现在被称为“骗子贷款”的少文件或无文件贷款。在传统银行结构下，银行可能由于害怕贷款在到期前违约而不愿向低信用借款者提供贷款。然而，资产证券化和贷款银团允许银行不持有或部分持有其提供的贷款。因此，银行可以不用执行其基础风险测度和管理功能而直接通过这一风险。这一银行风险管理方法被称为“贷款并证券化”模型。

危机始于美国房价在2006年下半年的下行。十分重要的是，次级抵押贷款危机的地理影响在全美国传播，从而削弱了构建次级资产支持抵押贷款池时使用的地理分散化假设。大约在房产价格开始下降的同时，美联储由于开始担心通货膨胀而提高资金市场利率。由于许多2001—2005年发行的次级抵押贷款具有高递增率的浮动利率（即ARMs），因此对许多低收入家庭而言，抵押贷款承诺的成本上升至不可持续的水平，结果是拖欠与违约的大幅上升。这是危机的信用风险阶段。

2007年夏末，当危机传导至银行业与货币市场时，第二阶段开始了。英国北石银行与德国IKB银行经历了资金出逃并由其相关监管机构出资帮助脱离困境。美国主要次级抵押贷款贷款者Countrywide在8月宣布由于持续损失其信贷资金支持已经枯竭。最终，Countrywide的流动性出逃只得由美国银行在2007年8月23日的20亿股权投资终结。然而，由于投资者担心次级抵押贷款和其他资产的基础抵押品的质量问题，一些资产支持商业票据发行人也开始难以再融资短期商业票据，尽管评级机构可能对此类发行给出AA或AAA类评级。

流动性囤积迫使隔夜银行间拆借利率达到非常高的水平且对一些银行来说变得难以得到。投资者开始对信用评级与评级机构的质量失去信心，直到AAA级证券不是看上去表示的那样。[①] 因此，所有债务发行——从银行间市场到公司债务市场，包括称作投资级市场的那些市场——均受到“逃向优质资产”的负面影响。逃向优质资产表明由私人发行债务向美国国债等由政府发行的无违约风险证券的转移。这导致了私人发行证券价格下降（利率上升或“信用价差”）以及政府发行证券的价格上升与利率降低。因此，世界范围内的信用市场经历了高溢价和大幅流动性紧缩。

在危机的这一阶段秃鹫基金和追索专家通常通过购买以压力价格卖出的证券来追求便宜货。在2007年11—12月，有证据表明这一过程开始出现，从而稳定了一些债务价格并降低了信用价差。主权财富基金投资于著名的投资和商业银行，市场仿佛开始见底。这是第三个阶段，也许是最具破坏性的阶段。2008年，法国兴业银行的一名低级雇员Jerome Kerviel累计造成了超过50亿欧元损失而未被银行先进的内部风险测量系统发现。富有经验的银行一所接一所地宣布巨额账面价值损失，并且下一笔巨额账面价值损失与刚刚宣布

① 在2006年，穆迪从评级结构化金融交易中获取了其利润的44%——参见Tomlinson和Evans（2007）。因此，评级机构可能不愿意仔细观察ABS贷款的信用质量，因此导致了高评级证券的大量违约。

的损失间仅需隔数周。例如，瑞士信贷在2008年2月使市场确信其只有少量损失后，又被迫宣布由于交易员未能对组合中的证券价值恰当估值而忽视的28.5亿美元账面价值损失。

银行和金融业的信用被一系列造成令人瞠目损失的交易员欺诈行为、资产支持证券承销商尽职调查的不良状态、不知道对手方身份的信用违约互换持有者提取支付、扣押不完善的抵押贷款资产池财产以及Keystone Cops账面资产价值质量下降（美林分析员讽刺地称为“千刀万剐而死”）重创。对市场而言，银行自己也明显不知道其自身账户上风险证券的价值到底有多少。证券化过于仓促，没有适当的尽职调查或法律保护，贷款将是困难和耗时的。当初始交易完成时经营困境减少，引起整个市场的操作风险。当发起人自身不知道一种证券的内容（更不用说价值）时，没人可以在市场底部买入而使市场见底——因此只能持续地下降。这是在操作风险危机阶段发生的事情，结果是信贷市场出现比危机前两阶段更进一步的紧缩。

事实上，这第三个操作风险阶段被证明是危机中最具破坏性的阶段。在初始信用危机后的几年，银行的资产负债表中充满了不能被卖出或打包证券化的有问题的不良资产。[①]时至今日，国际金融危机已经过去六年，银行仍持有数以十亿美元的不良贷款，在这些贷款延长的时期内借款人没有支付任何本金或利息。然而，银行在更长的时间内“不稳定地”持有这些贷款，而不是通过取消抵押品赎回权或财产出售（例如，卖空）处理这些贷款。Allen、Peristiani和Tang（2012）检验了“不稳定贷款”理论，这一理论定义为在延长期内仍拖欠债务且未能以任何形式解决。[②] 银行资产负债表上存在这些不稳定状态贷款妨碍了宏观经济状况恢复至危机前水平，因其增加了银行的风险暴露，榨干了银行的资本来源并限制了整体贷款行为。[③]

银行似乎并没有动力延迟解决不良贷款问题，不稳定贷款即使只是收回一部分价值也比零回收价值好。Allen、Peristiani和Tang（2012）发现2004—2008年佛罗里达发行的21.79%次级抵押贷款可被记作不稳定贷款，其初始发行抵押贷款价值总计248亿美元。这些贷款大部分（占我们样本中抵押贷款总数的19.07%）在接近26个月内（截至2010年年底）处于取消抵押品赎回权的不稳定阶段。[④] 操作风险被认为是不稳定贷款现象的根源。

抵押贷款发行业务的后台操作包括核实滞留权和所有权并获得ABS发行贷款的合法性文件。在近期楼市繁荣的狂热中，贷款者在保留文件记录上变得粗心。例如，在第13章破产文件中，Poter（2008）发现大多数住房财产贷款缺失至少一个所需的文件；超过40%的住房财产贷款缺失本票，而20%的住房财产贷款缺少担保物权的凭证（抵押贷款

---

① “在过去两年内少于250亿美元拖欠债务的抵押贷款被卖给专门投资这一领域的投资者。……这只是美国发行在外的家庭贷款的0.25%”，Hagerty（2010）。

② 我们不研究贷款是否以财产取回、卖出、修正或丧失抵押品赎回权等形式解决这一问题。相反，我们检验处于不稳定状态并未能以任何形式解决债务拖欠问题的贷款。

③ Allen、Bali和Tang（2012）表明金融部门的过度风险承担预测了未来一年内的宏观经济下行。

④ Allen、Peristiani和Tang（2012）在CoreLogic将贷款定义为90日拖欠且在接下来的几个月内没有现金流时将贷款认定为拖欠。因此，我们的描述性统计应加入三个附加月份以决定贷款开始变为拖欠时开始计算的时间长度。

或信托契约）。随着贷款被打包为贷款支持证券（MBS）、再打包，可能在随后被卖出几次。确认债务存在性的文件（本票）或若票据条款不符时贷款者取消抵押品赎回权的权利可能没有被转移给抵押资产池中所有贷款的证券持有者或受托人。[①]

当银行推迟解决取消抵押品赎回权时产生的不稳定贷款现象时，背后是由贷款的文件缺失造成的操作风险。贷款者担心取消抵押品赎回权过程中他们将受到挑战，或者其名誉会在取消抵押品赎回权过程中受到损失。此外，如果政府担保的抵押贷款出现欺诈或缺少尽职调查问题，银行可能会遭受三重损失，从而使追求拖欠索赔具有风险。这些增加了与解决拖欠贷款相关的交易成本，可能解释了不稳定贷款的现象。

当缺少抵押品赎回权的银行缺少原始票据等重要文件时，一些司法管辖区需要将对缺失票据的法律宣誓归档，以确保银行拥有这一抵押贷款并在取消抵押品赎回权过程中得到承认。[②] 在 2010 年 10 月，据透露，这些宣誓书本身经常是不精确的，它们被每天负责签署数百份宣誓书“机器签名人”签署，因此不可能调查核实每个宣誓人的声明。然而，“机器签名人”丑闻低估了抵押贷款发行人和承销商的潜在操作问题的严重性。许多司法管辖区不需要取消抵押品赎回权的银行出具初始凭证。此外，由于担心其操作问题被披露，银行可能有理由决定不启动对缺失文件的不稳定贷款的取消抵押品赎回过程，或者当被驳回时选择不重启取消抵押品赎回权过程。因此，银行系统的操作风险程度可能比缺失文件宣誓书所表明的更为普遍。

操作风险的另一方面来自 MBS 的起源。在 1995 年，一组金融机构（包括房利美、房地美、美国银行和 J. P. 摩根大通）联手创立了抵押贷款电子注册系统，即 MERS。其目标为绕过地方政府处理考虑抵押贷款所有权的法律文件的缓慢过程，以简化抵押贷款记录程序。它以 MERS 的名义注册并成为该记录的持有者，而不是通过地方政府书记员记录抵押贷款。MERS 可以根据需要随意转移抵押贷款，以适应繁荣时期的证券化速度。转移将记录在 MERS 数据库中。因此，MERS 是抵押贷款的一种形式。但是，MERS 实际上并没有建立仔细记录和监控其系统中所有抵押贷款转移所需的计算机基础设施。事实上，虽然 MERS 只有不到 50 名全职员工，但其声称持有六千万美元贷款。[③] 此外，Hunt、Stanton 和 Wallace（2011）表明 MERS 的结构不满足法律要求，且可能破坏对抵押贷款证券化生存能力至关重要的破产隔离的法律基础。[④] Allen、Peristiani 和 Tang（2012）发现贷款若被分配给 MERS，则更易处于不稳定状态，且地方水平取消抵押品赎回权中 MERS 的存在使贷款在不稳定状态的时间增加大约 10 个月。由于未能及时解决操作风险问题，银行系统形

---

① Hull、Stanton 和 Wallace（2011）描述了需要两个合约（本票与信托契约）在“抵押贷款”下建立产权的法律要求。

② 在美国大多数州，住房财产贷款者被要求至少拥有本票和取消抵押品赎回权的留置权的证据。在某些州（如佛罗里达）贷款者需要拥有原始本票，而不仅仅是复印件。另外，一些州（如佛罗里达）是需要所有丧失抵押品赎回权由法官批准的司法州。

③ Powell 和 Morgenson（2011）。

④ 破产隔离保护特殊目的机构（SPV）或其他对手方不受 ABS 违约事件中证券化产品投资者追索的影响，从而只有标的资产自身可用于对 ABS 投资者的支付。另外，破产隔离确保 ABS 投资者即使在 SPV 或发起人破产时也可以不通过破产过程而得到证券化下资产的清晰权利。Hunt、Stanton 和 Wallace（2011）表明 MERS 的存在可能通过违背法律注册要求而违反保证破产隔离必备的“真正卖出”要求。

成了一个在近期内没有迹象表明能得到解决的代价高昂且顽固的问题。

7.5　为什么我们关心银行业的风险？

直到现在，我们关注了金融公司个体内部影响银行股东和其他利益相关者的风险。我们还没有详细考虑金融机构对经济系统的风险，即我们忽略了系统性风险。在检视 2007 年开始的金融危机对经济的危害时，系统性风险的重要性不言而喻。为此，银行监管者近年内重点关注测量系统性风险的方法。关注的重点在于金融机构间的相关性以决定关联最多的银行，因为这些关联的“系统重要性”银行在其危机时可能形成金融传染的链式反应。[①] 这些“微观水平”的系统性风险测量方法测度了每个银行对系统性风险的贡献。

然而，Allen、Bali 和 Tang（2012）表明提出的“微观水平”系统性风险测度没有宏观经济预测能力。因此，他们提出了一种新的系统性风险宏观指数，预测未来 6 个月至 8 个月实体经济的下行。该指数测度了整个金融部门的整体系统性风险水平（而不是单一银行的系统性风险暴露），并对美国、欧洲和亚洲的股权收益进行了横截面分析。

系统性风险的宏观测度补充了关注银行间直接联系的微观水平的系统性风险的测度。因为系统性风险可通过导致金融市场冻结和/或银行大量减少信贷供给的整体经济因子出现。Kashyap、Berner 和 Goodhart（2011）与 Korinek（2011）描述了系统性危机所引发的资产价格的灾难性下降和流动性下降，单个银行迅速卖出金融资产导致的金融放大效应。这些影响超越了银行间的双边联系（特别是如果许多银行组合过度投资暴露于展期风险的资产组合（参见 Acharya、Gale 和 Yorulmazer，2011）。事实上，Bekaert 等（2011，p. 5）表明 2007—2009 年危机并未通过直接交易和金融联系传播，而是通过提供可能促使投资者再评估其他细分市场或国家脆弱性的新信息的提醒，使危机在市场间与国家间扩散。

通常情况下，金融机构在危机时是“特殊的”，银行倾向于减少所有业务，包括其给消费者的贷款（参见 Ivashina 和 Scharfstein，2010 年对 2008 年的证据）。消费者减少投资和雇用行为，从而影响宏观经济的就业和支出。如果在任意时间点均只有有限数量的银行处于困境，竞争银行可能可以克服在这些银行—消费者关系间隐含的信息破坏，并满足先前由出现危机银行服务的消费者的需要。然而，随着更多银行面临危机，溢出效应变得更大，且竞争银行不能阻止宏观经济的传染（例如，Jermann 和 Quadrini，2009，将可用信用降低与宏观经济衰退相联系。）这一系统性效应的连锁反应延伸超越了单独银行间的关系网并影响了整个宏观经济系统。

系统性风险可能由具有共同风险因子的较小的、非直接关联的银行间广泛的灾难性风险引发。事实上，Kashyap 和 Stein（2000）发现贷款供应的整体下降由具有流动性约束的较小银行（处于规模分布的 95% 下分位数）驱动。因此，重点关注规模最大的金融公司忽略了系统性风险的一个重要潜在来源。由于银行一般不考虑其风险承担对非金融公司和

---

① 微观水平的系统性风险建议包括边际期望损失［MES，参见 Acharya 等（2010）］、CoVaR（Adrian 和 Brunnermeier，2009）、条件尾部风险（CTR，Kelly，2011）、co - risk（Chan - Lau，2009）、未定权益方法（Gray 和 Jobst，2009）、Shapely 价值（Tarashev、Borio 和 Tsatsaronis，2009）以及 IMF 风险预算和标准化方法（Espinosa - Vega、Kahn 和 Sole，2010）。

社会的外部成本，因此都倾向于过度承担风险。那就是说，金融传染通过金融业的风险和非流动性得以实现（Longstaff，2010），受流动性约束的银行将金融冲击转移至实体经济（Duchin、Ozbas 和 Sensoy，2010），从而形成系统性风险（例如，通过银行传递投资者情绪的波动，Shleifer 和 Vishny，2010）。事实上，由于宏观经济传染风险，因此监管者和政府才会如此关注系统性风险。监管者需要通过系统性风险测度以确定金融业的整体风险承担对宏观经济的影响。

2007—2008 年的危机表明，我们对于风险测度和风险管理仍然有很多要学习的东西。然而，如果金融机构忽视由其风险测量模型显示的警告信号而争先恐后地参与市场疯狂行为——无论是次级抵押贷款支持证券、高科技、国际政府证券或在下次市场狂热中出现的任何事物、任何系统都将是无效的。风险测量和管理需要一双稳定的眼睛和一只坚实的手，以及有效的定量和分析工具。事实上，如果银行业能控制其系统性风险，世界的宏观经济状况将得以提升。

参考文献

[1] Acharya V., Gale D., and yorulmazer T. (2011). Rollover Risk and Market Freezes, *Journal of Finance* 66, 1177 - 1209.

[2] Acharya V., Pedersen L., Philippon T., and Richardson M. (2010). Measuring Systemic Risk. New york University Working Paper.

[3] Adrian T. and Brunnermeier M. K. (2009). *CoVaR*, Federal Reserve Bank of new york Staff Reports no. 348, August.

[4] Allen L. (1997). Capital Markets and Institutions: *A Global View.* New York: John Wiley and Sons.

[5] Allen L. and Bali T. (2007). Cyclicality in Catastrophic and operational Risk Measures, *Journal of Banking and Finance* 31 (4), 1191 - 1235.

[6] Allen L., Bali T., and Tang T. (2012). Does Systemic Risk in the Financial Sector Predict Future Economic Downturns?, *Review of Financial Studies* 25, 3000 - 3036.

[7] Allen L., Boudoukh J., and Saunders A. (2004). *Understanding Market, Credit and Operational Risk: The Value at Risk Approach.* oxford: Blackwell Publishing.

[8] Allen L., Peristiani S., and Tang Y. (2012). Bank Delays in the Resolution of Delinquent Mortgages: The Problem of Limbo Loans. Working Paper, March.

[9] Bekaert G., Ehrmann M., Fratzscher M., and Mehl A. (2011). Global Crises and Equity Market Contagion. Columbia University Working Paper.

[10] Berkshire Hathaway Annual Report (2002).

[11] BIS Monetary and Economic Department (2012). oTC Derivatives Statistics at end - December, <http: //www. bis. org>.

[12] Chan - Lau J. (2009). Regulatory Capital Charges for Too - Connected - To - Fail Institutions: A Practical Proposal. IMF Working Paper, november.

[13] Douglas G. W. (1969). Risk in Equity Markets: An Empirical Appraisal of Market Efficiency, *Yale Economic Essays* 9, 3 - 45.

[14] Duchin R., ozbas O., and Sensoy B. A. (2010). Costly External Finance, Corporate Investment

and the Subprime Mortgage Credit Crisis, *Journal of Financial Economics* 97, 418 -435.

[15] Espinosa - Vega M. A., Kahn C. M., and Sole J. (2010). Systemic Risk and the Redesign of Financial Regulation. IMF Global Financial Stability Report, April.

[16] Fama E. F. and French K. R. (1992). The Cross - Section of Expected Stock Returns, *Journal of Finance* 47, 427 -465.

[17] Gray D. and Jobst A. A. (2009). New Directions in Financial Sector and Sovereign Risk Management, *Journal of Investment Management* 8, 22 -38.

[18] Hagerty J. (2010). Vultures Save Troubled Homeowners, *Wall Street Journal* August 18, A6.

[19] Helwege J., Maurer S., Sarkar A., and Wang Y. (2009). *Credit Default Swap Auctions*, Federal Reserve Bank of new york Staff Report no. 372, May.

[20] Hull J. and White A. (2001). Valuing Credit Default Swaps II: Modeling Default Correlations, *Journal of Derivatives*, 8, 12 -21.

[21] Hunt J. P., Stanton R., and Wallace N. (2011). *The End of Mortgage Securitization? Electronic Registration as a Threat to Bankruptcy Remoteness*, UC Davis Legal Studies Research Paper no. 269, August.

[22] Ivashina V. and Scharfstein D. (2010). Bank Lending During the Financial Crisis of 2008, *Journal of Financial Economics* 97, 319 -338.

[23] Jermann U. and Quadrini V. (2009). *Macroeconomic Effects of Financial Shocks*, NBER Working Paper no. 15338.

[24] Kashyap A. K., Berner R. B., and Goodhart C. A. (2011). The Macroprudential Toolkit, *IMF Economic Review* 59, 145 - 161.

[25] Kashyap A. K. and Stein J. C. (2000). What a Million observations on Banks Say About the Transmission of Monetary Policy, *American Economic Review* 90, 407 -428.

[26] Kelly B. (2011). Tail Risk and Asset Prices. University of Chicago Working Paper.

[27] Korinek A. (2011). Systemic Risk - Taking: Amplification Effects, Externalities, and Regulatory Responses, European Central Bank Working Paper no. 1345.

[28] Longstaff F. A. (2010). The Subprime Credit Crisis and Contagion in Financial Markets, *Journal of Financial Economics* 97, 436 -450.

[29] Markowitz H. (1952). Portfolio Selection, *Journal of Finance* 7, 77 -91.

[30] Mengle D. (2007). Credit Derivatives: An overview, *Federal Reserve Bank of Atlanta Economic Review* Fourth Quarter, 1 -24.

[31] Mina J. and Xiao J. Y. (2001). *Return to RiskMetrics: The Evolution of a Standard.* New york: RiskMetrics.

[32] Mossin J. (1968). Optimal Multiperiod Portfolio Policies, *Journal of Business* 41, 215 -229.

[33] Porter K. (2008). Misbehavior and Mistake in Bankruptcy Mortgage Claims, *Texas Law Review* 87, 121 -182.

[34] Powell M. and Morgenson G. (2011). MERS? It May Have Swallowed your Loan, *New York Times*, *Sunday Business* March 6.

[35] Roll R. (1977). A Critique of the Capital Asset Theory Tests: Part I: on Past and Potential Testability of the Theory, *Journal of Financial Economics* 4, 129 - 176.

[36] Rubinstein M. (2002). Markowitz's "Portfolio Selection": A Fifty - year Retrospective, *Journal of Finance* 57 (3), 1041 -1045.

[37] Saunders A. and Allen L. (2010). *Credit Risk Measurement: New Approaches to Value at Risk and*

Other Paradigms. 3rd edition. New york: John Wiley and Sons.

[38] Sharpe W. F. (1963). A Simplified Model for Portfolio Analysis, *Management Science* 9, 277 – 293.

[39] Shenn J. (2007). Subprime Loan Defaults Pass 2001 Peak, *Bloomberg Markets* February 2, <http://www.bloomberg.com/apps/news?pid=newsarchive&sid=aFGf71vlQkWM>.

[40] Shleifer A. and Vishny R. W. (2010). Unstable Banking, *Journal of Financial Economics* 97, 306 – 318.

[41] Smithson C. (2003). *Credit Portfolio Management*. Hoboken, NJ: John Wiley & Sons. Tarashev, n., Borio, C., and Tsatsaronis, K. (2009). The Systemic Importance of Financial Institutions, *BIS Quarterly Review* September, 75 – 87.

[42] Tomlinson R. and Evans D. (2007). CDo Boom Masks Subprime Losses, Abetted by S&P, Moody's, Fitch, *Bloomberg News* May 31, <http://www.bloomberg.com/news/2007-05-31/cdo-boom-masks-subprime-losses-abetted-by-s-p-moody-s-fitch.html>.

[43] Wallace A. (1980). Is Beta Dead?, *Institutional Investor* 14, 22 – 30.

第8章　流动性怎样创造与怎样监管[①]

8.1　引言

本章提供了对银行“流动性创造”这一关键问题的回顾与综述，包括审慎监管。其中，涉及若干问题：银行如何创造流动性并提高福利？流动性创造将给银行带来何种风险？银行如何处理传统贷款并持有（OTH）和影子银行系统贷款并证券化（OTD）的模型风险？管理该类风险是否需要资本要求与准备金/流动性要求？

“流动性创造”是指银行为借款人提供非流动性贷款，同时承诺存款人随时取现（例如，Bryant，1980；Diamond 和 Dybvig，1983）。银行还通过贷款承诺与流动性债权向借款人提供表外流动资金（例如，Boot、Greenbaum 和 Thakor，1993；Holmstrom 和 Tirole，1998；Kashyap、Rajan 和 Stein，2002；Thakor，2005）。关于银行流动性创造，目前存在大量理论文献以及基于其实证研究的新兴文献。(例如，Berger 和 Bouwman，2009)。

银行流动性创造对宏观经济十分重要（例如，Bernanke，1983；Dell'Ariccia、Detragiache 和 Rajan，2008），特别是金融危机时期（例如，Acharya、Shin 和 Yorulmazer，2009）。然而，流动性创造使银行面临许多风险，例如流动性风险。持有流动性资产能一定程度上减少风险，例如现金。由于担心挤兑引发银行破产，存款人纷纷提现，导致现金资产储备不充分。监管安全网（包括存款保险与美联储贴现窗口）能够解决这类问题，但是它降低了银行保留现金资产储备的动力。安全网会增加道德风险，银行具有反常动机牺牲存款保险人利益以增加风险。这将提高未来资产减值损失风险，引发挤兑并导致流动性风险。实证表明，流动性问题通常是由于银行资产质量差无力偿债而引发的（例如，Gorton，1988）。可以通过提高监督管理和资本要求的方法，对银行资产组合选择和风险管理进行改善。

这表明流动性要求和资本要求都是银行流动性创造监管的一部分。然而，导致次贷危机的宏微观审慎监管，其主要关注点在于资本要求，而非流动性要求。理论上，二者同样有效。因此，虽然笔者能够讨论美国与欧洲的资本及流动性监管及实施问题的过去、现在与未来，然而关于如何监管它们的讨论将主要集中在资本上。

为了正确理解资本要求和流动性要求在当今经济中银行流动性创造中的作用，笔者还研究了传统银行业务（侧重于关系借贷和 OTH 模型）及其向现代银行业务的演变。其特

---

① 感谢 Allen Berger、Charlie Calomiris、Martin Hellwig、Antoine Martin、Matthew osborne、René Stulz、Scott Sumner、Elu von Thadden、John Wilson 以及 Harald Benink 的帮助。

点是 OTH 和 OTD 模型混合，影子银行系统快速增长。笔者描述了这个系统以及它如何与流动性创造角色中的传统银行业务相互作用。

尽管有学者可能认为美国商业银行不存在挤兑现象表明监管安全网的有效性以及流动性要求的冗余。但在次贷危机期间，银子银行体系流动性枯竭表明监管机构在考虑资本和流动性要求时，要超越存款银行的传统界限。巴塞尔协议Ⅲ要求银行持有更多优质资产，并引入两项流动性比率。笔者将讨论这些新标准，它们如何在美国和欧洲被采用以及如何影响流动性创造。还包括流动性要求和资本要求之间可能存在的理论联系，两者如何应用于传统存款银行与影子银行，并确定了开放研究的一些问题。

8.2 银行作为流动性创造者

8.2.1 理论

金融中介标准教科书（例如，Greenbaum 和 Thakor，2007；Freixas 和 Rochet，2008）认为银行是利用公众存款与股东权益提供贷款的机构。更正式地讲，银行从事“流动性创造”，即“定性资产转移”。

为充分理解流动性创造，设想一家需要长期融资的公司身处无银行世界。存款人直接向公司提供资金，且他们最终获得该公司的非流动性债权。相反，在存在银行的世界中，银行向公司提供长期贷款，且向储户提供活期存款[①]。因此，银行持有公司的非流动性债权，而储蓄者最终获得银行的流动性债权。储蓄与融资存在流动性差异，银行被认为创造流动性。该模型中，流动性创造本质在于期限转换；详见 Bhattachary 和 Thakor（1993）与 Hellwig（1994）。Bryant（1980）与 Diamond 和 Dybvig（1993）提出了银行流动性创造的正式模型。在模型中，他们认为储户面临暂时的流动性冲击，持有活期存款能够提高福利水平。

Diamond 和 Dybvig（1983）认为流动性创造使银行面临退出风险[②]。即使自身不存在流动性需求，由于担心其他存款人可能提前取现，这将导致存款人纷纷撤资，造成银行挤兑[③]。银行几乎不可能“预防”该类事件，不存在 100% 准备金制度的银行，换言之能使所有储户获得现金。这类机构可能仅作为保险箱，无法像银行一样创造流动性。Diamond

① 为什么银行为短期债务提供资金还有其他理论？一些人认为短期债务具有约束作用，不再续约资金的威胁使银行经理有所作为（Calomiris 和 Kahn，1991；Dewatripont 和 Tirole，1994；Diamond 和 Rajan，2001）。其他人认为是激烈竞争（Brunnermeier 和 oehmke，2013）或债务过剩的结果（Admati 等，2014）。

② 在实践中，它还使银行面临与期限转换相关的信用风险和利率风险（Diamond 和 Dybvig，1983）。Hellwig（1994）讨论了成熟度转换模型中两者之间的关系。

③ 在 Diamond 和 Dybvig（1983）中，银行挤兑是一种“太阳黑子”现象，不是由于任何特定的经济触发因素。Chari 和 Jagannathan（1988）表明银行挤兑可能是由不利的基本信息引发的独特均衡。Diamond 和 Dybvig（1983）将序贯服务约束（SSC：先来先服务规则）作为给定。Calomiris 和 Kahn（1991）提供了内生的基本原理。他们表明负债可以对经理行为进行管理，因为存款人可以用脚投票，并且 SSC 给存款人一个监督的动机（避免“搭便车”）。

和 Dybvig（1983）认为联邦存款保险能够消除银行挤兑，使银行避免面临大规模提取存款。[①] 但是，存款保险目的在于帮助银行处理恐慌挤兑，而非代替流动性，银行仍需保持流动性以满足日常取现需求。因此，即使存在存款保险，银行仍需要担心能否保持充足的流动性，以满足存款人日常的流动性需求。

因为每日提现数量具有随机性，相较于提现数额，银行流动性准备可能过高或者过低。此外，没有恐慌挤兑和金融危机时，银行每日提现数量不完全相关。因此，存在差额收益。为获取差额收益，20 世纪 20 年代初期，交易现金储备的银行间市场应运而生（美国联邦储备系统管理委员会，1959）。联邦基金利率是美国银行间市场隔夜拆借利率[②]。拥有剩余储备的银行是借出方，而储备短缺的银行是借入方[③]。

除联邦基金利率外，通过贴现窗口银行能够获取短期借款以满足短期流动性需求。联邦储备委员会为银行提供贴现窗口，对银行而言这是一个重要的潜在流动性来源。

银行在进入联邦基金市场与贴现窗口借贷时，均面临着成本支出。首先必须具备合格的抵押品。此外，进入贴现市场可能被认为是污点——该类借贷较弱，导致银行不愿意获得此类资金[④]。因此，银行有意保留现金资产以应对流动性风险，这是银行作为流动性创造者必须具有的基本经济功能。

虽然通过流动性活期存款为银行融资会导致银行面对退出风险，但它也为银行提供了一个机会，为借入方提供表外流动性。Kashyap、Rajan 和 Stein（2002）提出银行同时面临存款者和客户的流动性需求。客户购买银行的未来贷款承诺，当其要求兑现承诺时，银行必须提供借款。这表明银行持有的流动资产池服务于两类目标——满足借入方和存款人的流动性需求。如果借入方与存款人的流动性需求不完全相关，则存在流动性的差额收益[⑤]。

银行贷款承诺这一事实与 Diamond（1984）与 Ramakrishnan 和 Thakor（1984）的开创

---

① Kane、Laeven 和 Demirgüç – Kunt（2008）对 170 个国家 1960—2003 年的存款保险进行了检验。他们记录到 1960 年以前大多数国家没有明确的存款保险计划。自 1995 年初至 2003 年年底，拥有此类计划的国家数量增加到了 45 个。他们认为，没有明确计划的国家通常会有某种形式的隐性存款保险。

② 在英国，类似的利率是 Libor，伦敦银行间市场提供的利率。

③ Allen、Peristiani 和 Saunders（1989）表明，小银行倾向于充当贷方，而大银行倾向于充当借款人。他们认为这可能是因为小银行更喜欢用存款来资助它们的活动。由于当地的垄断力量，它们可以更便宜地吸收存款。信息不对称使得联邦基金对小银行来说更加昂贵。

④ 用美联储主席 Bernanke（2008）的话来说："贴现窗口的效力受到存款机构不愿意使用窗口作为资金来源的限制。与贴现窗口相关的'耻辱'，如果在危机期间出现任何加剧，主要是由于银行担心市场参与者如果知道他们从美联储获得的借款会对他们的财务状况产生负面影响。" Ennis 和 Weinberg（forthcoming）提供了关于其起源和含义的理论模型。Furfine（2001）通过检查特殊的 y2K 联邦储备流动性设施的数据，提供了一些经验证据。为了使用最近的次贷危机数据来量化相关的成本，Armantier 等（2011）表明，在危机最严重的时候，银行平均愿意支付比类似资金来源（定期拍卖设施）高 37 个基点的溢价。通常没有关于谁从中央银行获得资金的信息。但是，最近次贷危机期间的访问数据可以获得。Berger、Black 等（2013）检查了哪种类型的银行从美联储获得此类资金。Drechsler 等（2013 年）转而关注使用欧洲中央银行资金的银行。

⑤ 作为证据，他们报告说贷款承诺和交易存款与银行之间存在正相关关系。Gatev、Schuermann 和 Strahan（2009）测试了这是否会带来多元化收益，并且发现它确实如此。除了存款水平高的银行之外，未使用的承诺中的银行风险（股票收益波动性）增加。在此基础上，Gatev、Schuermann 和 Strahan（2006）认为，交易存款和贷款承诺在危机期间可能呈负相关关系，因为银行在此期间享有存款流入和更大的贷款承诺需求。这种流入的发生是因为银行被视为一个安全的避风港，给予明确的政府担保，进入贴现窗口和其他紧急流动性设施，以及对"大到不能倒"的银行的额外支持（例如，o'Hara 和 Shaw，1990）。

性贡献有关，后者提供了银行作为筛选信用信息和监督借款人的专家的微观基础①。因此，作为主要贷款人的银行承诺未来借出资金。该类承诺创造了流动性，因为它们为借入方提供（部分）保险，而免受即期信贷市场配额限制（James，1981；Blackwell 和 Santomero，1982；Morgan，1994；Thakor，2005），即使借入方在即期信贷市场无法获得流动性，贷款承诺也能够提供未来的流动性②。

Boot、Greenbaum 和 Thakor（1993）认为贷款承诺提高了事前的福利水平，即使仅是“虚假承诺”，因为当借入方试图借款时，银行可能选择不履行承诺。他们认为银行的选择是对信誉资本和金融资本的权衡——当银行履行贷款承诺，为借入方提供流动性，但耗用自身的金融资本。当它不履行承诺，实质上，它不仅使非流动性信誉资本流动化，且保留了金融资本。

8.2.2 实证研究

目前，针对流动性创造的综合实证测度方式尚未存在。为测度银行业产出，研究通常关注于总资产、总负债以及不同类型的贷款。Berger 和 Bouwman（2009）从理论中得到启示，并发展了若干种流动性创造的测度方式③。利用美国银行业数据，他们发现大银行（资产超过 10 亿美元）虽然在银行业占比很小，但创造了银行业 80% 以上的流动性。他们还发现通过贷款承诺和流动资金的类似索赔，银行创造了 50% 以上的表外流动性。大部分实证研究验证了资本与流动性创造间的关系（详见 8.5.1.2 部分）。最近，Bai、Krishnamurthy 和 Weymuller（2013）提出了流动性错配指数（LMI），概念类似，但测度对象相反。LMI 是流动性的测度指标，然而 Berger 和 Bouwman（2009）测度捕捉了非流动性（为贷款方提供流动性，使银行非流动化）。他们计算了美国银行持股公司（BHCs）的流动性错配情况，并发现银行业流动性基本由前 50BHCs 决定。

关于贷款承诺使用的实证研究一般侧重于企业客户，研究表明 80% 以上商业和工业贷款均使用贷款承诺的形式。Melnik 和 Plaut（1986）、Shockley 和 Thakor（1997）与 Sufi（2009）详细介绍了贷款承诺合同的内容与具体特点。Berger 和 Udell（1992）与 Morgan（1994）发现在经济衰退期，信用额度能够减少信贷配给风险。相似地，Ivashina 和 Scharfstein（2010）发现次贷危机期间，Lehman 破产倒闭后，借款人纷纷要求执行贷款承诺。然而，有证据表明危机期间，银行业重新协定信贷额度以满足自身利益。

8.3 监管需求

考虑到借款方与存款方（表内和表外）的流动性需求，银行将权衡持有流动性的成本和收益，以便决定最终持有的现金和其他流动性资产的数量。然而，正如存款保险减少了

---

① 参见 Leland 和 Pyle（1977）、Millon 和 Thakor（1985）、Allen（1990），以及 Coval 和 Thakor（2005）。

② 对贷款承诺存在性的其他解释：提供了一种最佳风险分担机制（Campbell，1978；Ho 和 Saunders，1983），改善了借款人和银行之间的信息摩擦（Berkovitch 和 Greenbaum，1991；Boot、Thakor 和 Udell，1991）。

③ 从 1984 年开始，几乎美国每家银行创造的流动性季度数据：用于研究目的的 Q1 直到“现在”的数据在笔者的网站上可以找到（定期更新）。

银行对挤兑的担忧，贴现窗口可能导致银行持有过低的流动性，而不能应对日常存款退出的风险。如果银行知道能从贴现窗口借入资金，成本低于投资回报，为什么会持有现金，而不赚取收益呢[①]？

通过移除存款保险和贴现窗口安全网，中央银行能够消除道德风险。但是，这将带来社会成本，因为它可能导致破坏性的银行恐慌。此外，如果核心存款大规模被撤出，可能影响银行关系型贷款，这将加剧福利损失（Song 和 Thakor，2007）。通过强制规定最低现金资产储备，中央银行能够解决流动性安全网引发的道德风险，而非一并抛弃。

8.3.1　现金储备要求

Feinman（1993）发现早在 1820 年，现金储备要求便在美国被强制执行。当时，商业银行是州立特许经营，且不存在大规模存款。然而，它们确实发行了用作交换媒介的银行券。最初，这种情况仅在当地发生，因为很难测度远距离银行的偿付能力。为扩大其使用范围，银行自发同意接受彼此的银行券，规定发行银行必须保留充足的流动资金，以供偿付。随后，一些州强制规定银行必须持有与银行券和存款相应的准备金。

1863 年，国民银行法案批准通过，准备金要求上升至国家层面。该法案确保国家特许银行发行国民银行券，并要求其持有银行券和存款的 25% 准备金[②]。1864 年，对非大城市银行，准备金下降至 15%。1874 年，法案以偿还基金代替银行票据准备金要求（基金数额等于 5% 国库券），这对实现存款准备金要求十分重要（Champ，2007）[③]。存款准备金要求仍保持原状，其代替银行票据成为更受青睐的交换媒介。

19 世纪晚期和 20 世纪初期，各种银行挤兑和恐慌表明准备金要求无法确保银行系统存款兑换（例如，Calomiris 和 Gorton，1991），因为 1 美元本质上无法同时满足贷款者需求和准备金要求。为维持金融体系的稳定性，1913 年，美国联邦储备系统被创建：其中，储备银行作为最后贷款人，为银行提供暂时流动性需求。尽管这似乎消除了对准备金要求的需要，但针对交易存款和定期存款，仍强制执行，虽然相较于国民银行时代，比例水平有所降低。自 1917 年，通过持有联邦储备的不计息头寸，银行能够满足这些要求。

截至 1931 年，准备金不仅被视作储蓄流动性来源，而且作为中央银行的货币政策工具，它影响了银行的借贷规模（联邦储备，1933）。自 1950 年，为了减少小银行的负担（往往持有过多现金头寸），银行能够将库存现金计入准备金要求。20 世纪 60 年代，功能上等价于存款的新负债也受到了准备金要求的限制。

20 世纪 70 年代，利率上升提高了银行为满足准备金要求所需的成本。联邦储备对准备金不计息，这将导致银行脱离联邦储备系统（Feinman，1933）。为阻止该趋势，国会实施 1980 年储蓄机构放松管制和货币控制法（DIDMCA 或 MCA），规定所有储蓄机构——不论成员身份——需受限于准备金要求，且获准进入贴现窗口。法案 D 条例详细解释了准

---

① 这里假设所获得的回报超过了与发布合格抵押品相关的成本以及从上述折扣窗口借入导致的可能“耻辱”。

② 他们还必须将美国政府债券中这些票据的面值或市值的 111%（较小）存入美国财政部，1900 年，这一数值减少到 100%。

③ Calomiris 和 Mason（2008）认为，这创造了票据发行和存款之间的范围经济，因为发行票据的银行维持与存款有关的准备金的边际成本较低。

备金要求。最初，对2500万美元以下的交易存款，设置3%准备金要求，其余交易存款12%，非交易存款3%。经过一段时间，为避免准备金不计息导致脱媒，该比例有所下降。1982年《甘恩—圣哲曼储蓄机构法》对交易存款的豁免金额作出规定，最初是200万美元。1990年12月，非交易存款的准备金要求低至0，并一直保持该水平。1992年4月，交易存款的准备金要求由12%减至10%，并维持该水平。2013年，免征额上升至1240万美元，对1240万~7950万美元交易存款，设置3%准备金要求，其余交易存款10%。

图8.1面板A反映了1960年1月至2013年4月，美国银行业要求的准备金与库存现金金额。尽管两者数额均逐年上升，但20世纪90年代末至2009年，银行业现金余额高

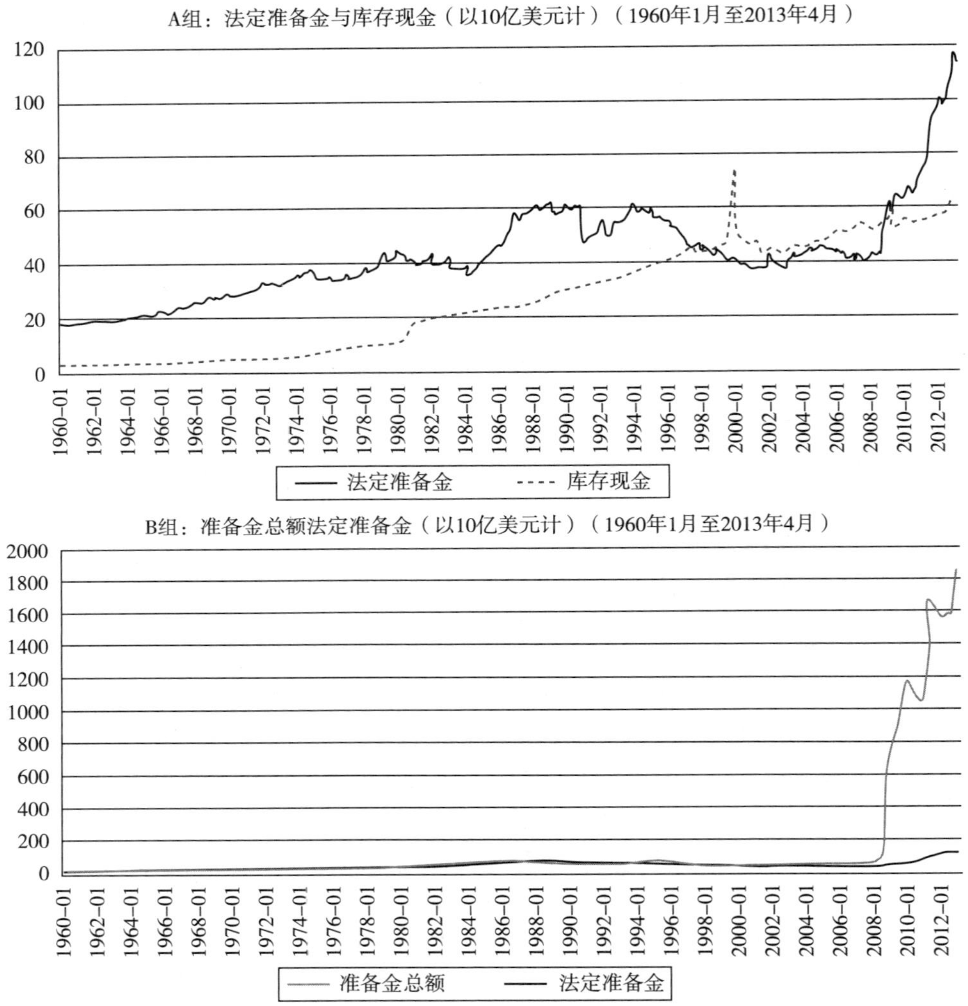

注：图8.1描述1960年1月至2013年4月，美国银行业储备变化。面板A反映了要求准备金与库存现金数量，面板B对比了要求储备与总储备的数额。

来源：Aggregate Reserve of Depository Institutions and the Monetary Base，not Seasonally Adjusted—H.3 Table2.

图8.1 总储备、要求储备、库存现金

于准备金要求。这表明此期间内，储蓄机构能够使用库存现金满足准备金要求。面板 B 对比了美国银行业的要求储备与储备总量。结果令人震惊。次贷危机发生前，银行业总储备平稳增长（1960 年 1 月 188 亿美元上升至 2007 年 7 月 499 亿美元），但平均仅高于要求储备的 2%。危机初始阶段，总储备有所上升，但 2008 年 9 月雷曼兄弟破产倒闭后，总储备出现爆发式的增长，2009 年 1 月达到 8600 亿美元（大约 634 亿美元要求储备的 10 倍），2013 年 4 月达到 18850 亿美元（超过 1159 亿美元要求储备的 16 倍）。

危机期间储备的急剧增加恰逢美联储决定有史以来第一次支付准备金头寸利息①。这使得很多学者（例如，Edlin 和 Jaffee，2009；McTague，2009；Auerbach，2010）认为银行仅仅是把资金“停泊”在联邦储备——它们不再愿意发放贷款，因为在联邦储备存放资金以获得确定性收益，这显然更合算②。与之相反，其他学者（例如，Keister 和 McAndrews，2009）认为该观点不正确，储备增长反映了联邦储备流动性工具与其他信贷计划的空前规模。换言之，根据会计恒等式，联邦储备负债需要等于资产。

8.3.2　次贷危机前的资本要求

正如上文所述，安全网能够促进流动性创造。但是，安全网会滋生道德风险，因为银行具有的反常动机，会牺牲存款保险人利益以增加风险——Merton（1977）分析认为，存款保险等价于银行对资产买入看跌期权，且期权价值导致银行资本的减少。安全网促使银行降低资本比率，这一事实得到验证，1934 年，美国实施联邦存款保险后，资本比率迅速下降（详见图 8.2）。

监督管理和资本要求可以增加银行资本，并减少风险偏好（例如，Campbell、Chan 和 Marino，1992；Chan、Greenbaum 和 Thakor，1992；Merton 和 Bodie，1992；Bhattacharya 和 Thakor，1993；Thakor，1996 ；Hellmann、Murdock 和 Stiglitz，2000）③。

1981 年，资本要求在美国被第一次正式引入。20 世纪 80 年代前，监管者主要应用非正式、主观化的测度方式，包括管理能力和贷款组合质量，因为他们无法就基本框架协商一致（FDIC，2003）。自 1981 年起，银行受限于杠杆比率，即核心资本（股权与贷款损失准备）除以平均总资产。三类监管者（联邦储备、通货监理局、联邦存款保险公司）的最低要求有所差异，但通常为 5% ~6%。国际标准也有所不同。在未来几年内，美国和全球其他国家将协同努力，制定统一的资本框架，确保银行具备充足资本，并拥有公平的竞争环境。

---

① 2006 年《金融服务监管救济法》（FSRRA）授权美联储从 2011 年 10 月 1 日开始支付由存款机构持有或由存款机构代表的余额的利息。《紧急经济稳定法》（EESA）第 128 条将有效日期提前至 2008 年 10 月 1 日。美国联邦储备委员会表示（新闻稿：<http://www.federalreserve.gov/newsevents/press/monetary/20081006a.htm>）支付储备金利息将使其更大范围地利用贷款计划来解决信贷市场的状况，同时维持联邦基金利率在接近联邦公开市场委员会确定的目标地水平。“美联储最初将所需（超额）储备的利率设定为低于储备维持期平均目标的联邦基金利率 10（75）个基点。从 2008 年 12 月 18 日起，它已支付了法定和超额准备金 25 个基点的固定利率。

② 有人建议，为了抑制这种情况，超额储备应该达到最大值（Dasgupta，2009 年）或征税（Sumner，2009）。

③ 在某些情况下，更高的资本要求可能会增加投资组合风险（Koehn 和 Santomero，1980；Kim 和 Santomero，1988；Genotte 和 Pyle，1991；Besanko 和 Kanatas，1996）。Mailath 和 Mester（1994）研究了监管机构使银行破产的动机以及它如何影响银行资产组合风险的能力。

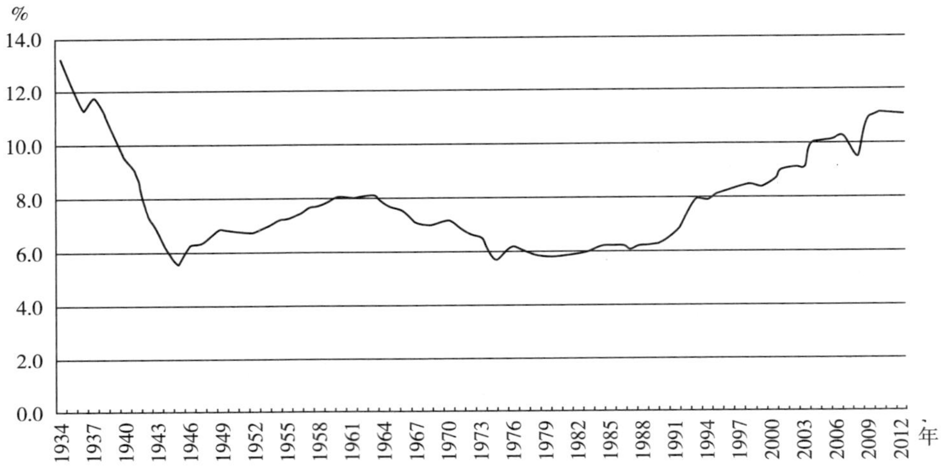

注：资本比率等于账面总权益除以账面总资产。
来源：FDIC 银行业历史数据。

图 8.2　资本比率

1988 年，巴塞尔资本协议（巴塞尔协议Ⅰ）开始实施，1990 年年底对美国所有银行具有部分约束力，1992 年年底得以充分落实。巴塞尔协议Ⅰ主要关注信用风险，促使银行基于信用风险感知，对资产与表外项目进行风险加权。私人贷款与备用信用证担保贷款风险加权 100%，住房抵押贷款与长期贷款承诺加权 50%，合格银行债权与担保加权 20%，低风险资产（包括现金、政府债、短期贷款承诺）加权 0。因此，如果银行选择高风险资产，它们必须持有更多资本。银行核心资本对风险资产的比重不低于 4%，总资本对风险资产不低于 8%①。核心资本是最稳定的资本形式，包括普通股与不可赎回非累积优先股。总资本包括混合资本/负债，例如长期次级债券（计入资本，因为相较于存款和其他债券，它存在风险）。1991 年，美国银行监管者（OCC、FRB、FDIC 和 OTS）批准通过联邦存款保险公司改进法（FDICIA），该法引入新的杠杆要求，并规定为减少经营监管限制，银行必须保持充足资本。银行核心资本杠杆率至少为 4%（5%），核心资本风险比率至少为 4%（6%），总资本风险比率至少为 8%（10%）。

引入巴塞尔协议Ⅰ不久，缺点便逐渐显现。例如，高评级公司与高风险企业贷款的资本要求相同。此外，针对同一借款人，尽管风险相似，表内贷款的资本要求仍高于表外。这些缺点导致银行倾向于参与监管资本套利，换言之，银行试图减少风险加权资本，而非真正降低风险。

在 2004 年 6 月发布的巴塞尔协议Ⅱ，目标是使最低资本与潜在风险保持一致，并且关注资本比率的共性。该协议介绍了三大支柱。支柱一主要围绕风险资本要求，例如信用风险、市场风险与操作风险（风险来自个体、系统或过程）。与巴塞尔协议Ⅰ不同，巴塞尔协议Ⅱ不是描述一种方法，而是为信用风险［（标准法，基础内部评等法（F－IRB）、

① 它们必须在 1990 年年底之前达到 3.625%（核心资本）和 7.25%（总资本）的临时最低标准。

进阶内部评等法（A－IRB）][1] 与操作风险［基本指标法，标准法和高级计量法（AMA）］提供三种方法。信用风险 A－IRB 法与操作风险 AMA 法被合称为“高级法”。支柱二涉及对银行内部资本与风险评估的监察审理，监管者自主决定资本要求水平。支柱三通过要求银行增加资本与风险的信息披露来完善市场纪律。

2005 年，欧洲议会批准巴塞尔协议Ⅱ适用于欧盟所有银行并于 2006 年正式实施（欧洲议会，2011）[2]。尽管欧洲大部分银行能自主选择其中的一种方法，但是许多成员国要求大银行至少采用 A－IRB 法。与之相反，美国从未完全落实巴塞尔协议Ⅱ。2007 年底，美国银行监管者才正式实施（联邦储备，2007）。它要求大银行（拥有至少 2500 亿美元总资产或 100 亿美元总外汇敞口的 11 家或 12 家“核心银行”）采用高级法；其他银行被授权使用其余方法（“银行选择”）或维持巴塞尔协议Ⅰ。该准则规定银行首先经历巴塞尔协议Ⅰ与巴塞尔协议Ⅱ的一年并行期，然后开始三年过渡期。然而，次贷危机发生，关注点迅速转移至巴塞尔协议Ⅲ和《多德—弗兰克法案》，其禁止外部信用评级，而巴塞尔协议Ⅱ过度依赖评级（下文“巴塞尔协议Ⅲ”将进一步讨论）。截至 2013 年 3 月，除美国、阿根廷与俄罗斯外，其余巴塞尔委员会成员国均已充分落实巴塞尔协议Ⅱ（BIS，2013C）。

8.4　从贷款并持有（OTH）向贷款并持有与贷款并证券化（OTD）混合发展，影子银行的兴起

正如上文所述，次贷危机发生前，美国现金资产准备金要求平稳下降。主要存在两个原因：其一，作为审慎监管工具，其成本过高。联邦储备对准备金不计息，且 20 世纪 70 年代市场利率（持有储备的影子价格）剧烈上升。其二，作为货币政策工具，准备金要求很少被使用，因为相较于其他工具，例如，贴现窗口和联邦基金借款利率，准备金很难调控。因此，对准备金要求的依赖逐年下降，银行主要受资本要求限制。然而，正如下文所述，两者均可能影响银行流动性创造。为充分理解上述问题，需要仔细研究传统银行及其向现代银行的发展演进。

8.4.1　贷款并持有（OTH）

金融中介研究表明银行能够产生借贷者专有信息。这意味着银行能够运用它们的信息解决信息摩擦，增加盈余[3]。该观点为关系型银行的研究奠定基础，其强调银行与借贷方建立深层关系的优点。本领域的开创性贡献包括 Greenbaum、Kanatas 和 Venezia（1989），Sharpe（1990），Rajan（1992），以及 Boot 和 Thakor（1994，2000）。Boot（2000，p. 10）

---

① 标准化方法将风险暴露分为若干风险类别（如巴塞尔协议Ⅰ所述），但企业、主权债券和银行贷款的风险权重取决于分配给借款人的外部信用评级而不是固定的。F－IRB 方法允许银行使用它们自己的模型来估计违约概率（PD），同时依靠监管者提供违约损失（LGD）、违约风险（EAD）和到期日（M）的估计。A－IRB 方法允许具有最先进风险管理和建模技能的银行提供确定其资本要求所需的所有估算（PD、LGD、EAD 与 M）。

② Benink 和 Benston（2005）对欧盟银行监管的变化进行了更详细的讨论。

③ 利用小企业借款人的独特数据，Mester、nakamura 和 Renault（2007）表明，交易账户为银行提供有关借款人活动的持续信息，从而促进银行监管。

将关系型银行定义为“金融中介服务的提供者：（1）投资获取客户具体信息，通常是自营性质；（2）通过多次与同一客户跨时间、多产品交流互动，评估该类投资的盈利情况。”第一部分强调当银行提供审查与监督服务时，它们能够获得信息。第二部分强调信息能够被用于与同一客户的多次交易，允许银行重复使用信息。

为了验证关系是否有益于借款方，实证研究在回归中引入久期、范围与银行关系数量度量，以解释信贷成本与可获得性。尽管国际证据较为复杂，多数美国研究发现：更紧密的关系能带来更低的成本、更少的担保要求以及更多的信贷机会（例如，Petersen 和 Rajan，1994；Berger 和 Udell，1995；文献回顾详见 Degryse、Kim 和 Ongena，2009，和本书关于中小企业借贷一章）。与此相一致，即使存在贷款出售（Gande 和 Saunders，2012）①，银行贷款公告也会与异常收益相关（例如，James，1987；Billett、Flannery 和 Garfinkel，1995）。银行同样受益。紧密关系有利于提高承销业务（Drucker 和 Puri，2005）、未来借贷以及投行业务的概率（Bharathet 等，2007）②。相较于大银行，小银行倾向于与客户形成更紧密的关系，因为它们擅长处理软信息（Berger 等，2005）。

关系型银行是指发放贷款且表内持有的银行。即贷款并持有模型，银行利用核心存款提供关系型贷款。该贷款缺乏流动性，银行表内持有其至到期。这将减少银行方的道德风险，表内持有贷款促使银行事前审查，并进行持续性监管。

由于银行挤兑，关系型贷款如果提早清偿，价值将面临重大损失。通常，银行挤兑将导致银行被另一家机构收购，造成原始关系与相关经济盈余的损失，即使它的贷款还未清偿。为规避类似挤兑，保护贷款价值，存款保险与最后贷款人的概念被引入。

8.4.2 贷款并证券化（OTD）

20 世纪 90 年代至 21 世纪初，贷款出售与证券化急剧增加，实质上加速了银行由 OTH 模型向 OTH 与 OTD 混合模型的发展。虽然贷款出售容易理解，了解证券化的操作过程，对比其与传统银行业的区别仍然很有意义（详见图 8.3）。正如面板 B 所示，与传统 OTH 模型相同，银行首先发放贷款，随后将贷款转移至信托机构，即特殊目的机构（SPV）。与此同时，SPV 发行不同债权，即贷款池的资产抵押债券（ABS）。ABS 被出售给机构投资者，SPV 将部分资金转交给银行③。因此，类似于贷款出售，证券化为银行提供额外资金，以便其发放新的贷款。

Greenbaum 和 Thakor（1987）研究了哪种银行资产能够被证券化，发现由于借款者偿付能力的信息不对称，银行对高质量资产进行证券化（详见 Gorton 和 Pennacchi，1995）。Boot 和 Thakor（1993）发现银行有意创建资产池债权，以便降低特殊噪声，并构建最大化发行方收益的信息敏感债权。证券分散化［Gorton 和 Pennacchi（1990）］由需求驱动。信

① 与短期效应相反，Billett、Flannery 和 Garfinkel（2006）发现，在公司获得银行贷款后，长期表现不佳。

② Song 和 Thakor（2007）从理论上证明了这会如何影响银行在核心存款与购买资金之间选择资金组合。Berlin 和 Mester（1999）提供了经验证据，证明银行更多地依赖核心存款，为其借款人提供更好的保险，以防止对其信誉的负面冲击。与此相一致，Ivashina 和 Scharfstein（2010）与 Cornett 等（2011）表明，更多的依赖（稳定）存款的银行在次级贷款危机期间贷款的减少量更少。

③ 银行还可以购买部分 ABS，并将其作为抵押品，以获得货币市场共同基金等机构投资者的回购资金。

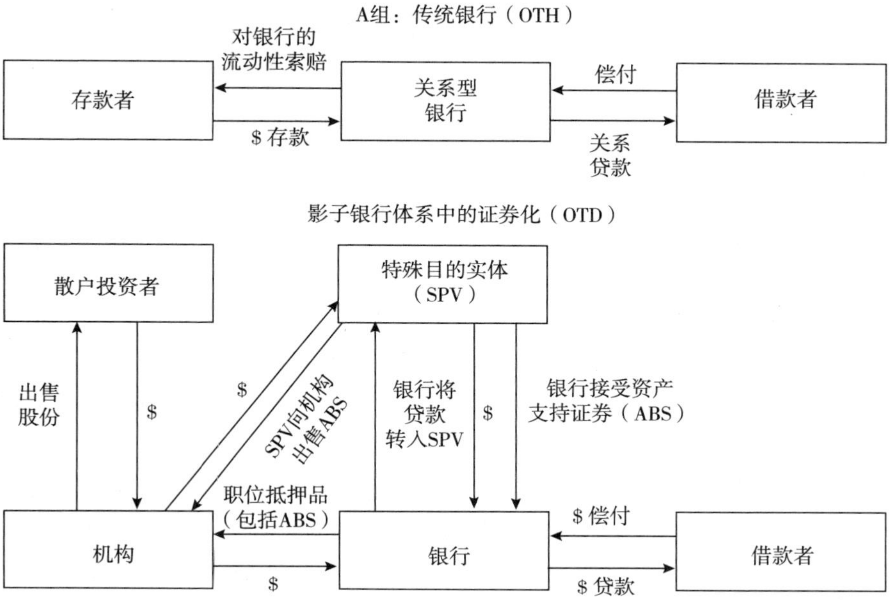

图 8.3　传统银行业 OTH 模型（A）与影子银行系统 OTD 模型（B）

息不灵通的投资者能够通过交易信息相对不敏感的证券减少交易损失。尽管以上文章均关注证券化积极面，最新文章指出了它的消极一面①。证券化对审查激励产生了负面效应，因为它允许借出方转移贷款（Aghion、Bolton 和 Tirole，2004；Stiglitz，2007）②。2007—2009 年的次贷危机验证了这一观点（例如，Mian 和 Sufi，2009；Demyanyk 和 Van Hemert，2011；Purnanandam，2011；Dell'Ariccia、Igan 和 Laeven，2012；Keys、Seru 和 Vig，2012；Dai、Zhang 和 Zhao，2013），尽管危机在表面上提高了银行的审查激励（Demiroglu 和 James，2012）。Gennaiolo、Shleifer 和 Vishny（2013）认为证券化增加了银行间的相互联系，并加剧了尾部风险。

银行可能受益于贷款出售。Pennacchi（1988）发现卖出行存在发放贷款的优势和提供资金的劣势，而买入行正好相反。James（1988）认为贷款出售能够减少风险负债银行投资不足的问题。企业也可能受益于贷款出售。企业可以获得更多的贷款（Drucker 和 Puri，2009），这主要源于二级贷款市场流动性的提高（Gupta、Singh 和 Zebedee，2008），或买卖行的风险分摊机制（Parlour 和 Winton，2013）导致企业资本成本下降。同样，也存在消极的一面。贷款出售的企业表现不如同行竞争者（Berndt 和 Gupta，2009），可能因为银行—借款方关系破裂后，银行出售低质量贷款，且减少监管。

---

① Gorton 和 Haubrich（1990）认为，这是市场发展的一种自然方式：最初，出售易于估值的资产；后来，越来越多复杂且有风险的合同被制定。Loutskina（2011）指出另一个黑暗面，证券化使得银行在证券化市场中断时更容易受到资金冲击的影响。

② 当经济状况良好时，这些问题可能会更加严重：Thakor（2005）与 Dell'Ariccia 和 Marquez（2006）表明，在经济繁荣时期贷款标准下降。Hellwig（1994）关注了证券化的激励效应，并认为其应该是结构化的。银行保留特定资产的回报风险，以确保对客户进行适当的筛选和监控。

8.4.3 OTD与影子银行系统

OTD模型加速了“影子银行[①]系统”的发展。尽管缺乏统一的定义，Bernanke（2010）将影子银行定义为“受监管的存款机构（商业银行、储蓄机构和信用合作社）以外的金融实体，其作为中间商将储蓄用于投资”。Adrian和Ashcraft（2012，p.4）补充解释到这一过程通过证券化或担保融资技术得以实现，他强调了证券化对影子银行的重要性[②]。影子银行系统包括机构，例如投资银行、经纪公司与金融企业；证券化结构，例如ABS和资产抵押商业票据（ABCP）；证券化结构的主要投资者，例如货币市场互助基金（MMMFs），其依赖于短期融资［例如第三方回购协议（repos）和商业票据（CP）］。附录8.1简要描述了影子银行的主要参与者，以及次贷危机期间它们所扮演的角色。进一步讨论详见Gorton和Metrick（2010），Adrian和Ashcraft（2012），Claessens等（2012），Martin、Skeie和von Thadden（2014a）[③]。

与OTH模型类似，在OTD模型中银行同样创造流动性，因为它们继续发放贷款并出售或对其证券化。然而对于流动性创造，存在两点主要的不同。其一，OTH模型中，流动性创造的相关风险由银行承担，而OTD模型中，风险主要由贷款或证券化产品的购买方承担[④]。其二，OTH模型中，贷款资金基本来自（核心）存款，而OTD模型中证券化结构资金通常最终来自repos与CP，虽然证券化前的贷款可能涉及存款资金。不同于核心存款，repos与CP缺乏存款保险支持，可能发生挤兑。许多文章记录了次贷危机期间该类挤兑确实曾经发生——详见Gorton和Metrick（2012）关于“repos挤兑”[⑤]与Covitz、Liang和Suarez（2013）“关于ABCP挤兑”的检验[⑥]。除这两点区别外，贷款出售和证券化并没有改变银行创造流动性的事实——仅仅使流动性创造的过程发生变化。

Bord和Santos（2012）评估了OTD模型对企业贷款的影响。他们发现1988年，牵头银行有21%的长期贷款，而2010年该比例下降至3.4%。OTD模型在银行业的运用，加速了银团贷款市场的发展，由1988年的3390亿美元上升至2007年的22000亿美元。二级贷款市场由一个银行很少参与的市场转变为一个活跃市场，成交量也由1991年的80亿美元上升至2005年的1760亿美元。

---

① “影子银行”一词由货币经理Paul McCulley（2007）提出。

② 金融稳定委员会（FSB，2012c）将影子银行系统更广泛地描述为涉及在正常银行系统之外实体和活动（全部或部分）的信贷中介或非银行信贷中介。

③ Calomiris、Himmelberg和Wachtel（1995）讨论了CP市场的增长是如何由金融公司的增长推动的，以及它如何通过为高质量公司提供短期债务的低成本替代品来推动非中介化。

④ 银行通常会继续承担一定的风险——它们通常提供担保并保留（部分）最低评级的部分。

⑤ 他们专注于双边（即交易商）回购市场，并将保证金要求（“折扣”）的增加解释为止损。Copeland、Martin和Walker（2012）发现在三方回购市场中似乎没有发生过这样的事情，这可能占美国所有未偿还回购的50%～60%。Krishnamurthy、Nagel和Orlov（2013）找到了类似的结果，并认为Gorton和Metrick的（2012）“回购”并不等同于存款人经营的传统银行。要确定，不应分析经销商间的数据，而应检查投资者是否跟随经销商。Martin、Skeie和Von Thadden（2014a）表明，增加的保证金要求可以稳定下来。虽然它会导致一些资金损失，但这比失去所有资金要好，就像雷曼兄弟那样。

⑥ Martin、Skeie和Von Thadden（2014b）表明了在何种条件下回购市场等短期融资市场不受期望驱动的影响，并讨论了对此类市场稳定性进行监管的范围。

评估 OTD 市场增长额的另一项指标是影子银行系统和银行存款的资金量。图 8.4 显示，尽管 1988 年两者资金量大体相等（影子银行 2.7 万亿美元，银行存款 2.4 万亿美元），但是次贷危机前，影子银行资金增长迅猛，2007 年达到峰值 23 万亿美元（同年，银行存款资金量 7.3 万亿美元）。危机期间，影子银行资金量有所下降，银行存款有所上升，这可能是受安全资产转移的影响。

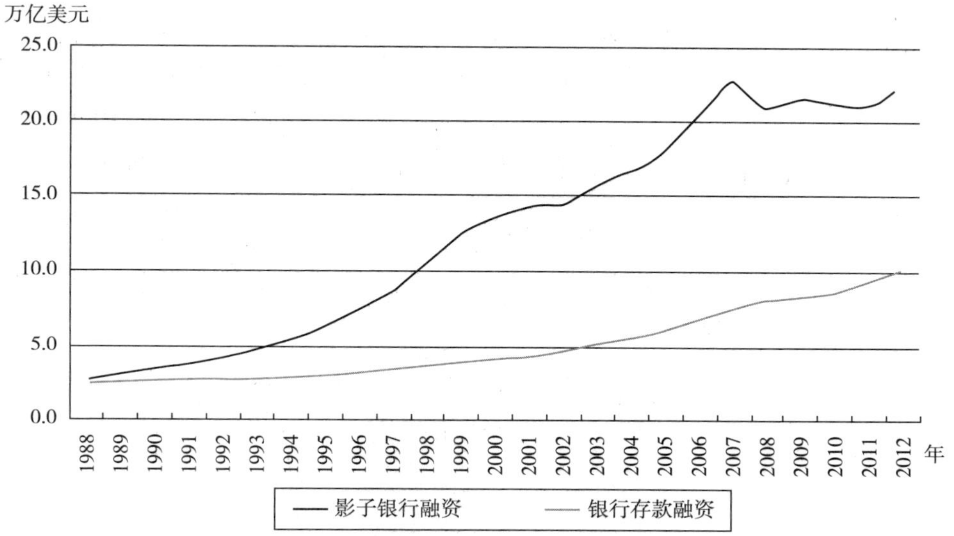

图 8.4　影子银行资金与银行存款资金

图 8.4 描述 1988—2012 年，美国影子银行与传统银行存款的资金量。影子银行资金量由 Adrian 和 Ashcraft（2002）定义，使用联邦储备资金流量数据。包括货币市场基金（31）、repos（32）、商业票据（34）、机构与 GSE 支持证券（35）。以及证券经纪人应付账款与信用（41，42）的总和。银行存款资金可参考 FDIC 银行业历史数据。

8.5　监管以维持未来连续流动性创造

流动性创造在 OTH 与 OTD 模型中占重要地位。但是为了规避流动性创造断裂，对银行而言，保留充足且高质量的资本与流动性非常关键。次贷危机发生期间该现象更为明显，引发了前文的讨论，并推动了资本管制的修订与新流动性的监管。笔者将讨论其中的一些主要的监管问题，以及美国与欧洲贯彻落实新规定后所取得的成就。

8.5.1　传统 OTH 银行与 OTD 影子银行的资本要求

8.5.1.1　巴塞尔协议Ⅲ

2007—2009 年的次贷危机揭示了巴塞尔协议Ⅰ、巴塞尔协议Ⅱ的缺陷，两者为银行持有充足资本提供的激励不够。此外，它们没有适当地考虑证券化风险，缺乏流动性标准，且未整合增加杠杆引起的系统性风险。资本不充分可能导致银行轻率之举，从而引发对偿付能力的关注，造成危机期间银行流动性的枯竭。

针对上述缺陷，学术界提出相关建议，认为银行安全网实质上导致了外部性。通过要求银行持有更多资本，社会效率得以提高，尤其是在金融危机期间（例如，Kashyap、Rajan 和 Stein，2008；Adma 等，2012；Calomiris 和 Herring，2011；Hart 和 Zingales，2011；Acharya、Mehran 和 Thakor，2013）。

类似于这一学术观点，于 2010 年 12 月发布的巴塞尔协议Ⅲ建议提高资本要求，并改进资本质量，以弥补旧巴塞尔协议的缺陷（BIS，2010，2013b）。图 8.5 比较了巴塞尔协议Ⅱ与巴塞尔协议Ⅲ的资本要求。

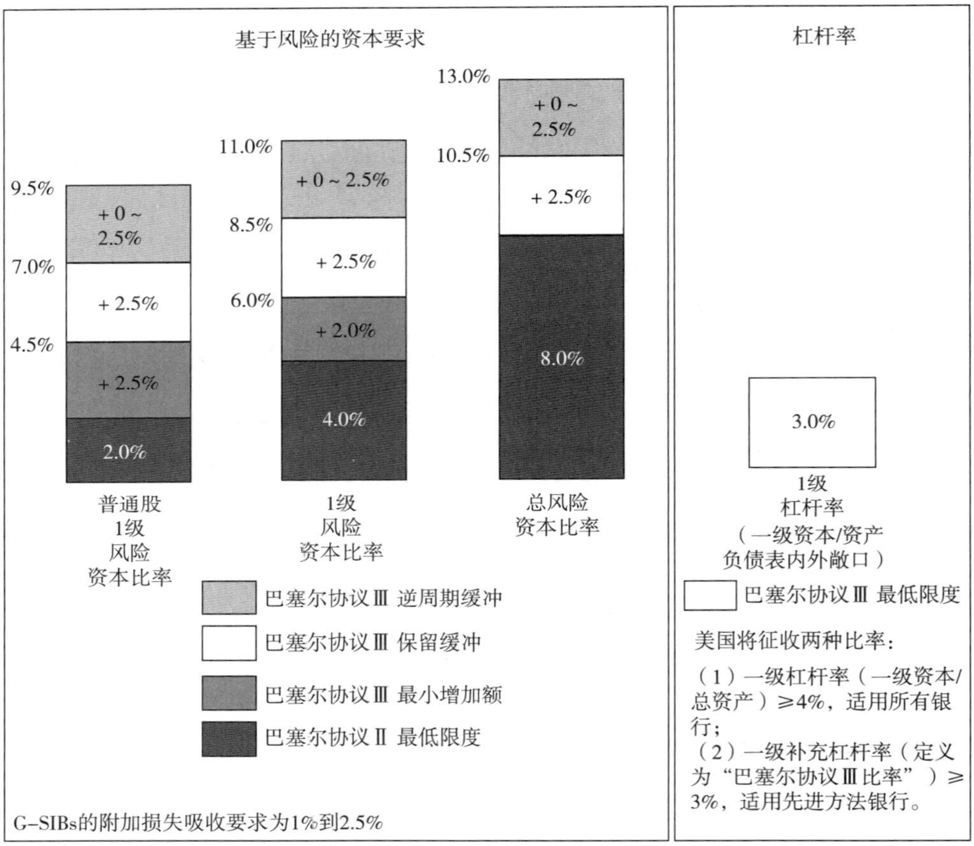

图 8.5　对比巴塞尔协议Ⅱ与巴塞尔协议Ⅲ的资本要求

第一，最低一级风险资本比率由 4% 上升至 6%，并要求一级资本中普通股占比由 2% 上升至 4.5%，确保了银行持有充足吸收损失资本（2015 年 1 月 1 日分阶段落实）。最低总风险资本比率仍保持 8%。第二，为减少顺周期性，并增强抗压性，协议引入资本留存缓冲（额外普通股占风险加权资产 2.5%，2019 年 1 月 1 日前分阶段落实）。第三，为减少信贷过度增长引起的系统风险，监管者强制实施逆周期资本缓冲（额外普通股占风险加权资产 0~2.5%）。第四，为限制银行业杠杆率，并引入新的保障措施以防范模型风险与测量误差，截至2018年，规定用3%最低杠杆率作为对风险资本要求的补充①。第五，全球系统重要性银行（G－SIBs）需受限于额外损失的吸收要求（额外普通股占风险加权资本1%～2.5%，取决于系统重要性评估，2019年1月1日前分阶段落实）②。

2013年1月1日前，巴塞尔委员会27个成员国需将巴塞尔协议Ⅲ引入本国规则的制定。截至2013年4月，仅14个成员国达到要求（BIS，2013c）。其余13个国家对外公布了草案。

欧盟计划将巴塞尔协议Ⅲ应用于所有金融机构。美国计划将其应用于所有存款保险机构，资产过5亿美元的BHCs，以及持有储蓄与贷款的公司。有意区分高级银行与其他银行（例如，逆周期资本缓冲仅应用于高级银行）。这可能根据次贷危机中流动性所扮演的角色，正如下文所示，美国仅考虑到巴塞尔协议Ⅲ流动性要求对大型金融机构的影响。

一些学者认为巴塞尔协议Ⅲ过于温和，协议需要更严格的资本要求和更快的实施时间（例如，Admati等，2011；Haldane和Madouros，2012；Hoening，2012）③。为确定合理的未来资本要求水平（和形式），需要考虑两个关键问题：对银行产出的影响以及对影子银行系统进行资本监管的必要性。

8.5.1.2　关键问题#1：更高的资本要求对银行产出的影响

第一个问题是更高的资本要求对银行产出的影响（等价于贷款或流动性创造）④。银行对此表示，提高资本将对银行业绩产生负面的影响，且导致贷款的减少。学术界对此解释更为详尽。

理论界持有两种相反的预测。一些学者认为资本与银行流动性创造或贷款是负相关关系（例如，Diamond和Rajan，2001），因为活期存款有助于解决银行资本不能解决的套牢问题。其余学者认为资本将促进流动性创造或其他形式的银行产出，因为资本能够吸收与这些活动相关的风险（例如，Bhattacharya和Thakor，1993；Allen和Santomero，1998；Allen和Gale，2004；Repullo，2004；Von Thadden，2004；Coval和Thakor，2005）。

美国的情况则较为复杂。20世纪90年代初期，美国监管者实施新杠杆要求和巴塞尔协议Ⅰ风险资本标准。多数研究认为新杠杆要求可能减少贷款（例如，Berger和Udell，1994；Hancock、Laing和Wilcox，1995；Peek和Rosengren，1995），而Thakor（1996）发现至少就短期而言，风险资本要求具有相互影响。然而，资本监管的变化与衰退的异常结合，使得两者的真实效果难以区分，难以得出一般的结论。

---

① 如上所述，自20世纪80年代初以来，美国银行已经受到最低杠杆率的影响。但是，美国的比率定义不同，因为它基于核心资本。

② G－SIB是其困境或无序失败将严重破坏更广泛的金融体系和经济活动的银行（BIS，2011）。G－SIB在每年的11月确认，主要基于以下五个重要特征：银行规模、复杂性、相互关联性、缺乏可替代性和跨辖区活动。截至2012年11月，有28个G－SIB（见FSB，2012b），其中4个受2.5%的额外资本支持（花旗集团、德意志银行、汇丰银行和摩根大通），两个需要持有2%的额外资金（巴克莱与法国巴黎银行），8个需要持有1.5%的额外资本（美国银行、纽约梅隆银行、瑞士信贷、高盛、三菱UFJ金融集团、摩根士丹利、苏格兰皇家银行与瑞银），其余14个必须保留1%的额外资金（中国银行、西班牙对外银行、Groupe BPCE、法国农业信贷集团、荷兰商业银行、瑞穗金融集团、北欧联合银行、桑坦德银行、法国兴业银行、渣打银行、道富银行、三井住友金融集团、联合信贷集团与富国银行）。

③ 由FDIC前主席Sheila Bair担任主席的系统风险委员会提出最低杠杆率为8%（2012）。Admati和Hellwig（2013）建议它应该提高至20%～30%。

④ 关于此方面的早期讨论，参见Berger、Herring和Szego（1995）。

欧洲证据表明针对不同的银行类型与所处的经济周期阶段，更高资本要求的效果有所区别。利用英国数据，Aiyar、Calomiris 和 Wieladek（2013）发现提高最低资本要求将导致一些银行的贷款减少（英国银行与外国银行分支行）和另一些银行的贷款增加（外国银行子公司）。根据西班牙资本监管变化的数据，Jimenez 等（2013）发现逆周期资本缓冲使经济周期效应平缓化——尽管该缓冲导致了繁荣时期贷款的减少和衰退时期贷款的增加。

上述学术研究主要关注了资本要求，但还存在大量研究关注了资本本身。一些研究发现 1920—1930 年（例如，Calomiris 和 Wilson，2004）与 1980—1990 年（例如，Peek 和 Rosengren，1995），贷款损失引起了资本下降，导致贷款显著减少。即衰退期间，资本与贷款存在正相关关系。利用 1992—2009 年美国 165 家大型 BHCs 数据，Berrospide 和 Edge（2010）发现高资本（相较于名义估计的真实水平）导致贷款高增长，尽管效果不是很明显。利用 1989—2007 年英国银行业数据，Francis 和 Osborne（2012）发现高资本溢价导致了贷款与表外活动的高增长。他们认为高资本要求将减少资本溢价数量，资本溢价与贷款的正相关关系验证了更高资本要求将减少贷款。由于资本短期内很难调整，该结果可能有效，但长期则未必。一些新研究将银行产出定义为流动性创造，而非贷款。利用 1993—2003 年美国银行业数据，Berger 和 Bouwman（2009）研究了银行资本与流动性创造的关系。对于创造绝大多数流动性的大银行，研究发现存在正相关关系（主要受表外活动驱动），而对于小银行则存在负相关关系。欧洲也有相关的例证（例如，Distinguin、Roulet 和 Tarazi，2013；Horvath、Seidler 和 Weill），表明资本与表内流动性创造是负相关关系。

尽管上文讨论了高资本要求与高资本对银行产出的影响，但是有必要简要地说明两个相关的问题。首先，更高资本要求可能影响贷款利率。具体而言，高资本要求导致银行必须持有更多资本，这将产生两类效果。一方面，利用股权代替避税债权，导致银行资本成本上升，并拉高贷款利率；另一方面，高资本将减少银行负债融资成本（由于资本的缓冲作用与激励效应），减少量过大引起股本回报率提高，因此，银行高资本可能降低贷款利率[①]。银行资本对贷款利率的总体影响效果较小[②]。Hanson、Kashyap 和 Stein（2011）支持这一观点——根据所选情况，资本比率提高 10% 导致贷款利率上升 25 ~ 45 个基点。其次，实施更高资本要求目的在于维持银行业安全稳固。Mehran 和 Thakor（2011）基于理论与实证层面，发现银行资本与银行价值存在正相关关系。Beltratti 和 Stulz（2012）发现次贷危机前拥有更高一级资本率的银行，危机期间股票表现更好。Berger 和 Bouwman（2013）发现资本帮助小银行在各时期（危机与日常经营）生存发展，且帮助大银行度过危机。Baker 和 Wurgler（2013）认为过去 40 年中，高资本银行存在低贝塔风险和高股票收益，尽管高资本降低银行业系统风险，但提高了资本成本。

总体而言，高资本要求对银行产出的影响似乎很复杂。在美国，这是由于，20 世纪 90 年代初，高资本要求引入与资本要求类型变化和衰退同时发生，导致难以解释结果。

① 关于资本和贷款利率之间关系的跨国研究倾向于找到与此相符的证据（例如，Demirgüç - Kunt 和 Huizinga，1999；Saunders 和 Schumacher，2000）。Osborne、Fuertes 和 Milne（2012）证明，对于英国银行而言，资本和贷款利率之间的正相关关系仅存在于非危机时期，在危机期间这一关系为负。

② 最近的几篇论文研究了政府注资如何影响美国的银行贷款（例如，Black 和 Hazelwood，2013；Duchin 和 osyura，forthcoming；Li，forthcoming）或德国的流动性创造（Berger、Bouwman 和 Kick，2013）。

相反，高资本通常有益于银行与借款方，降低了银行个体与系统的风险（例如，Acharya 和 Thakor，2012；Farhi 和 Tirole，2012），并且减少救济需求（例如，Farhi 和 Tirole，2012）。

8.5.1.3　关键问题#2：资本要求与影子银行系统

第二个问题，更高资本要求可能导致金融中介向影子银行系统转移（Hanson、Kashyap 和 Stein，2011；FSB，2012c）。次贷危机期间，市场缺乏政府安全网导致挤兑，影子银行系统机构流动性枯竭，二者均妨碍流动性创造。其中许多机构被视为“系统重要性”机构，政府必须对其援助，但次贷危机期间，存在非存款保险机构，例如，贝尔斯登、美国国际集团（AIG）。

其中一项解决方法是对影子银行实施资本要求。巴塞尔协议Ⅲ包括了具体步骤（FSB，2012c）：针对证券化载体的短期流动性工具，以及无管制金融机构（不论规模大小），提高其资本要求。针对货币市场基金的短期流动性工具，巴塞尔委员会反对提高资本要求，认为这将导致预期外结果，且引入流动性覆盖率后，不存在提高要求的必要性。《多德—弗兰克法案》提出了对 SIFIs 影子银行实施资本要求。2013 年 6 月，金融稳定监管委员会提议将 AIG、保德信金融集团和 GE 资本指定为上述机构。

为了阻止向影子银行的转移，还需要采取更多的措施。Gorton 和 Metrick（2010）讨论了几项额外的建议，包括将提供银行类服务（交易账户和随时取现）的 MMFs 转化为存在适当监管、政府保险与最后贷款人的“狭义储蓄银行”。

8.5.2　流动性要求——国际与美国的发展历程

尽管在美国监管中，准备金要求已退居二线，但美国和其他国家对金融机构的流动性要求势头迅猛。下文对其发展进行简要介绍。

巴塞尔委员会将流动性监管纳入巴塞尔协议Ⅲ，使其区别于巴塞尔协议Ⅰ与巴塞尔协议Ⅱ，前者仅关注了加强资本监管。2012 年 12 月，流动性框架（BIS，2010）补充引入两项最低流动性要求。第一是流动性覆盖率（LCR），可以提高短期的抗压性——在持续 30 日压力情景下，银行必须保持充足优质流动性资产。第二是净稳定资金比率（NSFR），提高长期抗压性——减少对融资市场的依赖。基于长期资产与活动的流动性特征，银行必须持有“稳定资金”的最低限额。巴塞尔委员会最初仅关注实施 LCR，2013 年 1 月，监督机构批准通过修订版（2013c）。目前，协议也致力于实施 NSFR。下文反映了这一方法：深度讨论 LCR，简要描述 NSFR。

LCR 规定监管者设定压力情境下，银行优质流动性资产（HQLA）通常等于或超过未来 30 日资金净流出量（NCOF）。

$$LCR = \frac{HQLA}{NCOF} \geqslant 100\%$$

分子包括 1 级资产（现金、中央银行储备、某些主权和中央银行支持市场化证券），2A 级资产（某些政府证券、资产担保债券、企业债券），以及 2B 级资产（低利率传统优质企业债、某些住房抵押贷款支持证券）。银行 HQLA 总量中，2（2B）级资产占比不超过 40%（15%）。分母定义为设定未来 30 日压力情境下，总预期现金流出减总预期现金流入。预计的现金流出总额是通过将不同类型的负债和表外承诺的未偿余额乘以预期的利率水平或在规定的压力情景下被拉下的比率来计算的。例如，压力情景下，如果无担保银行同业拆借到期，贷款将完全流失，然而，存款预期将减少5%或10%（这取决于存款类型）。为确保最低HQLA持有水平，总现金流入受限于75%总预期现金流出。尽管银行预期LCR高于100%，但是，最新议案表明衰退期间，银行LCR小于最低要求（BIS，2013b）。截至2015年1月，LCR将在全球范围推广，最低要求起始值为60%，随后逐年提高10%，至2019年1月1日，比例将上升至100%。

联邦储备计划按照LCR部分形式实施，但是其范围、时机与性质仍尚不明确。在实施《多德—弗兰克法案》系统风险监管框架的过程中，联邦储备委员会表示计划将LCR应用于：（a）所有或部分美国系统重要性金融机构或SIFIs（合并资产过500亿美元的BHCs，以及金融稳定监管委员会指定具有系统重要性的非银行金融企业）（联邦储备，2012a）；（b）美国所有或大部分外资银行业务（合并资产过500亿美元）（联邦储备，2012b）。

如果得以实施，目前尚不清楚LCR将如何与《多德—弗兰克法案》加强对美国和外国机构的审慎标准的流动性风险管理标准进行互动。两者存在本质区别。首先，LCR提出了通用的流动性假设，所有银行必须使用该假设，以确定流动性缓冲规模。联邦储备提出内部压力测试，要求每家机构均使用该测试，以调整资本结构、风险、复杂性、规模与活动，并使用测试结果计算流动性缓冲规模。其次，LCR要求银行在建立HQLA股票时，对特定资产类别进行规定的扣减，而美联储的提议只是要求一家机构对其流动性缓冲中包含的资产的公允市场价值进行贴现，以反映市场波动和信贷风险。最后，LCR依赖于外部评级，并要求银行计算降级所需增加担保物数量，而《多德—弗兰克法案》939A部分认为监管无须依靠外部评级，需要代之以信誉标准。

特定压力情景下，基于银行长期资产与活动的流动性特征，NSFR规定银行的可获得稳定资金（ASF）数量高于要求稳定资金（RSF）数量。

$$NSFR = \frac{ASF}{RSF} > 100\%$$

稳定资金包括股权，一年期以上的优先股，一年期以上的负债，活期存款/定期存款/一年期以上的批发融资，以规避非系统性风险。分子由银行稳定资金持有量加权确定。例如，一级与二级资本加权100%（完全稳定），稳定存款加权80%，而弱稳定存款加权50%。分母等于银行资产与表外活动乘以相应RSF因子的总和。较强流动性的活动对应较低的RSF因子（且要求较少稳定资金），因为在压力条件下，它们能够作为长期流动性的来源。例如，现金加权0，条件撤销与不可撤销信用证以及流动性工具加权5%，一年期非金融企业/主权/中央银行贷款加权50%，巴塞尔协议Ⅱ标准法风险系数35%以内的住房抵押贷款加权65%，而一年期散户和小型商业客户贷款加权85%［详见BIS（2010）］。

8.5.3 充分理解流动性要求与资本要求的相互作用

流动性要求与资本要求被用于解决不同的问题，且影响银行平衡表的不同方面——流动性要求处理了负债的退出风险，规定部分资产以现金持有，或存放中央银行，而资本要求处理了资产的替代风险，规定部分银行负债以股权形式持有。然而，流动性要求与资本要求可能相互影响。几乎没有学术研究涉及该重要领域。

两篇最新文章从理论上解决了该问题。Acharya、Mehran 和 Thakor（2013）研究了银行最优资本监管。银行面临两类道德风险：经理层逃避责任（例如，监管不足）以及股东的风险转移。他们发现最低资本要求仅解决后者而非前者，因为债务过度安全，导致消除了与贷款监督相关的市场准则。为解决两类道德风险，他们建议监管者设置两种资本要求：常规最低资本要求与“特殊资本账户”。常规资本可用于投资任何类型资产，特殊资本必须投资于相对安全且具有流动性的资产（受监管，且流动性不会引起价格螺旋下降），例如国债。因此，该资本可视为满足流动性要求。此文的关键创新点在于只要银行具备偿还能力，特殊资本属于银行股东，但如果银行破产，该资本归属于监管者，而非银行债权人。这表明就银行债权人而言，特殊资本是“无形的”，且不稀释银行监管。

相较于资本，Calomiris、Heider 和 Hoerova（2013）提到了现金的两个特征：现金价值可见且零风险，不受风险转移的影响。这表明现金不仅降低外部提款冲击导致的流动性风险，而且减少了内部资产风险。具体而言，市场发现当持有较多现金的银行将制定更多与审慎管理相关的措施，并且更愿意提供资金时，这表明经济衰退期间，银行将规避高资产风险，并增加现金持有量，以保持市场信心。本文的一个核心观点是流动性要求不应该仅被视为处理金融危机流动性风险的保险单，而应作为审慎监管工具——类似于资本要求——限制违约风险，并鼓励风险管理。换言之，流动性要求与资本要求存在（不完全）互补性。

通过充分理解金融危机中政府干预性质，制定资本与流动性要求的最优设计。坦率承认政府干预是难以避免的，并探究资本与流动性要求如何被事前设计，前提是知道在可以预先确定的情况下，紧急援助将会发生。

8.6　结论

本章介绍银行流动性创造的相关理论与实证检验，以便阐明金融系统核心方面的经济基础。本章还包括了监管问题，以及银行由 OTH 模型向 OTH 与 OTD 混合模型演变如何影响监管。该演变发展对监管政策具有深刻影响，该政策用于确保无金融危机条件下，流动性创造能够持续。

如上所述，现有研究仍存在很大空间。首先，针对传统 OTH 银行业与新兴影子银行系统，如何制定资本要求。其次，如何制定流动性要求。两个问题不应该割裂解决。充分理解资本与流动性要求的相互作用很关键。最后，Farhi 和 Tirole（2012）强调因为监管者无法事前区分破产与流动性匮乏，可能导致银行救济的低效。因此，监管者对破产与流动性匮乏加以区分，对于及时干预危机十分重要。

附录 8.1：影子银行系统

作为影子银行系统的一部分，不同类型的活动与机构在持续发展演进。重要参与者如下所示（详见 Adrian 和 Ashcraft，2012）。

第一，资产支持债券（ABS）：由贷款等资产池支持的证券。标的资产的现金流被分割成若干层级。顶层评级最高（例如，AAA），底层是股权，由发行方持有。通常，创建特殊目的载体（SPV）以进行证券化。SPV 是一种“破产隔离”，使结构获得表外收益。担保债务凭证（CDOs）是 ABS 的一种特殊形式，低评级证券被整合，然后以多种方式重新分割，构建包括 AAA 与 AA 的更高评级层。一些学者将次贷危机归咎于 CDOs 的复杂性，以及评级机构估值模型失败。1987 年，德崇证券公司创建了第一只 CDO。2007 年，CDO 发行量达到峰值，危机期间完全破裂。

第二，资产支持商业票据（ABCP）：ABCP 是破产隔离实体，发行 CP 以融资购买金融资产池（例如，应收账款）。为提高 CP 吸引力或获取高评级，项目管理者一般会安排信用增级（例如，超额担保或盈余现金），以及流动性资金支持。2007 年夏天，ABCP 发生挤兑，发起人宣布破产，三项抵押贷款计划延期。由于无法评估 ABCP 持有量，2007 年 8 月 7 日，法国巴黎银行暂停货币市场基金赎回。随后，超过 100 项计划（三分之一市场）发生投资者挤兑（详见 Covitz、Liang 和 Suare，2013）。

第三，第三方回购协议（repos）：repos 属于担保存款。储蓄者短期（隔夜）存放资金，且银行承诺支付隔夜回购利率。因为基金量过大而缺乏存款保险，储蓄者要求抵押担保，如果银行破产，储蓄者能够变卖出售担保品。回购存在过度担保——担保价值与出售价格的差额即回购折扣率。第三方回购协议中，清算行持有担保物，确保借入方与借出方均受违约保护。相较于银行破产抵押物自动中止，1984 年法案豁免回购“安全”担保品，表明借出方面临借入方违约时，能够获取担保品优先权，这加速了市场发展。2005 年，住房抵押贷款支持回购面临相同的情况，其迅速发展导致了次贷危机期间回购的发生。

第四，货币市场基金（MMFs）：MMFs 是开放式基金，投资于短期证券，例如，国债、CP 和回购协议。自 1971 年，投资者认为 MMFs 可作为银行存款的替代选择。同年，Q 条例限制了银行的存款利率。2008 年，MMF 达到峰值 35000 亿美元。MMF 资产净值通常保持在 1 美元的水平。如果低于 1 美元，则“跌破账面值”。当投资收益无法弥补营业费用，例如利率下降，该情况将会发生。雷曼兄弟破产次日，美国货币市场基金跌破账面值，引发 MMFs 挤兑。为应对此现象，基金经理卖出资产或购进国债，从而加剧其他工具（例如回购协议和 CP）的融资问题。

参考文献

[1] Acharya V. V., Mehran H., and Thakor A. V. (2013). Caught between Scylla and Charybdis? Regulating Bank Leverage when there is Rent Seeking and Risk Shifting. Working Paper.

[2] Acharya V. V., Shin H. S., and Yorulmazer T. (2009). Endogenous Choice of Bank Liquidity: The Role of Fire Sales. Working Paper.

[3] Acharya V. V. and Thakor A. V. (2012). The Dark Side of Liquidity Creation: Leverage and Systemic Risk. Working Paper.

[4] Admati A. R., DeMarzo P. M., Hellwig M. F., and Pfleiderer P. (2011). Fallacies, Irrelevant Facts, and Myths in the Discussion of Capital Regulation: Why Bank Equity is not Expensive. Working Paper.

［5］ Admati A. R. , DeMarzo P. M. , Hellwig M. F. , and Pfleiderer P. (2014). The Leverage Ratchet Effect. Working Paper.

［6］ Admati A. R. and Hellwig M. F. (2013). *The Bankers' New Clothes: What's Wrong with Banking and What to Do about It.* Princeton, nJ: Princeton University Press.

［7］ Adrian T. and Ashcraft A. B. (2012). Shadow Banking: A Review of the Literature. In: S. n. Durlauf and L. E. Blume (Eds.), *The New Palgrave Dictionary of Economics.* New York, NY: Palgrave Macmillan.

［8］ Aghion P. , Bolton P. , and Tirole J. (2004). Exit options in Corporate Finance: Liquidity versus Incentives, *Review of Finance* 8, 327 – 353.

［9］ Aiyar S. , Calomiris C. W. , and Wieladek T. (2012). Does Macropru Leak? Evidence from a UK Policy Experiment, Bank of England Working Paper no. 445.

［10］ Allen F. (1990). The Market for Information and the origin of Financial Intermediation, *Journal of Financial Intermediation* 1, 3 – 30.

［11］ Allen F. and Gale D. (2004). Financial Intermediaries and Markets, *Econometrica* 72, 1023 – 1061.

［12］ Allen F. and Santomero A. M. (1998). The Theory of Financial Intermediation, *Journal of Banking and Finance* 21, 1461 – 1485.

［13］ Allen L. , Peristiani S. , and Saunders A. (1989). Bank Size, Collateral, and net Purchase Behavior in the Federal Funds Market: Empirical Evidence, *Journal of Business* 62, 501 – 515.

［14］ Armantier O. , Ghysels E. , Sarkar A. , and Shrader J. (2011). Stigma in Financial Markets: Evidence from Liquidity Auctions and Discount Window Borrowing during the Crisis. Federal Reserve Bank of new york Working Paper.

［15］ Auerbach. R. (2010). Malpractice at the Bernanke Federal Reserve, *Huffington Post* September 13.

［16］ Bai J. , Krishnamurthy A. , and Weymuller C. – H. (2013). Measuring Liquidity Mismatch in the Banking Sector. Working Paper.

［17］ Baker M. and Wurgler J. (2013). Would Stricter Capital Requirements Raise the Cost of Capital? Bank Capital Regulation and the Low Risk Anomaly. Working Paper.

［18］ Beltratti A. and Stulz R. M. (2012). The Credit Crisis Around the Globe: Why Did Some Banks Perform Better?, *Journal of Financial Economics* 105, 1 – 17.

［19］ Benink H. and Benston G. (2005). The Future of Banking Regulation in Developed Countries: Lessons from and for Europe, *Financial Markets, Institutions & Instruments* 14, 289 – 328.

［20］ Berger A. N. , Black L. K. , Bouwman C. H. S. , and Dlugosz J. (2013). The Federal Reserve's Discount Window and TAF Programs: Pushing on a String? Working Paper.

［21］ Berger A. N. and Bouwman C. H. S. (2009). Bank Liquidity Creation, *Review of Financial Studies* 22, 3779 – 3837.

［22］ Berger A. N. and Bouwman C. H. S. (2013). How Does Capital Affect Bank Performance During Financial Crises?, *Journal of Financial Economics* 109, 146 – 176.

［23］ Berger A. N. , Bouwman C. H. S. , Kick T. , and Schaeck K. (2013). Bank Risk Taking and Liquidity Creation Following Regulatory Interventions and Capital Support. Working Paper.

［24］ Berger A. N. , Herring R. J. , and Szego G. P. (1995). The Role of Capital in Financial Institutions, *Journal of Banking and Finance* 19, 393 – 430.

［25］ Berger A. N. , Miller N. H. , Petersen M. A. , Rajan R. G. , and Stein J. C. (2005). Does

Function Follow organizational Form? Evidence from the Lending Practices of Large and Small Banks, *Journal of Financial Economics* 76, 237 – 269.

[26] Berger A. N. and Udell G. F. (1992). Some Evidence on the Empirical Significance of Rationing, *Journal of Political Economy* 100, 1047 – 1077.

[27] Berger A. n. and Udell G. F. (1994). Did Risk – Based Capital Allocate Bank Credit and Cause a "Credit Crunch" in the United States?, *Journal of Money, Credit, and Banking* 26, 585 – 628.

[28] Berger A. n. and Udell G. F. (1995). Relationship Lending and Lines of Credit in Small Firm Finance, *Journal of Business* 68, 351 – 381.

[29] Berkovitch E. and Greenbaum S. I. (1991). The Loan Commitment as an optimal Financing Contract, *Journal of Financial and Quantitative Analysis* 26, 83 – 95.

[30] Berlin M. and Mester L. J. (1999). Deposits and Relationship Lending, *Review of Financial Studies* 12, 579 – 607.

[31] Bernanke B. S. (1983). Nonmonetary Effects of the Financial Crisis in Propagation of the Great Depression, *American Economic Review* 73, 257 – 276.

[32] Bernanke B. S. (2008). Liquidity Provision by the Federal Reserve. Remarks at the Federal Reserve Bank of Atlanta Financial Markets Conference, Sea Island, Georgia, May 18.

[33] Bernanke B. S. (2010). Causes of the Recent Financial and Economic Crisis. Statement before the Financial Crisis Inquiry Commission, Washington, DC, delivered on September 2.

[34] Berndt A. and Gupta, A. (2009). Moral Hazard and Adverse Selection in the originate – to – Distribute Model of Bank Credit, *Journal of Monetary Economics* 56, 725 – 743.

[35] Berrospide J. M. and Edge R. M. (2010). The Effects of Bank Capital on Lending: What Do We Know, and What Does It Mean?, *International Journal of Central Banking* 6, 5 – 54.

[36] Besanko D. and Kanatas G. (1996). The Regulation of Bank Capital: Do Capital Standards Promote Bank Safety?, *Journal of Financial Intermediation* 5, 160 – 183.

[37] Bharath S., Dahiya S., Saunders A., and Srinivasan A. (2007). So What Do I Get? The Bank's View of Lending Relationships, *Journal of Financial Economics* 85, 368 – 419.

[38] Bhattacharya S. and Thakor A. V. (1993). Contemporary Banking Theory, *Journal of Financial Intermediation* 3, 2 – 50.

[39] Billett M. T., Flannery M. J., and Garfinkel J. A. (1995). The Effect of Lender Identity on a Borrowing Firm's Equity Return, *Journal of Finance* 50, 699 – 718.

[40] Billett M. T., Flannery M. J., and Garfinkel J. A. (2006). Are Bank Loans Special? Evidence on the Post – Announcement Performance of Bank Borrowers, *Journal of Financial and Quantitative Analysis* 4, 733 – 751.

[41] BIS (Bank for International Settlements) (2010). Basel Ⅲ: International Framework for Liquidity Risk Measurement, Standards and Monitoring, December. BIS (Bank for International Settlements) (2011). Global Systemically Important Banks: Assessment Methodology and the Additional Loss Absorbency Requirement, July.

[42] BIS (Bank for International Settlements) (2013a). Group of Governors and Heads of Supervision Endorses Revised Liquidity Standards for Banks, January.

[43] BIS (Bank for International Settlements) (2013b). Basel Ⅲ: The Liquidity Coverage Ratio and Liquidity Risk Monitoring Tools, January.

[44] BIS (Bank for International Settlements) (2013c). Report to G20 Finance Ministers and Central Bank

Governors on Monitoring Implementation of Basel Ⅲ Regulatory Reform, April.

[45] Black L. K. and Hazelwood L. N. (2013). The Effect of TARP on Bank Risk – Taking, *Journal of Financial Stability*, 9, 790 – 803.

[46] Blackwell N. R., and Santomero A. M. (1982). Bank Credit Rationing and the Customer Relation, *Journal of Monetary Economics* 9, 121 – 129.

[47] Board of Governors of the Federal Reserve System (1959). The Federal Funds Market: A Study by a Federal Reserve System Committee, Washington, DC.

[48] Boot A. W. A. (2000). Relationship Banking: What Do We Know?, *Journal of Financial Intermediation* 9, 7 – 25.

[49] Boot A. W. A., Greenbaum S. I., and Thakor A. V. (1993). Reputation and Discretion in Financial Contracting, *American Economic Review* 83, 1165 – 1183.

[50] Boot A. W. A. and Thakor A. V. (1993). Security Design, *Journal of Finance* 48, 1349 – 1378.

[51] Boot A. W. A. and Thakor A. V. (1994). Moral Hazard and Secured lending in an Infinitely Repeated Credit Market Game, *International Economic Review* 35, 899 – 920.

[52] Boot A. W. A. and Thakor A. V. (2000). Can Relationship Banking Survive Competition?, *Journal of Finance* 55, 679 – 714.

[53] Boot A. W. A., Thakor A. V., and Udell G. F. (1991). Credible Commitments, Contract Enforcement Problems and Banks: Intermediation as Credibility Assurance, *Journal of Banking and Finance* 15, 605 – 632.

[54] Bord V. M. and Santos J. A. C. (2012). The Rise of the originate – to – Distribute Model and the Role of Banks in Financial Intermediation, FRBNY Economic Policy Review July, 21 – 34.

[55] Brunnermeier M. K. and Oehmke M. (2013). The Maturity Rat Race, *Journal of Finance* 6, 483 – 521.

[56] Bryant J. (1980). A Model of Reserves, Bank Runs, and Deposit Insurance, *Journal of Banking and Finance* 4, 335 – 344.

[57] Calomiris C. W. and Gorton G. B. (1991). The origins of Banking Panics: Models, Facts, and Bank Regulation. In: R. G. Hubbard (Ed.), *Financial Markets and Financial Crises*, 109 – 174. nBER: University of Chicago Press.

[58] Calomiris C. W., Heider F., and Hoerova M. (2013). A Theory of Bank Liquidity Requirements. Working Paper.

[59] Calomiris C. W. and Herring R. J. (2011). Why and How to Design a Contingent Convertible Debt Requirement. Working Paper.

[60] Calomiris C. W., Himmelberg C. P., and Wachtel P. (1995). Commercial Paper and Corporate Finance: A Microeconomic Perspective, Carnegie—*Rochester Conference Series on Public Policy* 45, 203 – 250.

[61] Calomiris C. W. and Kahn C. M. (1991). The Role of Demandable Debt in Structuring optimal Banking Arrangements, *American Economic Review* 81, 497 – 513.

[62] Calomiris C. W. and Mason J. R. (2008). Resolving the Puzzle of the Underissuance of national Bank notes, *Explorations in Economic History* 45, 327 – 355.

[63] Calomiris C. W. and Pornrojnangkool T. (2009). Relationship Banking and the Pricing of Financial Services, *Journal of Financial Services Research* 35, 189 – 224.

[64] Calomiris C. W. and Wilson B. (2004). Bank Capital and Portfolio Management: The 1930s "Capital Crunch" and the Scramble to Shed Risk, *Journal of Business* 77, 421 – 455.

[65] Campbell T. S. (1978). A Model of the Market for Lines of Credit, *Journal of Finance* 33, 231 – 244.

[66] Campbell T. S., Chan y. – S., and Marino A. M. (1992). An Incentive – Based Theory of Bank Regulation, *Journal of Financial Intermediation* 2, 255 – 276.

[67] Campello M., Giambona E., Graham J. R., and Harvey C. R. (2011). Liquidity Management and Corporate Investment During a Financial Crisis, *Review of Financial Studies* 24, 1944 – 1979.

[68] Champ B. (2007). The national Banking System: A Brief History. Working Paper.

[69] Chan y. – S., Greenbaum S. I., and Thakor A. V. (1992). Is Fairly Priced Deposit Insurance Possible?, *Journal of Finance* 47, 227 – 245.

[70] Chari V. V. and Jagannathan R. (1988). Banking Panics, Information, and Rational Expectations Equilibrium, *Journal of Finance* 43, 749 – 761.

[71] Claessens S., Pozsar Z., Ratnovski L., and Singh M. (2012). Shadow Banking: Economics and Policy, IMF Staff Discussion note no. SDn/12/12.

[72] Copeland A., Martin A., and Walker M. (2012). *Repo Runs: Evidence from the Tri – Party Repo Market*, Federal Reserve Bank of new york Staff Reports no. 506.

[73] Cornett M. M., Mcnutt J. J., Strahan P. E., and Tehranian H. (2011). Liquidity Risk Management and Credit Supply in the Financial Crisis, *Journal of Financial Economics* 101, 297 – 312.

[74] Coval J. and Thakor A. V (2005). Financial Intermediation as a Beliefs – Bridge between optimists and Pessimists, *Journal of Financial Economics* 75, 535 – 570.

[75] Covitz D. M., Liang n., and Suarez G. A. (2013). The Evolution of a Financial Crisis: Collapse of the Asset – Backed Commercial Paper Market, *Journal of Finance* 68, 815 – 848.

[76] Dai Z., Zhang H., and Zhao F. (2013). Tug – of – War: Incentive Alignment in Securitization and Loan Performance. Working Paper.

[77] Dasgupta S. (2009). Comment on L. Zingales: Why not Consider Maximum Reserve Ratios?, *The Economist's Voice* 6 (4), Art. 6.

[78] Degryse H., Kim M., and ongena S. (2009). *Microeconometrics of Banking: Methods, Applications, and Results.* oxford: oxford University Press.

[79] Dell'Ariccia G., Detragiache E., and Rajan R. G. (2008). The Real Effects of Banking Crises, *Journal of Financial Intermediation* 17, 89 – 112.

[80] Dell'Ariccia G., Igan D., and Laeven L. (2012). Credit Booms and Lending Standards: Evidence from the Subprime Mortgage Market, *Journal of Money, Credit, and Banking* 44, 367 – 384.

[81] Dell'Ariccia G. and Marquez R. (2006). Lending Booms and Lending Standards, *Journal of Finance* 61, 2511 – 2546.

[82] Demirgüç – Kunt A. and Huizinga H. (1999). Determinants of Commercial Bank Interest Margins and Profitability: Some International Evidence, *World Bank Economic Review* 13, 379 – 408.

[83] Demiruglu C. and James C. M. (2012). How Important is Having Skin in the Game? originator – Sponsor Affiliation and Losses on Mortgage – Backed Securities, *Review of Financial Studies* 25, 3217 – 3258.

[84] Demyanyk Y. and Van Hemert O. (2011). Understanding the Subprime Mortgage Crisis, *Review of Financial Studies* 24, 1848 – 1880.

[85] Dewatripont M. and Tirole J. (1994). A Theory of Debt and Equity: Diversity of Securities and Manager – Shareholder Congruence, *Quarterly Journal of Economics* 109, 1027 – 1054.

[86] Diamond D. W. (1984). Financial Intermediation and Delegated Monitoring, *Review of Economic*

Studies 51, 393 -414.

[87] Diamond D. W. and Dybvig P. H. (1983). Bank Runs, Deposit Insurance, and Liquidity, *Journal of Political Economy* 91, 401 -419.

[88] Diamond D. W. and Rajan R. G. (2001). Liquidity Risk, Liquidity Creation, and Financial Fragility: A Theory of Banking, *Journal of Political Economy* 109, 287 -327.

[89] Distinguin I., Roulet C., and Tarazi A. (2013). Bank Regulatory Capital and Liquidity: Evidence from US and European Publicly Traded Banks, *Journal of Banking and Finance* 37, 3295 -3317.

[90] Drechsler I., Drechsel T., Marques - Ibanez D., and Schnabl P. (2013). Who Borrows from the Lender of Last Resort? Evidence from the European Financial Crisis. Working Paper.

[91] Drucker S. and Puri M. (2005). on the Benefits of Concurrent Lending and Underwriting, *Journal of Finance* 60, 2763 -2799.

[92] Drucker S. and Puri M. (2009). on Loan Sales, Loan Contracting, and Lending Relationships, *Review of Financial Studies* 22, 2835 -2872.

[93] Duchin R. and Sosyura D. (Forthcoming). Safer Ratios, Riskier Portfolios: Banks' Response to Government Aid. Working Paper.

[94] Edlin A. S. and Jaffee D. M. (2009). Show Me the Money, *The Economists'Voice* 6, 1 -5.

[95] Ennis H. M. and Weinberg J. A. (Forthcoming). over - the - Counter Loans, Adverse Selection, and Stigma in the Interbank Market, *Review of Economic Dynamics*.

[96] European Parliament (2011). US Implementation of Basel Ⅱ: Final Rules Issued, but no Supervisory Approvals to Date. Briefing note Requested by the European Parliament's Committee on Economic and Monetary Affairs.

[97] Farhi E. and Tirole J. (2012). Collective Moral Hazard, Maturity Mismatch, and Systemic Bailouts, *American Economic Review* 102, 60 -93.

[98] FDIC (Federal Deposit Insurance Corporation) (2003). Basel and the Evolution of Capital Regulation: Moving Forward, Looking Back. A Study by S. Burhouse, J. Feid, G. French, and K. Ligon.

[99] Federal Reserve (1933). Member Bank Reserves—Report of the Committee on Bank Reserves of the Federal Reserve System. In: 19*th Annual Report of the Board of Governors of the Federal Reserve System*, 260 - 285.

[100] Federal Reserve (2007). Risk - Based Capital Standards: Advanced Capital Adequacy Framework—Basel Ⅱ, 72 *Federal Register* 235 December 7.

[101] Federal Reserve (2012a). Enhanced Prudential Standards and Early Remediation Requirements for Covered Companies, 77 *Federal Register* 594 January 5.

[102] Federal Reserve (2012b). Enhanced Prudential Standards and Early Remediation Requirements for Foreign Banking organizations and Foreign nonbank Financial Companies, 77 *Federal Register* 76627 December 28.

[103] Feinman J. N. R. (1993). Reserve Requirements: History, Current Practice, and Potential Reform, *Federal Reserve Bulletin* June, 569 -589.

[104] Francis W. A. and Osborne M. (2012). Capital Requirements and Bank Behavior in the UK: Are There Lessons for International Capital Standards?, *Journal of Banking and Finance* 36, 803 -816.

[105] Freixas X. and Rochet J. -C. (2008). *Microeconomics of Banking*. 2nd edition. Boston, MA: MIT Press.

[106] FSB (Financial Stability Board) (2011). Shadow Banking: Strengthening oversight and Regulation.

Recommendations of the Financial Stability Board.

[107] FSB (Financial Stability Board) (2012a). Securities Lending and Repos: Market overview and Financial Stability Issues. Interim Report of the FSB Workstream on Securities Lending and Repos, April 27.

[108] FSB (Financial Stability Board) (2012b). Update of Group of Global Systemically Important Banks (G-SIBs), november 1.

[109] FSB (Financial Stability Board) (2012c). Strengthening oversight and Regulation of Shadow Banking: An Integrated overview of Policy Recommendations, November 18.

[110] Furfine C. (2001). The Reluctance to Borrow from the Fed, *Economics Letters* 72, 209-213.

[111] Gande A. and Saunders A. (2012). Are Banks Still Special when There is a Secondary Market for Loans?, *Journal of Finance* 67, 1649-1684.

[112] Gatev E., Schuermann T., and Strahan P. E. (2006). How do Banks Manage Liquidity Risk? Evidence from the Equity and Deposit Markets in the Fall of 1998. In: M. Carey and R. Stulz (Eds.), *Risks of Financial Institutions*, 105-127. Chicago, IL: University of Chicago Press.

[113] Gatev E., Schuermann T., and Strahan P. E. (2009). Managing Bank Liquidity Risk: How Deposit-Loan Synergies Vary with Market Conditions, *Review of Financial Studies* 22, 995-1020.

[114] Gennaioli n., Shleifer A., and Vishny R. W. (2013). A Model of Shadow Banking, *Journal of Finance* 68, 1331-1363.

[115] Genotte G. and Pyle D. H. (1991). Capital Controls and Bank Risk, *Journal of Banking and Finance* 15, 805-824.

[116] Gorton G. B. (1988). Banking Panics and the Business Cycle, *Oxford Economic Papers* 40, 751-781.

[117] Gorton G. B. and Haubrich J. G. (1990). The Loan Sales Market. In: George Kaufman (Ed.), *Research in Financial Services*, 85-135. Greenwich, US: Jai Press.

[118] Gorton G. B. and Metrick A. (2010). Regulating the Shadow Banking System, *Brookings Papers on Economic Activity* 41, 261-312.

[119] Gorton G. B. and Metrick A. (2012). Securitized Banking and the Run on Repo, *Journal of Financial Economics* 104, 425-451.

[120] Gorton G. B. and Pennacchi G. G. (1990). Financial Intermediaries and Liquidity Creation, *Journal of Finance* 45, 49-71.

[121] Gorton G. B. and Pennacchi G. G. (1995). Banks and Loan Sales: Marketing non-Marketable Assets, *Journal of Monetary Economics* 3, 389-411.

[122] Greenbaum S. I., Kanatas G., and Venezia I. (1989). Equilibrium Loan Pricing under the Bank-Client Relationship, *Journal of Banking and Finance* 13, 221-235.

[123] Greenbaum S. I. and Thakor A. V. (1987). Bank Funding Modes: Securitization versus Deposits, *Journal of Banking and Finance* 11, 379-401.

[124] Greenbaum S. I. and Thakor A. V. (2007). *Contemporary Financial Intermediation.* 2nd edition. Amsterdam: north Holland, Elsevier/Academic Press.

[125] Gupta A., Singh A. K., and Zebedee A. A. (2008). Liquidity in the Pricing of Syndicated Loans, *Journal of Financial Markets* 11, 339-376.

[126] Haldane A. G. and Madouros V. (2012). The Dog and the Frisbee. Speech at the Jackson Hole Economic Policy Symposium, August 31.

[127] Hancock D., Laing A. J., and Wilcox J. A. (1995). Bank Balance Sheet Shocks and Aggregate

Shocks: Their Dynamic Effects on Bank Capital and Lending, *Journal of Banking and Finance* 19, 661 – 677.

[128] Hanson S. G., Kashyap A. K., and Stein J. C. (2011). A Macroprudential Approach to Financial Regulation, *Journal of Economic Perspectives* 25, 3 – 28.

[129] Hart O. and Zingales L. (2011). A New Capital Regulation for Large Financial Institutions, *American Law and Economics Review* 13, 453 – 490.

[130] Hellmann T. F., Murdock K. C., and Stiglitz J. E. (2000). Liberalization, Moral Hazard in Banking, and Prudential Regulation: Are Capital Requirements Enough?, *American Economic Review* 90, 147 – 165.

[131] Hellwig M. (1994). Liquidity Provision, Banking, and the Allocation of Interest Rate Risk, *European Economic Review* 39, 1363 – 1389.

[132] Ho T. S. Y. and Saunders A. (1983). Fixed Rate Loan Commitments, Take – Down Risk, and the Dynamics of Hedging with Futures, *Journal of Financial and Quantitative Analysis* 18, 499 – 516.

[133] Hoenig T. (2012). Get Basel Ⅲ Right and Avoid Basel Ⅳ, *Financial Times* December 12. Holmstrom, B. and Tirole, J. (1998). Public and Private Supply of Liquidity, *Journal of Political Economy* 106, 1 – 40.

[134] Horvath R., Seidler J., and Weill L. (Forthcoming). Bank Capital and Liquidity Creation: Granger – Causality Evidence, *Journal of Financial Services Research.*

[135] Ivashina V. and Scharfstein D. (2010). Bank Lending during the Financial Crisis of 2008, *Journal of Financial Economics* 97, 319 – 338.

[136] James C. M. (1981). Self – Selection and the Pricing of Bank Services: An Analysis of the Market for Bank Loan Commitments and the Role of the Compensating Balance Requirements, *Journal of Financial and Quantitative Analysis* 16, 725 – 746.

[137] James C. M. (1987). Some Evidence on the Uniqueness of Bank Loans, Journal of Financial Economics 19, 217 – 236. James C. M. (1988). The Use of Loan Sales and Standby Letters of Credit by Commercial Banks, *Journal of Monetary Economics* 22, 395 – 422.

[138] Jiménez G., ongena S., Peydró J. – L., and Saurina J. (2013). Macroprudential Policy, Countercyclical Bank Capital Buffers and Credit Supply: Evidence from the Spanish Dynamic Provisioning Experiments. Working Paper.

[139] Kane E., Laeven L., and Demirgüç – Kunt A. (2008). Determinants of Deposit Insurance Adoption and Design, *Journal of Financial Intermediation* 17, 407 – 438.

[140] Kashyap A. K., Rajan R. G., and Stein J. C. (2002). Banks as Liquidity Providers: An Explanation for the Coexistence of Lending and Deposit – Taking, *Journal of Finance* 57, 33 – 73.

[141] Kashyap A. K., Rajan R. G., and Stein J. C. (2008). Rethinking Capital Regulation. In: *Federal Reserve Bank of Kansas City Symposium on Maintaining Stability in a Changing Financial System*, 431 – 471. Kansas City: Federal Reserve Bank of Kansas City.

[142] Kashyap A. K., Stein J. C., and Hanson S. (2010). An Analysis of the Impact of "Substantially Heightened" Capital Requirements on Large Financial Institutions. Working Paper.

[143] Keister T. and McAndrews J. J. (2009). Why Are Banks Holding So Many Excess Reserves?, *Current Issues in Economics and Finance—Federal Reserve Bank of New York* 15, 1 – 10.

[144] Keys B. J, Seru A., and Vig V. (2012). Lender Screening and the Role of Securitization: Evidence from Prime and Subprime Mortgage Markets, *Review of Financial Studies* 25, 2071 – 2108.

[145] Kim D. and Santomero A. M. (1988). Risk in Bank and Capital Regulation, *Journal of Finance*

43, 1219 - 1233.

[146] Koehn M. and Santomero A. M. (1980). Regulation of Bank Capital and Portfolio Risk, *Journal of Finance* 35, 1235 - 1244.

[147] Leland H. E. and Pyle D. H. (1977). Informational Asymmetries, Financial Structure and Financial Intermediation, *Journal of Finance* 32, 371 - 387.

[148] Li L. (Forthcoming). TARP Funds Distribution and Bank Loan Supply, *Journal of Banking and Finance.*

[149] Loutskina E. (2011). The Role of Securitization in Bank Liquidity and Funding Management, *Review of Financial Studies* 100, 663 - 684.

[150] McCulley P. (2007). Teton Reflections. PIMCo Global Central Bank Focus.

[151] McTague J. (Ed.). (2009). Where's the Stimulus, *Barrons* February 2.

[152] Mailath G. J. and Mester L. J. (1994). A Positive Analysis of Bank Closure, *Journal of Financial Intermediation* 3, 282 - 299.

[153] Martin A., Skeie D., and von Thadden E. - L. (2014a). Repo Runs, *Review of Financial Studies* 27, 957 - 989.

[154] Martin A., Skeie D., and von Thadden E. - L. (2013). The Fragility of Short - Term Secured Funding Markets, *Journal of Economic Theory* 149, 15 - 42.

[155] Mehran H. and Thakor A. V. (2011). Bank Capital and Value in the Cross - Section, *Review of Financial Studies* 24, 1019 - 1067.

[156] Melnik A. and Plaut S. (1986). Loan Commitment Contracts, Terms of Lending, and Credit Allocation, *Journal of Finance* 41, 425 - 435.

[157] Merton R. C. (1977). On the Pricing of Contingent Claims and the Modigliani - Miller Theorem, *Journal of Financial Economics* 5, 241 - 249.

[158] Merton R. C. and Bodie Z. (1992). On the Management of Financial Guarantees, *Financial Management* 21, 87 - 109.

[159] Mester L. J., Nakamura L. I., and Renault M. (2007). Transactions Accounts and Loan Monitoring, *Review of Financial Studies* 20, 529 - 556.

[160] Mian A. and Sufi A. (2009). The Consequences of Mortgage Credit Expansion: Evidence from the US Mortgage Default Crisis, *Quarterly Journal of Economics* 124, 1449 - 1496.

[161] Millon M. H. and Thakor A. V. (1985). Moral Hazard and Information Sharing: A Model of Financial Information Gathering Agencies, *Journal of Finance* 40, 1403 - 1422.

[162] Morgan D. P. (1994). Bank Credit Commitments, Credit Rationing, and Monetary Policy, *Journal of Money, Credit and Banking* 26, 87 - 101.

[163] O'Hara M. and Shaw W. (1990). Deposit Insurance and Wealth Effects: The Benefit of being Too Big to Fail, *Journal of Finance* 45, 1587 - 1600.

[164] Osborne M., Fuertes A. - M., and Milne A. K. L. (2012). In Good Times and In Bad: Bank Capital Ratios and Lending Rates. Working Paper.

[165] Parlour C. A. and Winton A. (2013). Laying off Credit Risk: Loan Sales versus Credit Default Swaps, *Journal of Financial Economics* 107, 25 - 45.

[166] Peek J. and Rosengren E. S. (1995). The Capital Crunch: neither a Borrower nor a Lender Be, *Journal of Money, Credit and Banking* 27, 625 - 638.

[167] Pennacchi G. G. (1988). Loan Sales and the Cost of Bank Capital, *Journal of Finance* 43, 375 -

396.

[168] Petersen M. A. and Rajan R. G. (1994). The Benefits of Lending Relationships: Evidence from Small Business Data, *Journal of Finance* 49, 3 - 37.

[169] Purnanandam A. (2011). Originate - to - Distribute Model and the Subprime Mortgage Crisis, *Review of Financial Studies* 24, 1881 - 1915.

[170] Rajan R. G. (1992). Insiders and outsiders: The Choice between Informed and Arm's - Length Debt, *Journal of Finance* 47, 1367 - 1400.

[171] Ramakrishnan R. T. S. and Thakor A. V. (1984). Information Reliability and a Theory of Financial Intermediation, *Review of Economic Studies* 51, 415 - 432.

[172] Repullo R. (2004). Capital Requirements, Market Power, and Risk - Taking in Banking, *Journal of Financial Intermediation* 13, 156 - 182.

[173] Saunders A. and Schumacher, L. (2000). The Determinants of Bank Interest Rate Margins: An International Study, *Journal of International Money and Finance* 19, 813 - 832.

[174] Sharpe S. A. (1990). Asymmetric Information, Bank Lending and Implicit Contracts: A Stylized Model of Customer Relationships, *Journal of Finance* 45, 1069 - 1087.

[175] Shockley R. and Thakor A. V. (1997). Bank Loan Commitments: Data, Theory, and Tests, *Journal of Money, Credit and Banking* 29, 517 - 534.

[176] Song F. and Thakor A. V. (2007). Relationship Banking, Fragility and the Asset - Liability Matching Problem, *Review of Financial Studies* 20, 2129 - 2177.

[177] Stiglitz J. E. (2007). Houses of Cards, *The Guardian* october 9.

[178] Sufi A. (2009). Bank Lines of Credit in Corporate Finance: An Empirical Analysis, *Review of Financial Studies* 22, 1057 - 1088.

[179] Sumner S. (2009). Comment on Brad Delong: Can We Generate Controlled Reflation in a Liquidity Trap?, *The Economists' Voice* 6 (4), Art. 7.

[180] Systemic Risk Council (2012). Comment Letter Regarding: Regulatory Capital Rules, october 4.

[181] Thakor A. V. (1996). Capital Requirements, Monetary Policy and Aggregate Bank Lending: Theory and Empirical Evidence, *Journal of Finance* 51, 279 - 324.

[182] Thakor A. V. (2005). Do Loan Commitments Cause overlending?, *Journal of Money, Credit and Banking* 37, 1067 - 1100.

[183] Von Thadden E. - L. (2004). Bank Capital Adequacy Regulation under the new Basel Accord, *Journal of Financial Intermediation* 13, 90 - 95.

第 9 章　银行业的多元化经营

9.1　引言

2007 年中期以来金融市场的动荡在不断重塑这个行业，并且引出了复杂的大型金融企业到底如何运作这一基本问题。有的人认为通过在地理和产品两个维度扩大规模和范围，并进行广泛的多元化经营，大型金融企业可以降低风险，并且免受宏观经济和金融市场的冲击。然而，大大小小的金融企业都受到了危机的影响。值得注意的是，随着与房地产相关的问题在产品、市场和地域上的扩展，很多大型的多元化企业反而受损最为严重。

虽然目前尚不能完全理解金融危机的影响，但回顾一下多元化经营对美国金融机构的风险和收益的已知影响也是有帮助的。这一观点是根据大型金融机构在金融危机期间和之后的表现而得出的，可以帮助决策者更好地理解在现有可选择的经营模式下，多元化经营的潜能和局限性，也可以帮助他们在考虑长期监管改革问题时实施更为有效的政策。

本章第二节研究了银行一开始选择进行多元化经营的可能解释。多元化经营是很自然的一个尝试，因为传统金融理论表明，当投资者可以通过持有一个充分分散的证券组合来有效规避公司特殊风险时，内部多元化就是无效的。然而，有很多证据表明存在市场摩擦，这就解释了为什么管理者会选择多元化经营，为什么多元化经营对于股东、债权人、监管者和管理者自身这些利益相关者来说是有益的。

本章第三节回顾了一些实证文献，这些文献调查研究了多元化经营对于金融企业的风险和收益的影响。不论是研究相对监管环境下的美国银行的早期文献，还是研究银行在过去几年表现的近期的文献，都没有就这一问题达成共识——有些研究发现多元化经营有显著的收益，而有些研究并不认同。

总而言之，很多关注银行和非银行企业之间反事实合并的研究发现了多元化收益的证据。然而，这些研究并不能解释风险的内生性，因此需要更为谨慎地加以解释。与此相反，一些关注会计核算的研究发现了产品多元化会加大风险的证据，尤其是按照非利息收入的增长进行核算的时候。另外，研究股票市场收益的文献则发现了多元化经营影响金融企业总体风险的混合证据。这些分歧无疑反映了研究的方法论、数据、样本和时间窗口的差异，符合基本金融理论，但同时也引出了有趣的疑问：开展更多元化的金融活动到底有什么影响？

本章第四节总结了这些研究结果可能的解释，并探讨了对金融市场参与者的启示。作者也向致力于维护金融稳定和银行业未来健康发展的银行监管者，以及探索多元化经营对金融机构的影响的学者们提出了一些问题。

9.2　理解多元化经营

本章的基本动机是观察发现，过去二十年，大型银行特别是美国的大型银行，在产品结构和地域上已经逐渐多元化。为了提供一些观点，表 9.1 列出了美国 1986 年、1996 年、2006 年和 2012 年前五大银行控股公司（根据每年 12 月的 Y-9C 报告中的银行控股公司总资产确定）的汇总统计数据。1986 年，前五大银行控股公司约持有银行总资产的 21%，其中约三分之二是传统贷款。这五家公司在 1986 年的净营业收入（定义为净利息收入加上非利息收入）的约 40% 来自非利息收入，例如费用、佣金、交易和受托收入。银行业中最大的这些公司在地理上也相对集中，平均在五个州经营。

在接下来的几十年中，随着监管限制的放松和市场压力的演变，银行业发生了巨大变化。由于过去十年里合并和强强联合的巨大浪潮，最大的银行控股公司相对于整个行业来说实现了增长。到了 2006 年，前五大银行控股公司持有银行总资产的一半。随着规模的扩大，其战略和重点也发生了变化——贷款成为资产负债表的一小部分，非利息收入逐渐开始主导利润表。DeYoung 和 Rice（2004）的研究显示了整个行业的类似趋势，非利息收入的相对重要性从 1970 年到 2003 年翻了一番以上。这些大型银行在更广泛的地域范围内经营，平均在 20 多个州都拥有分支机构。实际上，近年来许多大型银行进行合并的明确动机是希望建立全国性的特许经营（Clark 等，2007；Hirtle 和 Stiroh，2007）。

表 9.1　　**大型银行控股公司的演化**

	总资产		贷款/资产	非利息收入/净营业收入	州	分支机构	集中度	
	（$B）	份额					产品	地理
1986 年								
花旗公司	196	7.6	67.0	39.6	13	537	4623	6176
美洲银行公司	104	4.0	70.9	39.9	2	1145	4489	8140
大通银行	95	3.7	70.0	34.2	6	394	4864	8555
摩根大通公司	76	3.0	45.6	42.2	3	7	3930	8881
汉诺威公司	74	2.9	75.3	39.3	3	231	4616	9189
总计	546	21.2						
1996 年								
大通银行	336	7.9	49.5	46.8	7	755	3840	6364
花旗公司	281	6.6	63.8	47.3	11	395	3970	5073
美洲银行公司	251	5.9	67.6	40.3	12	1983	4327	4495
摩根大通公司	222	5.2	12.7	72.5	3	4	2671	9282
国民银行公司	186	4.4	66.7	37.0	11	1854	4440	1596
总计	1276	29.9						
2006 年								
花旗公司	1884	15.4	38.1	56.2	14	886	4113	4309

续表

	总资产		贷款/资产	非利息收入/净营业收入	州	分支机构	集中度	
	（$B）	份额					产品	地理
美洲银行公司	1464	11.9	49.4	54.4	31	5598	3658	1045
摩根大通公司	1352	11.0	35.7	64.7	19	2545	2891	2764
瓦乔维亚公司	707	5.8	62.0	46.2	17	3058	4046	1456
富国银行	482	3.9	73.6	44.5	23	3068	4162	1719
总计	5889	48.0						
2012 年								
摩根大通公司	2359	13.1	32.2	52.7	24	5449	3269	2411
美洲银行公司	2212	12.2	43.8	43.4	35	5499	4193	1003
花旗公司	1865	10.3	36.1	32.0	16	1035	5409	3788
富国银行	1423	7.9	59.2	51.2	40	6047	4292	856
高盛集团	939	5.2	7.4	85.2	1	1	3902	10000
总计	8798	48.7						
1986 年平均值	109	4.2	65.8	39.0	5	463	4504	8188
1996 年平均值	255	6.0	52.0	48.8	9	998	3850	5362
2006 年平均值	1178	9.6	51.8	53.2	21	3031	3774	2259
2012 年平均值	1760	9.7	35.7	52.9	23	3606	4213	3612

注：每家银行控股公司的数据来自每年 12 月的 Y－9C 报告。总资产份额是单个银行控股公司的总资产占 FDIC 在“1986 年银行历史统计”中报告的银行总资产的百分比，以及占 1996 年、2006 年和 2012 年 Y－9C 报告中银行控股公司总资产的百分比 。净营业收入 N 定义为净利息收入加上非利息收入。集中度度量是类别中所有项目的份额（乘以 100）的平方和。产品集中度是根据净利息收入、受托收入、服务、交易、费用和其他收入所占的比例而计算的 HHI 指数。地理集中度是根据 FDIC 在每年 6 月 30 日发布的存款概要中公布的各州（不包括波多黎各、关岛和维尔京群岛，但包括华盛顿）银行控股公司的存款分布而计算的 HHI 指数。

回顾过去的金融危机，这一观点带来了一波新的根本性变化。最引人注目的是行业结构发生了巨大变化，一些大公司加入了其他公司（美联银行加入了富国银行，美林证券加入了美洲银行，贝尔斯登加入了摩根大通等），而投资公司，比如高盛与摩根士丹利，则成为银行控股公司。到 2012 年，前五大银行控股公司拥有近 9 万亿美元的资产，几乎是行业总量的一半。

为了量化大型银行控股公司的多元化在产品结构和地域上是如何变化的，作者利用 HHI 指数①（赫芬达尔—赫希曼指数）对银行层面进行了集中度测量。HHI 指数是根据银行的收入来源和跨洲活动随时间的变化而编制的。两项指标都显示出多元化程度的提升，即通过提供更广泛的能够产生更多样化现金流的金融产品，在更广泛的地域经营，这些银行控股公司变得越来越多元化。

---

① HHI 指数是各项份额平方的总和（以百分数计）。作者使用净利息收入、受托收入、服务、贸易、费用和其他收入的收入份额来衡量产品集中度；使用银行控股公司跨国存款的分布来衡量地理集中度，即来自某家银行控股公司经营的每个州的存款份额。

该怎样解释提供广泛金融服务和地域扩张的这一趋势呢？最显而易见的原因是，早期的法规可能阻止了银行进入一些有利可图的业务线，或者迫使它们以低效率的方式进入，因此合并和提升多元化可能是利润最大化企业为了放松外部约束而作出的正常反应。Berger、Demsetz 和 Strahan（1999）回顾了美国 20 世纪 90 年代的合并浪潮。更重要的是，多元化收益可以反映贷款和其他金融活动之间的生产协同效应，并为综合金融服务公司创造了比较优势。跨产品的多元化可以通过扩大投资机会集来改善风险收益边界。

9.2.1　企业为什么要进行多元化经营？

投资组合理论表明，多元化（将投资扩展到不完全相关的活动）可以降低投资组合的风险。在公司战略决策的背景下，管理者可以通过提供新产品或进入新市场来实现多元化。这样可以降低每个业务活动特有的风险，只留下所有活动共有的风险。也就是说，内部多元化可以消除企业的特殊风险，只留下系统性风险。

首先明确术语，考虑银行收益率（$R_{i,t}$）的简单情况，根据熟悉的资本资产定价模型［参见 Fama 和 French（2004）、Roll（1988）］，银行收益率线性地依赖于单个风险因素、市场收益率（$R_{M,t}$）和特殊成分（$\varepsilon_{i,t}$）。在这种情况下：

$$R_{i,t} = \alpha_i + \beta_M R_{M,t} + \varepsilon_{i,t} \tag{9.1}$$

残差的独立性意味着收益的方差可以分解为

$$\sigma_i^2 = \hat{\beta}_M^2 \sigma_M^2 + \sigma_{\varepsilon,i}^2 \tag{9.2}$$

其中的 σ^2 反映了下标变量的方差。按照惯例，总收益的方差 σ_i^2 被称为“总”风险，残差的方差 $\sigma_{\varepsilon,i}^2$ 被称为“异质性”或“企业特殊风险”。由市场因素解释的部分 $\hat{\beta}_M^2 \sigma_M^2$，被称为“系统性”风险。

投资组合理论认为，内部多元化可以降低特殊成分的波动性，而不是系统性风险。因此，原则上企业多元化可以降低特殊风险，从而降低总风险。但是，企业应该追求这个策略吗？为了追求更低的总体波动性和风险而消耗宝贵的资源，这是有效率的吗？

一个自然的出发点是莫迪利亚尼和米勒的完美资本市场世界。一个启示是，企业不应该花费有价值的资源来进行多元化经营、对冲或者其他风险管理活动，因为投资者总是可以自己购买或出售头寸来调整他们的风险。正如 Sharpe（1964）所指出的，投资者不关心企业的特殊风险，因为这可以通过持有一个多元化投资组合来消除。这意味着投资者不应该对特殊风险进行定价，而只应关注不可分散的系统性风险。

尽管这些论点都理由充分，但问题仍然存在。Cummins、Phillips 和 Smith（1998，p. 33）提问道：为什么“广泛持有股份的企业管理者，为股东的利益行事，但也需要替股东管理他们本可以自己管理的风险”。Winton（1999，p. 46）重新表述了这个问题：“贷款人应该如研究中介问题的文献所建议的保持多元化，还是应该如研究公司金融问题的文献（摘要）所建议的保持专业化？”换句话说，通过内部多元化减少特殊风险是有用的吗？

大量的研究已经得出结论，有合理的理由解释了为什么风险管理可能是最佳的。这一点适用于投资者，因为资本市场的摩擦使得教科书的案例并不适合很多公司，特别是金融中介。它也适用于其他市场参与者，如管理者、监管者，或银行的交易对手方，他们都对金融企业总体风险感兴趣。对于这些参与者来说，系统性风险和特殊风险都会产生实际成本；而在多元化可以降低企业特殊风险的情况下，多元化就是可取的。

在关于金融机构的讨论中，Froot、Scharfstein 和 Stein（1993），Froot 和 Stein（1998）都强调了市场摩擦的其中几个方面。一个因素是外部资金的成本可能是非线性的，因此企业价值取决于收益的总波动率。如果调整的边际成本随着外部融资金额的增加而上升，则根据最优化原则，现金流的不利冲击既会增加外部融资，又会减少实际投资。因此，现金流的可变性降低可以积极地影响实际投资，提高企业价值，这是股东所希望的。

第二个摩擦是：一些风险不是市场化的，例如投资者可能无法规避所有与特殊冲击相关的风险，如引入新产品。Froot 和 Stein（1998）认为，与这类非流动资产相关的风险尤其与金融企业相关，例如，向信息密集但难以在二级市场进行交易的小公司提供贷款所带来的风险。虽然近期的金融创新，比如流动性更强的贷款交易市场或者资产证券化，可能已经减弱了风险与金融企业的相关性，但对于没有实际参与这些活动的公司来说，这种相关性依然存在。

Acharya、Hasan 和 Saunders（2006）的研究为金融企业提供了额外的动机。第一，银行是被高度监管的实体，而这些监管法规通常就多元化经营和集中经营问题提供相互冲突的激励，例如与贷款组合风险或分支机构限制相关的资本管制。第二，源于不完全信息以及银行所有者与管理者之间冲突的银行内部固有的代理问题，很可能受到破产风险，即所谓的“下行风险”的影响，银行的多元化战略可以影响这一点。

Smith 和 Stulz（1985）指出税法的凸性，并得出结论：如果收入更稳定，企业价值会更高，这一点更广泛地适用于所有企业。结论表明，股东将更喜欢降低总体波动，而这可以通过内部多元化来实现。Smith 和 Stulz（1985）的研究还表明，如果存在财务困境的成本，例如破产成本、资产销售期间的价值损失和新型管理模式的搜寻成本，那么股东们将关注总体风险。这与资产相对“不透明”且外界难以对其进行估值的金融企业尤其相关。

金融企业管理者可能有额外的动机来管理风险，进而降低超出价值最大化动机的收益的整体波动性。Stulz（1984），Cummins、Phillips 和 Smith（1998）提出，企业管理风险是因为它们的管理者是规避风险的，并且当他们的大部分财产被捆绑在一个企业的股权上时，管理者就不能完全做到多元化经营。Hughes 和 Mester（2002）提供的证据表明，银行管理者的行为似乎是规避风险的。因此，管理者可能更喜欢多元化经营和减少总波动，即使这不符合股东的最大利益。Berger、Demsetz 和 Strahan（1999），Milbourn、Boot 和Thakor（1999），Bliss 和 Rosen（2001），Houston、James 和 Marcus（2001），Aggarwal 和 Samwick（2003）也都讨论了与企业建设、控制问题、管理自负和利己主义这些问题有关的管理者激励，所有这些都有可能导致低效的多元化。

从其他参与者的角度来看，多元化经营和风险降低也是可取的。例如，如果中介过程是建立在私人信息和长期关系的基础上，那么借款人将关心其贷款人的生存能力。Slovin、Sushka 和 Polonchek（1993）的研究表明，在伊利诺斯大陆银行实际破产之后，借款人股票价格下跌，并将其解释为是分离无形银行关系的成本证据，这种分离对于借款人是有益的。在这种观点下，借款人是银行的利益相关者，他们关心机构的总体风险。同样，Houston、James 和 Marcus（1997）的研究表明，内部资本市场的多元化通过有效配置稀缺的资本资源而使借款人受益。例如，如果银行的收入变化很大，那么在已实现现金流量较低的时期，就不会为净现值为正的项目提供资金。因此，依赖银行的借款人关心银行的收益和总风险的波动，对于依赖小银行融资的小企业尤其如此。

最后，总风险成为对于关心违约概率和相关破产成本的监管者而言相关性最高的度量标准。有人认为银行体系在地域上更加多元化可以提高金融和经济的稳定性，这一观点至少可以追溯到 Sprague（1903）的研究。从监管者的角度来看，他们关注的是与破产相关的成本，包括与破产相关的交易和清算成本、系统性风险，以及保险基金的直接成本，资金中隐含的税务扭曲或抵消道德风险所需的增加的监管资源都属于保险基金的直接成本。因此，监管的兴趣点不在于企业的多元化投资组合，而是在每个受监管的机构的总风险中。当考虑整个金融体系的“系统性风险”时尤其如此。

这一点可以直接从 Merton（1974）开发的默顿型投资组合模型中看到，并在受总资产收益波动假设驱动的 KMV 风险模型中得以实施。此外，Haubrich（1998）强调存款保险基金可能更关心未来保险支付的预期价值，而不仅仅只关心某一银行倒闭的概率。因此，如果多元化的收益要伴随着规模的增大，那么从存款保险基金的角度来看，更多元化（更大）的银行可能会面临更大风险。因此，监管者和监管机构有充分的理由关注机构的总体风险。

监管者考虑的第二个因素是银行的监管评级，例如骆驼评级体系，这一体系根据监管者对银行吸收未来损失的能力、盈利对经济变化的敏感性以及管理层衡量、监控和控制风险的能力等方面的评估来评级（Berger、Hasan 和 Zhou，2010）。监管监督和监管负担的程度取决于这些评级，由于这种监督效应，管理者将关注总体风险。

总而言之，这些讨论表明有充分的理由解释为什么股东、管理者、借款人和监督者都关注美国个别银行的总风险。因此，内部多元化是有效而可取的，因为它可以降低特殊风险和总风险。

9.2.2 放松监管和银行活动扩张的二十年

表 9.1 中的汇总统计数据显示，在过去二十年中，在收入来源和地理位置方面，美国的银行业活动趋于多元化。考虑到之前的论点——金融企业可能希望多元化经营，下一步就应该考虑监管限制如何阻碍了早期的多元化尝试，以及过去二十年来美国金融市场大规模放松监管如何促进多元化。这一讨论主要基于 Spong（1994，2000），Berger、Demsetz 和 Strahan（1999），Strahan 和 Sufi（2000）的更详细的研究。

在 1929 年股市崩盘的余波和对商业银行与投资银行之间的利益冲突的恐惧之下，监管机构开始切断它们的联系。1933 年的《银行法》（《格拉斯—斯蒂格尔法案》）限制了金融一体化，它禁止任何接受储蓄存款的企业同时从事大多数投资银行业务，如发行、承销、销售或分配股票、债券或其他金融证券。这基本上禁止了在其他国家，特别是欧洲十分普遍的全能银行模式。

1927 年的《麦克法登法案》授予了联邦注册银行与州立银行可在各自州内设立分支机构的相同的权力，但由于大多数州都有分支机构限制，州际分支机构仍受限制。此外，这也被理解为阻止联邦银行在州际层面设立分支（Spong，1994）。几十年后，针对一些银行试图规避现有制约的情况，1956 年《银行控股公司法》规定了地域限制，例如《道格拉斯修正案》禁止州际收购，除非州法律特别授权。然而，大多数州都没有进行授权，所以利用控股公司结构设立的州际银行业被迫停止。《银行控股公司法》还禁止银行控股公司拥有或开展非银行业务，除非在非常特殊的情况下。

由于这种悠久的监管历史，20 世纪 70 年代，美国的银行可以提供的产品以及可以进行经营的地域仍受到很大的限制，尽管 1970 年《银行控股公司法》的修正案允许银行子公司参与提供公共福利的银行相关服务。然而，在 20 世纪 80 年代，监管环境开始放松，银行能够增加其提供的金融产品，扩大其地域范围，表 9.2 给出了放松监管的大事记。例如，1987 年美联储允许银行控股公司通过其子公司（Section 20 subsidiaries，第 20 节子公司①）在有限的基础上承销某些证券，但是这些业务的收入不超过子公司总收入的 5%。银行也逐渐获得提供投资咨询服务以及证券经纪业务的权力。

表 9.2　银行放松管制的重大事件

日期	事件
1987 年 4 月 30 日	美联储批准信孚银行、摩根大通和花旗集团进行承销业务，其“不合格”活动的收入限额为 5%
1989 年 1 月 18 日	美联储将法案第 20 节对承销业务的许可性扩大至公司债券和股票证券，但受收入限制的约束
1989 年 9 月 13 日	美联储将第 20 节“不合格”活动的收入限额从 5% 提高到 10%
1993 年 7 月 16 日	美国独立保险代理人诉 Ludwig 的法院裁决支持 OCC 决定，允许国家银行在小城镇出售保险
1994 年 7 月 26 日	《州际银行业务和分支机构效率法案》（里格尔尼尔法案）由联合国会委员会通过
1995 年 1 月 18 日	联邦银行诉 VALIC 的法院裁决允许银行出售固定和可变年金
1996 年 3 月 26 日	Barnett 银行诉 Nelson 的法院裁决支持 Ludwig 并推翻了本州对联邦银行保险销售的剩余限制
1996 年 10 月 30 日	美联储宣布消除银行和非银行之间的许多防火墙，消除对联邦银行保险销售的剩余限制
1996 年 12 月 20 日	美联储将第 20 节“不合格”活动的收入限额从 10% 提高到 25%
1997 年 8 月 22 日	美联储消除了许多银行和银行控股公司非银行子公司的现有防火墙
1998 年 4 月 6 日	花旗集团和旅行家集团宣布合并意向
1999 年 10 月 22 日	政府和国会领导人宣布，妥协并通过《金融服务现代化法案》（Gramm – Leach – Bliley 法案）

注：信息来自 Strahan 和 Sufi（2000）论文中的表 1。

在接下来的几年中，其他的法律和监管变化进一步扩大了银行的活动范围，例如更广泛的承销能力，非传统银行业务收入的增加，以及在某些情况下可以扩展到保险销售。截止到 1996 年，美联储允许银行控股公司子公司的收入中有高达 25% 的部分来自证券承销。这一过程最终以 1999 年的《金融服务现代化法案》（也称为 Gramm – Leach – Bliley 法案，GLBA）告终，该法案有效废除了《格拉斯—斯蒂格尔法案》的限制，允许在同一个银行控股公司结构下银行、保险、证券活动的整合。参见 Furlong（2000）的 GLBA 概述。

在地域限制方面，类似的逐步扩张的路径逐渐展开。20 世纪 70 年代，有几个州通过了允许银行跨州经营的法律。例如，缅因州在 1975 年通过了允许跨州进入的法案，条件是允许互惠（Spong，1994）。在接下来的十年中，有几个州之间建立了“契约”，允许设

① 第 20 节是指《格拉斯—斯蒂格尔法案》中分割商业和投资银行业务的部分，“第 20 条子公司”是给予从事有限证券活动的银行控股公司子公司的名称。详见 Kwan（1998），Cornett、Ors 和 Tehranian（2002）的论文。

立跨州的银行，一些州也修订了州际分支机构禁令。此外，1982 年的《Garn – St. Germain 存款机构法案》授权对某些破产银行进行州际收购，1987 年的《银行公平竞争法案》将范围扩展至更广泛的一系列陷入困境的机构。限制的持续放松最终以 1994 年的《里格尔尼尔州际银行业务和分支机构效率法案》告终，该法案允许银行进行州际并购，并要求银行的分支机构在 1997 年以后服从集中度限制、CRA 要求以及所有的资本充足标准。

其累积效应是，二十年的放松监管终于允许创建金融控股公司，它可以提供更广泛的金融产品，并在广阔的地域经营。这种根本性的变化为目前主导美国银行市场的各种类型的多元化大型银行铺平了道路。

为了应对金融危机，《多德—弗兰克华尔街改革和消费者保护法案》(《多德—弗兰克法案》) 对银行规模和活动施加了新的限制。例如，第 622 节确立了一个集中度限额，如果合并负债超过行业总额的 10%，美国财政部（2011）将禁止企业合并或收购另一家公司。第 165 节的例子表明，需要加强审慎的标准，例如对于最具系统重要性的银行企业要求更高的资本和流动性标准。第三个例子是第 619 节，通常被称为沃尔克规则，即限制银行在参与自营交易和私人基金募集方面的能力，并限制其与对冲基金和私募股权基金的某些关系。

法案的这些小节与《多德—弗兰克法案》的其他部分一样，旨在降低金融稳定性的风险，并限制潜在的问题，如可能与大型金融公司相关的道德风险。一个可能的结果是对大型企业施压，以减少其规模，限制其产品多样性。

9.2.3　解释银行业广泛活动的框架

本节最后简要讨论了如何通过预期风险和收益框架来解释银行活动的扩张——不管是跨产品还是跨区域。Morgan 和 Samolyk（2005）使用这种方法，描述了移动风险收益边界而进行地域扩张的可能性，Haubrich（1998）也做了同样的研究。这个熟悉的框架是有用的，因为它可以清楚地说明重点——扩展银行机会集和实现更大的多样性，不需要降低可以观测到的风险。

如图 9.1 所示，一组给定的监管、市场和技术限制，使得银行只能通过承担额外的风险才能获得更高的预期收益。曲线 A 表示机会集。作为基准，增加风险的边际期望收益随着风险水平提高而下降。银行所有者的偏好由效用曲线 1 表示，所有者权衡风险和预期收益。但是当风险上升时，需要增加预期收益的金额作为补偿。最优点可由点 X_1 处的切线得到。

提升银行创新产品和进入新市场的能力扩大了机会集。假设这些业务与现有业务不完全相关，那么这种多元化的能力可以在不放弃预期收益的情况下实现较低的风险，并有效地将机会集转移到曲线 B。重要的是，这种扩张不需要降低风险，其实际结果将取决于银行所有者和管理者的偏好。例如，更加厌恶风险的银行所有者（具有相对陡峭的无差异曲线 2）可以通过从 X_1 移动到 X_2 来增加收益并降低风险。风险厌恶程度较低的所有者（具有相对平坦的无差异曲线 2′）可以通过从 X_1 移动到 X_3 来选择较高风险和较高收益的组合。① 这种观察是标准投资组合理论的基本含义——风险性是内生的，多元化不需要降低

① 当然，无差异曲线 2 和 2′彼此不相交。正确的比较是 2 与 1 或 2′与 1。这两种比较在此处仅用于说明目的。

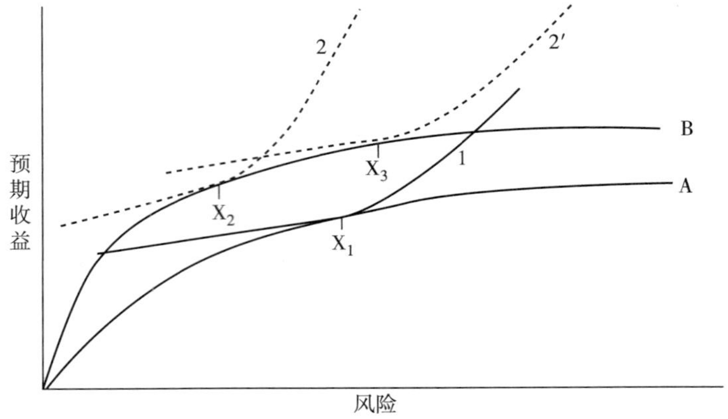

图 9.1 机会集扩大时的风险和收益

观察到的风险水平。

根据美国银行控股公司的一个例子，Demsetz 和 Strahan（1997）发现，大型的银行控股公司确实比小型银行更加多元化，例如，银行规模与特殊风险负相关，并且与公式 9.1 中的市场回归模型的解释程度正相关。然而，这些大型银行拥有较少的资本，并制造了风险较高的贷款，如商业和工业贷款，因此规模和总风险不相关。从本质上讲，管理者似乎利用多元化收益，承担了更多风险并获取更高收益。Demsetz 与 Strahan 得出结论认为，"大型银行控股公司并没有利用其优越的多元化来降低风险"（Demsetz 和 Strahan，1997 年，p. 306）。

作为来自较早时期的第二个例子，Carlson（2004）认为，20 世纪 30 年代银行的分支机构倾向于利用其多元化优势来减少储备，从而增加风险，而不是降低其贷款组合中的风险。同样，Hughes 等（1996）强调，风险性是内生的，由银行管理者进行选择，因此多元化能力的提升并不与观察到的测量风险下降相关。

9.3 多元化与风险

多元化的金融机构是否优于经营更集中的同行们，这一问题正被积极研究，研究人员从多种角度分析了多元化与绩效之间的联系。基于之前关于风险内生性的讨论，难以在多样化的度量和风险的度量之间找到一个明确且稳定的联系，也就不足为奇了。例如，在早期的研究中，Saunders 和 Walter（1994）回顾了 18 篇研究非银行业务是否降低了银行控股公司风险的论文，发现并没有形成一致观点：9 篇的结果是会降低，6 篇不会降低，3 篇的结果是混合的。

早期和最近的研究都采用多种方法来分析多元化/风险问题：创建银行与非银行的反事实合并，分析会计结果，分析股票市场对多元化变动的反应。本节回顾了过去二十年来关于多元化与风险之间关系的文献，其中 Santomero 和 Chung（1992）、Saunders 和 Walter（1994）、Reichert 和 Wall（2000）以及 DeYoung 和 Roland（2001）回顾了早期的文献。

但是，请注意，本节不包括研究多元化对其他变量的影响的文献，例如多元化会影响债务成本（Deng、Elyasiani 和 Mao，2007），影响贷款定价和利差（LePetit 等，2005，2006，以及 Valverde 和 Ferndandez，2007），影响债券收益（Penas 和 Unal，2004），影响并购收益（DeLong，2001），影响市场对监管改革的反应（Strahan 和 Sufi，2000；Yu，2003），影响市场价值（Klein 和 Saidenberg，2005；Laeven 和 Levine，2007），或者影响特许权价值（Baele、De Jonghe 和 Vennet，2007）。本节也不直接讨论关于“多元化折价”的文献，例如 Campa 和 Kedia（2002），Laeven 和 Levine（2007），Elsas、Hackethal 和 Holzhauser（2010）的研究，或者讨论多元化与市场力量的提升，以及来自更加巩固的大型机构的潜在的反垄断挑战。

9.3.1 反事实合并

由于美国金融服务在20世纪80年代和90年代初受到高度监管，许多早期的关于多元化的研究，通过采用在形式上合并损益表和资产负债表信息的方式来在行业内进行反事实合并。此方法的逻辑是，通过模拟并购合并收入流，测量银行、证券公司和保险公司的各种组合对波动性的影响。如果合并实体的收入波动率低于独立实体的收入波动率，则表明多元化经营会获得收益。

Boyd 和 Graham（1988），Boyd、Graham 和 Hewitt（1993）利用20世纪70年代和80年代的数据模拟了银行控股公司和非银行金融公司之间的合并。他们的主要结论是，多元化可以带来的以降低风险表示的最大收益可能来自银行控股公司和人寿保险公司的组合。相反，他们发现银行与证券公司或房地产公司的合并可能会提高风险。Saunders 和 Walter（1994）也发现，通过模拟并购，多元化企业的风险降低而市场收益波动不大。Rose（1996）比较了1966年到1985年的金融企业和非金融企业，并报告称银行和金融服务条线之间的现金流相关性为正且较小，这说明多元化经营有一定的益处。

Lown、Morgan 和 Rohatgi（2000）对银行控股公司和其他金融公司进行了类似的反事实合并，并得出结论，银行控股公司与人寿保险公司并购降低风险的潜力最大。AllenJagtiani（2000）发现有证据表明，银行、证券公司和保险公司的合并中存在显著的以降低风险表示的多元化收益。然而，系统性风险可能会上升，因为证券公司尤其会带来更大的市场风险，这限制了合并后公司的多元化经营的能力。银行实力的扩张会带来两面性的影响，会降低多元化风险，但也会陷入更多不稳定的活动从而提高风险。这是一个普遍的发现，并且在后续研究中再次重复。

Emmons、Gilbert 和 Yeager（2004）进行反事实合并，重点关注社区银行潜在的多元化收益。这些银行通常规模较小且地理上很集中，因此，由于借款人数量少和地域集中，它们更加面临潜在的多元化风险。然而他们得出结论，与少数客户相关的特殊风险在数量上远大于与地理集中相关的当地的市场风险。因此，对于这些社区银行，降低破产风险的手段应是规模效应而不是多元化效应。

Santomero 和 Chung（1992）对模拟策略采取了不同的方式，他们采用期权定价理论来估计银行和非银行企业之间合并的资产收益的隐含波动率。结果表明，银行和非银行企业之间的合并将导致破产的可能性降低。他们的结论是，银行与证券公司合并不会大幅增加风险，而与财产/意外保险公司合并将增加风险，但同时也增加预期收益。最有趣的是，他们预计一个提供所有金融活动的全能银行将是最稳定的。

Estrella（2001）通过略微不同的实证研究将这种方法扩展到之后一段时间。使用期权定价技术，他发现证据表明银行和保险公司合并将带来双边的多元化收益。使用套利定价理论可以提供更直观的证据，数据显示金融部门的收益只受几个因素的影响，各行业收益的最重要的影响因素并没有太大的差异。Estrella 认为，有充分证据表明银行和保险公司之间潜在的多元化收益。

Slijkerman、Schoenmaker 和 de Vries（2005）也使用市场数据检验了在欧洲进行多元化经营的潜在收益，但他们的关注点是极端事件。特别是，他们使用极值理论来分析欧洲银行和欧洲保险公司的下行风险（崩溃的概率）是否相同，以及多元化是否可以降低这种风险。他们利用 1992 年至 2003 年的市场数据得出结论，金融集团（银行/保险公司）的多元化收益超过了大型独立银行的多元化收益，因为金融部门的收益之间的依赖性相对较低。

总的来说，这些反事实合并的研究普遍发现了多元化收益的证据，特别是银行和保险公司的合并。然而，一个重要的警告是，反事实分析的性质使得他们必然忽视了管理者可能对多元化收益作出反应的行为变化以及风险的内生性。此外，他们忽视了规模经济和范围经济等的潜在收益，以及合并的潜在成本，例如增加的代理成本和文化冲突，这可能会影响收益和波动性。这些担忧是相当引人注目的，建议在解释结果时要相当的谨慎。作者因此转向了关于多元化金融企业实际业绩的实证分析。

9.3.2 会计研究

第二轮研究使用的是会计数据，主要是来自出版的监管报告，如美国银行的 Call Report，或美国银行控股公司的 Y－9C 数据，来计算广泛参与金融活动的银行的实际收益率和波动率。这些数据很受欢迎，因为它们已经被大量机构使用，并且随着时间的推移将以相对一致的方式报告出来。

9.3.2.1 *产品市场多元化*

有几项研究分析了不同类型银行控股公司子公司的绩效差异。Kwast（1989）通过比较 1976 年至 1985 年证券和非证券业务的收益，研究了第二节所描述的银行证券业务稳定扩张的影响。他的结论是，业务扩张只获得有限的多元化收益。Kwan（1998）进行了类似的分析，发现银行控股公司的“第 20 节子公司”比其他子公司平均风险较高，但没有更高的利润。但是，子公司收益的相关性很低，因此也可能存在一些多元化收益。

DeYoung 和 Roland（2001）比较了从 1988 年到 1995 年银行的盈利能力、波动性与大型商业银行的收入份额，并得出结论，对收费业务（除了贷款、投资、存款和交易活动以外的其他来源的收入）依赖性的提高并没有降低收益的波动。同样，Stiroh（2004）也得出结论，1979 年至 2000 年，更大的依赖非利息收入，特别是交易收入，与更高的波动性和更低的银行跨部门风险调整收益具有相关性。

Stiroh 和 Rumble（2006）使用银行控股公司数据进行了类似的分析，并得出结论，在银行控股公司层面存在多元化收益，但是这些收益被波动性的增加所抵消，因此风险调整的表现并不好。更准确地说，考虑一组银行活动组合的收益波动性。如果银行可以从事 A

和 B 两个活动，则组合的预期收益 $E(R_P)$ 和方差 σ_P^2 为

$$E(R_P) = wE(R_A) + (1-w)E(R_B)$$

$$\sigma_P^2 = w^2\sigma_A^2 + (1-w)^2\sigma_B^2 + 2w(1-w)Cov(R_A, R_B) \tag{9.3}$$

其中 w 是权重，$E(R)$ 和 σ^2 是下标变量的期望收益和方差，$Cov(R_A, R_B)$ 是 A 和 B 的收益率的协方差。

考虑会导致活动 A 的相对重要性增加的监管和技术变革的影响。如果活动 A 能提供更高更不稳定的收益，那么向活动 A 的转移会产生以下几个影响：因为 $E(R_A) > E(R_B)$，所以组合的期望收益会更高；如果 A 的加权方差超过 B 的加权方差，那么组合的方差会直接增加；如果 A 和 B 不完全相关，会产生间接的多元化收益。Rosen 等（1989）与 Stiroh 和 Rumble（2006）的结果都表明，非利息业务份额增加带来的波动性会超过多元化收益。

Stiroh（2004a）发现美国的社区银行具有一致的结果，尽管他也提出过证据来说明在贷款组合和非利息收入中都存在多元化收益。Goddard、McKillop 和 Wilson（2008）对美国信用合作社的研究显示了类似的结果，更多的非利息收入与更加不稳定的会计收益相关联，而多元化倾向于降低波动。按净值算，更多非利息收入的直接影响基本上抵消了多元化收益。

在欧洲，LePetit 等（2005，2008）对 1996 年至 2002 年的欧洲银行进行了分析，发现增加的非利息收入与风险度量（包括会计方面和股票市场为基础的度量）正相关。小银行的这种相关性是最强的，而且是由产生佣金和手续费的活动导致的。类似地，Hayden、Porath 和 Westernhagen（2006）分析了同一时期的德国银行，很难发现多元化带来的收益。Kamp 等（2007）对德国银行的多元化采用更详细的度量方法，进而得出结论，专业贷款银行往往有较高的收益和较好的资产质量，但供应和资产质量也会有更大波动。

Mercieca、Schaeck 和 Wolfe（2007）分析了一系列小型的欧洲信贷机构从 1997 年至 2003 年的情况，并没有发现多元化收益的直接证据。这一结果与 Stiroh（2004a）对美国社区银行的分析结果类似，因为两项研究都发现对非利息收入的更大依赖与较弱的风险调整表现相关。

Berger、Hasan 和 Zhou（2010）研究了危机前一段时期中国银行的表现，并引入了一个新概念“多元化经济”来衡量四个方面的影响：贷款、存款、资产和地域。他们发现四个维度都与较低的利润和较高的成本相关联。

Deyoung 和 Rice（2004b）比较了传统银行、非传统银行、企业银行、社区银行和多元化银行等各种银行业战略，使用 1993 年到 2003 年的会计数据和股票市场收益率数据，发现了明显的风险/收益权衡。这表明许多策略都是可行的，例如，对比企业银行的高风险和高收益率，以及社区银行的低风险和低收益率，策略的选择将反映管理者的偏好。这一观点得到了 Hirtle 和 Stiroh（2007）的证据支持，他们发现零售银行业务提供了低收益和低波动率的组合，重要的是认识到这些银行将在风险/收益边界上的不同点进行经营。

关于金融危机，DeYoung 和 Torna（2013）研究了非传统业务的收入是否导致了危机期间银行倒闭的发生。他们的研究结果表明，银行整体的风险行为可能导致了这一结果，而不是由于特殊的收入流。例如，不良银行倒闭的概率随着费用类业务（如经纪业务和保险销售）的减少而下降，但随着传统业务（如风险资本、投资银行和证券化）的减少而

增加。此外，从事风险性的非传统业务的银行也有更多风险性的传统业务。

Loutskina 和 Strahan（2011）研究了集中的贷款人和多元化贷款人之间的行为差异，并得出结论认为，集中在少数市场的贷款人会更加努力地收集信息。一个启示是，从 20 世纪 90 年代到 2000 年由于贷款人多元化而放松了对借款人的审查，可能放松过度从而导致了金融危机。

Landskroner、Ruthenberg 和 Zaken（2005）研究了 1992 年到 2001 年以色列全能银行的多元化和业绩之间的联系。这一研究相对于美国的研究有一定优势，因为以色列的这些机构长期从事范围广泛的金融服务，如银行抵押业务、国际银行业务、投资银行业务、保险和贸易，但是样本量比美国要小得多。他们发现了多元化收益的有力证据，并得出结论认为，以色列的银行似乎在有效边界附近经营。

Jorion（2005）通过分析贸易收入和基于风险价值（VaR）的市场风险费用，重点考察了 1995 年到 2003 年大型银行贸易活动的多元化收益。他发现在与交易相关的业务线层面实现了多元化。

Demirigüç－Kunt 和 Huizinga（2010）着重于分析金融危机前国际银行的短期融资策略，发现向非利息创收业务的转变通常会提高资产收益率，但只能在收益率处于低水平时提供多元化收益。他们得出结论，侧重于产生非利息收入或吸引非存款资金的策略是高风险的。

Acharya、Hasan 和 Saunders（2006）通过研究 1993—1999 年一系列意大利银行向新部门贷款的扩张行为，探求贷款组合中的多元化。他们的结论是，贷款的多元化倾向于降低收益（会计数据以及股票市场收益数据），同时也为高风险银行创造风险更高的贷款，对低风险银行没有或只有适度的改善。他们总结道，“多元化不能保证给银行带来更好的业绩和/或更高的安全性”（第 1355 页）。他们的解释是，由于银行扩展到竞争更为激烈的领域或缺乏专业知识的领域，银行监管失去了其对多元化的监管效力。这也可以被看做是风险内生性的另一个例子，管理者通过在其他地方承担更多风险而获得多元化收益，在这种情况下监管通常不那么有效。

这些研究的一个一般性结论是，对非利息收入的日益依赖与收入的波动性的降低没有关系。Deyoung 和 Rice（2004a）总结了相关文献，得出的结论是“对收费类业务的更多依赖倾向于增加而不是降低银行收入的波动性”（第 34 页）。DeYoung 和 Roland（2001）提供了三个可能的解释。第一，贷款通常是基于关系的，借款人和贷款人都有较高的转换成本，这会使得贷款关系具有黏性，因而更加稳定。第二，非利息收入通常与经营杠杆增加有关，即高固定成本与可变成本相关。因此，一定程度的收入波动性会转化为更多的收益波动。第三，产生非利息收入的业务通常没有实质性的监管资本要求。这允许银行以更大的财务杠杆经营，而这可能会产生波动。杠杆的增加是前面讨论的风险内生性的另一个例子。

第二个一般性结论是，向新业务扩展对波动性有两种影响——通过权重变化的直接影响以及通过多元化的间接影响。两者都影响了总体波动性，有证据表明，最近向非利息收入的扩张能抵消影响。

9.3.2.2 地域多元化

Laderman，Schmidt 和 Zimmerman（1991）是 20 世纪 80 年代美国各州开始实质性地允

许广泛扩张之后，第一批研究地域多元化影响的人。他们发现，放松对全州范围的分支机构的限制导致农村银行持有更多的非农贷款，而城市银行持有更多的农业贷款。虽然这不是对地域多元化收益的直接分析，但结果确实表明银行正对不断变化的监管限制作出反应，并开始将其组合多元化。

Rose（1996）调查了 1980—1992 年的美国银行，发现地域扩张通常导致更高的风险，但是当公司扩展到至少四个不同的地区时，会获得多元化收益。Hughes 等（1996）调查了 1994 年的美国银行，并探寻地域多元化和破产风险之间的联系，破产风险由 Z 和低效率度量。他们发现了混合结果——更多的分支机构倾向于降低低效率银行的破产风险，而提高高效率银行的风险。跨州经营提高了高效率银行的风险。

Pilloff 和 Rhoades（2000）的结论是，地域多元化的银行并没有净竞争优势，而 Morgan 和 Samolyk（2005）研究称，更广泛的地域范围将增加风险调整收益。特别是，Morgan 与 Samolyk 发现地域多元化与风险调整收益之间的“U”形关系，这意味着进一步扩大地域范围可能是最佳的。

Carlson 和 Mitchener（2006）研究了 20 世纪 20 年代至 30 年代在美国发生的地域扩张的影响。他们强调，通过例如放松管制来扩大地域范围通常有两种效应：提升多元化的能力以及增加潜在进入者的竞争压力。他们得出结论，在数量上看，比起多元化效应，竞争效应在减少银行破产方面影响更大。但是没有证据表明多元化可以减少国家银行的倒闭。

Deng 和 Elyasiani（2008）研究了银行控股公司地域多样化的影响，他们根据地点数量、地点之间的业务水平以及银行控股公司分支机构之间的距离来衡量地域多元化，发现地域多元化与更高的价值和更低的风险相关。一个有趣的结果是，向更偏远地区的地域多元化可以提高价值，但是降低风险的程度较小。

9.3.3 市场研究

第三轮研究关注股票市场风险和收益的测度。相对于侧重会计数据的研究，有充分的理由偏好这种研究方法。因为银行管理者可以选择在会计方面如何报告经济活动，所以市场数据可以更清楚地反映风险的影响。如果会计数据被操纵以产生更平滑的收入流，或者不同的收入流采用不同的会计处理方法，例如交易投资组合采取逐日盯市，这可能导致非利息收入的波动，那么会计收益可能成为误导真实风险的指标。同时，市场数据为新业务的预期收益提供了更具前瞻性的视角，而会计数据必然是后顾型的，反映了过去的实际表现。

9.3.3.1 *产品市场多元化*

Brewer（1989）通过比较股票市场收益波动率和银行控股公司资产负债表中暗含的非银行业务指标，研究了 1978—1986 年银行的多元化收益。他发现了不同的结果，尽管非银行业务降低风险的收益似乎是高风险银行中最大的。Rosen 等（1989）特别关注 1980 年至 1985 年银行的房地产业务，并得出结论，更大的房地产投资可能会增加风险。

Templeton 和 Severiens（1992）分析了 1979—1986 年银行控股公司的金融市场数据，并用不归属于银行资产的市场价值份额来度量多元化收益。他们的结论是，这一指标与股东收益的方差（总风险）相关，而不与系统性风险相关，这表明多元化只降低了特殊风险部分。

类似于之前讨论的子公司对银行业绩的影响的研究，一些论文分析了股票市场风险和收益度量与子公司的存在之间的关系。Cornett、Ors 和 Tehranian（2002）发现了子公司的收益证据，因为行业调整后的经营性现金流量资产的收益率增加，而总风险和系统性风险并没有显著变化。他们得出结论，与建立子公司相关的现金流的增加，使得收入增加和成本降低，而风险没有增加。

Geyfman（2005a）还研究了 20 世纪 80 年代末和 90 年代子公司对超大型银行控股公司的影响。她发现，子公司的存在与较低的特殊风险（多元化收益的证据）和较高的系统性风险有关。然而，第 20 节子公司的总风险倾向于下降。Geyfman（2005b）利用投资组合方法，发现子公司创造了很高的多元化收益。她的结论是，美国的银行控股公司应该降低商业银行业务的风险，并提高证券承销业务的风险。

还有一些论文分析了业务多元化之间的关系，用收入流和股票市场收益来度量。Stiroh（2006a）使用一个简单的投资组合框架，发现产生非利息收入的业务不会提高股票市场平均收益，但这些业务与更高的风险、特殊风险以及系统性风险相关。这些研究结果表明，相对波动的非利息业务的权重逐渐加大将会使风险超过多元化收益，因此总体波动性随着大量的非利息风险而提高。然而，特殊风险却随着银行控股公司资产的增加而下降，这表明其他维度的多元化收益与规模相关。

Stiroh（2006b）扩展了这一分析，以控制贷款组合和收入流的变化。他发现总风险与贷款组合和收入来源的多元化之间存在负相关关系，而对非利息收入的更大依赖与更大的收益波动性相关。Baele、De Jonghe 和 Vennet（2007）对欧洲银行进行了类似的研究并得到了支持性的结果，他们发现收入转向非利息收入与较高的市场贝塔值相关，而特殊风险则随规模增大而降低。

考虑不同国家之间的情况，Elsas、Hackethal 和 Holzhauser（2010）的研究表明，多元化导致更高的市场价值，即所谓的“大企业溢价”，这与以前的大部分论点都不同。他们将此归因于多元化度量方法的差异，以及先前研究未能通过更高的银行盈利能力得出间接价值效应。

9.3.3.2　地域多元化

Buch、Driscoll 和 Ostergaard（2005）研究了 1995—1999 年法国、德国、英国和美国银行的投资选择。通过使用与广义债券指数近似的不同国家投资的收益率，他们发现银行往往在国内过度投资，而国际多元化会带来相当大的未开发收益。作为解释，他们指出，文化、法律制度以及资本管制摩擦都有影响。

最后，关于并购的文献中有一些证据。DeLong（2001）使用股票收益率数据来衡量投资者对不同类型银行合并的反应，比如对比多元化银行和专业化银行。她发现通过业务和地理因素使合并多元化，在合并公告时并不会创造市场价值。与 DeLong（2001）、Laeven 和 Levine（2007）以及关于多元化折价的更多文献相比，Elsas、Hackethal 和 Holzhauser（2010）得出结论：通过自然增长和通过兼并和收购形成的收入多元化会导致更高的市场价值，在 1996 年至 2003 年一篇关于国际银行的研究中，它们被归于收入和成本经济的范畴。

Mishra等（2005）研究了多元化对一小部分美国银行并购的影响。他们没有发现合并之后系统性风险发生变化的证据，但发现了特殊风险和总风险下降的重要证据。他们将其解释为多元化收益的证据或者来自合并实体的“风险协同收益”。

9.4 结论

由于监管壁垒降低，金融创新进步，以及可以向新产品和新地域延伸的机会，美国的银行在过去二十年里明显变得更加多元化。然而，在持续的金融危机期间，这样的多元化并没有为大型企业带来明显的优势，因为房地产相关问题在产品、市场和地域上不断蔓延。

实证证据表明，观察者们不应该感到太惊讶，学术界关于多元化对美国及世界上的银行风险的影响并没有达成共识。在某种意义上，这一点是可预测的。风险性是内生的，最佳的管理者可以选择通过在其他维度提高风险增加收益来获取任何的多元化收益。此外，银行正转向相对不稳定的活动，这可能会抵消和掩盖多元化收益。

然而，许多论文发现，风险调整收益实际上随着业务的扩张而下降。这一点很难解释，并且需要做一些推测。一种可能的解释是，美国的银行管理者们可能只是搞错了多元化的思路。例如，管理者和分析师赞成“交叉销售”的优点，并以此来降低成本、增加收入以及提高多元化。但是，如果银行只是向相同的核心客户销售更多的产品，而且业务线也暴露在相同的冲击下，那么这就不是真正的多元化。

另一种解释可能是Berger、Demsetz和Strahan（1999），Milbourn、Boot和Thakor（1999），Bliss和Rosen（2001）以及Aggarwal和Samwick（2003）所讨论的非盈利性最大化动机。这些动机包括管理者热衷于扩张领域，过度多元化以保护公司特有的人力资源、企业控制问题，或管理自负和利己主义，所有这些问题都可能导致低效率的多元化。

如果交易商、经纪人和承销商（代理人）比股东（委托人）更喜欢波动性，过度冒险行为也可以反映标准的委托代理问题。例如，Laeven和Levine（2007）认为市场对金融公司的多元化折价与金融机构内部严重的代理问题是一致的。这些市场失灵将因隐性的政府担保而加重，因为隐性政府担保会降低债权人对管理者进行监督和约束的动机。许多观察者关注在21世纪初突出的“贷款并证券化”（OTD）模式和抵押贷款证券化模式，并且有证据表明与多元化相关的银行行为可能会导致金融危机，例如降低对借款人的审查（Loutskina和Strahan，2011）。

最后，令人失望的结果是短期现象，取决于与最近扩张相关的调整成本或者仅仅是反映最近市场状况的坏运气。Gramm - Leach - Bliley（《金融服务现代化法案》）通过不到十年，提供全面金融服务能力也尚未成熟，美国经济在这一时期经历了一系列金融市场冲击，例如1998年的亚洲金融危机和LTCM（美国长期资本管理公司）事件，2000年的纳斯达克泡沫，2001年的“9·11”事件，2002年的公司会计丑闻，以及最近的金融危机。如果这是对的，那么风险调整后的业绩可以随着开展必要的业务、专业知识、技术和规模的发展而改善，银行也可以在更稳定的环境中进行经营活动的扩张。然而，在当前的危机期间，许多大型的、多元化的金融公司的表现使得这种解释越来越站不住脚。

这些潜在的解释是投机性的，更重要的是要更好地了解大型金融公司的风险和稳定性。有充分的证据表明，信贷提供的中断会产生严重的经济后果（例如 Ashcraft，2005），因此监管者和监管机构应该有强烈的动机去了解金融服务公司提高多元化的动机和影响。

然而，金融市场的持续变化使得这是一个相当大的挑战。例如，信贷向 OTD 模式的转变以及对复杂的证券化业务的逐渐依赖，改变了传统的贷款操作，使它们更加融入资本市场。几个大型机构最近的破产和其他机构的根本性重组，其长期影响仍不清楚。此外，在金融危机之后实施的广泛的监管和立法变革使得这种影响更加难以测量。这表明，历史研究在评估最大型金融机构未来多元化收益的潜力时可能不是特别有效，但这些研究为这一领域的持续研究提供了一个令人兴奋的机会。

最后，重要的是要提高对金融机构多元化和金融稳定之间的联系的重视。Wilson 等（2010）进行了总结，发现与此相关的文献最近在增加，这也清楚地反映了学术界需要更好地了解最近的金融危机的根本原因。例如，Battiston 等（2012a，2012b）与 Ibragimov、Jaffee 和 Walden（2011）研究了金融机构之间的相互联系，并指出了一系列可能会影响金融稳定的潜在外部性。De Jonghe（2010）探讨了多元化、专业化和系统性风险暴露之前的关系。Wagner（2010）与 van Oordt（2013）研究了多元化、证券化和系统性风险之间的相互作用。最近的经验清楚地显示了这些关系的至关重要性，而这对于对银行行为与多元化感兴趣的研究者来说是一个重要的机会。

参考文献

[1] Acharya V. V. , Hasan I. , and Saunders A. (2006). Should Banks be Diversified: Evidence from Individual Bank Loan Portfolios, *Journal of Business* 79, 1355 - 1412.

[2] Aggarwal R. K. and Samwick A. A. (2003). Why do Managers Diversify their Firms? Agency Reconsidered, *Journal of Finance* 58, 71 - 118.

[3] Allen L. and Jagtiani J. (2000). The Risk Effects of Combining Bank, Securities, and Insurance Activities, *Journal of Economics and Business* 52, 485 - 497.

[4] Ashcraft A. B. (2005). Are Bank Failures Really Special? new Evidence from the FDIC - Induced Failure of Healthy Banks, *American Economic Review* 95, 1712 - 1930.

[5] Baele L. , De Jonghe o. , and Vennet R. V. (2007). Does the Stock Market Value Bank Diversification?, *Journal of Banking and Finance* 31, 1999 - 2023.

[6] Battiston S. , Delli Gatti D. , Gallegati M. , Greenwald B. , and Stiglitz J. E. (2012a). Liasons Dangereuses: Increasing Connectivity, Risk Sharing, and Systemic Risk, *Journal of Economic Dynamics and Control* 36 (8), 1121 - 1141.

[7] Battiston S. , Delli Gatti D. , Gallegati M. , Greenwald B. , and Stiglitz J. E. (2012b). Default Cascades: When Does Risk Diversification Increase Stability? *Journal of Financial Stability* 8 (3), 138 - 149.

[8] Berger A. N. , Demsetz R. S. , and Strahan P. E. (1999). The Consolidation of the Financial Services Industry: Causes, Consequences, and Implications for the Future, *Journal of Banking and Finance* 23, 135 - 194.

[9] Berger A. N. , Hasan I. , and Zhou M. (2010). The Effects of Focus versus Diversification on Bank Performance: Evidence from Chinese Banks, *Journal of Banking and Finance* 34 (7), 1417 - 1435.

[10] Bliss R. T. and Rosen R. J. (2001). CEo Compensation and Bank Mergers, *Journal of Financial Economics* 61, 107 – 138.

[11] Boyd J. H. and Graham S. L. (1988). The Profitability and Risk Effects of Allowing Bank Holding Companies to Merge with other Financial Firms: A Simulation Study, *Quarterly Review Federal Reserve Bank of Minneapolis* 12, 3 – 20.

[12] Boyd J. H., Graham S. L, and Hewitt R. S. (1993). Bank Holding Company Mergers with non-bank Financial Firms: Effects on the Risk of Failure, *Journal of Banking and Finance* 17, 43 – 63.

[13] Brewer Ⅲ E. (1989). Relationships between Bank Holding Company Risk and nonbank Activity, *Journal of Economics and Business* 41, 337 – 353.

[14] Buch C., Driscoll J. C., and Ostergaard C. (2005). Cross – Border Diversification in Bank Asset Portfolios, ECB Working Paper Series no. 429.

[15] Campa J. M. and Kedia S. (2002). Explaining the Diversification Discount, *Journal of Finance* LVII, 1731 – 1762.

[16] Carlson M. (2004). Are Branch Banks Better Survivors: Evidence from the Depression Era, *Economic Inquiry* 42, 111 – 126.

[17] Carlson M. and Mitchener K. J. (2006). Branch Banking, Bank Competition, and Financial Stability, *Journal of Money, Credit, and Banking* 38, 1293 – 1328.

[18] Clark T., Dick A., Hirtle B. J., Stiroh K. J., and Williams R. (2007). The Role of Retail Banking in the US Banking Industry: Risk, Return, and Industry Structure, *Federal Reserve Bank of New York Economic Policy Review* 13, 39 – 56.

[19] Cornett M. M., ors E., and Tehranian H. (2002). Bank Performance around the Introduction of a Section 20 Subsidiary, *The Journal of Finance* LVII, 501 – 521.

[20] Cummins J. D., Phillips R. D., and Smith S. D. (1998). The Rise of Risk Management, *Federal Reserve Bank of Atlanta Economic Review First Quarter*, 30 – 40.

[21] De Jonghe O. (2010). Back to the Basics in Banking? A Micro – Analysis of Banking System Stability, *Journal of Financial Intermediation* 19, 387 – 417.

[22] DeLong G. L. (2001). Stockholder Gains from Focusing versus Diversifying Bank Mergers, *Journal of Financial Economics* 59, 221 – 252.

[23] Demsetz R. S. and Strahan P. E. (1997). Diversification, Size, and Risk at Bank Holding Companies, *Journal of Money, Credit and Banking* 29, 300 – 313.

[24] Demirgüç – Kunt A. and Huizinga H. (2010). Bank Activity and Funding Strategies: The Impact on Risk and Returns, *Journal of Financial Economics* 98 (3), 626 – 650.

[25] Deng S. and Elyasiani E. (2008). Geographic Diversification, Bank Holding Company Value, and Risk, *Journal of Money, Credit and Banking* 40 (6), 1217 – 1238.

[26] Deng S., Elyasiani E., and Mao C. X. (2007). Diversification and the Cost of Debt of Bank Holding Companies, *Journal of Banking and Finance* 31, 2453 – 2473.

[27] Deyoung R. and Rice T. (2004a). How do Banks Make Money? The Fallacies of Fee Income, *Federal Reserve Bank of Chicago Economic Perspectives* Q4, 34 – 51.

[28] Deyoung R. and Rice T. (2004b). How do Banks Make Money? A Variety of Business Strategies, *Federal Reserve Bank of Chicago Economic Perspectives* Q4, 52 – 67.

[29] Deyoung R. and Roland K. P. (2001). Product Mix and Earnings Volatility at Commercial Banks: Evidence from a Degree of Total Leverage Model, *Journal of Financial Intermediation* 10, 54 – 84.

[30] Deyoung R. and Torna G. (2013). Nontraditional Banking Activities and Bank Failures during the Financial Crisis, *Journal of Financial Intermediation* 22, 397 – 421.

[31] Elsas R., Hackethal A. and Holzhauser M. (2010). The Anatomy of Bank Diversification, *Journal of Banking and Finance* 34 (6), 1274 – 1287.

[32] Emmons W. R., Gilbert R. A., and Yeager T. J. (2004). Reducing the Risk at Small Community Banks: Is it Size or Geographic Diversification that Matters?, *Journal of Financial Services Research* 25, 259 – 281.

[33] Estrella A. (2001). Mixing and Matching: Prospective Financial Sector Mergers and Market Valuation, *Journal of Banking and Finance* 25, 2367 – 2392.

[34] Fama E. F. and French K. R. (2004). The Capital Asset Pricing Model: Theory and Evidence, *Journal of Economic Perspectives* 18 (3), 25 – 46.

[35] Financial Stability oversight Council (2011). Study and Recommendations Regarding Concentration Limits on Large Financial Companies, January.

[36] Froot K. A., Scharfstein D. S., and Stein J. C. (1993). Risk Management: Coordinating Corporate Investment and Financing Policies, *Journal of Finance* XLVIII, 1629 – 1658.

[37] Froot K. A. and Stein J. C. (1998). Risk Management, Capital Budgeting, and Capital Structure Policy for Financial Institutions: An Integrated Approach, *Journal of Financial Economics* 47, 55 – 82.

[38] Furlong F. (2000). The Gramm – Leach – Bliley Act and Financial Integration, *FRBSF Economic Letter* 2000 – 10.

[39] Geyfman V. (2005a). Banks in the Securities Business: Market – Based Risk Implications of Section 20 Subsidiaries, Federal Reserve Bank of Philadelphia Working Paper no. 05 – 17.

[40] Geyfman V. (2005b). Risk – Adjusted Performance Measures at Bank Holding Companies with Section 20 Subsidiaries, Federal Reserve Bank of Philadelphia Working Paper no. 05 – 26.

[41] Goddard J., McKillop D., and Wilson J. O. S. (2008). The Diversification and Performance of U. S. Credit Unions, *Journal of Banking and Finance* 32 (9), 1836 – 1849.

[42] Haubrich J. G. (1998). Bank Diversification: Laws and Fallacies of Large numbers, *Federal Reserve Bank of Cleveland Economic Review*, Q2, 2 – 9.

[43] Hayden E., Porath D., and Westernhagen N. V. (2006). Does Diversification Improve the Performance of German Banks: Evidence from Individual Bank Loan Portfolios. Deutsche Bundesbank Working Paper, June.

[44] Hirtle B. J. and Stiroh K. J. (2007). The Return to Retail and the Performance of US Banks, *Journal of Banking and Finance* 31, 1101 – 1133.

[45] Houston J. C., James C., and Marcus D. (1997). Capital Market Frictions and the Role of Internal Capital Markets in Banking, *Journal of Financial Economics* 46, 135 – 164.

[46] Hughes J. P., Lang W., Mester L. J., and Moon C. – G. (1996). Efficient Banking Under Interstate Branching, *Journal of Money, Credit, and Banking* 28, 1045 – 1071.

[47] Hughes J. P. and Mester L. J. (2002). Bank Capitalization and Cost: Evidence of Scale Economies in Risk Management and Signaling, *Review of Economics and Statistics* 80, 314 – 325.

[48] Ibragimov R., Jaffee D., and Walden J. (2011). Diversification Disasters, *Journal of Financial Economics* 99 (2), 333 – 348.

[49] Jorion P. (2005). Bank Trading Risk and Systemic Risk, NBER Working Paper no. 11037, January.

[50] Kamp A., Pfingsten A., Memmel C., and Behr A. (2007). *Diversification and the Banks' Risk –*

Return Characteristics—Evidence from Loan Portfolios of German Banks, SSRn no. 906448.

[51] Klein P. G. and Saidenberg M. R. (2005). organizational Structure and the Diversification Discount: Evidence from Commercial Banking, CoRI Working Paper no. 2005 -06, SSRN No. 721566.

[52] Kwan S. (1998). Risk and Return of Banks' Section 20 Securities Affiliates, *FRBSF Economic Letter* 98 -32.

[53] Kwast M. (1989). The Impact of Underwriting and Dealing on Bank Returns and Risk, *Journal of Banking and Finance* 13, 101 -125.

[54] Laderman E. S., Schmidt R. H., and Zimmerman G. C. (1991). Location, Branching, and Bank Portfolio Diversification: The Case of Agricultural Lending, *Federal Reserve Bank of San Francisco Economic Review*, Winter 4 -38.

[55] Laeven L. and Levine R. (2007). Is There a Diversification Discount in Financial Conglomerates?, *Journal of Financial Economics* 85, 331 -367.

[56] Landskroner y., Ruthenberg D., and Zaken D. (2005). Diversification and Performance in Banking: The Israeli Case, *Journal of Financial Services Research* 27, 27 -49.

[57] LePetit L., nys E., Rous P., and Tarazi A. (2005). Product Diversification in the European Banking Industry: Risk and Loan Pricing Implications, SSRN No. 873490, December.

[58] LePetit L., nys E., Rous P., and Tarazi A. (2006). The Provision of Services, Interest Margins, and Loan Pricing in European Banking, December, 1 -25.

[59] LePetit L., nys E., Rous P., and Tarazi A. (2008). Bank Income Structure and Risk: An Empirical Analysis of European Banks, *Journal of Banking and Finance* 32 (8), 1452 -1467.

[60] Loutskina E. and Strahan P. E. (2011). Informed and Uninformed Investment in Housing: The Downside of Diversification, *Review of Financial Studies* 24 (5), 1447 -1480.

[61] Lown C., Morgan D., and Rohatgi S. (2000). Listening to Loan officers: Commercial Credit Standards, Lending, and output, *Federal Reserve Bank of New York Economic Policy Review* 1 -16.

[62] Mercieca S., Schaeck K., and Wolfe S. (2007). Small European Banks: Benefits from Diversification, *Journal of Banking and Finance* 31, 1975 -1998.

[63] Merton R. C. (1974). On the Pricing of Corporate Debt: The Risk Structure of Interest Rates, *Journal of Finance* 29, 449 -470.

[64] Milbourn T. T., Boot A. W. A., and Thakor A. V. (1999). Megamergers and Expanded Scope: Theories of Bank Size and Activity Diversity, *Journal of Banking and Finance* 23, 95 -214.

[65] Mishra S., Prakash A. J., Karels G. V., and Peterson M. (2005). Bank Mergers and Components of Risk: An Evaluation, *Journal of Economics and Finance* 29, 84 -96.

[66] Morgan D. P. and Samolyk K. (2005). Bigger and Wider: The (neglected) Benefits of Geographic Diversification in Banking. Federal Reserve Bank of new york Working Paper, June.

[67] Penas M. F. and Unal H. (2004). Gains in Bank Mergers: Evidence from the Bond Market, *Journal of Financial Economics* 74, 149 -179.

[68] Pilloff S. J. and Rhoades S. A. (2000). Do Large, Diversified Banking organizations Have Competitive Advantages?, *Review of Industrial Organization* 16, 2873 -3302.

[69] Reichert A. K. and Wall L. D. (2000). The Potential for Portfolio Diversification in Financial Services, *Federal Reserve Bank of Atlanta Economic Review Third Quarter*, 35 -51.

[70] Rose P. S. (1996). The Diversification and Cost Effects of Interstate Banking, *The Financial Review* 31, 431 -452.

[71] Rosen R. J., Lloyd - Davies P. R., Kwast M. L. and Humphrey D. B. (1989). A Portfolio Analysis of Bank Investment in Real Estate, *Journal of Banking and Finance* 13, 355 - 366.

[72] Santomero A. W. and Chung E. (1992). Evidence in Support of Broader Banking Powers, *Financial Markets, Institutions, and Instruments* 1, 1 - 69.

[73] Saunders A. and Walter I. (1994). *Universal Banking in the United States: What Could We Gain? What Could We Lose?*. new york, ny: oxford University Press.

[74] Sharpe W. F. (1964). Capital Asset Prices: A Theory of Market Equilibrium Under Conditions of Risk, *The Journal of Finance* 19, 425 - 442.

[75] Slijkerman J. F., Schoenmaker D., and de Vries C. G. (2005). Risk Diversification by European Financial Conglomerates, Tinbergen Institute Discussion Paper no. 110/2, December 7.

[76] Slovin M. B., Sushka M. E., and Polonchek J. A. (1993). The Value of Bank Durability: Borrowers as Bank Stakeholders, *Journal of Finance* XLVIII, 247 - 266.

[77] Smith C. W. and Stulz R. M. (1985). The Determinants of Firms' Hedging Policies, *Journal of Financial and Quantitative Analysis* 20, 391 - 405.

[78] Sprague O. M. W. (1903). Branch Banking in the United States, *Quarterly Journal of Economics* 27, 242 - 260.

[79] Spong K. (1994, 2000). *Banking Regulation: Its Purpose, Implementation, and Effects*, Monograph. 4th and 5th editions. Kansas, Missouri: Federal Reserve Bank of Kansas City.

[80] Stiroh K. J. (2004a). Do Community Banks Benefit from Diversification?, *Journal of Financial Services Research* 25, 135 - 160.

[81] Stiroh K. J. (2004b). Diversification in Banking: Is noninterest Income the Answer?, *Journal of Money, Credit, and Banking* 36, 853 - 882.

[82] Stiroh K. J. (2006a). A Portfolio View of Banking with Interest and noninterest Activities, *Journal of Money, Credit, and Banking* 38, 1351 - 1361.

[83] Stiroh K. J. (2006b). New Evidence on the Determinants of Bank Risk, *Journal of Financial Services Research* 30, 237 - 263.

[84] Stiroh K. J. and Rumble A. (2006). The Darkside of Diversification: The Case of US Financial Holding Companies, *Journal of Banking and Finance* 30, 2131 - 2161.

[85] Strahan P. E. and Sufi A. (2000). The Gains from Financial Sector Modernization, Federal Reserve Bank of New York Mimeo, May.

[86] Stulz R. (1984). Optimal Hedging Policies, *Journal of Financial and Quantitative Analysis* 19, 127 - 140.

[87] Templeton W. K. and Severiens J. T. (1992). The Effect of nonbank Diversification on Bank Holding Companies, *Quarterly Journal of Business and Economics* 31 (4), 3 - 16.

[88] Valverde S. C. and Fernandez F. R. (2007). The Determinants of Bank Margins in European Banking, *Journal of Banking and Finance* 31, 2043 - 2063.

[89] Van oordt M. R. C. (2013). Securitization and the Dark Side of Diversification, *Journal of Financial Intermediation (Forthcoming)*.

[90] Wagner W. (2010). Diversification at Financial Institutions and Systemic Crises, *Journal of Financial Intermediation* 2, 173 - 193.

[91] Wilson J. O. S., Casu B., Garardone C., and Molyneux P. (2010). Emerging Themes in Banking: Recent Literature and Directions for Future Research, *The British Accounting Review* 42 (3), 153 - 169.

［92］ Winton A.（1999）. *Don't Put All Your Eggs in One Basket? Diversification and Specialization in Banking*, *SSRN No.* 173615，1 –43.

［93］ Yu L.（2003）. On the Wealth and Risk Effects of the Glass – Steagall overhaul：Evidence from the Stock Market，AFA Meetings.

第二部分　银行业绩与业务

第 10 章　测度银行的表现

10.1　引言

商业银行的职能是什么？银行技术的关键组成部分是什么？什么决定了银行的高效运行？银行的职责就是改善借款人与贷款人之间的信息不对称，并且银行产品的本质特征就是风险管控。关于金融中介的文献表明，商业银行通过对借款者进行筛选和监督，能够帮助解决借贷双方之间由不完全信息所导致的道德风险和逆向选择问题。银行在发行能参与经济支付系统的可偿还债务方面的优势是独一无二的。这项债务给银行提供信息优势，使其向信息不透明的借款人提供贷款。特别是，从支票账户交易和其他来源获得的信息使银行能够评估和管理风险、跟进合同的制定和履行情况，并在需要时解决违约问题。巴塔查亚尼和塔科尔（1993）评论现代金融中介理论时指出，这种债务合约拓宽了银行业获取信息的途径。

银行的负债是可以承受的债务，这使得银行比其他中介机构具有激励优势。银行资本结构中相对较高的债务水平限定了管理人员的风险承担能力，并且银行业务的高风险特征也激励员工努力工作。债务的必要特征，即在没有完全投保的情况下，通过增加流动性风险进一步加剧了业绩压力和安全问题。这些激励措施往往使银行成为其借款人的良好监督者。因此，银行通过参与经济支付系统的可用债务获得的独特资金为银行提供了激励优势和信息优势，可以向在债券和股票市场上信息不太透明的公司提供贷款。与其他类型的贷方的产品相比，银行产品的独特性源于银行资本结构的特殊性：资本不透明的资产与活期存款的融资。[①] Calomiris 和 Kahn（1991）、Flannery（1994）对商业银行的最优资本结构进行了探讨。

银行有效执行适当的投资策略，获取有关其客户财务前景的准确信息，以及编写和执行有效合同的能力，部分取决于产权和法律以及监管和合同环境。这样的环境包括会计实践、章程规则、政府法规以及银行运营的市场条件（例如市场力量）。不同政治司法管辖

---

① Berlin 和 Mester（1999）发现了银行负债结构与其独特贷款行为之间具有明确的联系。正如 Mester（2007）所讨论的，关系贷款与较低的贷款利率、较低的抵押要求、较低的信贷配给可能性、合同灵活性以及降低借款公司面临财务困境时的成本相关。银行的核心存款对利率并不敏感，使银行能够将与其持久关系的借款人与外部信贷冲击隔离开来。Mester、Nakamura 和 Renault（2007）也发现了商业银行资产负债表中负债与资产之间存在协同作用的经验证据，表明借款人交易账户中的现金流入和流出信息可以帮助金融中介监控小企业借款人所提供的抵押品价值。

区内的这些特征的差异可能会导致各司法管辖区的银行效率出现差异。[①]

相关的法律和监管环境决定了银行融资行为的特殊性，同时也影响着银行管理人员的风险承担和效率水平。银行在支付系统中扮演着重要角色，这决定了银行业严格监管规定，特别是对进入该行业准入的限制。对银行牌照的限制赋予了银行业的市场垄断地位，并且银行通常也凭借其优势地位获得了与金融中介以及支付系统相关的投资机会。政府的监管促进了银行业的安全和稳健运行，其目的是保护支付系统免受银行贷款合同的影响，并保障宏观经济的稳定。保护支付系统经常涉及存款保险。如果保险是可信的，它会减少存款人挤兑的风险。因此，存款保险制度降低了银行的流动性风险，并且在其定价过低的情况下，银行有动力为追求更高的预期回报而承担额外的风险。

10.2 银行技术与绩效

10.2.1 银行风险因素与风险承担激励

错误定价的存款保险和“大而不能倒”的政策（TBTF）可以创造一种资金成本补贴，这使得银行有动力承担额外的风险。[②] 但银行也有动力在财务困境时期为保护牌照而规避风险。困境包括：由无存款保险而导致的挤兑危机，对银行投资决策的监管干预，甚至是在困境时期由破产危机而导致的牌照损失。正如 Hughes 和 Mester（2013b）所讨论的那样，Marcus（1984）发现具有高价值投资机会的银行通过采取低风险投资策略来最大化其预期市场价值，这种低风险投资策略保护了银行的牌照价值。同时，具有低价值投资机会的银行采用高风险投资策略，利用错误定价存款保险的资金成本补贴来最大化其预期价值（Keeley，1990）。中等风险投资策略没有最大化银行的价值。在对银行生产决策进行建模时必须考虑到，这两种不同的投资策略以及其他风险承担和风险规避的行为从根本上决定了生产决策。

银行面临的风险环境可以通过一条关于预期收益与收益风险的边界曲线来描述，从而显示银行的有效投资组合。[③] 图 10.1［来源于 Hughes 和 Mester（2013b）］表明，小银行的投资组合由较低的边界给出。考虑一个在 A 点运营的小型银行[④]，为了说明与规模相关的多元化，假设通过扩大这个小银行的资产来创建一个更大的银行。原则上，大银行可以获得更好的资产多样化，从而降低信用风险，并使存款更加多样化以降低流动性风险。因此，大银行可以有效地产生小银行（A 点）的预期回报，具有较小的收益风险（点 A′）。实际上，大银行更乐意利用其多样性的优势提供更复杂的混合金融服务。尽管如此，由于

---

① Demirgüç - Kunt、Kane 和 Laeven（2007）使用 180 个国家的样本来研究影响存款保险采用和设计的外部和内部政治特征，其也会影响国内银行体系的效率。

② FDIC（2013）总结了文献中有关补贴的一些估计。

③ 为了更好地说明，我们只在讨论中模拟银行收益率分布的一阶矩和二阶矩。但更普遍的是，高阶矩（例如偏度和峰度）的形式也会对收益率的分布产生影响，例如风险价值（VaR）的计算、最小化财务困境或关于开发联邦安全网的投资策略选择。因此，关于风险的一些更高阶矩的特征也可能在银行产品定价中发挥重要作用。

④ 为了简化讨论，我们假设小银行有效运行；因此点 A 位于边界而不是它的下方。参见 Hughes 和 Mester（2013b）的有关低效率与银行业规模经济相关性的分析。

大银行有更好的投资选择，大银行的投资组合边界仍高于小银行。

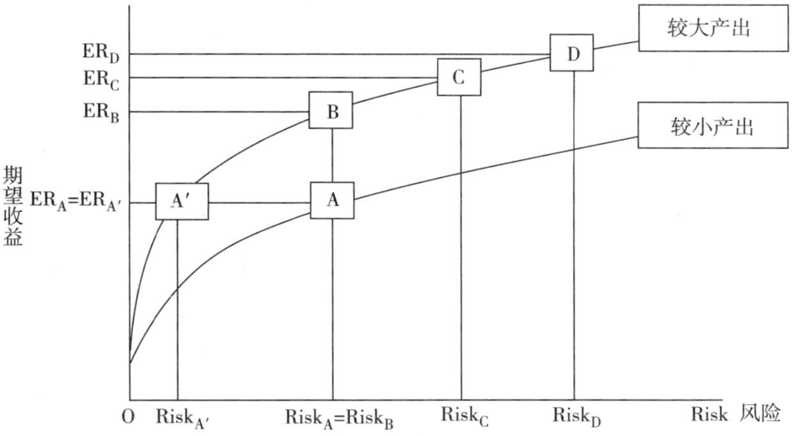

图 10.1　规模差异与风险—收益边界

书中指出，规模经济的核心优势在于通过多样化的投资策略提高了风险管控的能力。当比较 A′点的大银行和 B 点的大银行时，可以发现多样化投资和规模经济之间的关系是很显著的。运行在 A′点的大银行与运行在 A 点的小银行有相同的期望收益，但是大银行比小银行有更低的风险，同时，运行在 B 点的大银行与 A 点的小银行有相同的风险，但是大银行能获得更高的期望收益。在点 B，更好的存款多样性使大银行能够在节约流动资产的同时控制流动性风险的增加，而更好的贷款多样化使其能够在不增加破产风险的情况下节约股权资本。因此，大银行与小银行相比，在风险相同的情况下预期回报率较高。

但是，更好的多样性并不意味着大银行有更小的风险，而是说大银行处于更加有利的风险期望收益边界上。在大银行的市场上，出于提高竞争和增长机会或者降低风险管理的边际成本的目的，大银行往往会为了获得高收益而选择生产高风险的产品，即策略 C 和 D。

银行的风险承担水平也会受内部和外部纪律机制的影响，这些机制制约着银行管理者。内部纪律能够通过组织的形式、资本结构、所有权、董事会和管理报酬来引导和降低银行的风险。外部约束可能通过政府规章和安全网络、资本市场约束（收购、资金成本、利益相关者出售股票的能力）、经理人市场的竞争程度、股权和债权之间的制衡及产品市场的竞争来引导和降低银行的高风险操作。[①] 这样的经营环境也会产生代理冲突，而代理冲突会导致管理者追求价值最大化进而选择风险策略。财富主要由多元化的人力资本组成的经理倾向于避免风险较高的投资策略，以收益较低的投资机会来最大化银行的价值。然而，大量股票的多元化外部所有者的存在可能会鼓励董事会制订一个补偿计划，以克服管

① LaPorta、Lopez – de – Silanes 和 Shleifer（2002）研究了 92 个国家和地区的银行系统，发现政府所有权与金融体系高度相关，其中政府所有权比重越高，与之对应的往往是较贫穷的国家和金融体系欠发达国家，以及投资者权利保护较差、政府干预更多、机构绩效体制较差等问题。他们还发现公司所有权与更高的相关成本比率和更广泛的利率利润率高度相关。Aghion、Alesina 和 Trebbi（2007）提供的证据表明，民主可能通过促进市场进入和竞争，对更先进的经济部门的生产率增长具有积极影响。

理者的风险规避，并鼓励价值最大化的风险投资行为（Laeven 和 Levine，2009）。

因此，为了衡量银行生产的效率，重要的是要考虑银行的风险承担及其效率。

10.2.2 银行技术与绩效的实证测度

有关技术和银行绩效的测度有两种较为普遍的方法：结构性和非结构性估计。通过使用各种财务指标来捕捉绩效的各个方面，非结构性估计比较了银行间的绩效，并考虑了绩效与投资策略的关系以及其他因素，如监管和治理的特征等。例如，非结构性估计可能会通过考察绩效指标如何与此类投资策略相关联来评价银行技术的有效性，并寻找与代理问题相关的绩效衡量指标和银行治理水平的变量。虽然非正式和正式理论都可能会激发一些研究，但并没有广泛认可的绩效理论为这些研究提供统一的框架。

结构性估计是选择理论，它依赖于银行业的理论模型和最优化的概念。较早的文献将传统的微观经济生产理论应用于银行业，其方式与应用于非金融公司和行业的方式大致相同。最新的文献将银行视为产生信息密集型金融服务的金融中介，承担并分散风险。金融中介机构的特殊性以及本质特征并没有反映在传统产品理论的应用中。[①] 例如，传统理论定义成本曲线是通过在任意给定产出水平下，最小化其相对应的投入成本得到的。因此，成本曲线描述了在不考虑收益风险下，与任意产出组合相对应的最优投入成本。这种忽略收益风险的假设在非金融机构中是合适的，但是对于金融机构，收益风险在最大化期望利润的现值中扮演着重要的角色。首先，收益风险影响着未来预期利润的折现率；其次，收益风险会影响财务困境的预期成本。有着高投资价值的银行可能会发现风险水平和成本最小化之间关系是非常密切的。如果这样的话，它可能会选择通过在给定产出组合的情况下增加更多的劳动力和实物资本来降低信用风险，提高信用评价和贷款监督。这种操作可以降低利润风险、财务困境的预期成本和预期现金流的折现率，从而最大化市场价值。这种权衡表明，仅通过成本指标或利润指标来衡量银行业绩，而不考虑内生风险承担，可能导致严重偏差。

我们注意到在这个例子中，风险影响着给定产出组合下的投资决策和相对应的成本。在图 10.1 中，当大银行的风险期望收益边界被狭义的解释为给定生产组合情况下的投资策略可行集，有着高价值投资机会的大银行相比低价值投资机会的银行（就像 C 点和 D 点的情形）更可能会选择低风险策略，这也就是 B 点或 A′点的情形。因为按比例增加产出的成本不像沿边界扩展。因此，价值最大化的投入量和产出成本部分会受到风险因素的影响。而且，这些风险因素意味着当风险很重要时，收入会影响成本。那么，管理者对这些生产计划及其隐含风险会有什么样的偏好呢？

用 q 来表示产出组合，x 表示投入组合，表示股权资本，在给定产量条件下的生产技术转换函数用 $T(x,q,k) \leqslant 0$ 表示。C、D 的差异是由于生产给定产量 q 下的不同投入

---

① 该框架通常指导银行生产结构中产出和投入的选择。例如，正如 Mester（2008）所讨论的，在传统的银行业的效率分析中，通常不允许银行生产决策影响银行风险，这排除了多样化规模和范围经济降低成本的可能性。此外，许多传统文献都没有说明银行在处理借款人信息的过程中所扮演的角色。Mester（1992）是一个例外，它直接将银行监管和筛选角色考虑在内，通过购买贷款和贷款来源来衡量银行产出，对其进行分类，并将资产负债表上持有的贷款和作为单独出售的贷款纳入到不同类型的监管中。

(x, k) 造成的。用 z 代表生产计划和价格环境。管理者关于生产计划与给定状态相互作用的信念为 s，产生的利润为 π，意味着实现的利润 $\pi = g(z,s)$ 这一函数是以给定状态为条件的。管理者对既定状态概率分布的看法意味着以生产计划为条件的利润的主观分布：$f(\pi,z)$。常见的限制条件下，这种分布可以用它的一阶矩和二阶矩来表示，即 $E(\pi,z)$ 和 $S(\pi,z)$。①

关于银行生产和效率的传统文献假设银行选择其生产计划以最小化预期成本并最大化预期利润：管理者按生产计划的预期利润和成本对生产计划进行排序，并将其利润分布的一阶矩 $f(\pi,z)$ 附在每个生产计划上。较新的研究假设银行经理最大化其生产计划的效用。新的文献并没有用一阶矩和二阶矩定义效用函数，而是将其定义为利润和生产计划的函数 $U(\pi,z)$，这相当于定义了条件概率分布 $f(\pi,z)$。用最大化是一个更普遍的目标，包含利润最大化和成本最小化（例如，Hughes，1999；Hughes 等，1999；Hughes 等，2000；Hughes、Mester 和 Moon，2001）。然而，当利率分布的高阶矩影响管理者的偏好时，管理者可能会通过交易实现其他涉及风险的目标，例如价值最大化。该模型将风险选择视为内生的。

但是应注意，其他目标可能反映了代理问题：管理人员可能承担过少的风险以保护他们的工作，或者他们可能会为满足私人利益而损害股东利益。因此，效用最大化框架可以解释低效率和高效率的生产。当产出组合保持不变时，产出成本效用最大化是来自投入需求的效用最大化。这个成本函数说明了生产特定产量时，是选择使用低风险—低收益的方法还是高风险—高收益的方法（例如在图 10.1 中的 B 点和 C 点）。这种选择依赖于投资机会价值的不同。在这个案例中，管理者生产计划的排名是根据他们获取利润和他们所面临的收益—风险环境决定的。

那么，结构模型中衡量绩效的方式取决于银行管理者是否将一阶矩对项目进行排序（如最小化期望成本或者最大化期望收益），或者将高阶矩也纳入评估项目风险中。在后一种情况下，投资者会更多考虑银行在风险和预期回报之间的权衡，因为银行在业主和经理之间存在较少的代理问题（Hughes、Mester 和 Moon，2001）。在结构性和非结构性估计中，绩效指标和绩效方程的形式明确地反映了管理行为的基本理论。

正如结构性和非结构性估计的一般范式，用 y_i 表示第 i 个银行绩效的测度。使 z_i 表示第 i 个银行的关键技术变量（如产量水平和输入价格），τ_i 是影响技术的变量（如贷款总额的不良率）。Jensen 和 Meckling（1979）添加了变量 θ_i，用来描述第 i 家公司经营的产权制度、合同和监管环境。（例如，该国是否有存款保险计划和存在的投资者保护程度）；同时增加了变量 Φ_i，用来描述公司组织形式、第 i 家公司的管理和控制环境特点（例如，银行是公有的或者由股份公司拥有的，产品市场集中度，董事会外部经理人的人数）。当估算中使用的银行样本包括位于具有不同产权和承包环境或具有不同治理和控制结构环境中的金融机构时，估计该模型允许人们调查这些差异如何与银行业绩的差异相关联。

在允许随机误差的条件下，绩效方程表示为如下形式：

$$Y_i = f(Z_i, \tau_i, \Phi_i, \theta_i \mid \beta) + \varepsilon_i \tag{10.1}$$

变量 z_i 和 τ_i 在结构化方法和非结构化方法中是不一样的。

① 参见 Hughes 等（2000）对这个模型的进一步讨论。

10.2.3 测度银行效率的结构性估计：成本最小化、利润最大化和管理效用最大化

传统的结构性估计通常依赖于成本最小化或利润最大化的经济学思想，其中绩效方程（10.1）表示成本函数或利润函数。有时，结构化的绩效方程也表示生产函数。尽管生产函数可能会告诉我们企业是否在技术上有效，即企业是否在给定投入成本的前提下最大化产出。但我们往往对经济效率更感兴趣。也就是说，公司在选择其投入和产出时是否对相对价格作出反应，以最大限度地降低成本和/或最大化其利润，从而将技术效率纳入方程中。尽管有些论文将一个或多个风险维度作为控制变量纳入估计中，但风险在这些绩效函数中没有明显的作用（参见 Berger 和 Mester，1997，2003；Mester，2008）。将风险成分纳入控制并不能完全反映银行对风险和预期回报的权衡。虽然在成本函数中加入风险变量（例如利润的方差）可以控制利润率的二阶矩形式，但并没有考虑到高阶矩的情况，而这可能是银行生产决策中的重要因素。因此，加入风险变量的成本函数不太可能成为银行业生产和价值最大化的重要考虑因素。此外，就像下文所讨论的一样，结构性估计中的成本最小化和利润最大化的假设已在一些文献中被验证无效。参见文献，Evanoff（1998），Evanoff、Israilevich 和 Merris（1990），Hughes 等（1996，2000），Hughes、Mester 和 Moon（2001），Hughes 和 Mester（2013b）。

在最近的文献中，最优化的问题是管理效用的最大化，也就是管理者给产品计划排序不仅要按照其一阶矩（期望收益），而且还要考察高阶矩（例如偏度和峰度风险），从而考察风险收益的方差。效用最大化的成本函数是来自既定产出条件下的利润函数。同样地，成本函数包括了表示收益的参数。在图 10.1 中，大银行能够成比例地扩大产品计划的产量，这些产品计划的不同点是它们的期望收益和收益风险。以效用最大化为条件的成本函数包含了管理效用最大化和反映风险与期望收益之间的权衡。

为了明确效用最大化的绩效方程（10.1）形式，Hughes 等（1996，1999，2000）调整了近乎理想的需求系统，从而修正了效用利润最大化方程及其相关的生产要素需求方程。这种利润函数并不一定能使利润最大化，因为它来自管理者对风险以及风险对资产价值影响的评估；它也可能反映了管理者对其工作保障的担忧。利润最大化（成本最小化）能够通过标准的利润（成本）函数和嵌套在模型中的方程式来检验，并且也能通过参数的限制来恢复，这种恢复暗含了在这个调整后的系统中参数的利润最大化（成本最小化）。Hughes 等（1996，1999，2000）与 Hughes 和 Mester（2013b）检验了这些限制条件，并且拒绝了利润最大化（成本最小化）的假设。

新的和传统的绩效函数可能因其使用的成本的定义的不同而不同：会计（现金流）成本不包括权益资本成本，而经济成本包括它。估算经济成本的难点在于估计权益资本的成本。McAllister 和 McManus（1993）任意选择所需的回报并假设它在银行间是统一的。Clark（1996）和 Fiordelisi（2007）使用资本资产定价模型来估计它。Fiordelisi（2007）将利润函数描述为“经济增加值”。在受限制的成本和利润函数下，这些案例中的股权资本的费用不在成本和利润的经验主义测量方法所考虑的范围内。

传统的结构化绩效方程能够拟合数据作为一个一般关系，这个一般关系假设所有的银

行在最小化成本或最大化利润中是同样有效率的，并加入了服从正态分布的随机误差 ε_i。另外，它能用于评估样本并测量模型的拟合优度（这个值表示着观测值与实际值之间的差异）。用于估计边界的文献包括了四个基本的方法：随机前沿、自由分布法、厚前沿和数据包络分析（DEA）。Berger 和 Mester（1997）检查了估计的方法和规模经济的当前证据，成本低效和利润低效都使用了随机前沿和自由分布方法。[①]

在随机前沿方法中，误差项 ε_i 包括两个组成部分；一个是表示噪声的双边随机误差（v_i），另一个是表示低效率的单边误差（μ_i）。随机前沿方法通过对分布进行更明确地假设，从而消除了低效和随机误差成分。这个无效的成分测量了每个银行相对于边界的额外成本或利润的差额（在样本中被观测到的最好表现）。[②] 用 y_i 表示 i 公司的成本或利润。在给定 z_i、τ_i、φ_i 和 θ_i 的情况下，随机前沿给出了最高或最低的潜在价值 y_i。

$$y_i = F(Z_i, \tau_{i,}, \varphi_i, \theta_i \mid \beta) + \varepsilon_i \tag{10.2}$$

$\varepsilon_i = \mu_i + v_i$ 是包含了 v_i 的综合误差，它是一个零均值的正态分布，并且 μ_i 经常被假定为半正态分布。它在利润函数的边界和上包络相吻合的情况下是负数，并且在成本函数的边界和下包络相吻合的情况下是正数。β 是确定的随机前沿 $F(Z_i, \tau_{i,}, \varphi_i, \theta_i \mid \beta)$ 核心的变量。第 i 个银行的低效通常由给定 ε_i 的 μ_i 的条件分布的平均值来估算，例如 $E(\mu_i \mid \varepsilon_i)$。根据最佳观察实践与实现的绩效之间的差异，可以从成本过高、成本低或利润损失的角度来衡量管理效率。关于边际价值的短缺和过剩（最佳观察做法）比例的表示方法产生了利润和成本低效比率。虽然在样本中合适的随机前沿确定了银行最佳观测实践的绩效，但是它不能解释低效的银行行为。很多论文调查了银行绩效的研究，这些研究使用了这几种概念：例如，Berger 和 Humphrey（1997）、Berger 和 Mester（1997）与 Berger（2007）。

正如 Hughes 等（2000）和 Mester（2008）的讨论，由于低效率来自回归残差，所以银行特征的选择和包含在边界估计中的环境变量尤为重要。这些变量定义了具有最佳实际绩效的同行群体，并根据该最佳实际绩效判断特定银行的绩效。假如与生产流程无关的内容被包括在边界里，这可能导致同行群体的缩小和银行效率的夸大。此外，包含的变量决定了哪种类型的低效率受到惩罚。假如银行的位置因素被包括在边界内，如农村和城市，那么一个城市银行的绩效将依靠其他城市银行来评定，而不是依靠农村银行并且农村银行的绩效也将由其他农村银行来评定。假如结果证明农村银行比城市银行更有效率，则在其他条件都是相同的情况下，位置选择所造成的低效将不会被惩罚。在边界回归中包括变量的方法是基于省略的边际测量效率，然后看它们与效率是如何相关的。几篇论文研究了效率测度和内生因素的相关性，包括 Mester（1993）、Mester（1996）、Mester（1997）与 Berger 和 Mester（1997）。Mester（1997）表明，在测量银行的成本效率时，如果忽略了银行的异质性，可能会导致测量结果有偏。可参阅 Bos 等（2005）关于这个问题的讨论，经济

---

① 文献经常使用术语“最佳实践性能”，有时称为“潜在性能”。但是，这是一个术语滥用，测量的最佳实践性能不一定代表最佳实践，而只是在样本银行中观察到的最佳实践（见 Berger 和 Mester，1997；Mester，2008）。

② 莱本斯坦（1966）称这种低效率，可能是由于管理激励不足或劳动力市场未能有效地分配经理，并清除不称职的经理（X—无效率）。Jensen 和 Meckling（1976）为解释这种效率低下的代理成本建立了一个管理效用最大化的理论模型，当经理之间的激励和外部利益相关者不一致时，管理者会在自己公司的市场价值和他们自己的私人利益（如消费补贴、逃避待遇、偏见歧视、承担过多或太少的风险，以加强对其的控制）之间进行权衡。

环境的某些差异是否应包含在边界的定义中。

效用最大化的利润函数在解释无效/有效产量时，不能很好地与边界拟合。为了测量无效率值，Hughes 等（1996）与 Hughes、Mester 和 Moon（2001）估算了一个实际风险收益边界并测量了与其相对应的无效率值。效用最大化的利润函数的估计模型可以测量样本中每家银行的预期收益。并且当除以股本时，可以转换成单位股本的预期收益 $E(\pi_i/k_i)$。每家银行的期望收益（或者说预计收益）是一个关于产量计划和其他解释变量的函数。当估计产量函数的时候考虑了异方差（标准差用于计量经济学中预期风险的测量），那预期收益的标准差也是产量计划和其他解释变量的函数。[①] 类似于方程（10.2）的随机前沿估计给出了任何特定风险暴露的最高收益水平：

$$E(\pi_i/k_i) = \alpha_0 + \alpha_1 \sigma_i + \alpha_2 \sigma_i^2 - \mu_i + \nu_i \tag{10.3}$$

其中 ν_i 表示噪声的双边误差项，μ_i 是表示无效率的单侧误差项。在具有相同收益风险水平的同行中，银行收益的无效率值是其潜在回报与其噪声调整后的预期回报之间的差异（但请注意，如果银行经理相对于价值最大化金额承担过多或过少的风险，则在测量这些无效率值时不会考虑这种不适当的风险水平）。

Koetter（2006）使用 Hughes 等（1996，1999，2000）的管理效用最大化模型和相关的风险收益效率测量方法，调查了 1993—2004 年德国全能银行的效率。通过比较标准公式估算的回报效率（成本和利润效率），他发现有效率的银行使用低风险投资策略时，会在标准的利润效率指标方面得分很低，因为预计它们的利润也会降低。

Hughes、Mester 和 Moon（2001）进一步认识到，银行经理的效用最大化选择不一定是价值最大化的选择，从而说明公司内部存在代理问题——管理者可能追求自己的（非价值最大化）目标。为了确定所有银行中的价值最大化银行，他们选择样本中具有预测回报效率排名前 25% 的银行。这些银行最有可能是最大化价值的集团，或者至少是以最小的代理成本生产。人们可以使用这些高效的银行来衡量价值最大化生产技术的特征。例如，这组银行的平均规模经济将表明是否存在规模经济，因为银行在最大化价值的道路上扩大产出。相比之下，所有银行的平均规模经济将表明是否存在规模经济，因为银行沿着最大化管理者效用的路径扩大产出，但这可能与价值最大化的扩张路径不同，以至于管理者能够追求自己的目标和那些与外部所有者不同的目标。

虽然管理效用最大化模型生成了结构化的效用最大化利润函数，这个利润函数包含了标准的最大化利润的特例和价值最大化的利润函数，但这是基于绩效的会计度量。Hughes 和 Moon（2003）开发的另一种模型使用了资产的市场价值来衡量绩效。他们发展了一个效用最大化的 q 比率函数，这个函数是源于管理者在他们代理产品的消费量（无效率的市场价值）和决定他们财富的产品的市场价值（给予他们所有权的股份）之间分配着潜在

---

① 估计利润（或回报）函数类似于多因素模型，因素是利润函数中的解释变量。可以解释回归系数作为解释变量的边际回报，以及预测回报的标准误差，估计边际收益的方差—协方差矩阵的函数，类似于投资组合回报的方差。Hughes（1999）和 Hughes、Mester 和 Moon（2001）对 190 家上市银行控股公司的 ln（股权市场价值）、$\ln(E(\pi_i/k_i))$ 和 $ln(\sigma_i)$ 进行了回归，R^2 为 0.96，这意味着基于生产的预期回报和风险度量解释了银行的大部分市场价值。对于股权市场价值对 $E(\pi_i/k_i)$ 和的回归 σ_i，Hughes 和 Mester（2013b）分别对 2003 年、2007 年和 2010 年的数据样本进行了回归，R^2 分别为 0.99、0.94 和 0.97。这些 R^2 的值显著高于税前会计净收入对市场价值回归所得到的 R^2 的值。

（边界）的公司资产的市场价值。效用函数由财富和代理产品的价值所表示，并且包含了资本结构、外部大股东、内部人员的股票期权和其他管理激励变量。作者获得了市场价值和代理产品（低效）的效用最大化的需求函数。因此，他们的 q 方程是结构化的，享有良好的消费者需求特性。作者使用这些属性来分析价值（或低效率）与内部人所拥有的公司比例之间的关系，这种关系反映出消费代理商品的机会成本。

10.2.4　银行绩效测量的非结构性估计

银行绩效测量的非结构性估计经常聚焦于实际表现和通过不同的金融比率测量方程中的 y_i（方程 10.1），例如资产回报、股本回报和总成本中固定成本的比率。一些实际应用中使用基于公司市场价值的绩效测量方法（这有内生的合并市场价值的风险），例如，托宾的 q 比率理论（资产市场价值和资产账面价值的比率）、夏普比率理论（公司预期超额收益与收益波动的标准差之比）；或者一个事件分析的累计非正常收益率，CAR（预测银行在特殊事件中的市场回报的模型中的累计误差项）。其他应用是通过如边界的结构或非结构绩效方程测量得到的低效率的比率来估算绩效的。非结构性方法探讨了绩效与各种银行和环境特征的关系，包括银行的投资策略、地理位置、治理结构和公司控制环境。例如，非结构化方法可能会通过询问绩效比率和资产收购、银行产品结构之间的关系；银行是否是由股东共同持有的或者公司控股；或通过观察在董事会中内部和外部经理的比率来评估绩效。尽管正式和非正式的理论可能激励这些研究，但是没有一种一般化的绩效理论为这些研究提供一个框架。

通过在非结构化方法中使用边界方法，Hughes 等（1997）提出了一个关于代理成本问题的代理人理论：资产的市场价值边界与资产投资的账面价值和资产平方的账面价值是一个潜在的非线性函数。对于任意给定的资产投资，边界理论给予了在样本中观测到的最高潜在价值。对于任意的银行，在其最高的潜在价值和其经噪声调整后的实现价值之间的差异代表其失去的市场价值——代理成本的估计值。一些研究使用了这种系统性的市场价值损失或由此产生的噪声调整后的 q 比率来衡量绩效［Hughes 等（1999），Hughes、Mester 和 Moon（2001），Hughes 等（2003），Hughes 和 Moon（2003），DeJonghe 和 Vander Vennet（2005），Baele、De Jonghe 和 Vander Vennet（2006），Hughes 和 Mester（2013b）］。

Habib 和 Ljungqvist（2005）提出了将各种管理决策变量作为市场价值边界的函数，变量包括规模、财务杠杆、资本支出和广告支出。因此，估计边界的同行对比分组比基于资产投资的宽分组窄得多，并且在代理成本的测量中不需考虑选择这些条件值时的无效性。

10.2.5　基于结构化模型的银行产品的产出与投入

在估计标准成本或利润函数或管理效用最大化模型时，必须规定银行生产的投入与产出。中介方法（Sealey 和 Lindley，1977）聚焦于银行产品的中介服务和产品的总成本，包括利率和运营成本。产出是典型的通过不同种类的银行资产的美元价值来测量的。正如上面提到的，一个例外是 Mester，他解释了银行的筛选和监督活动，测量部分包括：之前被购买的贷款（仅包括被监管部分）、源于银行自身投资组合的贷款、当前被购买的贷款和当前被出售的贷款。投入通常指劳动力、实物资本、存款和其他资金，并且在一些研究中，包含股权资本。尽管在中介方法中将存款视为投入，但是在一些文献中仍有关于将存款视为一个产出的讨论，因为银行为存款人提供了交易服务。Hughes 和 Mester（1993）使用经验测试方法来决定存款是作为投入还是产出。考虑了可变成本 VC，它是非存款投入成本和非存款投入的价格函数 w，产量水平 y，其他影响技术的变量 τ，还有存款水平 x。假如存款是一个投入变量，并且 $\partial VC/\partial x<0$：增加一些投入的使用应该会降低其他投入。如果存款是产出变量，并且 $\partial VC/\partial x>0$：则只要投入在增加，产出就能够被增加。休斯和麦什泰尔的经验方法的结果表明了已投保的和未投保的存款在银行所有的种类中都是投入变量。

10.2.6 关于绩效方程中资本结构的阐述

通常，在没有考虑银行资本结构的情况下，估算成本和收益函数会遗漏重要的资金投入因素（股权资本）。然而最近的文献考虑到了银行管理者的风险选择和银行绩效中的资本结构的重要性。一些最早的结构化模型中包括了作为投入的股权资本（Hancock，1985，1986；Hughes 和 Mester，1993；McAllister 和 McManus，1993；Clark，1996；Berger Mester，1997）。

就像 Hughes 和 Mester（1993）、Berger 和 Mester（1997），Hughes（1999）以及 Mester（2008）探讨的一样，银行的破产风险不仅依赖于其资产组合的风险状况，也依赖于其吸收损失的金融资本。破产风险影响银行成本和收益通过以下三种途径：（1）银行为未经保的债务所支付的风险溢价；（2）银行所采取的风险管理活动的强度；（3）未来收益的折现率。银行的资本水平也可以替代存款作为贷款的资金来源，从而直接影响经营成本。

很多文献使用成本的现金流概念（会计），这个包括了债务支付的利率（但没有包括股权的规定收益），与此相对应的是经济成本（包括股权的成本）。如果银行用一些金融权益资本替代债务，其会计（现金流）成本可能会上升，使得资本化程度较低的银行看起来比资本充足的银行更加昂贵。为了解决这个问题，可以将权益资本水平作为成本函数中的固定投入。由此产生的成本函数描述了现金流成本与权益资本水平的关系，以及成本相对于权益资本的衍生物（股权的影子价格）——如果权益资本增加，现金流成本会减少。当权益金额使得成本最小化或最大化利润时，权益的影子价格将等于市场价格。即使权益水平不符合这些目标，也可以用影子价格衡量其机会成本。Hughes、Mester 和 Moon（2001）发现，一方面，小型银行的股本平均影子价格明显小于大型银行的影子价格。这表明较小的银行相对于其成本最小化价值过度利用股权，可能是为了保护其银行牌照的价值；另一方面，规模较大的银行相对于其成本最小化的价值而言似乎未充分利用股权，可能是为了利用存款补贴和 TBTF 原则所带来的补贴。在这两种情况下，这些资本策略虽然不会降低成本，但可能会使价值最大化。

10.2.7 关于绩效方程中产出质量的阐述

在衡量效率时，应该控制产出质量的差异，以避免将产品质量的测量误差标记为效率差异。例如贷款类别或贷款损失的贷款总额的不良贷款，有时会作为控制变量包括在成本或利润边界中（有关进一步讨论，请参见 Mester，2008）。正如 Berger 和 Mester（1997）

所讨论的，是否在成本或利润函数中加入不良贷款或贷款损失，取决于这些变量在多大程度上是外生的。如果由经济冲击（运气不好）引起，它们将是外生的；但如果管理效率低下或者通过削减贷款来源和监控资源有意识地削减短期支出，则可能是内生的。Berger 和 Mester（1997）试图通过使用不良贷款与银行总贷款的比率作为控制变量来解决这个问题。对于任何一家银行而言，这种状态平均值几乎完全是外生的，但可以控制影响银行产出质量的负面冲击。

将不良贷款的数量包含在绩效方程中也可以起到准固定“投入”的作用。因此，无论对于成本函数还是利润函数而言，不良贷款的成本都包括其中。它的成本价格是预期贷款损失率。因此，除不良贷款的成本（即贷款损失）外，还可以将不良贷款水平加入绩效方程中，并且当绩效指标是贷款损失的净额时，逻辑表明损失率应包括在绩效方程中。

10.3　结构性估计的应用

10.3.1　与组织形式、治理、监管和市场纪律相关的绩效

当前出现的有关结构化模型的论文都在探索管理和所有权结构对于银行表现的重要性。结构化模型最初是被用于获取无效率边界的基础测量方法，并且无效率是被一系列解释变量回归出来的。

DeYoung、Spong 和 Sullivan（2001）利用对小型商业银行的机密性监管数据，使用随机前沿来衡量银行的利润效率。他们发现，从控股股东群体外聘请经理的银行比拥有所有者经理的银行表现更好；然而，这一结果取决于激励雇用的经理人是否拥有足够的股票。他们计算出最佳的管理层所有权水平，从而使利润效率最大化。更高水平的内部人控股会导致壕沟效应和盈利能力下降。

Berger 和 Hannan（1998）思考了银行成本效率（由自由分布技术和随机前沿估算的）与市场约束（由表示市场力量的赫芬达尔指数测算出来的）的关系。他们发现，由市场纪律涣散所导致的成本效率损失远比由垄断价格导致的福利损失要严重。

DeYoung、Hughes 和 Moon（2001）使用由 Hughes 等（1996，2000）开发的管理效用最大化模型去估算期望收益和收益风险。通过使用这些值，他们由方程（10.3）估算了每个银行的随机风险收益边界，从而获得了收益无效率值。他们考虑了银行监管的 CAMEL 等级与银行的规模、风险收益选择以及收益的无效率值之间的关系。他们发现尽管低效率银行的高风险选择会得到降低评级的惩罚，但有效率的银行的风险收益选择和它们的监管等级是无关的。此外，低效的大银行的风险收益选择是有着比小银行和有效率的大银行更严格的标准。

Mester（1991，1993）通过估算平均成本函数来调查股票持有情况、共同储蓄和贷款之间的差异。她发现共同储蓄和贷款中存在代理问题，像范围不经济证明了管制的放松一样，证明了在 20 世纪 80 年代中期的管制取消后，这些代理成本减少了。

利用 1989—1996 年期间的数据，Altunbas、Evans 和 Molyneux（2001）估计了德国银行业三种组织形式的差异与共同边界：私人商业银行、国有（政府所有）储蓄银行和混合

所有银行。他们认为，所有银行都可以使用相同的中介技术，因此技术选择是一种管理决策，其效率应该在所有类型的形式之间进行比较。与其他两个部门相比，私营部门的利润和成本效益似乎较低。这些结果在共同边界的情况下尤为明显，但他们也是从单独边界的估计中获得的。

10.3.2 从风险和资本结构中揭示规模经济的证据

前美联储主席 Alan Greenspan（2010）总结了关于银行业规模经济的文献："多年来，美联储一直关注着我们规模最大且还在不断扩张的金融机构。美联储的研究方法已经无法在银行规模超过一定水平之后找到规模经济的证据。"（p. 231）但事实上，许多调查人员，包括美联储的一些调查人员，都发现了规模经济的证据，即使对最大的金融机构也是如此。该研究包括 Hughes 等（1996），Berger 和 Mester（1997），Hughes 和 Mester（1998），Hughes、Mester 和 Moon（2001），Berger 和 Mester（2003），Bossone 和 Lee（2004），Feng 和 Serletis（2010），Wheelock 和 Wilson（2012），以及 Hughes 和 Mester（2013b）。

Greenspan 的观察提出了一个基本问题：银行业的规模经济到底是虚幻的还是难以捉摸？许多最大的金融机构的投资策略在最近的银行危机中跌到了零点，而根据 TBTF 原则对它们进行的救助促使一些显赫的政策制定者呼吁拆分最大的银行。例如，Fisher 和 Rosenblum（2012）断言，"一大群弗兰克法案的监督者不是解决方法，小而不复杂的银行才是解决办法。我们能够选择的道路是通过现在就拆分 TBTF 银行以提高金融效率"。Hoenig 和 Morris（2012）呼吁将政府安全网限制在商业银行的核心业务上，包括贷款、存款、提供流动性和信贷中介服务并禁止银行从事某些非核心银行业务活动，包括从事经纪人—交易商活动、制造衍生品或证券市场、为自己的账户或客户交易衍生品和证券、或赞助对冲基金或私募股权基金。然而，Tarullo（2011）质疑分拆银行是否会带来效率，并暗示在对系统性风险和效率的担忧之间存在权衡："如果一些国家由于系统风险原因来限制它们金融公司的规模和结构，那么就要放弃实现真正的范围经济和规模经济的目标，尽管其他国家不会这么做。在这个事件中，来自第一集团国家的公司在某些跨国活动的规定下可能处于竞争劣势"。Powell（2013）指出，如果当前的监管改革议程成功地大幅降低了银行破产的可能性并最大限度地减少了大型银行倒闭所造成的外部性，他认为这将会比拆分银行更好，因为拆分银行将会涉及垄断的判断问题、效率损失和困难的过渡期。

尽管教科书断言规模经济是银行业的特征（例如，Kohn，2004；Saunders 和 Cornett，2010），但这些经济学逻辑是没有实证基础的，因为这些研究通常无法解释随着银行规模的增加，内生风险承担对银行成本的影响。教科书将多样化作为产生规模经济的技术的一个组成部分。如上所述，在图 10.1 中，大银行享受了更好的风险期望收益边界并通过改善其边界风险敞口以最大化管理效用。从而产出的扩大虽然会抬升成本，但产出的扩大也意味着银行所选择的投资策略会发生变化。例如，正如一家银行按比例提高其产出并且由 A 点向 A′点移动，那么多样化将会导致低风险和成本可能提高，但成本提高的比例小于产出提高比例。如果风险承担代价高昂，那么 C 点的投资策略可能会导致成本比 A 点成比例增加，而 D 点的投资策略可能意味着成本超比例增加。Hughes（1999）认为，忽视内生风险承担的影响来研究成本与产出的变化，会导致这样的观点：当规模报酬不变时，大银行倾向于在 C 点生产；当规模不经济时，银行倾向于在 D 点生产。通常规模较大的银行通常比小型银行风险更大（Demsetz 和 Strahan，1997），那么忽视内生风险承担的研究结论可能会认为，规模较大的银行经历规模报酬不变甚至规模不经济。Hughes、Mester 和 Moon（2001）将由 A 点移动到 A′的成本影响称为多样化效应，这导致了在相同的期望收益的情况下的风险下降。他们将由 A′移动到 C 点或者 D 点的成本影响称为风险承担效应。

对外生风险承担（独立于多样化效应）的解释需要在估算规模经济时像控制成本一样控制税收。尽管在传统的成本函数中没有包括任何的税收条款，但因为成本函数源于效用最大化的利润函数，因而成本函数包括了税收——反映了银行管理者的风险选择以及期望收益。在图 10.1 中，假设小银行选择以 A 点的投资策略生产，并且大银行选择在 D 点的策略下生产。在 A 点附近估算出来的规模经济指的是在给定 A 点的投资策略下小幅度地提高其产出，成本也成比例地增加。如果扩大产出允许更好的多样化，从而降低既定预期收益的成本，那么估计的规模经济将 A 点的成本与 A′点的成本进行比较。用这种方法，规模经济将会独立于多样化效应并且避免在 D 点测量相对于 A 点的规模经济的偏差。①

Hughes 和 Mester（2013b）针对 2003 年、2007 年、2010 年美国的银行持股公司估算了几个传统的成本函数和风险收益导向型的成本函数。在这三年里，源于传统最小化的成本函数的估算（这个成本函数没有考虑银行的风险期望收益选择）表明了适度的规模经济或者在一些情况下规模收益不变。相反，效用最大化成本函数（这个成本函数考虑了银行的风险期望收益选择）表明扩大银行规模会导致大范围的规模经济。例如，在 2007 年，对于最小的银行（资产少于 8 亿美元的），规模经济的估算数值是 1.12，也就是说产出水平提高 10% 会导致成本提高 8.8%。对于最大的银行（资产超过 1000 亿美元），规模经济的估计数值是 1.34，也就是说产出水平增加 10% 会导致成本增加 7.5%。

大型金融机构大规模经济的证据表明，在减少系统风险的目标下将大银行拆分成更小的银行机构，将会降低它们在全球金融市场中的竞争力。使用 2007 年的估算数据，Hughes 和 Mester（2013a）考虑将 17 家固定资产超过 1000 亿美元的机构平均拆分成 34 家银行。保持产品组合不变，即假设较小的机构生产的产品组合与较大的产品组合相同，则拆分后银行的成本将高出 23%。在类似的研究中，Wheelock 和 Wilson（2012）也在各种规模的银行中发现大规模经济的证据：他们将 2009 年美国四家最大的机构缩减至 1 万亿美元，并增加其数量，使其总资产达到 1 万亿美元。他们发现较小机构相较于较大的机构的成本高出大约 19%。这两项活动表明，将最大的机构分解为较小的机构将限制其全球竞争力，并且在存在限制的条件下大银行提供离岸金融服务的激励会下降。

该文献中的一个相关问题是，大型金融机构的规模经济是否源于 TBTF 条款所带来的对资金成本的补贴。Davies 和 Tracey（2014）支持这一观点；然而，Hughes 和 Mester（2013b）指出了 Davies 和 Tracey 的方法中所存在的缺陷。Hughes 和 Mester（2013b）表明

① Demsetz 和 Strahan（1997）证明，更大规模的运营导致银行业风险更加多样化——特别是从多因素资产定价模型估计的银行特定风险。为了隔离这种多样化效应，他们对银行特定的资产规模风险进行了回归，并发现存在一个小的负面关联。当他们控制银行承担风险的多种方式时，风险与资产规模之间的关系变得更加负相关且统计上显著。他们指出，隔离与规模相关的多元化效应需要控制影响风险敞口的业务战略差异。发现与规模相关的多样化对规模经济的影响需要采取类似的方法来控制内生的风险承担。

他们发现的大规模经济不受 TBTF 资金成本补贴的驱动。首先，他们发现样本中的小型银行以及大型银行都有大的规模经济。其次，当他们排除资产规模超过 1000 亿美元的银行后，模型的结果没有变化。最后，让大银行面临小型银行的资金成本并计算它们的规模经济，结果同样没有变化。Hughes 和 Mester（2013b）得出的结论是，最大金融机构规模经济的原因是基础技术，而不是 TBTF 补贴。

10.4 非结构性估计的应用

10.4.1 测度投资机会的价值（“特许权价值”）

银行投资机会的价值通常由托宾 q 比率来估算，但是，在面对代理成本时，q 比率仅仅表示现任管理者发现这些机会的能力。理想情况下，投资机会的价值应该由独立于现任管理者的能力和行动的因素来估计。Hughes 等（1997）和 Hughes 等（2003）提出了一个适应性随机前沿模型来测量资产的市场价值，该模型为资产账面价值和反映银行所面临的市场条件的变量的函数。这些条件包括了市场力量的 Herfindahl 指数和宏观经济增长率。适应性边界给予银行所运营的资产最高的市场潜在价值。因此，这个潜在价值是以银行的位置为条件的，并且代表了银行在面对竞争性拍卖时的价值。Hughes 等（1997）将这个价值定义为银行的“特许经营权的价值”——竞争性拍卖中的价值。

10.4.2 企业绩效评价与资本策略

一些论文使用非结构性绩效方程来检验银行价值与银行资本结构之间的关系。Hughes 等（1997）通过托宾 q 比率与大量银行产品的无效率的市场价值的回归来测度绩效。Calomiris 和 Nissim（2007）对股权市场价值的比率与其在同一个列表的账面价值进行了回归分析。De Jonghe 和 Vander Vennet（2005）基于 Hughes 等（1997）开发的市场价值边界方法（他们用这个方法评估了杠杆率和市场力量与市场价值额关系）开发了一个测量托宾 q 值的噪声调整方法。所有这三项研究都发现银行遵循二分法策略来提升价值的证据，正如 Marcus（1984）所预测的那样：杠杆率较低，风险较低；杠杆率较高，风险较高。

10.4.3 所有权结构与银行价值之间的关系

在一项有影响力的研究中，Morck、Shleifer 和 Vishny（1988）假设管理所有权创造了两种截然不同的激励：更高的所有权，首先，更好地调整管理者和外部所有者的利益；其次，增强管理者对公司的控制权使得管理者在效率低下时更难被驱逐。通过托宾 q 比率来衡量绩效，这些作者提供的证据表明，所谓的利益一致性效应在管理层具有较低的所有权水平时占主导地位，而壕沟效应在管理层具有较高的所有权水平时占主导地位。

关于测量利益一致性和壕沟效应的净影响的研究（仅以回归系数的符号或回归方程的系数值）往往不能单独地鉴别这些影响。Adams 和 Santos（2006）通过考察银行普通股（能够控制公司但是不拥有公司的信托部）所占比例如何影响银行的经济表现来巧妙地隔离壕沟效应。管理层通过信托部门行使的投票权增强了管理层对银行的控制权，但没有使其利益与外部股东保持一致，因为获得了股息和资本损益的人是信托而不是管理层。

Caprio、Laeven 和 Levine（2003）在全世界范围内研究所有权、股票持有者保护法、监管和调控政策对银行估值的影响。作者构建了一个包含 44 个国家 244 家银行的数据库。他们通过托宾 q 比率和股权市场价值相对于股权账面价值的比率来测量绩效。他们发现：（1）保护小股东利益的银行有着更高的价值；（2）银行监管对银行价值没有显著影响；（3）大股东的现金流量权对银行价值有着重要的正向影响；（4）当对小股东的法律保护弱化时，股权集中度的提高对银行估值有着更大的正向影响。

Laeven 和 Levine（2009）考察了 2001 年的 48 个国家的大型银行样本，并研究了最大股东的现金流量权和各种监管规定如何影响破产的可能性。他们发现，最大股东的现金流权与破产风险正相关。并且当股东拥有大量现金流量权时，存款保险和活动限制与破产风险增加有关，但是当银行被很多持有人持有的时候，存款保险和活动限制与破产风险没有关系。

Hughes 等（2003）检验了银行控股公司，找到了内部所有者有着较高控股水平的银行存在壕沟效应的证据。当管理者的地位没有稳固时，资产收购和出售都会导致市场价值的无效率。当管理者的地位稳固后，出售资产对市场价值的影响较小。

10.5　总结

解释银行在生产信息密集型资产、金融服务和吸收多样化及抵消不同风险方面的技术的理论已经取得了巨大的进步。从代理理论和应用这些理论分析银行业特定环境的角度解释管理层绩效方面也取得了很大进展。近年来，银行技术的实证建模和银行业绩的衡量已经开始纳入这些理论发展，并产生有趣的见解，反映了银行在现代经济中的独特性和作用。

一些新文献认识到风险的选择会影响银行的生产决策（包括资产组合、资产质量、资产负债表外的对冲活动、资本结构、债务期限和分配给风险管理的资源），而银行的生产决策又会反过来影响着银行的成本和盈利能力。银行绩效的测度应该考虑到绩效的内生性。对预期收益和风险进行管理偏好的结构模型的估计揭示了银行业规模经济的重要性——这一发现与早期文献不同，但符合现阶段出现的全球银行业的整合。

基于管理效用最大化的结构化模型的绩效研究与基于银行产品的非结构化模型的绩效研究一样，都包含了旨在描述管理者和外部股权所有者之间的激励冲突的变量。这些研究表明了加强市场约束的因素也与提高银行的绩效有关，并且提高银行的绩效与提高金融的稳定性无关。大银行利用联邦安全网去承担额外风险以提高它们的期望市场价值的激励可能会破坏金融的稳定性。

参考文献

[1] Adams R. B. and Santos J. A. C. (2006). Identifying the Effect of Managerial Control on Firm Performance, Journal of Accounting and Economics 41, 55 – 85.

[2] Aghion P. , Alesina A. , and Trebbi F. (2007). Democracy, Technology, and Growth. Department of Economics, Harvard University Working Paper.

[3] Altunbas Y. , Evans L. , and Molyneux P. (2001). Bank Ownership and Efficiency, Journal of Money, Credit, and Banking 33, 926 –954.

[4] Baele L. , DeJonghe O. , and Vander Vennet R. (2006). Does the Stock Market Value Bank Diversification?, Department of Financial Economics, Ghent University Working Paper No. 2006/402.

[5] Berger A. N. (2007). International Comparisons of Banking Efficiency, Financial Markets, Institutions and Instruments 16, 119 – 144.

[6] Berger A. N. and Hannan T. H. (1998). The Efficiency Cost of Market Power in the Banking Industry: A Test of the "Quiet Life" and Related Hypotheses, Review of Economics and Statistics 80, 454 –465.

[7] Berger A. N. and Humphrey D. B. (1997). Efficiency of Financial Institutions: International Survey and Directions for Future Research, European Journal of Operational Research 98, 175 –212.

[8] Berger A. N. and Mester L. J. (1997). Inside the Black Box: What Explains Differences in the Efficiencies of Financial Institutions, Journal of Banking and Finance 21, 895 –947.

[9] Berger A. N. and Mester L. J. (2003). Explaining the Dramatic Changes in Performance of US Banks: Technical Change, Deregulation, and Dynamic Changes in Competition, Journal of Financial Intermediation 12, 57 –95.

[10] Berlin M. and Mester L. J. (1999). Deposits and Relationship Lending, Review of Financial Studies 12, 579 –607.

[11] Bhattacharya S. and Thakor A. (1993). Contemporary Banking Theory, Journal of Financial Intermediation 3, 2 –50.

[12] Bos J. W. B. , Heid F. , Koetter M. , Kolari J. W. and Kool C. J. M. (2005). Inefficient or Just Different? Effects of Heterogeneity on Bank Efficiency Scores, Deutsche Bundesbank Discussion Paper No. 2.

[13] Bossone B. and Lee J. – K. (2004). In Finance, Size Matters: The Systemic Scale Economies Hypothesis, IMF Staff Papers No. 51. 1.

[14] Calomiris C. W. and Kahn C. M. (1991). The Role of Demandable Debt in Structuring Optimal Banking Arrangements, American Economic Review 70, 312 –326.

[15] Calomiris C. W. and Nissim D. (2007). Activity – Based Valuation of Bank Holding Companies, National Bureau of Economic Research Working Paper No. 12918.

[16] Caprio G. , Laeven L. , and Levine R. (2003). Governance and Bank Valuation, National Bureau of Economic Research Working Paper No. 10158.

[17] Clark J. (1996). Economic Cost, Scale Efficiency and Competitive Viability in Banking, Journal of Money, Credit, and Banking 28, 342 –364.

[18] Davies R. and Tracey B. (2014). Too Big to Be Efficient? The Impact of Too – Big – To – Fail Factors on Scale Economies for Banks, Journal of Money, Credit, and Banking 46, 219 –253.

[19] DeJonghe O. and Vander Vennet R. (2005). Competition versus Agency Costs: An Analysis of Charter Values in European Banking. Ghent University Working Paper.

[20] Demirgüç – Kunt A. , Kane E. J. and Laeven L. (2007). Determinants of Deposit – Insurance Adoption and Design, NBER Working Paper No. 12862.

[21] Demsetz R. S. and Strahan P. E. (1997). Diversification, Size, and Risk at Bank Holding Companies, Journal of Money, Credit, and Banking 29, 300 –313.

[22] DeYoung R. E. , Hughes J. P. and Moon C. – G. (2001). Efficient Risk – Taking and Regulatory

Covenant Enforcement in a Deregulated Banking Industry, Journal of Economics and Business 53, 255 – 282.

[23] DeYoung R. E., Spong K., and Sullivan R. J. (2001). Who's Minding the Store? Motivating and Monitoring Hired Managers at Small, Closely Held Commercial Banks, Journal of Banking and Finance 25, 1209 – 1243.

[24] Evanoff D. D. (1998). Assessing the Impact of Regulation on Bank Cost Efficiency, Federal Reserve Bank of Chicago, Economic Perspectives 22, 21 – 32.

[25] Evanoff D. D., Israilevich P. R., and Merris R. C. (1990). Relative Price Efficiency, Technical Change, and Scale Economies for Large Commercial Banks, Journal of Regulatory Economics 2, 281 – 298.

[26] FDIC. (2013). TBTF Subsidy for Large Banks—Literature Review, Prepared for Thomas Hoenig, Vice Chair, Federal Deposit Insurance Corporation.

[27] Feng G. and Serletis A. (2010). Efficiency, Technical Change, and Returns to Scale in Large US Banks: Panel Data Evidence from an Output Distance Function Satisfying Theoretical Regularity, Journal of Banking and Finance 34, 127 – 138.

[28] Fiordelisi F. (2007). Shareholder Value Efficiency in European Banking, Journal of Banking and Finance 31, 2151 – 2171.

[29] Fisher R. and Rosenblum H. (2012). How Huge Banks Threaten the Economy. Wall Street Journal April 4.

[30] Flannery M. J. (1994). Debt Maturity and the Deadweight Cost of Leverage: Optimally Financing Banking Firms, American Economic Review 84, 320 – 331.

[31] Greenspan A. (2010). The Crisis, Brookings Papers on Economic Activity, Spring, 201 – 246.

[32] Habib M. A. and Ljungqvist A. (2005). Firm Value and Managerial Incentives: A Stochastic Frontier Approach, Journal of Business 78, 2053 – 2093.

[33] Hancock D. (1985). The Financial Firm: production with Monetary and Nonmonetary Goods, Journal of Political Economy 93, 859 – 880.

[34] Hancock D. (1986). A Model of the Financial Firm with Imperfect Asset and Deposit Liabilities, Journal of Banking and Finance 10, 37 – 54.

[35] Hoenig T. M. and Morris C. S. (2012). Restructuring the Banking System to Improve Safety and Soundness, Federal Deposit Insurance Corporation, <https://www.fdic.gov/about/learn/board/Restructuring – the – Banking – System – 05 – 24 – 11.pdf>.

[36] Hughes J. P. (1999). Incorporating Risk into the Analysis of Production, Presidential Address to the Atlantic Economic Society, Atlantic Economic Journal 27, 1 – 23.

[37] Hughes J. P. and Mester L. J. (1993). A Quality and Risk – Adjusted Cost Function for Banks: Evidence on the "Too – Big – To – Fail" Doctrine, Journal of Productivity Analysis 4, 293 – 315.

[38] Hughes J. P. and Mester L. J. (1998). Bank Capitalization and Cost: Evidence of Scale Economies in Risk Management and Signaling, Review of Economics and Statistics 80, 314 – 325.

[39] Hughes J. P. and Mester L. J. (2013a). A Primer on Market Discipline and Governance of Financial Institutions for Those in a State of Shocked Disbelief. In: F. Pasiouras (Ed.), Efficiency and Productivity Growth: Modelling in the Financial Services Industry, 19 – 47. Chicester: Wiley.

[40] Hughes J. P. and Mester L. J. (2013b). Who Said Large Banks Don't Experience Scale Economies? Evidence from a Risk – Return – Driven Cost Function, Journal of Financial Intermediation 22, 559 – 585.

[41] Hughes J. P., Mester L. J., and Moon C. – G. (2001). Are Scale Economies in Banking Elusive or Illusive? Evidence Obtained by Incorporating Capital Structure and Risk – Taking into Models of Bank Production,

Journal of Banking and Finance 25, 2169 –2208.

[42] Hughes J. P. and Moon C. – G. (2003). Estimating Managers' Utility – Maximizing Demand for Agency Goods, Department of Economics, Rutgers University Working Paper No. 2003 –24.

[43] Hughes J. P., Lang W., Mester L. J. and Moon C. – G. (1996). Efficient Banking Under Interstate Branching, Journal of Money, Credit, and Banking 28, 1045 –1071.

[44] Hughes J. P., Lang W., Mester L. J., and Moon C. – G. (1999). The Dollars and Sense of Bank Consolidation, Journal of Banking and Finance 23, 291 –324.

[45] Hughes J. P., Lang W., Mester L. J., and Moon C. – G. (2000). Recovering Risky Technologies Using the almost Ideal Demand System: An Application To US Banking, Journal of Financial Services Research 18, 5 –27.

[46] Hughes J. P., Lang W., Mester L. J., Moon C. – G., and Pagano M. (2003). Do Bankers Sacrifice Value to Build Empires? Managerial Incentives, Industry Consolidation, and Financial Performance, Journal of Banking and Finance 27, 417 –447.

[47] Hughes J. P., Lang W., Moon C. – G., and Pagano M. (1997). Measuring the Efficiency of Capital Allocation in Commercial Banking, Federal Reserve Bank of Philadelphia Working Paper No. 98 –2 (revised as Rutgers University Economics Department Working Paper No. 2004 –1).

[48] Jensen M. C. and Meckling W. H. (1976). Theory of the Firm: Managerial Behavior, Agency Costs and Ownership Structure, Journal of Financial Economics 5, 305 –360.

[49] Jensen M. C. and Meckling W. H. (1979). Rights and Production Functions: An Application to Labor – Managed Firms and Codetermination, Journal of Business 52, 469 –506.

[50] Keeley M. C. (1990). Deposit Insurance, Risk, and Market Power in Banking, American Economic Review 80, 1183 –1200.

[51] Koetter M. (2006). The Stability of Efficiency Rankings when Risk – Preferences and Objectives Are Different, Banking and Financial Studies, Deutsche Bundesbank Discussion Paper No. 08/2006 Series 2.

[52] Kohn M. (2004). Financial Institutions and Markets. Oxford: Oxford University Press.

[53] La Porta R., Lopez – de – Silanes F., and Shleifer A. (2002). Government Ownership of Banks, Journal of Finance 57, 265 –301.

[54] Laeven L. and Levine R. (2009). Bank Governance, Regulation, and Risk Taking, Journal of Financial Economics 93, 259 –275.

[55] Leibenstein H. (1966). Allocative Efficiency vs. "X – Efficiency," American Economic Review 56, 392 –415.

[56] McAllister P. H. and McManus D. (1993). Resolving the Scale Efficiency Puzzle in Banking, Journal of Banking and Finance 17, 389 –406.

[57] Marcus A. J. (1984). Deregulation and Bank Financial Policy, Journal of Banking and Finance 8, 557 –565.

[58] Mester L. J. (1991). Agency Costs Among Savings and Loans, Journal of Financial Intermediation1, 257 –278.

[59] Mester L. J. (1992). Traditional and Nontraditional Banking: An Information – Theoretic Approach, Journal of Banking and Finance 16, 545 –566.

[60] Mester L. J. (1993). Efficiency in the Savings and Loan Industry, Journal of Banking and Finance17, 267 –286.

[61] Mester L. J. (1996). A Study of Bank Efficiency Taking Into Account Risk – Preferences, Journal of

Banking and Finance 20, 1025 – 1045.

[62] Mester L. J. (1997). Measuring Efficiency at US Banks: Accounting for Heterogeneity is Important, European Journal of Operational Research 98, 230 – 242.

[63] Mester L. J. (2007). Some Thoughts on the Evolution of the Banking System and the Process of Financial Intermediation, Federal Reserve Bank of Atlant, Economic Review, First and Second Quarter, 67 – 75.

[64] Mester L. J. (2008). Optimal Industrial Structure in Banking. In: A. Boot and A. Thakor (Eds.), Handbook of Financial Intermediation and Banking, 133 – 162. Amsterdam: North – Holland/Elsevier.

[65] Mester L. J., Nakamura L. I., and Renault M. (2007). Transactions Accounts and Loan Monitoring, Review of Financial Studies 20, 529 – 556.

[66] Morck R., Shleifer A., and Vishny R. W. (1988). Management Ownership and Market Valuation: An Empirical Analysis, Journal of Financial Economics 20, 293 – 315.

[67] Powell J. H. (2013). Ending "Too Big To Fail." Remarks at the Institute of International Bankers 2013 Washington Conference, Washington, DC.

[68] Saunders A. and Cornett M. (2010). Financial Institutions Management: A Risk Management Approach. New York: McGraw – Hill Higher Education.

[69] Sealey C. W. and Lindley J. T. (1977). Inputs, Outputs, and a Theory of Production and Cost at Depository Financial Institutions, Journal of Finance 32, 1251 – 1266.

[70] Tarullo D. K. (2011). Industrial Organization and Systemic Risk: An Agenda for Further Research. Remarks at the Conference on the Regulation of Systemic Risk, Federal Reserve Board, Washington, DC.

[71] Wheelock D. and Wilson P. (2012). Do Large Banks have Lower Costs? New Estimates of Returns to Scale for US Banks, Journal of Money, Credit, and Banking 44, 171 – 199.

第 11 章　技术变革、金融创新及其在银行业中的发展

11.1　引言

商业银行业过去三十年间发生的巨变很大程度上源于技术变革。通信、信息技术与金融理论和实践的进步共同推动了许多以关系为主的中介业务向以大数据为依据的风险管理操作业务转变。[①] 由此所导致的是，商业银行如今作为全球金融机构中重要部分开始从事着更加广泛的金融活动。

具体而言，通信和数据处理等相关技术的变革推动了银行产品、服务以及生产过程等方面的金融创新。例如，有效利用应用数据能力的提升（通过软件和计算能力）显著改变了金融中介进程；现在，零售贷款申请通常使用信用评分工具进行评估，而不是使用人为判断。这种方法使承保对第三方更加透明，从而通过证券化促进零售贷款的二级市场，如信用卡债务和抵押贷款。在投资组合的基础上，基于统计方法的风险测量工具也被用于测度和控制其他类型的信用风险以及市场风险。[②] 在国际金融危机之后，这些工具被用来满足对具有系统重要性的金融机构的新的监管压力测试要求。

本章描述了技术变化是如何促进金融创新、推动商业银行在过去三十年产生巨大变化的。我们的分析与 Berger（2003）报告的不同之处在于我们回顾了大量关于银行技术创新的文献，并在更宽泛的经济创新研究背景下对这些文献进行了梳理。基于此，本章更像是我们之前对于金融创新的实证研究调查（Frame 和 White，2004）。由于许多金融创新都起源于美国，因此我们的研究很大程度上是以美国为中心、依赖于美国数据的。在开始前，了解什么是金融创新将会对我们很有帮助。

11.2　背景：金融及金融创新的作用

正如 Merton（1992，p. 12）所说，金融体系的主要功能是在不确定条件下促进经济资

---

① 在此期间，对商业银行在地理上和产品领域多样化能力的限制也显著放松，尤其是在美国。这一趋势大大加强了在过去 30 年中观察到的商业银行演变的技术变革。参见 Berger、Kashyap 和 Scalise（1995）对技术和监管变化对美国银行业转变的作用的讨论。

② 与此相关的是，在风险的衡量和管理方面，包括房地产价格指数、证券价格指数和波动指数等指数的发展，已经有重要的创新，包括基于这些指数的金融工具的创新发展。这些指数来源于 Haliassos（2013），其构成了许多文章的基础。

源在空间和时间上的分配和部署。这个功能涉及具有交易媒介的支付系统、资源由储蓄者向借款者的转移、消费平滑、通过保险和多元化投资降低风险等。

金融系统的操作涉及由金融中介机构（如商业银行）和金融服务者（例如抵押经纪人）进行交易所产生的资源成本（劳动力、材料和资本）问题。为了降低信息不对称的影响，许多资源都被用于收集和分析金融市场参与者的相关数据。对于风险厌恶者而言，未来状态的不确定性也代表着风险。在这种环境下，能够更好满足金融市场参与者需求的新型金融产品和服务应该会受到市场参与者的广泛欢迎。

因此，我们将金融创新定义为以更好地满足金融市场参与者需求为目标，能够降低成本、降低风险或者改善经营状况的金融产品、服务或工具。金融创新可以被分为产品或服务创新、生产过程创新、组织形式创新。当然，如果银行创造了一个新的中介产品或服务，它就可能会发展成为新的金融生产过程的一部分。

金融在经济中的核心地位以及其对经济增长的核心作用（如 Levine，1997）决定了金融创新的重要性和影响力。金融几乎是所有生产活动和大量消费活动的推动器，金融部门的改善将对整个经济起到直接的积极作用。此外，金融创新对改善储蓄与投资状况、提高投资决策有效性等方面起到的间接积极作用也进一步增加了其他的经济价值。大量文献对金融创新的积极作用作出了论述，其中较为著名的有：Van Horne（1980）、Miller（1986，1992）、Merton（1992，1995）、Tufano（2003），Frame 和 White（2004）以及 Allen（2012）。

最近的国际金融危机让一些学者对金融创新的价值产生怀疑，他们认为金融创新与金融不稳定性、金融弊端存在高度相关性。[①] 例如 Paul Volcker（2009）在早期强调了两项金融创新——“信用违约掉期和抵押债务义务”——将我们带向了危机的边缘这一言论后，又提出“近二十年来我见过的最重要的金融创新就是自动取款机”。与之相似，Paul Krugman（2007）认为最近的创新产品“以虚假借口出售……金融创新产品的混乱引诱投资者们承担了比他们想象中更大的风险”，“金融创新”一词应该是“投资者现在听到就觉得恐惧的”。

在金融危机的影响下，对金融创新进行再审视是十分重要的，要认识到并非所有金融创新都能增加福利、获得成功。创新需要经过反复的试验和试错，有些失败的代价是惨痛的，尤其是对于那些已经被广泛使用的创新产品而言（如 Lerner 和 Tufano，2011）。因此，对金融创新持过分乐观的观点应该被视为是极为危险的[②]。Beck 等（2012）通过跨国分析发现，金融创新与经济加速（但更不稳定地）增长、银行脆弱性增大息息相关。

鉴于金融创新的重要性，明确有利于金融创新发展的环境条件十分重要。经济学一般认为五项结构化条件假设是影响创新的关键：（1）企业的市场力量；（2）企业规模；（3）技术性机会；（4）创新的独占性；（5）产品市场的需求条件（参见 Cohen 和 Levin，1989；Cohen，1995，对这一类文献的综合调查）。

Campbell（1988）提出了有利于金融创新的四个条件。第一，基础技术、技术改进转

---

① Thakor（2012）与 Gennaioli、Shleifer 和 Vishny（2012）是最近的理论研究的例子，试图将金融创新和金融不稳定性联系起来。两者都提供了银行通过新贷款或创建新证券创新的模式，但随后改变的信息或信念导致运行或恐慌。Henderson 和 Pearson（2011）提供了最近的福利减少金融创新的实证分析。

② 类似观点可以参考 Smith（2013）和 Ackerman（2013）。

化为提升效率的工具的能力。关于这点，我们阐明了信息技术革命是如何促进银行业在风险测量与管理中运用应用统计数据的。第二，不稳定的宏观经济环境。资产价格的波动可能会推动新的风险转移机制的出现。第三，监管在抑制一些创新的同时也会促使另一些（避免监管机制类型的）创新发生，这一观点与 Kane's（1981，2012）的“监管辩证法”一致。例如，资本套利监管（或以不同形式持有特定风险、得到较为宽松的资本监管的方式）是美国抵押证券化活动近二十年的主要驱动力。第四，税收的存在。企业为减轻税负，将会对特定现金流重新打包（或重新命名）。上述的（1）至（5）环境条件在过去三十年中都发生了巨大的变化，从而引起了商业银行业的重大改变。

此外，正如 Molyneux 和 Shamroukh（1999）与 Frame 和 White（2004）所指出的，在金融创新视角下进行实证分析、假设检验的研究极为稀少，而关注结构性条件假设的研究更是少之又少。例如，Frame 和 White（2004）认为之前只有两篇文献对激励金融创新发展的结构性条件作出了研究（Ben－Horim 和 Silber，1977；Lerner，2002），近期 Lerner（2006）在该方面作出了新的贡献。

相反，实证研究中普遍倾向于关注金融创新的用户、使用者所具有的特征，部分研究基于横截面数据，其余研究则是基于金融创新发展背景展开的。在选择文献准备本章的过程中，我们发现越来越多的实证研究出现在这一领域，但总体数量仍然相对较少，研究也主要集中在用户、使用者的特征上。这一发现为本章论述作出了贡献。

11.3 金融创新与银行业：1980—2010 年

在本节中，我们调查了关于过去三十年间由技术变革所驱动的金融创新的相关文献。我们按照第 11.2 节中描述的三个主要类别进行讨论：产品和服务创新；生产工艺创新；组织形式创新。

11.3.1 产品

美国抵押贷款在过去通向经济危机的 25 年中经历了巨大变化。1980 年，由储蓄机构提供的长期全面摊销固定利率抵押贷款是贷款的基础形式，这类贷款要求客户具有大量预付款和良好的信用记录，同时累计的股权流动性相对较差。

后来，这些特征发生了巨大的变化①。第一个巨大变化发生在 20 世纪 80 年代初期，以前联邦监管机构所禁止的各种类型可变利率抵押贷款（ARM）被广泛采用。1986 年《税务改革法案》终止了非抵押消费贷款的联邦所得税扣减，成为促进房屋股权贷款大幅增长的因素。次级贷款是一种与技术变革联系更加紧密的抵押贷款创新。次级贷款最初是基于统计学来获得更好的风险度量以及基于风险定价来补偿这些更高的风险。然而，次级抵押贷款危机揭示了基础统计模型的重大缺陷。

① Gerardi、Rosen 和 Willen（2012）提供了自 20 世纪 70 年代以来抵押贷款市场变化的概述，并认为这些变化——尤其是抵押贷款证券化（将在本章后面讨论）——有助于减少抵押贷款的缺陷。为了支持这一说法，作者表明未来家庭收入与当前家庭购买之间的联系在 1970—2001 年变得更加紧密。

广义而言，次级抵押贷款涉及具有不良信用记录（如 FICO 分数低于 620）的借款人、由债务/收入（个人杠杆）或贷款价值比（财产杠杆）所衡量的高杠杆情形。一些分析师还认为应将某些抵押贷款特征视为次级抵押贷款（例如，近期重置的利率调整或提前还款罚金）。尽管借款人是相似的，但由联邦住房管理局（FHA）所担保的抵押贷款通常不会被视为是次级贷款。

在 21 世纪最初十年，美国次级抵押贷款市场迅速发展——2004 年至 2006 年期间住房抵押贷款平均增长率为 20%。截至 2006 年年底，次级抵押贷款金额突破 1.2 万亿美元。房价下跌所导致的一轮次级抵押贷款违约（以及相关赎回）使次级抵押贷款数量在 2007 年出现大幅减少，随后几乎消失。截至 2012 年年底，次级抵押贷款总额仅为 4750 亿美元。Foote、Gerardi、Goette 和 Willen（2008）与 Mayer、Pence 和 Sherlund（2009）对这次次级抵押贷款危机进行了全面的研究。

次级抵押贷款行为使更多人有机会购买房屋，并使美国在 2004 年许多地区住房负担能力下降的情况下，住房率仍创纪录地达到 69.2%。同时，次级贷款有着类似较高利率要求、提前还款罚款等更为繁杂的条款。这些都导致次级贷款本身具有“掠夺性”，尤其是低收入者以及少数住房持有人更倾向于获得次级贷款。在危机形成的过程中，许多州和地方政府颁布了限制特定的具有掠夺性的贷款条款。危机后，《多德—弗兰克法案》新设了消费者金融保护局，要求监管者设立“合格抵押贷款”（QM）。合格抵押贷款要求贷款人确认借款人具有还款能力，限制禁止包括仅支付利息、负摊销以及大多数预付款罚款在内的一系列条款。如果只考虑借款人抵押贷款的贷款来源而不考虑借款人的还款能力，非合格贷款将会面临更大的法律风险。

一些研究试图解释次级抵押贷款市场存在的逻辑以及其中的效率问题。Crews - Cutts 和 Van Order（2005）在金融契约理论的背景下，解释了有关次级贷款定价以及其所表现出的各种程式化事实。Chinloy 和 Macdonald（2005）讨论了次级市场是如何通过促进信贷供给计划的完成来提高社会福利的，而 Nichols、Pennington - Cross 和 Yezer（2005）解释了为什么主要、次级抵押市场是截然不同且不连续的。最近越来越多的研究集中于房价增长对促进刺激抵押贷款金融化的重要性（例如，Goetzmann、Peng 和 Yen，2012；Bhardwaj 和 Sengupta，2012；Brueckner，Calem 和 Nakamura，2012）。

其他论文已经阐述了次级借款人与抵押品的特点。Lax 等（2004）指出，与主要借款人相比，次级借款人更有可能为信用不良、收入较低、受教育程度较低的少数群体。Chomsisengphet 和 Pennington - Cross（2006）提供了一些有关次级抵押贷款的情况，包括借款人信用质量、利率、首付款要求以及是否有提前还款罚金。其他论文考察了次级借款人地理位置的分布（Calem、Gillen 和 Wachter，2004；Mayer 和 Pence，2008）以及次级抵押贷款违约事件的特征（Farris 和 Richardson，2004；Rose，2013）。此外，还有大量论文研究了地方性、掠夺性贷款法规是如何影响次级抵押贷款信用提供的（Elliehausen 和 Staten，2004；Harvey 和 Nigro，2003，2004；Quercia、Stegman 和 Davis，2004；Ho 和 Pennington - Cross，2006）。

另外的研究主要通过预付款与违约的实证模型来研究次级贷款的终止（如 Alexander 等，2002；Pennington - Cross，2003；Danis 和 Pennington - Cross，2005；Ho 和 Pennington -

Cross，2006b，2010；Pennington－Cross 和 Chomsisengphet，2007）。相关文献试图探究债券违约与违法在时间长度上的区分问题（Danis 和 Pennington－Cross，2008）、丧失抵押品赎回权的时间问题（Capozza 和 Thomson，2006；Pennington－Cross，2006；Pennington－Cross，2010），以及违约后的损失问题（Capozza 和 Thomson，2005）。

自次贷危机爆发以来，大量研究都试图探究次贷危机爆发的根源。Mayer、Pence 和 Sherlund（2009）与 Gerardi 等（2008）等指出，20 世纪中期，借款人杠杆率（由贷款价值综合比率反映）出现显著增加，随即房价出现下跌[①]。由于经济理论认为具有房屋产权的借款人不会出现违约情形，因此贷款价值综合比率十分重要。也就是说，拥有资产的不良债务人可以依靠其所有权进行贷款，或为了获得净收益而出售房屋。因此，负资产（欠款超过房屋价值）是抵押贷款违约发生的一个必要条件（如 Foote、Gerardi 和 Willen，2008）。由于 2007 年和 2008 年美国许多地方房价出现下跌，越来越多的房主发现他们的房屋变成了负资产。许多借款人也面临负收入的冲击后出现拖欠债务的情况，尤其是经济条件相对较差的次级抵押借款人。

但是这些经济状况不好的借款人最初是如何获得抵押贷款融资的呢？部分研究将关注点转移到了次级抵押贷款条款的演变上，如可观察到的因素（例如，Gerardi 等，2008；Mayer、Pence 和 Sherlund，2009）或通过由违约实证模型所观察到的预测误差的增加（Demyanyk 和 Van Hemert，2011；An 等，2012）。次级抵押贷款条款标准随着 2001 年至 2006 年房价上涨而不断降低，使其大部分缺陷被掩盖。

11.3.2 服务

最近的服务创新主要涉及增强能够更好满足消费者需求的方面的用户操作账户的渠道和创新支付方式等[②]。20 世纪 70 年代产生、20 世纪 80 年代被广泛使用的自动存取款机（ATM），为客户提供全天候的便捷服务增强了零售银行账户，从而显著提高了零售银行账户操作方式与银行价值。20 世纪 80 年代和 90 年代，借记卡将 ATM 存取便利性与银行账户支付功能相结合，逐渐取代了 ATM 卡。过去二十年，远程访问已经电话拓展到了个人计算机，最近又朝着智能手机方向发展。网上银行允许客户监控账户并使用“电子账单支付”来付款，网上银行现在也已被广泛使用。存储与预付等功能使借记卡也变得无处不在[③]。

11.3.2.1 借记卡

借记卡本质上是链接到支票账户的“现收现付”工具，由此可以实现基于 PIN 的即时交易，未来甚至可实现基于签名的离线交易方法。客户对在线支付与否的选择主要基于各类方式各自的优点：在线借记允许持卡人也在营业点取款，线下服务付诸实施。根据 ATM&Debit News，2012 年美国在交易总额 1.6 万亿美元中约有 4080 亿美元来自借记

---

① 不幸的是，只有起始第一次留置权的抵押贷款价值比率在可用的商业抵押贷款数据中能观察到。第二按揭，如房屋股权贷款和房屋股权信用额度，都没有可靠的数据，而这些贷款方式在房屋繁荣期间在美国越来越受欢迎。

② 本节中的讨论补充了 David Humphrey 在本卷第 17 章（“支付和支付系统”）中的概述。

③ 近年来出现了其他小额支付方式，如智能卡和 PayPal。然而，我们不进一步讨论这些，因为它们应用范围有限并缺乏与“电子现金”有关的研究。

交易。

大量研究覆盖了识别借记卡的潜在用户。研究从需求角度分析了如何在多类支付工具中进行选择。例如，Stavins（2001）根据 1998 年消费者财务调查（SCF）的数据研究发现，借记卡使用与教育程度、住房所有权状况、婚姻状况、企业所有权和白领身份具有正相关性，而与年龄、净资产数量为负相关①。Klee（2006）在综合分析了 1995 年、1998 年和 2001 年 SCF 调查数据后，对 Stavins 的研究作出了补充，认为借记卡使用的增长是由人口统计学因素所致。美国其他相关研究包括：Mantel 和 McHugh（2001）使用来自 Vantis International 的数据所进行的研究；Hayashi 和 Klee（2003）使用 Dove Consulting 在 2001 年的调查数据所进行的研究；Borzekowski 和 Kiser（2008）与 Borzekowski、Kiser 和 Ahmed（2008）采用 2004 年密歇根消费者调查数据所进行的研究。

此外，Hayashi 和 Klee（2003）研究了消费者在哪些情况下会倾向于使用借记卡，研究发现借记卡在杂货店、加油站的使用频率高于餐馆。同时，作者还发现借记卡使用与自助交易发生频率具有正相关性。

11.3.2.2 网上银行

随着 1990 年后互联网的普及，商业银行开始设立起了网上银行。DeYoung（2005）研究表明，第一个银行在线网站出现在 1995 年；到 2002 年，美国近一半的银行和储蓄机构都推出了在线交易网站。银行电话报告数据显示，截至 2012 年，90.0% 的商业银行都向客户提供了在线交易网站（这些银行的存款占商业银行存款的 95.3%）。

网上银行的研究主要集中于影响银行采用在线银行的因素以及科学技术是如何影响商业银行经营业绩的。从采用网上银行的影响因素方面，Furst、Lang 和 Nolle（2002）指出，截至 1999 年第三季度末的数据表明采用在线交易网站的美国银行往往具有如下特征：经营规模较大、经营历史较短、附属于控股公司、地点位于城市、拥有较高的固定费用和非利息收入。Sullivan（2000）与 Courchane、Nickerson 和 Sullivan（2002）用较小的样本数据也得出了与此相似的结论。

Hernández – Murillo、Llobet 和 Fuentes（2010）也对 20 世纪中期采用网上银行的美国商业银行进行了分析。这些作者不仅确认了以往的研究结论，还认为在线交易网站的采用与县级人口统计特征（家庭平均收入水平、教育、互联网便利程度）以及市场集中度正相关，与银行的附加特点（如营业网点密度、资本资产比率、不良贷款数量等）负相关。此外，Dow（2007）通过分析美国信用合作社，发现采纳网络银行与否与机构规模、低不良贷款比例息息相关。Goddard、McKillop 和 Wilson（2008，2009）认为，不提供交易网站的信用合作社被收购或破产的可能性更大。

对于网上银行的表现而言，DeYoung、Lang 和 Nolle（2007）认为，引入互联网改善了美国社区银行的盈利能力——主要是通过收取存款相关的费用。Hernando 和 Nieto（2007）以西班牙银行为例，认为随着时间的推移，网上银行与低成本和高利润相联系。以上两篇论文都认为，网上银行是对实体银行的补充而不是替代。Ciciretti、Hasan 和 Zazzara（2009）

① 见 Anguelov、Hilgert 和 Hogarth（2004 年）关于这些调查的相关统计数据。此外，Zinman（2009）使用四个 SCF 的数据报告说，在其他条件相同的情况下，使用借记卡的选择与信用卡余额正相关（而不是每个月支付的余额）。

还发现提供互联网服务的意大利银行与同行相比具有更高的效率（和股票回报相比）。然而，美国信用合作社同时期的一项研究发现，网上银行的采用与盈利能力之间不仅不存在任何关系，还可能带来银行营运成本的增加（Dandapani、Karels 和 Lawrence，2008）。

其他研究从需求方的角度分析了网上银行服务。Mantel（2000）研究了电子/在线账单支付用户的人口统计特征。作者指出，电子账单支付者往往是：老年人、女性、高收入和房主。Bauer 和 Hein（2006）依据“消费者财务调查”数据发现年轻的、具有远程银行技术经验的人使用网上银行的可能性更大。

11.3.2.3 预付卡

预付卡顾名思义指的是持卡人“提早付款”、为未来购买商品和服务预留资金的工具。（相比之下，借记卡是“立即付费”，信用卡是“先消费后付款”）预付卡的货币价值既不在预付卡本身，也不在远程数据库上。

预付卡通常被描绘为一个“封闭”系统（如用于 Macy's 或 BestBuy 等零售商的特定礼品卡）或一个“开放”系统（如像 visa 或者 MasterCard 一类的网络支付卡）。封闭系统内，预付卡是现金的有效替代品，例如在大学校园、公共交通系统和零售商等范围内；至于开放卡系统，虽然在迄今为止我们所讨论的工具中效率较低，但是由于其广泛用途，这类与传统的借记卡和信用卡相类似的开放类预付卡可能会具有更加广阔的前景。这些预付卡可以用于 ATM 取钱、电话或互联网在线进行购买或付款。Cheney 和 Rhine（2006）讨论了工资卡和充值卡两种开放类预付卡所提供的与存款账户相似的功能。在 2001 年首次推出的工资卡，凭借其低廉的交易成本吸引了大量没有开设银行账户的工人和他们的雇主（McGrath，2005）。这类卡也被用于提供社会福利和灾害补贴。那些在便利店能购买的充值卡也被推广至移民汇款、旅行以及父母为孩子购物等领域。Wilshusen 等（2012）使用交易数据总结了消费者对预付卡的使用。

一些关于预付卡的描述性研究集中在与该支付媒介相关的一系列公共政策问题上。Furletti 和 Smith（2005）发现尽管银行卡协会和银行卡发行方在实践中自愿提供了一些如“零责任”“退款”的保障措施，但仍然缺乏州和联邦政府对消费者的保护。Keitel（2008）通过研究各州法律和联邦贸易委员会的规定，从更广泛的角度对预付礼品卡的消费者保护问题做出了研究。Sienkiewicz（2007）讨论了预付卡用于洗钱的可能性。作者注意到离岸卡的发行和 ATM 取款最容易受非法活动影响。

11.3.3 生产过程

过去三十年，银行的生产过程发生了重大变化。随着零售业务的推广、网上银行的出现以及支票兑换的需求，在 20 世纪 70 年代使用仍不广泛的银行间电子零售支付系统如今出现了爆发式的应用。在中介方面，银行创新也朝着依赖统计模型的方向发展。例如，信用评分越来越多地用于替代人工承保，并且扩展到了如小微企业贷款等关系导向型产品上；信用风险测量模型也常被用于通过“证券化”创建结构化金融产品的过程中；统计建模也逐渐成为整个银行风险管理流程的核心，银行利用投资组合压力测试和风险价值（VaR）等模型评估宏观金融环境发生重大变化时投资组合的价值。

11.3.3.1 自动清算所

自动清算所（Automated Clearing House，ACH）是一种主要用于经常性小额交易支付的银行间电子资金借贷网络。20 世纪 70 年代出现的自动清算所在早期仅被用于支付工资，其数量在 20 世纪 80 年代只出现了小幅增长。然而，在过去的二十年间，随着自动清算所不断合并，使用量出现了急剧上升。国家自动清算所协会的数据显示，ACH 支付数量已从 1991 年时的不足 20 亿美元增加到 2012 年的 210 亿美元（同期，ACH 项目的美元价值从 6.9 万亿美元增加到 36.9 万亿美元）。这类支付现在只通过纽约清算所电子支付网络和联邦储备系统的 FedACH 这两个 ACH 网络进行。

关于 ACH 网络文献较少，它们旨在研究有利于 FedACH 定价政策的供需条件。Bauer 和 Hancock（1995）发现，在 1979—1994 年期间，由于规模经济效应、技术变化以及低投入成本等因素，采用 ACH 的成本出现了大幅下降。Bauer 和 Ferrier（1996）在使用小样本进行研究时同样发现了 ACH 小规模经济的存在以及重大低效率分配问题。另外，Stavins 和 Bauer（1999）利用 Fedach 价格随时间变化的情况对 ACH 需求弹性进行了估计，他们认为 ACH 需求是十分无弹性的。

最近两篇论文研究了 ACH 网络的外部性。Gowrisankaran 和 Stavins（2004）找出了显著支持网络外部性的因素，他们认为是技术进步、群体效应、规模经济效应以及市场力量。Ackerberg 和 Gowrisankaran（2006）认为银行固定成本比重大是更加广泛使用 ACH 进行交易的阻碍，因此也会对社会节约潜在成本造成障碍。

11.3.3.2 小企业信用评分方法

银行使用多种不同的贷款技术给信息不透明的小企业提供贷款（关于贷款技术的总结可参见 Berger 和 Udell，2006）。小企业信用评分方法（SBCS）在 20 世纪 90 年代被引入并不断发展。该技术包括分析消费者数据，将其与公司本身相对有限的数据相结合，利用统计方法对未来信贷绩效进行预测。信用评分在消费者信用市场（例如抵押贷款、信用卡和汽车信用）被广泛使用，带来了大量低成本的商品化信用贷款，这些贷款常被打包在二级市场进行销售。

研究小企业信用评分方法的实证类文献主要关注在银行采用该评分方法的决定性因素、推动该方法广泛运用的科学技术以及小企业信用评分方法是如何影响信贷可获量的。两项研究在统计上检验了美国大型银行采用小企业信用评分方法的概率和时间的决定因素。Frame、Srinivasan 和 Woosley（2001）与 Akhavein、Frame 和 White（2005）都发现了规模和组织结构在是否采用小企业信用评分方法的决策中占据了重要地位：具有较少银行章程和较多分行的大型银行更有可能采用并尽早采用 SBCS。这表明更具“集中性”结构的大型银行更乐于采用小企业信用评分方法。尽管 SBCS 技术的使用仍然主要局限于大型银行机构，但最近的一项研究表明，小银行现在也已经开始逐渐利用消费者信用评分的方法（Berger、Cowan 和 Frame，2007）。

一些研究集中在采用 SBCS 与信贷可获量之间的关系。有三项研究表明贷款数量出现增长（Frame、Srinivasan 和 Woosley，2001；Frame、Padhi 和 Woosley，2004；Berger、Frame 和 Miller，2005）。其中一项研究发现更多的贷款授予了风险较大的借款人（Berger、Frame 和 Miller，2005）；另一研究指出在低收入和高收入地区贷款量出现增加（Frame、Padhi 和 Woosley，2004）；还有一项研究显示一些贷款跨越了更加远的距离（DeYoung 等，2011）。SBCS 与其他贷款技术相结合，既减少了信息不对称，也带来了小企业信用评分方法，使贷款成熟度增加（Berger、Espinosa – Vega 等，2005），减少了担保要求（Berger 和 Espinosa – Vega 等，2011）。

11.3.3.3 资产证券化

资产证券化是指将不可交易资产通过现金流重新打包转换为可交易的“资产支持证券”（ABS）的过程①。如今在美国，证券化被大型零售信贷的发起人所广泛使用，特别是在抵押贷款、信用卡和汽车贷款领域。截至 2012 年年底，联邦发起的抵押贷款池和个人安排的 ABS（包括私人抵押贷款支持证券）在美国 56.9 万亿美元的信贷市场债务总额中占据了 8 万亿美元。

大量的书籍和文章都在研究证券化的过程、结构化分析要求以及证券化资产的评估。因此，我们只对这些文献进行了粗略的回顾。一般来说，资产证券化涉及几个步骤。第一步是将金融资产池出售给一个在法律上独立的（具有“破产隔离”的）、发放 ABS 的信托机构。② 这样，资产的原始持有人将收到一笔现金，从而使其拥有流动性。然而，由于 ABS 卖方可能拥有比买方更多关于资产的信息（因此他们面临着“逆向选择”的潜在问题），买方要求以第三方担保、过度担保以及信用分级创造从属索赔权等形式对资产进行“信用增级”。前两种信用增级形式是简洁明确的，因此我们对最后一种增级形式进行一些解释③。

分级是指按照索赔的优先级创建两个或多个证券类型④。原始的卖方通常会持有最低级（“股票”）证券，即具有最低支付优先级（因此会第一个遭受损失），这是缓解投资者对资产池中资产质量产生质疑的一种方式⑤。然而，具有经验的投资者——如对冲基金——有时也会购买和持有这样低优先级别的证券⑥。

除了提供流动性外，证券化有利于低成本贷款融资的方式，这将是对社会有利的：当发起、融资与服务（通过证券化）相分离时，（与存款机构内部这些职能的传统垂直一体化结构相比）专业化程度的加强能够带来效率的提升；同样，资金分离允许更广泛的投资者更直接地获得抵押贷款现金流，而不是受限于存款或在其他存款机构投资间接获得。此

① 1970 年，政府国家抵押贷款协会（“Ginnie Mae”）是 ABS 住宅抵押贷款支持证券（RMBS）的第一个“现代”发行人。联邦住房贷款抵押公司（“Freddie Mac”）是“第二个”，它的 RMBS 出现在 1971 年。正如 Goetzmann 和 Newman（2010）所记录的，商业抵押贷款至少早在 20 世纪 20 年代就被证券化，其中一些商业抵押贷款似乎包括多个家庭部门（参见 Snowden，2010a）。在 19 世纪末期，一种形式的证券化似乎已经尝试用于农场抵押贷款（Snowden，2010b）。

② 这个讨论隐含地假设了一个“固定（但可预付）”期限到期的资产的“清算池”。一些资产，如信用卡，被放入“循环池”，这允许事后添加资产，因为这些贷款没有固定的付款金额或期限。

③ 投资者也可能认为交易发起人还提供一定程度的隐性追索，作为维持其在市场上的声誉。Higgins 和 Mason（2004）与 Gorton 和 Souleles（2005）提供了与这个猜想一致的经验证据——更高评级的赞助商在更小的利差下执行 ABS 交易。

④ 两个证券（高级和初级）的情况一般足以制定关于证券化的程式化点，但在实践中观察到更多的结构。

⑤ 这与 Leland 和 Pyle（1977）与 Myers 和 Majluf（1984）在财务经济学中所得出的与资本结构相关的重要理论工作相一致。参见 DeMarzo 和 Duffie（1999）与 DeMarzo（2005）对特定的资产支持证券的类似讨论。

⑥ Boot 和 Thakor（1993）与 Plantin（2004）为不同金融复杂性的投资者提供了出售部分证券的理论解释。

外，证券化也可能为寻求管理资本头寸的存托机构带来利益①。Thomas（2001）实证研究表明，某些 ABS 发行人（首次发行人、大型发行人、频繁发行人、低质量发行人和银行发行人）股东从证券化中受益②。

一些分析家指出，证券化中内在固有的激励冲突是最近金融危机放大的一个主要原因。Ashcraft 和 Schuermann（2008）认为在次级资产证券化模型中存在七个关键的信息摩擦因素；他们讨论了市场参与者是如何减少这种摩擦并猜测了这一过程是如何崩溃的。其中一个特别冲突在于，抵押贷款发起人不再常规地持有其证券化的股票部分，因此他们几乎没有自有资金存在于项目中。2010 年《多德—弗兰克华尔街改革和消费者保护法案》现在要求贷款发起人（以某种形式）持有其证券化协议的 5%。法律认为“合格的住房抵押贷款”是被排除在法案要求外的，这表明合格的住房抵押贷款是种极为安全的（即低风险的）抵押贷款，但（讽刺的是）监管机构随后解释说该法案涵盖的是几乎整个抵押贷款市场。

11.3.3.4　风险管理

过去二十年间，信息技术（硬件和软件）和金融理论的进步引发了银行在风险管理方面的变革。压力测试和 VaR 是衡量和管理金融风险的两种常用方法。无论在哪种方法下，风险管理的基本思路都是确定银行在不利环境下对资本持有量的要求。

压力测试是指假定在信用或利率条件不利的情景下，对资产和负债进行估值，从而对这些压力环境下的偿付能力进行评估。这些测试能够在一个或多个时期内进行。Fender 和 Gibson（2001）提供了危机前金融机构压力测试的调查结果。

在最近的金融危机之后，压力测试变得越来越重要，世界各地的银行监管当局也都开始正式采用这些方法。在美国，压力测试是美联储为其最大的银行机构举办的年度“综合资本评估审查”的一部分。这些压力测试涉及创建对近期宏观经济情景的假设，然后银行组织将其作为其风险计量模型的输入，以产生信用损失、收入、支出和压力资本的估计。反过来，由此产生的资本持有量的估计值是每个机构资本计划的基础，并将其提交给美联储。同时，美联储对其自身的风险计量模型应用相同的宏观经济预测，以对每个银行组织产生所需的资本进行独立的监督估计。这些监管估计与对银行自身资本计划质量的定性评估一起被用作评估所提交的资本计划的基础。

由于压力测试最近已经成为金融机构及其监管机构一个重要的风险管理工具，对于其研究应将重点放在更好地了解压力测试局限性以及如何对现有的实践进行改进上。由 Berkowitz（1999—2000）和 Kupiec（2000）进行的危机前分析都讨论了基于压力测试进行风险管理的缺点，包括这些测试的结果是否能在避免违约的情况下实现股本资本分配。最近的研究考虑了使用实证模拟的方式来生成宏观经济情景（Glasserman、Kang 和 Kang，

① 例如，正如 Frame 和 White（2005）与其他人所证明的那样，以风险为基础的资本要求所约束的银行能够交换住房抵押贷款（其中基于风险的资本需求为 4%），由 Fannie Mae 或 Freddie Mac（其风险资本要求仅为 1.6%）发行和担保的，并且包含完全相同的抵押贷款的支持证券（MBS）为银行提供了监管资本套利（RCA）。参见 Jones（2000）对 RCA 现象的一般性讨论。

② Lockwood、Rutherford 和 Herrera（1996）与 Thomas（1999）先前的实证工作使用了数据的子样本，并发现了相互矛盾的地方：前一篇论文的重点是 1985 年至 1992 年，后一篇论文的重点是 1991 年至 1996 年。

2012），并将这些情景扩展到其他银行部门冲击中（Pritsker，2012）。Acharya、Engle 和 Pierret（2013）比较了基于市场数据进行压力测试的资本要求与美国和欧洲监管机构报告的结果，作者注意到资本不足与监管风险权重相关。Frame、Gerardi 和 Willen（2013）分析了 FannieMae 和 FreddieMac 基于风险的资本压力测试为何没有及时向监管机构预警将要发生的大规模损失。研究还旨在了解监管披露影响的广度和深度——无论是在事前的监管模型和参数（如 Frame、Gerardi 和 Willen，2013）还是事后的压力测试结果（如 Goldstein 和 Sapra，2012；Leitner 和 Goldstein，2013）。

VaR 依赖于评估资产回报分布的概率方法。在这种情况下，银行将定义资产回报的分布概率水平（例如 99.9%）作为风险暴露的外部极限，然后计算与该点分布所关联的经济损失。由于关注资产回报分布，VaR 方法常被广泛地应用于投资组合交易中，这些投资组合往往由易于销售的证券组成。这些原则也更普遍地应用于信贷组合。大量的书籍和文章专注于风险价值研究——主要集中在对各种资产回报确定合适的特征分布以及在“巴塞尔资本协议”下如何运用 VaR。

11.3.4 组织形式

在过去几十年中，美国出现了新的银行组织形式。巨型银行的证券子公司（所谓的“第 20 条”子公司或“金融控股公司”）和微型银行的附属公司都是监管或法律所带来的副产品。[①] 实际上，只有互联网银行这一新的组织形式是源于技术变革。这些迅速出现、消失的机构可能只代表着“失败的”金融创新。我们相信，加深对这些失败例子的理解有助于我们进一步明确金融创新成功的关键。

20 世纪 90 年代，个人对互联网使用的急剧增长为行业组织形式创新提供了可能：互联网（或以互联网为主）银行。根据 Delgado、Hernando 和 Nieto（2007）研究，截至 2002 年上半年欧洲约有 35 家互联网专营银行，美国有 20 家。然而，欧洲几乎所有互联网专营银行都与现有的机构相挂钩，而美国互联网专营银行往往是新设立的。这可能解释了为什么大多数甚至是所有美国互联网专营银行都逐渐消失（通过收购、清算或关闭）或建立了实体银行作为其互联网运营的基础。这表明主导技术是“鼠标加水泥”的一部分。

DeYoung（2001，2005）认为，与传统的新设立的银行相比，新设的互联网银行由于较少的业务量（较少的存款与非利息收入）和较高的劳动力支出使它们盈利更为困难。但作者还指出，由于规模效应，这种业绩表现的差距随时间的变化在迅速缩小。与这一研究相关的是 Cyree、Delcoure 和 Dickens（2009）的研究。他们认为以互联网为主的银行规模较大、净利息率和贷款损失较低。虽然作者还指出这些机构盈利较少，但（通过距离投入产出相关最佳实践边界的距离远近来衡量）它们却具有较高的盈利效率。Delgado、Hernando 和 Nieto（2007）同样指出，欧洲互联网银行证明了基于技术的规模经济效应。

---

① 由监管驱动的另一个重要但短暂的组织创新是结构性投资工具（SIV）。这是一家由大型金融机构赞助的实体，该机构通常持有相对长期的资产并发行相对短期的债务，并且自有资本很少或没有（但有一些理解，如果有必要，保荐人将提供流动性或资本注入）。SIV 在金融危机期间陷入困境并被转移到保荐人的资产负债表上。会计标准的同时变化迫使剩余的实体进行了合并。参见 Acharya、Schnabl 和 Suarez（2013）对危机期间 SIV 表现的分析。

11.4　结论

本章回顾了 1980 年以来银行业技术变革和金融创新的相关文献。在过去二十五年里，银行在服务和生产技术方面发生了重大变革，但在组织形式方面变化较小。正如调查所显示的那样，尽管我们对金融创新的用户、使用者的特征以及金融创新对福利的影响已经十分熟悉，但对于金融创新最初发展的方式和原因依然了解甚微，而这将是未来研究的重要方向。

参考文献

[1] Acharya V. , Engle R. , and Pierret D. (2013). Testing Macroprudential Stress Tests: Te Risk of Regulatory Risk Weights, <http: //papers. ssrn. com/sol3/papers. cfm? abstract _ id = 2254221. >.

[2] Acharya V. , Schnabl P. , and Suarez G. (2013). Securitization Without Risk Transfer, *Journal of Financial Economics* 107 (3), 515 – 536.

[3] Ackerberg D. A. and Gowrisankaran G. (2006). Quantifying Equilibrium Network Externalities in the ACH Banking Industry, *RAND Journal of Economics* 37 (3), 738 – 761.

[4] Ackerman J. (2013). Financial Innovation: Balancing Private and Public Interests. In: M. Haliassos (Ed.), *Financial Innovation: Too Much or Too Little?*, 213 – 230. Cambridge, MA: MIT Press.

[5] Akhavein J. , Frame W. S. , and White L. J. (2005). Te Difusion of Financial Innovation: An Examination of the Adoption of Small Business Credit Scoring by Large Banking Organizations, *Journal of Business* 78 (2), 577 – 596.

[6] Alexander W. P. , Grimshaw S. D. , McQueen G. R. , and Slade B. A. (2002). Some Loans Are More Equal Tan Others: Tird – Party Originations and Defaults in the Subprime Mortgage Industry, *Real Estate Economics* 30 (4), 667 – 697.

[7] Allen F. (2012). Trends in Financial Innovation and Teir Welfare Impact: An Overview, *European Financial Management* 18 (4), 493 – 514.

[8] An X. , Deng Y. , Rosenblatt E. , and Yao V. (2012). Model Stability and the Subprime Mortgage Crisis, *Journal of Real Estate Finance and Economics* 45 (3), 545 – 568.

[9] Anguelov C. E. , Hilgert M. A. , and Hogarth J. M. (2004). US Consumers and Electronic Banking, 1995 – 2003, *Federal Reserve Bulletin* 90 (1), 1 – 18.

[10] Ashcraf A. B. and Schuermann T. (2008). *Understanding the Securitization of Subprime Mortgage Credit*, Federal Reserve Bank of New York Staf Study No. 318.

[11] Bauer K. and Hein S. (2006). Te Efect of Heterogeneous Risk on the Early Adoption of Internet Banking Technologies, *Journal of Banking & Finance* 20 (6), 1713 – 1725.

[12] Bauer P. W. and Ferrier G. D. (1996). Scale Economies, Cost Efciencies, and Technological Change in Federal Reserve Payment Processing, *Journal of Money, Credit, and Banking* 28 (4), 1004 – 1039.

[13] Bauer P. W. and Hancock D. (1995). Scale Economies and Technological Change in Federal Reserve ACH Payment Processing, *Federal Reserve Bank of Cleveland Economic Review* Tird Quarter, 14 – 29.

[14] Beck T. , Chen T. , Lin C. , and Song F. M. (2012). Financial Innovation: Te Bright and the Dark Sides. SSRN Working Paper, <http: //papers. ssrn. com/sol3/papers. cfm? abstract _ id = 1991216. >.

[15] Ben－Horim M. and Silber W. L. (1977). Financial Innovation: A Linear Programming Approach, *Journal of Banking & Finance* 1 (3), 277－296.

[16] Berger A. N. (2003). Te Economic Efects of Technological Progress: Evidence from the Banking Industry, *Journal of Money, Credit, and Banking* 35 (2), 141－176.

[17] Berger A. N., Cowan A., and Frame W. S. (2007). Te Surprising Use of Credit Scoring in Small Business Lending by "Community Banks" and the Attendant Efects on Credit Availability, Risk, and Proftability, *Journal of Financial Services Research* 39 (1), 1－17.

[18] Berger A. N., Espinosa－Vega M., Frame W. S., and Miller N. (2005). Debt Maturity, Risk, and Asymmetric Information, *Journal of Finance* 60 (6), 2895－2923.

[19] Berger A. N., Espinosa－Vega M., Frame W. S., and Miller N. (2011). Why Do Borrowers Pledge Collateral? New Empirical Evidence on the Role of Asymmetric Information, *Journal of Financial Intermediation* 20, 55－70.

[20] Berger A. N., Frame W. S., and Miller N. (2005). Credit Scoring and the Availability, Price, and Risk of Small Business Credit, *Journal of Money, Credit, and Banking* 37 (2), 191－222.

[21] Berger A. N., Kashyap A. K., and Scalise J. M. (1995). Te Transformation of the US Banking Industry: What a Long, Strange Trip It's Been, *Brookings Papers on Economic Activity* 2, 55－218.

[22] Berger A. N. and Udell G. F. (2006). A More Complete Conceptual Framework for SME Finance, *Journal of Banking & Finance* 30 (11), 2945－2966.

[23] Berkowitz J. (1999－2000). A Coherent Framework for Stress Testing, *Journal of Risk* 2 (2), 5－15. Bhardwaj, G. and Sengupta, R. (2012). Subprime Mortgage Design, *Journal of Banking &Finance* 36 (5), 1503－1519.

[24] Boot A. W. A. and Takor A. V. (1993). Security Design, *Journal of Finance* 48 (4), 1349－1378. Borzekowski, R. and Kiser, E. (2008). Te Choice at the Checkout: Quantifying Demand Across Payment Instruments, *International Journal of Industrial Organization* 26 (4), 889－902.

[25] Borzekowski R., Kiser E., and Ahmed S. (2008). Consumers' Use of Debit Cards: Patterns, Preferences, and Price Response, *Journal of Money, Credit, and Banking* 40 (1), 149－172.

[26] Brueckner J. K., Calem P. S., and Nakamura L. I. (2012). Subprime Mortgages and the Housing Bubble, *Journal of Urban Economics* 71 (2), 230－243.

[27] Calem P. S., Gillen K., and Wachter S. (2004). Te Neighborhood Distribution of Subprime Mortgage Lending, *Journal of Real Estate Finance and Economics* 29 (4), 393－410.

[28] Campbell T. S. (1988). *Money and Capital Markets.* Glenview, IL: Scott, Foresman.

[29] Capozza D. R. and Tomson T. A. (2005). Optimal Stopping and Losses on Subprime Mortgages, *Journal of Real Estate Finance and Economics* 30 (2), 115－131.

[30] Capozza D. R. and Tomson T. A. (2006). Subprime Transitions: Lingering or Malignant in Default? *Journal of Real Estate Finance and Economics* 33 (3), 241－258.

[31] Cheney J. S. and Rhine S. L. W. (2006). Prepaid Cards: An Important Innovation in Financial Services, Federal Reserve Bank of Philadelphia Payment Card Discussion Paper No. 06－07.

[32] Chinloy P. and Macdonald N. (2005). Subprime Lenders and Mortgage Market Completion, *Journal of Real Estate Finance and Economics* 30 (2), 153－165.

[33] Chomsisengphet S. and Pennington－Cross A. (2006). Te Evolution of the Subprime Mortgage Market, *Federal Reserve Bank of St. Louis Review* 88 (1), 31－56.

[34] Ciciretti R., Hasan I., and Zazzara C. (2009). Do Internet Activities Add Value? Evidence from

Traditional Banks, *Journal of Financial Services Research* 35 (1), 81 -98.

[35] Cihák M. (2007). Introduction to Applied Stress Testing, IMF Working Paper No. 07/59.

[36] Cohen W. M. (1995). Empirical Studies of Innovative Activity. In: P. Stoneman (Ed.), *Handbook of the Economics of Innovation and Technological Change*, 182 -264. Cambridge: Blackwell.

[37] Cohen W. M. and Levin R. C. (1989). Empirical Studies of Innovation and Market Structure. In: R. Schmalensee and R. Willig (Eds.), *Handbook of Industrial Organization*, Vol. 2, 1059 -1107. Amsterdam: North - Holland.

[38] Courchane M., Nickerson D., and Sullivan R., (2002). Investment in Internet Banking as a Real Option: Teory and Tests, *Journal of Multinational Financial Management* 12 (4), 347 -363.

[39] Crews - Cutts A. and Van Order R. (2005). On the Economics of Subprime Lending, *Journal of Real Estate Finance and Economics* 30 (2), 167 -196.

[40] Cyree K. B., Delcoure N., and Dickens R. (2009). An Examination of the Performance and Prospects for the Future of Internet - Primary Banks. *Journal of Economics & Finance* 33 (2), 128 -147.

[41] Dandapani K., Karels G. V., and Lawrence E. R. (2008). Internet Banking Services and Credit Union Performance, *Managerial Finance* 34 (6), 437 -446.

[42] Danis M. A. and Pennington - Cross A. (2005). A Dynamic Look at Subprime Loan Performance, *Journal of Fixed Income* 15 (1), 28 -39.

[43] Danis M. A. and Pennington - Cross A. (2008). Te Delinquency of Subprime Mortgages, *Journal of Economics and Business* 60 (1 -2), 67 -90.

[44] Delgado J., Hernando I., and Nieto M. J. (2007). Do European Primarily Internet Banks Show Scale and Experience Efciencies?, *European Financial Management* 13 (4), 643 -671.

[45] DeMarzo P. (2005). Te Pooling and Tranching of Securities: A Model of Informed Intermediation, *Review of Financial Studies* 18 (1), 1 -35.

[46] DeMarzo P. and Dufe D. (1999). A Liquidity - Based Model of Security Design, *Econometrica* 67 (1), 65 -99.

[47] Demyanyk Y. and Van Hemert O. (2011). Understanding the Subprime Mortgage Crisis, *Review of Financial Studies* 24 (6), 1848 -1880.

[48] DeYoung R. (2001). Te Financial Performance of Pure Play Internet Banks, *Federal Reserve Bank of Chicago Economic Perspectives* 25, 60 -75.

[49] DeYoung R. (2005). Te Performance of Internet - Based Business Models: Evidence from the Banking Industry, *Journal of Business* 78 (3), 893 -947.

[50] DeYoung R., Frame W. S., Glennon D., and Nigro P. (2011). Te Information Revolution and Small Business Lending: Te Missing Evidence, *Journal of Financial Services Research* 39 (1), 19 -33.

[51] DeYoung R., Lang W. W., and Nolle D. L. (2007). How the Internet Afects Output and Performance at Community Banks, *Journal of Banking & Finance* 31 (4), 1033 -1060.

[52] Dow J. P. (2007). Te Adoption of Web Banking at Credit Unions, *Te Quarterly Review of Economics and Finance* 47 (3), 435 -448.

[53] Elliehausen G. and Staten M. E. (2004). Regulation of Subprime Mortgage Products: An Analysis of North Carolina's Predatory Lending Law, *Journal of Real Estate Finance and Economics* 29 (4), 411 -433.

[54] Elsinger H., Lehar A., and Summer M. (2006). Using Market Information for Banking System Risk Assessment, *International Journal of Central Banking* 2 (1), 137 -165.

[55] Farris J. and Richardson C. A. (2004). Te Geography of Subprime Mortgage Prepayment Penalty Pat-

terns, *Housing Policy Debate* 15 (3), 687 - 714.

[56] Fender I. and Gibson M. S. (2001). Stress Testing in Practice: A Survey of 43 Major Financial Institutions, *BIS Quarterly Review* June, 58 - 62.

[57] Foote C. L., Gerardi K., Goette L., and Willen P. S. (2008). Just the Facts: An Initial Analysis of Subprime's Role in the Housing Crisis, *Journal of Housing Economics* 17 (4), 1 - 24.

[58] Foote C. L., Gerardi K., and Willen P. S. (2008). Negative Equity and Foreclosure: Teory and Evidence, *Journal of Urban Economics* 64 (2), 234 - 245.

[59] Frame W. S., Gerardi K., and Willen P. S. (2013). Supervisory Stress Tests, Model Risk, and Model Disclosure: Lessons from OFHEO. Federal Reserve Bank of Atlanta Working Paper.

[60] Frame W. S., Padhi M., and Woolsey L. (2004). Te Efect of Credit Scoring on Small Business Lending in Low - and Moderate - Income Areas, *Financial Review* 39 (1), 35 - 54.

[61] Frame W. S., Srinivasan A., and Woosley L. (2001). Te Efect of Credit Scoring on Small Business Lending, *Journal of Money, Credit, and Banking* 33 (3), 813 - 825.

[62] Frame W. S. and White L. J. (2004). Empirical Studies of Financial Innovation: Lots of Talk, Little Action? *Journal of Economic Literature* 42 (1), 116 - 144.

[63] Frame W. S. and White L. J. (2005). Fussing and Fuming Over Fannie and Freddie: How Much Smoke, How Much Fire? *Journal of Economic Perspectives* 19 (2), 159 - 184.

[64] Furletti M. and Smith S. (2005). Te Laws, Regulations, and Industry Practices Tat Protect Consumers Who Use Electronic Payment Systems: ACH E - Checks and Prepaid Cards, Federal Reserve Bank of Philadelphia Payment Card Discussion Paper No. 05 - 04.

[65] Furst K., Lang W., and Nolle D. (2002). Internet Banking, *Journal of Financial Services Research* 22 (1/2), 95 - 117.

[66] Gennaioli N., Shleifer A., and Vishny R. W. (2012). Neglected Risks, Financial Innovation, and Financial Fragility, *Journal of Financial Economics* 104 (3), 452 - 468.

[67] Gerardi K., Lehnert A., Sherlund S. M., and Willen P. S. (2008). Making Sense of the Subprime Mortgage Crisis, *Brookings Papers on Economic Activity* 39, 69 - 159.

[68] Gerardi K., Rosen H. S., and Willen P. S. (2012). Te Impact of Deregulation and Financial Innovation on Consumers: Te Case of the Mortgage Market, *Journal of Finance* 65 (1), 333 - 360.

[69] Glasserman P., Kang C., and Kang W. (2012). Stress Scenario Selection by Empirical Likelihood, <http://papers.ssrn.com/sol3/papers.cfm?abstract_id=2101465.>.

[70] Goddard J., McKillop D., and Wilson J. O. S. (2008). Consolidation in the US Credit Union Sector: Determinants of Failure and Acquisition. SSRN Working Paper, <http://papers.ssrn.com/sol3/papers.cfm?abstract_id=1200262.>.

[71] Goddard J., McKillop D., Wilson J. O. S. (2009). Which Credit Unions Are Acquired? *Journal of Financial Services Research* 36 (2 - 3), 231 - 252. Goetzmann, W. N. and Newman, F. (2010). Securitization in the 1920s, NBER Working Paper No. 15650, http://cid.bcrp.gob.pe/biblio/Papers/NBER/2010/enero/w15650.pdf.

[72] Goetzmann W. N., Peng L., and Yen J. (2012). Te Subprime Crisis and House Price Appreciation, *Journal of Real Estate Finance and Economics* 44 (1 - 2), 36 - 66.

[73] Goldstein I. and Sapra H. (2012). Should Banks' Stress Test Results Be Disclosed? An Analysis of the Costs and Benefts. Chicago Booth Working Paper.

[74] Goodhart C. A. E. (2006). A Framework for Assessing Financial Stability? *Journal of Banking and*

Finance 30 (12), 3415 - 3422.

[75] Gorton G. and Souleles N. (2005). Special Purpose Vehicles and Securitization, National Bureau of Economic Research Working Paper No. 11190.

[76] Gowrisankaran G. and Stavins J. (2004). Network Externalities and Technology Adoption: Lessons from Electronic Payments, *RAND Journal of Economics* 35 (2), 260 - 276.

[77] Haliassos M. (2013). *Financial Innovation: Too Much or Too Little?* Cambridge, MA: MIT Press.

[78] Harvey K. D. and Nigro P. J. (2003). How do Predatory Lending Laws Infuence Mortgage Lending in Urban Areas? A Tale of Two Cities, *Journal of Real Estate Research* 25 (4), 479 - 508.

[79] Harvey K. D. and Nigro P. J. (2004). Do Predatory Lending Laws Infuence Mortgage Lending? An Analysis of the North Carolina Predatory Lending Law, *Journal of Real Estate Finance and Economics* 29 (4), 435 - 456.

[80] Hayashi F. and Klee E. (2003). Technology Adoption and Consumer Payments: Evidence from Survey Data, *Review of Network Economics* 2 (2), 175 - 190.

[81] Henderson B. J. and Pearson N. D. (2011). Te Dark Side of Financial Innovation: A Case Study of the Pricing of a Retail Financial Product, *Journal of Financial Economics* 100 (2), 227 - 247.

[82] Hernández - Murillo R., Llobet G., and Fuentes R. (2010). Strategic Online Banking Adoption, *Journal of Banking & Finance* 34 (7), 650 - 1663.

[83] Hernando I. and Nieto M. J. (2007). Is the Internet Delivery Channel Changing Banks' Performance? Te Case of Spanish Banks, *Journal of Banking & Finance* 31 (4), 1083 - 1099.

[84] Higgins E. J. and Mason J. R. (2004). What is the Value of Recourse to Asset - Backed Securities? A Clinical Study of Credit Card Banks, *Journal of Banking & Finance* 28 (4), 875 - 899.

[85] Ho G. and Pennington - Cross A. (2006a). Te Impact of Local Predatory Lending Laws on the Flow of Subprime Credit, *Journal of Urban Economics* 60 (2), 210 - 228.

[86] Ho G. and Pennington - Cross A. (2006b). Loan Servicer Heterogeneity and the Termination of Subprime Mortgages, Federal Reserve Bank of St. Louis Working Paper No. 2006 - 24.

[87] Ho G. and Pennington - Cross A. (2010). Te Termination of Subprime Hybrid Fixed - Rate Mortgages, *Real Estate Economics* 38 (3), 399 - 426.

[88] Jones D. (2000). Emerging Problems with the Basel Capital Accord: Regulatory Capital Arbitrage and Related Issues, *Journal of Banking & Finance* 24 (1), 35 - 58.

[89] Kane E. J. (1981). Accelerating Infation, Technological Innovation, and the Decreasing Efectiveness of Banking Regulation, *Journal of Finance* 36 (2), 355 - 367.

[90] Kane E. J. (2012). Te Inevitability of Shadowy Banking. SSRN Working Paper, <http://papers.ssrn.com/sol3/papers.cfm? abstract_id = 2026229.>.

[91] Keitel P. L. (2008). Te Laws, Regulations, Guidelines, and Industry Practices Tat Protect Consumers Tat Use Gif Cards. SSRN Working Paper, <http://papers.ssrn.com/sol3/papers.cfm? abstract_id = 1266789.>.

[92] Klee E. (2006). Families' Use of Payment Instruments During a Decade of Change in the US Payment System, Federal Reserve Board, Finance and Economics Discussion Series No. 2006 - 01.

[93] Krugman P. R. (2007). Innovating Our Way to Financial Crisis, *New York Times* December 3, <http://www.nytimes.com/2007/12/03/opinion/03krugman.html? _r = 0.>.

[94] Kupiec P. H. (2000). Stress Tests and Risk Capital, *Journal of Risk* 2 (4), 27 - 39.

[95] Lax H., Manti M., Raca P., and Zorn P. (2004). Subprime Lending: An Investigation of Economic

Efciency, *Housing Policy Debate* 15 (3), 533 –571.

[96] Leitner Y. and Goldstein I. (2013). Stress Tests and Information Disclosure, Federal Reserve Bank of Philadelphia Working Paper Nos. 13 –26.

[97] Leland H. E. and Pyle D. H. (1977). Informational Asymmetries, Financial Structure, and Financial Intermediation, *Journal of Finance* 32 (2), 371 –387.

[98] Lerner J. (2002). Where Does State Street Lead? A First Look at Finance Patents, 1971—2000, *Journal of Finance* 57 (2), 901 –930.

[99] Lerner J (2006). Te New New Financial Ting: Te Origins of Financial Innovations, *Journal of Financial Economics* 79 (2), 223 –255.

[100] Lerner J. and Tufano P. (2011). Te Consequences of Financial Innovation: A Counterfactual Research Agenda, *Annual Review of Financial Economics* 3 (1), 41 –85.

[101] Levine R. (1997). Financial Development and Economic Growth: Views and Agenda, *Journal of Economic Literature* 35 (2), 688 –726.

[102] Lockwood L. J., Rutherford R. C., and Herrera, M. J. (1996). Wealth Efects of Asset Securitization, *Journal of Banking & Finance* 20 (1), 151 –164.

[103] Majnoni G., Martinez –Peria M. S., Blaschke W., and Jones M. T. (2001). Stress Testing of Financial Systems: An Overview of Issues, Methodologies, and FSAP Experiences, IMF Working Paper No. 01/88.

[104] Mantel B. (2000). Why Do Consumers Pay Bills Electronically? An Empirical Analysis, *Federal Reserve Bank of Chicago Economic Perspectives* Fourth Quarter, 32 –47.

[105] Mantel B. and McHugh T. (2001). Competition and Innovation in the Consumer E –Payments Market? Considering Demand, Supply, and Public Policy Issues, Federal Reserve Bank of Chicago, Emerging Payments Occasional Working Paper No. EPS –2001 –4.

[106] Mayer C. and Pence K. (2008). Subprime Mortgages: What, Where, and to Whom?, Federal Reserve Board Working Paper No. 2008 –29.

[107] Mayer C., Pence K., and Sherlund S. (2009). Te Rise in Mortgage Defaults, *Journal of Economic Perspectives* 23 (1), 27 –50.

[108] McGrath J. C. (2005). Te Cost Efectiveness of Stored Value Cards for Unbanked Consumers, Federal Reserve Bank of Philadelphia Payment Card Discussion Paper No. 05 –06.

[109] Merton R. C. (1992). Financial Innovation and Economic Performance, *Journal of Applied Corporate Finance* 4 (4), 12 –22.

[110] Merton R. C. (1995). Financial Innovation and the Management and Regulation of Financial Institutions, *Journal of Banking & Finance* 19 (3 –4), 461 –481.

[111] Miller M. H. (1986). Financial Innovation: Te Last Twenty Years and the Next, *Journal of Financial and Quantitative Analysis* 21 (4), 459 –471.

[112] Miller M. H. (1992). Financial Innovation: Achievements and Prospects, *Journal of Applied Corporate Finance* 4 (4), 4 –12.

[113] Molyneux P. and Shamroukh N. (1999). *Financial Innovation.* New York: John Wiley & Sons.

[114] Myers S. C. and Majluf N. S. (1984). Corporate Financing and Investment Decisions When Firms Have Information Tat Investors Do Not Have, *Journal of Financial Economics* 13 (2), 187 –221.

[115] Nichols J., Pennington –Cross A., and Yezer A. (2005). Borrower Self –Selection, Underwriting Costs, and Subprime Mortgage Credit Supply, *Journal of Real Estate Finance and Economics* 30 (2), 197 –219.

[116] Pennington - Cross A. (2003). Credit History and the Performance of Prime and Subprime Mortgages, *Journal of Real Estate Finance and Economics* 27 (3), 279 - 301.

[117] Pennington - Cross A. (2006). Te Value of Foreclosed Property, *Journal of Real Estate Research* 28 (2), 193 - 214.

[118] Pennington - Cross A. (2010). Te Duration of Foreclosures in the Subprime Mortgage Market: A Competing Risks Model with Mixing, *Te Journal of Real Estate Finance and Economics* 40, 109 - 129.

[119] Pennington - Cross A. and Chomsisengphet, S. (2007). Subprime Refnancing: Equity Extraction and Mortgage Termination, *Real Estate Economics* 35 (2), 233 - 263.

[120] Plantin G. (2004). Tranching, <http://ssrn.com/abstract=650839.>.

[121] Pritsker M. (2012). Enhanced Stress Testing and Financial Stability, <http://papers.ssrn.com/sol3/papers.cfm?abstract_id=2082994.>.

[122] Quercia R. G., Stegman M. A., and Davis W. R. (2004). Assessing the Impact of North Carolina's Predatory Lending Law, *Housing Policy Debate* 15 (3), 573 - 601.

[123] Rose M. J. (2013). Geographic Variation in Subprime Loan Features, Foreclosures, and Prepayments, *Review of Economics and Statistics* 95 (2), 563 - 590.

[124] Sienkiewicz S. (2007). Prepaid Cards: Vulnerable to Money Laundering?, Federal Reserve Bank of Philadelphia Payment Card Discussion Paper No. 07 - 02.

[125] Smith S. J. (2013). Crisis and Intervention in the Housing Economy: A Tale of Tree Markets. In: M. Haliassos (Ed.), *Financial Innovation: Too Much or Too Little?*, 71 - 10. Cambridge, MA: MIT Press.

[126] Snowden K. A. (2010a). Te Anatomy of a Residential Mortgage Crisis: A Look Back to the 1930s. In: L. E. Mitchell and A. E. Wilmarth Jr. (Eds.), *Te Panic of 2008: Causes, Consequences, and Implications for Reform*, 51 - 74. Northampton, MA: Edward Elgar Publishing.

[127] Snowden K. A. (2010b). Covered Farm Mortgage Bonds in the Late Nineteenth Century US, *Journal of Economic History* 70 (4), 783 - 812.

[128] Stavins J. (2001). Efect of Consumer Characteristics on the Use of Payment Instruments, *Federal Reserve Bank of Boston New England Economic Review* 3, 19 - 31.

[129] Stavins J. and Bauer P. W. (1999). Te Efect of Pricing on Demand and Revenue in Federal Reserve ACH Payment Processing, *Journal of Financial Services Research* 16 (1), 27 - 45.

[130] Sullivan R. J. (2000). How Has the Adoption of Internet Banking Afected Performance and Risk in Banks?, Federal Reserve Bank of Kansas City, *Financial Industry Perspectives* December, 1 - 16.

[131] Takor A. (2012). Incentives to Innovate and Financial Crises, *Journal of Financial Economics* 103 (1), 130 - 148.

[132] Tomas H. (1999). A Preliminary Look at the Gains From Asset Securitization, *Journal of International Financial Markets, Institutions, and Money* 9 (3), 321 - 333.

[133] Tomas H. (2001). Te Efect of Asset Securitization on Seller Claimants, *Journal of Financial Intermediation* 10 (3/4), 306 - 330.

[134] Tufano P. (2003). Financial Innovation. In: G. M. Constantinides, M. Harris, and R. Stulz (Eds.), *Handbook of the Economics of Finance: Volume 1A Corporate Finance*, 307 - 335.

[135] Amsterdam: North Holland. Van Horne J. C. (1980). Of Financial Innovations and Excesses, *Journal of Finance* 40 (3), 621 - 636.

[136] Volcker P. A. (2009). Paul Volcker: Tink More Boldly, *Wall Street Journal* December 14, 2009, <http://online.wsj.com/article/SB10001424052748704825504574586330960597134.html.>.

[137] Wilshusen S. M., Hunt R. M., van Opstal J., and Schneider R. (2012). Consumers' Use of Prepaid Cards: A Transaction – Based Analysis, Federal Reserve Bank of Philadelphia Payment Card Discussion Paper No. 12 – 02.

[138] Zinman J. (2009). Debit or Credit?, *Journal of Banking & Finance* 33 (2), 358 – 366.

第 12 章　小微企业银行信贷

——贷款技术以及银行业合并和技术变革[1]

12.1　引言

小微企业是现代经济增长的引擎，银行贷款为这种增长提供了大量的动力。根据 2003 年最近的小微企业金融调查（SSBF），银行向美国小微企业提供 57% 的债务融资，根据 Kaufman Firm Survey，银行也为新兴的创业公司提供关键资金（Robb 和 Robinson，2014）。小微企业贷款不同于向大型企业贷款，因为小微企业信息通常更加不透明，缺乏经审计的财务报表及按市场价格交易的股票或债券。由于这种不透明度，小微企业在对盈利项目进行融资方面经常面临重大困难。

美国小微企业管理局（SBA）发现了这些困难，其 7（a）贷款计划旨在帮助合格的小微企业在无法获得“其他信贷”时获得信贷融资。该计划通过约 4500 个参与贷款人提供的担保贷款为一般商业目的提供融资。在 2012 财政年度，共批准了 44377 份此类贷款，总额为 152 亿美元，未偿还的本金总额为 594 亿美元[2]。在一些情况下，担保贷款会被证券化。

在 2007—2009 年的金融危机期间，小微企业更难获得贷款。为了更好地说明，考虑 Thomson Reuters/ PayNet Small Business Lending 指数，该指数衡量了自 2005 年 1 月以来每月新增美国小微企业贷款的数量，并将该月的值标准化为 100。该指数在 2007 年 1 月达到最高值 131. 7，2009 年 5 月下降至最低值 66. 0，直至 2011 年 8 月才回升至 100，并且截至 2014 年 2 月达到 111. 0。[3] 与此相一致的是，DeYoung、Gron，Torna 和 Winton（2014）发现，危机期间社区银行的小微企业贷款显著减少。然而我们并不知道，危机期间信贷减少有多少是由于供给的减少。与供给减少相一致的是危机期间小微企业主贷款难的报道[4]。也许为了应对其中某些问题，2010 年《工商初创企业推动法》于 2010 年 9 月获得通过并签署为法律，它扩展了 SBA 7（a）计划，提供更大额的贷款（从 200 万美元到 500 万美元不等），并创建了小微企业贷款基金（SBLF），该基金旨在向合格的社区银行和社区发

---

① 笔者特别鸣谢 Lamont Black、Ken Brevoort、Nate Miller、Phil Molyneux、Raluca Roman、Herman Saheruddin、Greg Udell，John Wilson 和 John Wolken 的评论和建议。

② 数据来源 <http：//www. fas. org/sgp/crs/misc/R41146. pdf >（table 1，p. 17）。

③ 数据来源 < http：//www. paynetonline. com/SmallBusinessInsights/ThomsonReutersPayNetSmallBusinessLendingInde. aspx. >。

④ 例如，请参阅 2010 年 2 月 26 日华盛顿特区美国众议院金融服务委员会和小微企业委员会的总裁 Elizabeth A. Duke 的证词（<http：//www. federalreserve. gov/newsevents/testimony/duke20100226a. htm. >）。

展贷款基金提供资金，鼓励小微企业贷款。财政部通过 SBLF 计划向 332 个机构投资了 40 多亿美元。截至 2013 年 3 月 31 日，SBLF 参与者将其对小微企业的贷款在 363 亿美元的基准上增加了 90 亿美元，尽管如上所述，这一增长有多少是由于该计划而非来源于其他供需扩张，仍然不得而知。

银行使用许多不同的贷款技术来处理信息不透明问题，这将在后面详述。自 20 世纪 90 年代初以来，分析银行小微企业信贷的基本研究模型发生了巨大变化。早期的理论研究（如 Sharpe，1990；Rajan，1992）和随后的实证分析（例如 Petersen 和 Rajan，1994；Berger 和 Udell，1995）有助于在银行向小微企业发放贷款时，帮助其以特殊的方式建立起更广泛的认知。这些研究主要关注关系贷款与交易贷款技术之间的差异。

在关系贷款的技术下，信贷员通过与小微企业、股东及同业人员保持一段时间的联系来收集专有信息。银行使用这些数据对是否放贷及与该公司签订的合同条款作出决策。因此，由于关系银行从过去联系中获取的信息优势，与公司存在关系的银行可能能够提供其他银行不能提供的贷款。相比之下，在交易贷款技术方面，贷款主要是根据贷款申请时收集的信息进行发放。

小微企业贷款的研究模型随着时间的推移变得越来越复杂。其中最重要的变化是，模型涵盖了更多可用于对信息不透明的小微企业放贷的贷款技术，每项技术都基于“硬”（定量）和“软”（定性）信息的不同组合（下面会进一步讨论）。例如，小微企业信用评级可用于向信息非常不透明的公司提供贷款，该技术是基于主要从这些公司所有者消费信息中提取的硬数据。然而，值得注意的是，该技术还允许基于信贷员已知的软信息的判断性替代，尽管这种软信息的应用有时导致更高的贷款违约（Berge、Puri 和 Rochell，2014）。同样，即使贷款主要取决于抵押品价值，银行也经常在贷款发放后继续监控公司（Cerqueiro、Ongena 和 Roszbach，即将出版）。贷款技术可以被认为是当前研究小微企业贷款模型的基本组成部分。事实上，对于信贷额度、合同条款和提供资金的银行类型的分析都围绕着贷款发放过程中使用的贷款技术。

对小微企业信贷的研究提出了一些有关研究和政策重要性的问题。一个问题是银行业合并对小微企业，尤其是对可能依赖关系贷款的信息不透明公司信贷额度的影响。如下所述，早期研究表明小微企业贷款可能由于银行业合并而严重下降，但目前对这一主题的研究产生了一些更加模糊的结论。

另一个关键问题是技术进步对小微企业贷款的影响。技术进步可以通过创新贷款技术（如小微企业信用评级）以及通过改进现有贷款技术来全面提高小微企业信贷额度。在广义的信息技术方面的改进还可以提高银行审核和银行与小微企业之间以及信贷员与银行管理层之间传输硬信息的能力。这使得更多和更好地利用硬信息贷款技术为不透明的小企业服务提供了可能，特别是对于那些距离银行较远的小微企业。

我们承认，还有许多有关小微企业贷款的重要问题，包括金融危机、信贷紧缩、商业周期、货币政策、利率周期、特殊信贷渠道、相关的监管和法律规则以及银行贷款条件。然而，由于篇幅限制，这里可以充分涵盖的主题数量有限。

本章的其余部分结构如下。12. 2 节讨论了构成现代研究模型基础的贷款技术。我们还讨论了这些技术所基于的信息以及这些技术旨在服务的借款人的类型。

12.3 节讨论了银行合并和小微企业贷款的问题。包括不同类型银行（小型银行与大型银行、单一市场机构与多市场机构、本地与非本地贷款机构以及国内银行与跨国银行）在小微企业贷款中的比较优势。银行合并趋向于将银行资源从前一组银行（小型、单一市场、本地和国内银行）转移到后一组银行（分别对应大型、多市场、非本地和跨国银行）。此外，我们还讨论了与并购（M&As）相关的竞争力变化对小微企业信贷额度影响的研究。本节中的讨论也旨在帮助了解当前小微企业贷款研究模型的一些主要要素。

第 12.4 节讨论了随着时间的推移，由技术进步、银行业整合及其他原因导致的小微企业贷款信息的“硬化”。我们涉及的研究表明，与贷款中更多地使用硬信息一致的是，随着时间的推移，小微企业与其贷款机构之间的距离普遍增加，企业与其贷款机构之间的联系方式变得更加客观。第 12.5 节为总结。

12.2 贷款技术

12.2.1 贷款技术分类

贷款技术是在贷款发放过程中对其使用的主要信息来源进行独特的组合，其中包括筛选、贷款发放政策及程序、贷款合同结构以及监测战略及机制。贷款技术通常依据贷款发放过程中使用的主要信息来源来分类，但是我们不排除使用其他辅助技术生成的一些重要信息。因此，商业抵押贷款通常被判定为使用商业房地产贷款技术形成的，即使该银行还获得了信用评级并且使用了来自现有关系的信息作为发放贷款的次级信息。这种贷款技术的分类法主要基于 Berger 和 Udell（2006）与 Berger 和 Black（2011）的研究。

我们还对硬信息技术和软信息技术进行了区分。硬信息技术主要基于可能在银行组织内相对容易处理和传输的定量数据。硬信息的示例包括抵押品估值、经审计的财务报表的财务比率以及外部各方产生的信用评级。相比之下，软信息技术主要基于定性信息，这些信息可能不容易被处理并传输到收集它的信贷员或其他银行雇员以外。软信息的例子包括通过信贷员个人联系收集的公司所有者的性质和可靠性的证据，以及有助于判断公司信誉的信贷员个人经验和培训。

银行至少有十种贷款技术用于给小微企业贷款。包括五种固定资产技术：租赁、商业房地产贷款、住宅房地产贷款、汽车贷款和设备贷款——以及以资产为基础贷款、财务报表贷款、小微企业信用评级、关系贷款和判断贷款，所有这些都将在下面讲述。所有这些技术都采用硬信息和软信息的某种组合。至少，发放任何贷款都需要有关公司，所有者和/或抵押品（硬信息）的一些数字，以及信贷员基于经验和培训的一些判断（软信息）。这一事实的一个重要意义是，即使由于规模经济，大型银行在处理和传输硬信息方面具有比较优势，大型机构在所有硬信息技术中并不一定具有优势。原因是它们在使用技术的硬信息组件方面的比较优势可能被它们在使用软信息组件方面的相对劣势所抵消。类似地，小银行在处理软信息时的一个优点——具有较少的传输软信息的管理层——在软信息技术中可能不总是转化为优点，这是由于其在硬信息方面的缺陷。比较优势也依赖于所服务的公司类型。可以预期的是，硬信息对于较大的公司较有优势，软信息对于较小的公司较有优势。在使用给定技术贷款和特定类别企业的情况下，大型或小型银行哪者具有比较优势是一个经验问题。

关于具体技术，固定资产贷款是一套主要基于租赁或作为抵押品的固定资产价值的技术。固定资产是长期资产，不是在正常业务过程中出售（即“不可移动”），并且以序列号或契据为唯一标识。这些包括商业和住宅房地产、汽车和设备。租赁被认为是固定资产借贷技术，因为租赁资产一般是固定的。其他固定资产技术包括商业房地产贷款、住宅房地产贷款、汽车贷款和设备贷款，这些技术主要基于作为抵押品的相应固定资产的估值。固定资产贷款技术可适用于透明和不透明的小微企业，只要公司有容易估价的固定资产作为抵押品。

基于资产的贷款是另一种基于抵押品价值的硬信息技术，在这种情况下是应收账款和/或存货。信用增加的金额与资产的估计清算价值有关，因此信用风险总是低于估计清算价值。这种技术也可以应用于透明和不透明的小微企业，因为它主要基于抵押品的价值，而不是基于公司产生现金流来偿还贷款的能力。

财务报表贷款是一种主要基于借款人的财务实力和这些财报质量的硬信息技术。后一种情况通常意味着报表必须由外部会计师事务所审计。除了具有丰富的财务报表，借款人必须有足够强的财务状况以证明信贷能力，这反映在从这些报表计算的财务比率。与固定资产和基于资产的贷款技术不同，财务报表贷款主要基于对公司偿还能力的评估，而不是在未付款情况下可能取走的抵押品的价值。与所有其他贷款技术不同，财务报表贷款仅限于相对透明的公司。

小微企业信用评级是一种基于企业所有者和企业的硬信息的技术。来自消费者信用局的所有者信息与由从商业信用局获得的由银行收集的公司数据结合以产生该贷款的得分或简要统计量。美国评级模式可适用于25万美元以下的信贷，但许多机构只在10万美元以下的信贷中使用。在大多数情况下，评级分数从外部方购买，而不是由银行生成。在某些情况下，银行（特别是小型社区银行）使用所有者的消费信用评分，而不是包含业务信息的分数（Berger、Cowan和Frame，2011）。如已经阐述过的那样，小微企业信用评分可以应用于非常不透明的小公司。

关系借贷主要依赖于通过与公司、其所有者和当地社区接触而收集的软信息。信息可以从向公司和所有者提供贷款、存款和其他服务而获得。许多软信息可以通过信贷员与公司、其所有者、本地供应商、客户等的个人联系来获取。关系借贷可以用于没有显著硬信息的相对不透明的小微企业。

银行用于贷款给小微企业的另一种软信息技术是判断贷款，这主要基于信贷员的培训和个人经验。当公司没有足够的硬信息来建立信用，并且它们没有建立稳健的关系来生成软信息时，它们的贷款可能需要信贷员的高度判断。信贷员根据有关该公司的有限信息，加上信贷员的培训及其对该公司企业类型、地理位置、产品的本地需求等方面的个人经验，作出判断。贷款人员的培训和经验主要是软信息，因为他们通常不能转变成易于沟通的可信硬数字。与关系贷款类似，判断贷款可以应用于没有显著硬信息的不透明的小微企业。[①]

① 判断贷款由Berger和Black（2011）首先提出。

12.2.2　关于贷款技术的实证研究

小微企业贷款的大多数实证研究只识别一种或两种贷款技术，或者仅仅分析小微企业贷款，而不识别所使用的技术。有两种贷款技术——关系贷款和小微企业信用评级贷款——得到了广泛研究。一些研究通过关系的持续时间、广度或排他性或者是否是公司的“主要”银行来衡量关系的强度，从而检验关系强度对贷款的影响。关系贷款的技术通常没有明确的确定，但是更强的关系被认为更经常与该技术相关联。例如，即使贷款主要基于固定资产抵押品的价值发放，如果公司与银行有长期关系，也被视为关系贷款。

大多数这些研究发现借款人从更强的关系中获益。研究经常发现，尽管贷款利率的影响因素是复杂的，但更强的关系往往与更好的信贷额度相关联，常常表现为更高的贷款申请接受率、更少依赖昂贵的贸易信贷或没有担保要求的贷款（Petersen 和 Rajan，1994；Berger 和 Udell，1995；Petersen 和 Rajan，1995；Cole，1998；Elsas 和 Krahnen，1998；Harhoff 和 Korting，1998；Machauer 和 Weber，2000；Berger、Frame 和 Ioannidou，2011）。一些研究发现，更强的关系可能导致较低的贷款利率（Berger 和 Udell，1995；Hernández – Cánovas 和 Martínez – Solano，2006；Bharath 等，2011），但也有一些研究发现，更强的关系可能导致较高的贷款利率（Angelini、Di Salvo 和 Ferri，1998；Degryse 和 Van Cayseele，2000；Calomiris 和 Pornrojnangkool，2009），此外，还有一些研究发现关系对贷款利率的影响不显著或是不确定的（Petersen 和 Rajan，1994；Elsas 和 Krahnen，1998；Harhoff 和 Korting，1998；Machauer 和 Weber，2000；Schenone，2010；Berger、Frame 和 Ioannidou，2011）。其他研究发现银行危机期间，企业可以从强关系中获益（Horiuchi 和 Shimizu，1998；Watanabe，2010；Park、Shin 和 Udell，2007；Jiangli、Unal 和 Yom，2008）。最近的一些研究也发现，当从危难和破产中恢复时，强关系对企业绩效以及促进创新方面具有积极作用（Dahiya 等，2003；Herrera 和 Minetti，2007；Rosenfeld，2011）。最后，最近对关系贷款的计量分析发现，这种技术的好处因国家的不同而存在一定的差异，在竞争更激烈的美国，其收益通常更大（Kysucky 和 Norden，2012）[①]。

强大的关系——特别是当它们是排他性的——也可能涉及成本。由专属银行关系产生的私人信息可能给予银行市场对公司的权力，产生滞留问题并从公司中提取租金（Sharpe，1990；Rajan，1992）。公司可以通过参与多个关系来减轻租金提取（von Thadden，1992；Boot，2000；Elsas、Heinemann 和 Tyrell，2004），通过增加边际关系（Farinha 和 Santos，2002）和/或通过在不同的银行支付更高的利率（Degryse 和 Van Cayseele，2000）。如果银行在经济上陷入困境或失败，专属关系也会带来提前退出服务的可能性。关于这一主题的实证研究的结论存在一定的差异，研究发现银行脆弱性对多个银行业务的概率具有正向、负向或不明显的影响（Detragiache、Garella 和 Guiso，2000；Ongena 和 Smith，2000；Berger、Klapper 和 Udell，2001；Berger 等，2008；Berger、Goulding 和 Rice，2014）[②]。

如上所述，小微企业信用评级技术也得到了广泛的研究。根据银行是否、何时以及如

---

① 一些研究还发现，银行的未来贷款和放贷业务从强大关系中获益（Drucker 和 Puri，2005；Bharath 等，2011）。

② Berger 等（2008）讨论了多种银行关系的其他动机。

何使用这种贷款技术的调查数据来确定使用这种技术的银行（Frame、Srinivasan 和 Woosley，2001；Cowan 和 Cowan，2006）。银行在如何使用信用评级方面似乎有很大不同。大型银行通常使用包括公司信息的小微企业信用评级（Frame、Srinivasan 和 Woosley，2001），而小银行通常仅使用企业所有者的消费者信用评级（Berger、Cowan 和 Frame 2011）。一些机构基本上遵循"规则"、自动使用评级以接受或拒绝贷款申请和设置贷款条件（以判断力凌驾为限）。其他银行使用更多的"自由裁量权"，并将分数与使用其他技术生成的信息相结合。使用"规则"可能显著降低放贷成本，使用"自由裁量权"可能增加成本，但也提供更多信息。一些研究发现与技术相关的贷款增加，但这种增长似乎主要是使用"规则"的银行，并且可能是由较低成本驱动的（Frame、Srinivasan 和 Woosley，2001；Frame、Padhi 和 Woosley，2004；Berger、Frame 和 Miller，2005；Berger、Cowan 和 Frame，2011）。一些研究结果与使用"自由裁量权"的小微企业信用评级可以显著降低信息不透明度的假设相一致，具体来说，"自由裁量权"银行可能与较小的借款人风险（Berger、Frame 和 Miller，2005）、较长的期限（Berger、Espinosa - Vega 等，2005）、较少的抵押品使用（Berger、Espinosa - Vega 等 2011）有关。最后，一些研究还发现，小微企业信用评级往往被用于距离更远或"市场外"的借款人，这与使用需要相对较少个人联系的硬信息相一致（Frame、Padhi 和 Woosley，2004；DeYoung、Glennon 和 Nigro，2008；DeYoung、Frame 等，2011）。另一项研究发现，市场外小微企业贷款的增长集中在 10 万美元以下的贷款——许多银行对小微企业信用评分的限制——与那些将小微企业信用评级作为关键技术，从而远程为小微企业提供信贷的银行相一致（Brevoort，2006）。

一些最近的研究确定了多种技术的使用。一项根据 1998 年小微企业金融调查（SSBF）中的贷款合同数据的研究确定了所有五项固定资产贷款技术：租赁、商业房地产贷款、住宅房地产贷款、汽车贷款和设备贷款（Berger 和 Black，2011）。作者发现，调查中 40% 以上的贷款可以被确定为使用固定资产贷款技术。识别程序只使用关于合同类型是否是租赁和作为抵押品的固定资产类型的信息。与关系贷款文献相似，作者还研究了使用不受固定资产担保的信用额度对关系强度的影响。这种方法在确定关系强度的影响方面可能比常规关系贷款文献更准确，因为从样本中剔除了使用固定资产贷款技术的贷款。他们发现小银行在关系贷款中具有比较优势，对于向越大的公司贷款其比较优势越强。根据从借款公司获得的信息对日本企业进行的研究确定了六种贷款技术——财务报表贷款、设备贷款、房地产贷款、关系贷款、租赁和出售应收账款，并发现在许多情况下，对同一家公司放贷通常使用多种贷款技术（Uchida、Udell 和 Yamori，2006）。最后，一项针对美国小微企业贷款的少数信贷渠道研究发现，这种渠道随着所使用的技术（信用贷款与非信用贷款、关系贷款与交易贷款技术）[①] 以及当地市场贷款竞争程度的不同而有所不同（Mitchell 和 Pearce，2011）。

---

① Berger 和 Udell（1995）认为，信用额度理所当然地适合于关系贷款，并且通过表明小公司更可能将所有的贷款而不是某一类型的贷款合并在一个贷款机构。

12.3　银行业合并对小公司信贷支持的影响

12.3.1　银行业合并及小型公司贷款的早期研究

一些关于小企业贷款的早期研究表明银行业整合对小企业信贷约束普遍具有不利影响，特别是对于可能依赖关系贷款的不透明企业。测试银行自身规模对小微公司信贷供给量的研究报告，最后我们得出实证结果，结果就是大银行对小企业的放贷量所占总放贷量的比例是要远小于小银行对小企业的放贷量的（Berger、Kashyap 和 Scalise，1995；Keeton，1995；Strahan 和 Weston，1998）。另一个关键性的发现在于小型公司的资产负债比率在银行被吸收合并之后，比例有所下降（Berger、Saunders 等，1998；Strahan 和 Weston，1998）。第三个关键发现在于，大的银行比起那些小的银行来说，更容易拒绝给中小公司借贷。根据 BIZZCREDIT 公司的调查研究，该调查研究的样本数是 1000 个信用评分超过 480 分的中小型企业，对于坐拥数百亿美元的大型商业银行，贷款准入率仅仅为 16.9%。而小型商业银行的贷款准入率却高达 49.8%，这份是来源于 2013 年 6 月的数据[①]。正如结果所显示的那样，大型商业银行往往在关系借贷中处于劣势的一方。作为合并后的大型商业公司，这也导致了房贷额显著减少的现象[②]。

出于两方面的原因，这份早期的研究报告往往会出现误导性的结果。首先，合并后的机构虽然大体上来说，对于中小型企业放贷量占总资产的比重逐步降低，但这并不必然的反映中小型企业放贷量总存量的降低。该比率的降低可能是由于比率的总资产项分母的增大导致的，比方说对大公司贷款额增大。与这种可能性的结果相一致的是，一些证据也表明了中小企业借贷其实与大型银行所占市场份额的大小无关（Jayarante 和 Wolken，1999）。其他的证据也证明了从大银行借款的可能性与大银行占当地银行存款总额的比例相一致，而小企业一般往往从最方便借款的银行借款，而不依赖银行规模（Berger、Rosen 和 Udell，2007）。其他的证据也证明了便利性的重要性，并表明不透明的小企业不太可能有一个小银行作为其主要银行，而且关系的强度也不取决于银行的规模（Berger、Goulding 和 Rice，2014）。另一项研究发现，不同规模的银行市场影响力与经济环境有关——小银行在正常时期对附近的创业公司提供了较多银行信贷，因此其本地市场份额较大，但在 2008 年金融危机期间，情况却完全不同（Berger、Cerqueiro 和 Penas，2014）。

其次，即使合并后的某银行明显减少了对小企业信贷的供应量，这也有可能会被当地市场的“外部效应”或一般均衡效应所抵消。实证研究表明，同一地方市场的其他现有银行在并购后可能会大量增加对小企业信贷的供应（Berger、Saunders 等，1998；Avery 和 Samolyk，2004）。此外，从头新建或新特许的银行——倾向于专门从事小型企业贷款——通常在并购活动之后进入市场，可能抵消固定银行对小型企业贷款减少（Berger、Bonime

① 数据来源：Biz2Credit website，< http：//www.biz2credit.com/ small - business - lending - index/june - 2013.html. >。

② 与早期的研究相一致，最近的一项研究发现，当本地存款增加时，小型银行的本地市场份额增加，从而增加了依赖外部融资行业的企业数量（Gilje，2012）。

等，2004）。Jagtiani、Kotliar 和 Maingi（2014）最近的一项研究发现，由于合并并没有使得小企业贷款随着时间而下降①。

12.3.2 商业银行合并与中小企业信贷关系的研究现状

在目前的小企业贷款研究模式下，银行业合并对不透明的小型企业的信贷可获得性的影响变得更加模糊，这主要有两个实证方面的原因。首先，即使合并后的银行在关系型贷款中具有相对劣势，它们可能在硬信息技术方面有优势，这些技术也可用于给不透明小企业放贷。其次，合并可能影响小企业借款人的市场竞争力，这可能对小企业信用可用性产生有利或不利的影响。

在本节的剩余部分，我们首先根据在小企业贷款中所使用的技术来讨论不同类型的银行的比较优势。我们研究小型银行、大型银行、单一市场机构、多市场机构、本地与非本地贷款机构，以及国内企业与跨国企业的优势。合并经常将银行资源从前一组银行（小型、单一市场、本地、国内所有）转移到后一组织（分别是大型、多市场、非本地、跨国）。然后，我们审查竞争力对小企业信贷可得性影响的调查结果。

大型机构可能在硬信息技术方面具有比较优势，小型机构可能在软信息技术方面具有优势。大型银行可能在银行内处理和传输硬信息时具有规模经济效应，但在通过大型组织的通信渠道处理和传输软信息方面相对较差（Stein，2002）。对于拥有软信息技术的大型银行而言，另一个问题可能是贷款审批所需的管理层数。这是因为信贷员是软信息的主要储存库，不能轻易地交流，使得具有较少管理层的小型机构（Berger 和 Udell，2002）或者信贷员与批准贷款的经理之间相隔的层级较少的机构（Liberti 和 Mian，2009）具有比较优势。最后，大型银行可能遭受威廉姆逊式（Williamson - type）（Williamson，1988）组织不经济，向更透明的大型企业提供硬信息贷款，以及向不太透明的小型企业提供软信息贷款。

最近的实证研究与大型和小型银行的假设是一致的（Cole、Goldberg 和 White，2004；Scott，2004；Berger、Miller 等，2005）。然而，这些优势不一定扩展到所有单独的硬信息和软信息技术，并且不一定适用于所有类型的公司。如上所述，所有技术都包含一些硬信息和一些软信息，硬信息中的大银行的优势可能被软信息中的小银行的优势所淹没，反之亦然。举例来说，一项实证研究发现，与其他固定资产技术相比，大型银行在租赁方面具有更大的比较优势，但这种优势在样本中最小的公司中消失了（Berger 和 Black，2011）。

关于单一市场银行与多市场银行的论点类似于银行的规模。单一市场银行可能比多市场银行在使用软信息方面具有比较优势，因为它们的总部与小企业客户的物理距离很近（Degryse 和 Ongena，2005）。单一市场机构可能比多市场竞争者更能发挥"社区银行"的作用，更好地了解当地借款人、他们的客户和供应商以及当地的商业条件（DeYoung、Hunter 和 Udell，2004）。此外，单一市场银行在处理软信息方面也可能具有优势，因为贷

---

① 值得注意的是，这些研究结果（这里的大多数结果是基于美国的数据）可能不适用于其他国家，特别是发展中国家，那里不透明问题更糟糕，更缺乏硬信息。国际比较发现，大型银行的更大的市场份额与较低的小企业就业和较少的整体银行贷款相关（Berger、Hasan 和 Klapper，2004）。

款官员与必须批准信贷的银行管理层物理位置接近。将软信息传输给同一位置的人员可能更容易，他们也可能了解当地情况。最近的一些经验证据与这些论点是一致的。一项关于美国银行贷款的研究发现，与借款人距离较近有利于银行生成专有信息，这使银行具有超越竞争对手的显著优势（Agarwal 和 Hauswald，2010）。一项对阿根廷银行的研究发现，当信贷员和批准贷款的经理位于银行的不同办公室时，软信息最难使用（Liberti 和 Mian，2009）。同样，在具有显著文化差异的国家的不同地区之间传输软信息可能更加困难。与此相一致的是，一项关于意大利银行业的研究发现，当银行总部设在另一个省时，小企业的信贷配给会更多（Alessandrini、Presbitero 和 Zazzaro，2009）。如下面第 12.4 节所述，贷款距离随着时间的推移而增加，与信息的“强化”相一致，并且随着时间的推移可能会降低地理位置的重要性，从而降低单一市场银行与多市场银行之间的区别。

关于单一市场银行与多市场银行的论点也适用于本地银行与非本地银行。本地银行在收集和处理非本地机构的软信息方面应具有比较优势。一个研究单一市场对多市场和本地银行与非本地银行影响的研究报告表明：与预期相反，不透明的小企业不太可能由单一市场或本地银行作为它们的主要银行，并且关系的强度也不取决于银行是单一市场银行还是本地银行（Berger、Goulding 和 Rice，2014）。

关于规模和地理位置的相同论点通常适用于外国银行所有权，因为外资银行通常规模很大，总部地理位置较远，并且往往与东道国有不同的文化和语言。因此，与国内银行相比，预计外资银行在硬信息技术方面具有比较优势，在软信息技术方面具有劣势。关于技术使用的证据很少，但实证研究一般表明，外国银行在发达国家提供的小企业贷款相对较少，但由于获得了优质的硬信息技术，可能会增加发展中国家的小企业信贷可用性。参见 Berger 和 Udell（2006）对本研究的总结。

最后，合并可能影响小型企业借款人的市场竞争力，市场内的并购可能会降低竞争，而跨市场的并购则有可能增加竞争。在标准结构—行为—绩效假设下，减少的竞争将限制小型商业信贷的供应，但它可能通过关系贷款增加供给。这是因为竞争的限制有助于银行实施隐性合同，在这种合同关系中，借款人在短期内获得补贴利率，并在后期支付更高的利率（Sharpe，1990；Petersen 和 Rajan，1995）。关于这一点的实证证据是有差异的，一些研究发现集中程度和其他对竞争的限制对信贷可获得性、活动和总体经济绩效有正向影响（Petersen 和 Rajan，1995；Cetorelli 和 Gambera，2001；Bonaccorsi di Patti 和 Dell'Ariccia，2004；Cetorelli，2004）或负向影响（Black 和 Strahan，2002；Berger、Hasan 和 Klapper，2004；Karceski、Ongena 和 Smith，2005；Cetorelli 和 Strahan，2006；de la Torre、Martinez Peria 和 Schmukler 2009；Canales 和 Nanda，2012；Noth、Koetter 和 Inklaar，2012），还有一些研究基于不同的竞争衡量方法（Carbo - Valverde、Rodriguez - Fernandez 和 Udell，2009；Scott 和 Dunkelberg，2010）或其他类型的小企业贷款（Berger、Cerqueiro 和 Penas，2014）发现了不同的结果①。

① 合并也可能影响当地竞争对手使用的贷款技术。比利时银行的一项研究发现，当地方银行规模较大时，其竞争对手银行倾向于在较小的地理区域内发放贷款，这与软信息技术的相关研究是一致的（Degryse、Laeven 和 Ongena，2009）。

12.4 随时间“硬化”的小企业贷款信息

小企业贷款发展的一个潜在重要因素是用于提供这些贷款的信息的“硬化”。如下所述，有证据表明，随着小企业借款人与其银行之间的平均距离的增加，与银行进行私人接触的借款人比例逐渐下降。考虑到软信息难以通过非个人接触方式进行学习和在长距离范围内进行传输，这些发现与更多地使用贷款中的硬信息或“硬化”所使用的信息是一致的。例如，信贷员通常需要与小企业主和当地社区的成员进行面对面的接触，以便收集软信息以用于关系借贷技术。

信息硬化的一个原因是技术进步。许多研究记录了银行业的重大技术进步，因为银行利用了信息处理、电信和金融技术的改进（Berger，2003）。信息处理和电信技术的改进可能提高了银行处理和传输有关远距离贷款客户的硬性信息的能力。使用这些信息的新金融技术，如小企业信用评分，可能进一步促进了银行扩大贷款范围的能力。一些研究特别将相对较新的小企业信用评分技术的使用与额外的市场外贷款和远距离贷款联系起来（Frame、Padhi 和 Woosley，2004；DeYoung 等，2007；DeYoung、Frame 等，2008；DeYoung、Frame 等，2011），并降低了远距离的小企业贷款的违约率（DeYoung 等，2008）。技术变革似乎不太可能在改进软信息技术方面产生同样大的影响，因为软信息技术本质上属于劳动密集型，其产生的定性数据较少受到处理和传输技术的改进的影响。

信息硬化的第二个原因是银行业的合并。如上所述，大型金融机构在使用硬信息贷款技术方面可能具有比较优势。因此，合并可能增加贷款距离，因为大型银行专业化的硬信息贷款技术往往与更长的距离和更多的非人际接触方法相关联。最近的研究与大银行和较长距离小企业贷款相关的观点是一致的（Berger、Miller 等，2005；Brevoort，2006）。

同样，信息的强化可能与不同类型的金融机构之间的贷款转移有关。最近的研究表明，小企业贷款的比例增加是由非存款机构（财务和保理、经纪和养老金、租赁、保险和抵押公司）而不是存款机构（商业银行，储蓄银行和信用合作社）造成的。非存款机构更倾向于远距离借贷，并使用更多的非个人联系方式与小企业接触（Brevoort 和 Wolken，2009）。

随着时间的推移，信息的强化和贷款距离的增加也可能与贷款技术组合的转变有关。这表明软信息与借款人和贷款人之间相对较短的距离相关联，因为贷款人员需要从地理位置接近以观察诸如所有者特性和可靠性等信息（Degryse 和 Ongena，2005）。贷款距离的增加，可能会导致金融机构从与相对较短距离相关联的软信息贷款技术转向与远距离相关的基于硬信息的贷款技术。

技术进步、整合以及向更难的贷款技术的转变之间也可能存在重要的互补性。由于多种原因，大型银行可能比小型银行从技术进步中获得更多收益，其中包括技术进步可能改善了这些银行专门研究的硬信息贷款技术，而不是小银行专门研究的软信息技术。其他关于银行业绩的实证研究与这一假设是一致的，随着时间的推移，发现大型银行：（1）比小银行更能提高生产率（Berger 和 Mester，2003）；（2）降低了管理远距离附属公司的代理成本（Berger 和 DeYoung，2006）；（3）更有效地与小型银行竞争（Berger、Dick 等，2007）。[①] 也可以认为向更难贷款技术的转变与技术进步和整合有关。技术进步可能导致新的硬信息技术，例如小企业信用评分，并降低了与软信息技术相关的其他硬信息技术的相对成本。银行合并也可能有助于转向更难的技术，因为大型银行往往在这些技术中具有比较优势。

在本节的其余部分，我们粗略地回顾了一些关于小企业贷款距离随时间而变的研究，并更新了 1993 年、1998 年和 2003 年的小企业融资调查（SSBFs）。[②]

Petersen 和 Rajan（2002）使用 1993 年的 SSBF，根据贷款人与借款人关系开始的年份构建了一个综合面板，发现小型企业与贷款人之间的平均距离从 20 世纪 70 年代至 20 世纪 90 年代初每年增加 3.4%。他们还指出，小企业和其贷款人之间最常见的联系方式不是个人的，而是通过电话或邮件。Wolken 和 Rohde（2002）比较了 1993 年和 1998 年 SSBFs 之间的贷款距离，发现与贷款人的平均距离从 1993 年的 115 英里增加到 1998 年的 244 英里，年增长率为 15%。然而，中位数距离只从 1993 年的 9 英里增加到 1998 年的 10 英里，这表明平均距离的增加在很大程度上是由于市场外距离的增加，这些市场外距离影响了少数小型企业。

Brevoort 和 Hannan（2006）使用 1997—2001 年的社区再投资法案数据关注市场距离，发现样本期间的距离变化不大。Hannan（2003）使用 1996 年至 2001 年的社区再投资法案数据，发现市场外贷款显著增加。他还发现，随着时间的推移，大城市市场上越来越多的贷款是由市场外的贷款人提供的。Brevoort（2006）使用 1998 年至 2003 年的社区再投资法案数据，发现市场外商业贷款大幅增加。然而，Brevoort 还发现，影响仅限于大型银行和贷款额低于 100000 美元的贷款，这与大型银行向小额借款人贷款的小企业信贷评分的影响一致。

利用上述 SBA's 7（a）贷款计划的数据和 1998 年亚特兰大联邦储备银行关于小企业信用评分技术使用情况的调查数据，DeYoung 等（2007），DeYoung、Frame 等（2008），与 DeYoung 等（2011）发现小企业借款者与贷款人之间的平均距离在 1984 年至 2001 年期间不断扩大，而在对于 1998 年调查中采用信用评分法的银行，这种增长幅度更大。这些结果与先前观察到的平均距离增加以及采用小企业信用评分技术在增加中发挥重要作用的可能性一致。

接下来，我们转向 Brevoort 和 Wolken（2009）所调查的最近有关小型企业贷款距离变化和个人联系的信息，他们提供了 1993 年、1998 年和 2003 年 SSBFs 数据的详细比较。他们发现平均贷款距离在五年内增加了一倍以上，从 1993 年的 110.6 英里增加到 1998 年的 242.9 英里，然后在 2003 年惊人地下降到 180.6 英里。1998—2003 年下降的确切原因尚不清楚，但显然它集中在分布的顶端，因为贷款中位数从 8 英里略微上升到 11 英里，超过 30 英里的贷款从 34% 略微增加到 34.6%。与小企业借款人亲自开展业务的金融机构的比

---

① 但是，合并可能有限度。可以认为，合并可能不会超过有足够小银行提供关系贷款的点（DeYoung、Hunter 和 Udell，2004）。

② 2003 年，联邦储备银行终止了 SSBF。

例从1993年的49%下降到1998年的48%，到2003年下降为44%，这与随着时间推移信息的持续硬化相一致。如前所述，数据还显示了存款人（商业银行、储蓄机构和信用社）与非存款机构（金融和保理、经纪和养老金、租赁、保险和抵押公司）之间在贷款距离和个人与非个人接触方面的重大差异。例如，在2003年，存款性机构的平均贷款距离为74.6英里，而非存款机构的平均贷款距离为357.4英里，对于近距离发放的贷款占总贷款的100%，存款机构为71%，非存款机构为15%，这与存款机构更多地使用软信息和非存款机构更多地使用硬信息相一致。这再次符合贷款的预期，即商业银行和其他存款机构的管理人倾向于专注于关系贷款和判断贷款，而其他类型的金融机构更多地依赖于硬信息技术。最后，Brevoort和Wolken（2009）的数据表明，不同贷款产品中硬信息和软信息的使用存在一些有趣的差异，这与预期一致。例如，2003年，信贷的平均距离为77.1英里，而租赁的平均距离为438英里。这与信贷额度与关系贷款相关的调查结果（Berger和Udell，1995）以及租赁是“最硬”的贷款技术之一的论点一致（Berger和Black，2011）。

最后，一些最近的论文记录了随着时间的推移关系贷款所发生的转变。使用不同波动的SSBF，Durguner（2012）认为小企业贷款关系对确定贷款合同条款的影响随着时间的推移而减少。与此相一致的是，van Ewijk和Arnold（即将出版）指出，美国银行已经从关系导向型的模式转向了交易导向型的模式。

12.5 结论

本章涵盖了有关银行向小企业贷款的一些问题。我们简略地讨论了银行给小企业贷款的技术。这些技术是当前研究小企业贷款模式的基石。我们还研究了银行业整合和贷款应用技术进步的情况以及它们对小企业信贷的影响。例如，我们发现了合并对小企业信贷供应的影响是模棱两可的几个原因，包括合并银行在硬信息贷款技术方面可能具有比较优势，这可能用于向不透明的小企业贷款。我们还发现，合并与技术进步之间的相互作用和其他因素似乎已经导致小型企业贷款信息随着时间而不断“硬化”。这反映出金融机构及其贷款客户之间的距离越远，越多地使用双方之间的非个人联系的信息。

参考文献

[1] Agarwal S. and Hauswald R. (2010). Distance and Private Information in Lending, *Review of Financial Studies* 23, 2757 - 2788.

[2] Alessandrini P., Presbitero A. F., and Zazzaro A. (2009). Banks, Distances and Financing Constraints for Firms, *Review of Finance* 13, 261 - 307.

[3] Angelini P., Di Salvo R., and Ferri G. (1998). Availability and Cost of Credit for Small Businesses: Customer Relationships and Credit Cooperatives, *Journal of Banking and Finance* 22, 925 - 954.

[4] Avery R. B. and Samolyk K. A. (2004). Bank Consolidation and the Provision of Bankin Services: Small Commercial Loans, *Journal of Financial Services Research* 25, 291 - 325.

[5] Berg T., Puri M., and Rocholl J. (2014). *Loan Officer Incentives, Internal Ratings and Default Rates*, Bonn University Working Paper.

[6] Berger A. N. (2003). The Economic Effects of Technological Progress: Evidence from the Banking Industry, *Journal of Money, Credit, and Banking* 35, 141 – 176.

[7] Berger A. N. and Black L. K. (2011). Bank Size, Lending Technologies, and Small Business Finance, *Journal of Banking and Finance* 35, 724 – 735.

[8] Berger A. N., Bonime S. D., Goldberg L. G., and White L. J. (2004). The Dynamics of Market Entry: The Effects of Mergers and Acquisitions on Entry in the Banking Industry, *Journal of Business* 77, 797 – 834.

[9] Berger A. N., Cerqueiro G., and Penas M. F. (2014). Market Size Structure and Small Business Lending: Are Crisis Times Different from Normal Times? University of South Carolina Working Paper.

[10] Berger A. N., Cowan A. M., and Frame W. S. (2011). The Surprising Use of Credit Scoring in Small Business Lending by Community Banks and the Attendant Effects on Credit Availability, Risk, and Profitability, *Journal of Financial Services Research* 39, 1 – 17.

[11] Berger A. N. and DeYoung R. (2006). Technological Progress and the Geographic Expansion of the Banking Industry, *Journal of Money, Credit, and Banking* 38, 1483 – 1513.

[12] Berger A. N., Dick A. A., Goldberg L. G., and White L. J. (2007). Competition from Large, Multimarket Firms and the Performance of Small, Single – Market Firms: Evidence from the Banking Industry, *Journal of Money, Credit, and Banking* 39, 331 – 368.

[13] Berger A. N., Espinosa – Vega M. A., Frame W. S., and Miller N. H. (2005). Debt, Maturity, Risk, and Asymmetric Information, *Journal of Finance* 60, 2895 – 2923.

[14] Berger A. N., Espinosa – Vega M. A., Frame W. S., and Miller N. H. (2011). Why Do Borrowers Pledge Collateral? New Empirical Evidence on the Role of Asymmetric Information, *Journal of Financial Intermediation* 20, 55 – 70.

[15] Berger A. N., Frame W. S., and Ioannidou V. (2011). Tests of Ex Ante versus Ex Post Theories of Collateral using Private and Public Information, *Journal of Financial Economics* 100, 85 – 97.

[16] Berger A. N., Frame W. S., and Miller N. H. (2005). Credit Scoring and the Availability, Price, and Risk of Small Business Credit, *Journal of Money, Credit, and Banking* 37, 191 – 222.

[17] Berger A., Goulding W., and Rice T. (2014). Do Small Businesses Still Prefer Community Banks? *Journal of Banking & Finance* 44, 264 – 278.

[18] Berger A. N., Hasan I., and Klapper L. F. (2004). Further Evidence on the Link between Finance and Growth: An International Analysis of Community Banking and Economic Performance, *Journal of Financial Services Research* 25, 169 – 202.

[19] Berger A. N., Kashyap A. K., and Scalise J. M. (1995). The Transformation of the US Banking Industry: What a Long, Strange Trip Its Been, *Brookings Papers on Economic Activity* 2, 55 – 218.

[20] Berger A. N., Klapper L. F., Martinez Peria M. S., and Zaidi R. (2008). Bank Ownership Type and Banking Relationships, *Journal of Financial Intermediation* 17, 37 – 62.

[21] Berger A. N., Klapper L. F., and Udell G. F. (2001). The Ability of Banks to Lend to Informationally Opaque Small Businesses, *Journal of Banking & Finance* 25, 2127 – 2167.

[22] Berger A. N. and Mester L. J. (2003). What Explains the Dramatic Changes in Cost and Profit Performance of the US Banking Industry?, *Journal of Financial Intermediation* 12, 57 – 95.

[23] Berger A. N., Miller N. H., Petersen M. A., Rajan R. G., and Stein J. C. (2005). Does Function FollowOrganizational Form? Evidence from the Lending Practices of Large and Small Banks, *Journal of Financial Economics* 76, 237 – 269.

[24] Berger A. N., Rosen R. J., and Udell G. F. (2007). Does Market Size Structure Affect Competition? The Case of Small Business Lending, *Journal of Banking & Finance* 31, 11 – 33.

[25] Berger A. N., Saunders A., Scalise J. M., and Udell G. F. (1998). The Effects of Bank Mergers and Acquisitions on Small Business Lending, *Journal of Financial Economics* 50, 187 – 229.

[26] Berger A. N. and Udell G. F. (1995). Relationship Lending and Lines of Credit in Small Firm Finance, *Journal of Business* 68, 351 – 381.

[27] Berger A. N. and Udell G. F. (2002). Small Business Credit Availability and Relationship Lending: The Importance of Bank Organizational Structure, *Economic Journal* 112, 32 – 53.

[28] Berger A. N. and Udell G. F. (2006). A More Complete Conceptual Framework for SME Finance, *Journal of Banking & Finance* 30, 2945 – 2966.

[29] Bharath S., Dahiya S., Saunders A., and Srinivasan A. (2011). Lending Relationships and Loan Contract Terms, *Review of Financial Studies* 24, 1141 – 1203.

[30] Black S. E. and Strahan P. E. (2002). Entrepreneurship and Bank Credit Availability, *Journal of Finance* 57, 2807 – 2833.

[31] Boot A. W. A. (2000). Relationship Banking: What Do We Know?, *Journal of Financial Intermediation* 9, 7 – 25.

[32] Bonaccorsi di Patti E. and Dell'Ariccia G. (2004). Bank Competition and Firm Creation, *Journal of Money, Credit, and Banking* 36, 225 – 251.

[33] Brevoort K. P. (2006). An Empirical Examination of the Growth of Out – of – Market Lending: The Changing Competitive Landscape and the Role of Asymmetric Information. Federal Reserve Board Working Paper.

[34] Brevoort K. P. and Hannan T. H. (2006). Commercial Lending and Distance: Evidence from Community Reinvestment Act Data, *Journal of Money, Credit, and Banking* 38, 1991 – 2012.

[35] Brevoort K. P. and Wolken J. D. (2009). Does Distance Matter in Banking? . In: A. Zazzaro, M. Fratianni, and P. Alessandrini (Eds.), *The Changing Geography of Banking and Finance*, 27 – 56. Vienna: Springer Publishing.

[36] Calomiris C. W. and Pornrojnangkool T. (2009). Relationship Banking and the Pricing of Financial Services, *Journal of Financial Services Research* 35, 189 – 224.

[37] Carbo – Valverde S., Rodriguez – Fernandez F., and Udell G. F. (2009). Bank Market Power and SME Financing Constraints, *Review of Finance* 13, 309 – 340.

[38] Canales R. and Nanda R. (2012). A Darker Side to Decentralized Banks: Market Power and Credit Rationing in SME Lending, *Journal of Financial Economics* 105, 353 – 366.

[39] Cerqueiro G., Ongena S. and Roszbach K. (forthcoming). Collateralization, Bank Loan Rates and Monitoring, *Journal of Finance.*

[40] Cetorelli N. (2004). Bank Concentration and Competition in Europe, *Journal of Money, Credit, and Banking* 36, 543 – 558.

[41] Cetorelli N. and Gambera M. (2001). Banking Market Structure, Financial Dependence and Growth: International Evidence from industry Data, *Journal of Finance* 56, 617 – 648.

[42] Cetorelli N. and Strahan P. E. (2006). Finance as a Barrier to Entry: Bank Competition and Industry Structure in Local US Markets, *Journal of Finance* 61, 437 – 461.

[43] Cole R. A. (1998). The Importance of Relationships to the Availability of Credit, *Journal of Banking & Finance* 22, 959 – 977.

[44] Cole R. A., Goldberg L. G., and White L. J. (2004). Cookie – Cutter versus Character: The Micro

Structure of Small Business Lending by Large and Small Banks, *Journal of Financial and Quantitative Analysis* 39, 227 – 251.

[45] Cowan C. D. and Cowan A. M. (2006). *A Survey – Based Assessment of Financial Institution Use of Credit Scoring for Small Business Lending*, Small Business Administration Office of Advocacy Report No. 283.

[46] Dahiya S., Bharath S., Saunders A., and Srinivasan A. (2007). So What Do I Get? The Banks View of Lending, *Journal of Financial Economics* 85, 368 – 419.

[47] Dahiya S., John K., Puri M., and Ramirez G. (2003). Debtor – in – Possession Financing and Bankruptcy Resolution: Empirical Evidence, *Journal of Financial Economics* 69, 259 – 280.

[48] de la Torre A., Martinez Peria M. S., and Schmukler S. L. (2009). Drivers and Obstacles to Banking SMEs: The Role of Competition and the Institutional Framework, CESifo Working Paper Series No. 2651.

[49] Degryse H., Laeven L., and Ongena S. (2009). The Impact of Organizational Structure and Lending Technology on Banking Competition, *Review of Finance* 13, 225 – 259.

[50] Degryse H. and Ongena S. (2005). Distance, Lending Relationships, and Competition, *Journal of Finance* 60, 231 – 266.

[51] Degryse H. and van Cayseele P. (2000). Relationship Lending within a Bank – Based System: Evidence from European Small Business Data, *Journal of Financial Intermediation* 9, 90 – 109.

[52] Detragiache E., Garella P., and Guiso L. (2000). Multiple versus Single Banking Relationships: Theory and Evidence, *Journal of Finance* 55, 1133 – 1161.

[53] DeYoung R., Frame W. S., Glennon D., McMillen D. P., and Nigro P. (2008). Commercial Lending Distance and Historically Underserved Areas, *Journal of Economics & Business* 60, 149 – 164.

[54] DeYoung R., Frame W. S., Glennon D., and Nigro P. (2007). What's Driving Small Borrower – Lender Distance? Federal Reserve Bank of Atlanta Working Paper.

[55] DeYoung R., Frame W. S., Glennon D., and Nigro P. (2011). The Information Revolution and Small Business Lending: The Missing Evidence, *Journal of Financial Services Research* 39, 19 – 33.

[56] DeYoung R., Glennon D., and Nigro P. (2008). Borrower – Lender Distance, Credit Scoring, and the Performance of Small Business Loans, *Journal of Financial Intermediation* 17, 113 – 143.

[57] DeYoung R., Gron A., Torna G., and Winton A. (2014). Risk Overhang and Loan Portfolio Decisions: Small Business Loan Supply Before and During the Financial Crisis, University of Kansas Working Paper.

[58] DeYoung R., Hunter W. C., Udell G. F. (2004). The Past, Present, and Probable Future for Community Banks, *Journal of Financial Services Research* 25, 85 – 133.

[59] Drucker S. and Puri M. (2005). On the Benefits of Concurrent Lending and Underwriting, *Journal of Finance* 60, 2763 – 2799.

[60] Durguner S. (2012). Effects of Changes in Borrower – Lender Relationships on Small Business Loan Contract Terms and Credit Availability. University of Illinois at Urbana – Champaign Working Paper.

[61] Elsas R., Heinemann F., and Tyrell M. (2004). Multiple but Asymmetric Bank Financing: The Case of Relationship Lending, CESifo Series Working Paper No. 1251.

[62] Elsas R. and Krahnen J. P. (1998). Is Relationship Lending Special? Evidence from Credit – File Data in Germany, *Journal of Banking & Finance* 22, 1283 – 1316.

[63] Farinha L. A. and Santos J. A. C. (2002). Switching from Single to Multiple Bank Lending Relationships: Determinants and Implications, *Journal of Financial Intermediation* 11, 124 – 151.

[64] Frame W. S., Padhi M., and Woolsey L. (2004). The Effect of Credit Scoring on Small Business Lending in Low—and Moderate – Income Areas, *Financial Review* 39, 35 – 54.

[65] Frame W. S., Srinivasan A., and Woosley L. (2001). The Effect of Credit Scoring on Small Business Lending, *Journal of Money, Credit, and Banking* 33, 813 – 825.

[66] Gilje E. (2012). Does Local Access To Finance Matter?: Evidence from US Oil and Natural Gas Shale Boom. Boston College Working Paper.

[67] Hannan T. H. (2003). Changes in Non – Local Lending to Small Business, *Journal of Financial Services Research* 24, 31 – 46.

[68] Harhoff D. and Korting T. (1998). Lending Relationships in Germany: Empirical Evidence from Survey Data, *Journal of Banking & Finance* 22, 1317 – 1353.

[69] Hernάndez – Cάnovas G. and Martínez – Solano P. (2006). Banking Relationships: Effects on Debt Terms for Small Spanish Firms, *Journal of Small Business Management* 44, 315 – 333.

[70] Herrera A. M. and Minetti R. (2007). Informed Finance and Technological Change: Evidence from Credit Relationships, *Journal of Financial Economics* 83, 223 – 269.

[71] Horiuchi A. and Shimizu K. (1998). The Deterioration of Bank Balance Sheets in Japan: Risk – Taking and Recapitalization, *Pacific – Basin Finance Journal* 6, 1 – 26.

[72] Jagtiani J., Kotliar I., and Maingi R. Q. (2014). The Evolution of U. S. Community Banks and Its Impact on Small Business Lending, Federal Reserve Bank of Philadelphia Working Paper No. 14 – 16.

[73] Jayaratne J. and Wolken. J. (1999). How Important are Small Banks to Small Business Lending? New Evidence from a Survey of Small Firms, *Journal of Banking & Finance* 23, 427 – 458.

[74] Jiangli W., Unal H., and Yom C. (2008). Relationship Lending, Accounting Disclosure and Credit Availability during the Asian Financial Crisis, *Journal of Money, Credit, and Banking* 40, 25 – 55.

[75] Karceski J., Ongena S., and Smith D. (2005). The Impact of Bank Consolidation on Commercial Borrower Welfare, *Journal of Finance* 60, 2043 – 2082.

[76] Keeton W. R. (1995). Multi – Office Bank Lending to Small Businesses: Some New Evidence. *Federal Reserve Bank of Kansas City Economic Review* 80, 45 – 57.

[77] Kysucky V. and Norden L. (2012). The Benefits of Relationship Lending in a Cross – Country Context: A Meta – Analysis. Erasmus University Working Paper.

[78] Liberti J. M. and Mian A. R. (2009). Estimating the Effect of Hierarchies on Information Use, *Review of Financial Studies* 22, 4057 – 4090.

[79] Machauer A. and Weber M. (2000). Number of Bank Relationships: An Indicator of Competition, Borrower Quality or Just Size?, Johan Wolfgang Goethe – Universitat Center for Financial Studies Working Paper No. 2000/06.

[80] Mitchell K. and Pearce D. K. (2011). Lending Technologies, Lending Specialization, and Minority Access to Small – Business Loans, *Small Business Economics* 37, 277 – 304.

[81] Noth F., Koetter M., and Inklaar R. (2012). Who's Afraid of Big Bad Banks? Bank Competition, SME, and Industry Growth. Goethe University Frankfurt Working Paper.

[82] Ongena S. and Smith D. (2000). What Determines the Number of Bank Relationships? Cross – Country Evidence, *Journal of Financial Intermediation* 9, 26 – 56.

[83] Park S. Y., Shin B. S., and Udell G. F. (2007). Lending Relationships, Credit Availability and Banking Crises. Indiana University Working Paper.

[84] Petersen M. A. and Rajan R. G. (1994). The Benefits of Lending Relationships: Evidence from Small Business Data, *Journal of Finance* 49, 3 – 37.

[85] Petersen M. A. and Rajan R. G. (1995). The Effect of Credit Market Competition on Lending Rela-

tionships, *Quarterly Journal of Economics* 110, 407 -443.

[86] Petersen M. A. and Rajan R. G. (2002). The Information Revolution and Small Business Lending: Does Distance Still Matter? *Journal of Finance* 57, 2533 -2570.

[87] Rajan R. G. (1992). Insiders and Outsiders: The Choice between Informed and Arms Length Debt, *Journal of Finance* 47, 1367 - 1400.

[88] Robb A. and Robinson D. (2014). The Capital Structure Decisions of New Firms, *Review of Financial Studies* 27, 153 - 179.

[89] Rosenfeld C. M. (2011). The Effect of Banking Relationships on the Future of Financially Distressed Firms. College of William and Mary Working Paper.

[90] Schenone C. (2010). Lending Relationships and Information Rents: Do Banks Exploit Their Information Advantages?, *Review of Financial Studies* 23, 1149 - 1199.

[91] Scott J. A. (2004). Small Business and Value of Community Financial Institutions, *Journal of Financial Services Research* 25, 207 -230.

[92] Scott J. A. and Dunkelberg W. C. (2010). Competition for Small Firm Banking Business: Bank Actions versus Market Structure, *Journal of Banking and Finance* 34, 2788 -2800.

[93] Sharpe S. A. (1990). Asymmetric Information, Bank Lending, and Implicit Contracts: A Stylized Model of Customer Relationships, *Journal of Finance* 45, 1069 - 1087.

[94] Stein J. C. (2002). Information Production and Capital Allocation: Decentralized vs. Hierarchical Firms, *Journal of Finance* 57, 1891 - 1921.

[95] Strahan P. E. and Weston J. (1998). Small Business Lending and the Changing Structure of the Banking Industry, *Journal of Banking & Finance* 22, 821 -845.

[96] Uchida H., Udell G. F., and Yamori N. (2006). SME Financing and the Choice of Lending Technology. Research Institute of Economy, Trade, and Industry (REITI) Working Paper.

[97] Van Ewijk S. and Arnold I. (Forthcoming). How Bank Business Models Drive Interest Margins: Evidence from US Bank - Level Data. *European Journal of Finance.*

[98] von Thadden E. (1992). The Commitment of Finance, Duplicated Monitoring, and the Investment Horizon, Center for Economic Policy Research Working Paper No. 27.

[99] Watanabe W. (2010). Does a Large Loss of Bank Capital Cause Evergreening? Evidence from Japan, *Journal of the Japanese and International Economies* 24, 116 - 136.

[100] Williamson O. (1988). Corporate Finance and Corporate Governance, *Journal of Finance* 43, 567 - 591.

[101] Wolken J. and Rohde D. (2002). Changes in the Location of Small Businesses Financial Services Suppliers between 1993 and 1998. Federal Reserve Board Memo.

第 13 章　消费贷款

13.1　引言

在存款服务和货币转移之外，发达国家最普遍的金融服务就是消费贷款。根据使用者的不同，这一术语的含义也不同，但最常见的是，“消费借贷”一词指金融机构向消费者垫付现金，或商品服务的零售商允许购买者延迟付款。该术语通常不包括用于购买住宅或由房地产或特定金融资产（如股票和债券）抵押或延长商业融资的信贷。大部分消费贷款涉及定期还款，有时称为“分期付款”，付款按固定的时间间隔，如每月。除了现金贷款，购买大量商品和服务（如汽车、家居装修、电器；船、可移动房屋等娱乐用品；教育）的信贷都包含在这个定义内，信用卡借贷在这个范围内也适用。近几十年来，这种信贷在全世界范围内不断增长；截至 2013 年年底，仅在美国，未清偿消费贷款就有 3.1 万亿美元。由于这里使用的“消费贷款”的定义不包括房地产抵押贷款，因此这一数额还没有包括 9.4 万亿美元的房地产抵押贷款余额。

对消费贷款进行分类的方法有多种，通常包括通过信贷使用的目的（汽车贷款、学生教育贷款等），资金的来源（例如银行、信用合作社或商店），根据信用生成和还款的方式（封闭式单一预付款与诸如信用卡之类的多次预付循环贷款安排），以及扩展机制（直接来自金融机构或间接来自依靠金融机构获得资金的商品销售者）来进行分类。在早些年代，另一种分类方法是根据商定的还款时间；当时，非分期付款信贷和分期付款信贷之间存在更明显的普遍差异。非分期付款信贷指的是单笔付款贷款，零售商店和没有延期支付功能的经销商的收费账户，以及由医生、医院、律师和其他专业人士授予的服务信贷。在这些场合，支付采取一次性付款方式。如今，信用卡代替了许多种非分期付款信贷，并且大多数消费贷款是分期付款信贷。

消费贷有时是有争议的，有人认为贷款的使用仅仅是消费者尝试超出自己能力范围生活，但是大多数知情的观察家认为，消费借贷提供了一些重要的经济利益。首先，消费借贷的使用使许多家庭更容易、更及时地购买家用投资品和服务，如汽车和教育。在这方面，使用信贷所进行的“家庭投资”不是指在股票或债券这类资产上进行的金融投资。相反，它意味着在一段时间内为能提供效用的高价值商品或服务进行支出，并且使用现金购买这些商品或服务通常与每个月的预算相背离。为了促进这种投资支出，消费借贷能够使消费者改变储蓄和消费的时机，使其达到最优选择。具体来说，消费者可以先使用信用购买投资品和服务，并在使用它们的期间进行支付。而不是在从储蓄中获得足够的资金之前（对于许多家庭来说，这是一项困难的任务，尤其是在他们工作的前期），推迟购买家用投资产品和服务以及享受消费它们所带来的消费福利。实际上，通过在实际使用商品和服务时支付，他们可以达到节省开支的目的。

其次，消费借贷促进了耐用品行业的增长，在历史上，这一行业的新技术、大规模生产和规模经济可以带来就业增长和新的财富。如果没有同时增加消费信贷来促进产出的销售，很难想象 20 世纪的郊区或汽车和家电行业的发展，以及与此有关的现存在于很多地方的高等教育体系。

最后，消费借贷为可提供的盈余资金提供了一个重要的出口，这些资金来自经济中的净盈余部分，通过金融中介进行传导，这部分资金本质上来源于消费者自身。最终，消费者借款的来源是其他（甚至是相同的）消费者，他们拥有资金盈余可投资于存款、人寿保险、养老金储备、债券、股票和共同基金份额等。

联邦储备局对消费者财务的定期调查表明，大部分消费贷款都是在家庭投资的过程中产生的，这些家庭投资往往能够提供长期回报，特别是购买汽车、教育、家庭维修以及其他现代化的耐用品，其中包括移动家庭住房（Durkin 等，2014，ch. 1）。许多信用卡信贷似乎用这种新形式的循环信贷取代了传统的分期付款信贷。

然而，消费贷款的长期增长已经成为观察家几十年来一直担忧的问题。这种担忧似乎忽略了自第二次世界大战结束以来，家庭收入和资产也在增长（Durkin 等，2014，ch. 2）。虽然美国的消费信贷的使用在第二次世界大战后期急剧增长，但自 20 世纪 60 年代初以来，相对于收入或资产，消费信贷并没有太大的增长。尽管缺乏证据显示上升的债务比率导致经济灾害，然而这些比率的历史模式是具有明显周期性的，这至少部分解释了为什么当它们上升时，会有人表示担忧。债务增长发生在不同的收入人群和年龄段，但与过去几乎一样，大部分消费信贷是由年轻人和高收入人群欠下的。

13.2　消费贷款的需求

Irving Fisher（1930）建立的并由 Hirschleifer（1958）与 Juster 和 Shay（1964）扩展的跨期投资消费经济模型为消费者的借款决策提供了新古典分析框架。这些经济学家探讨的投资消费框架，包括它们对不确定性和信贷配给的扩展，把消费者的投资机会、时间偏好、借款的可能性和市场利率联结在一起，以此来解决随着时间推移的最大化消费效用的问题。这也正式表明，借款对于消费者来说是理性的经济决策，正如商业和工业企业的投资者一样（后者是从 Fisher 方法得出的大部分理论经济学的主要观点）。这个理论还表明，消费者的信贷使用在很多常见的情况下是理性的，继而可以推断消费贷款存在广泛的理性经济需求（Durkin 等，2014，especially chs 3、4 和 5，更详细地讨论了这些问题）。

Fisher 的投资消费理论为消费贷款需求提供了正式的经济学基础，从基本原理上看，这些问题也是直观的：如果在偿还了贷款和必要的利息之后，借贷能够为消费可能性带来有利影响，那么个体将借资购买投资型商品和服务。这仅仅是 Fisher – Hirschleifer – Juster – Shay 理论结论的非正式形式；如果所考虑的投资存在正的净现值，那么对于消费者和企业来说，借款来进行投资是合理的。在借款和投资带来的净现值为正的情况下，个人进行交易是更优的。如果相反的话，借款购买投资产品或服务不产生正的净收益，那么这时理性选择是不进行投资。关于消费贷款使用的有限的实证研究表明，其回报可能会相当高（Poapst 和 Waters，1964；Dunkelberg 和 Stephenson，1974；Elliehausen 和 Lawrence，2001）。

在第二次世界大战后，至少从 20 世纪 60 年代开始，Juster 和 Shay 正式分析了消费者信用使用行为背后的合理性条件，他们认为在现代经济中，消费信贷的使用是一种正常的发展，这一观点似乎也得到了广大公众的支持。然而，消费者贷款并非完美，其批评者包括分析师提出了信贷使用中基本消费者非理性的假设，尤其是近年来对信用卡信代现象的关注。

行为经济学家和心理学家实际上对消费者的信用决策的研究已经进行了几十年，George Katona 和他的同事 JohnB. Lansing、Jamesn. Morgan、EvaMueller 以及其他密歇根大学调查研究中心的人开创了消费者调查方法论。密歇根大学调查研究中心是由 Katona 在 1946 年创立的。对于消费信贷，美国 1968 年通过了“真实借贷”法，旨在要求向借款人披露交易的特定信息，这进一步刺激了使用基于心理学模型的成果来研究信息在信贷决策过程中的作用（Day 和 Brandt，1973，1974；Day，1976）。除此之外，Tversky 和 Kahneman（1974）与 Kahneman 和 Tversky（1979）关于不确定性决策的研究进一步重新唤醒了经济学家关于对消费者行为（包括信用使用行为）的心理影响的兴趣。关于支出过程的调查研究支持了这一理论经济分析：将消费信贷作为消费者投资和消费决策的一部分。尽管一些消费贷款是由于财务困境，如医疗费用、支付周期性账单或已经存在的债务负担引起的，但调查表明，大多数消费者贷款是在消费者投资过程中产生的，包括购买耐用消费品和服务，如汽车、家庭维修和教育。随着时间的推移，商品和服务产生回报，消费者从而进行还款。与经济学家的理论一致，调查发现，在家庭生活周期的初期阶段，信贷使用量是最大的，因为在这一时期，使用消费信贷获得的额外耐用品和服务的回报率可能相当高。

调查研究的另一个主要焦点是探讨消费者购买耐用品的谨慎和理性的程度。研究表明，几乎没有任何的购买行为包括了理性决策的所有要素，即购买规划、广泛搜索信息、制定评估标准，以及在作出决策之前仔细考虑替代品。事实上，消费者经常简化，采取捷径或使用启发式方法。消费者可能会关注一个或几个产品特性，或者依赖于朋友和自己的经验。

然而，大多数消费者在关于耐用消费品和信贷的决策中使用一种或多种审慎行为的元素。研究还确定了在耐用品购买时考虑的或多或少的若干情况，包括购买被认为昂贵或特别重要的物品，购买新的或不熟悉的产品，对先前的购买不满意，以及涉及强烈的新刺激的情况，这种刺激会使人们对以前的态度或经历产生不确定性。在这些情境下，尽管消费者仍然可能采取捷径，简化或使用启发式方法，但他们更有可能收集额外信息，制定或修改评估标准，并考虑替代品。几乎没有消费者会收集所有可用的信息或仔细考虑所有可能的选择。但甚至在传统经济学最优化模型的背景下，消费者也可能不想收集所有可用的信息。只要感知到搜索的成本低于其预期的收益，消费者就会搜集额外的信息（Stigler，1961；Durkin 和 Elliehausen，2011，ch. 3）。降低搜索成本是支持“真实借贷”等披露规则的主要论点。

行为研究表明消费者确实犯了认知错误（Ausubel，1999），并表现出时间不一致的行为（Frederick、Loewenstein 和 O'Donohue，2002）。但是，这些现象在多大程度上削弱了市场中的实际信贷决策，这一点并不清楚。基于市场实际行为的证据表明，信贷使用对利率敏感（Gross 和 Souleles，2002）；许多消费者能够准确地评估他们未来的信贷使用（Agarwal 等，2006；Mann，2013），并且通常会纠正大的错误，即使有错误发生也很小（Agarwal 等，2006；Agarwal 等，2008）。在撰写本文时，现有的行为证据和传统的经济证据都没有支持消费者信用行为不合理或市场运作不合理的一般结论（Durkin 等，2014，ch. 4，进一步讨论了行为对消费者信贷使用的影响）。

13.3　消费贷款的供给

消费贷款的产生包含将资金从有储蓄的储户转移到有需要的借款人，以及后续从借款人收取其所偿还的贷款。对于消费贷款，从储蓄者到借款人和还款的转移通常不是直接从一个到另一个，而是通过称为金融中介的金融公司进行的。正如这个名词所暗示的那样，金融中介是介于资金的最终供应商（储蓄者）和最终用户（投资者）之间的机构。一般来说，金融中介通常简称为金融机构；许多种类都广为人知，包括银行、信用社、保险公司、养老基金、共同基金和金融公司。

许多金融中介在金融市场的专业领域是活跃的，它们运行的方式也各不相同。在从事消费贷款的机构中，银行和信用社通过提供存款账户直接从消费者和企业获得资金，并将获得的资金借给消费者和企业，有时存款者和借款者是相同的。相反，参与消费贷款的其他类型的中介机构则是从另外的中介机构获得大部分资金。例如，金融公司从资本市场上的其他机构获得大部分资金，这些机构包括保险公司、养老基金等。然而无论是哪种机构，最终的资金来源总是储蓄者，往往也是消费者，同时也包括国内和国外的企业和政府。

金融中介机构执行若干功能，促进资金从储蓄者转移到借款人，借款人中可能没有一个人想要或有能力为自己提供足够的资金。这些功能包括：（1）信息处理；（2）风险中介；（3）监控；（4）跨期中介；（5）规模中介（Benston 和 Smith，1976）。在履行这些职能时，金融中介机构为不同的市场参与者（借款人、储蓄者）提供不同的金融产品。如上所述，银行和信用社同时为储户（存款）和投资者（贷款）提供产品。金融公司主要为借款人提供产品，它们为获得贷款资金而发行的证券为其他中介机构提供了一个渠道。共同基金是主要产生储蓄产品的金融中介，共同基金从许多储蓄者筹集资金以购买多样化的证券组合。通过规模经济和专业化，金融中介能够以比个人更低的成本在金融市场中履行这些职能（Gurley 和 Shaw，1960；Benston 和 Smith，1976）。金融中介直接或间接从储户那里获得的资金，并将其生产成不同的产品再提供给金融市场上的借款人，这就是金融中介与经纪人的区别。举个例子，经纪人将产品——比如房子的卖家与买家相匹配。但金融中介不将借款人和储蓄者相匹配，而是通常使用多种不同的形式，从一个来源获得资金，供另一方使用。

不论一项贷款交易是否涉及中介，它包括贷款人向借款人垫付资金——作为交换，贷款人从借款人收到未来归还预付金额和财务费用承诺。一般来说，财务费用的金额必须至少涵盖贷款人的经营和非经营费用，包括筹资成本。

贷款交易中的经营费用包括发起贷款的成本、处理付款、征收和坏账费用。所有类型的可提供的信贷都具有相同的基本活动，但具体活动的程度取决于一系列因素，例如信贷是开放式还是封闭式，信用额度和信用期限，是否存在抵押品，以及消费者的信用质量。对于消费贷款而言，与贷款规模相比，运营成本可能比向企业和政府贷款更为典型的大额贷款更为可观，研究证据表明，与较大贷款额相关的运营成本存在大量经济规模。

消费贷款的非经营性支出包括税收、借入资金融资预付款份额的利息支出，以及预付款所有者权益份额的回报。虽然经济理论和经验表明，中介降低了资源从最终储蓄者转移到借款人的总成本，但显然，如果中介要继续运营，贷款的价格不能低于一定的最低限度，这一最低限度必须完全涵盖转移过程的经营和非经营成本。

从贷款中介管理人员的角度来看，与贷款发放相关的成本和消费贷款损失所带来的高成本是主要的运营成本，这使他们坚持不断减少支出目标。当然，通过不提供任何贷款或者只向几乎没有违约风险的个人提供少量贷款，可能会将运营成本和损失降低到零或接近零。毫不奇怪，管理者并未发现这种方法起作用，因为它自然也将利润降到零，或非常接近于零。多年来更有用的做法是，保持贷款总额不变或增加的同时，尝试减少经营成本和损失。考虑到这一点，管理人员已经制定了一系列方法，其中包括办公自动化、提升员工素质、加强培训，而不是雇用更多的员工，引用一种用来评估客户风险程度的复杂统计方法（“信用评分”）。

13.4 违约风险和信贷供给

由于所有信贷交易都涉及贷款人提供资金的跨期交易，因此必须预期未来现金流将足以补充资金并提供令人满意的资本回报。与所有贷款一样，消费贷款也需要对违约风险可能性进行适当管理。信贷供给模型最初是为了研究信贷配给的合理性而开发的，信贷配给被认为是货币政策传递给经济的重要渠道。当信贷价格低于均衡价格时，就会出现信贷配给。在这种情况下，要求的信贷额度大于提供的数额。通常情况下，供过于求会导致价格上涨。需要一种信贷供给模型来解释为何货币政策收紧时贷方会限制信贷而不是提高信贷价格。

13.4.1 信贷供给的违约风险模型

对个人借款人的信贷供给的基本理论模型（也称为贷款曲线）从相当合理的假设开始，即借款人的最终财富以及他的偿还能力是有限的且不确定的。在这些情况下，增加信贷额度会增加违约的可能性。事实上，信贷超过一定数额后，违约几乎是肯定存在的，所以任何人支付更高的利率都不能诱使贷款人增加额外信贷。这样的结果是，个人借款人的供给曲线在某些利率下变得完全无弹性或甚至向后弯曲。

这个模型已经发展出一些新的变化形式。其中最著名的可能是 Jaffee 和 Modigliani（1969）的模型。其他变化形式分别来自 Hodgman（1960）、Miller（1962）以及 Freimer 和 Gordon（1965）。违约风险模型最初是为商业贷款而建立的，但模型的关键特征是假设借款人偿还贷款的能力是有限的，当然这一假设也适用于消费贷款。

Jaffee 和 Modigliani 考虑了当借款人的财富和偿还能力是一个随机变量时，贷款人的贷款额和利率是如何决定的。他们证实了最优贷款是将违约概率等于贷款利率和机会成本率之间折现差额的贷款。这一结果给出了借款人的贷款供给曲线的具体形状。

通常，供应曲线具有正斜率，因为较高的价格导致较大的供应量。相比之下，贷款供给曲线有几个不同的特点。对于非常小的贷款金额，偿还几乎是确定的，这时贷款供给曲线是水平的。也就是说，较大的贷款额不会引起较高的利率。然而，在某些贷款金额，违约风险成为一个考虑因素。更大的贷款额意味着更大的违约风险，从而使利率提高。因此，贷款供给曲线具有正斜率。但最大贷款金额是有限的，如前所述，借款人的财富是有限的。基于这个有限财富的水平，付出更高额度利息的承诺是不可信的。即使在最好的情况下借款人也不可能支付更大的金额。事实上，超过最大贷款金额后，较高的利率意味着较小的贷款额。因此，贷款供给曲线向后弯曲。

然而，最大贷款额的存在并非意味着信贷配给。信贷配给需要考虑需求和利率的决定因素。Jaffee 和 Modigliani 认为，信用配给的产生是由于法律限制以及对好的意愿和社会道德的考量，防止向不同客户收取不同的费率。但他们建议，贷款人可以根据一些客观的、可验证的标准将客户分成少数几个风险级别，并向同一级别中的所有客户收取单一费率。在这些类别中，个人利率低于公共类别利率的借款人不会得到配给，而个人利率高于公共类别利率的借款人将得到配给。

13.4.2　不对称信息和逆向选择

Jaffee 和 Modiglian 的基本违约风险模型没有考虑贷款人关于借款人的信息可能不完善，或贷款条款可能会影响借款人对风险或效用的选择。现在有很多考虑到信息不对称和逆向选择的信用市场模型。Jaffee 和 Russell（1976）与 Stiglitz 和 Weiss（1981）提出的模型都具有较大的影响力。

Stiglitz 和 Weiss 的模型表明，即使在 Jaffee 和 Modigliani 提出的没有高利贷上限或社区规范的情况下，逆向选择和道德风险也会导致信贷配给。Stiglitz 和 Weiss 假设信用市场的特点是信息不对称。贷款人只能观察到预期收入，观察不到与收入相关的风险。相反，借款人同时知道贷款的预期收益和风险。

借款人随后有两种情况，一种情况是实现收入并偿还贷款，另一种情况是如果收入加上作为抵押的资产少于利息和本金，那么就产生了违约。借款人可以保留任何高于贷款还款额的盈余收入，但不能损失超过作为抵押品的资产金额。这限制了借款人的下行风险，从而具有产生了逆向选择和道德风险的可能性。

较高的利率会降低偿还贷款后的可用收入，但风险水平较低的个人不太可能违约，因此与较高风险水平的个人相比，他们不太可能受益于对下行风险的限制，也不太可能获得大量盈余。因此，利率上升会导致更少的低风险个人申请贷款。由于利率上升导致申请人风险分布的恶化，这种现象被称为逆向选择。

如果不违约，贷款人不能收到任何超过利息和本金的偿还金额，同时可能有低于作为抵押品抵押的资产金额的还款损失。因此，由于逆向选择而产生的更大风险将增加贷款人收到少于合同规定的本金和利息的可能性，而且在其他条件相同的情况下，将降低贷款人的每笔贷款的利润。结果就是，提高贷款利率可能会在一段时间内增加贷款人的每笔贷款的利润，但最终较高的利率会导致低风险的借款人退出市场，通过逆向选择恶化信用风险，从而减少总体利润。换句话说，贷款人的利润并不总是随着利率的上升而上升，在某水平上也可能会下降。因为在较高的利率下，低风险的借款人不申请信贷。

因为贷款人的资金供应取决于贷款人的利润，借款人的需求取决于贷款利率，所以信贷配给就可能发生了。如果提高利率会降低他们的利润，那么贷款人不会这么做以平衡供应和需求。如上所述，当较高的利率导致低风险的借款人离开市场时，提高利率反而会使利润降低。

Stiglitz 和 Weiss 考虑了他们的模型的几个扩展。其中包括借款人随后对利率的选择、借款人对风险态度的差异以及抵押品或股本要求对逆向选择的影响。例如，利率可能影响借款人的后续行为。具体来说，较高的利率可能诱使借款人选择风险较高的项目，这种行为变化称为道德风险。原因在于，对于借款人和贷款人，从根本上说引起逆向选择的激励是相同的。也就是说，随着利率上升，风险较高的项目对借款人更具吸引力，但贷款人的利润较低。道德风险的存在给贷款人提供了另一种激励，进行信贷配给而不是提高利息。

13.4.3 信用评分和违约风险，不对称信息和逆向选择模型的现实意义

借款人贷款供给的违约风险模型确定了违约风险在利率决定中的重要性，但是信贷配给的实证意义可能要少于建立模型时具有的意义。许多贷款人放松了利率上限，而且实际上某些类型的贷款人的利率上限已经消失。一些贷款人明确制定了特别的利率上限，以准许小额短期贷款（例如，在美国一些州和其他国家的发薪日贷款）。此外，技术的进步使综合信用信息的收集、存储和分析成为可能，这减少了借款人和贷款人之间的信息不对称。在某些地区的自动化信用局几乎包含了所有信用用户的完全信用使用和支付业绩信息，另外，统计信用局的风险评分不断发展，提供了对未来支付业绩的高度准确的预测，并且可以将其提供给任何贷款人。正如 Jaffee 和 Modigliani 所设想的，综合信用报告和信用局评分的可用性也促进了基于风险的定价，降低了配给在广义风险级别中的重要性。出于这些目标，许多国家发展了公共和私人自动化信用报告机构（Japelli 和 Pagano，2002 Tables 1 and 2）。

在 20 世纪的大部分时间里，贷款人试图评估借款人的信誉是以他们自己的判断和经验为依据，俗称为贷款的“5C”原则：品德（借款人）、能力、资本、抵押品和经营情况（主要是经济条件）。直到最近，消费贷款决定一般还是由贷款人员单独作出的，贷款人员对每个申请进行个人判断。贷款官员从五个关键领域分别收集申请人的信息，并从他们的个人贷款经验中吸取教训，以决定贷款申请是否应该获得批准。

如前所述，最近有许多因素共同推动消费信贷行业摆脱这种“判断式”的承销模式。贷款机构面临的竞争压力要求它们有效地处理不断上升的贷款申请，这破坏了速度缓慢而典型的劳动密集型的判断信用评估过程。其结果是寻找自动化的方法，包括已被称为信用评分的信用评估的统计方法，代替接管评估过程中旧的劳动密集型方法。由多重回归和相关分析的高级形式组成的统计方法已经成为信用评估的标准，广泛的自动化信息源可以向统计评价模型提供必要的信息。除了降低信用评估过程的成本之外，通过简化中介/贷款

企业的管理方式，自动化统计方法还具有应用贷款申请人一致性特征的优点。在这个基础上，统计学方法不像过去的判断性贷款方法，以前至少对每个信贷员来说判断方法还是有所不同的。然而，在整个系统的发展过程中，统计学并不能使对原有的“判断性”方法的需求消失。对过去抵押贷款关系数据的过度依赖，对新形式的金融工程的过度信任，导致了2007—2009年信贷市场困境。

信息可获得性的进步，管理和分析大量信息的技术的进步已经提高了贷款人评估风险的能力，现如今，许多消费者能够通过主要贷款人，以较低的利率为家庭投资和管理流动性需求筹措资金。然而，也存在各种“次贷”版本的信用卡、汽车融资、抵押贷款和其他信用。正如“次贷”一词所表明的，这种产品主要使用者是那些比主流消费者有着更大信用风险的人，并且他们可能在低利率下受到更多的信贷约束。这些“次贷”产品特征还可从一些新型的短期次级现金借贷产品、小额贷款行业以及几个世纪以来普遍存在的抵押贷款机构中发现。薪酬贷款行业允许消费者在他们的下一次工资发放前获得预付工资款，“汽车所有权”贷款人提供由消费者汽车保证的小额贷款。这些新兴的贷款人一直有争议，因为他们还款时的一次性支付的性质有时会使一些借款人难以及时还款。消费金融公司仍然提供小额分期贷款，小额分期贷款与这些其他产品不同，因为它们的多次付款性质表明，它们可以更好地适应借款人的预算，尤其是在很长的一段时间内需要较大量的信贷时(参见Durkin等，2014，ch. 8中关于这些机构的讨论)。

13.5　消费贷款的监管

向个人提供贷款的历史和人类历史一样古老，政府对它的监管的兴趣也同样悠久。几个世纪以来，这意味着要么绝对禁止消费者按利率发放贷款，要么对法定利率设定法定上限，分别称为高利贷法和高利贷上限。在现代，随着商业活动的利益和经济意义被更好地理解，虽然在包括法国、意大利、葡萄牙和瑞士在内的一些管辖区，高利贷限制对消费贷款仍然很重要，但在许多其他国家已开始变得不那么重要（Masciandaro，2001）。

近几十年来，最显著的变化是政府越来越关注消费者贷款交易的透明度，金融机构对具体贷款所实施监督。保证透明度的一个例子是1968年美国开始实施大规模的“诚实借贷法”，其涵盖了涉及消费者的大多数贷款交易，包括这里使用的“消费者贷款”定义范围外的房地产交易。“诚实借贷法”和其他地方的类似法规，比其他形式的政府监管具有许多明显的优势。提高透明度不仅指提高贷款地区的通用教育或信用相关教育材料，而且还包括政府对贷款交易详情的具体披露要求。

看来，提高透明度和向政府披露特定的贷款的政策，对于在交易中保护消费者很重要，这种重要性在于比其他监管方法至少存在三个潜在优势［Durkin和Elliehausen (2011) for more extended discussion］。第一，信息保护通常与现存的保护消费者的市场力量兼容。具有良好声誉和有利价格的金融服务提供商有动机公布这些事实，所要求的披露可以形成共同的标准和术语，例如美国“诚实借贷法”下的财务费用和年利率（APR）。强制性标准可以增强现有市场激励机制提供信息的力量，提高消费者的学习进程，降低成本，提高效率。在这些情况下，标准格式下的必要披露有助于突出绩效最佳的机构，揭示较差机构的不足之处。

第二，如果消费者真正缺乏的是特定领域的信息，那么似乎更符合逻辑的是，应该侧重于提供缺失的信息，而不是采取一些其他保护方法来保护消费者。例如，如果消费者需要关于消费借贷合同的定价或条款的信息，那么要求披露信息比规范价格或合同条款似乎更合理。提供信息而不是直接干预，这种做法不要求政府知道或假定知道所有消费者的产品特征偏好。通过披露，消费者可以自己决定他们对于价格和产品特征之间的偏好，并且披露方法的成功不依赖于消费者是否具有相同偏好。

第三，无论是在市场混乱时期还是政府支出方面，要求披露信息的成本可能相比其他保护消费者的成本要低，尽管一些观察家可能会为这一点进行争论。对于部分要求更多的消费者保护的国家来说，披露计划的更低的预期成本无疑有助于鼓励在一些国家采用这种方法，而一些国家则认为实际的市场干预会扭曲市场而且成本高昂，还会损失基于市场体系产生的福利，因此这两类国家最后都会形成某种政治妥协。

与提倡透明度相反，限制贷款的发放以保护消费者的一个例子是美国的“平等信贷机会法”，该法禁止任何授信评估系统（判断性的或统计性的）考虑某些个人特征，如性别、婚姻情况、种族、国籍等。尽管在20世纪70年代，这一法案要求放款人参与对评估过程的审查以及记录和保存放款程序，这项工作的成本往往是昂贵的。如今几乎所有贷款人都同意平等信贷机会的原则，并且几乎没有发现该规定实施起来有困难。虽然偶尔有论断表明，贷款实施的措施（如贷款减少或贷款定价）与个人特征（如种族或国籍）之间的相关性表明存在非法歧视。但贷款市场的大多数观察家认为导致这一结果可能存在不同原因，包括收入和支持贷款的资产的多样化（Avery、Brevoort 和 Canner，2006）。

在美国和其他地方，还有许多政府对贷款有额外的限制，包括规定了信用报告机构活动的美国联邦“公平信用报告法”（1970年，2003年进行了重大修订），管理第三方债务收取机构的“公正债务催收法案” （1978年），联邦贸易委员会的“信用实践规则”（1984年）以及50个国家的消费者贷款规则。正如许多州的法律一样，这些联邦要求的覆盖范围也相当广泛。

2008年金融危机和随之而来的衰退进一步刺激了联邦对消费信贷的监管。“信用卡问责制，责任和披露法”（2009年）规定了额外的披露要求，并对信用卡账户施加了实质性限制。在这些实质性的限制中值得注意的是，对利率增长和收费金额的限制是州法律的历史遗留问题。《多德—弗兰克华尔街改革和消费者保护法》（2010年）创建了一个新的监管机构，即消费者金融保护局，以执行现有的消费者金融法规，并实施新的消费者保护，这一举措是为了确保公平、透明和竞争性市场。《多德—弗兰克法案》也包含了许多对消费者抵押贷款的新要求和限制。

2008年的金融危机似乎在一定程度上加剧了正常的衰退状况，抑制了消费信贷的需求，限制了消费信贷的供应，而这种情况发生在较为典型的周期性衰退中。由于这些需求和供应在一起的影响，消费贷款的净变化（正常增长）通常在衰退期间接近零。2009年美国消费信贷的净变化略低于零，但与典型的周期性情况有一点区别（Durkin 等，2014，ch. 2），而之后的经济复苏遵循着正常的周期性模式。

13.6　结论

自古以来消费者承担了债务义务，几个世纪后贷款人和消费贷款市场已经演变成了如今非常现代化和复杂的金融提供商。消费借贷的基本要素在经济学中已经确立，可以借助现代经济分析的工具研究贷款过程的许多特征及其政府监管。如今许多人使用消费贷款的产品，虽然对于消费贷款已经很熟悉，但对这一领域的市场和机构本质的政治兴趣仍在持续，公众关于消费贷款的收益与成本的广泛讨论似乎也将继续下去。因此，经济学家对这一领域的持续关注会逐渐被证实是有益的。

参考文献

[1] Agarwal S., Chomsisengphet S., Liu C., and Souleles n. S. (2006). Do Consumers Choose the Right Credit Contracts?, Federal Reserve Bank of Chicago Working Paper no. 2006 – 11.

[2] Agarwal S., Driscoll J. C., Gabaix X., and Laibson d. (2008). Learning in the Credit Card Market, National Bureau of Economic Research Working Paper no. 13822, <http://www.nber.org/papers/w13822.>.

[3] Ausubel L. (1999). Adverse Selection in the Credit Card Market. university of Maryland Working Paper.

[4] Avery R. B., Brevoort k. P., and Canner G. B. (2006). Higher – Priced Home Lending and the 2005 HMDA data, *Federal Reserve Bulletin* 92, A123 – A166.

[5] Benston G. J. and Smith Jr., C. W. (1976). A Transactions Cost Approach to the Theory of Financial Intermediation, *Journal of Finance* 31, 215 – 231.

[6] Day G. S. (1976). Assessing the Effects of Information Disclosure Requirements, *Journal of Marketing* 40, 42 – 52.

[7] Day G. S. and Brandt W. K. (1973). A Study of Consumer Credit decisions: Implications for Present and Prospective Legislation. In: *National Commission on Consumer Finance*, *Technical Studies of the National Commission on Consumer Finance*, Vol. I, 2. Washington, DC: US Government Printing office, 1 – 123.

[8] Day G. S. and Brandt W. K. (1974). Consumer Research and the Evaluation of Information Disclosure Requirements: The Case of Truth in Lending, *Journal of Consumer Research* 1, 21 – 32.

[9] Dunkelberg W. C. and Stephenson J. (1974). Durable Goods ownership and the Rate of Return. In: *National Commission on Consumer Finance*, *Technical Studies of the National Commission on Consumer Finance*, Vol. 6. Washington, DC: US Government Printing office, 31 – 65.

[10] Durkin T. A. and Elliehausen G. (2011). *Truth in Lending: Theory, History, and a Way Forward.* Oxford and New York: Oxford University Press.

[11] Durkin T. A., Elliehausen G., Staten M. E., and Zywicki T. J. (2014). *Consumer Credit and the American Economy.* New York: oxford university Press.

[12] Elliehausen G. and Lawrence E. C. (2001). *Payday Advance Credit in America: An Analysis of Customer Demand.* Georgetown university, Mcdonough School of Business, Washington, DC, Credit Research Center Monograph no. 35.

[13] Fisher I. (1930). *The Theory of Interest.* New York: Macmillan.

[14] Frederick S., Loewenstein G., and O'Donohue T. (2002). Time discounting and Time Preference: A

Critical Review, *Journal of Economic Literature* 40, 351 –401.

[15] Freimer M. and Gordon M. J. (1965). Why Bankers Ration Credit, *Quarterly Journal of Economics* 79, 397 –416.

[16] Gross D. B. and Souleles N. B. (2002). Do Liquidity Constraints and Interest Rates Matter for Consumer Behavior, *Quarterly Journal of Economics* 117, 149 –185.

[17] Gurley J. G. and Shaw E. S. (1960). *Money in a Theory of Finance.* Washington, DC: The Brookings Institution.

[18] Hirschleifer J. (1958). On the Theory of optimal Investment decision, *Journal of Political Economy* 66, 329 –352.

[19] Hodgman D. R. (1960). Credit Risk and Credit Rationing, *Quarterly Journal of Economics* 74, 258 –278.

[20] Jaffee D. M. and Modigliani F. (1969). A Theory and Test of Credit Rationing, *American Economic Review* 59, 850 –872.

[21] Jaffee D. M. and Russell T. (1976). Imperfect Information, uncertainty, and Credit Rationing, *Quarterly Journal of Economics* 90, 651 –666.

[22] Japelli T. and Pagano M. (2002). Information Sharing, Lending, and defaults: Cross – Country Evidence, *Journal of Banking and Finance* 26 (10), 2017 –2045.

[23] Juster F. T. and Shay R. P. (1964). Consumer Sensitivity to Finance Rates: An Empirical and Analytical Investigation, new York, national Bureau of Economic Research occasional Paper no. 88.

[24] Kahneman D. and Tversky A. (1979). Prospect Theory: An Analysis of decision under Risk, *Econometrica* 47, 263 –292.

[25] Mann R. (2013). Assessing the optimism of Payday Loan Borrowers, Columbia university School of Law, Center for Law and Economic Studies Working Paper no. 443.

[26] Masciandaro D. (2001). In offense of usury Laws: Microfoundations of Illegal Credit Contracts, *European Journal of Law & Economics* 12, 193 –215.

[27] Miller M. H. (1962). Credit Risk and Credit Rationing: Further Comment, *Quarterly Journal of Economics* 76, 480 –488.

[28] Poapst J. V. and Waters W. R. (1964). Rates of Return on Consumer durables, *Journal of Finance* 19, 673 –677.

[29] Stigler G. J. (1961). The Economics of Information, *Journal of Political Economy* 69, 213 –225.

[30] Stiglitz J. E. and Weiss A. (1981). Credit Rationing in Markets with Imperfect Information, *American Economic Review* 71, 393 –410.

[31] Tversky A. and Kahneman D. (1974). Judgment Under Uncertainty: Heuristics and Biases, *Science* 185, 1124 –1131.

第 14 章　住房抵押贷款

14.1　引言

根据法律规定，抵押贷款的贷款方（受押人）通常享有对借款方（抵押人）所持有的部分标的财产的合法索偿权。而除了抵押贷款外，抵押留置权也享有对借款方（抵押人）所持有的部分标的财产的合法索偿权。通常会有一份单独的法律文件（抵押票据）标明借款方偿还债务的具体条款和条件。在实务中，研究者通常倾向于将与按揭、抵押留置权和抵押票据相关的贷款统称为抵押贷款。除却特定的技术原因，否则我们将遵循这一惯例。

具体的法律安排因司法管辖区而异，其具体取决于相关地域的司法传统（即大陆法系和欧美法系）以及司法当局颁布的具体的法律法规。例如，即使拥有相同司法传统的司法管辖区，如美国各个独立的州，它们对丧失抵押品赎回权的法律规定也截然不同。丧失抵押品赎回权是指若借款人违约，贷款人有权获得他们的财产。

抵押贷款业务传统上由三个相关的业务部分组成：发起、融资以及服务。发起是指对借款人的授信额度的扩张；融资是指将债务、股权以及其他市场工具作为抵押资产提供资金；而服务则指对借款人偿还借款进行管理的日常业务。这三个业务可以被拆开单独执行；确实，有很多银行更偏好于借助于它们的零售部门，专注于发起抵押贷款，并将其出售给二级市场上的投资者，而不是利用自有资金为其进行融资。抵押贷款服务往往涉及大额的固定成本，因而存在显著的规模经济。因此，许多抵押贷款银行活动可以在传统的存储机构以外进行。

抵押贷款市场是美国 2007 年 8 月起所发生的一系列的金融恐慌的源泉。抵押贷款的发起额在 2011 年达到了自 1995 年以来的最低值，2012 年后开始有所增加，美国的房地产市场也表现出复苏的迹象。然而，抵押贷款活动的活跃度仍旧低于金融危机前的水平。金融危机以来的相关研究已经涉及了许多课题，包括了信贷市场的繁荣；信贷与房价之间的关系；修正抵押贷款的最优策略；以及为了最小化未来房地产市场的突然崩溃对金融稳定性的影响，所应当确定的监管范围。

本章旨在向读者大致介绍房屋抵押贷款以及其与银行业的关系。14. 2 节将描述房屋抵押贷款的共有特征；14. 3 节探究了影响家庭行为的因素；14. 4 节则为我们介绍了作为一种金融资产的抵押贷款市场；14. 5 节是关于银行资本监管和其对于房屋抵押贷款的处理措施。最后，14. 6 节将阐明抵押贷款市场发展对于金融稳定性的作用，包括用所谓的宏观审慎去监管房地产金融。

14.2 房屋抵押贷款的特征

抵押贷款是一类较为特殊的资产类别，它们具有自己的行业术语以及特定的影响因子。我们将阐述如何计算抵押贷款中的支付金额；与扩大借款人的信用额度决策相关的术语和关键概念；关于扣押抵押品的相关问题；以及一些关于联系借款人及收取还款的后台工作。

14.2.1 抵押贷款的还款方式

总体而言，抵押贷款是指，由借款方所支付的一系列还款金额；借款方可以在成功支付各期还款金额的前提下，拥有对抵押品的全部所有权。而摊销则指在抵押贷款的归还过程中，借款人的借款本金的减少过程。并且，抵押贷款相关的利率是随时间波动的，其通常是与某一指数相联系。可根据利率的决定机制及其摊销方式来对抵押贷款进行分类。

一份抵押贷款协议通常包含一个票面利率 r_t，即贷款利率，通常以年化百分比数来表示。而根据惯例，月度利率为年化利率除以12。抵押贷款将包含一个到期期限 T_t。若每月底付款 x_t，上一期期末未摊销的本金余额为 P_{t-1}，则 t 期期末的未摊销本金余额为 $(1+r_t)P_{t-1}-x_t$。如果每期应支付金额使得贷款可以在剩余的期限 T_t 内被完全摊销，则每期金额应当使得 $P_{T_t}=0$。因此，每期支付的金额必须满足：

$$x_t = r_t P_{t-1} \frac{(1+r_t)^{T_t}}{(1+r_t)^{T_t}-1} \tag{14.1}$$

这个公式假设票面利率 r_t 为固定常量。如果票面利率是可变的，则每期还款额也将发生变化，这不仅使每月的借款成本上升，而且每月摊销的本金也将发生变化。相应地，在可变到期日的抵押贷款中，我们可以改变到期日以抵消利率变动的影响，从而使得每月还款额保持不变。

抵押贷款可能会提供不同程度的利率保护。固定利率抵押贷款（FRM）通常包含一个固定的票面利率。浮动利率抵押贷款（ARM）的票面利率通常是根据一个公开发行指数加上一个固定的附加值计算而得。不同的浮动利率抵押贷款往往具有不同的利率调整频率。例如，浮动利率抵押贷款的票面利率可以每六个月调整一次，其调整额等于调整前六个月内市场上的Libor均值加上2%的附加额。混合抵押贷款指在其转换成浮动利率抵押贷款前的时间段内，其将以一个固定利率计息。可变利率抵押贷款通常既包括传统的浮动利率抵押贷款，也包括混合抵押贷款。

抵押贷款可能包含使应偿还本金余额保持不变（即每期仅偿还利息，$x_t=r_tP_t$）甚至增加（即负分期付款，每期还款额小于利息，$x_t<r_tP_t$）的条款。一些抵押贷款将允许借款人选择月分期付款金额。所有这些贷款都有一个本金余额上限。当重新设定付款计划时，我们称为贷款重组。通常，抵押贷款还款金额在贷款剩余期限内，会上升到所谓的充分摊销率，从而使剩余的本金余额可以在贷款剩余期限内被完全偿还。

浮动利率抵押贷款可能会限制计划还款金额的单次增加额。然而，这些上限往往包含一些条款，这些条款将根据完全指数化还款额 r_tP_t 与上限还款额 $\bar{r}_tP_t$ 之间的差值调整本金。

与非分期偿还贷款相对应，一些分期偿还贷款的贷款摊销时间往往长于合同期限。例如，一个贷款的本金摊销额可能是根据 40 年的期限计算的，但抵押贷款本身可能仅仅只有 30 年期限。该种贷款的最后一次偿还被称为期末大额偿还，其包含了所有未偿还的本金余额。

贷款的期限 T_t 可以随时间变化。并且，标准的贷款期限往往具有国际差异。在美国，标准的贷款期限是 30 年，在一些国家，这一期限可能更短，而在另一些国家，特别是在日本，贷款期限会更长。

抵押贷款可以在相对很短的时间内到期并进行期末大额偿还，例如，在发起贷款后的五年内。借款方并不是实际意义上地进行期末大额偿还，其通常是通过借入新的贷款去进行期末大额偿还。次贷危机发生后，期末大额偿还在美国已经鲜有发生，期末大额偿还通常指最后一期支付额是上一期还款额的两倍以上。一些人认为这些条款具有不公平性或欺骗性，因为一些借款人仅仅关注于抵押贷款生命周期中较早月份的还款金额。因此当面临期末大额偿还或贷款再融资时，这些借款人往往会感到震惊。此外，即使是被充分告知并且具有理性的借款人，在金融危机后信贷紧缩的环境下，他们也很难在被要求支付期末大额偿还之前进行再融资。

14.2.2　信贷扩张决策

贷款人发放一笔贷款的过程即其决定是否向一个借款人授予信用额度的过程，如果其决定向一个借款人授予信用额度，则需要确定具体的条款。影响贷款发放的因素主要有四个，当然还有许多其他因素将影响这一决策。

第一，因为抵押贷款是担保型债务，则贷款人应当评估抵押品的价值。理想的情况是，相关资产将通过拍卖方式被出售，而贷款人将根据次高价对资产进行估值。当借款人违约后，贷款人可以获取抵押资产的所有权，并将其出售给次高价的报价人。然而，大多数国家（除了个别特例），房屋通常不是以拍卖的方式进行出售。再者，借款人可能更愿意对已有的抵押贷款进行再融资，而不是再去购买一个房子。为了对资产进行估价，贷款人需要依赖于一个独立的估值程序，我们称其为估值。研究表明，正如人们所预期的那样，估值者在处于压力的情况下会报出一个可以使交易顺利达成的价格（见 LaCour – Little 和 Malpezzi，2003）。Ben – David（2008）指出，事实上，在一些例子中，估值者系统性地高估房屋价值是欺骗贷款人的计划中的一部分。

若估值是客观无偏的，则估价可以被纳入房屋价格指数中。但许多房屋价格指数习惯性地提出估算价格。在构建指数时，几个主要的房价指数通常会从基础数据中剔除估价。然而，Leventis（2006）指出，尽管估价可能存在缺陷，但它们还是提供了关于价格走势的信息，因此排除它们会不必要地增加估计的标准误差。他描述了一种将估值偏差（估值偏差是指估值程序往往倾向于高估资产价值）从房屋价格指数中剔除的程序。基于现有的文献研究，Leventis 认为，对于借款人仅仅利用低利率的好处进行再融资和借款人在清算股权的情况下进行融资（现金枯竭的再融资）两种情形，估值程序倾向于在后者情形下高估价格。Leventis 进行了一个模型估计，发现在不同的再融资类型下，房屋价格会有一个固定的高估比例。他发现他改进的价格指数与一个仅以购买价格为依据的价格指数相比，有着相同的均值和更低的方差。

第二，贷款人必须决定需要多少资本缓冲。这通常用贷款价格比或贷款价值比（LTV）来衡量。贷款价值比为抵押贷款本金与财产价值的比。由于 LTV 足够低和止赎法律中允许及时扣押抵押品的规定，原则上抵押贷款可以达到无风险。举个例子，如果所发行的抵押贷款的 LTV 为 75%，即使房价下跌 20% 再加上借款人违约，贷款人仍然不太可能承担贷款损失。

然而，潜在的购房者常常发现，要想实现一个较低的 LTV，需要大量的首付款（参见 Haurin、Herbert 和 Rosenthal，2007 等）。原则上，为了得到更高的利率收益，贷款人应该并且已经愿意接受更高的 LTV 及其所对应的更高的风险（Edelberg，2006）。出于制度上的原因，在美国，那些寻求 LTV 超过 80% 的借款人，通常会选择抵押贷款保险（存在一个第三方担保人，每个月收取借款人一定的保费，保证向贷款人偿还本金），或选择背负按揭，或者次级留置权（借款人的首付款低于 20%，但将抵押贷款分为一个 LTV 为 80% 的贷款和一个将剩余部分进行二次贷款的贷款，这有时也被称为“首付贷”）。不过在实际操作时，投资者和其他市场参与者可能很难确定相应的抵押资产是否具有相关的次级留置权，这使得他们很难确定相关财产的总债务。在信贷繁荣时期，次级留置权是杠杆的主要来源，同时也对抵押贷款违约问题的解决造成了一定的困难（Cordell 等，2010）。

第三，贷款人在制定抵押贷款每期的还款金额时，会考虑借款人的能力。通常，贷款人会计算各种支付与收入比（也称为负债收入比或 DTI 比率），并将其与相应的承保指南所确定的临界值进行比较。通常使用的比率，称为后端比率，将与家庭资产负债表（包括财产税和保险、信用卡、汽车贷款等）上的所有债务相关的每月还款额与家庭的税后收入进行比较。然而，要想衡量和审核借款人的收入其实并不简单。在 2008 年危机之前，一些贷款人会考虑所预期的未来收入，如未发放的奖金，而有的借款人并不愿意计入自己的这些收入。在许多情况下，贷款人部分依赖于借款人自己对自己还款能力的估计。在审核收入和资产时遇到的这些困难导致了无收入证明贷款的增加。这些贷款在金融危机期间被称为“骗子贷款”，后来消失了。

第四，贷款人经常会考虑借款人的还款历史，包括信用卡还款、车贷和学生贷款。在美国，Fair、Isaac 公司发明了一种叫做 FICO 分数的指标，用来衡量借款人的信用质量。这一指标迅速成为衡量借款人是优质还是低于优质（“次贷”）的准则（但是，请注意，大多数发行商并不仅仅使用 FICO 分数作为确定借款人的信用风险的指标）。Barakova 等（2003）利用美国家庭的相关数据，发现在 20 世纪 90 年代，在影响房屋所有权的因素中，财富和收入的重要性明显下降，而信用得分的重要性则有所上升。这一研究结果表明，贷款人愿意接受与高 LTV 和信用记录相关的贷款风险。

自金融危机以来，承保标准急剧收窄，这既是因为新的规定，也是因为贷款人在金融危机中受到了巨大信贷损失之后，变得更加谨慎。这些收紧的承保标准如图 14.1 所示；信用记录受损的借款人将无法获得新的贷款。

14.2.3 抵押品止赎

抵押贷款与消费贷款不同，因为它是有担保的。但是，如果贷款人不能较好地控制该

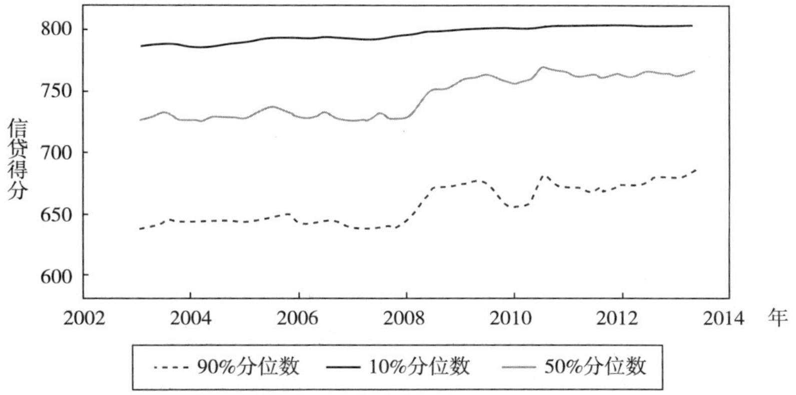

注：该图显示了优质抵押贷款人的 FICO 分数。联邦储备银行工作人员根据 McDash Analytics，LLC（Lender Processing Services，Inc. 的全资子公司）提供的数据计算。

图 14.1　优质抵押借款人的信用评分

贷款所抵押的抵押品，这个优势就会消失。然而，政策制定者可能还想设计一些法律法规来延迟抵押品的止赎，以便向房主提供一些相应的保险和议价能力，以保护他们免受收入和房价的双重冲击。

通常情况下，三次连续未还款才被认为是严重犯罪（导致房屋被扣押）。在这一点上，美国各州之间的规定有所不同，各国的规定也有一定的差异。一些法律法规会被设计用来阻碍或缓解所有权从借款人转移到贷款人（这一过程被称为止赎）。在美国，贷款人通常以违约通知开始止赎过程。Pence（2006）通过比较不同州之间的止赎开始到财产的最终转移之间的时间长度，发现：更多对违约者利好的止赎法导致贷款人要求更高的首期付款，从而限制信贷准入，因为更多对违约者利好的法律延迟了财产的止赎，从而增加了贷款人的额外成本。Pence 还引用了一项 1938 年的研究，该研究发现，在设立对违约者利好的止赎法的州，房主贷款公司（New Deal 的前身，即房利美）有着更高的止赎成本。Clauretie 和 Herzog（1990）使用抵押保险公司的数据来估计更多违约友好型止赎条款所带来的损失。他们发现，对于一些有着阻碍丧失抵押品赎回权相关法律的州，贷款人在违约贷款上损失更多，因为这些法律阻碍了丧失抵押品赎回权的过程。某些司法管辖区允许发行含有追索权的贷款，即借款人发生违约时，贷款人有权对止赎收益和未偿还贷款余额之间的差额进行判断。这种安排被认为可以减少战略违约动机（在第 14.3.2 节中将进行更详细的讨论）。

Pence（2006）引用了抵押贷款持有人在丧失抵押品赎回权后所遭受的经济损失的估计，这一损失占贷款未偿本金余额的 30% ~60%。贷款人不仅必须承担与维持财产相关的法律费用和开支，还必须面对在财产没收并转售前，所时不时出现的大量的延期没收。大量文献都研究过这些止赎成本（参见，Clauretie，1989；Capone，1996；Ciochetti，1997）。

2009 年房价崩溃后止赎行为大幅增加（止赎从 2009 年的危机前平均每年 120 万跳升到 2009 年的 800 万达到峰值），这一变动限制了金融服务和法律制度的效力，并引发了各种正式和非正式的政府干预。Cordell 等（2013）估计，自金融危机发生以来，止赎的时间成本增加了约8个百分点，未付贷款余额从危机前的11%升至2012年后的19%。此外，他还表示，这些成本在违约友好型国家甚至更高，并提出证据表明，止赎延误可能对周围地区和国家有着其他的负面影响。

在美国房价崩溃后，止赎数量急剧上升。在这里，我们集中关注止赎的溢出效应。如果止赎降低了周围房产的价格，违约可能会变得具有传染性（见 Campbell 和 Giglio，2011）。

14.2.4 抵押贷款服务

抵押贷款服务是指，负责计算抵押贷款的应付年金，从借款人处收取这些金额并将收益转移给抵押贷款的所有者或持有者的业务。此外，服务机构还负责监测借款人的信用记录，时刻关注可能威胁抵押品价值的事件，例如未能支付财产保险、个人破产案或其他债权人提交的留置权（例如机械留置权或房主协会提出的留置权）。最后，服务机构通常负责处理那些违约的债务，包括扣押财产或采取其他行动。

抵押贷款服务机构的盈利主要来自于允许它们保留所收取的借款人每月支付额的一部分。例如，如果我们说，服务机构的费用为“25个基点”，则表明在贷款利率为6.75%的按揭贷款中，服务机构给借款人6.50%，自己保留0.25%。然而，即使借款人停止支付，服务机构通常也需要向抵押持有人提前支付本金及利息。服务机构可以收回这些预付款以及在止赎程序期间所发生的自付费用（详见 Cordell 等，2010，有关抵押贷款服务机构面临的激励研究）。

对于那些需要更频繁联系借款人的贷款，抵押贷款服务机构将收取更多的费用。例如，信用记录较弱的借款人往往每年会违约一次付款。虽然这些借款人在技术上违反了他们的抵押条款，抵押贷款服务机构通常会通过提醒借款人来回应，并且这些借款人中的大多数在之后都弥补了之前未还的年金。然而，这种频繁的联系成本是昂贵的，这也就从一定程度上解释了为什么这种贷款的手续费这么高。

当借款人连续违约多次付款时，服务机构必须决定是否进行止赎，以允许借款人有机会弥补之前违约的付款。Stegman 等（2007）认为，服务机构的这种宽容，甚至执行更积极的政策，如修改条款，包括永久地减少每月支付的条款，可以增加抵押的净现值。与只关注一个价值可能下降的财产不同，Stegman 等指出，通过改变抵押条款以更好地适应借款人的情况（借款人的情况相比发起借款时可能已经改变），服务机构更可能实现继续及时的支付，尽管这样得到的付款可能比以前更少，但是避免了止赎的费用。Eggert（2007）指出，虽然贷款修正确实可以带来广泛的经济意义，但是在这种情况下，服务机构的激励措施还远远不够清楚，并且抵押贷款的最终所有者可能不同意这种做法。

自2008年金融危机以来，抵押贷款修正已成为美国国家政策的一部分。为了回应止赎的急剧增加，政府启动了住房可偿付调整计划（HAMP）作为2009年金融稳定法案的一部分。该计划的目标是帮助借款人将其抵押贷款付款额改为可承受的水平（家庭收入的31%）。自实施以来，HAMP 已经为超过120万户家庭修正了贷款（美国财政部，2013年）。根据抵押贷款银行家协会全国逾期贷款调查，在同一时期，有超过770万的止赎计划被启动。

14.3　家庭决策

在这一部分中，我们将讨论在考虑贷款的情况下，家庭决策该如何进行。首先，我们考虑借款人在进行借款之前所要作的多种选择：借多少钱，接受多大的利率风险，使用哪种分期还款模式，以及是否接受提前还款罚金。其次，我们讨论当借款人偿还借款遇到困难时，他所面临的多种选择：是进行再融资以偿还贷款，还是干脆违约？

14.3.1　抵押合同特征的选择

每个家庭在申请抵押贷款时将会面临众多选择，这些选择随着国家的不同而有所差异。研究之所以集中于美国消费者的选择，是因为可选择的样本数据相对较多，且用于研究决策的有效数据源也较多。尽管调查过程存在困难，同时各国之间的情况也变得更加复杂，但是美国市场的经验还是十分具有参考意义的。国际清算银行（2006 年）和国际货币基金组织（2011 年）提供了一个有关抵押贷款制度的跨国差异以及不同家庭间选择差异的综合清单。

自 2008 年危机以来，贷款人承担抵押信贷风险的意愿急剧下降，这导致危机前相关信贷规范适用性的收紧。如图 14.1 所示，收紧信用条件限制了具有较高信用评分借款人的抵押贷款。

抵押债务通常与房价同方向变化，房价的年增长率与抵押贷款债务年增长率之间的相关系数为 0.81。然而，这并不能作为证明借款和房价之间存在因果关系的证据。一些无法观测的共同因素，例如对未来房价的增长预期，也可能影响各个家庭支付房款的意愿和他们为了买房所要进行融资的意愿。因此，因果关系可能是双向的。

如上一节所述，家庭借款可能受到 LTV 上限的约束。原则上，借款人应该在增加杠杆率和提高抵押贷款利率之间进行权衡。Edelberg（2006）表明，20 世纪 90 年代的美国，这种基于风险的定价有所上升；Bucks、Kennickell 和 Moore（2006）证明了自 20 世纪 90 年代末以来，家庭杠杆率不断增加。Stein（1995）、Lamont 和 Stein（1999）认为，杠杆约束对边际购房者具有约束力，当买家可以使用更大的杠杆时，均衡时的房价就会更多地受到经济基本面（失业等）的影响。因此，抵押贷款市场充当了一个放大器的角色。

此外，一些国家（包括美国）的税法允许扣除抵押利息，这可能鼓励家庭使用比最佳债务更多的债务。（从技术上来说，如果它与来自债务融资的住房服务相关的收入的税收相结合，则抵押贷款利息的扣除不应该扭曲家庭的债务选择）。Amromin、Huang 和 Silam（2007）发现，美国家庭放弃了在免税债务（抵押贷款）和税收优惠储蓄［401（k）计划］之间潜在的利润丰厚的税收套利。正如 Graham（2000）所描述的那样，他们将其归因于债务厌恶。这表明，至少在一定程度上，税法对家庭抵押贷款选择的影响可能不如人们所预期的那么大。

家庭所面临的第二个选择是他们所愿意接受的利率风险水平。不同国家的抵押贷款制度在利率保护方面有着明显的差异。在加拿大、德国、法国、比利时、瑞士、荷兰和美国，五年期或以上期限的贷款票面利率是固定的，但这些抵押贷款可能会包含提前还款罚金（合同中的条款会写明关于借款人提前还款的相关规定）等特点。英国试图鼓励固定利率借款，尽管成功的程度参差不齐（见 Miles，2004）。

为了说明这种选择，我们假设一个购房者想要在 2006 年 1 月借用 10 万美元，使用假定的一年期国债 ARM 或标准固定利率抵押贷款：这里，假设 ARM 重置为一年期国债利率加上每年 2%（参见 Stanton 和 Wallace，1999，关于 ARM 的共同特征的更多细节讨论）。购房者将待在家里七年。在此期间，ARM 的票面利率基本符合美国的货币政策。FRM 的利率是恒定的，除非借款人在 2012 年初极低的利率环境下进行再融资（这里，再融资额被假定为贷款余额的 1%，且如果当前利率低于当前合约利率 1.5% 时借款人会选择再融资。我们将在之后的内容里更详细地讨论再融资）。假设借款人折现率为固定的 3%，他的利息和再融资费用的目前贴现值（PDV）如果按照固定利率计算，则为 41000 美元，如果他采用可调整利率，则为 35000 美元。

图 14.2 显示了在相同的假设条件下，1972 年 1 月至 2007 年 5 月发起的贷款在固定和可变利率下的利息支付情况。如图 14.2 所示，和美国利率水平的低频变动趋势相比，不同抵押贷款类型之间的差距微不足道。自 2008 年以来，这一点尤为明显，因为美国国债利率接近为零。此外，这是一个事后推演，并不反映家庭在确定固定利率和可变利率抵押贷款之前面临的先前条件。最后，这里没有考虑到家庭风险规避这一非常重要的问题。也就是说，一般来说，20 世纪 70 年代的购房者使用固定利率抵押贷款会更好，而 90 年代的购房者使用可变利率抵押贷款会更好一点。然而，这种差异相对较小，对假设条件的反应也较为敏感，且并未完全反映家庭所面临的要考虑的因素。早期研究（参见 Shilling、Dhillon S. 和 irmans 1987；Brueckner 和 Follain，1988；Brueckner，1993）关注两种抵押贷款类型的相对风险，而 Campbell 和 Cocco（2003）发现，名义固定利率抵押贷款的实际成本对通货膨胀极为敏感。他们认为，通货膨胀指数化的固定利率抵押贷款的优点是支付额稳定，不存在通货膨胀溢价。在他们的后续工作中，Campbell 和 Cocco（2012）进一步发

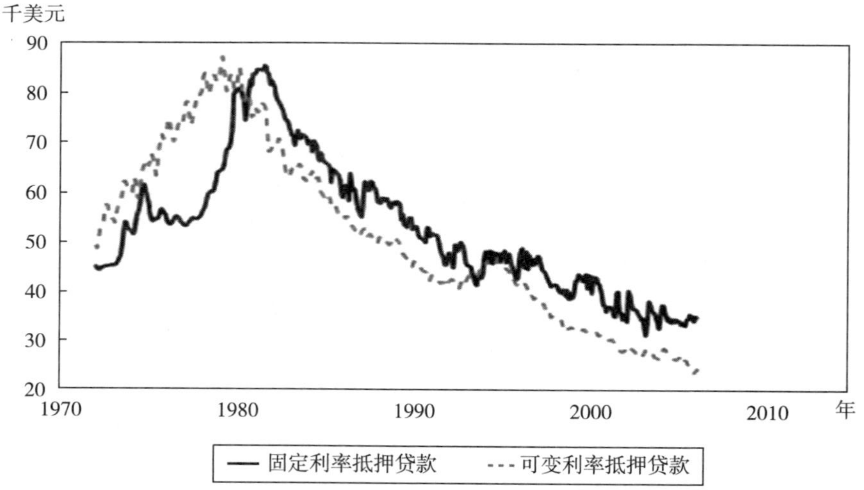

注：该图显示了使用固定利率（实线）或可变利率（虚线）抵押贷款为购房者融资 10 万美元时的利息支付现值。有关假设按揭的详情，请参阅之前叙述。

图 14.2　固定利率和可变利率抵押贷款的利息及再融资费用的现值

现，当利率上升时，增加的抵押贷款支付额及更加严格的借款约束，使得那些选择可变利率抵押贷款的借款人更容易违约。

家庭所面临的第三个选择是抵押贷款的分期偿付计划。摊销可以被看作是投资组合重组的一种形式；家庭正在以牺牲其他形式的储蓄为代价来建立自己的房屋权益。在这种观点下，每个家庭在支付他们的抵押贷款时，都会考虑其他投资机会的风险和收益状况（见 Fu、LaCour – Little 和 Vandell，1997）。具有递延分期偿付表的抵押贷款被称作可负担性产品，相对于完全摊销抵押贷款，它们的支付额更低。LaCour – Little 和 Yang（2010）发现，具有较高预期收入增长的借款人，或者那些在房价上涨较快的地区购买房屋的借款人，更有可能选择递延摊销贷款。这表明借款人确实更加注重递延摊销所减轻的支付负担。LaCour – Little 和 Yang（2010）的研究还表明，在多年的时间里，抵押贷款的摊销不足导致了借款人对房产权益的减少，因此他们更有可能违约。Piskorski 和 Tchistyi（2010）认为，在设计机制问题的背景下，最优抵押合同可以有如下特征：利用借款人控制下的摊销贷款，包括负摊销期权，可用于抵消对家庭收入的冲击。在 2008 年金融危机期间，非传统偿还抵押贷款（如仅偿还利息或其他可供选择的摊销产品）的不良行为和违约率比标准抵押贷款更高。随后的金融改革，包括美国的《多德—弗兰克法案》，已经包括了限制带有负摊销和其他非传统还款方式的抵押贷款的规定。

家庭所面临的第四个选择是，是否选择带有提前还款罚金或其他不易进行再融资的条款的抵押贷款。正如我们即将在第 14.4 节中所讨论的那样，贷款人用不可赎回负债（例如存款或标准贷款）为抵押贷款融资，当持有含杠杆的固定利率抵押贷款资产投资组合时，必须小心应对提前还款风险。由于缺乏发达的固定收益衍生产品市场，要使贷款机构持有不含提前还款罚金的固定利率抵押贷款，将需要额外的补偿。在诸如美国等固定收益市场相对较发达的国家，提前还款罚金可以使贷款人减少对冲成本。然而在实践中，提前还款罚金通常并不是交给第一借款人，且关于提前还款罚金是否为借款人提供净收益，存在着相当大的争议。Elliehausen、Staten 和 Steinbuks（2008）发现，在其他条件相同的情况下，含有提前还款罚金的贷款比不含的贷款的利率和费用更低。然而，如果想进行再融资的借款人的数量足够多，再融资的成本就会升高，那么再融资的收益就被抵消了。借款人可以选择支付利率，也就是说，通过支付预付费来购买他们的贷款合同利率。Brueckner（1994）认为这个“利率”是借款人不愿意再融资的有效信号。

鉴于本节讨论的各方面观点，抵押贷款合同可能有所不同，因此有理由怀疑典型的借款人是否能理解他们的抵押条款。Bucks 和 Pence（2008）发现，大多数借款人能够理解那些广义的抵押贷款条款。然而，一些持有可变利率抵押贷款的借款人低估了其票面利率潜在的变化上限。

14.3.2　家庭决策：再融资还是违约？

已经有抵押贷款的借款人可以决定再融资，即按照与现有贷款不同的条款取得新的抵押贷款，并用所得款项偿还现有贷款。借款人还可以选择，在遇到负面冲击时进行违约，即没有足够或及时地支付本金或利息，这违反了票据的原定条件。

标准模型将再融资和违约决策视为抵押贷款中嵌入的期权。在这种观点下，再融资对应于一个贷款的看涨期权（假设没有提前还款罚金），而违约对应于一个按照房价将抵押贷款还给贷款人的看跌期权（假设为无追索权贷款）。一期一期地还款，直到抵押贷款违约或再融资为止，或继续到下一期。因此，标准经验模型是被修正过的久期模型，被称为竞争风险模型。Deng、Quigley 和 van Order（2000）在标准模型中增加了不可观察的异质性借款人；他们的模型，以及随后在此基础上衍生出来的模型，是分析抵押贷款的主要模型。Gerardi、Shapiro 和 Willen（2008）构建了一个房屋所有权变动的数据库（而不是抵押贷款）；在他们的研究论文中，房主会进行多重抵押贷款，竞争导致自愿出售和止赎。

除了希望降低票面利率（即新抵押贷款的利率比现有抵押贷款的利率低得多）以外，借款人再融资的理由还有：他们可能希望增加抵押贷款本金。这种以套现为目的的再融资通常是借款人可以获得的最便宜的融资形式，即使新的抵押贷款的利率高于原有的抵押贷款利率。Hurst 和 Stafford（2004）指出，流动资产很少的家庭在遭受就业冲击后更有可能进行这种以套现为目的的再融资。这种再融资使得家庭能够利用其累积的房屋净值，从而平滑消费。

因为大多数再融资发生在利率相对较低时，且大多数再融资者只想降低合同利率，所以再融资行为和利率直到 2008 年金融危机时才呈现逆相关。当时，套现再融资的比例下降到较低水平，部分原因是套现再融资带来额外的信用风险使贷款人大幅提高承保标准。

联邦储备委员会对进行套现再融资的借款人开展了一系列调查。Canner、Dynan 和 Passmore（2002）发现，募集到的资金最普遍的用途首先是偿还其他债务（可能以较高的利率），其次用于家装计划，再次是购买消费品，最后是投资以获得收益。按筹集到的美元加权，家庭装修项目成为最受欢迎的资金用途。有趣的是，法国抵押贷款法通常不允许借款人在购买房地产后增加抵押贷款余额（国际清算银行，2006 年）。

抵押贷款违约似乎主要是由房价，或者更确切地说，借款人在房屋中的权益所导致的。事实上，如果借款人在房屋中有大量的自有权益，违约是不可能发生的。因为借款人会选择出售房屋和收回权益，而不是任由贷款人收回房屋。然而，依然存在以下争议：借款人行为是否可以被准确描述为，在抵押贷款中行使看跌期权（当价格一旦下降到低于临界值时就抛弃房产），和违约是否是由现金流短缺导致的。

前一种观点有时被定性为无情违约，而后一种观点被称为违约的双重触发或借款人偿付能力理论。在双重触发观点中，负权益是违约的必要非充分条件。只有当借款人没有权益资产可以缓冲时，不利冲击（如失业、未投保的医疗费用、离婚等）才会对违约率有影响。如果假设违约存在大量的交易成本，且最佳违约触发价格极低，则这两种观点可以被调和。事实上，Foote、Gerardi 和 Willen（2008）指出，马萨诸塞州的大量房主在 20 世纪 90 年代初期经历了几年的负资产，也没有违约。

Quigley 和 van Order（1995）率先对纯粹的“无情违约”模型进行了实证研究，发现观察到的违约意味着相当高的交易成本。Ambrose、Capone 和 Deng（2001）估计了看跌期权的触发值，发现无摩擦期权模型很难解释这些数据，这表明借款人不仅仅看重违约中的狭义金融收益。然而，作者还发现，具有前瞻性的借款人会考虑住房市场的状态，从而强调预期在借款人决策中的重要性。Campbell 和 Cocco（2012）研究了可变利率抵押贷款和固定利率抵押贷款的违约情况，结果也显示，一旦面临负的房地产权益，借款人不会违约。他们还发现，利率上升且劳动收入受到冲击时，可调利率抵押贷款违约增加。相比之下，固定利率抵押贷款则在通货膨胀和利率较低时，有较高的违约率。

14.4　作为金融资产的住房抵押贷款

正如 14.2 和 14.3 部分中讨论的那样，抵押贷款既是一种家庭债务，也是贷款人持有的资产。与其他任何一项资产相同，抵押贷款可以单独出售，也可以作为其他证券的抵押品。事实上，贷款人、投资者和其他金融市场参与者会利用标准化的金融工具（用来给其他一系列定期和固定支付的资产进行估值的方法）来为抵押贷款进行估值。关于固定收益估值工具包的描述超出了本章的范围。尽管如此，我们讨论了住宅抵押贷款中的期权估价方法以及对个人抵押贷款的估价所面临的固有挑战。由于整体贷款是一种相对缺乏流动性且难以估值的金融工具，因此投资者更倾向于购买由数千个个人抵押支持证券，这些证券通常有额外的保护措施，使估值更容易。此外，有关抵押支持证券的大量实际运用和文献研究也超出了本章的范围。本章主要描述了抵押贷款证券化的一些重要的组织原则和制度特征。

14.4.1　对抵押贷款的估值

在对抵押贷款所产生的现金流进行定价的时候，最主要的问题是如何确定抵押贷款的违约率或提前还款的可能性，从而选定合适的变量来进行估价（见 Duffie，1992）。如果未来现金流仅基于现行的无风险利率进行估值，那么关键问题就是判断抵押贷款的现金流是如何随着利率变化而变化的。这就反过来需要对潜在借款人的行为是如何对整体变量作出反应进行建模分析（指定价格也可能取决于房价或其他影响借款人行为的变量）。

最常见的借款人选择是，当利率下降时，借款人会利用现有贷款进行再融资。暂时先不考虑再融资和违约风险，当即期利率下降（上升）时，固定利率抵押债券的价值将会上升（下降）。如果借款人在利率下降时进行重新融资，贷款的现金流可能会在抵押贷款价值最大时停止。

再融资总量主要受再融资激励驱动，该激励在美国被定义为新 30 年期固定利率抵押贷款的即期利率与所有尚未偿还抵押贷款的平均利率之间的差额。当再融资激励很大时，大多数现有借款人可以通过再融资降低他们的票面利率；而当激励很低时，只有少数现有借款人可以降低他们的票面利率。作为一个实证问题，再融资量和再融资激励之间存在强烈的正相关关系。在 2007—2009 年发生的金融危机之后，再融资激励的增长相当迅速，因为现行的抵押贷款利率下降到历史最低点；尽管当时的再融资数量相当大，但由于当前的承保标准较为严格，这一数量可能没有预期的那么大。

为了描述再融资活动和利率之间关系的重要性，我们首先需要定义一些关键术语。久期：资产价值对无风险利率变动的反应程度，即资产价值相对于即期利率的一阶导数。凸性：久期对无风险利率变动的反应程度，换句话说就是，资产价值相对于即期利率的二阶导数。相比于利率上升，当利率下降时，抵押贷款的久期将更低（在绝对值上）。因此，固定利率的抵押贷款呈现出负凸性。图 14.3 中展现了负凸性。虚线给出了两个抵押贷款

（实际上是两个抵押支持证券）相对于收益率曲线的平行移动的价值。

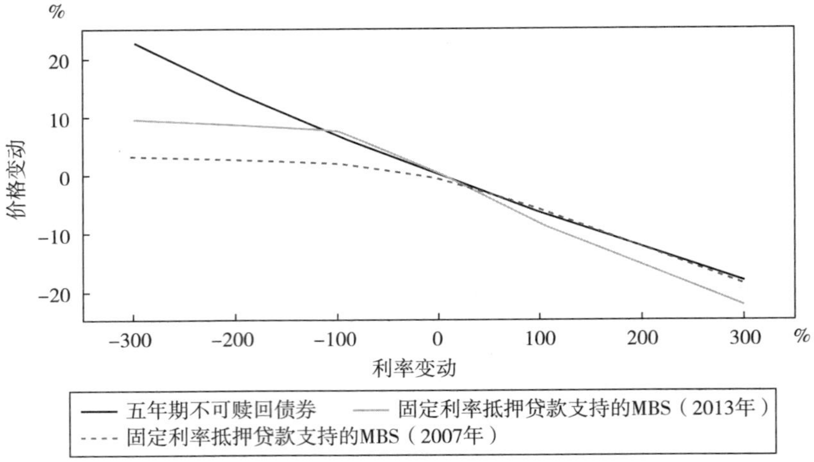

注：图中比较了2007年和2013年由固定利率抵押贷款支持的房利美MBS价值的百分比变化。2007年的资产是一种为期五年的房利美（Fannie Mae）不可赎回债券，它支付的是一张息票——于2008年6月6日发行，利率为3.875%。2013年的资产是五年期房利美不可赎回债券，以2013年6月15日发行的3%的息票进行支付。将这些债券与一种假想的七年期无息票债券进行比较，以表明美国国债收益率曲线的平行变化。结果基于彭博的久期模型，分别用2008年6月12日和2013年6月23日的值进行模拟。

图14.3　MBS和企业债券对利率的价格反应

这种负凸性强调了金融机构在为固定利率抵押贷款提供资金时所面临的困难。如果投资组合的资金来源是不可赎回的债券（图14.3中实线代表七年期的零息债券的价值），任何利率变化都会降低投资组合的净值，因为当利率上升（下降）时，资产的价值下降（上升）更多。如果一个投资组合的资金来源是活期存款，那情况就会更加复杂。原则上，负债的价值不随利率而变。因此，当利率下降时，持有人可能会从中受益；但如果利率上升，则会受到更大的净值损失。从直观上看，投资组合经理正在支付现行利率，同时从抵押贷款人那里收取报酬（由于其对利率不敏感）。如果利率上升，投资组合经理可能必须支付比他从抵押贷款借款人那里收到的更多报酬，这种情况称为负盈利。因此，固定利率抵押贷款的持有人必须小心管理他们的凸性。Perli和Sack（2003）认为，投资组合经理对冲美国凸性风险的愿望已经大到可以放大利率的冲击。

我们要注意的是，为固定利率抵押贷款融资的难度越大，资产的价值就越扭曲，也就是说，负凸性越大。反过来，这意味着借款人对再融资激励越敏感，持有固定利率抵押贷款的无对冲投资组合就越昂贵。这就是为什么当利率下降时，提前还款罚金或其他降低借款人再融资激励的方法对投资者来说是有价值的。

为了说明自金融危机发生以来，美国抵押贷款市场中MBS的价值变化，图14.3展示了两条线，分别代表当利率变化时，2007年和2013年（大约相同年限）发行的两个抵押支持证券的价值是如何变动的。在每一种情况下，如果利率不变，MBS的价值都是规范化的标准。当利率上升时，2007年发行的MBS价值下降幅度低于2013年发行的MBS。低于市场利率的2007年的抵押贷款将比2013年的更快地终止：2007年，房屋销售量更大，借款人的选择也更加灵活，即使和他们用原先资产所得到的抵押贷款相比，新抵押贷款可能需要承担更高的利率，他们仍会选择购买新房并搬入。而当利率下降时，2007 年发行的 MBS 价值上升的幅度低于 2013 年发行的 MBS。当利率下降时，固定收益证券的利率会上升，但借款人的再融资能力可以缓解这种上升。2013 年相对严格的承保标准，使得借款人的再融资变得更加困难，导致他们被锁定在相对较高利率的抵押贷款中。相比之下，在 2007 年相对宽松的承保标准，使得借款人在利率下降时可以迅速作出反应。

14.4.2　抵押支持证券（MBS）

抵押支持证券（抵押担保证券）（MBS），其实就是一种简单的金融资产，由一组抵押贷款所产生的现金流来保证。根据现行的国家抵押贷款机构和金融法规的不同，MBS 有多种类型。

在这里，我们主要关注的是美国的机构和市场。与抵押贷款的估值相同，关于抵押支持证券，也有很多高度专业化的文献对其进行研究，包括理论和实证两方面（见 Fabozzi 和 Modigliani，1992）。关于更广泛的证券化的研究，我们将在第 15 章进行讨论。这里我们将关注点放在抵押支持证券与银行的关系上。

从整体上来看，美国的抵押支持证券主要有两种类型。第一类是机构证券，由房利美（Fannie Mae）、房地美（Freddie Mac）和吉地美（Ginnie Mae）发行的 MBS。房利美和房地美是经过美国国会特许的私人公司，它们被称为与住房相关的政府特许机构，也被称为 GSE（government - sponsored enterprises）。自 2008 年 8 月以来，房利美和房地美开始由政府接管，受美国政府的有效控制，并且，他们的债务很大一部分是由政府来支持。因此在一定程度上，这一类 MBS 更像是担保债券，而不是独立的资产支持证券。第二类是品牌证券（PLS）。和第一种类型相比，这种证券主要由潜在的抵押贷款池支持（有时候，这些 MBS 中的较高利率部分将由债券保险公司进行第三方担保）。

由于一些历史原因，“两房”所进行证券化的绝大多数的优质贷款余额低于贷款限额标准（这一限额在 2013 年暂时提高后，又回到了 417000 美元）。（余额超过合格贷款限额的贷款称为 jumbos）因此，这些次级的、接近优级的、非传统的和优级的 jumbo 都是由私人市场中的发行人进行证券化。除了 2005 年左右，美国信贷热潮处于高峰期间之外，机构证券的发行量远远超过了品牌证券。

私人部门的 MBS 通常按照其偿还的先后顺序，分成不同的部分。最高级的部分享有优先求偿权，可以获得借款人率先支付的任何款项，而最次级的部分只有最次的求偿权，或者在所发生的任何违约现象中率先承担损失。评级机构（穆迪、标准普尔和惠誉）对各部分进行评级，并根据评级进行销售。2007 年，由于评级机构遇到的违约事件超过了预期，用来证券化的抵押贷款价值迅速下降。大量的贷款违约事件几乎直接导致了私人部门的 MBS 市场的关闭，使这类证券的发行数量急剧下降，几乎为零。

随着时间的推移，越来越多的抵押贷款开始被人们以有价证券的形式持有（私人部门的 MBS，GSE 投资组合或由 GSE 证券化的证券），银行持有的投资组合开始不断减少。自危机以来，在房屋抵押贷款市场中发放了大部分贷款的 GSEs（包括联邦住房协会，FHA），现在持有着整个美国住房抵押贷款中一半以上的贷款（Avery 等，2012）。

人们之所以选择 MBS 而不是银行投资组合或非银行贷款的抵押贷款，有如下几个因素：第一，正如我们即将在第 14.5 节中所讨论的那样，抵押支持证券所承担的资本费用，要低于同样用这些贷款构成的投资组合的费用。因此，当一家银行进行一项互换策略（将一个抵押贷款资产组合换成由 GSE 保证的 MBS）时，金融系统（银行和 GSEs）作为一个整体，降低了它的监管资本费用。

第二，正如我们前面所讨论的那样，由于抵押贷款的负凸性，对银行来说持有固定利率抵押贷款投资组合变得十分困难。当然了，抵押支持债券也有着同样的问题。但 MBS 比贷款更容易出售，售价也更加便宜，这就方便银行在需要时将其变现。此外，还可以将 MBS 池中的贷款构建为利率风险特性更加吸引人的新证券。

第三，证券化使抵押贷款的产业组织发生了根本性的变化。以前，银行的抵押贷款业务有三部分：发行、融资和服务。这三部分是紧密联系在一起的。证券化允许贷款人将资金转移到金融市场中。

原则上，证券化可以降低最终抵押借款人的资金成本。金融市场参与者在承担某些类型的风险时需要的风险溢价不同；理论上，通过将这些风险分成单独的证券，证券化允许抵押贷款以一个相对较低的成本进行融资（这一成本是相对于必须持有与抵押贷款捆绑的所有风险的单个机构所要负担的成本而言的）。例如，专业对冲基金可能认为它可以比大多数市场参与者更准确地预测违约。因此，它愿意为承担信用风险的资产支付比其他参与者更高的价格。该对冲基金将有意购买 MBS 中风险最高的部分。

最后，大多数市场参与者都需要流动性溢价，即因无法快速出售自己所持有的资产所需要的额外补偿。证券化允许抵押贷款在更加流动的环境中交易。从这一角度上看，它可以降低最终借款人的资金成本。

自 2008 年金融危机以来，对潜在贷款支付的利率和由这些贷款支持的 MBS 的收益率之间的差距逐渐增大。Fuster 等（2013）指出，如图 14.4 所示，这种利差从 20 世纪 90 年代末的约 30 个基点上升到金融危机期间的 100 个基点，并且在 2012 年时再次增大。当联

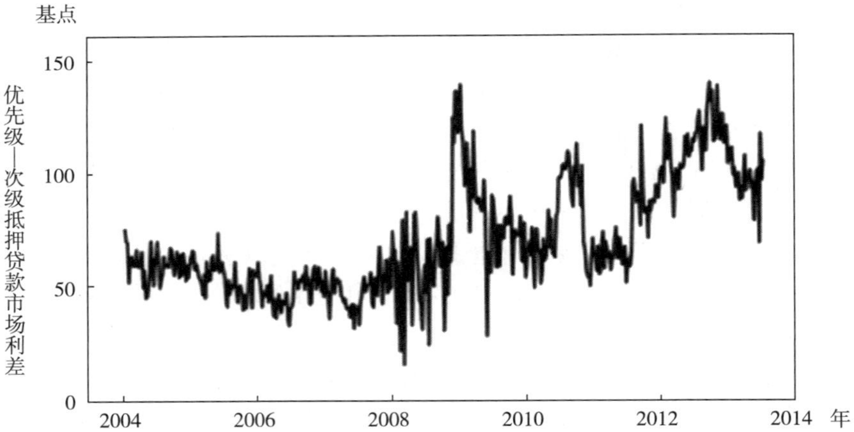

注：该图显示 30 年固定利率常规住房贷款的优先级和次级抵押贷款利率之间的差额。

来源：FHLMC、FRBnY 和 Barclays。

图 14.4 优先级—次级抵押贷款市场利差

邦公开市场委员会在 2012 年宣布额外的 MBS 购买时，这一差距接近 150 个基点。作者详细地讨论了这种增长的原因并得出结论，逐渐扩大的价差是由于未计量成本的增多和发起者利润的增加造成的。

14.5　银行对抵押贷款的资本要求

金融机构持有资本，以确保发生单一风险或不可分散风险时具有足够的偿付能力。监管机构要求银行持有足够资本，一方面是确保其应对风险的能力，另一方面防止银行的被监管地位削弱市场纪律。由于对银行资本监管的完整讨论超出了本章的范围，本章我们着重研究，影响支持住宅抵押贷款组合所需要的经济资本的主要因素。

新巴塞尔资本协议（或巴塞尔协议Ⅱ）中描述的银行资本监管，采用了投资组合信用风险管理。在这里，期望损失等于违约概率（PD）乘以违约损失（LGD）和违约风险敞口（EAD），期望损失会根据债务的到期期限进行修正。对于固定到期期限和本金不能随时间增长的抵押贷款，违约风险敞口基本上是固定的，因为借款人不能增加抵押贷款的本金值（但这一点并不适用于具有负摊销期权的抵押贷款）。因此，我们将集中分析与个人抵押贷款相关的违约概率和违约损失。

住房抵押贷款的第一个关键特征是其信用风险（包括违约概率和违约损失）极易受房价的影响。虽然地域多样化可以为投资组合提供一些保护，但美国当前的经验以及其他国家的房价周期表明，在房价剧烈波动期间，各地的房价增长可以由国家因素来解释（参见 Del Negro 和 Otrok，2007）。

第二，随着抵押贷款特征的不同，信用风险的类别也有着很明显的差异。Calem 和 LaCour - Little 建立了一个模型，用来计算在美国支持 30 年固定利率抵押贷款所需的经济资本。Hancock 等（2006）利用各类借款人的信用评分和贷款价值比调整了 Calem 和 LaCour - Little 的模型，从而计算出用来支撑抵押贷款所需的“审慎的经济资本”。由“审慎的经济资本”支持的抵押贷款组合通常评级为 BBB + 至 A - 。Hancock 等（2006）发现，最低风险贷款只需要很少的资本支持，大约 20 个到 65 个基点。而高风险贷款（贷款价值比率高于 90 或者借款人信贷历史严重受损的贷款）则需要更多的资本，在 1.90% 和 7.25% 之间，这取决于风险特征。

第三，旧的银行资本制度（巴塞尔协议Ⅰ）下的监管资本通常远远大于持有大部分住房抵押贷款所需的审慎经济资本。这就使银行有强烈的动力将整个抵押贷款转换为证券，例如，房地产相关的 GSE，如房利美和房地美，在 21 世纪初的 GSE 会计丑闻之前的监管制度下，针对信用风险的资本只需要 45 个基点。银行资产负债表上作为整体贷款持有的未偿还按揭债务的比例大幅下降，从 1980 年的 67.9% 下降到 1995 年的 34.6%，与此同时，由 GSE 证券化或持有的贷款债务增长了。从 21 世纪初开始，私营部门发行的抵押贷款支持证券占了抵押贷款债务中很大一部分，这一转变与证券化资产所需的资本要求较低相一致。

巴塞尔协议Ⅲ最近更新了资本规则。关于住房抵押贷款，美国实施的是最初提出的建立基于贷款价格与价值的比值（LTV）和其他风险特点的风险篮子。一般来说，这将高于现有的风险篮子。然而，最终，由于担心风险篮子较高会限制对信用可靠的借款人的贷款，从而抑制住房市场的复苏，因此我们不采纳这一建议。所以，以前的风险篮子保持不变。

相关地，正如人们可能预期的那样，在对信用风险普遍不敏感的资本监管下，银行也有动力去持有风险更高的抵押贷款。或者，如果它们将大部分贷款证券化，它们就有动力持有风险较高的贷款，以便维持其二级市场投资者的声誉（因为它们没有出售风险贷款）。Ambrose、LaCour - Little 和 Sanders（2005）研究了一个由主要贷款人证券化的贷款的绩效，而不是选择持有由这些贷款组成的投资组合，进而发现正如所预期的那样，它选择持有风险更高的贷款。

最后，为了估计抵押贷款投资组合所需的最佳资本，我们需要大量在不同情况下的抵押贷款绩效数据。银行可能无法提供足够长时间的业绩数据，只能考虑其他类型的抵押贷款业绩数据。进一步的监管资本必须使用所谓的受压力的 LGDs，即在严重经济衰退期间遭受的损失。然而，合适的事件是相对罕见的，并且可能很难从经历压力事件的一组狭窄的抵押贷款推广到更广泛的在稍后时间或在不同地理区域中存在的抵押贷款。

14.6　金融稳定性与住房抵押贷款

住房抵押贷款是导致 2007—2009 年国际金融危机的核心原因，并对欧洲最近的银行业危机和主权债务危机有着一定的影响。此外，最近对所谓的“宏观审慎”监管（即旨在进行更广泛的金融系统性风险监管而不是单个机构的安全性和健全性的金融监管）日益重视，将对抵押贷款的监管有着很大的影响。事实上，一些政府已采取政策来限制抵押贷款信贷的增长，从而保证金融稳定，而不是更广泛的宏观绩效。这些政策行为涉及目前正在积极研究的一系列相关问题：（1）由不动产支持的信贷如何对金融稳定构成威胁？（2）抵押信贷供应的增加会带来哪些负面后果，是否包括引发或促成房地产泡沫？（3）与抵押贷款相关的政策究竟是应该瞄准那些影响金融稳定的威胁，还是应该着重提高金融体系自身的抵御能力？

14.6.1　抵押贷款如何对金融稳定构成威胁？

Reinhart 和 Rogoff（2009 年）对 2007—2009 年之前的五次银行危机进行了实证研究，发现自第二次世界大战以来，金融危机对发达的经济体有着严重影响。这五次所谓的大型经济危机似乎都与信用繁荣所导致的资产价格增长有关。在这五次危机中，财产价格和相关的抵押债务至少是主要影响因素之一，尽管股票价格和汇率变动也发挥了重要作用。然而，金融危机的产生似乎总是在一定程度上涉及用财产进行的融资。

在抵押债务中，不动产是一种十分具有吸引力的资产。即使考虑到最近下跌的房价，房地产价值的波动性也大大低于股票价格（家庭资产负债表上的另一个主要资产类别）（使用 1976—2012 年美国的季度数据，名义房价的对数差的标准差为 1.94，股票价格为 6.40）。债权人对不动产的权利通常相当清楚，部分是因为抵押贷款在很大程度上免于破产程序（例如第 11 章提到的美国的程序），破产程序可能会干扰对商业设备等资产的索赔；Perotti（2010）强调了这种豁免对于提高由这类资产支持的工具的流动性的重要性。最后，由于发起、服务和发放抵押贷款通常与购买的主要住宅有关，因此这是一个很好理解和常见的交易，特别是在房屋所有率较高的国家。

因此，由于抵押贷款是一种常见的债务形式（事实上在一国的未偿信贷总额中，它们通常仅次于一个国家的主权债务），它们以与大量其他的债务同样的方式影响着金融的稳定性。此外，抵押贷款证券化使其变得十分有吸引力，以支持其他金融工具。投资者可能不知不觉中发现自己持有了和抵押贷款相关的资产。最后，和抵押相关的证券对于影子银行系统（即标准银行业之外的中介）进行期限转换有着重要作用。

Borio 和 Lowe（2002 年）认为，持续且快速的信贷增长，特别是在与资产价格同步增长的情况下，将对金融稳定性构成威胁，这应该成为政策制定者关注的焦点。这种所谓的“国际清算银行观点”与标准中央银行的观点相反，标准中央银行的观点认为，政策应该只对泡沫的间接宏观经济影响作出反应，例如通过标准财富效应来作出反应。大多数情况下，信用被视为冲击的被动放大器。当然，政策制定者认为住房可能对实体经济产生不寻常的影响，并影响货币传导机制；Mishkin（2007）在标准宏观模型框架中探讨了这些因素对政策的影响。图 14.5 显示了在最近两个资产价格泡沫（20 世纪 90 年代末的互联网泡沫和房价泡沫）中，美国家庭总资产的变化情况。如图 14.5 所示，在每个泡沫形成的初期，财富的增长大致相同，但当房价崩溃时，财富下降的更多也更持久。可见房价泡沫在质量上不同于股价泡沫。

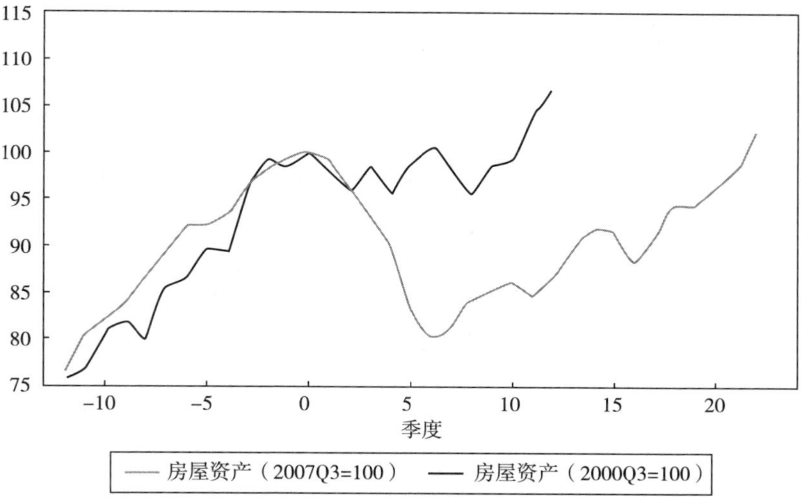

注：该图显示了在互联网峰值（2000 年）和住房泡沫（2007 年）的家庭和非营利组织的总资产。
来源：联邦储备委员会资金流动。

图 14.5 美国家庭总资产

最近的一篇文献更加正式地将信贷繁荣与随后的金融危机联系起来，并将其称为银行危机。Schularick 和 Taylor（2012）利用几个发达经济体 130 多年的历史证据表明，金融危机发生之前，通常先出现信贷繁荣。许多其他的研究文献使用不同的定义、数据和方法（参见 Dell'Ariccia 等 2012 年及其中的参考文献），也得出了类似的结论。这些文献在很大程度上并没有把抵押贷款的繁荣作为特别的罪魁祸首，部分是因为区分房地产贷款和其他贷款的数据是在不同国家和不同时期内以类似的方式聚集在一起，可靠性较低。Ferrero（2012）指出，在最近的金融危机中，经历了房地产繁荣的国家也经历了极大的经常项目逆差和更深层次的经济衰退。

另一种不同的观点强调了抵押相关证券在传统银行体系以外的融资市场中的作用。美国抵押贷款热潮的一个重要标志是二级市场开始对新型住宅抵押贷款进行的融资。Keys 等（2010）认为，证券化本身鼓励贷款人更少地筛选借款人，并专注于制作更高风险的贷款。然而，Foote、Gerardi 和 Willen（2012）认为，证券化等金融创新并不能解释美国与抵押贷款有关的信贷兴衰。

无论证券化本身能否促进信贷繁荣，抵押支持证券通常都会被用作融资市场的抵押品。Gorton（2010）强调，在 2008 年金融危机发生之前的几年里，大公司、富人和主权财富基金都在寻求具有和存款特征（这些特征包括流动性、安全性和其他一些交易功能）相类似的资产。Pozsar 等（2010）描述了这些所谓的“影子银行系统”是如何将住房抵押贷款转变为类似存款这样的负债的。由于各种各样的原因，影子银行的期限转换和风险转移都被证明具有脆弱性。正如 Adrian 和 Shin（2009）所研究的那样，影子银行体系的负债收缩一般会先于实体经济增长的下降。因此，在危机期间，影子银行系统的去杠杆化导致信贷供应和信贷活动的收缩。Ramcharan、Van den Heuvel 和 Virane（2013）观察了消费信贷市场，从而为这种效应提供了直接证据。

14.6.2 抵押贷款增加所带来的后果

信贷供给，用贷款人是否愿意提高贷款期限或改善条款为以前被排除在信贷市场之外的借款人提供信贷来衡量。信贷供给会因技术进步（Edelberg，2006）、信贷市场竞争程度（Dick 和 Lehnert，2010）或政府政策（参见例如，Elliehausen 和 Durkin，1989）而增加。鉴于金融危机之前的抵押贷款供应大量扩张，我们有必要调查这种扩张对金融稳定性产生的后果。

抵押信贷供应影响金融稳定性的一个明显渠道是通过房价。一个可能的推测是，外部力量允许家庭更容易获得抵押贷款，因此，人们会选择买房而不是租房，这种行为最终可能会催生出一个巨大的泡沫。由于当贷款人预期房价上涨时，他们确定信贷供应对房价的处理效果是非常具有竞争性的。因此他们更愿意发放贷款，特别发给那些高风险借款人。事实上，Gerardi 等（2008）在文献中指出，市场参与者认为名义房价不会下降。Adelino、Schoar 和 Severino（2012）利用房利美和房地美所规定的最大贷款额（一个基于滞后房价公式计算的数值）作为信贷供应的工具，发现信贷供应对房价存在着相当大的影响。

14.6.3 宏观审慎政策和抵押贷款的关系

鉴于抵押贷款是大家公认的导致金融危机的罪魁祸首，因此人们希望那些旨在促进金融稳定的监管政策能够格外关注抵押贷款。这些旨在促进金融稳定的一般类别的监管政策被称为宏观审慎政策。关于宏观审慎政策存在着一些争论。在经济向好的时候，宏观审慎政策是否应该仅仅用来增强金融系统的抵抗能力？或者是否应该试图约束资产价格或信贷的增长？以相关的方式，政策通常分为结构性的（解决金融系统中一直存在的问题）和周期性的（解决随着时间而出现的问题）。最后，宏观审慎政策工具包的构成仍然有些不明确。由于对这些问题的完整讨论超出了本节的范围，本节我们着重讨论与抵押贷款有关的政策建立。

自 2008 年金融危机之后，出现了一系列新的监管措施和构建抵押贷款市场的新方法。其中一些可以被认为是结构性宏观审慎政策，即旨在增强抵押贷款市场固有稳定性的政策。以前的制度最明显的失败之处在于，市场参与者对房价风险所提取的准备金不足。正如 Frame、Gerardi 和 Willen（2013）在文献中所说的，对于美国政府特许机构，这是一个基于压力测试的资本制度，该压力测试假设房价轻微且逐步下降。相比之下，在 2009 年的美国银行压力测试中，房价被假定为剧烈且迅速下降（见美联储理事会，2009 年）。随后的美国银行压力测试还包括全国范围内的房价急剧下降，由此所得出的住宅和商业抵押贷款的损失率，按照历史标准，是非常高的。

美国和欧洲的当局认为，抵押支持证券发行人与其购买者之间预期的不一致，促成了 2008 年金融危机的发生。根据这个理论，MBS 的发行人减少了监控借款人潜在风险的动机，因为它们所有的贷款都以证券形式出售给投资者。事实上，许多处于美国抵押贷款信贷繁荣中心的公司，如新世纪金融公司，资本稀少，几乎没有能力持有抵押贷款，但却是最大的抵押贷款发起人之一。作为回应，欧洲和美国的监管机构制定了所谓的“风险保留”规则，禁止证券发行人出售来自住宅抵押贷款池的所有资产。

对于模糊的动态宏观审慎工具包，我们应该特别关注资本监管，因为它是发达经济体所使用的最明确的宏观审慎工具。巴塞尔协议Ⅲ的资本标准包括所谓的反周期缓冲资本（见巴塞尔银行监管委员会，2011 年）。在这一框架下，当各国的国家信贷与 GDP 的比率在一定时间内持续高于趋势，他们就应该对银行增加额外的资本需求。一些作者，包括 Edge 和 Meisenzahl（2011 年）以及 Repullo 和 Saurina（2011 年）已经表明，在对金融危机的预测上，实时的信贷与 GDP 的比率的衡量方法并不可靠，而且还会导致适得其反的政策，如 2007 年危机前夕信贷标准的放松。不过，要求金融中介在繁荣时期积累资本并在萧条期间减少资本的想法还是很有吸引力的。在经济良好的时期，资本相对便宜，更高的资本要求可以减缓信贷增长。在萧条时期，允许金融中介机构利用这些周期性缓冲，可能会缓解它们在经济低迷时期缩减贷款供应的趋势。

在抵消抵押相关贷款对金融稳定性威胁方面，反周期资本的有效性尚不明确。在理论上，资本需求抑制抵押贷款信贷繁荣的能力，取决于资本对贷款定价和可得性的效果，以及抵押贷款需求对于它们的弹性。在信贷繁荣期间，投资者更乐意承担风险，因此在这样的环境中，我们并不清楚贷款成本的增加会导致多少资本需求的增加。

此外，资本要求的普遍提高对处于繁荣期的特定类别的贷款（如抵押贷款）的影响可能较小。最后，在以市场为基础的大型抵押贷款融资体系的经济体中，对银行资本金要求的提高可能只会推动非银行部门的更多活动。

在 2008 年金融危机爆发之前，西班牙曾使用过一种名叫“动态贷款损失准备金”的拨备方式。在西班牙的房价泡沫中，银行持有的抵押贷款损失准备金太低，这种拨备原则上应能使银行更好地应对不良资产。如果没有泡沫的影响，抵押贷款的价格和可得性都会比以前更低。虽然西班牙的经验仍在发展，但有一点可以达成共识，如果没有动态拨备，抵押贷款将会增加更多，银行随后的资本短缺也会更大（见 Saurina，2009 年）。

部门资本要求（SCRs）允许政策制定者针对特定的银行资产提高资本要求。实际上，SCRs 可以被认为是特定资产的风险权重。因此，在抵押贷款繁荣期间，决策者只需要提高支持这些贷款所需的资本，而不影响其他信贷的提供，例如，对中小企业的贷款。英国银行宏观审慎政策制定机构，即财务政策委员会，已被授予一些对 SCRs 的控制权（见英格兰银行，2013 年）。

14.7 结论

住房抵押贷款是最古老的间接融资形式之一，通常是一个家庭承担的最大信贷交易，并且也是金融服务部门的重要组成部分。住房抵押贷款银行业有三大功能：发起、融资和服务。技术的进步和金融市场的发展使得金融机构可以将这三个部分分离开来。现在，小规模贷款的发起人可以利用网络承保的方式，将住房抵押贷款卖给金融机构，金融机构再将贷款打包并卖给投资者，并通过专业运营创造出规模经济。同时，与这种崭新的抵押贷款商业模式相伴而生的许多不稳定因素在最近美国次贷危机中也逐渐显现出来。

住房抵押贷款是家庭部门的抵押债务，相比无抵押借款，住房抵押贷款一般期限更长和利率更低。然而，相比其他形式借款，住房抵押贷款优势在于放款人能否在借款人违约时获得确定的抵押品。当一项贷款被发起时，放款人必须考虑抵押资产的价值、借款人用来做抵押的权益数目、借款人的收入和资产以及借款人的信用记录。

家庭面临着关于住房抵押贷款的两种类型的决定：第一，在发起贷款之前作的关于家庭首选贷款类型的决定；第二，在发起贷款之后作的关于是再融资还贷还是违约的决定。在发起贷款之前，不同国家的家庭面临着一系列不同的选择。通俗地讲，家庭必须决定借多少款、能够接受多大的利率风险以及建立什么样的分期还款计划。

一旦贷款发起了，家庭可能有能力再融资偿还贷款，或者也有可能作出违约的决定，这取决于家庭所处的境况。经济学家通常将这些选择视为一种隐含于抵押贷款之中的期权。然而，纯粹的期权理论很难解释借款人决策，尤其是关于违约的决策，这表明交易成本在家庭的决策中起着至关重要的作用。

当然，贷款人对住房抵押贷款中隐含的、对于家庭来说“唾手可得”的这种违约期权并非视而不见，贷款人必须对这种这些期权进行定价并且收取适当的风险补偿。大量的文献都围绕着如何准确对家庭的再融资决策建模展开。借款人对即期利率的变化越敏感，加了杠杆的这一抵押贷款的最终持有者就越要关注抵押资产的久期和抵押债务最终的资金来源。因为利率的突然变化将会降低资产组合的净现值。

银行资本的管理者同样面对着住房抵押贷款的监管资本成本和收益之间的权衡问题。过去巴塞尔协议Ⅰ下的资本成本比大多数抵押贷款信用风险所需的资本成本要高，这为受监管的银行将部分抵押贷款从资产负债表中移出提供了动机。

最后，由于 2008 年金融危机部分源于抵押贷款市场的发展，住房抵押贷款市场的信用增长和机构特征对金融稳定的影响逐渐成为了人们关注的焦点。历史证据表明信用的急速膨胀往往是金融危机的前兆，这启示着限制信用增长的政策应该发挥作用。此外，抵押贷款为影子银行系统（影子银行系统在过去被证明具有脆弱性）提供了有吸引力的资产。

参考文献

[1] Adelino M. Schoar A. , and Severino F. (2012). Credit Supply and House Prices: Evidence from Mortgage Market Segmentation, nBER Working Paper no. 17832.

[2] Adrian T. and Shin H. S. (2009). Money, Liquidity, and Monetary Policy, American Economic Review 99 (2), 600 - 605.

[3] Ambrose B. W. , Capone Jr. , C. A. and deng Y. (2001). optimal Put Exercise: An Empirical Examination of Conditions for Mortgage Foreclosure, Journal of Real Estate Finance and Economics 23 (2), 213 - 234.

[4] Ambrose B. W. , LaCour - Little M. , and Sanders A. B. (2005). does Regulatory Capital Arbitrage, Reputation, or Asymmetric Information drive Securitization?, Journal of Financial Services Research 28 (1), 113 - 133.

[5] Amromin G. , Huang J. , and Sialm C. (2007). The Tradeoff between Mortgage Prepayments and Tax - deferred Retirement Savings, Journal of Public Economics 91 (10), 2014 - 2040.

[6] Avery R. , Bhutta n. , Brevoort k. , and Canner G. (2012). The Mortgage Market in 2011: Highlights from the data Reported under the Home Mortgage disclosure Act, Federal Reserve Bulletin 98 (6), 1 - 46.

[7] Bank for International Settlements (2006). Housing Finance in the Global Financial Market, Committee for the Global Financial System Papers no. 26.

[8] Bank of England (2013). The Financial Policy Committee's Powers to Supplement Capital Requirements. A draft Policy Statement.

[9] Basel Committee on Banking Supervision (2011). Basel Ⅲ: A Global Regulatory Framework for More Resilient Banks and Banking Systems, Bank for International Settlements Consultative Paper no. 189.

[10] Barakova I. , Bostic R. , Calem P. , and Wachter S. (2003). does Credit Quality Matter for Homeownership?, Journal of Housing Economics 12 (4), 318 - 336.

[11] Ben - david I. (2008). Manipulation of Collateral Values by Borrowers and Intermediaries. Graduate School of Business, university of Chicago, Chicago, IL Manuscript.

[12] Bhutta n. and Canner G. (2013). Mortgage Market Conditions and Borrower outcomes: Evidence from the 2012 HMdA data and Matched HMdA - Credit Record data Federal Reserve Bulletin 99, 1 - 58.

[13] Board of Governors of the Federal Reserve System (2009). The Supervisory Capital Assessment Program, design and Implementation.

[14] Borio C. and Lowe P. (2002). Asset Prices, Financial and Monetary Stability: Exploring the nexus, BIS Working Paper no. 114.

[15] Brueckner J. (1993). Why do We Have ARMs?, American Real Estate and Urban Economic Associations Journal 21 (3), 333 - 345.

[16] Brueckner J. (1994). Borrower Mobility, Adverse Selection and Mortgage Points, Journal of Financial Intermediation 3 (4), 416 - 441.

[17] Brueckner J. and Follain J. R. (1988). The Rise and Fall of the ARM: An Econometric Analysis of Mortgage Choice, Review of Economics and Statistics 70 (1), 93 - 102.

[18] Bucks B. , kennickell A. , and Moore k. (2006). Recent Changes in uS Family Finances: Evidence

fromthe 2001 and 2004 Survey of Consumer Finances, Federal Reserve Bulletin 92, A1 – A38.

[19] Bucks B. and Pence k. (2008). do Homeowners know Their House Values and Mortgage Terms?, Journal of Urban Economics 62 (2), 57 – 70.

[20] Campbell J. Y. and Cocco J. (2003). Household Risk Management and optimal Mortgage Choice, Quarterly Journal of Economics 118 (4), 1449 – 1494.

[21] Campbell J. Y. and Cocco J. (2012). A Model of Mortgage default, nBER Working Paper No. 17516.

[22] Campbell J. Y. and Giglio S. (2011). Forced Sales and House Prices, American Economic Review 101 (5), 2108 – 2131.

[23] Canner G., dynan k., and Passmore W. (2002). Mortgage Refinancing in 2001 and Early 2002, Federal Reserve Bulletin 88 (12), 469 – 490.

[24] Capone Jr., C. A. (1996). Providing Alternatives to Mortgage Foreclosure: A Report to Congress. Washington, dC: uS department of Housing and urban development.

[25] Ciochetti B. A. (1997). Loss Characteristics of Commercial Mortgage Foreclosure, Real Estate Finance 14 (1), 53 – 69.

[26] Clauretie T. M. (1989). State Foreclosure Laws, Risk Shifting, and the PMI Industry, Journal of Risk and Insurance 56 (3), 544 – 554.

[27] Clauretie T. M. and Herzog T. (1990). The Effect of State Foreclosure Laws on Loan Losses: Evidence from the Mortgage Insurance Industry, Journal of Money, Credit and Banking 22 (2), 221 – 233.

[28] Cordell L., dynan k., Lehnert A., Liang n., and Mauskopf E. (2010). The Incentives of Mortgage Servicers: Myths and Realities. In: R. W. kolb, (Ed.), Lessons from the Financial Crisis, 231 – 237. Hoboken, nJ: John Wiley & Sons.

[29] Cordell L., Geng L., Goodman L., and Yang L. (2013). The Cost of delay, Federal Reserve Bank of Philadelphia Working Paper no. 13 – 15.

[30] Del Negro M. and Otrok C. (2007). 99 Luftballons: Monetary Policy and the House Price Boom across uS States, Journal of Monetary Economics 54 (7), 1962 – 1985.

[31] Dell'Ariccia G., Igan d., Laeven L., and Tong H. (2012). Policies for Macrofinancial Stability: How to deal with Credit Booms and Busts, IMF Staff discussion note no. 12/06.

[32] Deng Y., Quigley J. M., and van order R. (2000). Mortgage Terminations, Heterogeneity and the Exercise of Mortgage options, Econometrica 68 (2), 275 – 307.

[33] Dick A. and Lehnert A. (2010). Personal Bankruptcy and Credit Market Competition, Journal of Finance 65 (2), 655 – 686.

[34] Duffie D. (1992). Dynamic Asset Pricing Theory. Princeton, nJ: Princeton university Press.

[35] Edelberg W. (2006). Risk – Based Pricing of Interest Rates for Consumer Loans, Journal of Monetary Economics 53 (8), 2283 – 2298.

[36] Edge R. and Meisenzahl R. (2011). The unreliability of Credit – to – GdP Ratio Gaps in Real Time: Implications for Countercyclical Capital Buffers, International Journal of Central Banking 261 – 298.

[37] Eggert k. (2007). Comment: What Prevents Loan Modifications?, Housing Policy Debate 18 (2), 279 – 297.

[38] Elliehausen G. and durkin T. (1989). Theory and Evidence of the Impact of Equal Credit opportunity: An Agnostic Review of the Literature, Journal of Financial Services Research 2 (2), 89 – 114.

[39] Elliehausen G., Staten M. E., and Steinbuks J. (2008). The Effect of Prepayment Penalties on the

Pricing of Subprime Mortgages, Journal of Economics and Business 60 (1 – 2), 33 – 46.

[40] Fabozzi F. J. and Modigliani F. (1992). Mortgage and Mortgage – Backed Securities Markets. Boston, MA: Harvard Business School Press.

[41] Ferrero A. (2012). House Price Booms, Current Account deficits, and Low Interest Rates, Federal Reserve Bank of new York Staff Report no. 541.

[42] Foote C., Gerardi k., and Willen P. (2008). negative Equity and Foreclosures: Theory and Evidence, Journal of Urban Economics 64 (2), 234 – 245.

[43] Foote C., Gerardi k., and Willen P. (2012). Why did So Many People Make So Many Ex – Post Bad decisions? The Causes of the Foreclosure Crisis, Federal Reserve Bank of Atlanta Working Paper no. 2012 – 7.

[44] Frame W. S., Gerardi k., and Willen P. (2013). Supervisory Stress Tests, Model Risk, and Model disclosure: Lessons from oFHEo. Federal Reserve Bank of Atlanta Manuscript.

[45] Fu Q., LaCour – Little M., and Vandell k. (1997). Retiring Early: An Empirical Analysis of the Mortgage Curtailment decision, university of Wisconsin Center for urban Land Economic Research Working Paper no. 97 – 09.

[46] Fuster A., Goodman L., Lucca d., Madar L., Molloy L., and Willen P. (2013). The Rising Gap between Primary and Secondary Mortgage Rates, Economic Policy Review 19, 17 – 39.

[47] Gerardi k., Lehnert A., Sherlund S., and Willen P. (2008). Making Sense of the Subprime Crisis, Brookings Papers on Economic Activity, Fall, 69 – 145.

[48] Gerardi k., Shapiro A. H., and Willen P. (2008). Subprime outcomes: Risky Mortgages, Homeownership Experiences, and Foreclosures, Federal Reserve Bank of Boston Working Paper no. 07 – 15.

[49] Gorton G. (2010). Slapped by the Invisible Hand. new York: oxford university Press. Graham, J. R. (2000). How Big are the Tax Benefits of debt?, The Journal of Finance 55 (5), 1901 – 1942.

[50] Hancock d., Lehnert A., Passmore W., and Sherlund S. M. (2006). The Competitive Effects of Risk – Based Capital Regulation: An Example from uS Mortgage Markets, Federal Reserve Board, Finance and Economics discussion Series no. 2006 – 46.

[51] Haurin d. R., Herbert C. E., and Rosenthal S. S. (2007). Homeownership Gaps among Low – Income and Minority Households, Cityscape 9 (2), 5 – 52.

[52] Hurst, E. and Stafford F. (2004). Home Is Where the Equity Is: Mortgage Refinancing and Household Consumption, Journal of Money, Credit, and Banking 36 (6), 985 – 1014.

[53] International Monetary Fund (2011). Global Financial Stability Report. World Economic Surveys, Washington dC.

[54] Keys B. J., Mukherjee T., Seru A., and Vig V. (2010). did Securitization Lead to Lax Screening? Evidence from Subprime Loans, Quarterly Journal of Economics 125 (1), 307 – 362.

[55] LaCour – Little M. and Malpezzi S. (2003). Appraisal Quality and Residential Mortgage default: Evidence from Alaska, Journal of Real – Estate Finance and Economics 27 (2), 211 – 233.

[56] LaCour – Little M. and Yang J. (2010). Pay Me now or Pay Me Later: Alternative Mortgage Products and the Mortgage Crisis, Real Estate Economics 38 (4), 687 – 732.

[57] Lamont o. and Stein J. (1999). Leverage and House – Price dynamics in uS Cities, RAND Journal of Economics 30 (3), 498 – 514.

[58] Leventis A. (2006). Removing Appraisal Bias from a Repeat – Transactions House Price Index: A Basic Approach, oFHEo Working Paper no. 06 – 1.

[59] Mayer C., Pence k., and Sherlund S. M. (2009). The Rise in Mortgage defaults, Journal of Eco-

nomic Perspectives 23 (1), 27 – 50.

[60] Miles d. (2004). The UK Mortgage Market: Taking a Longer – Term View. norwich, uk: HM Stationery office.

[61] Mishkin F. (2007). Housing and the Monetary Transmission Mechanism, Federal Reserve Board Finance and Economics discussion Series no. 2007 – 40.

[62] Pence k. (2006). Foreclosing on opportunity: State Laws and Mortgage Credit, Review of Economics and Statistics 88 (1), 177 – 182.

[63] Perli R. and Sack B. (2003). does Mortgage Hedging Amplify Movements in Long – Term Interest Rates?, The Journal of Fixed Income 13 (3), 7 – 17.

[64] Perotti E. (2010). Systemic Liquidity Risk and Bankruptcy Exemptions, Centre for Economic Policy Research Policy Insight no. 52.

[65] Piskorski T. and Tchistyi A. (2010). optimal Mortgage design, Review of Financial Studies 23 (8), 3098 – 3140.

[66] Quigley J. and van order R. (1995). Explicit Tests of Contingent Claims Models of Mortgage default, Journal of Real Estate Finance and Economics 11 (2), 99 – 117.

[67] Ramcharan R., Van den Heuvel S., and Virane S. (2013). From Wall Street to Main Street: The Impact of the Financial Crisis on Consumer Credit Supply, Federal Reserve Board Finance and Economics discussion Series no. 2013 – 10.

[68] Reinhart C. and Rogoff k. (2009). This Time is Different: Eight Centuries of Financial Folly. Princeton, nJ: Princeton university Press.

[69] Repullo R. and Saurina J. (2011). The Countercyclical Capital Buffer of Basel Ⅲ: A Critical Assessment, CEMFI Working Paper no. 1102.

[70] Saurina J. (2009). Loan Loss Provisions in Spain: A Working Macroprudential Tool, Banco de España Estabilidad Financiera no. 17.

[71] Schularick M. and Taylor A. (2012). Credit Booms Gone Bust: Monetary Policy, Leverage Cycles, and Financial Crises, 1870 – 2008, nBER Working Paper no. 15512.

[72] Shilling J. d., dhillon u. S., and Sirmans C. F. (1987). Choosing between Fixed and Adjustable Rate Mortgages, Journal of Money, Credit, and Banking 19 (2), 260 – 267.

[73] Stanton R. and Wallace n. (1999). Anatomy of an ARM: The Interest Rate Risk of Adjustable Rate Mortgages, Journal of Real Estate Finance and Economics 19 (1), 49 – 67.

[74] Stegman M. A., Quercia R. G., Ratcliffe J., ding L., and davis W. R. (2007). Preventive Servicing is Good for Business and Affordable Homeownership Policy, Housing Policy Debate 18 (2), 243 – 278.

[75] Stein J. (1995). Prices and Trading Volume in the Housing Market: A Model with downpayment. Effects, Quarterly Journal of Economics 110 (2), 379 – 406.

[76] US department of the Treasury (2013). May 2013 Making Home Affordable Program Performance Repor.

第 15 章　证券化

15.1　引言

证券化通常是指银行将其（通常）非流动资产（传统上一直持有到期）转换成有价证券的结构化过程。银行通常将非流动资产汇集在一起形成一个资产池，然后放入一个特殊目的工具（SPV）中，形成一个破产隔离实体，并通过这个实体发行由资产池支持的证券［通常称为资产支持证券（ABSs）］来为购买新的资产提供资金。[①]从 20 世纪 90 年代早期至 21 世纪初，受供给和需求两方面因素的影响，证券化市场规模迅速扩张。从供给角度来看，银行在一个竞争日益激烈的市场环境中，为了追寻更高的利润不得不承担更多的风险。而证券化为银行追寻更高的利润提供了机会，其允许银行将非流动性贷款转化为有价证券，从而为银行进行更多的投资提供了资本。美国房地产市场的发展进一步推动了证券化市场的扩张（Baily、Elmendorf 和 Litan，2008）。从需求的角度来看，证券化的增长得益于机构投资者所管理的资产规模的增加，这些机构投资者往往希望投资于安全资产（即高质量的 AAA 级债务工具）（Acharya 和 Schnabl，2010）。由于 ABSs 的特性，其恰好能满足机构投资者对安全资产的需求（Pozsar，2011；Claessens 等，2012）。[②] Gorton 和 Metrick（2013）认为，对 ABSs 的需求增长也与衍生品和回购市场对抵押品需求的增长有关。[③]

在经历了长期的快速扩展之后，随着雷曼兄弟的倒闭，机构投资者与市场参与者对 ABSs 信心的丧失，证券化市场在 2008 年末开始进入寒冬。2007—2009 年的金融危机对证券化市场的影响已经有记录可查（Brunnermeier，2009；Gorton，2010；BIS，2011）。

尽管证券化在金融危机中所扮演的角色颇有争议，但其在经济上的重要性是不可否认的。这种结构性金融技术从根本上改变了银行作为金融中介机构的角色，银行市场的运作方式从传统的“放贷—持有”模式（即银行发放贷款，然后在资产负债表上持有这些贷款）逐渐转变为“放贷—证券化”模式（即将贷款捆绑后出售给外部投资者）。在这方面，证券化不仅模糊了贷款和债券之间的界限，而且在很大程度上改变了银行的中介功

---

① 从狭义上讲，资产支持证券（ABSs）是由抵押贷款以外的贷款所支持的，由抵押贷款支持的证券被称为抵押贷款支持证券（MBSs）。

② 机构投资者是指大的、集中管理的、拥有大量短期资金的全球非金融公司和类似资产管理者、证券借出者和养老基金的机构（见 Pozsar，2011）。

③ 使用衍生工具和回购交易都要求使用抵押品。Gorton 和 Metrick（2013）指出由于两个市场的增长，作为抵押品的美国国债数量出现短缺，而资产支持证券的设计特点使其可以成为“安全资产”的替代品。

能，银行作为中介的传统角色被分割成若干特定的职能，并被越来越多地外包给专门的非银行金融机构。此外，证券化增加了银行对资本市场的依赖。从 20 世纪 90 年代末开始，银行开始从零售部门获取资金，其中包括债券融资、商业票据融资和回购融资。在资产负债表中的资产端，银行开始对越来越多的贷款（其中既包括刚发放的贷款也包括已经发放了好几年的贷款）进行证券化（Bord 和 Santos，2012）。这一趋势不仅导致了银行系统以外的金融中介（影子银行）的快速增长，也对银行在金融市场中扮演的角色产生了重要的影响。①一些人认为，“放贷—证券化”模式破坏了金融稳定，并强调了证券化过程中银行与投资者之间的激励不当问题。这是因为证券化本身就会产生逆向选择（低质量贷款证券化）和道德风险问题（因为贷款可以出售，贷款人缺乏甄别和监督借款人的动机）。最近的一些研究表明，证券化导致了贷款标准的降低（Mian 和 Sufi，2009；Keys 等，2010；Elul，2011；Dell'Ariccia、Igan 和 Laven，2012）。

尽管证券化过程中的缺陷在金融危机中变得明显，政策制定者和市场参与者也认识到其潜在的好处，并且目前正试图通过增加透明度和将其变得简单化和标准化来提振市场。尽管监管方在努力，证券化的未来依然是不确定的。市场能否重启？这一结构化金融工具是否仍然能在未来金融市场的发展中发挥重要作用？所提出的监管改革是否可以最小化未来风险、调整激励、最大化证券化收益？

在此背景下，本章旨在探讨证券化市场中的一些关键问题。第 15.2 节主要介绍了证券化的发展历史，并在对证券化的兴起和衰落进行了图表分析。第 15.3 节，我们给出了证券化过程的一些术语及定义，并讨论了证券化过程的每个阶段中可能出现的问题。第 15.4 节中讨论了证券化的私人成本与收益及公共成本与收益。最后，在第 15.5 节中我们从政策和市场角度讨论了证券化的未来，并提出了相关建议。

15.2 证券化的发展

资产证券化的起源可以追溯到 20 世纪 70 年代的美国金融市场上美国政府机构——政府国民抵押贷款协会（GNMA，也称 Ginnie Mae）进行的抵押贷款的结构化融资，之后是 80 年代初期的联邦住房抵押贷款公司（FHLMC，也称 Freddie Mac）和联邦国民抵押贷款协会（FNMA，也称 Fannie Mae）（Baily、Elmendorf 和 Litan，2008）。到 20 世纪 80 年代中期，其他金融和非金融机构进入市场前，政府机构和政府特许机构（GSEs）一直是抵押贷款支持证券市场上的主要发行者。1986 年的《税收改革法案》使房地产抵押贷款投资渠道（REMICs）的产生成为可能。这项改革允许将资产转移到破产隔离机构，由此推动了美国证券化市场的发展。1986 年《税收改革法案》之后，非政府机构证券化的发行量（也称为品牌证券）稳步上升，并在 2005 年达到顶点。2007—2009 年金融危机的爆发使非政府机构证券化的发行量急剧减少（如表 15.1 所示，从 2007 年的约 7390 亿美元跌至 2008 年的 370 亿美元）。

① Adrian、Ashcraft 和 Cetorelli 在本书第 16 章“影子银行监管”中对影子银行市场作出了详尽的阐述。

表 15.1 **美国证券化的发行情况** 单位：十亿美元

年份	MBS			ABS								总计
	机构产品	非机构产品	MBS 总额	汽车	信用卡	机器设备	住房权益	预制房屋	其他	学生贷款	ABS 总额	
1985	110.56	—	110.56	1.04	—	0.19	—	—	—	—	1.23	111.79
1986	267.98	—	267.98	9.76	—	0.17	—	—	0.07	—	10.00	277.98
1987	249.90	—	249.90	6.20	2.30	—	—	0.18	0.23	—	8.91	258.81
1988	187.97	—	187.97	5.84	6.92	0.10	—	0.79	0.62	—	14.27	202.24
1989	294.70	—	294.70	6.14	10.99	—	2.70	1.95	0.29	—	22.07	316.77
1990	358.26	—	358.26	13.38	22.58	—	5.53	1.07	0.64	—	43.21	401.47
1991	451.37	—	451.37	17.47	21.82	0.48	10.29	1.38	0.46	—	51.91	503.28
1992	750.82	—	750.82	24.77	17.40	2.28	6.65	2.59	1.51	—	55.20	806.02
1993	956.13	—	956.13	24.67	19.61	3.67	8.26	2.49	3.14	0.34	62.18	1018.31
1994	514.03	—	514.03	19.52	31.52	4.32	11.01	4.66	8.10	2.40	81.54	595.57
1995	288.40	—	288.40	29.97	47.39	3.46	15.76	6.14	7.24	2.86	112.81	401.21
1996	444.10	52.62	496.70	35.74	48.74	12.39	37.52	8.12	16.20	8.05	166.76	663.45
1997	544.50	68.69	613.19	42.12	40.57	8.32	69.03	9.58	19.87	12.56	202.07	815.26
1998	954.90	194.48	1149.40	40.90	43.07	10.14	87.07	11.89	43.80	10.23	247.10	1396.51
1999	887.10	139.43	1026.58	46.58	40.68	12.53	75.71	15.01	34.50	11.09	236.10	1262.67
2000	583.30	101.68	684.99	71.03	57.14	11.46	75.52	11.28	36.06	18.56	281.05	966.5
2001	1480.40	212.93	1693.28	83.95	68.62	8.50	112.21	7.15	30.90	14.88	326.21	2019.49
2002	2044.30	293.50	2337.82	94.66	70.34	6.42	150.77	4.62	19.35	27.74	373.90	2711.72
2003	2757.20	415.37	3172.59	82.53	66.73	9.45	229.07	0.40	30.37	42.99	461.54	3634.13
2004	1393.00	523.57	1916.60	79.38	53.74	8.46	425.03	0.37	36.50	48.04	651.53	2568.13
2005	1347.70	882.74	2230.46	106.10	67.83	10.44	460.49	0.44	44.97	63.24	753.52	2983.97
2006	1239.10	871.22	2110.31	90.44	66.90	8.78	483.91	0.20	36.52	67.13	753.88	2864.19
2007	1465.60	738.72	2204.27	78.60	99.53	5.77	216.89	0.41	44.39	61.37	506.96	2711.23
2008	1366.80	36.79	1403.59	36.16	59.06	3.07	3.82	0.31	8.87	28.20	139.49	1543.09
2009	2022.90	18.12	2041.07	62.75	46.09	7.66	2.07	0.00	10.25	22.10	150.91	2191.98
2010	1941.10	34.60	1975.75	59.32	7.37	7.83	4.57	—	14.92	15.45	109.46	2085.21
2011	1623.10	37.07	1660.17	68.22	16.15	9.53	4.10	—	14.27	13.96	126.24	1786.41
2012	2016.20	39.87	2056.12	90.10	39.70	19.35	4.08	0.00	20.09	26.09	199.41	2255.54
2013*	1415.20	55.30	1470.54	61.17	19.79	9.60	7.76	—	15.66	12.38	126.36	1596.90

注：*数据截至 2013 年 8 月。该表报告了美国证券化发行情况，包括抵押贷款相关证券（MBS）、资产支持证券（ABS），以及两类之和。发行机构既包括发行 MBSs 的机构，也包括发行 CMOs 的机构（FHLMC、FNMA、GNMA、NCUA 和 FDIC）。非政府机构包括私人部门 CMBSs、RMBSs，以及 re－REMICs。汽车包括优质、近优质、汽车的次级贷款和租赁；汽车经销商平面图；房车；摩托车；车队租赁。信用卡包括信用卡、信用卡相关的证券。设备包括设备、设备相关的证券。房屋权益包括房屋权益贷款；房屋装修贷款；房屋按揭贷款；服务垫款；房屋净值 NIMs 及其他房屋权益重整；再融资及按揭贷款；再保险 B&C 贷款；以及某些履约和不良贷款；不包括非政府组织的不良贷款或其他非政府机构的住房抵押贷款支持证券。预制房屋包括租赁协议；预制房屋计划。学生贷款包括所有公共部门和私人部门向学生提供的贷款。其他包括不符合上述任何类别的资产，包括那些具有混合资产类别的资产（例如，税收留置权、应收账款、船舶贷款、飞机等）。

来源：联邦机构（FHLMC、FNMA、GNMA、NCUA 和 FDIC）、Bloomberg、Dealogic、Thomson Reuters；SIFMA 汇编的数据。

如图 15.1 所示，从 20 世纪 90 年代中期到金融危机，美国证券化市场经历了爆发式的增长。MBSs 的市场规模由 1995 年的 2.4 万亿美元增长至 2006 年年底的 7.1 万亿美元。ABSs 的市场流通规模由 1995 年的 2580 亿美元增长至 2006 年年底的 1.9 万亿美元。2002 年证券化债券的发行量（不包括机构证券化）超过了公司债券的发行量，并持续增长直到 2007 年金融危机爆发（Gorton 和 Metrick，2013）。

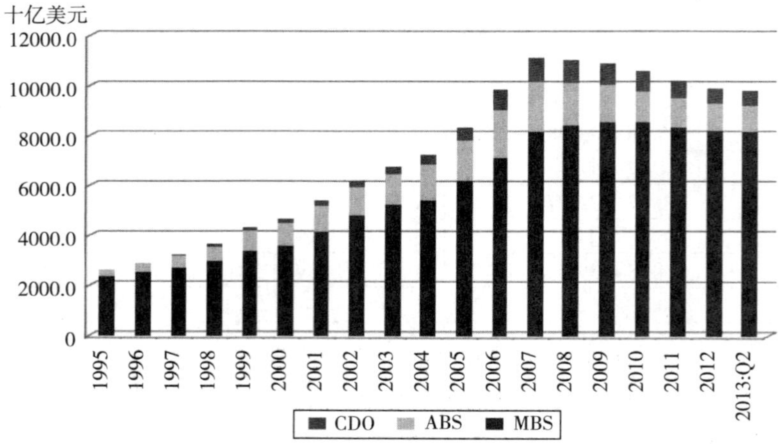

注：图中显示了 1995 年至 2013 年第二季度美国的资产证券化规模，其中包括抵押贷款支持证券（MBS）、资产支持证券（ABS）和债务抵押债券（CDO）。

来源：美国财政部、美联储、联邦政府机构、Dealogic、Thomson Reuters、Bloomberg、Loan Performance、SIFMA；SIFMA 汇编的数据。

图 15.1 1995—2013Q2 美国资产证券化规模

从证券化资产的范围在不断扩大、证券化公司及证券化产品的投资者越来越多，也可以看出证券化市场的不断发展。1985 年，ABSs 的第一笔交易是以汽车贷款为资产的，汽车贷款是最直接的抵押品。随后 1986 年，首笔以信用卡债务为资产的证券产生。后者由于信用卡债务的循环性质而成为 ABS 市场的基石（OCC，1997 年）。从那时起，证券化的过程和结构都发生了显著的变化，其中包括私人信贷的增强（如过度担保、第三方和结构性支持）、资产支持证券化的发展。

表 15.1 显示了历史上（1985 年至 2013 年）美国证券化的发行情况。政府机构发行的 MBSs 多年来一直是 MBS 发行的主要来源（在危机前后都有相当多的数量）。同时，私人部门发行的证券化产品自危机以来仍未恢复。ABS 发行高峰出现在 2005—2006 年；2007—2008 年的危机导致了新发行量的暴跌，最近有（温和）复苏的迹象。此外，表 15.1 说明了 ABS 背后的主要资产：最多的是汽车贷款，其次是信用卡和学生贷款。

在证券化发展的初期，其主要集中在美国，但自 20 世纪 90 年代后期开始，证券化也开始在其他国家蔓延。欧洲证券化市场的发展主要是由于机构投资者需求的增加、技术和金融创新以及欧元的出现，而不是像美国一样由政府机构推动（Altunbas、Gambacorta 和 Marques - Ibanez，2009）。欧洲证券化市场主要由英国、意大利、荷兰和西班牙主导，欧洲各国的证券化市场也存在一定的差异性（见图 15.2 和图 15.3）。

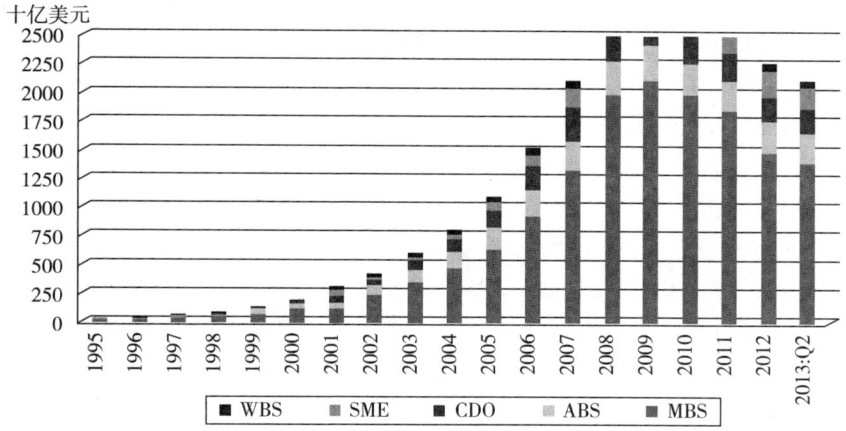

注：图中显示了 1995 年至 2013 年第二季度欧洲的资产证券化规模，其中包括抵押贷款支持证券（MBS）、资产支持证券（ABS）和债务抵押债券（CDO）、中小企业（SME）、整体企业证券化（WBS）。

来源：AFME/SIFMA Members、Bloomberg、Thomson Reuters、Prospectus Filings、Fitch Ratings、Moody's、S&P、AFME、SIFMA；SIFMA 汇编的数据。

图 15.2　1995—2013Q2 欧洲资产证券化规模

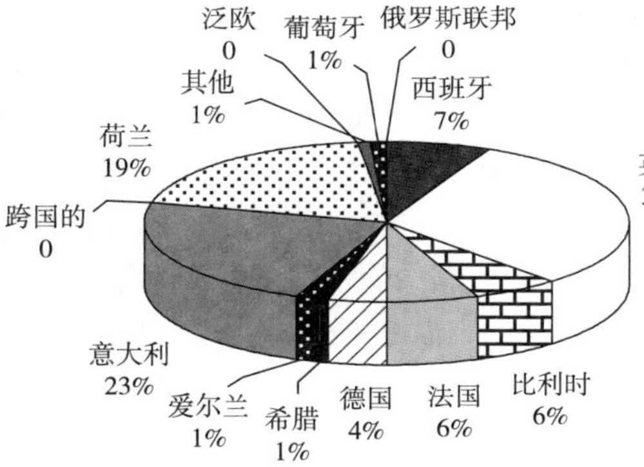

注：该图为 2012 年欧洲各国资产证券化的发行情况。“其他”包括资产证券化份额太小而不能展示的国家：奥地利、瑞典、丹麦、芬兰、钱恩艾尔群岛、匈牙利、冰岛、波兰、瑞士、土耳其、乌克兰和美国。泛欧主要指抵押品来自多个欧洲国家。跨国指抵押品来自多个国家和/或未知国家；大多数 CDOs 都包含在这里面。

来源：AFME & SIFMA Members，Bloomberg，Thomson Reuters，Prospectus Filings，Fitch Ratings，Moody's，S&P，AFME & SIFMA；SIFMA 汇编的数据。

图 15.3　2012 年欧洲各国资产证券化的发行情况

ABSs 和 MBSs 属于“原始”的固定收益证券①，“新一代”的证券化从 21 世纪初开始在美国和欧洲市场上进行扩张（新发行数目及流通总额都不断增加）。

债务抵押证券（CDOs）的发明标志着证券化进入了一个新的阶段。CDOs 是一种偏离

① MBSs 包括住房抵押贷款支持证券（RMBSs）。

了传统证券化模式的证券化工具，由较少但更大和更加多样化的资产支持，包括高收益债券、杠杆贷款和其他证券化工具。CDOs 市场从 20 世纪 90 年代中期成立以来经历了爆发式的增长，截至 2006 年，其资产规模高达近 2 万亿美元（Longstaff 和 Rajan，2008）；直到 2008 年停止增长，2008—2009 年其市场规模一直在减小（参见图 15.1 和图 15.2）。

虽然有大量关于信用衍生品的文献，但相关文献对 CDOs 的关注相对较少。Longstaff 和 Rajan（2008）率先对 CDOs 市场及其定价特点进行了广泛的实证分析。Deng、Gabriel 和 Sanders（2011）评估了 CDOs 市场的兴起对 MBSs 定价的影响，同时讨论了 CDOs 市场的崩溃对 MBSs 息差的影响机制，以及 CDOs 市场的崩溃是如何导致全球证券化市场增长放缓的。Benmelech、Dlugosz 和 Ivashina（2012）将重点放在担保贷款债务（CLOs）上，CLOs 是由企业贷款支持的 CDOs，发现没有证据表明使用这一证券化工具会使贷款证券化表现不佳。

其他在金融危机前获得了繁荣发展的证券化产品有资产支持商业票据（ABCP）和结构化投资工具（SIVs）。ABCP 从 20 世纪 80 年代开始在美国出现，主要由各大商业银行发起，以企业的应收账款为担保为企业进行融资。Marques - Ibanez 和 Scheicher（2010）提出 ABCP 一般用短期债务（期限从一天到几个月不等）来为一系列信贷资产提供资金，如应收账款、企业贷款、抵押贷款、抵押债权凭证或其他从市场上获得的信贷资产。ABCP 的基础资产与其提供资金的负债相比期限相对较长，因此 ABCP 结构存在较大的期限错配。渠道商通过将 ABCP 出售给外部投资者来为基础资产融资。外部投资者主要是货币市场基金和其他"安全资产"投资者。在一般情况下，发起人将提供流动性支持（提供担保）缓解投资者对流动性错配的忧虑。许多美国银行利用这种结构在短期商业票据市场上为 SPVs 进行融资，并持有大量的中期贷款。

2007 年 1 月，ABCP 流通值超过 1.2 万亿美元，是最大的短期债务工具（与流通值约 9400 亿美元的美国国库券相比）。然而，2007 年的 7—12 月，ABCP 市场经历了与银行挤兑类似的事件，根据 Covitz、Liang 和 Suarez（2013）与 Acharya、Schnabl 和 Suarez（2013）的记录，当时 ABCP 流通值从 1.3 万亿美元骤跌到 8330 亿美元。Kacperczyk 和 Schnabl（2010）对 ABCP 市场的危机进行了详细的分析。①

在经过长期的增长和发展后，随着市场参与者对结构性产品逐步失去信心，全球证券化市场在金融危机期间崩溃。因此，从 2007 年中期以后，证券化产品的发行仅仅局限于在美国的政府部门和欧洲中央银行的再融资操作（Fender 和 Mitchell，2009）。截至 2013 年第二季度，美国抵押贷款、资产支持证券化和 CDOs 的未偿金额分别约为 8.1 万亿美元、1.1 万亿美元和 5910 亿美元；与此相对的欧洲市场的交易量分别约为 1.4 万亿美元、2750 亿美元和 2020 亿美元（见图 15.1 和图 15.2）。

① 在 2007 之前，ABCP 深受投资者欢迎，因为它提供了比国债更高的收益，并因其期限短、信用评级高而被认为是一种安全的资产。2007 年 7 月，人们的观点伴随着贝尔斯登旗下的两个对冲基金的破产而改变，之后法国巴黎银行决定对它管理的三个投资基金采取临时性限制赎回措施。这些事件导致了 ABCP 总的流通市值下跌了近 40%。导致 ABCP 市场出现挤兑的原因是 Reserve Primary Fund 宣称其由于持有雷曼兄弟控股的商业票据而遭受了巨大损失。由于美国政府发表的有关存款保险在货币市场基金投资的公告，这一消息引发类似于银行挤兑的效应（Kacperczyk 和 Schnabl，2010）。

15.3　证券化机制

证券化是一个结构化的过程，在此过程中，同质的金融资产以证券的形式汇集、承保并出售给外部投资者。一个典型的证券化交易包含了发起人将固定或接近固定的现金流汇集成资金池，然后将资金池转移至特殊目的机构（SPV），特殊目的机构是一个破产隔离实体，主要根据资产池发行有价证券从而为进一步购买资产提供资金。简化的证券化交易如图 15.4 所示。它通常由五个部分组成。

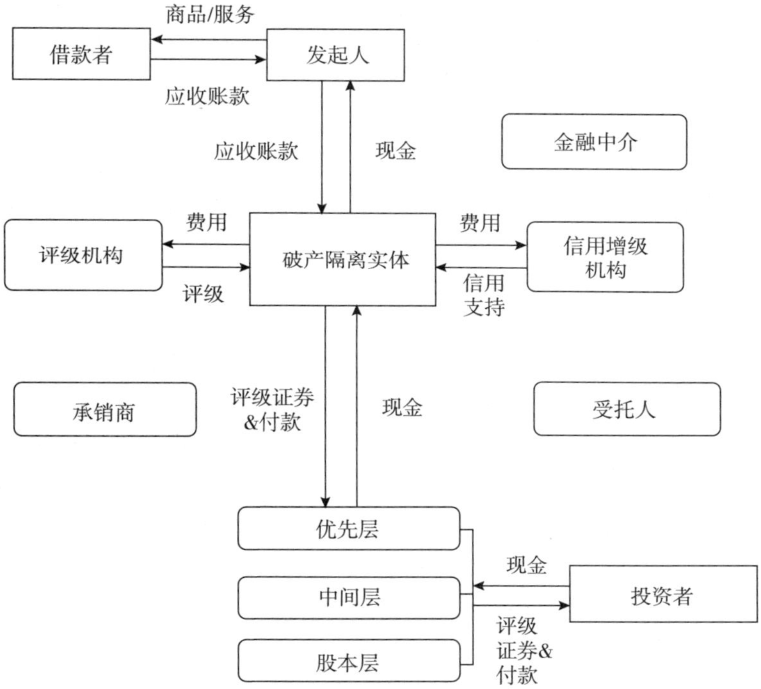

图 15.4　证券化交易（简化版）

15.3.1　资产选择

证券化交易的第一阶段是选择出售给 SPV 的资产，目的是建立一个预期业绩与最终 ABSs 所要求的质量一致的资产池。这一阶段也被称为流程的设计阶段。证券化设计的一个特点是，它总是包含具有同质性的资产（如抵押贷款、汽车贷款、信用卡应收款等），即便其来源于银行的几个不同的资产类别也是如此。虽然标准金融理论认为资产多元化有助于降低风险，但在证券化中，不同的资产类别往往是分开的。一旦资产被纳入资产池，评级机构和承销商会对它们进行审查，目的是评估资产池的预期业绩。足够高的信用评级可以让 ABSs 易于销售，这就需要一个或多个信用增强措施。

证券化过程的第一阶段由于发起人与投资者之间的信息不对称可能导致逆向选择问题。发起人可能有动机利用其信息优势，选择较低质量的资产进行证券化，而将更高质量的资产留在资产负债表上。最近的研究也表明证券化市场是一个“柠檬市场”。Downing、Jaffee 和 Wallace（2009）提供一致的证据表明，GSEs（Fannie Mae 和 Freddie Mac）在 1991—2002 年出售给 SPVs 的 RMBSs（“柠檬”）与保留下的资产相比质量较低，并且之后以“柠檬折扣”定价。An、Deng 和 Gabriel（2011）也得到了同样的研究结果。Agarwal、Chang 和 Yavas（2012）发现在次级抵押贷款市场危机发生之前（2004—2006 年），发起人会将违约风险较低、提前还款风险较高的贷款证券化而将违约风险较高和提前还款风险较低的贷款保留在资产负债表中。2007 年金融危机爆发后，发起人不再愿意将高违约风险的贷款保留在其账面上了。有趣的是，似乎没有证据表明次级抵押贷款市场中存在逆向选择，因为贷款证券化/保留在违约和提前还款风险上存在着显著差异。Benmelech、Dlugosz 和 Ivashina（2012）对 CLO 的抵押品的数据进行了分析，也发现了与逆向选择假说相反的证据，并得出逆向选择不是证券化的必然结果的结论。Gorton 和 Metrick（2013）认为发起人可能的确拥有信息优势，但它们并没有较多的自由决定权来决定哪些资产可以进入资产池。因为资产池的标准及服务协议（资产证券化的主要合同文件）早已设立，且需要经过中介机构和评级机构的审查，中介机构和评级机构会在资产入池并出售给 SPV 之前，评估资产的预期收益。

在证券化过程的第一阶段中出现的另一个问题与信用评级机构（CRA）的作用有关。大量文献表明，许多有着明显错误的结构化产品有着较高的信用评级。Ashcraft 和 Schuermann（2008）详细地描述了评级机构如何对证券化发行的各个阶段进行信用评级。White（2010）认为次级抵押贷款证券化的产生，是因为高评级只被分配给优先层，这也保证了证券化市场的产生。Ashcraft、Goldsmith－Pinkham 和 Vickery（2010）分析了 2001 年至 2007 年之间次贷和 Alt－A MBS 交易的信用评级。他们的结果似乎否定了信用评级标准在危机前一致恶化的简单情形。然而，他们也发现 2005—2007 年中期，激励问题最为严重的时候，风险调整下的次贷评级的显著下降。Benmelech 和 Dlugosz（2009）分析了为什么 CLOs 的信用评级没有像 MBSs、ABSs 和 CDOs 一样被下调，结果似乎指向了 CLO 市场的抵押品质量。

Pagano 和 Volpin（2010）对次贷危机中信用评级机构的角色做了全面分析。文章主要关注了评级通胀和粗糙的信息披露，并讨论了什么样的规则可用来减轻这些问题。他们提出了一个模型——评级机构由投资者而不是发起人支付。Herring 和 Kane（2012）提出的解决办法是在评级过程中建立责任制。这两个建议已纳入新的欧盟信用评级机构指导方针中（Directive 2013/14/EU）。

15.3.2 SPV 的创建和资产的转移

证券化过程的第二阶段包括创建一个特殊目的工具（SPV）并将资产池转移到 SPV 中。SPV 是一个独立的、税收中立和破产隔离法人实体，通常以信托的方式设立。SPV 成立的唯一目的是在其资产负债表上持有由发起人转移过来的资产并依靠这些资产发行 ABSs。SPV 没有独立的管理人员或雇员；管理职能由受托人执行；根据维护协议对资产进行维护（Gorton 和 Souleles，2006）。Ayotte 和 Gaon（2011）主要关注 SPV 的“破产隔离”，发现其为没有债务担保的债权人提供了保护，贷款人在对合同进行定价时会考虑到所提供的这种保护。最初，每一个证券化发行都会对应一个新的 SPV，但现在已经不再是这样了，发起人会利用一个“主”SPV 来转移不同时期发起的资产。

在特殊目的机构被创建之后，资产池中的资产会从发起人的资产负债表中转移至 SPV 的资产负债表。资产转移必须以“真实出售”的形式，转让方（即发起人）要放弃对金融资产的控制权，这样才能将该资产从其资产负债表中剔除。这一真实的出售条件是对 SPV 及投资者的一种保护，保护其在发起人破产的情况下权益不受到伤害。

发起人往往会为了其在证券化市场的声誉而违背真实出售的条件，如给投资者提供隐性追索权或非合同履约担保。然而，隐性追索权还为监管资本提供了套利的空间，因此是监管机构需要关注的问题（OCC，2002）。此外，由于隐性追索权，风险可能仍存在于发起人中（Calomiris 和 Mason，2004；Higgins 和 Mason，2004；Vermilyea、Webb 和 Kish，2008）。

15.3.3　交易结构化

证券化过程的第三个阶段是对交易进行结构化，并调整对投资者的风险和回报。这种结构化的过程是销售证券化产品和常规贷款的主要区别，通常包括分级、信用增强或提供担保。[①]分级是一种发行人创建债券次级结构的一种技术，即通过建立不同优先级别的债券类别，从而将基础资产的风险在不同优先级别及投资者之间进行重新分配。除了分级，为了降低对投资者的信用风险，SPV 还可以通过信用增强来增加 ABSs 的信用评级（从而提高定价和市场化程度）。信用增强是合同条款，其目的是降低基础资产的损失由投资者承担的可能性。

信用增强可能采取不同的形式，可以由内部提供，也可由外部提供，或两者组合。内部信用增强，也称为留存收益合同，可以通过交易结构（次级证券）下的基础资产的现金流（超额利差）提供，也可以由发起银行提供（流动性条款，超额担保、备用信用证）。外部信用增强主要指由其他机构提供信贷担保，可能需要一个第三方的信用证，或者现金抵押账户和担保债券（OCC，1997）。

一个典型的证券化结构可以包含一个或多个信用增强合同，即不同的偿付安排（遭受损失的顺序）。为了达到 ABSs 需要的评级所需要的信用增强的数量与发起人无关，其主要由评级机构决定，同时也依赖于基础资产的特征和质量。

图 15.5 显示了索赔的瀑布结构（从次级到高级），索赔过程中的优先级是结构化事务的一个重要特征。然而，除了不同信用评级的等级排序之外，行业从业者和监管机构对于一个明确的瀑布结构几乎没有共识，因为对每一个单独的证券化交易，其瀑布结构都不一样。

所有证券化交易中都存在信用增强。它们还被用于将评级维护在指定的级别，因此其在结构化交易的存续期内可能会发生变化。最近的数据表明，由美国银行控股公司提供信用增强呈上升趋势，从 2001 年第二季度的 250 亿美元增长至 2009 年第一季度的 700 亿美

---

① 贷款销售（或次级贷款参与）是指银行发放一笔贷款并将这笔没有明确的合同追索权、担保和保险的贷款出售给第三方的过程。

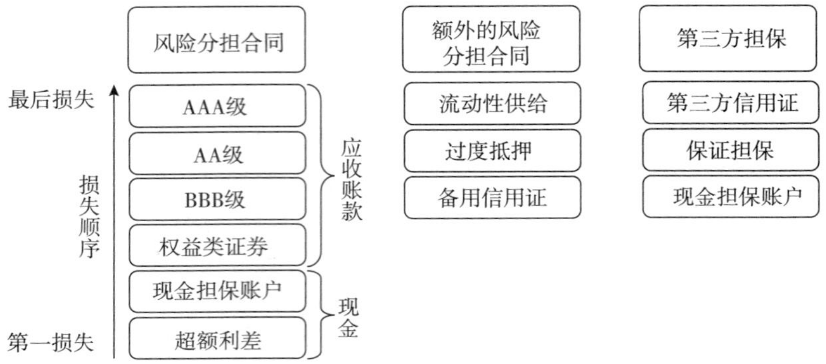

来源：Asset Securitization, The Comptroller's Handbook（OCC 1997）；adapted and updated。

图 15.5 信用增强

元（即提供给自己的和第三方证券机构的）（Mandel、Morgan 和 Wei，2012）。信用增强的增长引发了一系列的问题，其中包括留存收益在证券化过程中的作用、对银行的风险的影响。

留存收益问题在与证券化相关的研究中相对较新。证券化中留存利益的理论研究主要集中在它对发起机构进行贷款筛选和监管工作的影响上。特别是，Pennacchi（1988）及 Gorton 和 Pennacchi（1995）的早期研究表明，保留对证券化资产的收益权有助于缓解道德风险问题。基于这样的假设，保留对证券化资产的收益权（也被称为"风险共担"）导致银行提高对借款人的筛选和监管，最近的监管措施强制性的要求保留一部分风险。例如美国 2010 年《多德—弗兰克法案》的第 941 条、欧洲的资本充足法令（CRD II）的 122a 条，都要求证券商保留它们用于证券化的基础资产的部分信用风险。尽管风险共担有助于减轻信息不对称问题，同时可以使银行和投资者之间形成更好的激励机制，但它也会使银行暴露于证券化资产的风险之下。此外，如果与风险共担相关的资本要求更低，那么结构化交易将造成风险的高度集中，从而增加银行破产的风险（Shin，2009；Acharya、Schnabl 和 Suarez，2013）。在许多情况下，简单的贷款证券化行为大幅降低了银行的资本需求。事实上，被证券化的资产的内在风险并没有转移给投资者，而是仍以信用增强或者风险共担的形式保留在银行的资产负债表中，这被认为是使 2007—2009 年金融危机恶化的主要原因之一（Shin，2009）。Sarkisyan 和 Casu（2013）利用金融危机前美国银行持股公司的数据，分析银行对资产负债表外的证券化产品进行风险分担的和银行破产风险之间的关系。他们发现提供信用增强和担保会显著增加银行的破产风险，尽管对不同级别证券进行担保的影响有所不同。此外，他们发现，这也与提供增级的工具类型相关，与权益层（第一损失）相关的工具对银行的违约风险有更大的影响。这些结果表明，当设计最优证券化风险保留框架时，监管机构应在制度层面考虑银行风险，以平衡资产证券化作为一种风险管理工具和风险保留管理内含的激励结构两者之间的关系。

15.3.4 资产支持证券的发行

在第四阶段，SPV 发行 ABSs。在大多数情况下，这些证券以不同的风险、久期或其他特征分开发行，优先层由中间层支持，中间层又由权益层支持。权益层在证券化交易中面临的风险最大，在证券化市场发展的早期，它通常保留在发起人自己的资产负债表上。随着时间的推移，投资者对证券化产品的信心逐渐增强，信贷衍生品市场的流动性增强，使得对冲权益层的风险敞口成为可能。这反过来又可能削弱风险分担对发起人的激励机制（Fender 和 Mitchell，2009）。

如第 15.3.3 节所讨论的，分级本质上是一种转移信用风险的方式；分级背后的直觉是它使发起人可以将违约风险集中在证券化结构的一部分中，因此导致负债中的很大一部分几乎无风险。这反过来也会在总体上降低投资者对“柠檬折扣”的需求（Boot 和 Thakor，1993；Gorton 和 Pennacchi，1995）。DeMarzo（2005）的模型表明，当资产的数目较大且它们之间的回报不完全相关时，发起人可以通过构建资产池和分级销售来最大其收益。最近，Van Oordt（2014）将贷款证券化组合作为一种多元化战略来构造模型。该模型显示，分级作为非线性化风险分散策略，在不增加系统性风险的情况下，可以将个别机构的破产风险降低到线性分散化所能够达到最低水平的。

15.3.5 现金流的分配

在证券化过程的第五个阶段，也是最后一个阶段，将资产池收到的现金流分配给 ABSs 投资者。现金流根据瀑布结构进行分配，首先支付给优先层的持有者，其次是中间层的持有者，最后是权益层的持有者。

对固定收益证券（包括 MBS、ABS）进行估值和定价的一个重要步骤就是对现金流量进行建模。由于大多数证券化票据的现金流结构复杂，投资者往往难以评估 ABSs 的绩效及基础资产绩效对 ABSs 绩效的影响。这导致了对信用评级的过度依赖（正如以上 15.3.1 节所讨论的那样）。

15.4 证券化的收益与风险

证券化可以给交易中的所有主要各方带来巨大的利益，这是其快速增长的原因。然而，它也引入了一些可能阻碍潜在利益的摩擦。下面我们将从发起人、借款人、投资者和总体经济的角度讨论证券化所带来的收益与风险。

15.4.1 发起人

证券化为金融机构带来了如下好处：(1) 降低资金成本，因为资产支持证券通常被授予比发起人更高的信用评级；(2) 多样化资金来源，资产证券化使资金来源更加多样化；(3) 改善信用风险管理，可以将原有资产的信用风险转移给提供外部信用增强的人和投资者；(4) 投资组合多样化，可以减少企业特定风险敞口及资产类别、部门和地域集中度；(5) 更好地管理利率风险，通过出售资产减少资产负债表中资产与负债的利率不匹配来管理利率风险；(6) 减少监管资本需求，通过将资产转移出资产负债表来减少监管资本需求；(7) 赚取发起和管理费用，通过发起资产并为 ABSs 提供后续服务赚取利润；(8) 根据上述方式来提高绩效。

要实现证券化所带来的好处，则需要谨慎地进行承保和信用风险管理——当执行不佳时，这些可能会损害证券化所带来的潜在收益（FDIC，2007）。例如，虽然证券化可能允许银行以较低的成本筹集资金，但不良资产池可能会损害银行进入市场的能力并需要银行提供更高的信用增强，从而大大增加这一融资成本。当银行过度依赖证券化以及传统资金来源的出现过度增长时，就可能导致巨大的融资约束，特别是当证券化市场受到破坏时，正如我们在2007—2009年金融危机期间所目睹的那样（FDIC，2007；Loutskina，2011）。此外，虽然证券化可能允许银行将未预期到的违约风险转移给信用增强方和外部投资者，从而降低银行本身的信用风险敞口，但管理层可能为了确保证券化资产池的绩效和维护其在市场上的声誉，可能会在设计证券化交易时对其所挑选的资产提供隐含和/或明确的担保（Higgin和Mason，2004；Gorton和Souleles，2006；Vermilyea、Webb和Kish，2008）[①]因此，短期来看，银行在进行结构化交易时，所付出的隐性和显性成本可能超过了资金成本降低及信用风险降低所带来的收益。从长期来看，已有在文献中表明，证券化可能会导致贷款发起及监管的随意性（Mian和Sufi，2009；Keys等，2010；Elul，2011；Dell'Ariccia、Igan和Laeven，2012）。这最终可能抵消证券化所带来的信贷风险的减少。最后，银行可用证券化释放的额外资本进行扩张或偿还现有债务，从而增强盈利能力。然而，不良的承保和信用风险管理可能会抵消证券化所带来的潜在积极影响。此外，资产证券化对盈利能力的影响，也可能因管理人在公允价值会计规则下所享有的自由裁量权而被扭曲（Dechow、Myers和Shakespeare，2010）。

总而言之，虽然从发起人的角度看，证券化可能会带来巨大的收益，但在实践中，证券化的净影响仍然比较模糊。在最近的研究中，Casu等（2013）使用倾向匹配得分技术来估计证券化对一系列银行绩效指标（包括资金成本、信用风险和盈利能力）的影响。为了评估证券化的影响，作者用未进行证券化的银行来对证券化银行的绩效进行反事实分析（即如果证券化银行没有进行证券化，其所表现的业绩）。分析表明，证券化银行如果没有证券化依然会有比较好的表现，也就是说，没有证据能证明证券化对银行业绩有影响。Casu等（2013年）研究表明，在2007—2009年危机的前期，与日益复杂的证券化相关的风险可能超过了发起人的利益。

15.4.2 借款人

借款人可能受益于证券化，因为：(1) 信贷供应增加，贷款人能够通过市场为新贷款筹集更多的资本；(2) 降低了借款成本，贷款人可以以较低的贷款利率将融资成本较低的资金发放给借款人；(3) 如果他们将贷款保留在资产负债表上，那么信贷的可获得性就会比贷方能够提供的更有利。[②]

关于第一点，现有文献基本支持证券化可以增加信贷供应的观点。Goderis等（2007）使用CLOs 1995—2004年的数据发现，采用先进的信用风险转移技术的银行，其目标贷款

① 银行在证券化市场中的声誉是非常重要的，主要取决于基础资产的质量和银行为这些资产提供服务的能力。表现不佳的资产或现有证券的管理失败可能会增加成本并降低未来交易中的盈利能力。

② 作为后者的一个例子，证券化市场的存在可以让贷款人在不暴露于利率风险的情况下，将可变利率债务扩展为借款人更倾向的固定利率债务。

水平增长了约 50%。[1] Altunbas、Gambacorta 和 Marques－Ibanez（2009）也发现，证券化可以通过为银行提供资本救济和额外资金来源来增加银行贷款，但证券化的这种能力随时间而变，并且与商业周期和银行的风险状况有关。Loutskina（2011）发现证券化减少了银行所持有的流动资产，从而增加了每一美元所对应的贷款供应量。Loutskina 还发现，证券化通过增加贷款的流动性，降低了贷款增长对融资成本冲击的敏感性，从而增加了跨部门间的信贷供给，例如，银行对流动性抵押贷款证券化的能力往往会增加它们提供非流动性商业贷款的意愿。Loutskina 和 Strahan（2009）表明，证券化降低了银行的财务状况对信贷供给的影响。具体来说，Loutskina 和 Strahan 发现，银行存款成本和流动资产会影响非流动性贷款（即所谓的巨额抵押贷款，主要指高于给定规模阈值的抵押贷款），但对流动性贷款（非巨额抵押）没有影响。

Sabry 和 Okongwu（2009）研究发现，证券化降低了消费信贷的成本，包括抵押贷款、信用卡贷款和汽车贷款。具体来说，1999 年至 2006 年，证券化率提高了 10%，次级抵押贷款的利差下降了 24～38 个基点，巨额抵押贷款的利差下降了 4～12 个基点，汽车贷款的利差下降了 22～64 个基点，信用卡贷款的利差下降了 8～54 个基点；然而，证券化率和合格抵押贷款利差之间似乎不存在长期关系，即使在 2007 年至 2008 年 6 月的危机期间，所有产品的证券化利率和收益差异之间存在负相关关系，证券化率和合格抵押贷款利差之间也不存在长期关系。总的来说，作者发现，证券化导致发起人融资成本的降低，从而导致了借款人的消费信贷成本降低。Nadauld 和 Weisbach（2012）研究了证券化是否对企业在一级市场进行债务融资有影响，结果表明，进行证券化的贷款成本要比不进行证券化的贷款成本低 15 个基点。这也证明了证券化会导致企业的债务融资成本降低。

虽然证券化给借款人带来了好处，但 2007—2009 年的金融危机，以及随之而来的大量的抵押贷款赎回权的丧失，重新引发了证券化对贷款重组的潜在不利影响的讨论。这促使越来越多有关证券化是否会阻碍中介机构进行贷款重组的意愿，从而导致更多的抵押贷款赎回权丧失。与中介机构自己持有抵押贷款相比，进行资产证券化的抵押贷款更难进行贷款重组的原因在于，中介机构与资产证券化了的贷款相互隔离，不产生损失，因此没有激励去进行贷款重组。其他原因包括重新修订有关资产池和服务协议相关的法律限制、产权分散、重新修订抵押合同时的协调困难以及贷款人所面临的制度约束（Adelino、Gerardi 和 Willen，2009；Piskorski、Seru 和 Vig，2010）。

关于证券化和贷款重组问题的实证研究各不相同。Adelino、Gerardi 和 Willen（2009）发现没有证据表明证券化会影响服务机构的贷款重组。他们发现，通常服务机构会对一小部分住房抵押贷款进行贷款重组，不管贷款是否被证券化。然而，最近的大多数文献却表明证券化有效地阻碍了贷款重组。Piskorski、Seru 和 Vig（2010）在一个更广泛的贷款重组的定义上，发现证券化了的抵押贷款的止赎率高于以资产组合的方式持有的抵押贷款。Agarwal 等（2011）发现，证券化了的住房抵押贷款的重组率明显低于以资产组合的方式持有的贷款（相对差值高达 36%）。此外，随着重组后违约率的上升，证券化贷款重组的效率似乎较低。Zhang（2013）最近的一项有关住房抵押贷款的再次破产和自愈率的研究

---

① 作者指出，如果要对目标贷款水平有类似的影响，股权资本需要增加约 60%。

发现，相比以资产组合的方式持有的贷款，证券化贷款违约后更可能再次违约，且不太可能自愈。然而，这种差异仅在危机的中期存在，在后期逐渐消失。总的来说，他们的研究表明不管其证券化情况如何，随着时间经过，这些被重组的贷款具有同样的再次破产率和自愈率。

15.4.3 投资者

投资者可以从资产支持证券的以下几个方面受益：(1) 与其他具有类似信贷质量的金融工具相比，能提供更高的收益，[①]通过信用增强普遍实现了更好的信用风险保护；(2) 具有一定的灵活性，可以通过构造现金流的结构来满足投资者的特定需求；(3) 信用增强和多样化的资产池使得投资者不必对基础资产进行细致的研究（OCC，1997）。ABS 的这些特征满足养老基金、保险公司和其他机构投资者对于具有特定现金流和有吸引力的收益率的安全的固定收益证券的要求，并因此而增加了机构投资者的需求。

虽然 ABSs 由于上述原因对投资者具有吸引力，但是有必要重申由发起者和投资者之间的不对称信息引起的道德风险问题。回想一下，由于贷款可以证券化，发起人可能缺乏有效甄别和监督借款人的动机（为了尽量减少证券化贷款的违约）。为了支持这一论点，一些实证研究发现了发起人审查懈怠的证据（Mian 和 Sufi，2009；Keys 等，2010）。一些理论论文试图得出在存在道德风险的情况下的最优证券设计。

在最近的论文中，Hartman－Glaser、Piskorski 和 Tchistyi（2012）考虑了在存在初始道德风险的动态环境下 MBS 的最优设计，其中抵押贷款的发起人可以根据筛选成本选择对被证券化资产进行筛选的努力程度。他们的最佳合约要求投资者接受整个抵押贷款池，若在等待期内贷款没有违约，再向贷款的发起者进行整笔支付。有趣的是，它还要求整体出售抵押贷款，而不是对抵押贷款进行拆分销售，因为这将允许投资者更快地了解发起人在进行贷款审查时所付出的努力程度。在 Hartman－Glaser、Piskorski 和 Tchistyi（2012）的工作基础上，Malamud、Rui 和 Whinston（2013）还考虑到存在初始道德风险的最优动态合约，其中发起人在筛选证券化资产时会选择最佳努力水平。他们的最佳合同需要多个等待期，只有当贷款在每个等待期没有出现违约时，投资者才会进行支付。作者表明，当发起人和外部投资者之间存在最优契约时，证券化可以改善发起人的筛选激励，即使发起人完全不受监管，并且在设计最优合约时具有全部议价能力。

15.4.4 经济

最后，证券化可能通过多种渠道影响宏观经济，包括通过对发起人、借款人和投资者的影响，以及对政府政策和金融稳定性的影响来影响宏观经济。

证券化可以通过在政府政策支持的领域增加信贷供应和降低信贷成本，从而使宏观经济受益，例如，增加住房资金供应，增加小企业的融资渠道或减少一国地区间的差异。证券化提高了银行寻求额外资金来源的灵活性，从而扩大了可用于支持经济增长的现金池。同时，也有证据表明，在一些国家，证券化强化了房价上涨与信贷扩张之间的反馈效应，

① 较高的收益率是对这些证券面临的提前偿还风险和在二级市场所受的限制提供补偿。

因此造成了房地产泡沫（Carbo – Valverde、Marques – Ibanez 和 Rodríguez – Fernández，2011）。此外，证券化还可能通过贷款渠道影响货币政策对实际经济活动的影响。一系列研究分析了这一问题，发现证券化降低了货币政策的效力；具体来说，结果表明证券化似乎使银行的贷款供应免受货币政策造成的资金冲击的影响（Altunbas、Gambacorta 和 Marques – Ibanez，2009；Loutskina 和 Strahan，2009；Loutskina，2011）。

关于金融稳定性，在 2007—2009 年金融危机之前，对于证券化的主流的、积极的观点认为，证券化可以通过在各部门之间分散风险来增强金融系统在面临冲击时的韧性（Adrian和 Shin，2008；Duffie，2008；Shin，2009）。然而，金融危机表明，这种风险的分担导致金融系统各部门之间联系变得更加紧密，从而导致了系统性风险的增加。危机后，许多研究都探讨了证券化对金融稳定的影响。有些人认为证券化增加了银行的风险偏好，导致杠杆增加、期望收益增加、流动性风险溢价降低，从而最终导致了银行倒闭和金融不稳定。Brunnermeier 和 Sannikov（2012）认为，证券化过程引发的内生风险增加可能使金融体系变得更加不稳定。虽然正确理解证券化对金融稳定的最终影响至关重要，但对这一问题的实证研究甚少。

尽管事实表明，证券化市场受到了金融危机以及欧元区宏观经济波动的严重影响，但是决策者和行业参与者的总体看法是，证券化仍然是银行的主要融资工具，它可以积极促进全球经济的复苏（AFME，2012）。这在欧洲尤其重要，因为其经济高度依赖于银行的资金。国际货币基金组织（2012 年）估计，如果证券化提供的资金增强了银行的举债能力，并且所筹集的现金用于支持新的贷款，那么即使证券化的小幅增加也会对国内生产总值（GDP）产生积极的影响。然而，这种关系背后的机制尚未完全被人们理解，仍需进行进一步的研究。具体来说，目标是确保高质量的证券化可以导致借款人数量的增加和信贷价格的下降，且不会产生在 2007—2009 年金融危机爆发前的过度风险。

15.5　结论：监管改革与证券化的未来

尽管证券化过程中存在固有的摩擦和随之而来的潜在不利影响，但决策者和市场从业者也认识到了其所带来的潜在收益，并且正在试图恢复市场。

证券化的经济学基础仍然是有效的：它缓解了信贷约束，促进了风险转移。虽然证券化过程中存在的许多固有的激励问题还没有解决，但如果证券化市场持续低迷，银行可能无法找到取代成熟的证券化产品的工具，因此可能面临融资约束，这反过来可能加剧已经紧张的信贷条件并阻碍经济增长。此外，由于证券化为银行提供了信用风险转移机制，所以这种渠道的缺失可能会加剧已受限的银行资产负债表的去杠杆压力。

目前正在进行的监管改革旨在最大限度地减少一些明显的摩擦，但仍有许多工作要做。以下是解决证券化过程中的主要结构性弱点的必要条件：（1）调整激励措施；（2）降低复杂性；（3）提高透明度；（4）改善信用评级的使用。

监管机构目前正在努力解决的一个关键问题——与证券化相关的激励措施。这导致了“风险保留规则”的引入。要求银行对自己的证券化进行风险分担，这是基于“风险分担可以促使银行改善对借款人的筛选和监督”这一假设。要求证券化者在证券化资产中保留部分信贷风险的法规包括：2010 年《多德—弗兰克法案》（*Dod - Frank Act*）第 941 条和欧盟资本要求法令（CRD II）第 122 a 条。

为了减少复杂性和提高透明度，建议对会计准则作出一些修改。鉴于提案中的会计准则变化的详细描述不在本章的范围之内，我们建议读者查阅金融稳定委员会和证券委员会国际组织的最新提案（FSB，2012；IOSCO，2012）。

提高信用评级的问题也已得到了监管机构的处理。截至 2013 年 6 月，关于信用评级机构的新的欧盟立法已经生效（法令 2013/14 / Eu），CRAs 现在必须遵循更严格的规则，这将使他们对他们的行为更加负责。新规还旨在减少对信用评级的过度依赖，同时提高评级过程的质量。信用评级机构在对主权国家进行评级时必须更加透明。2010 年《多德—弗兰克法案》还包含“改进对信用评级机构监管”的条款。

这些监管举措是否足以重新启动证券化市场仍然是不确定的。恢复市场信任需要时间。银行和投资者仍在处理所谓的“遗留的有毒资产”。也有人预测市场不会回到危机前的高度，证券化产品和过程都将被简化，以提高流动性和估值。有人担心，国内和国际监管举措的相互作用将使市场参与者负担过重，从而阻碍恢复进程。证券化具有许多潜在优势，因为它可以为银行提供具有成本效益的、以市场为基础的融资方式。它可以更紧密地协调银行和投资者的需求，从而促进信贷增长和经济扩张。获得这些利益的关键是确保所有各方都有适当的相关信息和价格风险。

参考文献

[1] Acharya V. V. and Schnabl P. (2010). Do Global Banks Spread Global Imbalances? Asset - Backed Commercial Paper During the Financial Crisis of 2007 - 09, IMF Economic Review 58, 37 - 73.

[2] Acharya V. V., Schnabl P., and Suarez G. (2013). Securitization without Risk Transfer, Journal of Financial Economics 107, 515 - 536.

[3] Adelino M., Gerardi K., and Willen P. S. (2009). Why Don't Lenders Renegotiate More Home Mortgages? Redefaults, Self - Cures, and Securitization, Federal Reserve Bank of Atlanta Working Paper No. 2009 - 17.

[4] Published as Adelino M., Gerardi K., and Willen P. S. (2009). Why Don't Lenders Renegotiate More Home Mortgages? Redefaults, Self - Cures, and Securitizatio', Journal of Monetary Economics 60, 835 - 853.

[5] Adrian T. and Shin H. S. (2008). Liquidity and Financial Contagion, Banque de France Financial Stability Review 11, 1 - 7.

[6] AFME (Association for Financial Markets in Europe) (2012). The Economic Benefits of High Quality Securitisation to the EU Economy, November.

[7] Agarwal S., Amromin G., Ben - David I., Chomsisengphet S., and Evanoff D. (2011). The Role of Securitization in Mortgage Renegotiation, Journal of Financial Economics 102, 559 - 578.

[8] Agarwal S., Chang Y., and Yavas A. (2012). Adverse Selection in Mortgage Securitization, Journal of Financial Economics 105, 640 - 660.

[9] Altunbas Y., Gambacorta L., and Marques - Ibanez D. (2009). Securitisation and the Bank Lending Channel, European Economic Review 53, 996 - 1009.

[10] An X., Deng Y., and Gabriel S. A. (2011). Asymmetric Information, Adverse Selection, and the Pricing of CMBS, Journal of Financial Economics 100, 304 - 325.

[11] Ashcraft A. B. , Goldsmith – Pinkham P. , and Vickery J. (2010). MBS Ratings and the Mortgage Credit Boom, Federal Reserve Bank of New York Staff Report No. 449.

[12] Ashcraft A. B. and Schuermann T. (2008). Understanding the Securitization of Subprime Mortgage Credit, Federal Reserve Bank of New York Staff Report No. 318.

[13] Published as Ashcraft A. B. , and Schuermann T. (2008). Understanding the Securitization of Subprime Mortgage Credit, Foundations and Trends (R) in Finance 2, 191 – 309.

[14] Ayotte K. and Gaon S. (2011). Asset – Backed Securities: Costs and Benefits of "Bankruptcy Remoteness," Review of Financial Studies 24, 1299 – 1335.

[15] Baily M. N. , Elmendorf D. W. , and Litan R. E. (2008). The Great Credit Squeeze: How It Happened, How to Prevent Another. Brookings Institution Discussion Paper.

[16] Benmelech E. and Dlugosz J. (2009). The Alchemy of CDO Credit Ratings, Journal of Monetary Economics 56, 617 – 634.

[17] Benmelech E. , Dlugosz J. , and Ivashina V. (2012). Securitization without Adverse Selection: The Case of CLOs, Journal of Financial Economics 106, 91 – 113.

[18] BIS (Bank for International Settlement) (2011). Report on Asset Securitisation Incentives, July.

[19] Boot A. W. A. and Thakor A. V. (1993). Security Design, Journal of Finance 48, 1349 – 1378.

[20] Bord V. M. and Santos J. A. C. (2012). The Rise of the Originate – to – Distribute Model and the Role of Banks in Financial Intermediation, FRBNY Economic Policy Review 8, 21 – 34.

[21] Brunnermeier M. K. (2009). Deciphering the Liquidity and Credit Crunch 2007 – 2008, Journal of Economic Perspectives 23, 77 – 100.

[22] Brunnermeier M. K. and Sannikov Y. (2012). A Macroeconomic Model with a Financial Sector, National Bank of Belgium Working Paper No. 236.

[23] Published as Brunnermeier M. K. , and Sannikov Y. (2012). "A Macroeconomic Model with a Financial Sector", American Economic Review 104, 379 – 421.

[24] Calomiris C. W. and Mason J. R. (2004). Credit Card Securitization and Regulatory Arbitrage, Journal of Financial Services Research 26, 5 – 27.

[25] Carbo – Valverde S. , Marques – Ibanez D. , and Rodríguez – Fernández F. (2011). Securitization, Bank Lending and Credit Quality: The Case of Spain, European Central Bank Working Paper No. 1329.

[26] Casu B. , Clare A. , Sarkisyan A. , and Thomas S. (2013). Securitization and Bank Performance, Journal of Money, Credit and Banking 45, 1617 – 1658.

[27] Claessens S. , Pozsar Z. , Ratnovski L. , and Singh M. (2012). Shadow Banking: Economics and Policy, International Monetary Fund Staff Discussion Note No. 12/12.

[28] Covitz D. , Liang N. , and Suarez G. A. (2013). The Evolution of a Financial Crisis: Collapse of the Asset – Backed Commercial Paper Market, Journal of Finance 68, 815 – 848.

[29] Dechow P. M. , Myers L. A. , and Shakespeare C. (2010). Fair Value Accounting and Gains from Asset Securitizations: A Convenient Earnings Management Tool with Compensation Side – Benefits, Journal of Accounting and Economics 49, 2 – 25.

[30] Dell'Ariccia G. , Igan D. , and Laeven L. (2012). Credit Booms and Lending Standards: Evidence from the Subprime Mortgage Market, Journal of Money, Credit and Banking 44, 367 – 384.

[31] DeMarzo P. M. (2005). The Pooling and Tranching of Securities: A Model of Informed Intermediation, Review of Financial Studies 18, 1 – 35.

[32] Deng Y. , Gabriel S. , and Sanders A. B. (2011). CDO Market Implosion and the Pricing of Sub-

prime Mortgage - Backed Securities, Journal of Housing Economics 20, 68 - 80.

[33] Downing C., Jaffee D. M., and Wallace N. (2009). Is the Market for Mortgage - Backed Securities a Market for Lemons?, Review of Financial Studies 22, 2257 - 2294.

[34] Duffie D. (2008). Innovations in Credit Risk Transfer: Implications for Financial Stability, No. 255.

[35] Elul R. (2011). Securitization and Mortgage Default, Federal Reserve Bank of Philadelphia Working Paper No. 09 - 21.

[36] FDIC (Federal Deposit Insurance Corporation) (2007). Credit Card Securitization Manual, March.

[37] Fender I. and Mitchell J. (2009). Incentive and Tranche Retention in Securitisation: A Screening Model, Bank for International Settlements Working Paper No. 289.

[38] FSB (Financial Stability Board) (2012). Strenghtening Oversight and Regulation of Shadow Banking. An Integrated Overview of Policy Recommendations. Consultative Document, November.

[39] Goderis B., Marsh I. W., Castello J. V., and Wagner W. (2007). Bank Behavior with Access to Credit Risk Transfer Markets, Bank of Finland Discussion Paper No. 4/2007.

[40] Gorton G. B. (2010). Slapped by the Invisible Hand: The Panic of 2007. New York: Oxford University Press.

[41] Gorton G. and Metrick A. (2013). Securitization. In: G. Constantinides, M. Harris, and R. Stulz (Eds.), Handbook of the Economics of Finance. 2nd edition. Amsterdam: Elsevier, 1 - 70.

[42] Gorton G. B. and Pennacchi G. G. (1995). Banks and Loan Sales: Marketing Nonmarketable Assets, Journal of Monetary Economics 35, 389 - 411.

[43] Gorton G. B. and Souleles N. S. (2006). Special Purpose Vehicles and Securitization. In: R. M. Stulz and M. Carey (Eds.), The Risks of Financial Institutions. Chicago: University of Chicago Press, 549 - 602.

[44] Hartman - Glaser B., Piskorski T., and Tchistyi A. (2012). Optimal Securitization with Moral Hazard, Journal of Financial Economics 104, 186 - 202.

[45] Herring R. and Kane E. J. (2012). How to Reform the Credit - Rating Process to Support a Sustainable Revival of Private - Label Securitization, Quarterly Journal of Finance 02, 1299 - 1301.

[46] Higgins E. J. and Mason J. R. (2004). What Is the Value of Recourse to Asset - Backed Securities? A Clinical Study of Credit Card Banks, Journal of Banking and Finance 28, 875 - 899.

[47] IMF (International Monetary Fund) (2012). Growth Resuming, Dangers Remain. World Economic Outlook, April.

[48] IOSCO (International Organization of Securities Commissions) (2012). Global Developments in Securitisation Regulation, November.

[49] Kacperczyk M. and Schnabl P. (2010). When Safe Proved Risky: Commercial Paper During the Financial Crisis of 2007—2009, Journal of Economic Perspectives 24, 29 - 50.

[50] Keys B. J. Mukherjee, T. Seru, A. and Vig V. (2010). Did Securitization Lead to Lax Screening? Evidence from Subprime Loans, Quarterly Journal of Economics 125, 307 - 362.

[51] Longstaff F. A. and Rajan A. (2008). An Empirical Analysis of the Pricing of Collateralized Debt Obligations, Journal of Finance 63, 529 - 563.

[52] Loutskina E. (2011). The Role of Securitization in Bank Liquidity and Funding Management, Journal of Financial Economics 100, 663 - 684.

[53] Loutskina E. and Strahan P. E. (2009). Securitization and the Declining Impact of Bank Finance on Loan Supply: Evidence from Mortgage Originations, Journal of Finance 64, 861 - 889.

[54] Malamud S. , Rui H. , and Whinston A. (2013). Optimal Incentives and Securitization of Defaultable Assets, Journal of Financial Economics 107, 111 - 135.

[55] Mandel B. H. , Morgan D. , and Wei C. (2012). The Role of Bank Credit Enhancements in Securitization, Federal Reserve Bank of New York Economic Policy Review 18, 35 - 46.

[56] Marques - Ibanez D. and Scheicher M. (2010). Securitisation: Causes and Consequences. In: A. N. Berger, P. Molyneux, and J. O. S. Wilson (Eds.), Handbook of Banking, 599 - 633, 1st edition. Oxford: Oxford University Press.

[57] Mian A. R. and Sufi A. (2009). The Consequences of Mortgage Credit Expansion: Evidence from the US Mortgage Default Crisis, Quarterly Journal of Economics 124, 1449 - 1496.

[58] Nadauld T. and Weisbach M. S. (2011). Did Securitization Affect the Cost of Corporate Debt?, Fisher College of Business Working Paper No. 2010 - 03 - 16.

[59] Published as Nadauld T. D. , and Weisbach M. S. (2012). Did Securitization Affect the Cost of Corporate Debt?, Journal of Financial Economics 105, 332 - 352.

[60] OCC (Office of the Comptroller of the Currency) (1997). Asset Securitization. Comptroller's Handbook, November.

[61] OCC (Office of the Comptroller of the Currency) (2002). Interagency Guidance on Implicit Recourse in Asset Securitizations, No. 2002 - 20.

[62] Pagano M. and Volpin P. (2010). Credit Ratings Failures and Policy Options, Economic Policy 25, 401 - 431.

[63] Pennacchi G. G. (1988). Loan Sales and the Cost of Bank Capital, Journal of Finance 43, 375 - 396.

[64] Piskorski T. , Seru A. , and Vig V. (2010). Securitization and Distressed Loan Renegotiation: Evidence from the Subprime Mortgage Crisis, Journal of Financial Economics 97, 369 - 397.

[65] Pozsar Z. (2011). Institutional Cash Pools and the Triffin Dilemma of the US Banking System, International Monetary Fund Working Paper No. 11/190.

[66] Sabry F. and Okongwu C. (2009). Study of the Impact of Securitization on Consumers, Investors, Financial Institutions and the Capital Markets. NERA Economic Consulting, June.

[67] Sarkisyan A. and Casu B. (2013). Retained Interests in Securitisations and Implications for Bank Solvency, European Central Bank Working Paper No. 1538.

[68] Shin H. S. (2009). Securitization and Financial Stability, Economic Journal 119, 309 - 332.

[69] Van Oordt M. R. C. (2014). Securitization and the Dark Side of Diversification, Journal of Financial Intermediation 23, 214 - 231.

[70] Vermilyea T. A. , Webb E. R. , and Kish A. A. (2008). Implicit Recourse and Credit Card Securitizations: What Do Fraud Losses Reveal?, Journal of Banking and Finance 32, 1198 - 1208.

[71] White L. J. (2010). Markets: The Credit Rating Agencies, Journal of Economic Perspectives 24, 211 - 226.

[72] Zhang Y. (2013). Does Loan Renegotiation Differ by Securitization Status? A Transition Probability Study, Journal of Financial Intermediation 22, 513 - 527.

第16章　影子银行监管

16.1　什么是影子银行

传统银行是一种促进资金从家庭部门向借款人流动的金融中介机构。虽然家庭可以绕过中间商并直接投资于股票或债券，但这需要分析相关信息的能力并承担流动性风险，且成本非常高（尤其表现在投资标的的筛选、监控与多样化）。此外，直接投资可能会因家庭的流动性需求而受到限制：这是因为，如果在直接投资取得回报之前急需资金，就会产生费用损失。金融中介机构的存在就是为了让这些成本降到最低。在传统银行模式中，它作为中介机构扮演多重角色，既负责投资标的的筛选、监控、分散风险，又保证投资者的流动性需求。这些服务通过完备性、流动性和信用转换，为风险在家庭和公司之间分散提供了一个更好的方式。

虽然金融中介为风险在借款人与资金提供者之间进行分担提供了一种更有效率的方式，但同时也创造了新的风险，其中最众所周知的就是“挤兑”，和由于投资方集体撤资而导致的提前清偿。因此，金融中介活动本质上是脆弱的，值得注意的是它还同时具有较强的社会外部性（如挤兑的蔓延导致系统性风险的爆发）。

政府机构试图通过使用自己的资产负债表，为这些中介机构的负债提供信贷担保，以及以最后贷款人的身份为这些机构提供流动性支持的方式，来最小化系统性风险。然而，对风险不敏感的信贷担保和流动性支持为过度冒险、加杠杆和期限转换提供了激励，加强监督和审慎监管也因此变得更为重要。这种传统形式的金融中介依靠银行和保险公司来进行信贷创造，公共部门在一旁随时待命，以防危机的发生。从“大萧条”到20世纪90年代以来，其他形式的金融中介一直占据着主导地位。

随着时间的推移，金融创新将仅涉及单一金融机构的金融中介，分解为现在的多个机构，每个机构在信用创造的过程中都有着其独特的作用。专业化使得中介成本显著降低，但其降低成本的动机也将金融活动影子化（为了减少或消除与审慎监管及法律法规、信息披露和税收相关的成本）。在三十年的时间里，影子银行系统迅速发展，达到了与传统银行系统相同的规模，并改善了对家庭和借款人的流动性限制条件。然而，旨在规避公共部门监督的金融中介将在2007—2008年后的信贷周期中消失，这只是时间问题。因此，虽然金融创新意味着更有效地提供金融服务，但是有着这一黑暗面的非传统金融中介则被归类为影子银行。

“影子银行”一词是由 McCulley（2007）提出的，并被政策制定者所接受（例如，见 Tucker，2010）。关于影子银行的第一篇文章由 Pozsar（2008）与 Adrian 和 Shin（2009）

所写。在本章中，我们对迄今为止的相关文献作了一个结构性综述。在16.2节中，我们阐述了影子银行的定义，并讨论了对其规模进行测度的尝试。在16.3节中，我们探讨了影子银行存在的原因，并在16.4节中讨论了监管机构和学者应该关注影子银行的原因。在16.5节中，我们提供了一个监控影子银行系统性风险的方法，并详细讨论了机构抵押支持证券（MBS）、房地产投资信托（REITS）、再保险、杠杆贷款、三方回购、货币市场共同基金以及中国银行的表外业务活动。16.6节为结束语。

16.2　如何定义和衡量影子银行?

最近，金融稳定委员会（FSB）将影子银行定义为“涉及常规银行体系之外的实体和活动的信用中介体系”。以FSB的话来说：“这意味着将重点关注审慎监管标准和监管监督不适用的信用中介，或与从事类似活动的正规银行相比，监管标准适用程度较低的信用中介”（FSB，2011年）。这种监管方法充分认识到信用中介链的复杂性，以及银行本身可能是影子系统中不可或缺的组成部分。因此，FSB方法也强调审查银行和非银行活动之间的关联性。同时，虽然FSB使用“广撒网”的方式——将信用中介链上的任何潜在的实体、市场或活动纳入进来，但为了有效地监测和监管，它也要求缩小聚焦范围，主要关注涉及四个主要风险因素的活动：期限转换、流动性转换、不完全的信用风险转移和杠杆活动。

Pozsar等（2010）概述了影子信贷中介的另一种定义。这个定义侧重于金融中介负债的性质。第一，它特别指出，因为官方部门明确担保的负债[①]受益于最强的官方部门支持，并不属于影子信贷中介的负债。第二，如果一个无保险负债被合并到一个可以使用最后贷款人的机构的资产负债表上，则该无保险负债[②]不是影子信贷中介的一部分。将会计合并作为定义的一部分是重要的，因为未合并的负债被假定为结构化，从而避免了因直接显示在中介机构的资产负债表上而形成的监管税。无保险负债是影子银行体系的一部分，因为它们不能从官方机构获得流动性支持，因此当面临信用危机（如投资者挤兑）时，它们显得更加脆弱。

虽然这两个定义看起来有很大区别，但实际上是互补的。它们都侧重于逃避监管的活动。FSB方法侧重于银行以外的中介活动，而Pozsar等（2010）侧重于没有官方信贷和流动性支持的信贷融资活动。

影子银行系统到底有多大？如何衡量？作为其调查影子银行并提出加强监测和监管任务的一部分，FSB一直在进行影子银行系统的年度全球数据映射工作，以便监测潜在的新

---

① 这类负债包括被保险存款和保险合同的担保金额，由吉利美（美国政府国民抵押协会）发行的抵押贷款支持证券，以及流通中的硬币和纸币。这一定义明确排除了受益于隐性官方部门支持的负债，例如政府特许机构的负债或联邦住房贷款银行的负债。它还排除了没有受益于明确或隐性支持的负债，例如公司债券或私营部门债券保险。

② 这类负债包括存款机构的无保险存款和交易负债。虽然这些负债具有脆弱性，但它们受资本和流动性监管的制约，这些负债的持有人受益于该机构获得或有流动性的能力，从而减少了资金逃离的规模。第二个标准清楚地排除了由最后贷款人特许的机构发起的证券化或资产管理活动所产生的负债，虽然这些活动并没有合并到其资产负债表上。这一定义还排除了那些不能从最后贷款人那里获益的非银行金融公司发行的负债。

的影子银行风险出现。由于若干原因，数据映射工作的难度较大。首先，根据其自身的性质，那些不在监管机构监管下的实体和活动的数据可能缺失。其次，将跨国数据进行合并很困难，原因很简单，某些实体或活动的定义在不同的法律和/或监管下可能会有很大的差别。

尽管存在这些困难，但 FSB 自 2011 年以来一直进行年度监管工作。在 2012 年的工作中，它的数据覆盖了 25 个国家及整个欧元区。总的来说，其覆盖范围占全球金融系统资产的 90%。FSB 将“其他金融中介”的总资产数量作为衡量全球影子银行系统的数据指标，其在危机前的几年中呈指数增长，从 2002 年的 26 万亿美元增加到 2007 年的 62 万亿美元。在危机期间，影子银行系统规模有所收缩，但 2011 年，其规模依旧高达 67 万亿美元。此外，数据表明，影子银行体系占金融中介总量的 25%，低于 2007 年峰值的 27%。在各国对比中，份额最大的是美国，2011 年资产达到 23 万亿美元，其次是欧元区（22 万亿美元）和英国（9 万亿美元）。有趣的是，美国的份额从 2005 年的 44% 下降到 2011 年的 35%，而欧元区和英国的份额却都有所增加（见图 16.1）。全球映射还表明，各国在非银行金融中介机构（FIs）的增长方面，以及在非银行金融中介机构中特定类型的分支部门的增长方面，存在显著的异质性。如图 16.2 所示，我们观察到某些新兴市场经济体的增长率最高。中国就是这样一个例子，其货币市场共同基金和金融公司出现了大幅增长。这清楚地表明，影子银行是全球性的，其增长与宏观经济增长（对中间资金需求日益增长的自发反应）密切相关，其增长也与监管环境的薄弱有关①。

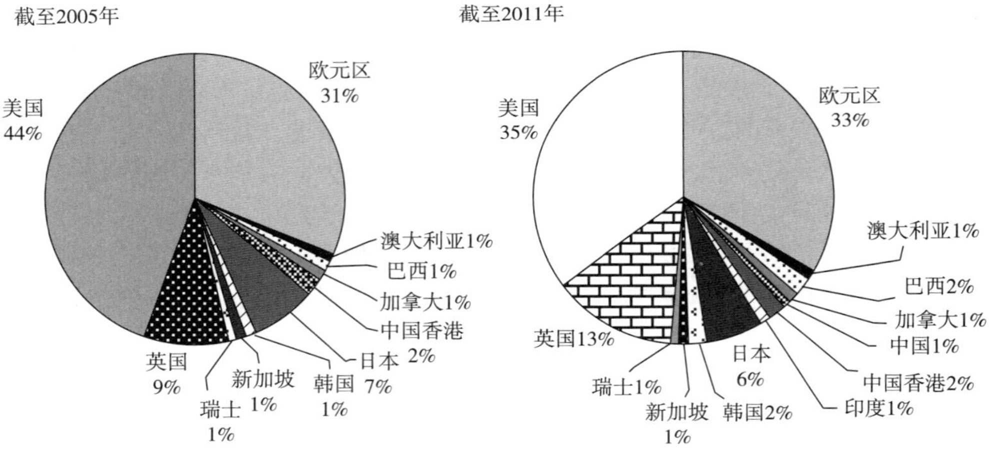

图 16.1 非银行金融中介机构的资产份额

16.3 影子银行存在的原因

总的来说，现有的学术研究表明，影子银行的存在主要受到金融中介机构专业化、货

① Fiaschi、Kondor 和 Marsili（2013）采用了一种不同的方法，其使用金融部门规模与权威法律所预测的规模之间的差异，作为对影子银行系统规模的预测。

币供给结构中的金融创新以及规避监管成本的驱动。我们在这里简要回顾了这些研究，但是我们主要根据 Adrian 和 Ashcraf（2012a，2012b）的观点作为参考展开讨论。

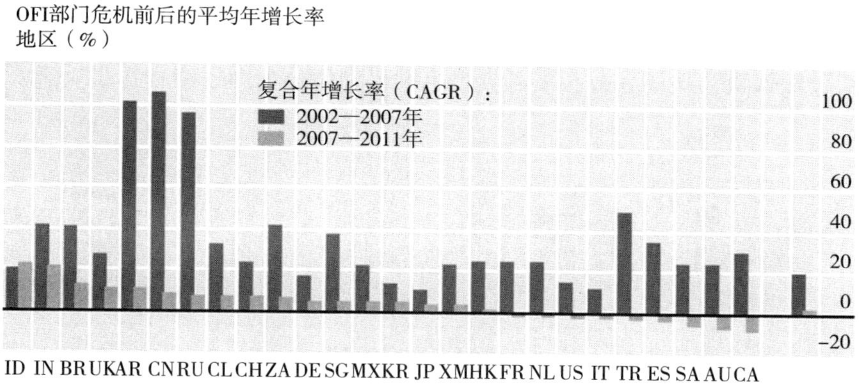

注：①AR＝阿根廷；AU＝澳大利亚；BR＝巴西；CA＝加拿大；CH＝瑞士；CL＝智利；CN＝中国；DE＝德国；ES＝西班牙；FR＝法国；HK＝中国香港；ID＝印度尼西亚；IN＝印度；IT＝意大利；JP＝日本；KR＝韩国；MX＝墨西哥；NL＝荷兰；RU＝俄罗斯；SA＝沙特阿拉伯；SG＝新加坡；TR＝土耳其；UK＝英国；US＝美国；XM＝欧元区；ZA＝南非。

②阿根廷 2002—2007 年异乎寻常的高增长率（每年 101%）反映了 2001—2002 年危机后阿根廷经济的强劲复苏，因此不具有可比性。除此之外，上述变化还受到中介机构信息缺失的影响。只考虑那些拥有完整资料的中介机构，在整个 2002—2007 年，平均年增长率由 101% 下降至 67%。

图 16.2　OFI 部门危机前后的平均年增长率

16.3.1　专业化

通过影子中介过程，影子银行系统将高风险的长期贷款（例如次级抵押贷款）转换为看似无风险的、短期的、货币类型的金融工具。与传统的银行系统（整个过程只发生在单一机构的内部）不同，影子银行将信用中介拆分成进行批发出售的机构及将贷款进行证券化的机构。影子信贷中介是以多个步骤分别在不同的非银行金融中介机构中进行的，这可以看作将传统银行的信用中介过程“垂直分割”成了七个步骤。Pozsar 等（2010）解释了影子银行信贷中介的七个步骤，如图 16.3 所示。

（1）贷款发放（汽车贷款和租赁、不合格抵押贷款等），由非银行金融公司执行。

（2）贷款的仓储，由单/多资产出售方渠道进行，并通过资产支持商业票据（ABCP）进行融资。

（3）将贷款集中并构造成资产支持证券（ABSs），由经纪交易商 ABSs 集团进行。

（4）通过交易账户进行 ABS 仓储的，资金来源为回购、总收益互换或两者的混合。

（5）将资产池和结构化 ABS 纳入担保债务凭证（CDOs），由经纪交易商 ABSs 集团进行。

（6）ABS 中介主要包括专用金融公司（LPFC）、结构化投资工具（SIV）、证券套利渠道和信贷对冲基金，这些基金以各种方式供资，包括回购、ABCP、中期票据（MTNs）、债券和资本票据。

（7）所有上述活动的资金都通过资金提供者［例如，受监管和不受监管的货币市场中介机构（例如，2（a）-7货币市场共同基金（MMMF）和增强的现金基金）］在批发融资市场上和直接货币市场投资者（如证券借贷者）那里获取的。除了通过短期回购、商业票据（CP）和ABCP工具为影子银行提供资金的这些现金投资者之外，固定收益共同基金、养老基金和保险公司还通过投资长期的MTNs和债券为影子银行提供资金。

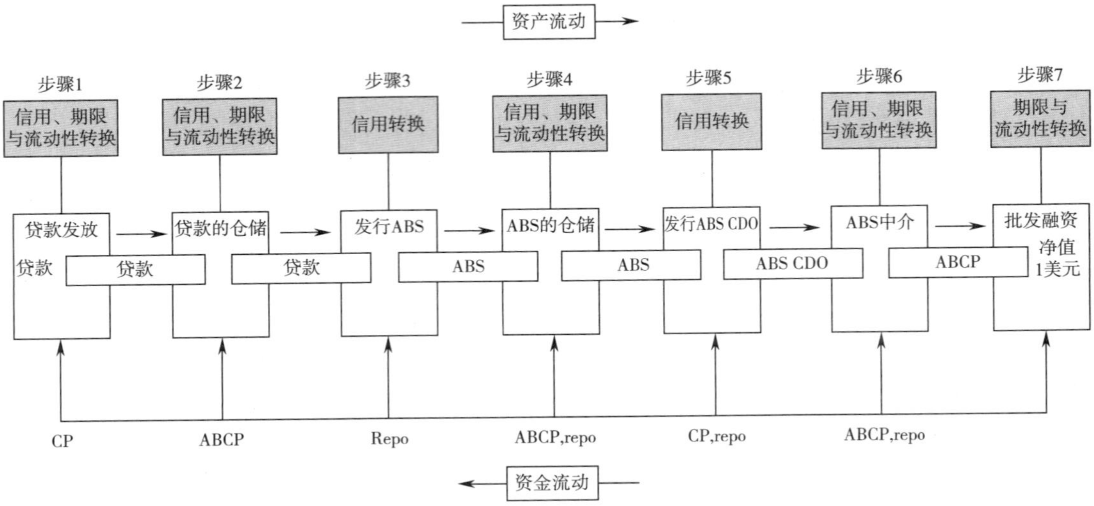

图16.3 信用中介链

为什么影子银行系统涉及的机构比传统银行系统更多？

首先，与规模经济有关。当涉及证券的结构化和承销时，比如需要与投资者建立分销关系，以及通过三方回购来支持市场所创造的廉价资金来源，诸如经纪经销商的特定实体可以比非银行发起者在相同条件下以较低成本完成。当涉及仓储资金时，Kashyap、Rajan和Stein（2002）证明，由于存取款和信贷需求之间不完全相关性，银行在提供使信贷有效运作的或有流动性方面比非银行更具成本优势。

其次，将非银行金融公司的资产负债表上具有投资级债券评级的风险贷款转换为具有AAA信用评级的证券需要进行破产隔离。虽然非银行贷款人可以直接发行商业票据以支持资产负债表上的贷款，但是通过证券化将贷款出售给一个信贷风险独立于发起人的特殊目的工具具有显著的成本优势。由于破产隔离是证券化的一个重要组成部分，影子信贷中介自然比基于存款机构的传统信用中介涉及更多的机构。

最后，可能与传统信用中介所特有的不透明性有关，传统信用中介将许多不同类型的金融活动结合到一个单一的金融工具中。银行相对其他类型公司的不透明度在现有的学术文献中已有详细记录，参见Flannery、Kwan和Nimalendran（2004）的分析和文献综述。似乎有理由怀疑，银行的相对不透明度部分是由于官方部门对银行负债的明确和隐性担保所导致的，允许银行从事更广泛的活动，而如果完全通过市场进行融资而没有这些担保，那就不可能出现这种情况。举例来说，货币市场共同基金（也提供可供要求的债务），通常明显比典型商业银行的范围更小、资产质量更高。按照这种思路，存在于传统银行体系之外的专业化可能更符合自然规律。

16.3.2　货币构成的创新

Gorton 和 Metrick（2010）将影子信贷中介描述为货币总供给构成的金融创新。货币在经济中发挥着至关重要的作用，不仅作为价值贮藏，而且作为记账单位和交易手段。对货币价值信心的迅速丧失已成为国家和地区间金融恐慌的根本原因。参见 Reinhart 和 Rogoff（2009，2011），他们回顾了全球八个世纪以来的金融恐慌。商品货币向法定货币的转变是一个重要的创新，但几十年来，因人们对其可转换为商品的能力的怀疑，而使得其一直与恐慌联系在一起，直到 1863 年和 1864 年，美国通过了国家银行法案，在纳税人的全力支持下才结束了这一点。持续的创新促使存款代替了法定货币，大规模银行恐慌的威胁再次出现，在联邦存款保险公司（FDIC）的联邦存款保险和美联储作为最后贷款人的存款支持下才再次得以缓解。

尽管这些政策干预在“大萧条”后几十年内有效地创造了金融的稳定，但在货币供应总量构成方面的显著创新使得金融体系更容易受到货币持有人信心丧失的影响。如图 16.4 所示，说明了流动资金可转变为四大金融负债：（1）传统的期限转换，包括银行存款和同业负债；（2）传统信用转换，包括银行和银行控股公司发行的期限债务，以及养老金和人寿保险公司的储备，以及未分类的存款性贷款；（3）影子期限转换，包括 MMMFs、回购、公开市场票据和证券经纪交易商信用和应付款；（4）影子信贷转换，包括政府特许机构（GSEs）、非银行发行的有期限债券、共同基金股票、房地产投资信托抵押债券和归类为“其他”的贷款。

图 16.4 提出了几个重要的观点。首先，自从得到官方支持以来，金融体系中的期限转换的数量一直显著下降。虽然在 20 世纪 40 年代中期，包括银行和非银行在内，近 75% 的中间信贷由短期银行负债提供资金，但近几年这一数字下降到 15%，然后在 2011 年回升至 21%。期限转换的下降主要发生在银行，这是由于期限债务市场在融资信贷中的作用增加所致。特别是，影子信贷转换的数量从 1945 年的零增加到 2007 年金融部门债务总额的 36%，之后下降到 2011 年的 31%。信贷市场的资金增加不仅受到 GSEs 和证券化的驱动，也受共同基金和 REITs 的重要性提高的影响。影子信贷转换从 1945 年的总信贷转换的 5% 增加到 2008 年的峰值 60%，然后在 2011 年下降到 55%。

其次，虽然银行的期限转换显著下降（与整体金融体系相一致），但非银行的期限转换显著增加。结果是，影子中介机构发行的总货币供应量的份额显著增加，在 2000 年年初达到峰值的 45%，这是 1993 年以来没有出现的水平，然后在 2011 年急剧下降到 28%。为了应对存款机构支付支票利息支付能力的限制，响应存款保险限额（这使得大量存款者面临银行风险）的需要，货币市场共同基金在 20 世纪 70 年代发展起来，这部分解释了期限转换的增加。虽然图 16.4 说明即使在高峰期通过影子中介提供的信贷额从未超过 10%，但影子资金在总体货币供给中的重要性日益增加，这是其扩大对金融体系的冲击的一个重要因素。

学术研究已经开始探索影子债务在总体货币供给中的作用了。Sunderam（2012）分析了影子银行负债对高能货币的替代程度。他以一个简单的模型表明，影子银行负债应该成

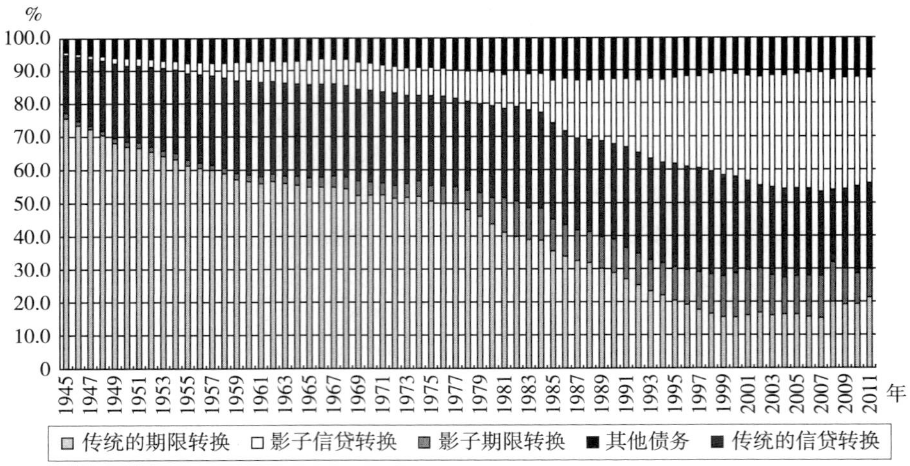

注：传统的期限转换包括银行间负债净额（第 28 项）加上支票（第 29 行）和储蓄（第 30 行）存款。传统的信贷转换包括人寿保险公司的准备金（第 43 行）和养老金（第 44 行）加上银行和控股公司发行的公司债务加上来自储蓄机构 NEC 的贷款（第 37 行）。后者的计算方法是从公司债务总额（第 36 行）中减去控股公司（第 10 行）和银行（第 5 行）发行的债务（L212）。影子成熟度转换包括（L107）MMMFs（第 31 行）、回购（第 32 行）、商业票据（第 34 行）、证券经纪交易商信贷（第 41 行）和应付款（第 42 行）。影子信贷转换包括 GSE（第 35 行）、REITs（第 39 行）、共同基金股份（第 40 项）和其他贷款（第 38 项）。

来源：美联储资金流动表（L107 和 L212）。

图 16.4　金融业务负债构成

为私人部门资产配置中货币的替代品。根据经验，Sunderam 表明影子银行负债会对货币需求作出反应，并推断出增长的货币需求可以解释 ABCP 在 21 世纪初大约一半的增长。他还证实了，ABCP 的监管变化对影子银行系统的发展发挥了重要作用。

Moreira 和 Savov（2013）研究了影子货币创造对宏观经济波动的影响。影子中介通过杠杆化其资产的抵押价值在影子银行系统中创造流动性。然而，流动性的创造是以提高金融脆弱性为代价的，因为不确定性的波动会使得资产质量发生从影子债务到安全资产的飞涨。影子银行流动性的崩溃会通过信贷定价机制产生实质的影响，并导致不利冲击后的长期萧条。

16.3.3　监管套利

传统银行体系之外的中介机构的明显动机是为了私人部门逃避监管和税收。文献研究表明，这一动机部分解释了过去十年影子银行的增长和崩溃。特别是，Acharya、Schnabl 和 Suarez（2010）指出，自 2004 年以来 ABCP 的快速扩张部分来自监管资本规则的变化。尤其是，财务会计准则委员会（FASB）于 2003 年 1 月发布了一项指令（FIN 46），并于 2003 年 12 月更新了该指令（FIN 46A），表明保荐银行应将其在 ABCP 渠道中的资产合并到其资产负债表中。然而，美国银行监管机构澄清说，从该渠道合并到资产负债表上的资产不需要包括在风险资本的计量中，而是使用流动性担保涵盖金额的 10% 信用转换因子。作者指出，大多数担保结构是提高流动性的担保，而不是信用担保，旨在最大限度地减少监管资本，大多数渠道都受到最严格资本要求的商业银行的支持。此外，作者指出，渠道是由经济资本较低（用权益与资产的账面价值比来衡量）的银行发起的。最后，作者发现，有流动性担保渠道中的投资者全额偿还，而担保较弱的渠道中的投资者承受了较小的损失，这表明尽管得到了资本宽减，但风险并没有转移。

资本套利的动机与明确的信贷及流动性看跌期权的错误定价相一致，都与存款保险和官方流动资金的可获得性有关，与大银行"大而不能倒"的观念的存在也有一定的关系，这导致它们参与过度的杠杆期限转换。正如 Adrian 和 Ashcraf（2012a）所说，最低资本和流动性标准的存在减少了这些激励，银行规避具有约束力的标准的能力允许它们最大化这些看跌期权的价值。

16.4　银行在影子银行中的作用是什么？

对影子银行的标准叙述是：传统银行在中介过程中失去其中心地位，它们被中介服务链中的专业提供者所取代。现有中介机构（银行）事实上似乎已经习惯了不断变化的中介"技术"。如前所述，更长的中介链和已经存在的专业化中介的出现（或现有的中介机构加强了其专业技能），使得资产证券化可以开发新的市场和活动。鉴于这种演变，我们至少应该允许存在一种可能性——银行适应了变化，维持了其在中介体系中的中心地位。做到这一点的一种方法是进行组织重组：如果现代中介需要增强自身在某方面的作用，例如专门贷款人、承销商、资产管理者、货币市场基金、保险公司等，则现有的银行组织可以通过将这样的个体并入，控制并拥有其所有权，而后进行调整。因此，这一推测表明，随着中介概念的重新定义，银行会通过扩大中介公司的传统边界来适应。因此，中介活动并不被局限于商业银行的资产负债表内，而是在更复杂的银行控股公司组织的更广泛的范围内进行。

了解银行适应不断变化的环境的程度至关重要，因为它可以更好地了解行业中发生的实际转型。此外，它从不同的角度强调了监管环境与影子银行发展的联系。最后，它确实提出了一个真正什么应该被定义为影子银行的辩论。

从组织结构的角度定义影子银行业务需要绘制信贷中介链的交互图。如图 16.3 所示，我们不再描述中间链的步骤，而是突出中介链中为了匹配供给和需求所需要的角色。如图 16.5 表明，在链的开端有一个贷款发起人。然而，还需要证券发行人、负责证券去处的承销商、关注与证券相关的现金流的服务商、受托人，本质上是对证券最终投资者的委托监管，以及提供增强的机构（提供流动性和/或信用担保以提高这些发行的质量的机构）。

这种交互图是对中介链步骤的补充，但它允许从组织的角度来量化影子银行。在美国，美联储是银行控股公司的监管者，这意味着可以在多大程度上实际评估银行控股公司在现代金融中介活动中的作用，从而可以对银行控股公司在现代金融中介中的作用进行重要的量化。Cetorelli 和 Peristiani（2012）首次提供了这样的量化。作者使用了 1978 年至 2008 年来自非机构资产支持证券化活动领域的数据，确定了证券化中的发行商、承销商、服务机构和受托人的作用。随后，他们将提供这些服务的机构身份与银行控股公司相匹

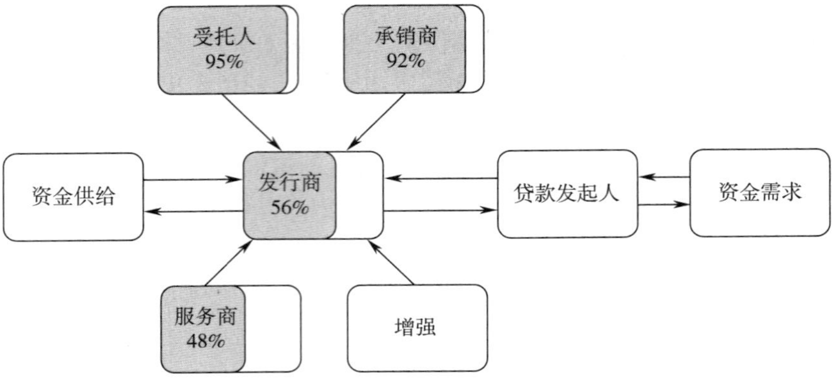

图 16.5 信用中介链的替代

配。如图 16.5 所示，按美元证券化百分比计算，银行控股公司在其信贷中介链上与其子公司扮演一个或多个角色的作用。主要的结论是，在没有受监管的银行发挥某些作用的情况下，证券化活动几乎不可能发生。①

受监管的银行在“形成”影子银行系统和贷款发起方面也发挥着重要的作用。Bord 和 Santos（2012）在研究银行在信用中介的贷款—证券化模式中的作用时展示了这一点。作者记录，超过 75% 的银团信贷额度由银团贷款参与行购买，这些贷款在三年后依然留在那些银行。银团银行拥有的期限贷款份额已从 20 世纪 90 年代中期的 75% 下降到 2010 年中期的 30% 左右。影子银行组织在过去 20 年中已经成为越来越重要的定期贷款投资者。尤为重要的期限贷款买家是投资经理和抵押贷款债务（CLOs）。Bord 和 Santos 得出结论，1993 年向影子银行系统出售的期限贷款份额不到 10%，到 2007 年上升到 30% 以上。虽然贷款发放几乎完全由商业银行进行，但贷款的最终所有权则在银行和影子银行之间分配。

Avraham、Selvaggi 和 Vickery（2012）提供的证据表明，银行控股公司正在随着影子信贷中介的出现而发生变化。图 16.6 按简单的子公司数比较了美国顶级银行控股公司 1990 年与 2012 年的组织结构的区别。至少可以看出最大的 BHC 所控制的实体数量增加了许多倍。例如，2012 年，美国五家最大的 BHCs 都拥有超过 1500 家子公司，最大的一个拥有 3000 多家。这些子公司大多数是通常从事影子银行活动的基金、信托和金融工具。②

Cetorelli、McAndrews 和 Traina（2014）对 BHC 的组织适应性进行了更深入的研究，重点讨论了 20 世纪 90 年代初整个金融行业所发生的兼并和收购。表 16.1［来源于 Cetorelli、McAndrews 和 Traina（2014）的研究］展示了按年记录由金融公司发起的跨类型合并的程度，即银行购买非银行标的（如资产管理者、保险承保人、保险经纪人等）的程度，以及这些其他类型的实体在多大程度上进行了类似的组织变革。如表 16.1 所示，银行是这种扩张的主力。

---

① 这一观点在 Mandel、Morgan 和 Wei（2012）的研究中也得到证实，他们发现传统银行也通过向证券化信托提供信贷增强而密切参与影子信贷中介活动。

② Copeland（2012）指出，银行控股公司的这些影子银行业务一直在持续增长，占控股公司总收入的很大比例。

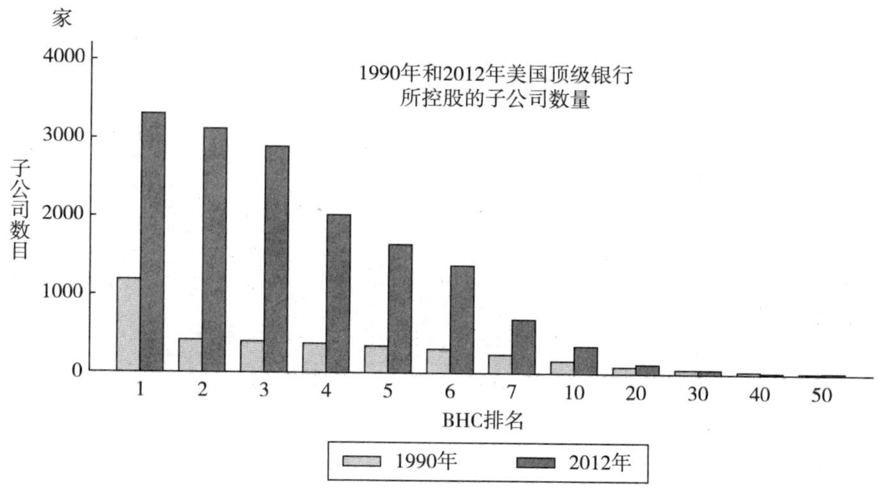

图 16.6 1990 年和 2012 年主要美国银行控股公司子公司数量

表 16.1 1983—2012 年美国金融业的整合动力

买家	资产管理人	银行	经纪自营商	金融科技公司	保险经纪人	保险承销商	投资公司	房地产商	储户	特别贷款人	总计	对角线	非对角线
资产管理人	459	2	38	110	27	24	6	17	1	51	735	459	276
银行	518	6067	291	164	759	38	3	1	1304	664	9809	6067	3742
经纪自营商	127	6	613	78	59	9	4	9	6	42	953	613	340
金融科技公司	13	2	23	1123	60	8	0	0	0	13	1242	1123	119
保险经纪人	31	4	12	35	1760	20	0	0	1	6	1869	1760	109
保险承销商	138	14	55	126	533	1451	0	4	18	54	2393	1451	942
投资公司	19	2	4	4	4	2	11	4	1	42	93	11	82
房地产商	3	1	3	0	0	1	0	111	1	12	132	111	21
储户	45	359	28	8	114	21	0	2	704	140	1421	704	717
特别贷款人	10	19	26	20	11	5	3	2	21	771	888	771	117
总计	1363	6476	1093	1668	3327	1579	27	150	2057	1795	19535	19535	19535
对角线	459	6067	613	1123	1760	1451	11	111	704	771	13070		
非对角线	904	409	480	545	1567	128	16	39	1353	1024	6465		

除了与 BHC 参与证券化活动有关的子公司外，最大的非银行 BHC 子公司包括了金融公司、经纪交易商和财富管理单位——包括共同基金、对冲基金和货币市场共同基金。虽然在金融危机爆发前的 20 年里，出现了一部分与 BHC 相互独立的影子银行系统，但金融危机导致了独立的影子银行业务开始向 BHC 迁移。Cetorelli（2012）提到，截至 2011 年，BHC 控制着大型保险公司 38% 的资产、货币市场共同基金 41% 的资产和最大的经纪人和经销商 93% 的资产。此外，在没有主要托管银行提供服务的情况下，很少有证券借贷和相关的现金抵押品再投资发生。

这样的好处是，在审慎的监管中，受监管的银行在现代金融中介中占据了相当大的空间。这并不是说与中介活动相关的风险没有随之迁移。然而，从组织角度来看，确实强调了对受监管中介机构适应形式的重视的必要性，而且它确实提出了补充前瞻性监督方法的关键（Cetorelli，2012 年）：受监管的银行在创新面前已经证明是有弹性和适应性的。了解它们的演变过程也可以更好地了解中介活动和相关风险的演变。然而，自金融危机以来，BHCs 影子银行整合的趋势受到了一股强大力量的抵消：对 BHCs 的审慎标准的提高。更严格的资本和流动性要求，将鼓励更多的信贷中介从 BHC 转移到影子银行体系。

16.5 我们为什么要关注影子银行？

虽然影子银行体系中的信贷中介不像传统银行的中介，但值得注意的是，影子信贷中介是如何导致无效率结果的发生的。

16.5.1 监管套利

监管通常迫使私人部门做它们原本不会做的事：向政府部门缴税、向投资者披露更多信息、或持有更多资本以抵御金融风险。套利活动是指，通过调整金融活动来避税、减少信息披露或/及最低资本需求。套利一般是指同时购买和销售无风险产品的工具，监管套利通常不会改变活动的风险特征，而只是令结构产生变化，通过降低监管成本来增加发起人的净现金流量。

有一个小文献调查了税收和避税活动对最近金融繁荣和泡沫的影响。Alworth 和 Arachi（2012）发起了一系列广泛讨论，其中包括住房税收优惠的作用、利用债务进行私人股本的兼并和收购、将混合债务工具作为资本的行为，以及使用结构证券化工具避税的行为。Mooij、Keen 和 Orihara（2013）实证研究了企业税率与危机发生概率之间的关系。最后，Davis 和 Stone（2004）指出，危机前杠杆率越高，危机的严重程度越大，表明税收政策可能会对金融危机的发生率和严重程度产生影响。

虽然较高的企业税可能对金融稳定性产生不利影响，但似乎低税率也可能产生不利影响。为了吸引外国资本和创造就业机会，一些管辖区颁布了相对较低的企业所得税税率。高税率国家的公司会努力调整其活动以利用这些低税率，这使得高税率地区的政府部门感到沮丧。除了改变税收负担外，公司税率的不同可能引发这些国家短期资本的快速流动从而导致全球金融不稳定。例如，许多税率较低的发达国家，包括爱尔兰、冰岛和塞浦路斯，最近都经历了与热钱流动有关的重大繁荣和萧条周期。Reinhart 和 Rogoff（2009，2011）已经广泛讨论过，资本流动与银行危机之间的关系不是一个新现象。

16.5.2 被忽视的风险

由于影子银行机构是为利用定价不当的尾部风险而量身定做的，导致它们积累了大量的对尾部风险特别敏感的资产。从深层次来说，问题就变成了：在完全理性的条件下，尾部风险的错误定价是否还会存在？金融市场参与者能否计算尾部风险概率、隐性担保和各种尾部风险的增强？这些计算能否导致对尾部风险的适当评估？文献提供了两个截然不同的、互补的答案。第一个依赖于“被忽视的风险”的行为解释。第二个依赖于在理性世界中的信息不透明度。我们将依次对这些解释进行讨论。

心理学和行为金融的证据表明，市场参与者对尾部风险进行的理性评估本身就是有偏的。Gennaioli、Shleifer 和 Vishny（2012a）基于行为证据，在假定行为者忽视风险的基础上发展出了个人决策理论。在后来的文章中，Gennaioli、Shleifer 和 Vishny（2013）将这一理论应用于影子银行体系的经济学中。他们用模型构建了一个模型，在模型中，投资者系统地忽视世界最糟糕的状态，在繁荣期间产生过度投资和过度定价，以及在衰退期间导致了实体经济和金融部门的过度崩溃。

他们的理论可能是对影子银行体系繁荣和萧条的最简洁的叙述。事实上，许多经验证据与这样的理论是一致的。信用评级机构只模拟了房价总体小幅下降或没有下降时的情况，而证券化产品的投资者往往不了解产品所包含的风险敞口。同时，尾部风险的远期价格，相比抵押贷款信贷的期权，是惊人的便宜。Rajan（2005）的早期论文对金融体系暴露于这种尾部风险下提出了警告，他通过研究金融创新是否使世界面临的风险加剧，指出了这一现象。

被忽视的风险是解释高评级的结构性信用产品被广泛认为是无风险产品的一种方式，例如 ABS 的 AAA 级。Coval、Jurek 和 Stafford（2009）指出，这些 AAA 级债券就像巨灾债券，承受着巨大的系统性风险。相比正常状态下，在这样的系统性风险状态下，资产间具有更强的相关性。相关性的低估使得金融机构能够保持与对应的看跌期权相比不足的流动性和资本以支持影子银行体系的稳定性，这使得这些看跌期权过于便宜地出售。由于投资者倾向于高估通过这些看跌期权购买的私人信贷和流动性增值的价值，结果是廉价信贷的超额供应。被忽视的风险可以通过投资者过度依赖信用评级的行为表现出来。例如，Ashcraf 等（2011）证明次级 MBS 价格对评级比事后表现更敏感，表明资金对信息评级相对于信息内容更为敏感。

Dang、Gorton 和 Holmström（2009）提出了一种替代理论，在一个充满理性市场参与者的世界中，资产高度暴露于尾部风险之下。他们的信息不透明理论可以合理化影子银行系统的信用问题。根据这个理论，债务契约是最优的，因为它们产生了不透明度。不透明度反过来最小化了逆向选择，并减少了收集信息的激励。这种观点解释了 2007—2008 年危机爆发前相对不透明的证券化产品的增长。抵押贷款被包装在 MBS 和 ABS 中，并由 CDOs、SIVs 和 MMMFs 提供资金，这些资金提供方拥有的信贷质量的相关的信息相对较少。然而，Dang、Gorton 和 Holmström 指出，一旦不好的冲击触及这些信息不透明的、负债经营的经济体，系统性风险就会加剧。从直观来看，不良的冲击导致私人对信息收集的增加，这加剧了不利信息对市场价格的影响。结果，随着系统性风险的加深，逆向选择开始累积。

上述理论补充了前面讨论的 Gennaioli、Shleifer 和 Vishny（GSV）的解释。虽然说 Dang、Gorton 和 Holmström（DGH）（2009）强调逆向选择作为放大机制，而 GSV 则强调风险意识。GSV 主要从行为角度论证了世界上最糟糕状态的风险被忽略的原因。相比之下，在 DGH 的模型中，在经济繁荣时期，金融合同的不透明度是一个均衡结果，能够最大化金融合同的流动性。这两种理论之间的共性是，无论是从理性还是行为来看，金融危机的严重性都被忽视了。因此，嵌入债务证券的尾部风险从事后表现的角度来看是被低估的。在 DGH 和 GSV 中，在繁荣期间积累的资产在危机期间会经历资产价格的大幅下跌。这种风险理论为住房市场风险敞口的累积提供了合理性，而住房市场是银行系统的总风险的主要来源。在 DGH 和 GSV 的理论中，诸如 ABS 和 CDOs 的证券隐藏了潜在的信用风险。反过来，这种证券在危机时期将造成巨大损失。

16.5.3 资金的脆弱性

金融摩擦导致过度冒险，加剧了经济衰退期间的信贷损失，这与融资的脆弱性也有一定的关系。根据定义，影子银行活动的资金来源是没有保险的，因此是可逃离的。在许多方面，由于负债的可逃离性，影子银行的脆弱性类似于 19 世纪的美联储和 FDIC 成立之前的银行体系。在那段时期，银行挤兑是常见的，它们常常对实体经济产生严重的后果。

正如 Diamond 和 Dybvig（1983）模型中所表现的那样，影子银行系统应对资金逃离的脆弱性与银行挤兑相似。因为资产的期限长于负债，并且流动性也较低，使得影子银行容易遭受挤兑。虽然商业银行挤兑的根本原因是顺序服务约束，但对于影子银行来说，约束是存在减价出售的外部性。在一个挤兑现象中，影子银行机构必须以折扣出售资产，这压低了市场定价，又反过来增强了大家在其他影子银行存款人到达之前提取资金的激励。

然而，银行和影子银行之间的类比仅到目前为止。原因是影子银行不提供活期存款，而是在批发货币市场（例如商业票据或回购）获取资金。Martin、Skeie 和 VonTadden（2012）以贝尔斯登和雷曼危机的经验事实作为起点，为回购市场的挤兑提供了一个模型。在他们的模型中，由于抵押品的稀缺性和抵押品的流动性，借款人的回购会面临限制。在足够不利的条件下，可能会导致挤兑的自我实现。该模型主要侧重于分析三方回购市场和双边回购市场之间的差异［参见 Adrian 等（2013）对两个市场的概述］。可以说，两个市场都会发生挤兑，但它们的性质会非常不同。双边市场的挤兑特点是估值折扣的急剧增加（如 Gorton 和 Metrick，2012），而三方回购市场的挤兑却表现为简单的资金撤回，对估值折扣水平的影响非常有限（参见 Copeland、Martin 和 Walker，2011）。ABCP 市场的挤兑特征也为撤资（参见 Covitz、Liang 和 Suarez，2012）。

Gallin（2013）根据资金流动的统计数据提供了一个从影子银行系统到实体经济的短期融资金额的综合图。Gallin 的框架表明，危机中大部分信贷供应的下降是由于影子银行短期融资数额的下降。Gallin 的分析可以用来量化影子银行融资脆弱性随时间的变化。

16.5.4 杠杆周期

影子银行机构的脆弱性也可以解释为基于市场的金融机构的杠杆周期所导致的结果。这样的杠杆周期是指均衡的结果，其中中介机构的资产价值和资产负债表能力是内生决定的。杠杆周期模型中的摩擦是由中介机构的资金约束导致的，这反映了前面讨论的激励问题。中介杠杆周期的理论是由 Fostel 和 Geanakoplos（2008）、Brunnermeier 和 Pedersen（2009）、Brunnermeier 和 Sannikov（2012）、Garleanu 和 Pedersen（2011）与 Adrian 和 Boyarchenko（2012）提出的。这种杠杆周期的理论具有共同之处，即中间商受到抵押限制，例如，回购和 ABCP 融资就是这样。抵押限制的大小取决于资产的潜在风险、资产的流动性和抵押品价值。随着经济条件的恶化，杠杆周期的作用就会放大潜在冲击。

Adrian 和 Boyarchenko（2012）指出，他们的中介杠杆周期理论有很强的实证支持。中介机构的资产负债表表现出强顺周期杠杆，意味着杠杆在繁荣时期会膨胀。正如 Adrian 和 Shin（2009）所描述的那样，杠杆的顺周期行为是影子银行的标志。当资产负债表较大、信贷中介处于扩张状态时，影子银行杠杆往往很高。此外，在理论和数据中，普通股是反周期的，在繁荣期间，中间商倾向于保持尽可能少的股权，而衰退期间由于市场风险增加其被迫提高股本。Adrian 和 Boyarchenko（2012）也指出了中介机构的资产负债表和资产价格之间的密切联系。随着时间的推移，不断扩大的杠杆率往往与压缩风险溢价和膨胀的资产价格相吻合。此外，市场波动是反周期的。结果，在危机时期，中介机构的资金往往会崩溃。类似地，Meeks、Nelson 和 Alessandri（2012）表明，由于影子银行的杠杆周期幅度的增加，导致资产支持证券加剧了波动。

16.5.5 代理问题

跨越多个机构的中介活动的分割（正如影子银行系统中所做的那样）会加剧潜在的代理问题。特别是，在金融机构之间传递关于借款人的信用质量的完整和准确的私人信息通常是昂贵的，并且在没有完全传递这种信息的情况下，信用风险的转移会产生代理问题，导致效率低下。Ashcraf 和 Schuermann（2008）描述了在金融危机之前存在于次级抵押贷款证券化中的七个重要的信息摩擦，这些摩擦可以推广到所有证券化交易。它们包括贷款人和发起人之间（掠夺性贷款和借款）、贷款人和投资者之间、服务机构与投资者之间、服务机构和借款人之间、投资基金受益人和资产管理人之间，以及投资基金受益人和信用评级机构之间的信息不对称问题。此外，投资者和发行者之间的信息不对称导致资金成本对风险不敏感。例如，Keys 等（2010）指出，FICO 分数略高于 620 分的抵押贷款借款人的表现显著低于 FICO 分数略低于 620 分的借款人。由于将贷款证券化降到该阈值以下更难，作者认为，这一结果与发行者利用信息不对称相一致，破坏了借款人信用评分与业绩之间原本的单调关系。

虽然证券化历史相对较短，但它是一个麻烦的问题。美国第一个已知的证券化交易发生在 20 世纪 20 年代，商业房地产（CRE）债券公司通过被称为 CRE 债券的工具向零售投资者出售贷款为 CRE 融资。Wiggers 和 Ashcraf（2012）研究了这些债券的表现，这些债券在大萧条开始后大量违约。虽然经济状况的急剧恶化在解释它们的表现不佳方面发挥了重要作用，但是如此积极的承销并向散户投资者销售小面额债券也产生了很大影响。

过度依赖信用评级可能会在评级机构自身存在代理问题时产生问题。例如，Mathis、McAndrews 和 Rochet（2009）分析了评级的动态模型，其中声誉是内生的，市场环境可能随时间而变化。作者的模型预测，评级机构在繁荣时期发布的评级不如在经济衰退期间发布的准确。此外，作者证明，评级机构之间的竞争会产生类似性质的结果。Xia 和 Strobl（2012）认为，由发行人支付评级费用所带来的利益冲突导致了企业信用评级的膨胀。最后，Cohen（2011）指出了变量之间的重要关系，这些变量本不应影响 2001—2007 年发布的渠道/融资商业抵押担保证券（CMBS）交易的信用风险评级机构（CRA）的判断，但在该环境中，发行者和 CRA 存在买卖评级的激励。

16.6 如何监控影子银行系统中的风险?

在本节中，我们提供了监控特定影子银行活动和机构的示例。这些例子是为了便于说明。影子银行活动正在不断发展，但在某一时刻似乎很重要的东西可能会随着时间的推移而失去重要性。例如，Pozsar 等（2010）列出的许多活动已不再存在：由于法规和会计标准的变化，ABCP 渠道正在瓦解，结构性投资工具由于资本要求的变化而消失，以及作为尾部风险存储库而发挥重要作用的次级抵押贷款的信用违约掉期要么已经灭绝（就大型保险公司而言），要么已经急剧萎缩（就专业保险公司而言）。

然而，许多影子银行活动仍然存在，新的活动已经出现或变得越来越重要。机构抵押贷款 REITs、杠杆融资中介和内部保险公司，自金融危机以来，变得越来越重要。回购市场和货币市场共同基金继续代表着影子银行体系的主要组成部分。因此，随着监管方面的变化，影子银行中介业务也在不断变化。

为了提供一个更加动态的框架来识别影子银行，FSB 制定了影子银行监控的功能性方法，这意味着可以根据其在中介链中的位置不断监控可能由不同机构开展的活动。由于各国的法律和监管框架存在显著差异，功能性方法因此变得尤其重要。FSB（2012）确定了五个具有普遍性的经济功能，旨在广泛捕捉中介活动。

（1）客户现金池的管理，管理客户现金池，其特点是易受信贷投资基金、信用共同基金和抵押贷款信托基金等的挤兑；

（2）依赖短期融资的贷款条款，如金融公司；

（3）依靠短期资金或客户资产的有担保融资的市场活动的中介；

（4）促进信贷创造，如保险担保人；

（5）基于证券化的信用中介和为证券化主体等金融实体提供资金的机构。

在本节的其余部分，我们提供特定机构与其活动的示例，并概述如何建立监控这些实体及活动风险的机制。

16.6.1 代理按揭房地产信托投资基金

房地产投资信托（REITs）是主要投资于房地产相关资产的投资工具。代理抵押 REITs（代理 REITs）是专门的房地产投资信托，主要投资于由美国政府特许机构发行的抵押支持证券（MBS），特别是政府特许企业。虽然 REITs 通常可以是公众的也可以是私人的，但代理 REITs 是公开交易的。虽然 REITs 受证券交易委员会（SEC）监管，但代理机构 REITs 的结构运作方式被排除在“投资公司法”的具体规定之外。因此，代理 REITs 实际上没有被审慎监管，但作为公开上市的实体，它们受 SEC 的投资者保护规则（比如 10Qs）的约束，并且必须披露财务信息。

虽然在美国有数百家公开上市的房地产投资信托，但代理 REITs 市场商只有少数几家，其中大多数是自金融危机以来创建的（虽然最古老的代理 REIT 是在 20 世纪 80 年代中期创建的）。该行业拥有超过 3500 亿美元的代理 MBS，大约相当于全部代理 MBS 市场的 7%。近年来，代理 MBS 的规模迅速增长。

代理 REITs 的商业模式依赖流动性和杠杆，而不是信用转换。抵押 REITs 从双边回购市场中的经纪经销商的证券部门获得杠杆。回购合同限制了 REITs 可以获得的杠杆的数量。自金融危机以来，代理机构 MBS 的价值减记额急剧增加，根据它们提交的 10K 的文件，最大的抵押 REITs 的杠杆率目前小于 10%。代理 REITs 的当前杠杆率与危机前水平相反，危机前较低的价值减记额导致了较高的杠杆率，这一水平通常超过 15%。

自金融危机以来，代理 REITs 的快速增长主要归因于利率环境。由于扩张性货币政策导致各种期限的低收益率，杠杆投资吸引了超大规模基金。除了代理 REITs，高收益共同基金和交易所交易基金（ETF）以及抵押贷款债务的规模在近年来迅速增长。代理 REITs 的相对较高的杠杆程度使它们产生的股息收益率是交易股票中最高的。尽管较长期的利率只有 2% 左右，但是最大的代理 REITs 近年来的股息率大约为 20%。REIT 行业大体成功的另一个原因是特殊税收待遇。收益不在企业层面纳税，只有当股东以股息形式获得收益时才纳税。为了维持 REIT 的地位，代理 REITs 将超过其收益的 90% 返还给了股东。

代理 REIT 存在两种主要风险来源：久期风险和流动性风险。久期风险因为其资产是长期 MBS，而负债是回购。因此，当收益率曲线的斜率陡峭时，代理 REITs 持有的抵押贷款就会遭遇市场损失，导致股权价值的下降。从历史上看，代理 REITs 的资产收益率与收益率曲线的斜率紧密相关。除了边际风险，代理 REITs 具有凸性风险。在收益率上升的环境中，凸性风险也会产生。由于机构抵押贷款池由可以预付的抵押贷款组成，不断上升的利率降低了提前还款的可能性，从而延长了抵押贷款的期限。在不断上升的收益率环境中，久期的增加会导致“负凸度”，这意味着 MBS 的价格对收益率增加的速率越来越敏感，收益率越来越高。负凸度的出现与过去（特别是 1994 年和 2003 年）债券市场的抛售有关。

机构 REIT 之所以出现流动性风险，是因为它们的回购融资是短期的，到期日通常为隔夜或一个月。如果货币市场投资者突然撤回对经销商的资金，那些投资者不再将资金转移到代理 REITs 上，地产投资信托就会面临流动性风险。此外，当机构 MBS 的流动性和利率风险被判断为较高时，交易商可能会加大减记幅度，从而使 REITs 面临被迫去杠杆化的可能性。事实上，在金融危机期间，代理机构 MBS 的回购资金遭到严重扭曲，导致美联储启动了一项名为“定期证券贷款融资”的特别融资计划。

从系统的角度来看，主要关注的是，在不断上升的利率环境下，一个规模大得多的代理 REITs 部门可能会影响抛售的幅度。利率上升可能会迫使房地产投资信托公司低价出售代理 MBS，增加斜率和久期风险。此外，代理 MBS 的流动性可能会受损。不利的利率和流动性影响可能会溢出到其他机构，如 MBS 共同基金、货币市场基金、保险公司和养老基金。2013 年春季债券市场抛售的证据并没有显示机构 REITs 强制去杠杆化。然而，如果该部门大幅增长，机构 MBS 市场中的内生性恶性循环可能会由于杠杆投资工具的存在而加剧，而该杠杆投资工具不能获得最后贷款方的支持。

16.6.2 再保险

再保险是保险公司向再保险公司进行风险的出售。再保险有几个动机。第一，再保险有助于保险公司避免局限在自己的投资组合中，允许其通过放宽监管和经济资本约束来承保更大的保险单。第二，征求第三方评估和风险定价可以补充保险公司自身的评估和定价，减少风险的不确定性。第三，当市场分割时，保险公司可以获得套利。分割可以由具有更多专业知识或更多样化的再保险公司驱动，从而使它们有更好的定价。然而，再保险公司也具有成本优势，包括较低的税收和/或监管成本，以及更大的风险偏好。①

一种特殊形式的再保险是内部再保险，保险公司从附属公司购买再保险，从而降低保险公司的监管成本。特别是，内部再保险受制于不同的会计规则，这有利于降低储备金；规避监管资本要求；规避对更大风险和更少流动性的资产的限制；进行较少的信息披露，减少了市场限制和监管约束；不像保险公司能够用低成本信用证或母公司保证而不是更昂贵的资本。在典型的内部再保险安排中，风险只是从保险公司转移到母公司，这减少了保险公司的监管资本需求。该安排允许合并组织避开具有约束力的监管资本要求，而是对面向投资者和信用评级机构的母公司进行市场资本要求。请注意，保险公司监管机构有权拒绝与内部再保险的交易，但通常批准，因为它们的重点是监管保险公司，而不是更广泛的控股公司，这些交易降低了被监管实体的风险。保险公司认为，内部再保险可用于降低过于保守的监管成本，这也要求它们持有高于其保单的精算风险。此外，内部再保险有助于保护保险公司免受可变利率年金的资本市场波动的影响。由于保险人对这些投资的本金价值提供担保，因此当这些投资的市场价值下降时，它们需要增加储备，这减少了保险公司的利润和资本。使用专属保险可减少受监管实体的监管资本比率的波动。②

人寿保险公司的再保险业务中的内部再保险业务在近年来显著增长，从 2006 年的 1300 亿美元增长到 2012 年的 3940 亿美元，这一增长开始引起监管机构的注意。纽约州金融服务部门最近发布了一份有关内部再保险公司的报告（2013 年 6 月）。③监管机构注意到了更广泛的金融稳定问题，将该活动称为“影子保险”，并要求暂停新的活动。在报告中，监管机构注意到一些重要的现象——监管资本比率的显著下降、对市场和监管机构的不一致和不完全的披露，以及监管竞争触及底线。NYS 正在致力于加强对总部在纽约的保险公司及其附属公司的内部再保险披露要求，迫使全国保险委员会协会为所有管辖区制定更强的披露要求，并要求联邦保险局进行类似的调查，以帮助了解各州的总体情况，最终呼吁全国立即暂停批准影子保险交易，直到调查完成。

16.6.3 杠杆融资

对具有非投资级信用评级的公司的贷款通常被称为杠杆贷款，这些贷款普遍有两种用途。第一种是经常性的公司贷款，包括为资本支出和周转资本提供资金。第二种是事件驱动型的融资，例如为私募股权公司杠杆收购公开上市公司提供资金。杠杆贷款通常是结构为 5 ~7 年期浮动利率的气球型贷款，并且有限摊销，这使得它们的表现高度依赖再融资条件和股票市场状态。杠杆贷款的违约率对宏观经济环境非常敏感，年违约率从 1% 到 12% 不等。然而，贷款的回收率为 70%，远远高于债券的回收率，由于贷款人的资历和抵

① 维基百科条目“再保险”。

② Julia Gouny and Robert McMenamin: “Life Insurers use Captive Reinsurance for Regulatory Arbitrage,” Marketsource, July 3, 2013.

③ http://www.dfs.ny.gov/reportpub/shadow_insurance_report_2013.pdf.

押品的差异，债券的回收率只有 50%。

虽然 2008 年杠杆贷款从 2007 年高峰期的 6800 亿美元跌落了下来，但已迅速反弹，目前已达到创纪录的水平，预计 2013 年将超过 1 万亿美元。然而，截至撰写本文时（2014 年 3 月），自 2007 年以来，杠杆贷款的总额一直保持不变，这表明资金流动在很大程度上与贷款的再融资有关，也有部分原因是利率下降或贷款到期。整体杠杆收购（LBO）活动在经济中的水平保持平静，并且很少有杠杆贷款支持新的杠杆收购。杠杆收益的信用指标没有恶化，平均债务对 EBITA（利息、税收和摊销费用之前的收益）的比和债务偿付仍在历史范围内。

一个令人关注的领域是低门槛贷款的比例显著增加，从 2010 年的零大幅增加到 2013 年的 60%。伴随着越来越多的散户投资者在杠杆贷款市场上的存在，无论是通过 CLOs 还是优质基金所进行的贷款承销都在恶化，而像银行和对冲基金这样的成熟投资者正在退出这类资产。影子信贷中介从事流动性和期限转换，并通过共同基金和交易所交易基金对长期不透明的和有风险的贷款提供资金，这更加有助于我们定义这些活动。

银行机构最近通过 SR13 - 03① 颁布了有关杠杆贷款的新监管指南。这不仅为审查员在质疑杠杆贷款时提供了具体的准则，而且包括特定贷款的承销标准，以及整体的风险管理标准。对于过度杠杆化、有限摊销和过度依赖再融资，承销准则将加大审查力度。重要的是，这些承销标准既适用于贷款的证券化，也适用于银行自有的投资组合。与风险管理相关的指导要求机构有明确的风险偏好，对渠道、承诺以及汇总账簿和个人借款人集中度都有一定的限制。银行必须对渠道和保留的投资组合进行压力测试，并对所有头寸持有足够的资本。

16.6.4 三方回购

回购协议（回购）是在销售证券时，与买方签订的将在未来回购证券的协议。大多数回购合约是短期合约——介于 1 ~90 天——也有更长期限的回购。回购超额抵押，抵押品的价值和销售价格之间的差异称为回购的折扣。此外，回购价格大于销售价格，这种差异构成回购利率，从经济角度来看，这是抵押贷款的利率。在回购交易中，购买抵押品的一方充当贷款人。

三方回购的特点是，清算银行是回购双方的中间人。清算银行负责交易的管理，包括抵押品分配、市场挂牌和抵押品替代。因为抵押品存在于第三方，三方结构可以确保借款人和贷款人都受到保护，免受一方的违约影响。美国三方回购市场是证券经纪商的主要资金来源。2008 年，市场达到 2.8 万亿美元的峰值，目前为略低于 1.7 万亿美元。

三方回购投资者主要是货币市场共同基金和其他现金丰富的投资者，例如企业投资部门，而借款人是有证券存货的大型证券交易商。清算银行每天下午放开这些交易，并将现金返还给投资者。但由于交易商保留了一批需要 24 小时融资的证券组合，他们必须在这段时间内向其他交易商提供信贷，以抵偿这些证券。这些交易活动通常在下午开展，午夜完成。这样，那些经销商可以偿还投资者，避免违约。

---

① http://www.federalreserve.gov/bankinforeg/srletters/sr1303.htm.

自 1984 年“破产修正案”和“联邦法院法”颁布以来，对财政部、联邦机构证券、存款银行证明和银行承兑人的回购已被免于执行破产程序。破产豁免确保了回购市场的流动性，确保贷款人在交易商违约的情况下能够迅速获取其抵押品。在 2005 年，这一规定包含了更加广泛的抵押品类，包括某些抵押支持证券回购。扩大了破产豁免中的可接受抵押品的范围，允许回购市场进行信用担保融资——因此可以直接为影子银行系统提供融资。

应当指出，三方回购市场只是其他回购和短期、抵押借款市场的一个子集。虽然经纪交易商主要在三方回购市场上提供资金，但它们的贷款主要发生在 DVP（交割付款）回购或 GCF（一般抵押品回购）回购。与三方回购相反，DVP 回购是双边交易，不是在清算银行的账簿上结算。相反，结算通常发生在借款人将证券交给贷款人时。Adrian 等（2013）讨论了各种形式的回购和证券借贷。

Copeland、Martin 和 Walker（2011）利用 2008 年 7 月至 2010 年初的数据，描述了三方市场的抵押品构成以及回购市场的惯例。他们指出，在这一时期，三方回购市场上有数几千亿美元的抵押品，如股票、自有品牌 ABS 和没有任何资格获得公共资金来源的流动性或信贷支持公司信用证券。Krishnamurthy、Nagel 和 Orlov（2011）通过直接观察 MMMFs 的抵押品补充了这一结论。虽然他们发现，3.5 万亿美元的 MMMFs 的大部分抵押品质量很高，但他们也发现 MMMFs 也为数千亿美元的自有品牌 ABS 证券提供了融资。然而，由 MMMFs 在回购市场上投资的私人品牌 ABS 的总金额不到未偿还总额的 3%。

16.6.5 货币市场基金

货币市场共同基金是投资于短期证券［例如国库券、商业票据（包括 ABCP）和回购］的开放式共同基金。MMMFs 是 1971 年第一个响应 Q 条例创建的，Q 条例禁止商业银行给存款支付的利息。从那时起，从投资者的角度来看，货币市场基金代表了银行存款的替代品，其收益率通常比银行存款更具吸引力。2008 年货币市场部门达到 3.5 万亿美元的峰值。美国证券交易委员会根据 1940 年投资公司法案对 MMMFs 进行监管。

货币市场基金寻求稳定的（单项）净资产价值（NAV），通常为 1.00 美元，意味着它们的目标是永不亏损。如果一个基金的 NAV 下跌到 1.00 美元以下，则被称为“跌破面值”。2008 年 9 月，雷曼兄弟破产后的第二天，Reserve Primary Fund 的 NAV 跌破 1.00 美元，触发了 MMMFs 的挤兑。其他基金经理通过出售资产和短期投资或通过重新配置国库券来做出反应，从而使得其他工具（如商业票据和回购）的融资变得更加困难。

Wermers（2011）更详细地调查了资金从货币市场共同基金流入和流出的影响，尤其是金融危机时期。Wermers 指出，机构投资者比散户投资者更有可能发生挤兑，机构投资者倾向于在不同的 MMMFs 组织之间传播这种挤兑行为。因此，机构 MMMFs 投资者可以被视为传染性挤兑的传播渠道。Kacperczyk 和 Schnabl（2011）分析了 MMMFs 的组织结构对它们的冒险行为的影响。特别是，他们调查了独立基金和大型控股公司（如银行控股公司）拥有的基金之间的风险有何不同。Kacerczyk 和 Schnabl 发现，独立的 MMMFs 的风险与拥有金融集团隐性担保的基金所面临的风险有显著差异。在 2008 年金融危机期间，当系统性风险增加，企业集团相对来说更容易面临系统性风险时，独立共同基金相应地进一步提高了它们的冒险行为。相反，在危机的前期，当测量的系统性风险较低时，作为集团一部分的 MMMFs 承担了相对较大的风险。

16.6.6　中国影子银行

自从 2007 年国际金融危机爆发以来，美国和欧洲的影子信贷中介一直在紧缩，而影子银行业在中国的影响力则越来越大。为了应对银行信贷的快速增长和对通货膨胀的担忧，中国政府在 2010 年通过提高利率、提高存款准备金和更加保守的信贷配额，对传统银行体系进行了明显限制。结合第二次购房时允许的最大贷款额（LTV）的下降，这种干预对于减缓银行资产负债表上的信贷增长具有显著的影响。然而，银行系统很快开始转而在表外产生信用。特别是，虽然银行信贷增长率已从 2010 年的 35% 高峰放缓至近几年的 15%，但包括表外信贷在内的整体融资增长率，仅降到了 20%。

这种差异主要是由于银行的表外贷款，银行的表外贷款主要分为三大部分。首先是信托贷款。在这里，银行贷款被卖给信托公司，而信托公司又向零售存户出售理财产品。银行只在发起贷款和管理这些产品时收取费用，但由于它们是表外业务，银行就不必拥有资本。虽然这些产品中的一些具有保本功能，但实际上大多数没有，只是受益于银行的隐含担保——实际上由政府部门支持。因此，这项活动似乎完全落在上述对影子银行的定义之内。其次是未贴现银行承兑汇票。这些工具是银行客户在未来某一日期支付给第三方的义务（并由银行进行担保），如远期支票。第三方可以向银行以折扣面值兑换这种汇票，此时银行需要预付尚未由原始客户预付的资金，这样便有效地给那个客户提供了信贷。为了保护自己免受客户违约的风险，银行会要求客户以存款形式提供现金抵押品。因此，未贴现银行承兑汇票是银行的或有负债，贴现债务是信用额度的延伸。然而，后者仅仅受资本要求限制并要计入贷款配额，这使得这项活动成为影子信用中介。最后是委托贷款。这些贷款是由非银行发起的，但是卖给信托公司，并由银行提供服务。受贷款配额限制的银行也可以使用委托贷款继续发行，但资金位于表外。最后导致，为了促进这种分销渠道，银行增加了对信托公司的所有权。

因此，在一个监管仍处于早期发展阶段的环境中，中国影子信贷中介的兴起似乎并不是金融创新的结果，而是受到监管套利的驱动。与金融危机前相比，中国的影子银行似乎具有了更多的地方特色。这并不意味着中国中介基础设施的波动不会在全球范围内产生影响，但它暗示了其对全球监测和监管的不同影响。例如，在这种情况下，通过加强对中国最大的金融中介机构的活动监管，可以更好地遏制潜在冲击在全球范围内的传播。这将通过应用目前的方法来确定全球系统性重要金融机构来实现。目前已经开发了主要用于确定具有全球性、系统性重要的银行（G - SIBs）和保险公司（G - SIIs）的方法，并且在本手册出版时，正在研究可用于其他类型机构的方法。

16.7　结论

在本章中，我们提供了影子信用中介的定义，并概述了最近 FSB 如何对它进行测量的尝试。我们利用现有文献来解释这一活动的动机，包括机构的专业化、货币构成的创新和监管套利。我们回顾了有关银行在影子银行中的作用的文献，然后探讨为什么学者和监管机构应该关注影子银行与银行之间的关系的原因。其中包括监管套利、尾部风险、融资的脆弱性、杠杆周期和代理问题。最后，我们概述了影子信贷市场的最新发展：机构抵押REITs、再保险、三方回购、货币市场共同基金和中国的影子银行。

参考文献

[1] Acharya V., Schnabl P., and Suarez G. (2010). Securitization Without Risk Transfer, NBER Working Paper No. 15730.

[2] Adrian T. and Ashcraft A. B. (2012a). Shadow Bank Regulation, Annual Review of Financial Economics 4, 99 – 140.

[3] Adrian T. and Ashcraft A. B. (2012b). Shadow Banking: A Review of the Literature, Palgrave Dictionary of Economics. Basingstoke: Palgrave Macmillan.

[4] Adrian T., Begalle B., Copeland A., and Martin A. (2013). Repo and Securities Lending. In: J. G. Haubrich and A. W. Lo (Eds.), Quantifying Systemic Risk Measurement: NBER Research Conference Report Series, 1 – 62. Chicago: University of Chicago Press.

[5] Adrian T. and Boyarchenko N. (2012). Intermediary Leverage Cycles and Financial Stability, Federal Reserve Bank of New York Staff Reports No. 567, 1 – 62.

[6] Adrian T. and Shin H. S. (2009). The Shadow Banking System: Implications for Financial Regulation, Banque de France Financial Stability Review 13, 1 – 10.

[7] Alworth J. S. and Arachi G. (2012). Taxation and the Financial Crisis. Oxford: Oxford University Press.

[8] Ashcraft A., Goldsmith – Pinkham P., Hull P., and Vickery J. (2011). Credit Ratings and Security Prices in the Subprime MBS Market, American Economic Review 101 (3), 115 – 119.

[9] Ashcraft A. B. and Schuermann T. (2008). Understanding the Securitization of Subprime Mortgage Credit, Foundations and Trends in Finance 2 (3), 191 – 309.

[10] Avraham d., Selvaggi P., and Vickery J. (2012). A Structural View of Bank Holding Companies, Federal Reserve Bank of New York Economic Policy Review 18 (2), 65 – 82.

[11] Bord V. and Santos J. C. (2012). The Rise of the Originate – to – Distribute Model and the Role of Banks in Financial Intermediation, Federal Reserve Bank of New York Economic Policy Review 18 (2), 21 – 34.

[12] Brunnermeier M. K. and Pedersen L. H. (2009). Market Liquidity and Funding Liquidity, Review of Financial Studies 22 (6), 2201 – 2238.

[13] Cetorelli N. (2012). A Principle for Forward – Looking Monitoring of Financial Intermediation: Follow the Banks!, Federal Reserve Bank of New York. Liberty Street Economics Blog, July 23.

[14] Cetorelli N., Mc Andrews J., and Traina J. (2014). Evolution in Bank Complexity, Federal Reserve Bank of New York Economic Policy Review 20 (2), 1 – 40.

[15] Cetorelli N. and Peristiani S. (2012). The Role of Banks in Asset Securitization, Federal Reserve Bank of New York, Economic Policy Review 18 (2), 47 – 64.

[16] Cohen A. (2011). Rating Shopping in the CMBS Market. Presented at Regulation of Systemic Risk, Washington, D C, September 15 – 16.

[17] Copeland A. (2012). Evolution and Heterogeneity among Larger Bank Holding Companies: 1994 to

2010, Federal Reserve Bank of New York Economic Policy Review 18 (2), 83 –93.

[18] Copeland A., Martin A., and Walker M. (2011). Repo Runs: Evidence from the Tri – Party Repo Market, Federal Reserve Bank of New York Staff Report No. 506.

[19] Coval J., Jurek J., and Stafford E. (2009). The Economics of Structured Finance, Journal of Economic Perspectives 23 (1), 3 –25.

[20] Covitz D., Liang N., and Suarez G. (2013). The Evolution of a Financial Crisis: Panic in the Asset – backed Commercial Paper Market, Journal of Finance 68, 815 –843.

[21] Dang T. V., Gorton G., and Holmström B. (2009). Opacity and the Optimality of Debt for Liquidity Provision. Yale/MIT Working Paper.

[22] Davis E. P. and Stone M. (2004). Corporate Financial Structure and Financial Stability. International Monetary Fund, Washington, D C, IMF Working Paper No. 4/124, 1 –49.

[23] Diamond D. and Dybvig P. (1983). Bank Runs, Deposit Insurance, and Liquidity, Journal of Political Economy 91, 401 –419.

[24] Fiaschi D., Kondor I., and Marsili M. (2013). The Interrupted Power Law and the Size of Shadow Banking. PLOS ONE. PONE – D – 13 –45366R1.

[25] Financial Accounting Standards Board (2012). Briefing Document, FASB Statement Nos. 166 and 167.

[26] Financial Stability Board (FSB) (2011). Shadow Banking: Strengthening Oversight and Regulation, October 27, <https://www.financialstabilityboard.org/publications/r_111027a.pdf.>.

[27] Financial Stability Board (FSB) (2012). Progress Report to the G20 on Strengthening the oversight and Regulation of Shadow Banking, April 16, <http://www.financialstability board.org/publications/r_120420c.pdf.>.

[28] Flannery M. J., Kwan S. H., and Nimalendran M. (2004). Market Evidence on the opaqueness of Banking Firms' Assets, Journal of Financial Economics 71, 419 –460.

[29] Fostel A. and Geanakoplos J. (2008). Leverage Cycles and the Anxious Economy, American Economic Review 98 (4), 1211 –1244.

[30] Gallin J. (2013). Shadow Banking and the Funding of the Nonfinancial Sector, Federal Reserve Board Finance and Economics Discussion Series No. 2013 –50.

[31] Garleanu N. and Pedersen L. H. (2011). Margin – Based Asset Pricing and Deviations from the Law of One Price, Review of Financial Studies 24 (6), 1980 –2022.

[32] Gennaioli N., Shleifer A., and Vishny R. (2012a). Neglected Risks, Financial Innovation, and Financial Fragility, Journal of Financial Economics 104, 452 –468.

[33] Gennaioli N., Shleifer A., and Vishny R. (2013). A Model of Shadow Banking, Journal of Finance, 68, 1331 –1364.

[34] Gorton G. and Metrick A. (2010). Regulating the Shadow Banking System, Brookings Paper on Economic Activity, 41, 261 –312.

[35] Gorton G. and Metrick A. (2012). Securitized Banking and the Run on Repo, Journal of Financial Economics 104, 425 –451.

[36] Kacperczyk M. and Schnabl P. (2011). Does Organizational Form Affect Risk Taking? Evidence from Money Market Mutual Funds. New York University Working Paper.

[37] Kashyap A. K., Rajan R., and Stein J. C. (2002). Banks as Liquidity Providers: An Explanation for theCoexistence of Lending and Deposit – Taking, Journal of Finance 57, 33 –73.

[38] Keys B. , Mukherjee T. , Seru A. , and Vig V. (2010). Did Securitization Lead to Lax Screening? Evidence from Subprime Loans, Quarterly Journal of Economics 125 (1), 307 –362.

[39] Krishnamurthy A. , nagel S. , and Orlov D. (2011). Sizing up Repo. NBER/CEPR/Stanford/northwest Working Paper.

[40] Mandel B. , Morgan D. , and Wei C. (2012). The Role of Bank Credit Enhancements in Securitization, Federal Reserve Bank of New York Economic Policy Review 18 (2), 35 –46.

[41] Martin A. , Skeie D. , and Von Thadden E. (2012). Repo Runs, Federal Reserve Bank of New York Staff Report No. 444, 1 –42.

[42] Mathis J. , Mc Andrews J. , and Rochet J. C. (2009). Rating the Raters: Are Reputation Concerns Powerful Enough to Discipline Rating Agencies?, Journal of Monetary Economics 57 (5), 657 –674.

[43] Mc Culley P. (2007). Teton Reflections, PIMCO Global Central Bank Focus September, 1 –11.

[44] Meeks R. , nelson B. , and Alessandri P. (2012). Shadow Banks and Macroeconomic Instability, Bank of England Working Paper No. 487, March.

[45] Mooij R. , Keen M. , and Orihara M. (2013). Taxation, Bank Leverage, and Financial Crises, International Monetary Fund, Washington D C, IMF Working Papers No. 13/48.

[46] Pozsar Z. (2008). The Rise and Fall of the Shadow Banking System, Regional Financial Review 44, 13 –15.

[47] Pozsar Z. , Adrian T. , Ashcraft A. B. , and Boesky H. (2010). Shadow Banking, Federal Reserve Bank of new York Staff Report No. 458, July, 1 –38.

[48] Rajan R. (2005). Has Financial development Made the World Riskier? Proceedings of the Federal Reserve Bank of Kansas City Economics Symposium. Federal Reserve Bank of Kansas City Report, August, 313 – 369.

[49] Reinhart C. M. and Rogoff K. S. (2009). This Time Is Different: Eight Centuries of Financial Folly, Princeton, N J: Princeton University Press.

[50] Reinhart C. M. and Rogoff K. S. (2011). From Financial Crash to Debt Crisis, American Economic Review 101, 1676 –1706.

[51] Reinhart C. M. and Rogoff K. S. (2013). Banking Crises: An Equal Opportunity Menace, Journal of Banking & Finance 37, 4557 –4573.

[52] Sunderam A. (2012). Money Creation and the Shadow Banking System. Harvard Business School Working Paper.

[53] Tucker P. (2010). Shadow Banking, Financing Markets and Financial Stability. Remarks by Mr Paul Tucker, Deputy Governor for Financial Stability at the Bank of England, at a Bernie Gerald Cantor (BGC) Partners Seminar, London, January 21.

[54] Wermers R. (2011). Runs on Money Market Mutual Funds. University of Maryland Working Paper.

[55] Wiggers T. and Ashcraft A. B. (2012). Defaults and Losses on Commercial Real Estate Bonds During the Great Depression Era, Federal Reserve Bank of New York Staff Report No. 544, 1 –44.

[56] Xia H. and Strobl G. (2012). The Issuer – Pays Rating Model and Ratings Inflation: Evidence from Corporate Credit Rating.

第 17 章　支付和支付系统[①]

17.1　引言

许多不同的支付工具可以很好地用它们平均的交易额来区分，因为这主要决定了它们所应用的交易类型。小额零售交易包括现金、支票、借记卡和贷记卡（一些与手机联结），并且在零售点使用。其他类型的零售支付包括中等价值的消费者票据和商业票据支付，在美国主要使用支票和电子自动清算中心（ACH）转账，在欧洲则使用银行转账。这包括消费者票据（在互联网上使用的卡）以及企业用于支付员工工资的贷记卡。大额或者批发性支付主要使用电汇（在美国和欧洲）。这些代表性的大额交易主要发生在企业与企业之间、企业与政府之间，这些大额金融交易往往涉及外汇市场、政府证券、公司债券、股票和衍生品市场。由于零售和批发性交易所面临的主要政策问题是不同的，本章将先讨论零售支付，然后再进行批发性支付的讨论。

17.1.1　产品结构

一国的支付系统由上述支付工具和直接参与提供交易服务的银行机构组成。此外，也需要处理支付的银行和非银行机构、现金的转运公司和电子支付的通信基础设施（用来在个人和企业的银行存款账户之间传送支付信息），以及各银行在中央银行的准备金账户之间进行零售和批发交易的最终清算。现金不需要在准备金账户间进行最终清算，因为现金货币的支付意味着最终的支付交易已经完成。由于中央银行相比商业银行成本比较低而且假定不会倒闭（政府可以在必要时通过印钞和税收来支持中央银行），因而中央银行被用于进行最终的清算。

在美国和欧洲，银行或银行拥有的机构在提供零售和批发支付服务方面具有有效的垄断地位，因为存款账户包含了几乎所有类型交易所需的资金。这是由法律强制规定所导致的，因为通常只有银行可以接入中央银行的支付清算账户。在一些国家，例如加拿大和澳大利亚，非银行金融机构可以拥有一定权限接入中央银行清算服务。在很多国家，非银行机构可以在传统银行渠道以外提供一些有限制的支付服务，例如汇票公司、跨国汇款公司等。

大额支付有不同的制度安排。在美国（欧洲的情况也类似），大额支付的交易量不到所有非现金零售交易量的 0.6%，但整体支付额度是零售交易额的 15 倍以上。由于这些交

① James McAndrews 促成了较早版本的这一章。

易对金融市场非常重要，所以中央银行通常是电汇的主要提供者（美国的 Fedwire、欧洲的 Target、日本的日本银行）。然而，在一些特殊的金融市场中，银行拥有的机构为它们自己和它们的客户发起并处理其成员之间的大额交易（美国的 CHIPS、欧洲的 Euro1 和 CLS 银行、英国的 CHAPS）。在这个过程中，它们使用一部分中央银行储备账户资金作为初始资金（在美国），或者为在中央银行日内敞口（在英国和欧洲）提供抵押品，然后进行最后结算。与大约 30 年前的做法相比，这是一种改进，当时在这些网络上几乎没有任何日内信用风险敞口。

国际支付是通过一个消息传统网络（SWIFT）进行的。在这里，资金通过会计分录"转移"到输出国和接收国银行的银行同业往来账户。由于没有世界中央银行，这里的最终清算不同于传统意义：不同国家的银行在账户里面有资产或负债，用来支付和接收客户进出口或投资的外汇。

17.2 零售支付

17.2.1 支付理论

支付方面涉及简单的数学模型的理论，大多关注不同的支付安排是如何逐渐替代简单的易货交易的。这些分析提出了许多有关不同零售支付工具［现金以及不同类型的借记和贷记工具（现金、卡）］发展原因的看法以及它们在交易便利性中的效率如何。最近关于批发性支付方式的理论研究工作探讨了延时净额结算和实时全额结算在风险、流动性、收益、成本以及风险暴露限制和担保方面的不同。相比之下，大多数关于支付方式的实证分析依赖于支付定价原则、需求估计、成本分析、规模经济和竞争分析等公认的微观经济理论。

最近支付理论的一个新发展是将传统的需求理论重铸成为一个双边市场框架（Rochet 和 Tirole, 2003）。这些理论被应用于借记卡和贷记卡以及其他市场的定价问题（交易费），并且为最近零售支付领域的理论工作（Chakravorti, 2003；Katz, 2001）奠定了基础。这个领域大多数的理论发展与反垄断和竞争问题相关，这些问题主导了政策辩论、监管行动和法律规定。这些主题的文章可以在 2005 年和 2006 年的《网络经济学评论》杂志上找到。

17.2.2 支付结构方面的不同

目前的支付工具是从早期的形式演变而来的（贝壳、胡椒粒、贵金属），因为早期的这些支付工具易于运输和储存，有稳定的公认价值，并且易于分割、使用安全。从纸币向电子货币的转变依赖于技术的进步给支付方式带来的便捷性与低成本。通常，针对某一特定交易方式，电子交易的成本大约是纸质交易方式的三分之一至二分之一。即使支付交易通常不会被定价，但在欧洲（除了英国和法国），支票和纸质转账交易已经几乎被电子转账支付和卡类支付所替代。相反，在美国，支票明显减少了现金的使用，并且在近期支票的支付才由于卡类支付和 ACH 的发展而减少。而在德国，更早地产生了支票电子化。

现金的使用情况可以近似地以流通中的现金与 GDP 的比值或者人均现金数量来估计。

随着银行逐步扩张分支网络，用于现金收购的自动取款机网络也逐渐扩大，银行对储户提供现金存取服务的成本显著降低。事实上，成本高昂的独立银行办公室数量在一些国家明显减少了。2011 年现金的使用情况如表 17.1 所示，欧元区欧洲国家的现金使用情况是美国的 2 ~ 3 倍，在日本是欧洲的 2 倍（美国的现金使用量中的 60% 是在海外而非国内）。表 17.1 对六个国家和地区的现金使用情况做了排名，除欧元区外，其余国家的非现金工具（例如支票支付和其他支付）使用情况与其排名相反（最后一列）。

表 17.1　　2011 年支付工具的使用

	现金/GDP	现金/人口	人均交易额（每年）			
	百分比	价值	支票	卡	电子转账	非现金支付金额
美国*	2.4	$1381	68	211	63	342
英国	3.8	$1391	21	133	104	258
加拿大	3.9	$1897	25	210	50	285
欧元区**	9.7	$3571	52	435	610	1097
日本	18.9	$8947	1	64	11	76

注：* 美国现金数据减少了 60%（估计在海外持有的百分比）。

* * 国际清算银行统计表中缺少一些较小的欧元区国家。

对于美国，在销售点进行现金支付的比例是 20%，在欧洲是 60% 以上（Humphrey、Snellman 和 Vesala，2001）。这和欧洲人通常对消费债务的厌恶有关（因此贷记卡的使用率低），也和依靠直接转账支付账单的历史有关（在这种支付制度下账户里必须要有资金）。在避税和非法交易方面，现金是最好的支付工具。在这些情况下，大面额钞票被广泛使用，并且在一些国家大面额钞票在流通中现金所占的比值与非法活动的统计情况相符。据估计，此类活动平均占到欧洲 11 国 GDP 的 13%（在有的国家超过 25%），在日本占到 11%，在美国占到 9%（Schneider，2005，Table B.1）。最近，欧盟税务委员估计欧盟内部每年大约有 1 万亿欧元的避税额。

各国非现金支付工具的使用情况最好通过每年人均使用数量来体现。在表 17.1 中，美国每年每人要签出 68 张支票（企业和个人各半），欧元区是 52 张（几乎全部来自法国），日本只有 1 张。同时日本每年每人有 64 次卡类交易，英国和美国是其 2 倍以上（分别是 133 次和 211 次），欧元区的情况最为突出，有 435 次。欧元区同样也是转账交易使用最多的，每年每人有 610 次支付，是美国的 10 倍，而日本几乎不使用。最近，支付工具使用的主要趋势是所有国家的支票支付在减少，而卡类和转账交易在继续增加。

这些支付工具在不同国家使用频率的不同更多的是由于历史制度的“意外事件”造成的，而不是有计划的发展。一个主要的制度不同点是欧洲在 1900 年前就发展了邮政系统，而美国却没有。另一个原因是，美国在 100 年前获得银行特许经营权的成本比较低，而在加拿大成本较高，并且在欧洲国家有皇室垄断的传统。这两点制度不同造成在美国有数千家小银行，而在加拿大和欧洲则出现了较为集中的银行结构。反过来，欧洲可以基于邮政银行（现在也是商业银行）提供整个国家范围内的纸质转账付款，而美国只能依靠数千家小银行间的支票支付，因为没有国家范围内的转账服务供应商存在。当技术可以支撑电子支付发展时，欧洲由于已经有国家范围内的转账系统存在，相比于美国可以更快地发展账单支付和商业转账的电子化进程。同样，与欧洲或美国相比，日本大量使用现金是因为日本过去和现在都被认为是一个安全的国家。

另一个制度发展的问题是美国早期对支票面值进行贴现来弥补持有支票的成本（非平价支票）。这导致了付款延迟，有时时间会非常长，扰乱了商业秩序。美联储成立的一个原因就是保障支票以面值流动并且无成本，以消除妨碍商业发展的复杂的支票支付。今天非平价支票已经被消除，但是一半的支票和自动转账支付依然由美联储进行（目前是收费的）。在欧洲，由于依赖现金和转账支付（贷方转移），支付成本被到期日之前借方账户浮差利息覆盖，从一开始就没有对支票支付（借方转移）进行过多检查。这有助于解释为什么欧洲的中央银行不参与银行零售交易的竞争，而是为银行间同业拆借和其他交易提供了最终结算。

17.2.3 支付成本

一个国家支付系统的成本估计为每年 GDP 的 0.5% ~0.9%（Hayashi 和 Keeton，2012），但是支付 50 美元或者 50 欧元的社会成本大约为 GDP 的 1% ~5%（具体取决于应用的支付工具）。银行清楚它们支付产品的成本，但是很少去计算每笔交易的费用。因此消费者在不受价格影响的情况下，在不同的应用场景选择不同的支付工具（例如，在本地销售点交易或远距离的账单转账支付）主要是基于非价格因素的，例如便捷程度、可得性和安全性。终端的可得性是使用卡类的先决条件，而消费者现金流的情况和优惠会影响贷记卡的适用。在商家方面，由于担心假钞会限制现金使用的额度，同时会限制小额支付使用卡支付进行来减少银行卡的手续费。

在供给方面，成本因素已经让银行把消费者现金存取从分支机构转到更便宜的 ATM 上了，把支票和现金转到更便宜的借记卡或利润更高的贷记卡上了。从两个欧洲成本会计研究平均看来（针对荷兰和比利时），在销售点使用现金交易会平均增加商户 0.42 欧元的成本，借记卡是 0.52 欧元，新增成本分别是 0.12 欧元和 0.2 欧元（c. f. Brits 和 Winder，2005）。相比之下，贷记卡的成本平均是 3.11 欧元，新增成本是 0.68 欧元。

由于平均边际成本反映了规模经济，这些数据还表明现金和卡支付实现了强大的规模经济。现金的规模经济在 0.29，借记卡是 0.38，贷记卡是 0.22。这些估计表明，借记卡交易量增加一倍其成本只会增加 38%，即平均成本下降。基于银行数据和支付方式的数据，类似的欧洲支付规模经济测算已经得到了估计（Bolt 和 Humphrey，2007）。因此，欧洲各国支付处理机构的合并为大幅降低支付成本提供了可能，这将有助于欧洲委员会（EC）和欧洲央行（ECB）推动的单一欧元支付领域政策所设想的跨国产品市场的出现。

支付规模经济已经被美国的支票、ACH、电汇系统（使用美联储数据）和借记卡（私人来源）证实。随着规模经济，卡支付和 ACH/转账系统的单位成本会随着交易量的增长而继续下降。虽然美国的支票依然是纸质的，但几乎所有支票都用电子方式处理和手机处理。支票处理的成本降低了 70% 并且更快的收集方式节省了商业付款人至少 1 天的支付浮差。此举使银行处理及商业付款人的营运资本成本每年减少超过 30 亿元（Humphrey 和 Hunt，2013）。

17.2.4　对支付服务的直接和间接定价

在美国和欧洲，大多数消费者支付的定价是间接的，依赖于每月固定的账户费用、最低余额要求、很少的存款账户利息或支付浮差。存款等支付服务，不是银行的主要利润来源，而为银行贷款提供了一种相比于债务资金成本更低的资金来源。由于缺乏有关存款账户非价格特性的价格数据或详细信息，限制了微观经济理论在评估支付或其他银行服务需求和替代关系方面的应用。然而，有些关系已经从美国的消费者支付的调查数据中推断出来了（Borzekowski、Kiser 和 Ahmed，2008），而欧洲的重点放在了挪威，挪威已经直接对支付服务定价超过了 10 年（挪威银行，不同年份）。相比于没有进行定价的荷兰，由现金和支票支付向电子支付的转变后 ，挪威对每笔交易进行定价的速度提高了 20% 左右。支付需求是缺乏弹性的，并且电子支付的非价格特性看起来比解释交易量增长的定价更为重要。在这方面，终端的可得性是非现金卡类支付的一个很好的汇总指标，因为可得性带来的是使用量。对于自动取款机来说，便捷性超过价格，这就是为什么在美国，非银行会提供自动取款服务给任何一家银行存款人并收取费用，并且一家银行的消费者会使用另一家银行的自动取款机，即便会被收取一些费用（Hannan、Prager 和 McAndrews，2003）。

17.2.5　支付工具发展

在销售点使用电子货币是支付方式的一种改进，例如使用芯片卡（这在欧洲比较流行，因为只有磁条的卡才会出现重大的欺诈损失情况）。由于发行带有芯片的卡和更换终端的成本较高，2015 年前美国没有广泛实施。另一个发展是欧洲发起的互联网转账支付（信用转移）。美国在线上银行方面已经落后，不像在欧洲，很多企业收款人不设立针对个人消费者的 ACH 交易方式，并且美国潜在的使用者会担心安全问题。

最近，使用手机在销售点进行支付的方式引发了人们的兴趣。手机支付是基于卡类支付而不是直接刷卡，只是对形式进行了替代而对使用者价值增加的不多（Katz，2012）。把许多不同的卡号、密码和金融信息整合到一部手机或者一张卡片中可能会增加使用者的便利性，但和现有的方式相比，让大家普遍接受这种支付方式的关键点是如何提高安全性。

17.2.6　对货币政策的影响

电子支付方式替代现金的速度很慢，不会显著影响货币政策。人们常说“无现金的社会”还有很长的路要走，尤其是在欧洲，每人使用现金的量比美国的两倍还多（日本使用的是欧洲的两倍）。到目前为止，人口增长和通货膨胀通常抵消了总支付中现金份额的减少，因此其绝对价值仍在扩大或相对稳定。然而，一旦现金价值绝对下降，税收将不得不用于赎回多余的现金，铸币税收入将相应减少。新加坡已经提高了这种可能性，政府可以回收货币并代替发行一种同等价值的卡片和账户，有效地保留了铸币税收入的同时减少了用税收收入来进行货币回收。

17.2.7　欺诈

支付欺诈是消费者、商家和银行承担的一项重要成本。除了电汇，借贷卡诈骗是最大的损失来源，美国消费者在 2011 年损失了 1.28 亿美元（联邦交易委员会，2012）。10% 的美国市民是贷记卡诈骗的受害者，7% 经历过借记卡或者自动转账机的诈骗。卡类诈骗包括卡片被盗，以及卡片数据被盗、卡片伪造和冒用（身份盗窃）。诈骗损失要与消费者的便利性进行权衡并说明了限制不当使用的困难，特别是卡片信息通过商家和支付服务提供者发生的外泄。有解决方案，但是成本较高：密码不能被商家看到或者保存；磁条加密；每笔交易进行随机号码验证。

欧洲通过更换磁条卡已经减少了诈骗事件，磁条卡只需要一个签名嵌入卡中，转而使用芯片卡以 PIN 来代替签名提高安全性。芯片卡的使用在欧洲是常见的，商家发现“芯片和密码”可以更快地交易和更少地排队。欧洲银行发行芯片和密码卡不仅是因为它们更安全，也是因为这样可以把银行关于卡片丢失和诈骗的责任转移给消费者（当密码被使用时）和商家（当密码没有被使用时）。在美国这是不可能的：E 条例规定消费者对于损失的责任最高是 50 美元并且当卡片丢失时会及时向发卡行报告。虽然美国的银行、消费者和商家都会从芯片卡中受益，但是银行在更换芯片卡的过程中会付出高昂的成本（替换数百万现有的终端）。因此，这种替代仅提供给美国存款人在海外旅行时使用，并且直到 2015 年都不会普遍提供给目前的持卡人。

17.2.8 支付数据的可得性

关于各国使用非现金支付工具的数据很少有超过 20 年的（国际清算银行，不同年份；欧洲央行，不同年份）。这些数据都是国家层面的。只有挪威收集了在单个银行层面的支付的使用情况、成本和定价数据。没有国家有现金交易的数量和价值的时间序列数据，并且美国未偿付现金的价值数据只是其国内情况的近似指标。欧洲的现金数据在这个层面上会更好一些，支票数据也是。卡片信息通常比较完善，但欧洲在借记卡和贷记卡方面分开计算的数据经常是缺失的。在 2000 年之前美国没有准确的关于支票数量和价值的时间序列数据，并且数据都是三年期的。相反，大量的调查信息反映出了不同支付工具使用者的个人背景信息（cf. recurring University of Michigan surveys）。这可以用来推断支付偏好（Hayashi 和 Klee，2003；Schuh 和 Stavins，2010）并提高便利性和价格反应。

最近，成本会计分析被用于确定银行和商家的支付工具的单位成本（成本分析：Brits 和 Winder，2005；成本与收益分析：Garcia - Swartz、Hahn 和 Layne - Farrar，2004 及 Shampine，2007；成本概念：Hayashi 和 Keeton，2012；文献调查：Koivuniemi 和 Kemppainen，2007）。消费者从不同的支付工具中获取的收益仍然难以准确地估计。因此，比较观察到的相对使用量与计算出来的净收益可能是不准确的，因为大多数支付工具是间接定价的（通过浮差、每月固定的账户费用、免费的自动取款机取款、隐藏的交易费等），因此使用量不是基于真实的相关成本。

17.2.9 支付卡的成本

中央银行为支付系统的安全负责并关注其成本效率。澳大利亚关于支付效率有一个具体的立法任务，欧洲正在参与，但美国一直不太积极。所有国家都拥有法规和案例法，阐明消费者、商家和支付交易中的银行参与者的各种权利和责任。

目前的一个政策例子是上述提到的单一欧元区倡议，旨在降低欧洲境内和跨境支付的成本。另一个与成本有关的问题涉及借记卡和信用卡的手续费。双边市场理论阐述了商业银行和发卡银行之间收取手续费的背后逻辑。当收单银行和开证行都发生费用时，开证行在其客户使用信用卡时收取的手续费用与收单银行共享。如果开证行也是收单银行，那么“手续费”就变成了内部的（不太明显的）转让，而不是外部的。

手续费一直存在争议，因为首先商家使用贷记卡的成本高于其他支付工具，其次交换费不会随着交易量的增加而下降，即便存在规模经济，大家开始意识到了兼并所导致的卡类支付巨头形成的坏处。商家在卡类支付方面的高成本导致消费者在使用它们的时候得到了补贴，因为商家的成本最终会被计入商品价格，而使用现金和支票甚至借记卡的消费者将分摊这种成本。澳大利亚储备银行要求降低手续费（澳大利亚储备银行，2005），而欧洲的竞争当局正在迫使银行减少或调整到一个更合适的手续费率。此外，美国商人也在采取法律行动来达到同样的目的，但也取得了一些成功，因为信用卡的接受不再需要发卡人的借记卡（及与其相对应的手续费）。这个领域的工作主要关注与试图研究这些法规的变化是如何影响相关支付工具的使用、对于卡片支付的黏性和商家对卡片使用的附加费用的（Simon、Smith 和 West，2010）。

在美国商家推动的立法（Durbin 修正案）减少了近 50% 的借记卡手续费但是贷记卡费用没有受到影响。在欧洲，监管者正在考虑推动一个基于“旅行测试”的卡类支付费用上限，在这个测试中如果手续费用不超过可以接受的其他非卡片支付方式的成本，例如现金（商家接受现金的成本随着交易额而上升），商家更愿意接受一个不会退货的消费者使用卡片（Rochet 和 Wright，2010）。这些卡问题在一些国家已经得到解决，通过发卡者和商人之间的免受手续费合同。这个规则限制商家在某个交易限额之内（使用卡片支付而不是其他支付工具）向消费者收费。澳大利亚允许商家向卡片支付收手续费，但是大多数不收手续费，也许是因为一些消费者可能会因此去其他地方购物。虽然美国最近的一项法案解决了商家和 Visa 与 MasterCard 之间的问题，允许商家对贷记卡收取手续费，但有 10 个州最近立法规定禁止收取卡支付手续费（更多的州正在考虑类似的禁令）。

提供支付服务的竞争很少受到关注。虽然问题在欧洲已经提出，不同国家之间竞争的许多明显的影响已经出现，但收集的数据仍然处于保密状态（欧盟委员会，2007）。幸运的是，最近向美国监管机构（公开）报告的银行数据有所改善，表明在提供支付服务方面最具竞争力的银行是规模相对较小的十亿美元银行，而竞争力最低的银行也是它们。传统的观点认为，最大银行是最不具有竞争力的，这显然是不被支持的（Bolt 和 Humphrey，2012）。这个结论是有争议的，因为反垄断机构使用的测算竞争力的标准指标（a Herfindahl - Herschman Index）和理论上测算竞争力的方法是无关的（Lerner Index，H - Statistic）。

其他卡支付相关的政策主要致力于解决使用预付卡进行洗钱的问题（虽然行业举措已经包含了这个问题）和使用政府发行的卡片取代现金和支票的福利和食品券计划（美国的政府电子付款）。总的来说，储存价值卡的一般用途（而非狭义的礼品或特殊推广）在美国和英国的接受程度都相对较低（Van Hove，2006）。最近，由于支付卡手续费用不受杜宾修正案的限制（杜宾修正案减少了银行借记卡商家一半的交换费），支付卡的使用被银行广泛推广且使用程度已经扩大了。

17.2.10 普惠金融

大约10%的美国成年人和15%～23%的英国成年人没有银行支票或交易账户，显著高于成年人没有储蓄账户的比例（Carbo、Gardener和Molyneux，2005；Federal Deposit Insurance Corporation，2012）。这些都是所谓的“无银行账户者”，通常具有较低的收入。值得关注的是，他们为了交易持有现金的成本更高，并且从非银行公司进行转账支付的成本比从银行要高，因为他们在从非银行公司借款时的利率要高于银行（通常是由于具有较低的信用评级，隐含更大的违约风险）。

虽然无银行账户者通过银行渠道会产生更低的交易费用，但是这种成本比较是假设账户持有者不进行透支（这会引发透支费用）。2008—2010年，每年银行费用收入中有350亿美元的透支费用。这些费用主要是由于收入较低的存款者的账户余额较低和收入不稳定，不进行透支会更加困难（美国联邦存款保险公司，2008）。

虽然非银行公司的交易服务成本可能会更高，它们的办公室通常在周末开放，有较长的营业时间，对低收入者来说更加方便。此外，许多无银行账户者对银行有很多意见并且希望对他们的财务状况进行保密。政府促进金融普惠的努力往往集中在成本比较上，但信用合作社（将社区推广计划与金融教育结合起来）一直在推行最有效的方案，将无银行账户者纳入金融体系。

17.3 批发性支付

批发性支付相比零售性支付在两个重要的方面有很大的不同。首先，转移的额度非常大。其次，当进行日末结算而不是实时结算时，相比为这些支付建立私密的差额结算网络，用电子系统处理这些大额支付会更便宜和更方便。否则意味着资金发出者需要在账户中有可以进行转移的资金（通过清算其他资产或通过银行间借款）。同样地，资金接收者更愿意在当日就能够使用这笔资金而不是等到日末结算时，同时也不愿意被迫在日内借款以支付当天所需的款项。因此，根据过去的规定和破产法，在结算之前发送银行的意外失败，可能会扰乱支付系统的顺利运行。

批发付款的价值是如此之大，以至于其日常付款流程中的任何重大中断都会严重影响经济活动，甚至影响金融市场的稳定。2011年通过四大主要大额支付网络（Fedwire、Target、CHIPS和Euro1）转移的总价值为1939万亿美元，而美国和欧洲的GDP总和是29万亿美元（国际清算银行，2013）。通过大额支付系统（LVPS）进行的支付非常广泛，包括每日银行间同业拆借；贷款销售和银团贷款；大企业和政府支付；大型商业和金融公司的证券交易；外汇、股票、衍生品的每日结算，以及其他金融资产交易。这些交易通常发生在商业银行将资金从付款人转移到收款人支付的存款账户。虽然储蓄机构和信用社也开始支付大额的款项，但它们往往是通过在主要金融中心的大型商业银行。相比于零售支付网络使用的专门电信通道，大额支付系统中的现金流对于诈骗的保护和操作失败的保护更好，会使用信息加密，在一些情况下密码是每天更换的。

大额支付交易和结算可以实时使用央行储备或存款账户。这里的每一笔支付都是用

"终端的可流通资金"来分别进行结算，代表着一个实时全额结算系统（RTGS），例如美国美联储的转移大额付款系统和欧洲的泛欧自动实时全额结算快速转账系统。其他的大额交易是通过 DNS（延迟净额结算）系统进行的，其中日内交易是净额结算的，而不是每一笔交易都是实时结算的，通常在营业日结束时结算，用中央银行的准备金或存款账户。这包括美国的纽约清算所同业支付清算系统（CHIPS）和欧洲的欧洲银行业协会清算系统（Euro1），由大型银行联合运行或像由联合银行—中央银行网络（如英国的 CHAPS）进行运行。美国的支付风险委员会（2012 年）概述了美国的日内流动性流动情况，也是风险之所在。

17.3.1　系统性风险

目前为止，大额支付网络最大的风险是发起的支付由于银行破产或者操作失败导致交易无法在当日完成。在过去 30 年里，降低这些风险一直是几乎所有央行和国家银行系统以及学术研究的重点。大多数用来减少大额支付系统风险的程序都是由中央银行发起，并通过国际清算银行进行分散和协调。降低风险的政策提高了银行的成本，并且限制了银行进行未保险支付的灵活性（这是从部分手工交易和监测系统过渡到完全电子系统的过程中发生的）。

主要用来减少风险的措施包括根据银行的资本状况限制日内净借方头寸、抵押品的日内信用风险高敞口、每日支付交易的准备金制度、对日内较晚的支付进行高收费，以及使用特殊的算法来匹配各项支付交易或计算支付净额。目前，重点是对过去的抵押品进行更好的管理，当支付需求可以被满足时，将多余的流动性从一个支付网络转移到另一个。目前，银行间日内资金市场未受到欢迎，可能是因为进行资金日覆盖的成本过大，尽管涉及的过程与转移抵押品类似。

为了理解为什么在不同的大额支付系统网络中采用不同的风险减少措施，我们有必要先了解一下风险首先出现在哪里。在美国，在 20 世纪 70 年代末和 80 年代初，将电汇完全电子化的转变最初并不包括对储备账户头寸的实时监控。这被认为成本太高了，特别是因为电汇需要更多手动干预和平衡才能有效地进行日内和日间的监控。然而，非集中化的美国银行体系的独特组合，有利于机构间的隔夜（而不是一个星期，或"撤销前有效"）同业拆借、在日内采购和积累证券直到整个订单可以交付和支付（如部分交付不允许），但随着准备金余额的减少（通过降低存款准备金和存款账户），所有的这些都促成了一个日间透支问题，增加结算余额的需求，降低了供给。举例说明，如果滚动债券、连续性契约、定期结算和账面结算（这些在 20 世纪 80 年代占到联邦资金结算额的 52%），已经替代了银行间隔夜资金结算在 Fedwie 中的资金需求部分，那么日间透支（系统性风险）就在一个可控的范围内（Humphrey，1989）。对美国来说，系统性风险在很大程度上是一个机构融资问题，而不是大额支付网络的必然结果。

其他国家的银行系统更为集中，所以资金转移大多是在银行内部不同消费者账户之间，而不是在不同银行的账户之间进行外部资金/支付交易。同样，在处于货币中心的国家，有着更多的大额支付交易，但为这些支付提供资金的结余并没有扩大。总之，一旦日间透支问题的全部被意识到，就不可能"把精灵放回瓶子里"。相反，中央银行在实时全额支付系统网络上采取各种操作措施限制其信贷风险。

虽然同样的日内风险暴露也发生在商业银行操作的大额支付系统网络中，例如CHIPS，但它们的风险暴露是由于一个减少成本的谨慎决定引发的。在开始的时候，一些银行想在早上为CHIPS提供资金，可以使得所有交易都能够被执行，正如像在RTGS网络上一样。其他银行想节约融资成本并允许日内风险暴露，但在一天结束时用在中央银行的准备金账户进行净额结算。后一种观点是DNS方法，从逻辑上讲，是日常票据交换和结算安排的一种延伸，并且由CHIPS中的大银行进行操作。

目前，在CHIPS中只需要双边净额结算。如果一家银行将支付第二家银行160万美元，而第二家银行大约在类似的时间内支付第一家银行120万美元，则这两笔付款将被以净额支付，仅发送40万美元。CHIPS的成员也需要在早上转移一些它们的中央银行储备账户余额到CHIPS网络账户中以便进行日间的结算。通过这两种机制，大多数CHIPS的支付在日内完成。那些无法结算的在当天结束时完成结算。

DNS系统中一个主要问题是规定了如果一个银行没有在当天结束时完成净额结算，那么它与所有银行间的结算将被解约。这会改变所有与这个银行发生结算往来的银行的结算头寸。虽然这种结算失败还没有发生，但模拟实验表明这种失败导致其他银行无法进行结算，因为许多银行的净风险暴露的变化会超过了其总资本头寸。在20世纪80年代的模拟使用了真实的支付数据，表明非预期的结算失败对于CHIPS系统来讲将导致三分之一的当日支付被解约（Humphrey，1986）。

其他国家的模拟远没有这么极端，因为它们的银行系统更集中（更多的是内部转移），所以它们的银行对银行的日间信用风险暴露较低。最近的模拟（2000年）表明在给定当日的支付活动情况下，当银行提高资本，有更严格的净借记限制和银行并购（银行并购可以将两个银行间的外部支付转化成为内部支付）时，解约的程度会更低。

系统性风险也存在于大额净额结算系统之外的金融市场。不幸的是，银行间与非银行金融机构间的风险暴露信息是有限或者根本不存在的，以至于监管者难以对金融机构失灵对金融体系的系统性影响进行连续的监管和近乎实时的模拟（例如2008年金融危机中的信用违约互换）。对于大额支付系统网络的分析发现了几种系统性风险来源，包括流动性风险、法律风险、期限错配风险和操作风险。

17.3.2 电汇

大多数大额支付使用电汇作为支付工具。电汇是一种由发起银行向接收银行进行信用转账的方式。批发性或者说是银行间的电汇系统，要求参与银行使用专用的硬件在专用通信链上进行加密传输的支付。此外，已建立起来的备用支付处理中心，在出现操作失败的情况时，可以在小幅度延迟的条件下完成支付。Fedwire是美国的电汇系统，由美联储管理；Target是用在欧洲的许多国家的电汇系统，它由欧洲中央银行管理。

Fedwire和Target是实时全额支付系统，支付完成后不可逆。如果付款是错误的，需要接收方通过电汇返还资金。相反，在DNS系统中，只有在日末以中央银行准备账户或者存款账户进行净额结算时支付才完成。虽然破产法不要求破产银行在当日发送的资金要被返还，但合同规定当抵押品不足时银行的净额结算将被解约。Kahn、McAndrews和Roberds（2003）对总额结算系统和净额结算系统的结算风险进行了比较分析，同时 Manning、Nier 和 Schanz（2009）对与大额支付系统相关的风险、流动性和公共政策基础设施服务部门进行了全面分析。

17.3.3　流动性和其他风险

1985 年只有三家中央银行采用全额实时结算系统，到 2006 年，世界上 174 家中央银行中有 93 家采用全额实时结算系统。全额实时结算系统要求对账户余额和通信系统进行实时监控，以支持它们经常更换的网络系统的操作。后来在计算能力和通信方面的技术进步，以及对操作中心的完善，使中央银行的成本及收费都有所降低（Bech、Preisig 和 Soramaki，2008）。

全额实时结算系统中的资金转移是实时的并且额度大，所以银行要提前在中央银行账户中有足够的资金。为了满足这种资金覆盖的需要，大多数央行在系统运行时间向银行提供“日间信贷”。日间信贷不同于中央银行通过贴现窗口设施的隔夜贷款。大多数情况下，央行提供零利率的日间信贷，但要求商业银行提供抵押品。美国比较特殊，会收取一定费用且只提供有限数量的日间信贷，但不需要抵押品。在这两种情况下，央行的日间信贷相比于银行间借贷实行的是一种补贴利率。过去一些银行对提供日间信贷并收费，但没有人去借。现行的日间信贷可让银行节省营运资金，以提供其高价值的支付服务，现在日间信贷的提供者不仅使银行拥有了更多的营运资金用于大额支付，而且利于大额支付业务和企业进行股票、债券和在其他金融市场中的交易。

大额支付系统网络在法律方面的风险已经通过以下几个方面被解决：（1）银行破产法的改变（上面提到的）：早前破产银行发出的资金不需要被返还；（2）通过修改成文法加强净结算合同的法律基础。时差风险，主要发生在外汇市场，已经通过持续联结清算银行的发展得到了解决。对支付账户的实时监控，加强了对银行的监管，提高了资本要求，改善了 RTGS 和 DNS 网络中的风险暴露。重要的是，抵押品池可以用来覆盖 DNS 网络上的单一净借记方的参与者，抵押品池明显降低了非预期损失引发的全局风险。预期的参与者失败可以通过限制参与者的净借方头寸至非常小的额度来解决（虽然很少见，但这在过去也有过）。

17.3.4　流动性储蓄机制

成本依然是大额支付系统网络及实施各种风险管控措施的主要问题。由于这些程序已基本实施，成本问题现在的重点是否有能力以较低的支出处理更多的付款、融资或抵押品。尽管中央银行提供日间信贷以满足支付需求，但大多数央行将提供的金额限制在抵押品担保的水平上。然而，一些央行扩大了可接受抵押品的范围。即使这样，对于抵押品的限制依然促进了流动性储蓄机制的发展。

一个程序允许银行提交付款立即结算或放置在一个未决付款订单队列，付款订单会一直有效，直到银行收到补偿资金（付款后发出），或直到银行的排队支付订单在另一家银行（或银行的组合）的一个抵消的付款顺序得到满足。在后一种情况下，这两笔付款是同时结清的，因为提供资金是为了结清对方的付款。这些系统已经应用于德国央行的 RTGS +

系统中，以及意大利、日本的大额支付结算系统，以及欧洲央行的 Target2 系统（国际清算银行，2005）。采用这些系统减少了全额实时结算系统在流动性或抵押品方面的成本。

类似的安排已应用于 DNS 网络，结果很多支付在日末之前有效地进行了最终差额结算。一些 DNS 网络选择在日末之前对所有参与者进行一个净头寸结算。这不仅降低了风险，也节约了抵押品，因为净借方相应地减少了。较新的节约流动性的安排包括银行能够将抵押品从富余的支付网络中转移到缺少抵押品的支付网络中。

17.3.5 持续联系结算银行

持续联系结算银行在 2002 年开始运行，为银行提供了一种方法，可以在外汇交易中进行双向支付交易。这解决了时差风险——由于不同国家使用不同的 DNS 系统和处于不同的时区，结算会在不同的时间进行，因此交易日的结束时间也不同，这会产生时差风险。Galati（2002）概述了 1980—2000 年外汇结算风险的发展情况和处理程序。

时间差风险可以以 1974 年德国 Bankhaus Herstatt 在交易日结束时的失败来解释，而 CHIPS 支付需在当日前结算。Herstat 失败很重要，因为它说明了国际支付系统是多么的脆弱。巴塞尔银行监管委员会的工作论文（2004）中有本次失败的一些细节。

当时，破产法允许破产银行取消在破产当天支付的全部款项，但可以保留所有已收到的付款。根据当时的破产法，Herstatt 根据收到的 SWIFT 指令将其“应付”账户记入用德国马克为美国银行开立的账户中。但是，作为马克—美元交易的交易对手，SWIFT 迅速指示美国银行将其“应收”Herstatt 账户中的美元贷记在内，然后将这些美元发放给一个美国客户。因为任何一美元的支付都将不再得到相应的 Herstatt 资产的支持，而美元支付最初又没有被支付，CHIPS 结算被推迟到新泽西州的次日清晨。这一延迟将涉及谁将成为破产银行的债权人？美国银行客户——他是当天与 Herstatt 交易价值 1.5 亿美元的德国马克的最终接受者，还是纽约的收货代理银行？最后，使用美元支付了，Herstatt 破产造成的损失微乎其微。即使如此，在接下来的几天里，通过 CHIPS 付款的数额也下降了约 60%，原因是担心国外的外汇交易对手违约。

CLS 银行采用多边净额结算方式处理其成员银行的外汇交易（现货、远期、掉期）。CLS，它的成员银行，使用 SWIFT 与中央银行结算网络通信。CLS 同时对所有国家的交易货币开放，通过央行的交易货币在 CLS 的账户进行每天大约 5 个小时的结算。每个成员银行都在 CLS 有一个多货币账户，并将款项存入这些账户，以用于支付它们希望进行的交易。交易都是通过同时在货币被出售的银行账户进行借记，并在货币购买银行的账户进行贷记。当且仅当双方交易顺利完成所有付款要求时，交易才发生。

经过十多年的经营，CLS 银行实现了快速增长，日平均结算金额超过 5.2 万亿美元，贸易额超过 110 万美元。它解决了世界 17 大交易货币的交易，拥有超过 60 名直接银行成员，以及超过 700 名间接参与者。CLS 银行通过将多个国家的系统连接起来消除了时差风险，从而实现了在大额支付系统实践中的重大创新。

17.3.6 相关系统

证券结算系统是专门用来结算证券交易的，是对大额支付系统（LVPSs）的补充。存托及结算公司（The Depository Trust and Clearing Corporation）为美国大部分股票、债券及商业票据交易提供结算服务。这些系统是在 RTGS 或 DNS 网络上进行批发支付的另一个需求来源。证券结算系统采用一个更广泛的结算方法，通常使用一种确保安全交付的技术——DVP，以确保当且仅当支付完成时证券才被发送，从而消除了时差风险。

17.3.7　当前大额支付系统的问题

目前在大额支付系统网络方面的主要政策是针对银行抵押品的，当银行参与多个支付网络时，抵押品可以在不同支付系统间进行转移。当银行在不同的国家开展业务和参与 LVPSs 时，它们可以发现，即使它们在不同国家有一个有约束力的抵押品约束，它们依然可以找到可用的闲置抵押品。这使得一些中央银行在发放日间信用时扩大了对外国担保品的接受程度。然而，许多技术和法律方面的困难使得银行无法完全克服对使用一国的担保品在另一国获得日间信用的限制（国际清算银行，2006 年）。

第二个目前的问题涉及证券结算系统，这往往是隶属于特定的证券交易系统，如证券交易所。对于柜台市场（例如，通过双边或交易商的交易系统），交易往往是双边结算。这种缺乏集中和标准化的结算可能会导致证券结算效率低下。许多人认为，随着衍生品交易的增长，交易结算会受制于后台数据的积压和递延。这些积压情况已经减少，但是核实和协调这些交易仍然滞后于交易量的快速增长，给参与者带来了风险（国际清算银行，2007）。

最后，目前正在努力与各国的银行监管和监督机构协调监管金融市场基础设施的风险（国际清算银行，2012a）。这涉及具有系统重要性的支付网络、证券结算系统和保管所以及专门的金融票据交换所。其目标是使支付系统中的每个不同环节都达到当前最强环节的水平。为衡量/预测不同表现形式的系统性风险所作的一些努力均收录于《金融服务研究》杂志里［Journal of Financial Services Research（2012）］。

17.4　非银行支付活动

非银行公司也提供一定的专业化支付服务。在零售层面上，有汇票、旅行支票、电报转账或其他汇款，以及商户收费卡和账单汇总服务。此外，还有大型信用卡公司，如 Visa 和 MasterCard 等非银行公司。这些公司虽然没有提供全方位的银行服务，但它们在细分市场提供有价值的服务。

在美国和其他地方也有“汇款人”，他们接受客户的货币，并行使代理银行的职能，允许客户指定的收款人从不同的城市的银行或分支机构提取现金。汇款人的支付服务是有利可图的，通过交易费用赚取收入。相反，银行通常对零售客户收取较少的费用，但是为了赚取净息差，银行鼓励客户在账户中保有较多余额。

提供收费卡或账单汇总的公司允许消费者从商家购买商品，并在结算周期结束时支付货物，如在一个月期间内。收费卡公司较早地向商家支付货款，并向商家和消费者收取费用。消费者预计在结算周期结束时支付全部费用；这与信用卡相反，信用卡为消费者提供了循环平衡贷款的机会。此外，收费卡的消费价格往往是固定费用，而非可变利息费用。

Visa 和 MasterCard 都是营利性的上市公司，但一开始都是作为银行协会存在的。它们在信用卡和借记卡行业的作用是深远的。它们发起了包含银行和商户的卡系统（包括银行客户、持卡人、商户）。与电信和计算机处理公司一起，它们将交易信息从商家最终传送到持卡人的银行。它们的活动对于在全球范围内接受信用卡和借记卡的意义是至关重要的。

17.5 展望

在零售支付领域，借记卡和贷记卡会继续替代现金（在欧洲）和支票（在美国）。卡类使用的扩张可以减少欺诈，但也会增加商家和卡类服务供应商之间的摩擦，因为会收取一定手续费。这可能会加剧与零售卡定价相关的竞争效应的争议，以及为了吸引消费者采用银行/商户成本最低的工具，而在每次交易的基础上对消费者支付服务定价所作出的努力（已经适用于交易额较大的用户）。由于信用卡交易不是匿名的，对现金的不断替代会引发隐私问题，特别是在那些仍大量使用现金（有利于逃税）的高销售税国家。

类似的快速增长和隐私问题可能会出现在用于交通服务方面（如收费公路）的专门的电子零售支付系统。储值卡是一种潜在的低成本的小价值现金交易的替代品，其未来的前景是不确定的，而且还没有扩大到目前范围狭窄的应用范围之外（地铁乘车、公共电话、礼品卡和靠近大学校园的商家）。最后，对于大多数潜在使用者来说，使用手机进行互联网支付依赖于交易安全的提升。

批发支付的未来发展将取决于如何将一个 LVPS 网络上的超额抵押品或流动资金用于其他网络和其他国家，以及在处理衍生产品交易时减少后台延迟和交易对手风险。进一步整合后台系统和对 LVPSs 的持续使用是 LVPS 的设计目标。针对最近发生的金融危机，大额支付系统会进行改进，主要是提高参与者应对非预期和严重的金融市场混乱的能力（例如，国际清算银行，2012b）。

2007—2008 年的金融危机没有对小额零售支付系统产生实际影响，仅对大额支付网络产生了影响，因为银行依赖于短期资金来源，这些短期资金在美国和欧洲的银行陷入困境时的初期就发生了干涸。虽然金融危机通过 LTPSs 对支付产生了影响，但这个系统本身运行得很好。在危机之后，新的银行监管的重点是增加银行资本和流动性（减少对短期资金的依赖），并减少银行的冒险活动（例如对风险交易应用保险存款制度和把场外衍生品交易转移到交易所内）。

参考文献

[1] Bank for International Settlements (2005). New Developments in Large - Value Payment Systems, Basle, No. 67, May.

[2] Bank for International Settlements (2006). Cross Border Collateral Arrangements, Basle, No. 71, January.

[3] Bank for International Settlements (2007). New Developments in Clearing and Settlement of OTC Derivatives, Basle, No. 77, March.

[4] Bank for International Settlements (2012a). Principles for Financial Market Infrastructures. Basle, CPSS - IOSCO, April.

[5] Bank for International Settlements (2012b). Recovery and Resolution of Financial Market Infrastructures—Consultative Report, Basle, July.

[6] Bank for International Settlements (2013). Statistics on Payment, Clearing and Settlement Systems in CPSS Countries—Figures for 2011, January.

[7] Bank for International Settlements (Various Years). Statistics on Payment Systems in the Group of Ten Countries, Basle.

[8] Basel Committee on Banking Supervision (2004). Bank Failures in Mature Economies, Bank for International Settlements Working Paper No. 13.

[9] Bech M., Preisig C., and Soramaki K. (2008). Global Trends in Large - Value Payments, Federal Reserve Bank of New York Economic Policy Review 14, 59 - 81.

[10] Bolt W. and Humphrey D. (2007). Payment Network Scale Economies, SEPA, and Cash Replacement, Review of Network Economics 6, 453 - 473.

[11] Bolt W. and Humphrey D. (2008). Transaction Pricing and the Adoption of Electronic Payments: A Cross - Country Analysis, International Journal of Central Banking 4, 89 - 123.

[12] Bolt W. and Humphrey D. (2012). Competition in Bank - Provided Payment Services. De Nederlandsche Bank Working Paper.

[13] Borzekowski R., Kiser E., and Ahmed S. (2008). Consumers' Use of Debit Cards: Patterns, Preferences, and Price Response, Journal of Money, Credit and Banking 40, 149 - 172.

[14] Brits H. and Winder C. (2005). Payments Are No Free Lunch. Occasional Studies, Vol. 3/Nr. 2, De Nederlandsche Bank.

[15] Carbo S., Gardener E., and Molyneux P. (2005). Financial Exclusion. Basingstoke: Palgrave Macmillan.

[16] Chakravorti S. (2003). Theory of Credit Card Networks: A Survey of the Literature, Review of Network Economics 2, 50 - 68.

[17] European Central Bank (Various Years). Payment and Securities Settlement Systems in theEuropean Union, Frankfurt.

[18] European Commission (2007). Report of the Retail Banking Industry, Brussels Commission Staff Working Document SEC No. 106.

[19] Federal Deposit Insurance Corporation (2008). FDIC Study of Bank Overdraft Programs, November.

[20] Federal Deposit Insurance Corporation (2012). 2011 FDIC National Survey of Unbanked and Underbanked Households, September.

[21] Federal Trade Commission (2012). Consumer Sentinel Network Data Book, Washington, DC, February.

[22] Galati G. (2002). Settlement Risk in Foreign Exchange Markets and CLS Bank, BIS Quarterly Review 6, 55 - 65.

[23] Garcia - Swartz D., Hahn R., and Layne - Farrar A. (2004). The Move Toward a Cashless Society: A Closer Look at Payment Instrument Economics, Review of Network Economics 5, 175 - 198.

[24] Hannan T., Prager R., and McAndrews J. (2003). To Surcharge or Not to Surcharge: An Empirical Investigation of ATM Pricing, Review of Economics and Statistics 85, 990 - 1002.

[25] Hayashi F. and Keeton W. (2012). Measuring the Costs of Retail Payment Methods, Federal Reserve

Bank of Kansas City Economic Review, 2nd Quarter, 37 – 77.

[26] Hayashi F. and Klee B. (2003). Technology Adoption and Consumer Payments: Evidence from Survey Data, Review of Network Economics 2, 175 – 190.

[27] Humphrey D. (1986). Payments Finality and Risk of Settlement Failure. In: A. Saunders and L. White (Eds.), Technology and the Regulation of Financial Markets, 97 – 120.

[28] New York: Lexington Books/Solomon Brothers Center Series on Financial Institutions and Markets.

[29] Humphrey D. (1989). Market Responses to Pricing Fedwire Daylight Overdrafts, Federal Reserve Bank of Richmond Economic Review 75, 23 – 34.

[30] Humphrey D. and Hunt R. (2013). Cost Savings from Check 21 Electronic Payment Legislation, Journal of Money, Credit and Banking 45, 1415 – 1429.

[31] Humphrey D., Snellman J., and Vesala J. (2001). Substitution of Noncash Payment Instruments for Cash in Europe, Journal of Financial Services Research 19, 131 – 145.

[32] Journal of Financial Services Research (2012). Issue Containing Papers Attempting to Measure and Forecast Aspects of Systemic Risk, 42, 1 – 2.

[33] Kahn C., McAndrews J., and Roberds W. (2003). Settlement Risk Under Gross and Net Settlement, Journal of Money, Credit, and Banking 35, 591 – 608.

[34] Kahn C. and Roberds W. (2007). Transferability, Finality, and Debt Settlement, Journal of Monetary Economics 54, 955 – 978.

[35] Katz M. (2001). Network Effects, Interchange Fees, and No – Surcharge Rules in the Australian Credit and Charge Card Industry. Reform of Credit Card Schemes in Australia II, Reserve Bank of Australia, August.

[36] Katz M. (2012). Increasing Connectedness and Consumer Payments: An Overview. Conferenceon Consumer Payment Innovation in the Connected Age, Federal Reserve Bank of Kansas City, March.

[37] Koivuniemi E. and Kemppainen K. (2007). On Costs of Payment Methods: A Survey of Recent Studies. Bank of Finland Working Paper.

[38] Manning M., Nier E., and Schanz J. (Eds.). (2009). The Economics of Large – Value Payments and Settlement. Oxford: Oxford University Press.

[39] Norges Bank (Various Years). Annual Report on Payment Systems, Norway.

[40] Payments Risk Committee (2012). Intraday Liquidity Flows. Federal Reserve Bank of New York, March 30.

[41] Reserve Bank of Australia (2005). Common Benchmark for the Setting of Credit Card Interchange Fees, November, <http://www.rba.gov.au/. Review of Network Economics (2005, 2006). 4 (4) and 5 (1).

[42] Rochet J – C. and Tirole J. (2003). Platform Competition in Two – Sided Markets, Journal of the European Economic Association 1, 990 – 1029.

[43] Rochet J – C and Wright J. (2010). Credit Card Interchange Fees, Journal of Banking and Finance 34, 1788 – 1797.

[44] Schneider F. (2005). Shadow Economies Around the World: What Do We Really Know?, European Journal of Political Economy 21, 598 – 642.

[45] Schuh S. and Stavins J. (2010). Why Are (Some) Consumers (Finally) Writing Fewer Checks? The Role of Payment Characteristics, Journal of Banking and Finance 34, 1745 – 1758.

[46] Shampine A. (2007). Another Look at Payment Instrument Economics, Review of Network Economics

6, 495 – 508.

[47] Simon J. , Smith K. , and West T. (2010). Price Incentives and Consumer Payment Behaviour, Journal of Banking and Finance 34, 1745 – 1758.

[48] Van Hove L. (2006). Why Electronic Purses Should be Promoted, Banking and Information Technology 2, 20 – 31.

第三部分　监管和政策展望

第 18 章　中央银行

18.1　简介

中央银行一般执行以下几项职能。它们为大额支付提供结算服务；监管银行以维持金融稳定；扮演最后贷款人的角色；实施货币政策。为了解决特定的货币问题和经济危机，中央银行的职能和运作模式不断发生改变：中央银行在每个主要经济阶段产生的新职能，都是为了应对货币问题和金融危机。为更好地了解中央银行的职能以及其实现货币经济繁荣的作用，有必要去分析这些危机以及解释其相互关系。

中央银行的起源可以追溯到 19 世纪的英格兰。当时有两种完全相反的货币理论：货币原则和银行原则——这意味着在这两种原则下中央银行将承担着完全不同的职能。对于货币原则，货币必须严格地可兑换为“特殊商品”，而这种“特殊商品”的供应不受政府控制，这可以防止政府长期操纵计价单位来收取通货膨胀税。此时，中央银行的作用是保证纸币可换取等值的黄金。英格兰银行在 1846 年的职能正是如此。然而，1847 年、1857 年和 1866 年不断爆发的流动性危机表明需要更加灵活的货币供给制度。

银行原则需要灵活的货币供给策略，即货币是金融中介机构在开展信贷业务时产生的负债。但如果货币是竞争性的商业银行创造的负债，那么就需要高能货币来解决商业银行之间的交易问题。这恰恰需要中央银行承担货币发行的职能。此时货币是一个政府指定的所有银行负债计价单位。

然而，法律不能强制经济主体必须信任中央银行发行的货币。为了维护货币的权威，中央银行必须扩展它的职能。中央银行对银行进行监管以确保支付系统的正常运作，同时预防流动性危机的发生。在发生流动性危机时，中央银行必须扮演最后的贷款人的角色。中央银行还应制定货币政策来保证币值稳定从而为经济发展提供一个名义锚。

第 18. 2 节主要介绍中央银行作为银行的银行，其经历的演变过程。第 18. 3 节概述了从金本位到通货膨胀目标制的货币制度演变过程中，中央银行做了哪些工作。本节还指出在不同的货币制度下对设定名义锚的不同做法。第 18. 4 节探讨了可能对 21 世纪中央银行持续发展产生影响的一些潜在问题。

18. 2　集中支付和中央银行的产生

关于中央银行的构想，即银行的银行，是人们在对货币的思考中缓慢出现的概念。中央银行是 19 世纪中叶金融危机时期的衍生产物，此时的金融危机已成为国际问题。工业资本主义的扩张使信贷网络更加紧密，危机的传染也更加剧烈。英国1844年的《银行法》将英格兰银行拆分为两个部门——货币发行部门和银行部门，而在1847年、1857年和1866年的危机后，虽然没有颁布新法来废除该法案，但该法案实际上被暂停了。相比之下，法兰西银行更早地承认了对金融系统的责任。然而，在1868年，当法国的动产信用公司仍处在危机后的恢复期，法兰西银行拒绝贴现该公司的票据。这是因为法国的中央银行参与了罗斯柴尔德和动产信用公司的业主马莱兄弟之间的竞争。法兰西银行通过站在罗斯柴尔德一边来维护“银行家圈子”（商人银行）的特权，这使得在当时的法国没有出现现代商业银行。法兰西银行在这种情况下不可能追求整个金融系统的稳定性，因为这将意味着救助动产信用公司。

欧洲主要国家的金融中心最初感到不满的是：为管理公共债务和货币而建立的银行应该比其他银行拥有更高的地位。银行的纸币是一种债务，因此是与信贷相对应的。这些债务必须通过其他形式的债务来结算，因此产生了债务等级制度以及债务发行制度。中央银行发行债务，商业银行的其他债务都在中央银行转化为中央银行债务进行结算。中央银行发行高能货币来用于商业银行间债务的结算，这种银行层次体系是保证支付结算体系完整性的必要条件。如果遵守下面的三个规则，则以债务发行作为付款方式的竞争性商业银行可以共同存在。

第一条规则是设立计价单位。在一个分散的市场经济中，市场参与者可以通过以计价单位为标准的名义价格得到相对价格。只要能一直维持对货币的信心，那么以货币作为计价单位能有效地降低交易成本，避免价格由不同的计价单位表示。

第二条规则是保证发行的债务适用于不同的支付方式，即债务可以在第三方之间流通，用来偿还其他债务和购买其他商品。在发达的市场经济中，生产者必须承担债务，因为他们需要购买资源，特别是人力资源（如支付工资），然后才能出售其产品。要使第三方接受债务，必须保证债务的流动性，而债务的流动性又取决于发行人的财务状况和声誉。债务流动性的不同产生了金融系统的分级。银行是专门发行流动性债务的金融机构。

第三条规则是将债务流动性的确认成为一个社会流程：结算。它是支付完成的最后一个阶段，即在任何私人交易中用作支付手段的各种债务可以转化为可统一接受的货币形式。根据计价单位的定义，支付系统中的最终流动性可以是主权机构规定的商品（或外币），或者它可以是由整个社会或者最高政治权威——主权所赋予权力的金融机构的负债。这样的机构即中央银行，它已成为最重要的货币机构。

这些规则如何构成一个货币体系？如果最终的流动性是中央银行的负债，那么计价单位是完全抽象的概念，它是中央银行发行负债的数字单位的名称，比如美元（dollar）、欧元（euro）、英镑（pound Sterling）、日元（yen）和人民币（yuan），这些都是当今世界上的重要货币。在这种情况下，所有形式的货币都是金融机构发行的负债。银行体系分为“中央银行—商业银行”两层，中央银行作为银行的银行，主要责任是处理所有商业银行的债务结算问题。

18.2.1 回流法则、多边清算系统、中央银行的产生

在自由银行系统下，即当不存在中央银行时，商业银行可以发行票据或为客户开设存

款账户，其对应的资产储备可能多于或少于负债。票据和存款可以随时根据客户的需求转化为等值的金币。可兑换性（兑换为金银）是有效银行货币的原则。货币的回流法则是一种结算机制，在该机制中，可兑换性限制了商业银行发行货币。回流法则节省了黄金或白银的使用，同时能监管银行发行票据的质量。不存在中央银行的银行自由支付系统是可以正常运行的，只要保证充足的金币来进行结算。回流法则能在多边清算系统下有效地将银行间的关系集中。然而在历史和理论上，回流法则的运作方式出现了问题。

在历史上，这样的银行系统很难在 18 世纪的苏格兰正常运行，因为当时的银行很少并且资本充足。这一系统也在 19 世纪的美国运作了很长时间。然而，在美国，自由银行系统在严重货币紧缩的情况下发生了演变。为解决结算危机，清算机构得到了发展，就清算职能而言，这些清算机构是中央银行的初始形态。

银行为了增加其在商业票据贴现市场的份额而相互竞争，在该贴现业务中，银行作为银行票据发行方的交易对手方。回流法则意味着：当客户按面值赎回商业票据时，发行过多银行票据的银行将面临流动性的短缺。理论上，三个机制可以使系统维持正常运行。第一，当客户的银行票据兑换需求使银行失去等值的银行储备时，超额的票据将会被立即取消。第二，银行票据的持有者更愿意购买其他银行的票据，因此，在银行票据交易市场上，这些银行会增加其他银行债权的持有量，这会导致在清算后产生净结算需求，超额银行票据可以通过其代理银行进行销毁。第三，为了预防未来的支出需求，客户手中会保留一定的票据。此时，只要更多的客户购买其偏好的银行票据，将产生支付乘数效应，超额发行的问题会扩散到更多的银行。然而，票据赎回的压力最终将转化为公众对铸币的需求或者银行的清算。

回流法则是银行学院派所强调的现象，他们主张监管货币的质量而非货币的数量。因为回流法则会自动抑制银行流动性的损失，此时监管的主要内容是银行优质的贴现资产。银行的偿付能力可能会出现问题，但银行间的相互作用将会调节银行流动性。银行为了自己的利益将会保持一定的流动性比率，该流动性比率处在流动性资产的边际成本等于边际收益的位置。银行储备比率向最优比率调整的过程会引起银行资产负债表的调整。这种支付系统在理论上是可行的。从宏观层面上看，银行货币的最优额度是由期望的铸币需求和以黄金为基础的价格水平决定的，这在很大程度上独立于银行系统。

在这样的系统里没有中央银行。然而，为了弥补自组织支付系统和非分层支付系统的两个重要约束，中央银行会作为银行的银行而逐渐出现。

首先，在不断增长的市场经济中，在双边基础上实行 100% 赎回政策的回流法则是一种束缚，不符合贸易的需要。当回流法则不能约束银行时，货币体系将处于各种形式的压力之下。

在银行票据占主导的情况下，破产的银行必须支付已发行票据的贴现。结果是支付系统的支离破碎，并会产生严重的信息成本。人们总是想知道哪家银行还有能力进行支付，而危机的自我实现经常会摧毁许多银行。支付系统受到陷入困境银行的反复冲击，造成银行恐慌。

当支票存款账户作为主导时，情况则不同，因为付款方式（支票）与账户流动性余额相分离。支票形式的货币在 19 世纪下半叶开始变得盛行，当时的银行业务超过商业票据贴现业务以满足工业资本的融资需求。银行成为中介机构，在资产端，银行会发放缺乏流动性的贷款，而存款人无法根据贷款的特定信息评估银行资产的质量。在负债端，银行提供非市场交易型存款，并提供支付服务。这种不对称的信息结构，加上支付系统的网络效应，意味着银行可按计价单位给存款估值，并确保存款能按该估值兑换为基础货币（如金币），这构成了最有效的合同。

然而，与银行票据主导的支付系统机制相反，以支票存款账户作为主导的支付系统在危机时期难以对银行的货币正确定价。如果没有创新的技术来支持大规模的货币储备，那么回流法则将无法奏效。这种技术创新即多边清算系统。它实际上使银行产生了分化，因为一些银行变成了清算所。

清算所是一种集中式的组织，将集体理性引入支付系统。结算所出现在商业中心——美国，当时正处于美国的自由银行时代（1838—1863 年）。1836 年，当美国第二银行失去了联邦宪章支持后，自由银行系统发展成熟。这一时代结束于 1863 年，当时内战正在肆虐，流动性需求的快速增加推动了货币监管局的建立，以此来规范货币的质量。银行作为清算所会员，在清算所的账簿上进行清算和结算。清算所代表在该清算所存放准备金的成员，发放结算凭证。多边清算和网络结算节省了大量的铸币，降低了支票兑取的成本。

此外，清算所在流动性匮乏时通过暂停兑换铸币业务来切断支付的执行。正如 Goodfriend（1988）所指出的那样，清算所事实上扮演中央银行代理人的角色。在货币结算领域的较高地位，给予清算所对其成员进行分级的权力。为了保护零售银行群体支付的完整性，清算所必须保证支付的不可撤销性，同时银行也承担了限制性的义务。马萨诸塞州波士顿的苏菲银行系统是第一个达到集中化程度的银行，这是在 1825—1861 年发生的演变。

需要中央银行出现的第二个限制，即作为结算所的大型银行必须将其利润最大化的目标与作为结算所成员的利益分开，这种矛盾导致中央银行的出现。此外，就美国而言，当发生流动性危机时，结算所并不保护非会员银行，这些非会员银行一般位于大型金融中心的外围。

1863 年的国际银行法案旨在通过建立货币监管局以及对遵守规定义务的银行授予国家特许权来使货币的质量同质化。尽管区域性的结算所在不断扩大，但美国的支付系统仍然受到银行恐慌的威胁，这种状况一直持续到 1907 年银行危机的发生。金融系统的崩溃使美国国会下定决心进行彻底改革，在国家层面建立一个单一的机构，能够提供弹性货币结算并承担最后贷款人责任，确保支付系统的安全。在历史上有过政府扶持银行经历的或者政治统一的国家（如德国和意大利），它们更顺利地接管了清算所的职能。在英格兰和法国，前面所说的拥有主权的银行已经在银行系统中发挥了特殊的作用，尽管金融界抵制这种银行的产生，这些银行也逐渐演进为了银行的银行。

18.2.2 正常时期的中央银行和支付系统规则

自从银行的银行出现以来，中央银行就成为支付系统的核心机构。它保障结算的安全，防止操作风险引发系统性危机（如 1985 年 11 月由于纽约银行的计算机故障而产生流动性危机，中央银行单日向其注入 500 亿美元的流动性），并对支付系统中高额支付的银行成员实施安全措施。

商业银行可能涉及与零售支付或证券支付和其他金融交易（包括外汇交易的国家货币）相关的不同清算系统。但是，这些支付服务的产生有助于建立银行间的关系。为了使用中央银行的货币进行多边清算和结算，它们必须在中央银行开户。为了履行其结算义务，具有空头头寸的银行必须在结算时间之前通过一切可用的方式获取中央银行的货币，而这取决于结算技术（日末净额和实时总额）。它们可以利用中央银行的储备账户，从多头头寸的银行隔夜拆借，或者使用中央银行的合格抵押品进行回购。所有的这些措施将中央银行连接到了向整个银行系统提供流动性的渠道。从这一独特的关系看，中央银行可以获得关于银行流动性的信息。中央银行可以检测到银行间市场的异常情况，就像 2007 年 8 月 9 日中央银行观测到隔夜利率上涨一样。

在过去的 30 年间，金融活动产生的支付现金流在不断膨胀。大额款项的集中支付风险很有可能成为系统性风险的隐患。因此，中央银行改进了银行间支付系统来处理违约和流动性风险，以保证最终结算，即无论付款人情况如何，付款依然可以完成，保证了支付的不可撤销性。中央银行是唯一可以执行这项职能的机构，即保证无条件地支付结算款。

随着更广泛的支付方式的兴起，如信用卡，走向集中化支付的趋势有增无减。与人们的一般观点相反，支付系统的创新不会损害中央银行在控制货币方面的领导地位。相反，它会加强中央银行的力量，因为更复杂的支付、更大的交易量和更短的周转时间增加了系统性风险。支付系统中的这种风险威胁到人们对货币最基本的信心。因此，支付系统的完整性不仅仅是一个技术性问题。它必须被视为金融稳定和金融体系可持续性的更广泛目标的一部分。

18.2.3　危机时期的中央银行：最后的贷款人

最后贷款人的角色已被确认为中央银行职能的重点。这并不是一个新概念——它一直都存在。早在 1802 年，Tornton 就强调了英格兰银行在恐慌时期为银行提供流动性的责任，但当时的社会并没有采纳他的观点。经常性的恐慌导致了更多破坏性的后果。1844 年的银行法案加剧了金融危机，使得英格兰银行在失去黄金储备时更难发行票据。在 1847 年、1857 年和 1866 年，英格兰的银行都停止兑换黄金储备，事实上银行法案被推翻了，尽管没有补充新的法规。这一现象允许英格兰银行的银行部门扩大贷款，并超过了纸币发行部门的黄金储备限制。但货币市场上的宽松政策并不及时。这种状况难以令人满意，也促使了 Bagehot（1873）开始发展如下所示的新理论。

实际上，最后贷款是一种违反市场原则的非常规操作。中央银行向货币市场提供最终支付和结算方式，这一供应的数量是潜在不受限制的，这是一个单方面的和酌情的决定。它逃避了市场合同的约束，因此是一种政府行为，它保护了那些违约的债务人。这种做法保护了其他正常无问题的债务，本来这些债务会因为违约债的溢出效应而受到破坏。因此，最后贷款人的做法对市场的冲击是矛盾的。一方面，它能预防系统性危机，因为危机扩散产生的社会成本高于原始银行破产造成的私人成本。另一方面，如果中央银行提供集体保险的行为加剧了冒险行为，这会引发道德风险。Bagehot 理论的原则和解决方案的目的是防止危机的扩散，同时预防道德风险。

根据 Bagehot 的理论，最后贷款人应该关注金融系统的整体稳定性，而不是任何特定金融企业的命运。中央银行可以无限制地借款给有偿付能力但缺乏流动性的企业，因为潜在贷款人并不信任这些企业的偿付能力，它们很难在市场上获取贷款。资不抵债的企业必须按照其价值卖给新的所有者。然而，这些做法需要可行的标准来区分资不抵债的企业和有偿付能力但缺乏流动性的企业。

Bagehot（1873）提出了一个与众不同的标准：借款人提供的抵押品的质量。中央银行应该接受这些抵押品，并根据银行在危机前的价值来评估其偿付能力。此外，为了更好地防范道德风险，Bagehot 坚持认为应该以惩罚性利率进行借贷。这种惩罚性利率既是中央银行的风险溢价，也是对借款人的警告。最后，中央银行作为最后贷款人的干预措施应该是不可预测的。这被称作建设性模糊，这是中央银行家所偏爱的。这是一种自由裁量权，尽管本质上是政府行为。

现在的银行必须遵守资本监管，并接受中央银行或独立监督机构的持续监督。这些是商业银行要求中央银行作为最后贷款人提供“保险”所应付出的代价。这一“保险”可将没有过多风险暴露的银行从威胁支付完整性的危机中隔离出来。

如果中央银行不能提供最后的贷款，那么会产生最严重的后果，典型的例子就是“大萧条”。1929 年 10 月，华尔街的崩溃导致了流动性的紧张。到年底时，股票市场的泡沫已经蔓延到初级商品和耐用品行业。美联储将贴现率从 1928 年 8 月的 6% 降至 1930 年 6 月的 2.5%。但是，货币供应量继续收缩。根据弗里德曼（1963）的研究，美联储应该采取公开市场操作来避免信贷市场的危机。在 1930 年中期，金融危机在性质和规模上都发生了变化。连续三年出现大规模的银行倒闭，彻底破坏了银行体系，导致 1933 年 3 月出现了“银行假期”。监管的剧烈变化，使商业银行与金融市场产生了分离。

随着危机后金融管制的放松，直到 1970 年美国宾州中央铁路公司的破产和 1972 年英国的二次银行危机，最后贷款人才重新变得流行起来。从那时起，无数的银行和金融危机，都受到了中央银行的干预。中央银行的干预措施变得多样化：从安全支付系统到最近美联储为恢复市场信心或企图在金融危机发生前限制危机的大规模干预。

从 2007 年 8 月开始，随着美国次级抵押贷款市场的危机蔓延至证券化市场，9 月雷曼兄弟破产，国际金融危机爆发，2010 年中期的欧洲主权债务危机爆发，中央银行的最后贷款人角色发生了引人注目的变化。2007 年后，中央银行资产负债表的增加是最突出的干预政策共同特征。美国、欧元区、日本和英国的资产负债表增加了三倍。例如，美联储的资产负债表从 2007 年 12 月的 8910 亿美元增加到 2008 年 12 月的 23110 亿美元，同期欧洲央行资产负债表也从 12860 亿欧元增加到 20890 亿欧元。

在危机的第一阶段，中央银行增加货币供应来帮助银行和一些代表性非存款机构，有两种增加货币供应量的方法：一是中央银行直接贷款给商业银行；二是通过公开市场操作，在某些情况下，也包括购买一些不良资产。只是稍后我们将看到，量化宽松政策将使资产价格上涨。

美联储创造了许多新的工具来应对不断出现的新形式的金融紧缩。一些工具涉及边际调整。2007 年 12 月推出的定期拍卖工具可以改善贴现窗口存在的问题。其他的工具则更为激进，比如在 2008 年 9 月决定让雷曼破产的仅仅两天后，却决定支持像美国国际集团（ALG）这样的个别机构；或者在 2008 年 11 月向花旗银行提供 3000 亿美元的无追索权贷款；或者让高盛、摩根士丹利和美国运通等非存款机构转型成可进行隔夜拆借的银行，以此获取美联储的流动性。特定的市场也成为美联储干预的对象。货币市场共同基金在 2008 年 9 月也得到了美联储的一个隐性的救助保证，以此稳定雷曼对应基金跌破一美元的挤兑现象。同时，美联储用财政部担保的资金大量买入商业票据。

最后，但不是最重要的是，进行以美元计价的短期融资活动已变得几乎不可能，美联储与不少于 14 家中央银行（包括欧洲中央银行、日本中央银行和英格兰银行）签订互换协议，以便促进由国内交易对手设立的结构性美元融资的展期。

在美国，严格的最后贷款人政策在 2009 年终结了。银行间市场的交易量在通过私人银行得到了恢复。相比之下，欧洲中央银行在 2008 年 10 月实施的对银行提供的固定利率流动性配给政策仍在进行。2013 年 5 月，欧洲央行管理委员会宣布将该固定利率流动性配给政策延长到 2014 年 6 月，许多人预测这一政策将继续存在下去。

欧洲央行还采取了另外两种新形式的最后贷款人政策。首先，它延长了给银行提供的流动性贷款的期限，在 2009 年 6 月、9 月、12 月三次提供 12 个月期限的再融资业务（vl-TRo）。2011 年 12 月和 2012 年 2 月又进行了两次 36 个月期限的再融资业务。其次，欧洲央行对深陷困境的主权债务危机市场进行了干预，如 2010 年的希腊、爱尔兰和葡萄牙，2011 年的意大利和西班牙。此外，为解决主权债务危机，如果一个国家希望得到欧洲央行的救助，欧洲央行还可以为其在未来 1 ~ 3 年到期的公共债务提供有条件的担保。

以雷曼兄弟破产引发的金融危机导致主要的中央银行采取了大量前所未有的措施来缓解金融动荡。世界各地的中央银行增加了其贷款规模，并扩大中央银行接受抵押品的范围。中央银行将贷款政策改为固定利率的全额配给政策，通过在双边基础上为银行提供流动性来取代已经停止运作的分散的货币市场。在这些过程中，中央银行吸收了越来越多的风险资产。

这种前所未有的资产结构意味着信用风险的增加，这可能使中央银行在技术上无力偿债，从而被财政当局所控制。

各国中央银行也会一起协调行动（2008 年 10 月 8 日一起降低利率，延长流动性贷款期限，设立货币互换协议以提供离岸美元供给）。各国“最后贷款人”协调行动并不是新现象。金融市场在国际上是一体的，特别是在金融危机时期。在当前危机中，银行的危机会蔓延至各个主要的金融市场。例如，在 1907 年的危机中，法兰西银行向英格兰银行借出黄金以便为美国的银行系统提供足够的流动性，危机最终得到解决。虽然协调行动不是新的，但这再次说明，各国央行需要协调行动来防范危机的蔓延。

最后的但同样重要的是，央行削减了利率水平，以此促进金融中介、家庭和企业的去杠杆过程。这可以避免在金融周期下降阶段的信贷紧缩。在 1991—1993 年房地产泡沫的转折点时刻和 2001—2003 年的股市泡沫之后，信贷紧缩都出现过。在这两种情况下，美国短期利率水平会比货币宽松时期更低且持续更长时间。而货币的宽松政策是由中期的目标通胀率和经济的潜在增长来决定的。采用哪种货币政策通常是根据金融危机的宏观冲击决定的。风险管理现在也成为美国货币政策的基本目标。对 2007—2009 年危机时期的货币政策的经济影响效果进行评估，还为时尚早。我们调查中央银行的政策时发现，银行的银行制定货币政策，强调中央银行在所有决策方面的一致性，因为中央银行处于货币体系中的核心位置。随着全球金融体系的信贷扩张和资产价格泡沫之间的循环动态变化，引起了内生的且顺周期的宏观经济冲击。中央银行是唯一能够处理这一问题的机构。

18.3 名义锚目标和货币政策

中央银行最广泛的职能是执行货币政策。货币政策的目标包括稳定物价、保持经济可持续增长、充分就业和维护金融稳定。中央银行的货币政策法律规定稳定物价是主要目标（1992 年马斯特里赫特条约中对中央银行的规定），或者在此基础上将保持经济增长设为次要优先目标，但它们并不一定遵循这一规则（如 1913 年的美国联邦储备银行法案）。

中央银行的货币政策职能与货币的计价单位有直接联系。经济主体用名义价格进行当期和跨期交易，名义价格即计价单位。因此货币政策的措施包括控制货币发行的数量来稳定币值，以此避免通货膨胀和通货紧缩对价格水平的影响。中央银行旨在为经济主体提供一个名义锚价格，以便其在当前和未来的交易中设定价格。

货币政策也随着支付技术和金融工具的重大创新而变得更广泛。在中央银行成为货币政策执行机构之前，这种演变就已经出现。不同货币体系的主要区别在于计价单位的确定，即金属货币与法定货币。

然而，绝大多数中央银行会将货币兑换为区域性或世界性的主要货币。因此，必须将银行区分为支配国际货币体系的中央银行和占绝大多数的处于外围的中央银行。对处于外围的中央银行，货币汇率在很大程度上由外部因素决定，而中央银行对此几乎无法控制。尽管如此，这些银行的货币是与标准货币挂钩的，而标准货币并非是固定的，如与英镑、美元、欧元或一篮子货币相挂钩，因此货币汇率会随其盯住货币汇率的改变而改变。尽管出于完全不同的原因，这一现象类似于以贵金属作为基准的金本位和更早的时代。因此，本国货币的汇率取决于这个国家是否存在足够的外汇储备来支撑货币。

18.3.1 早期计价单位的管制——金本位制

几个世纪以来，欧洲的货币处在双本位制下。计价单位与使用的货币相分离。因为计价单位是根据不再流通的旧货币而定义的，也就成为抽象的单位。在双本位制下，政府有权改变计价单位的价值而不去改变货币本身。每当君王使计价单位贬值时，因为价格具有黏性而调整缓慢，流通货币的购买力得到了提高。君王这样做的目的是增加货币供应量，同时减轻以计价单位计算的公共债务负担。而货币本身的状况则完全取决于可用金属的数量。

在 17 世纪，民族国家都渴望建立大型工厂，这需要将储蓄转换为长期投资。但是，当计价单位贬值后，实物持有者将获利，而名义债权所有者将遭受损失。在英格兰，银匠可以推测英镑的经常性贬值或者黄金/白银的贬值，他们通过出口良币而加剧了货币的混乱。西班牙王位继承战争需要大量资金，这引发了 1688 年的橙色革命，使货币体系发生了巨大变化。在 1694 年，商人群体创建了英格兰银行，借给西班牙国王 120 万英镑，作为回报，银行获得了贴现票据和发行法定票据的特权，这种票据后来成为法定货币。

然而，在 1694—1695 年，通胀的抬头危及了英格兰银行票据的可接受性。关于如何恢复人们对货币的信心，产生了激烈的争论。其中一派，如 Lowndes 总理提倡将英镑再次贬值；另一派，Locke 希望彻底改革货币制度，这需要完全抛弃已贬值的货币。第二种解决方案最终被国王所接受。这导致了 1697—1698 年严重的衰退，并严重损害了国王的权威。尽管如此，相比于欧洲大陆 15∶1 的金银兑换比例，英国的金银兑换比例为 15∶9。这吸引了来自国外的黄金，并令新建立的英国的货币标准成为事实上的黄金标准。双本位制也被金兑换本位制所替代。这一制度从 1797 年开始，1815 年的维也纳条约之后仍在持续，一直延续到 1821 年，期间仅在英法战争时暂停过。

金本位制随后成为国际货币秩序。同时，黄金和白银共同作为流通货币，其中，中欧是银本位制，法国是金银双本位制。直到 1871 年，新的德国皇帝采用金本位制，不久之后，法国决定放弃银币，美国在南北内战中使用金兑换本位制。1880 年，世界都建立在金本位制上。

以金本位制为主的国际货币体系具有稳定性，这一制度一直延续到第一次世界大战，这从侧面反映了支付系统分级制度的重要性，尽管从国际层面上看，英格兰银行在这一时期起到了核心作用。金本位制从本质上看是一个以黄金可自由兑换为核心的货币体系。在国际交易中，英镑汇票是普遍的支付工具，而伦敦金融区的长期资本输出与英国的投资周期呈负相关关系。因为自由兑换规则被视为无形的共同商品，其重要性超过了国家的政策目标，所以短期资本流动是稳定的。世界各国的银行在伦敦都储有存款，因为它们需要贴现英镑汇票和接受英镑付款。因此英镑在所有货币中是最重要的，为保持黄金储备与票据的比例接近标准的水平，英格兰银行需要调节英镑的汇率，事实上这一行为也调节了国际流动性，因为其他所有国家都将本国货币兑换英镑的汇率保持在了黄金输出点以内。

货币可兑换性的重要程度在人们心中根深蒂固，人们对约定的名义价值的信任从来没有破灭。在危机之时，比如 1890 年的巴林银行危机和 1907 年的危机，法兰西银行和英格兰银行之间进行了特别合作，前者以贷款的形式对后者给予了国际援助，这有助于挽回市场信心。

伦敦金融区是国际汇票交易市场的中心。以伦敦的贴现公司为渠道，银行利率对其他国家产生了最重要的影响。这就是伦敦的金融状况能反映世界流动性紧张程度的原因。在伦敦的外国银行流动性余额对银行利率高度敏感。银行利率能保证资本流动的稳定性，并使之与经济周期同步。

18.3.2　纯粹法定货币体系下的货币政策工具

在第二次世界大战后，货币政策的实施从根本上说是与之前不同的，此时货币已经完全失去了其物理特征——金属属性。在 1971 年，中央银行发行的高能货币已经不能兑换成黄金。然而，即使在 1971 年之前，货币对黄金的可兑换性在制定货币政策时已经很少考虑。在 20 世纪 30 年代，金本位制已经被金兑换本位制所替代。根据金兑换本位制，只有货币当局有权力将黄金作为货币相互交换。在 20 世纪 60 年代，由于金融市场逐渐确信美国财政部已经不能人为地维持较低的美元—黄金兑换价，该货币体系濒临崩溃。随着欧洲中央银行积累了大量美元储备，大西洋两岸开始出现争议。在 1965 年，法国总统戴高乐指责美国以低廉价格购买法国资产，并命令法兰西银行以每盎司 35 美元的官方价格出售美元资产换取黄金。

变得越来越抽象的货币导致新的支付和储蓄工具的产生，这些工具与传统的用于支付的存款有着几乎一样的流动性。随着货币的演变，出现了新的货币总量定义和尺度（如M1、M2、M3）。货币定义的增加反映了不同金融工具在经济中的流动性越来越难以确定。

18.3.2.1 货币政策理论

与货币供应和计价单位价值相关的货币政策，一直是经济学家和公共政策评论家之间激烈辩论的对象。在整个历史中，这场辩论的主要分歧在于货币是外生的还是内生的。如果是外生的，应该限制货币供给的自由裁量权，以避免被政治力量利用来收取通货膨胀税，损害人民的利益和经济的稳定；如果是内生的，应该对货币供应制定一定的规则，如在金本位制度下限制纸币兑换为黄金或者在法定货币体系下限制兑换货币的数量，但在应对经济增长导致的货币需求变化时缺乏弹性。有趣的是，当前的共识决定了货币政策的走向，一个典型的例子是通胀目标，如今的理论认为应该在规则和裁量权之间达成一定的平衡（Bernanke 和 Mishkin，1997；Woodford，2003；Goodfriend，2007）。

货币数量论是货币政策辩论的一个里程碑。该理论最先由 Cantillon（1755）和 Hume（1752）提出，货币数量论意味着货币供应的增加最终会推升价格水平，而对产出没有影响。货币数量论的一个重要结论是：货币政策更应该关注物价的稳定，因为在任何情况下，操纵货币供应量的变化只会影响价格。与货币数量论相一致的是，英国 19 世纪的货币学派认为银行纸币只有严格地可兑换为黄金才能防止纸币过度发行和通货膨胀。在一个世纪以后，虽然纸币对黄金的可兑换性已经不再是货币体系的一个基本特征，但是弗里德曼和其他货币主义者认为货币供应应该遵循严格的规则，例如，通过提前宣布联邦基准利率来增加货币供应。当局不应该使用货币政策来调整经济周期。因为，尽管货币在短期内不是中性的，但是从货币存量到产出和价格的传递是一个“耗时的和变时滞过程”。因此，政策的调整可能会引起物价波动，这和当局的政策目标完全相反。

这些观点遭到了经济学家的反对，他们认为货币存量是内生变化的，以此应对经济的流动性需求的变化。货币内生性的一个重要结果是：如果货币需求发生了改变，那么严格的货币供应规则会限制交易和经济增长。因此，货币政策当局对流动性的供给应该有自由裁量权。

首先，银行学派的支持者认为流通中的银行票据应该由其银行资产负债表上的资产方进行担保。回流法则说明：当可以使用银行票据偿还银行贷款时（在当时的商户账单上），就可以防止银行票据的过度发行。此外，严格的可兑换性的主要缺点在于，经济增长所需的货币量与可用于铸造货币的黄金存量难以匹配。由于名义价格没有弹性，也不能迅速地调整货币流通速度，此时黄金的短缺限制了产量的增长，因此在 19 世纪货币危机反复出现。这些危机说明必须放宽严格可兑换性的限制，以此释放更多的货币供应量。

Wicksell（1907，1935）最先提出货币供给应该适应生产力增长的观点。货币当局设定的货币利率应该等于实际利率，而实际利率反映的是资本的预期收益率。这种货币政策可以避免货币与信贷的过度扩张，避免引发通货膨胀，还可以避免信贷收缩和通货紧缩。中央银行应该选择适当的利率水平以满足私人部门对流动性的需求。在这个概念框架中，因为实际利率可能随着经济环境的变化而变化，也就容易理解，货币供给开始变得不稳定。

在 Wicksellian 的方法成为主导货币政策的原则之前，20 世纪 30 年代和 70 年代又发生了两次重大的货币危机。因为凯恩斯对 20 世纪 30 年代的“大萧条”作出的解释，为了减少经济周期的冲击，阐明货币政策和财政政策的概念变得十分重要。从第二次世界大战到 20 世纪 70 年代中期，人们普遍认为货币政策（和财政政策）应该尽可能地去刺激需求，增加通货膨胀，以达成充分就业的目的。在经济周期的萧条阶段，货币政策和财政政策应该利用通胀和失业之间的关系（即人们所熟知的菲利普斯曲线）来稳定产出。

然而，在 20 世纪 70 年代的滞胀宣告了凯恩斯主义政策的失灵。除此之外，尽管凯恩斯主义帮助德国和瑞士成功地稳定住了货币，但其货币政策（如以固定的经济增长率确定货币总量）变得难以推广，因为货币需求是不稳定的。

在概念方面，预期的形成对宏观经济政策分析起到越来越重要的作用，理性预期学派随之产生。该学派认为即使在短期，货币政策也是中性的。kydland 和 Prescott（1977）证明，只要人们认为中央银行继续使用菲利普斯曲线（通胀—失业之间的关系）制定政策，就会预测到经济将会达到更高水平的通胀。原因在于，人们预期，如果购买力水平不变，刺激性的货币政策最终会导致更高水平的工资和价格。为了向人们证明中央银行反通胀的承诺，经济学家和政策制定者认为中央银行应独立于政府机构。这种独立性能使中央银行免受政府选举的影响，同时也应对货币政策的框架进一步完善，以加强中央银行自身的职能。

这些考虑产生了制定货币政策的新的共识，共识的内容包括维护人们对低通胀承诺的信心，追求这一目标的同时保证货币供应的充分灵活性，以及维持货币政策信息传递的透明性。这种共识通过但不限于通胀目标得到证明。

一个以通胀为目标的中央银行会宣布一个通胀目标水平，并实施相应的货币政策来推动实际通胀达到目标水平。通胀目标通常是一个点或设定一个给定的较低且为正的 CPI 水平下的通胀范围。各国设定的通胀目标是不同的，期限也有所不同，从几年到一个经济周期或是无限期。通胀目标的预先公告有助于形成锚定预期，并提供一个基准。

通胀目标作为规则和自由裁量权之间的折中，伯南克和米什金（1997）使用“约束的自由裁量权”这样的术语来描述以通胀作为目标的货币政策。他们认为中央银行将通胀保持在预先公布的通胀目标附近这一承诺，为经济主体提供了一个名义锚。因此即使在相当长的一段时期内，经济主体也可以名义利率签订合约，如抵押贷款利率，对未来收入和支出的现金流的实际购买力进行公平的评估。通胀目标也是评估中央银行货币政策表现的基准。它能有效地防止通货膨胀，并且迄今为止成功阻止了不受约束地执行货币政策而带来的通货膨胀偏差。

然而，通胀目标并不为货币供应提供建议。货币供应量必须在保持通胀目标的基础上由中央银行决定。制定这种货币政策，基准利率规则是一个有用的分析框架。该规则的主要内容是中央银行按照实际通胀与政策目标的偏差成比例地增加实际利率，这样能同时权衡有效总需求和通胀目标。同样，人们可以设想，当中央银行通过产出缺口（即需求供给缺口）观察到价格上涨时，中央银行会调高利率。泰勒（1993）的研究表明，或有利率规则，比如利率的调整对应于通货膨胀或产出缺口的变化，这一规则为美国的有效货币政策提供了一个良好的模型。这个框架也完全符合 Wicksellian 的货币政策方案，即中央银行参照中性利率制定其货币工具和利率的方案（Woodford，2003）。

这种“逆风向”的或有政策规则提供了评估货币政策立场的基准：通过将利率与或有假设利率进行比较，或有假设利率即是完全符合将利率调回官方目标水平的利率。此外，利率规则取决于产出缺口，以及可观测到的其他表示价格的指标。这也表明了货币政策的立场是倾向于抵消这些价格紧张的情况，还是适应这些情况（Woodford，2003）。

然而，通胀目标规则看起来更像一个执行政策的框架而非一个严格规则。首先，通胀目标经常被设为一个范围，即令通胀水平处在一个目标点周围的规定区域内。实际通胀水平越接近目标点越好。在一个经济周期内，平均而言，通胀水平应该尽可能地接近目标，但可能出现某些特殊的供给冲击，如能源价格或粮食价格带来的冲击等，这些冲击会使通货膨胀水平在短期内暂时偏离目标水平。此外，通胀目标规则并不提供严格的操作规则（Goodfriend，2007）。中央银行能调整货币政策的立场和货币供应量的增长率，来适应货币流通速度的变化或者其他非预期冲击，这些冲击可能会损害货币政策的其他政策目标，比如稳定产出的目标和在非通胀水平下最大化就业水平。最后，中央银行应该承认经济环境的不确定性。这种不确定性可能会导致实际的货币政策立场与基准情形下的货币政策立场出现短暂偏离，以降低产生危机的风险——通常是金融市场的危机，金融市场危机的爆发通常意味着长期的经济动荡。格林斯潘（2004）提出的这种风险管理方法有助于描述货币政策的反应，尤其是对于标准宏观经济模型范围之外的经济前景变化的反应。特别是，我们在上一节讨论过，金融危机会导致中央银行改变利率传导路径，以恢复人们对金融市场的信心。风险管理理论仅在金融危机时期实施宽松的货币政策时是有效的，而在金融繁荣时期时则无法支持紧缩的货币政策。

新的货币政策共识看起来是成功的，因为在一段时间内，抑制通胀并不会导致产出和就业波动的增加。原因在于灵活目标的通胀理论的成功。该理论包括稳定价格和稳定经济增长——所谓的“大稳健”。新凯恩斯主义模型支持这一理论，但这一模型几乎没有考虑到金融因素。在 20 世纪 80 年代中期到 21 世纪前十年间的通货膨胀和产出的波动的“大稳健”现象证实了这一观点：货币政策应该注重维持价格稳定，这是宏观经济稳定的充分必要条件。金融资产泡沫可能会产生，但是金融泡沫的增加足以抵消随后利率下降带来的问题，这一效果要比泰勒规则阻止泡沫破灭的效果更加显著。格林斯潘的风险管理理论再加上维克赛尔体现在新凯恩斯主义模型中的关于内生货币的观点说明：一种新的经济已经出现，经济周期已经被驯服，金融失调能由金融市场自己解决。

事实证明，这种观点显然是错误的——2007 年 8 月爆发的全球危机，直到 2014 年仍然没有完全消退。这显然表明了格林斯潘制定的风险管理方法的失败：在资产价格上涨时采取不干预的政策，在泡沫破灭后为价格的暴跌提供一个阶梯使价格水平得以缓慢下降，这产生了巨大的道德风险。一些理论认为，无论何时，当冲击发生时金融市场都有自我调整的能力，现实与此相反。事实证明，解除对金融市场的管制并不能够维持金融市场的稳定，正如 Minsky（1986）所指出的：根据凯恩斯的观点，由不确定性引发的市场失灵会蔓延成系统性危机。

在 2008 年 9 月至 10 月这一阶段，金融危机对中央银行的影响是巨大的。此时，大规模的信贷市场损失和这些损失的广泛传播致使银行间交易完全冻结，进而威胁到国际贸易。资本的贬值程度过于严重，以至于资本回报率和自然利率变为负数。由此可见，在通胀目标处于相对较低水平时，根据 Wicksellian 框架制定的货币政策会出现一个负的名义利率。但是当投资者转向持有现金时，这一负利率将难以实现。中央银行最低只能将主导市场的利率降为零——这是利率的下限。因为在该点，持有现金的机会成本会降为零，货币和短期资产成为完美的替代品，使货币的需求变得极不稳定。面对这种情况，中央银行必须使用非常规的手段来维持积极的货币政策。中央银行使用了以下方法来影响长期利率，并获得成功：通过所谓的前瞻性指引来干预人们对未来短期利率的预期，以及人们购买特定资产的期限溢价。在本章的最后一节中，我们将阐述与非常规政策相关的复杂问题，这些问题包括非常规政策的退出以及未来的发展情况，直到金融稳定纳入到货币政策目标内。

18.3.2.2　货币政策的工具

中央银行主要使用三种货币政策工具：法定储备金是第一种工具，根据法律规定，银行必须将其资产负债表（通常是制定的货币总量）的一部分作为储备，存放在它们的中央银行账户中。储备金率会影响到发放贷款的成本。鉴于中央银行对储备金不支付或少支付利息，商业银行发放任何负债的成本都会受到储备的制约，这一成本直接受到储备金水平及其机会成本的影响。

第二种货币政策工具是银行与中央银行在双边交易中获取流动性的常备融资便利（也称贴现窗口），这些交易中的利率被称为贴现率，该利率可以高于货币市场利率，因此常备融资便利工具事实上是对不可预见的流动性短缺情况所准备的保险。然而，对于那些货币市场不发达的国家，贴现窗口自始至终一直是中央银行向银行部门释放流动性的首要渠道。

货币政策的最后一个重要工具是公开市场操作。这些操作有不同的形式。欧洲中央银行会组织定期拍卖，以目标利率提供储备。美联储直接使用中央银行货币购买和卖出公共部门债券，以此达到特定的隔夜拆借利率。

这三种工具用于在不同程度上的控制货币供应。然而，公开市场操作的目标通常并不是达到中央银行想要的特定利率，而是控制货币供应量。一个原因在于金融创新的不可预测性改变了货币增长和通胀之间的关系。另一个原因是控制货币总量就可能引起短期利率的波动，正如 1979—1982 年美国经历的过程。而且，将货币总量设为目标，虽然不利于维护金融稳定，但能在很大程度上反映存款的演变，而这恰恰是中央银行控制薄弱的地方。

实际上，利率目标逐渐成为货币政策的主要操作工具。虽然中央银行提供的流动性总量相对小于债券总量，但中央银行对基础货币供应的垄断保证了隔夜利率很少偏离中央银行的目标利率。因此，与生产、消费和财务计划相关的周期频率，如几个月或几年，中央银行确实控制了短期利率水平。此外，出于对流动性成本的控制，中央银行控制了短期到期收益率曲线，并通过干预对未来短期利率的预期来影响整个利率期限结构。

因此，中央银行需要确定一个利率水平，并向市场参与者和广大的企业经理人解释选择这一水平的原因。用于确定短期利率水平和中央银行货币供应的概念框架正是上述货币理论的讨论对象。

在金融危机发生前的15年里，货币政策出现了趋同特征。在20世纪90年代的新西兰、加拿大、英国和瑞典首次在货币政策中引入了通胀目标规则。20多个国家已经采用了这一规则（见Crowe和Meade，2007）。为17个欧洲国家制定货币政策的欧洲中央银行会确定一个量化的通胀目标，该目标接近该国家的发展目标。因为美联储有稳定价格和充分就业的双重目标，其也在2012年1月制定了每年2%的通胀目标。

需求紧缺情况影响了经济生产能力，而中央银行会参考由此引发的通胀和紧缩水平来宣布并解释短期利率水平的变化。因此，流动性价格的变化通常与通胀风险和经济活动相关，尽管通胀总是一直持续在低水平的显性或隐性的通胀目标上。这种货币政策成功地提供了一个名义锚点，虽然货币已经成为一个纯粹的抽象概念，即货币潜在地具有无限扩张或收缩的功能。在正常情况下，中央银行通过或有规则将流动性价格（名义利率）与经济生产能力的具体情况联系起来。在很大程度上，名义锚的实现，是为了满足经济对流动性需求的变化而调整货币供应来进行的。

出于上述原因，这一政策框架并无法阻止由金融失衡的累积而引发的金融危机。从2007年8月开始的金融危机的余波已经持续多年，由于2009年的主导利率达到或接近零下限，该政策框架也经历了巨大的变化。在18.2.3节中，我们将早期政策反应看作扩展的最后贷款人操作。私营部门进行了长期并且痛苦的去杠杆化，然而信贷需求仍然疲软。中央银行不得不在货币政策框架内进行创新，采取所谓的非常规操作。这些政策包括进一步扩大中央银行的流动性供应，即便短期利率已经达到了零下限。

一般的货币政策传递渠道是经由短期利率政策的变化而影响利率期限结构，然而这一传递渠道会由于风险价格过高引起溢价变化而受到削弱。因此，如果中央银行想要轧平整条利率曲线，在以上方法外还必须使用量化的方法测量预期的未来短期利率，以便降低风险溢价。

首先，中央银行释放流动性来购买或租借资产，引起资产价格的变化。在这些资产中，利率仍然为正的长期资产以及具有特定风险的资产采取直接交易或类似抵押回购之类的间接交易方式进行购买。抵押政策的变化能有效地改变“中央银行的流动性价格”。中央银行关注不同类型的资产，关注的类型主要取决于中央银行想要激活的传输渠道以及受危机影响最严重的信贷机制。美联储主要购买国债和抵押支持证券，而欧洲中央银行以重型手段为商业银行提供长期流动性。

其次，中央银行对未来的流动性价格进行承诺。一个典型的例子是所谓的前瞻性指引。即中央银行承诺利率的未来路径，保证一段时期内的利率变化为零，这一利率路径可以明确指定或依据目标而定。例如，在2012年12月，美联储承诺：在预期通胀水平低于2.5%、失业率高于6.5%时，每月购买850亿美元的抵押支持证券（MBS）。

18.4 展望：新一轮货币政策的挑战

正如我们在文中所写的，结构性变化、技术的发展以及新危机的出现对中央银行形成了新的挑战。因此，我们现在讨论中央银行当前面对的主要威胁。

由于金融危机已经变成系统性的，金融危机对许多国家的金融体系和经济产生了长期的不利影响。流动性紧缩的反复出现使得中央银行设计了新的方式来实施最后贷款人职能。然而，货币政策在金融部门、公共部门和非金融私营部门之间发生的扭曲变得更加普遍。狭义的货币政策观点，即将追求价格稳定作为利率的唯一目标，这是到 2010 年之前的 30 年的主流观点，现在已不大盛行。

第一个结构性变化是大量债务转移到公共部门。这一现象发生于 2009 年，此时为了解决发生在世界所有发达国家的萧条问题，出台了刺激计划。当 2010 年金融危机蔓延到欧元区时，出现了一个戏剧性的情况：在这个货币联盟中，债务国和债权国之间的金融两极化根深蒂固，并且没有财政转移支付的制度机制，使得银行系统成为债务国和债权国的主要中介。当债权国银行不愿意或者无法承担债务国的债务时，主权债务的危机会从流动性危机转化为破产危机，主权债务危机与银行危机会因恶性循环而不断恶化。

自危机开始以来，欧元体系为银行系统提供流动性，以避免欧洲金融体系的分裂，这种分裂可能导致欧元的崩溃。2012 年 9 月，中央银行的流动性政策也采取了新形式的保险：中央银行以健全的财政政策，为短期公共债务提供保证。欧元区公共债务的未来情况取决于中央银行这项政策的成功与否，特别是在金融危机时期。

在其他国家（美国、英国和日本），国家和中央银行之间的联系更为直接。中央银行购买了大量主权债券，使公共债务不会受到市场流动性压力的影响，这种流动性压力可能导致债券利率达到公共债务无法维持的水平。由于许多国家的公共债务与 GDP 的比率在很长时期内一直处于高位，更不用说养老金系统未来的或有负债，国家和中央银行之间的依赖性可能导致政府和议会质疑中央银行的独立性。

实际上，中央银行的独立性有效地保证了其追求价格稳定以确保名义锚价值的基础职能。但是，政府最为重视的是为公共债务的可持续性提供保证。当公共债务水平接近 GDP 的 100% 时，平均而言，如果想要稳定债务的话，经合组织公共债务每增加 2%，财政收入就要增加 2%。利率政策对财政的这种影响，尽管一直都存在，但这一影响会随着公共债务的增加而成比例的放大。

中央银行和政府当局面临着两个相互交织的问题：如何处理长期存在的公共债务问题以及如何实现价格和金融稳定的双重目标？能否只关注其中一个问题而不用考虑另一个？

在第二次世界大战后至少出现了几次公共债务下降的情况（仅举几个例子来说，在第二次世界大战后的二十年中，克林顿政府领导下的美国以及 20 世纪 90 年代的第一届普罗迪政府领导下的意大利却出现了这种状况）。这种情况是非常理想的，其使长期利率低于 GDP 名义增长率，这种情况下不会带来通胀，因为财政盈余可以降低通胀水平。然而，如果稳定价格和长期维持低利率水平之间存在冲突，那么政府和议会可能会重新考虑中央银行独立性的优势。一个替代的办法是中央银行将调节长期利率作为次要或补充的政策目标。

除了高额的公共债务外，金融危机的第二个遗留问题是社会对金融稳定和更严格的管理金融市场的需求。现在普遍认为金融稳定是一个独立的目标。然而，与货币政策的价格稳定目标不同，它并不能通过单一量化指标来定义。

至少，关注金融稳定性能减少事前和事后的系统性风险。中央银行处理危机的典型特征是对危机的事后管理，特别是最后贷款人的干预措施。如在金融周期繁荣阶段，这种干预会引发金融市场参与者的道德风险——因此，事前策略十分重要。当局应该在金融繁荣时期防止金融系统中金融脆弱性的积累（Adrian、Covitz 和 Liang，2013）。这就是宏观审慎政策。这意味着在金融繁荣时期要保持一般风险溢价处于较高水平，以避免在萧条阶段风险溢价的高涨造成破坏性的影响。

金融的脆弱性，一部分是结构性问题，另一部分是动态机制的问题。前者必须通过适当的监管来消除（足够高的资本充足率和流动性比率，对系统重要性金融中介机构进行更严格的监管，禁止有毒的合成金融产品，清算衍生品交易并在有组织的市场上进行结算等）；对于后者，产生的原因在于高杠杆率、期限错配以及更密集的交易对手风险，这导致私人非金融部门的信贷增长和资产价格上涨之间的恶性循环。

由于金融动态机制问题对利率水平十分敏感，货币政策不能孤立地追求价格稳定而忽视它对金融发展的影响。金融稳定将很可能成为货币政策的明确或者隐含的次要目标。中央银行将重新开发多样性的货币政策工具（反周期资本杠杆、必要储备率、发行特殊的债券以吸收过剩的银行储备等）。只要中央银行愿意不再将短期利率的调节政策的关注重点放在价格稳定上，那么就可以利用上述工具来抵御金融风暴。

总而言之，雷曼危机及其带来的长期影响很可能会重新改变中央银行的原始角色：这一角色中最为重要的职能是维护货币价值，这可以通过保证国家的适当融资和维持金融稳定来实现。

参考文献

[1] Adrian T., Covitz D., and Liang N. (2013). Financial Stability Monitoring, Fed nY Staff Reports no. 601, February.

[2] Bagehot W. (1873). Lombard Street: A Description of the Money Market. london: H. S. king. Bernanke, B. and Mishkin, F. (1997). Inflation Targeting: A new Framework for Monetary Policy?, Journal of Economic Perspectives 11, 97 – 117.

[3] Cantillon R. ([1755] 1964). Essai sur la nature du commerce en général, ed. H. Higgs and A. M. kelley. Basel: Bank for International Settlements.

[4] Crowe C. and Meade E. (2007). The Evolution of Central Bank governance around the World, Journal of Economic Perspectives 21, 69 – 90.

[5] Friedman M. and Schwartz A. J. (1963), A Monetary History of the United States. Princeton, nJ: Princeton university Press.

[6] Goodfriend M. (1988). Money, Credit Banking and Payment Systems Policy. In: D. Humphrey (Ed.), The US Payments System: Efficiency, Risk and the Role of the Federal Reserve. Dordrecht: kluwer Academic.

[7] Goodfriend M. (2007). How the World Achieved Consensus on Monetary Policy, Journal of Economic Perspectives 21, 47 – 68.

[8] Greenspan A. (2004). Risk and uncertainty in Monetary Policy, American Economic Review 94, 33 – 40.

[9] Hume D. (1752). Banks and Paper Money. In: F. H. Capie (Ed.), History of Banking. vol. 1. london: Pickering & Chatto.

[10] Kydland F. and Prescott E. (1977). Rules Rather than Discretion: The Inconsistency of optimal Plans, Journal of Political Economy 85 (3), 473 – 491.

[11] Minsky H. P. (1986). Stabilizing an Unstable Economy. New Haven, CT: Yale university Press.

[12] Taylor J. (1993). Discretion versus Policy Rules in Practice, Carnegie – Rochester Conference Series on Public Policy 39, 195 – 214.

[13] Thornton H. (1802). An Inquiry into the Nature and Effects of Paper Credit of Great Britain, ed. F. A. Hayek. Fairfield: Augustus M. keley.

[14] Wicksell K. (1907). The Influence of the Rate of Interest on Prices, The Economic Journal 17, 213 – 220.

[15] Wicksell K. (1935). Lectures on Political Economy. London: Routledge.

[16] Woodford M. (2003). Interest and Prices, Foundation of a Theory of Monetary Policy. Princeton, NJ: Princeton university Press.

第 19 章　银行在货币政策传导中的作用

19.1　简介

虽然宏观经济学家过去一直关注内生货币在货币政策传递过程中的作用，但在近 20 年中，他们对银行资产负债表中负债部分的重视却不断增加。虽然传统的货币政策传递渠道仍然存在，但人们已经发现，信贷渠道的存在不断扩大了货币政策对经济的影响。然而，虽然信贷渠道理论已经被广泛接受，但对于狭义的银行贷款渠道仍然存在争议。争论的要点是：货币政策的变化是否会影响银行贷款的供应，如果是，那么银行贷款供应的变化是否会影响经济活动。在这里，我们描述了银行系统是如何影响货币政策的传导机制，并概述了关于“货币政策对经济的影响程度由银行贷款渠道决定”这一观点的有效证据。

以下几个因素可以解释银行在货币传导机制中所起的作用。第一，金融创新已经导致货币政策将重点从货币总量转向市场利率，比如在最近的金融危机中，美联储将其十分依赖的联邦基金利率作为一项货币政策工具，通过降低这一利率来实施货币政策，直至达到利率零下限为止。第二，在 20 世纪 90 年代早期，美国出现了严重的银行问题，导致银行受限于资本约束而无法发放更多贷款。这种与银行“资本紧缩”的担忧相类似的现象，有助于解释日本、瑞典和阿根廷等国家的货币政策。第三，美国流动性问题的产生不断强调了在流动性危机和金融危机期间银行贷款的重要作用，例如滨州中央铁路公司的破产、1987 年股灾、长期资本管理公司的危机、“9・11”事件和雷曼的破产。第四，因为 2007 年 8 月出现的信贷问题，许多银行和非银行机构的资本约束限制了其放贷能力，对这一类似于 20 世纪 90 年代初的金融紧缩现象的担忧再一次受到了关注。

随后的金融危机导致世界各国稳定银行系统和信贷市场的干预行为更普遍化。除了下调标准利率外，这些干预措施还包括重大资本注入，例如在美国的资产救助计划（TARP）中的资本注入，以及扩大债务担保以确保银行能够对债务进行展期。最后，随着传统利率政策达到零下限约束，在主要中央银行实施量化宽松政策和对利率进行前瞻性指引时，越来越多的国家开始寻找替代的货币政策工具。最后，美国为了刺激金融机构发放贷款开始广泛使用融资便利，以便在某些情况下，可以更广泛地影响金融市场。例如商业票据和资产支持证券市场（ABCP）。虽然我们最近的经验表明：过去引起重大银行改革的问题，例如资产负债管理和流动性运营问题，并不是银行特有的问题。金融危机也使人们开始注意到影子银行市场和资产证券化市场的重要性。然而，另一个重要的经验教训是：了解银行在贷款市场和金融市场中的作用，对于解释金融危机的爆发和随后引发经济危机的程度至关重要。

本章概述了近期关于银行贷款在货币政策传导过程中的作用的研究。在 19.2 节中首先描述了货币视角和信贷视角下，货币政策的银行传导机制。19.3 节主要提供了关于货币政策的变化如何影响银行贷款变化的证据。这些研究主要关注货币政策的改变如何影响公司借款、银行资产数量和组成的变化。特别是，我们讨论了在货币政策通过银行贷款渠道向宏观经济传递时，哪些银行和公司发挥着重要的作用。本节的内容还包括当银行贷款渠道受到银行资本约束限制时产生的影响，这一约束限制了银行在宽松的货币政策下扩大资产负债表的能力。第 19.4 节简要回顾了一些其他国家中银行作用的研究，其中许多国家比美国更加依赖银行贷款的作用。第 19.5 节讨论了最近的金融创新如何改变银行贷款的作用，并提供了与最近的金融危机相关的事件对银行贷款渠道产生何种影响的观点。第 19.6 节主要阐述了本章的结论。

19.2　货币政策如何通过银行系统进行传导

19.2.1　传统利率视角，或货币视角

传统利率视角或货币视角下的货币政策的传导重点在银行资产负债表上的负债方。银行在这种传导机制中发挥着重要的作用，原因在于银行面临着存款准备金约束。因为银行很少持有大量的超额准备金，所以通常认为存款准备金约束在任何时候都是束紧的。因此，改变外生货币数量的货币政策会通过银行系统改变内生货币数量，而这些内生货币的主要形式是准备金存款。

货币传导的机制如下：当货币当局采取公开市场操作来收紧货币（通过出售证券）时，银行的存款准备金便会下降，部分准备金制度会迫使银行减少储蓄型存款以便满足储备金的要求。这种冲击对银行来说是外生的，从而能有效限制银行的行为。为了使家庭减少在银行的储蓄型存款（交易账户上的存款），其他存款和非存款替代品的利率必须上升。也就是说，由于交易存款的供应相对于替代资产的供应有所下降，这些替代资产的利率必须上升。随着短期利率的上升转嫁到长期利率，总需求开始下降。然而，最近的金融危机的一个重要特征是，美国银行体系中超额准备金出现大规模扩张。因此，由于存款准备金制度并不能强有效地约束大多数机构，人们越来越重视其他传导机制的重要作用。

19.2.2　广义信贷渠道

广义信贷渠道（也称为资产负债表效应或金融加速器）并不区分信贷来源。相反，它建立在信贷市场缺陷之上，与不对称信息和道德风险相关。对信贷渠道的研究主要由以下问题引起：尽管货币政策对长期实际利率的影响相对较小，但却对总需求产生了重大影响。研究将货币政策冲击的放大、传播归因于信贷市场的摩擦（见 Gertler 和 Gilchrist，1993；Bernanke 和 Gertler，1995；Cecchetti，1995；Hubbard，1995；Bernanke、Gertler 和 Gilchrist，1996；Oliner 和 Rudebusch，1996）。由于借款人和贷款人之间的信息不对称，外部融资并不是企业内部融资的完全替代品。

广义信贷渠道假定：紧缩的货币政策会使利率上升，进而导致公司财务的恶化——无

论是企业的净收入还是净价值。企业净收入恶化的原因有两方面：一是利息成本的上涨，二是紧缩的货币政策使经济放缓从而降低了企业收入。在紧缩的货币政策下，企业资产会使用更高的贴现率进行贴现，因此企业的净价值会因现金流的贴现值过低而受到不利影响。公司净收入的恶化以及公司资产的抵押价值下降反过来会导致公司进行外部融资时必须支付更高的外部融资溢价。这样，货币政策的利率传导渠道除了可以增加无风险利率使总需求下降外，还会增加借款者外部融资的成本，使之高于无风险利率，这也会导致总需求的下降。

19.2.3 银行贷款渠道

与货币视角相反，从银行贷款或银行信贷视角看，传导机制的重点在银行资产负债表的资产方面而非负债方。当中央银行实施紧缩的货币政策时，储蓄型存款的减少会使银行减少准备金存款，银行必须用非储蓄型的负债来替代这部分失去的储蓄型存款，或者缩减其资产规模，如减少贷款和证券，以使总资产与总负债达到平衡。通常情况下，人们会观察到银行采用了以上两种方式的组合形式，尽管 Romer 和 Romer（1990）认为在负债管理时期，银行不能轻易地减少储蓄型存款。然而，除了利率效应会对总需求产生影响，由于银行无法或不愿意完全隔离它们的贷款组合，对总需求产生了额外影响：银行的可贷资金减少，进一步减缓了总需求。

在一个由三项资产——货币、政府债券和银行贷款的简单世界中，要使银行贷款渠道在货币政策的传导过程中起作用需满足三个条件：第一，与利率传导机制的条件一样，价格不能随货币供应量的变化迅速作出充分的调整。也就是说，至少在短期内，货币不是中性的。第二，公开市场操作必须能影响到银行贷款的供应。第三，贷款和债券不能成为银行信贷的完全替代品。当然，这些资产的范围可以扩大到私人部门债券和非银行中介机构贷款。在这种情况下，银行贷款渠道与广义信贷渠道存在差异，前者要求私人部门债券和非银行中介机构贷款不能完全替代银行贷款。因为只有第二个和第三个条件可以将银行贷款视角和货币视角区分开来，并且大量的证据表明工资和价格并不完全富有弹性，所以我们进行讨论时假设第一个条件成立。

关于第二个条件，当公开市场操作减少银行准备金的数量时，银行不得不减少储蓄型存款以满足银行准备金要求。然而，银行在面对准备金下降时的反应程度和做法是有区别的，银行还存在其他办法。银行必须增加非储蓄型负债来替代减少的储蓄型存款，或减少证券和贷款之类的资产，或者是两种方法皆用之。如果银行认为非储蓄型资金并不能完全替代储蓄型存款，那么银行将会缩减其资产以保证资产负债表的平衡。

银行对其资产负债表的负债端的反应，很大程度上，取决于信息的不对称性和信贷市场的摩擦。银行主要使用无存款保险的非储蓄型负债（例如大额定期存款）作为货币政策紧缩期间的资金来源。然而，不同银行吸收大额定期存款的能力不同。例如，更透明（例如，公开交易）、更大和更健康的银行能更容易地获取（无存款保险）外部资金，对此这些银行往往会更多地使用大额定期存款替代储蓄型存款，不用过多地收缩资产规模。

如果出现银行资产规模收缩，那么银行必须确定其资产组合中各种资产的收缩规模。由于相对来说，证券具有流动性，被认为是次级储备，银行一般会缩减这部分资产。然而，如果银行认为贷款能完全替代证券时，即使贷款最初可能由于紧急借贷而暂时增长（因为贷款客户可以从事前确定的贷款承诺和信用额度中获取信贷），最终资产的缩减也将会有很大一部分来自贷款的减少（Morgan, 1998）。

公司债券（或更广泛地说，公开发行的信用市场工具）以及非银行中介贷款能在多大程度上替代银行贷款，很大程度上，取决于信息的不对称性和信贷市场摩擦。也就是说，为了区分广义信贷渠道和银行贷款渠道，必须确定非银行信贷能在多大程度上替代银行贷款。对于借款人来说，如果非银行信贷能完全替代银行贷款，当货币政策紧缩而减少银行贷款时，借款人将会使用非银行信贷来代替银行贷款。在这种情况下，因为与广义信贷渠道相关的外部融资溢价提高了，银行信贷的减少几乎不会对总需求产生影响。

虽然非银行金融中介机构能提供贷款，公开市场工具可以用于短期贷款，并且某些企业可以获取贸易信贷，但是由于各种制度原因，这些其他来源的信贷并不能完全替代银行信贷。中间贷款和公开发行信用市场工具之所以不具有完全替代性，是因为并非所有的企业都可以进入公共信贷市场。特别是，小企业无法发行这样的债券，因为发行的规模太小以至于按合理利率发行时债券的价值低于发行的成本。同样，对于那些不透明或者信用等级过低的公司，金融中介机构会提供足够的监管，让它们难以直接进入信贷市场。然而，即使规模大、评级高的企业可以通过发行商业票据直接进入公共信贷市场，但发行无担保的商业票据仍需要银行的参与，在这种情况下，发行债券的企业需要第三方作为担保来增加商业票据信用等级，以此降低企业的利息成本。

同样，中间贷款并不能完全替代银行贷款。虽然对于企业来说，银行贷款与不同形式的中间贷款具有类似特性，但是它们有重要区别。比如，保险公司在商业地产市场上十分活跃，并且是定期融资的重要提供者——这样能使企业更好地匹配其资产和负债的期限。同样，金融公司提供资产支持融资，比如由存货和应收账款作为抵押的贷款。但是，对于一个规模小、不透明、几乎没有有形资产的企业，为其提供的银行贷款只可能是无担保的信用贷款或者由不易变现或交易的资产作为担保的贷款。因此，银行贷款的客户效应导致许多企业对银行产生了依赖，当这些企业的银行信贷规模被削减时几乎没有其他选择来进行替代。

19.3　有关银行贷款在货币政策传导中作用的经验性证据

实证研究人员发现在银行贷款视角下的货币政策传导机制面临以下几个挑战：第一，他们需要确定货币政策是否会影响银行贷款；第二，如果会对银行贷款产生影响，接下来的问题是银行贷款供应的变化会如何影响总需求。要证实第一个问题，存在两方面的困难。首先，银行通过调整资产负债表的其他部分，能在多大程度上隔离货币政策的冲击对其贷款组合的影响。其次是确定银行贷款供给的冲击，即在货币政策紧缩的情况下，银行贷款的下降可能只是反映了银行贷款需求的下降而非反映银行贷款供应的下降。

19.3.1　货币政策对银行贷款供给的影响

虽然关于货币政策对银行贷款供给的影响方面，有明确的理论依据，但是实际上并不能直接证明银行贷款供给受货币政策的影响。Bernanke 和 Blinder（1992）等证明，当货币政策紧缩时，总体上银行贷款确实收缩了。然而，这种观测结果可能反映了紧缩的货币政策下经济的放缓导致的贷款需求的减少，而不是反映银行贷款供给的减少。此外，即使观察到银行贷款在初期的增加或在货币政策收紧后银行贷款的下降存在滞后性，这些证据也并不与紧缩货币政策下银行贷款供给的内部转化相矛盾。例如，企业对紧缩货币政策的最初反应可能是需要为积累存货的筹集资金而增加贷款需求，因为最初总需求的下降速度快于总产出。即使银行可以立即减少没有贷款承诺的借款人的贷款供给，但银行贷款的总量也可能暂时增加，因为银行会被迫将现有的贷款承诺兑现（摩根，1998 年）。因此，在使用汇总数据时，对贷款总量的分析会出现内生性问题，我们无法获得明确的答案。

Kashyap、Stein 和 Wilcox（1993）提供了一种可以确定货币政策对银行贷款供给影响的替代方法，尽管该分析仍然基于汇总数据。他们调查了银行贷款和商业票据在企业外部融资构成中的变化，发现如果贷款下降是由实体经济放缓导致的信贷需求普遍下降引起的，那么对其他类型信贷的需求应该同样下降。研究发现，货币政策收紧与商业票据发行的增加和银行贷款的减少有关，他们得出结论：货币政策的收紧确实会减少银行贷款的供应，但银行贷款的减少并不仅仅因为经济放缓而引起信贷需求减少。同样，Ludvigson（1998）研究了银行和非银行信贷提供者之间，汽车融资的组成结构。她发现，事实上，紧缩的货币政策相对来说减少了银行贷款的供给，这与货币政策中的银行贷款渠道一致。相比之下，Oliner 和 Rudebusch（1996b）重新研究了 Kashyap、Stein 和 Wilcox（1993）的方法，使用了不同的外部融资组合的分析方法，并将数据分成两个独立的组成部分，一个是小型企业，另一个是大型企业。他们认为其证据表明这一效应与广义信贷渠道一致，而不是与狭义的银行贷款渠道一致。然而，这种方法却反映出使用汇总数据隔离银行信贷供给与信贷需求变化的劣势。事实上，在 Kashyap、Stein 和 Wilcox（1996）的回答中曾暗示：如果需要得到更确切的答案，将不得不依赖于银行和公司层面的微观数据进行分析。

关于货币政策对银行贷款的冲击，通过分析面板数据，此时的研究已经能够获得更明确的结果。因为在面板数据中银行或银行组织的横向差异特征，可以反映不同银行将其贷款组合与货币政策相隔离的能力。其中，似乎有两个方面的银行特征是关注的重点。首先，银行用非储蓄型负债替代储蓄型存款的能力，是决定银行在紧缩的货币政策下是否需要调整其贷款组合的一个关键因素。因为这些资金大部分是无存款保险的负债，反映银行获得外部资金难易程度的特征（例如规模、财务健康状况以及是否能直接进入资本市场）主要决定了银行的上述隔离能力。其次，由于银行除了面对存款准备金约束外，还面对资本充足率的约束要求，这两者对货币政策变化的反应不同，这取决于哪一个要求更具约束力。如果资本充足率更具约束力，那么通过公开市场操作来缓解存款准备金的约束时，对银行贷款的影响应该很小（如果有影响的话）。也就是说，因为具有强约束力的资本充足率所受的约束并未得到缓解，那么扩张性的货币政策在通过银行贷款渠道传导时，其效果将像“推一根绳子”。

Kashyap 和 Stein（1995）指出，随着货币政策的紧缩以及存款准备金的减少，银行增加无保险存款份额的成本很高。然而，不同的银行获取外部资金的能力不同。Kashyap 和 Stein 假设银行规模是决定银行获取无保险负债能力的重要因素，小银行的渠道较为有限，因此其贷款组合受到货币政策收紧的影响更大。事实上，研究发现小银行相比大银行对紧缩的货币政策更加敏感（更多地减少其贷款组合）。

随后，Kashyap 和 Stein（2000）扩展了他们对银行在紧缩货币政策后提高无保险存款份额的相对难易性的分析，研究发现银行贷款对货币政策的反应也将取决于银行的流动性状况。如果一家银行增加无保险存款的成本相对昂贵，但拥有大量证券时，该银行可以选择通过出售部分证券来平衡储蓄型存款的收缩；而对于流动性较低的银行，则可能被迫在更大程度上缩减其贷款组合。他们发现，在大多数银行，规模较小的、流动性较低的银行的贷款组合是对货币政策冲击最敏感的。基于大量的银行横截面数据，他们发现贷款组合越小、流动性越低的银行，在面对货币政策的冲击时越敏感。

Campello（2002）根据该银行是否隶属于一个大型多银行控股公司来对小银行进行区分，他发现当一家小银行隶属于大型多银行控股公司时，该小银行的贷款对于紧缩货币政策的敏感度比类似的小型（独立）银行的贷款敏感度更低。尽管这个证据表明，有隶属关系的小银行能够更好地将其贷款与货币政策的紧缩相隔离，但这是因为内部控股公司可以将资金转移给银行子公司，还是因为大型多银行控股公司更容易获得外部资金，其中的缘由尚不清楚。Campello 试图通过使用资本—资产比率区分银行控股公司来解决这个问题。同样，Kishan 和 Opiela（2000）使用资本—资产比率衡量银行增加无保险存款的能力，结果发现资本充足的银行，其贷款组合对货币政策冲击的敏感度比相同规模但资本不足的银行的敏感度更低。然而，正如下面所讨论的，除了银行增加无保险存款的能力不同这一原因，还有其他原因会使受资本约束的银行对货币政策表现出不同的反应。

Holod 和 Peek（2007 年）利用获取外部资金的难易程度来对上市银行和非上市银行进行分类。他们认为，在控制银行规模、资本总额和其他变量后，当货币政策紧缩时，公开上市银行的贷款组合的收缩幅度小于非公开上市银行，这是因为银行获取外部资金的能力不同（包括银行发行大额定期存款的能力）。此外，正如人们所预料到的，当在区分紧缩货币政策和宽松货币政策时，估计效应可以归因于紧缩货币政策的影响（收紧约束），而不是宽松货币政策（可能在“推动一条绳子”）。

尽管大量证据表明存在一个可放大货币政策的贷款传输渠道，但最近的研究表明，近年来，由于金融市场的发展，银行可以在减少存款准备金的同时增加其贷款，因此贷款传导渠道可能被削弱。例如，Loutskina 和 Strahan（2009）认为，随着贷款证券化的发展，特别是次级抵押贷款市场的扩张，增加了银行资产负债表的流动性，因此通过贷款渠道传导货币政策的能力减弱了。类似地，Cetorelli 和 Goldberg（2012）认为，由于银行的日益全球化，贷款渠道对货币政策传导的放大作用已经受到削弱。具有国际业务的银行机构至少能够（或部分能够）通过其内部资本市场的跨境经营而免受国内的流动性冲击（如紧缩的货币政策冲击）。也就是说，跨国银行可以通过使用内部的流动资金来对货币政策收紧作出反应，以便抵消货币政策对国内银行业务的冲击。同时，这一机制还表明，货币政策只有通过国际银行间的内部资本市场进行传导，才能使货币政策的贷款渠道效应减弱。

可以影响银行贷款渠道运作程度的第二个重要特征是银行是否面临着一个束紧的资本约束。在 1990 年衰退之后的恢复期间，格林斯潘主席注意到了“货币政策的逆风向性”，许多学者研究了那些重要银行的财务状况可能对货币政策传导机制产生的影响。例如，

Peek 和 Rosengren（1995a）研究了在 20 世纪 90 年代初新英格兰的重要银行陷入财务困境期间，资本约束对银行借贷能力的影响。他们使用一个简单的静态模型，发现面临资本约束的银行很难改变其资产负债表的规模，这一现象限制了上述银行应对货币政策冲击的能力。他们证明，在经历不利资本冲击时，资本约束收紧，银行会收缩其资产和负债。Peek 和 Rosengren（1995a）也发现，在新英格兰，受资本约束的银行与无约束银行的行为有所不同：无约束银行的贷款组合对货币政策冲击的反应能力比受资本约束的银行更强。

在随后的研究中，Peek 和 Rosengren（1995b）重点关注银行监管机构对受资本约束银行执行资本监管时，对其放贷能力的直接影响，这一影响增强了银行贷款能力以应对宽松的货币政策。他们研究：对资产质量出现问题的银行实施正式监管行动（中止交易并订立协议）会对银行贷款产生怎样的影响。他们发现银行监管机构的行动包括明确的资本目标，并且这一目标需要在短时间内达成。结果是在银行受到监管并且持续了一段时间后，银行贷款组合立即并显著缩减。

另外，资本监管的变化，可能使银行受到资本限制。一些学者研究了这一问题，并且暗示这会使银行对货币政策变化的灵敏度下降。例如，Hall（1993）认为巴塞尔协议 I 的引入会对银行投资组合产生重大影响。汉考克和威尔科克斯（Hancock 和 Wilcox，1994）也指出，巴塞尔协议的实施影响了银行的放贷意愿。然而，Berger 和 Uudell（1994）并没有发现巴塞尔协议造成银行资本紧缩的证据。最近，对巴塞尔协议Ⅱ产生了一个担忧，那就是在经济衰退期间，新的资本监管将放大潜在的资本约束（例如，Kashyap 和 Stein，2004），使得银行对宽松货币政策的反应能力减弱。因此，要保证银行贷款渠道的有效性以及货币政策的整体有效性，需要关注银行在货币政策宽松时期是否受资本约束。

19.3.2 银行贷款供应变化的实际影响

根据实证中的发现，银行（特别是那些增加无保险负债的成本相对较高的银行）可以通过减少贷款来应对紧缩的货币政策。下面，我们讨论银行贷款渠道传导机制的下一个环节。因为银行贷款的减少会对经济活动产生影响，企业无法轻易地获取其他类型的外部融资。Gertler 和 Gilchrist（1994）发现，总体来看，小型企业的投资对货币政策变化的敏感度比对大型企业集团的更高，可能是因为后者对银行的依赖度更低。同样，Ludvigson（1998）比较了银行和非银行机构的汽车贷款，发现即使在控制了影响汽车需求的标准因素之后，汽车信贷的构成仍会影响汽车的销售。

Driscoll（2004）提供了其他证据，他使用一组国家层面的面板数据来研究多大程度的银行贷款供给冲击会影响产出水平。他将国家层面的货币需求冲击作为工具变量，以解决内生性问题。他发现在国家层面上，贷款供给的冲击并不会对经济活动产生影响。Ashcraf（2006）同样根据国家层面的数据进行分析，尝试利用独立银行和银行集团之间在获得外部资金的难易程度上的差异，来识别与货币政策相关的贷款供给冲击。虽然他发现两种类型的银行在贷款对货币政策的反应程度方面存在差异，但他发现这些银行贷款供给的冲击并不会对国家收入增长产生显著影响。相比之下，Ashcraf（2005）利用两家破产的得克萨斯银行控股公司的交叉担保作为识别机制来解决内生性问题，并且发现由交叉担保条款引发的银行破产与地方经济的放缓有关联。这表明银行贷款具有特殊性，因为在这种情况下其他贷款人（甚至其他银行）并不能填补由破产银行贷款急剧减少造成的缺口，这与有效贷款渠道的结果是一致的。

Peek 和 Rosengren（2000）提供了另一种方法来直接证明，银行贷款的减少会对宏观经济产生不利影响。将日本的银行业问题作为美国贷款供给外部冲击的根源，相比国内因素对贷款供给的冲击，这能够避免内生性问题。此外，通过关注地方性或区域性的商业房贷市场，可以利用跨地理区域的横截面差异来证明贷款的减少具有实际效应。也就是说，其他贷款人的进入并不能充分抵消日本银行撤出美国市场留下的空白。

Peek、Rosengren 和 Tootell（2003）也通过不同的方法，获得了银行贷款供应变化会对宏观经济产生影响的证据。他们发现对银行不利的冲击会削弱构成 GDP 的主要经济活动，而且预计对一部分经济活动影响最大的是银行贷款供给冲击（例如企业存货投资的变化），而 GDP 其他组成部分的经济活动不受此冲击影响。

虽然这些证据足以表明了银行贷款渠道的传导机制，但为了获得关于银行贷款渠道作用效果的更令人信服的证据，我们必须对数据进行分解，并且在公司层面上的分解最为有效。检测银行贷款是否具有特殊性的一种方法是，更依赖于银行贷款作为外部融资来源的借款人是否会在更大程度上，受到紧缩的货币政策的影响。许多学者检验了公司层面的数据，以确定金融指标的约束是否导致了非金融公司对货币政策冲击更敏感这一现象，例如当货币政策收紧时，非金融公司的投资是否减少得更多（例如，Fazzari、Hubbard 和 Petersen，1988）。流动性约束指标包括股息支付（Fazzari、Hubbard 和 Petersen，1988）、规模（Gertler 和 Gilchrist，1994）和债券评级（Kashyap、Lamont 和 Stein，1994）。结果发现外部资金比内部资金的成本更高，因此更多地依赖外部资金的企业，更可能受到银行贷款供给减少的不利影响。

当然可以假设对企业而言银行贷款是特别的。因此这些贷款不能用非银行贷款或信用市场工具来轻易取代。一些经典的论文刚好证明了这一点。例如，James（1987）指出，当宣布一项新的贷款协议时，该企业的股票价格会上涨。Slovin、Sushka 和 Poloncheck（1993）观察到，大陆伊利诺斯银行的破产会对与该银行有密切关系的借款人产生不利影响。然而，如果大陆伊利诺斯贷款仅仅是整个贷款的一部分，且并不是贷款的主承销商，这个结论就不成立。关于银行关系，Petersen 和 Rajan（1995）指出，一家公司的银行关系经常涉及存款和贷款关系。他们发现贷款关系，正如一家企业持有的银行存款，表明了公司对银行贷款的依赖程度。最后，Fields 等（2006）认为，贷款关系的价值会随着时间的推移而减少。部分原因在于金融市场的进一步发展和借款人信息可获得性的增加。然而，他们的样本只包括公开上市的公司，而那些公司恰恰是最不可能依赖银行的。与 Fields 等人的观点一样，Gande 和 Saunders（2012）认为，由于银行监控借款人的动机减弱，二级贷款市场的发展在一定程度上降低了银行的“特殊性”。

因此，对个体非金融公司的研究支持了这样的观点，即许多企业实际上是依赖银行的，并且银行贷款供给减少会对它们的经济活动产生不利影响。虽然其他金融中介机构会为企业提供外部融资，但这种信贷往往只是特定类型的贷款。融资公司倾向于资产支持贷款，例如应收账款，而保险公司倾向于使长期贷款与其负债期限相匹配。因此，银行仍然是那些缺乏从其他来源获得外部资金能力的小型企业的主要资金来源。

19.4 银行贷款和货币政策传导的非美国证据

在其他国家，银行在货币政策传导方面的作用可能更为显著，因为与基于金融市场的美国金融系统相比，其他国家更依赖银行融资。日本是一个典型的例子，尽管日本债券市场放松了管制，导致大型公司可以更加容易地直接进入金融市场，但对于大型和小型公司来说，银行融资仍然发挥着重要作用（例如，Hoshi 和 Kashyap，2001）。日本经济也特别有趣，因为日本的许多市场特征使得银行—企业的关系特别密切；这些特征包括广泛的交叉持股，设在公司董事会的银行代表，以及以银行为中心的企业集团（例如，Kaplan 和 Minton，1994；Kang 和 Shivdasani，1995 年；Morck 和 Nakamura，1999 年）。

在 20 世纪 90 年代初，Hoshi、Scharfstein 和 Singleton（1993）使用混合效应技术与汇总数据进行研究，发现当货币政策紧缩时，银行贷款相比保险公司贷款的份额下降了，此时日本银行业的问题还未产生全面影响。此外，对于不隶属于以银行为中心的企业集团的日本企业，由于其与银行的联系不紧密，当货币政策紧缩、银行信贷减少时，企业的流动性是这些企业进行投资决策的重要决定因素。

在股市和房地产市场泡沫破灭、银行财务状况开始恶化后，面临潜在资本约束的日本银行设法继续向国内借款人借款，同时缩减其资产负债表。Peek 和 Rosengren（1997，2000）发现，全球性的日本银行最初将减少其海外资产，以隔离其国内贷款。随着日本银行业问题的持续，国内借款人和贷款渠道受到了影响。例如，Ito 和 Sasaki（2002）对日本信贷紧缩进行了研究，证据表明，资本约束成为影响日本银行继续放贷能力的重要因素。同样，kang 和 Stulz（2000）发现，日本的银行业问题会影响企业股票价格和投资支出，尤其对于依赖银行的企业影响最大。此外，一些研究认为，采用国际银行资本标准导致日本银行资本比率的增加，这加重了银行业的问题（例如，Hall，1993；Montgomery，2005）。

鉴于银行贷款在日本信贷来源的重要地位，尽管货币政策将利率降至接近零利率水平，但严重的银行问题削弱了银行贷款渠道，并导致日本经济在整个 20 世纪 90 年代和 21 世纪初期长期处于不利地位。这种扭曲现象对经济产生的不利影响更为广泛。这些扭曲现象是由上述的贷款关系和不正当激励相结合而产生的，这导致了银行贷款的错配（Peek 和 Rosengren，2005）。事实上，（Caballero，Hoshi 和 Kashyap，2008）将信贷的错配与日本更广泛的经济问题联系起来进行研究，结果表明，由于银行对“僵尸”（无偿债能力的）企业的支持，企业的投资会产生严重扭曲。

同样，证据表明，在 20 世纪 90 年代后期，当其他亚洲国家经历经济困难时，银行财务状况的恶化也造成了类似的问题。例如，Ferri 和 Kang（1999）指出，当银行资本受到约束时，韩国的经济危机在一定程度上引起了信贷危机。考虑到韩国的财阀（商业集团）与日本的企业集团有一些相似之处，人们可能会认为在日本发现的一些结论也同样适用于新兴市场经济体，如韩国。然而，亚洲和拉丁美洲新兴市场经济体银行的合并，削弱了货币政策的银行贷款传导渠道（Olivero、Li 和 Jeon，2011）。此外，在新兴市场经济体中，外国银行的增加是削弱贷款渠道的另一个因素。东道国货币政策冲击对外国银行的影响程度不如国内银行，因为外国银行可以获得母公司的资金，使它们免受东道国流动性冲击的影响（Wu、Luca 和 Jeon，2011）。

欧洲对银行的依赖程度处于美国和日本之间。虽然欧洲国家不像日本企业集团与银行间的关系那么密切，但欧洲金融体系是以银行为中心的。因此，欧洲企业不像许多美国企业那样可以直接进入金融市场。然而，欧元的诞生以及随之而来的欧洲金融市场的一体化和深入化，使欧元区采用了更加市场化的企业融资模式，改善了欧洲企业获得信贷的环境。

尽管在欧洲，银行贷款比在美国更为重要，但对于欧洲银行贷款渠道的研究证据却是混杂的。Angeloni 等（2003）发现，大多数证据表明欧洲的传导渠道与传统的货币政策利率渠道是一致的。他们发现，在国家层面上，许多国家的银行贷款供给会对货币政策作出反应，这可以作为支持银行贷款渠道的证据。Ehrmann 等（2001）还调查了欧洲银行贷款渠道的重要性，并将美国的一些实证研究方法应用于欧洲数据上。与美国的结果一致，他们发现货币政策确实改变了银行贷款供给，特别是那些流动性受限的银行。然而，他们认为银行的规模不会影响银行对货币政策冲击的反应。类似地，Gambacorta（2005）使用意大利数据进行了研究，发现货币政策的收紧会减少银行贷款，但资本充足、流动性宽裕或者可以从银行集团的内部融资中受益的银行，其受到的影响较小。同样，他们也认为银行规模的影响在这一研究中并不重要。

最近，有些研究已经具体地解决了一些难以获得明确证据的问题。Becchetti、Garcia 和 Trovato（2011）使用意大利数据进行研究，Jimenez 等（2012）使用了西班牙数据，分别分析了贷款申请记录。Becchetti、Garcia 和 Trovato（2011）利用借款人的需求金额和银行的贷款供给金额之间的差异，研究欧洲中央银行的再贴现率和银行信贷配给之间的关系。他们发现再贴现率与信贷配给呈正相关关系，然而他们推测这一结果来源于借款人的资产负债表效应而非银行的资产负债表效应。相比之下，Jimenez 等（2012）使用贷款保证金来研究，发现短期利率和贷款之间的反向关系，并且该关系越强，银行的财务状况越差，这说明银行资产负债表效应是有效的。

Maddaloni 和 Peydro（2011）采取了另一种方法，通过使用贷款标准调查方法（欧元区和美国）来解决识别问题。他们发现低水平的短期利率软化了银行对企业和家庭的贷款标准，加强了银行贷款渠道。此外，这种影响还会经证券化而放大。相比之下，Altunbas、Gambacorta 和 Marques - Ibanez（2009）认为，欧洲证券化的急剧增长，削弱了银行贷款渠道的效率。资产证券化能在不扩大资产负债表的情况下，增加银行获得流动性的能力和继续放贷的能力，这有助于银行将其贷款供给与紧缩的货币政策相隔离。

19.5　一些近期事件的观察

在美国和其他国家，严重的大衰退和经济的缓慢复苏，以及面对激进且长期持续的宽松货币政策，这样的经济环境凸显了货币政策有效性的重要程度。特别是，最近的事件又一次凸显了金融中介在传递货币政策方面的重要作用。特别引人注目的是，大多数标准的宏观经济模型几乎不包括或完全没有包括金融因素，导致在金融危机期间的预测效果非常差。目前已达成共识：在我们理解宏观经济动态运行时，没有金融部门的设定是一个宏观经济模型的显著缺点。Adrian 和 Shin（2011）提供了对这些早期研究的一个调查证据，Brunnermeier 和 Sannikov（2014）提供了一个很好的例子，说明了将金融部门引入标准宏观经济模型会带来的困难。此外，除了承认大型宏观经济模型未能捕捉金融危机的动态机制外，他们还重新评估了金融中介在传递货币政策和扩大金融危机冲击方面的关键作用。

因此，贷款证券化的重要作用正受到更多的关注。在金融危机之前，人们常常认为抵押贷款在危机中将是稳定的，因为贷款拥有充分的抵押品。而人们很少关注贷款的质量，借款人信用状况的冲击对贷款证券化的影响相对较小。然而，所谓的“贷款并证券化”模式中，金融中介机构在保留小部分贷款的同时进行贷款证券化，这在危机期间是一个特别不稳定的融资来源。虽然证券化可以扩大银行贷款的供给，但它也会增加信贷供给的周期性，使高杠杆银行面临证券化市场的威胁（例如，Ivashina 和 Scharfstein，2010b；Loutskina，2011；Gorton 和 Metrick，2012）。特别是，证券化渠道的枯竭可能对银行的流动性造成压力，危及新的银行贷款，并可能造成债券的折价出售。例如，Shleifer 和 Vishny（2010）表明，如果证券的折价出售导致证券价格低于其基本价值，银行可能选择持有它们的证券，因为过低的估值会导致银行持股的扩张且无法投资于新的贷款项目。此外，随着回购协议的增加，依赖批发融资的高杠杆金融中介机构将面临重大压力（例如，Adrian 和 Shin，2009；Gorton 和 Metrick，2012）。随后金融中介机构的去杠杆化行为将进一步增加证券价值的下跌压力。事实上，大多数大型投资银行在危机期间没有能力为自己融资，而贝尔斯登和雷曼兄弟的大崩溃提供了明显的例子：以前关于银行展期抵押贷款能力的假设是有缺陷的。

由于对批发资金的依赖增加，金融中介机构的资金压力问题变得更加复杂。虽然在危机之前，因为假设银行业务受到存款保险的保护，银行挤兑危机几乎没有受到关注，但鉴于雷曼破产后对信贷扩张产生了严格约束，以及危机期间银行挤兑的性质不同，这一领域的研究正在重新进行。一些研究强调，这些不同于传统的银行挤兑模式可能对信贷供给产生重大影响，而且该影响取决于银行业务模式的确切性质。例如，Ivashina 和 Scharfstein（2010a）表明，对信贷可获得性的担忧，导致银行展期自身短期债务发生困难的同时借款人可用信用额度也会减少。正如在这种情况下所预料的那样，对批发融资依赖较小的银行比依赖批发融资的银行其贷款减少得更少。事实上，Gambacorta 和 Marques – Ibanez（2011）表明，在美国和欧洲，基于短期市场融资的融资模式改变了银行对货币政策变化的反应。Adrian 和 Shin（2009）同样注意到资本市场融资和银行贷款融资在危机期间的表现相当不同。以吸收存款来融资的银行会随客户提取信用额度而扩大信贷发放规模，而基于市场的信贷和证券规模会因金融危机显著下降。展望未来，银行贷款渠道的货币政策传导能力，将部分取决于银行融资模式和新的银行监管制度在金融危机之后如何演变，例如对过度依赖批发融资的银行进行更为严格的监管。

虽然早期的金融问题导致理论学术界关注资本约束对银行贷款的潜在阻碍作用，但学术界并没有关注银行流动性管理的作用。2008 年秋季爆发金融危机的关键因素之一是银行和企业快速地囤积流动性，这加剧了濒临破产的大型金融机构的抵押品的贬值。越来越多的研究强调，流动性受限的银行可能会阻碍信贷供给。例如，Cornett 等（2011）与 Gambacorta 和 Marques – Ibanez（2011）表明，如果银行资本充足并且具有大量核心存款，在危机期间该银行发放贷款的能力就更强。持有大量非流动资产的银行，特别是借款人提取信贷额度时，该银行难以持续发放贷款。此外，流动性问题不仅仅是银行的问题。美联储建立的贷款融资便利的动机之一是通过美联储的贴现窗口向非存款机构提供流动性。其中一个例子是在储备基金宣布将不再向投资者支付固定资产净值之后，货币市场基金市场发生了挤兑。Duygan – Bump 等（2013）描述了贴现窗口的贷款对于减少货币市场基金挤兑问题的作用。因为货币市场基金是短期融资的重要渠道，也为银行服务，这一融资便利还缓解了其他金融行业的流动性问题。

除了银行业务模式得以发展，更多地依赖证券化和批发融资来提高其流动性，与金融危机相关的其他金融环境的剧烈变化也可能削弱货币政策的贷款渠道效应。特别是，短期利率的零下限约束迫使美联储依靠非常规货币政策工具来刺激经济。美联储和其他中央银行的大规模资产购买行为为银行系统提供了大量超额准备金。因此，存款准备金的要求不再对银行产生有效约束。公开市场操作不太可能通过与贷款渠道相关的机制对银行贷款产生影响，银行将被迫减少准备金存款。相反，银行贷款行为可能受资本充足率和利率的控制（利率会影响银行资金成本和贷款利润率）。事实上，最近的研究强调了货币政策的风险管理渠道（risk – taking channel），该渠道更强调银行扩张资产负债表的意愿（例如 Adriant 和 Shin，2011；Borio 和 Zhu，2012）。Adrian 和 Shin（2011）概述了风险偏好的变化（部分是货币政策作用的结果）如何在货币政策、金融中介机构行为和实体经济影响之间构成关键联系。由于强调银行在货币政策中的作用以及更广泛的金融稳定性问题，银行风险承担和货币政策之间的联系将是未来研究的重点。

19.6　结论

在过去二十年中进行的理论研究和实证研究，强调了银行在传导货币政策方面的重要作用。其中大部分研究强调了银行资产变化对货币政策冲击所产生的作用，该作用超过了利率渠道的传导作用，其中利率渠道的传导作用主要是通过银行资产负债表的负债方实现的。实证证据表明：流动性受到限制的银行和依赖银行的借款人可能会受到货币紧缩政策的不利影响。证据还表明，在国际背景下，银行贷款渠道具有重要作用，特别是在银行和企业不能直接进入金融市场的国家。

此外，一个重要的研究机构强调，在银行资本紧缩期间，银行贷款渠道可能会失效。同样，国际证据表明，如银行受到资本约束，货币政策将难以产生与不受资本约束时一样大的影响。此外，最近有关金融危机的证据表明，流动性紧缩同样会使银行贷款渠道对宽松货币政策的反应失效，这需要对货币政策工具进行大幅调整，使总需求获得与预期相同的变化。

由于我们在最近金融危机期间的经历，我们现在能更好地认识金融中介机构的重要性，包括它们在货币政策传导机制中的作用，以及它们对金融稳定性的影响。鉴于对政府给银行和信贷供给提供支持的额外需求越来越广泛，金融危机为未来的研究提供了一个特别富有成效的研究方法，可以让我们对货币政策传导中银行所发挥的作用有更为深入的认识。虽然对该问题替代假设的研究只是刚刚开始，并且还没有充分评估与危机有关的金融和监管环境的变化会产生怎样的后果。但几乎可以肯定的是，随着金融市场的继续发展，在货币政策的传导机制中，银行仍会发挥重要作用，即便这种作用会可能发生改变。

参考文献

[1] Adrian T. and Shin H. S. (2009). Money, liquidity, and Monetary Policy, American Economic Review Papers and Proceedings 99 (2), 600 – 605.

[2] Adrian T. and Shin H. S. (2011). Financial Intermediaries and Monetary Economics. In: B. M. Friedman and M. Woodford (Eds.), Handbook of Monetary Economics, 601 – 650.

[3] Amsterdam: Elsevier. Altunbas Y., Gambacorta l., and Marques – Ibanez D. (2009). Securitization and the Bank lending Channel, European Economic Review 53 (8), 996 – 1009.

[4] Angeloni I., kashyap A. k., Mojon B., and Terlizzese D. (2003). Monetary Transmission in the Euro Area: Where Do We Stand?. In: I. Angeloni, A. K. Kashyap, and B. Mojon (Eds.), Monetary Policy in the Euro – Area, 383 – 412. Cambridge: Cambridge university Press.

[5] Ashcraft A. (2005). Are Banks Really Special? new Evidence from the FDIC – Induced Failure of Healthy Banks, American Economic Review 95, 1712 – 1730.

[6] Ashcraft A. (2006). New Evidence on the lending Channel, Journal of Money, Credit and Banking 38 (3), 751 – 775.

[7] Becchetti L., Garcia M. M., and Trovato G. (2011). Credit Rationing and Credit view: Empirical Evidence from an Ethical Bank in Italy, Journal of Money, Credit and Banking 43 (6), 1217 – 1245.

[8] Berger A. N. and Udell G. F. (1994). Did Risk – Based Capital Allocate Bank Credit and Cause a "Credit Crunch" in the united States?, Journal of Money, Credit and Banking 26 (3), 585 – 628.

[9] Bernanke B. S. and Blinder A. S. (1988). Credit, Money, and Aggregate Demand, American Economic Review Papers and Proceedings 78 (2), 435 – 439.

[10] Bernanke B. S. and Blinder A. S. (1992). The Federal Funds Rate and the Channels of Monetary Transmission, American Economic Review 82 (4), 901 – 921.

[11] Bernanke B. S. and gertler M. (1995). Inside the Black Box: The Credit Channel of Monetary Policy Transmission, Journal of Economic Perspectives 9 (4), 27 – 48.

[12] Bernanke B. S., Gertler M., and Gilchrist S. (1996). The Financial Accelerator and the Flight to Quality, The Review of Economics and Statistics 78 (1), 1 – 15.

[13] Borio C. and Zhu H. (2012). Capital Regulation, Risk – Taking and Monetary Policy: A Missing link in the Transmission Mechanism?, Journal of Financial Stability 8 (4), 236 – 251.

[14] Brunnermeier M. K. and Sannikov Y. (2014). A Macroeconomic Model with a Financial Sector, American Economic Review 104 (2), 379 – 421.

[15] Caballero R. J., Hoshi T., and Kashyap A. K. (2008). Zombie lending and Depressed Restructuring in Japan, American Economic Review 98 (5), 1943 – 1977.

[16] Campello M. (2002). Internal Capital Markets in Financial Conglomerates: Evidence from Small Bank Responses to Monetary Policy, Journal of Finance 57 (6), 2773 – 2805.

[17] Cecchetti S. G. (1995). Distinguishing Theories of the Monetary Transmission Mechanism, Federal Reserve Bank of St. Louis Review May/June, 83 – 97.

[18] Cetorelli N. and Goldberg L. S. (2012). Banking globalization and Monetary Transmission, Journal of Finance 67 (5), 1811 – 1843.

[19] Cornett M. M., ncnutt J. J., Strahan P. E., and Tehranian H. (2011). liquidity Risk Management and Credit Supply in the Financial Crisis, Journal of Financial Economics 101 (2), 297 – 312.

[20] Driscoll J. O. (2004). Does Bank lending Affect output? Evidence from the uS States, Journal of Monetary Economics 51 (3), 451 – 471.

[21] Duygan – Bump B., Parkinson P., Rosengren E., Suarez G., and Willen P. (2013). How Effective Were the Federal Reserve Emergency liquidity Facilities? Evidence from the Asset – Backed Commercial Paper Money Market Mutual Fund liquidity Facility, Journal of Finance 68 (2), 715 – 737.

[22] Ehrmann M., Gambacorta L., Martìnez – Pagès J., Sevestre P., and Worms A. (2001). Financial Systems and the Role of Banks in Monetary Policy Transmission in the Euro Area, European Central Bank Working Paper no. 105.

[23] Fazzari S. M., Hubbard R. g., and Petersen B. C. (1988). Financing Constraints and Corporate Investment, Brookings Papers on Economic Activity 1, 141 – 195.

[24] Ferri G. and Kang T. S. (1999). The Credit Channel at Work: lessons from the Republic of korea's Financial Crisis, World Bank Policy Research Working Paper no. 2190.

[25] Fields L. P., Fraser D. R., Berry T. L., and Byers S. (2006). Do Bank loans Relationships Still Matter?, Journal of Money, Credit and Banking 38 (5), 1195 – 1209.

[26] Gambacorta L. (2005). Inside the Bank lending Channel, European Economic Review 49 (7), 1737 – 1759.

[27] Gambacorta L. and Marques – Ibanez D. (2011). The Bank lending Channel: lessons from the Crisis, BIS Working Paper no. 345, May.

[28] Gande A. and Saunders A. (2012). Are Banks Still Special When There Is a Secondary Market for loans?, Journal of Finance 67 (5), 1649 – 1684.

[29] Gertler M. and Gilchrist S. (1993). The Role of Credit Market Imperfections in the Monetary Transmission Mechanism: Arguments and Evidence, The Scandinavian Journal of Economics 95 (1), 43 – 64.

[30] Gertler M. and Gilchrist S. (1994). Monetary Policy, Business Cycles, and the Behavior of Small Manufacturing Firms, The Quarterly Journal of Economics 109 (2), 309 – 340.

[31] Gorton G. and Metrick A. (2012). Securitized Banking and the Run on Repo, Journal of Financial Economics 104 (3), 425 – 451.

[32] Hall B. J. (1993). How Has the Basel Accord Affected Bank Portfolios?, Journal of the Japanese and International Economies 7 (4), 408 – 440.

[33] Hancock D. and Wilcox J. A. (1994). Bank Capital and the Credit Crunch: The Roles of Risk – Weighted and unweighted Capital Regulation, Journal of the American Real Estate and Urban Economics Association 22 (1), 59 – 94.

[34] Holod D. and Peek J. (2007). Asymmetric Information and liquidity Constraints: A new Test, Journal of Banking & Finance 31 (8), 2425 – 2451.

[35] Hoshi T. and Kashyap A. N. (2001). Corporate Financing and Governance in Japan. Cambridge, MA: MIT Press.

[36] Hoshi T., Scharfstein D., and Singleton k. J. (1993). Japanese Corporate Investment and Bank of Japan guidance of Commercial Bank lending. In: Singleton K. J. (Ed.), Japanese Monetary Policy, 63 – 94. Chicago: university of Chicago Press.

[37] Hubbard R. G. (1995). Is There a "Credit Channel" for Monetary Policy?, Federal Reserve Bank of St. Louis Review May/June, 63 -77.

[38] Ito T. and Sasaki Y. N. (2002). Impacts of the Basel Capital Standard on Japanese Banks' Behavior, Journal of the Japanese and International Economies 16 (3), 372 -397.

[39] Ivashina V. and Scharfstein D. (2010a). Bank lending during the Financial Crisis of 2008, Journal of Financial Economics 97 (3), 319 -338.

[40] Ivashina V. and Scharfstein D. (2010b). loan Syndication and Credit Cycles, American Economic Review Papers and Proceedings 100 (2), 57 -61.

[41] James C. (1987). Some Evidence on the uniqueness of Bank loans, Journal of Financial Economics 19 (2), 217 -235.

[42] Jimenez G., Ongena S., Peydro J. L., and Saurina J. (2012). Credit Supply and Monetary Policy: Identifying the Bank Balance - Sheet Channel with loan Applications, American Economic Review 102 (5), 2301 -2326.

[43] Kang J. K. and Shivdasani A. (1995). Firm Performance, Corporate governance, and Top Executive Turnover in Japan, Journal of Financial Economics 38 (1), 29 -58.

[44] Kang J. K. and Stulz R. M. (2000). Do Banking Shocks Affect Borrowing Firm Performance? An Analysis of the Japanese Experience, Journal of Business 73, 1 -23.

[45] Kashyap A. K., Lamont o. A., and Stein J. C. (1994). Credit Conditions and the Cyclical Behavior of Inventories, The Quarterly Journal of Economics 109 (3), 565 -592.

[46] Kaplan S. N. and Minton B. A. (1994). Appointments of outsiders to Japanese Boards: Deter - minants and Implications for Managers, Journal of Financial Economics 36 (2), 225 -258.

[47] Kashyap A. K. and Stein J. C. (1994). Monetary Policy and Bank lending. In: Mankiw N. G. (Ed.), Monetary Policy, 221 -256. Chicago: university of Chicago Press.

[48] Kashyap A. K. and Stein J. C. (1995). The Impact of Monetary Policy on Bank Balance Sheets, Carnegie - Rochester Conference Series on Public Policy 42, 151 -195.

[49] Kashyap A. K. and Stein J. C. (2000). What Do a Million observations on Banks Say about the Transmission of Monetary Policy?, American Economic Review 90 (3), 407 -428.

[50] Kashyap A. K. and Stein J. C. (2004). Cyclical Implications of the Basel Ⅱ Capital Standard, Federal Reserve Bank of Chicago Economic Perspectives First Quarter, 18 -31.

[51] Kashyap A. K., Stein J. C., and Wilcox D. W. (1993). Monetary Policy and Credit Conditions: Evidence from the Composition of External Finance, American Economic Review 83 (1), 78 -98.

[52] Kashyap A. K., Stein J. C. and Wilcox D. W. (1996). Monetary Policy and Credit Conditions: Evidence from the Composition of External Finance: Reply, American Economic Review 86 (1), 310 -314.

[53] Kishan R. P. and Opiela T. P. (2000). Bank Size, Bank Capital, and the Bank lending Channel, Journal of Money, Credit and Banking 32 (1), 121 -141.

[54] Loutskina E. (2011). The Role of Securitization in Bank liquidity and Funding Management, Journal of Financial Economics 100 (3), 663 -684.

[55] Loutskina E. and Strahan P. (2009). Securitization and the Declining Impact of Bank Finance on loan Supply: Evidence from Mortgage originations, Journal of Finance 64 (2), 861 -922.

[56] Ludvigson S. (1998). The Channel of Monetary Transmission to Demand: Evidence from the Market for Automobile Credit, Journal of Money, Credit and Banking 30 (3), 365 -383.

[57] Maddaloni A. and Peydro J. L. (2011). Bank Risk - Taking, Securitization, Supervision, and low

Interest Rates: Evidence from the Euro – Area and the uS lending Standards, Review of Financial Studies 24 (6), 2121 – 2165.

[58] Montgomery H. (2005). The Effect of the Basel Accord on Bank Portfolios in Japan, Journal of the Japanese and International Economies 19 (1), 24 – 36.

[59] Morck R. and Nakamura M. (1999). Banks and Corporate Control in Japan, Journal of Finance 54 (1), 319 – 339.

[60] Morgan D. P. (1998). The Credit Effect of Monetary Policy: Evidence using loan Commitments, Journal of Money, Credit and Banking 30 (1), 102 – 118.

[61] Oliner S. D. and Rudebusch G. D. (1996a). Is There a Broad Credit Channel for Monetary Policy?, Federal Reserve Bank of San Francisco Economic Review 1, 3 – 13.

[62] Oliner S. D. and Rudebusch G. D. (1996b). Monetary Policy and Credit Conditions: Evidence from the Composition of External Finance: Comment, American Economic Review 86 (1), 300 – 309.

[63] Olivero M. P., Li Y., and Jeon B. N. (2011). Consolidation in Banking and the lending Channel of Monetary Transmission: Evidence from Asia and latin America, Journal of International Money and Finance 30 (6), 1034 – 1054.

[64] Peek J. and Rosengren E. S. (1995a). The Capital Crunch: neither a Borrower nor a leader Be, Journal of Money, Credit and Banking 27 (3), 625 – 638.

[65] Peek J. and Rosengren E. S. (1995b). Bank Regulation and the Credit Crunch, Journal of Banking & Finance 19 (3 – 4), 679 – 692.

[66] Peek J. and Rosengren E. S. (1997). The International Transmission of Financial Shocks: The Case of Japan, American Economic Review 87 (4), 495 – 505.

[67] Peek J. and Rosengren E. S. (2000). Collateral Damage: Effects of the Japanese Bank Crisis on Real Activity in the united States, American Economic Review 90 (1), 30 – 45.

[68] Peek J. and Rosengren E. S. (2005). Unnatural Selection: Perverse Incentives and the Misallocation of Credit in Japan, American Economic Review 95 (4), 1144 – 1166.

[69] Peek J., Rosengren E. S., and Tootell G. M. B. (2003). Identifying the Macroeconomic Effect of loan Supply Shocks, Journal of Money, Credit and Banking 35 (6), 931 – 946.

[70] Petersen M. A. and Rajan R. G. (1995). The Effect of Credit Market Competition on lending Relationships, The Quarterly Journal of Economics 110 (2), 407 – 443.

[71] Romer C. D. and Romer D. H. (1990). New Evidence on the Monetary Transmission Mechanism, Brookings Papers on Economic Activity 1, 149 – 213.

[72] Shleifer A. and Vishny R. W. (2010). Asset Fire Sales and Credit Easing, American Economic Review Papers and Proceedings 100 (2), 46 – 50.

[73] Slovin M. B., Sushka M. E., and Poloncheck J. A. (1993). The value of Bank Durability: Borrowers as Bank Stakeholders, Journal of Finance 48 (1), 247 – 266.

[74] Strahan P. E. (2009). Liquidity Production in Twenty – first – Century Banking. In: A. Berger, P. Molyneux, and J. O. S. Wilson (Eds.), Oxford Handbook of Banking, 112 – 145. Oxford: Oxford University Press.

[75] Wu J., Luca A. C., and Jeon B. N. (2011). Foreign Bank Penetration and the lending Channel in Emerging Economies: Evidence from Bank – level Panel Data, Journal of International Money and Finance 30 (1), 1128 – 1156.

第 20 章　最后贷款人和银行倒闭政策

——后危机时代视角

20.1　简介

2007 年爆发的金融危机重新定义了 21 世纪最后贷款人（LOLR）的职能。第一，将其置于货币政策、财政政策和银行业监管政策的交叉点位置；第二，给予监管当局监督银行间市场的额外职能；第三，将其救助职能的可实施范围扩展至非银行机构。

自从 19 世纪第一家中央银行（CB）创立以来，LOLR 一直是银行业结构的关键问题。银行系统必须提供一种管理机制，以防范银行的流动性风险，因为银行的主要职能之一是提供支付系统并且使产权转让更加便利，还因为这些职能与资产端的不透明长期投资（委托监管）以及负债端的活期存款相结合是有效的（Diamond 和 Dybvig，1983；Diamond，1984；Calomiris 和 Kahn，1991；Diamond 和 Rajan，2001 曾证明）。虽然在任何发达经济体中，银行间市场都是应对流动性过剩和流动性短缺的主要市场机制，但是要保证银行系统的良好运作可能仍需要一个额外的机制，来避免流动性风险管理不当所导致的银行违约，这一流动性风险包括总体流动性风险和银行特有的流动性风险。专业术语最后贷款人"LOLR"中的"OLR"强调，这个机构不是要取代现有的正规市场机制，而是要弥补其可能存在的缺陷。这表明美国的贴现窗口和欧元区的边际贷款便利的存在是合理的。

最后贷款人（LOLR）的基本目标最初由 Thornton（1802）和 Bagehot（1873）制定，他们认为最后贷款人为整个金融体系的稳定以及货币的稳定增长提供了必要的支撑（Humphrey，1989）。从那时起，LOLR 的职能就成为一个非常具有争议的问题。这种争论一直存在，因为如果银行出现偿付问题，为其提供流动性的行为会提高其偿付能力的宽容程度并使它们可以免于市场约束。学术界和中央银行形成了一个共识，即如果银行间市场不能正常运作，应该建立一个机制，允许有偿付能力的银行获得流动性。此外，普遍认为，不应允许资不抵债的银行使用标准流动性便利，如有必要，应按具体情况来处置其偿付问题。这就引出了一个问题，即可能难以区分银行的流动性冲击和偿付能力冲击。因此，关于 LOLR 职能的争论，与有效的银行倒闭政策相联系，更概括地来说，这一争论与银行破产成本和安全网成本相联系，其中安全网在更大程度上属于财政政策的领域。

然而，LOLR 和银行救助政策之间的联系尚未被完全接受。这可能是由于，随着历史发展，流动性的获取方式和 LOLR 的职能在不断演变。根据 Bagehot 的观点，LOLR 的职能与以下金融环境相关，即在不借助发达的回购市场以及央行发行法定货币的特权的情况保护下，使有偿付能力的银行免受突然提现的影响。随着一个运作良好的回购市场的出现，如今 LOLR 职能的概念也完全不同了。LOLR 可以插手干预银行支付系统，来避免由于缺乏流动性而可能导致的支付系统崩溃现象，这种行为是罕见的，通常这一问题应该通过适当的货币政策来应对。因此，如果货币市场运行良好，则应该仅让 LOLR 管理总体流动性，而将偿付能力问题留给市场来解决，市场将驱逐投机者。

这个论证的关键步骤是完美货币市场的假设。一旦我们考虑不完全的货币市场，就不得不面对如下情况，即不论银行是否有偿付能力，最后贷款人机制都无法建立。因此，我们必须承认，在银行有偿付能力的情况下，设立 LOLR 有时是为了引导流动性的转移从而提高货币政策框架的效率，而在银行无偿付能力的情况下，LOLR 成为安全网的一部分，并与整体监管框架形成直接联系。因此，最优 LOLR 机制的设计必须考虑货币框架、银行监管环境以及财政政策。

2008 年的恐慌源于 2007 年的美国次贷危机，它生动地说明了 LOLR 的新职能。在持续多年的宽松货币政策下，为节省资本而出现的监管套利行为以及金融创新浪潮（根据定义，这些金融创新倾向于逃避传统的审慎监管）而且评级机构不要求充足的风险溢价，都为信贷标准的放松创造了条件。银行资产以及为持有抵押贷款而设立的表外融资工具具有不透明性，在某种程度上导致了风险溢价的突然重估，以及拒绝为短期债务进行展期来为这些资产融资。在如 Akerlof 柠檬问题（Freixas 和 Jorge，2008）一样典型的不活跃市场中，如果不是很短期的拆借，金融中介机构就不愿相互借贷。出于对银行间市场可能不能正常运行的担心，和对可能无法以各种协调方式循环利用世界各国央行提供的紧急流动性的担心，这一情况导致金融机构将一些额外的流动性进行储备，而不是将其贷款给流动性不足的金融机构，这是一个理性均衡战略。因此，因为银行间市场没有正常运作，通过银行间市场提供紧急流动性援助的行为没有发挥作用。为了限制 2008 年金融机构突然去杠杆化的系统性影响，美联储采取了前所未有的措施：增加可获得央行贴现贷款的抵押品范围；扩大向投资银行、国有企业、货币市场共同基金和一家大型保险公司提供的紧急流动性援助；加入与其他中央银行订立的互换协议，以向美国境外的银行提供美元流动性；并收购银行资本。为了防止金融系统完全崩溃，央行需要对金融机构的大多数索赔（即使不是全部）进行担保（并接受潜在损失），这一行为更大程度上是银行监管当局和财政政策的手段，而不仅仅是央行行为。最终，美联储的资产负债表从 2008 年 9 月的约 9000 亿美元增长到 2008 年 12 月的 2 万亿美元以上，再到 2013 年春季末，这一规模已超过 3 万亿美元，其主要融资来源是发行高能货币和美国财政部的贷款。贴现窗口贷款从正常情况下的几亿美元增长到危机高峰时期的 5000 多亿美元。在 2008 年 9 月至 12 月的四个月中，美联储向私营部门提供了超过 6000 亿美元的储备资金（相比之下，2007 年 9 月的未偿还储备水平总共约 500 亿美元），Lucas（2008）将其描述为美联储历史上最大胆的 LOLR 行为。

我们之前认为，对 LOLR 采用狭义的定义，认为其职能应限于为流动性不足但有偿付能力的机构提供资金，而资本注入应该是财政部的责任，但 2008 年的恐慌表明这种观点是错误的。这将导致对 LOLR 职能的分析过于简单，因为复杂的决策将被忽略或移交给财政部。我们认为，狭义的 LOLR 观点会将 LOLR 的无风险贷款和财政部的倒闭或救助决策进行人为的分离，这可能导致政策评估出现错误。

相反，我们在这里采用的是广义 LOLR 的观点，包括倒闭或救助决策，即 LOLR 定义为，向无法通过常规的资金流转筹集资金的金融机构提供信贷的机构。这个定义没有提到该机构是流动性不足还是资不抵债。显然，这并不能排除，LOLR 与财政部决策之间可能是分离的。这一广义定义具有额外的好处，即包括了对整体银行危机的管理，这一点从纯流动性供给的狭义视角是很难考虑到的。

一旦我们认同 LOLR 政策必须成为整个银行安全网的一部分，其不同组成部分的相互依赖性就变得清晰起来。首先，存款保险制度的存在及其覆盖的范围（Santos 2006 年的文章中有记载），限制了银行破产的社会成本，因此需要 LOLR 干预的情况就会有所减少。其次，资本监管降低了银行在违约时确实资不抵债的可能性，因此也有助于减少高成本的 LOLR 干预。最后，由法律和监督机制确定的对银行进行救助或清算的程序，将决定 LOLR 干预的成本效益分析。

显然，LOLR 政策及其效率将取决于整体金融环境。当一个流动性市场仅存在定期存单（CDs）、国库券和证券化贷款，或仅有贷款时，银行只会偶尔因流动性冲击而陷入困境。采纳全方位安全网的观点并不意味着安全网必须是某一个机构的责任。通常，需要几个管理机构相互配合，因为保证安全网的良好运行的不同相关职能分配给了不同的机构。将货币政策与银行监管分开是相当合理的，存款保险公司与央行的分离使得存款保险的成本更加透明。此外，监管的国家管辖权，使得对跨境银行的监管成为本国和东道国监管机构的共同责任①。这意味着监管将成为不同机构之间合作或冲突的博弈结果。

最后，作为金融环境的一部分，监管结构将是至关重要的。特别是，LOLR 的职能通常取决于央行，而另一个机构，通常是存款保险公司，其对银行倒闭情况进行负责。所以如何协调这两个机构的决策显然是一个需要考虑的问题。

本章的其余部分结构如下：20. 2 节，我们在一个只有流动性冲击的简化框架中分析了 LOLR 贷款的重要性。20. 3 节考虑了银行间市场的传染。20. 4 节专门讨论了无法识别流动性冲击与偿付能力冲击的情况。20. 5 节讨论了在安全网内实施 LOLR 政策所引起的问题。20. 6 节进行了总结。

20. 2 纯流动性冲击

如前所述，银行的主要特征之一，及其存在的理由是，它们吸收短期负债并投资于较长期限的资产，这是因为投资和生产计划可能与个人的消费需求不一致。因此，向银行系统提供流动性的机构，对于维持整个贷款、存款和支付系统的良好运行，发挥着关键作用。这里我们将研究什么类型的流动性冲击可能会对银行产生影响，以及紧急流动性援助（ELA）应如何帮助银行应对这些冲击。然而，通过设定一个框架来解释银行可能面临流动性风险的原因，并不意味着对 LOLR 的存在意义也作出了解释。首先，可以设想，货币政策和同业监管相结合的方式可以解决这个问题。其次，即使我们需要一个特定的机构来

---

① 2008 年秋天，比荷卢经济联盟的货币和财政当局对比利时—荷兰银行和保险集团富通银行实施了联合金融救助，与此同时，欧洲央行行长也为救助这两家银行而从中斡旋。由于比利时法院以股东权利没有得到尊重为由驳回了这项交易法律结构，因此这一救助工作非常复杂。

为银行提供流动性，私人的 LOLR 也可以为有需要的银行提供流动性，虽然其没有从央行获得流动性的特权。

我们将首先研究关于纯流动性冲击的不同模型，然后对纯流动性冲击事件进行分析，如 2001 年“9・11”事件导致的市场中断，最后，依据历史经验来讨论私人 LOLR 的利弊。

20.2.1 单一机构的期限转换风险

在现代经济中设立 LOLR 的主要动机是防止系统性风险的威胁，即一个金融机构的危机会对其他金融机构产生影响。

Bryant（1980）、Diamand 和 Dybvig（1983）的经典模型表明，若消费者面临的消费需求风险在时间上相互独立，就可以集合资源成立一家银行，这家银行可以提供活期存款，将收益投资于非流动资产，保持流动性的金额等于其储户的流动性需求的预期值，并提供存款保险。然而，如果大量储户出于流动性以外的理由决定同时取款，那么期限转换行为会使银行面临挤兑的威胁。

在这种模型中存在两种可能出现的均衡。在一个有效率的均衡中，储户取款只是为了满足其临时消费需求，因此允许非流动性投资持有到期。但是，由于银行资产的价值不能完全覆盖在过渡阶段时银行与其储户合同义务，因此也存在一种低效率的均衡，即提早取款对于所有储户来说都是最佳的，即使是那些没有即时消费需求的储户。这可能导致长期资产或非流动资产的“折价出售”，如果这种情况普遍化，可能会进一步压低资产价格并造成恶性循环。几十年来，存款保险和审慎监管基本上限制了银行挤兑的发生。但随着 2007 年金融危机的开始，这一情况发生了巨大变化。即使在成熟的银行系统中，零售市场也出现了挤兑现象——2007 年抵押贷款人北岩银行发生了存款挤兑①，2008 年一家加利福尼亚的印地麦克银行和美国最大的储蓄机构华盛顿互惠银行都发生了挤兑现象。更重要的是，在 2007—2009 年的危机时期，回购市场上出现了大量投资者拒绝提供短期信贷来为资产支持证券融资的情况，以及在雷曼破产之后，货币市场共同基金（MMMF）出现大批机构投资者提现的情况。

研究均衡状态下储户决策的传统方法是，假设储户以哪种方式进行决策取决于外生事件（在这种文献的术语中叫“太阳黑子”）。因为其中一个均衡使银行福利增加，而另一个均衡使银行福利减少，无法确定最终会到达哪个均衡，因此无法事先确定作为跨期消费保险提供者的银行，其存在是否是必要的。换句话说，我们不清楚消费者起初为什么会认为将他们的钱存在银行是最优决策②。因此，监管保障措施是缺失的，政策建议是基于其中一个特定均衡状态下的假设，然而最近的全球博弈建模方法并未面临这一问题。尽管存在这一缺点，但 Bryant - Diamond - Dybvig 方法仍然是现代研究金融不稳定和系统性风险的重要方法。

---

① 这是英国自 1866 年以来的第一次银行挤兑。北岩银行后来被英国政府国有化。

② 为了消除这个问题，Cooper 和 Ross（1998）研究了一个改进的 Diamond - Dybvig 模型，这个模型可以对防范挤兑和允许挤兑的两种经济下的福利进行比较。

在现代经济中，流动性转换实际上与经典 Bryant – Diamond – Dybvig 设定所预期的形式不同。发现的两个主要差异是相关的。首先，银行大幅降低了其流动资产在投资组合中所占的比例。其次，由于长期资金比短期资金成本更高，银行在批发市场上通过短期借款为长期非流动资产融资的比例越来越大。因此，银行用对短期利率敏感的批发融资和滚动债务替代了相对稳定的短期资金来源（比如活期存款）。Brunnermeier（2008）观察到，2006 年和 2007 年，短期隔夜回购量约占经纪交易商资产的 25%，这意味着整个资产负债表每四天必须进行一次再融资。这些变化相互关联，任何金融机构都承受了巨大的融资压力。

2007—2008 年次贷危机的主要特征之一是，随着所谓的“贷款并证券化”模式在银行业的广泛出现，一部分期限转换在表外进行，因此避开了监管，包括防止挤兑的银行业监管和传统的监管机制，而这一事实也可以从以下角度来考虑：金融中介渠道或特殊目的载体（SPV）通过短期债务展期来融资，其流动性风险类似于一个银行控股公司，这个公司拥有一个不受监管的子公司，而这一子公司可能会发生挤兑（基于流动性观点）。

20. 2. 2 系统性风险

金融脆弱型中介机构经常暴露在系统性风险的威胁之下。系统性风险可能源于由以下几种业务构成的金融契约网络：支付系统银行间市场和衍生品市场。这些业务带来了金融契约网络的快速增长，加强了金融参与者之间和国家之间的相互联系，从而增加了风险传染的可能性。

许多论文建立了测度银行间系统性风险传染性以及防止其传染的模型。下面将集中讨论我们认为最为重要的两个模型。Allen 和 Gale（2000）的研究表明，在多边区域经济的银行系统中可能出现金融传染。银行同业存款市场防范了区域流动性冲击所带来的影响，但同时也提供了一个渠道，通过这个渠道，某个地区出现的偏好冲击可以蔓延到其他地区。Allen 和 Gale（2000）提出了另一个版本的 Diamond – Dybvig 模型，在这个版本里，一些地区的消费者在早期和后期（他们在中期阶段会需要流动性）的数量波动很大。通过银行同业存款市场，流动性盈余的地区可以向流动性短缺的地区提供流动性支持。只要总体流动性足够，这个机制就是有效的。但是如果总体流动性不足，由于在紧缩阶段早期消费者比例比预期的更大，银行同业存款市场就可能成为危机蔓延的渠道。当面临流动性危机时，在清算长期投资之前，银行先清算它们在其他银行的存款，这种策略适用于总体上流动性不变的情形。在总体流动性短缺的情况下，增加早期消费品的唯一办法是最后清算长期投资。因此，一个地区的金融危机可以通过传染蔓延。请注意，在零售存款市场方面，危机的性质和解决方案是不同的，例如在 Diamond – Dybvig 模型中。在零售市场发生的挤兑，是因为当银行的流动性不足以满足存款的固定提现需求时，银行会进行清算。因此，通过将合同约定的负债变为或有负债或随意负债，可以消除引发挤兑的刺激因素。相反，在银行间市场，存款协议的互惠性质使得这些解决方案无法实现。此外，传染发生的可能性取决于同业存款的结构。如果每个地区都与其他所有地区相联系，危机的初步影响就可以减弱，传染问题也可以避免。另一种情况下，如果每个地区只与其他几个邻近地区相联系，那么最初危机可能会对邻近地区产生强烈的影响。

Freixas、Parigi 和 Rochet（2000）建立了一个银行间信用额度系统，因为储户的消费具有不确定性。金融间的紧密联系降低了持有流动性的成本，但即使所有银行都具有偿付能力，银行系统也容易陷入投机僵局。这一僵局的作用机制如下：如果居住于某个地方的储户想在另一个地方消费，如果发现没有足够的资源来满足他们在目的地的消费，他们的最佳决策就是在家庭所在地取款。这触发了家庭所在地银行投资的早期清算，通过逆向归纳法可知，这对于其他地方的储户也是最佳决策。中央银行可以发挥危机管理者的作用：当所有银行都具有偿付能力时，中央银行的作用就只是通过为所有银行的信用额度提供担保来做一个协调机构。由于在均衡时不需要这种担保，因此这一行为不需要成本。相反，当一家银行由于其投资回报不佳而无力偿债时，中央银行的作用就是让银行有序地倒闭。

Allen 和 Gale（2000）与 Freixas、Parigi 和 Rochet（2000）强调了银行间市场通过银行资产负债表的关联性而令危机扩散的关键作用，一家银行违约会瞬间对所有无担保债权人造成损失。这两篇文献都强调，支付结构的多元化程度以及关系型贷款的规模，将是决定银行系统恢复能力的一个关键特征。然而从政策的角度来看，这两篇文献的两种模型有着至关重要的区别。在 Allen 和 Gale 的论文中，无论中央银行将紧急流动性注入哪里，都可以解决危机，因为一个流动性盈余的机构给流动性短缺的机构提供贷款是有利可图的。在 Freixas、Parigi 和 Rochet 的论文中，由于危机不是源于未预期到的流动性短缺，而是由储户的理性替代均衡策略所引起，因此从总体上注入额外的现金将无济于事。即使在每家银行都可以获得足够的流动性，如果银行资源的使用效率很低，就会陷入低效均衡的僵局。要解决 Freixas、Parigi 和 Rochet 模型中所描述的危机，需承担更多责任的是银行监管机构而不是中央银行，因为中央银行需要保证银行的所有负债都将得到清偿。因此，LOLR 在 Allen - Gale 模型中扮演流动性提供者的角色，而在 Freixas、Parigi 和 Rochet 模型中则扮演危机管理者的角色，尽管两者有着明显的相似性。

要区分 Allen 和 Gale（2000）以及 Freixas、Parigi 和 Rochet（2000）所描述的系统性风险，2008 年发生的危机可以作为一个典型例子。均衡结果非常类似于 Freixas、Parigi 和 Rochet（2000）所描述的僵局，即储户作为债权人担心债务人银行不履行其义务，因此执行取款决策，进而触发资产清算这一连锁反应。这是现代形式的"银行挤兑"，金融中介机构拒绝向其他中介机构提供新的信用额度，因此整个金融系统的生存受到威胁。

20.2.3　LOLR 和流动性冲击："9·11"案例研究

Goodfriend 和 King（1988）对当今金融市场中 LOLR 的经典观点提出了一个重要的批评。他们认为，完全抵押的回购市场的存在使得中央银行可以提供足够的流动性，然后由银行间市场来分配这些流动性。由于不再需要中央银行单独的干预，因此贴现窗口就失去了作用。具有信息优势的银行间市场参与者能够辨别流动性不足的银行和无力偿债的银行。这些观点如此很强的影响力，以至于在发达的金融市场中，Bagehot 对于 LOLR 的观点经常被认为是过时的。然而，Goodfriend 和 King 的观点反驳了信息不对称假设是金融中介的主要存在原因这一观点。

2001 年"9·11"事件对流动性的影响，为我们提供了一个全系统流动性冲击的典型案例，并很好地说明了即使在没有偿付能力冲击的情况下，支付流程的相互依赖性也会造成系统性的威胁，这一案例使得 Goodfriend 和 King 的 LOLR 观点在金融发达经济体中得以验证。McAndrews 和 Potter（2002）指出，由于支付系统的基础设施被普遍破坏，9 月 11 日银行在付款方面遇到了严重的困难。由于支付流程采用净额支付，银行可以在联邦资金转账系统（即实时总额支付系统）中运营，其储备金额约为其每日总支付额的 1%，其余部分来自其他银行的支付流入。如果支付系统的正常协调功能和同步支付功能发生崩溃，正如 9 月 11 日那样，这种高速循环机制会使系统面临巨大的风险。“9·11”事件的爆发，导致银行系统中流动性的分配不均。McAndrews 和 Potter（2002）观察到，所有市场参与者都知道哪些事件会触发流动性短缺，而且这些事件通常被认为是一种纯粹的流动性冲击，与任何主要金融机构的基本偿债能力无关。然而，美联储担心银行支付系统的协调机制崩溃会对金融系统安全产生威胁，因而采取行动进行干预。McAndrews 和 Potter（2002）以及 Coleman（2002）证明，在 9 月 11 日和随后几天，美联储采取了一些措施，以确保市场参与者知道美联储已经准备好为市场提供所需要的流动性。美联储不只注入流动性，它还鼓励银行通过贴现窗口获取流动性，为此还消除了银行的不良借款记录，这些借款记录通常是与贴现窗口相关的。然而，也有人认为，如果所有的流动性都通过公开市场提供，效果会是一样的。如果是这样，就不可能辨别流动性危机到底是 Allen - Gale 类型的还是 Freixas - Parigi - Rochet 类型的。

当然，基础设施受损不会使 Goodfriend 和 King 的研究无效。然而 McAndrews 和 Potter（2002）指出了由这些事件得出的另一个重要经验教训，这一经验教训有助于区分这两种模型。那就是，不愿意相互支付的银行也不愿意相互借款。因此，在这些情况下，通过公开市场操作（OMO）注入流动性可能无法有效分配流动性，因为多余的资金可能无法流通到需要流动性的地方，这与贴现窗口的干预效果相反。只有当银行之间的协调机制重新建立，OMO 才可能是首选决策，因为它们把分配流动性的任务留给了市场。

20.2.4 私人 LOLR

在 1913 年创立联邦储蓄系统之前的美国金融历史，提供了私人部门解决银行危机的良好案例，即商业银行清算所（CBCs）［Gorton（1985）及 Gorton 和 Mullineaux（1987）详细分析了 CBCs］。最初为了方便对银行支付系统进行检查，商业银行清算所承担了各种任务与职能。当发生银行恐慌时，商业银行清算所不再是竞争性银行的监管当局，而是有效地将会员银行合并为一个单一的集团，该集团承担了每个成员的债务。在银行恐慌期间，商业银行清算所最重要的作用是暂停公布单独银行的资产负债表，转而公布整个清算所的合并资产负债表信息，同时暂停存款提现业务，暂停发放贷款证书。贷款证书是清算所的负债，成员银行可在清算过程中使用贷款证书，也可将其作为货币流通。这些贷款证书根据会员银行资产市场价值的一定比例来控制发行量，这种贷款证书实际上是清算所的法定货币。

在美国，银行之间的合作构建起了稳定的银行间关系，萨福克制度是 19 世纪 20 年代到 50 年代在新英格兰实行的自律型银行结算系统的重要案例，在这一制度体系中的银行间关系具有很强的恢复能力，超过了制度支持者的预期（Calomiris、Kahn 和 Kroszner，1996）。许多观察家指出，美联储制度是由商业银行清算所发展而来的（Timberlake，

1978，1993；White，1983；Gorton，1985；Calomiris、Kahn 和 Kroszner，1996）。然而，商业银行清算所的运作模式存在一个问题，它们的会员准入标准过于严格，仅为维护会员银行的利益而设立，而不是致力于维护公共利益。例如，纽约清算所协会要求储备金达到很高水平才有资格成为会员，因此许多银行倾向于退出清算系统（Sprague，1910）。在 1907 年的银行恐慌中，一家有偿付能力的信托公司由于流动性问题被迫破产，这个公司就是尼克伯克信托公司，它不属于任何商业银行清算所。正如 Friedman 和 Schwartz（1963 年，第 159 页）所说，“如果尼克伯克是清算所的会员，那么它可能会得到帮助，从而可以防止危机进一步的发展”。这一事件导致美国陷入经济史上最严重的经济收缩之一，这一事件也推动了联邦储备体系的建立。

因此，事实似乎与预期一致，表明了商业银行清算所更关心自己的狭隘利益，而不关注非会员银行的破产传染风险。因此 LOLR 应该担负维护金融稳定性的职能，并且这一职能范围应该包括所有的银行，而不仅仅是其关联网络内的会员银行。Dang、Gorton 和 Holmstrom（2012）以美国商业银行清算所发行的贷款证书作为案例，来说明当前发生的金融危机给我们带来的重要教训。通过发行贷款证书，商业银行清算所向市场提供了新的证券，这一证券对私人信息并不敏感。这使得个别银行的私人债务信息并不会对这一证券产生影响，这也使贷款证书具有流动性。更普遍地来说，LOLR 的作用是将对信息敏感的债务交换为对信息不敏感的债务，因其不受逆向选择问题的影响，信息不敏感债务具有流动性。这个过程与当前危机中出现的私人金融机构大量债务共同化非常类似，并且这一过程让我们产生了关于 LOLR 职能的一个设想，这个职能必须和财政当局搭配执行。

20.3　系统性危机和传染

银行的资产和负债出现了期限错配问题，使得必须建立银行同业流动性转移的机制。不同银行间通过资产负债网络以及联合声誉而相互关联。因此，在评估 LOLR 操作的成本与收益时，预防风险的传染和系统性风险的发生是需要考虑的首要因素。中央银行明确表示，它们将救助系统重要性银行，从而顺应了金融市场中普遍认同的看法，即银行并不受到同等对待，因为一些银行具有系统重要性。

对于系统性银行问题是如何出现的这一问题，2008 年的金融危机改变了我们的看法。在危机之前，传统的观点认为系统性银行问题的主要机制是“多米诺效应”，即一个银行的违约会影响存款人和投资者对银行系统的信心，作为违约银行债权人的那些银行，都会因此受到损失并导致流动性短缺。目前的危机事实表明，银行持有资产的价格下跌（ABS、CDOs 和抵押贷款）是推动危机传播的主要动力。由于证券变为“有毒”证券的情况比想象得更为严重，导致内部流动性发生突然短缺，因此需要注入公共流动性以替代内部流动性。

因此，我们将首先回顾关于“多米诺效应”的研究，然后思考最近关于“折价出售价格”的研究及其对金融机构脆弱性的影响，最后对一些衡量传染性的建议进行分析。实际上，由于预防系统性风险是建立 LOLR 的主要理由之一，因此评估和量化这一风险是很重要的。不幸的是，迄今为止，可用数据的缺失限制了我们的分析。

20.3.1 “多米诺效应”方法

由于“多米诺效应”认为银行的传染是一家银行的破产会触发其他银行的破产，因此分析时要事先给定一家破产的银行，并跟踪其对整个银行系统的影响。从理论的角度来看，这种方法是完全合理的。然而，大多数研究表明，其效果并不理想。

Humphrey（1986）是第一个调查银行破产传染程度的学者，他的数据来自纽约清算所银行同业支付系统（CHIPS），他所关注的是支付系统发生重大的银行间借贷头寸时的数据。Furfine（2003）对这一分析进行了扩展，他研究了美国联邦基金市场，发现银行破产的传染程度是相当有限的（在考虑最坏的情况下，假设最大的银行出现违约，产生了40%的损失，那么会影响2~6家银行或者会影响到银行总资产的0.8%）。有趣的是，Furfine指出流动性问题会带来更大的威胁：如果一个大型联邦基金债务人无法融资，其流动性不足的危机会通过资产渠道传播到美国银行系统近9%的银行。

对于较小的经济体和较大规模的跨境交易经济体进行的研究显示，这两者表现出更为明显的系统性风险特征（参见Blavarg和Nimander 2002年对瑞典的研究，Wells，2004年，以及Upper和Worms，2004年对德国的研究）。事后看来，根据危机带给我们的独特观点很容易理解，所有的计算都是基于与低水平的金融脆弱性相对应的数据。因此，最近的研究还分析了金融体系的影响，由于比利时银行资产负债表详细的保密数据是可得的，使得Degryse和Nguyen（2007）的研究可以超越现有文献。通过进行回归分析，他们确定了传染的主要决定因素。他们发现，从“完整”银行结构（银行间相互借贷）向“多货币中心”银行结构的转变，以及贷款市场集中度的提高，都会降低国内银行的传染性。他们还发现，跨境资产比例的增加，降低了国内银行传染的风险和影响。这些结果与Mistrulli（2005）对意大利银行间市场的研究结果相反。Mistrulli发现，跨境风险的重要性已经下降，从“完整”结构向“多货币中心”结构的转变增加了传染风险。

Afonso和Shin（2008）使用格理论进行模拟可以发现，正是由于实时支付系统的同步性和协调性，才创造了高支付量的良性循环，银行支付意愿的下降以及推迟到日末付款以保存流动性的决策，都可能引发日内流动性需求的增加和支付中断。此外，他们表明，当银行被识别为易破产银行时，其他银行可能会选择停止向该银行进行支付操作，进而产生系统性影响。在2008年9月中旬发生银行间大规模融资中断以及美国主要投资银行崩溃的时候，上述这一系列机制可能导致了雷曼兄弟的倒闭：没有人想与一家可能会破产的公司做生意，尽管雷曼兄弟满足巴塞尔协议Ⅱ的资本要求。

根据以前的估计，在2007—2009年危机发生之前，人们可能会认为银行传染并不存在。银行的风险敞口有限，不应成为监管机构的主要关注点。但是，仅从面值估计而不考虑整体影响的情况下，理论模型所得出的银行传染观点过于简单。从这个角度来看，应该提出四个重要的批判。批判涉及存款人行为、经济周期、危机期间银行资产的价格以及流动性的影响四个方面所造成的间接传染影响。

第一，实证证据基于银行资产负债网络，而银行资产负债网络可能会影响活期存款储户的行为。如果储户们理性地选择更改存款银行为另一家具有类似特征的银行，他们在追求存款质量的同时，可能导致存款的提现。许多银行危机都验证了这种现象，例如在美国

“大萧条”期间，或英国国际商业信贷银行危机之后的民族银行危机期间。Iyer 和 Peydro（2011）以 2001 年印度马哈茂浦商业合作银行的违约案例进行研究，以分析通过活期存款渠道发生的传染。同样，Iyer 和 Puri（2012）研究了印度一家银行发生大量储户提现的案例，由于附近的一家银行倒闭，这家银行经历了银行挤兑。然而，整体分析银行间的负债网络以及存款人行为对银行破产的联合影响的做法，仍有待完成。

第二，传染性的度量在正常时期和危机时期是不同的。当银行系统健康时，个体银行的影响是上述分析的目标。然而从政策分析的角度来看，无法判断此时是否是度量传染性最好的时机。当所有银行都陷入困境时，个体银行更有可能破产。当然，这使得分析变得复杂，因为在这种情况下，不可区分系统性风险是传染性引发的还是宏观经济引发的。因此，度量传染性的新挑战是有条件地计算银行破产对银行部门健康的影响，这一问题将在本节的后面部分详细讨论。

第三，一定数量的银行破产或银行资产负债表大幅缩减的情形，对资产价值所造成的影响。首先，欧文费雪（1933）指出，其主要影响涉及用作抵押品的资产的价格。在债务通货紧缩的情况下，资产价值下降，这降低了抵押贷款的数量，从而降低了可用信贷额度，反过来又会减少产出。这种产出下降将再次影响资产价格，从而导致资产价格进一步下跌，直到外部投资者购买资产进行干预为止（参见 Kyotaki 和 Moore，1997 年的研究，以及最近的 Gorton 和 Huang，2004 年与 Acharya 和 Yorulmazer，2008 年的研究）。

第四，一些研究展示了相对较小的冲击会产生怎样的影响，如 2007 年次级贷款的违约，其影响可能会被一场全面的金融危机所放大，而金融传染的多米诺模型无法捕捉到这种较小的冲击。

20.3.2　传染性的流动性不足观点

思考折价出售和流动性不足是否引发了系统性银行危机这一问题，最简单的方法是假设市场中的流动性总额是固定的。这种“现金市场”极端简化假设，最初由 Allen 和 Gale（1994）提出，它有利于看出问题的本质。当银行面临流动性冲击时，它们被迫折价出售资产。如果市场中的现金数量固定，任何销售量的增长都会导致价格的下降。因此，如果违约银行的数量足够大，则会不可避免地导致一些或所有银行破产。Acharya 和 Yorulmazer（2007）考虑了这种方法的扩展版本，并显示了 LOLR 干预的必要性。Brunnermeier（2009）与 Brunnermeier 和 Pedersen（2009）提出了对于金融传染性多米诺模型的详细替代方案，他们认为流动性螺旋效应可能会导致总体流动性由于轻微冲击而枯竭。如果是杠杆型投资者，即使其资产损失甚微，为了保持相同的杠杆水平，他们仍必须出售资产，如果资产的市场流动性很低，就会导致资产价格进一步下跌。除了这种损失螺旋效应，Brunnermeier 和 Pedersen（2009）还发现了保证金螺旋效应，这一发现基于这样的事实——通常，金融资产是以信用（资金流动性）购买的，而信用则是使用自有资产作为贷款抵押品（保证金）而获得的。保证金螺旋效应又加强了损失的螺旋效应，因为遭受损失的投资者必须出售资产以满足更高的保证金要求，即更低的杠杆率。Adrian 和 Shin（2008）对 1997—2007 年美国五家主要的投资银行进行了实证分析，并证实了这一点。他们发现投资银行杠杆加权变化和资产变化之间存在强烈的正相关关系，因此表明杠杆是高度顺周期性的。根据 Adrian 和 Shin（2008）的研究，可以更好地解释美国次级抵押贷款的轻微损失为何引发了自“大萧条”以来最严重的金融危机。

最后，更具试验性的观点是，如果我们仅限于分析偿付能力，那么也可能会低估跨银行联系的作用。事实上，如果一家银行给另一家同业金融机构提供隔夜贷款，而这一金融机构碰巧违约了，在破产金融机构完成清算后的五年内，这家银行将收回其 95% 的债权，对此，银行可能并不完全满意。这可能会触发贷款银行在这种情形发生之后将部分资产变现，即“折价出售”，这一行为可能会增加对资产价格的影响。最近，通过资产端在资产负债表网络中触发传染的可能性已经明确引起了相关研究的关注。Schnabel 和 Shin（2004）与 Cifuentes、Shin 和 Ferrucci（2005）的研究表明，资产价格的变化可能与偿付能力要求或内部风险控制相关，同时资产价格变化可能会形成恶性循环不断放大初始冲击，在这一恶性循环中，银行的资产负债表价值的缩减可能会迫使其出售资产或处置交易头寸，从而进一步抑制资产价格，这一情形与前面的案例类似。这一观点在研究当前的危机中尤为重要。虽然根据预期，传染是通过不同银行资产和负债之间的相互联系发生的，但事实上它是由于金融机构缺乏流动性而发生的。流动性的缺乏导致银行出售一些资产，这反过来导致这些资产的价值下降；因此，银行会面临损失和风险的增加，从而导致偿付能力降低。因此，在目前的危机期间，资产流动性似乎一直是偿付冲击从一家银行传染到另一家银行的渠道。

出于这种对风险的认识，为了缓解面临危机时的流动性需求问题，监管机构采取了一系列的措施。例如 2002 年夏季英国股票价格下跌期间，金融服务管理局（FSA）通过削弱对保险公司偿付能力的测试标准来应对，又比如 1998 年美联储通过精心的安排，救助了对冲基金 LTCM，以防止 LTCM 平仓而产生的对资产价值的负面影响。

20.3.3 风险管理技术评估系统性风险

分析 LOLR 的系统性风险敞口，其经典方法是使用标准风险管理技术进行量化分析，其中考虑到了银行资产组合之间的相关性。虽然大多数研究都将违约概率设为给定值，并追踪银行违约对系统其余部分的影响，但是 Lehar（2005）与 Bodie、Gray 和 Merton（2007）采用了一种新的方法，他们使用 Merton（1977）或有债权的经典分析框架，其中考虑了股票、衍生品和抵押物这些因素。他们使用最大似然方法进行估计，从而估计出银行资产的价值和监管机构的风险敞口。Lehar（2005）利用 1988 年至 2002 年 149 个国际银行的样本来识别系统性风险敞口最大的银行以及威胁全球金融系统稳定性的国家。他发现，北美银行资产组合的相关性在逐渐增加，但随着其资本化的加深，北美银行的系统性风险在随时间而降低。同时，日本银行的资本化程度急剧下降，使得其金融系统变得非常不稳定。根据估算，日本银行监管机构的负债在 1997—1998 年亚洲金融危机时期急剧上升，这一点毫不奇怪。

随着危机的发生，这些方法已经受到密切关注。事实上，对监管的一个主要批判观点是，它仅限于对每个单一机构的信用风险进行分析，而我们需要宏观审慎政策来了解那些处于困境的机构所受到的全局影响。

很明显，银行传染的程度取决于宏观经济条件。“宏观经济脆弱性”一词用来表达金融机构在那些可能出现系统性危机的时点，所表现出的脆弱性。宏观经济脆弱性的程度取决于当前危机中存在的一些宏观经济因素，例如由乐观的预期水平、稳定的利率预期和高增长预期所推升的资产泡沫。它还取决于金融体系的顺周期水平。在这一点上，应该提到的是，按市场价值为资产计价的会计准则与巴塞尔协议Ⅱ相结合，使得信贷供给更加具有顺周期特征。此外，银行没有考虑它们产生的风险，监管机构（可能除了西班牙银行以外）也没有增加法定资本金或贷款损失准备金水平，而实施这些措施是巴塞尔协议Ⅱ的支柱二所赋予的特权，这些特权考虑到了风险水平的增加。

20.3.4 衡量金融机构之间的联系

最近的研究提出了一系列衡量金融机构间联系的各种方法，以探究在危机中出现的溢出效应和放大效应。

目前已经提出了三种金融脆弱性的度量方法。首先，我们介绍 Adrian 和 Brunnermeier（2011）的 CoVAR 模型，即在其他金融机构经历金融危机的条件下，度量该金融机构的风险价值（VaR）。其次，Acharya 等（2011）在金融机构整体表现不佳的条件下，度量每个金融机构的预期损失。最后，Huang，zhou，and zhu's（2008）的不良资产保险费方法度量了为覆盖银行系统不良资产损失所需的保险费用。由于这些方法是以经济状况为条件的，因此在系统性冲击发生之前、期间和之后它们的度量结果是完全不同的，因此它们可能难以作为系统性风险积累的预警信号。

相反，Billio、Getmansky 和 Pelizzon（2012）通过使用无条件的方法衡量其联系，发现了金融系统各部分之间的新联系，并捕捉了它们的动态过程。作者使用主成分分析来估计四组金融机构市场收益率的共同驱动因素的重要性，四组金融机构包括对冲基金、上市银行、经纪人/自营商和保险公司。他们使用成对的格兰杰因果关系检验来确定四组机构中 25 家最大企业之间所存在的统计上显著的格兰杰因果关系网络。Billio、Getmansky 和 Pelizzon（2012）的格兰杰因果关系网络测度具有时间维度的连通性，这在同时期金融机构间关系的研究中具有创新意义。在样本的前期（1994—1996 年）金融机构之间的联系总数是583，在后期（2006—2008 年）这个数字增加一倍以上至1244，这些结果证明了他们的一些结论。在 2006—2008 年，对冲基金与保险公司和经纪人/自营商建立了重要的双边关系，而且它们会严重受到银行的影响，但并不能对银行产生重大影响。因此，作者得出结论，从联系的角度来看，银行比对冲基金更具重要性，但当金融危机发生时，对冲基金首先遭受损失，因而可以作为预警信号。

总之，由于最近发生的金融危机，引起了对系统性风险的研究，并且这些研究以不同于第一代研究的方式描绘了系统性风险。显然，人们认为系统性风险是对经济整体稳定的真正威胁，其规模很大，需要采取监管行动进行干预。

20.4 区分无力偿债的银行和流动性不足的银行

从 Bagehot 的《朗伯德街》开始，区分流动性不足和无力偿债的银行的困难就得到了认可，他在书中（1873，II. 64）写道："每个银行家都知道，如果一个银行家必须证明他值得信任，那么无论他的论述如何精彩，事实上他的信用已经没了”。但是这样的模型框架直到最近才建立起来。存在两种不同的方法，这两种方法都有可能解决这一问题，一种是基于不可观测的流动性和偿付能力冲击，另一种是基于协调银行间市场贷款者对基础的、公共的和私人的偿付能力信号所作出的战略决策。

20.4.1 不可识别的冲击

分析流动性冲击和偿付能力冲击的难度也源于银行在创造总体流动性方面的独特地位。Diamond 和 Rajan（2005）基于他们以前的研究（Diamond 和 Rajan，2001），认为银行表现出了两个互补的功能：它们具有收回贷款的能力，如果没有这一能力，借款人偿还贷款的承诺就并不可信，与此同时，银行发行活期存款来保证不向投资者收取租金。如果银行资产组合需要再融资的比例相当大（偿付能力问题），银行将无法借用其未来的资金。但在这种情况下，在为当前的消费需求进行融资时，经济中会出现流动性短缺问题（流动性问题）。如果存款人预期到会有损失，那偿付能力问题或流动性问题本身就可能导致银行挤兑。反过来，挤兑会破坏银行从储户那里吸收存款的能力，从而破坏了银行从盈余机构将资金融通到赤字机构的能力。因此，在一次银行挤兑发生之后，总体流动性会被破坏（在 Diamond - Dybvig 型的银行挤兑中没有这样的效应，1983），而且一部分流动性也会退出市场，这与 2008 年恐慌期间发生的情况非常类似，因此区分流动性不足的银行和无力偿债的银行很困难。银行挤兑问题的成因不同，应对的政策就应有所差异。当问题的根源是流动性短缺时，Diamond 和 Rajan（2005）提倡通过提高发放贷款的自由度，以防止货币存量下降。当问题的根源是偿付能力时，他们建议银行进行资产重组。然而，如果缺乏流动性是银行挤兑发生的根源，那资产重组可能是有害的，因为注资只会导致利率提高，而利率的提高会潜在地导致更多的银行倒闭。相反，在这种情况下，注入流动性的副作用是最小的，经测试这一措施是无害的。

Freixas、Parigi 和 Rochet（2004）所采用的方法也是基于无法区分流动性不足和无偿付能力这一前提下。这些作者认为，银行面临的冲击可能来自恐慌消费者的不确定性取款行为（流动性冲击），或者来自它们长期投资的损失（偿付能力冲击），这两种类型的冲击无法明确区分。央行作为 LOLR，可能会面临这样的情形，一家无力偿债的银行可能会表现为流动性不足的状况，因而从银行间市场借钱或向央行借钱来获取流动性。然后银行可能会“为复苏而赌博”，也就是说，它可能会把这些贷款继续投资在具有负的预期净现值的项目上。这个假设与 20 世纪 80 年代美国贷储危机（S&L）期间人们对 LOLR 的批评一致，这一事实也证明了中央银行为什么不愿意更随意地使用紧急流动性援助（ELA）。这个假设也使得这些作者集中于研究 ELA 的激励问题，以及在哪种宏观经济条件下央行应该提供 ELA，而这一研究的代价是需要将传染性模型抽象化。在危机期间，当银行的资产风险很大时，从银行间市场借款可能会承担高额成本，因为贷款要求的利差很高。Freixas、Parigi 和 Rochet（2004）的研究表明，ELA 应该以惩罚性利率来提供流动性，以阻止表面上是流动性不足而事实上无力偿债的银行进行借款，但 ELA 也应该以低于银行间市场的利率来提供流动性。央行可以以低于市场的利率贷款的原因是，央行可以提供抵押贷款，因而其优先权超越了现有债权优先权。通过惩罚那些需要 ELA 的无力偿债的银行，央行为银行提供了适当的激励，这一激励有助于限制银行从一开始就陷入无力偿债危机之中的可能性①。在对 2007—2009 年危机的评估中，可以清楚地看到这种方法的影响。关于银行间市场问题的经典观点认为，基于银行间市场的运行是完美的，银行间贷款的利差低估了风险，可观测到的波动是对所有资产和契约定价的修正，这些定价都取决于风险价格：银行的房地产贷款、抵押贷款和无抵押贷款。相比之下，Freixas、Parigi 和 Rochet（2004）的方法将危机视为流动性问题和偿付能力问题的结合，因此，如果没有央行干预，银行间市场可能会自我加剧逆向选择问题。例如，在 Freixas 和 Holthausen（2005）与 Freixas 和 Jorge（2008）的论文中，他们认为在极端情况下，这一逆向选择问题可能导致如经典的“柠檬市场”那样稀薄的市场均衡。政策的影响是至关重要的，因为如果差别诊断是对长期风险价格的修正，那最佳的政策可能是央行不进行干预，除非是为了降低银行破产的成本。相反，如果银行间市场的逆向选择导致市场停滞，那么 LOLR 对个别机构提供的流动性就成为资本②。

20.4.2　逆向选择导致流动性枯竭

Freixas、Parigi 和 Rochet（2000），Rochet 和 Vives（2004），以及 Freixas 和 Jorge（2008）的研究都认为存在流动性囤积的现象，囤积的流动性即不打算在市场上流通的流动性。囤积的原因可能源于在二级市场上潜在的资产的逆向选择问题。Malherbe（2014）基于 Diamond 和 Dybvig（1983）的研究构建了一个模型，其中假设，机构在进行某项长期投资之后会在私下了解这一项目的质量。了解之后，它们可能会想将其项目的一部分进行出售，或是因为它们想要提前消费，或是因为它们想利用它们的私人信息来获利。但由于逆向选择的存在，二级市场的销售价格由卖方的平均交易动机决定。这一因素的存在可能会降低价格，同时长期资产转换为当前消费品的成本也变得非常高，这就为初始阶段囤积流动性的行为提供了理由。

至关重要的是，当卖家表现出囤积流动性的行为时，就会有更多的人在二级市场出售资产，这是因为他们收到了关于其项目回报的负面消息。事实上，囤积流动性的卖家越多，为了满足投资期间消费需求而出售资产的卖家就越少，而因知道自己的资产是“柠檬”（次品）而出售资产的卖家就越多。机构在初始阶段的投资决策呈现策略互补性，这会导致多重均衡。当机构预期到二级市场流动性不足时，它们会理性地选择囤积更多流动性。这一情形导致市场参与度的降低，恶化了二级市场出售资产的平均质量，使得市场流动性不足，从而验证了机构最初的预期。③ 因此，流动性枯竭可能会自我实现，这可能有助于解释为什么一些市场的逆向选择问题的可能导致严重后果，例如，那些在 2007—2009 年金融危机之前流动性充足的资产支持证券在危机期间流动性枯竭了，并且尽管其可以重

---

① 然而，当 2008 年 9 月中旬美联储向美国最大的保险公司 AIG 提供紧急高级贷款时，它给 AIG 的初级债权人造成了 40% 的损失。这可能是无担保的银行间市场失败的原因之一，因为央行的干预已大大稀释了现有贷款的价值。

② 使用全球博弈方法，Rochet 和 Vives（2004）提供了 Bagehot 学说在现代环境下的理论基础。相关的详细说明，请参阅 Freixas 和 Parigi（2010）所做研究的第一版。

③ Holmström 和 Tirole（2011，第 193 页）指出，Malherbe 模型与直观认知所相反的特征是，当机构被认为是弱势时它们会获益，因此被迫出于真正原因出售资产，这通常与这些情况相关的特征相反。

获流动性，但最终也没有恢复起来。

Malherbe（2014）认为，这种不良均衡的出现是协调失效所导致的，如果实行一个公共保险计划，通过征收税收以弥补因囤积流动性不足而发生损失的机构，那么就可以消除囤积流动性的动机，这样剩余的唯一均衡就是高流动性的均衡。

20.5 LOLR 政策

20.5.1 新背景

在当前的危机中，LOLR 所实施的与其职能相关的活动，已达到了空前的水平。其系统性维度暗示，LOLR 支持金融稳定的各项干预措施之间的区别在于，是否经常使用货币政策工具。我们观察到高水平的央行干预措施包括，通过特定程序以极低的利率注入流动性。这就引出了关于这种政策的一些问题，问题涉及其目标、有效性和中长期负面影响。

此外，这是自“大萧条”以来第一次同时在欧盟和美国执行 LOLR 职能以解决系统性危机。与“大萧条”时相反，当前的 LOLR 操作是基于新的经济背景下，当前的经济体具有更发达更复杂的金融市场和金融工具，以及当前的影子银行活动更加频繁。

以下两个现象体现了危机时期央行行为的特点：一是基于央行流动性的回购协议，通过替换银行内部的流动性来给市场注入流动性；二是利率大幅下降，如图 20.1 所示。关于流动性注入，美联储和英格兰银行的资产负债表规模出现了惊人的扩张，而欧洲央行紧随其后也出现了上述情形（见图 20.1）。原因是，一旦 ABS 和 CDOs 被视为“有毒资产”，银行间市场的回购部分就会被冻结，而一旦市场怀疑该银行资不抵债并具有破产的可能性，银行间市场无担保的部分也会被冻结。

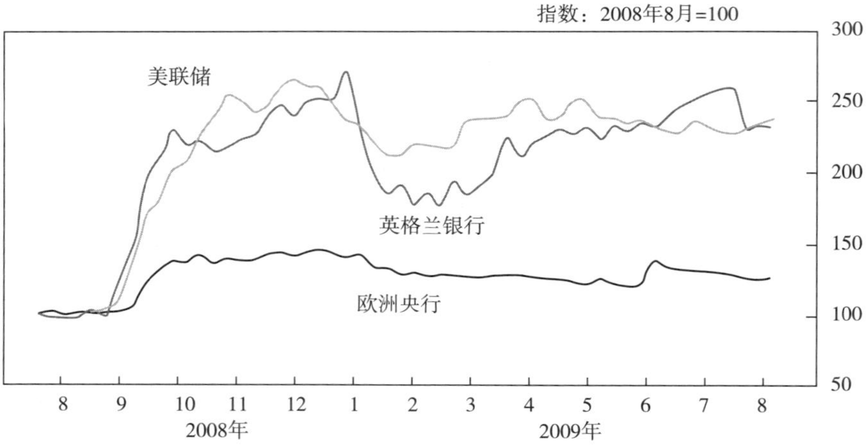

来源：英格兰银行 2009 年 Q3 季报第 154 页。转载得到英格兰银行许可。

图 20.1 央行的总负债

此外，一些央行开始发行自己的票据（如英格兰银行、瑞典央行和瑞士国家银行），美联储开始为银行准备金支付报酬。根据 Friedman 和 Schwartz（1963）的论文可知，在

1929—1933 年货币供给减少了三分之一，而如今这种货币供给的增加以及几大央行之间的合作与“大萧条”时期的政策形成了鲜明对比。

从利率来看，利率下降的幅度以及政策干预的频率是前所未见的（见图 20.2）。当然，可以认为利率的下调反映了标准的货币政策，因为金融危机预示着严重的经济衰退。然而，这一行为同古典泰勒规则的反应有着明确的背离：通过降低利率来抵御金融脆弱性是政策的主要目标，而长期维持低利率的承诺超出了古典的货币政策执行范围。此外，我们观察了英格兰银行和欧洲中央银行是如何缩小贷款和存款利率之间的利差，同时在美国，美联储缩小了贴现率和联邦基金利率之间的利差，这表明需要采取非常的货币政策措施来应对非常时期。

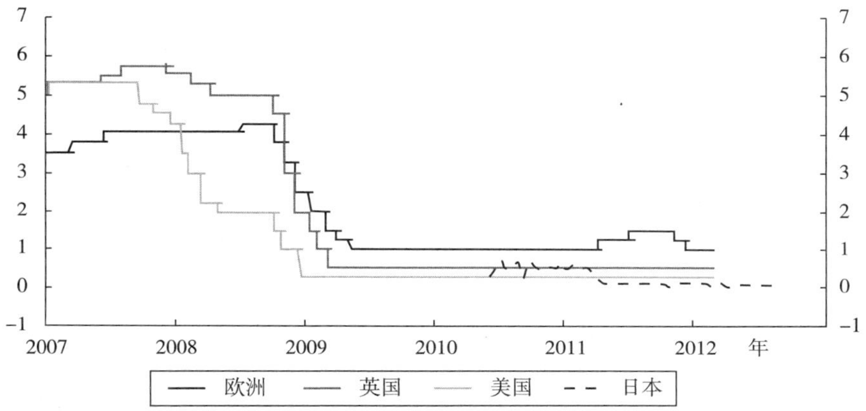

来源：欧洲问题，2012 年 5 月 14 日，RobertSchuman 基金会，http：//www. robert – schuman. eu/en/european – issues/0240 – the – euro – crisis。

图 20.2　中央银行的主要干预利率

由于这种大规模干预，关于 LOLR 的政策作用也产生了新的观点，即 LOLR 与货币政策和宏观审慎政策相互作用；如果不考虑其交互作用也不考虑金融稳定性，就绝对无法想象 LOLR 是如何进行操作的。

当前危机的最后一个重大教训是关于银行脆弱性和主权风险之间的联系。事实上，在不考虑偿付能力充足的机构的情况下，LOLR 进行干预的一个关键影响是，LOLR 必须在流动性注入操作中承担风险，包括信用风险、抵押风险和市场风险。这引发了 LOLR 如何确定其干预程度的问题。过于宽松的政策可能意味着要么损失过大，比如在爱尔兰发生的案例；要么在财政收入较低的糟糕时刻积累损失，最终导致在经济衰退时实施紧缩计划。这会引起额外的问题，因为国家本身的偿付能力及其评级会受到威胁。主权债券的价格上涨对国内银行的影响尤为严重，由于家庭偏好、行为原因或成本原因，这些银行的投资组合中大部分都投向了它们的国家主权债券。

在极端情况下，这一国家会面临一个简单的状况，即实施所需的 LOLR 政策会增加其主权风险，因为政策的实施会严重影响公共财政状况。在冰岛和塞浦路斯，情况就是如此，在冰岛的案例中，甚至发生了存款保险计划的违约，从而给其他欧洲国家造成损失。如 Brunnermeier 等（2011）的描述，这种“恶性循环”的出现，需要更为精准的 LOLR 政策。因此，在欧洲主权债务危机的背景下，LOLR 的作用和定义正变得更为广泛，以解决这个恶性循环问题（例如，参见 DeGrauwe，2011）。2011 年底，欧洲央行启动了一项长期再融资计划（LTRO），为欧洲银行提供流动性，获得流动性的银行主要将流动性用于购买外围主权债务。在 2012 年夏天，欧洲央行宣布了一项购买成员国主权债券的计划（直接货币交易计划），其目的是适度保护货币的流通。

银行和国家同时陷入困境的双重危机影响巨大，不仅是因为它增加了国家偿还债务的成本，还因为它影响了国内机构的贷款。Bofondi、Carpinelli 和 Sette（2013）的研究表明，在意大利发生主权危机之后，与外国银行相比，向意大利银行提供贷款的利率增长了约 3%，向其收取的利率高出其他国家 15 个到 20 个基点。VanHoren 和 Popov（2013）证实，所有 PIIGS（葡萄牙、意大利、爱尔兰、希腊和西班牙）都是如此。Correa、Sapriza 和 Zlate（2012）对欧洲主权危机期间，对于在美国的欧洲银行分支机构所表现出的行为进行了研究，结果表明受影响的银行还大大减少了它们在国外发放的贷款，从而导致东道国的信贷紧缩。

然而，一些关键问题尚待解决，关于 LOLR 应当扮演怎样角色的新看法，仍有一些问题未被解答。第一，LOLR 为什么要干预，它的目标是什么？第二，通过什么渠道可以注入流动性以解决系统性危机？第三，LOLR 干预措施到目前为止的效率如何？第四，新的 LOLR 政策的局限性和负面影响是什么？

20.5.2 为何货币政策要扮演新的角色？

我们在本章第五节第一小节中讨论的观点，很自然地解释了货币政策作为 LOLR 工具的新作用。次级抵押贷款和 Alt - A 级抵押贷款的突然违约随后蔓延到了优级抵押贷款，从而产生了两个影响：第一，它使投资银行和一些商业银行持有的证券（例如，ABS、CDOs）从对信息不敏感的 AAA 级证券变成了对私人信息敏感的证券。第二，它导致银行出现巨大的损失，因为它们持有证券或是它们为特殊目的载体提供了担保，而这些特殊目的载体持有了有毒资产。同样的影响导致了回购市场和无担保银行间市场的崩溃。

在支付系统正常运行的过程中，银行会受到流动性冲击的影响，同时系统性危机的发生会使银行受到非常规冲击的影响，因此，银行若想在其中存活，注入流动性的干预是必须存在的。这可以解释为对内部流动性缺失的替换需要，即由央行提供的外部流动性来替换证券所提供的内部流动性，这些证券在 2006 年被认为是安全的、流动性强的和信息不敏感的。因此，中央银行必须接受不能在回购市场上交易的抵押证券（否则银行自己就可以使用这些证券来应对其流动性冲击）。如第二节第四小节所述，将信息敏感的债务替换为不受逆向选择影响并由财政收入支持的信息不敏感的债务，这种交换方式与 19 世纪中央清算所应对危机的方式有很强的相似性。

Goodfriend 和 King 认为 LOLR 应该仅通过 OMO 进行干预，而与上述政策联系起来看，会发现，它引出了一个隐含的假设，即在危机期间用于实施货币政策的抵押品具有信用风险低和流动性高的共同特征。当这个特征不被满足时，有必要“解放思想”并重新考虑 LOLR 的作用。

20.5.3 实施 LOLR 流动性注入

如何实施货币政策的问题在正常时期基本上是不重要的。相比之下，当面临危机时，一些传递流动性的渠道可能会关闭，因此可能需要设计新的渠道。第一，实施 LOLR 需要在不同机构间进行协调，而这些机构被认为是监管涉及的非重要部分。第二，实施 LOLR 意味着需要解决一些机制的污名效应，例如美国的贴现窗口，事实上等同于“点名批评”机制，在相应的均衡中，它清楚地表明需要流动性的银行很可能已经无力偿债。第三，在 2008 年开始的金融危机的早期阶段，在美国和欧元区实施的注入流动性的方式表明，以不同的方式解决同一问题是可能的，即使不可能明确地评估哪一个更好。

关于制度协调，过去二十年的理论和实证研究的主要成果之一表明，中央银行在制定货币政策方面的独立性是经济稳定的先决条件。然而，货币政策和 LOLR 政策的独立性问题更加复杂。首先，LOLR 政策是安全网的一部分，因此首要问题是考虑将货币政策和审慎监管职责委派给两个不同机构的利弊。支持职责分离的理论的依据是可能存在利益冲突。例如 LOLR 政策，央行可能会被迫救助银行，如果这是防止系统性危机所必需的。货币政策是逆周期的，而审慎政策是顺周期的，这使得利益冲突更加严重，虽然银行破产发生的频率在降低（Goodhart 和 Schoenmaker，1993）。Goodhart 和 Schoenmaker（1993 年和 1995 年）的跨国实证分析表明，中央银行具有监管责任的国家，往往通货膨胀率更高。另外，Peek、Rosengren 和 Tootell（1999）的实证分析表明，从银行监管方面获得的信息有助于央行更有效地实施货币政策。最近，Ioannidou（2005）研究了美国三大联邦监管机构——联邦存款保险公司（FDIC）、货币监管署（OCC）和联邦储备委员会，结果显示，货币政策指标确实会影响联邦储备委员会的行为，但它并不影响联邦存款保险公司和货币监管署的行为。现在，当我们考虑 LOLR 操作时，理论上来说，其对货币政策可能不存在影响。因此，当救助措施只涉及个别银行出现的危机时，货币政策不应受到影响。当然，在面临全球化危机时，如 2007—2009 年的危机，中央银行必须考虑银行危机对经济增长模式和通货膨胀模式的影响，因此中央银行进行干预是人们所期望的。

总之，实证证据表明，不论货币政策职能和审慎监管职能是合并的还是分离的，都会对它们的政策实施方式产生影响。然而，这并没有告诉我们两个模型中哪一个更有效，以及模型的选择是否取决于经济环境，在正常时期和系统性风险期间的选择有何区别。似乎，危机带给我们的教训是，职能的分离趋势在消失，以促进两者更有效的协调。

当不是所有资产都可用于购买其他资产时，LOLR 在流动性创造中的作用就变得更加复杂。Gorton 和 Huang（2004）的研究表明，当存在这种“预付流动性”约束时，机构囤积流动性的行为对其自身是有效率的，但考虑到放弃投资机会的机会成本，这种行为对社会并不是有效率的。当出售的资产数额很大，以至于私人机构囤积流动性是低效的时候，政府可以通过对有偿付能力的项目征税来救助银行，创造流动性，进而改善福利。缺点是，如果政府的税收能力不足，政府就无法救助所有银行，因而产生对银行破产的宽容。小国家的情况确实如此（见于 2008 年 10 月冰岛的危机），而对具有大型银行的中型国家，如瑞士，这会造成严重的风险，因为在这些中型国家银行体系所拥有的资产比该国国内生产总值大几倍。银行危机与货币政策的联系以及它隐含的利益冲突是清晰的。银行危机将在紧缩的货币政策下和经济衰退中出现。这会对资产价格造成压力，从而为债务通货紧缩创造了条件。如果同时，LOLR 必须救助困境中的银行，那么就有明确的理由来进行政策协调，以及权衡银行危机成本与通货膨胀率成本。

第二个需要解决的问题是应该通过什么渠道来注入流动性。在考虑这一点之前，有趣的是，一些流动性来源可能会与“污名”挂钩。在美国，贴现窗口一直被认为是 LOLR 应对资金紧张的天然工具。然而，使用贴现窗口的金融中介机构就会向它通常借贷的其他银行以及美联储发出负面信号，这一现象逐渐凸显了出来。特别是在 2003 年之前，贴现率低于同业拆借利率，但银行并不愿意在两个市场间套利，这可能是因为这种污名效应。然而，预计在系统性危机中，金融机构将承认它们都面临着同样的流动性短缺，“污名”效应将不复存在。但事实并非如此。一旦上诉法院并裁定美联储必须透露贴现窗口的贷款接受者和为应对金融危机而制定的其他贷款计划的贷款接受者，那么企图阻止联邦贷款的披露是无用的。Armantier 等（2011）通过比较 TAF 匿名拍卖和贴现窗口，证实存在平均至少 37 个基点的污名效应。

因此，为机构注入流动性的渠道可能受限于如下机制，即或者匿名或者所有参与者都可参与当前流动性和偿付能力的分配。但是注入流动性的方式问题仍有待解决。这可能是最重要的问题，但它还没有成为许多学者的研究对象。关于这个问题，欧盟和美国的政策对比表明，解决这一问题似乎不存在唯一的答案。

在欧盟，流动性以一个独特的渠道注入。虽然可抵押的证券的种类被大幅扩大，但流动性的直接注入对象仍然是银行，然后银行负责将流动性传输到需要救助的机构。与这种传统方法相反，美国创造了一些流动性工具，可以直接将流动性注入金融市场的一些关键机构，从而绕过传统的银行系统。目前明确的有三种类型的流动性注入工具。

第一种政策工具与 LOLR 的传统职能和紧急流动性援助相对应，包括定期标售便利（TAF）、定期证券借贷便利（TSLF）、一级交易商信贷便利（PDCF）和外汇掉期。第二种政策工具旨在向关键信贷市场上的借款人和投资者直接提供流动性。它由定期资产支持证券贷款工具（TALF）、商业票据融资工具（CPFF）、资产支持商业票据货币市场资金流动性工具（AMLF）和货币市场投资基金便利（MMIFF）组成。第三种流动性渠道旨在支持信贷市场的运作以及为美联储的投资组合购买长期证券。总而言之，基于 Acharya 和 Richardson（2009）的研究，我们可以在三个方面来描述美联储为扩大流动性采取的这些非常规行动：中央银行贷款的持续时间延长，央行接受的用以换取流动性的合格抵押品种类的扩展，以及央行紧急流动性援助对象的资格范围扩大。这些在表 20.1 中有所展示。

表 20.1　　2007 年以来美联储的 LOLR 干预活动

干预	目的	时期
延长贴现窗口（DW）持续时间	2007 年 8 月，存款机构从贴现窗口借款的最大期限延长至 30 天；2008 年 3 月，延长至 90 天	2007 年 8 月至 2008 年 3 月
定期标售便利（TAF）	为存款机构提供长期流动性，鉴于以前的贴现窗口延期由于“污名”效应的存在而失效	2007 年 12 月 12 日至 2010 年 3 月 8 日

续表

干预	目的	时期
一级交易商信贷便利（PDCF）	贝尔斯登破产之后，贴现窗口扩展至一级交易商（即系统重要性交易商）	2008 年 3 月 16 日至 2010 年 2 月 1 日
定期证券借贷便利（TSLF）	为了向一级交易商提供中期流动性，美联储向一级交易商发放 1 个月期限的流动性国库券，作为交换接受流动性较低的抵押品和费用	2008 年 3 月 27 日至 2010 年 2 月 1 日
资产支持商业票据货币市场资金流动性工具（AMLF）	这一工具在雷曼兄弟破产后引入，用于向银行组织提供贷款，其从货币市场共同基金购买资产支持商业票据，并帮助它们满足投资者的赎回需求	2008 年 9 月 19 日至 2010 年 2 月 1 日
货币市场投资基金便利（MMIFF）	为特殊目的载体提供高评级的有担保资金，以方便其从货币市场共同基金购买资产，并帮助它们满足投资者的赎回需求。在这个便利下不存在贷款行为	2008 年 10 月 21 日至 2009 年 10 月 30 日
商业票据融资工具（CPFF）	向美国商业票据发行商提供流动性支持。这一工具是为购买高评级无担保商业票据和资产支持商业票据融资	2008 年 10 月 27 日至 2010 年 2 月 1 日
定期资产支持证券贷款工具（TALF）	为帮助市场参与者满足家庭和小企业的信贷需求，以学生贷款、汽车贷款、信用卡贷款和小企业管理局（SBA）与财政部共同担保的贷款作为抵押，以支持 ABS 的发行	2009 年 3 月至 2010 年 6 月 30 日

在这些干预政策实施之后，到 2009 年 3 月，美联储持有银行债务、MBS 和中期国库券共 1.75 万亿美元，而在危机之前它仅持有国库券 7000 亿—8000 亿美元，到了 2010 年 6 月，美联储持有的国库券达到 2.1 万亿美元，这在后来被称为量化宽松政策，即 QE1。2010 年 11 月，美联储宣布了另一轮量化宽松政策 QE2，至 2011 年第二季度末共购买了 6000 亿美元的国债。2012 年 9 月，美联储启动了第三轮量化宽松政策，即 QE3，包括每月 400 亿美元的开放式债券购买计划，用以购买机构抵押支持证券，2012 年 12 月这一计划增加至每月 850 亿美元。由于多轮 LOLR 干预政策的实施，财政政策和货币政策之间的联系越来越紧密。在一些国家，发现中小企业被剥夺信贷的现象，从而按照美国模式创造了新的贷款工具。因此，日本央行（BoJ）于 2010 年 6 月推出了一项计划，准备将流动性注入那些投资于成长型领域的银行。

2012 年 7 月，英格兰银行（BoE）和英国财政部基于贷款融资计划（FLS）制定了不同于美国和欧元区的第三种方法。根据贷款融资计划，银行可以从英格兰银行借入英国国库券，期限为四年，需要以合格的抵押品进行抵押（合格抵押品包括向家庭、企业和其他资产的贷款）。这种证券交易使得银行可以提升它们在回购市场上使用的抵押品质量，尽管中央银行会因此面临一定的风险。

实证分析可以帮助我们理解 LOLR 是否有效限制了危机的影响。最近 Berger 等（2013）提供了一些证据来证明定期标售便利 TAF 的影响，证据显示流动性注入机制具有积极影响。首先，流动性注入政策通过减少小银行资产负债表的缺口来帮助它们改善其财务状况。作者表示，“接受救助的小银行往往资本更少，投资组合风险更高”（第 1 页），这对应着 LOLR 的新作用，即 LOLR 可以提供市场无法提供的风险贷款。此外，他们表明，TAF 计划实现了其目标，因为相对于没有接受这种流动性的银行，接受的小型和大型银行都增加了贷款发放。通过在欧洲对这一证据的验证，Ciccarelli、Maddaloni 和 Peydró（2013）得出结论，危机期间的货币政策对总产出有更强的影响，特别是对于面临日益严峻的主权财政困境的国家。他们的研究结果表明，这种放大机制主要通过信用渠道（银行贷款渠道和银行资产负债表渠道）实现，并且在一段时间后才能起效，比如，它在金融危机时期的影响在 2011 年才被察觉。

最后，当前的危机也为各国央行之间的合作带来了重要发展。自 2007 年以来，许多国家的银行面临了严重的美元流动性短缺问题，美联储向欧洲央行、日本央行、英国央行和瑞士国家银行提供了大量美元掉期，以便于这些央行向自己国家的银行系统提供美元流动性。2008 年秋季，美元掉期业务扩展到了所有发达经济体和四个主要新兴市场——巴西、韩国、墨西哥和新加坡。反过来，欧洲央行将欧元掉期业务扩展到了匈牙利、波兰、丹麦和冰岛的市场。

根据 Obsfeld、Shambaugh 和 Taylor（2009）的研究，这是历史上各国央行最著名的合作案例。根据 Obsfeld、Shambaugh 和 Taylor（2009）的记录，掉期总规模约为 1 万亿美元。对于发达经济体（除日本）的银行体系来说，政策干预力度是相当大的，因为美元掉期占外汇储备的比例达到了 50% 以上，而对于新兴经济体，掉期占外汇储备不到 50%，在某些情况下，它们只会进行象征性的干预，因为这些国家已经拥有了大量的储备（例如新加坡、巴西）。Obsfeld、Shambaugh 和 Taylor（2009）认为，使用外汇掉期为外国银行系统提供美元流动性的方案，与两种替代方案相比，可以避免其存在的一些缺点。第一种替代方案，即国内央行向其银行系统提供国内流动性，并且允许银行在公开市场上出售本国货币买入美元，这一方案会对本国货币施加贬值压力。另一个替代方案，即央行使用自己的美元储备来提供流动性，这一方案可能会耗尽自身美元储备。

20.5.4 流动性注入的影响

为了应对系统性危机，新型流动性注入方案的出现引发了许多不同的问题，但有两个问题似乎特别重要。第一，是否有可能提供这类政策的理论基础，从而证明其有效性？第二，是否有任何关于政策影响的实证证据？

最近出现的两个理论贡献，挑战了货币政策和金融危机管理相分离的传统观点，它们指出在流动性危机期间，银行间市场不能有效地在流动性过剩的银行和短缺的银行之间重新分配流动性。

Allen、Carletti 和 Gale（2009）对银行间市场进行了假设，在这个银行间市场中，银行可以在期购买和出售长期资产，以应对其流动性冲击。但是，为了保证银行有同时持有流动性和长期资产的动机，当总体的流动性需求较低时，银行间市场会在期间提高长期资产的价格。这会导致资产价格（和利率）产生波动，损害风险厌恶型消费者的利益。央行通过 OMO 干预市场，确定长期资产的价格（或者等价地确定短期利率），并消除由于缺乏套期保值机会而导致的低效率，而缺乏套保机会是由于总体流动性具有不确定性。

Freixas、Martin 和 Skeie（2011）指出，在当前的金融危机期间，银行面临的流动性需求与以往相比存在巨大差异：一些银行面临在同一天提取数十亿美元需求的风险，它们需要资金来兑现提供给表外工具的流动性担保，而其他银行则接受着从金融市场其他部门逃离的投资者的大量资金流入。为了捕捉危机期间流动性需求可观测的变化，他们的模型考虑了世界范围内关于流动性需求分布不确定性的两种不同状态：正常时期的低不确定性和危机时期的高不确定性。利率影响了事前持有流动性而不是长期资产的决定，也影响了事后银行在银行间市场借款条件的决定。只有相机配置的同业拆借利率才能实现最优配置：事实上，危机时期利率必须较低，以实现流动性的再分配，同时要高于正常时期的长期资产回报率，这样才能鼓励银行事先持有流动性。Freixas、Martin 和 Skeie（2011）认为，独立于审慎考虑而设定的利率不会是最优的，因此他们对货币政策不应用于管理金融危机这种观念进行了批判。

另外，如果政策事先被市场参与者知晓，这些政策就可能为下一次危机埋下祸根。当前金融危机中政策干预的矛盾之一是，很大程度上引发了这场危机的银行部门，却得到了货币和财政当局各种方式的救助（Gorton，2012）。也就是说，与进行金融行业的大规模清算相比，整个社会以高成本救助一些金融机构，这一决策在事后被认为是更好的，尽管就是这些接受救助的金融机构触发或加剧了危机。至少从 Bagehot 以来，这类时间不一致性问题就被意识到了。最近出现的两个模型，对银行在事前应如何行动以预测未来的政策反应方面，提供了新的见解。

银行缺少央行对破产银行进行救助的承诺，这增加了银行危机发生的可能性。Acharya 和 Yorulmazer（2007）以这种思路展开研究，结果表明，当监管机构发现危机对银行体系的影响达到了很大程度时，从事后看救助银行是最优的决策，即当破产银行的数量很大时，监管机构会选择救助银行。相反，如果只有少数银行破产，它们的救助可能是安排幸存的银行来收购破产的银行。随着破产银行的数量增加，破产银行的潜在收购者就会减少，即将破产的银行在遭受损失时进行破产清算的可能性也会增加。对“大而不能倒”这一保证的预期，导致银行在事前会聚集在一起，例如贷款到类似的行业和/或基于类似的利率和抵押贷款利率风险进行投机行为。这个问题将研究重点集中在作为一个集体的银行集群决策上，而不是关注于单独银行的决策，因此，它暗示这一类小银行也可能是系统脆弱性的来源。

同样，Fahri 和 Tirole（2012）认为，由于在经济困境中，需要公共政策来帮助金融机构，银行风险选择的战略互补性由此产生。例如，由于期限错配而遭受冲击的银行的数量越多，单个银行的利益就越多，因为当受牵连的银行数量增加时，央行进行干预的相关固定成本会下降，从而使央行倾向于低利率政策。

更普遍的，在关于 LOLR 行为的规则和自由裁量权的辩论中，Taylor（2012）对美联储在危机期间实施的紧急流动性援助行为进行了批评。他的观点是，美联储的开/关政策导致混乱，并很大程度上导致了 2008 年全年的金融恐慌。

时间不一致性问题与不同监管机构之间信息共享的问题密切相关，这可能有助于我们了解 2007 年的北岩银行危机。英格兰银行认为北岩银行危机不是系统性危机。然而这一危机导致了流动性市场的枯竭。英国负责监管偿付能力的金融服务管理局发布了一份赞同这一观点的报告，确认了“纯流动性”假设。英格兰银行不能建立类似于欧洲央行的机制或允许接受更大范围抵押品的贴现窗口机制，因此被迫采取了对所有存款提供担保的特别LOLR操作。金融服务管理局没有考虑到英国的存款保险结构，也没有考虑到信贷安排的实际条款和条件是不公开的，从而认为北岩银行遵循了安全的银行战略。但当英格兰银行选择扩张信用额度时，就不得不依靠这些信息。在这种情况下，难以避免的是，英格兰银行被认为是通过不抵制未担保债务持有人的游说来鼓励道德风险的产生。存款人排队从北岩银行的分支机构取款的景象最终迫使英国当局为所有存款人提供了担保，尽管这一行为与以前的官方声明是相违背的。同时，由于信用额度是由英国财政部担保，其缺乏激励来寻找与金融服务管理局相矛盾的信息。北岩银行事件说明，即使在复杂的金融系统中，一旦央行面临银行体系的脆弱性冲击和系统性危机的威胁，不对银行进行救助是不现实的。

20.6 结论

总之，将LOLR的经典观点与上述分析得出的复杂性观点进行比较，通过梳理当下LOLR方案前沿发展的主要脉络，并与“先贤智慧”进行对比来进行总结的尝试，都是有价值的。Thornton和Bagehot提出了简单明确的指导原则，即建议以优质的抵押品和惩罚性利率给流动性不足的机构提供贷款，而如今还有哪一点原则得以保留？

首先，通过OMO向市场贷款是央行防范总体流动性冲击的标准方案。这是“以优质抵押品贷款”的现代版本，体现了发达金融市场的特征。然而，最近的银行同业贷款模型告诉我们，不完美市场可能导致其他方面的低效率，这就要求LOLR不仅要承担央行本身对总体流动性管理的责任，还要扩展原有职能，并为个别银行提供贷款，如为无担保银行或者抵押品质量较低的银行提供贷款，或者为它们未来的流动性提供担保。

第二个传统建议是惩罚性贷款。这一点现在看来显然是存在争议的。如Freixas、Parigi和Rochet（2004）所述，在存在事前道德风险的情况下，惩罚性贷款为管理者提供了正确的激励，使他们对待贷款更为谨慎。然而，在Rochet和Vives（2004）的论文中，提出了相反的建议，他们提出LOLR应以低于市场利率的利率提供贷款。此外，当我们考虑若干监管机构之间的权责分配时，惩罚性利率降低了LOLR贷款的预期成本，并更好地规范了银行的流动性管理。因此，这将使LOLR更倾向于克制自身行为，如上所述，这会提高或降低LOLR的效率。在监管者公正的情况下，这将是有效的，因为在政策成功时，LOLR将从银行利润中获益。因此，关于惩罚性贷款问题，目前还没有产生明确的共识，期待今后的工作能帮助监管机构根据经济和金融环境实施有效的政策。

关于LOLR在系统性危机中起着怎样的作用，最近金融市场的动荡为我们提供了几点教训。首先，我们目睹了重复注入总体流动性并对市场进行协调的行为并不足以解决危机：在世界范围内金融机构的流动性不足问题，事实上不仅与其偿付能力直接相关，而且与其资产价格直接相关。其次，应当注意，世界各国的央行向银行业提供的支持，比起最初的预期更为灵活，换句话说，关于实施具有针对性的救助或清算政策，央行给出的承诺并不可信。实际上，支持银行救助的论点只有在银行倒闭可能产生系统性影响（“大而不能倒”）时才会成立，对于面临财务困境的单个银行，这一救助方案会很快被放弃，转而采用更现实的方法。北岩银行的案例证明了这一点，当然，它并不是一个系统重要性银行。在这样一个脆弱的银行环境中，北岩银行的清算将触发“多米诺效应”，从一个机构传染到另一个机构。从这个角度来看，我们得到的经验教训是，当面临系统性风险时，LOLR 还必须考虑“大而不能倒”的情况，并考虑如何应对处于相似情况的所有银行。最后一点是，在系统性危机中，安全网的边界扩展到了非银行机构。这可能是金融创新浪潮所导致的结果。然而，由于 AIG 已经发行了 CDS，如果其破产将通过直接损失和资本缩减对银行业的脆弱性产生影响。

最后，上述讨论突出了一个重要的概念，即 21 世纪的 LOLR 处于货币政策、银行业的监督和管理以及银行间市场组织的交汇处——距离 Bagehot 的学说还相差甚远。

参考文献

[1] Acharya V. V. , Pedersen L. H. , Philippon T. , and Richardson M. (2011). Measuring Systemic Risk. new York university Working Paper.

[2] Acharya V. and Yorulmazer T. (2007). Too Many to Fail. An Analysis of Time – Inconsistency in Bank Closure Policies, Journal of Financial Intermediation 16, 1 –31.

[3] Acharya V. and Yorulmazer T. (2008). Cash – in – the – Market Pricing and optimal Resolution of Bank Failures, Review of Financial Studies 21, 2705 –2742.

[4] Adrian T. and Brunnermeier M. K. (2011). Co VaR, NBER Working Paper no. 17454.

[5] Adrian T. and Shin H. S. (2008). liquidity and Financial Contagion, Banque de France, Financial Stability Review, Special Issue on Liquidity 11, 1 –7.

[6] Afonso G. M. and Shin H. S. (2008). Systemic Risk and liquidity in Payment Systems, Federal Reserve Bank of new York Staff Report no. 352, october.

[7] Allen F. , Carletti E. , and Gale D. (2009). Interbank Market liquidity and Central Bank Intervention, Journal of Monetary Economics 56, 639 –652.

[8] Allen F. and Gale D. (1994). Limited Market Participation and volatility of Asset Prices, American Economic Review 84, 933 –955.

[9] Allen F. and Gale D. (2000). Financial Contagion, Journal of Political Economy 108, 1 –33.

[10] Armantier O. , Ghysels E. , Sarkar A. , and Shrader J. (2011). Stigma in Financial Markets: Evidence from liquidity Auctions and Discount Window Borrowing during the Crisis, Federal Reserve Bank of new York Staff Report no. 483.

[11] Bagehot W. (1873). Lombard Street: A Description of the Money Market. london: H. S. king.

[12] Berger A. , Black L. , Bowman C. , and Dlugosz J. (2013). The Federal Reserve's Discount Window and TAF Programs: “Pushing on a String?” . Case Western Reserve university: Mimeo.

[13] Billio M. , Getmansky M. , lo A. , and Pelizzon l. (2012). Econometric Measures of Connectedness and Systemic Risk in the Finance and Insurance Sectors, Journal of Financial Economics 104, 535 –559.

[14] Blavarg U. and Nimander P. (2002). Inter – Bank Exposures and Systemic Risk, Sveriges Riksbank, Economic Review 2, 19 –45.

[15] Bodie Z. , Gray D. , and Merton R. (2007). A new Framework for Measuring and Managing Macrofinancial Risk and Financial Stability, NBER Working Paper no. 13607.

[16] Bofondi A. , Carpinelli L. , and Sette E. (2013). Credit Supply during a Sovereign Crisis, Bank of Italy Working Paper no. 909.

[17] Brunnermeier M. K. (2008). Thoughts on a new Financial Architecture, L http: //www. princeton. edu/ ~ markus/research/papers/new _ financial _ architecture. pdf. >.

[18] Brunnermeier M. K. (2009). Deciphering the liquidity and Credit Crunch 2007 – 08, Journal of Economic Perspectives 23, 77 – 100.

[19] Brunnermeier M. K., Garicano l., Lane P. R., Pagano M., Reis R., Santos T., van nieuwerburgh S., and vayanos D. (2011). European Safe Bonds (ESBies). The Euro – nomics group, <http: // euro – nomics. com/wp – content/uploads/. . . /ESBiesWEBsept262011. pdf. >.

[20] Brunnermeier M. K. and Pedersen L. (2009). Market liquidity and Funding liquidity, Review of Financial Studies 22, 2201 – 2238.

[21] Bryant J. (1980). A Model of Reserves, Bank Runs and Deposit Insurance, Journal of Banking and Finance 4, 335 – 344.

[22] Calomiris C. W. and Kahn C. M. (1991). The Role of Demandable Debt in Structuring optimal Banking Arrangements, American Economic Review 81, 497 – 513.

[23] Calomiris C. W., Kahn C. M., and Kroszner R. S. (1996). The Efficiency of Self – Regulated Payments Systems: learning from the Suffolk System, Journal of Money Credit and Banking 28 (2), 766 – 797.

[24] Ciccarelli M., Maddaloni A., and Peydró J. L. (2013). Heterogeneous Transmission Mechanism Monetary Policy and Financial Fragility in the Euro Area, ECB Working Paper no. 1527.

[25] Cifuentes R., Shin H. S., and Ferrucci G. (2005). Liquidity Risk and Contagion, Journal of the European Economic Association 3, 556 – 566.

[26] Coleman S. P. (2002). The Evolution of the Federal Reserve's Intraday Credit Policies, Federal Reserve Bulletin 88, 67 – 84.

[27] Cooper R. and Ross T. W. (1998). Bank Runs: liquidity Costs and Investment Distortions, Journal of Monetary Economics 41, 27 – 38.

[28] Correa R., Sapriza H., and Zlate A. (2012). liquidity Shocks, Dollar Funding Costs, and the Bank lending Channel During the European Sovereign Crisis, Federal Reserve Board International Finance Discussion Paper no. 1059.

[29] Dang T. V., Gorton G., and Holmström B. (2012). Ignorance, Debt and Financial Crises. Yale: Mimeo.

[30] De grauwe P. (2011). The European Central Bank: lender of last Resort in the government Bond Markets?, CESifo Working Paper no. 3569.

[31] Degryse H. and Nguyen G. (2007). Interbank Exposures: An Empirical Examination of Contagion Risk in the Belgian Banking System, International Journal of Central Banking 3, 123 – 171.

[32] Diamond D. (1984). Financial Intermediation and Delegated Monitoring, Review of Economics Studies 51, 393 – 414.

[33] Diamond D. and Dybvig P. (1983). Bank Runs, Deposit Insurance, and liquidity, Journal of Political Economy 91, 401 – 419.

[34] Diamond D. and Rajan R. (2001). Liquidity Risk, liquidity Creation and Financial Fragility: A Theory of Banking, Journal of Political Economy 109, 287 – 327.

[35] Diamond D. and Rajan R. (2005). Liquidity Shortages and Banking Crises, The Journal of Finance 60, 615 – 647.

[36] Fahri E. and Tirole J. (2012). Collective Moral Hazard, Maturity Mismatch, and Systemic Bailouts, American Economic Review 102, 60 – 93.

[37] Fisher I. (1933). Debt Deflation Theory of the great Depression, Econometrica 4, 337 – 357.

[38] Freixas X. and Holthausen C. (2005). Interbank Market Integration under Asymmetric Information, Review of Financial Studies 18, 459 – 490.

[39] Freixas X. and Jorge J. (2008). The Role of Interbank Markets in Monetary Policy: A Model with Rationing, Journal of Money, Credit and Banking 40, 1151 – 1176.

[40] Freixas X., Martin A., and Skeie D. (2011). Bank liquidity, Interbank Markets, and Monetary Policy, Review of Financial Studies 24, 2656 – 2692.

[41] Freixas X. and Parigi B. M. (2010). Lender of last Resort and Bank Closure Policy. In: A. Berger, P. Molyneux, and J. Wilson (Eds.), Oxford Handbook of Banking, 278 – 314. 1st edition. Oxford: Oxford University Press.

[42] Freixas X., Parigi B. M., and Rochet J. – C. (2000). Systemic Risk, Interbank Relations and liquidity Provision by the Central Bank, Journal of Money, Credit and Banking 32 (2), 611 – 638.

[43] Freixas X., Parigi B. M., and Rochet J. – C. (2004). The lender of last Resort: A 21st Century Approach, Journal of the European Economic Association 2, 1085 – 1115.

[44] Friedman M. and Schwartz A. J. (1963). A Monetary History of the United States, 1867—1960. Princeton, NJ: Princeton university.

[45] Furfine C. H. (2003). Interbank Exposures: Quantifying the Risk of Contagion, Journal of Money Credit and Banking 35, 111 – 128.

[46] Goodhart C. A. E. and Schoenmaker D. (1993). Institutional Separation between Supervisory and Monetary Agencies, lSE Financial Market group Special Paper no. 52.

[47] Goodhart C. A. E. and Schoenmaker D. (1995). Should the Functions of Monetary Policy and Bank Supervision be Separated?, Oxford Economic Papers 39, 75 – 89.

[48] Goodfriend M. and king R. (1988). Financial Deregulation Monetary Policy and Central Banking. Financial Deregulation, Monetary Policy, and Central Banking, Federal Reserve Bank of Richmond Economic Review, May, 3 – 22.

[49] Gorton G. (1985). Clearinghouses and the origin of Central Banking in the united States, Journalof Economic History 2, 277 – 283.

[50] Gorton G. (2012). Misunderstanding Financial Crises. Why We Don't See Them Coming. Oxford: Oxford University Press.

[51] Gorton G. and Huang L. (2004). Liquidity, Efficiency and Bank Bailouts, American Economic Review 94, 455 – 483.

[52] Gorton G. and Mullineaux D. (1987). The Joint Production of Confidence: Endogenous Regulation and nineteenth Century Commercial – Bank Clearinghouses, Journal of Money Credit and Banking 4, 457 – 468.

[53] Holmström B. and Tirole J. (2011). Inside and Outside Liquidity. Boston: MIT Press.

[54] Huang X., Zhou H., and Zhu H. (2008). Systemic Risk Contributions, Bank of International Settlements BIS Paper no. 60.

[55] Humphrey D. B. (1986). Payments Finality and Risk of Settlement Failure. In: A. Saunders and L. White (Eds.), Technology and the Regulation of Financial Markets: Securities, Futures, and Banking. lexington, MA: lexington Books.

[56] Humphrey T. (1989). The lender of last Resort: The Concept in History, Federal Reserve Bank of Richmond Economic Review 75, 8 – 16.

[57] Ioannidou V. P. (2005). Does Monetary Policy Affect the Central Bank's Role in Bank Supervision?,

Journal of Financial Intermediation 14, 58 -85.

[58] Iyer R. and Peydro J. L. (2011). Interbank Contagion at Work: Evidence from a natural Experiment, Review of Financial Studies 24, 1337 -1377.

[59] Iyer R. and Puri M. (2012). understanding Bank Runs: The Importance of Depositor - Bank Relationship and networks, American Economic Review 102, 1414 -1445.

[60] Kyotaki N. and Moore J. (1997). Credit Cycles, Journal of Political Economy 105, 211 -248.

[61] Lehar A. (2005). Measuring Systemic Risk: A Risk Management Approach, Journal of Banking and Finance 29, 2577 -2603.

[62] Lucas R. E. (2008). Bernanke is the Best Stimulus Right now, The Wall Street Journal December 23.

[63] Malherbe F. (2014). Self - Fulfilling liquidity Dry - ups, Journal of Finance 69, 947 -970.

[64] McAndrews J. and Potter S. (2002). liquidity Effects of the Events of September 11, 2001, Federal Reserve Banks of New York Economic Policy Review 8, 59 -79.

[65] Merton R. C. (1977). An Analytic Derivation of the Cost of Deposit Insurance and loan guarantees: An Application of Modern option Pricing Theory, Journal of Banking and Finance 1, 3 -11.

[66] Mistrulli P. (2005). Interbank lending Patterns and Financial Contagion. Bank of Italy: Mimeo.

[67] Peek J., Rosengren E., and Tootell G. (1999). Is Bank Supervision Central to Central Banking, Quarterly Journal of Economics 114, 629 -653.

[68] Rochet J - C. and Vives X. (2004). Coordination Failures and the lender of last Resort: Was Bagehot Right After All?, Journal of the European Economics Association 2, 1116 -1147.

[69] Santos J. A. C. (2006). Insuring Banks against liquidity Shocks: The Role of Deposit Insuranceand lending of last Resort, Journal of Economic Surveys 20, 459 -482.

[70] Schnabel I. and Shin H. S. (2004). liquidity and Contagion: The Crisis of 1763, Journal of the European Economic Association 2, 929 -968.

[71] Sprague O. M. W. (1910). History of Crises under the National Banking System. Philadelphia: government Printing office.

[72] Taylor J. B. (2012). First Principles. Five Keys to Restoring America's Prosperity. new York: W. W. norton & Company Inc.

[73] Timberlake R. H. (1978). The Origins of Central Banking in the United States. Cambridge, MA: Harvard university Press.

[74] Timberlake R. H. (1993). Monetary Policy in the United States. Chicago: university of Chicago Press.

[75] Thornton H. (1802). An Enquiry into the Nature and Effects of the Paper Credit of Great Britain. london: Hatchard.

[76] Upper C. and Worms A. (2004). Estimating Bilateral Exposures in the german Interbank Market: Is There a Danger of Contagion?, European Economic Review 48, 827 -849.

[77] Van Horen N. and Popov A. (2013). The Impact of Sovereign Debt Exposure on Bank lending: Evidence from the European Debt Crisis, De nederlandsche Bank Working Paper no. 382.

[78] Wells S. (2004). Financial Interlinkages in the united kingdom's Interbank Market and the Risk of Contagion, Bank of England Working Paper no. 230.

[79] White E. N. (1983). The Regulation and Reform of the American Banking System, 1900—1929. Princeton, nJ: Princeton university Press.

第21章 监管

——一个伦理视角①

也许所谓2007—2008年国际金融危机最引人注意的就是“国际”这个特点，虽然每个国家都遭受了不利的金融危机冲击，但从地理上来看危机事件比较集中。危机在美国和西欧要比其他地区严重得多。

本章旨在通过寻找不同国家金融危机严重性与不同国家的监管文化以及纳税人能力之间的关联，来观察并研究由国家安全网产生的成本。关键的切入点是，安全网和监管文化会在公民中产生和分配由政治因素决定的监管负担和补贴，其方式就像是抢了彼得的钱，然后给了保罗。那些净值取决于隐藏在隐性和显性担保制度补贴的金融机构注定一次又一次被债权人检验。在这种时候，造成损失的补贴项目的政治可取性是容易被重新审议的。

近些年经历过银行危机的国家在 Caprio 和 Klingebiel（1996）、Honohan 和 Klingebiel（2003），以及 Laeven 和 Valencia（2013）的论文中都有涉及。这些作者认为大部分危机都与政府将银行信贷不均衡地投向有政治影响力的行业和公司的失败投资有关。特别是在国际金融危机期间，利用大规模政府信贷分配计划补贴自有住房的国家（如美国）的金融部门，似乎是造成最大损失的主要原因。

由于政客们渴望获得选票和竞选捐款，因此他们推动全民拥有住房的目标并不罕见。在一些国家（如加拿大和澳大利亚），由于住房补贴主要通过透明的预算内拨款发放给首次购房者，因此政客们应该为实现这一目标的成本负责。但在大多数其他国家（尤其是美国），住房补贴的发放更加隐秘。信贷分配方案鼓励金融机构和监管机构支持建筑商和房地产经纪人以预算外的方式以优惠的条件向购房者提供信贷。

信贷分配方案的主要吸引力在于通过将项目成本的确认向后推迟若干年来减少政治责任。这可能会导致房地产泡沫和危机，特别是当借款人中包括大量这样的客户：通过房款的分期支付而意图套利的客户，以及被有业绩压力的房屋中介推销了多于其本身能长期负担得起的住房的家庭。而细心的贷款工作人员本可以识别出这些客户。

在信贷分配泡沫开始破灭之前，美国和欧洲的投资银行因其在传送带上设置可交易工具（即“证券化”）的装配线而受到称赞，这些工具代表了对未充分承保的抵押贷款池的现金流量的拖欠索赔。为了保持传送带高速运转，证券化机构给信用评级机构施压使其高估抵押担保证券（MBS）的信用等级。部分所谓的投资级产品被银行持有以利用其风险权重，对于表外的结构性投资工具（SIV）通过发行由信用担保资产支持的商业票据，以信

---

① 本章对 Kane（1998）首次提出的分析进行了扩展与重新定位。由于有帮助的评论，作者要感谢 Gerard Caprio、Robert Dickler 与 John Wilson。

贷额度作为银行机构的资金担保。

这种破坏性的房地产投资和金融模式是通过将普遍违约的下行风险转移到政府的安全网中来维持的，这种模式或显性或隐性。虽然表面上是为了保护普通储户免遭银行危机的波及，但现代安全网已经发展成为拯救重要“僵尸”公司的制度。这些救助方案以牺牲其他纳税人的利益为代价，使金融机构经理和没有保险的债权人受益。政治家和监管者通过采取事实上的危机管理政策，迫使国内（通常甚至是外国）纳税人为一个国家主要金融公司的债务提供担保，以避免破产的后果，从而实现了这一转变。

政策制定者倾向于吸收陷入困境的金融公司的损失，将纳税人转化为所谓的系统性重要金融公司最后的股权投资者。在经济繁荣时期，政府救助的成本似乎很小，监管机构和行业领导者很容易忽视其相关性。但是当资产价格崩溃时，政府拯救“僵尸”公司的成本很高。因此，纳税人担保的价值在危机中激增。在政府税收能力不足以承受损失的国家（如冰岛、希腊、爱尔兰、葡萄牙、意大利、西班牙和塞浦路斯），国际组织和外国政府的资源很容易被纳入考虑范围。

本章的主体提出了两个关键思想。首先，信贷分配计划是监管文化的一部分，这种监管文化错误地分配了实际资源，并以反平等的方式跨时间和空间重新分配收入。要理解这一点，将监管、监督和政府担保描述为在政治受限的市场中国家内部和国家之间进行贸易的昂贵的经济服务是有帮助的。有效的政治约束是不同的消息灵通者和不同权力的政治家、金融监管者、金融家和普通公民之间无休止谈判的根源。其次，个人政治约束的力量辩证地取决于不同国家的监管文化所依据的平等主义规范中的矛盾是否会因预算或经济危机而发挥作用。

不同的文化以不同的方式和不同的时间框架来解决激励冲突。一种看待监管演变的统一方法是将监管财富再分配过程视为一个非平稳的辩证博弈（Kane，1977、1981 和 1988）。个体博弈一方面由很少变化的监管模式组成，另一方面则由避免负担的形式相应地频繁地适应性变化组成。随着金融市场全球化，跨国监管竞争加剧。那些遭受长期或突然损失、对其隐性政府担保或风险管理的价值产生怀疑的公司，将面临巨大的退出压力。随着这种压力的增加，包租国家（通常也是金融中心国家）的纳税人发现自己越来越暴露于风险之中。从这个角度来看，跨国危机是政治和经济市场监管服务必须应对的不利结果。

这种观点反映了监管引发的金融危机的可能性，并认为离岸监管竞争可以加强或削弱个别国家监管计划中的低效率或反平等主义因素。跨国监管竞争主要是通过诱导一个国家机构所能获得的金融业务份额的增加和减少来实现的。随着技术变革加强了离岸监管机构的影响，地方政府的失策举措有望得到更快解决，但仍可能对当地居民产生严重而持久的影响。

本章通过分析监管竞争如何同时鼓励激励冲突的美国和欧盟金融监管机构将其大部分应有的纪律外包给信用评级公司，从而鼓励抵押贷款证券化公司和资产管理公司游说评级公司夸大评级，并使用假冒评级将其最薄弱的贷款证券化从而说明这一适应过程（美国参议院调查小组委员会，2011）。这种不正常的管理激励将信用风险故意推到了一个盲点区域，在那里，监管者和信用评级公司无法轻易地看到风险，并且可以看似合理地否认评估是他们的责任范围。

21.1　激励冲突和监管补贴在金融脆弱性中扮演的角色

金融环境和金融监管模式因国而异。金融机构监管结合了观察资产负债表价值波动的能力（“眼力”）和影响管理行为的能力（“控制”）以及管理这些能力的追求和运用的激励系统。即使投资组合和伴随的风险集中在一个国家内，也很难将对机构资产负债表的充分监督、有能力进行及时干预的充分权力，以及以充分保护纳税人利益的方式发现和处理破产机构的官僚激励措施结合起来。因此，各个国家以不同的方式解决这种立约问题。虽然存在一些跨国利益的共性，但制定和执行财务规则的制度却充斥着激励冲突。即使在一个国家内，在以下方面之间也存在冲突：

（1）监管部门和它们监管的公司；

（2）特殊监管部门和其他监管部门；

（3）监管部门和它们必须予以汇报的政客；

（4）纳税人和它们选举的监管者和政客。

一个国家如何处理和解决这些冲突，其部分地与其政治和体制结构紧密相连。一个问题是中央银行或其他监管机构是否也监管银行。混业监管的选择在亚洲比在其他地方更常见。但大多数欧盟国家中对非银行金融机构和银行金融机构的监管是分开的。一些欧洲国家［奥地利、丹麦、德国、瑞典、荷兰和英国（尽管是暂时的）］建立了综合监管银行和非银行金融机构的机构；其他国家至少在某种程度上整合了对银行和证券部门的监管（Schüler，2013）。最近，欧元区一直在采取措施，建立一个监督联盟。

每个国家都依赖其道德规范、政府监管机构和其他专业监管机构，以弥补私人承包环境固有的联系、威慑权利和透明度方面的缺口。随着时间的推移，私人和政府监管机构之间的互动产生了一种监管文化。一种文化可以被定义为一种习俗、思想与态度，由一个群体的成员通过或微妙或直接的奖励和惩罚系统共同分享与传递。监管文化限制了不合作甚至不道德的个人经理可以受到监督和纪律处分的方式。它包含一系列关于监管机构应如何行事的态度和信念。这些缓慢变化的态度和信念表达了对政府权力的不信任，这种不信任可以追溯到遥远的过去，当时这个国家被一党政府占领、殖民或统治。这种文化的禁忌和传统是政府权力合理使用的标准。在这些标准的背后是构成一个国家政治和法律环境基础的更高层次的社会规范。一个国家的监管文化的特征是由六个具体的组成部分构成的：

- 法律权威和报告义务；
- 制定和颁布的具体规则；
- 监控违规和合规的技术；
- 允许对重大违规行为的处罚；
- 协商责任：为保证公平，被监管方享有程序上的正当程序的权利，规定了监管者在改变规则或惩罚违规者之前必须履行的举证责任；
- 受法律保护的人的司法审查权利：为保证公平，受侵害的一方可以获得内外上诉程序。

在很大程度上，每个部分的细节都是由以下因素决定的：

（1）由于国家会计制度的透明度薄弱，官僚激励、法律规定与官僚制衡等相互作用而产生的认识和反应滞后；

（2）由国外和其他监管机构的进入带来的监管竞争；

（3）监管人员从具有纪律抵抗力的公司的政治影响力、咨询权和上诉权限中接触到的具有影响力的活动；

（4）保护欺诈者和笨手笨脚的人不受及时的监管纪律约束的社会规范。

游说活动旨在重塑官员们执行的特定规范，并约束他们所做的权衡。在一个国家的监管文化所规定的范围内，政府采取的特定政策策略的实际效果如何，取决于被监管方是否有能力拖延或阻挠决定性的干预措施，以及是否有能力发现和利用一些规避监管的漏洞。其中一些漏洞包括风险的转移能力，即将被本国（或某一特定机构）密切监督的亏损敞口转移到监督或约束此类风险更加低效率的场所的能力。

当今世界几乎每个国家的监管文化都是三种核心战术假设的表现形式：

（1）对特定银行借款人的政治导向补贴的可取性：政策框架要么明确要求——要么暗中奖励——银行以补贴利率向特定类别的借款人提供信贷；

（2）对银行风险承担提供补贴的可行性：该政策框架要求政府官员以补贴的方式，为向储户和其他银行债权人提供明确或隐含的担保；

（3）对补贴监督和控制缺陷的似是而非的否认：银行和政府机构使用的承包和会计框架并没有让任何人直接负责报告或及时控制补贴的规模。

综上所述，前两个战术假设诱使银行利用安全网从纳税人那里偷偷摸摸地提取（即偷窃）财富，并限制贷款人将一些好处转嫁给政治上有利的借款人（比如美国的建筑商和准房主）。受青睐的借贷者往往是这样的选民群体，他们通常是政治候选人和金融支持者，或有影响力的政府官员的亲信。

共同信念的基本框架的第三部分，最大限度地减少了监管机构在出现问题时受到指责的风险。这使得外界无法追究主管违反道德义务的责任。它使外界无法轻易监测前两种假设所产生的真实成本和风险，并力图妨碍将净监管利益的部门间流动纳入公开讨论。这种缺陷之所以存在，是因为企业和政府的会计制度没有将监管产生的净收益或净负担作为单独的项目在收到它们的银行的会计报表上报告。在现代会计体系中，监管补贴的资本化价值被视为一种无形的价值来源，如果计入账目，它与银行所谓的特许经营价值的其他要素没有区别。当然，部分补贴被有形损失所抵消，这些损失最终会被受政治影响的贷款转嫁到金融机构的资产负债表和损益表上。

原则上，应当为预期损失建立有形准备金，作为不良担保贷款或故意低估贷款的过程的一部分。不为因贷款优惠条款而造成的损失做准备，可能被认为是在传统银行资产负债表上显示的资产和净值中埋下了“定时炸弹”。随着时间的推移，政治优惠贷款的累积损失变得越来越难以掩盖。在一次危机结束和下一次危机开始之间，政府支持的贷款在银行投资组合中越来越多。最终，合同现金流的短缺将使其更难获得所需的资金，以支撑定价错误和结构不良的贷款池。2007 年夏天，美国和欧洲的抵押贷款支持证券开始遭受严重打击。尽管官员们反对这一想法，但要为监管机构制定可执行的义务，以透明和可重复的方式估计双重补贴的潮起潮落，这将使私营部门的外部监管机构能够强制当局解释这些补贴是否以及如何使纳税人受益。

迟早，精明的大面额债权人开始意识到未报告的漏洞高估了银行企业缴纳的净值（NW_E）的机会成本价值。我们所说的净值（NW_E），是指一个知情的买家在没有安全网担保的情况下为银行支付的金额。如果一家银行的净值低于零，它就会变成一个“僵尸”机构。“僵尸”机构是一种无力偿债的机构，它之所以能够保持活跃，只是因为政府担保的魔力让它的债权人没有理由强迫它进入企业坟墓。“僵尸”机构更新其存款资金和其他债务的能力完全取决于政府和中央银行显性和隐性的偿付能力与安全网管理者义务中所附带的流动性担保的持续可信度。

会计漏洞使得一家“僵尸”机构在其净值变为负值很久之后，仍能显示出正的会计净值。例如，尽管我们现在知道英国抵押贷款银行北岩银行（Northern Rock PLC）已经开始变得毫无生气，但管理层还是能够公布相当于其资产约 2% 的会计净值。

整个系统的脆弱性 F 随着僵尸企业或近似僵尸企业的数量（Z）的增加而增加，以及随着被认为嵌入其经济资产负债表的总损失规模、非僵尸银行与核心的具有系统相关性的僵尸银行之间的相互联系的增加而增加。

$$F = F\left[Z, \sum_{j=1}^{Z} NW_E(j), I_{CZ}\right] \tag{21.1}$$

资金问题不是在银行成为“僵尸”企业时开始的，而是在大面额资金的供应商开始怀疑官员能否继续支持其存在时。当对纳税人承担保证该地区潜在“僵尸”机构的成本的安排的充分性产生怀疑时，一个地区或国家的银行系统的资金问题就会加剧。触发条件是，政府隐性和显性担保的不确定价值的上限 G 上升得如此之高，以至于纳税人的抵制可能使政府难以筹集所需资金以及时或全额支付账单。难以捉摸的债权人的大量提款有时被描述为“无声的挤兑”，因为陷入困境的银行为其大债权人提供服务，与排队的惊慌失措的小储户相比，公众的关注要少得多。

然而，静默挤兑极大地削弱了银行的资产负债表。一个陷入困境的机构必须通过出售流动资产和发行代价高昂的债务来融资，从而导致存款和银行间资金外流（包括回购和商业票据）。一家陷入困境的公司应对无声挤兑的第一道防线是接收政府机构的贷款，或者安排与它有代理关系的相对知情的银行的贷款。私人救援人员通常坚持接受适当的高利率，且要求担保以及为他们的索赔提供上行潜力。因为救援工作可能会招致损失，因此在决定帮助另一个国家的代理银行无声无息地生存下来的时候，外国银行首先要游说国际货币基金组织、东道国政府，甚至是它们自己的政府，以保证它们不会因为任何损失而无法支付账单。

在金融机构提高其信贷支持的透明度和可信度之前，对弱势机构的无声挤兑往往会升级。陷入困境的机构出售优质资产和不断增加的融资成本，降低了未来的收入，并让越来越多的外部观察人士清楚地看到了它们处境的脆弱性。当一家机构以其良好资产的市值或低于市值抵押时，其未披露的不良贷款损失在未抵押资产中所占比例往往更大。一家陷入困境的银行在较高的信贷息差上获得的融资越多，其未来会计和经济利润受到的挤压就越严重，它越有可能从事“孤注一掷”的放贷和融资活动（“为复苏而赌博”），这些活动严重挤压了健康竞争对手的利润率。

无声的挤兑给监管机构带来了压力，因为它逐渐削弱了纳税人和实力更强的银行容忍监管现状的意愿。随着一场无声的挤兑事件的展开，利润率的下降在“僵尸”企业中蔓延，以及纳税人的潜在参与规模和分布等令人不安的信息被披露出来。与此同时，实力较弱和实力较强银行的净监管利益分歧越来越大。较弱的银行从央行贷款和政府担保中获得安全网补贴，而较强的银行和普通纳税人最终不得不为此买单。

无声的挤兑持续的时间越长，阻碍退出或延迟效率低下和资不抵债的存款机构的正式资本重组的监管力度就越大，这将把其他经济部门的净监管利益推入负值区域。英国政府对北岩银行（Northern Rock）崩溃的反应，很好地说明了当一家大型银行遭遇公开而沉默的挤兑时，所施加的经济和政治力量。2007 年 9 月，政府承诺向具有 1140 亿欧元规模的北岩银行提供紧急资金，并“保证所有现有的存款安排”，从而阻止了这家银行的一名公开储户挤兑。然而，静默挤兑持续着。截至年底，英国央行（Bank of England）提供的紧急贷款已达 250 亿英镑左右，财政部的担保也已扩大，覆盖了该行的大部分非存款义务。广为宣传的说服股东和外部收购者向该行注入私人资本的努力收效甚微。最后，在 2008 年 2 月，银行被“暂时”国有化。

21.2 监管的伦理道德

一个机构规避或违反给定规则的动机会随着完全遵守规则所带来的负担的加重而增加，这种负担可能会对其创造价值和管理风险的努力造成威胁。尽职尽责的执法通过奖励合规行为、惩罚逃税行为，以及找出并堵住被监管者用来规避规则的漏洞来修正了银行的激励措施。

漏洞是监管执法中的缺陷，产生了一套非正式的宽松规则。这些影子规则旨在阻止对更高权力的诉求，至少在一定程度上是具有猜测性质的。例如，尽管某条高速公路上的正式限速可能会设定在（比如说）每小时 55 英里，但司机们满怀信心地认为，警方实际执行的限速会高于规定的限速，并可预见地根据具体情况（比如个人紧急情况）作出调整。

普通法律和常识性伦理理论认为，在任何一方将权力委托给另一方或多方的合同中，代理人和委托人都应互相承担忠诚、能力和关心的责任。基于这一假设，金融监管者对雇用他们的社会负有四个关键责任：

（1）有远见的责任：他们应该不断调整自己的监控系统，以察觉和对那些试图掩盖或曲解其违规行为的被监管机构作出有利回应；

（2）及时纠正的责任：当发现违规行为时，他们应随时准备惩戒违规者；

（3）高效运作的责任：他们应该以最低的成本提供服务；

（4）尽职尽责或忠实代表的责任：他们应该准备好把自己服务的群体的利益放在首位。

原则上，执行第四项职责的监事会保证披露足够的决策信息，使社会能够追究它们忽视或滥用这些职责的责任。但在信贷分配计划中，制度安排并没有要求监管者对其绩效带来的低效和不利的分配效应负重大责任。相反，在一个又一个国家，政客们只检查信贷是否以优惠条件普及特权经济部门。为了获得交换条件，贷方或证券化公司的利益相关者希望其在受青睐的贷款中的地位能得到更宽松的监管，特别是在金融动荡时期（Kane，1989）。

21.3　监管服务市场中的缺陷

传统上，监管职责都是在当地执行的——在一种狭窄而正式的意义上——监管和监督金融公司的计划仍然是在一个国家的基础上形成与管理的。由于令人信服的历史、文化、经济和政治原因，这些义务和计划在不同的国家之间存在差异，而且往往差异很大（Barth、Caprio 和 Levine，2006、2012、2013）。

规则和执法的差异为监管套利创造了机会。精明的管理者意识到不同的监管服务供应商提供不同的优势和约束框架。正如管理人员可能会调查他们希望外包的任何服务的替代供应商一样，金融家也可以通过其他监管方案来确定特定的管辖区域，从而为他们的各种产品线提供最佳的成本和效益组合。在没有转换成本的情况下，每家公司都会设计一系列替代资产、负债和对冲工具，并与其他供应商进行协商，以便它们所写的每笔交易都可以在最有利的司法管辖区登记。

如今，国家监管计划和由此产生的监管负担越来越受到外国监管体系提供的跨境担保竞争的影响。在世界市场中，金融资本的流动和资产价值的变化将一系列不熟悉的政治、经济和声誉压力叠加到国内政策领域，个别国家监管决策者必须考虑这些压力。可以说，这些压力说服了金融中心国家当局补充外国安全网的资源，并默许在协调跨国监管方面存在漏洞的协议（巴塞尔协议Ⅰ、巴塞尔协议Ⅱ和巴塞尔协议Ⅲ）（Goodhart，2011）。

为了整理不同监管和安全网服务供应商在质量和价格上的跨国差异和跨产品差异，考虑这样一个市场是有助于思考的，即在市场中，供应商的竞争受到每个供应商的资源和具有激励冲突的监管文化的约束。构成特定监管框架的可观察细节包括一系列特定的目标和政策工具。

尽管有大量文献将金融监管视为对银行收入征收的简单税种，但业内高管明白，监管最好被理解为一种后台金融服务，对金融市场的参与者来说，它既能产生效益，也能产生成本。它的好处在于三个方面：提高客户信心，改善客户便利性，支持或抵制机构积累和行使市场力量的努力。由于监管和监管要求资源的产生，当局可以或多或少地生产它们，或者或多或少公平地为其生产提供资金。无论生产监管服务的成本是否被降至最低，政治活动都会在整个社会中分配它们的生产成本，并决定它们的水平和可见性。

对于将其全部或部分监管业务转移到另一家供应商，并愿意承担相应的转变成本的受监管公司来说，如果进入和退出的机会是存在的，那么可以说监管的提供是具有竞争性的且监管的接受是具有自愿性的。因此，尽管监管者的监管对象在短期内是固定的，但在较长一段时间内，监管对象经营所处的司法管辖区是自愿的。由于外国金融机构的出入境成本在全球范围内均有所下降，因此全球金融监管服务市场的管辖权的重叠范围也有所扩大。

实体为监管服务支付的价格对应于企业或家庭从监管中获得的收益与监管强加给其的成本之间的差额。根据差额是正的还是负的，我们可以将这个价格描述为实体的“金融监管带来的净监管收益（或负担）”（即 NRB）。

规则和执法系统不断受到其他司法管辖区带来的净监管利益变化的考验和重塑。然而，大多数金融产品的司法管辖权竞争本质上是不完善的。可以说在任的监管者在任何方面均拥有市场权力，因此可以降低其向客户提供的净监管负担，而不会将客户全然拱手让给另一个监管机构。或者，当监管机构的领导者可以随时从劳动力、资本和政治市场中抽取经济资源，并且这种抽取资源的行为不会迫使他们（以及任命和维持他们的被选举的政治家）对同时降低其贷款人和借款人客户的净监管负担，并增加其他重要经济部门的净监管负担的政治决策负责时，我们可以认为监管机构的领导者具有市场力量。

监管竞争的活力因技术变革而增强，却因信息不对称、领导更替和政府决策中固有的委托代理冲突等各种来源而减弱。监管机构通常采用报告制度，这使得公民难以收集有关政策制定者可能追求的次要目标，或监管活动可能产生的部门、官僚或个人利益的有关信息。正如围绕 2010 年《多德—弗兰克法案》和巴塞尔协议Ⅲ细节的持续辩论所显示的那样，当歧视性或低效表现的证据浮出水面时，很难从根源上找出原因，更难以纠正造成这种情况的激励缺陷。

监管竞争的价值在于对净监管负担的公平性和效率进行间接的经济制衡。在需求方面，竞争鼓励那些对本国政府的监管体系感到负担过重的各方重新调整业务，以便将其纳入更有利的监管服务供应商的管辖范围。新供应商是国内代理商还是外国代理商并不重要。重要的是，受监管者获得了救济，新的监管机构获得了预算资源，而旧监管机构却不能再得到预算资源。转移到负担较轻的监管供应商的过渡成本越低，需求方检查就越完整。

在供应方面，进入和退出成本赋予现有监管机构以竞争优势。在与私人监管企业（例如证券和期货交易所）竞争时，政府实体的优势在于它们被赋予的财政实力，使它们能够为纳税人分配灾难性损失，并且能够随时获得国家的强制力量。对于非传统的供应商，积极加强监管新类别的金融交易的成本可能是巨大的。另外，这些成本的存在意味着，在短期内，能够为某个国家的金融行业经济地提供监管服务的潜在新进入者的数量相对有限。

成功进入不仅需要行使纪律权力的能力。为了取代经验丰富的监管者，潜在的进入者需要特定的技能，例如道德权威资源，以及巨大的金融和声誉资本。进入者必须能够可信地承诺他们可以公平和有效地提供监管服务，并且他们愿意并能够长期维持这一承诺。他们必须能够操纵奖励和惩罚的制度，其力量足以改善潜在监管者的行为。

简而言之，法律自由赋予政府企业的市场权力，以及现任私人监管机构享有的声誉优势，扭曲了需要继承的监管服务市场结构和进入机会。一方面，代议制民主赋予选举产生的政治家和他们任命的监管领导人可再生垄断权力。另一方面，这种权威变得更加强大，在任的政客们可能更有信心掌握权力，而高级官员们可能更有信心保住自己的职位，避免因可疑行为受到严厉的起诉或公众谴责。

（1）在高杠杆的机构中，“寻租”产生了巨大的风险暴露。

- 追求安全网补贴与政府推动的贷款形式挂钩
- 追求与其他杠杆风险相关的补贴

（2）不利事件和行业问题扰乱了金融市场。

- 银行和监管机构通过会计手段欺诈和掩盖来防止损失登记在银行账户上
- 大额债权人考验着安全网的稳固程度
- 随着优质资产被抵押，以及最终的激励措施引发了孤注一掷的赌博，体系的脆弱性不断上升
- 随着时间的推移，安全网资金短缺的威胁会增加

(3) 对传统的安全网支持机制的补充。

- 中央银行贴现窗口的贷款无法承担负担
- 创造性的会计漏洞和公共信贷形式扩大

(4) 陷入困境的银行和安全网机构的资本重组。

- 权宜之计的部分重组：折中办法将金融部门状态移回到第二阶段
- 将银行亏损转化为明确的纳税人义务，或明确将“僵尸”银行国有化

(5) 最终针对残局的处理。

- “僵尸”机构的重新私有化
- 把责任推卸到“替罪羊”身上
- 采用可信的安全网改革

即使在私营部门，市场力量也会以持久的方式赋予成功的监管企业。有趣的是，近年来一些传统的私人监管机构（包括几家主要的股票和商品交易所）经历了跨国收购其特许经营权。可能不幸的是，对于关键的监管机构，中央银行和财政部，收购方式不能如此直接。

21.4　危机管理文化中的开脱标准

资本要求是基于这样一种观点：过度杠杆化的金融体系将会是一场早晚要发生的事故。当金融体系稍有不幸，监管引发的事故就会发生，而监管者已经使得他们的机构让自己容易受到这种数量和类型的不幸事件的影响。

监管引发的金融危机或危机产生和监管响应划分为五个阶段。2007—2008 年美国和欧洲结构性证券化融资的崩塌，以及 1997—1998 年期间蔓延拉丁美洲、日本、韩国、菲律宾、马来西亚、印度尼西亚、泰国与俄罗斯等国家与地区的小型银行业危机演绎了这种危机产生和反应模型的前三个半阶段。

危机往往在权宜之计的部分资本重组阶段（第 4A 阶段）停滞不前。自 2007 年国际金融危机开始以来，德国、英国和美国当局一再表现出不愿跨越这一阶段的态度。只要一家机构或政府的财务状况能够被掩盖，外部人士就无法轻易区分金融机构破产潮和总流动性的暂时短缺。一些经济重要性企业发现，要以有利可图的条款在私下里延展债务是极其困难的。央行官员和其他监管机构的标准第一反应是，向陷入困境的机构提供流动性，以此为监管人员争取时间，调查无法弥补的破产可能在多大程度上导致困境。在政治、市场或制度动荡时期，争取时间的购买策略在道德上受到三种准则的支持，这三种准则可以为人们开脱责任：仁慈准则、民族主义准则与非升级准则。

仁慈准则认为，监管机构放弃它们之前监督的机构的雇员、债权人和股东是糟糕的政

策和不可接受的残忍行为，除非它们能够令人信服地确定危机太深，无法通过补贴贷款来补救。这一准则赋予监管者自由裁量权（如果不是义务的话），以减轻任何遭遇沉默挤兑的客户机构的初始痛苦。

民族主义准则的前提是，监管者应帮助国内机构和做市商应对外国竞争。在实践中，这种准则通过共同抵制外国控制国家信贷的决策以及抵制政治偏好部门的游说压力而得到加强，这些政治偏好部门质疑外国企业不能很好地为它们的利益服务。

非升级准则允许当局以补贴条件向陷入困境的机构放贷，前提是它们能够推广这样一种观点，即采取任何其他行动都将引发一场全国性或全球性的金融灾难。为了援引这一准则，官员们必须首先传播恐惧。他们必须辩称三件事：（1）如果没有大量补贴资金的注入，市场将给问题资产制定低于常理的价格；（2）提供给持有不良资产的机构的私人紧急信贷价格过高；（3）这些进一步的价格波动将把强大而健康的机构拖入动荡之中。

对政府官员来说，要么夸大危机的深度，要么低估部分资本重组所需的日益透明的补贴流动规模，这是危险的。要想让高级监管机构继续提供安全网补贴，还有两个条件必须满足。首先，它们必须能够控制信息的流动，从而使纳税人和媒体无法令人信服地评估隐性资本转移的规模以及行业游说人士希望持续下去的补贴计划的反平等主义特性。其次，高层监管机构的自身利益必须不断得到损失被转移到其他群体的金融家、借款人和投资者的赞扬和其他形式的褒奖。

当局不愿采取全面的资本重组行动，除非巨大损失的证据以危机压力的形式不断涌现。博弈进行的时间越长，即将上任的政策制定者和指定他们上任的政客的名誉就越有可能因其上一届在任者的过错而受到不公的对待。尽管从小样本中得出推断是不明智的，但美国的次贷危机和阿根廷的各种危机让人们对由于监管所引发的危机的周期的最后阶段是如何分配成本的状况有了一些了解。

21.4.1 一个正式的模型

要正式地思考这一点，我们可以将转移负担过程中的延续和崩溃分解为进化马尔可夫过程的两种状态。尽管在任何一天都很小，但在具有激励冲突的监管者任期内发生崩溃的可能性（p）会随着系统的脆弱性的增加而增加，因为这个系统无法很好地履行安全网络的隐性和显性保障。将政府信贷支持的价值表示为 G 以及纳税群体为支持陷入困境的机构的债务而承担的隐性责任累计规模为 T 是很方便的。T 和 G 随着系统脆弱性（F）的增加而增加。反过来，每当 F 增长时，p 也会上升。在初期危机的早期阶段，崩溃概率的增加取决于银行和安全网官员用来报告损失和损失风险的会计原则的信息量（A）。

$$p = p[G,T,F;A] \tag{21.2}$$

在这些早期阶段，银行及其监管机构试图寻求并提供增量的“会计救济”。然而，一旦市场参与者开始意识到部分资本重组和会计掩盖是一种不完善的措施，A 的弱点、问题和改进就成为危机解决过程的真正关键部分。

21.4.2 现代危机的成本

持续着产生影响和未完全解决的危机至少敲响了三个警钟。首先，金融危机的频率和地域范围令人信服地表明，在全球范围内，许多机构都认为有理由将潜在的具有毁灭性的风险记录在案。回顾 1977—1995 年期间，Caprio 和 Klingebiel（1996）列举了 58 个国家，在这些国家中，银行系统的净值几乎或完全被消除。其次，在一个又一个国家，国内（有时是国外）纳税人被要求为银行、储户和存款保险基金解难。Honohanand Klingebiel（2003）证实，在现代危机中，纳税人为履行隐性和显性担保而支付的账单通常相当于国内生产总值（GDP）的 1% ~10%。这些救助的规模表明，至少在危机国家，银行设法将大笔赌注押在了台面上，并能够将这些赌注的很大一部分负面影响转移到纳税人身上。在许多情况下，当局最终被归咎于是使得纳税人支付账单的罪魁祸首。人们认为，官员们逃避了揭露和制止造成损失的信贷分配模式的责任，而且在个人银行破产的情况严重恶化之前，他们一直没有解决这些问题，这加剧了信贷损失造成的损害。

在金融动荡时期，负责保护金融机构安全和稳健的政府监管机构在工作表现方面存在的道德控制缺陷和危机管理准则，鼓励了监管方面的克制。现代危机的高成本表明，负责管理纳税人风险敞口的官员的冒险偏好，与私人金融市场上大额债权人的偏好有多大差异。尽管不同国家的安全网贷款和担保的融资机制存在差别，但信息流动不足和政府决策中的激励冲突，使各地银行危机的处理变得复杂（Calomiris 和 Haber，2014）。

在管理跨国风险敞口时出现了问责制和激励冲突等特殊问题。金融监管机构对外国银行和国内银行的海外业务的监管模式要求，与严格适用于国内银行业务的监管模式在两个重要方面有所不同。首先，大多数发达国家愿意允许其国内银行在国外的子公司承担比其准备在国内承担的更广泛的风险。这是因为，从地理上来看与国际活跃客户的关系是银行业务中不受约束的一部分，而且政府官员预计不会为外国银行在国内政治领域的亏损承担责任。这刺激了离岸银行向海外市场“过度放贷”。其次，虽然技术变革和外部政治压力大大减弱，但大多数银行市场中外国金融公司进入的障碍仍然存在。

21.5 银行融资机会的全球化及证券化

当前的工业组织理论试图阐明：产品市场结构在追求有效企业及有效合约的过程中不断演化，从而实现重塑或替代相对较低效率的市场结构。当我们聚焦在由 Baumol、Panzar 以及 Willig 于 1986 年所提出的“完全竞争”的满足一系列理想条件的假设市场时，就能轻易把握这些理论的精髓。

完全竞争市场是指进入以及退出成本均为零且无论企业何时面临负利润均可实现快速退出的市场。在完全竞争市场中，低成本企业将替代高成本企业，且由于存在其他同等效率企业不断进入的压力，市场中的企业也无法设置垄断价格。

当然，金融市场永远不会是完全竞争的。新的参与者必须在其安全扩张客户基础前，不断适应并扩张其信息体系。现有银行不能轻易放弃它们向客户承诺的贷款承诺，并且由于必须建立在监管基础之上，内在不透明的金融市场也背负着不可避免的进入和退出成本。

在过去 40 年里，尤其是在银行零售业务市场，技术变化已经显著降低了国外竞争者以及非传统竞争者的进入成本。这些企业中的大部分以创新的方式从事银行活动，使得替代性产品、组织以及替代性离岸场所发挥创造性作用。在一些国家，长期限制国内银行的竞争的状况，使得新进入者商业计划的可行性暂时得到了加强。

在创新的经营方法中，最主要的是结构化证券化。得益于投资银行、信用评级机构、抵押保险公司以及对冲基金的帮助，并通过将利息流和本金流的分割（或者分组）、分层、维护等分配给隔离的资本化通道载体，银行分离并证券化了其贷款产生的现金流。银行通过与外国企业以及非银企业对贷款中的重要部分的切分，建立了其国内放贷链条的新联系，并拓展了其放贷的地理覆盖范围，这给金融监管增加了难度。

创新的融资技术通过整合各国内外的银行贷款定价，使借款人受益。然而，由于外包银行资产负债表的资金削弱了贷方可以从原始证券化贷款中获得的收入与其贷款承销体系的质量之间的联系，因此削弱了其员工尽职调查的激励。证券化贷款池的投资者既不依赖贷款人的尽职调查，也不依赖自己的尽职调查，相反，他们依赖信用评级机构来评估风险，依赖于投资银行及抵押公司来确保其获得的回报与贷款质量的差异相匹配。不幸的是，这种天真的期望破坏了经纪人满足这些期望的动机。评级和定价的个人证券一经售出，就会获得补偿，很少有人员在事后可能被证明犯了严重的评级或定价错误。当监管层无视代理人合约中忠诚、竞争及谨慎地履行责任的链条上的腐蚀时，投资者假定其购买了被正确估价定价的证券。机构的代理契约激励机制链本应该秉持忠诚、能力和关怀义务，而监管者却对机构链条的腐化“睁一只眼闭一只眼”，导致投资者认为他们购买的是评级良好、价格合理的证券。

证券化也将不同监管文化和司法权监管下的企业置于更加激烈的竞争环境中。这些总部处于不同监管文化环境的机构对传统市场的“入侵”，给特定的监管单位（尤其是领导人剩余任期不长的监管单位）施加了压力，迫使它们唯有放松警惕，才能捍卫自己的官僚地盘。回顾过去，很明显，银行业监管机构正是通过将这些隐藏或转移风险的先进方法正规化并合法化来这样做的，而监管机构没有充分审查这些复杂的新合同结构对个别国家安全网造成的威胁。

每当监管机构默许外国或非传统公司这些创新型公司进入的时候，它就必须放松限制，这可能会使其传统客户难以与新进入者竞争。传统机构也催促政界早日实现这种放松。

当局对这种竞争压力的宽松回应，被贴上了放松金融监管的标签，但从道德角度而言，这种回应更应该被称为“去监管”。在大多数国家，监管竞争和问责制方面的缺陷导致银行监管人员在评估风险转移创新工具的风险时，缺乏足够的警惕。在结构性证券化方面，银行监管机构和抵押贷款保险公司将其职责范围外包给会计师和信用评级机构，没有充分地履行它们本应该履行的义务。尽管会计师和信用评级机构在目标方面存在明显的冲突，而且在过去的经济衰退中，它们在降级不良证券方面拖延时间过长，但银行监管机构和抵押贷款保险公司还是这样外包了（Portes，2008）。

国内银行和证券公司所享有的政治影响力，以及监管机构向政府提供安全网的能力，大大降低了金融市场的可竞争性。在危机中，安全网补贴减少了对竞争对手的补贴，并且不合理地维持了资不抵债公司的运营。对市场结构演变的有争议的市场描述有助于我们理解，在大多数国家，放松管制的重点是开放市场准入，而不是强调抵制国内重要性银行退出的监管激励。监管机构（尤其是中央银行）可以阻止那些足以证明“赚了一笔钱就退出”是正当的低成本进入者所获得的利润。

21.6　监管导致的银行危机的辩证法

对任何政策制定者来说，一场危机可以被描述为一场剧变的时刻，它给政策战略的决定性改变带来巨大压力。监管引发的银行业危机为一个渐进的过程，通过不可调和的市场和监管调整之间的辩证冲突以黑格尔的方式驱动。

对于任何受监管的机构来说，变革——而不是静止——代表着盈利均衡的路径。黑格尔的监管模式认为，被监管方与其监管者之间的冲突永远无法完全消除。在每一轮调整中起作用的矛盾力量被称为“论题”和“反论题”。每一个调整和反应的序列都会产生一个临时的“综合”，作为新一轮行动和反应的“论题”。

论题：不可持续的政策组合

- 扩张性的货币政策和造成损失的信贷分配方案（“政治破坏的贷款”），与消除风险对为亏损银行提供安全网支持的成本的不利影响

反论题：持怀疑态度的投资者和储户对政府管理国家安全网不断扩大的成本的能力进行了测试

- 在银行业危机中，市场测试包括无声的挤兑（通常表现为对质量和简单性的追求）
- 当局拒绝控制损失并继续帮助“僵尸”企业继续存活的时间越长，危机深化的可能性就越高

综合：当局无法再平息市场对其维持矛盾政策组合的能力的怀疑时，改革就发生了。

- 信贷分配方案揭开序幕
- 维持资不抵债机构的成本变得明显

在美国，旨在促进自有住房的政策鼓励借款人和贷款人都使用“危险的高杠杆”[影子金融监管委员会（Shadow Financial Regulatory Committee），2008]。对于借款人来说，他们可以从抵押贷款利息的税收减免和支持抵押贷款信贷的联邦计划中获得的补贴价值随着借款数额的增加而增加。对贷款人来说，联邦计划通过提供廉价的担保，以及使银行能够避免对抵押贷款的资本金要求，以此来支持住房抵押贷款证券化。监管机构并没有要求银行或证券公司评估或持有资产，以应对结构性证券化工具传递到保荐人净资产的隐性义务。对借款人头寸的高度杠杆化意味着，如果房价下跌超过几个百分点，边际借款人将无法履行其义务。一旦次级借款人的拖欠率和止赎率大幅上升，精明的投资者就会重新估值并削减他们在证券化抵押贷款池中的头寸。当这种重估抹去了抵押贷款证券化通道的权益时，出于对声誉的担忧，银行保荐人将相当一部分管道损失重新计入了资产负债表。除了支付通道损失的账单外，那些曾大量参与向通道出售抵押贷款业务的银行，还因正在进行的抵押贷款承诺无法再通过证券化盈利而蒙受损失。不可避免的是，这些银行的“无声挤兑”考验了安全网管理者应对危机蔓延的能力。

对危机压力的适当政策反应取决于引发危机的政策矛盾的性质。一个长期存在的问题是，评估陷入困境的银行潜在可能的资不抵债能力，并确定它们的净资产受到由危机引发

的贷款价格下跌的影响有多迅速。当国内和离岸机构过度贷款的激励面临东道国为国内家庭和企业过度借贷提供激励的政策制度时，最有可能发生资产价格崩溃。在这种情况下，资产价格面临的崩溃压力很可能导致危机加剧，因为资不抵债的借款人和贷款人会发出索赔要求。

将引发美国证券化危机的“无声挤兑”视为总体“流动性供应不足”的表现是肤浅的。事实上，中央银行多年来一直在为住房部门的过度支出提供资金，并为长期的经常账户赤字提供资金。中央银行可以通过让本国货币贬值、减少外汇储备和国外信贷额度来延长支付赤字。在任何由消费驱动的货币贬值中，重建央行外汇储备的必要性可能紧迫，也可能不紧迫。如果是这样，当局可以通过两种互补的方式缩减经常项目赤字：（1）允许汇率进一步下降；（2）收紧财政和货币政策的组合。

但当一个货币中心国家正经历一场银行业危机时，这种方法就没有吸引力了。这些政策将给持有该国金融资产的国内外投资者造成相当大的机会损失。针对这一政策的部分货币调整会给国内物价带来通货膨胀的压力。把一半的“紧缩货币”囤积起来，将导致总经济需求的下降，这将降低一个国家的金融资产的实际价值，尤其是银行体系的净值。这将通过提高不良资产的预期违约率，进一步削弱资产价值。在危机情况下，当局在政治上不可能忽视这些调整对安全网损失敞口的影响。

在一个以金融为中心的国家，当局面临着如何控制“无声挤兑”的三方政策困境。

选择一：在政策组合中造成损失的部分，尝试以最小的调整为继续运行融资。我们可以把这种策略描述为“为了复活而赌博”。与美国一样，当局可能会暂时将一家或多家资不抵债的巨头［如房利美（Fannie Mae）和房地美（Freddie Mac）］收归国有，解决其他几家公司的问题，并否认其他任何重要的“僵尸”企业的存在。它们可能会扩大中央银行的资产负债表（见图 21.1），并可能通过减少外汇储备或从私人和外国金融机构借款来缓解其汇率的潜在下降。

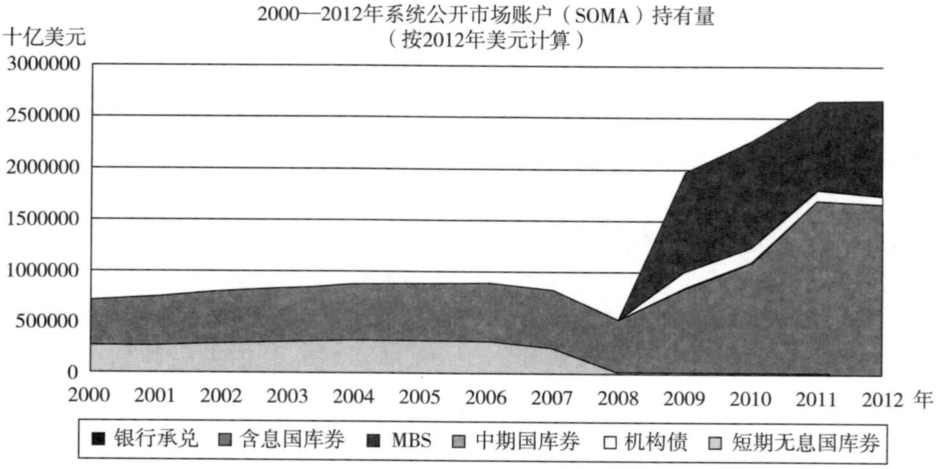

图 21.1　选择一对联邦储备局资产负债表的影响

选择二：重新平衡政策组合，使其更具有可持续性，但这可能仅限于一个狭义的时间窗口（例如，直到下次选举之后）。当局可能会解决或加强一些最薄弱的机构，并可能放缓货币增长。我们将其描述为“部分资本重组”的策略。

选择三（一般不会被选择，除非事先使用过的单个或两个策略的尝试都失败了）：直面并消除政策组合中最明显的矛盾。新的政策体系将致力于彻底清理破产机构，并在未来建立一个更兼容激励机制的监管体系。

银行和企业的破产在一定程度上得不到解决，会进一步助长不良投资，并加大更深层次的危机在未来再次出现的可能性。激励冲突的另一方面是，在全国经济衰退之际承认并解决企业和银行业的破产问题是危险的。在危机情况下，政治家们强烈想要重新调整需求并加强安全网保障的可信度，而没有做太多工作来解决普遍破产造成的激励扭曲。

21.7　监管竞争在银行危机中的作用

相互矛盾的政策在家庭部门、金融部门、非金融企业和政府规划部门之间产生资本错配。结果是资产价值和行业净值被夸大了。如果资产价值得到生产力可持续增长的支持，或者在不利信息浮出水面时被迅速冲销，那么“无声的挤兑”就不会大到足以考验金融中心国家的安全网。

2007 年至 2008 年的证券化危机的种子在几十年前就已经播下了。直到人们开始怀疑政府是否愿意、是否有能力衡量和消化突然资不抵债的银行体系所带来的损失和损失敞口时，它才演变成一场危机。测度是很重要的。与 20 世纪 80 年代的存贷危机一样，由于亏损机构顽固地推迟承认亏损，危机成本加剧了。

新闻界所描述的突如其来的“金融危机”可能更准确地描述为由于亏损机构长期试图迫使社会其他人承担不良贷款的责任而引起的紧张局面。在美国抵押贷款市场，长期存在的向建筑商和杠杆率过高的家庭发放担保不良贷款的补贴体系，对存款和证券公司以及纳税人融资的安全网造成了未披露的损失。

在世界各地，金融机构和市场都受到监管系统的支持，这些系统显示出许多国家特有的特征（Wilson，1986；Dermine，2003；Barth、Caprio 和 Levine，2006、2012）。金融监管模式的差异强调了各国监管体系或公开或私下希望纠正的差异，这种差异存在于各种经济、政治和官僚主义缺陷与效率低下的方面之中（Garciaand Nieto，2006；Herringand Schuermann，2006）。

然而，监管模式差异的存在受限于融资和贷款机会流向市场和机构的趋势，这些市场和机构为客户提供最优惠的交易。国与国之间金融市场和金融机构的净监管负担因管辖权间交易流动带来的监管套利而缩小。当信息处理和电信的技术变革降低与外国实体进行交易的成本时，不良的资本流动和金融交易有助于说服国家当局降低其监管框架强加于储户和投资者身上的在金融市场交易产生的净负担。

近年来，银行和货币危机频发，原因有三个方面。首先，信息和通信技术的进步共同使得私人金融市场和政府担保市场全球化。其次，对“僵尸”银行的“无声挤兑”是有成本的，而随着成本融资和担保服务市场的全球化，国内企业和富有投资者的这种成本被降低了。最后，贷款机构、证券化机构、信用评级机构和监管机构的政策造成了虽然缓慢发展但最终不可避免的损失，但这些机构不必为此损失提供补偿。

1997年至1998年，由于韩国、印度尼西亚、马来西亚、菲律宾和泰国等国家在技术驱动下被纳入一个可贷资金的国际市场，这些国家的危机加速发生，在国际市场中大储户得以保护自己免受低效或歧视性的国家监管模式的负担。全球化使这些国家的银行监管的成本和收益与离岸金融中心的监管系统产生了更为密切的竞争。

剥削性监管促使老练的存款人、无补贴的借款人和其他银行利益相关者在其他地方开展其部分或全部业务：在国外或在非正规或处于不同监管环境的国内市场。这种监管套利限制了政客们能够在多大程度上促进监管负担的分配，从而武断地限制了国民经济重要部门积累和管理财富的机会。

离岸银行竞争在两个方面缩短了传统危机模型中的危机孕育期（例如 Krugman，1979）。首先，即使是外部银行的有限进入，也扩大了本地居民以前在东道国银行所持有存款的定价合理的替代品数量。这降低了亚洲储户参与国内银行“无声挤兑”的成本。其次，外国银行存款替代品的相对安全性证明了其本国监管体系为每个离岸进入者所规定的履约保证的可靠性更高。

金融改革的规范目标应该是引导非歧视性的与有效的监管和监督模式（Barth、Caprio 和 Levine，2012）。监管者不仅要对创造一个稳定的金融经济负责，而且要以最低的长期成本为社会提供这种稳定。在实际中，这意味着要建立契约激励机制，引导当局遵循模仿市场进行的监管绩效标准。在没有明确或隐含的政府担保的情况下，市场会坚持认为，任何经历了大量机会成本损失的机构，都会做三件事中的一件或多件：收缩规模、筹集更多股本，或者为债务支付更高的利率。公共政策的问题是，在一个国家的重要机构走弱时，如何制定符合规章制定者和监管者自身利益的雇用合同，以此激发“模仿市场”的纪律。

官员们明白，重塑融资动机、加强银行监管和公司治理，是解决危机的核心（Laeven 和 Levine，2009）。但有关部门仍不愿隔离和修复那些导致危机国家和企业监管薄弱的行为规范和激励结构。事实证明，它们愿意针对更高资本金要求、扩大决议授权（Goodhart，2010）、生前遗嘱与或有可转换债券（Calomiris 和 Herring，2013）等进行试验性的监管新规，并正在考虑对“大到不能倒”的机构实施监管规模限制。美国和欧盟当局没有做的是，深入研究公共服务、金融机构承包和信息披露监管改革。这些改革将直接打击金融家利用安全网牟利的动机，并采取措施使它们的监管策略不仅更加严格而且更加高效。

对任何一种制度来说，偏离公平、高效的净监管负担分配的可容忍偏差的规模，都会随着公民参与资本权利的机会成本的增加而增加。反过来，资本外逃的收益和成本也会随着信息技术、实体经济的波动性和政治环境的流动性而变化。信贷分配方案无情地侵蚀了一个国家金融机构的资本，并要求纳税人补贴危机中的大型银行和受政治驱动的实际投资模式，而随着如今金融领域正在进行的信息革命，采用信贷分配方案变得短视和不公平。信用评级机构和巴塞尔银行监管委员会（Basel Committee on Banking Supervision）应该明智地放弃抽样程序。因为抽样程序对不利的尾部事件和假设资产风险随着时间推移相对稳定的模型没有太大影响。它们还应该集中精力寻找方法，以保证工作人员履行监督职责的严谨性，并争取具有前瞻性的股票和衍生品市场，以帮助它们跟踪个别国家和行业的违约风险的变化（Kane，2003）。

参考文献

[1] Akerlof G. and Romer P. (1993). Looting: The Economic Underworld of Bankruptcy for Profit, *Brookings Papers on Economic Activity* 2.

[2] Barth J. R., Caprio G., and Levine R. (2006). *Rethinking Bank Regulation: Till Angels Govern.* New York, NY: Cambridge University Press.

[3] Barth J. R., Caprio G., and Levine R. (2012). Bank Regulation and Supervision in 180 Countries from 1999 to 2011, *Journal of Financial Economic Policy* 5 (2), 111 – 219.

[4] Barth J. R., Caprio G., and Levine R. (2013). *Guardians of Finance: Making Regulators Work for Us.* Cambridge, MA: MIT Press.

[5] Baumol W., Panzar J. C., and Willig R. D. (1986). On the Theory of Contestable Markets. In: C. Frank Matthewson and Joseph E. Stiglitz (Eds.), *New Developments in the Theory of Industrial Structure*, 339 – 365. Cambridge, MA: MIT Press.

[6] Calomiris C. and Haber S. (2014). *Fragile by Design: Banking Crises, Scarce Credit, and Political Bargains.* Princeton, NJ: Princeton University Press.

[7] Calomiris C. and Herring R. (2013). How to Design a Contingent Convertible Debt Requirement that Solves Our Too – Big – To – Fail Problem, *Journal of Applied CorporateFinance* 25 (2), 39 – 62.

[8] Caprio G. and Klingebiel D. (1996). Bank Insolvency: Bad Luck, Bad Policy, or Bad Banking, In: *Annual Conference on Development Economics*, 79 – 104. Washington, DC: The World Bank.

[9] Dermine J. (2003). European Banking: Past, Present, and Future. In: V. Gaspar, P. Hartmann, and O. Sleijpen (Eds.), The Transformation of the European Financial System, 31 – 95. Frankfurt, Germany: European Central Bank.

[10] Garcia G. and Nieto M. (2006). Banking Crisis Management in the European Union: Multiple Regulators and Resolution Authorities, Journal of Banking Regulation 6, 215 – 219.

[11] Goodhart C. (2010). How Should We Regulate Bank Capital and Financial Products? What Role for Living Wills? In: A. Turner and others (Eds.), The Future of Finance: The LSE Report. London: London School of Economics, L http: //harr123et. wordpress. com. >.

[12] Goodhart C. (2011). The Basel Committee on Banking Supervision: A History of the Early Years, 1974 – 1997. Cambridge, UK: Cambridge University Press.

[13] Herring R. and Schuermann T. (2006). Capital Regulation for Position Risk in Banks, Securities Firms and Insurance Companies. In: H. Scott (Ed.), Capital Adequacy: Law, Regulation, and Implementation. Oxford, UK: Oxford University Press.

[14] Honohan P. and Klingebiel D. (2003). The Fiscal Cost Implications of an Accommodating Approach to Banking Crises, Journal of Banking and Finance 27, 1539 – 1560.

[15] Kane E. J. (1977). Good Intentions and Unintended Evil: The Case against Selective Credit Allocation, Journal of Money, Credit, and Banking 9, 55 – 69.

[16] Kane E. J. (1981). Accelerating Inflation, Technological Innovation and the Decreasing Effectiveness of Banking Regulation, Journal of Finance 36, 355 – 367.

[17] Kane E. J. (1988). Interaction of Financial and Regulatory Innovation, American Economic Review 78, 328 – 334.

[18] Kane E. J. (1989). Changing Incentives Facing Financial – Services Regulators, Journal of Financial Services Research 2, 263 – 272.

[19] Kane E. J. (1998). Capital Movements, Asset Values, and Banking Policy in Globalized Markets. In: L. Seongtae (Ed.), The Implications of Globalization of World Financial Markets, 278 – 298. Seoul, Korea: Bank of Korea.

[20] Kane E. J. (2003). What Kind of Multinational Arrangements Might Best Enhance World Welfare?, Pacific Basin Finance Journal 11, 413 – 428.

[21] Krugman P. (1979). A Model of Balance – of – Payments Crises, Journal of Money, Credit, and Banking 11, 311 – 325.

[22] Laeven L. and Levine R. (2009). Bank Governance, Ownership, and Risk Taking, Journal of Financial Economics, 93 (2), 259 – 275.

[23] Laeven L. and Valencia F. (2013). Systemic Banking Crises Database, IMF Economic Review 61, 225 – 270.

[24] Portes R. (2008). Ratings Agency Reform, January 12, L http://www.voxeu.org>.

[25] Schüler M. (2003). How do Banking Supervisors Deal with Europe – wide Systemic Risk?, Centre for European Economic Research Discussion Paper No. 03 – 03.

[26] Shadow Financial Regulatory Committee (2008). Statement on Facilitating Mortgage Renegotiations: The Policy Issues, Chicago, IL, Statement No. 255, February 11. United States Senate Committee on Homeland Security and Governmental Affairs, Permanent Subcommittee on Investigations (2011). Wall Street and the Financial Crisis: Anatomy of a Financial Collapse. Majority and Minority Staff Report, April 23.

[27] Wilson J. A. G. (1986). Banking Policy and Structure: A Comparative Analysis. New York, NY: New York University Press.

第 22 章　2008 年金融危机后的存款保险问题[①]

22.1　简介

即使在2008 年金融危机爆发之前，存款保险已成为大多数发达国家和发展中国家金融安全网的核心组成部分。Demirgüç－Kunt、Karacaovali 和 Laeven（2005）报告显示，2004 年 181 个国家中至少有 83 个国家在危机爆发前就制订了明确的存款担保计划，其余部分国家实际上也有隐性担保。存款保险和其他安全网络——如中央银行贴现窗口——旨在提高金融系统的安全性。几乎所有拥有运营金融体系的国家都有某种形式的存款保险。但是，不同系统之间存在显著差异，表 22.1 和表 22.2 给出了代表性系统的一些重要特征。

历史和最近的经验表明，存款保险的有效性取决于它的设计和实施[②]。换句话说，结构很重要。实施不善的存款保险或担保计划，再加上缺乏有效的解决政策，对于增加银行破产的可能性和破产成本的作用至少与它们本意减少破产可能性和破产成本的作用一样大。

然而，正如最近的几乎是全球金融危机的事件所显示的那样，即便是精心设计的存款保险计划，本身也不足以防止危机的发生，甚至不足以在一家系统重要性企业破产后限制其危机蔓延。但是，由于所有危机最终都会结束，因此有必要考虑如何在非危机时期构建存款保险和金融安全网，以达到安全和高效的结果。近期的危机也表明，政策制定者认为，一些大型非传统银行金融机构，如投资银行、保险公司和金融公司，与传统银行一样，是系统性风险的潜在来源和传播者。这种看法已导致将安全网扩大到这些非银行机构。

---

① 我们特别感谢国际货币基金组织顾问（退休）David Hoelscher 仔细阅读了修改后的手稿，这对本章有极大的改善。

② Kane，1993；Kane 和 Yu，1996；Kane，2000；Hovakimian、Kane 和 Laeven，2003；Demirgüç－Kunt、Kane 和 Laeven，2008；Angkinand 和 Wihlborg，2010；Hovakimian，Kane 和 Leaven，2012。

表 22.1 存款保险方案代表性样本的选择特征

管辖区	融资类型	存款覆盖范围	提供保险		溢价率	评估依据	存款百分比	治理结构
		US $	外国的当地分行	国内银行的外国分行			全额保障	主管团体
阿根廷	事前	7545	是	否	0.015% ~0.3%	合格存款	94.9	管理委员会（中央银行代表担任主席，4～7名成员来自向管理委员会捐款的金融机构）
澳大利亚	事后	1016300	否	是	n. a.	n. a.	>99	审慎监管机构成员
巴西	事前	4200	否	否	每月平均余额的0.0125%	覆盖存款	n. a.	董事会（成员机构代表5～9名）
加拿大	事前	100000	否	否	2.8个、5.6个、11.1个和22.2个基点	覆盖存款	97	董事会（11名成员：监管机构负责人、中央银行行长、财政部和私人非当然董事）
法国	事前	136920	是	是	n. a.	合格存款	n. a.	监事会/执行董事会（当选为监事会私人银行家/财政部为执行理事会主席的具体协议）
德国	事前	136920	是	是	0.016%	受保护存款的负债	n. a.	董事会（来自银行协会的成员。DGS是私法上的法人，由BaFin监督，并检查其董事的资格和工作）
中国香港	事前	64000	是	否	0.0175% ~0.049%	覆盖存款	n. a.	董事会（8名成员，包括两名来自中央银行和政府的当然成员）
印度	事前	2240	是	否	0.1%	合格存款	92.2	董事会（12名成员；2名来自RBI，1名来自政府，9名独立）
印度尼西亚	事前	235294	是	否	0.2%	月平均存款	99.9	理事会（6名成员，由总统任命，包括私人和国家银行家、中央银行一名当然成员和财政部一名当然成员）

续表

管辖区	融资类型	存款覆盖范围	提供保险		溢价率	评估依据	存款百分比	治理结构
		US $	外国的当地分行	国内银行的外国分行			全额保障	主管团体
意大利	事后	136920	是	是	n. a.	n. a.	n. a.	董事会（24 名成员，包括意大利银行协会主席和成员银行官员。意大利银行的一名代表以监督员的身份不经表决出席会议）
日本	事前	122775	否	否	n. a.	合格存款	98. 9	政策委员会（DICJ 行长，银行家协会、区域银行协会、国家新干线银行协会、社区银行的代表，非金融机构顾问，新闻评论员，大学教授以及四名 DICJ 主管）
韩国	事前	43920	是	是	n. a.	合格存款	n. a.	存款保险委员会（7 名成员：KDIC 主席、3 名政府和中央银行当然成员以及 3 名私营部门成员）
墨西哥	事前	146606	n. a.	n. a.	0. 4%	银行负债总额的代理	99. 9	理事会［7 名成员：3 名当然成员（财政部长、中央银行行长、监督委员会主席），每名成员可指定一名候补成员；4 名由总统任命并经三分之二参议院批准的独立成员（或参议院休会时国会常务委员会成员所占比例相同）］
新西兰	事后	136920	否	是	n. a.	n. a.	n. a.	中央银行部分/监督员
俄罗斯	事前	23064	n. a.	否	平均季度结余的 0. 1%（~0. 4%）	合格存款	99. 7	董事会［13 名成员（7 名来自政府，5 名来自中央银行，1 名 CEO）］

续表

管辖区	融资类型	存款覆盖范围	提供保险		溢价率	评估依据	存款百分比	治理结构
		US $	外国的当地分行	国内银行的外国分行			全额保障	主管团体
新加坡	事前	38835	是	否	0.02%～0.07%	覆盖存款	n. a.	董事会（5名成员，在公共部门、银行、保险、法律与会计领域有相关经验）
西班牙	事前	136920	是	是	0.002个基点	合格存款	n. a.	董事会［12名成员（6名来自工业界，6名来自中央银行）］
瑞士	事后	96830	是	否	n. a.	n. a.	n. a.	董事局（银行家及证券经纪人）
土耳其	事前	32341	是	否	11分、13分、15分或19分可根据公司的风险评分而定，为555.45亿至1333.08亿新里拉之间的公司再增加一个基点，大于1333.08亿新里拉的公司的2个基点，其规模与价格指数挂钩	保险存款	88.7	董事会［7名成员（主席、副主席与5名具有相关学科经验的被任命者）］
英国	事后	133068	是	是	n. a.	n. a.	98	董事会［13名由金融服务管理局任命，9名非执行董事和4名执行董事（首席执行官和公司事务、运营和中央服务部主任）］
美国	事前	250000	否	是	2.5～45个基点	平均合并总资产减去平均有形资产	99.7	董事会［5名成员（FDIC主席、FDIC副主席、货币主计长、消费者金融保护局局长和一名独立董事］

来源：Financial Stability Board（2012）and International Association of Deposit Insurers 2011 Survey。

表 22.2　　存款保险计划具代表性样本的管治及权力

管辖区	系统类型	存款保险组织类型	系统任务和分类	主管团体
阿根廷	政府立法和私人管理	独立	具有扩展但仍然有限的作用和权力的薪资箱系统	管理委员会（中央银行代表担任主席，4~7 名成员来自向管理委员会捐款的金融机构）
澳大利亚	政府立法和私人管理	银行主管	虽然澳大利亚的存款保险计划（金融索赔计划）是一个支付箱，然而其管理人 APRA 作为决议机构拥有广泛的权力	审慎监管机构成员
巴西	政府立法和私人管理	银行公会	风险最小化的付费服务系统	董事会（成员机构代表 5~9 名）
加拿大	政府立法和私人管理	独立	风险最小化	董事会（11 名成员：监管机构负责人、中央银行行长、财政部和私人非当然董事）
法国	政府立法和私人管理	政府辖下银行公会	基于 FSB 定义的“损失最小化系统”	监事会/执行董事会（当选为监事会私人银行家/财政部为执行理事会主席的具体协议）
德国	政府立法和私人管理	银行公会	具有扩展但仍然有限的作用和权力的薪资箱系统	董事会（来自银行协会的成员。DGS 是私法上的法人，由 BaFin 监督，并检查其董事的资格和工作）
中国香港	n. a.	n. a.	n. a.	董事会（8 名成员，包括两名来自中央银行和政府的当然成员）
印度	政府立法和私人管理，由议会法案创立，DICGC 是印度储备银行的全资子公司	在根据议会法案设立的中央银行内，DICGC 是第一储备银行的全资子公司	1961 年的“工资箱法”规定了公司作为“付费箱”系统的职能。如果考虑到这些银行与实力较强的银行的重组和合并，它在解决陷入困境的银行方面的作用有限	董事会（12 名成员；2 名来自 RBI，1 名来自政府，9 名独立）

来源：Financial Stability Board（2012）and International Association of Deposit Insurers 2011 Survey。

此外，在危机期间，银行控股公司的非银行金融子公司可能是金融危机和传染的重要来源。最近的危机表明，尽管金融机构的子公司在法律上和母公司可能是独立的，因此被认为离破产还有很远的距离，但金融机构的动机可能是对声誉风险的担忧，这种担忧促使银行控股公司内部的资产转移到一家被保险的银行子公司的资产负债表上。本章简要讨论了存款保险的目标以及在非危机时期如何构建存款保险以达到最佳效果。我们主要关注美国的全部存款保险制度。我们还评估了现有存款保险体系的运作情况。在此过程中，本章指出了当前系统设计中的关键概念缺陷。

本章提出了要想在非危机时期成为一个国家更广泛的金融安全网体系的有效组成部分，运转良好和高效的担保体系应该具备的关键特征。最后我们提出了一些问题，即当银行是更复杂的银行控股公司结构的一部分时，特别是当大型复杂的银行组织在全球环境中运作时，这些问题可能会出现。但是，本章不考虑那些不提供银行存款业务的金融公司的保险或担保，例如货币市场共同基金、银行控股公司或保险公司，虽然它们的破产也可能威胁金融稳定。本章也没有考虑扩大政府对非金融公司的支持，例如克莱斯勒通用汽车公司，它因为维持就业和其他目标而在最近的美国金融危机期间得到了联邦政府的支持。

22.2 为什么银行的存款保险是公共政策的问题?

虽然大多数国家采用存款保险计划在很大程度上是 20 世纪晚期的现象，但这一概念并不新鲜。至少在美国，第一个由政府支持的存款保险计划是纽约州安全基金（New York State Safety Fund）。它最初创建于 1829 年，用于为银行票据和存款提供保险（Chaddock，1911；Calomiris，1989；Thies 和 Gerlowski，1989）。它经历了损失，于 1866 年停业。其他五个州在 1865 年内战开始之前设立了资金，但都失败了，并在世纪之交之前关闭了（Calormiris，1989）。在 1907 年的金融恐慌之后，国家资助的系统再次被建立起来，但到 1930 年，所有的系统都失败了（English，1993）。一些私人投资和管理、但被广泛视为政府支持的基金，在第二次世界大战后为规模较小的国有特许银行和储蓄机构而设立，因此在美国得以复兴。但它们最终还是以失败告终。上一个为储蓄机构设立的基金在 20 世纪 80 年代在俄亥俄州破产，另一个为银行、信用合作社和罗德岛贷款和投资公司设立的基金在 1991 年破产（Kane，1987；Pulkkinenand Rosengren，1993；Todd，1994）。

第一个中央政府资助的存款保险体系于 1924 年在捷克斯洛伐克建立，随后于 1933 年在美国成立联邦存款保险公司（FDIC）（Camaraand Montes - Negret，2006）。

联邦存款保险公司的成立是为了应对“大萧条”的灾难和美联储无力阻止随之而来的普遍银行破产而在银行业法案（《格拉斯—斯蒂格尔法案》）中实施的一系列公共举措之一。在 1929—1933 年，银行数量减少了近万家，从近 25000 家下降到近 15000 家。通过保证存款的票面价值达到最高限额，存款保险旨在降低银行挤兑导致存款人信贷损失，并可能蔓延到其他银行，破坏支付系统，减少经济活动的资金的可能性。该保险旨在向银行的小额（零售）储户保证，一旦银行破产，他们的资金将受到保护，免受损失。这样，存款人就不会有动机挤兑他们的银行，从而降低银行恐慌可能对经济活动产生不利影响的可能性（Demirgüç - Kuntand Detragiache，1998）。人们认为有必要为银行而不是为其他公司建立一个有针对性的安全网，因为人们认为银行是“特殊的”。

22.2.1 银行是特殊的吗?

政府支持的存款保险计划的基本原理是基于这样一种观点，即与大多数其他商业实体相比，银行过去和现在都是“特殊的”，因为它们的业务活动、银行间联系以及倒闭后导致的更大范围的损害，会给经济带来更大的正外部性（Corrigan，1982）。也就是说，健康的银行对于一个运转良好、不断增长的实体经济至关重要，原因有很多，其中包括：

- 银行为消费者、商业公司和政府提供了大量的融资；
- 银行经营国家大部分的支付系统，可以及时和确定地将买家的付款转移给卖家；
- 作为存款的创造者，银行作为货币政策对经济的主要传递者。

因为一个健康的和有效的银行系统是一个健康的和有效的宏观经济的先决条件，产生巨额亏损和干扰活动顺利操作的银行系统问题会产生重要的不利影响，不仅直接对破产银行的客户，也会间接对银行市场区域的宏观经济的健康发展产生影响，这种不利影响甚至可能蔓延至银行市场之外。

因此，人们普遍认为，银行倒闭对银行客户和整个经济造成的损失，都比规模类似的其他公司的倒闭造成的损失更大，因此需要特别谨慎的公共政策关注。此外，与其他公司不同的是，银行之间往往通过银行间存款和贷款紧密相连。所以人们普遍认为，一家银行的倒闭有可能波及其他财务状况良好的银行（Benston 等，1986；Kaufman，1988）。这些溢出效应被认为主要是由于其他临近银行被宣传为陷入财务困境时，小储户缺乏有关其银行偿付能力的信息。

信息互连性的概念被扩展到包括银行间存款，当时位于芝加哥的大陆伊利诺斯国家银行（Continental Illinois National Bank）得到了支持，但在 1984 年由于担心其在银行间资金批发市场中的影响而最终倒闭。特别是，大陆银行是一家主要的代理银行，为中西部农村地区的小型银行清算和结算存款。美国联邦储备委员会担心，如果大陆银行无法与往来银行达成共识，而往来业务银行也无法清算账簿，那么它的破产可能会对小型银行产生溢出效应。在最近的金融危机中，互联性再次成为人们关注的焦点。但这一次，它的根基是衍生品和其他已经发展起来的复杂金融市场工具。具体来说，随着危机的加深，对陷入困境的金融机构的衍生品债权债务的不确定性，和回购市场上抵押品的质押的不确定性是美国政策制定者在 2008 年和 2009 年通过问题资产救助计划（TARP）向大型商业银行注资、支持银行和投资银行的合并以及交易投行贝尔斯登（Bear Stearns）时所采取的非常规措施的主要理由。

银行和类似金融机构被广泛认为比大多数其他公司更脆弱，更容易倒闭，因为它们的资产负债表有四个特点①：

（1）它们的需求（活期存款）和其他短期债务占总债务的比例很高；

（2）其资产的久期通常长于其负债（期限中介）的久期；

（3）它们的现金资产占总资产比例相对较小（部分银行）；

（4）它们的杠杆率很高，相对于资产而言，资本很少。

第一个特点使银行十分容易受到存款人和其他短期债权人的冲击。大量存款人可以同时尝试提取资金，而几乎不会有提前通知。一方面，快速撤出资金的威胁可以作为银行管理的市场纪律的有用的前兆来源（Calomirisand Kahn，1991）。另一方面，当大量存户认为他们的银行可能资不抵债或将要无力偿债时，可能会出现问题，因为它们可能无法按时足

① Minsky（1976）认为银行天生不稳定。可参见 Diamond 和 Dybvig，1983。

额偿还所有的存款人，并试图同时收回他们的资金。因为在前面的那些人比在后面更容易得到全部的支付，所以这种连锁式的挤兑会在银行作出反应前快速形成。

第二个特点是，一旦利率上升，银行很容易遭受损失，储户在资产到期前提款，迫使银行匆忙甩卖资产，导致巨额亏损。第三个特点是，经历挤兑的银行不太可能有足够的现金立即支付所有存款人的要求。银行可能不得不出售一些盈利资产。但是，这些资产的流动性越低，为了满足储户的需求，出售的速度越快，“贱卖”损失就越大。最后一个因素意味着，在耗尽全部资本缓冲、资不抵债、无法按时足额偿还剩余存款之前，银行无法消化非常大的“再出售”损失。这时，银行便会倒闭。

存款保险的吸引力由此可见一斑。当存款完全由一家可靠的保险机构承保时，储户的挤兑动机就会减少。这就减少了银行迅速出售资产和遭受“再出售”损失的必要，这些损失可能会导致有偿付能力的银行破产，给它们的存款客户带来损失，可能会把问题传染给其他银行，降低信贷可用性，并干扰支付系统的有效运行（Rochet，2004）。此外，Morrisonand White（2011）表明，私营部门风险监测不足，会导致道德风险与逆向选择①。他们认为存款保险可以缓解这些问题，产生私人部门无法实现的社会效益。

22.2.2 存款保险的缺点

存款保险显然可以改善金融稳定性，但存款保险的扩展和联邦安全网的其他特征也有不利的一面。它们可能导致被保险机构的道德风险行为和监管机构的不良代理行为②。例如，Önderand Özyildirim（2008）表明，在像土耳其这样较不发达的经济体，宽广的存款保险覆盖率不仅会导致道德风险行为，而且本身并不能保证金融稳定性。事实上，正如最近的金融危机已然证明的，政府救援和救助大型金融机构不仅会产生甚至更大的银行机构，还会使得美国市场上存款更加集中，但增加了道德风险与削弱了市场纪律，除非存款保险和联邦担保更广泛地由保险公司和其他负责机构定价和正确管理。此外，由于包括可靠和有效的清算工具在内，与没有保险的情况相比，这些措施可能会鼓励银行增加冒险行为，因为它们能够以更少的私人资本运营，或采用风险更高的投资组合。

特别是，当银行接近或进入破产并且保险结构不合理时，保险可能会加剧最终博弈。如果这些博弈得到回报并且该机构恢复财务健康状况，那么管理者和股东就能获益③。如果该机构破产（平均而言很可能如此），保险公司将蒙受损失。当保险由中央政府提供或最终由中央政府支持时，银行监管机构以容忍的形式出现的不作为行为会加剧道德风险问题，并通过允许资不抵债的银行继续运营，增加了最终必须由纳税人承担的损失（Demirgüç -Kuntand Kane，2001）。了解保险存款人不太可能从银行取款和提款，这允许监管机构不仅推迟对有问题的机构实施制裁，并且在没有存款保险的情况下推迟合法地关闭企业并将其置于破产管理程序中，存款人就像任何其他公司的债权人一样，如果它们不能通过提高存款利率或收回存款来维持公认的财务健康状况，就会对他们的存款银行进行

① Kane、Hovakimian 和 Laeven，2003；Kane，2000。

② 参见 Önder 和 Özyildirim，2008；Angkinand 和 Wihlborg，2010；Ioannidou 和 Penas，2010。

③ 关于这一点，基于贝尔斯登如何被拯救，雷曼兄弟的管理层同样希望被救来追求更危险的策略。

监控并规范。更高的融资成本或资金损失的威胁应该促使管理者在运行开始之前妥善地纠正他们的问题。

不幸的是，迄今为止，包括美国在内的几乎所有国家的联邦安全网管理和存款保险的记录总体上结构和管理都很差。结果，银行的道德风险行为和监管机构的不良代理行为导致存款保险对保险机构而言往往过于昂贵，而且通常对纳税人来说也是如此。

22.2.3　存款保险记录混杂

如前所述，在美国联邦存款保险公司（FDIC）和联邦政府支持的存款保险于 1933 年推出的前后，非联邦、政府支持的存款保险公司都存在，但基本上是失败的。所有国家资助的基金要么失败，要么被解散。今天仍然是这样。这种趋势的主要原因是危机发生时资金的可用数量不足以应对，机构的征税权力有限，它们的赞助州政府也不愿意增加税收以履行担保，并且不像联邦政府，州政府不能印钞。例如，当俄亥俄州的存款保险基金崩溃时，俄亥俄州的立法人员未能充分支持该基金，许多机构成员最终被转移到联邦存款保险公司，政府和联邦存款保险公司都为此付出了代价。联邦政府支持的存款保险制度在其早期历史的大部分时间里都运行良好。事实上，米尔顿・弗里德曼（Milton Friedman）和安娜・施瓦茨（Anna Schwartz）在 1963 年出版的开创性著作《美国货币史》（*the Monetary History of the United States*）中称赞联邦存款保险制度是美国历史上最重要、最有益的金融立法之一。

联邦存款保险公司（Federal Deposit Insurance）在 1933 年推出后，立即证明了其防范被保险储户挤兑的能力。然而，直到许多年后，也就是 20 世纪 70 年代和 80 年代初储蓄危机爆发时，早先描述的存款保险的潜在局限性才被广泛暴露出来。特别是，随着 20 世纪 70 年代末利率上升，储蓄机构的短期资金成本超过了其长期抵押贷款资产的固定收益，它们大量资不抵债。由于监管机构没有及时关闭这些银行，导致它们继续形成亏损。当时的储蓄机构保险基金——联邦储蓄和贷款保险公司（FSLIC）——没有足够的资产来吸收损失，而且它也破产了。联邦政府不得不介入并救助破产储蓄机构的储户。当时，纳税人为救援行动贡献了 1500 多亿美元，占美国 GDP 的近 3%。

作为回应，国会通过了 1991 年的联邦存款保险公司改进法案（FDICIA）。该法案对美国存款保险的性质进行了重大改革，要求提高银行资本比率，认真确定责任监管机构在监督和解决问题机构中的作用和职责，其中包括要求监管机构通过及时实施制裁、迅速采取纠正措施（PCA）来扭转陷入困境的金融机构，并要求监管机构对纳税人遭受的损失承担更大的责任。不幸的是，正如最近的危机和对危机的监管反应所表明的那样，监管结构仍存在重大缺陷。当实现低成本的失败解决方案以及联邦安全网有效扩展到非银行金融机构甚至整个金融市场以最大限度地降低系统性风险的可能性时，这一点尤其明显，尤其是还没有考虑到加强其他部分的监管结构。实际上，Jones 和 Oshinsky（2009）证明，由于存款集中度的提高，美国联邦存款保险公司（FDIC）破产的风险已经大大增加，部分原因是危机的引发，以及监管机构推动的整合。

22.2.4　2008 年金融危机之前美国存款担保的最新演变

从 1989 年开始，美国一系列立法法案重组了破产严重的储蓄机构联邦储蓄和贷款保险公司（FSLIC）保险基金，并将其与美国联邦存款保险公司（FDIC）的银行基金合并（Kaufman，2002）。新基金的资金来源是被保险机构支付的事前和事后保费的组合。这些资金被要求维持最低存款准备金率1.25%的水平。如果存款准备金率下降到1.25%的固定目标以下，联邦存款保险公司就必须提高保险机构的保费，以便在短时间内将该基金的资本结构至少调整到这个比例。为了提高生存能力，2006年立法取消了1.25%的硬性指标，并确定了1.15%～1.50%的范围目标。如果存款准备金率降至1.15%以下，美国联邦存款保险公司必须制定一项资本重组计划，以便在5年内将其提升至1.15%。如果联邦存款保险公司的准备金率超过了估计的保险存款的1.35%，那么联邦存款保险公司通常必须削减其准备金。当存款准备金率超过1.35%时，联邦存款保险公司必须向银行支付超出1.35%准备金部分的基金股息的一半。如果储备金率进一步增加并超过1.50%，则联邦存款保险公司必须向银行支付超过1.50%准备金部分的全额基金股息。

因此，基金实际上是一个共同的组织；联邦存款保险公司因银行倒闭而蒙受的损失将由幸存的银行分担，直到整个行业的资本耗尽为止。只有到那时，财政部和纳税人才会成为其余的最终担保者。相比之下，在1991年联邦存款保险公司改进法案（FDICIA）出台之前，保险机构的保费很难增加，即使联邦存款保险公司（FDIC）蒙受了损失。美国财政部和纳税人更多地充当了被保险存款的直接担保人。

联邦存款保险公司改进法案（FDICIA）还要求保费以银行风险为基础，而不是像以前那样按银行资产规模的平均百分比征收。1992—2005年，风险度量是一个简单的9单元格公式，基于银行监管机构的CAMELS评级[①]以及FDICIA的PCA条款中规定的资本实力。此后，溢价公式变得更加复杂。这主要是基于一种模型，该模型估计了美国联邦存款保险公司（FDIC）利用银行资本、其他金融比率和CAMELS评级开发的监管降级概率。对于规模较大的银行，该公式还使用了评级机构对银行的信用评级。

联邦存款保险公司被联邦存款保险公司改进法案禁止保护没有保险的储户、其他债权人和股权所有者。资不抵债的机构必须得到至少由联邦存款保险公司承担的成本的解决。但在可能破坏金融体系稳定的系统风险威胁出现的情况下，这一禁令例外。如果在未投保的债权人缺乏此类保护的情况下，金融和经济稳定将受到威胁，那么系统性风险豁免（SRE）将保护他们防止这种情况的发生。但是，对政策制定者来说，启动这种系统风险豁免是很困难的。这需要联邦存款保险公司董事会和美联储理事会三分之二的赞成票，并在财政部部长与美国总统协商后批准。如果联邦存款保险公司因提供这种保护而遭受损失，它将被要求对所有银行进行特别评估以补偿损失。在1991年至2008年期间，没有任何系统性风险豁免被批准，此后也只有5次被批准。

22.3 最近的金融危机的教训是什么

美国国家和联邦政府支持的存款保险计划方面的经验，对于美国和海外的保险计划应如何构建、融资和管理，提供了几点教训。这包括监管和监督过程应该如何运作，以及运

① CAMELS的六部分：C资本充足、A资产质量、M管理、E利润、L流动性、S市场风险敏感度。

作失败时应该如何应对。特别重要的是，监管机构在法律上能够以最低成本迅速关闭和解决陷入困境的机构。这包括撤销银行的特许状，将其置于破产保护中，并在未投保的储户、其他债权人和联邦存款保险公司遭受损失之前，处置其资产和负债，同时又不中断其重要服务的提供。

22.3.1　存款保险基金结构和融资的教训

始于 2007 年的金融危机证实，如果没有适当的程序来限制被保险人的过度冒险和道德风险行为，以及监管机构的不良行为，存款保险的存在将带来代价高昂的问题。但是这种经验几乎无法保证如果不加强监管结构的改革，银行业危机的频率或成本将显著降低。仅建立存款保险基金并不能保证它足以预防或应对金融危机，甚至能经受住单个主要机构破产的考验。相反，该基金可被视为现金基金，为监管机构提供处理即时问题的时间，并推迟必须向行业或纳税人寻求足够资源以使担保可以永久处理重大问题和失衡问题的必要性。

22.3.2　存款保险基金如何融资

各国采用不同的结构为其存款保险计划提供资金。有些是完全私人的，有些是完全公开的，有些则是两者的混合［欧盟的存款保险结构详见 Eisenbeis 和 Kaufman，2008；其他国家的存款保险系统详见 Demirgüç – Kunt、Karacaovali 和 Laeven，2008；金融稳定委员会（Financial Stability Board）（2012）提供了一些国家的主要存款保险计划和解决问题效力的最新摘要］。一些担保系统有从事前资金中收取的实际款项；还有一些公司没有实际的资金，它们依赖于对幸存的参与主体征收事后溢价；而还有一些公司则依赖于事前和事后两种方式的结合。少数但不断增长的国家拥有与风险相关的保费；而其余的则有某种形式的固定利率融资计划。最后，一些计划形式对中央政府有明确的吸引力，如美国等其他国家的计划则有临时的债务人持有的条款，但没有对公共资金进行持久的注入。例如，德国禁止公共资金的注资。

正如第 22.2.3 节所指出的，美国的存款保险制度实际上是由行业共同出资的机构。它由整个银行业的股本支持。该基金在美国财政部也有少量信贷额度，可为解决方案提供临时营运资金。

其他国家的许多存款保险基金没有明确的政府支持，而且规模很小。相对于大型机构的失败可能带来的损失风险，它们往往仅有微薄的资金，特别是因为大多数国家没有构建旨在减少预期损失的结构化的早期干预和解决（SEIR）规定。它们实际上只是现金箱。尽管事先有强烈的否认，但这表明，确保它们的担保正常运转需要纳税人资金的潜在承诺。但正如前面所指出的那样，非中央政府国家资助基金的经验表明，立法机构并不总是愿意或能够兑现其认可的承诺，而且投保存款人和/或纳税人有时会遭受损失。

欧洲境内经营的大型跨境银行组织往往总部设在相对较小的国家，如冰岛、塞浦路斯、荷兰和卢森堡，这些国家有能力或愿意为存款人在其他欧洲国家的分支机构存款提供担保，即便它们自己的国内分支机构是存在问题的。事实上，冰岛的危机和最近塞浦路斯的危机非常清楚地说明了上述问题。与 2008—2010 年金融危机期间的许多金融机构一样，冰岛的主要银行遭受了巨大损失，并在荷兰和英国的办事处遭遇大规模存款挤兑。三大私人银行相对于冰岛经济的规模而言是巨大的。此外，该国一直存在巨额政府赤字，其债务约为9.6万亿冰岛克朗，而该国的国内生产总值为1.3万亿克朗。其中80%的债务是在其银行系统中持有的，其三大银行的资产是冰岛国内生产总值的11倍多。因此，损失的幅度可能大于国家的国内生产总值。纳税人和中央银行都没有能力弥补损失。三家最大的银行倒闭，其外国分行的约50万存款人的账户被冻结。这些账户主要在英国和荷兰。

随后发生了一起外交争端，涉及冰岛银行在英国和荷兰的外国分支机构的存款保险责任。最终的结果是一个有争议的外部救助方案，其中资金由国际货币基金组织提供，并由几个北欧国家、荷兰和英国提供贷款。与冰岛一样，塞浦路斯的银行系统相对于经济规模而言是巨大的。它大约是该国国内生产总值的八倍。其机构的大部分资金来自追逐高存款利率的外国储户。银行系统严重破产，部分原因是机构监管不严。这些银行在风险贷款和证券方面投入了大量资金，包括希腊和塞浦路斯的主权债务，并遭受了巨额亏损。欧盟当局多次要求塞浦路斯使其银行系统恢复井然有序的次序。最后，在塞浦路斯严重的金融动荡中，欧洲中央银行（ECB）威胁要撤回其向银行提供的紧急资金。此外，欧洲各国财长建议为银行亏损提供资金，塞浦路斯对低于10万欧元的保险存款征收6%以上的税，对10万欧元以上的存款征收12%以上的税。这一结果使人们越来越怀疑塞浦路斯银行系统和存款保险机构的偿付能力，从而使其他金融系统薄弱的国家的存款担保质量受到质疑。塞浦路斯的经验也表明了，得到联邦政府支持的国家存款保险计划仍可能具有脆弱性，这是因为这些政府并不具有发行本国货币的权力。这一经历与美国历史上一些州发起的计划类似。

22.4 解决权力和破产法的教训

人们普遍低估了决议的权力和程序，这些权力和程序使拥有决议权的保险系统的管理者能够将失败的成本限制在股东身上，而不是扩大到银行储户、其他银行客户或纳税人身上。这一点从英国2007年金融危机爆发时储户在北岩银行（Northern Rock Bank）挤兑的经历中就显而易见。当时，英国有一项联邦强制存款保险计划，覆盖了全部的前2000英镑（约4000美元）和随后3.3万英镑（约67500美元）的90%，而美国的100%覆盖率最高可达10万美元。监督北岩银行的责任在于英国金融服务管理局，作为最后贷款人和维护金融稳定的责任在于英格兰银行。此外如果有必要，财政大臣有权承诺提供公共资金。但如果北岩银行破产，这些实体都无权关闭北岩银行，并吊销其执照。除了国有化之外，它的命运也托付给了破产法庭，美国以外几乎所有国家的银行都是如此。按照目前的结构来看，相比银行监管机构的行政程序，司法破产程序通常会导致较慢的启动和解决过程，并可能造成更大的损失（Bliss和Kaufman，2007）。

保险存款人也没有必要立刻收到他们的全额资金。在大多数欧洲国家，根据存款保险的法律规定，被保险资金必须在银行破产后的三个月内归还给存款人。但是通常允许存在一个或多个扩展条款。当相对较低的全面担保，加上何时将陷入困境的机构移交法院存在很大的不确定性，以及未保险存款人和保险的存款人何时能收回自己的资金也存在很大不确定性时，这意味着理性的英国储户会在危机出现苗头时撤回自己的资金，以避免可能失去一部分资金和仍在运转的其余部分资金。英国电视台对北岩银行的分支机构的具有恐惧情绪的报道等，可能会将这种恐惧情绪传播到其他银行，这会迫使英国财政部介入，对在北岩银行的存款进行 100% 担保，并表明如果有必要，其他机构将获得类似的担保。因此北岩银行最终被国有化。

北岩银行事件表明，即使有担保计划，即使政府表明会对担保计划提供强力担保，但如果该担保框架设计不妥当仍会发生挤兑。此外很明显，将存款人共同保险作为零售储户的市场纪律来源，是几乎没有什么好处的。北岩银行在银行间市场和商业票据市场的资金枯竭很久之后，小额（零售）储户的挤兑才开始进行，当时人们首次对其资产质量提出质疑。小额储户是最后一个意识到问题的严重性的，因此挤兑只是北岩银行陷入困境的表征，而非原因。

在 19 世纪，美国意识到，通过将银行倒闭事件隔离起来，可以避免其倒闭造成的最不利的溢出效应。重要的是，破产的银行需要比其他公司更快地合法关闭，以减少挤兑以及额外的信贷损失，因为票据持有人会试图将他们的票据转换成金银等物品。此外，关闭决定应由监管机构，而不是由存款人或法院作出，以避免延误。因此，大多数州和联邦政府颁布了特别破产法。法律关闭权力被授予授权当局，以撤销机构的章程，并在有证据表明银行无法转换其票据时将其置于接管状态。

联邦存款保险公司（FDIC）现在不仅被任命为联邦保险机构的接收人，并且根据《多德—弗兰克法案》（*Dodd - Frank Act*），无论美国哪个监管机构负责监督该公司，联邦存款保险公司都会指导解决程序。这种机制建立之后，毫无疑问对于谁负责解决倒闭机构的责任界定是明确的。

美国联邦存款保险公司（FDIC）为破产银行的所有储户（包括有存款保险的或没有存款保险的）提供了相对快速的通道，可以进入他们的部分或全部账户。在该机构或其资产被出售之前，这些存款不会被冻结。美国联邦存款保险公司（FDIC）将在法律关闭后的下一个工作日向被保险储户支付其账户的全部面值，大多数账户的面值高达 25 万美元。这笔付款与资产销售收入何时收到无关。这些储户不能监管银行，并且需要至少动用部分存款来支付日常支出。快速的支付使大多数零售储户远离政治，并简化了清算过程。同时，FDIC 可以在收到销售收益之前向未投保存款人支付预付款，以抵消银行资产的估计回收价值。因此，在美国，一些没有保险的储户可能也能立即获得至少一部分资金，并结合可信的尝试将信贷损失降至最低，从而降低没有保险的储户的挤兑动机。

“联邦存款保险法”中的银行解决程序有助于促使那些清算或重新启动失败的机构，以可能小的信用损失和尽可能快的速度（通常在周末）合并为一个新的机构，以便尽可能快地为存款人和贷款客户提供资金（Blissand Kaufman，2007）。为了加快大型银行的这一过程，联邦存款保险公司有权授权临时过桥银行承担破产银行的活动，因为私人购买者无法迅速找到。

22.5　监测和监督职责

及时有效地监测和关注银行资产的估值，并在发现问题时采取适当的补救措施，这是保护存款保险基金以及保护纳税人免受损失的关键。20 世纪 80 年代美国储蓄机构危机的教训之一是，对困境的监管和监督反应往往包括忍让，以及利用会计手段来拖延或避免承认亏损甚至破产。为了阻止这种做法，国会在 1991 年颁布了联邦存款保险公司改进法案（FDICIA）。该法强调迅速采取纠正性监管行动，在破产前扭转陷入困境的银行，并向监管者提供更强大的工具和激励措施。特别是，该法案试图将监管机构的注意力重新集中在对陷入困境的机构进行资本减少时的补救，而不仅仅是在它们破产之后，强制实施强制性及非强制性管制制裁来限制其活动。银行被鼓励持有更多资本，如果资本低于预定水平，则监管机构有动机立即采取行动。但是，如果银行没有作出回应并让其账面资本下降至其资产的 2% 以下，则监管机构有法律义务在最多九个月内关闭或以其他方式解决银行问题。

最近金融危机的证据表明，一些监管机构似乎没有学到这个教训。美国财政部监察长在致美国参议院财政委员会的信中报告说，储蓄银行监督办公室（OTS）允许 IndyMac 银行（一家大型储蓄机构）将注资接收日期从 2008 年 3 月推迟至 2008 年 5 月（Thorson，2008）。IndyMac 在 2008 年 7 月破产，据估计 FDIC 基金损失了 90 亿美元，如果报告准确的话，它将没有足够的资本以符合监管标准的“资本充足”标准。制裁和关闭本应该更早实施，这样最终的损失可能会减少。监察长还指出，至少有五家其他接受 OTS 监管的机构也有类似的资本注入回溯。

如上所述，在美国的联邦存款保险公司改进法案（FDICIA）下，如果扭转陷入困境机构的监管工作尝试失败，相应的联邦监管机构在其账面价值资本完全耗尽之前，在法律上有权关闭该机构，并且 FDIC 有权出售或清算该机构。如果成功，损失将限于股东并支付承担风险，而存款人和其他债权人将保持原本。因此，不同于存款保险只将信贷损失从有保险的储户转移到 FDIC 或纳税人，PCA 和相关的法律隔离规则试图消除对储户的信贷损失，从而也消除对 FDIC 的信贷损失。然而，要想取得成功，该计划需要监管机构及时、有效地实施，以及更准确地衡量经济资本。

由于 FDICIA 要求监管机构一旦其资本下降至低于总资产的 2% 的临界值，监管机构就会关闭陷入困境的机构，因此银行倒闭对 FDIC 造成的损失主要取决于监管机构如何成功地及时实施 FDICIA 要求而不是取决于银行的风险敞口。在积极资本运作良好的法律关闭过程中，几乎没有理由基于银行的风险来征收保费。相反，真正的风险是，联邦存款保险公司没有在银行资本耗尽导致信贷损失发生之前合法关闭银行，从而发生信用损失。出于这个原因，我们并不完全清楚为什么受保险的机构应该为这种监管风险承担责任，或者这种风险是银行投资组合构成的函数。这种风险观点与基于风险的保费的最初观点形成了鲜明对比。最初的观点认为，如果设定得当，保费将遏制银行的冒险行为，从而补充监管监督过程（Flood，1990；Flannery，1991；Chan、Greenbaum 和 Thakor，1992；Allenand Saunders，1993；Duanand Yu，1994；Pennacchi，2001）。

然而，这一焦点忽视了一个事实，即投资组合风险和资本结构之间存在重要区别，违约概率是一方面，而保险基金可能承担的损失（如果发生违约）是另一方面。除欺诈外，保险基金损失的主要决定因素是监管风险。这种风险是审查频率和政策以及一旦机构资不抵债，关闭机构的速度的函数。也就是说，如果保费是基于风险的，则它们应主要基于联邦存款保险公司推迟关闭的风险，而不是基于个别银行的风险，除非风险较高的银行可能对联邦存款保险公司来说更加难以监测（Flannery，1991）。平均而言，资不抵债机构的存续和运营时间越长，其继续出现亏损的时间就越长，而且联邦存款保险公司的最终成本也越大。

22.6　总结和结论：有效存款保险制度应该是什么样子？

存款保险计划是当代银行业的一个重要特征，也是每个国家金融安全网的重要组成部分。然而，实施中的担保系统经常遭受降低其效率的结构缺陷的损害。此外，由于 2007 年之后的金融风暴，许多国家暂时向所有银行存款和一些其他金融资产提供 100% 的担保。但是，一旦危机消退，这些国家将面临着改革存款保险制度的需要，以避免 100% 担保造成的道德风险问题。

在考虑可能的改革时，应该强调的是，一个有效的制度不仅仅包括可靠的担保，在一些国家更多地依赖于政府的承诺，而不是存款保险基金的存在或利用行业权益的能力。有效的制度还需要由负责保护被保险人和纳税人免受损失的监管者进行有效监督，以及还需要这样一个法律制度，赋予监管者能够在陷入困境的机构破产之前有效地进行干预，并在资本完全耗尽之前合法关闭它们的权力。此外，该制度结构应当在故障发生时提供快速解决的办法。当存在这四种条件时，有效地解决无力偿债和接近破产的银行，同时对经济的损害最小才能得以实现（Eisenbeisand Kaufman，2008）。

首先，当一家资不抵债、无法进行资本重组的机构的股权资本与资产比率降至预先设定的、广为熟知的正最小值时，它就应该被依法关闭。如果关闭成功，只有股东会遭受损失，而存款人不会遭受任何损失。其次，一旦关闭，应迅速估计回收价值，并根据事前法律优先事项，将关闭造成的任何损失分配给未投保的货币银行交易对手方。再次，应重新开放未清算的机构，并尽快（最好在下一个工作日）出售或估价被清算的资产和存款，使存款人能够在其到期日对其账户的保险金额或估计回收金额的现值进行全面把握，以及使得未清偿的借款人评估其预先设定的信用额度。对于不能迅速出售的大型银行，这些活动可能会转移到新近特许的由 FDIC 运营的临时过桥银行。最后，该机构应该用足够的资本重新私有化，以使它不再迅速陷入破产。

在这种制度下，信用和流动性损失（导致了对银行倒闭的广泛担忧）得以最小化。如果没有损失，存款保险实际上是多余的，只有当无力偿债机构没有及时关闭从而造成损失时，以及当存款保险所固有的不利的道德风险激励变得良性时，存款保险才有必要。这时信用损失被最小化，即使不完全消除，也不会简单地转移到保险公司身上。然而，对于零售存款，应保持结构合理的存款保险，以防止监管机构在其资本变为负数之前不能关闭机构。因此即使冗余也有它的用途。此外，该制度只有在监管机构是健康银行和纳税人的忠实代理人并且能及时执行现行规则的情况下才起作用。

展望未来，很明显，在金融危机爆发之前，世界金融体系变得更加一体化，更加依赖资本市场，更少依赖银行进行大量金融中介活动。因此，一旦危机消除，仅作用于银行负债的存款保险作为整个联邦金融安全网的关键组成部分，可能会逐渐变成更加微不足道的角色。从负责维持金融稳定性的程度上来看，审慎的金融监管机构必须开发超出现行银行存款保险计划的工具和技术。此外，跨境银行业务部署的快速扩张对监管机构和存款担保结构构成了特殊负担。不同国家不同的法律和制度结构以及存款担保制度使大型跨国机构在面临财务压力时的索赔结算和解决变得复杂。事实证明，对于在多个国家运营的资不抵债银行，交易对手方不愿迅速参与成本分摊。审慎监管责任的这种扩展将需要更多地考虑安全网和监管设计，而不是本章内部边界系统的开发。

参考文献

[1] Allen L. and Saunders A. (1993). Forbearance and Valuation of Deposit Insurance as Callable Put, Journal of Banking & Finance 17, 629 – 643.

[2] Angkinand A. and Wihlborg C. (2010). Deposit Insurance Coverage, Ownership, and Banks' Risk – Taking in Emerging Markets, Journal of International Money and Finance 29 (2), 252 – 274.

[3] Benston G. J., Eisenbeis R. A., Horvitz P. M., Kane E. J., and Kaufman G. G. (1986). Perspectives on Safe and Sound Banking. Cambridge, MA: MIT Press.

[4] Bliss R. R. and Kaufman G. G. (2007). US Corporate and Bank Insolvency Regimes: Comparison and Evaluation, Virginia Law and Business Review 2, 143 – 177.

[5] Camara M. K. and Montes – Negret F. (2006). Deposit Insurance and Banking Reform in Russia, World Bank Policy Research Working Paper No. 4056, November.

[6] Calomiris C. (1989). Deposit Insurance: Lessons from the Record, Federal Reserve Bank of Chicago Economic Perspectives 13, 10 – 30.

[7] Calomiris C. and Kahn C. M. (1991). The Role of Demandable Debt in Structuring Optimal Banking Arrangements, American Economic Review 81, 497 – 515.

[8] Chaddock R. E. (1911). The Safety Fund Banking System in New York State, 1829 – 1866. In: Publications of National Monetary Commission, 227 – 388. Washington, DC: Government Printing Office.

[9] Chan Y. S., Greenbaum S. I., and Thakor A. V. (1992). Is Fairly Priced Deposit Insurance Possible, Journal of Finance 47, 227 – 245.

[10] Corrigan G. (1982). Are Banks Special?. Federal Reserve Bank of Minneapolis Annual Report.

[11] Demirgüç – Kunt A. and Detragiache E. (1998). The Determinants of Banking Crises in Developing and Developed Countries, IMP Staff Papers 45, 81 – 109.

[12] Demirgüç – Kunt A. and Kane E. J. (2001). Deposit Insurance around the Globe: Where Does It Work?, World Bank Policy Research Working Paper No. 2679.

[13] Demirgüç – Kunt A., Kane E. J., and Laeven L. (2008). Determinants of Deposit – Insurance Adoption and Design, Journal of Financial Intermediation 17 (3), 407 – 438.

[14] Demirgüç – Kunt A., Karacaovali B., and Laeven L. (2005). Deposit Insurance around the World: A Comprehensive Database, World Bank Policy Research Working Paper No. 3628, June.

[15] Diamond D. W. and Dybvig P. H. (1983). Bank Runs, Deposit Insurance and Liquidity, Journal of Political Economy I, 401 – 419.

[16] Duan J. and Yu M. T. (1994). Forbearance and Pricing Deposit Insurance in a Multiperiod Framework, Journal of Risk and Insurance 61, 575 – 591.

[17] Eisenbeis R. A. and Kaufman G. G. (2008). Cross Border Banking: Challenges for Deposit Insurance and Financial Stability in the European Union. In: L. Jonung, C. Walkner, and M. Watson (Eds.),

Building the Financial Foundations of the Euro: Experiences and Challenges, 355 – 403. New York and London: Taylor & Francis.

[18] English W. B. (1993). The Decline of Private Deposit Insurance in the United States, Carneigie – Rochester Conference Series on Public Policy 38, 57 – 128.

[19] Financial Stability Board (2012). Thematic Review on Deposit Insurance Systems. Peer Review Report.

[20] Flannery M. J. (1991). Pricing Deposit Insurance When the Insurer Measures Bank Risk with Error, Journal of Banking & Finance 15, 975 – 998.

[21] Flood M. (1990). On the Use of Option Pricing Models to Analyze Deposit Insurance, Federal Reserve Bank of St. Louis Review 52, 217 – 232.

[22] Friedman M. and Schwartz, A. (1963). A Monetary History of the United States, 1867 – 1960. Princeton, NJ: Princeton University Press.

[23] Hovakimian A., Kane E. J., and Laeven L. (2003). How Country and Safety Net Characteristics Affect Bank Risk – Shifting, Journal of Financial Services Research 23, 177 – 204.

[24] Hovakimian A., Kane E. J., and Laeven L. (2012). Variation in Systemic Risk at US Banks during 1974 – 2012, NBER Working Paper No. 18043.

[25] Ioannidou V. P. and Penas M. F. (2010). Deposit Insurance and Bank Risk – Taking: Evidence from Internal Loan Ratings, Journal of Financial Intermediation 19 (1), 95 – 115.

[26] Jones K. D. and Oshinsky R. C. (2009). The Effect of Industry Consolidation and Deposit Insurance Reform on the Resiliency of the US Bank Insurance Fund, Journal of Financial Stability 5 (1), 57 – 88.

[27] Kane E. J. (1987). Who Should Learn What from the Failure and Delayed Bailout of the ODGF?. In: 1987 Proceedings of Conference on Bank Structure and Competition, 306 – 326. Chicago: Federal Reserve Bank of Chicago.

[28] Kane E. J. (2000). The Dialectical Role of Information and Disinformation in Banking Crises, Pacific Basin Finance Journal 8, 285 – 308.

[29] Kane E. J. and Yu M – T. (1996). How Much Did Capital Forbearance Add to the Cost of the S&L Insurance Mess?, Quarterly Review of Economics and Finance 36, 189 – 199.

[30] Kaufman G. G. (1988). Bank Runs: Causes, Benefits, and Costs, Cato Journal 7, 559 – 587.

[31] Kaufman G. G. (1992). Capital in Banking: Past, Present and Future, Journal of Financial Services Research 5, 385 – 402.

[32] Kaufman G. G. (2002). FDIC Reform: Don't Put Taxpayers Back at Risk, Policy Analysis, Cato Institute, April 16.

[33] Kaufman G. G. (2004). Basel Ⅱ: The Roar that Moused. In: B. Gup (Ed.), The New Basel Capital Accord, 241 – 267. New York: Thomson.

[34] Kaufman G. G. (2006). Depositor Liquidity and Loss Sharing in Bank Failure Resolutions, Contemporary Economic Policy 22, 237 – 249.

[35] Minsky H. P. (1976). A Theory of Systematic Financial Fragility, In: E. J. Altman and A. W. Sametz (Eds.), Financial Crises: Institutions and Markets in a Fragile Environment, 138 – 152. New York: Wiley.

[36] Morrison A. D. and White L. (2011). Deposit Insurance and Subsidized Recapitalizations, Journal of Banking & Finance 35 (12), 3400 – 3416.

[37] Önder Z. and Özyildirim S. (2008). Market Reaction to Risky Banks: Did Generous Deposit Guar-

antee Change It?, World Development 36 (8), 1415 – 1435.

[38] Pennacchi G. G. (2001). Estimating Fair Deposit Insurance Premiums for a Sample of Banks under a New Long – Term Insurance Pricing Methodology. In: The Financial Safety Net: Costs, Benefits, and Implications for Regulation, Proceedings of the Conference on Bank Structure and Competition, 756 – 776. Chicago: Federal Reserve Bank of Chicago.

[39] Pulkkinen T. E. and Rosengren E. S. (1993). Lessons from the Rhode Island Bank Crisis, Federal Reserve Bank of Boston New England Economic Review May/ June, 3 – 12.

[40] Rochet J. C. (2004). Bank Runs and Financial Crises: A Discussion. In: S. Bhattacha, A. W. A. Boot, and A. V. Thakor (Eds.), Credit Intermediation and the Macro Economy, 324 – 338. Oxford: Oxford University Press.

[41] Thies C. F. and Gerlowski D. A. (1989). Deposit Insurance: A History of Failure, CATO Journal 8, 677 – 693.

[42] Thorson E. (2008). Letter to the Honorable Charles Grassley, Inspector General. Department of the Treasury, London, December 22.

[43] Todd W. F. (1994). Lessons from the Collapse of Three State – Chartered Private Deposit: Insurance Funds, Federal Reserve Bank of Cleveland, May, 1 – 6.

第23章 基于风险的监管资本与巴塞尔协议[①]

23.1 动机：利益协调，基于风险的银行资本监管

银行偿付能力监管旨在降低与银行倒闭相关的系统性风险和无谓损失，并解决因隐性或显性的政府担保而产生的道德风险问题，这些担保会干扰有效的市场纪律。大多数国家的银行监管机构将银行的最低资本充足率标准作为银行监管的重要组成部分。违反这些标准的银行可能会受到管制行动，在极端情况下，可能会被清算。

监管银行资本充足率最直接的方法是对银行账面权益与账面资产的比率设定一个下限，但这种简单的杠杆率检验存在一些重大缺陷。通过将所有银行资产一视同仁而不考虑风险，一个简单的杠杆要求实际上有利于那些投资于高风险资产的银行。这些银行可以预期获得更高的股本回报率，但它们不需要因为保护债券持有人免受投资波动性加大的影响而持有额外资本。因此，一个对风险不敏感的资本规则可能会反常地鼓励银行承担风险。此外，仅以会计杠杆为基础的规则相对容易规避，因为经验丰富的银行可以通过将资产证券化、提供信用担保或进行衍生品交易，有效地获得不反映在资产负债表上的风险敞口。出于这些原因，监管机构一直在寻求将监管资本要求与衡量银行业务相关风险的标准挂钩的方法。[②]

在全球一体化的金融体系中，协调制定银行资本充足率标准有几个好处。第一，协调有助于解决国家银行业管理部门所面临的“囚徒困境”。所有的监管者都倾向于一个稳定的、资本充足的银行系统，以避免受到系统性的冲击，但每个国家的银行业管理部门也希望看到自己的银行在国际市场大举扩张和竞争。因此，每个银行管理当局都希望看到所有其他国家增加银行资本标准，而对于本国银行则更愿意保持相对较低的资本要求。通过一起制定共同标准，国家银行当局可以减轻这种协调问题。第二，由于国际业务活跃的银行在不同的司法管辖区必须遵守不同的资本要求，协调可以帮助降低由此所产生的合规成本并解决激励问题。第三，一个统一的国际标准将通过提高不同司法管辖区的银行的可比性而提升透明度。第四，国际协调可以帮助那些获取专业知识的途径有限的、较小或经验较少的监管当局采用最优的实践标准。

---

① 这里所表达的观点仅仅是作者的观点，并不能反映联邦储备系统理事会或其工作人员的意见。感谢 Patrick de Fontnouvelle、David Jones、Mary Frances Monroe 和 John Wilson（编辑）提供有帮助的讨论和建议。

② 在美国，对银行的风险资本标准和简单会计杠杆都有强制性的要求。

本章的其余部分安排如下：23.2 节介绍了 1988 年巴塞尔协议。23.3 节、23.4 节和 23.5 节分别介绍了巴塞尔协议Ⅱ的概述，其理论基础，以及所需的模型。23.6 节描述了在国际金融危机的背景下，巴塞尔协议Ⅲ的发展和实施。一些正在进行的巴塞尔委员会提议在 23.7 节中讨论。

23.2 1988 年巴塞尔协议

在巴塞尔银行监管委员会（巴塞尔委员会）的主持下，20 世纪 80 年代末，各个国家银行业管理部门开始致力于制定共同的银行资本充足性规定。1988 年巴塞尔委员会达成了它的第一个银行资本协议，现在被称为巴塞尔协议Ⅰ。这项协议，和巴塞尔委员会所有的后续工作一样，既不是条约也没有法律效力。现在巴塞尔委员会仅仅依靠道德劝说鼓励各国采纳其建议。然而，巴塞尔委员会资本标准在当今被几乎所有发达国家银行体系所采用。

巴塞尔协议Ⅰ建立了衡量银行资本充足率的风险资本比率（RBCR）。巴塞尔协议Ⅰ的 RBCR 类似于标准的权益—资产比率，但它相比于通常的公司资产负债表，对于资本和资产有更复杂的定义。作为分子的资本包括 1 级资本，指主要股东的股本和留存收益；2 级资本，包括补充形式的资本如未公开储备和次级债务；以及其他形式的资本。分母被称为加权风险资产（RWA），由对资产负债表内外的风险资产加权计算得出。在与业界磋商及自身分析后，巴塞尔委员会（1988，para. 44）确定了最低的 RBCR 为 8%，“这与确保所有国际银行的长期合理和一致的资本比率的目标是一致的”。

最初，巴塞尔协议Ⅰ下的 RWA 的权重反映了与不同类型的风险暴露相关的潜在的风险。例如，低风险的 OECD 主权债券风险权重为零，因此银行不必为这些资产而持有资本。在当时是典型的高抵押资产住房抵押贷款，被给予了 50% 的风险权重，企业贷款的权重为 100%。通过对不同风险的资产赋予不同的权重，巴塞尔协议Ⅰ尝试将银行的监管资本要求与其资产组合的风险相联系。以相对安全的投资（如国债或抵押贷款）为主的银行，由于有较低的 RWA 从而与主要投资于高风险的企业债务的银行相比，被要求持有的资本较少。

巴塞尔协议Ⅰ的简单风险加权方案是透明的，易于银行和监管人员实施，但它有一些武断，无法捕捉到银行资产之间重要的风险差异。例如，在巴塞尔协议Ⅰ中，高评级“蓝筹”公司的贷款与垃圾债券有相同的资本要求，所有的住房抵押贷款无论借款人的信用评分高低或住房贷款支持的金额大小，其所要求的资本水平均相同。巴塞尔协议Ⅰ框架也不能轻易地适用于贷款证券化安排，这种安排允许银行将贷款转移到资产负债表之外，但同时保留了与这些投资相关的大部分信贷风险。

在采用巴塞尔协议Ⅰ的十年间，其粗糙的风险加权方法的局限性变得显而易见。其作为最佳的风险管理体系被持续推进的过程中，银行家以及监管机构观察到了实施巴塞尔协议Ⅰ所造成的监管资本费用与银行内部模型所产生的经济资本费用之间存在显著和系统的差异。如 Merton（1995）所预测的，Jackson 等（1999）和 Jones（2000）所详细探讨的，这种差异给银行很强的经济激励来转移贷款或从事监管资本套利，以使监管资本和经济资本的要求更接近。事实上，早期的债务抵押债券（CDO）结构就是以此为目的设计的。

23.3　巴塞尔协议Ⅱ

巴塞尔协议Ⅰ的局限性促使监管者开始在 20 世纪 90 年代末对协议进行大规模的修订。在广泛的推进和公开咨询过程后，巴塞尔委员会在 2004 年公布了修订后的资本充足率标准，并在 2005 年更新了银行交易和风险减轻活动的处理规则。这个修订框架被称为巴塞尔协议Ⅱ，它提出了需要由国家银行当局解释和实施的详细标准（BCBS，2006）。欧洲和日本的银行分别在 2007 年 1 月和 3 月开始过渡到巴塞尔协议Ⅱ。美国在 2008 年开始过渡实施。

相比于巴塞尔协议Ⅰ，巴塞尔协议Ⅱ对资本监管有一个更全面的角度。尽管巴塞尔协议Ⅰ提出了最低限度的资本标准规则，但巴塞尔协议Ⅱ将最低资本标准置于更广泛的监管和市场纪律背景下。巴塞尔协议Ⅱ中的“三大支柱”意在相互加强。支柱Ⅰ建立最低的风险资本要求，以涵盖多元化金融机构所面临的信贷、交易和经营风险。支柱Ⅱ建立了对银行内部风险管理进行监督的指引，并鼓励监管者要求银行持有超过支柱Ⅰ所要求的最低风险资本要求的缓冲资本，以覆盖那些在支柱Ⅰ中没有明确处理的经济风险。支柱Ⅲ要求银行遵守新的公开披露要求，着眼于提高透明度以及促进银行资本充足的更有效的市场纪律。Decamps、Rochet 和 Roger（2004）在道德风险下的银行行为理论模型中分析了三大支柱的互补作用。它们展示了市场信号如何能让监管机构在检查和关闭过程中采取更宽松的手段。支柱Ⅰ要求的严格性和支柱Ⅱ监督的干涉性依赖于支柱Ⅲ中市场披露的质量。在本章的余下部分，就像在大多数的监管银行资本标准的文献中那样，我们重点关注支柱Ⅰ的要求。

和巴塞尔协议Ⅰ中的要求一样，巴塞尔协议Ⅱ要求银行至少保持 8% 的 RBCR。巴塞尔协议Ⅱ适度更新了用于确定 RBCR 分子的 1 级和 2 级资本的定义，这极大地改变了计算分母 RWA 或 RBCR 的方式。巴塞尔协议Ⅱ采用了一个相比于巴塞尔协议Ⅰ更为详细和严格的方法来确定 RWA。支柱Ⅰ的主要资本要求是专门为银行传统贷款组合（银行账簿）中的信贷风险、与其交易活动相关的市场和信贷风险以及因银行内部财务控制失败而产生的运营风险而设计的。根据巴塞尔协议Ⅱ，RWA 被定义为

$$RWA = \frac{1}{0.08}\left(\sum_i k_i EAD_i + K_{TR} + K_{OR} \right) \tag{23.1}$$

其中，k_i 是与银行的第 i 个信用暴露相关的每单位货币的资本要求；EAD_i 是违约风险暴露的估计值。K_{TR} 和 K_{OR} 分别表示覆盖银行交易风险和操作风险的资本费用。所有的资本费用除以 8% 得出 RWA。

巴塞尔协议Ⅱ对于每个支柱Ⅰ所包含的具有不同的复杂性和风险敏感性的主要风险类别提供了规则清单。一般地，所有在巴塞尔协议Ⅱ管辖区的大型国际活跃银行预计将迁移到菜单上最复杂的方法上。较小的有更多传统银行组合的机构可能更倾向于选择不太复杂的方法。机构的不同选择有助于适应不同国家银行监管方法的差异。

对于更高级的菜单选项，资本费用在概念上与风险价值（VaR）相关联，其中风险价

值是商业和投资银行广泛使用的风险度量。VaR 被定义为在给定的评价范围内的投资组合损失分布的特定百分数。例如，假设 L 代表当投资组合的损失超过给定水平时的一个随机变量，那么百分数 q^{th} 代表的 VaR 为

$$VaR_q[L] = inf\{k \mid P[L \geqslant k] \leqslant 1 - q\} \tag{23.2}$$

银行资本要求旨在覆盖与债务工具及相关对冲工具有关的信用风险。巴塞尔协议Ⅱ为计算银行账面头寸的风险权重提出了三个不同的选项。最简单的方法称为标准化方法，它从广泛的贷款类型中提取信贷风险资本费用，这些贷款类型与巴塞尔协议Ⅰ中使用的贷款类型相似。但更精细标准化方法最重要的创新是风险权重可能基于外部评级，其中公开评级从被认可的评级机构处获取。基础和高级的内部评级（IRB）方法则更进一步，依靠银行自身或内部的个人贷款或零售贷款池的信用质量来衡量所需资本。在两种 IRB 方法下，贷款的资本要求取决于银行估计的贷款违约的可能性。IRB 基础方法和高级方法的主要区别是，后者的贷款风险权重也取决于它的剩余期限（零售贷款的情况下例外），以及银行对贷款违约时预计会产生的损失的估计。标准化方法和两种 IRB 方法，提供了以金融抵押、第三方担保和信用衍生工具形式识别风险缓解的规则。

虽然银行的传统贷款业务通常包括持有到期并按历史成本记账的贷款发放，但银行的交易活动也可能涉及非常频繁的不同市场间资产的买卖。由于认识到这两种业务之间的实质性差异，巴塞尔协议Ⅱ采用单独的方法来评估涵盖银行交易账户风险敞口所需的资本。KTR 有两个组成部分：一部分是一般市场风险费用，可以涵盖银行整个交易组合的市场价值变化，这些变化源于市场风险驱动因素（如利率和股票估值）的变动；第二部分是每个交易头寸的特定风险费用，包括与广泛的市场波动无关的特殊因素而引起的该头寸价值的变化。受监管部门批准后，银行可以使用简单的标准化方法或更高级的内部模型方法来计算这些费用。在标准化方法下，简单的风险权重适用于银行的交易头寸。根据内部模型法，银行使用自己的风险管理系统计算其交易投资组合在十天范围内的市场风险敞口的第 99 百分位 VaR。衡量交易损失的 VaR 乘以至少等于 3 的因子来确定银行的一般市场风险资本费用。如果银行的 VaR 指标未通过事后绩效测试，则可以应用大于 3 的比例因子。巴塞尔协议Ⅱ提供了计算交易头寸特定风险费用的公式，但它也允许银行为此目的使用内部模型。除了市场风险和特殊风险的费用，银行还需要持有资本，以覆盖在 10 天 VaR 计算中没有包含的交易账户持有头寸的违约风险。增加持有违约风险费用有助于解决由于信用风险相关产品（如银行交易性资产组合中的信用违约互换和流动性较差的结构性信贷产品）的日益流行而产生的新风险（BCBS，2005a，para. 260－261）。

巴塞尔协议Ⅱ还介绍了操作风险的资本费用（K_{OR}），定义为“由于不适当的或失败的内部程序、人员及系统或外部事件所造成的风险损失”（2006，para. 644）。巴塞尔协议Ⅱ对于这一部分也提供了选择菜单。最简单的方法称为基本指标方法，它基于一种直觉，即运营风险源自商业活动，因此应该与银行收入成比例增加。它将资本费用设定为过去三年平均总收入的 15%。标准化方法是基本指标方法的改进版本，它将银行活动分为八大业务线，如商业银行、零售银行、资产管理与公司金融。用各条业务线的平均总收入计算出的不同业务线的资本费用不同（从 12% 到 18%）。在最高级的，被称为高级计量法（AMA）的选项下，操作风险资本是由银行自身操作风险模型确定的。作为一般性的准则，AMA

要求最小框架。在银行内部操作风险模型下，资本费用必须与一年期的 99.9 分位的 VaR 相一致，但银行有宽泛的自主权能根据自身特定的组织结构、经营环境和内部控制对模型进行调整。AMA 的灵活性避免了对仍是新兴科学的发展的阻碍。然而，这种方法的一个潜在成本是，很难约束一家机会主义地设计其 AMA 模型的银行，因为对统计验证的数据约束非常严格，而且迄今为止，从业人员还没有就哪种建模假设最合适达成共识。对于模型的监督反而可能是基于质量评估和持续对话。操作风险建模的一个常用的方法来自极值理论（EVT），是在研究极端事件数据的统计特性领域广泛使用的精算科学的一个分支。Fontnouvelle 等（2006）根据两个供应商提供的运营损失数据集估计了 EVT 模型。Seivold、Leifer 和 Ulman（2006）与 Embrechtsand Hofert（2011）更详细地介绍了巴塞尔协议Ⅱ下操作风险的监管措施。

23.4　内部评级方法的理论基础

发展巴塞尔协议Ⅱ的主要动机是使资本费用拥有更高的风险敏感性。这在投资组合层面是可取的，使银行资本要求与银行组合风险相称。投资组合风险更大的银行应该面临比组合风险较小的银行更高的监管资本费用，同样，随着银行改变其风险状况，银行的资本需求也会随之增加或减少。为了减少贷款模式中的监管扭曲和监管套利的动机，在风险敞口水平上，资本要求也应该是对风险敏感的。也就是说，某一特定信贷敞口的边际资本支出应与银行对该敞口风险贡献的评估基本一致。银行为信用风险分配经济资本，以此作为对投资组合意外损失的弥补，这种意外损失被定义为 VaR 和预期损失之间的差额（后者被假定为被利息收入或准备金覆盖，因此被排除在要求的资本之外）。因此，巴塞尔协议Ⅱ的资本成本要求风险权重公式与银行信用 VaR 模型所隐含的相一致。

使银行内部风险管理系统与监管资本要求相一致的最简单的方法是允许银行使用自己的内部模型计算资本费用，就像对巴塞尔协议Ⅰ的市场风险修正案下的交易账户所做的一样。这种内部模型方法的缺点是，竞争压力可能会导致银行选择一个得出较低的资本成本的模型，而不会选择可能要求更高资本费用的更严谨的模型。鉴于现有的数据和监事方评估这些模型的经验有限，监管部门很难规范这种投机行为。

作为巴塞尔协议Ⅰ的广义大类方法与完整的内部模型法之间的一个中间步骤，巴塞尔委员会规定，巴塞尔协议Ⅱ将提供一个基于内部评级的方法，这种方法的银行账面风险暴露的权重将取决于银行对债务人的商誉，以及其他工具的风险特征（例如，抵押保护和期限）的评估，而不依赖于银行对投资组合中风险敞口如何分散或集中风险的评估。也就是说，IRB 法的风险权重将取决于每个风险敞口的单独的特点，而不是具有这些风险敞口的组合的特点。这种特性被称为组合不变性。

设计巴塞尔协议Ⅱ的一个挑战是，在广泛使用的投资组合信用风险模型中，将投资组合不变性与使风险权重与对 VaR 的贡献量相一致的需求协调起来。在一般情况下，风险敞口对投资组合 VaR 的边际贡献取决于组合整体的构成。因此，有不同资产组合的两个银行可能对相同的风险敞口有不同的边际资本要求。但是，Gordy（2003）表明当满足下列假设时对 VaR 的贡献是组合不变的：

（1）投资组合是渐近可微的，即所有的单一债务在组合风险敞口中都占据极小比例的份额；

（2）单一风险因素是投资组合系统风险的唯一来源；

（3）系统性风险因素的实现与大多数风险敞口相关的条件预期损失单调相关。

在这些假设下，投资组合 VaR 等于风险敞口的预期损失总和，该风险敞口的预期损失条件取决于系统风险因素的特定逆抽取。X 代表系统性因素，x_q 表示 X 分布中的 q^{th} 分位数，l_i 表示风险敞口 i^{th} 的损失，由此：

$$VaR_q[L] = \sum_i E[l_i \mid X = x_q] \tag{23.3}$$

这种线性表达式意味着，对 VaR（平均和边际）的贡献可以跨越不同的风险敞口独立计算（即满足投资组合不变性）。组合的预期损失（EL）近似于 EL 的线性加总，因此对意外损失（UL）的贡献也是组合不变的。这一渐近单因子风险（ASRF）框架是 IRB 风险权重法的理论基础。

为了简单起见，考虑对商业企业的为期一年的一次性偿还贷款的处理，设 D 是一个指示变量，如果债务人违约超过一年，D 等于 1，否则为零，R 是一个 0 和 1 之间的随机变量，描述了未偿还贷款对债务人的风险敞口，在违约情况下可收回的比例。违约相关损失是：$l = D \times (1 - R) \times EAD$。在 ASRF 框架下，$D$ 和 R 可能取决于系统性风险因子 X，但 X 的条件是假定违约回收率在债务人之间是相互独立的（为了简单起见假设 EAD 是非随机的）。该头寸对投资组合第 q 百分位 UL 的边际贡献（每单位货币的风险敞口）由其有条件和无条件预期损失之间的差给出：

$$K = E[D \times (1 - R) \mid X = x_q] - E[D \times (1 - R)] \tag{23.4}$$

方程（23.4）中的条件期望损失项可以表示为在系统压力条件下对违约概率的测量值：

$$SPD = E[D \mid X = x_q] \tag{23.5}$$

以及在相同的压力条件下对给定违约损失的测量值：

$$LGD = E[(1 - R) \mid D = 1, X = x_q] \tag{23.6}$$

这一分解与巴塞尔委员会的调查结果（2000）相一致。Treacyand Carey（2000）发现银行通常使用二维评级系统来评估信用风险敞口，该系统分别考虑债务人违约的可能性和一旦发生违约时贷款的损失率，这一发现也与上述分解相一致。

对于一年期的风险敞口，在著名的 CreditMetrics 模型的单因子版本［对 Merton（1974）的多企业结构化违约模型的一般化推广］下推导出方程（23.4）的解，即可得到 IRB 资本公式（Gupton、Finger 和 Bhatia，1997）。巴塞尔委员会提供了更详细的资本公式的推导（BCBS，2005c）。

从精算的角度来看，当期限超出模型设定的一年到期时间时，方程（23.4）将不能捕捉到完整的由风险敞口导致的信用风险。在一年内发生的任何不包括违约在内的信贷转移，都将意味着风险敞口的市场价值的增加或减少。贷款的剩余期限越长，其市场价值对评级变化的敏感性越大。一般来说，更高质量的贷款不太可能遭受超过一年期限的违约相关损失，但它们更容易因为违约外的评级下调而失去市场价值。IRB 方法包括一个到期调整功能，可以重新调整公司、银行和主权信用风险的资本费用，以反映市场价值中与信用相关的变化如何影响风险敞口对 UL 的边际贡献。对到期期限的调整来自计算风险转移模型内的广义盯市版本。

方程（23.4）描述了完整贷款的 ASRF 资本费用，但 ASRF 框架的逻辑同样适用于银行资产组合中任何类别的信用风险敞口。Heitfield（2003）表明 ASRF 框架也可以用于计算包括了第三方信用担保或债券的贷款的资本要求，这种贷款的违约风险由衍生工具如信用违约互换对冲。Pykhtinand Dev（2002）以及 Gordyand Jones（2003）利用 ASRF 框架导出了结构性金融产品的资本要求，在这些结构性金融产品中，证券的信用表现取决于基础资产池的资产表现。这些模型是对资产证券化风险敞口的 IRB 法处理的基础。

上文列举的 ASRF 框架的三个假设并非无关紧要。支柱Ⅱ要求银行和其监管者考虑这些假设可能被违反的途径，如果必要的话，需要增持超出支柱 I 风险权重公式的额外资本。对于最大的银行，投资组合的渐近可微（假设 1）特征可能是一个合理的近似。如果将 IRB 方法应用到非多元化的机构中，则 IRB 方法会忽略投资组合中剩余的单一的特殊风险，因此监管资本要求可能低估了对经济资本的要求。由 Wilde（2001）与 Martin 和 Wilde（2002）提出的解析和半解析近似法可以用来测量名称集中对资本要求的影响。Gordy（2004）回顾了粒度调整的数学基础，Gordyand Lütkebohmert（2013）建立了在 IRB 法中应用粒度调整的简单算法。

“单因子”假设（假设 2）是对 ASRF 框架的更严重的限制。Heitfield、Burton 和 Chomsisengphet（2006）以及 McNeil 和 Wendin（2006）发现，不同行业债务人之间风险敞口的信用损失相比，同行业债务人之间风险敞口的信用损失的相关度更高。只要不同国家和行业的信贷条件变化步调不一致，投资组合的多样化不仅依赖于名称集中度（即可微性），而且依赖于部门的多样化。这一假设限制了任何基于评级的资本费用评估方法的有效性，Pykhtin（2004）指出如何用分析法调整 ASRF 资本要求以应对行业集中度的影响，Garcia Cespedes 等（2006）在评级基础上的资本架构内描述了衡量部门多元化影响的实用方法。

23.5　IRB 风险权重公式的输入量

IRB 法下，银行账面敞口的风险权重是一个函数，这个函数由一个调控参数（和资产价值相关）和违约概率（PD）、违约损失率下降点（LGD）、预期的违约敞口（EAD），以及在某些情况下预期的到期期限（M）这四个由银行提供的四个参数组成。

资产价值相关性（AVC）将“决定债务人违约可能性的系统性风险的相对重要性”参数化，本质上类似于 CAPM 模型的 β 值。其值接近 1 意味着债务人违约主要是由系统风险因子 X 决定，而值接近零，则意味着不同债务人之间的违约大部分是相互独立的。对于 PD 大于目标银行偿付能力概率 q 的债务人，要求资本随 AVC 的增加而增加。要理解其中原理，考虑两个 PD 相等但资产相关性不同的信用风险敞口。如果一个投资组合是充分分散化的，只有当风险敞口没有平摊不利的系统性冲击时，才能导致高于预期的投资组合信贷损失。因此有较低资产相关性的风险敞口对 UL 贡献较小，因为有更大比例的与那种风险敞口的信用表现相关的不确定性可以被分散掉。

估计 AVC 的最直接的方法依赖于企业资产价值或债务工具信用表现的历史数据。早期的研究只是简单地使用上市公司股本回报率相关性的历史数据作为资产相关性的代替值。这种方法的一个缺点是，权益价值不直接对应资产价值，因为，举例来说，不同的公司有不同的资本结构。Heitfield、Burton 和 Chomsisengphet（2005），以及 Düllmann、Scheicher 和 Schmieder（2008），和其他学者使用 Moodys/KMV 从股票估值和杠杆信息角度估算的北美和欧洲公司的资产价值，从而测算了 AVC。这种方法是简单和直接的，但 Zhu 等（2007）指出相关性的估计值可能对资产价值估算中的测量误差敏感。Gordy（2000）以及 Hamerle、Liebig 和 Rösch（2003），和其他学者以债券或其他债务工具的信用表现数据为基础，对资产相关系数的参数进行了估计，这种估计利用了这样一个事实，即在其他条件相同的情况下，波动更大的违约率意味着更大的基础资产相关参数。这种估计方法不依赖于对公司资产价值进行估算，但是，正如 Frey 和 McNeil（2003）指出的，结果对内含于单因子默顿模型的函数形式的假设条件是敏感的。总的来说，依赖于估算公司资产价值的研究与采用历史违约数据的研究相比，往往倾向于得出更高的资产相关性的结论。

第二部分的研究从一个更复杂的多因素投资组合风险模型推导出简单的单因素默顿模型的平均资产相关性。在这种方法下，可以确定一个基准投资组合，然后求解一个单因素 Merton 资产相关参数，该参数在两个模型中都等于 VaR。Lopez（2004）运用这一方法从 Moody's/ KMV 组合管理模型得出的 VaR 估计值推导了资产相关参数。投资组合经理会关注捕捉到国家和特定行业冲击的 100 多个因素，而不是仅仅一个系统性因素。Lopez 发现对于在单一的国家内贷款组合，当单因素 Merton 模型的资产相关度在 0. 14 到 0. 26 之间时，产生的结果同投资组合经理产生的结果类似，并且具有较高违约概率的贷款组合往往有较低的隐含资产相关性。

在银行提供的输入变量中，违约概率（PD）得到了最多的关注。采用 IRB 法的前提条件是银行拥有内部评级系统，该系统对每个企业债务人进行信用评级，评级等于债务人的“即使在不利的经济状况或在突发事件情况下，执行合同的能力和意愿”（巴塞尔委员会，2006，para. 415）。与债务人相关的 PD 是分配给该债务人的信用等级的函数。该规则要求，与评级等级相关的 PD 是“在该等级下的债务人的一年期违约率的长期平均水平”（巴塞尔委员会，2006，par 447）。虽然 IRB 对于 PDs 应该如何计算有相当具体的规定，它们也给予银行在决定如何分配评级方面很大的空间。

在实际中，对债务人的评级在不同银行之间可能有很大不同。例如，Treacy 和 Carey（2000）发现，虽然一些银行在经营条件变化时会迅速更新债务人的评级，但其他使用所谓周期评级系统产生评级的银行，即使在整体商业环境发生变化时债务人评级也会保持稳定。由于债务人的 PD 取决于所被分配的评级，因此不能保证与债务人相关的 PD 在拥有不同评级系统的银行之间保持一致。分别利用在美国和瑞典的债务人的多个银行评级样本，Carey（2002）以及 Jacobson Linde 和 Roszbach（2003）发现对同一债务人，与银行评级相关的违约概率在不同银行间存在差异的情况时常发生。Rösch（2005）发现银行评级理念的差异可能会影响整个投资组合监管资本要求的水平和波动性。

对使用基础 IRB 法的银行来说，LGD 参数有具体的规定。例如，对公司或政府企业的高级无抵押贷款，被分配 45% 的 LGDs，而次级无抵押贷款分配 75% 的 LGDs。如果是担保贷款，LGD 根据抵押品的价值和质量进行相应的下调。

使用高级 IRB 法的银行必须用它们的信用评级系统的信息估计 LGD 参数。方程（23.6）表明，LGD 要在系统压力事件（$X = x_q$）的条件下估算。大量的经验证据表明，企业债务的违约损失率确实在产业或经济广泛存在下行压力的时候上升（例如，Frye，2000，2003；Altman 等，2005；Acharya、Bharath 和 Srinivasan，2007；Bruche 和 González - Aguado，2010；Chen，2010）。在抵押贷款市场上，Qi 和 Yang（2009）发现当房地产市场有下行压力时，损失的严重程度明显高于住房市场状况正常时。

Pykhtin（2003）以及 Düllmannand Trapp（2005）提出了一种参数化模型，这种参数化模型把一阶段单因子 CreditMetrics 模型扩展为包含系统性风险因子与违约贷款损失率相关关系的模型。然而，由于系统恢复风险模型在实际中的应用并不多，因此巴塞尔协议Ⅱ没有要求银行将 LGD 估计值与系统性风险因素明确地联系起来。但是，采用高级 IRB 法的银行必须报告“在有必要捕捉相关风险时，反映经济衰退状况的”LGD 估计值（巴塞尔委员会，2006，para. 468）。巴塞尔委员会发布的定性要求和明确指导（2005b）给予了银行在决定如何将系统风险的影响纳入它们的 LGD 估计值中以很大的灵活性。

EAD 是银行在借款人违约时对其提出的预期法律索赔。对于债券和短期贷款，EAD 是贷款的票面价值加上预期应计但未付的利息。对于未提取的债务，EAD 更加难以估计。对于循环贷款，银行应将 EAD 指定为当前提取的余额加上适用于其余未提取余额的“信贷转换系数”（CCF）。CCF 在基础 IRB 法下有具体规定，并且取决于信贷组织的类型。采用高级 IRB 法的银行被允许使用它们自己估计的 CCFs。银行必须考虑它们自身防止当借款人陷入困境时不兑现承诺的能力和意愿。处理必须既体现法律的可执行性，也体现银行损失监控的系统和程序。在实际应用中 CCFs 经常是，至少部分是，以 Asarnowand Marker（1995）的估计值为基础的。

到期期限参数 M 以现金流的加权久期进行计算，其最低期限为一年，最高期限为五年。使用基础 IRB 法的银行，对于企业、银行和主权实体风险敞口的到期期限固定在 2.5 年。零售信用风险敞口，如抵押贷款和信用卡，不包括明确的到期日调整。对于这些风险敞口，平均到期日效应内含于 IRB 风险权重公式校正中。

23.6　金融危机和巴塞尔协议Ⅲ

次贷危机暴露了银行在管理全系统金融和经济冲击风险方面的一些弱点。银行的杠杆率很高，且银行资本基础的水平和质量容易受到大额信贷和交易损失的影响。系统性机构之间高度互联，由于它们试图同时摆脱同类型风险，导致顺周期去杠杆化和加速流动性缓冲侵蚀（详见，例如，Shin，2011）。许多银行交易账户的工具，特别是那些暴露于信用风险下的工具，缺乏价格透明度和市场流动性，银行在进行风险评估时没有考虑到这些因素。2011 年 6 月，巴塞尔委员会出台了巴塞尔协议Ⅲ（BCBS，2011b），在巴塞尔协议Ⅱ框架的三大支柱基础上加强风险基础的资本框架。本节介绍了由于巴塞尔协议Ⅲ引入导致监管资本发生变化的三个主要方面：对 RWA 计算的增强（支柱 I 的分母 RBCR），提高资本基础（分子）的质量、一致性和透明度，以及对最低资本要求的新的宏观审慎的介绍。

巴塞尔协议Ⅲ保留了巴塞尔协议Ⅱ的 IRB 方法，但资产价值相关关系参数更高，因此对某些类型的风险敞口有更高的风险权重。对于资产规模在1000亿美元或更多的受监管的金融机构（包括但不限于保险公司、经纪人/交易商、银行、储蓄银行和期货交易商）的债务人的风险敞口要受制于高出额外25%的AVCs（巴塞尔委员会，2011b：para. 102）。增加的目的是捕获大型金融机构之间在有压力的时候增加的关联。考虑到影子金融体系在危机中的重大影响，巴塞尔委员会也增加了不受监管的金融机构，如资产管理人、提供信用增级的企业、资产托管人作为债务人的风险敞口的资产相关性。限制标准化和IRB法对于外部信用评级依赖的标准也相应增加（巴塞尔委员会，2011b：para. 118 – 121）。

在金融危机期间，由于证券市场大幅波动和定价的不确定，证券和衍生品等交易产品的价值迅速恶化。对此，巴塞尔协议Ⅲ实质性地增强了与交易活动有关的资本要求。根据巴塞尔协议Ⅲ，十天VaR的计算由压力VaR测试增强，压力测试使用的数据涵盖了“连续12个月内与银行的投资组合相关的重大财务压力”（巴塞尔委员会，2011a：p. 21）。这一要求有两个目的：一是增加VaR基础资本，这一资本的不足被广泛认为是导致危机的原因；二是抑制波动性以及只根据最新数据校准的VaR内含的顺周期性。此外，引入了新的交易风险资本成本——增量风险成本（IRC）和综合风险度量（CRM）以减少交易中以及银行账户中的信用产品的资本标准差异。IRC重点在捕捉非证券化交易信用产品发行人的违约和迁移风险，这是对巴塞尔协议Ⅱ的增量违约风险框架的自然延伸，CRM旨在捕捉所有的价格风险，包括某些证券化产品发行人的违约和迁移风险，对于某些证券化产品，旨在让市场参与者根据对标的参考资产价值之间的相关性建立头寸。

由于衍生工具涉及未来的现金流，衍生品交易的每一方承担其交易对手不能履行其合同义务的风险。在金融危机期间，交易对手信用风险上升到前所未有的水平。巴塞尔委员会推出了一系列新措施，在巴塞尔协议Ⅲ中为交易对手信用风险加强了对RWA的计算。最重要的变化是对场外交易（OTC）衍生品引入了信用估值调整的资本费用（CVA）。CVA费用的目的是覆盖当交易对手的信用质量恶化时衍生品头寸潜在的盯市损失。对交易对手违约风险的要求也得到了更新，可以通过使用压力期限来校准交易对手风险，从而更有效地考虑异常风险方式，并将担保品交易在压力期间的更长的增殖期纳入计算①。

巴塞尔协议Ⅲ对资本的质量和数量作出了新的强调。显然，在金融危机期间，一些银行的资本资源在缓冲损失时并没有被证明是非常有用的。在危机期间，银行亏损及减计主要由普通股和留存收益所吸收。因此，巴塞尔协议Ⅲ要求银行持有更高水平的1级普通股本（CET1）资本，主要由普通股、留存收益和累计的其他综合收益组成。最低CET1的RBCR从2%提高到4.5%，而最低的1级RBCR从4%提高到6%，直到2019年1月过渡期截止时全面采用。巴塞尔协议Ⅲ也从总资本中去除了3级资本，建立审慎调整和减免来防止银行用不合格的工具膨胀资本基数，并解决了许多围绕早期资本定义的歧义。支柱Ⅲ的披露要求不断加强以缓解资本会计定义的跨辖区的变化（巴塞尔委员会，2011b：para. 91）。

在危机发生前，尽管财务状况和金融业前景恶化，一些银行继续支付巨额股息和丰厚的奖金（巴塞尔委员会2011b：para. 27）。银行出于不支付会被视为财务脆弱的担心而不

---

① 异常风险是指在交易对手的风险敞口与其信用价值负相关的情形。

愿意停止这些支付。为了缓解陷入困境的银行的资本损耗，如果 CET1 RBCR 低于最低要求加上 2.5% 的资本留存缓冲，巴塞尔协议Ⅲ明确限制了银行可以作为股息、红利和股票回购分配的收益数额。相比于低于最小 RBCR 的严厉处罚，未能满足缓冲要求会引发对银行分配的限制但不限制银行的运营。随着最低 RBCR 要求的增加，缓冲需求将随着时间的推移逐步增加。

尽管 RWA 计算和资本要求有显著的变化，RBCR 仍是银行主要的"微观审慎监管"工具。无论是现有文献还是监管协会都同意，仅用微观审慎监管工具来实现系统性金融稳定是不够的。Hanson、Kashyap 和 Stein（2011）描述了微观审慎监管在其概念内的局部均衡，与寻求维护整个金融体系的"宏观审慎监管"法规的一般均衡方法做了对比。巴塞尔协议Ⅲ中杠杆比率和逆周期缓冲的新要求应被视为以宏观审慎覆盖来补充长期存在的微观审慎工具的初步和有限的尝试。

正如前面所讨论的，风险资本主要是由简单的杠杆比率无法准确捕捉到的银行持有资产的风险所触发。而杠杆比率由于微观审慎监管的原因而不能代替 RBCR，杠杆比率通过限制资产增长和对新的贷款设限而服务于宏观审慎监管目的（Shin，2011）。通过这种设计，它将限制银行的杠杆积累，并有助于避免去杠杆化过程的不稳定性（巴塞尔委员会，2011b：para. 152）。此外，相比于 IRB 法下的 RBCR，简单的杠杆比率避免了对模型的依赖，并可以在所有银行间被一致计算。巴塞尔协议Ⅲ要求 3% 的杠杆比率作为资本比率的支撑测度。这个比率的分子将是新定义的 1 级资本，而分母则是反映资产负债表内外风险敞口的简单度量。

巴塞尔协议Ⅱ的潜在的顺周期效应备受关注。只要银行评级系统对借款人违约风险的变化作出反应，IRB 法下的资本要求会随着经济陷入衰退而增加和随着经济扩张而减少。就银行作为回应而缩减或扩大放贷来说，巴塞尔协议Ⅱ可能会令决策者更难维持金融系统的稳定。同众多其他学者一样，Daníelsson 等（2001）详细阐述了这一对巴塞尔协议Ⅱ的批评。Kashyapand Stein（2004）和 Gordyand Howells（2006）提出了修改巴塞尔协议Ⅱ的规则使之能够减轻顺周期性而不牺牲资本要求的风险敏感性或支柱Ⅲ市场披露信息的质量。

巴塞尔协议Ⅱ的支柱Ⅱ包括了对银行和其监管者的广义指导，以确保银行在经济扩张时期能积累足够多的超过支柱Ⅰ最低要求的资本，从而使其在更紧张的条件下能经受一些资本减少。根据巴塞尔协议Ⅲ，国家有关部门将监控信贷增长和其他因素，在信贷增长被认为过度时可能会增加所要求的 CET1 RCBR 至 2.5%。这种逆周期缓冲也得到了文献的支持。例如，Angelini 等（2011，p. 8）指出"［a］当信贷/产出比增加时增加资本要求的谨慎性原则，似乎能够在相当大的程度上降低产出的方差"。国际活跃银行将其在每个地点所持风险敞口的缓冲值的加权平均数作为它们逆周期缓冲的计算值。巴塞尔委员会（2011b）提了一些在逆周期缓冲操作方面的高阶指导，但实施方法和时间在不同的国家可能会有所不同。

距离巴塞尔协议Ⅲ全面实施还有一段时间。尽管其他国家已经实施了巴塞尔协议Ⅱ的第一支柱资本收费，但美国的先进银行仍在同最新的巴塞尔协议并行运作（巴塞尔委员会，2013）。在许多发达国家，巴塞尔协议Ⅲ的实施更为复杂，其作为新的资本规则引入需要与其他自金融危机以来已经采取的金融监管改革相协调（例如，美国的《多德—弗兰克法案》和欧盟的欧洲市场基础建设监管）。

23.7 展望

巴塞尔资本的规则仍然在继续演变。解决在金融危机中反映出的巴塞尔协议Ⅰ和巴塞尔协议Ⅱ的一些弱点的提议仍在讨论中，巴塞尔协议Ⅲ实施的跨辖区潜在差异正在被密切监测（巴塞尔委员会，2012b）。进一步完善框架以应对宏观风险的工作仍在巴塞尔委员会的议程上。

巴塞尔委员会正在进行一些对基于风险资本的审查。对交易账户的基本审查（巴塞尔委员会，2012a）的目的是更清楚地界定交易账户和借贷账户的界限，并用一个更清晰的框架代替交易账户资本要求中分散甚至有些碎片化的部分（即压力 VaR、IRC 和 CRM）。由于证券化在金融危机中扮演的重要角色，证券化的监管资本处理，包括外部评级的作用，也在被审查中（巴塞尔委员会，2012d）。认识到金融稳定依赖于全球系统性重要金融机构的安全和稳定（G - SIFIs），巴塞尔委员会正在评估确定需要持有额外缓冲资本的机构的方法（巴塞尔委员会，2012c）。

充足的资本，当然只是健全的银行风险管理体系的一个组成部分。除了旨在保护银行偿付能力的资本规则外，巴塞尔委员会还提出了新的标准来保障银行的流动性。总的来说，这些标准旨在确保银行拥有资产负债表上的流动性和稳定的长期资金，以便在压力时期满足现金流出。巴塞尔委员会正在与国际证券委员会组织合作，开发标准以管理非集中清算衍生品交易的最低保证金要求，这些衍生品交易不仅会影响银行，也会影响所有金融机构和具有系统重要性的非金融企业（BCBS 和 IOSCO，2013）。开发标准的目标是确保场外衍生品交易在一个具有高度担保的环境中进行，这样由于衍生品交易对手方的失败而造成的损失将被控制在有限的范围内。

参考文献

[1] Acharya V. V. , Bharath S. T. , and Srinivasan A. (2007). Does Industry - Wide Distress Affect Defaulted Firms? —Evidence from Creditor Recoveries, Journalof Financial Economics 85 (3), 787 - 821.

[2] Altman E. I. , Brady B. , Resti A. , and Sironi A. (2005). The Link between Default and Recovery Rates: Theory, Empirical Evidence, and Implications, Journal of Business 78 (6), 2203 - 2228.

[3] Angelini P. , Clerc L. , Curdia V. , Gambarcorta L. , Gerali A. , Locamo A. , Motto R. , Roeger W. , Van den Heuvel S. , and Vlcek J. (2011). BASEL Ⅲ: Long - Term Impact on Economic Performance and Fluctuations, BIS Working Papers No. 338.

[4] Asarnow E. and Marker J. (1995). HistoricalPerformance of the US Corporate Loan Market: 1988 - 1993, Commercial Lending Review 10 (2), 13 - 32.

[5] Basel Committee on Banking Supervision (BCBS) (1988). International Convergence of Capital Measurement and Capital Standards. Bank for International Settlements.

[6] Basel Committee on Banking Supervision (BCBS) (2000). Range of Practices in Banks' Internal Rat-

ing Systems. Bank for International Settlements.

[7] Basel Committee on Banking Supervision (BCBS) (2005a). The Application of Basel Ⅱ to Trading Activities and the Treatment of Double Default Effects. Bank for International Settlements.

[8] Basel Committee on Banking Supervision (BCBS) (2005b). Guidance on Paragraph 468 of the Framework Document. Bank for International Settlements.

[9] Basel Committee on Banking Supervision (BCBS) (2005c). An Explanatory Note on the Basel Ⅱ IRB Risk Weight Functions. Bank for International Settlements.

[10] Basel Committee on Banking Supervision (BCBS) (2006). International Convergence of Capital Measurement and Capital Standards. A Revised Framework, Comprehensive Version, BCBS Publication No. 128, Bank for International Settlements.

[11] Basel Committee on Banking Supervision (BCBS) (2011a). Revisions to Basel Ⅱ Market Risk Framework. Bank for International Settlements.

[12] Basel Committee on Banking Supervision (BCBS) (2011b). Basel Ⅲ: A Global Regulatory Framework for More Resilient Banks and Banking Systems. Bank for International Settlements.

[13] Basel Committee on Banking Supervision (BCBS) (2012a). Consultative Document: Funda – mental Review of the Trading Book. Bank for International Settlements.

[14] Basel Committee on Banking Supervision (BCBS) (2012b). Report to G20 Finance Ministers and Central Bank Governors on Basel Ⅲ Implementation. Bank for International Settlements.

[15] Basel Committee on Banking Supervision (BCBS) (2012c). Global Systemically Important Banks: Assessment Methodology and the Additional Loss Absorbency Requirement. Bank for International Settlements.

[16] Basel Committee on Banking Supervision (BCBS) (2012d). Consultative Document: Revisions to the Basel Securitisation Framework. Bank for International Settlements.

[17] Basel Committee on Banking Supervision (BCBS) (2013). Progress Report on Implementation of the Basel Regulatory Framework. Bank for International Settlements.

[18] Basel Committee on Banking Supervision and Board of the International Organization of Securities Commissions (BCBS and IOSCO) (2013). Second Consultative Document: Margin Requirements for Non – Centrally Cleared Derivatives. Bank for International Settlements and the International Organization of Securities Commissions.

[19] Bruche M. and González – Aguado C. (2010). Recovery Rates, Default Probabilities, and the Credit Cycle, Journal of Banking and Finance 34 (4), 754 – 764.

[20] Carey M. (2002). Some Evidence on the Consistency of Banks' Internal Credit Ratings. In: M. Ong (Ed.), Credit Ratings: Methodologies, Rationale, and Default Risk, 449 – 470. London: Risk Waters.

[21] Chen H. (2010). Macroeconomic Conditions and the Puzzles of Credit Spreads and Capital Structure, Journal of Finance 65 (6), 2171 – 2212.

[22] Daníelsson J., Embrechts P., Goodhart C., Keating C., Muennich F., Renault O., and Shin H. S. (2001). An Academic Response to Basel Ⅱ, London School of Economics Financial Markets Group Special Paper No. 130.

[23] Decamps J – P., Rochet J – C., and Roger B. (2004). The Three Pillars of Basel Ⅱ: Optimizing the Mix, Journal of Financial Intermediation 13 (2), 132 – 155.

[24] Düllmann K., Scheicher M., and Schmieder C. (2008). Asset Correlations and Credit Portfolio Risk—An Empirical Analysis, Journal of Credit Risk 4 (2), 37 – 62.

[25] Düllmann K. and Trapp M. (2005). Systematic Risk in Recovery Rates of US Corporate Credit Expo-

sures. In: E. I. Altman, A. Resti, and A. Sironi (Eds.), Recovery Risk: The Next Challenge in Credit Risk Management, 235 -252. London: Riskbooks.

[26] Embrechts P. and Hofert M. (2011). Practices and Issues in Operational Risk Modeling under Basel Ⅱ, Lithuanian Mathematical Journal 51 (2), 180-193.

[27] Fontnouvelle P. de, DeJesus-Rue V., Jordan J. S., and Rosengren E. S. (2006). Capital and Risk: New Evidence on Implications of Large Operational Losses, Journal of Money, Credit, and Banking 38 (7), 1819-1846.

[28] Frey R. and McNeil A. (2003). Dependent Defaults in Models of Portfolio Credit Risk, Journal of Risk 6 (1), 59 -92.

[29] Frye J. (2000). Collateral Damage, Risk 13 (4), 91-94.

[30] Frye J. (2003). A False Sense of Security, Risk 16 (8), 63 -67.

[31] Garcia Cespedes J. C., de Juan Herrero J. A., Kreinin A., and Rosen D. (2006). A Simple Multifactor "Factor Adjustment" for the Treatment of Credit Capital Diversi cation, Journal of Credit Risk 2 (3), 57-86.

[32] Gordy M. B. (2000). A Comparative Anatomy of Credit Risk Models, Journal of Banking and Finance, 24 (1-2), 119 -149.

[33] Gordy M. B. (2003). A Risk-Factor Model Foundation for Ratings-Based Bank Capital Rules, Journal of Financial Intermediation 12 (3), 199-232.

[34] Gordy M. B. (2004). Granularity Adjustment in Portfolio Credit Risk Measurement. In: G. Szego (Ed.), Risk Measures for the 21st Century, 109-122. New York: John Wiley & Sons.

[35] Gordy M. B. and Howells B. (2006). Procyclicality in Basel Ⅱ: Can We Treat the Disease without Killing the Patient?, Journal of Financial Intermediation 15 (3), 395-417.

[36] Gordy M. B. and Jones D. (2003). Random Tranches, Risk 16 (3), 78-83.

[37] Gordy M. B. and Lütkebohmert E. (2013). Granularity Adjustment for Regulatory Capital Assessment, International Journal of Central Banking 9 (3), 38 -77.

[38] Gupton G., Finger C. C., and Bhatia M. (1997). CreditMetrics—Technical Document. New York: J. P. Morgan.

[39] Hamerle A., Liebig T., and Rösch D. (2003). Benchmarking Asset Correlations, Risk 16 (11), 77 -81.

[40] Hanson S. G., Kashyap A. K., and Stein J. C. (2011). A Macroprudential Approach to Financial Regulation, Journal of Economic Perspectives 25 (1), 3-28.

[41] Heit Eld E. (2003). Using Credit Derivatives and Guarantees to Reduce Credit-Risk Capital Requirements under the New Basel Capital Accord. In: J. Gregory (Ed.), Credit Derivatives: The Definitive Guide 451-466. London: Risk Waters Group.

[42] Heit Eld E., Burton S., and Chomsisengphet S. (2005). Risk Sensitive Regulatory Capital Rules for Hedged Credit Exposures. In: M. Pykhtin (Ed.), Credit Risk Modeling: Pricing, Risk Management and Regulation. London: Risk Waters Group.

[43] Heit Eld E., Burton S., and Chomsisengphet S. (2006). Systematic and Idiosyncratic Risk in Syndicated Loan Portfolios, Journal of Credit Risk 2 (3), 3-31.

[44] Jackson P., Fur ne C., Groeneveld H., Hancock D., Jones D., Perraudin W., Radecki L., and Yoneyama M. (1999). Capital Requirements and Bank Behaviour: The Impact of the Basle Accord, BIS Working Paper No. 1.

[45] Jacobson T., Linde J., and Roszbach K. (2003). Internal Ratings Systems, Implied Credit Risk and the Consistency of Banks' Risk Classi cation Policies, Journal of Banking and Finance 30 (7), 1899 – 1926.

[46] Jones D. (2000). Emerging Problems with the Basel Capital Accord: Regulatory Capital Arbitrage and Related Issues, Journal of Banking and Finance 24 (1 – 2), 35 – 58.

[47] Kashyap A. K. and Stein J. C. (2004). Cyclical Implications of the Basel – Ⅱ Capital Standards, Federal Reserve Bank of Chicago Economic Perspectives First Quarter, 18 – 31.

[48] Lopez J. (2004). The Empirical Relationship between Average Asset Correlation, Firm Probability of Default, and Asset Size, Journal of Financial Intermediation 13 (2), 265 – 283.

[49] McNeil A. and Wendin J. (2006). Dependent Credit Migrations, Journal of Credit Risk 2 (3), 87 – 114.

[50] Martin R. and Wilde T. (2002). Unsystematic Credit Risk, Risk 15 (11), 123 – 128.

[51] Merton R. C. (1974). On the Pricing of Corporate Debt: The Risk Structure of Interest Rates, Journal of Finance 29 (2), 449 – 470.

[52] Merton R. C. (1995). Financial Innovation and the Management and Regulation of Financial Institutions, Journal of Banking and Finance 19 (3 – 4), 461 – 481.

[53] Pykhtin M. (2003). Unexpected Recovery Risk, Risk 16 (8), 74 – 78.

[54] Pykhtin M. (2004). Multi – Factor Adjustment, Risk 17 (3), 88 – 90.

[55] Pykhtin M. and Dev A. (2002). Credit Risk in Asset Securitizations: An Analytical Model, Risk 15 (5), S16 – S20.

[56] Qi M. and Yang X. (2009). Loss Given Default of High Loan – to – Value Residential Mortgages, Journal of Banking and Finance 33 (5), 788 – 799.

[57] Rösch D. (2005). An Empirical Comparison of Default Risk Forecasts from Alternative Credit Rating Philosophies, International Journal of Forecasting 21 (1), 37 – 51.

[58] Seivold A., Leifer S., and Ulman S. (2006). Operational Risk Management: An Evolving Discipline, Supervisory Insights 3, 4 – 11.

[59] Shin H. S. (2011). Macroprudential Policies Beyond Basel Ⅲ, BIS Papers No. 60.

[60] Treacy W. and Carey M. (2000). Credit Risk Ratings at Large US Banks, Journal of Banking and Finance 24 (1 – 2), 167 – 201.

[61] Wilde T. (2001). Probing Granularity, Risk 14 (8), 103 – 106.

[62] Zhu F., Dvorak B., Levy A., and Zhang J. (2007). Using Asset Values and Asset Returns for Estimating Correlations. Moody's/KMV White Paper.

第 24 章　金融市场的市场规范

——理论、证据和障碍[①]

24.1　概览

对于金融机构的监管，特别是对于银行的监管，使用市场规范作为监管辅助手段这一想法，可以追溯到 20 世纪 70 年代中期。自 2008 年金融危机以来，无论是在专家学者、政治论坛还是更为普遍的媒体讨论中，市场规范都已成为金融市场改革的核心问题。2008 年金融危机的责任，应部分归咎于市场参与者未能遵守市场规范。对于银行市场规范的实证研究，以及对于强化规范的具体监管建议讨论，已成为学术界、银行业监管研究以及政策讨论的重要主题。尽管如此，市场规范的概念还没有被很好地定义或很好地理解。这可能是因为“市场规范”并不代表一种理论，而是代表了一系列的想法，这些想法包括如何利用市场力量来帮助监管机构监督金融机构，以及如何降低金融机构破产风险。

“市场规范”并非其他经济学领域广泛使用的术语，尽管其中的一些观点有所提及。这个术语确实出现在贸易理论、劳动力市场理论以及对替代性破产制度的讨论中，但我们几乎未曾看到其出现在银行文献中。可能是因为我们所讨论的银行业或者更一般的金融机构的市场规范背后的驱动因素无法正常运作，如存款保险和“大而不能倒”（TBTF）等导致市场规范监管的扭曲。由于金融机构对现代资本主义经济极其重要，市场机制出现的任何故障都可能演化为严重的问题。

因为银行和金融机构对市场规范的使用，金融公司的证券持有人作为市场代理参与公司规范管理成为市场规范的重点概念。公司从事具有风险的金融活动这一行为是受规范约束的。因此，监管机构所说的“市场规范”的范围是比较狭窄的。布利斯和弗兰纳里（2002）提出在市场规范的过程中有两个步骤：监测和影响。[②] 监测是指证券持有人和其他市场参与者（如衍生品交易对手和短期融资提供者）观察公司所从事的金融活动是否具有风险的过程。他们这样做有助于保障资金的偿还。人们认为评估证券交易的市场风险，可能需要根据可观测的证券价格来进行推断。

第二个步骤中的影响可分为直接影响和间接影响。当债权人和交易对手未经许可参与风险活动，致使公司改变其行为时，即产生了直接影响，这被称为事后市场规范，也是对可观测公司行为的反应；或者，如果企业采取行动，在一定程度上规避风险时，可能会直

---

① 感谢 Mark Flannery、Sherry Jarrell 和编辑们提出的宝贵意见和建议。文责自负。

② 大多数文章声称，研究市场规范实际上是研究市场监控。某些文章有所夸大，声称找到了市场规范的证据。

接触发规范影响，因为这样做会导致其债权人和交易对手的不利回应，这表示为事前市场规范。在事前市场规范下，虽然没有观测到过度冒险的信号，但这并不意味着没有发生直接的市场影响。间接影响除了提供监管本身的监测及要求的财务报告外，还包括监管人员将其监督的公司发行证券的市场价格信号作为附加信息源①。这允许管理者适当地引导他们的资源，并可能提供问题的早期预警。根据定义，间接影响是一种事后规范的形式，因为除非市场对公司的风险承担作出反应，以产生信号让监管者观察并作出反应，否则间接影响是不可能发生的。间接影响严格来说不是市场影响。尽管如此，间接规范被纳入了市场规范辩论的范围中。

市场规范讨论的第一个主题是间接市场规范，最初由 Pettway（1976）提出。当时的忧虑在于银行已变得过于复杂，自那时起，银行活动的复杂性和广度发生了巨变。市场规范可以完善监管的论点，仍然强调市场所能提供信息的优越性。② 据信息显示，经验丰富的市场参与者，即银行发行的证券的价格制定者，比起那些经验不足或在这些新市场无经验和培训的监管人员，能够更好地评估这些活动的风险。

市场规范讨论的第二个主题是，监控和影响力均被存款保险和银行“大而不能倒”的市场观念所削弱。监管机构和金融经济学家主要担心的问题是，主要通过存款为自己融资的银行没有充分遵守市场规范。这种担忧还延伸到大型货币中心银行，这些银行在很大程度上依赖于没有保险的批发融资，这可能被认为是“大而不能倒”。为了恢复一定程度的市场规范，使得证券价格能够正确反映银行风险，人们建议银行发行无担保次级票据/债券（SND）③。这种观点认为，如果债券持有人确实面临亏损风险，那么他们与作为存款保险基金代理的监管机构处于类似的地位。如果银行倒闭，他们共担下行风险，但不享有银行过度冒险所获的上行收益。

Kwast 等（1999）对美国联邦储备委员会的强制性次级票据/债券（SND）理念进行了一项研究，确定了 11 项具体提案并引发了讨论。而这 11 项提案仅是众多提案的一部分，这些提案都支持了这种理念。提案随数量、频率、债务类型、议题的成熟度及提出议题人员的不同而变化④。提案也因目的不同而不同，比如其是否是为了促成直接或间接的市场影响。他们一致认为，定期发行股票既可以增加流动性，也可以提供定期的一级市场价格信号。固定的发行时间表可以防止银行利用发行日期来最小化发行收益。强制性次级票据/债券提案的变体将使用次级票据/债券的收益率来触发银行或监管机构的强制性响应。

市场规范倡导者的努力取得了一些成功，尽管不像大家希望的那样深远。1999 年金融服务现代化法案（Pub. l. 106 - 102）也被称为《格雷姆—里奇—比利雷法案》（GLB），

① 监事是金融监管部门的成员，如联邦存款保险公司（FDIC）和美联储（Fed），负责确保单个金融机构遵守法律、法规以及安全稳健地运行。它们通过现场检查和非现场监控。

② 2008 年金融危机前后的例子包括 Kwast 等（1999 年）和 Evanoff、Jagtiani 和 Nakata（2011 年）。

③ SND 中的 D 表示“债券”，另一种说法用“bond”。

④ 例如，Calomiris（1999）主张，银行未投保两年债券需要 2% 由外资银行持有；每月应收（未清）金额为债券金额的 1/24。Wall（1989）主张，银行需要发行相当于其风险加权资产的 4% ~5% 的可回购次级票据/债券（SnD）。

要求 50 家最大的国有银行有 A 级及以上的优质债务①。《格雷姆—里奇—比利雷法案》（GLB）还要求美联储和财政部进行强制性次级债务提案的研究。根据巴塞尔银行监管委员会（巴塞尔协议Ⅱ）在 2004 年发布的巴塞尔协议Ⅱ，“第三支柱”的标题是“市场规范”。这只能针对透明度，目的是使市场监管更为有效。监管部门和财政部对 2008 年金融危机的回应，打击了监管机构和立法机构试图消除市场对某些具有系统重要性的金融机构是“大而不能倒”（TBTF）的看法。2010 年《华尔街改革和消费者保护法》（H. R. 4173，又名《多德—弗兰克法案》）通过明确要求新成立的金融稳定监管委员会向债权人施加损失来“促进市场规范”，从而试图将“猫”（TBTF）重新放回袋子里。

大多数关于市场规范和相关监管建议的讨论发生在 2008 年金融危机之前。因此，这些讨论专注于银行，因为这是监管机构关注的重点。2008 年的金融危机中，人们发现非银行金融机构在金融体系中至关重要。在许多重要方面，这些非银行金融机构与银行有所不同。尤其是，它们没有保险存款来保护它们免受挤兑。然而，许多非银行金融机构都在很大程度上依赖于短期融资，这些资金来源可能遭到挤兑。如果没有纾困，对于一家严重依赖非流动性资产短期融资的公司来说，发生挤兑将是致命打击，这在金融机构中很常见。从一个被认为风险太大且伴随着投资失败的公司撤回资金，是直接市场规范的最终形式。我们将这称为破坏性的市场规范。从监管的角度来看，这是一种错误的市场规范。效率低下或管理不善的公司倒闭是资本市场改善资源配置的一种正常机制。熊彼特称为“创造性破坏”。然而，金融公司的破产可能会对经济造成严重的外部影响，特别是如果所涉及的公司具有系统重要性的话。金融监管机构想要的市场规范，要么防止过度冒险（事前规范），要么是当市场发出信号、显示管理者承担的风险太大时，促使经理人采取纠正措施（事后规范），但要在不良后果变得过于严重之前进行。我们将这称为矫正型市场规范。

关于市场规范为什么会出现的争论要么是隐式的，要么已被直观论证。因此，很难严格地审查市场规范的各种类型和组成部分所基于的理论基础。本章第 24. 2 节将试图澄清市场规范的知识基础以及市场规范的不同运作机制。第 24. 3 节将检验市场规范的各个组成部分的存在或不存在的经验证据。第 24. 4 节将研究金融市场中的若干问题，这些问题会影响各种应用市场规范的论点所依据的假设以及经验证据的解释。最后一节将得出结论。

24. 2 理论

一般而言，市场规范假定从市场参与者得到对企业的反馈，从而引导企业作出选择。这并不是一个新的观点。这可追溯到亚当·斯密在《国富论》（1776）提出的一个观点：在一个自由竞争的市场，消费者可以选择购买任何商品，也可以选择从任何人手中购买。这反过来迫使生产者生以消费者愿意接受的价格生产他们想要的商品。生产效率低下或者生产不被市场认可的商品将会导致公司破产。资本和最终劳动力将被转移到更有效率的用途上。除了破产厂商，每个人的状况都会变得更好。如果可以，管理者有足够的动力为避

① 12uSC24a（a）（3）（A）（i）。符合条件的债券被定义为“无担保长期债务”，12uSC24a（g）（4）。

免破产而改变现状。这一理论在资本主义经济体中被广泛接受，但当市场不充分自由或者在不完全竞争市场中该理论是否还能成立是学者们讨论的焦点，而且在某种程度上来说完全自由竞争市场是不存在的。

资本市场的这一标准理论有两个方面与金融市场规范讨论设想的反馈回路不同。首先，资本市场理论是关于企业所生产商品（服务）的购买者。在金融监管中的市场规范讨论集中于证券的购买者以及这些证券的定价，而不是产品的购买者。债权人选择是否投资通常被忽略。其次，逻辑上的重要驱动机制是公司的破产。在市场规范的文献中，实际公司破产很少被看作市场规律的正常过程的一部分，从监管的角度来看是不可取的。

有价证券的购买者面临的信息问题与公司产品的购买者有本质区别。他们需要评估其正在购买或已经拥有的证券的公司的当前和未来的前景，特别是他们需要确定公司的风险。这使他们能够适当地为证券估价。但是评估一个公司的未来前景和这些前景的风险与评估一个公司生产的特定产品的质量、价格和替代品是完全不同的问题。

这就引出了市场规范的第二个理论基础——有效市场假说。Fama（1970）假设金融市场上的证券价格正确地反映了所有可获得的信息。有效市场假说所依据的基本论点是，金融证券持有人有经济诱因来花费大量资源收集有关该公司的信息，大量特定证券的持有人的集体努力将发现所有相关信息，此外，投资者在相互竞争（适者生存）之中会基于这些信息发现正确的市场估值。有效市场假说虽然没有被普遍认可但也已被广泛接受。

Fama 的有效市场假说是由“所有可用信息”所包含的信息类型来限定的。弱式有效市场只包括过去的价格，应该排除仅仅根据过去价格和交易规则所获取的不正常利润。半强式有效市场涵盖了所有公开的信息，强式有效市场涵盖了所有公共或未公开的信息，包括内幕信息。除去所谓的异常情况外，存在半强式有效市场的证据一般很充分。[①] 而存在强式有效市场的支撑证据较弱，表明股东并不总是能够探测到公司内部正在进行的事务。市场规范论点隐含了强式有效市场假说的假定。

24.2.1 间接市场影响

市场规范的间接影响渠道依赖于（1）有效市场假说；（2）假设监管机构将知道如何适当地对市场信号作出反应；（3）监管机构将会适当地对市场信号作出反应。Flannery（2010）指出，尽管在监管过程中广泛讨论使用市场信号，但实际使用是有限的。这可能反映出人们对这些信号或机构保守主义准确性的不信任。

监管和政治激励可能导致监管者不推行间接的市场规范。人们普遍认为，20 世纪 80 年代监管者的缓期执行没能及时关闭陷入困境的银行、储蓄和贷款，及在个人的倒闭决策方面偶然的政治干预增加了储贷危机的成本。这种行为也导致了旨在促使监管者在银行和存贷状况恶化时采取行动的立法。[②] 这些立法并没有完全生效。例如，尽管损失巨大，在美国储蓄管理局与有政治影响力的 Pritzker 家族（他们是该行的共同所有者）谈判（未获

① 见 Fama（1991 年）的讨论。

② 这些是 1991 年联邦存款保险公司改进法案（FDICIA）规定中的及时纠正措施（PCA），PCA 包含对困境中的银行一系列日益繁重的限制列表，一些可选，另一些是强制性的，是由下降账面资本所致。

成功）的同时，该机构允许金融稳定委员会继续开放，直到2001年7月。

管理者可以运用的建设性的规范工具，虽然强有力，也不是没有问题。银行管理人员进行资本重组的命令取决于其募集资金的可行性，这对于一家陷入困境的银行而言并不容易。停止分红可能导致股价大幅下跌，从而引发挤兑。终止使用经纪人存款可能使银行流动性不足。规范通常的（终极）形式是安排并购。在金融危机期间市场对陷入困境的银行不堪重负。潜在买家了解到，他们可以利用美国联邦存款保险公司（FDIC）的优势。该公司被迫迅速出售许多倒闭的机构，方法是精心挑选资产，为它们接受的资产提取损失担保。

如果监察规范的执行有问题，市场信号（即使有用）可能对这种规范无济于事。在没有充分理由的情况下提供激励措施，Bliss（2001）建议使用次级票据/债券（SND）收益率差价促使监管者向公众解释，为什么他们在个别情况不采取行动。而同时，Bond、Goldstein 和 Prescott（2010）认为，如果监管者基于市场的信号采取纠正措施，市场参与者对这些措施的预测将使价格的信息量减少。

24.2.2 直接市场影响

市场规范直接影响渠道依赖于金融中的共同假设：管理者努力使股东财富的价值最大化。这个出发点对市场规范如何运作有几个潜在影响。从理论上说，作为公司所有者的股权持有者应该处于影响公司的最有利地位。与债券持有人不同，他们拥有投票选举董事和投票支持或反对合并的法定权力。但从理论上讲，股权持有者的影响有利有弊，促使公司要么增加风险，要么减少风险，具体结果取决于具体情况。

Merton（1977）使用该公司的一个简单的一期期权定价模型，假设股东/经理有动机增加公司资产的风险，以最大化他们持有的期权的价值。一种更现实的多期模型认为，如果公司破产，未来的现金流将会损失。该模型预测，随着公司接近破产，股权持有者将越来越厌恶风险。基于这一点，他们的利益与债权人的一致，从而与监管机构的利益一致。然而，一旦企业资不抵债，破产之前，股东和经理（设法保护他们的工作）都希望为复活一搏，增加了债权人潜在的损失。

债权人在发挥有益影响上处于弱势的地位。他们不参与公司管理，所以不能直接影响经理人。1939年的《信托契约法》规定债券持有人和发行人之间有一个受托人，并限制了受托人采取违反债券合同条款的行动。除了合同规定的责任外，经理人对债券持有人几乎没有什么责任（不包括避免欺诈性虚假陈述）。债券持有人可以尝试通过合同控制公司风险，市场可以在债券发行时对感知到的债务风险进行定价，从而可能影响净资产收益率。奇怪的是，2004年巴塞尔银行监管委员会颁布的巴塞尔协议Ⅱ鼓励将次级债用于二级资本，同时限制了这些债务可能包括的合同类型。例如，禁止加速偿付条款，从而有效地防止受托人执行其他合同。

债券持有人或债权人通常直接影响的最有效的机制是停止为银行提供资金。然而，当银行可以在资金来源之间转换，比如从大额存单转换到存款保险时，即使是这种最有效的直接影响也很难起到作用。但是，当银行或其他金融机构必须迅速找到短期借款（大额存单和回购）来偿还之前到期的借款，而债权人拒绝延长先前的贷款期限时，此时的直接影响对银行是有效且致命的，其结果正如我们在 2007—2008 年金融危机期间所看到的。

尽管人们凭直觉就认为，经理们应该关心市场对他们承担的风险的看法，但金融文献充斥着他们不关心的理由。Smith（1776，第 311 页）首先提出企业内部所有权与控制权的分离是问题的根源：然而，（股份制）公司的经理，在管理公司的生产经营过程中所使用的资金都是别人而非自己的，所以也就不能期望他们如私人合伙企业中的合伙人对待自己的资金那般谨慎……疏忽和浪费是股份公司业务经营上难免的弊端。

这个想法被 Jensen 和 Meckling（1976）与 Fama（1980）发展成为委托—代理问题的正式理论。除了所有权和控制权分离，代理问题的另一来源是信息不对称和不完全契约。管理者的利益不一定与所有者（股东）一致；正如股权即期权模型所预测的那样，股权持有人的利益不一定与债权人的利益一致，债权人也受到信息不对称的影响。在激励和信息问题相互冲突的世界中，既不能完美监控，也不能直接影响。

尽管如此，公司是一种非常成功的商业组织形式，并且大多数公司都会发行债券。因此，代理问题并非是不可容忍的。代理成本可以通过各种机制缓解。委托监管者包括董事会（Fama，1980 年）、监管机构、评级机构。通过法律规定的审计财务报表与监管备案文件可以减少信息不对称。信托法与反欺诈和内幕交易的相关法规减少了管理人员侵占股东所有权的动机。公司控制权和市场存在的收购威胁，有助于使经理们为股东的利益而工作，股权等业绩激励也是如此。股东行动主义是一个发展中的影响经理人的机制，尽管这种机制影响不大除非股东所占份额较大。经理人劳动力市场可能会通过降低他们未来的就业前景惩罚不成功的经理人①。所有这些机制都是有用的工具，但必然不完美。

24.3　证据

24.3.1　间接影响

想要间接影响发挥作用，市场监管必须提供债券收益率或股票收益来及时反映银行风险。也就是说，要有足够的时间让监管机构采取补救行动。为了证明对银行实行强制次级债的正当性，债券收益率提供的信息必须增加其他来源已有的信息，特别是会计信息。最后，价格中包含的信息必须是允许监管者区分好银行和坏银行的信息。

24.3.1.1　市场信号是否可以反映风险？

大多数研究都就债券收益率是否反映银行风险进行考察。这些研究所采用的方法论是将收益率利差对银行各种风险度量做回归，包括会计变量或监管评级。因此，这些研究试图证明，债券收益率与监管机构可获得的其他信息来源之间存在着一种同步关联。他们不一定表明债券收益率包含额外的信息，也不证明所提供信息的及时性。一个相反的发现是，收益率利差与企业风险不相关，或负相关，不符合市场监测和市场规范。很少有研究得出这样的结论。

---

① 管理者携带数百万美元的补偿金离开陷入困境的银行可能将失业视为机会。

早期的研究发现，没有证据表明收益率价差反映银行风险。[1] 这归因于在20世纪80年代政府处理银行倒闭（例如，大陆银行）的隐性担保所带来的影响。随后，Flannery 和 Sorescu（1996）等许多研究发现，债券收益率可以反映银行风险，特别是1991年联邦存款保险公司改进法案通过后。Sironi（2003）证实了欧洲银行的这一结果，就像 Pop（2006）证实了北美、欧洲和日本银行的结果一样。同时，Balasubramnian 和 Cyree（2011）发现，银行次级债的收益率在1998年的长期资本管理公司介入之前对银行具体的风险因素很敏感，而非事后。他们把这部分归因于信托优先证券的增发，在破产时低于次级债券，因此提供了额外的缓冲，以保护次级债券持有人。

Evanoff、Jagtiani 和 Nakata（2011）认为一些研究未能发现收益和风险之间的显著关系是由于二级市场缺乏流动性。[2] 他们把观察样本围绕次级票据/债券的发行时间进行分类，分为当债券最具流动性时、观察到的价格（评级）是及时的以及之后的二级市场观察值。他们发现了市场监管在发行时最强的证据。他们把这归因于发行时透明度和流动性的提高。他们的结论是，一个强制性的次级票据/债券发行监管计划将提高两个因素并增强市场规范。

风险和收益利差的水平往往是黏性的。这意味着，很难推断收益率是否引导风险，反之亦然。统计推断也是复杂的，因为对同一家银行的风险和收益率的连续观测值不是完全独立的。相关的研究所关注的是变化而不是水平。Krishnan、Ritchken 和 Thomson（2005）使用银行次级债券，Collin - Dufresne、Goldstein 和 Martin（2001）利用公司债券都总结出收益率的变化与风险变化之间没有相关关系。另外，Pop（2006）发现评级变化与次级票据/债券收益率的变化相关。

证据表明次级票据/债券收益率反映的同期测量风险多少有一些混杂。这种类型的研究也未能给强制性次级票据/债券发行提供一个强有力的理论基础。这些研究的结构假设有其他关于用于测试次级票据/债券信号的公司风险的信息来源。他们不能证明次级票据/债券信号对测试中使用的替代风险度量有任何额外的影响。次级票据/债券收益率可以观察到的频率比会计信息或考察者评级更高。然而，同期相关性并不能反映这种更高频率的数据是否更有用。次级票据/债券信号必须及时才能对间接管理有帮助。也就是说，他们应该预见到公司条件的不利变化，以便监管机构有时间采取行动。

24.3.1.2 市场信号可以反映未来风险吗？

调查的第二条就是考虑债务收益率/股票价格是否包含了有关银行状况未来变化的信息。Pettway（1980）发现，股票收益预期银行监管审查，导致银行倒闭38周。Jagtiani 和 Lemieux（2001）发现银行倒闭差不多18个月之前银行次级票据/债券收益率上升。DeYoung 等（2001）使用"骆驼"（CAMEL）评级发现监管者有未被同期债券收益率捕捉到的私人信息，但是信息会在一个或两个季度之后反映在债券收益率上。虽然"骆驼"（CAMEL）评级一般认为是不公开的，作者将他们的实证结果解释为一个对监管者认识到

① 例如，艾利、贝尔顿和哥德堡（1988）；戈顿和圣多马罗（1990）。

② 大多数债券的交易不频繁。因此，他们观察到的二级市场"价格"，使用了匹配的流动债券和一个固定的利差，称为矩阵定价。价差只有当矩阵定价债券交易时才进行更新。因为通常不可能知道当矩阵价格反映新的特殊信息，大部分时间观察到价格的变化不能提供有关矩阵定价的信用风险信息。

发展中的问题的市场积极反应。因此，DeYoung 等（2001）总结道监管者与债券持有人相比没有信息优势。Krainer 和 Lopez（2004）发现股票收益预期最多未来四个季度的银行持有公司的监管评级的变化，但除了监管变量之外加入股票收益不会提升预测水平。

24. 3. 1. 3 危机预测

发现次级票据/债券收益率和股票回报率与风险的未来变化相关是建立市场监测对加强间接纪律有用性的第二步。然而，市场信号区分未来的“好”或“坏”银行的能力是一个严峻的考验。实证方法需要逻辑回归（logit）方法，建立一个模型以预测企业的未来状况（例如，“好”或“坏”），然后将所得结果与实际结果相比较。与简单地建立和未来的企业风险相关的市场信号相比，这是一个更艰巨的任务。

Evanoff 和 Wall（2001）采用 logit 模型来预测分为两类的银行的监管评级（CAMEL），将其分为两类，一类为 1 级或 2 级（“好”），另一类为 3 级或 4 级（“坏”）。[①] 他们的样本包括 439 个“好”银行和 13 个“坏”银行。他们测试了一些包括有和没有次级票据/债券利差的参数。他们发现次级票据/债券收益率的分布系数在模型中是显著的统计变量。然而，分类错误率很高。他们最好的（p 值最低）模型正确识别了 63% 的“好”银行和 76% 的“坏”银行。这意味着他们的模型错误地将 169 个“好”银行列为“坏”银行（错误否定）和 13 个“坏”银行中的 3 个列为“好”银行（错误肯定）。[②] 他们分类错误最少的模型没有使用次级票据/债券利差，有 16 个错误否定和 2 个错误肯定。预测所有的银行都是“好”的 naïve 模型会有更少的错误分类，而且只有 13 个错误肯定。

Gropp、Vesala 和 Vulpes（2006）使用次级票据/债券收益率和由 KMV 公司开发的股权违约距离（DD）——这一方法基于 Merton（1974），作为市场信号来预测一家银行的财务状况是否“严重削弱”，他们将该财务状况定义为银行的惠誉（Fitch/ IBCA）评级降低至 C 或 C 以下。他们的样本涵盖了 15 个欧洲国家和 87 家银行，其中有 25 家被降级。通过每月观察，DD 测试的样本大小为 5300 行/月，次级票据/债券收益率测试的样本大小为 3600 行/月。由于评级下调一般不重复，“降级”的观察值数量远少于“没有改变”的观测值数量。Gropp、Vesala 和 Vulpes（2006）使用 logit 回归和比例风险模型来预测未来的下调。他们发现 DD 和次级票据/债券收益率这两个回归统计量都显著的情况多达 36 个月。他们发现使用 DD 的 logit 模型正确预测了 22 个评级下调中的 16 个，953 个没有变化中的 484 个，预测的准确率为 51%。使用 SND 收益率的 logit 模型正确预测了 19 个评级下调中的 6 个，331 个没有变化中的 235 个，预测的准确率为 70%。将 DD 测量值、次级票据/债券利差以及基于会计信息的第三个变量相结合，预测准确率能够提高至 85%。这仍然留下了大量的错误否定。

Krainer 和 Lopez（2008）发现调整后的次级票据/债券收益率和股票回报率有助于他们的样本外有序 logit 模型预测“升级”“无变化”和“降级”，虽然效果不如他们的样本内测试。然而，对他们的预测结果检查发现他们的模型极大地过度预测了“无变化”。这导致模型将上百个实际为“降级”的样本错误分类为“无变化”，还有一些错误分类为

① 在他们的数据中，没有骆驼评级为 5、评级最低的银行的实例。

② 在这里，我将零假设定义为“不改变”或“升级”，即“不需要担心”，而另一种选择是“降级”。

"升级"。

在上述研究中，风险变量以线性方式输入 logit 参数。Evanoff 和 Wall（2002）认为通过在次级票据/债券利差规模的基础上对观测值进行分类，这种关系可能是非线性的。[①] 从次级票据/债券利差超过 Baa 基准 25 个基点以上的银行开始，它们有一个较小的（74 个）但更平衡的数据集。他们发现"几乎一半的次级票据/债券利差表明是高风险的银行，也是监管者所关注的。"这比他们 2001 年的研究结果要好，但仍然包含着 50% 的错误否定。Evanoff 和 Wall 进一步讨论了信号的质量，这可能与导致信号噪声的发行人规模以及其他因素相关。他们认为强制次级票据/债券要求将是间接监管的有用来源，但不宜将次级票据/债券信号作为即时矫正（PCA）的触发物。

尽管研究次级票据/债券收益率对于间接监管的作用的论文内涵模糊，但几乎所有的作者赞成将次级票据/债券收益率作为监管规则的输入量，并且许多作者赞成对银行强制发行次级票据/债券。一个值得注意的支持强制发行次级票据/债券的例外是 Kwast 等（1999）。美联储系统的研究没有采纳强制性发行次级票据/债券的政策。

24.3.1.4 预测问题的来源

上述研究表明，虽然市场信号作为预测模型中的自变量具有统计学意义，但预测模型并不能很好地正确预测未来问题银行。这其实并不奇怪。可获得的"好"和"坏"的银行样本极不平衡，因此模型正试图在银行质量分布的尾部识别一些观察结果。一个简单的模拟显示出，试图识别的观测值位于分布尾部的位置越远，噪声对用于识别的信号有更大的影响。市场信号确实是噪声很大的信号。

股票价格的决定因素模型通常不包括特殊风险，特殊风险是监管者和市场规则讨论所首要关注的。大多数用于研究股票回报的资产定价模型不会考虑破产或基本随机过程驱动回报的终止。作为市场监管者，监管市场的主要焦点是对失败风险的预测或避免，而现行的有关股票市场的文献并不适合作为指导行动的理论基础。这并不是说股票价格在实践中是没用的，只是我们缺乏模型在理论框架下解释任何观察到的预测能力。

有效市场假说测试是市场有效性必要的联合测试，用于确定异常回报率是否可能的假设定价模型。这些测试的重点主要是事后风险调整后的回报的度量。

相比于股票价格信号的准确性，我们对其价格信号的偏差兴趣不大。实证有效市场假说文献的一条主线是调查股票价格是否波动太大，以至于无法用经济变量来解释股票价格。Shiller（1989）详尽回顾了 20 世纪 80 年代的激烈讨论。他得出的结论是（在第 5 章和第 6 章），股票价格的波动不能被合理解释，由此认为这是反对有效市场假说的证据。与接受或拒绝有效市场假说相比，我们更关心的是股价比我们的模型显示的更不稳定。股票价格或回报所反映的信息不仅仅是有关公司财务状况的。然而，我们注意到那些被广泛且在商业上取得成功的违约预测模型，如 Altman 的 Z 值和 KMV 模型的违约距离，都依赖于股票价格作为模型的输入量。

与股票回报率的决定因素不同，我们掌握了大量关于债券收益率所包含的信息。主张

① Bliss（2001）发现，在投资级债券的发行收益率利差变化不大，但次级债券发行收益率急剧增加，这表明风险/收益关系是非线性的。

使用次级票据/债券收益率或利差作为间接市场规范的人认为，收益率或利差主要反映违约风险。但大多数讨论不承认其可以反映其他任何信息。Bliss（2001）列出了一些研究发现，所谓的“信贷息差”反映了流动性、国债期限结构的斜率和水平、可感知的代理成本以及发行人的不透明性。Van Horne（1979）和 Fama（1986）发现短期和长期的信贷息差可呈负相关。这与反映单一风险指标的信贷息差不符。然而，这符合 Duffee（1999）所发现的信贷息差不能被单因素模型解释，因此其包含了一个以上的“违约风险”因素。利用期限在 5 年及以上并且测量利差超过同期 BBB 级公司债券基准的金融公司债券的发行收益率，Bliss（2001）发现投资级债券的评级变化在平均值上下 50～100 个基点，大约有 25% 的债券评级由 BBB + 变为 A + 的债券利差超过 BBB 级基准利差。Elton 等（2001）将公司债超过等价国库券的利差分解为违约风险、税收影响及系统性（市场）风险。他们发现违约风险解释了所观察到的变化的一小部分，10 年期 A 级债券约为 18%。系统性风险解释了所观察到的变化的最大部分。

24.3.2　直接影响

24.3.2.1　事前影响

事前影响的检测是一项艰巨的任务。事前影响的逻辑是，对市场负面反应的担忧阻止了基金经理承担过多风险。但市场的负面反应并不是规避风险的唯一合理理由。因此，低风险的情况并不一定意味着有效的事前影响。它可能只是反映了保守商业行为的一些其他原因。然而，有两个地方事前影响的存在（或其不存在）可以直接观察到：限制风险承担的契约书和高风险债务的发行。决定何时以及是否发行次级票据/债券也使事前的规则显得明晰。

不应该从债券收益率与企业风险相关的证据来推断债券持有人直接影响企业所承担的风险。风险敏感债券收益率的抑制效应取决于，风险的增加使资本成本的增加量与风险的增加使资产的预期回报率的增加量的比较。如果债券市场由于信贷息差处于周期性低位，或者当风险敏感债务是资本结构中的一小部分（正如大多数商业银行所出现的情况）而对风险收取的额外费用较小，那么债券收益率与风险正相关，且风险不一定会影响风险结构的选择。这种可能性的最好证据是我们所看到的在公司债券领域中大量原始发行的高收益债券。Bliss（2001）指出，发行于 1993 年至 1998 年的公司债券中，16% 的债券在发行时的评级低于投资等级。[①] 这表明债券持有人愿意投资于风险债券，公司愿意支付与此类债券相关的风险溢价。这并不意味着风险极大的公司可以用一个有吸引力的收益率发行债券，但它确实表明，可接受债务的评级下限在市场上经常被违反。

事前影响的另一个证据是合同的使用。Goyal（2005）考察了 1981—1995 年银行发行次级票据/债券的限制性合同的类型和频率。他发现在 1981—1988 年阶段，限制性合同与银行特许权价值呈负相关关系。换言之，它们与道德风险激励正相关，与债券持有人运用事前市场影响相一致。然而，随着时间的推移，Goyal 观察到限制性合同的使用减少了。这与 2007 年金融危机前信用标准下降和“轻合同”贷款的传闻证据相一致。

---

① 发行时只有 2% 的银行债券的评级低于投资级。

一些论文指出，目前银行次级票据/债券的发行和发行时间是由公司自行决定的，这可能会影响次级票据/债券收益率对银行风险的风险敏感性的测试结果。采用 Heckman 两阶段估计步骤首先对次级票据/债券发行进行调整，Covitz、Hancock 和 Kwast（2004）总结认为市场规范是通过初级债券市场运作的，即企业风险部分地解释了发行决策。他们对以发行决定为条件的市场监管假设的检验发现，1988 年至 1992 年期间监管最强，而在此期间前后监管较弱或不显著。他们的结论是，他们自己和其他论文的结论不尽相同可能是由于发行决定的先验影响，使用于测试市场监测的样本产生偏差。如果只有“好”公司发行次级票据/债券，并在最优市场条件下安排发行时间，那么除了发行本身之外，收益率息差中的信息内容可能会下降。

24.3.2.2　事后影响

如果寻找事前影响类似于试图解释“为什么狗没有叫”，那么寻找事后影响则是“寻找对狗叫的反应”。事实证明，要做到这一点出奇的困难。Bliss 和 Flannery（2002）研究了次级票据/债券收益率差或负股票收益随银行风险“狗吠声”增加而增加的情况。然后，他们考察风险的增加是否会随后被逆转（事后规则反应）。他们发现，在市场发出不利信号后发生的风险变化，很可能导致风险进一步增加，就像它们可能逆转先前风险增加一样。

Calomiris 和 Powell（2001）研究了 1994—1999 年的阿根廷银行市场。在此之前，20 世纪 90 年代初经历了一段金融危机，许多银行被国有化。20 世纪 90 年代中期出现了新的中央银行，包含了对银行次级票据/债券发行要求的金融改革，并试图通过引入明确限制存款保险制度，减少人们对政府隐性存款担保的看法。观察到个别银行存款利率的均值回归，它们发现事后市场规则在这种情况下是有效的。

关于存款人约束的研究有很多，其中大部分研究数量和收益的变化。正如上文第 24.3.1.4 节所述，收益率的结果很难解释。数量效应可能不太模糊。存款保险显然削弱了直接市场规则的潜在影响。如果银行可以用有保险的存款替代其他资金来源，它们可以完全摆脱由风险敏感交易对手方所施加的市场规则的影响。

在一项跨国研究中，Demirgüç－Kunt 和 Huizinga（2004）发现存款保险削弱了对存款人的约束。存款增长与银行支付的存款利率呈正相关关系，与风险指标只有弱相关。然而，当账面资本比率与存款保险变量相互作用时，他们发现了负相关关系。这表明，当实力较弱的银行能够获得保险基金时，它们能够也确实规避规则。

Distinguin、Kouassi 和 Tarazi（2013）以中欧和东欧银行为样本，研究了银行间存款市场准入对于银行承担风险的影响。他们发现同业存款比例较高的银行风险水平较低。在对一个具体事例研究中，Karas、Pyle 和 Schoors（2013）在 2004 年俄罗斯发生了几起重大银行倒闭事件后，研究了在俄罗斯（2004 年）引入存款保险对家庭（而非公司）的影响。他们发现，与没有保险的储户相比，有保险的储户对存款进出银行的敏感度较低。

Berger 和 Turk－Ariss（2013）研究了美国、欧盟和瑞士在金融危机前后的存款人约束。他们发现了在美国大型银行中，存款增长率和银行资本比率之间的关系中有存款人约束的重要证据。但美国大型公开上市的银行表现出较低水平的约束水平。在规模较小的美国银行，这种影响是积极的，但效果较弱。他们认为这与解释美国最大的（上市）公司

"大而不能倒"（TBTF）相类似，与其他大公司中债权人更富有经验，小公司中保险资金运用较少的看法一致。非美国银行表现出微弱的存款人约束，与政府干预陷入困境的银行的普遍预期相符。无论如何，在金融危机期间，政府的干预削弱了危机前就存在的存款人约束。

24.3.2.3　公司治理

当股东分散时，股东通过投票表决的方式直接实现对管理者的理论约束的能力就会受到损害。小的持股个体收集信息要支付不成比例的高昂成本。即使获得了不利的信息，也很难组织大量志同道合的股东。有关进入代理程序的法律和公司章程不鼓励合资企业。那些单独控制大量已发行股份的大股东，更有能力影响管理层。对于银行，规定一定比例的流通股持有人必须组成银行控股公司，并受到监管者监督的要求，使情况更加困难。Prowse（1997）是为数不多的研究银行公司治理的研究者之一。他的结论是：尽管银行控股公司以市场为基础的公司控制机制似乎与制造业公司一样（广泛）运作，但它们可能会被削弱，因为恶意收购会被监管者阻止，而银行董事会在撤走业绩不佳的经理人方面也没有那么咄咄逼人。这些弱点使得监管机构的干预成为约束管理的主要力量。

同时，管理劳动力市场似乎在银行和非银行机构中都发挥着作用。Cannella、Fraser 和 Lee（1995）以及 Farrell 和 Whidbee（2000）都发现，在银行倒闭之后，银行经理人市场能够区分可能要为银行倒闭负责的经理人和不用为此负责的经理人。

24.4　障碍

监管部门和银行经济学家的传统观点是，市场参与者参与监管发挥有效影响的动机减少，是市场规则成功的主要障碍，这是由于监管者和政客们主张的存款保险制度和"大而不能倒"观念造成的。除雷曼兄弟（Lehman Brothers）外，对银行业危机的监管和行政措施支持了这一假设。因此，《多德—弗兰克法案》（*Dodd - Frank Act*）禁止使用纳税人的资金来防止大型金融公司破产，从而使救助行动非法。它还试图通过建立一种机制，即有序清算机构（OLA），来让破产变得更容易被接受。该机制比破产法第 11 章更可预测，对市场的破坏更小。[①] 这种"这次我们真的是认真的"的立法主张是否能够经受住伴随而来的不确定性、灾难性的下行风险以及当局"比遗憾更安全"的反应，仍有待观察。

将导致金融危机的责任归咎于利用了"大而不能倒"（TBTF）的债权人、股东和贪婪的经理人的做法有点过分简单化了。它忽略了市场所造成的巨大损失。一些债权人的确受到了政府干预的保护，但大多数人并没有，包括抵押贷款支持证券和债务抵押债券的持有人。可以完全预测的是美国政府可能保护陷入困境的银行在美国的交易对手，但不能保护其国内的对冲基金和持有来自美国的抵押贷款支持证券的外国银行。Kaufman（2013）认为"大而不能倒"（TBTF）纾困的关键是保护债权人和陷入困境企业的交易对手，而不是困难的公司本身。系统性风险在金融危机期间推动了纾困，这种风险只涉及系统重要性交

① 在 OL A 模型建立时银行已经有顺利运行的破产制度。这一过程处理 1800 亿美元的华盛顿互惠银行破产而不扰乱市场，尽管五年后，联邦行政过程是持续的和无担保的债务人的债权尚未解决。

易对手，而不涉及那些附带持有人，他们不承担因美国系统性风险所遭受的损失。股东要么被消灭，要么被稀释到微不足道的程度。为什么那些事后损失惨重的人没有像市场规则的支持者所说的那样监督和影响它们呢？很难理解为什么这些损失不足以产生市场规则，但在未来遭遇更大的损失其他交易对手也会这么做。同样重要的是不要忘记一些精明的交易对手运用着市场规则，只是它是破坏性的市场规则。显然那些从挣扎的银行中撤出短期资金的人，并不指望得到纾困。

由政府会救助债权人或许还有股东的推测所带来的道德风险不是市场规范的唯一障碍。事实上，由于金融泡沫和危机在存款保险和“大而不能倒”观念产生之前就长期存在，近期的（监管和）市场失灵是因为其他原因——人类的认知缺陷，或者用 Mackay（1841）所谓的“群体性癫狂”。[①] 这些认知缺陷对于市场参与者和监管者同样适用。讨论人群和整个市场与先前讨论市场规则的公司的特定关注点有所不同。但正如我们在 Elton 等（2001）所看到的，系统效应是债券价格的重要组成部分。个别证券对导致市场泡沫的认知偏差的影响不亚于整个市场。

行为经济学的文献记载了一些经常发生的行为，可以帮助解释导致金融危机的泡沫：可得性启发和灾难性短视。可得性启发表示，人们倾向于关注他们可获得的信息和经验。那些遥远的或在他们的经验中未曾发生过的情形被认为是未必会发生的或不可能发生的。经典的例子是 Taleb（2007）的成名作“黑天鹅”。因为所有在欧洲的天鹅是白色的，所以黑天鹅被认为是不存在的。但黑天鹅最终在澳大利亚被发现。导致 2007 年金融危机的类似观念是，全国范围的房价下跌是不可能的。虽然地方或区域住房价格下跌很普遍，但没有出现全国范围内的大范围房价下降，因此房价下降归因于不相关的地方经济因素。[②] 随着 20 世纪 90 年代至 21 世纪初房价的持续上升，不仅房价大面积下跌是不可能的，而且房价会继续上涨的观念广泛传播。人们提供了各种观点来解释为什么会这样。

灾难性短视是可得性启发的延伸。当可能的不利事件在不可估量的概率中具有不确定性并且非常罕见或以前从未发生过时，就会发生这种情况。在这种情况下，正常的行为偏差是人们将这种事件发生的概率分配为零。因此，这个可能不进入他们的计算之中，因此被完全忽略。Guttentag 和 Herring（1986）在 20 世纪 80 年代新兴市场债务问题的背景下讨论了这种影响。他们还指出对经理人给予补偿，可能会导致他们集中关注于短期结果，并鼓励他们投资于可用来评估低概率风险的信息。这将传递给其他市场参与者。人们愿意去相信，并且人类的大脑会自动提供这种积极的强化。

Herring 和 Watcher（1999）研究了各国房地产市场的灾难性短视。尽管房地产市场具有很强的周期性，但开发商们忽视了这一点，并预计繁荣将持续下去。这将导致过度建设和下一次的房市崩盘。Cornand 和 Gimet（2012）采用基于 Guttentag 和 Herring（1986）的实证模型，对 2007—2008 年美国金融危机前的阶段进行了测试并发现了灾难性短视的证据。这些行为偏差导致市场参与者，包括经理人和监管者，计算出的风险远小于实际存在的客观风险，而这些风险在任何情况下都很难被察觉。

---

① 格林斯潘 1996 年的术语“非理性繁荣”与之等价。

② 持有这种信念的人不记得或没有回顾 20 世纪 30 年代的美国或 20 世纪 90 年代的日本。

理性的非理性进一步被复杂化。在经济泡沫中常出现的情形：即使是那些认为价格被高估和风险被低估的人也会理性地“搭乘泡沫”，并寄希望于在“泡沫”破灭前全身而退。正如花旗集团董事长 Charles Prince 在 2007 年 11 月所说的那段至理名言：“只要音乐在播放，你就得站起来去跳舞”。如果你选择的时机不完美，试图通过对冲来对抗泡沫会导致亏损。格林斯潘在 1996 年发表了他的“非理性繁荣”的观点，但直到 2001 年互联网泡沫破灭，才证明他是正确的。

2005 年前后的研究表明：房价似乎在以一个永久的惊人的速度增长，金融市场的行为直到那时并没有什么不合理的。当抵押物升值时，宽松的信贷标准就显得无关紧要。抵押贷款的违约率在可控范围并处于历史低位。银行盈利，显然是很好地控制了风险。2007 年 4 月，国际货币基金组织在其世界经济展望中预测，发达国家的房地产市场不太可能出现问题，尽管该组织指出，一些国家的房价出现了较高的涨幅。但房价很快就下跌了 30% 至 40%，这完全超出了所有人的想象，只有少数预言家例外，但他们就像最初的预言家一样被忽视了。

24.5　结论

一方面，回顾过去，风险和失衡的积累显而易见。在泡沫破灭前的几年里，房价的上涨是显而易见的，也是众多文章和讨论的主题。另一方面，格林斯潘否定了泡沫有可能被提前发现的观点。如果抵押贷款支持证券的购买者不知道信用标准的下降，那么监管者也早已知晓。金融机构的杠杆率增加在它们的财务报表中很明显，大型金融公司对短期批发融资的依赖也是如此。

由于上述认知偏差，短期融资提供者没有对他们没有察觉到的风险进行定价。相反，他们依靠的是一种能力，只要他们愿意，就可以通过拒绝展期来收回贷款。他们这样做时忽略了其创造的传染效应，所有相似的交易对手都试图同时收回资金。有人可能会说，一些抵押贷款支持证券的承销商知道他们在销售垃圾证券，但他们的公司却在购买类似的证券，并向持有他们发行的证券的商业银行和投资银行放贷。这些信息只停留在交易平台上，似乎并没有进入“市场”。

金融体系以外的市场参与者也应该知道信用评级是有缺陷的，而且抵押贷款信用质量正在下降，但这并非易事。市场规范的支持者没有解释信息不对称是如何克服的，或假定的风险认识是如何纳入价格的。这些只是假设。最近的经验有力地证明，即使当错误定价的潜在后果严重时，上述情形也有可能不会发生。如果行为经济学家是正确的，市场参与者有时是短视的，那么可以理解市场规则争论的基本逻辑基础链条的关键环节可能会丢失。

监管机构已经很快将 2007—2008 年金融危机的相当大的一部分归责于市场规则的失灵。他们将希望寄托在恢复市场规则上，通过确保市场参与者有适当的激励措施，以避免他们重蹈覆辙。这就引发了这样一个问题：市场应该如何捕捉到在监管机构运用其所掌握的信息、模型、监管权力及员工的情况下都无法捕获的信息。而且它忽略了监管者自身对破坏市场参与者必须积极监控公司的激励措施负有多少责任。公平地说，监管机构和政府面临的时间不一致问题，可能是不可克服的。在危机中，他们不敢承担让系统性重要的公司完全彻底倒闭的风险，即使他们相信这会在未来造成道德风险。

总之，对金融危机的"市场规则失灵"的解释是建立在一些非常强的观点上的，即市场规则可以合理地被预期。但是我要说，上述这些观点的理论和实证基础都很薄弱，与我有相同观点的人绝对是少数。然而，如果造成危机的直接原因是行为偏见而非道德风险，那么通过削减债权人的债务和更有效的解决方法来解决未来危机的努力将会落空。更糟糕的是，可能我们根本就没有采取足够的措施来调查、理解和减轻行为偏见对市场参与者和监管者的影响。

参考文献

[1] Avery R. B., Belton T. M., and Goldberg M. A. (1988). Market Discipline in Regulating Bank Risk: new Evidence from the Capital Markets, Journal of Money, Credit & Banking 20, 597 – 610.

[2] Balasubramnian B. and Cyree K. B. (2011). Market Discipline of Banks: Why Are Yield Spreads on Bank – Issued Subordinated notes and Debentures not Sensitive to Bank Risks?, Journal of Banking & Finance 35, 21 – 35.

[3] Berger A. N. and Turk – Ariss R. (2013). Do Depositors Discipline Banks and Did government Actions during the Recent Crisis Reduce This Discipline? . An International Perspective. university of South Carolina Working Paper.

[4] Bliss R. R. (2001). Market Discipline and Subordinated Debt: A Review of Some Salient Issues, Federal Reserve Bank of Chicago Economic Perspectives 25, 24 – 45.

[5] Bliss R. R. and Flannery M. J. (2002). Market Discipline in the governance of US Bank Holding Companies: Monitoring vs. Influencing, European Finance Review 6, 361 – 395.

[6] Bond P., Goldstein I., and Prescott E. S. (2010). Market – Based Corrective Actions, Review of Financial Studies 23 (2), 781 – 820.

[7] Calomiris C. W. (1999). Building an Incentive – Compatible Safety net, Journal of Banking & Finance 23, 1499 – 1519.

[8] Calomiris C. W. and Powell A. (2001). Can Emerging Market Bank Regulators Establish Credible Discipline? The Case of Argentina, 1992 – 99, Prudential Supervision: What Works and What Doesn't. nBER Conference Report Series. Chicago and london: university of Chicago Press.

[9] Cannella A. A., Fraser D. R., and Lee D. S. (1995). Firm Failure and Managerial labor Markets: Evidence from Texas Banking, Journal of Financial Economics 38 (2), 185 – 210.

[10] Collin – Dufresne P., Goldstein R. S., and Martin J. S. (2001). The Determinants of Credit Spread Changes, The Journal of Finance 56, 2177 – 2207.

[11] Cornand C. and Gimet C. (2012). The 2007—2008 Financial Crisis: Is There Evidence of Disaster Myopia?, Emerging Markets Review 13, 301 – 315.

[12] Covitz D. M., Hancock D., and Kwast M. L. (2004). A Reconsideration of the Risk Sensitivity of US Banking organization Subordinated Debt Spreads: A Sample Selection Approach, Federal Reserve Bank of New York Economic Policy Review 10, 73 – 92.

[13] Demirgüç – Kunt A. and Huizinga H. (2004). Market Discipline and Deposit Insurance, Journal of Monetary Economics 51, 375 – 399.

[14] Deyoung R., Flannery M. J., Lang W. W., and Sorescu S. M. (2001). The Information Content of Bank Exam Ratings and Subordinated Debt Prices, Journal of Money, Credit, and Banking 33, 900 – 925.

[15] Distinguin I., Kouassi T., and Tarazi A. (2013). Interbank Deposits and Market Discipline: Evidence from Central and Eastern Europe, Journal of Comparative Economics 41, 544 – 560.

[16] Duffee G. R. (1999). Estimating the Price of Default Risk, The Review of Financial Studies 12, 197 – 226.

[17] Elton E. J., Gruber M. J., Agrawal D., and Mann C. (2001). Explaining the Rate Spread on Corporate Bonds, The Journal of Finance 56, 247 – 277.

[18] Evanoff D. D., Jagtiani J. A., and Nakata T. (2011). Enhancing Market Discipline in Banking: The Role of Subordinated Debt in Financial Regulatory Reform, Journal of Economics and Business 63, 1 – 22.

[19] Evanoff D. D. and Wall L. D. (2001). Sub – Debt Yield Spreads as Bank Risk Measures, Journal of Financial Services Research 20, 121 – 145.

[20] Evanoff D. D. and Wall l. D. (2002). Measures of the Riskiness of Banking organizations: Subordinated Debt Yields, Risk – Based Capital, and Examination Ratings, Journal of Banking & Finance 26, 989 – 1009.

[21] Fama E. F. (1970). Efficient Capital Markets: A Review of Theory and Empirical Work, Journal of Finance 25, 383 – 417.

[22] Fama E. F. (1980). Agency Problems and the Theory of the Firm, Journal of Political Economy 88, 288 – 307.

[23] Fama E. F. (1986). Term Premiums and Default Premiums in Money Markets, Journal of Financial Economics 17, 175 – 196.

[24] Fama E. F. (1991). Efficient Capital Markets: Ii, The Journal of Finance 46, 1575 – 1617.

[25] Farrell K. A. and Whidbee D. A. (2000). The Consequences of Forced CEO Succession for outside Directors, Journal of Business 73, 597 – 627.

[26] Flannery M. J. (2010). Market Discipline in Bank Supervision. In: A. Berger, P. Molyneux, and J. o. S. Wilson (Eds.), Oxford Handbook of Banking. oxford: oxford university Press.

[27] Flannery M. J. and Sorescu S. M. (1996). Evidence of Bank Market Discipline in Subordinated Debenture Yields: 1983—1991, The Journal of Finance 51, 1347 – 1377.

[28] Gorton G. and Santomero A. M. (1990). Market Discipline and Bank Subordinated Debt: note, Journal of Money, Credit and Banking 22, 119 – 128.

[29] Goyal V. K. (2005). Market Discipline of Bank Risk: Evidence from Subordinated Debt Contracts, Journal of Financial Intermediation 14, 318 – 350.

[30] Gropp R., Vesala J., and Vulpes G. (2006). Equity and Bond Market Signals as leading Indicators of Bank Fragility, Journal of Money, Credit and Banking 38, 399 – 428.

[31] Guttentag J. M. and Herring R. J. (1986). Disaster Myopia in International Banking, Essays in International Finance no. 164.

[32] Herring R. J. and Watcher S. (1999). Real Estate Booms and Banking Busts: An International Perspective. Pennsylvania: university of Pennsylvania.

[33] Jagtiani J. and Lemieux C. (2001). Market Discipline Prior to Bank Failure, Journal of Economics and Business 53, 313 – 324.

[34] Jensen M. C. and Meckling W. H. (1976). Theory of the Firm: Managerial Behavior, Agency Costs and ownership Structure, Journal of Financial Economics 3, 305 – 360.

[35] Karas A., Pyle W., and Schoors K. (2013). Deposit Insurance, Banking Crises, and Market Discipline: Evidence from a natural Experiment on Deposit Flows and Rates, Journal of Money, Credit and Banking 45, 179 – 200.

[36] Kaufman G. G. (2013). Too Big to Fail in Banking: What Does It Mean? . london School of Economics Special Paper Series.

[37] Krainer J. and Lopez J. A. (2004). Incorporating Equity Market Information into Supervisory Monitoring Models, Journal of Money, Credit, and Banking 36, 1043 – 1067.

[38] Krainer J. and Lopez J. A. (2008). Using Securities Market Information for Bank Supervisory Monitoring, International Journal of Central Banking 4, 125 – 164.

[39] Krishnan C. N. V., Ritchken P. H., and Thomson J. B. (2005). Monitoring and Controlling Bank Risk: Does Risky Debt Help?, The Journal of Finance 60, 343 – 378.

[40] Kwast M. L., Covitz D. M., Hancock D., Houpt J. V., Adkins D. P., Barger N., Bouchard B., Connolly J. F., Brady T. F., English W. B., Evanoff D. D., and Wall L. D. (1999). Using Subordinated Debt as an Instrument of Market Discipline. Federal Reserve Board Board of governors.

[41] Mackay C. (1841). Extraordinary Popular Delusions and the Madness of Crowds. London: Richard Bentley.

[42] Merton R. C. (1974). On the Pricing of Corporate Debt: The Risk Structure of Interest Rates, The Journal of Finance 29, 449 – 470.

[43] Merton R. C. (1977). An Analytic Derivation of the Cost of Deposit Insurance and loan guarantees an Application of Modern option Pricing Theory, Journal of Banking & Finance 1, 3 – 11.

[44] Pettway R. H. (1976). Market Tests of Capital Adequacy of large Commercial Banks, Journal of Finance 31, 865 – 875.

[45] Pettway R. H. (1980). Potential Insolvency, Market Efficiency, and Bank Regulation of large Commercial Banks, Journal of Financial and Quantitative Analysis 15, 219 – 236.

[46] Pop A. (2006). Market Discipline in International Banking Regulation: keeping the Playing Field level, Journal of Financial Stability 2, 286 – 310.

[47] Prowse S. (1997). Corporate Control in Commercial Banks, Journal of Financial Research 20, 509 – 527.

[48] Shiller R. J. (1989). Market Volatility. Cambridge, MA: MIT Press.

[49] Sironi A. (2003). Testing for Market Discipline in the European Banking Industry: Evidence from Subordinated Debt Issues, Journal of Money, Credit and Banking 35, 443 – 472.

[50] Smith A. (1776). An Inquiry into the Nature and Causes of the Wealth of Nations. Dublin: Whitestone.

[51] Taleb N. N. (2007). The Black Swan: The Impact of the Highly Improbable. new York: Random House.

[52] Van Horne J. C. (1979). Behavior of Default – Risk Premiums for Corporate Bonds and Commercial Paper, Journal of Business Research 7, 301 – 313.

[53] Wall L. D. (1989). A Plan for Reducing Future Deposit Insurance losses: Puttable Subordinated Debt, Federal Reserve Bank of Atlanta Economic Review 74, 2 – 17.

第 25 章　银行间的竞争

25.1　简介

银行业竞争程度对借款人获得融资、经济中的资金分配以及由此带来的经济增长以及金融稳定程度产生影响。适当衡量随时间和银行市场变化的银行竞争程度是很重要的，因为如果不这样做，任何政策措施都可能被误导。

在本章中，我们回顾了解决银行间竞争的不同方法。我们讨论产业组织理论（IO）中使用的“传统的”和“新的”实证方法，特别适用于银行业，并在每个部分提供详细的说明。[①]

我们首先讨论结构—行为—绩效（SCP）的传统研究、有效结构假说，以及规模经济和范围经济。然后我们转向 Panzar 和 Rosse（1987）、Boone（2008），推测变化和结构需求模型所采用的新的实证方法。我们强调这些不同方法的优缺点，并很自然地将重点放在每种方法中数据需求和内生性处理的差异上。

表 25.1 显示了银行竞争研究如何随着时间的推移而演变（Berger、Demirgüç－Kunt 等，2004）。表 25.1 强调，在 20 世纪 90 年代初，银行竞争的建模方法发生了重大变化，新的方法纳入了银行集中度和银行行为，并且得到了广泛的应用。文献基本上放弃了传统的结构—行为—绩效（SCP）范式，指出在更集中的市场中的银行表现较差的竞争力，并获得更多的利润。

表 25.1　　银行集中度和竞争对银行绩效影响的研究进展

要素	20 世纪 90 年代初	现在
模型	SCP 假定	多种银行竞争模型
银行集中度测度	Herfindahl－Hirschman 指数或 对 n 个银行测度的集中度	银行规模和类型（其他国家、州） 更广泛的竞争测度方法
银行行为测度	银行价格 银行盈利能力	银行效率、服务质量以及风险 企业信贷获取 银行系统稳定性

---

① 对于一般概述，也参见 Berger、Demirgüç－Kunt 等（2004），Shaffer（2004），以及 Dick 和 Hannan（2010）。我们在文中进一步提到更具体的评论。

续表

要素	20 世纪 90 年代初	现在
实证模型	静态横截面分析 短期分析	动态分析 银行合并的时变分析
数据	美国大都市统计区 不属于 MSA 的县级区域	美国的不同市场 国外市场

注：上表将 20 世纪 90 年代早期和现在进行了对比，对比的要素包括：模型、银行集中度测度方法、行为测度方法、实证模型和数据来源。

来源：Berger、Demirgüç－Kunt 等（2004 年）。

本文从两个方向推进，文章一开始将市场结构建模为内生的。文章中的第二个展开旨在通过查看银行产品的非价格层面来捕捉“银行竞争的特殊性质”。我们将在第 25.2 节中讨论这部分文献。第 25.3 节总结了许多关于竞争对贷款和存款条件以及市场存在的影响的实证研究。第 25.4 节涉及银行监管的现状及其与竞争的关系。第 25.5 节介绍了信息共享和竞争之间的关系。第 25.6 节作出总结。

25.2　衡量银行竞争和市场力量

我们首先回顾了研究银行业竞争的不同方法。[①] 这种经验研究可以细分为更传统的产业组织理论和新的实证产业组织理论（NEIO）方法。在传统方法中，我们区分结构—行为—绩效（SCP）分析、有效结构假设的研究，以及规模经济和范围经济的研究。NEIO 方法旨在直接测量竞争程度，而不是采用市场结构指标。我们区分了 Panzar 和 Rosse（1987）、Boone（2008），变量模型和结构需求模型所采用的方法。不同方法的有效性取决于数据可用性和亟待解决的问题。

25.2.1　传统产业组织理论

25.2.1.1　结构—行为—绩效（Structure－Conduct－Performance）

SCP 模型最初是由 Bain（1956）开发的。在 20 世纪 90 年代初之前 SCP 研究都颇受欢迎。表 25.1 总结了 SCP 研究的特点。SCP 假设认为银行市场中更高的集中度导致银行行为竞争力较低，并导致更高的银行盈利能力（但从社会角度来看，其绩效降低）。为了测试 SCP 假设，研究人员通常根据市场集中度的代理指数，即非银行集中率或赫芬达尔—赫希曼指数（HHI），回归银行业绩，例如银行利润率。[②] 代表性回归方程为

$$\prod ijt = \partial_0 + \partial_1 CR_{jt} + \sum_k \gamma_k X_{k,ijt} + \varepsilon_{ijt} \quad (25.1)$$

其中 $\prod ijt$ 是银行 i 的盈利能力的度量，在时间 t 的银行市场 j 中，CR_{jt} 是在时间 t 的市场 j 中的集中度的测量，X_{kijt} 代表可能影响银行利润的 k 向量控制变量（例如，控制风险承担的盈利性影响的变量）。在更集中的市场上运营的银行（在 SCP 指数内）可以设定较高

① 我们的讨论部分基于 Degryse 和 Ongena（2008）。

② 参见 Alegria 和 Schaeck（2008），用于推导分析各种集中度测量之间的关系。

的贷款利率或降低存款利率，这是由于非竞争行为或共谋（collusion）。因此，SCP 假说意味着 $\alpha_1 > 0$，即更高的市场集中意味着更多的市场力量和更高的银行利润。然而，市场结构本身被假定为外生的。

例如，将市场结构视为外生的规范以及由此导致的赫芬达尔—赫希曼指数（HHI）的使用已经受到了 Berg 和 Kim（1998）的指责，他们对多产出推测变化类型的模型进行了估计，以表明银行集中度基本上无法排除竞争行为。事实上，他们对多产出寡头企业的研究表明，零售贷款市场受到市场力量的困扰，而批发贷款市场缺乏这种力量，与 HHI 相反，因而产生相反的结果。①

大量研究表明，市场集中度与银行盈利能力之间存在正相关的统计关系。正如 Gilbert（1984）与 Berger、Demirgüç - Kunt 等（2004）对这种早期方法写了极好的评论，没有必要在这个背景下再做一次尝试。然而，为了说明一般的 SCP 研究，我们简要讨论了 Berger 和 Hannan（1989）的研究。虽然许多研究都集中在盈利能力—集中度环节上，Berger 和 Hannan（1989）实际上研究了存款利率—集中度环节，但是他们的研究对于 SCP 方法来说是有代表性的，因为他们对集中度的测量、简化形式的估计和解释。他们使用三银行集中度（CR3）和 HHI。② 其结果表明，市场集中度对存款利率有负面影响，与所使用的集中度无关。

早期 SCP 方法成功地描述了市场结构对各种银行利率的重要性，在 Berger、Demirgüç - Kunt 等（2004）所写的实证银行文献《现在已经远远超过这个简单的方法》中，他们肯定地提出了一致的观点，我们在表 25.1 中总结了 SCP 与最近在 SCP 框架内及以后的研究之间的显著差异。

25.2.1.2　有效结构假说

效率假说为银行盈利能力和集中度或市场份额之间的正相关性提供了另一种解释。效率假说（Demsetz，1973；Peltzmann，1977）意味着更有效率的银行将获得市场份额。因此，市场集中由银行效率驱动（内生）。可以区分两种类型的效率（Berger，1995）。在 X 效率叙述中，具有更高效管理/生产技术的银行享有更高的利润，从而导致更大的市场份额。另外，一些银行可能以比其他银行更有效的规模生产，再次导致更高的单位利润，更大的市场份额，以及更高的市场集中度。

在 SCP 文献中报告的结构与绩效之间的正相关关系在效率假说的两个版本中是错误的，因为结构与绩效都由效率决定。最初，实证文献旨在通过以下回归来理清 SCP 和效率假说：

$$\prod ijt = \partial_0 + \partial_1 C R_{jt} + \partial_2 M S_{ijt} + \sum_k \gamma_k X_{k,ijt} + \varepsilon_{ijt} \tag{25.2}$$

其中 MS_{ijt} 为 t 时期的银行 i 在市场 j 中的市场份额（其他变量的符号保持不变）。系数 α_2 将捕获由于生产技术或效率尺度对银行利润的效率的影响，但它也可以反映银行的相对

① 他们对挪威零售和批发贷款市场的计算 HHI 分别为 1990 年至 1992 年期间的 866 和 2155。美国司法部的指南认为 HHI <1000 为“非集中”市场，HHI > 1800 为“高度集中”市场（Salop，1987）。

② 作为控制变量，它们包括时间虚拟变量，市场存款的一年增长率，银行分支机构在金融机构（包括 S&I 分行）分支机构总数中的比例、工资率、人均收入和城市统计区域变量。

市场力量。

SCP 意味着 $\alpha_1 > 0$，而两个效率假说意味着 $\alpha_2 > 0$。大多数研究发现正相关和统计上显著的 α_2，但是 α_1 接近零并且无意义。这些发现支持两种效率假设，即较大的市场份额会取得更高的利润率。[①]

Berg 和 Kim（1994）认为，行为对效率和规模测量都有重要影响，因此不应该独立于市场结构和行为进行估计。Berger（1995）比标准银行效率研究更进了一步，旨在通过将 X 效率和规模效率的直接测量纳入回归规范中（作为 $X_{k,ijt}$ 中的附加变量）来进一步区分 SCP 和效率假设。他认为，在控制效率之后，MS_{ijt} 只捕获银行的相对市场力量。Berger 从跨期成本函数的估计中推导出两种效率度量。将 X 效率与随机噪声分离开来，假设 X 效率差异会随着时间的推移而保持不变，而随机噪声不会。银行 i 的 X 效率度量等于样本中效率最高的银行的预期成本与银行 i 对任何给定的产出和投入向量的预期成本之比。

Berger（1995）利用 20 世纪 80 年代美国 4800 家银行的数据估计了一个成本函数。Berger 发现，在 60 次回归中有 40 次，市场份额实际上保持着正的迹象。然而，市场份额的经济意义似乎很小：市场份额增长 1%，资产回报率就会提高不到 0.1%。然而，Berger 将这些发现解释为支持相对市场力量假说的证据：市场份额代表大型银行的市场力量，它们的市场力量可能基于广告、本地网络或商业关系。结果进一步表明，X 效率也对解释利润作出了积极贡献，而规模效率的结果好坏参半，在经济上并不重要。

类似地，De Jonghe 和 Vander Vennet（2008）旨在区分建立市场结构和银行绩效之间的联系的理论和基于效率考虑的替代解释。他们认为竞争和效率的影响需要时间实现。因此，他们使用企业租金的长期概念，即特许经营价值来分析竞争—绩效关系。他们发现，拥有更好的管理或生产技术的银行具有长期的竞争优势。他们还发现，银行市场的集中度并不会影响所有银行。只有在集中市场拥有大量市场份额的银行才能够产生非竞争性的租金。有关分析金融机构的 X 效率研究的更多信息，请参阅 Allen 和 Rai（1996）、Molyneux，Altunbas 和 Gardener（1996），Berger 和 Humphrey（1997）或 Turati（2001）的研究。我们在下一小节讨论规模经济和范围经济。

25.2.1.3 规模经济和范围经济的研究

银行规模经济和范围经济的研究解决了金融机构在规模和组成方面是否产生最佳产出组合的问题。在早期的文章中，Kim（1986）开发了成本函数可分性限制，以检验银行产出总量是否一致。他总结说，这种总产出不存在，因此多产出技术的规范及其所产生的范围衡量经济是必要的。

Allen 和 Rai（1996）在控制 x 效率的同时估计规模经济和范围经济，特别是，他们估计了以下方程：

$$\ln(TC_{it}) = f(y_{it}, p_{it}) + \varepsilon_{it} \tag{25.3}$$

其中 TC_{it}、y_{it}和p_{it}分别是银行 i 在时间 t 的总成本、产出和投入价格。他们只考虑一个市场（因此 j 作为下标被删除）。ε_{it}是一个复合误差项，可以分解为统计噪声和 X－无效率

① 例如，汉南和普拉格（2009 年）将市场集中与大型（小型）（非）主要市场外银行的市场份额结合起来，以说明大型银行组织小型单一市场银行的市场的影响。

项。Allen 和 Rai 使用了两种识别策略。首先，他们遵循所谓的随机成本边界方法（Mester，1993），由此假定误差项包括随机噪声和单侧无效率项。其次，他们估计无分布模型，其中假设 X 效率差异随时间的推移而持续存在，而随机噪声则不会（也参见例如 Berger，1993）。

Allen 和 Rai（1996）利用 1988—1992 年期间来自 24 个国家的数据，用劳动力、资本和借款的总成本估算了一个超对数成本函数。他们通过将员工费用除以员工总数来获得劳动力的价格，通过资本设备和占用费用除以固定资产确定固定资本价格，用利息总负债计算利息费用。

Allen 和 Rai（1996）发现了所有国家小银行规模经济显著的证据，[1] 另外，分离市场中的大型银行表现出严重的规模不经济，相当于最优产出水平的 5%。他们没有发现任何明显的范围经济的证据。[2] 许多其他文献提供了关于规模经济和范围经济的可比结果（详细评论，见 Berger 和 Humphrey，1997 年；Cavallo 和 Rossi，2001）。

25.2.2 新的实证产业组织理论

对 SCP 与效率假说的基本批评涉及从市场结构到绩效的嵌入—假定—单向因果关系。换句话说，大多数 SCP 研究没有考虑到银行在市场上的行为以及银行业绩对市场结构的影响。事实上，那些试图通过各种集中度指标（如 C3、HHI 等）来确定竞争程度的研究，会产生相互矛盾和麻烦的结果。Carbo 等（2009）指出，国内与国际的各种指数的决定系数非常弱（最多 $<40\%$）。他们使用 1995—2001 年期间的跨国欧洲数据，研究结果表明，SCP 关系可能不会产生一致的结果，这使得对银行部门的竞争状态的评估很难确定。

新的实证产业组织（NEIO）规避了这个问题，没有从市场结构或市场份额等“间接指数”中推断出竞争的程度，也没有认为市场结构是竞争程度的结果。事实上，NEIO 直接关注的是企业应对需求和供应状况变化的行为，甚至没有考虑到市场结构——使用了各种不同的替代方法，有时数据需求差异很大。

25.2.2.1 Panzar 和 Rosse（1987）

Panzar 和 Rosse（1987）提出了一种简化的方法，使用行业或银行层面的数据来区分三种类型的行为，即完全竞争、垄断竞争和垄断。Panzar 和 Rosse 方法研究了投入要素价格变化在均衡产业或银行特定收入中的反映程度。相关的竞争措施，通常称为 H 统计量，是银行总收入相对于其要素投入价格的弹性之和。在大多数研究中，考虑三种不同的投入价格：（1）存款利率，按年利息支出与总资产的比率衡量；（2）工资，以人事费占总资产的比例衡量；（3）设备或固定资本的价格，以资本支出和其他费用与总资产的比率衡量。

垄断情况 H 统计量可以是负的，也可以是零。当所有要素价格以 1% 增长时，垄断者的收入将会发生什么变化？对于垄断者来说，要素价格的上升导致收入减少（因为需求的

---

① 分离银行业务发生在禁止商业和投资银行功能整合的国家。

② Vander Vennet（2002）使用大型欧洲数据集重新审视了这个问题。他区分银行、金融集团（提供全系列金融服务的机构）和专业银行。与以前的研究相反，他很好地允许每个国家内银行类型的异质性。根据 Allen 和 Rai（1996），他发现小型专业银行有大量未开发的规模经济。但是，除此之外，Vander Vennet（2002）还报道了最小的专业银行和最大的金融集团和全能银行的未开发范围经济。

价格弹性超过了1）。换句话说，弹性之和应该是负的。完全竞争意味着H统计量等于1。事实上，投入品价格的上涨与边际成本和总收入的增加一样，与原来投入品价格的上涨幅度相同。垄断竞争产生的H值在0和1之间。银行在每一种情况下都会产生更多但低于最优的产出，导致H统计量在0和1之间。

许多研究将Panzar和Rosse（1987）的方法带入银行业。Bikker和Haaf（2002）提供了对许多其他研究结果的广泛回顾。Panzar和Rosse（1987）方法论迄今为止最全面的应用是Claessens和Laeven（2004）的论文。他们计算1994—2001年50个国家的Panzar和Rosse H统计量。他们的结果表明，大多数银行市场的实际特点是垄断竞争，H统计范围在0.6和0.8之间。此外，Claessens和Laeven旨在通过回归一些国家特征的估计国家H统计数据来确定决定各国银行竞争的因素。他们没有发现银行体系集中度与H之间存在负相关关系的证据，但发现银行业市场的准入限制和行为限制导致H统计量升高，从而导致更多的竞争。①

最近的研究对H统计量估计的常用方法提出了批评。根据Goddard和Wilson（2009）的说法，在以前Panzar和Rosse测试的应用中广泛报道的静态收益方程是错误的。其原因是，使用固定效应面板模型的H统计量的识别依赖于市场在每个时间点处于长期均衡的假设。然而，在实践中，向均衡的调整不是瞬时的，市场经常或总是失去平衡。部分调整方程更好地描述了响应因素投入价格冲击对均衡的调整。因此，收益方程应包含滞后因变量，应使用动态面板估计而不是静态面板估计。

此外，根据Bikker、Shaffer和Spierdijk（2012），理论上的Panzar和Rosse模型与其经验应用存在出入。当应用价格方程或比例收益函数而不是收益方程时，会出现不一致。结果表明，在长期均衡条件下，价格和收益方程的性质是相同的，而在垄断或寡头垄断条件下，价格和收益方程的性质是不同的。因此，只有一个未缩放的收益方程才能有效地衡量竞争程度。

25.2.2.2　Boone（2008）竞争指标

Boone（2008）引入了衡量竞争的新方法。他将利润的弹性的思想发展为边际成本或“利润弹性”。特别地，他们假定以下规范：

$$\ln \pi_i = \alpha - \beta \ln(c_i) \tag{25.4}$$

其中β表示利润弹性，即银行i的利润百分比下降，这是银行i的边际成本增加百分比的结果。β越大，竞争越激烈。Boone、van Ours和van der Wiel（2007）回顾了几个理论模型如何表明进入条件和战略行为的变化都以正确的方式影响利润弹性。

Van Leuvensteijn、Bikker、van Rixtel和Sørensen（2011）对规范进行了两处修改。第一是他们使用一个translog成本函数估计边际成本c_i，而Boone、van Ours和van der Wiel（2007）采用平均可变成本作为代理。第二，van Leuvensteijn等（2011）使用银行的市场份额作为左边的变量，而不是利润。他们在1994—2004年将这种方法用于几个产品类别。

他们发现银行贷款市场的竞争在不同国家有很大的不同。特别是，欧元区的银行贷款

---

① Schaeck、Čihák和Wolfe（2009）一致使用H统计量作为竞争的衡量标准，发现集中度和竞争对系统性危机的可能性和时间有独立的影响，表明这两种测度描述了银行体系的不同特征。

市场的竞争力低于美国市场，其中 β 等于 5.41，但比英国（$\beta=1.05$）和日本（$\beta=0.72$）更具竞争力。在欧元区，德国和西班牙市场竞争最激烈（β 分别为 3.38 和 4.15），在法国（$\beta=0.90$）竞争最小。

Schaeck 和 Čihák（2010）估计了 1995—2005 年期间欧洲和美国样本的 Boone 指标。他们发现欧洲银行竞争程度存在很大的异质性。有趣的是，他们报告称，Boone 指数涵盖了欧洲银行业竞争的许多其他特征的 80% 的变化，这表明 Boone 指数确实是一个综合的竞争指标。

25.2.2.3 推测变化法

Iwata（1974）与 Bresnahan（1982）以及 Lau（1982）提出了另一种推断竞争程度的方法。这种方法通常被称为推测变化方法。它是基于这样的想法，一家银行在选择其产出时考虑到竞争对手银行的“反应”。然后，均衡寡头垄断价格的特征为以下一阶条件：

$$P(Q,Y;\alpha)+\lambda QP'(Q,Y;\alpha)=C'(Q,Z;B) \qquad (25.5)$$

其中 P 是市场均衡价格，$P'(Q, Y; \alpha)$ 是市场反需求函数，Q 是市场水平数量，$C'(Q,Z;B)$ 是市场边际成本。α 和 β 分别是与需求和成本相关的未知参数的向量。Y 和 Z 分别是影响需求和成本的变量向量。

λ 是银行行业总产出对银行 i 产出变化的推测弹性；$\lambda=\frac{\alpha Q}{\alpha Q_i}\frac{Q_i}{Q}$，换句话说，$\lambda$ 是行业产出对银行 i 数量变化的感知反应（更多关于这种方法，参见 Vives，1999）。

还可以计算行为参数的推测弹性为

$$\lambda=\eta(P)\left[\frac{P-MC}{P}\right] \qquad (25.6)$$

其中 $\eta(P)$ 是需求的价格弹性，$MC=C'(Q,Z;B)$ 是边际成本。这意味着 λ 是弹性调整的勒纳指数。推测变异模型的一个吸引人的特征是可以紧凑地写入不同类型的竞争。它嵌套联合利润最大化（$\lambda=1$）、完全竞争（$\lambda=0$）和 Cournot 均衡或零推理变异模型（$\lambda=1/I$，其中 I 是市场中的企业数量；其他行业参与者对银行 i 产出变化的感知变化为零）。[①]

Shaffer（1993）利用 1965 年至 1989 年的年度数据将这种具体的推测变量方法应用于加拿大银行部门。[②] Shaffer（1993）遵循所谓的银行中介方法。根据这种观点，银行使用劳动力和存款来发起贷款。产出量 Q 是资产的美元价值，价格 P 是资产的利率。投入价格是年工资率和存款利率。[③] 外生变量是产出和三个月的国库券利率。回归结果表明 λ 与零没有显著差异，意味着估计与完全竞争一致。Shaffer（1989）实际上表明美国银行市场比 Courno 竞争更具竞争力（λ 再次接近零，不具有统计显著性）。

---

① 推测变化的方法受到了一些重要的批评。例如，Corts（1999）认为，行为参数 λ 可能不仅取决于企业的静态一阶条件，而且取决于动态，即与共谋相关的激励兼容性约束。在动态情况下，当激励兼容性约束是需求冲击的函数时，估计的 λ 可能是有偏差的。

② 对于推测变化方法的早期应用，参见 Spiller 和 Favaro（1984）。

③ 在某些规格中，研究人员还包括资本的价格，因为这个价格可能随时间而变化。

25.2.2.4 结构需求模型

NEIO 的另一个使用方面是基于特征的需求系统。例如，Dick（2008）根据离散选择文献中普遍使用的方法来估计存款服务的需求模型。① 消费者根据价格和银行特征选择特定银行。更正式地说，考虑市场 j 中存在着消费者 c 和银行。消费者 c 的效用来自在 i 银行的存款，这些效用它既来自现金，也来自所消费的产品。消费者效用包括市场 j 中从银行 i 购买的平均效用 δ_{ij} 和平均零随机扰动 εc_{ij}：

$$\mu_{cij} \equiv \delta_{ij} + \varepsilon_{cij} \equiv p_{ij}^{d} + X_{k,ij}\beta + \xi_i + \varepsilon_{cij} \tag{25.7}$$

p_{ij}^{d} 代表银行 i 在市场 j 中支付的存款利率；p_{ij}^{s} 是银行 i 在市场 j 中的服务费；$X_{k,ij}$ 是捕获市场 j 中银行 i 提供的（单一）产品的 k 个观察到的产品特性的向量；ξ_i 是未观察到的银行产品特征。待估参数是 α^{d}、α^{s} 和 β。

对 ε_{ci} 的分布作出假设，则允许获得银行 i 的市场份额的闭式解。当得到多项 logit 规范假设 ε_{ci} 是独立同分布的（$i.i.d$）极值，得出银行 i 在市场 j 中的市场份额：

$$s_i = \frac{\exp(\delta_i)}{\sum_{r=0}^{l_j} \exp(\delta_r)} \tag{25.8}$$

其他假设可以产生嵌套 logit 模型。②

Dick（2008）估计了 1993—1999 年这种离散选择模型的美国数据。她的研究结果表明，消费者对存款利率的变化反应显著，但对账户费用的变化反应较小。银行的地理多样化、当地分行网络的密度、银行年龄和规模等特点增加了银行对消费者的吸引力。

25.3 竞争：行为和策略

前面的部分表明，竞争文献已经通过将市场结构建模为内生模型而取得了重大进展。此外，还开发了利用可用数据集的丰富异质性和不同维度的方法。然而，有人认为，标准竞争范式不适合银行业（Vives，1991；Vives，2001；Allen 等 2001；Carletti，2008）。因此，为了捕捉“银行竞争的特殊性”，我们回顾了现有的经验证据，并将我们的讨论构建在一个框架内，这个框架可以在解释金融中介存在的不同理论中找到根源。首先讨论了市场结构对存贷款条件的影响，然后讨论了市场结构是否决定了市场存在的问题。

25.3.1 市场结构和行为

25.3.1.1 贷款市场

本地市场：从结构—行为—绩效（SCP）范式开始，调查银行市场集中对银行贷款利率的影响，开展了大量的实证工作（Gilbert 和 Zaretsky，2003）。虽然大部分是正相关关系的，但集中指数对贷款利率影响的幅度差别很大。例如，最近的一项研究表明，$\Delta HHI = 0.1$ 在美国（Cyrnak 和 Hannan，1999）使贷款利率增加了 21 个至 55 个基点，意大利

---

① 参见 Molnár（2007）与 Molnár、Nagy 和 Horvath（2007）。

② 嵌套 logit 模型中的想法是消费者口味在银行产品 i 之间相关。

(Sapienza, 2002) 增加了 59 个基点，但挪威只增加了 3 个基点 (Kim、Kristiansen 和 Vale, 2005)，比利时也只增加 4 ~ 5 个基点 (Degryse 和 Ongena)。然而，仍然难以比较不同规范、银行市场、时段和 HHI 指标的结果，这些指标基于贷款、存款或分行等不同基础，而且在地理跨度上差异也很大 (跨研究) (Morgan, 2002)。事实上，一个严重的相关解释问题是，本地市场集中通常与市场规模负相关。

在他们的开创性论文中，Petersen 和 Rajan (1995) 调查了银行间竞争的影响，不仅关系到贷款利率，而且关系到企业对银行信贷的可获得性。Petersen 和 Rajan 模拟了未来现金流不确定的公司如何受到银行竞争的不利影响。银行可能不愿意通过招致未来可能永远无法收回的初始贷款损失 (因为随后企业可能在竞争性银行或金融市场获得低贷款利率) 投资于关系。

Petersen 和 Rajan 提供的证据表明，未来现金流不确定的年轻公司在更集中的银行市场获得的贷款利率大大低于竞争更为激烈的银行市场中的公司。如果 HHI 增加 0.1，对于新生企业的贷款利率下降超过 150 个基点。他们的研究还发现在集中程度更高的市场更容易获得银行信贷，但即使对于新成立的公司，其影响似乎在经济学上与统计学上都不总是显著。[①]

同样，Cetorelli (2004) 利用五大银行之中三家的资产总和作为衡量集中度的指标，发现更多依赖外部融资的企业 (即年轻企业) 从集中的银行部门中受益。此外，Bonaccorsi di Patti 和 Dell'Ariccia (2004) 发现，市场力量更有利于信息不对称更重要的工业领域出现新公司。

相比之下，Black 和 Strahan (2002) 发现，解除对分支和州际银行的限制，刺激了美国公司的注册比率，这表明放松管制后获得融资的机会增加。根据 Kerr 和 Nanda (2009) 的研究，这对小型初创公司尤其如此。同样，Cetorelli 和 Strahan (2006) 利用美国银行和非金融部门的本地市场数据，发现促进竞争的政策，如分支和州际银行放松管制，提高了新公司的比率。特别是，小公司的份额随着银行竞争的加剧而大幅增加。此外，Jayaratne 和 Strahan (1996) 发现，在州内分支放松管制之后，实际资本增长率增加。他们认为，提高银行贷款质量是竞争影响经济增长的主要渠道。

最近，Rice 和 Strahan (2010) 利用跨州分支监管壁垒的差异作为测试信贷竞争如何影响小企业信贷供应的工具。他们发现，在对州外进入的限制比较严格的州，公司支付的利率要比在宽松限制下运营的类似公司高。这表明分支银行扩大了竞争和信贷供应。然而，他们没有发现和影响贷款金额。类似地，在西班牙中小企业样本中使用勒纳指数作为市场力量的度量，Carbó Valverde、Rodriguez Fernández 和 Udell (2009) 发现市场力量与信贷可用性呈负相关关系。[②]

多元市场：在多个地理区域或多个行业 (多个市场银行) 经营的银行可能会影响当地的贷款利率条件。对当地贷款利率的影响取决于多元化市场银行是否在当地市场以及每个

---

① Carbóvalverde、RodriguezFernández 和 Uudell (2009) 比较了 Petersen 和 Rajan (1995) 信用可用性假设的 HHI 和 LERER 指数的“性能”。

② 集中对信贷可用性的影响可能进一步取决于如何介导银行公司交易，如在 De Mello (2007) 和 Montoriol Garriga (2006)。

地方银行市场的结构（包括该市场上的多元化银行的重要性）实行统一或歧视性定价。

例如，Radecki（1998）报告说，大多数银行在美国对汽车贷款和房屋股权贷款设定统一税率，但是，贷款利率可能因州而异。Berger、Rosen 和 Uudell（2007）讨论了美国大型地区性银行或全国性银行是否以不同于小型地方机构的方式进行竞争的问题。他们的研究是基于以下观察结果：1984 年至 1998 年美国银行整合对“本地” HHI 的影响很小，但对银行规模的影响很大，因为发生了许多“市场延伸”并购（M&A），即在不同地方市场经营的银行之间的合并。Berger、Rosen 和 Udell（2007 年）指出，中小企业（中小型企业）的贷款利率在拥有大量银行存款的市场中较低。他们发现，在大银行存在的市场中收取的利率差价比其他市场低 35 个基点；同时，这些中小企业获得贷款的概率也可能较低（Craig 和 Hardee，2007）。

Sapienza（2002）的一篇重要文献研究了意大利银行并购对持续借款人的利率的影响。她实际上比较了“市场内”和“市场外”银行合并对贷款利率的影响。有趣的是，她发现“市场内”并购会降低贷款利率，但前提是被收购银行在当地市场的份额足够低。贷款利率的下降对于“市场外”并购来说并不那么重要。

Panetta、Schivardi 和 Shum（2009）研究了企业风险与银行信用评级和利率之间的关系。他们发现，银行合并后的风险利率计划变得更加陡峭（即合并的银行价格风险更大），并将此结果归因于银行合并所产生的信息收益。在这种背景下，重要的是他们发现“市场外”并购的风险率比“市场内”并购的风险率还要高，这表明“市场外”并购甚至比“市场内”并购给银行带来更多的信息收益。最后，Berger、Hasan 和 Klapper（2004）的一篇论文报告了关于小型国内社区银行对一般地方经济活动的重要性的跨国证据。他们发现，社区银行在当地银行市场中所占的份额越高，就意味着银行贷款总量越大，GDP 增长越快，中小企业就业率越高。

25. 3. 1. 2　*存款市场*

本地市场：还有一个长期的研究，至少可以追溯到 Berger 和 Hannan（1989），研究银行市场集中对银行存款利率的影响。研究采用三大银行集中度比率（CR3）和 HHI 作为集中度测量指标。总体而言，大多数论文发现，对时间和储蓄存款利率的集中增加的负面影响，但是与贷款利率研究一样，其影响因样本和规格而异。CR3 变化 0. 3，近似于 HHI 变化 0. 1。CR3 或 HHI 的变化对美国时间和储蓄存款利率的影响分别为 -26 至 -1 和 -27 至 +5 个基点。活期存款的利率似乎较少受到市场集中的影响，估计区间在 -18 到 +10 基点。但有证据表明，与定期存款利率相比，活期存款利率的价格刚性更低，价格弹性更高，特别是在更集中的市场（Neumark 和 Sharpe，1992）。

更近期的研究通常发现所有存款产品的负面影响较小，可能反映了银行竞争地域范围不断扩大（Radecki，1998），以及随之而来的划定本地市场的困难（Heitfield，1999；Biehl，2002）。美国的地方市场可能目前“小于全州”，但不一定是“本地”（Heitfield 和 Prager，2004），表明本地和全州范围的集中度和多市场联系变量的测量应包括在分析中。Heitfield 和 Prager（2004）发现，随着时间的流逝，“国家”集中度量的系数在绝对值上变得大于“地方”度量的系数，特别是对于活期存款。例如，在 1999 年，地方 HHI 的 0. 1 变化仅影响零储蓄率 -1 个基点，而州 HHI 的类似变化使存款率降低 23 个基点。最后，Rosen（2007）发现，除了多市场银行的存在，市场规模结构也对存款利率产生影响。

Corvoisier 和 Gropp（2002）的论文研究了欧洲国家银行市场，其地理和经济跨度通常与美国各州相当。他们发现 -70 个基点对活期存款利率有显著影响（HHI 相应增加了 0.1 个基点），但对定期存款和储蓄存款利率的影响却出人意料地增加了 +50 个和 +140 个基点。Corvoisier 和 Gropp 认为，对于活期存款来说，当地市场更重要，而客户可能会四处购买定期存款和储蓄存款。到处购物意味着可竞争性的增加，打破了 HHI 与存款利率之间的预期联系。活期存款利率通常是在银行总部确定后在国内市场公布的，竞争（或缺乏竞争）可能被视为是全国性的。同时，对于时间和储蓄存款市场，HHI 的系数实际上可以提高银行效率（即使包括各种银行成本措施）或由不可察觉的竞争性增加引起的银行合并的影响。无论如何，本研究再次强调了在利率市场集中度研究中解释简化形式系数的方法上的困难。

多元市场：一些论文探讨了多个市场银行对存款定价的影响。Radecki（1998）证明在美国整个州或一个州的大区域内运营的银行分支机构实行统一定价。他将这一发现解释为有利于随着时间的推移增加存款市场的地理范围的证据。然而，Heitfield（1999）指出，统一定价只适用于在全州范围内运营的多市场银行，而不是在同一州内不同城市运营的单一市场银行。因此，“收取相同的存款利率”可能是经过深思熟虑的统一定价，而不是机械地扩大市场边界。Heitfield 和 Prager（2004）通过探索几种存款产品定价的异质性，进一步调整了以前的发现。他们报告说，现在市场的地理范围仍然是地方性的，但货币市场存款账户和储蓄账户市场的范围将随着时间的推移而扩大。

Hannan 和 Prager（2004）利用 1996 年和 1999 年的美国数据，探讨了多市场银行对当地存款条件的竞争影响。他们指出，多市场银行的存款利率低于在同一市场运作的单一市场银行。此外，当单一市场银行提供较低的存款利率时，多市场银行的存在会缓解竞争。同时，Calem 和 Nakamura（1998）认为多元化市场银行削弱了农村地区的本地化市场力量，[①] 但多市场分支降低了已经具有竞争力的（城市）市场的竞争。Barros（1999）的研究认为，银行在不同市场的存在可能导致当地利率的分散，但并不意味着银行的行为不同。银行之间的共谋行为可能会影响价格分散的程度。他对葡萄牙的实证研究结果为纳什行为提供了强有力的支持，但是由于样本量很小，共谋行为不能被拒绝。采用类似的设置，西班牙银行在 20 世纪 90 年代早期在贷款市场上的共谋行为是不能被拒绝的（Jaumandreu 和 Lorences，2002）。

并购的影响怎么样？Focarelli 和 Panetta（2003）指出，由于存款利率下降了 17 个基点，“市场内”合并在短期内伤害了存款人。然而，“市场外”合并的短期影响是微不足道的。从长期来看，存款人从“市场内”和“市场外”的合并中获益，因为存款利率分别比预定价水平高出 14 个和 12 个基点。因此，从长期来看，效率收益可能会主导银行并购的市场力量效应，从而为消费者带来更优惠的存款利率。然而，请注意 Craig 和 Dinger（2009）并没有发现利率有这样的增长。

---

① Rosen（2007）发现，在市场上拥有更多大型银行通常会提高所有银行的存款利率，但也会增加其对集中率变化的敏感性。

25.3.1.3 市场之间的相互作用

不同银行市场之间的联系也经过了实证研究。[①] 例如，Park 和 Pennacchi（2009）讨论了大型多市场银行进入市场对贷款和存款市场竞争的影响。Park 和 Pennacchi（2009）认为多市场银行可能在批发市场享有融资优势。因此，他们认为多市场银行的存在会促进贷款市场的竞争，但如果这些多市场银行具有融资优势，则会损害存款市场的竞争。因此，他们的论文很好地表明，“规模结构”的影响可能在不同市场是不对称的。

25.4 银行监管和竞争

银行业是一个在大多数国家都受到严格监管的行业（参见 Vives，1991；Fischer 和 Pfeil，2004）。有些法规倾向于削弱竞争。例如对新银行进入的限制或银行自由部署竞争工具的限制。其他规定限制了银行活动的空间和范围，限制了银行多样化和利用规模/范围经济的潜力。最后，还有一些审慎的监管措施，改变银行相对于其他非银行机构的竞争地位（例如，Dewatripont 和 Tirole，1994）。在过去 20 年中，包括欧盟国家和美国在内的一些国家实施了一系列放松管制的变革，目的是促进竞争和加强金融一体化。

25.4.1 监管和市场结构

一些论文调查了具体的放松管制举措是否改变了竞争。例如，Angelini 和 Cetorelli（2003）通过分析 1983—1997 年期间的数据，研究了第二次欧洲银行指令对意大利银行业竞争的影响。使用推测变量模型，他们计算银行 i 的勒纳指数 L：

$$L = \frac{P_i - MC_i}{P_i} = \frac{-\frac{\theta_i}{\varepsilon}}{p_i} \tag{25.9}$$

θ_i 是总工业产出相对于银行产出的推测弹性，$\varepsilon = \frac{\frac{\alpha Q}{\alpha P}}{Q}$ 是市场需求对价格的半弹性。计算出的勒纳指数在 1983—1992 年期间保持不变，但此后稳步下降，表明 1993 年以后竞争的程度大大增加。

Angelini 和 Cetorelli（2003）进一步探讨了勒纳指数在 1993 年后的变化是否可以归因于第二个银行指令。在控制市场结构的变化（HHI，在每个区域市场中经营的银行数量，人均分行数量）和一些其他外生变量的变化之后，他们发现在 1993—1997 年期间一个虚拟变量解释了相当大一部分的勒纳指数下降。勒纳指数从 1992 年之前的约 14 个百分点下降到 1992 年之后的 6 个百分点。放松管制可以解释 5% 的跌幅。

Gual（1999）研究了欧洲银行放松管制在 1981—1995 年期间对欧洲银行市场结构的影响。他计算了集中度对竞争的弹性（直接通过放松管制来衡量）：在样本均值上评估，放松管制的增加 10% 导致 CR5 比率增加 0.86%。

---

① 例如 Kashyap、Rajan 和 Stein（2002）在银行层面链接贷款和存款，而 Berg 和 Kim（1998）连接零售和公司银行市场的行为。

Goddard 等（2011）采用了一种动态的竞争观，与本质上静态的 SCP 范式和 NEIO 方法相反。他们利用银行利润的持续性作为竞争强度的指标。他们发现，进入市场的法律障碍降低了竞争的强度，使得银行每年都能保留很大一部分非正常利润。

最后，在一篇被广泛引用的研究中，Spiller 和 Favaro（1984）研究了准入管制对乌拉圭银行部门寡头垄断相互作用的影响。1978 年 6 月之前进入被完全禁止加入。他们意外地发现，随着法律准入壁垒的降低，主要银行之间的寡头垄断相互作用的程度实际上降低了，表明竞争减少了。

25.4.2　监管和银行行为

银行监管对银行息差有何贡献？Jayaratne 和 Strahan（1998）发现，在美国允许州范围分支和州际银行业务可以降低运营成本和贷款损失，最终降低了贷款利率。Demirgüç - Kunt、Laeven 和 Levine（2004）的一篇论文利用了 72 个国家的银行数据，研究了银行监管对银行净利息率的影响。商业银行监管的信息来源于 Barth、Caprio 和 Levine（2001）。监管变量包括被拒绝入市的比例、银行在证券市场和投资银行等领域受到监管限制的程度以及存款准备金率。他们还采用了传统基金会（Heritage Foundation）的“银行业自由”指标。传统基金会提供了银行业开放程度的总体指数，以及银行运营业务的自由度。在一次回归中，不同的监管变量一次只输入一个，同样以银行特有的和宏观经济控制为特征。

Demirgüç - Kunt、Laeven 和 Levine（2004）的结果表明，限制性银行监管实际上提高了净利息收益率。例如，准入、活动限制、储备要求或银行自由度增加一个标准差，分别导致现有银行额外增加 50 个、100 个、51 个和 70 个基点。然而，当除了银行特定和宏观经济控制之外，还包括产权指数时，监管限制变得无关紧要，并且不提供任何额外的解释力。Demirgüç - Kunt、Laeven 和 Levine（2004）将这一结果解释为银行监管反映了竞争环境的更广泛的一面。他们的解释与 Kroszner 和 Strahan（1999）以及 Garrett、Wagner 和 Wheelock（2005）的研究结果一致，他们研究了美国各州银行支行放松管制的政治和经济驱动力，而 Jayaratne 和 Strahan（1996）的研究结果表明，放松管制后贷款利率平均下降了 30 个基点。

25.4.3　监管和银行战略

外国银行的存在如何影响竞争？外资银行的竞争方式可能不仅与国内银行不同，而且可能受到国内监管的不同影响。Levine（2004）对外资银行和国内银行的准入限制进行了区分（他进一步细化了 Demirgüç - Kunt、Laeven 和 Levine，2004 年的分析）。Levine 证实表明，外资银行的准入限制决定了利率息差，而国内银行的准入限制则没有。[①] 例如，效率通常高于本国银行的外国银行可以进入许多转型期国家或发展中国家，因为政府官员没有试图通过延迟或拒绝外国银行进入来鼓励国内私人机构合并为“国家冠军企业”（Berger，2007）。与外资拥有本国银行对这些国家银行业效率的贡献相比，外资银行所持有的

---

① 例如 Magri、Mori 和 Rossi（2005 年）的文件中说，外国银行成功进入意大利银行市场后，1992 年颁布的第二项指令的监管障碍下降。

国内银行业的比例并不决定银行的息差。

Jeon、Olivero 和 Wu（2011）分析了外资银行渗透对东道国新兴经济体银行业竞争结构的影响。他们发现外资银行渗透提高了银行竞争的水平。当效率更高、风险更低的外资银行进入本国银行市场时，以及当市场渗透不太集中时，这种效应变得更强。

国有银行也可能以不同于私人所有机构的方式竞争。政府对银行的所有权在世界各地仍然普遍存在，特别是在发展中国家（La Porta、Lopez - de - Silanes 和 Shleifer，2002）。跨国实践表明，国家对银行部门的所有权越多，导致竞争就越弱（Barth、Caprio 和 Levine，2004）以及后续金融发展就越慢（La Porta、Lopez - de - Silanes 和 Shleifer，2002）。然而，实际从国有银行借款的公司支付的借款成本比从私有银行借款的公司低（Sapienza，2004）。如果这个相对较低的利率实际上给予生产率较低的公司，那么国有银行实际上可能导致信贷配置不当，最终导致经济停滞，并对经济增长产生负面影响。①

一般来说，银行监管政策也可能影响信贷的可用性。例如，Beck、Demirgüç - Kunt 和 Levine（2006）指出，强制官方监督机构直接监督、约束和影响银行实际上可能会增加银行腐败对企业筹集外部资金的阻碍程度。而通过强制银行公开披露准确信息来促进私人监督，往往会消除腐败这一障碍。

25.4.4 监管和金融稳定与发展

监管限制是否提供了其他方面的利益/成本？对于竞争与稳定之间的联系，文献对此有两种不同的观点。一方面，根据“竞争脆弱性”的观点，过多的竞争会降低银行的利润率，因此，为了提高回报率，银行可能会有过度冒险的动机。因此，在这种观点下，监管限制有利于金融稳定性（例如，Keeley，1990；Besanko 和 Thakor，1993；Marquez，2002）。另一方面，根据“竞争稳定性”的观点，市场力量越大，贷款利率越高，还款概率越低。因此，在这种观点下，监管限制不利于金融稳定（例如，Boyd 和 De Nicolo，2005）。

大量的实证文献为“竞争脆弱性”观点提供了支持。Keeley（1990）发现，随着美国州分支行限制放松后，竞争加剧，增加了垄断租金，导致银行破产增加。Salas 和 Saurina（2003）一致发现，在西班牙银行体系中，更大的市场力量与更高的银行偿付能力和更低的信用风险损失相关。对于意大利，Bofondi 和 Gobbi（2004）探讨了进入当地信贷市场与贷款违约率之间的联系。他们发现，违约率随着市场参与者数量的增加而增加。

Dick 和 Lehnert（2010）分析了 20 世纪 80 年代和 90 年代初美国国家银行放松管制的变化。他们发现，通过消除州外银行准入的障碍，增加信贷市场的竞争，从而导致银行采用更好的筛选和监控技术，促进了信贷向风险更高、以前被排除在外的借款人的扩展。Yeyati 和 Micco（2007）发现，通过提高产品差异化程度，外国的渗透降低了竞争，并在八个拉丁美洲国家降低了风险水平。

Beck、De Jonghe 和 Schepens（2013）研究了监管框架在解释银行体系竞争与稳定之间关系的跨国变化中的作用。他们使用勒纳指数作为竞争的衡量标准，并且他们使用 Z 评

---

① 这个问题与所谓的“僵尸”贷款现象有关（Caballero、Hoshi 和 Kashyap，2008）。

分作为银行稳定性的衡量标准。他们发现，竞争和银行脆弱性之间一般存在正相关关系。这种关系在那些存款保险较为宽松、对允许的活动范围有更多限制的国家更为牢固。

"竞争稳定性"的观点得到了最近的文献的支持。Boyd、De Nicolo 和 Jalal（2006）发现了银行风险（Z－score）与集中度（HHI）之间负相关的跨国实证证据。因此，银行系统越集中，银行倒闭的风险就越大。Denicolò 和 Loukoianova（2007）发现，当考虑到银行所有权时，这个结果更强，当国有银行拥有很大的市场份额时，这个结果最强。

Beck、Demirgüç－Kunt 和 Levine（2006）研究了银行集中度，银行监管和促进竞争或产权的国家机构对遭遇银行危机的可能性的影响。他们发现，减少监管限制——降低银行进入壁垒和减少对银行活动的限制——导致银行脆弱性减少，这表明监管限制在稳定性方面不利。Schaeck、Čihák 和 Wolfe（2009）使用 Panzar 和 Rosse H 统计，发现竞争可以降低危机的可能性，并增加危机的时间。这表明，促进银行之间竞争的政策有可能改善系统稳定性。

Berger、Klapper 和 Turk－Ariss（2009）使用23 个国家的银行层面数据，对贷款风险、银行稳定性和银行股权资本的若干指标进行回归。与"竞争稳定性"观点一致，他们的研究结果表明，市场实力较高的银行的贷款组合风险更高。然而，他们还发现，由于持有更多的股权资本，市场力量越大的银行风险敞口越小。这一结果与"竞争脆弱性"的观点一致。

放松管制也产生有趣的动态效果。当放松管制导致更有竞争力的结果时，我们可以预期"好银行"应该生存和增长更快，而"弱银行"应该缩减并最终退出。例如，Stiroh 和 Strahan（2003）在美国银行业放松管制之后，评估了市场份额和行业退出的竞争动态。表现良好的银行更有可能在放松管制后获得市场份额。此外，他们发现一个有趣的异质性，这种异质性与放松管制的力量是一致的：绩效与市场份额之间的联系，在单一银行制国家和银行集中度更高的市场中是最强的。分行放松管制对小银行影响最大，而州际放松管制对大银行影响最大。他们还发现，表现最糟糕的银行在放松监管后开始收缩，在一个州取消州际银行限制后，退出率增加了 3.6%；在放松监管后，退出银行的相对利润率增加了。最后，Buch（2003）探讨了放松管制对银行总金融资产总的影响。她发现，欧盟单一市场计划和"巴塞尔资本协议"分别对欧洲内部的资产持有和对欧洲经济合作发展组织国家的贷款产生积极影响。

25.5 信息共享与竞争

理论表明，引入银行之间的信息共享是为了克服信息不对称问题。贷款人可能无法观察到借款人的风险，这会引起逆向选择问题。通过共享信息，贷款人能够对还款概率进行更多的应计预测。贷款人也可能无法控制借款人在获得贷款之后采取的行动，这会导致道德风险问题（参见 Berger、Klapper 等 2003 年对公共信用登记目标的审查）。例如，Padilla 和 Pagano（1997）在理论上表明，信息共享是银行参与借款人竞争的一种承诺手段。这减少了延迟问题，并鼓励企业家，从而降低了违约率。除了减少道德风险问题之外，信息共享还可以减少逆向选择（Jappelli 和 Pagano，1993），扩大信贷市场（当信息共享时，借款方执行的动机会得到加强，参见 Jappelli 和 Pagano，2002 ），确定银行准入的范围，并诱导潜在的共谋行为（Bouckaert 和 Degryse，2006）。

使用全球私人信贷局和公共信用登记机构的信息，Jappelli 和 Pagano（2002）发现信息共享指标与银行贷款呈正相关关系，与违约率呈负相关关系。他们还发现，私人和公共信息共享系统与信用市场表现没有差别。同样，使用关于东欧 24 个国家和前苏联联邦的信用局和公共信用登记系统的信息，Brown、Jappelli 和 Pagano（2009）发现，信息共享与提高可用性和降低信贷成本相关。这种影响的效果对不透明公司的效果比透明公司更显著，并且在债权人保护不良的国家中更为明显。此外，Majnoni 等（2004）分析了阿根廷、巴西和墨西哥的公共信用登记册。研究结果表明，公共信用登记册可以提高同一信用等级借款人的信用额度，降低同一信用等级借款人的银行风险。他们还发现，与大型银行相比，小型银行从共享信贷信息中获益更多。Love 和 Mylenko（2003）发现，私人信用登记系统的存在与公司融资结构中较低的融资约束和银行借款的较高份额有关。对中小型企业的影响更大。然而，他们没有发现证据表明公共信用登记系统对融资的可用性有影响。

尽管信息共享带来了上述好处，但由于担心来自潜在参与者的竞争，贷款人参与的动机可能会降低。Jappelli 和 Pagano（1993）开发了一个模型，其中银行拥有关于当地居民的信用可靠性的私人信息，但没有关于移民的信息。如果当地银行同意与所有其他贷款人分享信息，它们就会得到如何在移民中区分高风险和安全借款人的方法，但同时它们也会失去对居民的信息优势。他们发现，信息共享剥夺了贷款人对独家客户信息的垄断权力，从而使竞争更加激烈。当竞争受成本或监管因素（准入门槛）限制时，贷款人对信息共享的动机更大。

Jappelli 和 Pagano（1993）进一步论证了竞争和信息共享之间的关系可以从美国和英国监管框架的差异中看出。在美国，对分支行的管控传统上限制了银行之间的竞争；在英国，银行可以在全国范围内自由竞争。因此，自 20 世纪 20 年代以来，美国就开始使用信用局，贷方共享“黑”（或负）和“白”（或正）信息。相比之下，在英国，金融公司关于共享“白的”信息的提议在 1989 年遭到拒绝。因此，金融公司只与银行分享“黑色”信息。

类似地，与他们的发现一致，Chan、Greenbaum 和 Thakor（1986）发现，银行竞争的加剧已经削弱了银行进行昂贵的贷款筛选的动机。因此，更多的竞争与利率利差的增加有关。因此，银行通过识别优质借款人而获得的盈余将会减少。

其他实证研究表明，信息共享本身以及对现有的任何信息共享机制的更大范围的覆盖，都能提高银行系统的竞争力。例如，德国、意大利和西班牙等国家的公共信用登记系统分别自 1934 年、1962 年和 1962 年开始运作。这意味着，由于缺乏数据，对信息共享系统的引入对银行竞争的影响进行国内差异分析（前后比较）是不可能的（此外，这种研究还应当受到批评，因为它必须使用历史数据，因此可能缺乏外部有效性，无法洞察当前的银行环境）。利用一个微型数据集，可以研究同一家公司在引入或扩大公共信贷登记处之前和之后所获得的贷款的特征，从而能够令人信服地确定竞争的影响。

然而，最近的工作对信息共享对银行竞争的影响进行了跨国时间序列分析。例如 Giannetti、Jentzsch 和 Spagnolo（2010），考虑 1990—2007 年期间欧盟 27 个成员国。他们进行差异分析，但信息共享变量的变化量有限，因为（不幸的是）基本没有国家在样本期间改变其信息报告系统。他们发现，在引入公共登记系统之后，由于银行的新进入，C3 集中率下降了约 12%。当私人机构创立时，对集中度没有影响。他们还发现，银行利润率以及净利息收益率下降。总之，他们发现公共登记系统有助于加剧竞争（通过各种指标来衡量），这些影响在高度集中的市场上更加明显。

Lin、Ma 和 Song（2010）在一项涵盖 60 个国家的跨国研究中表明，在存在信息共享机制的国家，企业面临的融资约束较少，如果这种机制的覆盖范围更广，企业面临的融资约束更少。此外，他们发现，更大的银行集中会导致更多的融资约束，但是当信息共享覆盖范围更广时，这种融资约束会减轻。这表明，当制度环境包含信息共享机制等其他竞争力量时，决策者应不太关注潜在的反竞争效应。

设立和运行公共信用登记机构/私人信用机构需要资金成本。私营部门是营利性组织，其中一些为银行所有。它们的信息覆盖范围通常由其主要股东以及信息的潜在买家决定。公共信用登记通常由中央银行所有，并以非营利为目的运行。特定数据向公共注册管理机构报告通过法律强制规定。

谁有权使用以及相关费用由谁来出可能会产生很大的不同。“细节决定成败”（“devil truly is in thedetails here”），因为当收费结构对外国银行、非股东、较小的参与者或非银行信贷提供者不利（或实际上将其排除在外）时，收费结构（和/或现行的监管框架）可能部分或完全地消除了对银行业的有利竞争影响。可能存在的缺点如加入费用高、固定接入费用高或存在基于数量的歧视性准入费用。欧盟委员会（2007 年）对准入和交易费用进行了调查，发现一些（但不是所有）私营部门收取高额加盟费。大多数信用登记处的交易费用通常低于每次咨询 1 欧元，无论咨询的数据是正面数据还是负面数据。然而，一些私人信贷机构收取的交易费明显高于这些水平，这可能会损害银行业的竞争。

25.6　结论

本章回顾了衡量银行竞争的不同方法。虽然市场结构指标（例如，HHI）很容易获得并且符合传统的 SCP 范式，但这些指标可能不能够充分反映银行市场的竞争条件。现在的实证研究旨在直接衡量市场行为，采用 Panzar - Rosse H 统计，Lerner 指数和 Boone 指标等“非市场结构”指标。我们建议对银行业竞争的全面评估应以一套广泛的不同竞争指标为基础。

银行在许多方面都是“特殊的”——信息不对称、网络效应和转换成本。因此，我们的综述还讨论了许多其他推断银行业竞争的具体方法。例如，我们回顾了银行之间的监管和信息共享如何可能影响银行竞争。目前正在进行的对银行的重新监管以及在许多国家引入和扩大信息共享机制，必将继续将银行间竞争纳入银行实证研究人员和政策制定者的议程。

参考文献

[1] Alegria C. and Schaeck K.（2008）. On Measuring Concentration in Banking Systems, Finance Re-

search Letters 5, 59 – 67.

[2] Allen F., Gersbach H., Krahnen J. P., and Santomero A. M. (2001). Competition among Banks: Introduction and Conference Overview, European Finance Review 5, 1 – 11.

[3] Allen L. and Rai A. (1996). Operational Efficiency in Banking: An International Comparison, Journal of Banking and Finance 20, 655 – 672.

[4] Angelini P. and Cetorelli N. (2003). Bank Competition and Regulatory Reform: The Case of the Italian Banking Industry, Journal of Money, Credit, and Banking 35, 663 – 684.

[5] Bain J. (1956). Barriers to New Competition. Cambridge MA: Harvard University Press. Barros, P. P. (1999). Multimarket Competition in Banking, with an Example from the Portuguese Market, International Journal of Industrial Organization 17, 335 – 352.

[6] Barth J. R., Caprio G., and Levine R. (2001). The Regulations and Supervision of Banks around the World: A New Database. Washington DC: World Bank.

[7] Barth J. R., Caprio G., and Levine R. (2004). Bank Regulation and Supervision: What Works Best?, Journal of Financial Intermediation 13, 205 – 248.

[8] Beck T., De Jonghe O., and Schepens G. (2013). Bank Competition and Stability: Cross – Country Heterogeneity, Journal of Financial Intermediation 22, 218 – 244.

[9] Beck T., Demirgüç – Kunt A., and Levine R. (2006a). Bank Concentration, Competition, and Crises: First Results, Journal of Banking and Finance 30, 1581 – 1603.

[10] Beck T., Demirgüç – Kunt A., and Levine R. (2006b). Bank Supervision and Corruption in Lending, Journal of Monetary Economics 53, 2131 – 2163.

[11] Berg S. A. and Kim M. (1994). Oligopolistic Interdependence and the Structure of Production in Banking: An Empirical Evaluation, Journal of Money, Credit, and Banking 26, 309 – 322.

[12] Berg S. A. and Kim M. (1998). Banks as Multioutput Oligopolies: An Empirical Evaluation of the Retail and Corporate Banking Markets, Journal of Money, Credit, and Banking 30, 135 – 153.

[13] Berger A. N. (1993). Distribution Free Estimates of Efficiency in the US Banking Industry and Test of the Standard Distributional Assumptions, Journal of Productivity Analysis 4, 261 – 292.

[14] Berger A. N. (1995). The Profit – Structure Relationship in Banking. Tests of Market – Power and Efficient – Structure Hypotheses, Journal of Money, Credit, and Banking 27, 404 – 431.

[15] Berger A. N. (2007). Obstacles to a Global Banking System: "Old Europe" versus New Europe, Journal of Banking and Finance 31, 1955 – 1973.

[16] Berger A. N., Demirgüç – Kunt A., Levine R., and Haubrich J. G. (2004). Bank Concentration and Competition: An Evolution in the Making, Journal of Money, Credit, and Banking 36, 433 – 451.

[17] Berger A. N. and Hannan T. H. (1989). The Price – Concentration Relationship in Banking, Review of Economics and Statistics 71, 291 – 299.

[18] Berger A. N., Hasan I., and Klapper L. F. (2004). Further Evidence on the Link between Finance and Growth: An International Analysis of Community Banking and Economic Performance, Journal of Financial Services Research 25, 169 – 202.

[19] Berger A. N. and Humphrey D. B. (1997). Efficiency of Financial Institutions: International Survey and Directions for Future Research, European Journal of Operational Research 98, 175 – 212.

[20] Berger A. N., Klapper L. F., Miller M. J., and Udell G. F. (2003). Relationship Lending in the Argentine Small Business Credit Market. In: M. J. Miller (Ed.), Credit Reporting Systems and the International Economy, 255 – 270. Cambridge MA: MIT Press.

[21] Berger A. N. , Klapper L. F. , and Turk – Ariss R. (2009). Bank Competition and Financial Stability, Journal of Financial Services Research 35, 99 – 118.

[22] Berger A. N. , Rosen R. J. , and Udell G. F. (2007). Does Market Size Structure Affect Competition? The Case of Small Business Lending, Journal of Banking and Finance 31, 11 – 33.

[23] Besanko D. and Thakor A. V. (1993). Relationship Banking, Deposit Insurance and Bank Portfolio Choice. In: C. Mayer and X. Vives (Eds.), Capital Markets and Financial Intermediation, 292 – 319. Cambridge UK: Cambridge University Press.

[24] Biehl A. R. (2002). The Extent of the Market for Retail Banking Deposits, Antitrust Bulletin 47, 91 – 106.

[25] Bikker J. A. and Haaf K. (2002). Competition, Concentration and Their Relationship: An Empirical Analysis of the Banking Industry, Journal of Banking and Finance 26, 2191 – 2214.

[26] Bikker J. A. , Shaffer S. , and Spierdijk L. (2012). Assessing Competition with the Panzar – Rosse Model: The Role of Scale, Costs, and Equilibrium, Review of Economics and Statistics 94, 1025 – 1044.

[27] Black S. E. and Strahan P. E. (2002). Entrepreneurship and Bank Credit Availability, Journal of Finance 57, 2807 – 2834.

[28] Bofondi M. and Gobbi G. (2004). Bad Loans and Entry into Local Credit Markets. Rome: Bank of Italy.

[29] Bonaccorsi di Patti E. and Dell'Ariccia G. (2004). Bank Competition and Firm Creation, Journal of Money, Credit, and Banking 36, 225 – 252.

[30] Boone J. (2008). A New Way to Measure Competition, Economic Journal 118, 1245 – 1261. Boone, J. , van Ours, J. C. , and van der Wiel, H. (2007). How (Not) to Measure Competition. London: Centre for Economic Policy Research.

[31] Bouckaert J. and Degryse H. (2006). Entry and Strategic Information Display in Credit Markets, Economic Journal 116, 702 – 720.

[32] Boyd J. , De Nicolo G. , and Jalal A. (2006). Bank Risk – Taking and Competition Revisited: New Theory and New Evidence. Washington, DC: International Monetary Fund.

[33] Boyd J. H. and De Nicolo G. (2005). The Theory of Bank Risk Taking and Competition Revisited, Journal of Finance 60, 1329 – 1343.

[34] Bresnahan T. (1982). The Oligopoly Solution Is Identified, Economics Letters 10, 87 – 92.

[35] Brown, M. , Jappelli, T. , and Pagano, M. (2009). Information Sharing and Credit: Firm – Level Evidence from Transition Countries, Journal of Financial Intermediation 18, 151 – 172.

[36] Buch C. M. (2003). What Determines Maturity? An Analysis of German Commercial Banks' Foreign Assets, Applied Financial Economics 13, 337 – 351.

[37] Caballero R. J. , Hoshi T. , and Kashyap A. K. (2008). Zombie Lending and Depressed Restructuring in Japan, American Economic Review 98, 1943 – 1977.

[38] Calem P. S. and Nakamura L. I. (1998). Branch Banking and the Geography of Bank Pricing, Review of Economics and Statistics 80, 600 – 610.

[39] Carbo S. , Humphrey D. , Maudos J. , and Molyneux P. Y. (2009). Cross – Country Comparisons of Competition and Pricing Power in European Banking, Journal of International Money and Finance 28, 115 – 134.

[40] Carbó Valverde S. , Rodriguez Fernández F. , and Udell G. F. (2009). Bank Market Power and SME Financing Constraints, Review of Finance 13, 309 – 340.

[41] Carletti E. (2008). Competition and Regulation in Banking. In: A. V. Thakorand and A. W. A.

Boot (Eds.), Handbook of Financial Intermediation and Banking, 449 - 482. London: NorthHolland.

[42] Cavallo L. and Rossi S. (2001). Scale and Scope Economies in the European Banking Systems, Journal of Multinational Financial Management 11, 515 - 531.

[43] Cetorelli N. (2004). Bank Concentration and Competition in Europe, Journal of Money, Credit, and Banking 36, 543 - 558.

[44] Cetorelli N. and Strahan P. E. (2006). Finance as a Barrier to Entry: Bank Competition and Industry Structure in Local US Markets, Journal of Finance 61, 867 - 892.

[45] Chan Y. S., Greenbaum S. I., and Thakor A. V. (1986). Information Reusability, Competition and Bank Asset Quality, Journal of Banking and Finance 10, 243 - 253.

[46] Claessens S. and Laeven L. (2004). What Drives Bank Competition? Some International Evidence, Journal of Money, Credit, and Banking 36, 563 - 583.

[47] Corts K. S. (1999). Conduct Parameters and the Measurement of Market Power, Journal of Econometrics 88, 227 - 250.

[48] Corvoisier S. and Gropp R. (2002). Bank Concentration and Retail Interest Rates, Journal of Banking and Finance 26, 2155 - 2189.

[49] Craig B. R. and Dinger V. (2009). Bank Mergers and the Dynamics of Deposit Interest Rates, Journal of Financial Services Research 36, 111 - 133.

[50] Craig S. G. and Hardee P. (2007). The Impact of Bank Consolidation on Small Business Credit Availability, Journal of Banking and Finance 31, 1237 - 1263.

[51] Cyrnak A. W. and Hannan T. H. (1999). Is the Cluster Still Valid in Defining Banking Markets? Evidence from a New Data Source, Antitrust Bulletin 44, 313 - 331.

[52] De Jonghe O. and Vander Vennet R. (2008). Competition versus Efficiency: What Drives Franchise Values in European Banking?, Journal of Banking and Finance 32, 1820 - 1835.

[53] De Mello J. M. P. (2007). Can Lender Market Power Benefit Borrowers? Further Evidence from Small Firm Finance. Stanford: Palo Alto.

[54] De Nicolò G. and Loukoianova E. (2007). Bank Ownership, Market Structure and Risk. Washington, DC: International Monetary Fund.

[55] Degryse H. and Ongena S. (2005). Distance, Lending Relationships, and Competition, Journal of Finance 60, 231 - 266.

[56] Degryse H. and Ongena S. (2008). Competition and Regulation in the Banking Sector: A Review of the Empirical Evidence on the Sources of Bank Rents. In: A. V. Thakor and A. W. A. Boot (Eds.), Handbook of Financial Intermediation and Banking, 483 - 554. Amsterdam: Elsevier.

[57] Demirgüç - Kunt A., Laeven L., and Levine R. (2004). Regulations, Market Structure, Institutions, and the Cost of Financial Intermediation, Journal of Money, Credit, and Banking 36, 563 - 583.

[58] Demsetz H. (1973). Industry Structure, Market Rivalry, and Public Policy, Journal of Lawand Economics 16, 1 - 9.

[59] Dewatripont M. and Tirole J. (1994). The Prudential Regulation of Banks. Cambridge MA: MIT.

[60] Dick A. A. (2008). Demand Estimation and Consumer Welfare in the Banking Industry, Journal of Banking and Finance 32, 1661 - 1676.

[61] Dick A. A. and Hannan T. H. (2010). Competition and Antritrust Policy in Banking. In: A. N. Berger, P. Molyneux, and J. O. S. Wilson (Eds.), The Oxford Handbook of Banking, 405 - 429. Oxford: Oxford University Press.

[62] Dick A. A. and Lehnert A. (2010). Personal Bankruptcy and Credit Market Competition, Journal of Finance 65, 655 – 686.

[63] European Commission (2007). Sector Inquiry Retail Banking. Brussels: European Commission.

[64] Fischer, K. H. and Pfeil, C. (2004). Regulation and Competition in German Banking. In: J. P. Krahnen and R. H. Schmidt (Eds.), The German Financial System, 291 – 349. Frankfurt: Oxford University Press.

[65] Focarelli D. and Panetta F. (2003). Are Mergers Beneficial to Consumers? Evidence from the Market for Bank Deposits, American Economic Review 93, 1152 – 1171.

[66] Garrett T. A., Wagner G. A., and Wheelock D. C. (2005). A Spatial Analysis of State Banking Regulation, Papers in Regional Science 84, 575 – 595.

[67] Giannetti C., Jentzsch N., and Spagnolo G. (2010). Information – Sharing and Cross – Border Entry in European Banking. Brussels: European Credit Research Institute.

[68] Gilbert R. (1984). Bank Market Structure and Competition: A Survey, Journal of Money, Credit, and Banking 16, 617 – 644.

[69] Gilbert R. A. and Zaretsky A. M. (2003). Banking Antitrust: Are the Assumptions Still Valid?, Review of the Federal Reserve Bank of St. Louis November, 29 – 52.

[70] Goddard J., Liu H., Molyneux P., and Wilson J. O. S. (2011). The Persistence of Bank Profit, Journal of Banking and Finance 35, 2881 – 2890.

[71] Goddard J. and Wilson J. O. S. (2009). Competition in Banking: A Disequilibrium Approach, Journal of Banking and Finance 33, 2282 – 2292.

[72] Gual J. (1999). Deregulation, Integration and Market Structure in European Banking, Journal of Japanese and International Economies 12, 372 – 396.

[73] Hannan T. H. and Prager R. A. (2004). The Competitive Implications of Multimarket Bank Branching, Journal of Banking and Finance 28, 1889 – 1914.

[74] Hannan T. H. and Prager R. A. (2009). The Profitability of Small Single – Market Banks in an Era of Multi – Market Banking, Journal of Banking and Finance 33, 263 – 271.

[75] Heitfield E. A. (1999). What Do Interest Rate Data Say about the Geography of Retail Banking Markets, Antitrust Bulletin 44, 333 – 347.

[76] Heitfield E. A. and Prager R. A. (2004). The Geographic Scope of Retail Deposit Markets, Journal of Financial Services Research 25, 37 – 55.

[77] Iwata G. (1974). Measurement of Conjectural Variations in Oligopoly, Econometrica 42, 947 – 966.

[78] Jappelli T. and Pagano M. (1993). Information Sharing in Credit Markets, Journal of Finance 63, 1693 – 1718.

[79] Jappelli T. and Pagano M. (2002). Information Sharing, Lending and Defaults: Cross – Country Evidence, Journal of Banking and Finance 26, 2017 – 2045.

[80] Jaumandreu J. and Lorences J. (2002). Modelling Price Competition across Many Markets: An Application to the Spanish Loans Market, European Economic Review 46, 93 – 115.

[81] Jayaratne J. and Strahan P. E. (1996). The Finance – Growth Nexus: Evidence from Bank Branch Deregulation, Quarterly Journal of Economics 111, 639 – 670.

[82] Jayaratne J. and Strahan P. E. (1998). Entry Restrictions, Industry Evolution, and Dynamic Efficiency: Evidence from Commercial Banking, Journal of Law and Economics 41, 239 – 274.

[83] Jeon B. N., Olivero M. P., and Wu J. (2011). Do Foreign Banks Increase Competition? Evidence

from Emerging Asian and Latin American Banking Markets, Journal of Banking and Finance 35, 856 – 875.

[84] Kashyap A., Rajan R. G., and Stein J. C. (2002). Banks as Liquidity Providers: An Explanation for the Co – existence of Lending and Deposit – Taking, Journal of Finance 57, 33 – 73.

[85] Keeley M. C. (1990). Deposit Insurance Risk and Market Power in Banking, American Economic Review 80, 1183 – 1200.

[86] Kerr W. R. and Nanda R. (2009). Democratizing Entry: Banking Deregulations, Financing Constraints, and Entrepreneurship, Journal of Financial Economics 94, 124 – 149.

[87] Kim M. (1986). Banking Technology and the Existence of a Consistent Output Aggregate, Journal of Monetary Economics 18, 181 – 195.

[88] Kim M., Kristiansen E. G., and Vale B. (2005). Endogenous Product Differentiation in Credit Markets: What Do Borrowers Pay For?, Journal of Banking and Finance 29, 681 – 699.

[89] Kroszner R. S. and Strahan P. E. (1999). What Drives Deregulation? Economics and Politics of the Relaxation of Bank Branching Restrictions, Quarterly Journal of Economics 124, 1437 – 1467.

[90] La Porta R., Lopez – de – Silanes F., and Shleifer A. (2002). Government Ownership of Banks, Journal of Finance 57, 265 – 301.

[91] Lau L. J. (1982). On Identifying the Degree of Competitiveness from Industry Price and Output Data, Economic Letters 10, 93 – 99.

[92] Levine R. (2004). Denying Foreign Bank Entry: Implications for Bank Interest Margins. In: L. A. Ahumada, J. R. Fuentes, N. Loayza, and K. Schmidt – Hebbel (Eds.), Banking Market Structure and Monetary Policy, 271 – 292. Santiago de Chile: Central Bank of Chile.

[93] Levy Yeyati E. and Micco A. (2007). Concentration and Foreign Penetration in Latin American Banking Sectors: Impact on Competition and Risk, Journal of Banking and Finance 31, 1633 – 1647.

[94] Lin C., Ma Y., and Song F. M. (2010). Bank Competition, Credit Information Sharing and Banking Efficiency. Hong Kong: City University of Hong Kong.

[95] Love I. and Mylenko N. (2003). Credit Reporting and Financing Constraints. Washington, DC: World Bank.

[96] Magri S., Mori A., and Rossi P. (2005). The Entry and the Activity Level of Foreign Banks in Italy: An Analysis of the Determinants, Journal of Banking and Finance 29, 1295 – 1310.

[97] Majnoni G., Miller M. J., Mylenko N., and Powell A. (2004). Improving Credit Information, Bank Regulation, and Supervision: On the Role and Design of Public Credit Registries. Washington, DC: World Bank.

[98] Marquez R. (2002). Competition, Adverse Selection, and Information Dispersion in the Banking Industry, Review of Financial Studies 15, 901 – 926.

[99] Mester L. J. (1993). Efficiency in the Savings and Loan Industry, Journal of Banking and Finance 17, 267 – 286.

[100] Molnár J. (2007). Market Power and Merger Simulation in Retail Banking. Helsinki: Bank of Finland.

[101] Molnár J., Nagy M., and Horvath C. (2007). A Structural Empirical Analysis of Retail Banking Competition: The Case of Hungary. Budapest: Hungarian National Bank.

[102] Molyneux P. Y., Altunbas Y., and Gardener E. P. M. (1996). Efficiency in European Banking. London: John Wiley and Sons.

[103] Montoriol Garriga J. (2006). Relationship Lending and Banking Competition: Are They Compatible? Barcelona: Universitat Pompeu Fabra.

[104] Morgan D. (2002). How Big are Bank Markets: Evidence Using Branch Sale Premia. New York, NY: Federal Reserve Bank of New York.

[105] Neumark D. and Sharpe S. A. (1992). Market Structure and the Nature of Price Rigidity: Evidence from the Market for Consumer Deposits, Quarterly Journal of Economics 107, 657 - 680.

[106] Padilla A. J. and Pagano M. (1997). Endogenous Communication among Lenders and Entrepreneurial Incentives, Review of Financial Studies 10, 205 - 236.

[107] Panetta F., Schivardi F., and Shum M. (2009). Do Mergers Improve Information? Evidence from the Loan Market, Journal of Money, Credit and Banking 41, 673 - 709.

[108] Panzar J. C. and Rosse J. N. (1987). Testing for Monopoly Equilibrium, Journal of Industrial Economics 35, 443 - 456.

[109] Park K. and Pennacchi G. (2009). Harming Depositors and Helping Borrowers: The Disparate Impact of Bank Consolidation, Review of Financial Studies 22, 1 - 40.

[110] Peltzmann S. (1977). The Gains and Losses from Industrial Concentration, Journal of Law and Economics 20, 229 - 263.

[111] Petersen M. A. and Rajan R. G. (1995). The Effect of Credit Market Competition on Lending Relationships, Quarterly Journal of Economics 110, 406 - 443.

[112] Radecki L. J. (1998). The Expanding Geographic Reach of Retail Banking Markets, FRBNY Economic Policy Review 4, 15 - 34.

[113] Rice T. and Strahan P. E. (2010). Does Credit Competition Affect Small - Firm Finance?, Journal of Finance 65, 861 - 889.

[114] Rosen R. J. (2007). Banking Market Conditions and Deposit Interest Rates, Journal of Banking and Finance 31, 3862 - 3884.

[115] Salas V. and Saurina J. (2003). Deregulation, Market Power and Risk Behavior in Spanish Banks, European Economic Review 47, 1061 - 1075.

[116] Salop S. C. (1987). Symposium on Mergers and Antitrust, Journal of Economic Perspectives 1, 3 - 12.

[117] Sapienza P. (2002). The Effects of Banking Mergers on Loan Contracts, Journal of Finance 57, 329 - 368.

[118] Sapienza P. (2004). The Effects of Government Ownership on Bank Lending, Journal of Financial Economics 72, 357 - 384.

[119] Schaeck K. and Čihák M. (2010). Competition, Efficiency, and Soundness in Banking: An Industrial Organization Perspective. Tilburg: European Banking Center.

[120] Schaeck K., Čihák M., and Wolfe S. (2009). Are Competitive Banking Systems More Stable?, Journal of Money, Credit and Banking 41, 711 - 734.

[121] Shaffer S. (1989). Competition in the US Banking Industry, Economics Letters 29, 321 - 323.

[122] Shaffer, S. (1993). A Test of Competition in Canadian Banking, Journal of Money, Credit, and Banking 25, 49 - 61.

[123] Shaffer S. (2004). Patterns of Competition in Banking, Journal of Economics and Business 56, 287 - 313.

[124] Spiller P. T. and Favaro E. (1984). The Effects of Entry Regulation on Oligopolistic Interaction: The Uruguayan Banking Sector, RAND Journal of Economics 15, 244 - 254.

[125] Stiroh K. and Strahan P. (2003). Competitive Dynamics of Deregulation: Evidence from US Banking, Journal of Money, Credit, and Banking 35, 801 –828.

[126] Turati G. (2001). Cost Efficiency and Profitability in European Commercial Banking. Milan: Universita Cattolica del S. Cuore.

[127] van Leuvensteijn M., Bikker J. A., van Rixtel A. A. R. J. M., and Sørensen C. K. (2011). A New Approach to Measuring Competition in the Loan Markets of the Euro Area, Applied Economics 43, 3155 – 3167.

[128] Vander Vennet R. (2002). Cost and Profit Efficiency of Financial Conglomerates and Universal Banks in Europe, Journal of Money, Credit, and Banking 34, 254 –282.

[129] Vives X. (1991). Regulatory Reform in Europe, European Economic Review 35, 505 –515. Vives, X. (1999). Oligopoly Pricing: Old Ideas and New Tools. Cambridge MA: MIT Press.

[130] Vives X. (2001). Competition in the Changing World of Banking, Oxford Review of Economic Policy 17, 535 –547.

第 26 章 后危机时代的系统重要性银行

——基于全球 135 个国家的研究[①]

26.1 引言

世界各地的政治领导人和监管当局对 2007—2008 年出现的国际金融危机作出了反应，其中包括一系列旨在稳定和改革国家和国际金融市场、机构和实践的政策。[②] 自危机开始以来的 6 年时间里，世界各地对解决危机的政策继续有条不紊地辩论、决策和实施，反映了此次危机的深远影响。当局的一个主要政策焦点——有人会称为“主要的焦点”——从最初一直是由系统重要性金融机构（或“SIFIs”）引发的对金融系统的风险。在全球层面（“G - SIFIs”）和国内层面（“D - SIFIs”），这些系统从规模上说是相互关联的金融系统重要性机构，它们的失效或者严重的困境，将会导致金融体系严重的不稳定和严重的负面经济后果。D - SIFIs 和 G - SIFIs 之间的区别在于前者对国家金融体系构成系统性风险，但（可能）不会超过国家的范围，而后者在国内和国外都构成系统性风险。

在国家层面，决策者一直在加强适用于 SIFIs 的现有监管经验和法规，在一个又一个国家，针对 SIFIs 的新的国家法律法规仍在实施。其中一些国家的尝试在世界范围内广为人知，例如 2010 年美国的《多德—弗兰克法案》。此外，对国际金融危机的关键政策反应已经在国际层面进行研讨并承诺实施。其中最著名的是针对大型国际银行的“巴塞尔协议Ⅲ”中对资本和流动性的标准。然而，即使是经验丰富的金融市场分析师和政策制定者，很多人对于处理 SIFIs 的国内和国际政策的性质缺乏清晰和全面的认识。

本章的目的是解决这一问题，有助于更好地了解世界各地 SIFIs 政策的性质和范围。我们的重点是系统重要性银行的监督和管理（一般称为“SIBs”，包括 D - SIBs 和 G - SIBs），SIBs 是 SIFIs 的一个重要的子项。事实上，截至本章撰写之时，系统重要性银行在国内和国际上一直受到政策制定者的高度关注。我们从两个互补的角度来看待这个问题：

---

① 本章中表达的观点仅仅是作者的观点，不应被解释作为反映货币主计长、美国财政部、旧金山联邦储备银行或理事会的观点。

② 许多研究人员、分析师、市场观察家和决策者认为国际金融危机涵盖了 2007—2009 年期间或这三年的某些重要的子集。其他人关注债务银行体系的严重性，从 2010 年起，欧元区受到压力基本上是同一时期全球金融体系危机的延续；参见 Lane 在 2012 年提出，2009 年春季是“全球危机的市场恐慌阶段”的结束，并解释说，“随后的危机仍在持续，欧洲是当前阶段的主要部分”。为了本章的目的，无论支持哪种观点都无关紧要，作者认为本章中传达的信息与任一观点都相关。

“全球”观点侧重于国际实体从事金融体系改革主要议程（即使相对鲜为人知）；我们的国内观点详细探讨了全球135个国家对系统重要性银行的监督措施。从两个角度来看，我们都提供重要的新数据和信息。

26.2节提出了我们认为的“主要的国际或全球SIFIs政策议程”。具体来说，它描述了二十国集团（G20）如何应对国际金融危机的爆发，它迅速成为国际合作的主要论坛，用于制定和实施旨在改革世界金融体系的政策，也包括特别针对SIFIs的那些政策。本节的第一部分解释G20是什么，以及G20如何通过其主要机构金融稳定委员会（FSB）发挥其领导决策的作用。本节第二部分的讨论突出了G20/FSB和SIFIs举措的发展，将其纳入2008年底至2013年中期的整体金融体系改革议程的背景下，即“五年前”2008年9月国际金融危机的爆发。这个“故事”在很大程度上是未知的，因此，即使在严肃的金融系统观察者、分析家和决策者中，对全球银行和金融体系政策层级结构的形成，也存在一定程度的无知甚至误解。

26.3节首先讨论了用于识别G-SIBs的因素，以及如何用这些被指定的因素在世界上最大的100家银行之间比较资产规模。这些银行的规模也是相对于银行系统的总资产和给定银行总部所在国家的国内生产总值来衡量的。然后，引出本节我们的第二个观点：危机后国家基础上的对于SIBs的监督和管理。具体来说，利用世界银行收集的最新的全面数据，我们研究适用于D-SIB和G-SIBs的政策的性质。金融业参与者和政策制定者意识到，世界上许多国家已经加强了现有措施或采取新措施来更好地管理和监督SIBs，但直到最近，由于缺乏各国的详细数据，很难描绘出一幅全面的图景。本节使用新的世界银行系统涵盖135个国家对SIBs的管理和监督（除其他事项外）的调查数据，解决了这一缺陷。

本章一方面介绍了SIBs确定和控制金融体系风险的“全球”议程，另一方面说明了实现同一目标国家的具体措施。这就提出了一个明显的问题：“处理SIBs事务的全球议程和单个国家措施。”第26.4节讨论了这个问题。首先，对这一问题没有唯一的、包罗万象的“答案”，即使存在，也是一本单独的（冗长的）书，这样复杂的任务也将为另一章提供足够的材料。考虑到这一点，我们在本节中的主要内容是简要介绍该问题的一个重要方面的性质，跨境监管和监督的法律障碍。

26.2 系统重要性金融机构：G20和全球层面的政策制定①

到2008年第四季度初，对大多数金融市场观察家、分析师和决策者来说，最初在美国次级抵押贷款市场触发的金融危机已经扩散到全球范围，这一点已变得明显。当时还普遍认识到，这一点的一个重要推论是，无论国家政策的反应如何大胆和创新，都不足以稳定世界各地的金融市场和网络，更不用说修复了。正是在这种环境下，G20国家的政府首脑于2008年11月14日至15日在华盛顿举行了首次领导人峰会。请注意，尽管自1999年G20成立以来，G20各成员国财长和央行行长每年都会举行一次会议，但2008年11月的

① 我们对G20和FSB的描述，其政策制定结构，和我们对G20和FSB金融体系改革议程的发展的历史简介都深深依赖于2013年Nolle的研究。

G20 峰会是 G20 国家元首首次以集团形式举行会晤，这恰恰是因为此次金融危机的严重性。

这一事件标志着国际协调金融政策的制定方式以及由谁制定的巨大变化。为了应对上一次发生在 1997—1998 年的国际金融危机，七国集团（G7）——富裕的工业国（加拿大、法国、德国、意大利、日本、英国和美国）占据了舞台中央，多年来一直如此。当时，七国集团（G7）决定建立一个新的国际经济论坛，成员范围更广、经济结构更多样化，特别是认识到几个大型新兴市场和发展中经济体（EMDEs）在世界经济迅速增长中的重要作用。[①] 随着国际金融危机的加深和扩大，这一决定看起来更有先见之明，特别是由于危机特征的显著性角色逆转：最大的 G20 成员和最大的金融体系受到胁迫，而传统上不稳定的 EMDEs 成员几乎没有受到危机的影响。下一个小节将详细介绍二十国集团成员组成，并介绍二十国集团与其他国际政策论坛，特别是更为知名的巴塞尔银行监管委员会（BCBS）和国际货币基金组织（IMF）之间的关系。最后一节简要介绍了 G20 应对全球金融危机的金融体系改革政策议程的产生和演变，重点介绍了该议程中与 SI-FIs 相关的部分。

26.2.1 G20 的成员有哪些？什么是 G20？

“G20”一词通常用于指代在该集团中作为代表的 19 个成员国和欧盟。更确切地说，自 G7 财政部长和中央银行行长于 1999 年 9 月成立 G20 以来，“G20”具体意味着 19 个成员国的财政部长和中央银行行长，以及来自欧盟的同等级代表——欧洲理事会主席或欧洲中央银行负责人轮流担任。财政部长和中央银行行长（以下在本章简称“部长和行长”）继续担任 G20 中的核心，但是，自从国际金融危机最黑暗的日子以来，部长和行长主动请求他们国家的元首和“领导人”直接参与决定最重要的政策问题，G20 国家的国家元首或“领导人”在相关情况下也被称为“G20”。为了清楚起见，在本章中，我们使用简单术语“G20”指代部长和行长，在其他地方，我们酌情指定“G20 领导人”或“G20 [成员国] /管辖区”。

表 26.1 列出了 19 个成员国。表 26.1 还包括各成员国的经济和金融重要性的关键指标，以及这些国家的综合重要程度。世界上最大的经济体都包括在 G20 成员国中（例如美国、中国和日本），但成员国也包括世界上每个区域的较小经济体。在 2012 年，G20 成员国占世界 GDP 的 86%。更加引人注目的是 G20 在金融市场的主导地位，其中占世界银行系统资产的 89%，全球股票市值的 81% 和全球债券市场的 94%。表 26.1 中最右一列通过总结银行、股票市场和债券市场的衡量指标，全面衡量了全球金融市场的经济活动；使用“金融市场”的概念，表 26.1 显示，2012 年 G20 成员国占全球金融总量的 90%。

---

① G20 原始成员的 EMDE 中最重要的是中国、巴西和印度；请参阅“什么是 G20?”，G20 的官方网站 <http://www.g20.org/docs/about/about_g20.html.>。

表 26.1　　世界经济金融系统的 G20 成员国（2012）

	实体经济		金融体系							
	GDP		银行资产		股票市场资本化		债券市场①		金融市场（股票+债券+银行）	
G20 成员	美元万亿	世界占比	美元万亿	世界占比	美元万亿	世界占比	美元万亿	世界占比	美元万亿	世界占比
阿根廷	0.47	0.7	0.16	0.1	0.03	0.1	0.05	0.0	0.24	0.1
澳大利亚	1.54	2.1	3.34	2.6	1.37	2.5	4.04	2.9	8.74	2.7
巴西	2.40	3.3	2.41	1.9	1.20	2.2	2.29	1.7	5.90	1.8
加拿大	1.82	2.5	3.88	3.0	1.87	3.4	4.49	3.2	10.24	3.2
中国	8.23	11.5	17.18	13.4	2.98	5.4	3.82	2.7	23.97	7.4
法国	2.61	3.6	9.98	7.8	1.66	3.0	6.16	4.4	17.80	5.5
德国	3.40	4.7	5.06	3.9	1.55	2.8	5.72	4.1	12.33	3.8
印度	1.82	2.5	1.81	1.4	1.18	2.1	0.64	0.5	3.63	1.1
印度尼西亚	0.88	1.2	0.39	0.3	0.42	0.8	0.17	0.1	0.99	0.3
意大利	2.01	2.8	3.27	2.5	0.51	0.9	4.83	3.5	8.61	2.7
日本	5.96	8.3	13.04	10.1	3.89	7.0	29.18	21.0	46.11	14.3
墨西哥	1.18	1.6	0.47	0.4	0.56	1.0	0.68	0.5	1.71	0.5
俄罗斯	2.02	2.8	1.13	0.9	0.83	1.5	0.79	0.6	2.74	0.9
沙特阿拉伯	0.73	1.0	0.36	0.3	0.37	0.7	0.06	0.0	0.80	0.2
南非	0.38	0.5	0.38	0.3	0.49	0.9	0.25	0.2	1.12	0.3
韩国	1.16	1.6	1.38	1.1	1.07	1.9	1.44	1.0	3.89	1.2
土耳其	0.79	1.1	0.75	0.6	0.31	0.6	0.60	0.4	1.66	0.5
英国	2.44	3.4	10.99	8.5	3.55	6.4	9.20	6.6	23.74	7.4
美国	15.68	21.9	23.82	18.5	18.14	32.8	37.20	26.8	79.15	24.5
欧盟总计	16.41	22.9	43.85	34.1	10.19	18.4	44.95	32.4	98.99	30.7
欧盟（非 G20 成员）②	5.95	8.3	14.55	11.3	2.92	5.3	19.04	13.7	36.51	11.3
G20 总计③	61.47	85.7	114.35	88.9	44.90	81.2	130.64	94.2	289.90	89.8
世界总计	71.71	100.0	128.63	100.0	55.32	100.0	138.75	100.0	322.70	100.0

注：①公共债务证券 + 私人债务证券。

②不包括法国、德国、意大利和英国的单独数据；在 20 国集团中没有单独表示的欧盟成员国包括：奥地利、比利时、丹麦、芬兰、希腊、爱尔兰、卢森堡、荷兰、葡萄牙、西班牙和瑞典。

③个别成员国合计 + “欧盟非 G20 成员国”，以免重复计算法国、德国、意大利和英国。

来源：IMF WEO；IMF IFS；Bankscope；Bloomberg，BIS。

G20 将其自身定义为“在全球经济和金融议程最重要问题上开展国际合作的首要论坛”，其主要目标是协调其成员之间的政策，以“实现经济稳定和可持续增长”；“制定减少风险和防止未来金融危机的金融法规”；“国际金融结构现代化”。① 这些目标，特别是

① “什么是 G20？”，在 <http：//www. g20. org/docs/about/about _ g20. html. >。

G20 对其在全球经济领导地位的主张，似乎与人们对其他更知名的国际决策集团［尤其是 BCBS 和国际货币基金组织（IMF）］传统上扮演领导角色的普遍看法有所不同。它也改变了 G7 在金融监管措施中发挥的有限作用。[①]

Nolle（2013）利用官方 G20 声明，包括 20 国集团领导人在各次首脑会议上发布的官方公报和声明，讨论了他对“G20 倡议”的“政策制定流程”的定义。该研究描述了 G20 政策审议和决策过程可能令人惊讶的明显的等级性质。在这一过程中突出的是金融稳定委员会（FSB）扮演的重要角色，它对国际金融体系政策产生了巨大的实质性影响。2008 年年底严重金融危机时，G20 发挥全球领导作用，部长、行长和领导人面临着前所未有的考验，必须要迅速和有效地作出反应，在这种情况下迅速建立一个单独的、强大的、永久的机构，以发起和监督其金融体系稳定和改革议程。具体来说，在 2009 年 4 月的伦敦峰会上，G20 领导人“建立了一个新的金融稳定委员会（FSB），作为金融稳定论坛（FSF）的继任者，加强了其职责。FSB[②] 从 G20 继承的任务不仅包括协调有关金融体系改革的国际工作，而且还包括‘监督实施这些改革所需的行动’”。[③]

FSB 代表 G20 在与独立国际组织就某些问题开展合作工作方面发挥了隐性的领导作用。这些国际组织分为两类，第一类是“国际标准制定机构”。国际标准制定机构是由成员国的监管和监管机构组成的政治和法律独立的团体，其宗旨是“制定公认的良好原则、惯例和指导方针”，让特定经济或金融领域的企业和监管机构在此基础上开展业务。[④] 也许最著名的国际标准制定团体是 BCBS；其他主要的金融部门标准制定机构包括国际保险监督员协会（IAIS）、国际证券委员会组织（IOSCO）和国际会计准则委员会（IASB）。这些团体都是在 FSB 成立之前就存在的，并且都继续寻求独立确定的工作议程。即使如此，FSB 在标准制定机构方面的协调作用导致了一个重要推论，它在协调标准制定机构的行动决策中发挥着同侪之首的作用，以“解决任何政策重叠或缺失，并根据相关的国家和地区监管结构的变化来明确监管的分界线，这些监管结构包括：审慎和系统性风险、市场诚信、投资者保护和消费者保护、基础设施以及会计和审计。”[⑤]

金融稳定委员会（FSB）代表 G20 发挥的隐性领导作用也延伸到与其他主要国际组织的选定工作上。这些“其他国际组织”中主要是国际货币基金组织（IMF）。从 2008 年 11 月的

---

① 有关国际监管架构的完整说明，请参见 Brummer（2012）。

② FSF 本质上是一个 G20 部长和总督的内部智囊团（伦敦首脑会议声明，2009 年 4 月 2 日，第 15 点）。

③ 请参阅 FSB 的声明 <http：//www. fnancialstabilityboard. org/about/mandate. htm. >。在 Nolle（2013）中有更详细的解释，FSB 成员包括所有 G20 成员，但成员不限于 G20。此外，FSB 成员还包括主要的“国际标准制定、监督、管理和中央银行”。然而，非 G20 的 FSB 成员发挥的作用很小。在 FSB 全体会议上，或许更重要的是，在委员会，G20 代表了大多数 FSB 成员。关于部长和总监的性质和业务结构，另请参阅 Nolle（2013）了解更多详细信息。他指出，虽然 G20 没有一个常设秘书处和部门，但有一个明确的内部业务结构。具体来说，小组将特定成员指定为该组织在给定年份的总裁，以及这是成员的责任，组织部长和总监定期会议，组织、主办并主持那一年的领导人峰会。此外，指定成员负责网站的设计、维护和内容。2013 年，G20 总统领导人峰会将于 9 月在俄罗斯圣彼得堡举行。

④ 参见 FSB，“什么是标准” <http：//www. fnancialstabilityboard. org/cos/standards. htm. >；FSB，“谁是标准制定机构？” <http：//www. fnancialstabilityboard. org/cos/wssb. htm. >。注意，FSB 包括国际货币基金组织、世界银行和国际标准中的 OECD。在本章中，我们遵循 Nolle（2013）将这些实体归类为“其他国际组织”，承认它们的使命和工作，同时包含了更广范围的标准。

⑤ 《金融稳定委员会章程》，2012 年 6 月第 2（2）条。

第一次各国首脑峰会开始，IMF 每次都会因其在全球金融系统中的重要作用被列入首脑会议公报中。此外，自 2009 年 4 月伦敦峰会公报宣布成立金融稳定委员会以来，金融稳定委员会与国际货币基金组织合作开展了几项主要活动，例如，伦敦首脑会议（2009 年 4 月 2 日）声明指出，“金融稳定委员会应与国际货币基金组织合作，提供宏观经济和金融风险的早期预警以及解决这些风险所需的行动。然而，也有一个微妙的，也许有点隐含的理解，G20 预见到了 IMF 在特定的情况下会推迟向 FSB 汇报工作。这种推论部分取决于这样一个事实，在发生严重经济危机后，除了改革全球金融体系外，20 国集团的另一个优先事项是“国际金融结构”的改革，[①] 特别是通过工作“使国际货币基金组织现代化以更好地反映世界经济的变化”和“增强国际货币基金组织的合法性、可信性和效率，使其成为促进全球金融稳定和增长的更强大的机构。”[②] 这种声明通常伴随着具体的 G20 承诺，以增加 IMF 的资金支持。

26.2.2 G20/FSB 系统重要性金融机构的举措

自 2008 年 11 月在华盛顿特区举行第一次领导人峰会以来，G20 领导人提出了一项宏大而雄心勃勃的议程，首先是稳定，然后修复和改革全球金融体系。他们的主要目标之一是最大、最复杂、联系最紧密的金融公司所带来的风险，包括特别是银行带来的风险。在国际金融危机爆发五年后，G20 / FSB 金融体系改革工作的公开文件变得广泛而复杂；Nolle（2013）提供了一种易于操作的方式来理解这一工作的性质和范围，在本节的其余部分中，我们将大量利用这项研究。具体来说，Nolle（2013）侧重于从 2008 年 11 月第一次开始的 G7 首脑峰会上发表的主要陈述、声明和公报。[③] 这些首脑会议声明实质上是突出强调 G20 和 FSB 所有相关工作流程包括侧重于 SIFI 的工作流程的性质和地位的要点摘要。它们共同提供了一幅连贯的画面，展示了整个金融体系改革议程和与 SIFI 相关的倡议随着时间的推移而出现和演变。

当 G20 领导人于 2008 年 11 月在华盛顿特区举行会议时，所有人都紧急意识到世界经济和金融市场所面临的严重挑战的历史性质，领导人开始了他们的首脑会议的重要发言。在这种环境下，领导人在华盛顿首脑会议上的主要焦点是全球金融市场的稳定，许多人担心金融市场即将崩溃。作为回应，他们制订了一个雄心勃勃的 47 点“行动计划”，其中包括一些具体的、短期的、以稳定为目标的措施。[④] SIFIs 在 47 点“行动计划”中受到相当大的关注，但“SIFIs 议程”本身并没有形成。[⑤]

---

① 这一短语出现在 2012 年 6 月 18～19 日洛斯卡沃斯峰会的 G20 领导人宣言中。涵盖此主题的其他术语包括：《全球架构》（匹兹堡峰会，9 月 24～25 日，2009）；《加强国际金融机构》［国际金融机构］（多伦多首脑会议，6 月 26～27 日，2010）；《更稳定和更具弹性的国际货币体系》（戛纳峰会，11 月 3～4 日，2011）；和《加强国际货币基金组织资源以保障全球金融稳定的进程增强国际货币基金组织在危机预防和解决方面的作用》（墨西哥部长和省长会议，2012 年 11 月 4～5 日）。

② 《G20 首尔峰会领导人宣言》，2010 年 11 月 11～12 日，第 9 点，第 2 点。

③ 我们注意到，这是在 2013 年 9 月俄罗斯圣彼得堡举行的第八届领导人峰会之前完成的。在他的 2013 年 8 月的手稿中（最近可以参考的章节），Nolle 表示与他对前七届领导人首脑会议的处理方式相似，该声明的后续版本将覆盖圣彼得堡的首脑会议。

④ 有关 47 点“行动计划”的详情，请参阅 Nolle 在 2011 年和 2012 年的研究。

⑤ 领导人声明，匹兹堡峰会，2009 年 9 月 24～25 日，第 19 点。

不到半年后，在 2009 年 4 月的伦敦首脑会议上，金融体系的稳定仍然是各国首脑的首要任务。事实上，伦敦首脑会议的公报开头写道："我们在现代正面临着世界经济的最大挑战；一个自我们上次会晤以来更大的危机"。然而，一项长期金融体系改革议程的开端已开始成形，其中包括对 SIFIs 的改革。当 2009 年 9 月各国领导人在匹兹堡再次会面时，世界金融体系已经转危为安。因此，从匹兹堡峰会开始，各国领导人得以将相当大的注意力转向金融体系改革举措，在那次峰会上正式宣布，G20 已成为国际经济合作的"主要论坛"。

在匹兹堡峰会上，各国领导人作出的最大胆的金融体系改革承诺都是针对 SIFIs 的。具体来说，各国领导人承诺在 2010 年年底前制定新的国际银行资本标准。就这样，"巴塞尔协议Ⅲ"应运而生。匹兹堡峰会还宣布了一项承诺，即制订一项详细计划，加大对证券业和金融监管机构的监管力度。各国领导人开始完善他们的承诺，以使全球银行跨境清算程序合理化。

为了保持其金融改革工作的势头，鉴于世界金融市场仍然脆弱，G20 领导人决定与 2009 年一样，在 2010 年举行两次会议。2010 年 6 月举行了多伦多首脑会议，2010 年 11 月在首尔举行的首脑会议上，多伦多首脑会议被称为"排练"，届时，G20 / FSB 金融体系改革举措取得了重大进展特别是针对 SIFIs 的改革。在刚刚完成的巴塞尔协议Ⅲ（Basel Ⅲ）项目上，各国领导人的落款排在最前面和最中间。关于巴塞尔协议Ⅲ（Basel Ⅲ）发布的官方议定书规定，主要文件的最终公开发行是在 G20 领导人在首尔峰会（Seoul Summit）上批准该标准的几周后设计出来的。到那时，方案的所有细节都是公开并被公众所知；重要的是，与最初的巴塞尔资本标准（Basel capital standards）或巴塞尔协议Ⅱ不同，巴塞尔委员会不是巴塞尔协议Ⅲ标准的最终"批准盖章"。

除了批准"巴塞尔协议Ⅲ"外，领导人还祝贺 FSB 及时完成了一项全面的附加（非巴塞尔协议Ⅲ）SIFIs 计划，并批准了 FSB 的工作计划。FSB 的"多管齐下的框架"包括五个基本问题：（1）提高审慎标准，强调较高的损失化解能力；（2）使 SIFIs 决议成为国家当局可行的政策选择；（3）加强对 SIFIs 的监督；（4）加强"核心基础设施"（特别包括付款和结算系统）；（5）贯彻执行国家政策。值得注意的是，各国领导人同意金融稳定委员会近期将重点集中在 G－SIFIs 上的战略，包括制定方法以确定哪些国际活跃的金融机构应该被指定为 G－SIFIs。

在接下来的一年里，随着欧元区主权债务和银行系统的困境变成了财经新闻的头版头条，金融稳定委员会在其 SIFIs 议程上取得了相当大的进展，其关键部分在很大程度上依赖于 BCBS 的工作。① 到 2011 年 11 月 3 日至 4 日在戛纳举行的领导人峰会时，该议程已重新配置，以强调以 G－SIFIs 为重点的四大工作流程（详见表 26.2）。在戛纳，针对解决机制国际标准的工作流程尤其受到重视，因为 FSB 刚刚（2011 年 10 月）完成了金融机构有效解决机制的关键特性。FSB 的发展在国际层面上的十二个需求继续成为最引人注目的成就之一，在许多国家指导了国家层面的对话，包括政策制定者应对制订和实施计划中固有的许多挑战，处理 SIFIs 事务。

---

① 关于欧元区危机的描述，参见 Lane（2012b）。

表 26.2 **国际金融危机 5 年后对系统重要性金融机构的举措**[①]

总体 SIFIs 项目目标：消除 TBTF 观点的影响及其引发的道德风险/过度冒险行为。建立和促进各国之间的合作，这尤其利于监督和 G－SIFIs 的有序跨境解决。[②]		
SIFI 议程		
议题	基本目标	主要成就/进展
SIFIs 的识别和认定	制定国际统一方法，以确定在相关层面具有系统重要性的金融机构（即全球［G－SIFI］或全国/国内［D－SIFI］）	G－SIB：回应 G20 领导人的一项重大举措，BCBS 于 2011 年 11 月发布了 G－SIBs 识别方法[③]。FSB 于 2011 年 11 月认定了第一批 G－SIB 共 29 个，并承诺在每年 11 月更新[④]；FSB 于 2012 年 11 月发布了 G－SIBs 第一次年度更新[⑤]。全球系统重要性保险公司（G－SIIS）：国际保险监督协会（IAIS）承诺为全球系统重要性保险公司（G－SII）制订一项计划，旨在统一 BCBS 和 FSB，工作顺序为：开发和应用识别方法、年度更新、HLA 要求和实施计划。截至 2013 年 7 月初，IAIS 即将公布识别方法，FSB 使用该识别方法命名最初的 G－SII 清单；与 G－SIB 一样，该清单将于 2014 年 11 月开始每年更新一次[⑥] 其他非银行 G－SIFI：国际证监会组织（IOSCO）承诺与 FSB 协商，截至 2013 年年底，共同制定一种评估方法“以确定系统重要性非银行非保险金融机构”[⑤] 国内系统重要性银行（D－SIBs）：为响应 FSB 计划，BCBS 于 2012 年年底开始探究 D－SIB。BCBS 于 2012 年 10 月发布了关于 D－SIB 的高级“原则”讨论文件[⑦]
SIFIs 具有更高的损失吸收要求	SIFI“应高于巴塞尔协议Ⅲ标准的损失吸收能力（并且）应该有更高的资产负债表资本份额，这些份额可以来自资本和/或其他融资工具，这增加了机构持续经营的弹性”[②]	适用于银行的 Basel Ⅲ资本和流动性标准，以及 2010 年 12 月发布的实施计划[⑧]。截至 2013 年第二季度，14 个 FSB 成员司法管辖区已颁布了基于巴塞尔协议Ⅲ的资本法规，并且 11 个 FSB 成员中，最终的巴塞尔协议Ⅲ资本规则已经生效，其余 3 个 FSB 成员承诺在 2013 年年底之前生效；4 个 FSB 成员国（包括美国）和欧盟（涵盖 FSB 成员国法国、德国、意大利、荷兰、西班牙和英国）已发布法规草案[⑨]。G－SIBs：从 2012 年 11 月起，G－SIB 银行根据 5 个“桶”进行分组，其中每个桶表示适用于给定标准中的 G－SIB 的较高损失吸收性（HLA）要求。具体而言，HLA 计算方法为（额外）普通股权损失吸收率占风险加权资产的百分比，最低标准需要 1.0% 的额外损失吸收资本，其余四种“桶”标准以 0.5 个百分点的增量递增，如 2011 年 11 月 BCBS G－SIBs 文件所述[③]。请注意，实际上，2011 年 11 月和 2012 年的 G－SIB 认定是“试运行”，旨在向银行业和监管机构明确表示 G－SIBs 名称，一旦 HLA 在 2016 年全面生效后，则适用于 2014 年 11 月认定的 G－SIBs。G－SIIS：关于 G－SII 的具体 HLA 要求和其他标准的工作，将于 2014 年由领导人峰会完成，并在几年后开始实施（例如，在 2019 年，尚未完成的 HLA 的应用）[⑥]

续表

议题	基本目标	主要成就/进展
SIFIs 决议框架	“SIFI 解决方案必须是一个可行的决策……（有效解决方案）制度必须能够防止无序崩溃造成的系统性损害，而不会使纳税人面临损失②。”特别是，G20 领导人、部长和行长承诺“确保所有具有全球系统重要性的金融机构的风险都可以化解。”⑩	金融稳定理事会于 2011 年 10 月发布了有效解决方案的关键特征，列出了有效解决方案所必需的核心要素。2013 年 4 月，金融稳定理事会在其 24 个成员国的每个成员国中发布了第一次全面的“专题审查”决议制度⑩。该审查和未来审查的目的是“支持 FSB 管辖区对商定改革的及时和一致的实施。”⑪主要调查结果如下：（1）“自危机以来，一些 FSB 管辖区对其解决方案进行了重大改革”；（2）“其他几个国家正在进行改革，以进一步加强其制度并使其符合关键特征”；（3）但特别是在“运营解决方案计划和特定跨界合作协议（COAG）”方面，该协议规定了所有 G－SIFI 的合作和信息共享流程……进展相对缓慢，因为这个问题很复杂，而且在许多司法管辖区，尚未提供实施首选决议战略所需的权力⑫。2013 年 4 月的主题审查确定了 9 个特定的“FSB 成员管辖区内需要立法或其他行动的领域”，以便全面实施关键属性⑫。专题审查特别指出，到目前为止，银行业一直是金融稳定理事会的优先重点，但 FSB 制订了几项广泛的非银行业务计划，未来的工作将开始关注这些计划⑫
增强监管强度	“每个国家都必须有一个监督系统，可以确保法规正常运行，包括来自巴塞尔协议Ⅲ的新法规，这些法规得到了有效风险评估和执法的支持，特别是与 SIFI 有关的法规。”②	金融稳定理事会在其 2010 年报告“减少系统性重要金融机构构成的道德风险”中初步制定了有效监督 SIFI 的原则。从那时起，它就根据会员国的 SIFI 监管政策和做法发布了几份重要的进展报告，最近一次是在 2012 年 11 月⑬。金融稳定理事会特别注重风险管理，于 2013 年 2 月对会员在这方面的监管做法进行专题审查⑭。银行业：在 2010 年 10 月向 G20 提交的关于成员国如何应对金融危机的报告中，BCBS 承诺全面更新其有效银行监管核心原则；BCBS 于 2012 年 9 月发布了经修订的核心原则。G－SIB：到 2016 年 1 月，FSB 在 2011 年或 2012 年指定的 G－SIB 需要满足更高的监管标准，特别是“数据汇总能力和风险报告”⑤ 非银行机构：FSB 的 2012 年 11 月 G－SIB 指定报告中没有规定非银行 G－SIFI 开始达到更高监管标准的截止日期⑤。2013 年 4 月，金融稳定理事会指定“加强对影子银行的监管”为 5 个“优先领域”之一⑮。总的来说，FSB 对非银行 SIFI 监管的工作进展比 SIB 少

注：①截至 2013 年 7 月。

②FSB，减少系统重要性的金融机构所构成的道德风险，FSB 建议和计划（2010 年 10 月 20 日）。

③BCBS，全球系统重要性银行：评估方法和额外的损失吸收要求（2011 年 11 月）。

④FSB，解决系统重要金融机构的政策措施（2011 年 11 月 4 日）。正如本章中所解释的那样，第一批金融公司都是银行，因此，虽然最初被称为“G－SIFI”，但后来被称为“G－SIB”。

⑤FSB，全球系统重要性银行集团（G－SIBs）的更新（2012 年 11 月 1 日）。

⑥FSB，2013 年 6 月 24 日在巴塞尔举行的金融稳定委员会会议，新闻稿（2013 年 6 月 25 日）。

⑦BCBS，一个处理国内系统重要性的银行的框架（2012 年 10 月）。

⑧BCBS，巴塞尔协议Ⅲ：更具弹性的银行和银行系统的全球监管框架（2010 年 12 月）。

⑨金融改革进展，金融稳定理事会主席给 G20 部长和央行行长的信（2013 年 4 月 15 日）。

⑩FSB，决议制度专题审查，同行评审报告（2013 年 4 月 11 日）。

⑪FSB，FSB 发布关于解决方案制度的同行评审，新闻稿（2013 年 4 月 11 日）。

⑫FSB，实施有效解决方案的 FSB 关键特征——我们到底有多远?（2013 年 4 月 15 日）。

⑬FSB，提高 SIFI 监督的强度和有效性，向 G20 部长和行长提交进度报告（2012 年 11 月 1 日）。

⑭FSB，风险治理专题审查（2013 年 2 月 12 日）。

⑮FSB，FSB 向 G20 报告金融监管改革进展，新闻稿（2013 年 4 月 19 日）。

来源：改编自 Nolle Daniel E. （2013）“谁负责修复世界金融体系？G20 和 FSB 的领导作用被低估”经济学工作论文（初稿），美国货币监理署。本章获得的该论文版本是在 2013 年 9 月 5 日至 6 日举行的圣彼得堡峰会之前撰写的（但请注意，在该草案中，Nolle 表示他打算在圣彼得堡峰会之后制作修订版，以考虑会议的发展）。

领导人还祝贺 FSB 在首尔峰会之后达到目标首次识别和指定 G – SIFIs。这些名称是基于 BCBS 为此目的制定的方法（与 FSB 密切协商），其详细内容在与 FSB 的 G – SIFIs 名称几乎同时发布给公众。[①] 需要注意的是，尽管 FSB 指定的 29 个机构被明确地列为“G – SIFIs”，但它们都是银行。[②] 在接下来的一年里，随着 FSB 主导的工作开始在一定程度上关注非银行机构，被指定为具有全球意义的银行开始被更准确的术语“G – SIBs” 所指代。

FSB 在最初的 G – SIFIs 指定文件中还涵盖了其他具体措施，这些措施在 2012 年 6 月洛斯卡沃斯（Los Cabos）领导人峰会期间一直密切指导着该组织的工作。[③] 根据该文件，一年后发布的修订版，以及最近的进展报告，表 26. 2 总结了在 2008 年 9 月国际金融危机爆发五周年前夕 G20 / FSB 的 SIFIs 计划，首先是在戛纳概述的四个主要工作流程：（1） SIFI的识别和指定；（2） 对 SIFI，特别是 G – SIFIs 的更高的损失化解要求；（3） 旨在消除道德风险行为和纳税人救助的有效解决机制；（4） 加强对 SIFIs 的监督。很明显，到目前为止，银行，特别是 G – SIBs 取得了最大的进步。表 26. 2 中的“更高损失化解要求”一栏表明，到 2013 年第三季度，大多数 FSB 成员国已经颁布了巴塞尔协议Ⅲ的最终规定或已经公布了规章草案，因此在 2013 年得以实施。对于 G – SIB，如上所述，BCBS 建立了国际商定的识别方法，FSB 使用并将继续使用它来进行对年度 G – SIBs 指定。由于被指定为 G – SIBs，这些机构将受到更高的资本要求。此外，表 26. 2 的最后一行还显示，巴塞尔委员会在 2012 年商定了银行更高的监管标准，并且在 G20 成员国中实施了 BCBS“有效银行监管的核心原则”中规定的标准。

FSB 已开始关注非银行 G – SIFIs 以及国内系统重要性银行（D – SIBs）。值得注意的是，截至 2013 年 3 月初，IAIS 公布了全球性重要保险公司（G – SII）的识别方法，正如最初 FSB 对 G – SII 的指定方法。然而，截至 2013 年第三季度，所有主要 SIFIs 项目组成部分的工作在系统重要性非银行方面的进展不如银行。考虑到这一点，针对 SIFIs 最重要的子项 SIBs，我们现在从全球 SIFIs 议程转向对具体国家层面的实际政策进行审查。

---

① BCBS 的初始识别方法出版为《全球系统重要性银行：评估方法和附加损失吸收要求（2011 年 11 月）》，但是出版 G – SIFI（包括 G – SIB）名称的特权仍然属于 FSB。

② 具体来说，请参阅 FSB 政策措施《解决系统重要的金融机构报告》末尾一页附件中使用的术语。

③ 在本章的背景下，“最近”指的是 2013 年第三季度的开始，即本章写作的截止日期。

26.3　系统重要性银行的管理和监督：国家间比较

26.3.1　世界 SIBs 大观

正如在 26.2 节中所述，通过使用由 BCBS 开发的技术，FSB 在识别那些被视为全球性系统重要性银行（G－SIBs）方面居于首位。图 26.1 列出了五个用以判断的因素。这些因素包括规模、复杂性、跨管辖活动、互联性、可替代性/金融机构基础设施，并且它们比重相同。图 26.1 也列出了这五个因素各自包含的不同次要因素。[①]

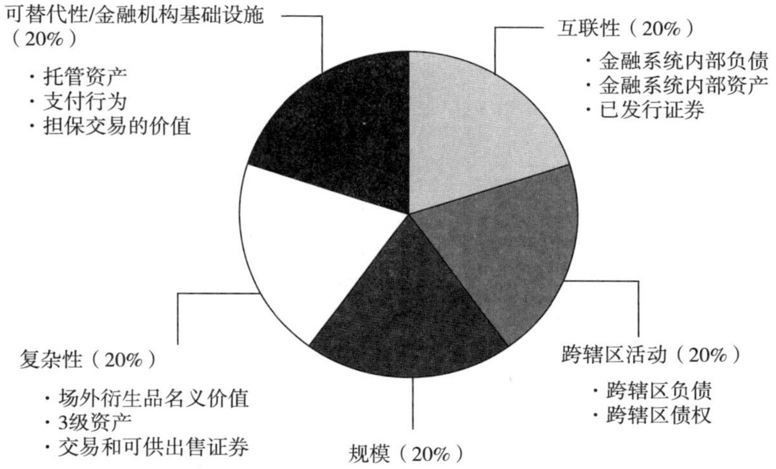

图 26.1　识别全球系统重要性银行的因素

由于规模的权重只占了 20%，G－SIBs 列表不一定只包括世界上最大的银行。表 26.3 明确指出了这一点，它列出了截至 2012 年总资产排名的世界上最大的 100 家上市银行。[②]这些银行仅在 26 个国家设立了总部，占全球上市银行资产的 83%。同时，它们的总资产是全球 GDP 的 112%。然而，在 2012 年 11 月，FSB 仅将这 100 家银行中的 27 家视为 G－SIBs。[③] 这些 G－SIB 的总资产占世界 100 大银行总资产的 55%。表 26.3 还表明，按总资产衡量的最大和第十大银行（分别为中国工商银行和中国建设银行）尚未被指定为 G－SIB。更一般而言，最小的 G－SIB 是美国道富银行，总资产为 2230 亿美元，位列第 82 名，而最大的 G－SIB 汇丰银行总资产为 2.7 万亿美元，排名第二。这说明在 G－SIB 的判定中除资产规模以外还参考了其他重要因素。

① 确定哪些银行将被分类为 G－SIB 需要大量的数据以及最终的专家判断。参见 BCBS（2013a）的最新分类方法。

② 我们关注上市银行，因为它们更容易获得数据。

③ BPCE（Banque Populaire CdE）也被鉴定为 G－SIB，但不在列表中，因为它不公开交易。

表 26.3　　总资产排名世界上最大的 100 家上市银行①

	银行名称	国家或地区	会计准则	总资产（10 亿美元）	资产负债表中报告的衍生资产总额（10 亿美元）	基于总额而非净额的衍生资产总额（10 亿美元）	衍生工具仅基于总额的总资产（10 亿美元）
1	中国工商银行	中国	IAS/IFRS	2789	2.3	—	2789
2	汇丰银行	英国	IAS/IFRS	2693	357.5	—	2693
3	德意志银行	德国	IAS/IFRS	2655	1013.7	—	2655
4	法国巴黎银行	法国	IAS/IFRS	2517	560.6	—	2517
5	法国农业信贷银行	法国	IAS/IFRS	2431	626.3	—	2431
6	三菱日联金融集团	日本	JP GAAP	2410	n. a.	—	2410
7	摩根大通银行	美国	US GAAP	2359	75	1662.4	3947
8	巴克莱银行	英国	IAS/IFRS	2352	740.3	—	2352
9	中国建设银行	中国	IAS/IFRS	2222	2	—	2222
10	美洲银行	美国	US GAAP	2210	53.5	1383.5	3540
11	中国农业银行	中国	IAS/IFRS	2106	0.8	—	2106
12	苏格兰皇家银行集团	英国	IAS/IFRS	2071	697.3	—	2071
13	中国银行	中国	IAS/IFRS	2016	6.4	—	2016
14	花旗集团	美国	US GAAP	1865	54.6	1063.6	2874
15	瑞穗金融集团	日本	JP GAAP	1841	47.6	—	1841
16	三井住友金融集团	日本	JP GAAP	1791	n. a.	—	1791
17	桑坦德银行	西班牙	IAS/IFRS	1675	159	—	1675
18	法国兴业银行	法国	IAS/IFRS	1650	314.6	—	1650
19	荷兰安置银行	荷兰	IAS/IFRS	1542	91.2	—	1542
20	劳埃德银行集团	英国	IAS/IFRS	1459	89.2	—	1459
21	富国银行	美国	US GAAP	1423	23.8	85.9	1485
22	瑞银集团	瑞士	IAS/IFRS	1374	456.1	—	1374
23	意大利联合信贷银行	意大利	IAS/IFRS	1223	135.5	—	1223
24	瑞士信贷集团	瑞士	IAS/IFRS	1008	40.5	910.1	1878
25	高盛集团	美国	US GAAP	939	71.2	839.1	1707
26	北欧银行	瑞典	IAS/IFRS	894	155.8	—	894
27	意大利联合圣保罗银行	意大利	IAS/IFRS	889	74.8	—	889
28	西班牙毕尔巴银行	西班牙	IAS/IFRS	842	71	—	842
29	德国商业银行	德国	IAS/IFRS	839	148.6	—	839

① 衍生品采用总额而非净额（美国通用会计准则）基准（IFRS），2012 年（G－SIBs，金融稳定委员会截至2012 年11 月确定）。

续表

	银行名称	国家或地区	会计准则	总资产（10 亿美元）	资产负债表中报告的衍生资产总额（10 亿美元）	基于总额而非净额的衍生资产总额（10 亿美元）	衍生工具仅基于总额的总资产（10 亿美元）
30	交通银行	中国	IAS/IFRS	838	1	—	838
31	大都会人寿	美国	US GAAP	837	-0. 161	9	846
32	加拿大皇家银行	加拿大	CA GAAP	825	91. 3	—	825
33	多伦多道明银行	加拿大	CA GAAP	811	60. 9	—	811
34	澳大利亚国家银行	澳大利亚	IAS/IFRS	798	46. 6	—	798
35	摩根士丹利	美国	US GAAP	781	36. 2	108. 8	854
36	澳大利亚联邦银行	澳大利亚	IAS/IFRS	732	39. 7	—	732
37	西太平洋银行	澳大利亚	IAS/IFRS	706	37. 1	—	706
38	法国外贸银行	法国	IAS/IFRS	697	92. 2	—	697
39	澳盛银行	澳大利亚	IAS/IFRS	672	51. 2	—	672
40	加拿大丰业银行	加拿大	CA GAAP	668	30. 3	—	668
41	渣打银行	英国	IAS/IFRS	637	49. 5	—	637
42	丹麦银行	丹麦	IAS/IFRS	616	72. 3	—	616
43	巴西银行	巴西	IAS/IFRS	563	0. 7	—	563
44	招商银行	中国	IAS/IFRS	547	0. 3	—	547
45	蒙特利尔银行	加拿大	CA GAAP	526	48. 1	—	526
46	兴业银行	中国	CN GAAP	521	0. 5	—	521
47	中国民生银行	中国	IAS/IFRS	515	0. 2	—	515
48	上海浦东发展银行	中国	CN GAAP	505	0. 1	—	505
49	俄罗斯联邦储蓄银行	俄国	IAS/IFRS	494	2. 4	—	494
50	中信银行股份有限公司	中国	IAS/IFRS	475	0. 7	—	475
51	德克夏银行	比利时	IAS/IFRS	471	44. 9	—	471
52	巴西伊塔乌联合银行控股公司	巴西	IAS/IFRS	467	5. 7	—	467
53	储备银行	西班牙	IAS/IFRS	460	27. 4	—	460
54	理索纳银行	日本	JP GAAP	458	n. a.	—	458
55	挪威银行	挪威	IAS/IFRS	407	17. 3	—	407
56	野村控股	日本	JP GAAP	403	n. a.	—	403
57	住友三井信托控股	日本	JP GAAP	395	n. a.	—	395
58	加拿大帝国商业银行	加拿大	CA GAAP	394	27	—	394

续表

	银行名称	国家或地区	会计准则	总资产（10亿美元）	资产负债表中报告的衍生资产总额（10亿美元）	基于总额而非净额的衍生资产总额（10亿美元）	衍生工具仅基于总额的总资产（10亿美元）
59	印度国家银行	印度	IN GAAP	392	n. a.	—	392
60	巴西布拉德斯科银行	巴西	IAS/IFRS	391	1.6	—	391
61	瑞典北欧斯安银行	瑞典	IAS/IFRS	377	26.2	—	377
62	班基亚银行	西班牙	IAS/IFRS	373	54.8	—	373
63	瑞典商业银行	瑞典	IAS/IFRS	367	17.9	—	367
64	中国光大银行	中国	CN GAAP	366	0.3	—	366
65	纽约梅隆银行	美国	US GAAP	359	4.3	26.6	381
66	美国合众银行	美国	US GAAP	354	1.4	1.8	354
67	比利时联合银行	比利时	IAS/IFRS	339	17.7	—	339
68	信金中央银行	日本	JP GAAP	323	n. a.	—	323
69	第一资本金融公司	美国	US GAAP	313	n. a.	—	313
70	PNC 金融服务集团	美国	US GAAP	305	8.6	—	305
71	友利金融控股	韩国	IAS/IFRS	304	3.8	—	304
72	星展集团控股	新加坡	IAS/IFRS	289	14.1	—	289
73	意大利西雅那银行	意大利	IAS/IFRS	289	17.2	—	289
74	瑞典银行	瑞典	IAS/IFRS	284	15.7	—	284
75	奥地利第一储蓄银行	奥地利	IAS/IFRS	282	17.5	—	282
76	新韩金融集团	韩国	IAS/IFRS	281	2	—	281
77	韩亚金融集团	韩国	IAS/IFRS	265	3.8	—	265
78	平安银行	中国	CN GAAP	258	0	—	258
79	俄罗斯外贸银行	俄国	IAS/IFRS	243	3.1	—	243
80	华侨银行	新加坡	IAS/IFRS	242	4.2	—	242
81	华夏银行	中国	CN GAAP	239	0	—	239
82	道富集团	美国	US GAAP	223	4.6	9.6	228
83	萨巴德尔银行	西班牙	IAS/IFRS	213	8.8	—	213
84	西班牙人民银行	西班牙	IAS/IFRS	208	3.6	—	208
85	大华银行	新加坡	IAS/IFRS	207	4.5	—	207
86	大和证券集团	日本	JP GAAP	203	29.2	—	203
87	爱尔兰银行	爱尔兰	IAS/IFRS	196	7.7	—	196
88	国泰金融控股	中国台湾	TW GAAP	187	0.1	—	187
89	BB&T 公司	美国	US GAAP	184	n. a.	—	184

续表

	银行名称	国家或地区	会计准则	总资产（10 亿美元）	资产负债表中报告的衍生资产总额（10 亿美元）	基于总额而非净额的衍生资产总额（10 亿美元）	衍生工具仅基于总额的总资产（10 亿美元）
90	标准银行集团	南非	IAS/IFRS	182	18.1	—	182
91	奥地利奥合国际银行	奥地利	IAS/IFRS	180	10.8	—	180
92	北京银行	中国	CN GAAP	180	0	—	180
93	韩国中小企业银行	韩国	IAS/IFRS	179	2.6	—	179
94	加拿大国家银行	加拿大	CA GAAP	178	6.7	—	178
95	意联银行	意大利	IAS/IFRS	175	3.9	—	175
96	意大利大众银行	意大利	IAS/IFRS	174	8.8	—	174
97	太阳信托银行	美国	US GAAP	173	1.9	2.6	174
98	马来亚银行	马来西亚	MY GAAP	162	0.9	—	162
99	爱尔兰联合银行	爱尔兰	IAS/IFRS	162	3.7	—	162
100	麦格理集团	澳大利亚	IAS/IFRS	157	15.3	—	157

注：①n. a. = 数据不可用，“—”表示数据不适用。IAS 表示国际会计准则。

②日本银行使用 2012 年第三季度的数据，其财政年度于 3 月 31 日结束。

③法国互助银行集团被确认为 G－SIB，但未公开交易。

④瑞士允许公司选择以净额或总额为基础报告衍生工具。

⑤与其他美国银行不同，BB&T 公司、PNC 金融服务集团和第一资本金融公司报告衍生资产的总额。

在以总资产对世界上最大的银行进行排名时出现的一个问题是，并非每个国家都使用相同的会计准则。表 26.3 显示，大多数国家的银行遵循国际财务报告准则（IFRS）。然而，美国的银行普遍遵循是美国会计准则（US GAAP）。这一点很重要，因为根据是否遵循 IFRS 或美国 GAAP，两个会计系统可能会产生不同的总资产衡量标准。特别是，衍生资产在国际财务报告准则是以毛利润为基础进行计量的，而在美国会计准则是以净利润为基础进行计量的。[①]

表 26.3 显示，如果美国银行按毛利润衡量衍生品，其中一些银行的总资产会大幅增加。例如，摩根大通的资产从美国会计准则下的 2.4 万亿美元增加到了国际财务报告准则下的 3.9 万亿美元，这使其成为世界上最大的银行。图 26.2 显示了不同会计处理对世界上最大的 100 家银行中的 8 家美国 G－SIB 和 6 家美国其他银行的总资产的影响。显然，衍生产品是以总额还是以净额计量，对于银行在巴塞尔协议Ⅲ制定的标准下必须持有的资本金数量有重要的影响。[②]

① 阐述这种区分的重要性是有必要的。例如，欧洲国际会计准则委员会（IASB）允许设置的资产负债表少于美国国税局财务会计准则委员会（FASB）。不同的设置要求导致根据国际财务报告准则提供的资产与按照美国会计准则提供的资产之间的显著差异。对于具有大量衍生活动的实体，情况尤其如此（见 ISDA，2012）。

② 表 26.3 显示，我们名单上的一些银行选择在其年度报告中使用多个会计准则提供其总资产。

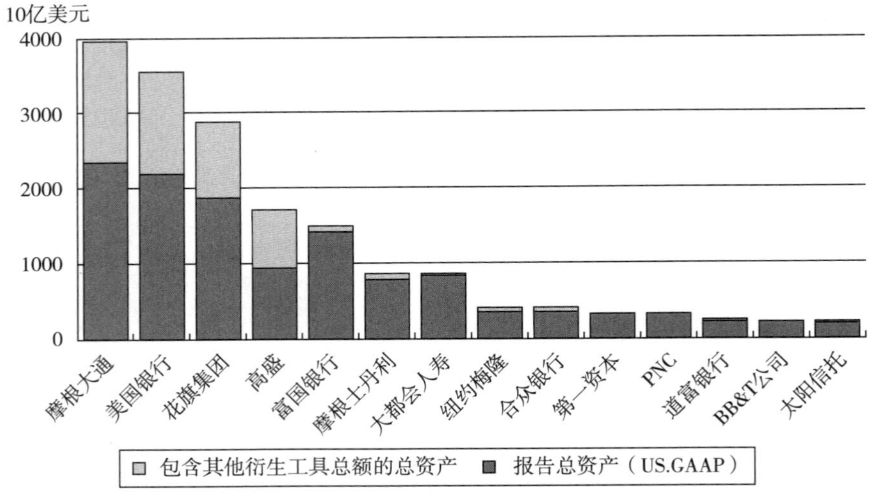

图 26.2 不同会计处理对美国银行总资产的影响

评估世界上最大银行的重要性有很多不同的方法。其中两种方法是比较一家大银行在一个国家所占的银行总资产的份额，或将一个大银行的总资产与一个国家的 GDP 进行比较。第一种方式衡量银行资产集中在一个或几个机构的程度。集中率越高，银行部门的绩效和稳定性越依赖一个或几个大型银行。因此，具有相对高的集中率的银行或几个银行可以被视为“大而不能倒”。表 26.4 显示，单个银行的集中度从美国太阳信托（Suntrust）银行的 1.1% 的低水平到荷兰商业银行（ING）的 92% 的高水平不等。有趣的是，G－SIB 的该比率并不总是所有银行中最高的。衡量大银行重要性的第二种方法是银行规模相对于 GDP 的比率。该比率越高，如果一个大银行或几个大银行破产并且需要资金援助，对一个国家的负担越重。表 26.4 显示，各个银行的总资产与 GDP 的比率从美国太阳信托银行的 1.1% 到瑞士联合银行（UBS）的 217% 不等。同样，G－SIB 的该比率并不总是所有银行中最高的。

表 26.4 世界 100 大银行：资产与银行系统资产和 GDP 的相关性（2012 年）

	银行名称	国家或地区	总资产（10 亿美元）	总资产（国家银行资产%）	总资产（国家 GDP%）	累计资产（世界公开交易银行资产%）	累计资产（世界 GDP%）
1	中国工商银行	中国	2789	21.1	33.9	2.9	3.9
2	汇丰银行	英国	2693	29.1	110.3	5.7	7.6
3	德意志银行	德国	2655	71.8	78.1	8.5	11.3
4	法国巴黎银行	法国	2517	31.9	96.5	11.1	14.9
5	法国农业信贷银行	法国	2431	30.9	93.2	13.6	18.2
6	三菱日联金融集团	日本	2410	32.4	40.4	16.1	21.6
7	摩根大通银行	美国	2359	15.6	15.0	18.6	24.9
8	巴克莱银行	英国	2352	25.4	96.4	21.0	28.2

续表

	银行名称	国家或地区	总资产（10 亿美元）	总资产（国家银行资产%）	总资产（国家 GDP%）	累计资产（世界公开交易银行资产%）	累计资产（世界 GDP%）
9	中国建设银行	中国	2222	16.8	27.0	23.3	31.3
10	美洲银行	美国	2210	14.6	14.1	25.6	34.4
11	中国农业银行	中国	2106	15.9	25.6	27.8	37.3
12	苏格兰皇家银行集团	英国	2071	22.3	84.9	30.0	40.2
13	中国银行	中国	2016	15.2	24.5	32.1	43.0
14	花旗集团	美国	1865	12.3	11.9	34.0	45.6
15	瑞穗金融集团	日本	1841	24.8	30.9	35.9	48.2
16	三井住友金融集团	日本	1791	24.1	30.0	37.8	50.7
17	桑坦德银行	西班牙	1675	43.2	123.9	39.5	53.0
18	法国兴业银行	法国	1650	20.9	63.3	41.2	55.3
19	荷兰安置银行	荷兰	1542	92.0	199.4	42.8	57.4
20	劳埃德银行集团	英国	1459	15.7	59.8	44.3	59.5
21	富国银行	美国	1423	9.4	9.1	45.8	61.5
22	瑞银集团	瑞士	1374	50.3	217.2	47.3	63.4
23	意大利联合信贷银行	意大利	1223	35.4	60.7	48.5	65.1
24	瑞士信贷集团	瑞士	1008	36.9	159.5	49.6	66.5
25	高盛集团	美国	939	6.2	6.0	50.5	67.8
26	北欧银行	瑞典	894	46.3	169.8	51.5	69.0
27	意大利联合圣保罗银行	意大利	889	25.7	44.1	52.4	70.3
28	西班牙毕尔巴银行	西班牙	842	21.7	62.2	53.3	71.5
29	德国商业银行	德国	839	22.7	24.7	54.1	72.6
30	交通银行	中国	838	6.3	10.2	55.0	73.8
31	大都会人寿	美国	837	5.5	5.3	55.9	75.0
32	加拿大皇家银行	加拿大	825	23.1	45.4	56.7	76.1
33	多伦多道明银行	加拿大	811	22.7	44.6	57.6	77.2
34	澳大利亚国家银行	澳大利亚	798	24.5	51.8	58.4	78.4
35	摩根士丹利	美国	781	5.2	5.0	59.2	79.5
36	澳大利亚联邦银行	澳大利亚	732	22.4	47.5	60.0	80.5
37	西太平洋银行	澳大利亚	706	21.6	45.8	60.7	81.5
38	法国外贸银行	法国	697	8.8	26.7	61.5	82.4
39	澳盛银行	澳大利亚	672	20.6	43.6	62.2	83.4
40	加拿大丰业银行	加拿大	668	18.7	36.7	62.8	84.3

续表

	银行名称	国家或地区	总资产（10 亿美元）	总资产（国家银行资产%）	总资产（国家 GDP%）	累计资产（世界公开交易银行资产%）	累计资产（世界 GDP%）
41	渣打银行	英国	637	6.9	26.1	63.5	85.2
42	丹麦银行	丹麦	616	83.0	196.4	64.2	86.0
43	巴西银行	巴西	563	32.1	23.5	64.7	86.8
44	招商银行	中国	547	4.1	6.6	65.3	87.6
45	蒙特利尔银行	加拿大	526	14.7	28.9	65.9	88.3
46	兴业银行	中国	521	3.9	6.3	66.4	89.1
47	中国民生银行	中国	515	3.9	6.3	66.9	89.8
48	上海浦东发展银行	中国	505	3.8	6.1	67.5	90.5
49	俄罗斯联邦储蓄银行	俄罗斯	494	44.9	24.4	68.0	91.2
50	中信银行股份有限公司	中国	475	3.6	5.8	68.5	91.8
51	德克夏银行	比利时	471	56.6	97.3	69.0	92.5
52	巴西伊塔乌联合银行控股公司	巴西	467	26.6	19.5	69.4	93.1
53	储备银行	西班牙	460	11.9	34.0	69.9	93.8
54	理索纳银行	日本	458	6.2	7.7	70.4	94.4
55	挪威银行	挪威	407	66.2	81.3	70.8	95.0
56	野村控股	日本	403	5.4	6.8	71.2	95.5
57	住友三井信托控股	日本	395	5.3	6.6	71.6	96.1
58	加拿大帝国商业银行	加拿大	394	11.0	21.6	72.1	96.6
59	印度国家银行	印度	392	29.8	21.5	72.5	97.2
60	巴西布拉德斯科银行	巴西	391	22.3	16.3	72.9	97.7
61	瑞典北欧斯安银行	瑞典	377	19.6	71.7	73.3	98.3
62	班基亚银行	西班牙	373	9.6	27.6	73.6	98.8
63	瑞典商业银行	瑞典	367	19.0	69.8	74.0	99.3
64	中国光大银行	中国	366	2.8	4.4	74.4	99.8
65	纽约梅隆银行	美国	359	2.4	2.3	74.8	100.3
66	美国合众银行	美国	354	2.3	2.3	75.1	100.8
67	比利时联合银行	比利时	339	40.7	69.9	75.5	101.3
68	信金中央银行	日本	323	4.3	5.4	75.8	101.7
69	第一资本金融公司	美国	313	2.1	2.0	76.2	102.2

续表

	银行名称	国家或地区	总资产（10 亿美元）	总资产（国家银行资产%）	总资产（国家 GDP%）	累计资产（世界公开交易银行资产%）	累计资产（世界 GDP%）
70	PNC 金融服务集团	美国	305	2. 0	1. 9	76. 5	102. 6
71	友利金融控股	韩国	304	27. 4	26. 3	76. 8	103. 0
72	星展集团控股	新加坡	289	38. 7	104. 5	77. 1	103. 4
73	意大利西雅那银行	意大利	289	8. 4	14. 3	77. 4	103. 8
74	瑞典银行	瑞典	284	14. 7	54. 0	77. 7	104. 2
75	奥地利第一储蓄银行	奥地利	282	47. 1	70. 8	78. 0	104. 6
76	新韩金融集团	韩国	281	25. 3	24. 3	78. 3	105. 0
77	韩亚金融集团	韩国	265	23. 8	22. 9	78. 6	105. 4
78	平安银行	中国	258	1. 9	3. 1	78. 8	105. 7
79	俄罗斯外贸银行	俄国	243	22. 1	12. 0	79. 1	106. 1
80	华侨银行	新加坡	242	32. 4	87. 6	79. 3	106. 4
81	华夏银行	中国	239	1. 8	2. 9	79. 6	106. 7
82	道富集团	美国	223	1. 5	1. 4	79. 8	107. 0
83	萨巴德尔银行	西班牙	213	5. 5	15. 8	80. 0	107. 3
84	西班牙人民银行	西班牙	208	5. 4	15. 4	80. 2	107. 6
85	大华银行	新加坡	207	27. 7	74. 9	80. 5	107. 9
86	大和证券集团	日本	203	2. 7	3. 4	80. 7	108. 2
87	爱尔兰银行	爱尔兰	196	54. 7	92. 9	80. 9	108. 5
88	国泰金融控股	中国台湾	187	16. 0	38. 9	81. 1	108. 7
89	BB&T 公司	美国	184	1. 2	1. 2	81. 3	109. 0
90	标准银行集团	南非	182	32. 7	47. 4	81. 4	109. 2
91	奥地利奥合国际银行	奥地利	180	30. 0	45. 1	81. 6	109. 5
92	北京银行	中国	180	1. 4	2. 2	81. 8	109. 7
93	韩国中小企业银行	韩国	179	16. 1	15. 5	82. 0	110. 0
94	加拿大国家银行	加拿大	178	5. 0	9. 8	82. 2	110. 2
95	意联银行	意大利	175	5. 1	8. 7	82. 4	110. 5
96	意大利大众银行	意大利	174	5. 0	8. 6	82. 6	110. 7
97	太阳信托银行	美国	173	1. 1	1. 1	82. 7	111. 0
98	马来亚银行	马来西亚	162	26. 3	53. 4	82. 9	111. 2
99	爱尔兰联合银行	爱尔兰	162	45. 3	76. 8	83. 1	111. 4
100	麦格理集团	澳大利亚	157	4. 8	10. 2	83. 2	111. 6

注：总资产基于各个国家/地区的会计政策。如果 2012 年年底的数据不可得，则使用上一季度的总资产。

来源：BankScope；国际货币基金组织；米尔肯研究所。

26.3.2 世界银行调查数据

一开始就指出，为应对全球金融危机，世界各国纷纷采取措施改革金融机构的监管。直到最近，阐明这一事实的详细数据还不存在。幸运的是，世界银行的经济学家们很快意识到这些数据的重要性。因此，世界银行通过询问监管机构对 SIB 的管理和监督，加强了对全球银行的管理和监督实践的定期调查。[①] 具体来说，世界银行于 2011 年完成的最近一次（第四次）调查，收集了来自 135 个国家的最新信息。

表 26.5 中强调了各国对待 SIB 方式的新资料。在 135 个国家中，45% 表示它们现在以不同于非系统重要性银行的监督方式来监督系统重要性银行。此外，各国采用不同的工具组合来更密切地监督和/或限制大型或相互联系的机构的活动。有些国家依靠几种工具，而有些国家仅依赖相对较少的工具。有趣的是，11 个国家的确对机构规模设置了限制。而没有以不同于非系统性机制的方式监督系统性机构的国家总是表示，它们没有任何工具来更密切地监督和/或限制大型/相互联系的机构的活动。当然，由于小国家的机构相对较少，因此这些国家不能以不同于非系统性机制的方式来监督系统性机构并不奇怪。

表 26.5　　不同国家对系统重要性银行的监管措施

国家或地区	是否以不同方式监管系统性金融机构	是否采用任何工具来更密切地监督和/或限制大型/互联机构的活动								
		附加资本要求	附加流动性要求	资产/风险分散要求	行为限制	规模限制	增加大型机构的公司税	更严密或更频繁的监督	集团法律结构限制	其他
阿根廷	是	否	否	否	否	否	否	是	否	否
澳大利亚	是	否	否	否	否	否	否	是	否	否
巴西	是	否	否	否	否	否	否	是	否	是
加拿大	否	—	—	—	—	—	—	—	—	—
中国	是	是	是	是	—	—	—	是	—	—
法国	是	否	否	否	否	否	是	是	否	否
德国	—	—	—	—	—	—	—	—	—	—
印度	是	否	否	否	否	否	否	否	否	否
印度尼西亚	是	否	否	否	否	否	否	是	否	否
意大利	是	是	否	是	是	否	否	是	否	—
日本	n. a.	n. a.	n. a.	n. a.	n. a.	n. a.	n. a.	n. a.	n. a.	n. a.
墨西哥	是	否	否	是	否	否	否	否	否	是
俄罗斯	是	否	否	否	否	否	否	是	否	否
沙特阿拉伯	n. a.	n. a.	n. a.	n. a.	n. a.	n. a.	n. a.	n. a.	n. a.	n. a.
南非	是	是	是	是	是	是	否	是	是	否

① 有关更全面的讨论以及它们的信息如何用于评估监管和监管对银行业绩和银行稳定性的影响，参见 Barth、Caprio 和 Levine（2013）及其中的参考文献。

续表

国家或地区	是否以不同方式监管系统性金融机构	是否采用任何工具来更密切地监督和/或限制大型/互联机构的活动								
		附加资本要求	附加流动性要求	资产/风险分散要求	行为限制	规模限制	增加大型机构的公司税	更严密或更频繁的监督	集团法律结构限制	其他
韩国	否	—	—	—	—	—	—	—	—	—
土耳其	否	—	—	—	—	—	—	—	—	—
英国	是	是	是	是	是	否	否	是	是	—
美国	是	是	是	是	是	否	否	是	否	是
欧盟总计	是：15	是：6	是：5	是：4	是：5	是：3	是：2	是：15	是：3	是：3
	否：9	否：9	否：10	否：11	否：9	否：11	否：13	否：0	否：12	否：8
	— :1	— :10	— :10	— :10	— :11	— :11	— :10	— :10	— :10	— :14
	n. a. : 2	n. a. : 2	n. a. : 2	n. a. : 2	n. a. : 2	n. a. : 2	n. a. : 2	n. a. : 2	n. a. : 2	n. a. : 2
世界其他地区	是：36	是：15	是：10	是：12	是：18	是：7	是：0	是：35	是：10	是：4
	否：55	否：21	否：26	否：24	否：20	否：28	否：35	否：5	否：26	否：25
	—：6	—：61	—：61	—：61	—：59	—：62	—：62	—：57	—：61	—：68

注：日本、沙特阿拉伯、捷克共和国和瑞典没有完成这项特殊调查。“—”表示没有回答这个问题。

来源：世界银行调查四；Barth、Caprio 和 Levine（2013）。

一些国家在监管机构内设立了一个专门部门来处理金融稳定性和系统性监管。表 26.6 显示，在所调查的 135 个国家中，61% 设立了这样的部门。此外，正如表 26.6 所示，一些国家已经指出了在评估系统性风险时考虑的具体因素。也许并不足为奇，几乎每个国家都认为银行资本比率在评估系统性风险时很重要。

表 26.6　　不同国家评估系统重要性银行考虑的因素

国家或地区	是否有专门负责金融稳定和系统监管的部门	在评估系统性风险时，您考虑以下哪些因素											
		银行资本比率	银行杠杆比率	银行盈利比率	银行流动资金比率	银行信贷增长	银行贷款组合构成	银行的外汇头寸	银行不良贷款率	银行拨备比率	股市价格	房价	其他
阿根廷	是	否	否	否	否	否	否	否	否	否	否	否	是
澳大利亚	否	是	是	是	是	是	是	是	是	是	是	是	是
巴西	是	是	是	是	是	是	是	是	是	是	是	否	是
加拿大	是	是	是	是	是	是	是	是	是	是	是	是	是
中国	—	—	—	—	—	—	—	—	—	—	—	—	—
法国	是	否	否	否	否	否	否	否	否	否	否	否	是
德国	—	—	—	—	—	—	—	—	—	—	—	—	—
印度	是	是	是	是	是	是	是	是	是	是	是	是	否
印度尼西亚	是	是	否	否	否	否	否	否	否	否	否	否	否

续表

国家或地区	是否有专门负责金融稳定和系统监管的部门	在评估系统性风险时，您考虑以下哪些因素											
		银行资本比率	银行杠杆比率	银行盈利比率	银行流动资金比率	银行信贷增长	银行贷款组合构成	银行的外汇头寸	银行不良贷款率	银行拨备比率	股市价格	房价	其他
意大利	否	是	是	是	是	是	是	否	是	是	是	是	否
日本	n. a.	n. a.	n. a.	n. a.	n. a.	n. a.	n. a.	n. a.	n. a.	n. a.	n. a.	n. a.	n. a.
墨西哥	是	是	是	否	是	否	是	是	是	是	是	否	是
俄罗斯	是	是	否	是	是	否	否	是	是	是	是	是	否
沙特阿拉伯	n. a.	n. a.	n. a.	n. a.	n. a.	n. a.	n. a.	n. a.	n. a.	n. a.	n. a.	n. a.	n. a.
南非	是	是	是	是	是	是	否	是	是	否	否	否	是
韩国	否	否	否	否	否	否	否	否	否	否	否	否	否
土耳其	是	是	是	是	是	是	是	是	是	是	否	否	否
英国	是	是	是	是	是	是	是	是	是	是	是	是	否
美国	否	是	是	是	是	是	是	是	是	是	是	是	是
欧盟总计	是：17	是：22	是：16	是：19	是：20	是：20	是：20	是：15	是：20	是：20	是：13	是：13	是：5
	否：7	否：2	否：8	否：5	否：4	否：4	否：4	否：9	否：4	否：4	否：11	否：11	否：19
	—：1	—：1	—：1	—：1	—：1	—：1	—：1	—：1	—：1	—：1	—：1	—：1	—：1
	n. a.：2	n. a.：2	n. a.：2	n. a.：2	n. a.：2	n. a.：2	n. a.：2	n. a.：2	n. a.：2	n. a.：2	n. a.：2	n. a.：2	n. a.：2
世界其他地区	是:56	是:73	是:53	是:59	是:68	是:66	是:66	是:56	是:63	是:57	是:27	是:27	是:23
	否:33	否:20	否:40	否:34	否:25	否:27	否:27	否:37	否:30	否:36	否:66	否:66	否:70
	—:8	—:4	—:4	—:4	—:4	—:4	—:4	—:4	—:4	—:4	—:4	—:4	—:4

注：日本、沙特阿拉伯、捷克共和国和瑞典没有完成这项特殊调查。“—”表示没有回答这个问题。

来源：世界银行调查四；Barth、Caprio 和 Levine（2013）。

26.3.3　资本要求：国际主流

人们普遍认为，导致国际金融危机的关键因素之一是，全球许多国家的银行相对于资产负债表上和表外资产的风险而言，持有的资本金太少。为了解决这个问题，“巴塞尔协议Ⅲ”提出了更严格的资本金要求。表 26.7 列出了那些更高的新资本金标准，并显示了截至 2019 年全面实施的计划表。需要强调的一个特点是，出现了一个新的杠杆比率，即股权与非风险资产的比率。其他比率是基于股本与以风险为基础的资产的比率。当然，并非所有国家都同意采用这样的杠杆比率。然而，大多数国家表示它们将采用基于风险的资本金比率。另一个需要强调的重要特征是，新的资本金标准要求向 G－SIB 征收资本附加费。

表 26.7　　巴塞尔协议Ⅲ的新要求

项目 \ 年份	2013	2014	2015	2016	2017	2018	2019
杠杆比率[①]	3%平行标准实施，2013 年 1 月至 2017 年 1 月				转移到支柱 1		
最低普通股权资本比率	3.50%	4.00%	4.50%				4.50%
资本保护缓冲区				0.63%	1.25%	1.88%	2.50%
最低普通股权 + 资本保护缓冲	3.50%	4.00%	4.50%	5.13%	5.75%	6.38%	7.00%
逐步从 CET1 中扣除	—	20%	40%	60%	80%	100%	100%
最低一级资本	4.50%	5.50%					6.00%
最低总资本	8.00%	8.00%					8.00%
最低总资本 + 保护缓冲	8.00%	8.00%	8.00%	8.63%	9.25%	9.88%	10.50%
反周期缓冲（自行决定）[②]	2.5% 以下						
全球 SIB 的附加费	—	—	—	1.0% ~2.5%（理论范围：0 ~3.5%）			

注：①巴塞尔委员会将在平行标准实施期间（2013 年 1 月 1 日至 2017 年 1 月 1 日）继续对 3% 最低杠杆率要求进行测试。任何对杠杆比率的定义和校准的最终调整，将在 2017 年之前进行，以便在 2018 年 1 月 1 日，基于适当的审查和校准，转移到第一支柱处理。

②仅适用于"高级银行组织"。美国的反周期资本缓冲最初将设置为零，但如果机构认为市场存在过多信贷，可能导致广泛市场失灵，那么这一指标可能会增加。

来源：国际清算银行；Barth、Caprio 和 Levine（2012）；作者。

表 26.8 提供了世界 100 大银行资产负债表的构成以及三种不同资本比率的信息。从这些信息可以清楚地看出，这些银行具有完全不同的商业模式和资本金比率。G－SIB 和非 G－SIB 都是如此。

表 26.8　　2012 年世界最大的 100 家银行的资产、流动性、资本充足率

	银行名称	国家或地区	总资产（10 亿美元）	净贷款	同业拆借	资产（总资产%）				负债（总资产%）			资本比率（总资产%）		
						证券	其他资产	存款	货币市场和短期借款	长期借款	衍生品和交易	其他负债	股权/总资产	有形普通股/有形资产	市值/总资产
1	中国工商银行	中国	2789	48.9	24.4	23.5	3.2	84.8	3.0	1.3	1.9	2.5	6.4	6.1	2.2
2	汇丰银行	英国	2693	37.1	5.9	46.9	10.2	54.0	2.7	5.7	24.6	5.7	6.5	5.2	7.0
3	德意志银行	德国	2655	19.7	5.9	65.3	9.0	28.7	9.5	8.5	41.2	8.8	2.7	1.9	1.5
4	法国巴黎银行	法国	2517	32.9	1.9	52.1	13.0	33.4	17.1	6.4	24.9	13.1	4.5	3.7	2.8
5	法国农业信贷银行	法国	2431	17.9	20.9	52.6	8.6	35.0	3.8	5.5	33.4	19.3	2.5	1.5	0.8
6	三菱日联金融集团	日本	2410	40.5	0.3	49.5	9.8	59.9	16.7	7.4	6.8	3.3	5.8	5.3	3.5
7	摩根大通银行	美国	2359	30.2	5.2	52.4	12.2	50.6	13.7	10.1	5.6	11.0	8.3	5.9	7.1

续表

	银行名称	国家或地区	总资产（10亿美元）	净贷款	同业拆借	资产（总资产%）				负债（总资产%）			资本比率（总资产%）		
						证券	其他资产	存款	货币市场和短期借款	长期借款	衍生品和交易	其他负债	股权/总资产	有形普通股/有形资产	市值/总资产
8	巴克莱银行	英国	2352	28.6	2.8	61.3	7.4	31.2	20.3	10.4	34.0	-0.1	3.8	3.2	2.2
9	中国建设银行	中国	2222	52.3	24.5	20.6	2.6	88.2	1.6	1.2	0.3	1.9	6.8	6.5	8.7
10	美洲银行	美国	2210	40.9	0.8	38.3	20.0	50.0	14.7	12.1	5.4	6.7	9.9	5.8	5.7
11	中国农业银行	中国	2106	46.5	28.8	21.6	3.1	87.9	1.5	1.1	1.2	2.5	5.7	5.1	0.7
12	苏格兰皇家银行集团	英国	2071	32.8	2.2	54.8	10.2	37.4	11.6	7.4	35.6	2.3	5.0	3.8	1.5
13	中国银行	中国	2016	52.9	24.3	17.8	4.9	84.6	3.5	1.5	0.3	3.0	6.8	6.6	1.9
14	花旗集团	美国	1865	33.8	5.5	41.4	19.3	49.9	14.1	12.3	6.2	6.7	10.1	7.0	6.2
15	瑞穗金融集团	日本	1841	39.4	0.3	50.8	9.5	52.2	26.7	7.4	7.0	2.3	4.2	3.9	2.8
16	三井住友金融集团	日本	1791	42.8	2.9	34.8	19.4	60.5	9.0	6.9	3.9	14.8	5.0	4.8	2.6
17	桑坦德银行	西班牙	1675	55.2	3.8	25.4	15.6	49.8	12.7	16.2	10.4	3.9	6.6	3.2	5.1
18	法国兴业银行	法国	1650	28.5	3.4	55.4	12.7	31.9	9.9	11.4	29.1	13.3	3.8	2.9	1.8
19	荷兰安置银行	荷兰	1542	48.2	3.3	28.7	19.7	42.6	5.4	8.0	9.8	28.5	4.7	4.4	2.3
20	劳埃德银行集团	英国	1459	55.9	3.2	12.3	28.5	47.3	7.0	18.3	9.2	13.4	4.8	3.6	3.6
21	富国银行	美国	1423	58.3	7.2	25.9	8.6	70.5	5.1	7.5	0.8	4.6	10.3	7.2	12.6
22	瑞银集团	瑞士	1374	22.2	1.7	67.8	8.3	31.4	16.7	8.3	34.1	5.5	3.6	2.7	4.3
23	意大利联合信贷银行	意大利	1223	59.0	5.2	25.5	10.3	50.1	6.7	18.1	13.0	4.5	7.2	5.6	2.3
24	瑞士信贷集团	瑞士	1008	23.5	2.9	51.6	21.9	36.7	19.6	15.3	10.0	12.9	4.2	3.1	3.2
25	高盛集团	美国	939	0.0	5.3	73.1	21.6	0.0	35.4	17.8	13.5	25.2	7.4	6.9	6.4
26	北欧银行	瑞典	894	47.3	1.5	35.4	15.8	37.8	11.9	16.2	17.1	12.5	4.1	3.6	4.3
27	意大利联合圣保罗银行	意大利	889	55.9	4.2	31.8	8.1	42.0	1.2	27.4	9.6	12.0	7.5	5.4	3.0
28	西班牙毕尔巴银行	西班牙	842	55.3	3.1	28.7	12.8	49.7	14.6	13.3	9.2	5.8	6.9	4.9	5.9
29	德国商业银行	德国	839	38.5	5.1	51.9	4.6	50.4	11.6	11.6	20.3	1.6	3.9	3.2	1.3
30	交通银行	中国	838	54.6	25.0	16.8	3.6	84.2	5.0	1.3	0.2	2.1	7.2	7.0	3.1
31	大都会人寿	美国	837	9.7	0.9	49.7	39.7	0.8	3.7	3.1	0.0	85.0	7.4	6.3	4.6
32	加拿大皇家银行	加拿大	825	45.8	1.2	44.3	8.6	47.8	12.7	14.7	11.7	7.4	5.0	3.8	10.0

续表

	银行名称	国家或地区	总资产（10亿美元）	净贷款	同业拆借	资产（总资产%）				负债（总资产%）			资本比率（总资产%）		
						证券	其他资产	存款	货币市场和短期借款	长期借款	衍生品和交易	其他负债	股权/总资产	有形普通股/有形资产	市值/总资产
33	多伦多道明银行	加拿大	811	50.4	2.7	41.3	5.6	60.1	8.9	4.6	15.9	4.1	5.6	3.9	9.2
34	澳大利亚国家银行	澳大利亚	798	64.8	6.2	16.5	12.4	48.2	11.5	16.5	6.7	11.1	5.1	4.2	7.7
35	摩根士丹利	美国	781	3.7	7.3	74.6	14.3	0.0	38.9	17.9	15.4	18.3	8.7	7.5	4.8
36	澳大利亚联邦银行	澳大利亚	732	74.5	1.5	16.2	7.7	55.9	13.9	14.2	5.8	3.7	5.7	4.3	11.8
37	西太平洋银行	澳大利亚	706	76.2	1.5	15.9	6.4	52.6	11.4	18.4	7.2	2.9	6.8	5.1	11.3
38	法国外贸银行	法国	697	18.8	10.4	56.0	14.8	31.3	19.7	6.9	24.3	13.9	3.6	1.1	1.5
39	澳盛银行	澳大利亚	672	66.6	1.6	18.8	13.0	55.3	11.3	11.1	8.2	6.9	6.3	5.1	10.5
40	加拿大丰业银行	加拿大	668	54.6	7.4	30.5	7.5	69.4	11.3	1.5	5.3	6.1	5.5	4.2	9.6
41	渣打银行	英国	637	44.6	10.7	27.8	16.9	67.1	0.0	12.1	8.1	4.9	7.0	5.8	9.4
42	丹麦银行	丹麦	616	54.4	3.3	28.9	13.4	29.5	10.3	28.1	15.3	11.6	4.0	3.4	2.8
43	巴西银行	巴西	563	43.8	9.8	32.7	13.7	41.0	24.5	12.6	0.3	15.6	5.7	4.2	6.4
44	招商银行	中国	547	54.2	27.6	15.1	3.0	81.2	8.2	1.9	0.3	1.8	5.8	5.4	1.6
45	蒙特利尔银行	加拿大	526	47.3	1.2	42.0	9.5	61.6	12.0	0.8	9.3	10.5	5.3	4.0	7.3
46	兴业银行	中国	521	36.7	47.5	12.2	3.6	82.6	7.8	1.9	0.1	1.5	5.2	5.1	9.7
47	中国民生银行	中国	515	41.7	45.1	7.5	5.6	82.2	7.6	2.3	0.0	1.6	5.2	4.8	5.4
48	上海浦东发展银行	中国	505	47.5	34.2	15.5	2.8	84.5	3.7	2.2	0.1	3.1	5.7	5.5	5.9
49	俄罗斯联邦储蓄银行	俄国	494	70.0	0.8	13.6	15.6	71.8	8.8	4.6	0.3	1.7	10.8	10.4	13.4
50	中信银行股份有限公司	中国	475	54.5	29.4	12.3	3.8	87.9	1.3	1.6	0.1	1.4	6.8	6.6	1.8
51	德克夏银行	比利时	471	42.0	13.1	20.4	24.5	21.4	6.2	30.9	17.9	22.7	0.9	0.9	0.0
52	巴西伊塔乌联合银行控股公司	巴西	467	35.8	2.5	43.7	18.1	25.5	28.0	17.7	1.2	19.9	8.0	5.0	8.0
53	储备银行	西班牙	460	61.3	1.4	28.0	9.3	44.5	4.9	26.3	6.1	11.3	5.9	4.3	3.3
54	理索纳银行	日本	458	61.0	0.4	26.4	12.2	82.8	4.2	3.2	0.8	2.8	3.1	2.7	2.9

续表

	银行名称	国家或地区	总资产（10亿美元）	净贷款	同业拆借	资产（总资产%）			负债（总资产%）				资本比率（总资产%）		
						证券	其他资产	存款	货币市场和短期借款	长期借款	衍生品和交易	其他负债	股权/总资产	有形普通股/有形资产	市值/总资产
55	挪威银行	挪威	407	57.2	1.6	23.3	17.8	46.8	10.8	21.2	2.8	12.4	5.6	5.4	5.1
56	野村控股	日本	403	4.1	0.0	86.0	9.9	2.8	42.6	20.0	22.4	6.1	6.1	6.1	5.8
57	住友三井信托控股	日本	395	61.6	1.4	21.2	15.8	62.5	21.9	5.8	0.6	2.9	6.0	5.3	5.0
58	加拿大帝国商业银行	加拿大	394	61.6	0.5	31.1	6.7	63.0	5.4	14.6	6.9	5.4	3.9	3.3	8.1
59	印度国家银行	印度	392	64.7	2.6	24.1	8.6	75.6	9.5	0.0	0.0	9.0	6.0	6.1	6.5
60	巴西布拉德斯科银行	巴西	391	33.7	3.0	46.9	16.3	54.0	3.8	7.0	0.5	26.0	8.9	6.3	8.4
61	瑞典北欧斯安银行	瑞典	377	47.3	4.6	24.7	23.4	40.9	9.4	19.3	9.7	15.8	4.5	3.8	4.9
62	班基亚银行	西班牙	373	47.5	2.5	40.4	9.5	38.0	13.5	30.5	12.9	3.5	-2.1	-5.1	0.3
63	瑞典商业银行	瑞典	367	69.0	1.7	15.1	14.3	35.7	17.7	31.6	5.1	5.0	4.3	4.1	6.0
64	中国光大银行	中国	366	43.4	30.1	20.9	5.6	85.0	4.2	2.3	0.1	2.5	5.0	4.8	2.5
65	纽约梅隆银行	美国	359	12.9	37.3	36.3	13.4	68.6	7.0	5.0	5.1	3.7	10.1	4.0	8.4
66	美国合众银行	美国	354	64.1	0.0	21.1	14.8	70.4	7.4	7.1	0.0	3.6	10.0	6.9	17.0
67	比利时联合银行	比利时	339	49.8	4.4	38.1	7.7	55.5	3.4	7.6	16.5	10.7	4.8	3.8	4.0
68	信金中央银行	日本	323	17.9	2.1	68.9	11.1	74.3	5.4	14.3	0.5	1.2	4.1	4.1	0.4
69	第一资本金融公司	美国	313	64.2	2.4	20.4	12.9	67.9	6.8	8.0	0.0	3.2	12.9	8.0	10.8
70	PNC金融服务集团	美国	305	60.8	1.3	24.9	13.0	69.9	3.9	9.4	0.0	3.0	12.5	9.0	10.1
71	友利金融控股	韩国	304	69.4	1.7	21.3	7.7	62.3	10.3	8.6	3.4	8.4	6.9	6.7	2.9
72	星展集团控股	新加坡	289	59.5	8.1	22.9	9.4	75.1	3.4	3.0	5.5	2.6	9.0	7.7	10.3
73	意大利西雅那银行	意大利	289	64.9	4.8	23.2	7.1	48.3	8.7	23.9	12.4	2.8	2.9	2.3	1.2
74	瑞典银行	瑞典	284	64.5	3.8	17.0	14.8	36.3	12.6	31.0	6.0	8.1	5.6	4.9	6.5
75	奥地利第一储蓄银行	奥地利	282	58.1	4.2	28.4	9.2	67.7	1.2	14.3	5.9	2.5	7.6	6.3	4.4
76	新韩金融集团	韩国	281	64.9	1.5	22.3	11.3	56.1	6.7	12.9	2.7	12.0	9.3	8.0	6.1

续表

	银行名称	国家或地区	总资产（10 亿美元）	净贷款	同业拆借	资产（总资产%）				负债（总资产%）			资本比率（总资产%）		
						证券	其他资产	存款	货币市场和短期借款	长期借款	衍生品和交易	其他负债	股权/总资产	有形普通股/有形资产	市值/总资产
77	韩亚金融集团	韩国	265	59.8	1.1	24.7	14.3	63.6	7.0	11.4	2.9	7.9	7.1	6.5	3.0
78	平安银行	中国	258	29.8	22.6	15.5	32.0	58.9	4.3	0.6	0.0	0.8	4.4	6.2	4.2
79	俄罗斯外贸银行	俄国	243	63.0	4.0	15.7	17.3	59.5	12.7	15.0	1.1	2.0	9.5	7.3	7.6
80	华侨银行	新加坡	242	48.0	10.4	14.8	26.8	63.7	1.6	2.9	2.1	19.9	8.0	6.8	11.4
81	华夏银行	中国	239	46.6	38.7	12.2	2.5	84.2	7.9	0.3	0.0	1.4	5.0	4.8	3.4
82	道富集团	美国	223	5.5	22.8	59.6	12.1	73.8	5.6	2.8	0.0	7.7	9.2	5.5	9.8
83	萨巴德尔银行	西班牙	213	65.0	2.3	21.0	11.7	70.8	1.1	16.4	1.5	4.4	5.2	1.6	3.6
84	西班牙人民银行	西班牙	208	69.0	3.0	16.9	11.1	61.7	13.6	13.8	2.2	2.4	5.9	2.3	3.1
85	大华银行	新加坡	207	60.4	4.7	17.6	17.3	79.2	3.2	3.7	2.2	1.7	9.1	7.5	12.3
86	大和证券集团	日本	203	1.9	0.0	84.6	13.4	9.4	47.6	9.7	26.1	1.6	5.7	5.3	6.0
87	爱尔兰银行	爱尔兰	196	62.5	3.3	23.4	10.9	52.2	13.0	13.2	3.6	12.0	4.6	3.3	2.3
88	国泰金融控股	中国台湾	187	28.0	1.9	42.9	27.2	27.9	0.9	1.7	0.2	64.8	4.6	4.1	6.3
89	BB&T 公司	美国	184	63.3	0.9	21.4	14.4	72.4	1.6	10.4	0.0	4.1	10.4	6.6	11.1
90	标准银行集团	南非	182	52.4	0.0	39.8	7.9	59.3	0.0	2.0	14.7	15.3	8.1	7.2	12.3
91	奥地利奥合国际银行	奥地利	180	57.2	16.3	18.1	8.5	57.4	13.4	12.3	6.8	1.6	6.2	4.9	4.5
92	北京银行	中国	180	42.8	32.5	22.2	2.5	84.5	6.2	0.9	0.0	1.1	6.3	6.2	6.0
93	韩国中小企业银行	韩国	179	72.5	1.6	21.4	4.5	40.9	11.6	36.7	1.9	4.7	6.7	6.4	3.4
94	加拿大国家银行	加拿大	178	46.5	1.8	43.7	8.0	52.4	21.2	1.4	3.1	17.2	4.2	3.2	7.0
95	意联银行	意大利	175	69.7	3.0	19.4	7.9	48.5	3.5	34.0	3.0	2.9	8.0	5.9	2.4
96	意大利大众银行	意大利	174	69.3	2.8	19.4	8.4	43.4	7.5	33.8	4.8	3.2	6.8	5.1	1.7
97	太阳信托银行	美国	173	70.7	0.0	16.8	12.5	76.3	3.2	5.4	0.7	2.4	11.7	7.8	8.8
98	马来亚银行	马来西亚	162	62.9	2.4	19.9	14.8	76.9	0.0	4.9	0.5	7.5	8.9	7.6	15.7
99	爱尔兰联合银行	爱尔兰	162	59.5	2.3	30.0	8.2	52.4	22.8	9.7	2.7	3.3	9.1	6.0	21.1
100	麦格理集团	澳大利亚	157	33.5	0.3	42.1	24.1	32.3	7.0	28.1	10.8	13.5	7.9	6.7	8.4

注：存款包括客户存款（现金、储蓄和定期存款）和银行存款。如果该组合的数据不可用，则假定某些组合的数据为零。

来源：BankScope 和作者计算。

26.3.4 处理机制：国际主流

为了应对国际金融危机，许多国家或地区的监管机构更加密切地关注其针对破产银行的处置机制。表 26.9 提供了在发生任何破产情况下，银行是否与非金融公司分开处理的信息。它还提供了有关银行是否受到与银行控股公司不同的待遇的信息。此外，当一家银行破产时，会确定处理这种情况的权力和拥有这些权力的机构。如表 26.9 所示，G20 中，11 个国家有与非金融公司不同的独立的银行破产框架，并且其中的 10 个国家对于银行控股公司有不同于银行的破产框架。在权力和拥有这些权力的机构方面，多数国家将解决问题银行的最大权力交给了银行监管机构。然而，在许多国家法院在宣布破产方面似乎发挥了重要作用。此外，G20 中的大多数国家，股东可以就银行监管部门的处理决定提出上诉。

表 26.9　　不同国家的破产处理框架

国家或地区	金融企业是否有独立的破产框架	银行控股公司和银行是否具有一样的破产框架	哪个机构有权执行以下银行处置活动（BS = 银行监管，C = 法院，DIA = 存款保险机构，BR/AMC = 银行重组或资产管理机构）					银行股东可以向法院上诉，反对银行监管机构的决议吗
			a. 宣布破产	b. 取代股东权利	c. 撤销和更换银行高级管理层和董事	d. 实施银行处置机制	e. 指定并监督银行清算人/收款人	
阿根廷	是	否	BS	BS	BS	BS	C	是
澳大利亚	否	是	BS& 银行	C	BS	BS	BS	是
巴西	是	否	BS	BS	BS	BS	BS	是
加拿大	是	否	C	BS	BS	BS	C	是
中国	否	是	C	BS	BS	C	C	是
法国	是	否	C	C	BS&C	BS&C	BS&C	否
德国	否	是	C	BS	BS	BS	C	是
印度	是	否	C	C	BS	BS	C	是
印度尼西亚	是	是	BS	DIA	BS	BS	DIA	是
意大利	是	否	C	BS	BS	BS	BS	是
日本	n. a.	n. a.	n. a.	n. a.	n. a.	n. a.	n. a.	n. a.
墨西哥	否	是	DIA	DIA	DIA	DIA	DIA	否
俄罗斯	是	否	C	BS	BS	BS	C,BS& 债权人	是
沙特阿拉伯	n. a.	n. a.	n. a.	n. a.	n. a.	n. a.	n. a.	n. a.
南非	否	是	C	C	BS	BS	财政部长	是
韩国	否	是	C	C	BS	C/DIA	BS	是
土耳其	是	否	BS	DIA	—	DIA	DIA	是
英国	是	否	—	—	—	—	—	否
美国	是	否	BS	DIA	BS	BS	BS	是

续表

国家或地区	金融企业是否有独立的破产框架	银行控股公司和银行是否具有一样的破产框架	哪个机构有权执行以下银行处置活动？（BS = 银行监管，C = 法院，DIA = 存款保险机构，BR/AMC = 银行重组或资产管理机构）					银行股东可以向法院上诉，反对银行监管机构的决议吗
			a. 宣布破产	b. 取代股东权利	c. 撤销和更换银行高级管理层和董事	d. 实施银行处置机制	e. 指定并监督银行清算人/收款人	
是否需要法院批准下列银行处置活动？								
欧盟总计	是：15	是：12	是：19	是：9	是：0	是：4	是：16	是：22
	否：10	否：13	否：6	否：15	否：24	否：20	否：8	否：3
	—：2	—：0	—：0	—：1	—：1	—：1	—：1	—：0
	n. a.：2	n. a.：2	n. a.：2	n. a.：2	n. a.：2	n. a.：2	n. a.：2	n. a.：2
世界其他地区	是：64	是：55	是：47	是：34	是：6	是：9	是：43	是：86
	否：28	否：31	否：49	否：59	否：88	否：83	否：50	否：10
	—：5	—：11	—：1	—：4	—：3	—：5	—：4	—：1

注：日本、沙特阿拉伯、捷克共和国和瑞典没有完成这项特别调查。“—”表示没有回答这个问题。

来源：世界银行调查四；Barth、Caprio 和 Levine（2013）。

表 26.10 显示，G20 中多数国家或地区确实提供了在银行关闭和清算之前解决问题的机制，包括开放银行援助和政府以接管或国有化的形式进行干预。在解决银行问题的新方法方面，大多数 G20 国家或地区并没有引入单独的银行破产框架，但其中一些国家还是在国内当局之间实施了协调安排。

表 26.10　倒闭和清算之前解决问题银行的机制

国家或地区	现有法律中提供了哪些机制来解决银行在倒闭和清算之前的问题				是否在国际金融危机的影响下，改进了现有银行处置框架	
	a. 开设银行救助	b. 购买和交易（有或没有政府支持）	c. 政府干预（如通过托管或国有化）	d. 设立过渡银行	a. 引入单独的银行破产框架	b. 在国内监管当局之间进行协调安排的落实
阿根廷	否	是	否	是	否	否
澳大利亚	否	是	否	否	否	是
巴西	是	是	否	否	否	否
加拿大	否	是	否	是	否	否
中国	是	是	是	否	是	是
法国	是	是	是	否	否	是
德国	否	是	否	是	否	否
印度	否	否	是	否	否	否
印度尼西亚	是	是	是	是	否	是
意大利	是	是	否	否	否	是

续表

国家或地区	现有法律中提供了哪些机制来解决银行在倒闭和清算之前的问题				是否在国际金融危机的影响下，改进了现有银行处置框架	
	a. 开设银行救助	b. 购买和交易（有或没有政府支持）	c. 政府干预（如通过托管或国有化）	d. 设立过渡银行	a. 引入单独的银行破产框架	b. 在国内监管当局之间进行协调安排的落实
日本	n. a.	n. a.	n. a.	n. a.	n. a.	n. a.
墨西哥	是	是	是	是	是	否
俄罗斯	是	是	是	否	否	否
沙特阿拉伯	n. a.	n. a.	n. a.	n. a.	n. a.	n. a.
南非	否	是	否	否	否	否
韩国	是	是	是	否	否	是
土耳其	否	是	是	否	否	是
英国	否	是	是	是	是	是
美国	是	是	是	是	否	否
欧盟总计	是：15	是：21	是：17	是：9	是：1	是：15
	否：9	否：4	否：8	否：16	否：24	否：18
	—：1	—：0	—：0	—：0	n. a. ：2	n. a. ：2
	n. a. ：2	n. a. ：2	n. a. ：2	n. a. ：2		
世界其他地区	是：61	是：57	是：50	是：33	是：5	是：16
	否：31	否：32	否：38	否：52	否：92	否：81
	—：5	—：8	—：9	—：12		

注：日本、沙特阿拉伯、捷克共和国和瑞典没有完成这项特殊调查。“—”表示这个问题没有回答。

来源：世界银行调查四；Barth、Caprio 和 Levine（2013）。

26.4　跨境法律问题

在监督和监管 G－SIB 方面加强协调的挑战是相当大的。与其他传统的国际经济协调领域不同，国际金融监管不是由条约组成，而是由不具约束力的议定书和协定组成。这些“软法律”安排包括最佳做法和行为守则，旨在概述政府和市场参与者的合理做法，以及金融当局承诺在进行跨界调查时与彼此分享信息。

其中最引人注目的是“巴塞尔协议Ⅲ”。正如我们上面已经讨论的，巴塞尔协议Ⅲ的资本金要求、流动性要求和杠杆率要求的实施进程正在顺利进行。虽然各国继续辩论技术细节和实施时间表，但都同意预先支持银行的储备，限制债务金额和低质量储备证券的数量，这将大大降低单个银行和银行系统两个层面破产的可能性。

同时，不只有巴塞尔委员会，还有 FSB 都在努力解决“大而不能倒”的问题。这两个机构都致力于通过制定标准和更多的规范性方法更好地识别 G－SIBs 和 G－SIFIs。面对跨境系统性风险，这些进展还引起了更积极的监管协调。2011 年 11 月，金融稳定理事会颁布了金融机构效率决议制度的关键特性（“关键属性”），作为决议制度的新国际标准。这些属性考虑了 G - SIFIs，并包含了加强国家金融监管当局一系列协调功能。改革一揽子措施包括：（1）对跨境危机管理小组（CMG）的要求，其中主要监管机构和金融当局将在其管辖范围内满足和共享关于系统重要活动的信息；（2）旨在满足特定银行风险的机构特定跨境合作协议（COAGs）；（3）复苏和解决计划（RRPs）；（4）所有 G - SIFIs 的可分解性评估。

然而，这些建议都不构成具有约束力的国际法。它们不像和平协定或国际人道主义协定那样的方式为各国政府规定义务。因此，在贸易和投资等问题上，没有批准国际条约的那种程序。相反，金融市场监管者主要采用行政手段在国内实施标准。

这种背离传统国际法的理由很充分。正式协议通常不是最佳的金融协调工具。制定条约通常需要国家元首或其代表与地方代表之间进行数月甚至数年的谈判。[①] 一旦条约建立起来，它们就很难改变，这增加了通过条约产生的规则与实践脱节的风险。[②]

相比之下，“软法律”提供了一个成本更低的协议手段。[③] 由于它的非正式地位，它所带来的谈判成本相对较低。也许最重要的是，它不需要国家元首的广泛参与或冗长的批准程序。相反，行政机构和技术人员之间可以达成协议，外部人员的干预相对较少。因此，需要考虑的利益较少，利益的范围变得更有限，从而谈判变得更加容易。由于“软法律”的灵活性，只要各方之间有基本协议，协议各方还可以相对容易地修改协定。

从律师、监管机构和外交官的立场来看，“软法律”另外涉及的“主权成本”和限制条件要少得多，在某些情况下，这可能会限制一个国家行使其特权的能力。这不是一种正式的义务，因此违约不会产生相对应的声誉损失，至少在遵守其法律义务方面是这样。此外，“硬法律”不时的增加使得受害国能够进行各种形式的报复，而“软法律”标准通常不直接促进。因此，“软法律”还有助于降低政策问题领域普遍存在的不确定性风险来促进协议的达成。正如 Abbott 和 Snidal（2000）所解释的那样，对于采用任何特定的方法，经常会有相当多的怀疑或焦虑，因为“潜在的问题可能没有被很好地理解，所以国家不能预期合法化安排的所有可能后果”。Abbott 和 Snidal 还注意到，通过避免正式的合法性，协议各方能够看到规则在实践中的影响，以便更好地评估其利益，同时保留灵活性，以避免规则可能带来的不愉快的后果。

然而，尽管存在这些优点，但国际金融监管本身也存在严重的结构性缺陷和不足。Brummer（2011）解释道，虽然从技术上讲，国际金融监管是国际法的一个非约束性领域，但在很大程度上，国际金融监管既会给那些忽视最佳实践的国家带来声誉上的后果，也会给那些不遵守法律的国家带来更高的融资成本。然而，对遵守国际标准情况的监测历来力度不够。传统上，国际货币基金组织和世界银行是主要角色，在遵守国际监管标准方面承担最大的监督责任。然而，在危机爆发之前，只有那些从世界银行（World Bank）和国际货币基金组织（IMF）获得贷款的国家，才有可能受到这两家机构的监督。此外，通

---

① 因此，“硬法律”在受金融市场变化的影响相对较少的贸易等领域很受欢迎，参见 Brummer（2012）。

② 参见 Levit（2005），指出习惯国际法规范在设计上仍然模糊，以确保它们包含了足够的“国家实践”，构成国际法。

③ 参见 Gersen 和 Posner（2008）讨论“廉价谈话”理论。

过监管获得的信息只有在被监管国家允许的情况下才公布。因此，正如 Clark 和 Drage（2000）指出的那样，关于某一国家履约情况的信息是否与市场参与者，甚至是其他国家的监管机构共享，仍然由该国自行决定。

2008 年金融危机爆发后，在金融稳定委员会（FSB）主持下作出的承诺，在 IMF 的协议条款下变得制度化，监督变得强制性和更加公开。此外，作为成员国义务的一部分，FSB 成员承诺遵守关键的协调与合作义务。虽然国际标准制定机构越来越积极地通过各种“同行审查程序”调查成员的遵守情况，但也许旨在评估成员遵守其承诺的过程中，最值得注意的制度是 FSB 进行的“专题同行审查”。这些审查旨在衡量各国是否遵守国际金融标准，是否遵守金融稳定委员会本身优先考虑的政策以及是否对特定政策领域的现有做法进行评估。这项工作与个别的“国家”同行评议相辅相成，侧重于某一 FSB 成员在实施监管和监督建议方面取得的进展。其理念是，通过加强对国家层面行为的监督，可以更容易地发现监管机构回避国际最佳做法。此外，背弃承诺的成本可能会提高。不仅监管机构可能对这种审查和信息感兴趣，私人市场参与者也可能感兴趣。例如，一家总部位于巴塞尔协议Ⅲ合规国 X 的银行，以及向不遵守巴塞尔协议Ⅲ（或不合规）国家 Y 的银行贷款，很可能会得出这样的结论：由于这个原因，国家 Y 的银行面临更大的风险。在这种情况下，X 国银行可能会向 Y 国银行收取贷款溢价。事实上，一系列涵盖证券市场和银行市场的研究表明，法律的选择可以影响资本成本。

SIFI 监管的某些领域可能比其他领域更容易受到跨境监管。相对于其他金融服务行业，（大多数）银行活动（在某种程度上）更直接，因此（在某种程度上）更容易受到有效的监管。在这种情况下，各国在不同程度上采取行动，开始实施巴塞尔核心资本标准，如表 26.11 所示。

表 26.11　　巴塞尔协议Ⅲ实施的进展

	截至 2012 年 10 月			截至 2013 年 3 月底		
	巴塞尔协议Ⅱ	巴塞尔协议 2.5	巴塞尔协议Ⅲ	巴塞尔协议Ⅱ	巴塞尔协议 2.5	巴塞尔协议Ⅲ
已颁布最终规则并实施这些规则的国家数量（个）	22	20	0	24	22	11
已颁布最终规则但尚未实施的国家数量（个）	1	0	6	1	0	3
处于确定最终规则前不同阶段的国家数量（个）	4	4	19	2	3	13
尚未采取任何重大行动以制定规则的国家数量（个）	0	3	2	0	2	0
合计（个）	27	27	27	27	27	27

来源：BCBS（2013b）。

相对于巴塞尔资本标准的实施，跨境金融决议的进展相当不那么令人印象深刻。2013 年 4 月，FSB 发布了一份关于成员国决议程序的重大专题审议报告，强调了这一点。该研究指出，虽然一些 FSB 管辖区自危机以来对其解决机制进行了重大改革，而另外几个国家正在采取改革以进一步加强其制度并使其与关键属性相一致，整体实施仍然处于初级阶段，需要采取立法行动，以使 FSB 管辖区的解决机制与该标准完全一致。2013 年 4 月的专题审查发现了几个重要障碍。在多数情况下，负责解决任务的当局没有能力或不能够执行其国际任务。在一些国家，金融当局无权将破产银行的债务转换为股权，也无权阻止各方根据与该公司签订的金融合同行使权利。多数监管机构也缺乏对破产金融机构进行管理控制的权力，或无法解决非银行机构的问题。尽管从技术上讲，非银行机构可能拥有非金融业务，但如果它们倒闭，可能会带来系统性风险。最后，即使在颁布关键要求之后，许多司法管辖区仍缺乏法定的决议规划要求，或没有权力要求金融公司改革其业务，以提高其可解决性。

比使国家决议制度达到关键属性的标准更成问题的是跨国界协调决议制度的问题。迄今为止，将跨界协调制度化的基本尝试仍然乏善可陈。许多管辖区缺乏对外国决议行动产生效果的正式程序，总体而言，尽管有关键属性的规劝，信息共享还是很低。此外，只有有限的监管和立法举措，在国外启动解决或破产规定的情况下，产生自动触发或合作行动。同时，大多数司法管辖区甚至不需要考虑自己的行动对其他国家金融稳定的影响。

26.5　总结和结论性意见

本章首先指出：尽管世界范围内金融系统中的政策制定者继续积极回应由国际金融危机带来的金融市场、金融机制和金融系统管理和监管中的问题，但是对这些回应是什么的全部认知仍旧如此的模糊和有限。本章将通过关注一个特别相关的案例——SIBs 的管理和监督，来提高认知的水平。我们贡献的核心是展示迄今为止模糊的、新的或两者兼而有之的信息。我们的方法是发展两个相互补充的角度。第一个角度我们描述为“全球视野”。讨论一开始就指出，G20 峰会和 FSB 是世界上最重要的全球金融体系改革议程的缔造者，尤其是在金融体系通过 SIFIs 运转的过程中。我们解释什么是 G20 峰会和 FSB，以及它们是如何占据全球经济体系主导地位的，它们自从最严重的金融危机以来，推动了主要的金融体系改革举措的进展。该讨论强调了 SIFIs 的创新，特别强调了与 G - SIFIs 和 G - SIBs 有关的创新。

我们的第二个视角是针对具体国家的。首先，从重要的观察开始，虽然世界上大多数最大的银行没有被指定为具有系统重要性的“全球”银行，但在国家或“国内”背景下考虑时，它们仍然具有系统重要性。因此，在这种情况下，幸运的是，由于最近世界银行的努力，存在大量关于管理和监督 SIB 的信息。该研究总结并强调了世界银行收集的关于世界 135 个国家的危机后监管和监管 SIBs 的新数据。总体而言，该分析表明，各国在管理和监督 SIB 方面所采取的措施更为相似。我们的研究结论是，尽管这一事实应有助于各国在国际上协调政策，但在这方面还有很长的路要走。

参考文献

[1] Abbott K. W. and Snidal D. (2000). Hard and Soft law in International Governance, International Organization, 54 (3), 421 – 441.

[2] Barth J. R., Caprio Jr., G. and Levine R. (2012). Guardians of Finance. Cambridge: MIT Press. Barth, J. R., Caprio Jr., G. and Levine, R. (2013). Bank Regulation and Supervision in 180 Countries from

1999 to 2011, Journal of Financial Economic Policy, 5 (2), 111 – 219.

[3] BCBS (Basel Committee on Banking Supervision) (2013a). Global Systemically Important Banks: updated Assessment Methodology and the Higher loss Absorbency Requirement, July.

[4] BCBS (Basel Committee on Banking Supervision) (2013b). Report to G20 Finance Ministers and Central Bank governors on Monitoring Implementation of Basel Ⅲ Regulatory Reform, April.

[5] Brummer C. (2011). How International Financial law Works (And How It Doesn't), The Georgetown Law Journal, 99, 257 – 327.

[6] Brummer C. (2012). Soft Law and the Global Financial System: Rule Making in the 21st Century. New York: Cambridge university Press.

[7] Clark A. and Drage J. (2000). International Standards and Codes, Financial Stability Review, 9, 162 – 166.

[8] Financial Stability Board (FSB) (2013). Thematic Review on Resolution Regimes, April 11.

[9] Gersen J. E. and Posner E. A. (2008). Soft law: lessons from Congressional Practice, Stanford Law Review, 61 (3), 573 – 589.

[10] IMF (International Monetary Fund) (2013). Factsheet: The Financial Sector Assessment Program (FSAP), <http: //www. imf. org/external/np/exr/facts/fsap. htm. >.

[11] ISDA (International Swaps and Derivatives Association) (2012). Netting and off setting: Reporting Derivatives under US GAAP and under IFRS, May.

[12] Lane P. R. (2012a). Financial Globalisation and the Crisis, BIS Working Papers no. 397.

[13] Lane P. R. (2012b). The European Sovereign Debt Crisis, Journal of Economic Literature, 26, 49 – 68.

[14] Levit J. K. (2005). A Bottom – up Approach to International lawmaking: The Tale of Tree Trade Finance Instruments, Yale Journal of International Law, 30 (2), 125 – 171.

[15] Nolle D. E. (2011). US Domestic and International Financial Reform Policy: Are G20 Commitments and the Dodd – Frank Act in Sync?, Board of governors of the Federal Reserve System International Finance Discussion Papers no. 1024, July.

[16] Nolle D. E. (2012). Global Financial System Reform: The Dodd – Frank Act and the G20 Agenda, Journal of Financial Economic Policy, 4 (2), 160 – 197.

[17] Nolle D. E. (2013). Who's in Charge of Fixing the World's Financial System? The under Appreciated Lead Role of the G20 and the FSB. office of the Comptroller of the Currency Economics Working Paper.

第四部分　宏观经济展望

第 27 章 金融危机后银行业的系统性风险

美联储将与财政部及其他部门紧密合作、积极应对，使系统性风险降到最低。

——本·伯南克，前美联储主席（2008 年 10 月）①

9 月雷曼兄弟破产给人们对银行业的信心造成了前所未有的恶劣影响，这也可能阻碍了金融中介发挥其基本功能。

——让—克罗德·特里谢，前欧洲央行行长（2008 年 12 月）②

27.1 前言

金融不稳定和金融危机在历史上是一种低频次的周期性现象（Kindleberger，1978；Reinhart 和 Rogoff，2009）。随着雷曼兄弟破产以及其他一些事件，2007 年 8 月爆发的金融危机在 2008 年 9 月已经恶化为系统性危机。这成为史上金融系统受制于系统性风险这一事实最明显的例证之一，其中银行和信贷发挥着尤为重要的作用。20 世纪 30 年代的“大萧条”和 90 年代日本及北欧国家发生的银行业危机也可佐证这一观点。尽管早期和当前的金融危机不完全一致，目前，人们普遍认为系统性风险在研究严重的金融不稳定时是基础的根本因素，对整体经济以及公众对政策可能作出的反应影响较大。

本章引言中引用的由国际上两个最重要的央行领导人在金融危机最严重的时期发表的两段话，阐明了系统性风险的政策相关性。事实上，危机过后大众普遍接受的一个教训就是金融监督和管理需要更加注重“宏观审慎”（而非保持“微观审慎”），也就是说，应将系统性风险考虑在内（而非机构或市场风险）。③ 为实现这一效果，许多国家开设了新机构用以实施宏观审慎政策。在欧洲，欧洲系统性风险委员会已经成立，在单一监管机制下，欧洲央行将具备宏观审慎能力（欧盟理事会，2013 年）。在美国，金融稳定监督委员会已经建立。

本章全面分析了银行业的系统性风险，在理解给实体经济带来严重负面影响的金融危

---

① “稳定金融市场和经济”，纽约经济俱乐部的演讲。<http://www.america.gov/st/texttransenglish/2008/October/20081016110841eaifas9.330386e-02.html>。

② 欧议会的地址 <http://www.ecb.int/press/key/date/2008/html/sp081208_2.en.html>。雷曼兄弟的失败成为美国历史上最大的破产案，在其申报中列出了 6310 亿美元的负债。

③ 关于当前危机更广泛的进一步讨论、报告和论文有：Ferguson 等（2007）；Ashcraft 和 Schuermann（2008）；Evanoff、Hartmann 和 Kaufman（2009）；堪萨斯城联邦储备银行（2008）；金融稳定论坛（2008）；Greenlaw 等（2008）；国际金融研究所（2008）；高级监事集团（2008）；许多中央银行的金融稳定报告。

机以及银行业监管、审慎监管、危机管理的过程中，系统性风险是主要的考虑因素之一。首先，我们将分析系统性风险最重要的因素结合起来，并将指标整合于分析系统，以作为制定金融系统稳定性政策的基准。同时，区分系统性风险的三大来源：传染效应、总体冲击（金融体系外生）以及金融体系内生失衡的蔓延（欧洲央行，2009 年）。然后我们分析事前（预防性）和事后（危机管理）处理系统性风险和危机的公共政策（包括宏观审慎政策）。其次，我们还回顾了有关系统性风险的现有理论和实证资料。这也有助于识别需要进一步研究的领域。最后，我们提供了一些结论。

27.2 系统性风险的概念

一般意义上的系统性风险绝不是只限于经济学或金融系统中的一个现象。也许这一概念在医疗和传染病领域的解释最为自然。例如，由疾病导致的大范围传染可能会使人口大幅减少。在经济学领域，有人认为系统性风险是金融系统尤其是银行系统的特有特点。尽管传染效应也可能在经济的其他部门发生，金融系统的传染效应往往被认为是更可能发生且更为严重的，部分原因是由于其对整体经济可能带来的不利影响。因而，一个经济体的系统性风险的全面定义是：使金融系统普遍不稳定以至于金融系统功能受到损害（经济增长和福利水平严重受损）的风险（欧洲央行，2009 年）。“系统性危机”是这一风险的实体化形式。

本节首先基于文献研究和实践经验提供了一个系统性风险的经济学分析框架。其次，本节解释了面对系统性风险，金融体系被认为比经济系统其他部分更脆弱的原因。再次，本节讨论了一些系统性事件在何种程度上应被认为是“有效的”。最后，本文简单考察了银行业系统性风险同公共政策的相关性。

27.2.1 系统性事件和危机①

从上述定义出发，首先可以区分“水平”和“垂直”的系统性风险。“水平”这一角度仅限于理解造成金融体系内不稳定性蔓延的因素。“垂直”的角度同时考虑了金融体系和宏观经济之间双向互动关系，这对于评估增长和福利效应是必要的。目前为止，标准的宏观经济模型并未包含发展得较好的金融部门，更不用说金融稳定性统计指标，因此研究文献并未较好地解释“垂直”的角度。这就是为什么本次调查大部分集中在系统性风险的“水平”角度，尽管我们也纳入了首批考虑金融不稳定性的宏观模型和金融冲击对实体经济重要性的实证证据。②

一个关键性问题是，什么原因导致了一个不稳定事件在银行系统或整个金融体系内蔓延。这可能以三种方式发生。第一，不稳定性可能从一个金融中介依次传向另一个（或从一个金融市场传向另一个，通常以外部性的形式），即使这些中介（或市场）的不稳定性

---

① 本小节基于 de Bandt 和 Hartmann（2000，2002）；de Bandt、Hartmann 和 Peydró（2010）；欧洲央行（2009，2010）。

② 关于这种新的研究路径的具体论述，参见 Hartmann、Hubrich 和 Kremer（2013）。

来源并不相同。在某些特定条件满足情况下，如传染特别剧烈，我们将这种形式的系统性风险称为传染风险，比如银行违约（或市场崩盘），或是在其他方式不同于常规的冲击传染（区别于正常情况下机构间的简单互相依赖，且无法由经济基本面进行解释：见 Hartmann、Straetmans 和 de Vries，2006）。第二，系统可能受到一个严重的外部总体冲击，这将同时给大量银行（市场）带来不利影响，甚至可能导致其违约（崩溃）。第三，随着时间的推移，金融体系内生的金融失衡可能会导致崩溃。例如，当信用崩溃时，不少银行也可能因此倒闭。虽然系统性风险传导的三种形式在理论上是不同的，但它们之间并非毫无关联，在实践中，这三种形式通常相伴发生。例如 2007—2008 年的危机，其核心是内生性的信贷过度积累和杠杆繁荣，通过金融联系、强制平仓和市场融资流动性问题来传染风险。

由于系统性风险是指存在较严重问题的风险，而非普通的财务风险或商业周期，将强弱系统性事件区分开也是有所助益的。前者指的是导致银行倒闭的事件，虽然银行在危机发生前具备基本的偿债能力，或者至少对严重到引起金融系统或实体经济剧烈变动的损失具备偿债能力。系统性事件可以波及几个银行（占银行资产或存款的很大一部分）甚至金融系统中所有的银行。“系统性危机”通常影响相当多银行并涉及银行资产或负债中较重要的科目。

27.2.2　“金融脆弱假说”

为何在金融体系中需特别注意系统性风险？这主要由传统市场的诸多不完善性决定，特别是如外部性和信息不对称、不完全市场和金融契约、金融稳定性和多重均衡的公益性。许多这些市场不完善性也存在于经济体的其他部门中。因此，它们本身似乎不足以证明金融系统的特殊脆弱性。三个相互关联的特性进一步支持了金融脆弱假说。

（1）首先，银行资产负债表的结构很重要，尤其是与到期日相关的流动性错配、高度（短期分散）杠杆以及银行资产/负债不透明。由于流动性和到期日可以转化，传统商业银行拥有具备流动性的短期分散负债和不具备流动性的长期资产。此外，银行往往因为其负债大部分以债务的形式存在而拥有高杠杆。

例如，尽管贷款通常不能在短时间内出售，商业银行也可以在非常短的时间内收取可以提取（无条件且价值固定）的固定价值存款，但这将使得它们面临挤兑的风险（Bryant，1980；Diamond 和 Dybvig，1983）。此外，银行贷款难以估值，更一般来说银行资产不透明，有可能造成债权人和银行经理之间的信息不对称。事实上，目前的信贷市场危机表明，银行资产的估值仍是一个挑战，前几年证券化业务的扩张可能掩盖了这一事实。因此，银行的健康与否不仅取决于它是否成功地挑选盈利能力强的贷款和投资项目，还取决于存款人对贷款和资产账面价值的“信心”，即对“其他”存款人不会挤兑的信心（Chari 和 Jaghannathan，1988）。事实上，储户之间的这种协调问题，有时可能会导致具备偿付能力但流动性不足的银行倒闭（Goldstein 和 Pauzner，2005）。[①]

① 显然，通过一些存款保险计划保护的存款人越多，零售存款发生信心危机的可能性就越小。事实上，在当前的国际金融危机期间，全球范围内存款保险门槛增加，以限制银行的流通，并支持一些批发市场。

银行的这一独有的特点不适用于其他金融中介机构，比如保险公司、证券公司等。但是，如果银行等中介机构属于同一个金融实体，或前者对后者透明，非银行中介机构的问题可能仍会成为银行脆弱性的来源。危机前出现过银行将部分结构化信贷业务转移给特殊目的机构的情况。这种设计并非“远程资产负债表”，许多银行面对困境时选择将资金计入资产负债表而不是进行清算。此外，影子银行的现象令人担忧。由于种种原因，包括监管套利在内的一些银行业务已经转移到其他中介机构，比如经纪商、货币市场基金①、对冲基金甚至是一些保险公司。虽然这些实体在法律上不是银行（信用机构），它们在信贷创造的过程中依然发挥着重要作用，或者其中一些实体具有非常类似于银行的资产负债表结构（例如，资产中的抵押贷款和负债中的短期商业票据），需要被纳入系统性风险的评估。② 尽管这些实体看起来像银行，但它们并不受监管，无存款保险制度，直到最近才开始受限于流动性要求，因此它们可能比银行更脆弱。

2007 年开始的金融危机的另一个重要特征是融资结构大部分偏短期。例如，大多数主要的投资银行，通过这种融资结构获得了高杠杆，并且由于一些主要资产和套期保值工具流动性不足或是流动性低于预期，有效的到期日和流动性产生了错配。随着市场压力的加剧，大批资金筹集者不愿再展期短期债务，类似于存款人挤兑。这不仅影响投资银行，而且影响其他具有单一融资结构，及用表外工具进行结构性筹资的银行。③ 危机期间的去杠杆化过程通常需要抛售大量资产，在系统内引起不稳定性，从而加深危机（Adrian 和 Shin，2008）。市场流动性不足和资金流动性不足彼此强化，并对金融中介机构造成负面外部性（Brunnermeier 和 Pedersen，2009）。

最后，普遍的激励和行为偏差可以解释系统性风险。因为银行和其他中介机构是高杠杆金融机构，它们也可能将它们的损失转嫁给纳税人（例如救助过程），它们从这些错误的激励中，在金融系统中承担过度的风险，例如 Acharya 和 Yorulmazer（2007，2008b）与 Farhi 和 Tirole（2012）提及的所谓的道德风险问题。此外，Gennaioli、Shleifer 和 Vishny（2013）表示忽视尾部风险的行为偏差也可能导致金融市场的系统性风险。

（2）金融中介和市场之间以及与实体经济高度相关。从系统性风险的横向角度考虑，银行（和其他金融中介）之间存在一个复杂的风险网络，例如，银行间货币市场、衍生品市场和大额支付和安全结算系统。当前的金融危机再次表明，由于大多数主要银行的广泛参与，批发市场的失灵具有即时系统性影响。④ 过去二十年的政策和市场举措大大提高了批发和零售支付及结算系统的安全性，从而它们未在目前的危机中构成具体威胁。然而，设计欠佳的付款和结算系统隐含严重的系统性风险隐患。如银行（和其他中介机构）之间密集的金融债权网络对上一次危机的发生有重要的影响。

从纵向角度考虑系统性风险，金融部门构成现代经济的中心。其他所有部门往往与金

① 美国货币市场共同基金在 2008 年 9 月危机期间经历了挤兑（Krainer，2012）。

② 对“影子银行”的详细论述超出了本章的范围。进一步讨论和文献调查参见 Adrian 和 Ashcraft（2012）。

③ 许多银行在结构性金融产品证券化发展期间使用表外业务进行投资。资金是短期的，因为银行发行了由其（长期）资产支持的商业票据。一旦对结构性产品的估值存在疑问，投资者不再倾向于偿还这一短期债务，表外工具必须收回银行的资产负债表以避免其失败。预计这些表外工具在危机后重要性将下降，甚至消失。

④ 例如，北岩银行业务中批发存款占 75%，因此在 2007 年秋季货币市场失灵后倒闭。

融部门密切相关，不管是净借款人（例如，政府和公司部门）或是净贷款人（例如家庭部门）。当金融系统发生故障时，储蓄不能有效地分配给私人或公共投资，而使借款部门受损。例如，银行危机可能通过减少信贷供应（信贷紧缩）对整个经济带来强烈的负面影响。[①]

（3）第三个特征是信息和对金融契约的控制强度，这依赖于对未来支付的承诺和期望（例如，Stiglitz，1993）。例如，机构增加信贷的意愿取决于它们对借款人在将来偿还的信心。当不对称信息出现、不确定性增加或财务承诺的可信度开始受到质疑时，市场预期可能大幅转变，并且以“个人理性”的方式，在短时间使投资与否的决定出现反复。例如，2008 年 9 月雷曼兄弟破产和其他负面事件发生后，出现了普遍的信心丧失，许多银行倾向于囤积流动性而不是借出流动性。或者，在 2007 年夏天，出现了对结构性金融产品可行性的质疑，因此，投资者（无法区分优良和不良产品）通常停止对资产支持商业票据的展期。[②] 这些行为尽管从个体金融中介角度看是理性的，但对整个金融体系是非常不利的，造成了严重的负面外部性。

在不完全的金融市场和契约的环境中，传统市场缺陷和这三个特征的组合使得金融系统受制于系统性风险，因为它会引起特别剧烈的行为调整、强烈的反馈和放大机制，从而导致财务问题以非线性方式广泛传播。

27.2.3　“有效”与“自我实现”的系统性事件

一些银行倒闭是有效的，而许多则是低效的。一般意义上的不确定性和代理人对信息的潜在不对称的认识强调了期望在系统性事件中的作用。事实上，由期望驱动的系统性事件是个体理性的，但对社会不是最优的。

如果关于银行损失的信息全部释放，并且银行偿付能力不足，存款人挤兑导致银行清算是个体理性的。然而，如果关于银行损失的信息没有完全披露，但存款人只收到一个不利的嘈杂信号，他们挤兑从而导致银行清算可能依然是理性的。信号的真实与否决定这个结果是否是事后有效的。由于其由不完全信息触发，这类事件被称为“基于信息的”。

信号还可以协助存款人在策略中决定是选择一家还是多家银行。如果信号与银行的健康程度无关并且是常见的，如在太阳黑子机制（à la Cassand Shell，1983）中，多重均衡（太阳黑子引起的银行倒闭）是无效的。同时，关于银行基本面信息的私人信号有助于存款人预测银行的健康状况（见 Goldstein 和 Pauzner，2005）。根据噪声结构，如果关于银行基本面的私人信号低于阈值，唯一的均衡可能是由存款人达到的。特别是，如果银行接近破产但仍具有偿付能力，而由于不确定的基本面及存款人对其战略性行为的不确定性，银行还是会面临清算，继而不利的基本面导致流动性不足引起偿付能力不足。这意味着事后的低效率应该与短期债务（如存款）提供的事前惩戒激励相对应。（Calomiris 和 Kahn，1991；Diamond 和 Rajan，2001；Rochet 和 Vives，2004）。

不对称信息的存在也说明了在有效或无效危机发生之前，银行的问题在长时间内是如

① 见 Jiménez 等（2012）。

② 见 Dang、Gorton 和 Holmström（2012）。

何积累的。也就是说，系统性事件只是一种潜在的根本性金融失衡（例如轻率放贷）的表现，它对投资者或决策者隐藏了一段时间但没有得到任何解决。对风险的一般重新定价在2007年夏天开始引发危机，但是现在人们普遍认为，抵押贷款和复杂形式的证券化已经不可持续，并且不平衡已经存在很长的时间。①

27.2.4 系统风险和公共政策

考虑到市场失灵带来的系统性风险和系统性危机的潜在高成本②，政府制定的公共政策旨在控制系统性风险和危机，特别是宏观审慎政策。这些政策可以分为事前（抢先的——试图在系统性风险转化为实际不稳定性前控制系统性风险）和事后（反应性的——试图阻止已经爆发的不稳定性的危机管理政策）。③

针对系统性风险的事前政策意味着需要对银行（和金融体系的其他机构）进行监督以尽早识别出新的系统性风险并进行监管以便控制系统性风险或创建缓冲。最近发生的金融危机带来的启发性政策结论是应当正确引导这种金融监督和管理发展。危机前大多数监督和管理在本质上是微观审慎的。主要区别在于宏观审慎政策的目标是控制系统性风险，而微观审慎政策的目的是控制个别银行或市场的风险（Borio，2003）。虽然目前这两项政策仍然采用类似的监管手段（对各种资本和流动性需求起着重要作用），并且长期目标是一致的，但需要认识到这两种监管手段的短期目标有时可能有所不同，比如在经济下滑的情况下，④ 微观审慎政策的目的是增加银行资本和流动性缓冲，然而这可能对系统性风险非常不利，有悖于宏观审慎政策。

针对系统性不稳定性的事后政策通常被称为危机管理。在宏观审慎方面，降低危机中的资本和流动性要求对银行有利，但危机管理通常也涉及中央银行、银行监管机构和财政机构。作为最后贷款人（LOLR），中央银行通常在危机管理中发挥关键作用。原则上，中央银行可以向个别银行提供紧急流动性援助（ELA），向整个银行系统提供流动性，或者实施扩张性货币政策以稳定金融系统，进而支持整个经济。

如果个别银行面临困境并且规模庞大或相关性很强以至于银行倒闭可能引发显著的传染效应，那么紧急流动性援助可能是合理的。但在银行进行资本重组或清算之前这只是一个暂时的政策。个别紧急贷款可以通过与整个市场进行相反的交易被冲销，这样就不会影响货币政策的实施。对市场释放流动性从定义上讲未被冻结，但任何盈余流动性通常可在

---

① 见，例如 Keys 等（2010）。

② 参见 Slovin、Sushka 和 Polonchek（1993，1999），最初失败的银行的利益相关者所产生的社会成本，及 Iyer 和 Peydró（2011）相关研究。

③ 对于危机的宏观经济成本的估计，参见例如 Bordo 等（2001）；Hoggarth、Reis 和 Saporta（2002）；Barkbu、Eichengreen 和 Mody（2012）；Schularick 和 Taylor（2012）。实体和金融部门的表现之间的关系可以是截然不同的。这提出了因果关系的问题。Dell'Ariccia、Detragiache 和 Rajan（2008）认为，如果银行危机减少实际活动，那么更多依赖外部融资的部门在这些危机期间应该表现相对较差。然而，金融危机也可能是经济在实际投资融资中承担更大风险的表现，这可能是长期增长战略的一部分。参见 Ranciére、Tornell 和 Westermann（2008），证明金融危机可能导致更高的经济增长。

④ 注意，从宏观审慎角度来看，个别银行倒闭的社会最佳概率不为零。对于社会最佳结果，“纯”传染（自我实现系统性事件）的概率和“基于信息的”传染的某些情况为零。

危机结束后的后期阶段从银行系统中取出。由于种种原因，关于最后贷款人的文献资料就紧急流动性援助方面比与向市场释放更多流动性方面更具争议（见 Goodfriend 和 King，1988；Goodhart 和 Huang，1999 的两组相对的观点）。① 中央银行也实行宽松的货币政策，如调低短期利率以应对危机对银行体系和整体经济的不利影响。然而，这引发了目标的冲突，尤其是价格稳定目标受到冲击。由于严重的金融危机与经济下行和价格稳定性的下行风险相关，标准的货币政策可能经常与金融稳定政策方向保持一致，从而目标间的冲突可能不会发生。最近，中央银行也采用了广泛的非常规货币政策，以应对短期利率达到零下限的事实或是在存在严重金融不稳定时期修正存在障碍的货币政策的传导机制。在危机中最后贷款人和非常规货币政策的区别往往很模糊。在系统性危机中为了稳定宏观经济，财政政策也可能有所助益。在当前的危机中适应性的货币政策和大量财政刺激政策在许多国家同时实施着。事实上，考虑到一些非常规货币政策措施中存在的风险和长期期限，财政因素在货币政策中发挥着关键作用。

另一个带有财政影响的政策是对金融中介机构的公共救助，特别是针对大而复杂的银行。该政策可避免由于大银行危机而产生的不稳定的传染效应或信心缺失。为了保持中央银行的财政健康和货币政策独立性，最后贷款人制度往往受限于各种形式的流动性要求。因为需要偿付能力支持以确保系统稳定性，这就需要财政当局参与。然而，由于这种救助的财政成本可能是巨大的，有时甚至危及主权国家的偿付能力（如欧元区主权危机所强调的），更有效的宏观审慎监管，以及作为保释和事前保险机制的措施政策正在努力控制这些成本与负面影响。

现在人们普遍认识到，公共和私人安全网无论以公共救助、最后贷款人或存款保险的形式，都可能引起道德风险。例如，如果存款保险费没有反映银行的相关投资组合风险，那么相关保护措施可能会激励银行承担更高的风险（Merton，1978）。此外，可能会产生这样的市场预期：拥有大量市场、清算和结算联结的系统性大银行“大而不能倒”（TBTF）或“太复杂而不能倒”。② 这种效应可以被有效的金融监管和审慎监管所抵消，例如，Kareken 和 Wallace（1978），Buser、Chen 和 Kane（1981）以及 Furlong 和 Keeley（1989）提到的存款保险案例。他们还创造了一个“建设性模糊”的案例以应对潜在使用公共紧急贷款的情况（见 Rochet 和 Vives，2004）。然而，在脆弱的情况下，如果市场失去对政府当局将果断采取行动的信心，“建设性模糊”也可能引发不稳定性。③ 如果控制道德风险的措施不成功，那么被保险机构可能承担更大的前期风险。这可能会积累事前内生

① Holmström 和 Tirole（1998）得出，国家应更广泛地在金融摩擦变得更为严重时为经济提供流动性。

② 2008 年 3 月美联储支持的由摩根大通以非常低的价格收购贝尔斯登的例子，被广泛解释为“太复杂而不能倒”。

③ 一些人怀疑美国联邦储备委员会和财政部在 2008 年 9 月决定让雷曼兄弟破产是“建设性模糊”的一种应用。在这一事件后失去信心可能表明这种做法也涉及风险。美联储主席伯南克认为两个美国当局没有权力吸收大量预期损失，这是促进另一个公司收购雷曼的必要条件 < http://www.america.gov/st/texttransenglish/2008/October/20081016110841eaifas9.330386e-02.html >。Caballero 和 Krishnamurthy（2008）在总体“Knightian”不确定性（代理人甚至没有关于资产回报的概率分布的信息）的情况下挑战“建设性模糊”政策。他们认为，主管政策当局应该宣布，他们随时准备在危机时提供流动性，以避免投资者表现出“质量上缺失”的行为。这将是一种“建设性清晰”的方法。

不平衡，增加未来金融不稳定的可能性。同时，过度扩张的宏观政策导致的信贷过度可能滋生资产价格泡沫和过度的风险，从而导致金融不平衡的出现。① 后一种情况表明安全网条款缺失可能引发更高水平的系统性风险。

使事前政策有效以及控制事后政策的意外副作用的复杂性吸引了更多对市场纪律和银行偿付能力的关注。有两种明显的方法。第一，生存意愿和结构调节（如沃尔克规则、维克斯规则或利卡宁规则）旨在确保银行不会太复杂而不能解决，过度冒险的投资不得用存款保险和其他公共补贴。第二，将“贝林”条款纳入决议机制是为了给予投资者更大的激励，以便对银行事前管理实行纪律约束，并通过成本分摊来减轻公共预算的救助成本。但是，如 2008 年 9 月 15 日后的几个星期所显示，保释金可能因传染效应带来事后成本。

27.3 银行业系统性风险的理论模型

我们现在更详细地考虑银行业系统性风险的存在形式。这一领域的理论文献是根据 27.2 节讨论的概念进行的。理论部分的（27.4 节含实证部分）论文总结并不详尽，如想获得更广泛的解释，读者可以参考 de Bandt 和 Hartmann（2000）和我们 2010 年的一些论文（见 de Bandt、Hartmann 和 Peydró，2010）。我们从下一节开始讨论有关银行传染性的文献，然后是宏观经济冲击和过度放贷导致的系统性银行风险。

27.3.1 传染

过去 20 年银行业相关的文献从资产负债表结构出发（参见 27.2.2 节）搭建了复杂的关于银行传染性的模型。然而，这只是系统性风险的一部分。我们应该区分只涉及一个银行的情况和多个银行受到影响的银行恐慌（Calomiris 和 Gorton，1991；Bhattacharya 和 Thakor，1993）。银行业的传染性效应有两个主要渠道：“已经发生”或敞口渠道和信息渠道。原则上，这两个基本通道可以共同作用，也可以相当独立地各自作用。

27.3.1.1 银行间零售存款人的互动

Chen（1999）将扩展到多个银行的银行运行模型与理性羊群效应模型相结合。在这个模型中有两个外部性导致银行间的传染性蔓延：偿付外部性渠道指以先到先得规则满足存款人提款的要求，以及信息外部性渠道指通过贝叶斯更新对于作为银行破产情况函数变量的宏观经济的看法。早期银行倒闭数量存在临界值，当早期倒闭数量超过阈值时将触发系统中剩余银行的风险。最后，Chen 说明了存在一种存款保险计划，可以使这种模式中银行间的传染性停止。

27.3.1.2 银行间市场

通过银行间市场传递危机的理论为更进一步的研究做了铺垫。Rochet 和 Tirole（1996）提出了银行间市场的模型，银行间的同行监测解决了银行债务持有人和银行股东—经理之间的道德风险问题，同时也引发了传染风险。作者表明，对于模型的某些参数值，对任何

① 有关货币政策所谓风险承担渠道的新文献（Jiménez 等，2014 与 Ioannidou、Ongena 和 Peydró，2013）发现了扩张性货币政策在中期鼓励银行信贷风险的实证证据。

银行流动性冲击的小幅增加都可能导致整个银行系统的倒闭，这是一种特别严重的传染效应。

该文献的不少篇幅解释了银行业网络结构的传染性。Allen 和 Gale（2000）的模型集中于不同地区银行的“实际暴露”以及区域之间的实际联系，这由相应存款人的流动性需求的相关性表示。在他们的模型中，存款人和银行选择存款来对抗流动性冲击。流动性冲击在各地区随机波动，总流动性保持不变，没有银行倒闭。然而，在所有代理人都预先指定发生倒闭的概率为零，而一个银行面临额外提款的意想不到的状态，总体流动性不能满足所有存款人的提款要求。作者显示，在这种情况下可能发生传染。传播的发生与否和程度大小取决于银行系统的结构：随着更完整的市场（每个银行都与所有其他区域有贷款关系），该系统可能更加稳定。在一篇相关文章中，Freixas、Parigi 和 Rochet（2000）也表明，低效率和传染性的银行由于担心系统中的储备不足而易崩溃。

延续上述文献，有一篇文章使用“网络理论”从资产负债表的资产和负债来模拟金融机构之间的相关性。通过提供模拟银行间联系的细节的方法，设计了为了解释银行间联结和通过银行间系统的传染的网络分析。在这种类型的模型中，小幅的冲击可导致强烈且广泛的系统性事件（参见 Babus，2007）。

Leitner（2005）研究了网络模型中风险分担和传染性两者的权衡。更多的银行间联结意味着银行之间更好的风险分担，但传染效应会增加多个银行倒闭（系统性事件）的可能性。在模型中，银行的回报取决于与其相关联的其他银行的投资。因此，银行可能愿意救助其他银行，以防止整个网络的崩溃。相反，Acharya、Gromb 和 Yorulmazer（2012）认为银行间市场的剩余银行可能战略性地向流动性不足银行提供贷款，从而导致资产的低效销售而传递危机。这为中央银行向个别银行提供紧急流动性援助提供了理由（另见 27. 3. 1. 4 节）。

Brusco 和 Castiglionesi（2007）将 Allen 和 Gale（2000）的理论进行拓展，以银行同业存款市场的传染作为内生现象进行建模，并引入银行道德风险问题。银行建立银行间联结来为流动性问题提供保障，并且仅在风险不太大时会有传染的风险。其主要结论是，传染是一种罕见的现象，否则银行将避免建立金融联系。此外，在他们的模型中，银行同业存款交叉持股数量越大，传染的程度越大，因为更多的银行将受到最初倒闭的影响。因此，银行间联结越多，传染的可能性就越大。

Battiston 等（2012a，2012b）以及 Haldane 和 May（2011）也挑战了增加互联总是有利于金融稳定的传统观点。Haldane 提出的论点源自生命科学，特别是食物循环的并行性：物种的复杂性可能意味着更脆弱。因此，延续 Allen 和 Gale（2000）的结果，互联和系统风险之间的负相关关系可能看起来是非单调的，而且是驼峰形的，这取决于各种因素（银行体系的初始情况、冲击的大小、银行之间的联系的性质）。相互关联性更强的较弱银行可能会造成更多的传染。

米什金（1991）和戴维斯（1994，1995）认为“逆向选择”在金融危机的传播中发挥着重要作用。Flannery（1996）描绘了由于竞争银行之间的信息不对称引发的银行间市场危机的模型。银行收到有关未来借款人质量的不完善信号。在金融体系遭受重大冲击之后，银行可能很难确定其竞争对手的能力。由于它们没有能力区分那些借款人银行的风险大小，贷款人全面提高利率。如果贷款利率变得太高，“好”银行可能无法偿还银行同业贷款，以致流动性不强但有偿付能力的银行可能会破产。Ferguson 等（2007）和 Cassola 等（2008）认为逆向选择问题也在次级危机的传播中发挥了重要作用。Heider、Hoerova 和 Holthausen（2009）为这个想法开发了一个理论模型，并说明了（无担保）银行间市场倒闭的可能性。

一些国际博弈理论被应用于银行间传染。使用这种技术的优势在于，可以同时分析存款人（恐慌）之间的协调问题以及基于银行系统健康状况的存款人纪律（参见 Rochet 和 Vives，2004）。事实上，（理性）恐慌的水平在均衡时取决于银行基本面水平，且均衡是唯一的。Dasgupta（2004）分析了作为传染性倒闭根源的银行间存款的交叉持有。他说明了一家银行的失败降低了债权银行的价值，从而增加了其失败的可能性。在 Iyer 和 Peydró（2007）的模型中，当银行冲击迫使银行解除在银行间市场的头寸时，存款人可能开始挤兑，以偿还存款人，从而产生一个强大的系统性事件。

Fecht、Grüner 和 Hartmann（2007）讨论了金融一体化与系统性风险之间的关系。他们比较了三种形式的区域间风险分担的分割：（1）通过安全的银行间市场整合；（2）通过无担保的银行间市场整合；（3）零售市场的整合。安全银行间市场是银行报告流动性需求时的最佳风险分担手段。它允许多元化，没有跨地区银行传染的风险。然而，随着综合地区数量的增加，这一市场流动性约束限制了可实现的风险共担。这可能使道德风险问题变得更加严重，使得无担保的同业拆借带来传染风险，甚至最终渗透到零售市场。金融一体化还可以促进贷款（以至于生产）的专业化，这增强了风险分担，但也增加了跨境传染风险，尽管从福利角度来看这可能是最佳的（Fecht、Grüner 和 Hartmann，2012）。

27.3.1.3 支付和结算系统

通过提供用于结算银行市场批量交易的基础设施，大额支付系统可以确定金融机构之间的实质性敞口。除了明确的银行间借贷外，还需要考虑支付系统中可能出现的隐性贷款。在某种程度上，支付系统就像用放大镜看银行同业风险的网络。因此，根据其内部组织，它们也影响着冲击通过金融系统传播的方式，特别也影响了银行传染的严重程度。银行间支付系统有三种主要类型：净结算系统、总结算系统和代理银行。我们在这里仅指出，网络系统的风险解释了实时总结算（RTGS）系统在世界各地的传播风险（Bech 和 Hobijn，2007）。大多数现实系统具有特定的附加制度特征，以便在净系统和总系统中减少系统风险或流动性成本（和“锁定”风险），这使得在理论上非常不同的两种类型在实践中变得非常相似（“混合”系统）。

27.3.1.4 “甩卖”，流动性问题和内生性风险

Diamond 和 Rajan（2005）认为，银行的特点是对借款人审查详细，这使得它们的资产特别缺乏流动性。因此，如果银行倒闭，流动性的总量缩水，造成或加剧总体流动性短缺，这反过来可能导致进一步的倒闭。Carletti、Hartmann 和 Spagnolo（2007）将个体银行和银行间市场流动性与贷款市场竞争联系起来。当银行间市场相对有效率时，银行集中可能加剧总体流动性波动。如果中央银行没有通过流动性供给来抵消它们，那么系统性的流动性短缺可能变得更加严重和频繁。不幸的是，流动性和偿付能力问题相互影响并相互促生，导致危机的起因更难确定。根据 Acharya 和 Yorulmazer（2008a），随着银行倒闭数量

的增加，可用于现存银行合并的资产集增加，但现存银行内的可用流动性总额下降。由于不属于银行体系的融资者没有银行特有的信息，之前的结果意味着银行资产清算将以“市场内现金”进行定价（低于“公允价值”）。

Fecht（2004）对个体银行挤兑在银行或市场导向的金融系统中是否有更严重的系统性后果提出疑问。他发现，在一家银行的挤兑只会在中等银行主导的金融系统中导致金融市场的传染，在这种系统中，不良银行的长期金融债权遭到“甩卖”导致资产价格突然下跌，从而伤害其他银行。Cifuentes、Shin 和 Ferrucci（2005）提出了一个模型，金融机构通过共同的投资组合进行连接。传染性主要是由于资产价格的变化，通过一些银行的强制销售资产，抑制市场价格进一步挫伤其他银行。根据 Allen 和 Carletti（2008），一些市场的资产价格可能反映市场流动性的数量，而不是资产的未来盈利能力。在这种情况下，账面—市值会计方法不是评估金融机构偿付能力的理想方式，因为它可能导致传染，这在历史成本会计方法下不会发生。①

27.3.2　宏观经济波动，总体冲击和贷款繁荣

系统性风险可能与大量外部性宏观经济冲击或内生性金融失衡（如信贷繁荣）的广泛积累有关。前者是一个事后论点，意思是许多银行可能在经济衰退或金融市场大范围崩溃的同时陷入困境。后者是一个事前论证，即在金融系统中存在着鼓励许多银行同时采取类似形式的冒险行为的机制。因此，广泛的不平衡可能随着时间的推移而积累，这可能只是通过宏观经济冲击或其他事件才引起的突然崩溃。考虑到它们的不同性质，我们在单独的小节讨论系统性风险的两个来源。

27.3.2.1　对银行部门的总体冲击

我们知道，许多银行危机伴随着周期性下跌或其他的例如利率上升、股市崩溃或汇率贬值的总体冲击而产生（例如，参见 Gorton，1988）。即使没有直接的银行间传染，为什么银行同时在这些（根据已给出的概念，包括“广义”上的系统性风险）事件中遭遇困境，为什么审慎的银行得不到比非审慎的银行更好的保护？其中一个答案可以基于单个银行运行模型给出。例如，关于周期性下滑的新闻可能会给所有或部分存款人提供银行贷款的负面信号。Allen 和 Gale（1998）将银行经营解释为随机现象，因为它们与严重的“商业周期波动”有历史的关联。他们认为，在这个框架中，如果存款人根据商业周期的领先指标作出提款决定，那么尽管存款合同非偶然，仍然可能出现最优结果。然而，当提前提取费用昂贵时，结果会中断，因此需要进行公开干预以恢复最优结果。②

对银行部门的另一个系统冲击的来源可能是“金融市场崩溃”或“市场流动性危机”——特别是当这些危机包含任何主要市场或是在各市场之间传染时（参见，Morgenstern，1959；King 和 Wadhwani，1990；Hartmann、Straetmans 和 de Vries，2004）。如今，商业银行和普通银行更多地参与到金融市场交易中（而不是传统贷款）。此外，作为过去

---

① 见 Allen 和 Gale（2005）。

② 当然，也可能存在相反的因果关系。由于金融脆弱性而对银行贷款的限制可能会影响商业周期，从而产生不利的加速或反馈效应。特别参见 Mishkin（1991）；Bernanke、Gertler 和 Gilchrist（1999）。在当前的国际金融危机中，这种因果关系的方向是更相关的。

十年的证券化趋势和更积极的信用风险管理的一部分，银行不仅投资了大量资产支持证券和结构性信用产品，还积极使用了大量信用衍生产品。因此，它们的交易账户大幅增长，使它们更易受到来自金融市场的冲击。这意味着从结构上看银行市场中大部分系统性风险将比之前更多地依赖于市场风险、（所谓的）可交易信用风险和这些市场中的流动性。

金融市场中的各种负面事件可能增加市场中的不确定性并提高市场上交易的能力和意愿。关于资产定价的信息不对称可能导致短期内信用息差的显著扩大甚至是信用配给（Duffie 和 Lando，2001；Tirole，2008a，2008b）。做市商可能会增加买卖价差，以减少被交易（“定价配给”）甚至“拒绝”交易的可能性（“数量配给”）。这种流动性“冻结”可能会包含对所有银行和非银行金融机构的系统性冲击，其风险管理策略取决于市场交易能力。在持续的信贷市场危机中，信贷产品估值的不确定性具有导致结构性产品和主要货币市场的流动性不足的影响（Cassola 等，2008）。

一个关键问题是银行如何处理银行业的整体冲击。Allen 和 Gale（2004，2007）制定了一个一般均衡框架，用于规范地分析金融危机，该模型更加重视资产价格与银行危机之间的关系。它们考虑银行和市场之间的相互作用，关注作为金融危机驱动因素的基本面冲击（而不是存款人之间的协调问题）。金融中介向消费者提供流动性保险，防止特殊流动性冲击。市场允许金融中介及其存款人共同分担流动性和收益的冲击。作者表明，当市场不完整时，资产价格必须是波动的，以提供流动性（否则，代理人不会发现流动性资产有价值）。这种资产价格波动可能导致危机的成本高昂和效率低下。市场失灵可能为监管和其他类型的干预提供了理由，以改善资源分配。①

27.3.2.2 信贷繁荣和失衡的解决

这里要提到两种不同类型的贡献。首先，是关于信贷繁荣的文献，然后是脆弱性在宏观经济模型中的整合，从“平静”到危机时期的转变及其总体效应的文献。

首先，与上述真正的宏观经济冲击相关的一个问题是，即使银行知道它们不能将风险转嫁给存款人，为什么还会扩大信贷，这种行为意味着许多存款人有在转折时陷入困境的风险。有关借贷繁荣的文献已经解决了这个问题。明斯基（1977，1982）认为，第二次世界大战后自由市场经济在总体上具有金融不稳定的自然趋势。在好的时候，代理机构消费和投资，产生更多的收入。随着“幸福感”和“群聚行为”的兴起，更多的投机或甚至“庞氏”融资方式被采取，而不是更安全的“对冲”融资。② 繁荣背后有银行信贷过度扩张的支撑，直到一些宏观经济系统的外部冲击出现结束了这一局面。Kindleberger（1978，1996）分享了其基本想法，较温和地指出市场体系“偶尔”面临这样的泡沫导致金融危机。这些早期作家强调不确定性（属于“Knightian”类型而不是风险）的作用，以及银行在某些情况下不能作出适当决定的作用。例如，Guttentag 和 Herring（1984）开发了一个简单的信用扩张模型，并讨论了“Knightian”关于灾难性冲击对投资回报和违约风险溢价的不确定性的影响。在心理学研究结果的基础上，他们也认为附加到灾难性事件的主观概

① Allen 和 Carletti（2006）开发了一种模型，信用风险转移可能导致传染。事实上，他们认为信用风险转移可能对福利不利。

② 一些人可能认为在当前危机期间已知的 Madoff 丑闻是繁荣时期庞氏骗局更常见的例子。

率将在这样的事件发生之后随时间流逝而下降。这种“灾害短视”将让大家普遍低估对银行资质引发质疑的极端事件发生的可能。① 在最近的关于“投资”的理性预期文献中可以发现和贷款繁荣相关的解释和贷款决定。例如，Banerjee（1992）或 Bikhchandani、Hirshleifer 和 Welsh（1992）介绍了可能导致羊群效应的信息外部性的正式模型。每个代理人仅观察其他代理人的动作，并使用贝叶斯更新来求出他或她自己的投资决策未来的主观回报率。Scharfstein 和 Stein（1990）对经理人在投资或贷款决策中模仿他人的动机进行建模，即使他们自己的评价和声誉取决于他们相对于市场其他投资者的表现。② “货币政策”的立场也可能影响银行的风险以及一般意义上的资产价格。微观经济中采用这种货币政策的银行业模型的发展还处于初级阶段。Allen 和 Gale（1998，2000，2007）与 Diamond 和 Rajan（2006）等人已经朝这个方向作出了努力。根据 Diamond 和 Rajan（2006），银行在货币政策扩张时承担较高的流动性风险。在他们的模型中，它提供了货币政策传输的“流动性版本的信贷渠道”机制，银行用具较强流动性需求的存款给非流动性长期项目提供融资。这种错配使得银行在流动性短缺时不愿意提供贷款。根据总体实际流动性条件，货币干预可以通过限制存款者退出的动机来发挥有利的作用。银行将继续而不是削减有风险的信贷。③ 根据这样的论点，Dell'Ariccia 和 Marquez（2006）开发了一个模型，其中银行筛选借款人的激励减少，因为利率变低了。④ 总之，过于宽松的货币政策可能会促使信贷繁荣的出现。

文献的另一部分解释了具有“道德风险”银行的过度或过高风险贷款（见上文）。这些著作指出了其他行业通常不存在的银行市场的特征。例如，Merton（1977，1978）开发了一个模型，显示了对银行投资组合风险不敏感的固定利率存款保险费（如许多国家所观察到的）可能导致它们增加风险，以最大化保险公司基金的看跌期权价值。Boot 和 Thakor（1993）进一步认为，这种存款保险可能导致监管水平的降低。Dewatripont 和 Tirole（1994）将公司资本结构的现代企业融资模型应用于银行案例，认为银行过度依赖债务融资（部分与它们向大量小型且相对不知情的存款人提供零售支付服务有关）也可能导致更多的贷款风险。由于对金融机构存在或显性或隐性的政府担保，道德风险问题也被提了出来，其背景是美国储蓄和贷款危机（Kane，1989）或部分导致东亚危机的贷款繁荣（Krugman，1998）。然而，Goodhart 和 Huang（1999）表明，安全网条款（如最后贷款条约）造成的道德风险水平可能是不可避免的，甚至对控制与金融危机相关的系统性成本或货币干扰是最优的。

这种有关信贷繁荣的文献以间接方式解决了系统性风险的问题。银行（或其他金融中介机构）的羊群现象和信贷过度扩张导致（可能缓慢的）不平衡的积累，这意味着大量银行（甚至是其他公司和家庭）的脆弱性，增加了系统性事件发生的可能性和严重性。一

---

① 见 Caballero 和 Krishnamurthy（2008）。

② 他们引用 Gwynne（1986）描述典型的信用分析师对欠发达国家的贷款决策的行为：“他的工作永远不会衡量他的国家风险分析是否正确。至少，Herrick 只是做了数以百计的其他大型国际银行已经做的，任何最终的责任、不好的预测将由全球成千上万的银行家共享；这是随大流的好处之一。”

③ 见 Rajan（2006）。

④ 见 Ruckes（2004）。

旦负面的总冲击或其他事件使得繁荣显然不可持续，许多银行可能同时面临类似的问题。根据明斯基、金德尔伯格和其他人的研究，这种金融周期是内生的，是金融市场相对不受监管的市场经济的固有组成部分。这种现象的现代表现是金融体系强大的“顺周期性”。许多人认为，2007 年夏天开始的金融危机也是它的反映。

第二个重要方面是理论宏观经济模型中的制度转移。这些模型中金融不稳定性特殊化的一个重要步骤是引入偶然具有约束力的代理商信贷约束条件，这种信贷约束引起非线性，并且在不良冲击之后放大经济波动（例如，Mendoza，2002，2010；Lorenzoni，2008；Bianchi，2011；Korinek，2011）。

然而，Boissay（2011）（静态）一般均衡模型的金融不稳定性不依赖于偶然约束，而是依赖于银行批发融资市场的冻结范围。银行在评估它们资助的投资项目的能力上有所不同，但其融资者看不到其专业程度。因此，可能存在多重均衡；在一种危机均衡中，批发融资市场冻结（由于融资者减少了对银行投资选择的信任）经济活动崩溃，另一种情况是银行的高杠杆具有无危机的融资来源，且经济活动活跃。从一种均衡向另一种均衡的转变体现了非线性和不可预测性。Boissay、Collard 和 Smets（2013）介绍了批发银行融资市场在动态随机一般均衡模型中冻结的可能性，研究了信用风险多长时间后可能出现这种流动性危机（没有多重均衡）。文章列举以广泛金融失衡的累积和解体为特征的系统性风险的形式，他们说明危机可以完全内生，没有任何外来冲击，代理人形成对危机的期望（预期这种危机的可能性）。Gertler 和 Kiyotaki（2013）在动态随机一般均衡模型中纳入了自我实现的零售存款人挤兑。从不挤兑到挤兑均衡的转变同样非线性，但在平静的时候，银行挤兑的可能性是不可预料的。Aoki 和 Nikolov（2012）发现了两种类型的非线性：一种是受到负面冲击的银行的杠杆约束，另一种是多个均衡之间转换的非线性。多重均衡源自激励，不仅向企业借贷，而且投资于其价值可能以自我实现的方式偏离基本面的资产。当这些资产估值的信托侵蚀了银行损失的均衡价值，它们就会去杠杆化并且经济崩溃。

27.4 银行业系统性风险的实证证据

在本节中，我们调查了一些关于系统性事件和系统性银行危机的现有经验证据，如量化经济和金融文献中所提供的。

27.4.1 银行传染的证据

有关银行传染效应的测试相当于测试关于特定银行（或银行集团）倒闭的“坏消息”是否对其他银行的健康产生不利影响。银行传染效应相关文献的第一层是对银行倒闭的自相关的测试。假设所有宏观经济冲击都被控制变量有效地覆盖，一个正的且显著的自相关系数表明银行倒闭在平静时期随着时间的推移逐渐积累，这与传染假说一致。这些测试必须在没有强大（公共）安全网的国家进行。

另一个对传染效应的测试衡量存款人（批发和零售）对“坏消息”的反应。假如，为了应对银行 i（或一组银行）的问题，存款人也从银行 j 提取资金，那么有证据表明银行挤兑具有传染效应。Calomiris 和 Mason（1997）研究了 1932 年 6 月的芝加哥银行恐慌，并得出结论，在恐慌期间只有较弱的银行于事前倒闭，这与“纯”传染性倒闭的假说相一致，或是因为“强”系统性事件（狭义上）没有发生。他们用银行间的私人合作安排来解释这一发现。根据 Calomiris 和 Mason（2003），他们认为，1930 年区域性银行恐慌及其伴随的更大的存款赎回可由银行层面的微观数据和国家基本面情况所预测，但他们也怀疑国家的基本面因素无法解释 1933 年之前的统一赎回时间。Iyer 和 Peydró（2011）测试银行间贷款风险是否能够解释传染性存款赎回，例如 Allen 和 Gale（2000）使用详细的微观数据集来解释一家大型特殊印度银行的倒闭。同倒闭银行接触更多的银行面临更高的存款赎回。这种关系是非线性的，对于基本面较弱的银行来说更强。此外，因为其他银行没有更新同业贷款，敞口更大的银行损失更多。最后，考虑到存款和贷款，家庭和公司因这种关系分别遭受了不利影响。

有关传染的理论模型表明，银行传染也可能直接通过银行间风险敞口发生。Kaufman（1994）报告说，在伊利诺伊大陆银行失败之前不久，65 家金融机构的投保没有超过其资本的风险敞口。然而，大陆银行的实际损失最终只有 5%，低于触发敞口银行破产的 60% 阈值。

测试传染效应最流行的方法是针对“坏消息”的银行股票价格反应的事件研究，例如宣布贷款损失准备金的意外增加或商业银行的倒闭。传染性的存在通常通过在其他银行宣布“坏消息”之后测量“异常”银行股票收益［通过从历史数据上的标准资本资产定价模型（CAPM）的偏差来测量］来测试。Aharony 和 Swary（1983）是使用这种方法的先驱，他们研究了 1980 年之前美国三大银行倒闭的影响。

对银行股票价格溢出以衡量银行传染的分析与上述事件研究相关但在方法上不同。在这种方法中，如果银行 i（或一组银行）的大额负回报与银行 j 的大额负回报相关联，则这被视为银行传染的证据。Hartmann、Straetmans 和 de Vries（2006）第一次将极端价值理论（EVT）应用于银行部门。他们制定了银行股票之间多变量极端溢出效应的衡量标准，该指标基于在给定任何其他银行的股票价格都急剧下降时，任何一组银行面临股票价格大幅下跌的条件概率。大型和复杂的银行组织（LCBO）在 1992—2004 年的结果表明，美国的多变量极端银行溢出风险在经济和统计上都高于欧元区。尽管在欧洲风险程度不高，然而这种银行体系风险在 20 世纪 90 年代后半期逐渐增加，并且在样本期结束之前保持在更高的水平。Hartmann、Straetmans 和 de Vries（2006）对 20 世纪 90 年代和 21 世纪初的欧元区和美国 LBCOs 也采用了尾部—贝塔法（即，在 CAPM 中的 β 值的极值，它衡量了市场因素导致的极端低迷如何影响银行股票崩溃的倾向）。结果表明，这种极端系统的银行风险在大西洋两岸具有显著和相似的规模，而且在这两个经济体中，银行风险在样本期间增加。

将这种方法进行推广，若干指标可以用来衡量个体公司对触发极端事件（“系统重要性”）的贡献或对极端事件（“系统脆弱性”）的敏感性。一方面，Adrian 和 Brunnermeier（2011）依赖于风险价值模型（VaR）构建所谓的条件在险价值（CoVaR）。一个机构的贡献是以整个金融系统损失的 5% 分位数来衡量的，即通常的 VaR，条件是特定机构已经处于 5% VaR 的事实。另一方面，Acharya 等（2011）将期望损失的概念扩大到界定边际期望损失（MES）。这里的指标衡量一个机构的“系统脆弱性”。一个机构产生的系统性风险（其边际贡献）被测量为每日市场收益百分之五分位最低值时的平均净股本收益。对这些回报的调节将分析限制在一般危难的情况。风险措施旨在在危机情况下获取机构的资本需求。根据银行资产负债表的简化视图，结合杠杆比率，MES 构成了预测机构的系统期望损失（SES）的主要指标，作者指出，在这种情况下，当系统作为一个整体，机构倾向于缺少资金。

Brownlees 和 Engle（2013）对资产负债表构成进行了控制，将 MES 转化为系统性风险（SRISK），他们还对收益采用了非常精细的动态模型。SRISK 是金融机构的资本期望损失，条件是市场大幅下跌（例如，六个月下跌 40%），并考虑杠杆和规模。然而，对该模型仍有一些批评：没有确定溢出渠道；市场效率的偏差，因为资产价格泡沫和缺乏市场纪律（由于例如潜在的救助）强烈限制了基于市场的系统性风险衡量，如先前那样。因此，使用基于信贷供应增长等基本因素的措施至关重要（例如，Jiménez 等，2012，2014）。

从单一银行市场的角度来看，Hollo、Kremer 和 Lo Duca（2012）构建了欧洲央行的 CISS（系统性压力综合指标）来评估同期压力。主要使用市场数据，他们首先计算五个次级市场的金融压力子指数：金融中介部门、货币市场、股票市场、债券市场和外汇市场。然后使用基本投资组合理论来聚合这些子指标。当压力在多个市场同时出现时，该系数具有更高的值，这是系统性事件的标准特征。

所有这些方法应根据样本外预测进行评估。不幸的是，正如 Giglio 等（2013）展示的，少有方法在基于许多历史性衰退和金融危机的测试中幸存下来。事实上，同时包含几个这些系统性风险度量的总体方法表现得更好。

Greenwood、Landier 和 Thesmar（2012）根据银行投资组合价值的会计模型，模拟"甩卖销售"的传输渠道，风险敞口视为给定，价格对资产抛售的反应取决于二级市场的流动性。该模型特别针对欧盟 27 个国家 90 家银行在 2011 年压力测试期间公布的银行主权风险敞口进行校准，以解释 2010—2011 年发生的去杠杆化。因此，它们一方面可以区分银行对金融部门脆弱性的贡献，另一方面可以区分银行在去杠杆化中对银行股权冲击的影响，这也使银行更容易受到系统性风险的影响。从这个意义上说，本文描述了系统性风险的三个维度中的两个，因为它显示了去杠杆化通过甩卖效应来解决不平衡的影响。

还有一份中央银行的研究文献，使用机密风险和通常不完整的银行间风险敞口数据来评估使用反事实模拟的传染风险。其他条件保持不变情况下，单个或多个银行被假设倒闭，模拟得出哪些其他银行将因此倒闭。这些研究中的一些表明在大多数情况下传染效应相对有限。例如，Furfine（2003）通过美国商业银行在 1998 年利用美联储大额付款实时总结算系统结算的联邦基金交易发现了这一情况。他还表明，系统性风险的程度在很大程度上取决于银行的假设恢复率。[①] Elsinger、Lehar 和 Summer（2006a，2006b）将奥地利和英国关于银行间风险敞口的信息与宏观经济波动的信息结合起来。事实证明，传染性风险通常相当低，并且由相关资产的风险支配。其他文献分析了比利时（Degryse 和 Nguyen，2007）、意大利（Mistrulli，2011）、荷兰（Van Lelyveld 和 Liedorp，2006）和德国（Upper

---

① 此外，Furfine（2003）研究了 LTCM 和俄罗斯危机期间的联邦资金市场，发现隔夜贷款的风险溢价基本上不受影响，且贷款量增加。

和 Worms，2004）的风险传染。①

最近的几篇论文在实际敞口的基础上提供了银行网络的信息。Cont 和 Santos（2010）提供了巴西的情况，而 Alves 等（2013）提供了 53 个最大的欧盟银行的网络。目前，从这些措施中推导系统性风险指标的工作正在开展中（Battiston 等，2012a）。Karas 和 Schoors（2012）介绍了 K－coreness，这是一种借鉴物理学的递归算法，该算法根据连通性对网络节点进行排序加权。它被认为是单个银行传播传染可能性的可靠预测指标。当在俄罗斯银行间市场上进行测试时，该指标确实明显优于其他指标，也说明了该方法可以作为识别“紧密而不能倒”的银行的筛选指标。

Alves 等（2013）的结论是，偿付能力冲击是相当无害的，不会触发传染，而流动性冲击可能通过资金行为的变化（银行停止向问题银行贷款）带来更多的风险。虽然没有提供对流动性风险的全面解决方案，但这是朝向动态和内生网络形成方向和我们对银行间网络所产生的系统性风险的理解走出的第一步。事实上，正在进行的金融危机的经验似乎是，市场参与者的内生反应可能非常重要，并大大增加风险。

27.4.2 银行危机，总体波动和贷款繁荣

如前面第 27.3.2 节所述，金融中介机构承担了过高的风险，共同增加了金融体系中的系统性风险。但是什么具体因素和决定会导致过高的风险？主要的原因是过度的信贷和杠杆。事实上，如分析大规模历史和跨国系统性金融危机事件的经验文献所示，这些变量显示出与金融危机发生率较强的事前相关性。信贷（债务和杠杆）加速显著增加了金融危机的可能，当危机有条件地发生时，它增加了其系统性特性以及危机对实体经济的负面影响。

由于在系统性金融危机之间存在巨大的时间差距，例如 2007—2008 年开始的金融危机和“大萧条”（即金融危机至少在发达经济体是罕见的事件，因此样本规模很小），提供计量经济学分析意味着将采用跨年和跨国的数据集。② Reinhart 和 Rogoff（2008，2009，2011）与 Schularick 和 Taylor（2012）分析了关于私人和政府债务的长期历史时间序列。这套论文显示了总债务（信用、杠杆）加速与随后的银行危机之间的强相关性。这两篇论文将债务加速作为银行危机的关键因素，Reinhart 和 Rogoff 专注于公共和私人债务，Schularick 和 Taylor 关注银行信贷。③ 此外，当危机有条件地发生时，债务的事先加速使得事后系统性成本更高（例如更糟糕的经济衰退）。

---

① Upper（2007）进一步研究了相关的模拟方法。

② 这里参考了 Gorton 和 Metrick（2012）。

③ Reinhart 和 Rogoff 通过发生以下事件之一来定义银行危机：“（1）导致一个或多个金融机构倒闭、被政府部门收购或接管的银行运营；或者（2）如果没有挤兑，则重要的金融机构（或机构组织）的倒闭、被收购、接管或大规模政府援助，标志着其他金融机构的一系列类似结果的开始。”使用这个定义，并且考虑到它们的数据集，发达经济体的银行危机的历史发生率与新兴市场的历史发生率大致相同，并且发生率随时间变化很大，第二次世界大战结束和 20 世纪 70 年代，这是一个在 20 世纪 30 年代系统性危机之后强有力的金融监管时期。Schularick 和 Taylor（2012）使用的数据集涵盖了 1870—2008 年的 14 个发达经济体的年度频率。涵盖的国家有美国、加拿大、澳大利亚、丹麦、法国、德国、意大利、日本、荷兰、挪威、西班牙、瑞典、瑞士和英国。这些国家 2000 年占全球国内生产总值的份额约为 50%。

Jorda、Schularick 和 Taylor（2011）研究了信贷在商业周期中的作用，重点是私人信用投资。基于对200多个衰退事件的研究，他们记录了现代商业周期的两个关键规律：在产出损失方面金融危机的衰退比正常衰退成本更高；对于两种类型的衰退，更多的事前信用密集型扩张往往伴随着更深的衰退和更慢的复苏。这事实上显示了“信贷反噬”。

关于事前信贷繁荣与金融危机之间的关系的历史证据可由相对较少的一组国家面板数据提供；然而，Gourinchas 和 Obstfeld（2012）利用57个新兴市场经济体和22个发达经济体在1973—2010年期间的样本，发现杠杆的快速增长对金融危机的发生可能性很重要。特别是，使用离散选择面板分析，他们发现不论是新兴国家还是发达国家，国内信贷扩张和实际货币升值是金融危机最强大和最重要的预测因素。此外，对新兴经济体而言，较高的外汇储备暗含随后发生危机的概率大大降低。

因此，信贷繁荣是金融危机的关键前提。然而，所有这些实证分析都分析了危机发生的条件，并探究了其决定因素是什么。但是，所有的信贷繁荣最终都会陷入危机吗？IMF（2012）分析了过去40年数据中170个国家的信贷繁荣。它表明，三分之二的信贷繁荣并没有最终陷入金融危机。也就是说，由于强劲的经济基本面（需求）导致的信贷繁荣不会自动转化为系统性风险，因此，政策应谨慎。然而，有些方法可以帮助决策者更好地了解信贷供应因素给信贷总量带来的波动。这要求监管机构能够及时、全面地获得信贷登记处的信息，其中包括银行业发放的每笔贷款的信息（见 Khwaja 和 Mian，2008；Jiménez 等，2012，2014；Jiménez 等，2013）。

关于证券化对银行贷款和冒险行为的影响的文献逐渐增加，因此关于繁荣—萧条信贷周期的的文献也在增加。例如，Keys 等（2010）使用美国证券化次级抵押贷款合同的独特数据集对这个问题做了实证检验。他们利用贷款市场中的特定经验法则，对证券化的难易程度给定外生变化，并将贷方投资组合的构成和表现与临时阈值进行比较。有条件地被证券化的情况下，更可能证券化的投资组合违约概率比证券化概率较低组的违约风险大10%～25%。他们的结果仅限于与中间人筛选工作相关的贷款，这类贷款有关借款人的软信息决定了他们的信用。他们的研究结果表明，现有的证券化做法对贷款人的筛选激励有不利影响。因此，资产证券化在21世纪头10年期间同抵押贷款市场的过度信贷创造（Mian 和 Sufi，2009）和商业贷款（Maddaloni 和 Peydró，2011；Jiménez 等，2013）相关。

Claessens 等（2010）通过研究58个发达国家和新兴市场，分析了2007—2008年的金融危机。他们的主要结论是，这场危机可以用许多因素来解释，其中一些因素与以前的金融危机相同，但另一些（有时）是新的。他们的分析展现了新旧因素的差异影响。与其他危机共同的因素，如信贷繁荣、资产价格泡沫和经常项目赤字，有助于解释经济影响严重程度的跨国差异。新的因素，如增加金融一体化和对批发资金的依赖，有助于解释危机的扩张和全球传播。[①]

在金融危机期间，由于资产负债表、债务负担和银行贷款渠道的繁荣，杠杆过度积

① 其他研究还调查了初始条件是否可以解释2008年危机在各国之间的差异影响。例如，在两篇相关论文中，Rose 和 Spiegel（2009，2010）发现，这些初始条件在解释危机期间各国的经济绩效方面通常做得不好，并得出结论认为全球性因素起主导作用。

累，产生了严重的负外部性。例如，Jiménez 等（2012）使用由贷款申请组成的数据集分析 2007—2010 年西班牙危机中的信贷危机。为了实现识别，他们专注于同一个借款人在同一个月内提出的一系列贷款申请，或者对不同资产负债表实力的不同银行的同一贷款（通过纳入企业月或贷款固定效应）。在这组贷款申请中，潜在借款人的质量是不变的，他们研究认为经济条件如何影响贷款的授予取决于银行资本和流动性。此外，他们分析，在其初始贷款申请中被拒绝的公司是否可以通过成功申请其他银行来弥补信贷可用性的减少。他们发现，较低的 GDP 增长会降低贷款申请的可能性，特别是在危机时期。对资本越低的银行来说，对贷款授予的负面影响越大，该结论具有统计学意义。他们还发现，在最初贷款申请中被拒绝的公司不能通过向其他银行申请减少信贷可用性，特别是在经济条件更加恶劣的时期。

González - Hermosillo、Pazarbaşioglu 和 Billings（1997）与 González - Hermosillo（1999）研究了美国各种事件中银行"困境"的决定因素。事实证明，市场和流动性风险因素在解释"困境"中起到了作用，而信用风险和道德风险的作用更具体。然而，宏观经济基本面和区域变量等总量变量的引入显著提高了测试模型的预测能力，为"广义"意义上的系统性银行困境的宏观解释提供了证据。Demirgüç - Kunt 和 Detragiache（1998）研究了 1980 年至 1994 年期间 45 ~60 个发展中国家和工业国家的银行危机的宏观经济和结构性决定因素。与银行危机的商业周期假说一致，所有指标，包括 GDP 增长率、实际利率和通货膨胀都非常显著。然而，私人部门信贷增长只在一些指标中有解释力，提供了支持贷款繁荣假设的系列证据。相比之下，支持明确存款保险计划道德风险假说的证据更强。由于汇集了危机和非危机时代的数据，本研究可以将导致全面银行业危机的因素与仅导致金融脆弱性或单一银行倒闭逐渐增加的因素隔离开来。

Gourinchas、Valdés 和 Landerretche（2001）小范围研究了 1960 年至 1996 年期间 91 个工业和发展中国家的贷款繁荣的特性，并将它们与银行和货币危机的可能性联系起来。事实上，银行危机在贷款繁荣期之后的无条件概率高于宁静期。他们还发现，繁荣的建立和结束阶段是相当对称的，因此平均而言突然的崩溃不被他们的数据所支持。

Dell'Ariccia、Igan 和 Laeven（2012）将当前的次级抵押贷款危机与这一市场快速扩张贷款的标准下降挂钩。他们指出，在经历了更大的信贷繁荣和房价上涨的地区，贷款标准下降得更多。此外，在抵押贷款证券化率较高的地区，贷款标准下降较多。最后的发现也被 Mian 和 Sufi（2009）所接受。

还有一个重要的问题是货币政策如何与银行系统风险相关。Jiménez 等（2014）与 Ioannidou、Ongena 和 Peydró（2013）的实证结果表明，较低的短期利率水平提高了银行的信贷风险偏好（意味着银行以更高的违约概率授予贷款）。控制宏观经济环境、银行、借款人和贷款特征，他们发现较低的短期利率意味着银行向信用记录不良的借款人或没有信用历史的借款人甚至是次级评级的借款人借贷。更重要的是，新贷款的危险率更高。他们还发现，更低的利率或更高的通胀率会降低未偿还贷款的违约风险，这意味着在短期内，扩张性货币政策会降低信用风险。Ioannidou、Ongena 和 Peydró（2013）利用银行系统几乎完全"美元化"的玻利维亚的信用记录，发现当短期利率（联邦基金利率）更低时，银行不仅承担了更高的信贷风险，而且贷款利差减少，特别是对于监管薄弱即更高风险的银行。[①]

27.5 结论

在本章中，我们讨论了银行业系统性风险的各种要素，这对于理解金融危机至关重要。当试图维持稳定的银行系统时，列出的总体概念可以用作金融和货币政策的基准。系统性风险（狭义上）的核心概念是传染效应（通常是一种强大的外部性形式）：从一个机构或系统传到另一个机构或系统。在广义上，这一概念还包括解决随着时间的推移而形成的不平衡，以及广泛的系统性冲击的后果，这些冲击同时对许多银行产生不利影响。在这个意义上，系统性风险远远超出了单一银行挤兑在部分储备体系中的脆弱性。

我们已经根据系统性风险概念检阅了一定数量的相关文献。在过去十年中，这些文献中出现了一些重要的新理论贡献。首先，相当多的理论研究已经直接解决了银行间市场的传染问题以及与其中不同贷款模式的相对稳定性。其次，许多模型强调在危机时期银行和资产价格之间的相互作用，强调由强制资产销售引起的积累性干扰。最后，许多研究还在更好地了解流动性对银行体系稳定性的作用方面取得了一些进展。宏观经济模型现在包括一些"垂直"系统性风险的维度。现有的实证研究仍然继续侧重于评估银行传染性现象，而不是银行体系不稳定的宏观经济原因。有趣的新发展包括使用实际银行间敞口进行传染性风险的反事实模拟，将极值理论应用于银行系统风险，以及开始关注导致金融系统不平衡增加的因素。控制传染因素的传染分析仍需进一步研究。由于区分银行问题中宏观经济因素和传染性因素的困难，我们不能对不同危机管理政策的优劣（例如对整个市场的流动性支持、宏观经济稳定政策或对个别银行的紧急流动性援助）做概括性评述。对付款和结算系统中的系统性风险的研究仍然相对较少。即使具体传染案例的实际和明确识别仍然是一个挑战，但在过去十年中，对银行传染风险的总体了解已经显著增加。

持续的金融危机突出了银行业系统性稳定的重要性。现有的文献说明了一些在其中发挥重要作用的机制。虽然已经做了大量工作（欧洲，2012），但是其他重要因素尤其涉及使用宏观审慎工具或银行商业模式的因素，应该有更进一步的研究，这些因素对于最近发起的加强宏观审慎监管方面具有很大的价值。

参考文献

[1] Acharya V. V., Gromb D., and Yorulmazer T. (2012). Imperfect Competition in the Interbank Market as a Rationale for Central Banking, American Economic Journal: Macroeconomics 4, 184-217.

[2] Acharya V. V., Pedersen L., Philippon T., and Richardson M. (2011). Measuring Systemic Risk. AFA 2011 Denver Meetings Paper.

[3] Acharya V. V. and Yorulmazer V. (2007). Too Many to Fail: An Analysis of Time inconsistency in

① 见 Rajan（2006），以及 Calomiris（2008）。

Bank Closure Policies, Journal of Financial Intermediation 16, 1 - 31.

[4] Acharya V. V. and Yorulmazer V. (2008a). Cash - in - the - Market Pricing and Optimal Resolution of Bank Failures, Review of Financial Studies 21, 2705 - 2742.

[5] Acharya V. V. and Yorulmazer V. (2008b). Information Contagion and Bank Herding, Journal of Money, Credit and Banking 40, 215 - 231.

[6] Adrian T. and Ashcraft A. B. (2012). Shadow Banking: A Review of the Literature, Federal Reserve Bank of New York Staff Reports No. 580, October.

[7] Adrian T. and Brunnermeier M. (2011). CoVar, Federal Reserve Bank of New York Staff Reports No. 348.

[8] Adrian T. and Shin H. (2008). Financial Intermediary Leverage and Value at Risk, Federal Reserve Bank of New York Staff Reports No. 338.

[9] Aharony J. and Swary V. (1983). Contagion Effects of Bank Failures: Evidence from Capital Markets, Journal of Business 56, 305 - 317.

[10] Allen F. and Carletti V. (2006). Credit Risk Transfer and Contagion, Journal of Monetary Economics 53, 89 - 111.

[11] Allen F. and Carletti V. (2008). Mark - to - Market Accounting and Liquidity Pricing, Journal of Accounting and Economics 45, 358 - 378.

[12] Allen F. and Gale D. (1998). Optimal Financial Crises, Journal of Finance 53, 1245 - 1284.

[13] Allen F. and Gale D. (2000). Financial Contagion, Journal of Political Economy 108 (1), 1 - 33.

[14] Allen F. and Gale D. (2004). Financial Fragility, Liquidity and Asset Prices, Journal of the European Economic Association 2, 1015 - 1048.

[15] Allen F. and Gale D. (2005). From Cash - in - the - Market Pricing to Financial Fragility, Journal of the European Economic Association 3, 535 - 546.

[16] Allen F. and Gale D. (2007). Understanding Financial Crises. Oxford: Oxford University Press.

[17] Alves I., Ferrari S., Franchini P., Héam J. C., Jurca P., Langfield S., Laviola S., Liedorp F., Sanchez A., Tavolaro S., and Vuillemey G. (2013). Structure and Resilience of the European Interbank Market, European Systemic Board Occasional Paper No. 3.

[18] Aoki K. and Nikolov K. (2012). Bubbles, Banks and Financial Stability, ECB Working Paper No. 1495, November.

[19] Ashcraft A. B. and Schuermann T. (2008). Understanding the Securitization of Subprime Mortgage Credit, Federal Reserve Bank of New York Staff Report No. 318, March.

[20] Babus A. (2007). The Formation of Financial Networks, Fondazione Eni Enrico Mattei Working Paper No. 69.

[21] Banerjee A. V. (1992). A Simple Model of Herd Behaviour, Quarterly Journal of Economics 107, 797 - 811.

[22] Barkbu B., Eichengreen B., and Mody A. (2012). Financial Crises and the Multilateral Response: What the Historical Record Shows, Journal of International Economics 88, 422 - 435.

[23] Battiston S., Delli Gatti D., Gallegati M., Greenwald B., and Stiglitz J. E. (2012a). Default Cascades: When Does Risk Diversification Increase Stability?, Journal of Financial Stability 8, 138 - 149.

[24] Battiston S., Delli Gatti D., Gallegati M., Greenwald B., and Stiglitz J. E. (2012b). Liaisons Dangereuses: Increasing Connectivity, Risk Sharing and Systemic Risk, Journal of Economic Dynamics and Control, 36 (8).

[25] Bech M. and Hobijn B. (2007). Technology Diffusion within Central Banking: The Case of RTGS, International Journal of Central Banking 3, 147 – 181.

[26] Bernanke B., Gertler M., and Gilchrist S. (1999). The Financial Accelerator in a Quantitative Business Cycle Framework. In: J. B. Taylor and M. Woodford (Eds.), Handbook of Macroeconomics, 1. Amsterdam: Elsevier.

[27] Bhattacharya S. and Thakor A. (1993). Contemporary Banking Theory, Journal of Financial Intermediation 3, 2 – 50.

[28] Bianchi J. (2011). Overborrowing and Systemic Externalities in the Business Cycle, American Economic Review 101, 3400 – 3426.

[29] Bikhchandani S., Hirshleifer V., and Welsh V. (1992). A Theory of Fads, Fashions, Customs and Cultural Changes as Informational Cascade, Journal of Political Economy 100, 992 – 1026.

[30] Boissay F. (2011). Financial Imbalances and Financial Fragility, ECB Working Paper No. 1317, April.

[31] Boissay F., Collard, F., and Smets, F. (2013). Booms and Systemic Banking Crises, ECB Working Paper No. 1514, February.

[32] Boot A. and Thakor A. (1993). Bank Regulation, Reputation and Rents: Theory and Policy. In: C. Mayer and X. Vives, (Eds.), Capital Markets and Financial Intermediation, Cambridge: Cambridge University Press.

[33] Borio C. E. V. (2003). Towards a Macroprudential Framework for Financial Regulation and Supervision, Bank for International Settlements Working Paper No. 128, February.

[34] Bordo M., Eichengreen B., Klingebiel D., and Soledad – Martinez M. (2001). Is the Crisis Problem Growing More Severe?, Economic Policy 16, 51 – 82.

[35] Brownlees C. and Engle R. (2013). Volatility, Correlation and Tails for Systemic Risk Measurement. Mimeo.

[36] Brunnermeir M. and Pedersen L. (2009). Market Liquidity and Funding Liquidity, Review of Financial Studies 22 (6), 2201 – 2238.

[37] Brusco S. and Castiglionesi F. (2007). Liquidity Coinsurance, Moral Hazard, and Financial Contagion, Journal of Finance 62, 2275 – 2302.

[38] Bryant J. (1980). A Model of Reserves, Bank Runs, and Deposit Insurance, Journal of Banking & Finance 4, 335 – 344.

[39] Buser S. A., Chen A. H., and Kane E. J. (1981). Federal Deposit Insurance, Regulatory Policy, and Optimal Bank Capital, Journal of Finance 35, 51 – 60.

[40] Caballero J. and Krishnamurthy A. (2008). Collective Risk Management in a Flight to Quality Episode, Journal of Finance 63, 2195 – 2230.

[41] Calomiris C. W. (2008). The Subprime Turmoil: What's Old, What's New, What's Next? Paper Presented at the Jacques Polak Conference (IMF).

[42] Calomiris C. W. and Kahn C. (1991). The Role of Demandable Debt in Structuring Optimal Banking Arrangements, American Economic Review 81, 497 – 513.

[43] Calomiris C. W. and Gorton G. (1991). The Origins of Banking Panics: Models, Facts, and Bank Regulation. In: G. Hubbard (Ed.), Financial Markets and Financial Crises, Chicago, IL: The University of Chicago Press.

[44] Calomiris C. W. and Mason J. (1997). Contagion and Bank Failures during the Great Depression:

The June 1932 Chicago Banking Panic, American Economic Review 87, 863 – 883.

[45] Calomiris C. W. and Mason J. (2003). Fundamentals, Panics and Bank Distress during the Depression, American Economic Review 93, 1615 – 1647.

[46] Carletti E., Hartmann P., and Spagnolo G. (2007). Bank Mergers, Competition and Liquidity, Journal of Money, Credit and Banking 39, 1067 – 1105.

[47] Cass D. and Shell K. (1983). Do Sunspots Matter?, Journal of Political Economy 91, 193 – 227.

[48] Cassola N., Drehmann M., Hartmann P., Lo Duca M., and Scheicher M. (2008). Research Perspective on the Propagation of the Credit Market Turmoil, European Central Bank Research Bulletin 7.

[49] Chari V. and Jagannathan R. (1988). Banking Panics, Information, and Rational Expectations Equilibrium, Journal of Finance 43, 749 – 760.

[50] Chen Y. (1999). Banking Panics: The Role of the First – Come, First – Served Rule and Information Externalities, Journal of Political Economy 107, 946 – 968.

[51] Cifuentes R., Shin V., and Ferrucci V. (2005). Liquidity Risk and Contagion, Journal of the European Economic Association 3, 556 – 566.

[52] Claessens S., Dell'Ariccia G., Igan D., and Laeven L. (2010). Lessons and Policy Implications from the Global Financial Crisis, IMF Working Paper No. 10/44.

[53] Cont R. and Santos E. B. (2010). The Brazilian Interbank Network Structure and Systemic Risk. Central Bank of Brazil Working Paper No. 210.

[54] Council of the European Union (2013). Proposal for a Council Regulation Conferring Specific Tasks on the European Central Bank Concerning Policies Relating to the Prudential Supervision of Credit Institutions No. 1024/2013 of 15 October 2013, Official Journal of the European Union October 29.

[55] Dang T. V., Gorton G., and Holmström B. (2012). Ignorance, Debt and Financial Crises. Working Paper.

[56] Dasgupta A. (2004). Financial Contagion through Capital Connections: A Model of the Origin and Spread of Bank Panics, Journal of the European Economic Association 6, 1049 – 1084.

[57] Davis E. P. (1994). Market Liquidity Risk. In: D. Fair, (Ed.), The Competitiveness of Financial Institutions and Centres in Europe, Dordrecht: Kluwer Academic.

[58] Davis E. P. (1995). Debt, Financial Fragility and Systemic Risk. 2nd edition. Oxford: Clarendon Press.

[59] de Bandt O. and Hartmann P. (2000). Systemic Risk: A Survey, ECB Working Paper No. 35, November.

[60] de Bandt O. and Hartmann P. (2002). Systemic Risk in Banking: A Survey. In: C. Goodhart and G. Illing (Eds.), Financial Crises, Contagion and the Lender of Last Resort: A Reader, 249 – 298. Oxford: Oxford University Press.

[61] de Bandt O., Hartmann P., and Peydró J. – L. (2010). Systemic Risk in Banking: An Update. In: A. Berger, P. Molyneux, and J. Wilson (Eds.), Oxford Handbook of Banking, 633 – 672. Oxford: Oxford University Press.

[62] Degryse H. and Nguyen G. (2007). Interbank Exposures: An Empirical Examination of Contagion Risk in the Belgian Banking System, International Journal of Central Banking 3, 123 – 171.

[63] Dell'Ariccia G., Detragiache E., and Rajan R. (2008). The Real Effect of Banking Crises, Journal of Financial Intermediation 17, 89 – 112.

[64] Dell'Ariccia G., Igan D., and Laeven L. (2012). Credit Booms and Lending Standards: Evidence

from the Subprime Mortgage Market, Journal of Money, Credit and Banking 44, 367 – 384.

[65] Dell'Ariccia G. and Marquez R. (2006). Lending Booms and Lending Standards, Journal of Finance 61 (5), 2511 – 2546.

[66] Demirgüç – Kunt A. and Detragiache E. (1998). The Determinants of Banking Crises in Developing and Developed Countries, IMF Staff Papers 45, 81 – 109.

[67] Dewatripont M. and Tirole J. (1994). The Prudential Regulation of Banks. Cambridge: MIT Press.

[68] Diamond D. V. and Dybvig P. (1983). Bank Runs, Deposit Insurance, and Liquidity, Journal of Political Economy 91, 401 – 419.

[69] Diamond D. V. and Rajan R. (2001). Banks, Short – Term Debt and Financial Crises: Theory, Policy Implications and Applications, Carnegie – Rochester Conference Series on Public Policy 54 (1), 37 – 71.

[70] Diamond D. V. and Rajan R. (2005). Liquidity Shortages and Banking Crises, Journal of Finance 60, 615 – 647.

[71] Diamond D. V. and Rajan R. (2006). Money in a Theory of Banking, American Economic Review 96, 30 – 53.

[72] Duffie D. and Lando D. (2001). Term Structure of Credit Spreads with Incomplete Accounting Information, Econometrica 69, 633 – 664.

[73] Elsinger H., Lehar A., and Summer M. (2006a). Risk Assessment for Banking Systems, Management Science 52, 1301 – 1314.

[74] Elsinger H., Lehar A., and Summer M. (2006b). Using Market Information for Banking System Risk Assessment, International Journal of Central Banking 2, 137 – 166.

[75] ECB (European Central Bank) (2009). The Concept of Systemic Risk, Financial Stability Review December, 134 – 142.

[76] ECB (European Central Bank) (2010). Analytical Models and Tools for the Identification and Assessment of Systemic Risks, Financial Stability Review June, 138 – 146.

[77] ECB (European Central Bank) (2012). Report on the First Two Years of the Macroprudential Research Network, Frankfurt, October.

[78] Evanoff D., Hartmann P., and Kaufman G. (Eds.). (2009). The First Credit Market Turmoil of the 21st Century. Hackensack, NJ: World Scientific Publishers.

[79] Farhi E. and Tirole J. (2012). Collective Moral Hazard, Maturity Mismatch, and Systemic Bailouts, American Economic Review 102 (1), 60 – 93.

[80] Fecht F. (2004). On the Stability of Different Financial Systems, Journal of the European Economic Association 2, 969 – 1014.

[81] Fecht F., Grüner H. P., and Hartmann P. (2007). Welfare Effects of Financial Integration, Center for Economic Policy Research Discussion Paper No. 6311, May.

[82] Fecht F., Grüner H. P., and Hartmann P. (2012). Financial Integration, Specialization and Systemic Risk, Journal of International Economics 88, 150 – 161.

[83] Federal Reserve Bank of Kansas City (2008). Maintaining Stability in a Changing Financial System. Proceedings of the Jackson Hole, WY Conference. Kansas City: Kansas Federal Reserve Bank.

[84] Ferguson R., Hartmann P., Panetta F., and Portes R. (2007). International Financial Stability, Geneva Report on the World Economy, 9, 17 – 41.

[85] Financial Stability Forum (2008). Enhancing Market and Institutional Resilience, Basel, April 7. Flannery, M. (1996). Financial Crises, Payment System Problems, and Discount Window Lending, Journal of

Money, Credit, and Banking 28, 804 – 824.

[86] Freixas X, Parigi B. M, Rochet J. – C. (2000). Systemic Risk, Interbank Relations, and Liquidity Provision by the Central Bank, Journal of Money, Credit and Banking 32, 611 – 638.

[87] Furfine C. H. (2003). Interbank Exposures: Quantifying the Risk of Contagion, Journal of Money, Credit and Banking 35, 111 – 128.

[88] Furlong F. T. and Keeley M. C. (1989). Capital Regulation and Bank Risk – Taking: A Note, Journal of Banking & Finance 13, 883 – 891.

[89] Gennaioli N., Shleifer A., and Vishny R. (2013). A Model of Shadow Banking, Journal of Finance 68, 1331 – 1363.

[90] Gertler M. and Kiyotaki N. (2013). Banking, Liquidity and Bank Runs in an Infinite – Horizon Economy, NBER Working Paper No. 19129.

[91] Giglio S., Kelly B., Pruitt S., and Qiao X. (2013). Systemic Risk and the Macroeconomy: An Empirical Evaluation, Chicago Booth Research Paper No. 12 – 49.

[92] Goldstein I. and Pauzner A. (2005). Demand Deposit Contracts and the Probability of Bank Runs, Journal of Finance 60, 1293 – 1328.

[93] González – Hermosillo B. (1999). Determinants of Ex Ante Banking System Distress: A Macro – Micro Empirical Exploration of Some Recent Episodes, IMF Working Paper No. WP/99/33.

[94] González – Hermosillo B., Pazarbaşioglu C., and Billings R. (1997). Banking System Fragility: Likelihood Versus Timing of Failure: An Application to the Mexican Financial Crisis, IMF Staff Papers 44, 295 – 314.

[95] Goodfriend M. and King R. (1988). Financial Deregulation, Monetary Policy, and Central Banking, Restructuring Banking and Financial Services in America, American Enterprize Institute Studies 481, 216 – 253.

[96] Goodhart C. A. E. and Huang H. (1999). A Model of the Lender of Last Resort, LSE Financial Markets Group Discussion Paper No. 313.

[97] Gorton G. (1988). Banking Panics and Business Cycles, Oxford Economic Papers 40, 751 – 781.

[98] Gorton, G. and Metrick, A. (2012). Getting Up to Speed on the Financial Crisis: A One – Weekend – Reader's Guide, Journal of Economic Literature 50 (1), 128 – 150.

[99] Gourinchas P. – O. and Obstfeld M. (2012). Stories of the Twentieth Century for the Twenty – First, American Economic Journal: Macroeconomics 4, 226 – 265.

[100] Gourinchas P. – O., Valdés R., and Landerretche O. (2001). Lending Booms: Latin America and the World, Economia 1, 2.

[101] Greenlaw D., Hatzius J., Kashyap A., and Shin H. S. (2008). Leveraged Losses: Lessons from the Mortgage Market Meltdown, US Monetary Policy Forum Report No. 2.

[102] Greenwood R., Landier A., and Thesmar D. (2012). Vulnerable Banks, NBER Working Paper No. 18537.

[103] Guttentag J. M. and Herring R. J. (1984). Credit Rationing and Financial Disorder, Journal of Finance 39, 1359 – 1382.

[104] Gwynne S. C. (1986). Selling Money. New York: Weidenfeld and Nicholson.

[105] Haldane A. G. and May R. M. (2011). Systemic Risk in Banking Ecosystems, Nature 469, 351 – 355.

[106] Hartmann P., Hubrich K., and Kremer M. (2013). Integrating Systemic Financial Instability into Macroeconomics: How to Meet the Challenge?, ECB Research Bulletin Autumn 19, 2 – 8.

[107] Hartmann P., Straetmans S., and de Vries C. (2004). Asset Market Linkages in Crisis Periods, Review of Economics and Statistics 86, 313 - 326.

[108] Hartmann P., Straetmans S., and de Vries C. (2006). Banking System Stability: A Cross - Atlantic Perspective. In: M. Carey and R. Stulz (Eds.), The Risks of Financial Institutions, 133 - 188. Chicago, IL: Chicago University Press and National Bureau of Economic Research.

[109] Heider F., Hoerova M., and Holthausen C. (2009). Liquidity Hoarding and Interbank Market Spreads: The Role of Counterparty Risk, ECB Working Paper No. 1126.

[110] Hoggarth G., Reis R., and Saporta V. (2002). Costs of Banking System Instability: Some Empirical Evidence, Journal of Banking and Finance 26, 825 - 855.

[111] Holmström B. and Tirole J. (1998). Private and Public Provision of Liquidity, Journal of Political Economy 106, 1 - 40.

[112] Hollo D., Kremer M., and Lo Duca M. (2012). CISS—A Composite Indicator of Systemic Stress in the Financial System, European Central Bank Working Paper No. 527.

[113] Institute of International Finance (2008). Final Report of the IIF Committee on Market Best Practice: Principles of Conduct and Best Practice Recommendations, Washington, July.

[114] IMF (International Monetary Fund) (2012). Policies for Macrofinancial Stability: How to Deal with Credit Booms, IMF Staff Discussion Note No. 12/06.

[115] Ioannidou V., Ongena S., and Peydró J. L. (2013). Monetary Policy, Risk - Taking and Pricing: Evidence from a Natural Experiment. Working Paper.

[116] Iyer R. and Peydró J. L. (2007). How does a Shock Propagate? A Model of Contagion in the Interbank Market due to Financial Linkages. University of Amsterdam Working Paper.

[117] Iyer R. and Peydró J. L. (2011). Interbank Contagion at Work: Evidence from a Natural Experiment, The Review of Financial Studies 24, 1337 - 1377.

[118] Jiménez G., Ongena S., Peydró J. - L., and Saurina J. (2012). Credit Supply and Monetary Policy: Identifying the Bank Balance - Sheet Channel with Loan Applications, American Economic Review 102, 2301 - 2326.

[119] Jiménez G., Ongena S., Peydró J. - L., and Saurina J. (2014). Hazardous Times for Monetary Policy: What do Twenty - Three Million Bank Loans Say about the Effects of Monetary Policy on Credit Risk - Taking?, Econometrica 82, 463 - 505.

[120] Jorda O., Schularick M., and Taylor A. (2011). When Credit Bites Back: Leverage, Business Cycles, and Crises, NBER Working Paper No. 17621.

[121] Kane E. (1989). The S and L Insurance Mess: How Did it Happen? Washington, DC: Urban Institute Press.

[122] Karas A. and Schoors K. (2012). Bank Networks, Interbank Liquidity Runs and the Identification of Banks that are Too Interconnected to Fail. Mimeo.

[123] Kareken J. H. and Wallace N. (1978). Deposit Insurance and Bank Regulation: A Partial - Equilibrium Exposition, Journal of Business 51, 413 - 438.

[124] Kaufman G. G. (1994). Bank Contagion: A Review of the Theory and Evidence, Journal of Financial Services Research 7, 123 - 150.

[125] Keys B., Mukherjee T., Seru A., and Vig V. (2010). Did Securitization Lead to Lax Screening? Evidence from Subprime Loans, Quarterly Journal of Economics 125, 307 - 362.

[126] Khwaja A. and Mian A. (2008). Tracing the Impact of Bank Liquidity Shocks: Evidence from an

Emerging Market, American Economic Review 98, 1413 – 1442.

[127] Kindleberger C. P. (1978/1996). Manias, Panics and Crashes. A History of Financial Crises. 3rd edition. London: Macmillan.

[128] King M. and Wadhwani S. (1990). Transmission of Volatility between Stock Markets, Review of Financial Studies 3, 5 – 35.

[129] Korinek A. (2011). Systemic Risk – Taking: Amplification Effects, Externalities, and Regulatory Responses, ECB Working Paper No. 1345.

[130] Krainer R. (2012). Regulating Wall Street: The Dodd Frank Act and the New Architecture of Global Finance, Journal of Financial Stability 8, 121 – 133.

[131] Krugman P. (1998). What Happened to Asia? . Massachusetts Institute of Technology: Mimeo.

[132] Leitner Y. (2005). Financial Network: Contagion, Commitment and Private Sector Bailouts, Journal of Finance 60, 2925 – 2953.

[133] Lorenzoni G. (2008). Inefficient Credit Booms, Review of Economic Studies 75, 809 – 833.

[134] Maddaloni A. and Peydró J. (2011). Bank Risk – Taking, Securitization, Supervision, and Low Interest Rates: Evidence from the Euro Area and US Lending Standards, Review of Financial Studies 24, 2121 – 2165.

[135] Mendoza E. (2002). Credit, Prices and Crashes: Business Cycles with a Sudden Stop. In: S. Edwards and J. Frankel (Eds.), Preventing Currency Crises in Emerging Markets, 335 – 392. Chicago: University of Chicago Press.

[136] Mendoza E. (2010). Sudden Stops, Financial Crises and Leverage, American Economic Review 100, 1941 – 1966.

[137] Merton R. C. (1977). An Analytical Derivation of the Cost of Deposit Insurance and Loan Guarantees: An Application of Modern Option Pricing Theory, Journal of Banking and Finance 1, 3 – 11.

[138] Merton R. C. (1978). On the Cost of Deposit Insurance When There Are Surveillance Costs, Journal Of Business 51, 439 – 452.

[139] Mian A. and Sufi A. (2009). The Consequences of Mortgage Credit Expansion: Evidence from the 2007 Mortgage Default Crisis, The Quarterly Journal of Economics 124, 1449 – 1496.

[140] Minsky H. P. (1977). A Theory of Systemic Fragility. In: E. I. Altman and A. W. Sametz, (Eds.), Financial Crises, 138 – 152. New York, NY: Wiley.

[141] Minsky H. P. (1982). The Financial – Instability Hypothesis: Capitalist Processes and the Behaviour of the Economy. In: C. P. Kindleberger and J. – P. Laffargue (Eds.), Financial Crises: Theory, History, and Policy, 13 – 39. Cambridge, UK: Cambridge University Press.

[142] Mishkin F. S. (1991). Asymmetric Information and Financial Crises: A Historical Perspective. In: G. Hubbard (Ed.), Financial Markets and Financial Crises, 69 – 108. Chicago: University of Chicago Press.

[143] Mistrulli P. E. (2011). Assessing Financial Contagion in the Interbank Market: Maximum Entropy versus Observed Interbank Linkages, Journal of Banking & Finance 35, 1114 – 1127.

[144] Morgenstern O. (1959). International Financial Transactions and the Business Cycle. National Bureau of Economic Research Studies in Business Cycles, Princeton, NJ: Princeton University Press.

[145] Rajan R. (2006). Has Finance Made the World Riskier?, European Financial Management 12, 499 – 533.

[146]Ranciére R., Tornell A., and Westermann F. (2008). Systemic Crises and Growth, Quarterly Journal of Economics 123, 359 – 406.

[147] Reinhart C. and Rogoff K. (2008). Is the 2007 US Sub – prime Financial Crisis So Different? An International Historical Comparison, American Economic Review 98, 339 – 344.

[148] Reinhart C. and Rogoff K. (2009). This Time Is Different: Eight Centuries of Financial Folly. Princeton, NJ: Princeton University Press.

[149] Reinhart C. and Rogoff K. (2011). From Financial Crash to Debt Crisis, American Economic Review 101, 1676 – 1706.

[150] Rochet J. – C. and Tirole J. (1996). Interbank Lending and Systemic Risk, Journal of Money, Credit, and Banking 28, 733 – 762.

[151] Rochet J. – C. and Vives X. (2004). Coordination Failures and the Lender of Last Resort: Was Bagehot Right After All?, Journal of the European Economic Association 2, 1116 – 1147.

[152] Rose A. and Spiegel M. (2009). Cross – country Causes and Consequences of the 2008 Crisis: Early Warnings, Federal Reserve Bank of San Francisco Working Paper No. 2009 – 17.

[153] Rose A. and Spiegel M. (2010). Cross – country Causes and Consequences of the 2008 Crisis: International Linkages and American Exposure, Pacific Economic Review, 15, 340 – 363.

[154] Ruckes M. (2004). Bank Competition and Credit Standards, Review of Financial Studies 17, 1073 – 1112.

[155] Scharfstein D. S. and Stein J. C. (1990). Herd Behaviour and Investment, American Economic Review 80, 465 – 479.

[156] Schularick M. and Taylor A. M. (2012). Credit Booms Gone Bust: Monetary Policy, Leverage Cycles and Financial Crises, 1870 – 2008, American Economic Review 102, 1029 – 1061.

[157] Senior Supervisors Group (2008). Observations on Risk Management Practices during the Recent Market Turbulence, March 6.

[158] Slovin M. B., Sushka M. E., and Polonchek J. A. (1993). The Value of Bank Durability: Borrowers as Bank Stakeholders, Journal of Finance 48, 247 – 266.

[159] Slovin M. B., Sushka M. E., and Polonchek J. A. (1999). An Analysis of Contagion and Competitive Effects at Commercial Banks, Journal of Financial Economics 54, 197 – 225.

[160] Stiglitz J. E. (1993). The Role of the State in Financial Markets. Paper Presented to the Annual World Bank Conference on Development Economics.

[161] Tirole J. (2008a). Liquidity Shortages: Theoretical Underpinnings, Special Issue on Liquidity, Banque de France Financial Stability Review 11, 53 – 63.

[162] Tirole J. (2008b). Lecons d'une crise. Toulouse Sciences Economiques Notes.

[163] Upper C. (2007). Using Counterfactual Simulations to Assess the Danger of Contagion in Interbank Markets, Bank for International Settlements Working Paper No. 234.

[164] Upper C. and Worms A. (2004), Estimating Bilateral Exposures in the German Interbank Market: Is There a Danger of Contagion?, European Economic Review 48, 827 – 849.

[165] Van Lelyveld I. and Liedorp F. (2006). Interbank Contagion in the Dutch Banking Sector, International Journal of Central Banking 2 (2), 99 – 133.

第 28 章　银行业危机

——那些顽强的多年生植物①

28.1　简介

爆发于 2007 年 8 月的大型的国际银行业危机和紧接在 2010 年爆发的欧元危机都仅仅是全世界范围内周期性银行危机历史长河中的一个片段。在存款人和其他债权人竞相去取出他们的资金或者拒绝为他们到期的存款延期时，银行的倒闭常常是突然的。对于银行债权人和为他们担保的政府的直接现金成本，以及由于减少了信贷而导致的经济活动的溢出效应来说，他们的代价是高昂的。一些金融危机可能以其他为中心，如政府债务、汇率和股票市场危机，但是银行却一直在危机中发挥重要的中心作用。

虽然银行的偿付能力往往是经济中其他地方出现的不利冲击的受害者，虽然恐慌可能导致不必要的大规模和破坏性的存款人取款，但本章认为，最具破坏性的系统性银行危机——包括但不限于现有的——我们称为“糟糕的银行业务”和“糟糕的政策”——是那些允许或鼓励过度承担风险甚至“抢劫”其他人钱的政策所导致的危机。每次危机爆发，都不可避免地会出现要求政府加强审慎监管以防止危机重演的齐声呼吁。然而，跨国经验证据表明，政策最好用于确保动态的监管，重点关注市场参与者披露的信息，银行家行为的市场纪律以及包括监管机构在内的金融体系中的激励机制。

28.2 节简要地描述了历史背景，这是一个在布雷顿森林体系前 30 年的短暂间歇中的“破产中的繁荣”。不是所有的危机都是相同的，28.3 节强调了管理不善、政府干预和宏观经济冲击的明显作用。28.4 节回顾了引起理论经济学家关注的危机的若干方面，这些经济学家尝试着去理解危机的周期循环和严重性。在 28.5 节中讨论了危机成本。这些成本的大小说明了预防和修正政策的重要性，尽管 28.7 节一定程度上将这些最近的危机视作新的现象。最后，在 28.8 节中表明尽管在未来几年对于监管的彻底修正是不可避免的，但是危机也会周期性地发生，那么我们政策的目标就应该是在没有牺牲经济增长收益和收入平等的前提下，最小化它们发生的频率和成本。

---

① 我们要感谢 Thorsten Beck、Roger Bolton、Stijn Claessens、Asli Demirgüç – Kunt、James Hanson、Luc Laeven、Philip Lane、Millard Long、Peter Montiel、Steven Nafziger、Sergio Schmukler 和 Andrew Sheng 的评论。尽管如此，任何错误和遗漏的责任在于作者。我们要感谢 Charles Kindleberger，副标题来自他的经典 *Manias*，*Panics* 和 *Crashes*：*The History of Financial Crises* 的第 1 章，最初出版于 1978 年（Wiley 和 Sons），现在是第 6 版（与 Robert Aliber、Palgrave Macmillan 一起）。

28.2 早期的历史

毫不夸张地说，银行危机事实上和银行一样古老（目前，广泛传播的银行的倒闭危机会导致停业、兼并、收购或者政府资源的注入）。现代银行的出现是随着 13 世纪的欧洲货币兑换业务的发展而来的，银行家所面对的信息问题比今天最不发达的国家都严重。客户之间的交易是受到各种冲击［战争、灾祸、硬币的短缺，交易的损失（例如货船沉没或者被抢）］，这让借贷更有风险。并且存款者面临着他们的银行家将在这些冲击中不能幸存下来，或者他们的银行家带着他们的资金潜逃的风险。连续的失败将会导致更加猛烈的措施：1360 年，一个巴塞罗那的银行家在他倒闭的银行前被行刑（这与后来保护银行所有者的有限责任有很大的不同（科恩，来临：CH8）。当统治者成为问题的根源的时候，他们是不可能被施加如此极端的惩罚的，因为银行家经常会屈服于诱惑或者需要（简直就是他们生存需要）而贷款给统治者。这些早期的著名的意大利银行世家如卢卡的里卡尔迪、巴尔迪、佩卢奇，甚至是杰出的佛罗伦萨的美迪其，他们的倒闭全部或者很大一部分都归因于国王和王子们，因为这些人不会或者是不能偿还他们的贷款的（Homer 和 Sylla，1996，p. 94）。

在金德伯格和阿利伯的文献中（2011）暗示着银行的倒闭潮是如波浪一样涌来的，他们的研究主要覆盖 17 世纪以来发达的经济体，并且显示了在 19 世纪到第二次世界大战之间危机以 10 年为周期规律性地发生。在两次世界大战期间，新兴经济体经历了更为频繁的危机发生（Bordo 等，2001）。在第二次世界大战后一直持续到 20 世纪 70 年代初，经历了一个异常寂静的时期。与之前的背景不同，这是一个相对平和的宏观经济环境，银行业竞争和产品创新被限制，跨境活动的法律监管可能有助于这一稳定。渐渐的，这些监管在信息技术和金融创新（包括准银行竞争对手的出现）下变得不可持续，新的创新使银行能够逃避监管。

银行业和资本流动的自由化，以及不断增加的宏观经济的波动（它们与财政政策、放弃布雷顿森林体系的汇率盯住制度和通货膨胀率的激增有关）都使得银行危机的频率加剧到之前的水平。到了 1997 年，在 IMF 的成员国中，超过每 5 个成员国就有 3 个国家经历着足够严重的被视为系统或者最少也是边界系统性的银行业危机（Lindgren、Garcia Saal，1996；和 Caprio、Klingebiel 等，2005）；危机的发生率早在 2013 年仍旧保持不变，因为近年来受影响的许多国家都已经发生过边界危机。不过，危机的成因却是多种多样的。

28.3 多样化的起源：管理、政府和最近危机中的宏观经济

很多在近十年发生的最剧烈的危机不可避免地和宏观经济危机联系起来，这使得危机的因果关系的方向性很难被解开。但是，重要的是不要忽略造假和管理不善是一方面，政

府的干预是另一方面。的确，这两方面中的任一一个（坏账银行和坏账政策[①]）都是大量的系统性银行危机的根源，这些因素不仅仅发生在发展中国家的危机中（Honohan，1997；Caprio 和 Honohan，2005），而且也发生在美国和欧洲近期的大危机中。

28.3.1　管理和欺诈

在加勒比地区，两家最大的私人银行破产事件被采用作为经典案例，它们的破产是由于欺诈和管理问题，分别发生在委内瑞拉（1994）和多米尼加共和国（2003）。这两件案例都展示了存款欺诈的问题，也就是一些被银行所吸纳的存款没有作为负债被记录，并且相应的资源被内部人员洗劫，即使在银行账面表现出仍有偿付能力并且即使被记录的资产仍可用的情况下两家银行仍然破产。在每个案例中，被涉及的银行都具有系统性重要性，并且贷款总数如此之大以至于宏观经济失衡（最终是由中央银行来使银行能够补偿存款者）[②]。并且在委内瑞拉，在"流氓"银行的高存款率迫使利率上升，并且其他银行也开始产生冒险行为。其他的存款欺诈非常大的银行破产出现在国际商业信贷银行这样的跨国集团公司。这个总部位于卢森堡和伦敦的跨国集团公司在 70 多个国家运营，它的破产在一些它占有相当大市场份额的非洲国家具有系统重要性（cf. Herring，2005）。转移存款欺诈一般都会涉及审计人员的默许；由于被创造的伪造账目结构的复杂性使官方监督者难以发现这些欺诈行为。

对于"流氓"交易员管理的不足造成了几个相当大的银行破产，例如最著名的 1995 年巴林银行案，但是尽管在一些案例中所涉及的损失达到十位数（以美元计），此外没有已知的案件具有系统重要性。在 2008 年 1 月，兴业银行报告最大的单笔损失（超过 70 亿美元）是由于一个"流氓"交易员的欺诈行为所导致的。正如在 2008 年后期博纳麦道夫投资公司被揭露的最大的庞氏骗局，典型的欺诈是在资产市场衰退后长期乐观主义的时间产生的。其他可以提到的管理不善的情况没有比 20 世纪 90 年代的里昂信贷银行的情况更明显，其中贷款政策的宏大和夸大的野心打破了工业界最大单一银行亏损的纪录：没有法国政府的救助，里昂信贷银行本将破产。在 1995 年，在非洲西部和中部成立已久的 Meridien BIAO 银行由于新的内部人缺乏管理能力而资不抵债——尽管该银行已因政府干预的影响而受到严重削弱。

尽管墨西哥龙舌兰酒危机伴随着货币崩塌而形成，使得墨西哥银行由于大量的投机性的衍生品合约赋予它们本位币的多头头寸因此受到冲击，但墨西哥银行根本的缺陷是随后被追查到的内部人员的借贷和长期以来对于它们私有化的最低资本要求的回避。正如 Caprio 和 Wilson（2000），Wilson、Saunders 和 Caprio（2000）以及 Haber（2005）所证

---

① 我们使用"坏银行"来接受一系列管理实践，从欺诈到错误计算蓄意利用存款保险所固有的看跌期权，这些都增加了银行倒闭的可能性。当然，所有的银行都涉及风险，尤其是因为永远存在逆向选择的信息问题和道德风险，但这些都是在正常的银行业务中管理和定价的。压力的情况可以使良好的银行家变成坏的银行家，如 de Juan（2002）的图形所示。

② 支付系统可以创造一个强大的短期相互依赖的银行，使失败的一家大银行可能会打乱整个支付系统和日常经济活动所依赖的短期信贷。因此，一些具有系统重要性的银行被认为是"太大而不能倒"（TBTF），需要官方支持它们持续运作，即使它们无力偿债。

实，由于股东权益很少，银行可以自由地越过风险边界并向少数回报最高的行业提供贷款。

在经济体中的政权的变更通常会降低金融和技术组合的价值，急剧地增加银行危机发生的风险。引入新工具或冒险机会往往会导致一些人在没有充分关注其下行潜力的情况下承担新的风险。同样，在信息和治理机构较弱的国家，经济政策的自由化肯定与银行倒闭潮有关（Demirgüç - Kunt 和 Detragiache，1999）。进入银行业的自由化增加了银行的竞争压力，利率自由化提高了偿付和市场风险。经济政策其他方面的自由化影响了借贷者的信用可靠度，这经常是不易察觉的，也会引起相对价格的变化。并且，在一定程度上来说，自由化之前的投资组合是可控的，控制力的提升也导致银行的扩大。然而，银行业的同步投资组合转移可能会推动资产价格上涨，使这种转变看起来像一个安全的提议，而实际20世纪70年代末和80年代初的马来西亚房地产繁荣，引发了80年代中期的危机。除了倾斜的投资组合之外，自由化的银行还继承了缺乏银行技能的员工，不幸的是，即使技术人才的需求很大，然而就像政府最初的银行监管人员只会检查银行是否遵守各种政府命令，并非所有人都接受过现代风险银行监管培训。虽然即使是最优秀的银行家和监管者也会在自由化过程中受到挑战，但技能较弱的人更有可能失败。

社会主义或者计划经济的转型过程被证明充满了银行危机，这些危机大多是由于缺乏经验或是粗放式的管理所致。尽管第一波转型的浪潮消灭了很多之前的存款的价值，并且也减少了它们的借贷者肩上承担的债务，但很多转型经济的银行（特别是在东欧）误判了在转型时期流动性限制条件下信用评价的难度。因此，许多贫困和自助贷款很快就陷入不履约的状态。

转型甚至要对付没有面对过的急剧上升的通胀，就像中国和越南，大银行的损失是集体的。确实，在中国，1998—2006年，政府注入主要的四大国有银行的资金，累计已经超过了3500亿美元，或者说是2001年GDP的30%，在对贷款组合的可恢复性进行实际评估时，用来恢复完全资本化的进一步注入仍然被认为是有必要的（参见Barth 和 Caprio，2007；Honohan，2008）。这个大型的救助在没有损失存款者信心的情况下完成了，反映了国家的能力和确保存款人在银行不会遭受损失的意愿。事实上，从占GDP的百分比来看，除了离岸金融中心，中国的银行存款几乎比其他任何发展中国家都要高。这些日益增长的资金被有效应用到20世纪90年代中叶的转型时期，并且部分被用于替代之前的预算配置款，这些预算配置款是计划经济时期为关键而无效的国有企业所作出的（Lardy，1998）。1998年以来调整的各种银行的重组措施让中国意识到，作为贷款的这些资金可能永远也不会被完全偿还。中国案例提供了显而易见的关于政府政策（特别是政府的直接借贷政策）如何导致大量的贷款损失而多次侵蚀银行资本的例子。

28.3.2 政府政策

很多最穷的发展中国家经济没有受到中央政权的管制，也没有经历显性或隐性的直接借贷的政府政策。当这些政策在没有考虑贷款银行生存可能的时候就被权威执行时，其结果就是资本的损失和侵蚀，并且财政自主权和银行管理者的积极性也被削弱，甚至经常会导致银行破产。国有的或者国家控股的银行的真实的财务条件只有在政权更迭或者相当大的改革时才会披露。即使在非社会主义国家，政府通常有相同的影响。一个好的例子来自讲法语的西非国家，几个国家的银行借贷给了半国有和政府供应商，并且这批贷款被证明是不能回收的贷款，它们不明智的原因可以通过地区中央银行进行再贴现而感到安慰。相似的例子还存在于依赖国家权力去救援地方银行的地方政府，就像是在巴西发生的一样。

银行总是依赖于国家允许它们有效率运行的意愿的程度。Calomiris 和 Haber（2013）认为在独裁政治和民粹主义民主下，固有的政府从属性使它们变得很脆弱，并且仅有少量的自由民主国家才能免受系统性危机的风险。即使在定向信贷不成问题的情况下，诸如无报酬准备金要求之类的准财政征收也削弱了银行的盈利能力。任意的汇率管制政策也会产生税务效应。最戏剧性的强制兑换的例子是在 2001 年年末的阿根廷。由于汇率不是市场决定，而且是不对称的，银行贷款的有效减记比银行存款大得多，这种任意措施一下子造成了系统性银行破产。

银行也需要国家去强制执行合同，这一角色经常与政府维持统治所支持的利益相冲突。Calomiris 和 Haber（2013）认为政策起着危机的关键性的决定作用。在他们的框架内，各政治选区之间存在一种“银行讨价还价的游戏”，决定了信贷的可获得性和不稳定程度，后者的出现部分是由于政府尝试利用补贴来巩固政治支持。

28.3.3 宏观的繁荣和萧条

尽管管理层和政府的角色在银行业危机中从未无关紧要，但是在许多较大的系统性危机事件中占据主导地位的是广泛对宏观经济和商业前景预期的动态不稳定性。对经济增长的过度乐观情绪，往往表现为房地产价格的飙升，导致大多数银行的信贷扩张，尤其是对那些被这种乐观情绪特别看好的行业。因此杠杆的增加是部分资本流入的动力——不仅 20 世纪 90 年代的墨西哥和东亚，而且最近在美国、爱尔兰和其他地方的按揭贷款也很繁荣。由于乐观主义，贷款损失准备金比已验证的必要值要低，由于信贷扩张所带来的整体经济繁荣使借款人更容易偿还债务，因此这种情况在一段时间内是合理的。这可以解释为什么快速信贷扩张是危机的预测因素。此外，当然，快速的信贷扩张会强调信用评估能力，即使整体乐观，也会导致错误。不同形式的传染或者羊群效应开始起作用。甚至没有乐观观点的银行管理者由于害怕失去市场份额开始感受到压力，于是放松了信贷审批的标准。银行家预期的形成被同行观点所影响，放大并形成过度自信。正如一个南海泡沫（约翰马丁，马丁银行）的迟到者所说，“当世界其他国家疯狂时，我们必须在一定程度上模仿他们”（Dale，2004，p. 113），这些话在 2007 年 8 月时回荡在花旗集团的 CEO 的耳边（很快他丢掉了他的工作），查克普林斯告诉金融时代周刊说“只要音乐响起，你就得起床和跳舞”。

相比之下，经验丰富的银行家通常对同行中存在的不健全行为的孤立迹象保持警惕，然而，在繁荣阶段的兴奋期间，他们不太可能发现致命的弱点。这些过度乐观的浪潮在任何国家都难以被认为是不完美的。对灾难视而不见之风盛行，决策者对本国和外国的历史经验的相关性视而不见（Guttentag 和 Herring，1986）。然而最终，信贷扩张的基本面变得明显不可持续，经济出现反转。实际资产价格的急剧下跌揭露了资产相关贷款的不可回收性和抵押品的价值被侵蚀，货币贬值造成了没有对冲的借贷者的破产，被破产的借贷者所出售的资产寻求通过压低其他证券价格来获得偿债能力，最终导致了经济的衰退，迫使一些不相关的部门借贷者的偿付能力也遭到破坏。

之前繁荣和萧条症状的例子是在1990年左右的斯堪的纳维亚危机，以及1997—1998年的东亚危机，其中银行系统广泛失败，尤其是泰国、印度尼西亚和韩国随着长期的快速增长和资本流入，货币崩溃，经济活动急剧收缩。以前随处可用的外国资金的突然撤出，是加剧其他几个危机的重要因素，特别是对于1982年的智利来说。同时汇率崩溃也是很多危机中的典型特征；事实上，危机期间汇率变动的预期可能会导致大量存款人赎回加剧银行流动性问题。在所有的这些事件中，相关贷款和过度冒险是故事的重要组成部分，因为它们经常在大的危机中出现（Harvey 和 Roper，1999；世界银行，2001）。

尽管一些2007年国际危机（例如是衍生证券的作用）的特征看起来像是新的，这些危机事实上呈现了很多相似的特点。特别是，这些危机呈现了过度乐观的浪潮导致了在应对金融创新的极端杠杆时的监督和管理十分缺乏。

即使在公开承认存在银行偿付能力危机之后，危机的规模最初也很难被遇见。银行内部人士有很多理由尽可能地隐瞒弱点。几乎所有最近的系统性危机都涉及几波干预，通常持续数月甚至数年。

28.4 恐慌和传染：解释突然并且快速发展的银行业危机

一个突然和难以抵抗的存款者的挤兑，是系统性危机形成的经典的方式，出现于2008年9月和10月的危机也有此特点，其在理论文献中占据重要地位，但在实际上只有最近的少数危机存在这种特点。甚至在1995年的阿根廷，存款人由于害怕1994年墨西哥龙舌兰酒事件的溢出效应，前后累计赎回了不少于20%的总资金，并且取款事件持续了几个月。在这件事中，当存款人从对特定银行经营状况的担忧转移到对盯住货币制度的担忧时，他们一起退出系统。这种模式在2001年重现，当时只有存款人是有正当理由的，因为政府后来确实放弃了盯住美元的汇率制度。

但是，即使存款人挤兑不像阅读教科书那样普遍，但相关银行倒闭的突然发生已成为一系列系统性银行业危机的特征，并对经济活动产生了广泛影响，这就引发了一个问题，那就是银行会有什么特别之处以至于银行系统容易出现如此剧烈的崩溃。

银行的五个独特且相关的特征是这个漏洞的成因的主要部分。第一，现代银行的高杠杆的本质；第二，它们相关的期限变换（或流动性创造）的程度；第三，负债的需求或是负债期限短的特征；第四，银行资产的不透明；第五，它们的资产和负债事实上是法定货币。当然，这些特点中每一个都代表着银行业对经济的关键贡献，这也能部分地解释为什么官方没有采取建议书里的“收缩”银行业的建议——这些好处很难被抛弃。禁止银行承担风险的努力可能会适得其反——那些通胀时持有现金或者在政府债务违约时持有债券的，都将从历史中得到教训。此外，如果狭隘的银行业务将所承担的风险和资金投入到受监管较少的非银行金融部门，那么政府随后要求将救助范围扩大到狭隘银行业务范围之外的可能性也不容忽视。

高杠杆在危机中的作用似乎是明显的：这就是为什么现在的政策都聚焦于通过资本充

足率的管制来限制杠杆（尽管这种监管的降低风险的目标常常会因为银行家在不受监管的层面上对更高风险的抵消假设而失效）。不透明经常也是问题：银行对于借贷者的信息劣势，就像存款人和其他的信贷者（如监管者）相对于银行一样。很多最近的理论已经围绕这些特点的两个或三个而展开研究（Allen 和 Gale，2006）。如果存款人希望从一家银行获得的资金超过预期，并且已经将其资源投入到可以提前清算的贷款中，那么将出现的将不仅仅是流动性问题了。有人认为，如果预见了银行倒闭，即使没有立即流动性需求的存款人也会作出上述举动。自我实现的存款人的恐慌已经被理论学家所熟知几十年了（不是基于银行资产组合基本面的改变或者任何特殊对于存款人的流动性冲击），尽管真实世界中自我实现恐慌与基本面不利之间的相关性是没有根据的。从这个理论的角度来看，零散的存款人挤兑和银行批发信贷者（包括银行间市场的其他银行）的“无声挤兑”之间并无差别。事实上，在实践中，通常是知情程度更高的批发市场会破坏即将破产银行的流动性，并且像 2007 年的 Northern Rock 一样，最终导致零售市场的崩溃。知情的批发市场参与者可能会意识到银行的问题不是流动性而是偿付能力。从理论上讲，流动性可能导致破产，迫使资产以不利的价格“甩卖”，但实际上很难将这种情况与过度风险承担的破产区分开来。

在恐慌中，银行业涉及的一个结构性特征是存款债务的即时本质，其具有鼓励提前取款的效果（Calomiris 和 Kahn，1991）。对于银行储户来说，这是“先到先得”（在理论文献中被称为“顺序服务”）。在破产银行关门之前，提前取款的存款人将收到全额存款，从银行的流动资产中支付；而那些来得太晚的人将承担他们的全部资本损失。如果在银行关闭之前有足够的其他存款人退出，即使很小的整体初始缺陷也可能导致其余存款人遭受严重损失。意识到这种风险使得精明的存款人能够警惕麻烦的迹象，并且确实有助于确保大型存款人能够监督银行经理的业绩。正如由证据充分的例如伊利诺斯大陆银行（以及来自发展中国家危机中存款规模分布变化的不太准确的信息）的案例应验的一样，批发的存款者和银行同业借贷者将会第一个提取存款。

一些全系统的银行倒闭可能是单纯地由于许多银行遭受在银行系统之外的共同冲击所导致的。但是，在没有明显警告的情况下出现了几次非常大的系统性危机，其发生的速度以及随之而来的金融和经济危机的深度，表明一家银行的问题已经传染和扩散到了其他银行。此外，即使许多银行的失败归因于外生的宏观经济冲击，但这种失败对总体信贷可用性和资产价格价值的影响可能反过来又会加剧宏观经济衰退再次反馈到银行系统。

传染模型关注几个不同的方面，传染会通过存款人的恐慌发生，正如一家银行的倒闭会造成存款人重新评估相关银行的违约风险，来自一家银行的流动性损失可能会造成在整个系统中的存款人从其他银行取出其存款。在广泛的国家层次上，这些因素看起来像是在 1997—1998 年的国际危机和 2007—2009 年的流动性和信贷紧缩上起作用了。信息和恐惧能够通过银行股权的价格、信用违约掉期和二级市场上的银行债券（如信用评级公告）一样明显的途径传播。在 2008 年引入的推迟银行股权的卖空的规章反映了官方对于恐慌时一些市场被操纵的怀疑。

在资产方面，银行危机也能够通过这个系统传播。假如银行把一些借贷者排除在贷款门槛之外或者不扩大信贷，这个危机能够蔓延到这些借贷者中的一些客户，反过来恶化了其他银行的贷款损失记录。如果资产市场出现流动性冲击，资产组合的削弱将变得普遍，这会降低价格，包括用作抵押品的资产。净信息流（一些银行家或投资者的部分的悲观观点会成为广泛的观点）也作为传染的通道被研究。具有相同或熟悉的公式化风险评估技术的银行在遭受冲击时容易互相关联，进而放大冲击的影响（IMF，2007）。确实，2007—2009 年的“信贷紧缩”的深度反映了这些共享风险管理的银行共同信仰的失败。

这些反馈的模型能够展示相同的均衡：一个投资者信心的好的均衡是通过高的资产价格所确立的，高资产价格提高了在生产性和收益性投资的借贷者的信用可靠度。坏均衡中投资者怀疑是通过低的资产价格、信用可靠度低、弱的总需求、商业和银行倒闭所判断的。名义汇率和实际汇率的均衡价值是这些模型的核心，反映了在几个最大的危机中的货币崩溃的中心作用。如果存在多重均衡，则可将危机的发生视为协调失败（Diamond 和 Dybvig，1983；Allen 和 Gale，2006）。

28.5 危机的成本

即使很难得到精确的估计，但可以确定的是全球银行危机的总成本已经是非常大的了。单独在发展中国家危机的总财政成本自从 20 世纪 70 年代以来就已超过了万亿美元——这个总数已经远远超过了由发达经济体所提供的援助。不同收入阶层都能感受到危机的经济成本，同时贫困线以下人口比例急剧上升（世界银行，2001；Honohan，2005）。

两个主要的方法已经被用来计算银行业危机的成本。第一种方法狭义地聚焦于银行暴露出来的资本不足问题，特别关注为保护破产机构储户而付出的努力所产生的财政和准财政成本。另一种方法是计算失败给整个系统带来的经济成本，就像计算 2007—2009 年危机后产出累积损失的努力一样。两种方法对于特别的事件产生了不同的数据，通过国家之间的平均值他们提出了一个粗略的相似的总成本，并表示成 GDP 的百分比。因此，以 39 次系统性危机为例（20 世纪最后 25 年）在计算经济成本和财政成本的时候，财政成本——高达 GDP 的 55%（阿根廷，1982 年）——平均为 12. 5%，而估计的经济成本平均为 14. 6%。在两组成本之间的相关系数只有 0. 43（Hoggartg、Reis 和 Saporta，2002；Hoggarth 和 Klingebiel，2003）（鉴于已经进行的一些大型政府担保和中央银行资产购买仍未完成，以及近年来对国内生产总值的估计迅速变化和预期的复苏，要对始于 2007 年的一波相互关联的危机的财政或经济成本进行全面评估，现在还为时过早，尽管很明显，塞浦路斯、冰岛和爱尔兰的经历将进入接近历史最高水平的排行榜；cf. Laeven 和 Valencia，2012）。

两个测试危机成本的方法都不是完全的令人满意。财政成本方法指的是原则上的具体概念，通过对危机后的数年内月度的价格，汇率和资产价值变动来计算，十分复杂。例如，挪威和瑞典有利的房地产价格变动使当局能够收回他们最初就失败银行所做的大部分（如果不是全部）支出。如果当局花费的金额是为了填补借款人亏损经济活动造成的资源缺口，那么财政成本可以被视为对真实经济成本的估计。但是，由于一些财政支出只是为了补偿存款人，是其他人的资源的转移，因此这也夸大了危机的经济成本。同时，不良银行业务造成的扭曲将更广泛地影响决策，也就错失了在财政成本中捕获损失的机会。[①]

试图通过分析在危机时的经济增长率的下降来测量真实的经济成本缺乏可信度，大致上说因为经济下滑（使银行暴露在破产风险中）可能是由其他不相关因素引发的。把所有经济下滑的问题都归咎于银行业问题可能会高估成本。在另一方面，一些插曲不是由于经济下滑而带来的。这其中包括要通过几年来影响经济增长的因素。因此，与实际情况相比较，这些计算对反事实的宏观经济增长路径的推测性质很敏感。许多危机发生之前经济都比较繁荣，部分是由于银行业的过度的乐观和其他因素所致。由于繁荣的某些部分可能具有良好的基础，因此退出可持续发展道路并非易事。

尽管银行业危机所引起的成本非常高昂，但仍有一些国家（智利和韩国）的金融系统在大危机过后恢复得很好。不幸的是其他国家，尤其是阿根廷，在过去的 150 年间发生了许多危机，这些危机说明应用良好的预防、遏制和解决政策可以获得相当大的甚至是关键的收益。

28.6 危机反应和预防

28.6.1 预防胜于治疗

能够最有效减少银行业危机风险的监管政策的设计和实践是有争议的。成立于 1974 年的巴塞尔银行监管委员会（Basel Committee on Bank Supervision）已成为银行监管的标准制定者。在巴塞尔协议Ⅱ和巴塞尔协议Ⅲ（最新的变化是在 2010—2011 年采纳并在 2019 年由大多数国家实施），委员会审慎监管的方法涉及三大支柱：资本、监督和信息披露。第一大支柱定义了银行在它们所假定的风险下的最小资本持有量；第二大支柱是一个确保银行遵守这个最小资本量要求和一般不鼓励过多风险承担的监管构架；第三大支柱是命令披露相关会计信息。

不幸的是，巴塞尔协议设定需要的资本量的方法是存在很大争议的（Keating 等，2001），不仅是因为测量潜在风险十分困难，而且迫使银行采用相同的风险测度方法还将加剧羊群效应。的确，这样的羊群效应似乎在 2007—2009 年的危机中起着重要的作用，危机的中心位于本来应该成为银行监管模范的国家。此外，多国的经验证据质疑了依靠官方监管机构采取酌情行动来限制银行破产的优点。特别是，Barth、Caprio 和 Laevine（2006）表明这种方法没有看上去的那样能够预防银行业的倒闭，使用在全世界范围内的银行的监管的数据库，他们的研究编辑了代表资本监管程度、监督权、市场监督和其他监管变量，还有与之有关系的发展、效率、弱点、完整性和银行业系统的管理的指数，这个指数是通过控制其他变量的决定因素和相关内生性的因素后得出的。在易受攻击方面，他们发现三大支柱没有一个能够解释银行业危机的概率（尽管私人监控有助于解释有趣的内

① Reinhart 和 Rogoff（2009）强调长期经济增长可能受到以下因素影响：财政部门债务积累的急剧增加带来无法偿还的银行债务导致银行损失，继而通过与之相关的自动稳定器进一步导致宏观经济下滑。虽然他们对这种影响的规模的估计可能会受到挑战，但忽视这种可能的因果关系是不明智的。

生变量）。相反，这个调查研究表明在减少危机发生的可能性方面，有关部门应该不要采取或限制存款保险，并且应鼓励银行将其业务及其地理和部门风险分散化。缺乏多样化能够帮助解释相比于加拿大（在这个时期仅有 1 家倒闭），美国（在 1920—1933 年粗略的估算有 15000 家银行倒闭）大多数银行的倒闭。他们的研究也表明了实际上试图结合市场力量的监管方法（而不是取代它们）将会起到更好的作用。

尽管制定适当的规则是足够困难的，但是找到一个方法去鼓励监管者及时地贯彻实施监管则更加困难。Barth、Caprio 和 Levine（2012）认为监管者有很多方法去应对 2007 年之前增强的风险，但是尽管有很多清晰的提醒信号，监管者还是没有采取任何明显的措施（例如，对冰岛和爱尔兰过度的对信贷扩张的管制，或者对于 2004 年美国房贷市场的广泛的欺诈行为的反应）。之前的危机，例如美国储蓄和贷款机构的危机，其特点是监管执行的失败，然而，在危机之后颁布的要求“迅速，纠正措施”的监管变革却仍然无效。假如危机开始之前能够被预测，预防措施将会变得很容易，但是模型只能更好地展示弱点而不能更好地预测危机事件。在没有有效的预测系统的前提下，良好的遏制和解决政策仍可以应对下一次危机的到来。可以理解的是，聚焦于发现潜在的不重合的努力是很有前途的；就像大多危机中过度的杠杆作为提醒信号是非常明显的。

28.6.2 补救措施代价高

当危机袭来，政府能够作为最后的贷款人（LOLR）并作为重组陷入困境的实体的组织者或参与者。银行危机蔓延的威胁导致许多政策制定者在健康的银行和借款人受损之前进行干预以阻止挤兑。中央银行自从 19 世纪以来就被接受为最后贷款人的角色，尽管对此仍存在争议（Wood，2003）。来自 Bagehot 的建议（最后贷款人应该自由地贷款而且能实施惩罚性利率并且仅仅贷给那些有好的抵押品和偿付能力的机构）即使不能总被实施，也已经成为经典的智慧，并且他额外的经验（在挤兑发生前快速借贷，慎重使用最后贷款人权利以避免道德风险）也被中央银行家定期地引用。众所周知，这个看似直截了当的建议很难在实践中应用，因为它涉及对抵押品、偿付能力和速度的判断。[①] 如下文所示，在最近的危机中最后贷款人的作用是有很大争议的。

银行长期的调整和复原提出了一个问题，这个问题超过了本章的探讨范围（世界银行，2001；Honohan 和 Laeven，2005）。本着 Bagehot 的精神，值得注意的是，一旦当局决定进行干预，重要的是他们的干预应该是全面的，处理所有潜在的问题银行，尤其是存款人担心他们将遭受银行倒闭的问题。印度尼西亚 1997 年初期银行重组计划的失败（根据公告只有 16 家银行倒闭了——它们比公众预期的少得多，但后来却被证明十分重要）被归结于干预的不全面。很快，所有的私人银行都发生了挤兑，存款人都把资金存入他们认

① LOLR 行动如果要成功恢复，则需要有效地重塑存款人的信心。2007 年，英国中型抵押贷款公司北岩银行难以在批发市场为其抵押贷款组合再融资，并获得英格兰银行的特殊流动性支持（最终相当于约 500 亿美元，大于历史上任何此前的贷款），所附声明的语调似乎已经引发零售存款人的不安，以至于当局发出了临时的无限期存款担保。现在要知道北岩银行在第一次请求时是否具有流动性还为时尚早。如果是的话，当局对协助的初步犹豫可能与 Bagehot 规则不一致；如果没有，则表明当破产银行在挤兑开始之前及时运用 LOLR 是十分困难的。最近的这一案例也说明了鼓励银行谨慎管理包括流动性头寸在内的风险的重要性，而 LOLR 的频繁支持则会削弱这一激励。

为是安全的公共银行。之后中央银行扩大流动性以支持私人银行，这些私人银行使用资金去购买外汇，这恶化了货币的贬值（有关事件的年表，请参阅 Enoch 等，2001）。在阿根廷的几次危机中，公众将会挤兑公众部门和外国银行，而不是国内的私人银行。

在几乎所有的危机中，银行业系统的相当一部分幸存下来，仍然具有偿付能力和流动性（Caprio 和 Honohan，2005）。一家例外是：几内亚境内除一家以外的七家银行（占有整个国家 98% 的资产）被视为无偿付能力和在大量的欺诈后关门。有趣的是，一家银行的倒闭在几年之后仍然悬而未决。另一个例外是在冰岛，这里所有的三个主要的银行都在 2008 年时倒闭了；在这样的情况下，因为银行将业务开拓到海外了、以外汇计价，并且总负债达到了冰岛 GDP 的十倍，所以没有足够的资源行使最后贷款人的权利。在爱尔兰的情况也一样，所有的主要银行都损失掉它们的主要的股权资本，大多数是通过它们的外国股权持有者或者爱尔兰政府对资本进行了调整。

虽然运气可以在生存中发挥作用，但在每种情况下，一些银行能够存活下来，证明了良好的管理能够应对严重冲击的可能，也说明了维持鼓励安全和健全银行业务的激励结构的重要性。但是，如果失败的银行从系统中移除，幸存者在贷款决策中将变得更加保守，可能不会轻易地扩大规模以填补退出所产生的缺口。事实上，危机后的“信贷紧缩”是前面提到的宏观经济萧条的重要原因，这也是 Bagehot 劝告的原因之一。

28.7　2007 年的危机和欧元危机：一些新旧事物

2007 年的危机或者是欧元危机同以往非常不同吗？前者的中心是正在发展的在美国起源的房贷证券化市场以及房价急速上升的许多工业国家。由巴塞尔协议 I 所激励，通过将贷款从资产负债表上转移来减少所需资本（尽管历史上有限的贷款销售带来逆向选择问题），美国的银行（在其他国家的银行程度更低）越来越多地转向“发起和分配”模式，其中标准化贷款（主要是抵押贷款）可以捆绑销售并作为证券出售而无须追索原始银行，从而使该机构可以在其他地方重新使用其资本。① 鉴于能获取费用且不持有信用风险的特点，非存款的金融中介机构也开展同样的业务。通过仔细构建这些证券，特别允许优先从原始投资组合的服务中获得现金流，大部分证券获得了有利的信用评级，这似乎克服了迄今为止阻止此类贷款销售的逆向选择问题（买方假设卖家只会放弃它们最差的贷款）。但是，由于知道这些贷款最终会被出售给其他人，谨慎信用评估这些证券的动机被削减。实际上，美国银行和金融公司发明大量的高风险的抵押贷款（例如，“没有钱”，只有利息或初始支付，没有关于借款人的支付能力和初始资金的文件，即使市场利率保持不变，“预期”利率也会往上调）。

信用评级机构似乎成为这些做证券化的公司的伙伴了，而不是作为一个公正的信用质量的裁决者。它们对证券的初始评级太过于乐观了，必须予以很大的降级。当美国房产市场降温和利率开始调整时，违约蔓延开来导致了很多世界的领导性国际银行的大多数贷款损失，引起它们追加额外资本去加强它们的资产负债表。由于证券化，美国银行仅仅保留

① 根据巴塞尔制度，各种贷款和其他资产被分配不同的风险权重，从而导致鼓励以较高风险费用支出资产。

一部分抵押贷款风险，把大多数转移给了欧洲的其他银行和投资基金。事实上，第一个由于美国次级贷款而倒闭的是两家德国银行，它们在市场上承担了未获保障的风险。

银行真的不能评估它们所创造的日益复杂的证券的风险。这种非常复杂的被破坏了的信息，使解决和处理不良债务变得更加困难和不确定。这些证券的市场价值急剧下降既说明了复杂风险贷款不断增长的反弹，也说明了导致全球“信贷危机”的流动性下降。然而，由于薪酬如此之好，几乎所有参与者——包括许多国家的这些证券的购买者——都推动了危机的发展，尽管有证据表明在证券化过程的每个阶段都产生大额奖金，甚至是评级机构也是其中一部分。反过来奖金的增长是在美国和欧洲最常说的事，银行合并的繁荣不计成本地鼓励增长。因此，在对雷曼兄弟（Lehman Brothers）和瑞银（UBS）等银行的审计发现，奖金是依据回报而派发，而与所承担的风险脱钩，实际上这是由一些风险管理机制的代理人有意识地操纵的（Valukas，2011；参见 Barth、Caprio 和 Levine，2012，ch3）。

但是 2007 年的危机更多的不是美国的故事。正如冰岛、爱尔兰和英国的一份报告指出的，它们的危机是国内产生的，意味着它们危机的发生没有考虑美国的危机（Barth、Caprio 和 Leavne，2012，ch5）。这三个国家的借贷以明显违背放贷标准（爱尔兰银行）的令人吃惊的速度增长，货币的错配（冰岛）和过多地依赖短期资金（北岩银行），但是没有监管的干预。尽管全球金融的繁荣能够抵消掉对收益以令人惊讶增长的银行家和监管者的怀疑，但这些是危机的时机，而不是它们的必然性，依然受到了美国的影响。因此，尽管美国对危机的部分认识似乎是新的，如对证券化融资的依赖，但在欧洲，证券化扮演了明显次要的角色。并且尽管新的工具的过剩似乎掩饰了美国的危机，但是一些事实对于所有人都是明白可见的：杠杆率上升，无须信息贷款的可用性，行业薪酬飙升，以及制造可疑贷款安全证券的金融炼金术。正如南海泡沫事件和很多熟悉的事件，越来越多近期的危机存在着合作的欺骗，监管者没能尽到他们的职责。

危机中的两个元素看上去是新出现的。第一，在市场流动性枯竭或消失时，国际危机传播的速度比以前更快，从而阻止了以前资产的估价。这个速度与国际性的活跃银行的增长速度有关。或许更为重要的是，证券化不仅导致了超过一半的美国的抵押贷款被国外所持有，而且更加复杂。这使它们有能力去卸下自己的债务并且购买数以千计的贷款和其他义务的证券，这些常常不进入银行的资产负债表，那么去知道哪些机构是安全的哪些不是是很困难的。因此，当美国住房抵押贷款市场违约的新闻产生的时候，银行的反应是更为广泛的挤兑和融资的耗尽。

第二，可能甚至是更明显的是“太大而不能救”的现象，一些国家的银行系统的问题已经上升到相对 GDP 很大的水平了，以致救援银行已经是不可能的了（冰岛、塞浦路斯）或者会恶化财政成本（以爱尔兰为主的其他国家）。欧洲一些银行系统的规模与东道国政府的财政能力之间可能存在的不匹配，加上国家对货币政策和汇率的控制缺乏，已经满足了之前的概念。可以肯定的是，离岸金融系统的运营规模比当地经济规模大得多，但由于它们的大部分业务都是离岸业务，很少有人认为地方政府会支持它们，很多人也不太重视这种支持。鉴于在最近几年异常快速的金融深化，很多的“太大而不能救”的案例变得越发明显。此外，政府债务的增加使得对保证的简约使用更为重要，因此，如果没有欧洲基金提供的任何中央资源，2013 年在塞浦路斯的水晶银行危机（伴随着的是两家主要银行对其塞浦路斯和希腊贷款组合的巨大潜在损失，以及它们在 2011—2012 年希腊债务交换中遭受的损失）不可避免地导致未投保存款人和其他债权人的巨额损失。“太大而不能救”和“负债累累而不能拯救任何一个”可能会导致保护未投保的存款人的意愿下降甚至会使存款保险变得更少且昂贵。关于银行倒闭、政府偿付压力和宏观经济不稳定的恶性循环（在阿根廷、巴西和智利的历史事件中已经非常明显）在欧元危机中（2010 年占据主要）更加明显。

2010 年的欧元危机结果是大多数欧元区国家的相关银行的财政和竞争力的下降。跨境银行业的索赔有可能将希腊、葡萄牙和爱尔兰等压力最大的国家的弱势转移到货币联盟其他地方的银行。注入意大利的高昂的债务不再看起来像以前一样受到支持。并且甚至是强大的国家都经历了巨大的银行业损失。在某些时刻，问题的结合似乎使市场参与者威胁到了统一欧元制度的发展。加速修复与总体的宏观经济的疲软有关的资产负债表会恶化这种现状（Lane，2012；Shambaugh，2012）。尽管看起来像欧元区危机一样独特，但银行对政府过度贷款的部分与现代银行业一样古老。欧元危机也清楚地揭示了在没有共同的银行监管和解决办法的情况下出现的问题（因此总部设在一个地方的银行不会成为该地区的财政义务，Véron 和 Wolff，2013）——刚提到“太大而不能拯救”的问题。在 20 世纪 30 年代之前的美国，甚至最谨慎的单一银行都变得太昂贵而使国家不能救助，大多数国有存款保险计划的失败导致这些州的代表在“大萧条”之前提出大约 150 项联邦存款保险法案，这削弱了对这一政策的反对意见（Calomiris 和 White，1994）。

2007—2009 年的危机管理发展缓慢。尽管有许多迹象应该引发警报，但对危机可能的规模和可能的发生率过度自信，且非常不透明的银行业务组合使得对市场弹性的估计也存在偏差，这些都意味着政府干预破产银行和损失分配的过程变得缓慢、零碎，需要逐案反应。首先，主要的努力是致力于处理在 2007 年 8 月发生的同业银行之间和其他短期的货币市场突然发生的流动性不足。在接下来的 18 个月中，中央银行逐步购买或接受了越来越多的各种资产作为抵押品。在最初的几个月里，只有少数的银行能够得到政府的救助，但是它们是被视为管理不善的异常值（这些异常值已经过度暴露于被次级抵押贷款的错误定价支持的证券），而不是作为更广泛的偿付危机的征兆。甚至 2008 年 3 月美国重要的投资银行贝尔斯登倒闭，政策仍然停留在个案之中。但是在 9 月的三个重要的动作之后：（1）担保提供大量的美国政府支持的批发抵押贷款的银行房地美和房利美；（2）允许其他美国投资银行雷曼兄弟倒闭的决定；还有（3）救助签署了规模化的信用违约互换合约的大型保险公司 AIG；市场预期失衡。最开始国会对美国财政部使用大量的预算资源去从银行购买大多数不透明的证券的粗略提议作出的反应，并不能有助于信心的提振。接下来的几周，股票市场价值急剧下跌，信贷利差扩大，包括国际贸易信贷在内的信贷急剧减少，欧洲和美国几家大型银行倒闭或接近倒闭。世界范围内银行系统的大面积瘫痪迫使 2008 年 10 月中旬国际决策发生调整，以便政府能系统地和大规模地提供公共资金，来应对主要银行的资本重组。例如，这一行动导致英国政府承担其四大银行中的两家——苏格兰皇家银行和劳埃德银行的大部分股权，并向市场保证政府有意拯救任何其他大型银行陷入困境——美国当局于 2008 年 11 月底为花旗集团宣布的一揽子方案也证实了这一改变。

对偿付危机规模的认知延迟以及官方回应的延迟，加剧了2008年风险厌恶情绪的增长。在当年结束时，信贷仍然极端紧张（银行同业利率在等价掉期利率之上）。“信用紧缩”开始在全世界范围内挫伤经济活动，甚至一些没有涉足美国次贷的国家的银行也被波及。这种日益加深的全球衰退开始反过来对银行贷款损失产生反馈影响。

这两次危机的影响延续到2013年，塞浦路斯的经验表明，甚至在差不多危机的六年之后，也没有出现应对每种新情况的固定模板，而只是采取了一系列新的政策以做回应。这部分是由于市场中不确定性的持续存在，在财政收紧（虽然美国早期有过更为宽松的政策）和过多地依赖于货币宽松的情况下，高收入经济体的恢复比之前的萧条恢复得慢。市场由于证券化融资的损害看起来将会持续（证券化融资已经成为先进国家银行业系统的中心元素并将信用传送至整个经济）。疲软恢复的主要原因可能是衰退之前过度繁荣，这意味着需要大规模地去杠杆化，而之前的繁荣主要与房价和建筑热潮有关。正如Claessens、Kose和Terrones（2011）所显示的那样，信贷危机加上房价崩溃往往比自身信贷低迷更加严重和持续时间更长。事实上，近四分之一个世纪以来，日本一直在应对信贷、房地产和房价崩溃的后果；在经历了20年的疲弱增长和经济合作与发展组织（OECD）地区最高的政府债务/GDP比率后，日本于2013年启动了新的强有力的货币扩张政策，以结束持续的负增长，将2%的通胀目标作为货币政策的基础。根据日本的经验推断，在发达经济体银行业危机的不利增长影响可能会持续很长的一段时间。

这些近期危机的标志是它们的巨大财政成本，而且对许多人来说，甚至危机的发生本身也是标志，因为这些危机发生在了监管状况最良好的国家。除了监管方面的变化以及监管机构如何承担责任（下文）之外，政府，特别是那些因人口结构变化而财政特别沉重的政府，应考虑如何降低担保的慷慨程度，并确保其财政状况足够强大，以维持它们救助的保证。

28.8 动态调节

在当前危机爆发前的几年里，以巴塞尔银行监管委员会（Basel Committee on Bank Supervision）的工作为代表的工业化国家的监管方法被视为其他国家的榜样。量化风险管理呈上升趋势，巴塞尔委员会通过从监管机构（巴塞尔协议Ⅰ）的粗放监管，转向风险权重依赖于信用评级机构（CRO）或银行本身的风险模型的监管方法来反映这一点。然而，当前危机中的失败突出显示了评级机构过于乐观的评级以及风险管理模型保护银行系统的完全失败——事实上，对这些系统的有效性的过度信任导致了管理层的自满和不顾常识。同样，作为美国储蓄和贷款危机后的监管变化的迅速纠正行动，经常处于休眠状态——没有提示，也没有纠正被期望用来打包风险给那些能够最好承担的人的现代金融工具，它们所包含的风险超过了使用者的承受能力，这些使用者忽略了变量和相关系数可能不会随着时间一直固定的危险，并且实际上它们可能是由银行家的共同的行为而内生。结果是，这些工具反而有助于激励更少的信息和风险监管。

令人惊讶的是明斯基（1986）所强调的特征是以前银行业危机的特征，在今天的危机中也出现了。低利率使很多债务人看上去很好，并且随后的定期增长让他们看上去更“惊讶”。自 20 世纪 80 年代以来，金融安全网不仅促进了存款保险的繁荣，而且还增加了风险承担。大规模的经常账户失衡包含着自己的风险，因为它们迟早会因盈余方（无论是英国还是中国）的活力放缓或借款人信誉的变更而受到侵蚀（阿根廷或美国）。

因为金融系统自身是动态的、易于在实体经济中调整改变，这就要求金融监管同样必须动态；任何认为可以提出一套静态规则来管理该部门然后让系统在自动驾驶仪上运行的观念应该被驳回。这样一个方法太容易被一些特殊的信息和意想不到的特征在没有防备的情况下所攻击，例如高度设计的风险管理金融工具就隐藏了其自身的弱点。金融系统不能够恢复到 20 世纪 30 年代的高度控制和分开的世界。监管套利是需要承认的事实，由于便宜的通信和计算，套利变得很容易。

为了使监管更加动态，银行应该适应去披露信息，而不是将信息隔绝在监管者的文件里，并且要特别在繁荣的时间披露承担的风险和对风险承担者的补偿。通过公开或者通过监管结果，金融公司被劝阻从当前利润中拿出部分支付巨额奖金。这些管理其他人钱的金融公司需要面对它们决定的结果，而不是由于它们满足其所持有的合同的要求就得到保护。而且，这些有着雄厚资金的借钱给金融中介机构的公司，需要在它们作了错误的决定的时候承担损失。换句话说，危机侧重于激励，更少监管的激励越多，其危机所造成的社会成本也就越大。如果监管机构有自行决定作出回应，必须找到一些方法［例如 Barth、Caprio 和 Levine（2012）提出的方法］让它们更负责任。迄今为止，对最新危机的回应主要集中在改变规则上，而不是强制执行这些规则以让监管机构应对新风险。某种意义上说，这个关注点应该改变了。

参考文献

［1］Allen F. and Gale D.（2006）. *Understanding Financial Crises.* New York：Oxford University Press.

［2］Barth J. and Caprio Jr., G.（2007）. China's Changing Financial System：Can It Catch Up With, or Even Drive Growth? *Milken Review* 9（3）, 1 – 52.

［3］Barth J., Caprio Jr., G., and Levine R.（2004）. Bank Regulation and Supervision：What Works Best, *Journal of Financial Intermediation* 12, 205 – 248.

［4］Barth J., Caprio Jr., G., and Levine R.（2006）. *Rethinking Bank Regulation：Till Angels Govern.* New York：Cambridge University Press.

［5］Barth J., Caprio Jr., G., and Levine R.（2007）. Changing Bank Regulation：For Better or for Worse?, http：//econ.worldbank.org/WBSITE/EXTERNAL/EXTDEC/EXTRESEARCH/0, , contentM DK：20345037 ~ pagePK：64214825 ~ piPK：64214943 ~ theSitePK：469382, 00.html >., July.

［6］Barth J., Caprio Jr., G., and Levine R.（2012）. *Guardians of Finance：Making Regulators Work for Us.* Cambridge, MA：MIT Press.

［7］Bordo M., Eichengreen B., Klingebiel D., and Martinez – Peria M.（2001）. Is the Crisis Problem Growing More Severe? *Economic Policy* 32, 51 – 82.

［8］Calomiris C. W. and Haber S.（2013）. *Fragile by Design：Banking Panics, Scarce Credit and Political Bargains.* Princeton, NJ：Princeton University Press.

［9］Calomiris C. W. and Kahn C.（1991）. The Role of Demandable Debt in Structuring Optimal Banking Arrangements, *American Economic Review* 81（3）, 497 – 513.

[10] Calomiris C. W. and White E. (1994). The Origins of Federal Deposit Insurance. In: C. Goldin and G. Libecap (Eds.), *The Regulated Economy: A Historical Approach to Political Economy*, 145 - 188. Cambridge: National Bureau of Economic Research.

[11] Caprio Jr., G. and Honohan P. (2005). Starting Over Safely: Rebuilding Banking Systems. In: G. Caprio Jr., J. A. Hanson, and R. E. Litan (Eds.), *Financial Crises: Lessons from the Past, Preparation for the Future*, 217 - 256. Washington, DC: Brookings Institution Press.

[12] Caprio Jr., G., Klingebiel D., Laeven L., and Noguera G. (2005). Banking Crisis Database. In: P. Honohan and L. Laeven (Eds.), *Systemic Financial Crises*, 307 - 340. Cambridge: Cambridge University Press.

[13] Caprio Jr., G. and Wilson B. (2000). Financial Fragility and Mexico's 1994 Peso Crisis: An Event - Window Analysis of Market Valuation Effects, *Journal of Money, Credit, and Banking*32 (2), 450 - 468.

[14] Claessens S., Kose A. M., and Terrones M. E. (2011). Financial Cycles: What? How? When?, The International Monetary Fund IMF Working Paper No. WP/11/76, April.

[15] Dale R. (2004). *The First Crash: Lessons from the South Sea Bubble.* Princeton, NJ: Princeton University Press.

[16] de Juan A. (2002). From Good Bankers to Bad Bankers. In: G. Caprio, P. Honohan, and D. Vittas (Eds.), *Financial Sector Policy for Developing Countries: A Reader*, 19 - 30. Washington, DC: The World Bank.

[17] Demirgüç - Kunt A. and Detragiache E. (1999). Financial Liberalization and Financial Fragility. In: B. Pleskovic and J. E. Stiglitz (Eds.), *Proceedings of the* 1998 *World Bank Conference on Development Economics*, 1 - 54. Washington, DC: World Bank.

[18] Demirgüç - Kunt A. and Detragiache E. (2005). Cross - Country Empirical Studies of Systemic Bank Distress: A Survey, *National Institute Economic Review* 192, 60 - 83.

[19] Diamond D. and Dybvig P. (1983). Bank Runs, Deposit Insurance, and Liquidity, *Journal of Political Economy* 91, 401 - 419.

[20] Enoch C., Baldwin, B., Frecaut O., and Kovanen A. (2001). Indonesia: Anatomy of a Banking Crisis: Two Years of Living Dangerously 1997 - 1999, IMF Working Paper No. 01/52.

[21] Guttentag J. M. and Herring R. J. (1986). Disaster Myopia in International Banking, *Princeton Essays in International Finance*, 164, 1 - 29.

[22] Haber S. (2005). Mexico's Experiments with Bank Privatization and Liberalization, 1991—2003, *Journal of Banking & Finance*29, 2325 - 2353.

[23] Harvey C. and Roper A. (1999). The Asian Bet. In: A. Harwood, R. E. Litan, and M. Pomerleano (Eds.), *The Crises in Emerging Financial Markets.* Washington, DC: Brookings Institution Press.

[24] Herring R. J. (2005). BCCI and Barings: Bank Resolutions Complicated by Fraud and Global Corporate Structure. In: D. Evanoff and G. Kaufman (Eds.), *Bank Resolutions and Financial Stability.* Cambridge, MA: MIT Press.

[25] Hoggarth G., Reis R., and Saporta V. (2002). Costs of Banking System Instability: Some Empirical Evidence, *Journal of Banking & Finance* 26, 857 - 860.

[26] Homer S. and Sylla R. (1996). *A History of Interest Rates.* New Brunswick, NJ: Rutgers University Press.

[27] Honohan P. (1997). Banking System Failures in Developing and Transition Countries: Diagnosis and Prediction, Bank for International Settlements Working Paper No. 39, January, <http://www.bis.org/publ/work39.htm>.

[28] Honohan P. (2005). Banking Sector Crises and Inequality, World Bank Policy Research Working Paper No. WPS 3659.

[29] Honohan P. (2008). Protecting Depositors in China: Experience and Evolving Policy. In: A. Demirgüç – Kunt, E. Kane, and L. Laeven (Eds.), *Deposit Insurance*. Cambridge, MA: MIT Press.

[30] Honohan P. and Klingebiel D. (2003). Controlling the Fiscal Costs of Banking Crises, *Journal of Banking & Finance*27, 1539 – 1560.

[31] Honohan P. and Laeven L. (2005). *Systemic Financial Distress: Containment and Resolution*. New York: Cambridge University Press.

[32] IMF (International Monetary Fund) (2007). *The Global Financial Stability Review*. Washington, DC: The International Monetary Fund.

[33] Keating C., Shin H. S., Goodhart C., and Danielsson J. (2001). An Academic Response to Basel Ⅱ, London School of Economics Financial Markets Group Special Paper No. 130.

[34] Kindleberger C. P. and Aliber R. (2011). *Manias, Panics, and Crashes: A History of Financial Crises*. Basingstoke and New York: Palgrave Macmillan.

[35] Kohn M. (Various). The Origins of Western Economic Success: Commerce, Finance, and Government in Pre – Industrial Europe, <http://www.dartmouth.edu/~mkohn/>./.

[36] Laeven L. and Valencia F. (2012). Systemic Banking Crises Database: An Update, IMF Working Paper No. WP/12/163.

[37] Lane P. (2012). The European Sovereign Debt Crisis, *Journal of Economic Perspectives* 26 (3), 49 – 68.

[38] Lardy N. R. (1998). *China's Unfinished Economic Revolution*. Washington, DC: Brookings Institution Press.

[39] Lindgren C. J., Garcia G., and Saal M. (1996). *Bank Soundness and Macroeconomic Policy*. Washington, DC: International Monetary Fund.

[40] Minsky H. P. (1986). *Stabilizing an Unstable Economy*. New Haven: Yale University Press.

[41] Reinhart C. M. and Rogoff K. S. (2008). Is the 2007 US Subprime Financial Crisis So Different? An International Historical Comparison, *American Economic Review* 98, 339 – 344.

[42] Reinhart C. M. and Rogoff K. S. (2009). *This Time Is Different: Eight Centuries of Financial Folly*. Princeton, NJ: Princeton University Press.

[43] Schmukler S. and Halac M. (2004). Distributional Effects of Crises: The Financial Channel, *Economia*5 (1), 1 – 67.

[44] Shambaugh J. (2012). The Euro's Three Crises. Brookings Papers on Economic Activity 44 (1), 157 – 211.

[45] Stern G. H. and Feldman R. J. (2004). *Too Big to Fail: The Hazards of Bank Bailouts*. Washington, DC: Brookings Institution Press.

[46] Valukas A. R. (2011). Lehman Brothers Holdings Inc. Chapter 11 Proceedings Examiner Report, New York, United States Bankruptcy Court Southern District of New York, <http://jenner.com/lehman/>.

[47] Véron N. and Wolff G. (2013). From Supervision to Resolution: Next Steps on the Road to European Banking Union, *Bruegel Policy Contribution* 2013/04, 1 – 7.

[48] Wilson B., Saunders A., and Caprio Jr., G. (2000). Mexico's Financial Sector Crisis: Propagative Links to Devaluation, *Economic Journal* 110, 292 – 308.

[49] Wood J. H. (2003). Bagehot's Lender of Last Resort: A Hollow Hallowed Tradition, *The Independent*

*Review*7, 343 -351.

[50] World Bank (2001). *Finance for Growth: Policy Choices in a Volatile World.* Washington, DC and New York: The World Bank and Oxford University Press.

第 29 章　银行倒闭、“大萧条”和其他“传染性”事件

29.1　简介

人们担心银行在恐慌期间无意中提取存款的可能性，银行倒闭的可能性，以及因无法取款而导致的银行信贷收缩（有时被描述为银行间“传染性”弱点的结果），以及随之而来的银行失踪或银行资产负债表收缩带来的不利宏观经济后果，这些都促成了大量针对银行的公共政策。2007—2009 年的国际金融危机是这个现象最近的辅证（Calormiris，2008；Litan，2012；一个全面的系统的银行业危机的国际经验的观点，参见 Claessen 等，2013）。为了应对最初的银行损失（例如，与次级抵押贷款相关的风险敞口），随之而来的是流动性的争夺，银行减少了贷款，争相提高流动性并降低其杠杆率。风险资产利差的疯涨和货币市场工具急剧收缩（商业票据、同业存款和回购协议），都加重了“流动性紧缩”。

有几个政策开始实施以应对这些冲击，包括旨在保护银行免受莫名赎回的援助机制（危机期间的中央银行贷款、存款保险和政府资助的银行救助），以及一系列审慎监管政策（旨在促进银行体系稳定，特别是防止银行通过增加风险来利用政府保护——所谓的“道德风险”问题）。本章回顾了与银行传染相关的理论和历史证据，以及旨在减轻银行传染影响的相关政策。

29.2　“传染”与银行倒闭的基本面原因

由系统性“传染”所导致的银行业危机的理论模型已经被设计出来，当本质上还有偿付能力的银行遭受莫名赎回时可能因为取款压力而导致破产。认为银行系统是固有的易受这些传染攻击的主张者，经常强调银行的结构［为债务的非流动资产提供融资和“顺序服务的约束”（强制要求存款人首先获得全部他们的存款）］将加重突然赎回的趋势（参见 Diamond 和 Dybvig，1983；Allen 和 Gale，2000；Diamond 和 Rajan，2002）。

无根据的赎回（也就是说这些与银行的偿付能力无关的赎回）在理论上其发生的原因有很多。Diamond 和 Dybvig（1983）发展了一个有多重均衡的银行模型，其中一个均衡就是系统性银行挤兑，这种挤兑发生的原因仅仅是存款人相信其他存款人会去挤兑。一般来说，历史性恐慌的观察者有时会用文献来证明：存款人会模仿其他每个存款人的取款行为；存款人取出资金可能仅仅是因为其他人这样做了，特别是受到顺序服务约束的暗示。然而，重要的是要认识到，关于模仿性赎回的证据通常不能证实一些理论模型所假设的所

有存款人的全有或全无的挤兑；相反，模仿可能是局部的和渐进的（参见 Ó Gráda 和 White，2003；Bruner 和 Carr，2007）。

第二种可能性，是存款人接收到的包括各种不同银行健康状况的的嘈杂信号，这种可能性对于理解第一次世界大战之前的美国银行业恐慌是特别重要的（例如在 1857 年、1873 年、1884 年、1890 年、1893 年、1907 年美国全国范围内的恐慌，和在“大萧条”期间包括 1932 年 6 月芝加哥银行业的恐慌）。存款人有理由去相信发生的一些事可能使银行业遭受一个巨大的亏损或者甚至破产，但是他们无法去观测到哪家银行遭受了损失。在这样的情况下，存款人可能从所有的包括财政雄厚的银行提出大量的资金，而这仅仅是因为他们不愿意冒险让他们的钱损失在那些被证明是很弱或者要破产的银行里。

由基本面冲击导致的赎回，不需要让存款人或类似短期“货币市场”的债务持有人（如商业票据或回购协议）认为破产风险已大幅上升。事实上，最近银行业模式的一个关键见解是，存款人可能有理由不能承受风险，不仅仅是风险厌恶——这意味着即使违约风险的小幅增加也可能导致大量赎回（对于最近的证据，参见 Calomiris、Himmelberg 和 Wachtel，1995；Gorton 和 Metrick，2011）。在理论上，当被削弱银行（Calomiris 和 Kahn，1991；Calomiris、Heider 和 Hoerova，2013）的行为改变或当存款者变得危险时（Gorton 和 Pennacchi，1990；Dang、Gorton 和 Holmstrom，2012），减少流动性会变得非常重要。

第三，对于存款人流动性偏好或者银行系统储备供给的冲击，或是与银行资产条件无关的外生冲击都可能会导致部分存款人相对于现有储备金的超额需求，进一步引发银行竞争超额储备，并产生系统性挤兑（银行版的游戏“音乐椅子”）。流动性供给和需求的冲击可能与政府影响储备市场的政策，或是导致存款者想要兑换现金的外汇风险有关。这个机制可能在一些银行业系统危机中起作用（尤其是，1837 年和 1933 年的全美范围的恐慌）。

赎回压力可追溯到基本面的担保问题，或与“恐慌”导致的无根据赎回有关。赎回压力能够随时间而积累或演变成极端的突然银行挤兑（当存款者决定全部取出存款）。在“大萧条”期间，存款撤回、银行关门甚至仅是赎回的威胁，都导致了银行信贷大幅萎缩，这是由于银行倒闭或寻求增加流动性而降低其基本风险以增加生存机会。这样的信贷供给收缩能对宏观经济产生重要影响，它能够放大商业循环衰退并使得银行将危机传至整个经济体系（Bernanke，1983；Calomiris 和 Mason，2003b；Calomiris 和 Wilson，2004；Carlson 和 Rose，2011）。“大萧条”期间由财务困境引发的银行信贷大幅下降的部分原因，是很多银行被迫退出银行业，这不仅是因为它们的损失过大，还因为很少有银行能够健康地去吸收那些倒闭的银行（Carlson，2010；Carlson 和 Rose，2011）。其他“大萧条”以外的银行恐慌事件，尤其是美国在 19 世纪和 20 世纪严重赎回压力的时期，被认为对银行信贷的不利影响不那么严重。

关于导致银行倒闭的冲击源的意见分歧可能对政策产生重要影响。对于恐慌和基本面不利的担心能够促使公共政策去防范挤兑、银行停业和信贷紧缩，而对恐慌的强调则为公共政策提供了保护银行免受撤资风险的特殊动机。相反，基本面主义者把银行视为天生就是稳定的——也就是说，不会成为莫名撤回的受害者，也不会成为主要的宏观经济冲击的主要根源。根据基本面主义者的观点，市场对银行的约束不是随机的，并且的确，帮助保护了银行系统的效率。可能需要限制甚至避免政府保护银行以维护银行业的市场纪律（使银行更容易受到存款人取款的风险）。维持市场约束能激励银行更好地进行风险管理（Calomiris、Heider 和 Hoerova，2013），虽然银行存款和信贷紧缩会伴随着对借款人不利的经济冲击，并加剧商业周期。的确，一些经验性的研究认为将银行从市场约束隔离的政策倾向于产生坏的衰退的放大效应，这是由于银行在被保护后会有过度的风险承担（Barth、Caprio 和 Levine，2006）。

这两种关于银行困境来源的观点（恐慌的观点认为银行是脆弱的并且很容易遭受恐慌的冲击，而基本面主义者的观点认为银行是稳定的并且一般不会遭受到大范围莫名赎回的冲击）没有定义全部的可能性。总有一种极端观点可以更好地解释不同的历史危机，基本面和无根据赎回都可能是一些银行业危机的作用因素。最近的关于银行业危机的经验性的文献试图去捕捉在不同地方和时间的系统性银行倒闭的原因和影响，文献也尝试查明银行业危机和宏观经济下滑之间主要的因果联系，并试图制定针对银行的适当公共政策。这章剩余的部分选择性地回顾了系统性银行业危机中银行倒闭的原因。这个回顾由对漫长的美国“大萧条”的讨论开始，是对“大萧条”之前美国银行危机、历史银行危机和当代银行业危机的讨论（这部分在 28 章由 Caprio 和 Honohan 讨论得更多）。

29.3 在“大萧条”期间的美国银行业危机

在“大萧条”期间可能会削弱银行的基本面冲击繁多且多变。其中包括银行贷款组合价值的下降（由于银行借款人的区域、部门或国家宏观经济冲击导致的违约风险上升所致），以及货币政策引发的银行债券价格下跌，毫无疑问，与银行偿付能力相关的不利基本面冲击是银行陷入困境的原因；这场争议的规模超过了这些根本性的冲击——争议在于遇到困境的银行的破产风险是否增加还是只是存在流动性不足。Friedman 和 Schwartz（1963）是以下观点的杰出支持者，这个观点认为很多银行的倒闭是由于无理由撤回的“恐慌”所致，并且银行倒闭在很大程度上是不流动性造成的而不是因其没有偿付能力。弗里德曼和施瓦茨强调想象的传染，而银行的倒闭主要反映流动性问题而不是偿付能力问题。在他们的观点中，在突然赎回恐慌期间的流动性缺乏（而不是偿付能力问题）是倒闭的主要原因。相反，破产机构由于资产价值的基本损失而不是存款人提款的突然性而丧失偿还能力。

弗里德曼和施瓦茨非常重视 1930 年年末的银行业危机，他们把这次危机归因于“恐惧的传染”，这导致了大批纽约银行和美国银行的倒闭，他们认为这些银行是恐慌的受害者。他们还确定了 1931 年的另外两次银行危机——从 1931 年 3 月到 8 月的危机，以及从英国退出金本位开始（1931 年 9 月 21 日）到年底。第四次和最后的银行危机 1933 年危机和暂停是“大萧条”结束的开始，但在弗里德曼和施瓦茨的判断中，1930 年和 1931 年的危机（因为它们没有导致停业）是实体经济的重要冲击源，它们在 1929 年将经济衰退转变为 1929—1933 年的“大萧条”。

弗里德曼和施瓦茨的论点是基于他们发现恐慌期间银行业危机十分突然，并且银行业危机前相关宏观经济中没有出现崩溃（参见图表 27 - 30，Friedman 和 Schwartz，1963，

p. 309）。但是也有推理质疑弗里德曼和施瓦茨关于“大萧条”时期银行业危机来源外生的观点。正如 Temin（1976）和其他经济学家所注意到的，“大萧条”时期的银行倒闭标志着这是整个 20 世纪 20 年代农业地区严重银行业危机的延续。在 1920—1933 年，有接近 15000 家银行倒闭，大概是 1930 年以前银行业的一半。并且在“大萧条”时期的大多数银行倒闭是在弗里德曼和施瓦茨的危机观察样本之外（尤其在 1932 年）。Wicker（1996，p. 1）估计，“在前三次银行业危机事件期间，超过在 1930—1932 年的 5000 家银行中仅关闭了 38%”。最近美国银行业现状的调查表明在 1930 年 12 月银行已经无力偿债了，而且不仅是失去流动性的问题。因此有证据表明在“大萧条”期间的银行倒闭的主要原因不是由恐慌所致的存款者逃离。

当弗里德曼和施瓦茨的时间序列数据表明宏观经济基本面没有先期改变时，如何将“大萧条”期间的银行倒闭主要归因于基本面？弗里德曼和施瓦茨忽略掉了重要的关于银行偿付能力的经济积累指标——例如，商业危机和建设活动的测量值可能是基本面冲击的有用指示器。其次，基本面的汇总掩盖了重要的部门、地方和区域性冲击，这些冲击会对具有特定信贷或市场风险的银行造成冲击。这些因素的相关实证研究已经由 Wicker（1980，1996）与 Calomiris 和 Mason（1997，2003a）所证明。

使用和弗里德曼与施瓦茨相似的叙述性方法，但是利用分散到美联储地区和当地报纸统计的银行业危机水平的数据，Wicker 认为，将 1930 年的银行业危机和 1931 年的第一次银行业危机确定为前美联储时期的国家恐慌是不正确的。根据 Wicker 的说法，在“大萧条”时期理解银行业倒闭的正确方法是按地区和银行分解，因为异质性对于确定银行倒闭的发生率非常重要。

一旦被分解，Wicker 认为，至少弗里德曼和施瓦茨所辨别的在 1930—1931 年的三个银行业危机中的前两个，是明显的地区性事件。Wicker（1980，1996）认为，1930 年 11 月的失败反映了区域性冲击和一小部分银行的特定风险敞口，这些银行与总部位于纳什维尔的考德威尔公司有关。Temin（1989：50）得出了相似的结论。他认为 1930 年的“恐慌”不是真正的恐慌，考德威尔公司和美国银行的失败反映了这些机构的基本面弱点。Wicker 对第三个银行危机的分析（开始于 1931 年 9 月）也表明银行停业集中于非常小的范围，虽然他认为全国范围内将存款转换为现金的倾向增加，这可能是 1931 年 9 月和 10 月可能出现的全国性银行危机的证据。Wicker 同意弗里德曼和施瓦茨关于最后一个银行业危机（1933 年）是全国范围的，并且导致了全面的银行停业的论点。在 1933 年 2 月到 3 月银行歇业达到顶峰的银行业危机导致在 3 月 6 日时，该国几乎所有银行都暂停了至少一些银行业务（银行获得了“假期”）。

从 Wicker 发现的区域分解的角度来看，既然银行倒闭完全是由于基本面因素的衰退，那么汇总的时间序列数据（弗里德曼和施瓦茨认为银行业失败是一种无根据且自主的冲击源）无法解释银行倒闭的时机也就不足为奇了。银行的失败是 1930 年和 1931 年的地方现象，因此可能与国家对收入、价格水平、利率和资产价格的冲击几乎没有关系。

历史上美国银行业的独特的产业组织在 Wicker 关于“大萧条”中银行倒闭过程的观点中起着核心作用，并且有能力去实证侦测该倒闭过程。在美国的银行（不像其他国家的银行）不能在全国范围内运营。它们是很小的、区域性独立的机构。因此，在美国，大型的区域特异性冲击，将可能使得特定区域产生银行倒闭浪潮，即使冲击并不被总的宏观经济时间序列数据所支持（参见 Bernanke 和 James，1991；Grossman，1994 的跨国证据）。在美国的区域性独立银行（由于禁止全国范围内的分支或甚至在很多州的州际分支）使得通过观察专门针对特定地区银行的影响来凭经验确定区域冲击成为可能。

对于银行危机的微观经济研究，为个别银行对经济困境的反应提供了一些有用的证据。已经提供了很多私人银行对于经济不景气的反应的有用的证据。White（1984）研究表明，1930 年的银行倒闭最好被解释为 20 世纪 20 年代的农业不景气的延续，并且其起源于农业市场的基本失调。

Calomiris 和 Mason（1997）研究了在 1932 年 6 月的芝加哥银行业恐慌（一个局部独立现象）。他们发现恐慌导致了存款暂时的收缩，这影响了有偿付能力和没有偿付能力的银行，并且，在这层意义上，未经保证的存款收缩也发生了。但是，基本面决定了哪些银行能够存活下来。很显然，在这个恐慌之中没有偿付能力的银行倒闭了。在恐慌之中倒闭的银行，事先就可以通过它们的资产负债表和收入状态，它们对于其债务偿还的违约风险溢价而判断出这些银行的脆弱。此外，存款收缩的比率在银行之间不是相同的；脆弱而倒闭银行的存款下降大于存活下来的银行。

Calomiris 和 Mason（2004）研究了在两次战争期间的纽约城市银行的行为，并且特别分析了 20 世纪 30 年代它们的借贷收缩。他们发现，银行业危机是对特定银行可观察到弱点的明智的市场反应，可由事先的银行特征所追溯。这导致了银行资产负债表的收缩，但银行间差异很大；具有较高违约风险的银行受到市场更大的处分（即经历更大的存款赎回），这便激励它们以低违约风险作为运营目标。

Calomiris 和 Mason（2003a）构建了一个 1929—1933 年全国范围内的美联储会员银行的存续期模型。这个模型利用国家、州和县市水平下资产负债表中的特定数据和收入状态的总体数据，来确定银行倒闭风险的主要贡献者，并衡量基本面和恐慌的相对重要性以作为银行倒闭的解释。Calomiris 和 Mason 发现了基于基本面的模型能够解释 1933 年之前在美国的银行的倒闭潮。他们在 1931 年 9 月左右确定了一个重要但很小的国家恐慌效应，以及一些可能引起恐慌的孤立区域效应，但是，在 1933 年之前，与基本面相比，银行业恐慌并不是银行倒闭的重要因素。

基于基本面的连续模型能够解释 1933 年美国银行倒闭的绝大部分事实是个有趣的启示。首先，它表明作为对经济的独立冲击源的银行业恐慌，对早期“大萧条”的影响是不重要的。仅仅在 1933 年，在“大萧条”的波谷，倒闭风险才会与地方、区域和国家经济条件以及与个人银行结构和业绩相关的基本面脱钩。其次，与信用风险指标无关的风险上升的时机本身也很有趣。在 1932 年年末和 1933 年年初，货币风险成为重要的风险；存款人有理由害怕罗斯福总统将会放弃金本位制度，这给他们一个理由在美元贬值之前去将他们的存款换成（高价值）美元（Wigmore，1987）。当然，货币风险也是一个基本面风险。

将“大萧条”期间银行危机（它强调基本面冲击，而非流动性，是银行陷入危机的根源）与“大萧条”期间银行最后贷款人的历史联系起来也很有意思。很多评论人批评美联储没有使用更激进的贴现窗口贷款来预防银行倒闭。虽然可以肯定的是扩张性货币政策（特别是在 1929—1931 年），本来能够预防银行的倒闭（通过它对宏观经济基本面的效应），但这与贴现窗口（保持总体的货币政策立场不变）的放宽还是有很大差别的。贴现窗口借贷仅仅能帮助保护那些遭受了流动性危机的银行，而流动性对20世纪30年代的许多经历大规模存款撤回的银行来说不是个麻烦。

与此同时，对“大萧条”的最近研究已经表明在一些环境下，及时的流动性援助能够预防危机变得更加严重。例如，Carlson、Mitchener 和 Richardson（2011）表明1929年亚特兰大美联储银行提供流动性给佛罗里达银行的干预行为，制止了恐慌并预防了很多银行的倒闭。同样，Richardson 和 Troost（2009）表明亚特兰大的美联储的相对主动提供流动性援助的方法，减少了在20世纪30年代初的银行倒闭率。

然而，流动性援助的影响是有限的。在1932年，胡佛总统创造了复兴金融公司（RFC）以扩大潜在的流动性，但是这个流动性援助的额外提供源在帮助借贷银行避免倒闭方面看起来并没什么作用（Mason，2003；Calomiris、Mason 等，2013）。

当时的评论员指出，由于抵押的 RFC 和美联储贷款多于存款，而且存款人从弱势银行赎回反映了对银行破产的真正担忧，美联储和 RFC 向经历赎回的银行提供贷款没有任何帮助，实际上还对银行造成了伤害，由于美联储和 RFC 的高级贷款减少了可用于支付存款的高质量资产，这实际上增加了存款的风险，并为存款赎回创造了新的激励。

但是，在1933年，一旦 RFC 被允许购买这些机构的优先股（比存款人更低级），RFC 对于问题银行的援助在减少破产风险和增加借贷供给方面是有效的（Mason，2003；Calomiris、Mason 等，2013）。芬兰在20世纪90年代初使用优先股取得了相似的成功。优先股的注入在解决1999年和2000年日本银行危机时并不那么成功，这反映了日本银行问题的严重性，以及优先股注入以帮助解决银行破产问题的局限性（Calomiris 和 Mason，2004；Calomiris，2009）。在2007—2009年危机期间，优先股票注入对大型全球银行的有利影响有限，可能也是由于类似原因。

29.4 局部传染的宏观经济研究

作为他们对“大萧条”期间生存时间的银行层面分析的一部分，Calomiris 和 Mason（2003a）还考虑了在弗里德曼和施瓦茨所确定的“恐慌”窗口之外，在考虑到各种各样的失败的基本决定因素后，与银行接近的银行倒闭的发生是否会影响银行的生存概率。这种“传染性失败”的衡量是一个上限，因为它部分地衡量了位于同一地区的银行常见的未观察到的横截面异质性，以及真正的传染性。Calomiris 和 Mason（2003a）运用该方法发现了一个小的但是在数据统计上非常重要的影响。从分析中省略这个变量会使预测的生存期平均提高0.2%。他们还考虑了与 Wicker（1996）确定的区域恐慌情况相关的其他区域虚拟变量，并且再次发现银行倒闭风险虽小但却对国家非常重要。

Ó Gráda 和 White（2003）根据个人账户数据（纽约移民储蓄银行）提供了一份基于个人账户数据的存款人行为的详细说明，这提供了一个研究银行恐慌期间存款人传染的独特视角。在1854年，移民经历了一次没有保证的挤兑，这次挤兑由没有经验的、不知情的存款人的模仿行为导致。但是这次挤兑银行很容易处理，它们通过支付存款人和恢复信心来处理这次挤兑。相反，1857年的挤兑是一个对知情的、有经验的存款人的相似反应，这些存款人是有理由去挤兑的，并且挤兑导致了暂停支付。此外，在这两个情节中，模仿不是突然的：“在 1854 年和 1857 年，存款人对单一信号的反应都是他们立马去银行挤兑。相反，恐慌持续了几个星期，逐步加强并有时在强度上消退，但只有一小部分账户被关闭”（Ó Gráda 和 White，2003，p. 215）。Ó Gráda 和 White 表明传染效应是银行危机的真实助推者，但他们也表明，基于随机信念的挤兑倾向于消散而影响不大，而基于合法信号的挤兑往往随着时间的推移而变得越来越重要。挤兑并非突然，并且许多存款人根本不参与其中这一事实很重要，因为它意味着事件随着时间的推移而加深；也就是说，存款人在恐慌期间进行集体学习。1907 年，在尼古拉斯发表于穆迪杂志的一篇文章中，可以找到一个类似的基于随机谣言的赎回。佛罗里达州塔彭斯普林斯的一家银行经历了一种无端的存款流出，这种流言是通过当地希腊裔美国人社区的虚假谣言传播的，社区包括了该银行的许多存款人。该银行迅速通过其代理银行发送现金，及时到达，以防止可兑换的暂停，使得挤兑结束。尼古拉斯指出，如果银行确实遇到了麻烦，通讯者不仅没有提供资金，而在公众意识到这个问题之前，它和其他银行可能已经撤回了存入银行的任何资金（一个叫做“无声挤兑”；参见 Stern 和 Feldman，2003 的相关讨论；以及 Halac 和 Schmukler，2004 的讨论）。

29.5 在“大萧条”之前美国银行的危机

正如很多学者已经在很多年前认识到的一样，由于结构性原因，美国银行非常容易受到系统性银行业危机的攻击，系统性银行业危机见证了在“大萧条”前多于其他国家的美国银行的倒闭（对于综述，参见 Bordo，1985；Calomiris，2000；Calomiris 和 Haber，2014）。Calomiris 和 Gorton（1991）分析了在南北战争和第一次世界大战期间特别严重的美国银行业的六次恐慌，以及在南北战争之前，在 1819 年、1837 年、1839 年和 1857 年全国范围内的其他银行业危机。在 20 世纪 20 年代，美国经历了一批在农业地区的银行倒闭潮，这批危机被视为是对银行的基本面冲击，而不是全国性或区域性的恐慌。但是，其他国家（包括美国的北边邻居加拿大）在系统性美国银行业危机的这些插曲的期间并没有遭受银行业危机。在历史上，美国和其他国家的关键不同是美国银行业系统的结构。美国银行系统是主要基于单位银行——地理上独立的单一办公地点的银行；在世界上没有其他国家模仿这种类似的银行业结构；并且没有其他国家经历过第一次世界大战之前的美国周期性银行业恐慌的模式，或者发生在美国 20 世纪 20 年代的农业银行倒闭潮。

加拿大的早期的允许分支银行全国经营的决定，确保了银行在地理上的多样性和对大的冲击有部门弹性（比如 20 世纪 20 年代和 30 年代的对农业的冲击），能够通过在农村地区建立分支机构进行竞争（因为建立额外分支机构的间接成本较低），并且能够在混乱的时刻协调银行系统的响应，以避免存款人挤兑（银行的数量是少的，并且资产高度集中于几个全国范围内的机构）。银行之间的协调通过允许银行管理初期恐慌事件，以防止广泛的银行挤兑并促进系统稳定性。在加拿大，蒙特利尔银行偶尔会协调大型加拿大银行的行动，以便在公众意识到可能存在的威胁之前制止危机。

美国不能在全国范围内或者区域内效仿这种行为（Calomiris 和 Schweikart，1991；Calomiris，2000；Calomiris 和 Haber，2014）。美国法律禁止全国性的分支，并且很多州禁止或限制州内部的分支。与其他地方的银行相反，美国银行是数量众多的（例如在 1920 年的时候数量已经超过了 29000 家）、单一的、与竞争隔绝的，并且在地理上与其他银行隔离，因此不能充分地多样化或者协调它们对恐慌的反应（美国银行确实在城市建立了清算所，这提高了当地对 19 世纪 50 年代恐慌的应对能力，正如 Gorton，1985 所强调的那样）。

美国银行业的结构解释了为什么尽管大多数主要银行是健康的且能够避免最终倒闭，但是美国仍独自遭受了银行业恐慌。经验研究表明 1857 年、1873 年、1884 年、1890 年、1893 年、1896 年和 1907 年的银行业恐慌主要是由对银行风险的信息不对称所致。银行业务必然需要将决策委托给专门的银行家，这些银行家精于筛选和监测借款人并进行不透明的投资。因此，银行家拥有相关业务的风险信息。在正常时间，银行为资本市场和货币市场所支付的风险溢价和包含了一个小的“不透明”贴水——存款人和银行股权持有者所面对的部分风险和对应的溢价来自银行资产价值的及时不可观测性——也就是说，银行投资组合不能按市值计价。在美国恐慌期间，正常的不透明贴水变得非常大，因为人们意识到风险已经增加，并且他们也意识到他们不知道什么——也就是，银行发生损失的概率伴随着可观察的风险而增加。

Calomiris 和 Gorton（1991）表明，银行恐慌是在商业高峰期发生的唯一可预测事件。在第一次世界大战之前的时期（1875—1913 年），每季度债务失信的企业负债增加超过 50%（季节性调整后），股市下跌超过 8%，并随即在第二季度发生了恐慌。这种情形发生了五次，并且 1907 年的恐慌（例如，这件事引起纽约清算所的集体反应）是这些恐慌的最后一次。重要的全国性的恐慌没有在这期间发生。

银行倒闭率（甚至在这些恐慌期间）是非常小的，并且与它们相关的存款人的损失也是非常小的。在 1893 年，最高倒闭率和最高的存款人损失率的恐慌，存款人的损失也少于 GDP 的 0. 1%。在恐慌期间的预期存款人损失也是非常小的。Oliver Sprague（1910，pp. 57 - 58，423 - 424）报告了适用于纽约城市银行的银行家出纳员支票折现率，其在 1873 年最高的时候也没有超过 3. 5%，并且除去头 10 天外，仍低于 1%，相似的模式也出现在 1893 年的恐慌当中。1% 的溢价意味着纽约市银行的存款人估计银行失败的可能性为 10%，如果失败则会导致 10% 的存款人损失。显然，在这个时代的银行恐慌对于真正的冲击是有迹可循的，但这些冲击对银行倒闭的影响很小，甚至在危机最严重的时候，这些后果预计会很小。美国历史上的恐慌告诉我们，即使很小的预期损失也会导致存款人要求取出他们的资金，这样他们就可以高枕无忧直到银行系统真正发生危机（经常是几周的问题）。

在 19 世纪 30 年代和 20 世纪 20 年代，银行倒闭率比“大萧条”之前的系统性美国银行业危机发生率要高很多。19 世纪 30 年代见证了主要的宏观经济收缩，这造成了很多银行的倒闭，历史学家追溯其根本问题在于政府对货币供应的冲击（Rousseau，2002），无利可图的银行融资的基础设施投资不断恶化，国际收支平衡受到冲击（Temin，1969）。20 世纪 20 年代农业银行倒闭也和基本问题紧密相关——在这种情况下，第一次世界大战结束时农产品价格的崩溃，表现为当地银行在没有区域或国家的多样化投资组合的情况下而倒闭（Calomiris，1992；Alston、Grove 和 Wheelock，1994）。

29.6 银行倒闭的其他历史经验

虽然美国在其恐慌时的倾向是独特的，但它不是唯一时不时经历银行破产浪潮的经济体。无论如何，损失（如倒闭银行负的净价值）一般是很温和的，并且在美国之外的其他国家银行倒闭率是非常低的。在这个时期内的银行危机最严重案例（1890 年的阿根廷和 1893 年的澳大利亚）是特殊案例；随着这些国家不动产市场的崩溃，它们所遭受的银行业的损失粗略是 GDP 的 10%。只有以下三个国家在第一次世界大战之前经历了严重的偿付危机：1892 年的巴西，1893 年的意大利，1900 年的挪威。

损失率往往较低，是因为银行通过维持足够的股权比率、足够低的资产风险和充足的流动性以限制自身的损失风险。市场约束（存款人害怕银行违约而撤回他们的资金）为银行谨慎行为提供了激励（Calomiris 和 Kahn，1991；Calomiris、Heider 和 Hoerova，2013）。在街区外排队撤回资金的小的存款人的图片获得了新闻记者和银行理论家的关注，然而最重要的市场约束则是大存款人知情挤兑的威胁。银行通过同业存款、存款、票据的清算和银行家的账单来维持彼此之间的关系。银行经常归属于清算所，清算所设定规则和监督它们会员的行为。一个失去了其伙伴银行家信任的银行可能不会存活太久。

29.7 20 世纪末的银行倒闭

对于系统性银行倒闭的最近的研究强调了银行安全网的不稳定性。这已经被 20 世纪 80 年代美国储蓄和贷款行业的崩溃，20 世纪 90 年代日本和斯堪的纳维亚的银行崩溃，以及类似的发生在 20 世纪最后二十年的几十个国家银行系统的崩溃的经验所证实（数据来源 Caprio 和 Klingebiel，1996，由 Laeven 和 Valencia，2013 更新）。

对这些前所未有的损失的实证研究得出结论认为，存款保险和其他保护银行免受市场约束的政策，旨在治愈不稳定，反而却成为银行业不稳定的最大单一来源。一个多世纪以来，保护导致不稳定问题背后的理论已被人们所熟知，并且这也是 1933 年富兰克林·罗斯福反对存款保险的基础。讽刺的是，联邦存款保险是罗斯福总统的主要的政治遗产中的一个，但事实是罗斯福总统、美联储、财政部和议员卡特格拉斯（当时的银行业政策的主要权威）都在原则上反对它。他们认为存款保险是不可取的特别利益立法，旨在惠及小银行。他们默许存款保险的存在仅仅是为了让其他法案得以通过，而不是因为他们希望存款保险本身通过。从 19 世纪 80 年代开始，很多引入联邦存款保险立法的尝试都没有获得国会的支持（Calomiris 和 White，1994）。反对者理解今天提出的反对存款保险的理论论据，存款保险取消了存款人去监督和约束银行的激励，并放任银行家去承担鲁莽的风险（特别是当他们拥有很少或根本没有剩余股权，并发现了"风险承担复兴"的优势时）；并且没有纪律也促使了银行家的不称职，这导致不知情的风险承担。

对于 20 世纪最后 20 年的银行业崩溃的研究已经产生了新的实证发现，结果表明一国的银行安全网所提供的保护越好，银行业崩溃的风险越大（参见例如 Caprio 和 Klingebiel，1996；Demirgüç - Kunt 和 Detragiache，2002；Barth、Caprio 和 Levine，2006；Demirgüç -

Kunt、Kane 和 Laeven，2008）。对于审慎银行监管的实证研究得出相似的结论，让一些银行承担风险带来的损失有助于促进行业规范并且限制风险承担（影子金融监管委员会，2000；Mishkin，2001；Barth、Caprio 和 Levine，2006）。

对历史存款保险的研究进一步印证了这些结论（Calomiris，1990）。20 世纪 30 年代反对保险的热潮反映了 20 世纪初美国几个州的保险经历，这些州的银行业均因采用存款保险而发生崩溃。19 世纪 80 年代的阿根廷（导致了 1890 年的崩溃）和意大利（导致了其 1893 年的危机），政府对银行的保护起到了一个相似的不稳定作用。回想起来，从 1933 年到 20 世纪 60 年代，美国存款保险的成功时期是一种失常，反映了这些年来有限的保险（保险限额随后增加），以及该时代不寻常的宏观经济稳定性。

29.8 结论

在理论上，银行倒闭是受基本面冲击、对银行的外部冲击或者是伴随存款人恐慌传染的无根据赎回冲击所导致的结果。有趣的是，尽管很多经济学家将恐慌的传染和“大萧条”的银行业危机联系起来，实证研究表明恐慌在“大萧条”期间的危机中起到的作用很小，而且主要限于地区性危机（e. g. , June 1932 in Chicago）或 1933 年的银行业崩溃中。

更重要的是，对于银行业危机的实证研究清楚地表明，恐慌既不是随机事件，也不是银行功能或银行资产负债表结构所固有的。美国的恐慌一般不会与大规模的银行倒闭有关，而仅仅是在一段时间内混淆了银行系统危机发生率。信息不对称问题在美国特别严重。对于 19 世纪末和 20 世纪初，其他地方并没有像美国在那个时期一样经历系统性银行恐慌。美国独特的恐慌传染经验，特别是在第一次世界大战前的恐慌，反映了美国银行业“地方单位银行”的结构。第一次世界大战前时期的其他国家一般没有恐慌，因为它们的银行系统是由更少的银行组成的，它们在全国范围内运作，因此事前享有更多元化的投资组合，并且更有能力协调其行动以防止事后的恐慌。美国也经历了与恐慌无关的银行业倒闭潮（在 20 世纪 20 年代更为显著），这反映了多样化不足的银行业系统更易于受特定行业的冲击（例如，农业价格下降）。

很多全世界范围内的银行业系统最近的经历体现出银行业危机空前的成本——银行危机前所未有的高频率，多家银行倒闭及其倒闭造成的巨大损失，有时会给纳税人（正是他们在为银行危机埋单）带来灾难性的代价。这一新现象已经被实证证明是政府安全网扩大带来的后果。政府的保护移除了市场约束的影响。这也因此激励了银行过度地承担风险，并对不称职的风险管理产生更大的容忍度（不同于有目的的风险增加）。具有讽刺意味的是，旨在预防（高估）蔓延风险的政府安全网似乎已成为银行业系统性不稳定的主要根源。

参考文献

[1] Allen F. and Gale D,（2000）. Financial Contagion, *Journal of Political Economy* 108, 1 – 33.

[2] Alston L. J., Grove W. A., and Wheelock D. C. (1994). Why Do Banks Fail? Evidence from the 1920s, *Explorations in Economic History* 30, 409–431.

[3] Barth J. R., Caprio Jr., G. and Levine R. (2006). *Rethinking Bank Regulation: Till Angels Govern.* Cambridge: Cambridge University Press.

[4] Bernanke B. S. (1983). Nonmonetary Effects of the Financial Crisis in the Propagation of the Great Depression, *American Economic Review* 73, 257–276.

[5] Bernanke B. S. and James H. (1991). The Gold Standard, Deflation, and Financial Crisis in the Great Depression: An International Comparison. In: R. Glenn Hubbard (Ed.), *Financial Markets and Financial Crises*, 33–68. Chicago: University of Chicago Press.

[6] Bordo M. (1985). The Impact and International Transmission of Financial Crises: Some Historical Evidence, 1870—1933, *Revista di Storia Economica* 2, 41–78.

[7] Bruner R. F. and Carr S. D. (2007). *The Panic of* 1907: *Lessons Learned from the Market's Perfect Storm.* Chichester: Wiley.

[8] Calomiris C. W. (1990). Is Deposit Insurance Necessary? A Historical Perspective, *Journal of Economic History*50, 283–295.

[9] Calomiris C. W. (1992). Do Vulnerable Economies Need Deposit Insurance? Lessons from US Agriculture in the 1920s. In: P. L. Brock (Ed.), *If Texas Were Chile: A Primer on Bank Regulation*, 237–349, 450–458. San Francisco: The Sequoia Institute.

[10] Calomiris C. W. (2000). *US Bank Deregulation in Historical Perspective.* Cambridge: Cambridge University Press.

[11] Calomiris C. W. (2008). The Subprime Turmoil: What's Old, What's New, and What's Next. Maintaining Stability in a Changing Financial System, *Federal Reserve Bank of Kansas City's Jackson Hole Symposium*August, 21–22.

[12] Calomiris C. W. (2009). Helping Wall Street—And Main Street, January 21, < http://www.forbes.com. >.

[13] Calomiris C. W. and Gorton G. (1991). The Origins of Banking Panics: Models, Facts, and Bank Regulation. In: R. Glenn Hubbard (Ed.), *Financial Markets and Financial Crises*, 107–173. Chicago: University of Chicago.

[14] Calomiris C. W. and Haber S. (2014). *Fragile By Design: The Political Origins of Banking Crises and Scarce Credit.* Princeton, NJ: Princeton University Press.

[15] Calomiris C. W., Heider F., and Hoerova M. (2013). A Theory of Bank Liquidity Requirements. Columbia University: Mimeo.

[16] Calomiris C. W., Himmelberg C., and Wachtel P. (1995). Commercial Paper, Corporate Finance, and the Business Cycle: A Microeconomic Approach, *Carnegie–Rochester Series on Public Policy* 42, 203–250.

[17] Calomiris C. W. and Kahn C. M. (1991). The Role of Demandable Debt in Structuring Optimal Banking Arrangements, *American Economic Review* 81, 497–513.

[18] Calomiris C. W. and Mason J. R. (1997). Contagion and Bank Failures during the Great Depression: The June 1932 Chicago Banking Panic, *American Economic Review* 87, 863–883.

[19] Calomiris C. W. and Mason J. R. (2003a). Fundamentals, Panics and Bank Distress during the Depression, *American Economic Review* 93, 1615–1647.

[20] Calomiris C. W. and Mason J. R. (2003b). Consequences of Bank Distress during the Great Depression, *American Economic Review* 93, 937–947.

[21] Calomiris C. W. and Mason J. R. (2004). How to Restructure Failed Banking Systems: Lessons from the US in the 1930s and Japan in the 1990s. In: T. Ito and A. Krueger (Eds.), *Governance, Regulation, and Privatization in the Asia - Pacific Region*, 375 - 420. Chicago: University of Chicago Press.

[22] Calomiris C. W., Mason J. R., Weidenmier M., and Bobroff K. (2013). The Effects of Reconstruction Finance Corporation Assistance on Michigan Banks' Survival in the 1930s, *Explorations in Economic History* 50, 526 - 547.

[23] Calomiris C. W. and Schweikart L. (1991). The Panic of 1857: Origins, Transmission, and Containment, *Journal of Economic History* 51, 807 - 834.

[24] Calomiris C. W. and White E. N. (1994). The Origins of Federal Deposit Insurance. In: C. Goldin and G. Libecap (Eds.), *The Regulated Economy: A Historical Approach to Political Economy*, 145 - 188. Chicago: University of Chicago.

[25] Calomiris C. W. and Wilson B. (2004). Bank Capital and Portfolio Management: The 1930s "Capital Crunch" and Scramble to Shed Risk, *Journal of Business* 77, 421 - 455.

[26] Caprio G. and Klingebiel D. (1996). Bank Insolvencies: Cross Country Experience, The World Bank Working Paper No. 1620.

[27] Carlson M. (2010). Alternatives for Distressed Banks during the Depression, *Journal of Money, Credit and Banking* 42, 421 - 441.

[28] Carlson M., Mitchener C., and Richardson G. (2011). Arresting Banking Panics: Federal Reserve Liquidity Provision and the Forgotten Panic of 1929, *Journal of Political Economy* 119, 889 - 924.

[29] Carlson M. and Rose J. (2011). Credit Availability and the Collapse of the Banking Sector in the 1930s. Federal Reserve Board of Governors: Mimeo.

[30] Claessens S., Kose A., Laeven L., and Valencia F. (2013). *Financial Crises: Causes, Consequences, and Policy Responses.* Washington, DC: IMF.

[31] Dang T. V., Gorton G., and Holmstrom B. (2012). *Ignorance, Debt and Financial Crises.* New Haven, CT: Yale School of Management.

[32] Demirgüç - Kunt A. and Detragiache E. (2002). Does Deposit Insurance Increase Banking System Stability? An Empirical Investigation, *Journal of Monetary Economics* 49, 1373 - 1406.

[33] Demirgüç - Kunt A., Kane E., and Laeven L. (Eds.) (2008). *Deposit Insurance around the World.* Cambridge: MIT Press.

[34] Diamond D. and Dybvig P. (1983). Bank Runs, Deposit Insurance, and Liquidity, *Journal of Political Economy* 91, 401 - 419.

[35] Diamond D. and Rajan R. (2002). Liquidity Shortage and Banking Crises, National Bureau of Economic Research Working Paper No. 8937, May.

[36] Friedman M. and Schwartz A. J. (1963). *A Monetary History of the United States*, 1867—1960. Princeton, NJ: Princeton University Press.

[37] Gorton G. (1985). Clearing Houses and the Origin of Central Banking in the United States, *Journal of Economic History* 45, 277 - 283.

[38] Gorton G. and Metrick A. (2011). Securitized Banking and the Run on Repo, *Journal of Financial Economics* 104, 425 - 451.

[39] Gorton G. and Pennacchi G. (1990). Financial Intermediaries and Liquidity Creation, *Journal of Finance* 45, 49 - 71.

[40] Grossman R. S. (1994). The Shoe That Didn't Drop: Explaining Banking Stability during the Great

Depression, *Journal of Economic History* 54, 654 - 682.

[41] Halac M. and Schmukler S. (2004). Distributional Effects of Crises: The Financial Channel, *Economia* 5, 1 - 67.

[42] Laeven L. and Valencia F. (2013). Systemic Banking Crises Database, *IMF Economic Review* 61, 225 - 270.

[43] Litan R. E. (Ed.). (2012). *The World in Crisis: Insights from Six Shadow Financial Regulatory Committees.* Philadelphia: Wharton Financial Institutions Center.

[44] Lucia J. L. (1985). The Failure of the Bank of United States: A Reappraisal, *Explorations in Economic History* 22, 402 - 416.

[45] Mason J. R. (2003). Do Lender of Last Resort Policies Matter? The Effects of Reconstruction Finance Corporation Assistance to Banks during the Great Depression, *Journal of Financial Services Research* 20, 77 - 95.

[46] Mishkin F. S. (Ed.) (2001). *Prudential Supervision: What Works and What Doesn't.* Chicago: University of Chicago Press.

[47] Nicholas H. C. (1907). Runs on Banks, *Moody's Magazine* December, 23 - 26.

[48] Ó Gráda C. and White E. N. (2003). The Panics of 1854 and 1857: A View from the Emigrant Industrial Savings Bank, *Journal of Economic History* 63, 213 - 240.

[49] Richardson G. and Troost W. (2009). Monetary Intervention Mitigated Banking Panics during the Great Depression: Quasi - Experimental Evidence from a Federal Reserve District Border, 1929—1933, *Journal of Political Economy* 117, 1031 - 1073.

[50] Rousseau P. (2002). Jacksonian Monetary Policy, Specie Flows, and the Panic of 1837, *Journal of Economic History* 62, 457 - 488.

[51] Shadow Financial Regulatory Committee (2000). *Reforming Bank Capital Regulation.* Washington, DC: American Enterprise Institute.

[52] Sprague O. M. W. (1910). *History of Crises under the National Banking System.* Washington, DC: National Monetary Commission.

[53] Stern G. H. and Feldman R. J. (2003). *Too Big to Fail: The Hazards of Bank Bailouts.* Washington, DC: Brookings Institution Press.

[54] Temin P. (1969). *The Jacksonian Economy.* New York: W. W. Norton.

[55] Temin P. (1976). *Did Monetary Forces Cause the Great Depression?* . New York: W. W. Norton. Temin, P. (1989). *Lessons from the Great Depression.* Cambridge, MA: MIT Press.

[56] White E. N. (1984). A Reinterpretation of the Banking Crisis of 1930, *Journal of Economic History* 44, 119 - 138.

[57] Wicker E. (1980). A Reconsideration of the Causes of the Banking Panic of 1930, *Journal of Economic History* 40, 571 - 583.

[58] Wicker E. (1996). *The Banking Panics of the Great Depression.* Cambridge: Cambridge University Press.

[59] Wigmore B. A. (1987). Was the Bank Holiday of 1933 a Run on the Dollar Rather than the Banks?, *Journal of Economic History* 47, 739 - 756.

第 30 章　主权债务危机

30.1　引言[①]

过去两个世纪，主权债务危机频繁发生（Reinhart 和 Rogoff，2009）。早期的危机大多与如战争等代价高昂的大规模行动以及大宗商品价格的波动有关。最近，主权债务危机越来越多地与银行业联系在一起。正如 Reinhart 和 Rogoff（2011）提到的，银行业危机通常发生在主权债务危机之前或同时发生。尽管“双重”的主权债务和银行业危机并不像货币危机那样频繁（Laeven 和 Valencia，2012），最近的欧洲主权危机表明，这种“双重”危机的经济影响可能是深远和持久的。

图 30.1 显示了一个主权国家和银行之间的联系。银行业的问题可能会导致一场全面的危机，对主权国家的状况会产生显著影响（图 30.1 中左边的箭头）。这种传导有两种主要途径。首先，更广泛的银行业“安全网”为主权国家增加了与银行业破产相关的或有负债。在银行业危机中，政府可能会承担相当大的一部分银行债务，从而影响其自身的偿付能力。其次，银行对主权国家冲击的传导也可以间接发生。银行作为一国主要的金融中介机构，这意味着银行发生问题可能会影响总体宏观经济状况，进而导致主权国家财政状况恶化。

主权国家和银行之间的联系还可以反向流动（图 30.1 右边的箭头）。对主权国家财政稳健性的质疑，尽管与银行体系无关，也会影响银行的业绩。在主权债务违约的极端情况下，银行因持有政府发行的证券而蒙受的损失可能会危及其偿付能力。同样，由于主权债务压力导致债务收益率上升，银行的融资成本可能会上升，这将影响银行的盈利能力。在某些情况下，对于那些被市场视为“大而不能倒”（TBTF）的银行来说，主权债务压力对融资成本的影响可能更大。由于投资者质疑政府支持这些银行的能力，因此相对于其他银行，这些银行融资成本可能会上升。

虽然政府和银行之间的联系可能沿着因果方向对二者分别起作用，但它们仍有可能迅速进入一个“反馈回路”。两部分之一中的问题会通过上述关系放大。在这种情况下，这种“双重”危机的结果可能对整体经济活动有重大影响（图 30.1 底部箭头）。

在某些情况下，银行和主权国家之间的深层联系由于银行监管和银行“安全网”的盛行而进一步加深。为了弱化政府和银行之间的“反馈回路”，必须重新评估这些政策。重

---

① 作者分别是联邦储备系统理事会国际金融司的首席经济学家。我们要感谢 Lesley Baseman 和 Michael Donnelly 的出色的研究援助。本章所表达的观点完全是作者的责任，不应被解释为反映联邦储备系统理事会的意见或与联邦储备系统有关的任何其他人的意见。

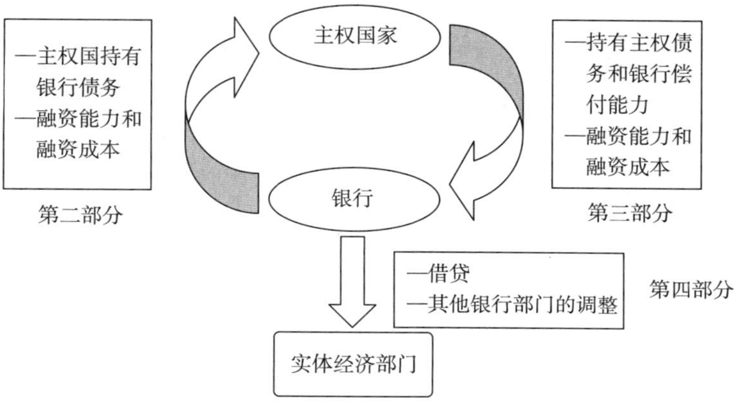

图 30.1　主权、银行和实体经济之间的关系

点应放在减少代表与银行部门联系的主权国家的或有负债。政策行动，如为所有规模的银行建立一个清晰透明的决议框架，应该能够有助于打破这个循环。同样，加强市场纪律和对主权风险进行准确评估的政策，将会使得银行资产负债表更具弹性，能够吸收更广泛的主权债务危机带来的冲击。

30.2 节对主权债务危机的历史进行了概述。它还描述了从银行危机到主权压力的因果联系。相反，主权危机可能影响银行的偿付能力和融资条件，30.3 节回顾了解释这种关联的通道。30.4 节主要讲述了主权国家和银行之间的“反馈回路”可能放大影响两者之一的冲击，进而影响实体经济。最后，30.5 节讨论了对金融“安全网”的调整，这可以打破政府和银行之间的联系。

30.2　银行部门压力向主权国家的传递

30.2.1　主权债务危机概述

主权债务危机是国际金融格局中的一个经常性特征。例如，Reinhart、Rogoff 和 Savastano（2003）认为法国在 1500 年至 1800 年曾 8 次主权债务违约，西班牙在 1500 年至 1900 年违约 13 次。Tomz 和 Wright（2007）记录了 1820 年至 2004 年 106 个国家 250 起主权债务违约事件。

从法律角度看，违约情节是指超过债务契约规定期限未支付预定还本付息的事件。主权违约并不一定意味着对未偿债务的完全否认，任何包含低于最初债务合同优惠条款的主权债务重组提议，都被信用评级机构视为“技术性”违约。大多数主权违约事件发生后，债权人与债务人政府之间都会达成和解。解决方案可以采取债务交换或债务重组的形式，政府承诺的新付款方式通常包括较低的本金、较低的利息支付和较长的到期日的某种组合（Cruces 和 Trebesch，2013）。信用评级机构将违约事件的持续时间定义为违约事件与债务重组之间的时间，即使存在拒不合作的债权人。

违约事件是集中发生的，通常伴随贷款繁荣和大量资本流入。随后的正常时期通常既反映了借款人更为谨慎的行为，也反映了资本市场对高风险借款人准入的禁止。与“大萧条”和第二次世界大战有关的违约浪潮，是20世纪西欧的最后一段违约时期。在此期间，发展中国家的违约数量甚至更多，此后几年它们（高风险借款人）没有进入资本市场。对发展中国家的贷款在20世纪70年代以银团银行贷款的形式重新出现，这与以前债券发行是主要借贷工具的时期形成了鲜明对比。从20世纪80年代开始，发展中经济体接二连三地出现主权违约。主权债务违约数量在1990年达到顶峰，超过了3350亿美元。这些债务由55个国家发行（Beers 和 Chambers，2006）。1998年俄罗斯主权债务危机后不久，一些新兴市场经历了主权债务危机。这些新兴市场事件和2009—2012年的欧洲主权债务危机促进了对主权债务违约的研究，并推动了旨在改善国际金融架构（包括危机解决的有效性）的多项政策举措。

各种情况下都可能导致主权债务危机。最近的欧洲危机证明政治因素可能是主权债务事件的重要决定因素。有大量的文献讨论政治风险和主权债务危机之间的联系（Bilson、Brailsford 和 Hooper，2002；Cuadra 和 Sapriza，2008；Hatchondo、Martinez 和 Sapriza，2009）。实证研究还强调了外部因素在提高各国借款成本、从而增加主权违约可能性方面的重要性。例如，Arora 和 Cerisola（2001）以及 Uribe 和 Yue（2006）发现，由新兴市场主权国家支付的利率和美国利率同向波动。

实证结果还表明，在资源可获得性不足时，主权国家更倾向于违约。在周期性衰退期间，政府资源不足。Tomz 和 Wright（2007）报告中提到，在过去200年中有62%的违约事件发生在违约国家产出水平低于长期趋势的时期。与此同时，一些新兴经济体严重依赖商品税作为公共收入的来源，并在很大程度上依赖于进口中间产品，而这些中间产品没有直接的替代品。一些学者发现，贸易条件变动（出口价格和进口价格的比率）是新兴经济体主权债务违约和利差的重要预测指标（Caballero，2003；Cuadra 和 Sapriza，2006）。对国家生产力产生不利影响的事件，如战争或冲突，也会导致主权违约（Sturzenegger 和 Zettelmeyer，2006）。

当主权债务中相当大一部分以外币计价，其收入严重依赖于对非贸易商品征税时，本币贬值也可能引发违约。由本币贬值引发的危机可以通过家庭、非金融企业部门或银行业的货币错配放大。下一节将更深入地讨论银行业压力将导致主权债务危机。

30.2.2 银行业危机诱发主权债务危机

Reinhart 和 Rogoff（2011）研究表明，银行危机常常伴随主权债务危机，或是同时发生。银行是支付系统的核心，因此，该领域的低迷很容易蔓延到经济的其他领域，对私人部门和公共部门都产生深远的影响。因此，各国政府有非常强烈的动机来避免银行体系的混乱。最近的欧洲危机在很大程度上印证了各国政府可能会去拯救它们的银行，这清楚地表明，金融部门的问题往往会成为财政部门的问题。通过这种方式，银行业危机通常为主权债务危机埋下伏笔。类似2008年爱尔兰和2012年西班牙的银行业危机事件表明，银行业的流动性和偿付能力问题如何从根本上转变为足以导致主权债务危机的财政负担，从而需要外部援助来遏制危机。

银行危机可能通过两种风险传导渠道转化为主权债务危机。第一个渠道与政府作为金融体系“安全网”提供者的角色以及由此产生的政府或有负债有关。第二个渠道与危机时期国内宏观经济结构的现状有关。

政府通过以下三种机制扮演银行系统“安全网”的角色：首先，政府承诺通过显性或隐性的银行担保对银行业提供支持，使得政府负担大量私有银行债务，从而使政府在财务上变得脆弱。例如，从 2008 年第一季度到 2012 年第三季度，欧盟 27 个成员国批准政府担保的银行负债总额约占 2011 年欧盟 GDP 的 30%。这些国家的担保价值存在重要差异，爱尔兰提供的担保最多，约为 2011 年 GDP 的 250%。Acharya、Drechsler 和 Schnabl（2013）强调，在 2008 年 9 月 30 日爱尔兰对六家最大银行的存款提供全面担保之后，银行信用违约互换（CDS）溢价大幅下滑，政府 CDS 溢价显著增长，在接下来的一个月翻了两番，至超过 100 个基点，并在六个月内进一步增加至约 400 个基点。爱尔兰的主权 CDS 溢价大幅增加和反向变动强烈表明，政府向银行部门提供担保，导致银行业风险向政府转移。爱尔兰主权债券和相似的德国债的利差扩大到历史最高水平，爱尔兰最终在 2010 年需要紧急救助。Acharya、Drechsler 和 Schnabl（2013）也指出，爱尔兰并不是个案。

其次，主权救助是人们对财政可持续性的主要担忧。银行业负债的社会化程度和成本转移到纳税人的程度在很大程度上取决于对陷入困境的银行的解决方案（Laeven 和 Valencia，2010）。此外，缺乏解决资不抵债机构的计划，可能会导致主权国家承担巨额或有债务。因此，各国政府往往会考虑采取一系列广泛的措施来帮助银行业，包括资本重组、资产救助干预以及担保以外的流动性措施。例如，根据欧盟委员会（European Commission）的数据，从 2008 年第一季度到 2012 年第三季度，欧盟成员国批准的各种形式的国家援助总计约 5 万亿欧元，约占 2011 年欧盟 GDP 的 40%。

最后，在许多经济体中，资产负债表中银行部门持有的主权证券在银行总资产中所占比例可能相当大，并可通过加强银行危机期间不良资产价格波动，加大政府的救助成本。对银行业的救助降低了政府债务价格，而那些持有公共债务的银行资产负债表的进一步恶化会导致更广泛、更昂贵的公共救助，甚至是主权债务违约（Bolton 和 Jeanne，2011）。

第二个有助于解释银行危机如何影响主权债务可持续性的渠道与危机国家的宏观经济状况有关：首先，Kaminsky 和 Reinhart（1999）认为，银行危机通常先于货币危机。因此，主权或银行业对外币债务的巨大敞口削弱了政府作为银行业“安全网”的能力，并增加了银行业问题导致主权债务危机的可能性。

其次，银行业危机往往会导致严重的经济衰退，削弱政府的财政状况。银行业的危机意味着信贷配给和企业借贷成本的上升。例如，非金融企业可能不得不转换资金来源，利用债券市场，这种选择对中小企业来说可能是不可行的，尤其是在危机期间。同样，公司可能不得不更多地依赖于其他非金融公司更昂贵的营运资金融资。税收收入的大幅下降和自动稳定器带来的公共支出的增加，通常伴随着公共债务的激增、主权信用评级的下调，有时还伴随着主权债务违约。Laeven 和 Valencia（2012），Gennaioli、Martin 和 Rossi（2014）表明发达经济体中产出损失和公共债务增加往往更大，部分原因是更深层次的金融体系导致了更具破坏性的银行业危机。有趣的是，发展中经济体中，财政支出占 GDP 的比重或占金融系统资产的比重更大，然而，尽管发展中国家的财政支出主要与救助相关，但在发达经济体，这些支出仅占公共债务增长的一小部分，其中可自由支配的财政政策和自动财政稳定器是最大的组成部分。

30.3 主权压力向银行的传递

30.2 节讨论了银行危机对主权国家偿债能力的影响。主权压力也会对银行的偿付能力和融资渠道产生重大影响。本节概述了主权债务危机可能影响银行的一些渠道。

30.3.1 主权债务和银行偿付能力

主权压力传递给银行业的最直接渠道是通过银行持有主权债务。银行出于不同的原因将部分资产投资于主权债务。在一些国家，主权证券是最具流动性的资产，银行可以利用它们来存储其流动性以满足存款赎回需求（Gennaioli、Martin 和 Rossi，2014）。银行也出于投资目的持有主权债务。传统上，银行监管机构认为主权债务比企业债风险小，允许银行以较低比例的资本持有主权债务（Hannoun，2011）①。正如我们在 30.3.2 节将谈及的，银行还将主权债务用于担保融资交易，比如回购协议。同样，政府债券也可作为衍生品交易的抵押品。一些银行还在资产负债表中保留了主权债券，作为它们在主权债务市场中做市角色的一部分。

如果发行主权债务的国内或国外政府陷入困境，对主权债务的敞口可能导致银行亏损。这种类型的银行损失在新兴经济体和发达国家的主权债务危机中都很普遍。最近的例子是自 2010 年起影响欧元区国家的危机。在危机前和危机期间，银行积累了大量主权债务，其中一些由基本面疲弱和主权债务未偿还规模庞大的国家发行（Bolton 和 Jeanne，2011；Acharya 和 Steffen，2013）。随着危机的加深，像希腊这样的国家重组了主权债务，导致那些资产负债表上有这类债权的银行遭受重大损失。

在主权违约事件中，银行业的偿债能力因其持有的主权而受到严重影响。然而，在主权债务危机期间（不包括违约或重组），有关主权资产持有对银行影响的实证证据却褒贬不一。一些研究发现，在主权压力加剧时期，主权持有与银行股价和 CDS 溢价之间存在显著相关关系（Angeloni 和 Wolff，2012），而另一些人发现，当专注于主权评级事件时，主权持有对股票回报的影响较弱。Correa 等（2013）用参与 2011 年欧盟范围内压力测试的银行作为样本，测试了拥有更多自有主权债务的银行的股票收益率是否在其自身主权债务评级发生变化（或被置于观察行列）之后产生了重大反应。对于这个银行样本，作者没有发现拥有较大主权敞口银行的股票回报在评级公告发布前一天和之后的一天内对负面评级变化有显著的反应。

① 在实施巴塞尔协议Ⅲ资本要求之前，监管机构遵循了巴塞尔协议Ⅱ资本协议（BCBS，2006）中提出的主权风险加权准则。根据这些指导方针，AA－或以上评级的债券将获得 0% 的风险权重，而评级在 A－和 A＋之间的债券将获得 20% 的风险权重。然而，指导方针也声明了“在国家的自由裁量权下，更低的风险权重可能适用于银行对其主权（或央行）的风险敞口，这些风险敞口以本币计价，并以本币融资”。一些国家依靠这一声明偏离了建议的指导方针，并对主权风险敞口分配了不同的风险权重。例如，欧盟监管机构改变了这一要求，在资本要求指令（CRD）中，对由成员国发行、以本国货币计价和融资的主权债务的风险权重为 0%（欧洲议会和理事会第 2006/48/EC 号指示）。

这些喜忧参半的结果并不令人意外，因为主权债务在大多数情况下都可以作为与国内央行（最后贷款人）进行交易的抵押品（国际结算银行，2013）。因此，在广义流动性紧张的时期，银行可以用其持有的主权债务作为抵押，用私人市场基金替代央行的融资，并继续维持机构的生存（Drechslerl 等，2013）。然而，正如在 30.3.2 节指出的，主权债务水平的压力会通过一些渠道影响银行融资。

30.3.2　资金成本和可获得性

银行与主权国家之间的联系不仅限于在主权国家违约时银行可能面临的潜在损失。即使在主权债务持有不导致资产负债表亏损的情况下，银行的融资成本也会增加。至少有三个主权压力影响银行融资成本的渠道：抵押品渠道、评级渠道，以及政府支持渠道。

抵押品渠道描述了银行融资条件的变化，银行持有的抵押品质量可以解释这种变化。银行融资的一个重要部分是通过担保交易完成，如回购协议也即短期回购（CGFS，2011）。而用于这些抵押交易的主要证券之一是主权债务（国际资本市场协会，2013）。在回购交易中，银行对证券组合的借款数额取决于抵押物的信用和流动性风险。这些证券的“买方”可以对抵押品进行扣减（回购开始时资产的市场价值和购买价格之间的差额）来考虑此类风险。在正常情况下，主权证券被认为具有非常低的风险，因此，适用于这些证券的折价相对较小。然而，在主权压力时期，依赖主权抵押品进行担保融资交易的银行可能面临明显的融资约束。主权担保品价值的恶化更有可能在主权国家陷入困境时影响在该国注册的银行，但它也可能对持有外国政府发行的主权债券的银行造成影响，实现跨境资金冲击的传递。

第二个途径解释了评级机构决定下调（或升级）银行主权债券的评级从而引发的银行融资成本和融资渠道的变化。评级机构通常在审查公司所在国评级后，修改对公司发行人的评级（Borensztein、Cowan 和 Valenzuela，2007；Moody's Investors Service，2012）。一些评级机构将评级上限指定给国家（“国家上限”），这决定了它们可以对以银行外币计价的债务的最高评级（惠誉评级，2008）。这个上限与主权国家自身的外币债务评级密切相关，并考虑到主权国家实施外汇管制的风险或可能损害私营部门运作的其他干预的风险。

正如 CGF（2011）指出，主权评级的变化之后紧随银行评级的变化。反过来，银行评级的变化已被证明会对股票价格产生影响，进而影响银行的融资成本（Gropp 和 Richards，2001）。主权评级变化对银行的影响也可能来自主权债券收益率的变动，这会进一步影响银行的总借贷成本（Kaminsky 和 Schmukler，2002；Gande 和 Parsley，2005）。Black 等（2013）认为，在最近的欧元区主权危机中，欧元区主权风险溢价（意大利和西班牙主权债务收益率和同等条件德国主权收益率之间的价差）在很大程度上解释了欧洲银行对系统性风险增加的贡献。这表明，主权风险溢价已被计入银行的融资成本。从经验上讲，很难将由主权评级直接解释的银行融资成本的变化与由主权收益率的实际变化的解释区别开来，但很显然，主权评级事件对银行融资成本有重要影响。

这导致了主权风险与银行融资成本之间的最后一条传导渠道：政府支持渠道。

一些研究已经确定了一种被认为受其国内主权支持的机构的融资成本优势模式（即所

谓的 TBTF 补贴）[①]。这种隐性政府支持允许“受保护”的银行以低于可比金融机构的利率在资本市场筹集资金，而这些金融机构并未从这种隐性担保中受益（Schich 和 Lindh，2012；Acharya、Anginer 和 Warburton，2013）。此外，在银行业危机期间，政府的隐性支持通常转化为显性支持（Brandao - Marques、Correa、Sapriza，2013）。对银行业的隐性和显性的支持取决于三个因素：政府支持银行的意愿、提供这种支持的能力或财政力量，以及银行和银行业的规模（Demirgüç - Kunt 和 Huizinga，2013）。意愿和银行业结构都是短期或中期固定的因素。因此，在短期内，政府支持和银行融资之间的联系主要是受政府提供银行支持的能力变化的影响。

图 30.2 显示了全球三大评级机构之一的穆迪从银行评级中提取出的政府支持度。“评级提升”反映了政府对银行提供系统性支持的意愿和能力。它被计算为银行的外国（国内）货币存款评级和银行金融实力评级（BFSR）之间的差值。我们延续 Brandao - Marques、Correa 和 Sapriza（2013）的思路，以 1996—2013 年 54 个国家大约 300 家银行为样本，计算“评级提升”。本样本不包括全球银行的子公司，因为这些机构的“评级提升”大部分是由它们的母公司提供的支持造成的。此外，我们根据相同的评级信息计算银行获得政府支持的概率。支持的概率定义为：$P = 1 - td/d$，其中 d 为银行 BFSR 隐含的违约频率，td 为基于存款评级的违约频率。我们将一家银行的 BFSR 评级及其存款评级映射到穆迪（2011）提供的历史上提前一年的违约频率，以计算支持概率。

图 30.2 展示了样本银行中“评级提升”的中位数，以及政府支持的隐含概率。这些措施明显表明，预计政府将加大对系统性银行危机的支持力度，比如 20 世纪 90 年代末的亚洲和日本危机，以及最近的国际金融危机。尽管欧洲主权债务危机并未反映在图表中，但它令欧洲外围的一些国家感到紧张，导致评级机构降低了对受影响最严重国家政府支持

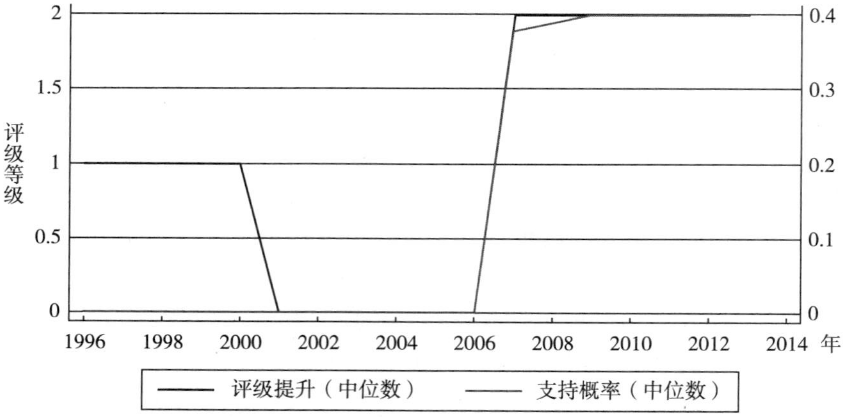

注：“评级提升”和支持概率是基于穆迪投资者服务公司评级信息计算的预期政府支持度。

图 30.2　从穆迪投资者服务公司银行评级中提取的政府支持度

① 自 20 世纪 80 年代以来，学术界一直在讨论界定某些银行是 TBTF 的概念。Morgan 和 Stiroh（2005）和 Flannery（2010）总结了几项试图评估隐性政府担保对银行影响的研究。

银行的预期（例如，希腊和爱尔兰）。这种预期支持的减少不是政府为银行提供支持的意愿不足导致的，很大程度上是因为财政能力不足以提供这种支持。

主权信用受到质疑的事件，将降低市场对政府能够支持银行并提高银行融资成本的预期。这种联系不仅限于银行发行债务的成本，因为它影响资本结构的所有组成部分，包括权益成本（Correa 等，2014）。在一个国家内，对各银行的影响也不尽相同。被认为享有更多政府支持的金融机构的融资成本将会大幅增加。这些机构通常是大型银行或由政府部分或全部拥有的银行。随着融资成本的增加，银行将调整资产负债表，以应付融资成本的增加。

在主权债务危机时期，很难凭经验确定这些渠道对银行融资状况的影响。然而，作为其“欧元区银行贷款调查”的一部分，欧洲央行（ECB）已收集了自 2012 年第一季度以来银行对于欧元区主权债务危机对其融资状况影响的观点①。有三个因素可能会影响银行的融资条件，银行被要求就这些条件提供意见，而这些条件与上述渠道有关，这三个因素是：银行对主权的直接风险暴露；为大规模融资交易担保的主权抵押的价值；其他因素的影响，包括“在主权评级下调或国内政府隐性担保价值发生变化后，自动评级下调对银行的影响”。尽管这些信息仅在短时间内和特定地理位置上才可获得，但它可以对主权风险和银行融资之间的相互作用提供一些启示。

图 30. 3 展示了欧元区银行对主权风险与银行融资之间联系相关问题的回答。图 30. 3 中所示的直线显示出，某一因素导致银行融资条件恶化的银行份额与该因素导致融资条件缓解的银行份额之间的百分比差异。结果以每个国家未偿还贷款占欧元区贷款总额的比例为基础进行加权。如图 30. 3 所示，这三个因素是 2012 年年初银行融资状况的重要贡献

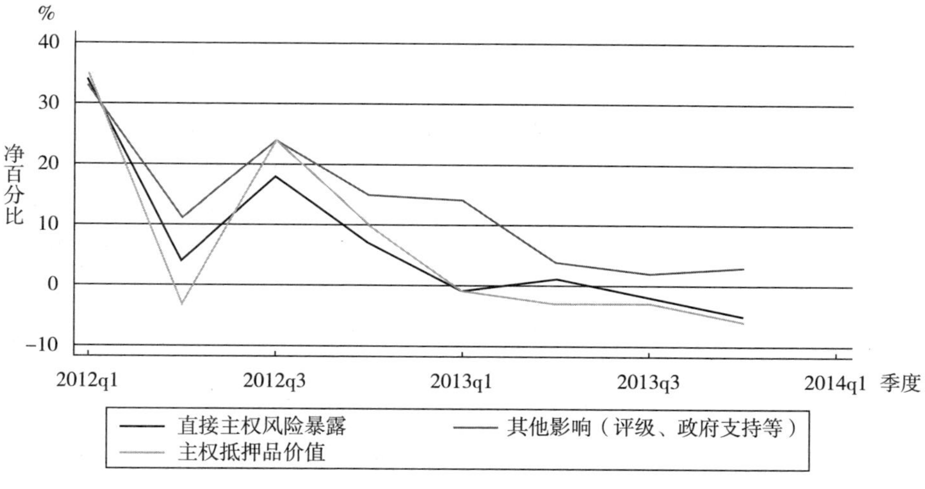

注：图中显示了某一因素导致银行融资条件恶化的银行份额与该因素导致融资条件缓解的银行份额之间的百分比差异。结果以每个国家未偿还贷款占欧元区贷款总额的比例为基础进行加权。

图 30. 3　欧元区银行对主权风险与银行资金关联问题的回应

---

① “欧元区银行贷款调查”的结果请见 < http://www.ecb.europa.eu/stats/money/surveys/lend/html/index.en.html. >。

者，这是欧元区主权压力加剧的时期。在那之后，除了2012年的希腊重组债务，这些因素的重要性大幅减少。需要注意的一个重要模式是，与银行评级变化相关的“其他影响”与主权评级事件或政府对银行隐性担保的变化有关，这些因素对银行的融资环境仍有拖累作用，凸显出这些因素具有重大意义。

主权国家和银行之间的密切关系增加了金融体系的脆弱性，因为它放大了单一部门所遭受的冲击。因此，广泛的国内经济条件可能遭受影响，溢出效应可能会影响其他国家。主权银行负面的“反馈回路”对实际经济的影响将在30.4节中探讨。

30.4 主权压力及其对银行业活动的影响

主权债务危机对经济活动有显著影响（Furceri 和 Zdzienicka，2011）。当主权压力伴随着银行部门的问题产生时，影响会更大（De Paoli、Hoggarth 和 Saporta，2009）。然而，很少有研究证明银行部门对这类事件的直接贡献。这是可以理解的，因为危机是广泛的事件，它很难识别个体贡献者的影响。最近的欧元区主权债务危机，其持续时间长，而且对各国产生了异质性影响，已被证明是分析在主权压力时期银行行为的最佳案例。我们依靠一系列针对这一时期的新研究来分析主权和银行业危机对实际经济的影响。

30.4.1 借贷

在主权压力时期，银行与其国内主权之间的密切关系可能影响其借贷活动。如前所述，主权债务状况恶化可能会通过多种渠道影响银行的资本水平和它们获得外部融资的渠道。反过来，这些对银行资产负债表的冲击也会影响它们的放贷活动。然而，很难从经验上分离出主权压力对银行信贷供给的直接影响和因果效应。主权危机通常伴随着可能影响借款人信贷需求的衰退，而这种衰退可能是由银行业问题引发的。这些混杂效应识别在主权事件期间银行提供的放大机制变得困难。

尽管存在这些识别问题，一些研究试图检验主权债务对银行贷款的影响。针对跨国的主权债务违约事件，Gennaioli、Martin 和 Rossi（2014）发现，在银行系统对主权债务证券风险敞口较大的国家，私人信贷总额下降幅度更大。这些结果与他们的理论模型一致，即银行最优地持有公共债券，作为一种储存流动性的工具。随着政府违约，国内银行的流动性下降，这会影响它们的放贷能力。在他们的实证分析中，他们的识别策略侧重于横截面。作者收集了1980—2005年81个国家110个违约事件。文中主要估计检验了，在主权违约时期，对政府拥有更大净债权的银行业是否会更严重地降低私人信贷占GDP的比重。结果具有经济意义，银行业违约风险敞口的一个标准差的增加意味着私人信贷对GDP的减少幅度大约为2.5%。

这些结果在银行层面也显著。在后续的研究中，Gennaioli、Martin 和 Rossi（2013）使用140个国家的大约4000家银行的样本来分析1998年至2012年12个主权债务违约期间各银行的政府债务风险敞口对贷款的影响。作者发现，在政府主权债务违约的情况下，对政府债务风险敞口较大的银行，其贷款相对于总资产减少的幅度更大。这一结果主要由银行“永久性”持有政府债券来解释，而不是这些危机期间政府债务持有的“暂时性”

增加。

这些研究表明，主权债务危机对国内信贷有显著影响。主权危机对企业获取外国信贷渠道的显著影响，加剧了这种负面冲击。Arteta 和 Hale（2008）发现经历债务危机的国家在进入国际债务市场时会受到限制。对于那些不出口商品和服务的非金融私营企业来说，影响更大。

总体而言，这些结果为主权债务违约对国内和跨境银行放贷的影响提供了一些直接证据，而这些贷款可能最终转化为总体宏观经济产出。然而，由于导致违约或债务危机的宏观经济条件可能与主权压力风险敞口更大的银行的借款人特征有关，因此仍然存在一些反向因果关系的空间。

2010 年年初的欧债危机已经证实，银行的借贷行为会放大主权债务危机。Bofondi、Carpinelli 和 Sette（2013）使用意大利的微观数据，发现在最近的主权债务危机中，意大利银行的贷款增速低于外国银行在意大利的贷款增速。此外，作者还指出，随着形势的恶化，这些国内银行收取的利率也在上升。这些结果表明，即使没有违约，银行可以通过调整借贷行为放大主权压力。

主权金融压力也可以通过全球银行传递给其他国家。由于拥有大量国际业务的银行因国内（或外国）主权敞口亏损而面临资本短缺，它们可能会减少参与银团贷款形式的跨境贷款安排。Popov 和 Van Horen（2013）发现，在最近的欧洲债务危机中，对主权证券有显著敞口的欧洲银行，其全球银团贷款增速明显低于对这些国家敞口较小的银行。

流动性压力是主权风险传递的另一个来源。拥有海外业务的全球银行（例如分行），特别是那些通过批发融资进行融资的银行，可能会因为国内主权压力过大而无法获得本地融资。随之而来的流动性冲击迫使全球银行用母公司的融资来替代本地融资。如果从母公司的新流入不足以为新的或现有的贷款提供资金，银行的外国办事处将不得不调整其贷款。Correa、Sapriza 和 Zlate（2013）发现在欧债危机期间这种机制也很重要。由于对欧洲主权危机的广泛担忧，欧洲银行的美国分支机构面临美国批发投资者（主要是美国货币市场基金）的迅速撤资。这些分支机构的母公司用自己的资金代替了部分资金流出，但这些资源不足以弥补非相关来源的融资减少。因此，分行不得不减少贷款，而这些贷款大多是通过银团安排发放的。与受影响分支机构有联系的公司经受了真正的调整，因为与那些与未受影响分支机构有贷款关系的类似公司相比，它们的投资更少。

主权冲击的传递也可以通过银行同业拆借间接进行。Schnabl（2012）发现，一个面临压力的主权国家可能会导致对该国有风险暴露的全球银行减少对其他国家银行的贷款。反过来，受国际债务市场准入限制影响的国内银行将减少放贷，其借款人将减少其经济活动。这种传染风险在 2008 年金融危机爆发前迅速增加，当时全球银行之间的联系变得更加紧密，并加大了对国际资本市场的参与。

总而言之，主权债务危机可能会通过银行业放大，从而加剧债务危机后出现的糟糕的宏观经济产出。此外，主权债务问题也可以通过直接或间接受到主权债务危机影响的全球银行转移到第三国。但借贷并不是银行在债务危机期间调整的唯一活动。这将是下一节的主题。

30.4.2 主权压力和风险承担

正如我们前面所述，银行在主权危机期间调整贷款活动。然而，主权债务危机也可能改变金融机构进行的其他活动。在某些情况下，这种调整的结果可能导致系统内风险水平的提高，从而对宏观经济产生额外影响。

银行资产通常由贷款和证券组成。这些证券进一步分解由私营部门和由主权或地方政府发行的证券。在主权债务危机时期，银行可能有动机改变证券持有的构成。如前所述，在正常情况下，银行将持有主权证券，作为维持流动性和偿还储户或其他债权人提款的手段（Gennaioli、Martin 和 Rossi，2013，2014）。相比之下，在主权债务危机时期，银行可能会发现增加“高风险”主权债券的持有以增加回报是可取的（Acharya 和 Steffen，2013）。这种风险承担行为可能会增强银行在主权违约情况下不得不进行的调整。

有几个因素可以解释银行在压力期间增持主权债务的决定。第一，主权债券可能是国内银行最安全的资产，因为在宏观经济疲弱的情况下，私人部门借款人的风险可能会加大。然而，Acharya 和 Steffen（2013）发现，没有这种约束的银行可能也会增持“高风险”主权债券。一些欧洲银行就是这种情况，这些银行在最近的欧洲主权危机期间向处于困境的外国主权国家购买债务。

第二，银行可能有动机对监管规则进行套利。如前所述，在大多数情况下，主权债务证券的风险权重为零。如果银行面临贷款或持有主权证券的选择，监管要求可能会将天平向后者倾斜。与这一主张相一致，在欧洲主权债务危机中，监管资本水平较低的银行也增加了它们的“高风险”主权资产。

第三，主权国家发行的证券是央行在银行流动性操作中使用的主要抵押品之一。因此，银行将有动力持有更多此类证券，以便在危机期间获得最后贷款人提供的资金。然而，银行可以利用这种安排，在央行操作中购买风险越来越大的主权债务作为抵押品。Drechsler 等（2013）使用欧元区银行的微观数据发现，这两种机制都在金融和主权压力情况下发挥作用。银行持有更多主权债务，以便能够从最后贷款人获得流动性，但它们也会将部分资产转移至“风险更高”的主权证券。

银行的放贷活动并不是银行在主权债务危机时期能够调整的唯一方面。它们还可以通过监管规则套利和最后贷款人的角色来调整它们的风险承担行为。这一行动的主要后果是系统性风险的增加，这可能加剧主权危机。这些发现引发的问题是，政策制定者能否调整制度，以考虑到主权国家与银行之间的关系中蕴含的负面结构性特征。这将是下一节的主题。

30.5 突破主权压力和银行间的反馈回路

银行与主权国家之间的密切联系，放大了任何影响一个部门的冲击，从而导致金融不稳定。一个国家的财政状况通常会变得紧张，因为它在金融动荡时期进行干预，以支持银行业。这进而导致银行状况恶化，原因是融资成本上升和资产负债表恶化。这种主权国家和银行之间的“反馈回路”加剧了任何单独对宏观经济影响较小的冲击。

主权债务危机可能是一系列问题的产物，既有结构性问题，也有周期性问题。影响政府财政的因素包括人口变化和影响小型开放经济中出口部门的商品价格波动。我们分析的重点仅仅是其中一个因素，即金融“安全网”对主权“反馈回路”的影响。“安全网”是指政府为保护国家金融基础设施免受系统性事件影响而提供的显性和隐性保障体系（Kane，2004）。这种“安全网”最常见的组成部分是存款保险计划，旨在在银行破产时向储户提供担保。其他保证是隐含的或在系统性压力期间实施。在银行普遍破产的情况下，这些担保可能会变得明确，并导致主权国家财政状况恶化（Laeven 和 Valencia，2012）。鉴于当前金融“安全网”的特点及其对主权国家的影响，出现了以下问题：一个国家如何能在降低主权国家财政成本的同时，将银行业危机对宏观经济的影响最小化？

认为银行业危机可以在不产生任何宏观经济影响的情况下得到解决是不现实的。然而，“安全网”的某些方面如果设计不当，可能会通过对主权国家的影响加剧这些危机。“安全网”至少有三项调整可以实施，以尽量减少主权—银行反馈回路的影响：建立完善和透明的银行清算制度，一种最优定价的存款保险计划，以及降低银行破产概率的资本要求。

自 2010 年以来，欧盟已经采取了一些措施来应对影响欧元区一些国家的主权压力。拟议中的欧盟“银行业联盟”将包括一个单一监管机构，一个明确界定的清算机制，以及一个贯穿整个地区的一致存款保险计划结构。尽管已经取得了进展（Beck，2013），这反过来减少了银行的融资压力，对“安全网”依然需要很多调整，以突破主权反馈回路。

对“安全网”的第一个可取的调整是实施一项银行解决方案制度，将银行破产（尤其是大银行破产）给纳税人带来的成本降至最低。一些国家已经朝着这个方向采取了行动，制定了一些规则，使解决此类大型金融机构的问题变得更加容易（FDIC 和 BoE，2012）。一个明确的解决方案，将可能包括对次级债的保释条款（在某些情况下是高级债权人），还具有增强市场纪律的额外的好处。由于政府更多地依靠这一工具来解决银行业危机，而不是通过注资或其他方式救助银行，投资者将考虑到每个机构所构成的信用风险，对银行的债务进行定价，从而减少所谓的 TBTF 补贴（Acharya、Anginer 和 Warburton，2013）。

存款保险计划是“安全网”的一个共同特征。然而，一个设计不佳的计划可能会导致金融不稳定，并在发生大型或多家银行倒闭时给主权国家造成重大损失。在这种担保环境下运营的银行，由于道德风险而更易增加其资产的风险，进而增加银行危机的可能性（Demirgüç – Kunt 和 Detragiache，2002）。为了在危机发生时限制主权国家的成本，存款保险计划应明确界定所涵盖的金融机构和储户（Financial Stability Board，2012）。此外，为了限制银行的风险承担激励，存款保险费的定价应该根据每个金融机构自身的风险以及对系统性风险的贡献度不同而决定（Acharya、Santos 和 Yorulmazer，2010）。这些条件对于减少存款损失对主权国家财政的影响是必要的，但还不够。

最后，提高银行抵御冲击的能力，或许是将主权债务与金融领域出现的问题隔离开来的最佳选择。银行监管机构可用的一个工具是对银行实施资本要求。高资本要求的建立可以被认为是一种将大型银行倒闭的系统性后果所造成的外部性内部化的机制。增加对资本为银行资产融资的依赖可能代价高昂（Jimenez 等，2013），但这些成本被银行在危机期间减少破产和改善银行业绩的社会效益所抵消（Berger 和 Bouwman，2013）。此外，资本监管应鼓励银行准确反映主权债务风险。允许风险权重对主权信用的敏感性可能会阻止银行持有大量集中的政府发行债券。一般来说，拥有更多资本融资的银行业，将降低解决仍被视为具有系统重要性的银行问题的纳税人成本。

参考文献

[1] Acharya V. V., Anginer D., and Warburton J. (2013). The End of Market Discipline? Investors Expectations of Implicit State Guarantees, <http://ssrn.com/abstract=1961656.>.

[2] Acharya V. V., Drechsler I., and Schnabl P. (2013). A Pyrrhic Victory? Bank Bailouts and Sovereign Credit Risk, Journal of Finance (Forthcoming).

[3] Acharya V. V., Santos J. A. C., and Yorulmazer T. (2010). Systemic Risk and Deposit Insurance Premiums, FRBNY Economic Policy Review August, 89-99.

[4] Acharya V. V. and Steffen S. (2013). The Greatest Carry Trade Ever? Understanding Eurozone Bank Risks, NBER Working Paper No. 19039.

[5] Angeloni C. and Wolff G. B. (2012). Are Banks Affected by their Holdings of Government Debt?. Bruegel Working Paper, July.

[6] Arora V. and Cerisola M. (2001). How Does US Monetary Policy Influence Sovereign Spreads in Emerging Markets? IMF Staff Papers 48 (3), 474-498.

[7] Arteta C. and Hale G. (2008). Sovereign Debt Crises and Credit to the Private Sector, Journal of International Economics 74 (1), 53-69.

[8] Bank for International Settlements (2013). Central Bank Collateral Framework and Practices, Markets Committee Publications No. 6.

[9] BCBS (Basel Committee on Banking Supervision) (2006). Basel Ⅱ: International Convergence of Capital Measurement and Capital Standards: A Revised Framework.

[10] Beck T. (2013). Banking Union for Europe—Where Do We Stand?, <http://www.voxeu.org/article/banking-union-europe-where-do-we-stand.>.

[11] Beers D. and Chambers J. (2006). Sovereign Defaults at 26-Year Low, To Show Little Change in 2007, Standard & Poor's Commentary, September 18.

[12] Berger A. N. and Bouwman C. H. S. (2013). How Does Capital Affect Bank Performance during Financial Crises?, Journal of Financial Economics 109 (1), 146-176.

[13] Bilson C., Brailsford T., and Hooper V. (2002). The Explanatory Power of Political Risk in Emerging Markets, International Review of Financial Analysis 11 (1), 1-27.

[14] Bofondi M., Carpinelli L., and Sette E. (2013). Credit Supply during a Sovereign Debt Crisis, Banca D'Italia Working Paper No. 909.

[15] Bolton P. and Jeanne O. (2011). Sovereign Default Risk and Bank Fragility in Financially Integrated Economies, IMF Economic Review 59, 162-194.

[16] Borensztein E., Cowan K., and Valenzuela P. (2007). Sovereign Ceilings "Lite"? The Impact of Sovereign Ratings on Corporate Ratings in Emerging Market Economies, IMF Working Paper No. 07/75.

[17] Black L., Correa R., Huang X., and Zhou H. (2013). The Systemic Risk of European Banks during the Financial and Sovereign Debt Crises, International Finance Discussion Papers No. 1083.

[18] Brandao-Marques L., Correa R., and Sapriza H. (2013). International Evidence on Government

Support and Risk – Taking in the Banking Sector, International FinanceDiscussion Papers No. 1086.

[19] Caballero R. J. (2003). The Future of the IMF, The American Economic Review, Papers and Proceedings 93 (2), 31 – 38.

[20] CGFS (Committee on the Global Financial System) (2011). The Impact of Sovereign Credit Risk on Bank Funding Conditions, CGFS Papers No. 43.

[21] Correa R., Lee K. – H., Sapriza H., and Suarez G. (2014). Sovereign Credit Risk, Banks' Government Support, and Bank Stock Returns around the World, Journal of Money, Credit and Banking 46, 93 – 121.

[22] Correa R., Sapriza H., and Zlate A. (2013). Liquidity Shocks, Dollar Funding Costs, and the Bank Lending Channel during the European Sovereign Crisis, International Finance Discussion Papers No. 1059.

[23] Cuadra G. and Sapriza H. (2006). Sovereign Default, Terms of Trade, and Interest Rates in Emerging Markets, Banco de México Working Paper No. 2006 – 01.

[24] Cuadra G. and Sapriza H. (2008). Sovereign Default, Interest Rates and Political Uncertainty in Emerging Markets, Journal of International Economics 76 (1), 78 – 88.

[25] Cruces J. J. and Trebesch C. (2013). Sovereign Defaults: The Price of Haircuts, American Economic Journal: Macroeconomics 5 (3), 85 – 117.

[26] De Paoli B., Hoggarth G., and Saporta V. (2009). Output Costs of Sovereign Crises: Some Empirical Estimates, Bank of England Working Paper No. 362.

[27] Demirgüç – Kunt A. and Detragiache E. (2002). Does Deposit Insurance Increase Banking System Stability? An Empirical Investigation, Journal of Monetary Economics 49 (7), 1373 – 1406.

[28] Demirgüç – Kunt A. and Huizinga H. (2013). Are Banks Too Big to Fail or Too Big to Save? International Evidence from Equity Prices and CDS Spreads, Journal of Banking and Finance 37 (3), 875 – 894.

[29] Drechsler I., Drechsel T., Marques – Ibanez D., and Schnabl P. (2013). Who Borrows from the Lender of Last Resort? Unpublished Manuscript.

[30] FDIC and BoE (Federal Deposit Insurance Corporation and the Bank of England) (2012). Resolving Globally Active, Systemically Important, Financial Institutions. Unpublished Manuscript.

[31] Financial Stability Board (2012). Thematic Review of Deposit Insurance Systems. Peer Review Report.

[32] Fitch Ratings (2008). Country Ceilings. New York: Fitch Group.

[33] Flannery M. J. (2010). What To Do About TBTF? Unpublished Manuscript.

[34] Furceri D. and Zdzienicka A. (2011). How Costly Are Debt Crises?, IMF Working Paper No. 11/280.

[35] Gande A. and Parsley D. C. (2005). News Spillovers in the Sovereign Debt Market, Journal of Financial Economics 75 (3), 691 – 734.

[36] Gennaioli N., Martin A., and Rossi S. (2013). Banks, Government Bonds, and Default: What do the Data Say? Unpublished Manuscript.

[37] Gennaioli N., Martin A., and Rossi S. (2014). Sovereign Default, Domestic Banks, and Financial Institutions, Journal of Finance 69, 819 – 866.

[38] Gropp R. and Richards A. J. (2001). Rating Agency Actions and The Pricing Of Debt and Equity of European Banks: What can we Infer about Private Sector Monitoring of Bank Soundness?, ECB Working Paper Series No. 0076.

[39] Hannoun H. (2011). Sovereign Risk in Bank Regulation and Supervision: Where do we Stand? . Speech at the Financial Stability Institute High – Level Meeting, Abu Dhabi, UAE, October 26.

[40] Hatchondo J. C. , Martinez L. , and Sapriza H. (2009). Heterogeneous Borrowers in Quantitative Models of Sovereign Default, International Economic Review 50 (4), 1129 - 1151.

[41] International Capital Market Association (2013). European Repo Market Survey, No. 25, June.

[42] Jiménez G. , Ongena S. , Peydró J. - L. , and Saurina J. (2013). Macroprudential Policy, Countercyclical Bank Capital Buffers, and Credit Supply: Evidence from the Spanish Dynamic Provisioning Experiments, European Banking Center Discussion Paper No. 2012 - 2011.

[43] Kaminsky G. and Reinhart C. M. (1999). The Twin Crises: The Causes of Banking and Balance - of - Payments Problems, The American Economic Review 89 (3), 473 - 500.

[44] Kaminsky G. and Schmukler S. L. (2002). Emerging Market Instability: Do Sovereign Ratings Affect Country Risk and Stock Returns?, World Bank Economic Review 16 (2), 171 - 195.

[45] Kane E. J. (2004). Financial Regulation and Bank Safety Nets: An International Comparison. Unpublished Manuscript.

[46] Laeven L. and Valencia F. (2010). Resolution of Banking Crises: The Good, the Bad, and the Ugly, IMF Working Paper No. 10/146.

[47] Laeven L. and Valencia F. (2012). Systemic Banking Crises Database: An Update, IMF Working Paper No. 12/163.

[48] Moody's Investors Service (2011). Corporate Default and Recovery Rates, 1920—2010. New York: Moody's.

[49] Moody's Investors Service (2012). How Sovereign Credit Quality May Affect Other Ratings. New York: Moody's.

[50] Morgan D. P. and Stiroh K. (2005). Too Big to Fail After All These Years, Federal Reserve Bank of New York Staff Report No. 22.

[51] Popov A. and Van Horen N. (2013). The Impact of Sovereign Debt Exposure on Bank Lending: Evidence from the European Debt Crisis, DNB Working Paper No. 382.

[52] Reinhart C. and Rogoff K. S. (2009). This Time is Different: Eight Centuries of Financial Folly. Princeton and Oxford: Princeton University Press.

[53] Reinhart C. and Rogoff K. S. (2011). From Financial Crash to Debt Crisis, American Economic Review 101 (5), 1676 - 1706.

[54] Reinhart C. , Rogoff K. S. , and Savastano M. A. (2003). Debt Intolerance, Brookings Papers on Economic Activity 1, 1 - 74.

[55] Schich S. and Lindh S. (2012). Implicit Guarantees for Bank Debt: Where Do We Stand?, OECD Journal: Financial Market Trends 1, 1 - 22, <http: //www. oecd. org/dataoecd/16/25/50586138. pdf. >.

[56] Schnabl P. (2012). The International Transmission of Bank Liquidity Shocks: Evidence from an Emerging Market, Journal of Finance 67 (3), 897 - 932.

[57] Sturzenegger F. and Zettelmeyer J. (2006). Debt Defaults and Lessons from a Decade of Crises. Cambridge, MA: MIT Press.

[58] Tomz M. and Wright M. L. J. (2007). Do Countries Default in "Bad Times"?, Journal of the European Economic Association 5 (2 - 3), 352 - 360.

[59] Uribe M. and Yue V. (2006). Country Spreads and Emerging Countries: Who Drives Whom?, Journal of International Economics 69 (1), 6 - 36.

第 31 章　银行业全球化

——全球并购①

31.1　引言

曾经跨国银行收购很罕见，直到 2008 年国际金融危机之前，跨国银行收购的数量和流行速度都在不断增长。在 2007 年，近 40% 的收购涉及至少一家总部设在两个不同国家的银行。这一趋势在危机期间发生逆转。根据汤姆森金融公司提供的数据，仅 2009 年一年，全球国内银行收购数量就增长了 55%，从 2007 年的 717 家增加到 1117 家。然而，跨境银行收购的数量从 2007 年的 432 家下降到 2009 年的 247 家，下降了 40% 以上。并购活动的减少是金融市场日益分化的一个方面，可以在危机期间观察到这一点。它表明，到目前为止，市场一体化仍②存在许多隐性和显性的障碍。危机带来的不确定性不可避免地放大了这些障碍。政治家和监管者设置了障碍，因为他们通常认为银行业对实体经济和金融稳定具有重要的战略意义。非政治障碍，如文化障碍，也可能会影响银行收购。反过来，这些障碍可能会影响银行收购的效率和风险。

在本章中，我们概述了国际银行收购的原因和影响的研究。考虑到有大量的影响因素，我们要有选择地进行研究。Berger、Demsetz 和 Strahan（1999）与 Berger 等（2000）回顾了早期金融机构合并和全球化的文献。我们主要从丰富的文献中总结出金融一体化对宏观经济稳定的影响，以及跨境银行业对跨国冲击传导的影响。我们也不试图回顾有关银行业系统性风险和银行市场集中对金融稳定的影响的日益增长的文献。相反，我们重点关注三个主要问题。第一，什么是跨国银行收购的决定因素和驱动力？第二，跨国银行并购对金融机构和金融体系的效率和竞争力有什么影响？第三，银行收购对银行业风险有何影响？我们的重点是关于商业银行的实证研究。我们先简要回顾跨国银行并购的典型事实。

31.2　国际银行并购：日益多见

从 20 世纪 90 年代中期开始，跨国银行收购变得越来越普遍。然而，仔细研究这些数字表明，金融机构的国际收购是相对较新的现象，往往主要发生在某些国家之间。

图 31.1 和图 31.2 显示了国内外银行收购的演变过程。我们研究了 1985—2012 年宣布

---

① Sabrina Keller 提供了优秀的科研援助。所有的错误和不准确都是我们自己的责任。

② 有关不确定性如何影响合并活动的更多见解，请参见欧洲中央银行（2012）。

并完成的跨境收购，其中至少有一家合作伙伴是商业银行，另一家是任何类型的公司。通常情况下，另一家合作伙伴是金融服务企业，也就是商业银行、证券或保险。我们将跨境收购定义为目标公司总部与收购方的最终母公司不在同一国家的任何收购。我们从汤姆森金融证券（Thomson Financial Securities）的数据中获得了收购方和收购目标的名称。截至1992年，该数据库包括所有价值至少100万美元的交易。1992年以后，任何有价值的交易都包括在内。还包括未公开价值的交易以及公共和私人交易。汤姆森金融证券数据中有6120条符合我们的标准。

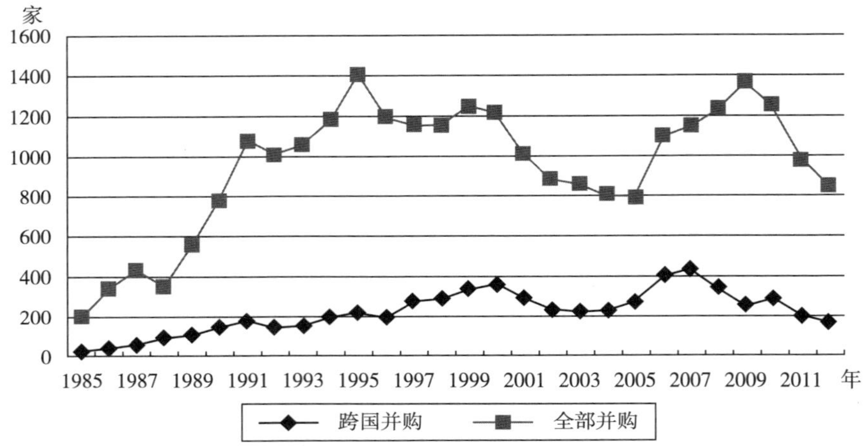

图31.1 1985—2012年银行并购

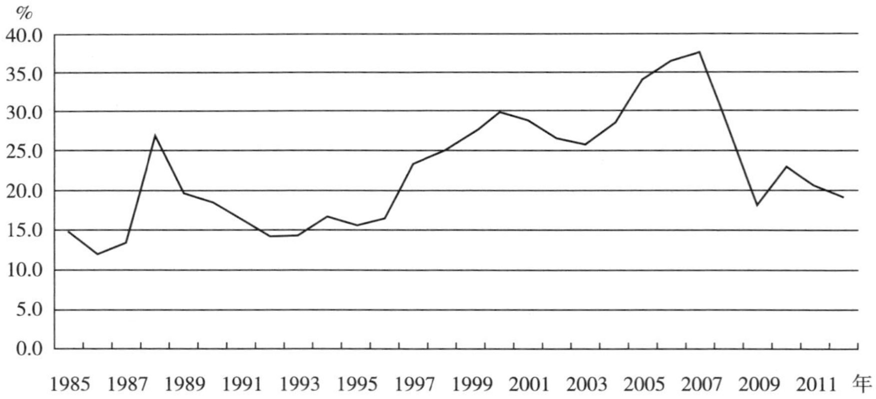

图31.2 1985—2012年跨国银行并购比例

我们介绍了跨国并购的数量和相对重要性。图31.1显示，国际银行收购的数量反映了全球宏观经济状况。当世界经济蓬勃发展时，跨国并购数量上升；当世界经历经济动荡时，数量下降。1985—2000年，跨国收购的数量稳步增长，但在2001—2003年互联网泡沫破灭期间有所下降。该数字在2007年达到顶峰，为432家，但从2008年稳步下降。图31.2显示跨国银行并购的比例从1985年的零增长到2007年的37%。2008年，这一比例急剧下降至 20% 左右，此后一直保持在这一水平。

表 31.1 进一步考察了银行业跨国并购的区域结构，并揭示了发展的三个阶段。1996—2007 年，所有区域的跨国收购数量都比 1985—1995 年有所增长。几乎所有地区的跨国并购数量翻了一番，有时甚至超过两倍。国内收购活动的增长也伴随着这些增长，不仅国内增长，欧洲、美洲和非洲/中东的跨国银行收购份额在这段时间内也出现了显著增长。亚洲是唯一一个在这段时期内，以跨境交易为代表的银行收购比例大幅下降的地区，尽管基数较小。这一趋势在 2008 年突然终止，跨境收购的数量和比例都已降至 1996 年前的水平。

表 31.1　　　　1985—2012 年各洲银行跨国并购

	欧洲	美国	非洲/中东	亚洲	澳大利亚	全世界
A 组：1985 年至 2012 年						
银行收购数量（家）	11808	13309	977	2721	523	27628
跨境收购占总数的百分比	38.00%	14.10%	53.10%	44.10%	53.90%	22.90%
洲内收购占总数的百分比	86.70%	90.20%	64.00%	71.90%	61.00%	91.00%
B 组：1985 年至 1995 年						
银行收购数量（家）	3069	5117	138	430	154	8401
跨境收购占总数的百分比	32.70%	8.60%	45.70%	49.80%	57.80%	16.20%
洲内收购占总数的百分比	87.30%	93.10%	58.70%	65.80%	57.10%	94.00%
C 组：1996 年至 2007 年						
银行收购数量（家）	5722	6245	556	1644	270	13553
跨境收购占总数的百分比	45.90%	17.90%	54.10%	44.80%	51.90%	27.50%
洲内收购占总数的百分比	84.60%	88.60%	62.40%	72.00%	65.60%	89.10%
D 组：2008 年至 2012 年						
银行收购数量（家）	3018	1945	283	646	99	5672
跨境收购占总数的百分比	28.50%	16.50%	54.80%	38.90%	53.50%	21.80%
洲内收购占总数的百分比	90.00%	87.60%	69.60%	75.90%	80.80%	91.50%
B 组和 C 组之间的差异						
跨境收购占总数的百分比	13.2***	9.2***	8.5*	-5.0*	-5.9	11.3***
(Z-统计量)	(12.3)	(14.8)	(1.8)	(-1.8)	(-1.2)	(20.4)
洲内收购占总数的百分比	-2.8***	-4.5***	3.7	6.1**	8.4*	-4.9***
(Z-统计量)	(-3.6)	(-8.4)	(0.8)	(2.4)	(1.7)	(-13.1)
C 组和 D 组之间的差异						
跨境收购占总数的百分比	-17.4***	-1.4	0.6	-5.9**	1.7	-5.7***
(Z-统计量)	(-16.5)	(-1.5)	(0.2)	(-2.6)	(0.3)	(-8.6)
洲内收购占总数的百分比	5.5***	-1.0	7.2**	3.9*	15.3***	2.4***
(Z-统计量)	(7.5)	(-1.1)	(2.1)	(1.9)	(3.1)	(5.1)

注：①由于总部位于同一大洲的两个国家的银行之间的并购属于洲内收购，故并购总额要小于各大洲的并购额之和。

②（pq/N + pq/N）^0.5。

③*、**、***分别表示结果在 0.1、0.05、0.01 水平上显著。

表31.1还显示了各洲之间的收购模式。将最早的阶段（1985—1995年）和中期（1996—2007年）进行比较，各大洲之间的跨国收购越来越多。将中期与最近的阶段（2008—2012年）进行比较，银行似乎已经撤退到更接近境内的收购。2007年的数据显示，随着银行提高跨境收购所需的技能，它们会冒险远离自己的国家。然而，自2008年以来，大洲之间的收购比例恢复到1996年以前的水平，这表明经济的不确定性会对它们到其他国家进行收购的积极性产生负向影响。

来自联合国贸易和发展会议《世界投资报告》① 的证据表明，来自发达市场经济体的银行主导着全球银行业。基于跨国公司在美国的分支机构的数量和地点构建指数，对金融服务业的前50名跨国公司进行排名，结果显示，2004年50家跨国公司中有10家的总部在美国。只有少数公司的总部不在欧盟或美国。Schoenmaker和van Laecke（2007）研究表明不同大洲的银行国际化的程度是不均衡的。有趣的是，他们发现经济一体化不仅促进了区域内的一体化，而且促进了区域外的一体化。

2007年开始冲击国际金融市场的危机，对跨国银行和国内银行合并和结盟的动机产生了重大影响。美国次级贷款的违约迫使投资者质疑他们所有资产的价值，从而引发了全球范围内资产重估和价格下跌的恶性循环。银行被迫出售部分资产并筹集新资金［参见Hellwig（2008），详细描述了这场危机的起因和潜在后果］。比如在欧洲，比利时、卢森堡和荷兰政府已开始剥离富通，并将其资产出售给欧洲其他金融机构。英国抵押贷款银行Bradford和Bingley将其存款和分支机构出售给西班牙桑坦德银行。因此，危机的部分解决方案是收购国内银行，无论是通过市场力量、监管者的道德劝告，还是决策者的直接干预。尽管跨国收购在全球范围内的份额有所下降，但大陆内部收购的比例有所上升。这表明银行很少涉足外国市场，但当它们进行跨国收购时，不会离本国太远。

在许多国家，政府为调整银行体系资本结构而实施的一揽子救助计划预示着要进行金融机构重组和合并。正如预期的那样，银行收购的数量增加了。跨国并购数量下降的一个原因可能是，官员们认为并非迫切需要拯救一家破产银行的并购活动已经减少；换言之，在这种经济动荡期间进行并购的主要动机是宏观经济的必要性。与此同时，银行似乎更加注重在国内的布局建设。因此，国内收购的数量有所增加，而国际收购几乎与20世纪80年代中期一样罕见。

由于2007年开始的国际金融危机，监管机构正在对银行进行更严格的审查，要求更多的收购理由，特别是跨境收购。Beltratti和Paladino（2013）的研究表明，股市注意到了审查力度的加大，对2007—2012年的银行收购公告漠不关心。在收购方通过监管障碍并完成收购后，市场给予它们一定的回报。但是，增加的审查可能会增加银行的风险。从这个意义上讲，本章的分析将在对跨国收购的分析基础上，提供一些关于预期结果的广泛指导方针和评估。

更具体地说，我们将重点解释过去跨境收购活动相对温和的增长、区域集中以及少数大国的主导地位。我们还将讨论跨国银行收购对银行业效率和风险的影响。

---

① 参见 <http://www.unctad.org/sections/dite_dir/docs/wir2006top50_spreadindex_en.pdf.>。

31.3　跨境并购的决定因素①

为什么银行要收购另一个国家的机构？关于国际银行业决定因素的理论文献采用了相对折中的方法来回答这个问题。传统上，这些文献区分了具体位置和所有权的因素（Sagari，1992；Williams，1997）。相对而言，很少有规范的理论研究提供一个涵盖国际银行公司的模式（参见有关银行理论的教科书，如 Allen 和 Gale，2000 或 Freixas 和 Rochet，1998）。通常情况下，理论工作侧重于国际银行业的特定方面，如监管后果（Repullo，2000；Dalen 和 Olsen 2003；Harr 和 Ronde，2005）或进入东欧市场的决定因素（Claeys 和 Hainz，2007）。Gray 和 Gray（1981）与 Berger 等（2004）建议借鉴非金融企业跨境外商投资的文献，解释跨境银行活动。Goldberg（2004）还讨论了研究人员是否可以将银行和非金融企业的跨国活动进行类比。虽然她指出了这两类文献中的相似之处，但她也注意到外国直接投资（FDI）在金融服务业和制造业之间的差异，特别是对当地机构建设和商业周期的影响。

在本节的其余部分中，我们将更仔细地回顾关于跨境银行收购决定因素的实证文献。我们围绕主要决定因素——信息成本、法规、银行特定变量和其他主要宏观经济因素——来组织讨论。从政策的角度来看，管制造成的效率障碍和信息成本之间的区别是很重要的。虽然前者最终可以被移除，但后者仍将留在（合法的）综合市场中。

我们所回顾的大多数研究都使用了一种引力型模型，该模型实质上是将两国间的双边经济活动与市场规模和地理距离联系起来。使用银行层面数据的研究，可以额外通过估算银行海外扩张的有限因变量模型来考虑银行的进入决定。

31.3.1　信息成本

在国外经营金融机构给金融机构经理带来了许多绩效挑战（Berger 等，2004）。管理人员必须应对语言、法律、社会实践、法规和客户期望方面的差异，以及母国和东道国之间的地理距离。这些跨国管理挑战增加了在收购后转型期经营被收购机构的困难。因此，Berger、DeYoung 和 Udell（2001）认为，“效率”障碍，比如距离，以及语言、文化、货币、监管或监管结构的差异，可能会抑制跨境银行收购。

因此，跨境银行收购的一个重要障碍可能是信息成本。这些可以用地理距离、共同的语言或共同的法律体系作为代理变量。使用距离变量的动机与将引力模型应用于国际投资决策的一系列文献有关。在这个文献中，研究人员用距离衡量运输成本。相比之下，国际金融文献从信息成本的角度来解释距离。Ahearne、Griever 和 Warnock（2004），Buch（2003，2005），Portes 和 Rey（2005），以及 Buch 和 Lipponer（2006，2007）实证研究表明，距离影响着银行的国际资本流动和银行的投资决策，就像它影响着国际贸易一样。除了地理上的接近，共享一个共同的语言可能会降低两个企业文化融合的成本。公司员工只需要一种语言来交流信息。更间接地说，共享一个共同的语言可以代表共同的文化联系。

① 本节部分引用了 Buch 和 DeLong（2004）以及 Berger 等（2004）的观点。

此外，共同法律制度的存在也对跨国并购产生积极影响。对于最近将引力模型应用于银行的证据，参见 Niepmann（2011）或 Brüggemann、Kleinert 和 Prieto（2012）。

Buch 和 DeLong（2004）利用各国间银行并购数量的双边数据，发现信息成本和监管实际上阻碍了跨境并购。与此同时，位于银行市场发达国家的大型、高效的银行可以克服这些障碍，并往往是倾向于海外扩张的银行。Alibux（2007）使用更近期的数据（1995—2005 年），发现信息成本和法规是跨境并购障碍的重要因素。Focarelli 和 Pozzolo（2005）考察了银行在哪些领域扩大其跨境持股，发现最重要的决定因素是潜在的利润机会和监管环境。文中以 OECD 国家具有代表性的 260 家大型银行为研究对象，利用银行层面的外资数据。他们分析的跨境股权包括收购和绿地投资。

另一个障碍可能是对国内机构的偏好，因为它们可以提供“看门人”服务，了解当地的情况以及有关当地非金融供应商和客户的信息。Berger 等（2003）发现外国公司在欧洲的分支机构更愿意选择当地的银行来进行现金管理服务，这与“看门人”效应是一致的。

31.3.2 法规①

虽然信息成本衡量的是银行市场整合的间接、隐性障碍，但银行活动的监管可以建立直接、明确的障碍。关于银行收购决定因素的实证文献通常支持放松管制对收购决策有重大影响的假设。Jayartne 和 Strahan（1998）与 Saunders（1999）讨论放松管制对国内环境的影响。显然，目标国家的国际金融中心的存在使各国成为更具吸引力的国际收购目的地（Choi、Tschoegl 和 Yu，1986；Ter Wengel，1995）。此外，外国银行常常发现，进入经历了重大私有化计划的国内银行系统很容易。Guillén 和 Tschoegl（2000）发现私有化为西班牙银行进入拉丁美洲铺平了道路，Bonin 和 Abel（2000）发现私有化是外国银行在中欧和东欧转型经济体中占有很高市场份额的原因之一。通常，关于转型经济体中外资银行经验的证据可以在 de Haas 和 Lelyveld（2006），de Haas 和 Naaborg（2006），或 Haselmann（2006）中找到。Claeys 和 Hainz（2007）研究了进入模式对贷款利率的影响。Berger（2007）支持这一发现，并增加了外国银行的净比较优势，加上低政府进入壁垒，解释了外国银行在一些新兴市场的高持股比例现象。

Buch 和 DeLong（2004）为跨境银行收购的监管环境的重要性提供了证据。他们发现，国家银行业监管规定会影响跨境银行并购中成为收购者或目标的可能性。通过观察收购特征随时间的变化，他们发现，鼓励区域一体化的监管变化产生的结果喜忧参半。在 1992 年欧洲联盟的单一市场计划之后，在欧洲联盟内部跨界银行收购的数量没有明显增加，但是在 1994 年北美自由贸易协定实施之后，加拿大、墨西哥和美国之间跨界银行收购的数量确实增加了。

欧洲银行业市场的整合确实为监管的影响提供了一个有趣的案例研究（Berglöf 等，2008）。尽管各国政府已在很大程度上废除了对银行跨境进入的官方限制，但通过“滥用

① 有关全球银行监管的详细数据库可在以下网站找到 <http：//econ.worldbank.org/WBSITE/EXTERNAL/EXTDEC/EXTGLOBALFINREPORT/0，contentMDK：23267421 ~ pagePK：64168182 ~ piPK：64168060 ~ theSitePK：8816097，00.html>，详见 Barth、Caprio 和 Levine（2001），Cihák 等（2012）以及 Barth、Caprio 和 Levine（2008）。

监管权力”（欧盟委员会，2005：第 4 页）而形成的隐性壁垒仍然普遍存在。根据欧盟委员会（2005）的一项调查，与通过国内收购实现的固定成本相比，跨境收购节省的固定成本相对较小，尤其是规模较小的金融机构，发现在不同的市场上销售同一种产品比较困难。因此，政治因素、制度和文化的差异、不同支付和结算系统的使用，以及各国资本市场税收和法规的差异都可能有助于阻止跨境合并（Giddy、Saunders 和 Walter，1996；Lannoo 和 Gros，1998；Boot，1999；Blandon，2000；Goddard、Molyneux 和 Wilson，2001）。

Fecht 和 Grüner（2008）为相对有限的泛欧洲银行收购提供另一种解释。在理论模型中，他们认为流动性冲击的分配可能构成银行合并的自然限制。在他们的模型中，当来自部分地区但并非所有地区的银行合并时，多样化带来的好处和传染的成本可能会得到最佳的权衡。Carletti、Hartmann 和 Spagnolo（2007）提出了一个理论模型来讨论银行合并的流动性效应，侧重于内部化和多样化效应之间的权衡。

除了直接鼓励收购之外，监管过程还能以一种更微妙的方式影响收购的可能性。Köhler（2009）发现，目标国家并购过程缺乏透明度，抑制了银行业的外国收购方。缺乏透明度尤其降低了外国公司收购一家大型银行的可能性，表明政治操纵可能正在影响大型机构的收购市场。

为达到监管标准而寻求资本可能会刺激跨境银行收购。Valkanov 和 Kleimeier（2007）证明了过度监管资本假设：收购那些希望避免受到监管审查的银行，将从战略上提高它们的资本水平，方法是收购那些持有资本超过监管机构规定数额的银行。股票市场认可并鼓励这种策略。

31.3.3 银行特有因素

增加收购可能性的银行特有特征包括效率、在竞争环境中的经验、规模经济和范围经济，以及拥有国际业务的国内客户。通过使用各种效率和盈利能力的衡量方法，研究发现，实力较强的银行会收购实力较弱的银行，因为收购方往往比收购对象更具有成本效益（Berger 和 Humphrey，1992），更有利可图（Peristiani，1993），或者资本状况更好（Wheelock 和 Wilson，2000）。对于欧洲银行来说，Vander Vennet（1998）证实收购银行往往比它们的目标更大更有效率。Correa（2009）发现，在银行系统集中的小国，外资银行往往会接管表现不佳的银行。跨国并购的收购者通常是来自金融市场发达国家的大型机构（Focarelli 和 Pozzolo，2001，2005）。

31.3.4 宏观因素

宏观经济因素，如东道国的高增长潜力（所谓的拉动因素）或国内的滞后增长（推动因素）影响跨境资本流动和银行的外国直接投资。此外，对差异化金融服务的需求往往随着经济发展水平的提高而增加。需求的增加，增加了银行形成跨境联盟和共同提供金融服务的动力。较高的人均国内生产总值（GDP）和庞大的市场规模也可以产生规模经济，从而创造国际并购的动机（Berger、Hunter 和 Timme，1993；Benston、Hunter 和 Wall，1995；Berger 等，2000）。与这些假设一致，实证研究发现，市场规模和人均 GDP 对跨境银行并购有积极的影响（Buch 和 DeLong，2004；Focarrelli 和 Pozzolo，2005）。

除了标准的推拉因素，关于国际银行业的文献也从跨国公司的理论中借鉴了可能决定银行对外扩张的因素（Goldberg，2004）。这些理论的一个含义是，随着两国在规模、相对要素禀赋和技术效率方面越来越接近，外国直接投资相对于两国之间的贸易将会增加（Markusen 和 Venables，1995）。此外，贸易文献预测，在银行业等无形的、公司特有的、以知识为基础的资产非常重要的行业，跨国公司更可能通过外国直接投资出口其管理专业知识，而不是自己出口产品和服务。因此，贸易理论将主要预测具有相似国家特征的国家之间的重大跨境金融机构并购。

Berger 等（2004）检验了新贸易理论和传统的比较优势理论在解释 1985 年至 2000 年金融机构国际并购的地理格局中的相关性。他们的数据为这两种理论提供了统计上显著的支持。他们还发现，美国在出口和进口金融机构管理方面具有独特的比较优势。Claessens 和 van Horen（2007）利用银行的外国直接投资数据，确认了比较优势和机构熟悉度的重要性。

在 31.3.3 节中，我们回顾了银行层面强调相对效率对于成为国际银行合并中收购者的可能性的重要性的文献。文献还显示了国家层面盈利能力的重要性。Focarelli 和 Pozzolo（2001）研究银行业相对于非金融部门的跨境收购模式。利用来自 29 个经合组织国家的近 2500 家银行的数据，他们发现银行倾向于向银行系统效率低下的国家扩张。

关于银行业外国直接投资的大量文献讨论了贸易和金融是否有联系的问题。根据这一文献，银行组织从事“追随客户”的战略，在本国客户拥有外国分支机构的国家设立办事处（Goldberg 和 Saunders，1981；Brealey 和 Kaplanis，1996）。然而，其他研究人员指出，外资银行主要向本国客户以外的借款人发放贷款，这表明“追随客户”可能不是跨境收购背后的主要动机（Stanley、Roger 和 Mcmanis，1993；Seth、Nolle 和 Mohanty，1998）。Focarreli 和 Pozzolo（2005）支持“追随客户”的假设，尤其是对于分支机构。然而，他们也发现其他因素，如机构和盈利机会相对更重要。然而，最终，有必要通过公司或银行层面的证据来区分银行和非金融公司的对外扩张之间的因果关系，从而最终解决“追随客户”的假设。

31.3.5 总结

国际银行并购的决定因素和跨国银行并购的影响因素是国际银行并购研究最集中的领域之一。许多程式化的事实引人注目。在银行层面，在国际交易中成为收购者的可能性与规模和盈利能力呈正相关关系。在国家层面，大型和发达市场经济国家与具有类似文化背景的国家之间的收购更为频繁。此外，监管进入壁垒阻止跨境收购。事实上，进入外国市场的隐性监管和文化准入壁垒仍然盛行，这可能会对银行收购的效率和风险效应产生影响。这是我们下一个要讨论的问题。

31.4 跨境银行并购的影响：效率和竞争

跨境银行并购通过多种渠道影响银行效率。合并后的实体可以利用规模和范围经济效益，或者可以改进管理和公司治理实践。与此同时，根据联合国贸易和发展会议收集的数据，管理在几个国家经营的日益庞大和复杂的组织也可能导致管理效率低下和业绩下降——最大的跨国银行在 70 个东道国设有分支机构。关于这两种效应中哪一种占主导地位的争论已经成为大量实证文献的主题。

关于跨境银行收购效率效应的研究主要分为两大类。第一组研究使用事件研究，以探究收购对银行绩效的影响。第二组研究比较国内银行与外资银行的效率。由于外资所有权往往是收购的结果，这些研究为收购的效率效应提供了间接证据。这些研究还深入探讨了外资进入银行业对银行业竞争的影响，从而解决了跨境收购中银行提高效率与银行体系竞争结构之间的潜在权衡。Boot 和 Marinc（2009）提出了关于竞争、效率和银行监管有效性之间权衡的理论研究。

31.4.1　事件研究

对发达国家金融机构跨境收购的研究表明，收购后的财务业绩充其量只能算是中等水平。一项对欧洲跨境收购的研究发现，与国内收购相比，合并后的投标人和目标值的变化通常为零或负值，而国内收购的联合估值平均为正值（Beitel 和 Schiereck，2001）。同样，一项针对美国国内交易的研究发现，将来自不同地域的两家公司合并在一起的收购，产生的股东价值较低，与跨境收购带来的利益较少一致（DeLong，2001）。Cybo - Ottone 和 Murgia（2000）发现，在 1988—1997 年的 54 次欧洲银行间收购中，收购方的异常回报与零相差不大。

DeLong（2003）更进一步，比较了市场对美国银行收购和跨境收购的反应。她调查了 41 家非美国银行收购交易宣布后上市交易伙伴的异常回报，并将其与一家美国控股集团进行了比较。她发现，美国以外的银行的收购者平均比美国国内银行的收购者赚得更多。此外，非美国目标企业的利润往往低于美国目标企业。然而，对于股票市场相对发达的国家的收购，她发现美国国内外的合作伙伴都获得了类似的回报。Kiymaz（2004）也发现宏观经济因素对跨国并购伙伴的市场回报很重要。当他研究涉及美国合作伙伴的金融机构的跨境并购时，他发现美国竞标者的回报与目标国家的经济状况成反比关系。相反，他发现，当美国经济状况好于竞购方所在国的情况时，美国目标回报率更高。

Ayadi 和 Pujals（2005）研究了欧洲的银行并购。他们发现，国内收购有助于降低成本，但未能实现收入协同效应。相比之下，跨国并购产生收入协同效应，可能是由于地理多样化的改善。

Carletti、Hartmann 和 Ongena（2007）分析了监管对收购效果的影响。他们使用一个新的和唯一的数据集，确定了 19 个国家和 1987—2004 年加强竞争政策的事件。他们发现，在收购控制方面，更注重竞争的制度有两个积极的影响。首先，银行的股价上涨，而非金融公司则不然。其次，银行收购的目标变得更大，更有利可图。

31.4.2　银行效率的比较

跨国并购的事件研究分析了外国收购宣布后，股市对竞购者和目标的反应，而一些研究比较了国内和外资银行的效率（参见 Berger，2007 的一项包罗万象的调查）。由于收购是银行进入海外市场的关键渠道，这些研究为银行收购的效率效应提供了间接证据。对于并购中对东道国的影响，我们关注竞争和效率影响。其他方面，比如对中小企业贷款的影响等方面在 Berger、Klapper 和 Udell（2001）、Berger 等（2004）或 Goldberg、Dages 和 Kinney（2000）中被提到。Herrero 和 Simón（2003）调查了金融业 FDI 对本国经济的决定因素和影响。

大多数发达国家外资银行与内资银行的效率研究发现，外资银行的效率较低，美国银行在海外运营可能是个例外（DeYoung 和 Nolle，1996；Chang、Hasan 和 Hunter，1998；Berger 等，2000）。然而，一些研究发现，外国机构与国内机构的平均效率大致相同（Vander Vennet，1996）。Peek、Rosengren 和 Kasirye（1999）认为，外国银行子公司的不良表现主要是由于被收购方之前较差的条件。与此同时，外国所有者也无法让他们收购的银行扭亏为盈。

与发达市场经济体相比，发展中国家更容易获得所谓的跨境银行收购的好处。通过国外银行的进入，新兴的东道国可以受益于技术转让、竞争和示范效应（BIS，2004）。对发展中国家外资银行的研究实际上发现了与发达国家不同的结果。例如，一项针对 80 多个国家的外资银行的研究发现，新兴市场的外资银行盈利能力相对较高（Claessens、Demirgüç – Kunt 和 Huizinga，2001）。这与这些国家当地银行在金融机构管理方面的不足是一致的。Demirgüç – Kunt 和 Huizinga（1999）发现在新兴市场，外资银行表现往往优于国内银行。

对银行效率有积极影响的银行收购可能对银行系统的竞争结构产生负面影响。要评估银行收购对整体福利的影响，我们还必须考察收购对市场力量的影响。

Huizinga、Nelissen 和 vander Vennet（2001）发现效率和竞争之间的权衡不必太夸张。以欧洲 52 家横向银行收购为例，在欧元区形成前，它们在欧洲银行业中发现了未被开发的规模经济和无效率的证据。在某种程度上，跨国并购减少了这些低效率。然而，作者没有找到证据来证明合并银行会有更大的市场力量。

31.4.3 总结

外资银行对一国银行体系的影响尚不明确。从理论上讲，增加竞争应提高效率和降低成本。从经验来看，研究人员发现，外资银行的效率低于发达国家的国内银行，这表明外资银行不会带来太多竞争。与这些一般发现相反，从发达国家向发展中国家扩张的银行往往比国内银行更有效率。虽然在发展中国家运营可能增加银行的风险，但这可能对银行和东道国银行系统都有好处。我们现在来看看这种风险的各个方面。

31.5 跨境并购的影响：风险[①]

大量的研究着眼于银行业的风险因素，但只有极少数关注银行国际化的影响（De Nicolò，2001；González，2005；Nier 和 Baumann，2006）。然而，人们越来越意识到，跨境银行活动可能会影响风险，从而影响国内银行体系的稳定。

① 本节部分借鉴了 Amihud、DeLong 和 Saunders（2002）。

关于银行业的一个普遍观点是，跨境（地域）收购有可能降低银行（以及监管机构）破产的风险（Segal，1974；Vander Vennet，1996；Berger，2000）。这种传统观点基于这样一种观念，即银行最好不要把所有“鸡蛋放在一个篮子里”，因此，地域多样化自然是一种降低风险的活动。

然而，抵消这些预期收益至少有两个潜在成本可能会增加银行破产的风险，并最终增加银行监管机构的风险敞口。当监管“安全网”及其相关的隐性和显性担保定价过低时，银行不得不转移风险，这是第一个风险增加效应。John、Saunders 和 Senbet（1991）与 John、Saunders 和 Senbet（2000）证明，在一个没有安全网担保或安全储蓄保险、资本要求和隐式的银行严密控制的世界里，银行有动机将其风险敞口提高到超出私人最优水平的水平。银行利用安全网的一种方法可能是通过跨境扩张收购其他（高风险）银行。如果风险投资得到回报，那么收购银行就有可能保持任何正向收益。如果收购外国目标失败并且国内银行（收购方）的偿付能力受到威胁，那么收购银行可以通过其本国监管机构或主管监管机构（目标银行的监管机构）获得救助。因此，跨境收购可能会增加国内（收购方）和东道国（目标）银行监管机构一方或双方的破产风险敞口。

跨境收购可能增加收购方风险的第二个原因是“谁在看篮子里的鸡蛋”（Winton，1999）。具体来说，通过将业务扩展到新的海外市场，（国内）银行面临着与目标银行的贷款客户群、运营成本结构等相关的潜在的新的风险监控问题。如果监控成本很高，这些问题还可能增加国内收购银行的破产风险，并隐含着国内（和外国）监管机构的风险。

问题在于，跨境收购是否以及对谁有利。例如，如果跨境收购没有增加相对于其他国内（本国）银行的收购风险，或者确实降低了风险，那么国内监管机构可能会鼓励国内银行向海外扩张。相比之下，如果跨境收购增加了收购银行在国内的相对风险，那么国内监管机构可能希望更仔细地审查此类收购，甚至可能试图限制此类收购，以减少安全网补贴和减少风险转移行为。

为了深入了解这些问题，Amihud、DeLong 和 Saunders（2002）研究了跨国银行并购对风险的影响。他们分析了跨境银行交易带来的收购银行的总风险发生的变化，收购银行的系统风险相对于国内、国外和世界市场银行指数的变化，以及股价对收购消息的反应，并考察这种股价反应之间的关系，以及跨境银行收购带来的风险变化。他们发现，平均而言，跨国银行收购不会显著改变收购银行的风险。这一发现具有重要的监管政策含义，因为海外收购的影响高度依赖银行或具有特殊性。平均而言，跨境银行收购的风险降低效应被风险增加效应所抵消，合并后的合伙人的经营性质会发生变化，从而使收购方的风险保持不变。在后续研究中，Buch 和 DeLong（2008）进一步研究了银行收购后风险的决定因素。他们发现，强大的银行监管与收购后的银行风险降低有关。研究结果表明，受到严格监管的银行利用跨境收购分散风险，而不是将风险转移到监管较弱国家的银行。

Amihud、DeLong 和 Saunders（2002）研究的重点是银行对市场风险的暴露，而最近的研究也探讨了银行对宏观经济风险的暴露。Méon 和 Weill（2005）研究了欧洲大型银行收购对银行宏观经济风险敞口的影响。他们发现，欧洲银行的贷款组合提供了次优的风险回报权衡。因此，即使是在欧盟内部，由于商业周期的不完全相关性，跨境收购的风险分散也有潜在收益。

一个相当全面的理论文献也涉及国际银行收购的风险和监管后果。例如，Repullo（2001）提出了一个关于外国银行成为国内银行分支机构的理论模型。每家银行最初由本国监管机构监管。在母国控制下，收购将监管责任转移到国内机构。该模型表明，跨境银行收购虽然可以因多元化降低风险，但也会将监管和存款保险的责任转移到国内监管机构。Harr 和 Ronde（2005）研究了银行在分行和子公司之间的组织选择对监管的影响，它们分别处于国内和所在国家的监管之下。他们的结果并未显示出监管机构通过放宽银行监管来“参与竞争”的动机。Karolyi 和 Taboada（2012）证实了这一结果，并发现，在监管制度较强的国家的银行收购这些目标后，这些目标承担的风险更小。在收购公告后，收购方本国更严格的监管也与更高的股票市场回报率有关。Dalen 和 Olsen（2003）表明，跨国银行与风险承担之间的联系并不明确。一方面，对外资银行子公司的监管缺乏国际协调往往会降低资本要求。另一方面，监管机构通过增加激励措施来提高资产质量。

随着银行形成更加复杂的跨国并购，监管责任问题日益紧迫。例如，Dermine（2006）详细介绍了斯堪的纳维亚的北欧银行的监管措施和面临的挑战，该银行由来自四个不同北欧国家的银行组成。北欧银行采用了欧洲公司结构（Societas Europaea），这是一种受欧盟法律管辖的公司结构。这种结构允许欧盟的银行跨国界设立分支机构。北欧银行在瑞典注册成立，瑞典监事负责整个公司的监管和存款保险。其结果是，在芬兰、丹麦或挪威开展业务的分行，和与之竞争的东道国银行相比，拥有不同的监管和存款保险制度。

31.6 结论

在这一章中，我们回顾了银行跨境收购的决定因素和影响的实证文献。我们将结果总结如下。

首先，研究人员深入了解了国际银行活动的决定因素。市场一体化的隐性和显性障碍阻碍了跨国并购活动的开展。隐性壁垒包括信息成本以及阻碍外资银行进入市场的法规。由于政策制定者在发达市场经济体中明显降低了市场一体化的明显直接障碍，因此这些间接障碍相对重要。此外，银行收购往往主要发生在大国和发达国家之间、区域较近的国家之间以及具有共同文化背景的国家之间。考虑到跨境银行收购银行层面的决定因素，有明显证据表明，规模更大、利润更高的银行将成为收购方。

其次，一些研究考察了国际银行收购在竞争和效率方面的影响。这个文献的一个常见发现是，外资银行——通常是收购形成的——表现优于发展中国家的国内银行。发达国家外资银行的比较优势不太明显。

最后，尽管越来越多的人认识到，国际银行业可以对（国际）金融稳定产生重要影响，但分析银行收购风险影响的研究相对较少。在银行层面，研究发现，几乎没有证据表明银行收购后风险会发生系统性变化。

在未来的研究领域，我们在文献中看到三个主要的方向。

首先，需要根据国际银行成熟的模式测试银行业收购的决定因素。将跨国公司的文献应用到国际银行业中，同时考虑到“银行是特殊的”，这似乎是未来理论工作的一个潜在的富有成果的途径。一个被认为是特别有用的途径是研究银行异质性及其对跨境银行的影响（e. g. , De Blas 和 Russ, 2013）。关于银行的实证文献提供了足够的证据，证明这种理论模型应该可以适用于这些程式化事实。

其次，提高我们对国际银行收购中风险回报权衡的理解，需要更广泛地使用银行层面的数据。研究国际活跃银行的投资组合结构，并评估外国活动对风险和收益的影响，可为跨国并购的影响提供重要见解。

最后，在理论文献中，有一些论文分析了跨国银行的监管后果。在银行层面，这些论文关注的是分支机构和子公司之间的组织选择；在监督层面，重点是本国和东道国控制之间的成本和收益。然而，据我们所知，这些文献很少进行实证检验。这将是下一步的工作。

最终，将国际银行并购的实证工作和理论工作更紧密地联系在一起，利用新的银行层面的数据集，不仅具备学术价值，这也将为政策制定者提供更多信息。跨境金融机构的增加引发了一些重要的政策问题，比如系统性风险的跨国传递、跨国金融机构的治理和监管，以及外资机构在发生地方危机时提供足够服务的程度。对发展中国家来说，以适当的方式应对这些挑战特别重要。在效率方面，这些国家从外资银行进入中获得了相对较大的好处，但它们也可能面临更大的潜在风险。政策制定者必须通过调整监督框架、监督人员之间的信息共享、发展监督技能来作出反应。

参考文献

[1] Ahearne A. , Griever W. , and Warnock F. (2004). Information Costs and Home Bias: An Analysis of US Holdings of Foreign Equities, Journal of International Economics 62, 313 – 336.

[2] Alibux A. N. R. N. (2007). Cross – Border Mergers and Acquisitions in the European Banking Sector. Erasmus University of Rotterdam Dissertation.

[3] Allen F. and Gale D. (2000). Comparing Financial Systems. Cambridge, MA: MIT Press.

[4] Amihud Y. , DeLong G. , and Saunders A. (2002). The Effects of Cross – Border Bank Mergers on Bank Risk and Value, Journal of International Money and Finance 21 (6), 857 – 877.

[5] Ayadi R. and Pujals G. (2005). Banking Mergers and Acquisitions in the EU: Overview, Assessment and Prospects, Société Universitaire Européenne de Recherches Financiéres (SUERF) Study No. 3.

[6] Barth J. R. , Caprio Jr. G. , and Levine R. (2001). The Regulation and Supervision of Banks Around the World: A New Database. In: R. E. Litan and R. Herring (Eds.), Integrating Emerging Market Countries into the Global Financial System, Washington, DC: Brookings Institution Press.

[7] Barth J. R. , Caprio Jr. G. , and Levine R. (2008). Bank Regulations Are Changing: For Better or Worse?, Comparative Economic Studies 50, 537 – 563.

[8] Beitel P. and Schiereck D. (2001). Value Creation at the Ongoing Consolidation of the European Banking Market. Institute for Mergers and Acquisitions Working Paper.

[9] Beltratti A. and Paladino G. (2013). Is M&A Different During a Crisis? Evidence from the European Banking Sector, Journal of Banking and Finance (Forthcoming).

[10] Benston G. , Hunter C. , and Wall L. (1995). Motivations for Bank Mergers and Acquisitions: Enhancing the Deposit Insurance Put Option Versus Earnings Diversification, Journal of Money, Credit and Banking 27, 777 – 788.

[11] Berger A. N. (2000). The Big Picture of Bank Diversification. Federal Reserve of Chicago Proceedings May, 162 – 174.

[12] Berger A. N. (2007). Obstacles to a Global Banking System: "Old Europe" versus "New Europe," Journal of Banking and Finance (31) 7, 1955 – 1973.

[13] Buch C. M., DeLong G., and DeYoung R. (2004). Exporting Financial Institutions Management via Foreign Direct Investment Mergers and Acquisitions, Journal of International Money and Finance 23, 333 – 366.

[14] Berger A. N., Dai Q., Ongena S., and Smith D. C. (2003). To What Extent Will the Banking Industry be Globalized? A Study of Bank Nationality and Reach in 20 European Nations, Journal of Banking and Finance 27 (3), 383 – 415.

[15] Berger A. N., Demsetz R. S., and Strahan P. E. (1999). The Consolidation of the Financial Services Industry: Causes, Consequences, and Implications for the Future, Journal of Banking and Finance 23 (2 – 4), 135 – 194.

[16] Berger A. N., DeYoung R., Genay H., and Udell G. F. (2000). The Globalization of Financial Institutions: Evidence from Cross – Border Banking Performance, Brookings – Wharton Papers on Financial Services 3, 23 – 158.

[17] Berger A. N., DeYoung R., and Udell G. F. (2001). Efficiency Barriers to the Consolidation of the European Financial Services Industry, European Financial Management 7, 117 – 130.

[18] Berger A. N. and Humphrey D. B. (1992). Megamergers in Banking and the Use of Cost Efficiency as an Antitrust Defense, Antitrust Bulletin 37, 541 – 600.

[19] Berger A. N., Hunter W. C., and Timme S. G. (1993). The Efficiency of Financial Institutions: A Review and Preview of Research Past, Present, and Future, Journal of Banking and Finance 17, 389 – 405.

[20] Berger A. N., Klapper L. F., and Udell G. F. (2001). The Ability of Banks to Lend to Informationally Opaque Small Businesses, Journal of Banking and Finance 25 (12), 2127 – 2167.

[21] Berglöf E., Burkart M., Friebel G., and Paltseva E. (2008). Widening and Deepening— Reforming the European Union, American Economic Review 93 (5), 1824 – 1829.

[22] BIS (Bank for International Settlements) (2004). Foreign Direct Investment in the Financial Sector of Emerging Market Economies, Basel: CGFS Publications No. 22.

[23] Blandon J. G. (2000). Cross – Border Banking in Europe: An Empirical Investigation, Universitat Pompeu Fabra Economics Working Paper No. 509.

[24] Bonin J. P. and Abel I. (2000). Retail Banking in Hungary: A Foreign Affair? Wesleyan University Economics Department Middletown Working Paper.

[25] Boot A. W. A. (1999). European Lessons on Consolidation in Banking, Journal of Banking and Finance 23 (2 – 4), 609 – 613.

[26] Boot A. W. A. and Marinc M. (2009). Competition and Entry in Banking: Implications for Capital Regulation. University of Amsterdam and CEPR: Mimeo.

[27] Brealey R. A. and Kaplanis E. C. (1996). The Determination of Foreign Banking Location, Journal of International Money and Finance 15 (4), 577 – 597.

[28] Brüggemann B., Kleinert J., and Prieto E. (2012). A Gravity Equation for Bank Loans. Universities of Graz and Tuebingen: Mimeo.

[29] Buch C. M. (2003). Information Versus Regulation: What Drives the International Activities of Commercial Banks?, Journal of Money, Credit, and Banking 35 (6), 851 – 869.

[30] Buch C. M. (2005). Distance and International Banking, Review of International Economics 13

(4), 787 – 804.

[31] Buch C. M. and DeLong G. L. (2004). Cross – Border Bank Mergers: What Lures the Rare Animal?, Journal of Banking and Finance 28 (9), 2077 – 2102.

[32] Buch C. M. and DeLong G. L. (2008). Do Weak Supervisory Systems Encourage Bank Risk – Taking?, Journal of Financial Stability 4 (1), 23 – 39.

[33] Buch C. M. and Lipponer A. (2006). Clustering or Competition? The Foreign Investment Behaviour of German Banks, International Journal of Central Banking 5, 135 – 168.

[34] Buch C. M. and Lipponer A. (2007). FDI versus Exports: Evidence from German Banks, Journal of Banking and Finance 31 (3), 805 – 826.

[35] Carletti E., Hartmann P., and Ongena S. (2007). The Economic Impact of Merger Control: What Is Special About Banking?, European Central Bank Working Paper Series No. 786.

[36] Carletti E., Hartmann P., and Spagnolo G. (2007). Bank Mergers, Competition and Liquidity, Journal of Money, Credit and Banking 39 (5), 1067 – 1105.

[37] Chang C. E., Hasan I., and Hunter W. C. (1998). Efficiency of Multinational Banks: An Empirical Investigation, Applied Financial Economics 8 (6), 1 – 8.

[38] Choi S. – R., Tschoegl A. E., and Yu E – M. (1986). Banks and the World's Major Financial Centers, 1970 – 1980, Weltwirtschaftliches Archiv 122, 48 – 64.

[39] Cihák M., Demirgüç – Kunt A., Soledad Martínez Pería M., and Mohseni – Cheraghlou A. (2012). Banking Regulation and Supervision Around the World: A Crisis Update. World Bank, Washington, DC, Policy Research Working Paper.

[40] Claessens S., Demirgüç – Kunt A., and Huizinga H. (2001). How Does Foreign Entry Affect Domestic Banking Markets?, Journal of Banking and Finance 25, 891 – 911.

[41] Claessens S. and van Horen N. (2007). Location Decisions of Foreign Banks and Competitive Advantage, International Monetary Fund, World Bank Policy Research Working Paper Series No. 4113.

[42] Claeys S. and Hainz C. (2007). Acquisition versus Greenfield: The Impact of the Mode of Foreign Bank Entry on Information and Bank Lending Rates, Sveriges Riksbank, Stockholm, Working Paper Series No. 210.

[43] Correa R. (2009). Cross – Border Bank Acquisitions: Is There a Performance Effect?, Journal of Financial Services Research 36 (2 – 3), 169 – 197.

[44] Cybo – Ottone A. and Murgia M. (2000). Mergers and Shareholder Wealth in European Banking, Journal of Banking and Finance 24 (6), 831 – 859.

[45] Dalen D. M. and Olsen T. E. (2003). Regulatory Competition and Multinational Banking, Munich, CESifo Working Paper Series No. 971.

[46] De Blas B. and Russ K. (2013). All Banks Great, Small, and Global: Loan Pricing and Foreign Competition, International Review of Economics and Finance 26, 4 – 24.

[47] de Haas R. and Naaborg I. (2006). Foreign Banks in Transition Countries: To Whom Do They Lend and How are They Financed?, Financial Markets, Institutions and Instruments 15 (4), 159 – 199.

[48] de Haas R. and van Lelyveld I. (2006). Foreign Banks and Credit Stability in Central and Eastern Europe: A Panel Data Analysis, Journal of Banking and Finance 30 (7), 1927 – 1952.

[49] DeLong G. L. (2001). Stockholder Gains from Focusing versus Diversifying Bank Mergers, Journal of Financial Economics 59 (2), 221 – 252.

[50] DeLong G. L. (2003). Does Long – Term Performance of Mergers Match Market Expectations? Evi-

dence from the US Banking Industry, Financial Management 32 (2), 5 – 26.

[51] Demirgüç – Kunt A. and Huizinga H. (1999). Determinants of Commercial Bank Interest Margins and Profitability: Some International Evidence, World Bank Economic Review 13, 379 – 408.

[52] Dermine J. (2006). European Banking Integration: Don't Put the Cart before the Horse, Financial Markets, Institutions and Instruments 15 (2), 57 – 106.

[53] De Nicolo G. (2001). Size, Charter Value and Risk in Banking: An International Perspective. In: The Financial Safety Net: Costs, Benefits and Implications for Regulation, 197 – 215. Proceedings of the 37th Annual Conference on Bank Structure and Competition, Federal Reserve of Chicago.

[54] DeYoung R. and Nolle D. E. (1996). Foreign – Owned Banks in the US: Earning Market Share or Buying It?, Journal of Money, Credit, and Banking 28 (4), 622 – 636.

[55] European Central Bank (2012). Financial Integration in Europe, <http: //www. ecb. europa. eu/pub/pdf/other/financialintegrationineurope201204en. pdf>.

[56] European Communities (2005). Cross – Border Consolidation in the EU Financial Sector, Commission Staff Document, Brussels, SEC (2005) No. 1398.

[57] Fecht F. and Grüner H. P. (2008). Limits to International Banking Consolidation, Open Economies Review 19 (5), 651 – 666.

[58] Focarelli D. and Pozzolo A. F. (2001). The Patterns of Cross – Border Bank Mergers and Shareholdings in OECD Countries, Journal of Banking and Finance 25, 2305 – 2337.

[59] Focarelli D. and Pozzolo A. F. (2005). Where Do Banks Expand Abroad?, Journal of Business 78 (6), 2435 – 2462.

[60] Freixas X. and Rochet J. – C. (1998). Microeconomics of Banking. Cambridge: MIT Press.

[61] Giddy I., Saunders A., and Walter I. (1996). Alternative Models for Clearance and Settlement: The Case of the Single European Capital Market, Journal of Money, Credit and Banking 28 (4), 986 – 1000.

[62] Goddard J., Molyneux P., and Wilson J. O. S. (2001). European Banking: Efficiency, Technology and Growth. Chichester, UK: John Wiley and Sons.

[63] Goldberg L. (2004). Financial – Sector FDI and Host Countries: New and Old Lessons, Cambridge, MA, NBER Working Paper No. 10441.

[64] Goldberg L., Dages B. G., and Kinney D. (2000). Foreign and Domestic Bank Participation in Emerging Markets: Lessons from Mexico and Argentina, Federal Reserve Bank of New York Economic Policy Review 6 (3), 17 – 36.

[65] Goldberg L. G. and Saunders A. (1981). The Determinants of Foreign Banking Activity in the United States, Journal of Banking and Finance 5 (1), 17 – 32.

[66] Gonzáles F. (2005). Bank Regulation and Risk – Taking Incentives: An International Comparison of Bank Risk, Journal of Banking and Finance 29, 1153 – 1184.

[67] Gray J. M. and Gray H. P. (1981). The Multinational Bank: A Financial MNC?, Journal of Banking and Finance 5 (1), 1 – 153.

[68] Guillén M. and Tschoegl A. E. (2000). The Internationalization of Retail Banking: The Case of the Spanish Banks in Latin America, Transnational Corporations 9, 63 – 97.

[69] Harr T. and Ronde T. (2005). Branch or Subsidiary? Capital Regulation of Multinational Banks. University of Copenhagen and CEPR: Mimeo.

[70] Haselmann R. (2006). Performance and Strategies of Banks in Transition Economies. Marburg: Metropolis Verlag.

[71] Hellwig M. (2008). The Causes of the Financial Crisis, CESifo Forum, Ifo Institute for Economic Research at the University of Munich 9 (4), 12 – 21.

[72] Herrero A. G. and Simón D. N. (2003). Determinants and Impact of Financial Sector FDI to Emerging Economies: A Home Country's Perspective, Madrid, Documentos ocasionales— Banco de España No. 8.

[73] Huizinga H. P., Nelissen J. H. M., and Vander Vennet R. (2001). Efficiency Effects of Bank Mergers and Acquisitions in Europe, Tinbergen Institute, Rotterdam, Discussion Paper No. 088/3.

[74] Jayaratne J. and Strahan P. (1998). Entry Restrictions, Industry Evolution, and Dynamic Efficiency: Evidence from Commercial Banking, Journal of Law and Economics 41, 239 – 273.

[75] John K., John T., and Senbet L. (1991). Risk Shifting Incentives of Depository Institutions: A New Perspective on Federal Deposit Insurance Reform, Journal of Banking and Finance 15 (45), 895 – 915.

[76] John K., Saunders A., and Senbet L. (2000). A Theory of Bank Compensation and Management Regulation, Review of Financial Studies 3 (1), 95 – 126.

[77] Karolyi G. A. and Taboada A. G. (2012). The Role of Regulation in Cross – Border Bank Acquisitions: It is Really a "Race to the Bottom"? Cornell University Working Paper.

[78] Kiymaz H. (2004). Cross – border Acquisitions of US Financial Institutions: Impact of Macroeconomic Factors, Journal of Banking & Finance 28, 1413 – 1439.

[79] Köhler M. (2009). Transparency of Regulation and Cross – Border Bank Mergers, International Journal of Central Banking 5, 39 – 73.

[80] Lannoo K. and Gros D. (1998). Capital Markets and EMU: Report of a CEPS Working Party. Centre for European Policy Studies.

[81] Markusen J. R. and Venables A. J. (1995). The Increased Importance of Multinationals in North American Economic Relationships: A Convergence Hypothesis.

[82] W. J. Ethier, and V. Grilli (Eds.), The New Transatlantic Economy, 169 – 188. London: Cambridge University Press.

[83] Méon P. G. and Weill L. (2005). Can Mergers in Europe Help Banks Hedge Against Macroeconomic Risk?, Applied Financial Economics 15 (5), 315 – 326.

[84] Niepmann F. (2011). Banking Across – borders, Netherlands Central Bank, Research Department, Amsterdam, DNB Working Papers No. 325.

[85] Nier E. and Baumann U. (2006). Market Discipline, Disclosure and Moral Hazard in Banking, Journal of Financial Intermediation 15, 332 – 361.

[86] Peek J., Rosengren E. S., and Kasirye F. (1999). The Poor Performance of Foreign Bank Subsidiaries: Were the Problems Acquired or Created?, Journal of Banking and Finance 23, 579 – 604.

[87] Peristiani S. (1993). The Effects of Mergers on Bank Performance. In: Studies on Excess Capacity in the Financial Sector. WP 93 – 13. New York: Federal Reserve Bank of New York.

[88] Portes R. and Rey H. (2005). The Determinants of Cross – Border Equity Flows, Journal of International Economics 65 (2), 269 – 296.

[89] Repullo R. (2001). A Model of Takeovers of Foreign Banks, Spanish Economic Review 3, 1 – 21.

[90] Sagari S. B. (1992). United States Foreign Direct Investment in the Banking Industry, Transnational Corporations 3, 93 – 123.

[91] Saunders A. (1999). Consolidation and Universal Banking, Journal of Banking and Finance 23, 693 – 695.

[92] Schoenmaker D. and van Laecke C. (2007). Determinants of International Banking: Evidence from

the World's Largest Banks. Government of the Netherlands Ministry of Finance: Mimeo.

[93] Segal Z. (1974). Market and Industry Factors Affecting Commercial Bank Stocks: An Analysis of the Price Behavior of Bank Stock Prices. New York University, Unpublished Doctoral Dissertation.

[94] Seth R., Nolle D. E., and Mohanty S. K. (1998). Do Banks Follow Their Customers Abroad?, Financial Markets, Institutions, and Instruments 7 (4), 1 – 25.

[95] Stanley T. O., Roger C., and McManis B. (1993). The Effects of Foreign Ownership of US Banks on the Availability of Loanable Funds to Small Business, Journal of Small Business Management 31 (1), 51 – 66.

[96] Ter Wengel J. (1995). International Trade in Banking Services, Journal of International Money and Finance 14, 47 – 64.

[97] Valkanov E. and Kleimeier S. (2007). The Role of Regulatory Capital in International Bank Mergers and Acquisitions, Research in International Business and Finance 2 (1), 50 – 68.

[98] Vander Vennet R. (1996). The Effect of Mergers and Acquisitions on the Efficiency and Profitability of EC Credit Institutions, Journal of Banking and Finance 20 (9), 1531 – 1558.

[99] Vander Vennet R. (1998). Causes and Consequences of EU Bank Takeovers. In: S. Eijffinger, K. Koedijk, M. Pagano, and R. Portes (Eds.), The Changing European Landscape, 45 – 61. Brussels: Centre for Economic Policy Research.

[100] Wheelock D. C. and Wilson P. W. (2000). Why Do Banks Disappear? The Determinants of US Bank Failures and Acquisitions, Review of Economics and Statistics 82 (1), 127 – 138.

[101] Williams B. (1997). Positive Theories of Multinational Banking: Eclectic Theory versus Internalisation Theory, Journal of Economic Surveys 11, 71 – 100.

[102] Winton A. (1999). Don't Put All Your Eggs in One Basket? Diversification and Specialization in Lending. University of Minnesota Working Paper.

第 32 章　重温政府对金融和发展的作用[①]

金融体系是经济发展的基础。本章根据国际金融危机之前和期间的证据，回顾了政府在金融和经济发展中的作用。危机使得“政府积极干预金融领域有助于维持经济稳定、推动增长和创造就业机会”的观点更加可信。有证据表明，一些干预措施能够在短期内产生影响。但也有强有力的证据表明，干预措施在长期具有负面影响。这表明有必要调整政府的作用，从直接干预调整为减少直接参与。但是，政府仍然具有非常重要的作用，尤其是在监管、竞争和金融基础设施方面。金融部门政策面临的挑战是，更好地将私人激励措施与公共利益相结合，而不对私人风险承担进行征税或给予补贴。

32.1　绪论

经济学家对金融部门在经济发展中的作用持有非常不同的观点。一些人认为，金融部门的运作只是服务于经济发展，适应实体部门不断变化的需求（Robinson，1952；Lucas，1988）。其他研究人员认为，金融体系在减轻市场摩擦，从而影响储蓄率、投资决策、技术创新，以及长期增长率方面发挥了关键作用（Schumpeter，1912；Gurley 和 Shaw，1955；Goldsmith，1969；McKinnon，1973；Miller，1998）[②]。

最近的国际金融危机将疲软的金融部门政策的潜在灾难性后果重新推回政策辩论的风口浪尖。在最好的情况下，金融在幕后默默工作，促进增长和减少贫困，但是当出现问题时，金融部门的失败是显而易见的。成功和失败在很大程度上起源于政策环境，因此，正确地作出重要的政策决策始终并将继续是核心发展挑战之一。

尽管金融机构天生脆弱，但它们是经济繁荣的基础。金融市场和金融机构的出现，是为了减轻信息和交易成本的影响，这些成本阻止了社会储蓄的直接集中和投资。虽然一些理论模型强调了金融系统可以采取的不同制度形式的重要性，但更重要的是这些制度的基本功能（Levine，1997；Levine，2000；Merton 和 Bodie，2004）。金融系统有助于动员和汇集储蓄，提供便利货物和服务交换的支付服务，产生和处理有关投资者和投资项目的信息，实现资金的有效配置，对资金配置后的投资进行监控和公司治理，帮助分散、转换和

---

① 作者感谢 Meghana Ayyagari、Thorsten Beck、Bob Cull、Patrick Honohan、Vojislav Maksimovic 和 Sole Martinez 对本文早期版本提供的有益评论。本章的发现、解释和结论完全是作者的观点，不一定代表世界银行、其执行董事或它们所代表的国家的观点。它们也不一定代表国际货币基金组织（IMF）或国际货币基金组织的政策。

② Robinson 和 Schumpeter 的两句名言说明了这些不同的观点。琼·罗宾逊（Joan Robinson，1952）认为：“企业引领金融业何去何从”，而约瑟夫·熊彼特（1950）则认为：“银行家不只是一个中间商……他以社会的名义授权人民……（创新）”。

管理风险。

虽然尚未定论，但大多数关于金融和发展的实证文献表明，发达的金融体系在促进长期经济增长方面发挥了独立和因果作用。最近的证据还论证了该部门在促进穷人收入过快增长方面的作用，这表明金融发展有助于穷人在经济增长时赶上经济的其他部分。这些研究结果有助于说服发展中国家加强对金融部门的政策关注。如果金融对发展很重要，为什么一些国家有促进增长的金融体系，而另一些国家却没有？而且，更重要的是，政府能为发展国家金融体系做些什么？①

本章将讨论这些问题。32.2 节回顾了大量的有关金融和经济发展的实证文献，并概括了主要结论。32.3 节讨论了政府在建立有效和普惠金融体系方面的作用。最后，32.4 节讨论了国际金融危机对未来金融部门政策的影响。

32.2 金融与经济发展：证据

越来越多的证据表明，金融体系发达的国家经济增长更快（Levine，1997；Levine，2005）。最近的证据还表明，金融发展不仅促进增长，而且改善收入分配。本节提供了文献及其发现的综述，也讨论了主要的批评。

32.2.1 金融与增长

国家间长期经济增长差异的很大一部分可以通过金融发展差异来解释（King 和 Levine，1993；Levine 和 Zervos，1998）。通过使用面板和时间序列估计技术，有关研究发现较发达的银行和市场与更快速的增长有关（Levine、Loayza 和 Beck，2000；Christopoulos 和 Tsionas，2004；Rousseau 和 Sylla，1999）。这项研究还表明，金融部门发展是通过更有效的资源配置和生产率增长而非投资规模或储蓄动员来促进经济增长（Beck、Levine 和 Loayza，2000；Levine、Loayza 和 Beck，2000）。此外，跨国时间序列研究还表明，金融自由化通过改善资源配置和投资率来促进经济增长（Bekaert、Harvey 和 Lundblad，2005）。

尽管如此，使用汇总数据解决识别问题还是很困难。问题包括各国效应的异质性、测量误差、遗漏相关解释变量和内生性，所有这些都倾向于对所包含变量的估计效果产生偏差。虽然上文所述的研究利用工具变量和使用动态面板估计方法来处理这些问题，但问题仍然存在。因此，研究人员使用微观数据，并试图利用公司层面和部门层面的差异。这些研究通过试图确定更有可能遭受有限融资机会的公司或部门，并观察在金融发展水平不同的国家，这些公司和部门的增长如何受到影响，从而解决因果关系问题。Demirgüç - Kunt 和 Maksimovic（1998）以及 Rajan 和 Zingales（1998）是这种方法的两个早期例子。

这两项研究的出发点都是观察到了以下的事实，如果金融不发达阻碍了企业（或行业）投资有利可图的增长机会，那么它不会平等地限制所有企业（或行业）。可以通过留存收益融资的企业或技术上较少依赖外部融资的行业将受到较小的影响，而融资需求超过

① 政府在这里被定义为不仅包括政府，而且包括其他公共部门机构，如中央银行、审慎监管机构和竞争管理机构。

其内部资源的企业或行业可能受到严重制约。寻找金融影响增长的特定机制的证据——即筹集外部资金的能力——使得这两篇论文都能对因果关系进行更有力的检验。

具体来说，Demirgüç - Kunt 和 Maksimovic（1998）使用来自 30 个国家 8500 家大型企业的公司数据和一个财务规划模型来预测如果它们无法获得外部融资，这些公司的增长速度有多快。他们发现，在每个国家，增长速度高于此比率的公司所占比例越高，该国的金融发展和执法质量越高。

Rajan 和 Zingales（1998）使用 41 个国家 36 个行业层面的数据，表明了与其他行业相比，天生使用外部融资较多的行业从金融发展中受益更多。由于美国金融体系相对没有摩擦，外部融资的自然使用是用美国工业的融资强度来衡量的，因此，每个行业在美国对外部融资的使用，都被认为是其需求的良好代表。

然而，通过跨国公司或行业数据获得的额外信息可能不足以使怀疑者满意。例如，虽然 Demirgüç - Kunt 和 Maksimovic 采用的外部融资的衡量不需要像 Rajan 和 Zingales 那样假设每个行业的外部资本要求在各国，但因为它依赖于公司特征，它也更内生。虽然 Rajan 和 Zingales 的分析研究了国内、行业之间的差异，因此很少受到由于遗漏变量的批评，但其认为产业外部依赖是由技术差异决定的主要基本假设可能并不准确。毕竟，具有相同资本密集型技术的两家公司可能有非常不同的融资需求，因为它们产生内部现金流的能力将取决于它们拥有的市场力量或它们面临的需求。此外，企业面临的竞争水平本身可能取决于金融系统的发展，从而引致更多的内生性。

Beck 等（2006）使用 Rajan 和 Zingales（1998）的方法来强调分布效应。他们发现，自然由小公司组成的行业在金融发达经济体中增长更快，这提供了进一步的证据，表明金融发展不成比例地促进小公司的增长。Beck、Demirgüç - Kunt 和 Maksimovic（2008）也强调了规模效应，但使用企业调查数据：他们表明金融发展可以减轻公司面临的增长速度加快的障碍，而且这种效应对于小公司来说更强。最近的调查证据还表明，获得融资与更快的创新速度和更强的企业活力有关，这与跨国研究发现金融通过提高生产率促进增长相一致（Ayyagari 等，2011）。

抛开跨国维度，将重点放在单个国家，通常可以减少由于测量误差造成的潜在偏差，减少对遗漏变量和内生性的担忧，从而增加对结果的信心。Guiso 等（2004）在一项针对意大利各个地区的研究中，使用了一个家庭数据集，研究了不同地区的金融发展差异对经济活动的影响。他们发现，地方金融发展增强了个人创业，增加行业竞争和促进企业成长的可能性。这些结果对于那些不能轻易在本地区以外募集资金的小公司来说更为强大。另一个例子是 Haber（1997）对 1830—1930 年巴西、墨西哥和美国工业和资本市场发展的历史比较。Haber 使用公司层面的数据来说明，国际金融发展差异显著影响了工业扩张率。

也许处理识别问题的最简洁的方法之一是关注特定国家的特定政策变化，并评估其影响。这种方法的一个例子是 Jayaratne 和 Strahan（1996）对美国各州银行分行改革的影响的调查。自 20 世纪 70 年代初以来，美国各州开始放松对其内部分支机构的限制。使用双重差分法，Jayaratne 和 Strahan 估计了分支机构改革后经济增长率相对于没有改革的对照组的变化。他们表明，银行分行改革提高了银行贷款质量，加快了实际人均增长率。在另一项研究中，Bertrand 等（2007）提供了来自法国的公司层面的证据，证明 1985 年放松管制的影响消除了政府对银行贷款决策的干预，促进了信贷市场的更大竞争，导致企业间的配置效率提高。当然，关注个别国家案例常常会引出一个问题，即结果在不同国家环境中的适应程度。尽管如此，这些谨慎的国家层面分析增强了我们对跨国研究所表明的金融发展与增长之间联系的信心。

不幸的是，发展利益的许多潜在因素在一个国家内变化不大，外部政策变化并不经常发生。例如，除了关于金融在经济发展中的作用的争论之外，经济学家们长期以来一直在争论银行主导型和市场主导型的金融体系的相对重要性。（Goldsmith，1969；Boot 和 Thakor，1997；Allen 和 Gale，2000；Demirgüç－Kunt 和 Levine，2001）。这一领域的研究结果表明，这场辩论的重要性远不及人们之前认为的那样大，而且，金融服务本身比它们提供服务的形式更重要。在发展过程中，金融结构发生变化，金融体系随着国家发展而变得更加趋向于"市场主导型"（Demirgüç－Kunt 和 Levine，1996）。但是，控制整体金融发展，金融结构的差异本身并不能解释增长率。然而，这些研究并不一定意味着制度结构对增长不重要，而是在任何时候都没有一个适合所有国家的最佳制度结构。促进增长的市场和中介的结构可能由法律、监管、政治、政策和其他尚未充分纳入分析的因素决定，或者文献中使用的指标可能无法充分反映银行和市场的比较作用。

金融发展被证明在减弱外部冲击对国内经济的影响方面发挥着重要作用（Beck、Lundberg 和 Majnoni，2006；Raddatz，2006），尽管金融危机确实发生在发达国家和发展中国家（Demirgüç－Kunt 和 Detragiache，1998；Demirgüç－Kunt 和 Detragiache，1999；Kaminsky 和 Reinhart，1999）。实际上，没有相应制度发展的更深层次的金融体系，已被证明在应对风险时会表现很糟，甚至还会放大而不是降低风险。例如，当银行系统增长太快时，繁荣不可避免地伴随着萧条，在这种情况下，规模和深度可能实际上反映的是政策扭曲，而不是发展，正如 Demirgüç－Kunt 和 Detragiache（2005）所讨论的许多国家案例研究一样。

除了识别问题，与测量和非线性有关的问题也困扰着以往的研究。例如，在发展低于一定水平时，金融发展的微小差异似乎无助于增长（Rioja 和 Valev，2004）。区分金融发展的短期和长期效应也很重要。Loayza 和 Rancière（2006）使用合并均值组来估计两种效应。虽然它们证实了正的长期效应，但也确认了负的短期效应，即银行贷款的短期激增实际上可能预示着如上所述的金融危机的开始。此外，金融发展可能增加收入，使发展中国家能够赶上，但不会导致长期增长率的增长。Aghion 等（2005）开发了一个模型，预测金融发展水平较低的低收入国家将继续落后于其他国家，而那些金融发展水平较高的国家将趋于一致。他们的实证结果证实，金融发展有助于经济更快地收敛，但对稳态增长没有影响。

32.2.2 金融、收入分配与贫困

如果金融能够促进增长，那么在长期，金融发展也应该能够提升大多数家庭的福利从而减少贫困。但贫困家庭是否从金融发展中获得了相应的收益？随着金融体系的深化，收入不平等是否会不断扩大？在这个过程中直接获得金融服务有多重要？

该领域的理论预测相互矛盾。[①] 一些理论认为，金融发展对穷人产生不成比例的有利影响，这是因为信息不对称会产生信贷约束，而对穷人的信息不对称水平最高。穷人发现，要成为企业家并为自己的投资提供资金，或对内或对外投资他们的教育尤其困难，因为他们缺乏获得资金的资源、抵押品和政治关系。（例如 Banerjee 和 Newman，1993；Galor 和 Zeira，1993；Aghion 和 Bolton，1997）。更一般地，一些政治经济学理论还表明，更完善的金融体系使得更广泛的人群能获得金融服务，而不是将金融服务限制于有政治联系的现有企业（Rajan 和 Zingales，2003；Morck 等，2005）。然而，另一些人认为，金融渠道，尤其是信贷渠道，只会让富人和有关系的人受益，尤其是在经济发展的早期阶段，因此，尽管金融发展可能促进增长，但其对收入分配的影响尚不清楚（Lamoreaux，1994；Haber，2005）。

最后，如果获得信贷的机会随着经济总量的增长而提高，更多的人能够加入正规的金融体系，那么金融发展与收入分配之间的关系可能是非线性的，在初期会产生不利的影响，但在一定程度后会产生积极的影响（Greenwood 和 Jovanovic，1990）。因此，一开始，扩大融资渠道实际上可能会增加收入分配不平等，因为能够为投资融资的新企业家将经历收入的激增。只有在劳动力和产品市场效应开始变得重要、增加就业机会和穷人的工资之后，我们才能看到收入不平等的减少。这确实是 Gine 和 Townsend（2004）在建立泰国经济增长的一般均衡模型并使用 1976—1996 年期间的家庭数据来估计模型的一些参数和校准其他参数时发现的。他们的模拟表明，金融发展的净福利效益是巨大的，尽管最初这些利益不成比例地集中在一小群有才能的低收入个人身上，这些人无法在没有信贷的情况下成为企业家。但最终，随着越来越多的人进入劳动力市场，工资上涨，金融深化对收入不平等和贫困的最大影响来自间接影响。虽然这些校准的理论模型阐明了金融发展过程的重要方面，但是他们的结果需要谨慎解释，因为尽管它们很复杂，但是很难对增长和不平等过程的所有相关方面建模。

从小额信贷文献中，也有相当多的实证研究是关于融资渠道对穷人的影响（见 Armendariz de Aghion 和 Morduch，2005）。虽然小额信贷的成功案例在从业者文献中有详细记录，但是严格的评估需要仔细区分这些变化，这些变化显然可以归因于融资渠道，也可以归因于小额信贷客户运营环境的其他变化。换句话说，识别问题再次使分析复杂化。围绕最著名的小额信贷机构——孟加拉国的格莱珉银行的辩论说明了这项任务有多么困难。虽然 Pitt 和 Khandker（1998）发现使用金融对家庭福利有重大影响，而 Morduch（1998）和 Khandker（2003）通过更仔细的分析和对识别问题的更大关注发现其影响要无关紧要或小得多。在这个领域有相当多的研究正在进行中，使用随机实验来解决识别问题的研究可能会对影响问题有更多的了解（世界银行，2007）。然而，可以公平地说，目前，关于小额信贷好处的大量实证研究证据不是结论性的（Cull、Demirgüç - Kunt 和 Morduch，2008）。

但要评估金融对贫困和收入分配的影响，我们需要关注的不仅仅是对家庭的直接影响，因为上述理论模型表明，通过劳动力和产品市场进行金融发展的溢出效应可能是显著的。考虑到这些影响不能通过微观研究来分析，一个更宏观的方法有助于完成研究。

---

① 参见 Demirgüç - Kunt 和 Levine（2007）对该领域理论文献的广泛回顾。

例如，在跨国回归中，Beck、Demirgüç - Kunt 和 Levine（2007）调查了金融深度与收入分配和绝对贫困变化之间的关系。回顾 1960—2005 年期间，他们发现，不仅更深层的金融体系加速了国家增长，而且它与最贫穷群体收入份额的更快增长有关。他们还发现金融发展与基尼系数的增长率之间存在负相关关系，这表明金融可以减少收入不平等①。这些发现不仅在控制与经济增长和收入不平等变化相关的其他国家特征时保持稳健，而且作者也尝试使用工具变量来控制潜在的反向因果关系，以及使用控制遗漏变量和内生性偏差的面板技术。

尽管它们能够捕获溢出效应，但是由于难以解决如上所述的识别问题，这些跨国回归的结果受到了质疑。但是，这些结果也与一般均衡模型的结论一致，这些模型表明，从长远来看，金融发展与收入不平等的减少有关。

如果金融发展促进增长和改善收入不平等，它也应该减少贫困。Beck、Demirgüç - Kunt 和 Levine（2007）还估计了由于金融深化造成的每个国家在国际贫困线以下的人口比例的变化。同样，他们发现金融对减贫的积极影响。在 20 世纪 80 年代和 90 年代，金融发展水平较高的国家，每天生活费不足 1 美元的人口比例下降得更快。Honohan（2004）研究的是水平而不是增长率，也表明，即使在相同的平均收入水平上，金融体系更深的经济体的穷人也更少。

与金融和增长文献的情况一样，这里也有更多的证据来自案例研究，这些案例研究调查了具体政策变化的影响，以便更好地处理识别问题。根据上文讨论的 Jayaratne 和 Strahan（1996）方法，Beck、Levine 和 Levkov（2007）利用相同的政策变化来评估美国分支机构放松管制在这一时期对收入不平等的影响。他们发现，在相对于其他国家和相对于放松管制之前的几年，各州的基尼系数减少了一小部分，但在统计学上是显著的。他们还发现，收入不平等的主要减少并非来自企业家精神的提高，而是来自更高的劳动力需求和更高的工资的间接影响。

另一项研究考察了印度政府在 1977 年至 1990 年期间实施的分支限制政策，只有当银行在没有银行存在的地区开设了四家分行时，才允许在已经拥有银行存在的地区进行新的分支。这导致在这一时期新开设了三万家农村分支机构。Burgess 和 Pande（2005）发现，政策期间这种分支扩张解释了农村减贫的 60%，主要是通过增加非农业活动，特别是通过增加未注册或非正规的制造业活动。虽然贫困影响是惊人的，但由于补贴利率和高额贷款损失，银行也遭受了巨大损失，这表明存在巨大的长期成本。

虽然大量证据表明，金融发展减少了收入不平等和贫困，但人们仍不完全了解这种影响的运作渠道。例如，直接向穷人提供资金有多重要？更重要的是改善金融系统的运作以便扩大现有公司和家庭的机会，还是扩大服务不足的人（包括在许多发展中国家经常被排除在外的非穷人）的机会？当然，金融的效率和获取途径也可能是相互联系的；在许多国家，要提高效率，除了集中的在职者以外，还必须有更广泛的渠道。为了更好地理解金融影响收入分配和贫困的机制，需要使用微数据集和不同的方法进行更多的实证研究。

---

① Clarke、Xu 和 Zhou（2003）研究的是水平而不是增长率，提供了进一步的证据，表明金融发展与较低的不平等程度相关。

尽管有条件和附加说明，但作为一个整体来看，本节所回顾的经验证据表明，金融体系较发达的国家增长更快，而且这种增长不成比例地有利于社会中较贫穷的阶层。因此，对于政策制定者来说，将金融发展作为优先事项是有意义的。然而，各国的金融体系发展差异很大。是什么使一些国家发展出促进增长的金融系统，而另一些国家不能？如果金融对经济发展至关重要，政府可以做些什么来确保运作良好的金融系统？这些问题将在下一节中进行讨论。

32.3 金融政策的选择：政府在金融工作中的作用

国际金融危机促使许多人重新评估金融体系中的政府干预，从对金融机构和市场的监管、竞争政策、国家担保和银行的国家所有权，到金融基础设施的改善。但这场危机并不一定否定过去几十年积累的大量证据。利用危机来检验何处出错以及如何解决错误至关重要。关于金融和经济发展之间的联系的哪些教训应该塑造未来几十年的政策？

国家在金融体系中发挥积极作用有充分的经济理由，但也有实际的理由警惕国家在金融体系中发挥过于积极的作用。这两组原因之间的紧张关系突出了金融政策的复杂性。尽管经济学宣传了某些国家干预的社会福利优势，但实践经验表明，国家往往无法成功干预。此外，由于各国的经济和国家的能力随时间而异，国家对金融系统的适当参与也因情况而异。尽管如此，在适当谨慎的情况下，仍有可能从各种经验和分析中为政策制定者梳理出广泛的经验教训。

32.3.1 政治和宏观经济环境

即使历史因素有利于金融发展，政治动荡也可能导致宏观经济不稳定和经营条件恶化。[①] 内乱和战争破坏资本和基础设施，而征用可能是在军事接管之后。腐败和犯罪在这种环境中茁壮成长，增加了开展业务的成本，并造成了产权的不确定性。Detragiache、Gupta 和 Tressel（2005）表明，对于低收入国家，政治不稳定和腐败对金融发展有不利影响。

给定稳定的政治体系，运作良好的金融体系也需要政府的财政纪律和稳定的宏观经济政策。货币和财政政策影响金融中介机构的税收和金融服务的提供（Bencivenga 和 Smith，1992；Roubini 和 Salai - Martin，1995）。通常，政府的大量融资要求通过增加政府证券的所需回报和吸收金融系统调动的大部分储蓄来挤出私人投资。由于这些证券的高收益率，银行的盈利能力不一定会受到影响，但是金融体系有效分配资源的能力受到严重限制。实证研究还表明，通货膨胀率较低和较稳定的国家的银行和股票市场发展水平较高（Boyd、Levine 和 Smith，2001），高通货膨胀率和实际利率与较高的系统性银行危机概率有关（Demirgüç - Kunt 和 Detragiache，1998；Demirgüç - Kunt 和 Detragiache，2005）。

① 还有大量文献讨论了金融发展的历史决定因素，如法律起源、宗教和文化、种族多样性和初始地理禀赋。参见 Ayyagari、Demirgüç - Kunt 和 Maksimovic（2008b，2013）对这些理论的讨论和评估。

32.3.2 法律和信息基础设施

金融系统需要发达的法律和信息基础设施才能运作良好。如果外部投资者的权利没有得到保护，公司在正规金融体系中筹集外部融资的能力就非常有限。如果外部投资者无法实施公司治理并保护其投资免受控股股东/所有者或公司管理层的影响，则他们不愿意投资于公司。因此，保护财产权和有效执行合同是金融系统发展的关键因素。

国际金融危机凸显了有弹性的金融基础设施对金融稳定的重要性。它还引发了关于国家作用的讨论，特别是在促进提供高质量的信贷信息和确保稳定的大额金融交易系统方面。

透明的信用信息交换减少了借款人和贷方之间的信息不对称，是信贷市场运作良好的必要条件。然而，金融危机表明，在这方面有很大的改进空间，特别是在使用现有的信用报告系统进行审慎监管方面。

有证据表明，企业在法律执行力度更强的国家更容易获得外部融资（LaPorta 等，1997；Demirgüç - Kunt 和 Maksimovic，1998；Beck、Demirgüç - Kunt 和 Maksimovic，2005），更好的债权人保护增加了对私营部门的信贷（Djankov、McLiesh 和 Shleifer，2007）。更有效的法律制度允许更灵活和适应性更强的冲突解决方法，增加了企业获得融资的机会（Djankov 等，2007；Beck、Demirgüç - Kunt 和 Levine，2005）。在法律制度更有效的国家，金融体系的利率利差较低，效率更高（Demirgüç - Kunt、Laeven 和 Levine，2004）。

及时获得高质量的信息同样重要，因为这有助于减少借款人和贷款人之间的信息不对称。在公共部门和私营部门，收集、处理和使用与家庭和小型企业贷款有关的借贷历史和其他信息（信贷登记）的速度都在迅速增长［见 Miller（2003）的概述］。计算机技术极大地提高了可分析的信息数量（例如，通过信用评分技术），以评估信誉度。政府可以在这一过程中发挥重要作用，虽然建立公共信用登记系统可能阻碍私人进入，但在若干情况下，它实际上鼓励私人登记册进入，以便提供更广泛和更深入的服务。政府在创建和支持解决冲突和执行合同所需的法律制度以及加强会计基础设施以促进金融发展方面也很重要。

在信息共享程度较高的国家，银行信贷数量明显较高（Jappelli 和 Pagano，2002；Djankov、McLiesh 和 Shleifer，2007）。此外，拥有更好的信用信息的企业将遇到更低的融资障碍（Love 和 Mylenko，2004）。Detragiache、Gupta 和 Tressel（2005）发现，即使在低收入国家，更好地获取信息和加快执行合同也与更深层的金融系统相关。事实上，与高收入国家相比，在低收入国家，信用信息比法律执行更重要（Djankov、McLiesh 和 Shleifer，2007）。

信贷市场信息共享作为一种公共利益，可以提高信贷市场效率、融资渠道和金融稳定。然而，对于个体商业银行，专有信用信息是有价值的，因此它具有收集信息并远离其他信息的动机。因此，私人贷款机构之间的信息共享可能不会自然而然地出现，尤其是在银行系统集中的地方（Bruhn、Farazi 和 Kanz，2013）。这为国家参与创造了一个重要的理由。此外，信贷市场的信息共享带来了越来越大的规模回报：在尽可能广泛的参与、包括银行和非银行金融机构的情况下，信贷报告对金融准入和稳定的好处最大。因此，国家的另一个重要作用是为提供和交换信用信息创造一个公平竞争的环境，并将不受监管的贷款机构纳入现有的信贷报告系统。在许多新兴市场，如中国和南非，正在采取重大举措，将快速增长的小额信贷和消费贷款市场整合到现有的信贷报告基础设施中。

32. 3. 3 监管

2008 年 9 月受雷曼兄弟破产而加剧的国际金融危机，对多年来为保障全球金融体系稳定的国际架构形成了重大考验。虽然危机的原因仍在讨论中，但普遍认为危机暴露了市场纪律和监管的主要缺陷（Demirgüç – Kunt 和 Servén，2009；Caprio、Demirgüç – Kunt 和 Kane，2010）。金融危机重新开启了关于金融监管的重要政策辩论。

监管和监督是一个公认的国家作用至关重大的领域。只要有银行，就会有政府对它们进行监管。几乎所有参与全球金融和政策的人都承认国家的关键作用，这也在经济和金融文献中得到充分确认。因此，争论的焦点不在于国家是否应该对金融部门进行监管，而在于如何更好地确保监管支持金融健康发展。尽管多数经济学家都同意，政府在金融体系的监管和监督中扮演着一定角色，但这种参与程度是一个值得讨论的问题（Barth、Caprio 和 Levine，2006）。一种极端的观点是自由放任或“看不见的手”，即政府在金融体系中不扮演任何角色，市场预期将监督和约束金融机构。这种方法因为忽视市场失灵而受到批评，因为存款人，特别是小存款人，往往发现成本太高而不能成为有效的监控者。

另一个极端是完全的干预主义，政府的监管被视为市场失灵的解决方案（Stigler，1971）。根据这种观点，强有力的监管机构有望确保金融体系的稳定性，并通过监管来指导银行的业务决策。在某种程度上，官员在制定商业决策方面的知识和专业知识普遍有限，而且可能受到政治和监管的约束，这种方法可能并不有效（Becker 和 Stigler，1974；Haber、Maurer 和 Razo，2003）。

在两个极端之间是私人赋权的金融监管观点。这一观点同时也认识到市场失灵的潜在重要性，市场失灵促使政府进行干预，而政治/监管失灵则表明，监管机构不一定有动机减轻市场失灵。重点是使市场能够发挥作用，在这方面，国家在提高私人代理克服信息和交易成本的能力和激励方面发挥重要作用，以便私人投资者能够对银行实施有效的管理。因此，“私人赋权观”旨在为监管者提供责任和权力，诱使银行向公众披露准确的信息，从而使私人代理能够更有效地监督银行（Barth、Caprio 和 Levine，2006）。

经验证据绝大多数支持私人赋权观点。虽然几乎没有证据表明赋予监管机构权力可以增强银行稳定性，有证据表明，强制准确信息披露和促进私营部门监管的法规和监管做法提高了银行部门和股票市场发展的整体水平（Barth、Caprio 和 Levine，2006）。

Beck、Demirgüç – Kunt 和 Levine（2006）指出，迫使准确信息披露的银行监管做法，减轻了企业的外部融资约束，而赋予其官方监管机构权力的国家，实际上通过增加银行贷款中的腐败程度，使外部融资约束变得更加严重。与这些发现一致，Demirgüç – Kunt、Detragiache 和 Tressel（2008）调查了巴塞尔规则和监督核心原则的遵守情况，并表明只有信息披露规则对银行稳健性有重大影响。最后，Detragiache、Gupta 和 Tressel（2005）发现监管和监管措施对低收入国家金融发展的影响很小。在有显著影响的地方，更大的监管权力似乎与金融深度负相关。

为了弄清楚金融监管中哪些是有效的，哪些是无效的，我们可以从世界银行最近更新的一份关于国际监管和监督的调查报告中了解到很多。这是该调查的第四轮，也是首次全面介绍危机爆发后银行业监管状况的调查。将这项调查的结果与危机期间银行业表现的数据集放在一起，可以发现，与其他国家相比，直接受到国际金融危机冲击的国家的监管和监管实践较弱。具体来说，它们对资本的定义不太严格，准备金要求不太严格，并且更多地依赖于银行自身的风险评估。此外，虽然公开提供的财务资料的质量在危机国家和非危机国家大致相当，前者的特点是鼓励实际使用这些信息和监督金融机构的范围要小得多（例如，它们有更慷慨的存款保险覆盖范围）。这些发现也通过了更深入的统计分析证实（Čihák 等，2012）。

追踪危机期间的变化（并将最新的银行监管调查与危机前的调查进行比较）证实，各国在宏观审慎政策以及解决机制和消费者保护等问题上加大了努力。然而，目前尚不清楚市场纪律激励措施是否已经改善。信息披露和信息质量的一些因素有所改善，但在危机期间，存款保险覆盖范围有所增加。这种覆盖范围的扩大以及其他方面，如对弱势银行的大力支持，并没有改善监管激励。调查表明，还有进一步改善信息披露和监控激励措施的余地（Čihák 等，2012）。

尽管在监管改革方面取得了进展，但仍有一些重要的领域存在分歧和讨论。因此，有许多改革建议需要进一步实施。一个批评领域涉及更加强调简单性和透明度。这一批评警告反对日趋复杂的监管趋势，这种趋势可能会降低透明度和问责制，增加监管套利机会，并严重挤压监管资源和能力。

在实施监督最佳实践方面，新兴市场和发展中经济体应侧重建立一个反映当地金融体系特征的基本健全的监管框架，并避免纳入不必要的（在某些情况下不适用的）复杂因素。例如，在巴塞尔规则的高级形式下确定银行资本充足率的复杂规则和程序，是以专业知识和治理条件为前提的，而这些条件在大多数低收入国家根本不存在。Caprio、Demirgüç－Kunt 和 Kane（2010）指出了巴塞尔协议在最近的金融危机中暴露出来的缺陷，并认为真正的监管改革不仅要提高透明度，还要解决激励冲突，提高政府和行业的问责制。

在这些原因的基础上，提出了一些建议，建议采取更侧重于主动识别和解决激励问题的监管方法，并使监管与激励相容，以结束消除缺陷和堵塞漏洞的持续需要，这些缺陷和漏洞在越来越复杂的监管体系中不可避免地存在。特别是，Čihák、Demirgüç－Kunt 和 Johnston（2013）提出将“激励性审计”作为一种工具，可以帮助确定金融部门的激励失调，并确定具有激励性的改革（如 Calomiris，2011 所述）。其他建议涉及监管机构面临的激励，并建议调整监管和监管的制度结构（Barth、Caprio 和 Levine，2001；Masciandaro、Pansini 和 Quintyn，2011）。

研究还对安全网的设计提出了质疑，特别是在发展中国家采用存款保险制度时，研究强调了明确计划的潜在成本——市场纪律较低、金融脆弱性较高、金融发展较低，这些国家互补机构不足以控制这些成本（Demirgüç－Kunt 和 Kane，2002；Demirgüç－Kunt 和 Detragiache，2002；Demirgüç－Kunt 和 Huizinga，2004；Cull、Senbet 和 Sorge，2005）。这些发现对于机构不发达的低收入国家特别重要。例如，Detragiache、Gupta 和 Tressel（2005）也发现，存在明确的存款保险制度不会导致在低收入国家更多的存款动员；相反，它与较低水平的存款相关。Demirgüç－Kunt、Kane 和 Laeven（2008）总结了关于存款保险影响的跨国证据。

总体而言，人们普遍认为，首先处理“基本问题”是重要的（Rajan，2010；Squam-LakeGroup，2010；世界银行，2012）。这意味着建立一个连贯的体制和法律框架，以建立市场纪律，并辅以强有力、及时和预期的监督行动。在许多发展中经济体，这也意味着建立监督能力需要成为重中之重。国际金融危机的重要教训之一是，人们重新关注系统性风险，需要在监管的设计中更加注重激励措施。

32.3.4　可竞争性和效率

世界各地的政策制定者经常表示担忧，他们国家的银行竞争政策是否被恰当设计，以产生运转良好、稳定的银行。全球化和银行业的合并进一步刺激了人们对这个问题的兴趣，从而引发了积极的公共政策辩论。银行业的竞争政策可能涉及艰难的权衡。虽然更激烈的竞争可能提高银行的效率，对经济增长有积极影响，但更激烈的竞争也可能破坏银行的稳定，对经济造成代价高昂的影响。

最近的研究表明，与传统的观点相反，当涉及银行竞争时，这种权衡被夸大了。更大的竞争，如较低的入门门槛，较少的对银行活动的监管限制，更大的银行自由，更好的整体制度发展，有利于效率，有利于稳定，有利于企业获得融资（Berger 等，2004）。实际上，妨碍竞争的法规会降低银行的效率，使其更加脆弱，并减少企业获得融资的机会。因此，国家通过减少对进入和活动的不必要限制来鼓励银行业的竞争似乎是一个好主意。同样，改善制度环境并允许银行和经济总体上享有更大的自由将导致理想的结果。

国际金融危机还重新点燃了政策制定者和学术界对评估银行竞争影响的兴趣，并重新思考政府在制定竞争政策方面的角色。虽然银行竞争对效率和获得融资的好处已经比较明确，但竞争与稳定性之间的关系一直存在争议（Claessens 和 Klingebiel，2001；Allen 和 Gale，2004；Claessens，2009；Casu 和 Girardone，2009；Schaeck、Čihák 和 Wolfe，2009；Hakenes 和 Schnabel，2010；Gropp、Hakenes 和 Schnabel，2011；Vives，2011；Delis，2012）。随着危机发展，辩论愈演愈烈。尽管一些人认为，在某些市场（如次级抵押贷款），不断增加的金融创新和竞争加剧了全球金融动荡，并呼吁出台限制竞争的政策。但另一些人担心，由于危机和各国政府支持最大银行的行动，银行业的集中程度增加了，削弱了该部门的竞争力和获得资金的机会，而且，由于与“大而不能倒”机构相关的道德风险问题，还可能导致未来的不稳定。竞争政策的设计具有挑战性，因为它一方面可能在效率与增长之间进行权衡，另一方面又涉及稳定性问题。重新考虑竞争政策的另一个重要原因是，各国央行和银行监管机构的职责正在发生变化：调查数据显示，目前大多数监管机构都在竞争政策领域负有明确责任（Čihák 等，2012）。

研究表明，银行竞争在不损害系统稳定性的前提下，提高了各银行的效率，提高了获得金融服务的机会。对平均系统风险和银行市场力量趋势的回顾表明，市场力量越大（即竞争越少），系统风险越大。更深入的面板数据分析（Anginer、Demirguc - Kunt 和 Zhu，2012）也证实了这一观察。因此，真正权衡的证据充其量也只能算是微弱的。

这一分析表明，解决最近危机根源的政策不应过度限制竞争。适当的公共政策包括：（1）建立一个监管框架，不通过设计欠佳的退出政策和大而不能倒的补贴来对风险承担行为进行补偿；（2）消除“合适的”银行家与资本充足的金融机构进入的障碍。

为了提高融资渠道的竞争力，国家在发挥市场友好的信息和制度环境方面发挥了重要作用。保证市场竞争、及时提供充足的信贷信息以及合同可执行性的政策将加强银行间的竞争，并改善银行间的准入。例如，巴西各行各业的数据显示（Urdapilleta 和 Stephanou，2009），企业领域的竞争比零售领域的竞争要激烈。这反映了一个更大的信贷提供者池的存在以及大公司更容易获得信息。通过促进银行账户的可移植性，扩大信用信息共享和增加支付系统互联，可以促进零售部门的竞争。

各国政府还应该意识到，它们在危机期间的直接干预——如全面担保、流动性支持、资本重组和国有化——扭曲了对风险承担的激励。例如，Calderon 和 Schaeck（2013）利用 124 个国家的银行数据，发现流动性支持、资本重组和国有化降低了传统的竞争指标，如勒纳指数和净息差。然而，这种影响是有问题的，因为它与在经济上不可行（“僵尸”）银行的市场份额增加一致。因此，政府在危机期间的干预可能构成退出障碍，使资不抵债、效率低下的银行得以生存，同时引发不健康的竞争。

32.3.5 政府对金融机构的所有权

许多国家的政策制定者认为有必要保留一些银行的公有制。然而，研究表明，各地特别是发展中国家，政府对银行的所有权与较低的金融发展水平、更集中的贷款、较低的经济增长以及更大的系统性脆弱性有关（La Porta 等，1997；Lopez - De - Silanes 和 Shleifer，2002）。国有银行将信贷分配给政治上受青睐、商业上不可行的项目的效率低下，并且常常需要代价高昂的资本重组（Dinc，2005；Cole，2009a）。证据还表明，银行客户在主要由政府所有的银行系统中面临更高的信贷障碍（Beck、Demirgüç - Kunt 和 Martínez Pería，2008）。总体而言，大量的实证证据表明，金融公司的所有权是公共部门往往没有比较优势的领域，这种所有权削弱了金融体系和经济。

然而，私有化也带来风险，需要仔细设计。对私有化进程的研究表明，比较可取的战略是缓慢而有意地进行银行私有化，同时准备出售国有银行，并解决总体激励环境中存在的弱点。一般来说，银行私有化往往比继续实行国家所有制更能提高业绩，完全私有化比部分私有化更有好处，而且在机构环境薄弱的情况下，向战略投资者出售资产，并邀请外国利益集团参与进来，会增加收益（参见 Clarke、Cull 和 Shirley，2005，作为概述）。然而，私有化并不是万能药，如果不解决根本的激励环境和市场结构的弱点，银行私有化将不会导致更深入和更有效的金融体系。

在国际金融危机期间，各国采取各种战略重新启动其金融和实体部门。随着私人银行的资产负债表恶化，它们减少了放贷活动，许多国家利用国有银行加大了对私人部门的融资。大多数国家严重依赖信贷担保计划的使用。其他国家采取了一些非常规的货币和财政措施来支撑信贷市场。

从历史上看，许多国有银行的创立是为了通过填补长期信贷、基础设施和农业金融方面的市场空白来实现长期发展作用，并促进向服务欠缺的经济部门提供融资，特别是中小型企业。然而，实际上，有广泛的证据表明，国家银行一般在分配信贷方面效率很低，往往是为政治利益服务。尽管如此，国际金融危机凸显了国有银行在抵消私人银行信贷紧缩方面的潜在反周期作用，这导致人们认为这是一个重要的功能，可能更能证明其存在的合理性。事实上，在最近的危机期间，一些主要国家利用其公共银行基础设施来支撑金融状况（世界银行，2012）。

因此，这场危机以及不同国家采取的行动，重新引发了关于是否需要政府直接干预金融业的由来已久的辩论（Altunbas、Evans 和 Molyneux，2001；La Porta、López - de - Silanes 和 Shleifer，2002；Sapienza，2004；Micco 和 Panizza，2006；Micco、Panizza 和 Yañez，2007；Andrianova、Demetriades 和 Shortland，2008；Beck，2008）。国有银行的支持者现在辩称，这些金融机构为政府提供了一种额外的危机管理工具，而且相对于央行而言，它们可能更有能力为零售和银行间存款提供一个安全的避风港，阻止危机蔓延，并稳定总信贷。同时，那些反对国有银行所有权的人指出，代理问题和出于政治动机的贷款使国有银行效率低下，并且容易出现任人唯亲。此外，许多国家过去的经验表明，借贷中的任人唯亲可能会增加大量的财政负债，威胁公共部门的偿付能力和金融稳定，并在长期内造成资源配置不当，阻碍发展。

对历史和新研究证据的回顾表明，国有银行的贷款往往不如私人银行的贷款顺周期（Bertay、Demirgüç - Kunt 和 Huizinga，2012；Cull 和 Martínez Pería，2012）。在国际金融危机期间，一些国有银行确实发挥了反周期的作用，扩大了贷款组合，恢复了关键市场的状况。世界银行（2012）报告说，国有商业银行（如波兰的 PKO Bank Polski）和国有开发银行（如巴西的 BNDES）的贷款组合的扩张确实减轻了全球信贷紧缩的影响，填补了私营部门信贷的缺口。此外，墨西哥开发银行通过扩大信贷担保和向私人金融中介贷款，支持信贷渠道中介。

然而，由于在许多情况下，即使在经济复苏开始之后，贷款增长仍在继续，而且贷款不是针对最受限制的借款人，因此，目前尚不清楚，最近的危机是否表明国有银行能够有效发挥反周期作用。此外，以往危机在这一问题上的证据也不尽相同。重要的是，稳定国有银行总信贷的努力可能会产生成本：特别是通过中介质量的恶化和资源错配。换句话说，国有银行贷款的暂时繁荣，会在需要很长时间才能解决的危机中产生一系列不良贷款，从而产生长期的负面影响。

理想情况下，关注这些机构的治理可能有助于决策者解决与国有银行相关的低效率问题。它们需要制定一个明确的任务，努力补充（而非替代）私人银行，并采用风险管理实践，使它们能够保证业务在财务上的可持续性（Scott，2007，Gutiérrez 等，2011）。然而，这些治理改革在脆弱的制度环境中尤其具有挑战性，进一步强调这种权衡对政策制定者来说是一个严重的问题。

在最近的危机期间，信用担保计划也是一种受欢迎的干预工具。但是，由于它们的规模有限，它们不是用来稳定总信贷，而是用来减轻受信贷紧缩影响最严重的部门的影响，例如中小型企业。不幸的是，对这些计划的严格评估非常少，现有研究表明，这些计划的好处往往相当有限，特别是在制度不发达的环境中，它们往往招致财政和经济成本。然而，可以确定最佳做法。这包括将信贷评估和决策留给私营部门；设定覆盖比率上限，并延迟支付担保款项，直至贷款人采取追讨行动，以尽量减少道德风险问题；具有考虑到财务可持续性和风险最小化的定价保证；鼓励使用风险管理工具。再次成功还取决于克服正确设计的挑战，特别是在不发达的制度和法律环境中。

32.3.6 金融自由化、金融发展和改革顺序

20 世纪 80 年代和 90 年代，许多国家都实现了金融体系的自由化，结果喜忧参半。自由化，包括放松利率管制和更宽松的进入政策，往往导致重大的金融发展，特别是在遭受重大压制的国家，但是，在制度发展迟缓或不到位的情况下，一些国家采取金融自由化的热情也使许多金融体系容易受到系统性危机的影响（Demirgüç – Kunt 和 Detragiache，1999）。在缺乏准备的契约和监管环境中，金融自由化的顺序不佳，导致银行破产，因为受到隐性和显性政府担保保护的银行在没有必要的贷款技能的情况下，将积极利用新的机会增加风险。阿根廷、智利、墨西哥和土耳其在 20 世纪 80 年代和 90 年代发生的银行危机都归因于这些因素（Demirgüç – Kunt 和 Detragiache，2005）。

同时，许多撒哈拉以南非洲国家也通过允许信誉良好的外国银行进入，使它们的利率和信贷分配自由化，并使它们的机构私有化，但这些国家没有受到不稳定的影响，而是因为较少的中介导致某些情况下更难获得金融服务。导致该现象的一些原因是缺乏有效的合同和信息框架（Honohan 和 Beck，2007）。这也导致这些国家声称自由化失败，并呼吁政府加大对金融部门的干预。这两项金融自由化的经验都强调了自由化和体制改善先后顺序的重要性。

32.3.7 外国进入的影响

随着金融自由化，越来越多的发展中经济体也允许外国金融机构进入。虽然政府担心允许外国银行在银行体系中占有大量股权可能会损害金融和经济表现，但这方面的大量实证研究，特别是借鉴拉丁美洲和东欧国家的经验表明，促进声誉良好的外国机构进入当地市场应受到欢迎。外国银行的到来或扩张也可能带来破坏性影响，因为印度的经验表明了外国银行的刮脂效应（Gormley，2004）。然而，即便如此，在进入后的几年里，外资银行也开始扩大其客户群。总体而言，大量证据表明，随着时间的推移，外国银行进入会带来竞争，提高效率，提升金融基础设施的质量，并扩大准入（Claessens、Demirgüç – Kunt 和 Huizinga，2001；Clarke、Cull 和 MartínezPería，2001）。

然而，正如上文所讨论的非洲经验所表明的那样，在没有健全的合同和存在弱点的情况下，外国银行的进入不能保证迅速的金融发展。这些弱点可以防止低收入国家从向外国金融服务提供者开放其市场中获得充分利益，并可能解释这样一项发现，即外国银行的更大渗透与较低的金融发展水平有关（Detragiache、Tressel 和 Gupta，2008）。例如，在一些国家（如巴基斯坦），外国银行被证明对较小、较不透明的借款人较少借贷，因为它们依赖硬信息（Mian，2006），来自东欧的证据表明，外国银行最终进入低端市场下，增加小企业贷款（De Haas 和 Naaborg，2005）。总体而言，解决体制弱点可能会使外国银行成为

促进增长的金融发展的重要催化剂。

32.3.8　融资便利

近年来，金融服务的获得越来越受到重视，成为整个发展议程的重要组成部分。原因之一是，现代发展理论认为，缺乏融资渠道是导致收入持续不平等以及增长放缓的关键机制。另一个观察是，小企业和贫困家庭在世界各地，特别是发展中国家获得融资的能力面临更大的障碍。

获得融资意味着什么？广泛获得金融服务意味着没有价格和非价格壁垒。很难定义和衡量，因为存在许多维度，包括可用性、成本，以及提供的服务的范围和质量。虽然在更广泛的层面上有很多关于金融部门发展的数据，但直到最近，关于家庭和企业使用和获得融资的数据都非常少。因此，对获取融资对经济发展的影响的分析也非常有限。使用企业层面调查数据的研究表明，融资障碍是不同增长障碍中最受限制的因素（Ayyagari、Demirgüç - Kunt 和 Maksimovic，2008a）。融资障碍也被发现对于小公司的增长是最高的限制（Beck、Demirgüç - Kunt 和 Maksimovic，2005）。在家庭层面，缺乏获得信贷的机会被证明会使贫穷长期存在，因为贫穷家庭减少了子女的教育（Jacoby 和 Skoufias，1997）。同样，Beegle、Dehejia 和 Gatti（2007）表明，在金融体系运转不佳的国家，短期收入冲击导致童工增加。通过更好的数据和分析，可以更好地了解改善获取途径的主要障碍（见世界银行，2007 年的讨论）。随着全球 Findex 的发布，一些数据障碍最近被消除了，这是一个捕获世界各地金融服务使用的主要数据集（Demirgüç - Kunt 和 Klapper，2012）。

穷人无法获得金融贷款、储蓄账户、保险服务的原因有很多。与正规金融体系的社会和物理距离可能很重要。穷人的社交网络中可能没有人知道他们可以使用的各种服务。缺乏教育可能使他们难以克服填写贷款申请的问题，他们可能进行的少量交易可能使贷款人认为不值得帮助他们。由于金融机构可能在更加富裕的社区，物理距离也可能很重要：银行根本不可能靠近穷人。特别是对于获得信贷服务，有两个重要的问题。首先，穷人没有抵押品，也不能用他们未来的收入做抵押，因为他们往往没有稳定的工作或收入来源来追踪。其次，对金融机构来说，处理小额交易的成本很高。对利率的上限，金融机构可能会收取适得其反的费用，并进一步限制对穷人的接触。

专为穷人服务的微型金融机构试图以创新的方式克服这些问题。信贷员与借款人有着相似的社会地位，他们去找穷人，而不是等着穷人来找他们。小额信贷还涉及教育，因为它提供信贷。集团贷款计划不仅改善了还款激励和通过同伴压力进行监督，而且也是建立支持网络和教育借款人的一种方式。

小额信贷是否履行了它的承诺？小额信贷让穷人有更多的直接渠道，但是世界范围内小额信贷的发展并不是统一的，只有少数几个国家（如孟加拉国、印度尼西亚和泰国）有显著的普及率（Honohan，2004）。集团贷款成本非常高，因为每一美元交易的劳动力成本需要很高。然而，小额信贷最具争议的方面是提供这种服务所需的补贴程度。总体而言，小额信贷部门仍然严重依赖赠款和补贴。持怀疑态度的人质疑小额信贷是否是提供这些补贴的最佳方式，并指出主流金融的发展是一种更有前途的方式，可以在很大程度上帮助穷人和减轻贫困。

政治经济学也有很好的理由说明为什么我们不应该把重点放在穷人身上，或是关注如何才能让小额信贷变得更可行，而是应当探寻如何为所有人提供金融服务（Rajan，2006）。穷人缺乏要求更好服务的政治影响力，补贴可能破坏“信贷文化”。通过更广泛地定义问题为包括中产阶级，他们往往也缺乏获取资金的机会，将更有可能促进金融准入作为优先事项。

政府可以做什么来促进融资便利？上述为促进金融业整体发展而建议的许多政策也将有助于增加融资便利。然而，重叠并不完美，因此明确的访问优先级是重要的。例如，某些旨在实现金融稳定或“打击恐怖主义”的法规可能限制小公司和贫困家庭的资金获得。或者专注于离岸金融中心的发展以出口批发金融服务，可能连带忽视了小型公司和个人资金获取所必需的在岸金融基础设施。同样，设定现实的目标也很重要；并非所有潜在借款人都有信用，许多银行危机是由过度宽松的信贷政策引发的，包括最近的结构性证券化危机。世界银行（2007）讨论了在不增加脆弱性的情况下改善资金获取的这种分歧。

首先，政府可以通过制定和鼓励基础设施改进来进一步实现这一目标。然而，优先考虑不同的改革努力是重要的，最近的研究还表明，在低收入国家，改善信息基础设施似乎比法律改革产生更直接的获得利益（Djankov、McLiesh 和 Shleifer，2007）。但法律改革也很重要，在这些改革中，有证据表明，尽管保护相对于国家的个人财产权总体上对金融发展很重要，但合同执行的其他方面（比如与抵押品相关的机构）对获取资金可能更为重要。（Haselmann、Pistor 和 Vig，2010）。

制度改革是一个长期的过程，具体的政策行动可以帮助更快地获得融资。有各种各样的措施，从具体立法到支持非空白中介，包括租赁和保理业务；基于互联网和手机的技术；发展信用登记机构；不损害家庭获取金融的同时，打击洗钱和“反恐怖主义”融资等。

例如，在家庭层面，给每个人一个国家的身份证号，并建立信用登记处，借贷者可以在那里共享客户的还款记录信息，这将会有所帮助，因为所有借贷者都可以使用他们未来获得信贷的渠道作为抵押进行借贷（Rajan，2006）。降低登记和收回抵押品的成本也至关重要。例如，在巴西，无力收回房产产生了住房融资计划的成本，使得抵押贷款利率过高，穷人难以承受。各国政府还可以在促进创新技术以提高可及性方面发挥作用。例如，在墨西哥，政府开发银行 Nafin 开发的一个项目允许许多小型供应商使用它们从信誉良好的大型买家那里获得的应收账款，以获得营运资本融资（Klapper，2006）。这种类型的贸易融资被称为“反向保理”，实际上允许小公司根据买家的信誉借款，允许它们以更低的利率借入更多资金。

监管也可以帮助。取消利率上限或反高利贷法，将允许金融机构收取其盈利所需的利率，并改善融资渠道。由于这些服务的供应完全枯竭，这些规定最终伤害了它们试图保护的非常贫穷的人。反掠夺贷款或真实借贷要求也非常重要，因为最近的次贷危机充分说明，家庭也可能被无良贷款人强迫过度借贷。反歧视政策也可以帮助防止对穷人或不同族裔群体的主动或被动歧视。

重要的是，要确保其他复杂的法规，如旨在帮助银行将代价高昂的银行破产成本最小化的巴塞尔协议Ⅱ（Basel Ⅱ）规定，不会因未能充分考虑到中小企业（SME）贷款组合实现风险分担的潜力，而无意中惩罚小借款人并损害资金获取。金融监管还可能阻止更适合低收入家庭或小型企业需求的机构的出现。严格的章程规则、高资本充足率要求或非常严格的会计要求可能会降低机构为社会中较贫困阶层提供服务的能力。由于许多家庭对储蓄服务感兴趣，但对信贷服务不感兴趣，因此将储蓄动员与信贷服务分开考虑和管制可能会有帮助（Claessens，2006）。例如，在南非，向小额信贷机构扩大银行监管和监督，降低了它们提供有利可图的服务的能力。

政府也可以选择更直接地刺激资金获取。在美国，财政部增加了银行账户使用的电子转账账户，和《社区再投资法》是改善获得信贷服务的途径的两个例子，英国、法国、瑞典、爱尔兰和许多其他国家也有类似的法律措施。然而，对于这些计划的成功与否（Claessens，2006）以及它们能否在发展中国家得到复制，人们几乎没有共识。在发达国家和发展中国家，扩大信贷，特别是改善债务期限结构并惠及中小企业的经验是广泛的。然而，这些干预措施的合理性和有效性都值得怀疑（见 Caprio 和 Demirgüç – Kunt，1997；Beck 和 Demirgüç – Kunt，2006）。如上所述，通过政府机构所有权的干预措施总体上也没有成功。

最后，也许最重要的是，政府可以通过增加金融部门的竞争来改善资金获取。随着金融机构发现其传统业务面临竞争，它们寻求新的盈利机会，包括向中小企业和穷人放贷。如果有适当的激励措施，私营部门可以开发并利用新的技术——比如信用积分——来触及服务不足的领域。如上所述，外国银行在改善竞争环境和改善获取渠道方面的作用很重要。越来越多的证据表明，随着时间的推移，外国银行可以增强资金获取。事实上，跨国银行一直在扩大世界各地的融资渠道方面处于领先地位。

32.4　结论

为了遏制国际金融危机，许多国家当局采取了前所未有的措施，包括广泛提供流动性，向银行储户和债权人提供全面担保和其他保证，在金融机构中持有大量股权，并通过国有金融机构增加信贷。

这些应对危机的政策，动摇了发达国家和发展中国家对构成西方资本主义制度基础的金融部门政策蓝图的信心。然而，正如 Demirgüç – Kunt 和 Servén（2009）所指出的那样，基于大量的计量经济学证据和国家经验，为遏制危机而采取的政策——通常是在急于重建信心和不充分考虑长期成本的情况下——不应被解释为长期偏离既定政策立场。政府可能最终提供一揽子担保或在金融部门拥有大量股份，以控制和处理危机，这并不否定这样一个事实，即长期的慷慨担保可能适得其反，或者政府官员造成了“可怜的银行家”。在很大程度上，这种困惑是由于无法认识到激励冲突和权衡是系统性危机的短期和长期反应所固有的。

因此，这些研究的整体信息是值得警惕的。国际金融危机让人们更加相信，政府积极参与金融部门有助于保持经济稳定、推动增长和创造就业。有证据表明，一些干预措施可能产生了影响，至少在短期内。但也有证据表明长期的负面影响。证据表明，随着危机的平息，可能需要将国家的作用从直接干预调整为较少的直接参与。这并不意味着政府应该退出对金融部门的监管。相反，国家发挥着非常重要的作用，特别是在提供监督、确保健康竞争和加强金融基础设施方面。

激励在金融部门至关重要。金融部门政策的主要挑战是更好地将私人激励与公共利益相协调，而不对私人冒险进行征税或补贴。公共政策的设计需要达到正确的平衡，以可持续的方式促进发展。这种方法会带来挑战和权衡。

在监管方面，危机教训之一是，做好“基础”工作的重要性。这意味着要建立坚实而透明的制度框架，以促进金融稳定。具体来说，它意味着强有力、及时和预期的监督行动，与市场纪律相辅相成。在许多发展中经济体，基本要素的组合意味着优先加强监督能力。在这里，“少”就意味着“多”：例如，不那么复杂的监管，就意味着监管机构可以更有效地实施监管，利益相关者可以更好地监督监管。

证据还表明，国家需要通过资本充足的机构健康进入并及时退出资不抵债的机构来鼓励竞争性。金融危机加剧了人们对金融业“过度竞争”的批评，导致了不稳定。然而，报告中提出的研究表明，在大多数情况下，诸如监管环境恶劣和扭曲的风险激励等因素促进了不稳定性，而不是竞争本身。在良好的监管和监督下，银行竞争有助于提高效率，增加获得金融服务的机会，而不必损害系统稳定性。因此，需要解决扭曲的激励措施，改善信息流通以及合同环境，而不是限制竞争。

国有银行的贷款可以在经济低迷时期起到稳定信贷总量的积极作用，但也会导致资源配置不当和中介质量恶化。这份报告提供了一些证据，表明国有银行的放贷往往不那么顺周期性，一些国有银行甚至在国际金融危机期间扮演了反周期性的角色。但是，国有银行在信贷配置方面的过往记录总体上仍乏善可陈，削弱了利用国有银行作为反周期工具的好处。政策制定者可以通过特别注意这些机构和计划的治理，确保建立充分的风险管理流程，来限制与国家银行信贷相关的低效率。但是，这种监督是具有挑战性的，特别是在脆弱的制度环境中。

经验表明，国家在提高信息透明度和减少对手方风险方面发挥了有益的作用。例如，国家可以促进将更广泛的贷款机构纳入信贷报告系统，并促进提供高质量的信贷信息，特别是在存在阻碍信息共享的严重垄断租金的情况下。此外，为了降低银行间市场冻结的风险，国家可以为抵押债务市场的演变创造条件。

本章概述的一般性建议适用范围相当广泛，但金融部门在不同国家需要改进的方向将基于其初始条件（世界银行，2001；世界银行，2007）。此外，政策实施需要补充研究结果与从业者的经验，根据个别国家的情况调整本章的建议。一般来说，改革对低收入国家来说可能是最具挑战性的，因为在这些国家，金融压制和国家所有制的遗留问题通常阻碍了私营金融体系的发展，其中基础法律和信息基础设施薄弱，实现最低有效规模将很困难。

尽管金融体系固有脆弱性，但它是经济发展的基础。金融部门政策面临的挑战是，在不征税或补贴私人冒险行为的情况下，将私人激励与公共利益结合起来。在日益一体化和全球化的金融体系中，对所有国家来说，这一任务正变得越来越复杂。

参考文献

[1] Aghion P. and Bolton P. (1997). A Trickle – Down Theory of Growth and Development with Debt Overhang, *Review of Economic Studies* 64, 151 – 172.

[2] Aghion P., Howitt P., and Mayer – Foulkes D. (2005). The Effect of Financial Development on Convergence: Theory and Evidence, *Quarterly Journal of Economics* 120, 173 – 222.

[3] Allen F. and Gale D. (2000). *Comparing Financial Systems.* Cambridge, MA: MIT Press. Allen, F. and Gale, D. (2004). Competition and Financial Stability, *Journal of Money, Credit and Banking* 36 (32), 453 – 480.

[4] Altunbas Y., Evans Y., and Molyneux P. (2001). Bank Ownership and Efficiency, *Journal of Money, Credit and Banking* 33 (4), 926 – 954.

[5] Andrianova S., Demetriades P., and Shortland A. (2008). Government Ownership of Banks, Institutions, and Financial Development, *Journal of Development Economics* 85, 218 – 252.

[6] Anginer D., Demirgüç – Kunt A., and Zhu M. (2012). How Does Bank Competition Affect Systemic Stability?, World Bank Policy Research Working Paper No. 5981.

[7] Armendariz de Aghion B. and Morduch J. (2005). *The Economics of Microfinance.* Cambridge, MA: MIT Press.

[8] Ayyagari M., Demirgüç – Kunt A., and Maksimovic M. (2008a). How Important Are Financing Constraints? The Role of Finance in the Business Environment, *World Bank Economic Review* 22 (3), 483 – 516.

[9] Ayyagari M., Demirgüç – Kunt A., and Maksimovic M. (2008b). How Well Do Institutional Theories Explain Firms' Perceptions of Property Rights?, *The Review of Financial Studies* 21, 1833 – 1871.

[10] Ayyagari M., Demirgüç – Kunt A., and Maksimovic M. (2011). Firm Innovation in Emerging Markets: Role of Finance, *Journal of Financial and Quantitative Analysis* 46 (6), 1545 – 1580.

[11] Ayyagari M., Demirgüç – Kunt A., and Maksimovic M. (2013). What Determines Protection of Property Rights? An Analysis of Direct and Indirect Effects, *Journal of Financial Econometrics* 11 (4), 610 – 649.

[12] Banerjee A. and Newman A. (1993). Occupational Choice and the Process of Development, *Journal of Political Economy* 101, 274 – 298.

[13] Barth J. R., Caprio Jr. G., and Levine R. (2001). The Regulation and Supervision of Banks Around the World: A New Database, University of Minnesota Financial Studies Working Paper No. 0006; World Bank Policy Research Working Paper No. 2588, <http://ssrn.com/ abstract = 262317>.

[14] Barth J., Caprio Jr. G., and Levine R. (2006). *Rethinking Bank Regulation: Till Angels Govern.* New York: Cambridge University Press.

[15] Beck T. (2008). Bank Competition and Financial Stability: Friends or Foes?, World Bank Policy Research Working Paper No. 4656.

[16] Beck T. and Demirgüç – Kunt A. (2006). Small and Medium – Sized Enterprises: Access to Finance as a Growth Constraint, *Journal of Banking & Finance* 30, 2931 – 2943.

[17] Beck T., Demirgüç – Kunt A., Laeven L., and Levine R. (2004). Finance, Firm Size, and Growth, World Bank Policy Research Working Paper No. 3485.

[18] Beck T., Demirgüç – Kunt A., and Levine R. (2003). Law, Endowments, and Finance, *Journal of Financial Economics* 70, 137 – 181.

[19] Beck T., Demirgüç – Kunt A., and Levine R. (2005). Law and Firms' Access to Finance, *American Law and Economics Review* 7, 211 – 252.

[20] Beck T., Demirgüç – Kunt A., and Levine R. (2006). Bank Supervision and Corruption in Lending, *Journal of Monetary Economics* 53, 2131 – 2163.

[21] Beck T., Demirgüç – Kunt A., and Levine R. (2007). Finance, Inequality and the Poor, *Journal of Economic Growth* 12, 27 – 49.

[22] Beck T., Demirgüç – Kunt A., and Levine R. (2012). *Guardians of Finance: Making Regulators Work for Us.* Cambridge, MA: MIT Press.

[23] Beck T., Demirgüç – Kunt A., and Maksimovic V. (2005). Financial and Legal Constraints to Firm Growth: Does Size Matter?, *Journal of Finance* 60, 137 – 177.

[24] Beck T., Demirgüç – Kunt A., and Maksimovic V. (2008). Financing Patterns around the World: Are Small Firms Different?, *Journal of Financial Economics* 89 (3), 467 – 487.

[25] Beck T., Demirgüç – Kunt A., and Martínez Pería M. S. (2008). Banking Services for Everyone? Barriers to Bank Access and Use around the World, *World Bank Economic Review* 22 (3), 397 – 430.

[26] Beck T., Levine R., and Levkov A. (2007). Big Bad Banks? The Impact of US Branch Deregulation on Income Distribution, National Bureau of Economic Research Working Paper No. 13299.

[27] Beck T., Levine R., and Loayza N. (2000). Finance and the Sources of Growth, *Journal of Financial Economics* 58, 261 – 300.

[28] Beck T., Lundberg M., and Majnoni G. (2006). Financial Intermediary Development and Growth Volatility: Do Intermediaries Dampen or Magnify Shocks?, *Journal of International Money and Finance* 25, 1146 – 1167.

[29] Becker G. and Stigler G. (1974). Law Enforcement, Malfeasance, and the Compensation of Enforcers, *Journal of Legal Studies* 3, 1 – 18.

[30] Bertay A., Demirgüç – Kunt A., and Huizinga H. (2012). Bank Ownership and Credit over the Business Cycle: Is Lending by State Banks Less Procyclical?, World Bank Policy Research Working Paper No. 6110.

[31] Beegle K., Dehejia R., and Gatti R. (2007). Child Labor and Agricultural Shocks, *Journal of Development Economics* 81, 80 – 96.

[32] Bekaert G., Harvey C. R., and Lundblad C. (2005). Does Financial Liberalization Spur Growth?, *Journal of Financial Economics* 77, 3 – 55.

[33] Bencivenga V. R. and Smith B. D. (1992). Deficits, Inflation and the Banking System in Developing Countries: The Optimal Degree of Financial Repression, *Oxford Economic Papers* 44, 767 – 790.

[34] Berger A., Demirgüç – Kunt A., Haubrich J., and Levine R. (2004). Introduction: Bank Concentration and Competition: An Evolution in the Making, *Journal of Money, Credit, and Banking* 36, 433 – 453.

[35] Bertrand M., Schoar A. S., and Thesmar D. (2007). Banking Deregulation and Industry Structure: Evidence from the French Banking Reforms of 1985, *The Journal of Finance* 62 (2), 597 – 628.

[36] Boot A. W. A. and Thakor A. (1997). Financial System Architecture, *Review of Financial Studies* 10, 693 – 733.

[37] Boyd J. H., Levine R., and Smith B. D. (2001). The Impact of Inflation on Financial Sector Performance, *Journal of Monetary Economics* 47, 221 – 248.

[38] Burgess R. and Pande R. (2005). Can Rural Banks Reduce Poverty? Evidence from the Indian Social Banking Experiment, *American Economic Review* 95, 780 – 795.

[39] Bruhn M., Farazi S., and Kanz M. (2013). Bank Concentration and Credit Reporting, World Bank

Policy Research Working Paper No. 6442.

[40] Calderon C. and Schaeck K. (2013). Bank Bailouts, Competition, and the Disparate Effects for Borrower and Depositor Welfare, World Bank Policy Research Working Paper No. 6410.

[41] Calomiris C. (2011). An Incentive - Robust Programme for Financial Reform, *Manchester School* 79, 39 - 72.

[42] Caprio G. and Demirgüç - Kunt, A. (1997). The Role of Long - Term Finance: Theory and Evidence, *World Bank Economic Review* 10, 291 - 321.

[43] Caprio G., Demirgüç - Kunt A., and Kane E. (2010). The 2007 Meltdown in Structured Securitization: Searching for Lessons not Scapegoats, *World Bank Research Observer* 25 (1), 125 - 155.

[44] Casu B. and Girardone. C. (2009). Testing the Relationship between Competition and Efficiency in Banking: A Panel Data Analysis, *Economic Letters* 105, 134 - 137.

[45] Christopoulos D. K. and Tsionas E. G. (2004). Financial Development and Economic Growth: Evidence from Panel Unit Root and Cointegration Tests, *Journal of Development Economics* 73, 55 - 74.

[46] Čihák M., Demirgüç - Kunt A., Feyen E., and Levine R. (2012). Benchmarking Financial Development around the World, World Bank Policy Research Working Paper No. 6175.

[47] Čihák M., Demirgüç - Kunt A., and Johnston, R. (2013). Incentive Audits: A New Approach to Financial Regulation, World Bank Policy Research Working Paper No. 6308.

[48] Čihák M., Demirgüç - Kunt A., Martínez Pería M. S., and Mohseni - Cheraghlou A. (2012). Bank Regulation and Supervision around the World: A Crisis Update, World Bank Policy Research Working Paper No. 6286.

[49] Claessens S. (2006). Access to Financial Services: A Review of the Issues and Public Policy Objectives, *World Bank Research Observer* 21 (2), 207 - 240.

[50] Claessens S. (2009). Competition in the Financial Sector: Overview of Competition Policies, *World Bank Research Observer* 24 (1), 83 - 118.

[51] Claessens S., Demirgüç - Kunt A., and Huizinga H. (2001). How Does Foreign Entry Affect Domestic Banking Markets?, *Journal of Banking & Finance* 25, 891 - 911.

[52] Claessens S. and Klingebiel D. (2001). Competition and Scope for Financial Services, *World Bank Research Observer* 16 (1), 18 - 40.

[53] Clarke G., Cull R., and Martínez Pería M. S. (2001). Does Foreign Bank Penetration Reduce Access to Credit in Developing Countries: Evidence from Asking Borrowers, World Bank Policy Research Working Paper No. 2716.

[54] Clarke G., Cull R., and Shirley M. (2005). Bank Privatization in Developing Countries: A Summary of Lessons and Findings, *Journal of Banking & Finance* 29, 1905 - 1930.

[55] Clarke G., Xu L. C., and Zhou H. (2003). Finance and Income Inequality: Test of Alternative Theories, World Bank Policy Research Working Paper No. 2984.

[56] Cole S. (2009a). Fixing Market Failures or Fixing Elections? Agricultural Credit in India, *American Economic Journal: Applied Economics* 1 (1), 219 - 250.

[57] Cole S. (2009b). Financial Development, Bank Ownership, and Growth: or, Does Quantity Imply Quality?, *Review of Economics and Statistics* 91 (1), 33 - 51.

[58] Cull R., Demirgüç - Kunt A., and Morduch J. (2008). Microfinance: The Next Capitalist Revolution?, *Journal of Economic Perspectives* 23, 167 - 192.

[59] Cull R. and Martínez Pería M. S. (2012). Bank Ownership and Lending Patterns during the 2008—2009 Financial Crisis: Evidence from Eastern Europe and Latin America, World Bank Policy Research Paper No. 6195.

[60] Cull R., Senbet L., and Sorge M. (2005). Deposit Insurance and Financial Development, *Journal of Money, Credit, and Banking* 37, 43 – 82.

[61] De Haas R. and Naaborg I. (2005). Does Foreign Bank Entry Reduce Small Firms' Access to Credit? Evidence from European Transition Economies?, Dutch National Bank Working Paper No. 50.

[62] Delis M. (2012). Bank Competition, Financial Reform, and Institutions: The Importance of Being Developed, *Journal of Development Economics* 97 (2), 450 – 465.

[63] De Luna – Martínez J. and Vicente C. (2012). Global Survey of Development Banks, World Bank Policy Research Working Paper 5969.

[64] Demirgüç – Kunt A. and Detragiache E. (1998). The Determinants of Banking Crises: Evidence from Developing and Developed Countries, IMF Staff Papers No. 45, 81 – 109.

[65] Demirgüç – Kunt A. and Detragiache E. (1999). Financial Liberalization and Financial Fragility. In: B. Pleskovic and J. Stiglitz (Eds.), Proceedings of the Annual World Bank Conference on Development Economics, 332 – 334. Washington, DC: The World Bank.

[66] Demirgüç – Kunt A. and Detragiache E. (2002). Does Deposit Insurance Increase Banking System Stability? An Empirical Investigation, Journal of Monetary Economics 49, 1373 – 1406.

[67] Demirgüç – Kunt A. and Detragiache E. (2005). Cross – Country Empirical Studies of Systemic Bank Distress: A Survey, National Institute Economic Review 192, 68 – 83.

[68] Demirgüç – Kunt A., Detragiache E., and Merrouche O. (2010). Bank Capital: Lessons from the Financial Crisis, World Bank Policy Research Working Paper No. 5473.

[69] Demirgüç – Kunt A., Detragiache E., and Tressel T. (2008). Banking on the Principles: Compliance with Basel Core Principles and Bank Soundness, Journal of Financial Intermediation 17, 511 – 542.

[70] Demirgüç – Kunt A. and Huizinga H. (2004). Market Discipline and Deposit Insurance, Journal of Monetary Economics 51, 375 – 399.

[71] Demirgüç – Kunt A. and Kane E. (2002). Deposit Insurance around the Globe: Where Does it Work?, *Journal of Economic Perspectives* 16, 175 – 196.

[72] Demirgüç – Kunt A., Kane E., and Laeven L. (2008). *Deposit Insurance around the World: Issues of Design and Implementation.* Cambridge, MA: MIT Press.

[73] Demirgüç – Kunt A. and Klapper L. (2012). Measuring Financial Inclusion: The Global Findex, World Bank Policy Research Working Paper No. 6025.

[74] Demirgüç – Kunt A., Laeven L., and Levine R. (2004). Regulations, Market Structure, Institutions, and the Cost of Financial Intermediation, *Journal of Money, Credit, and Banking* 36, 593 – 622.

[75] Demirgüç – Kunt A. and Levine R. (1996). Stock Market Development and Financial Intermediaries: Stylized Facts, *World Bank Economic Review* 10, 291 – 322.

[76] Demirgüç – Kunt A. and Levine R. (2001). *Financial Structure and Economic Growth: A Cross – Country Comparison of Banks, Markets, and Development.* Cambridge, MA: MIT Press.

[77] Demirgüç – Kunt A. and Levine R. (2007). Finance and Economic Opportunity. World Bank Working Paper.

[78] Demirgüç – Kunt A. and Maksimovic V. (1998). Law, Finance, and Firm Growth, *Journal of Finance* 53, 2107 – 2137.

[79] Demirgüç – Kunt A. and Servén L. (2009). Are All the Sacred Cows Dead? Implications of the Financial Crisis for Macro and Financial Policies, World Bank Policy Research Working Paper No. 4807.

[80] Detragiache E., Gupta P., and Tressel T. (2005). Finance in Lower – Income Countries: An Empirical Exploration, International Monetary Fund Working Paper No. 05/167.

[81] Detragiache E., Tressel T., and Gupta P. (2008). Foreign Banks in Poor Countries: Theory and Evidence, *Journal of Finance* 63, 2123 – 2160.

[82] Dinc S. (2005). Politicians and Banks: Political Influences on Government – Owned Banks in Emerging Markets, *Journal of Financial Economics* 77, 453 – 479.

[83] Djankov S., McLiesh C., and Shleifer A. (2007). Private Credit in 129 Countries, *Journal of Financial Economics* 84, 299 – 329.

[84] Galor O. and Zeira J. (1993). Income Distribution and Macroeconomics, *Review of Economic Studies* 60, 35 – 52.

[85] Gine X. and Townsend R. (2004). Evaluation of Financial Liberalization: A General Equilibrium Model with Constrained Occupation Choice, *Journal of Development Economics* 74, 269 – 307.

[86] Goldsmith R. W. (1969). *Financial Structure and Development.* New Haven, CT: Yale University Press.

[87] Gormley T. A. (2004). Banking Competition in Developing Countries: Does Foreign Bank Entry Improve Credit Access? John M. Olin School of Business, St. Louis, Washington University Working Paper.

[88] Greenwood J. and Jovanovic B. (1990). Financial Development, Growth, and the Distribution of Income, *Journal of Political Economy* 98, 1076 – 9107.

[89] Gropp R., Hakenes H., and Schnabel I. (2011). Competition, Risk – Shifting, and Public Bail – Out Policies, *Review of Financial Studies* 24 (6), 2084 – 2120.

[90] Guiso L., Sapienza P., and Zingales L. (2004). Does Local Financial Development Matter?, *Quarterly Journal of Economics* 119 (3), 929 – 969.

[91] Gutiérrez E., Rudolph H., Homa T., and Beneit E. (2011). Development Banks: Role and Mechanisms to Increase Their Efficiency, World Bank Policy Research Working Paper No. 5729.

[92] Haber S. H. (1997). Financial Markets and Industrial Development: A Comparative Study of Governmental Regulation, Financial Innovation and Industrial Structure in Brazil and Mexico, 1840—1940. In: S. Haber (Ed.), *How Latin America Fell Behind?*, 146 – 178. Stanford, CA: Stanford University Press.

[93] Haber S. H. (2005). Mexico's Experiments with Bank Privatization and Liberalization, 1991—2003, *Journal of Banking & Finance* 29, 2325 – 2350.

[94] Haber S. H., Maurer N., and Razo A. (2003). *The Politics of Property Rights: Political Instability, Credible Commitments, and Economic Growth in Mexico*, 1876 – 1929. New York: Cambridge University Press.

[95] Hakenes H. and Schnabel I. (2010). Banks Without Parachutes: Competitive Effects of Government Bail – Out Policies, *Journal of Financial Stability* 6, 156 – 168.

[96] Haselmann R. F. H., Pistor K., and Vig V. (2010). How Law Affects Lending, *Review of Financial Studies* 23 (2), 549 – 580.

[97] Honohan P. (2004). Financial Development, Growth, and Poverty: How Close are the Links? In: C. Goodhart (Ed.), *Financial Development and Economic Growth: Explaining the Links*, 1 – 37. London: Palgrave.

[98] Honohan P. and Beck T. (2007). *Making Finance Work for Africa.* Washington, DC: World Bank.

[99] Jacoby H. G. and Skoufias E. (1997). Risk, Financial Markets, and Human Capital in a Developing Country, *The Review of Economic Studies* 643, 311 – 335.

[100] Jappelli T. and Pagano M. (2002). Information Sharing, Lending and Defaults: Cross – Country Evidence, *Journal of Banking & Finance* 26, 2017 – 2045.

[101] Jayaratne J. and Strahan P. E. (1996). The Finance – Growth Nexus: Evidence from Bank Branch Deregulation, *Quarterly Journal of Economics* 111, 639 – 670.

[102] Kaminsky G. and Reinhart C. M. (1999). The Twin Crises: The Causes of Banking and Balance of Payments Problems, *American Economic Review* 89, 473 – 500.

[103] Kaminsky G. and Schmukler S. (2003). Short – Term Pain, Long – Term Gain: The Effect of Financial Liberalization, National Bureau of Economic Research Working Paper No. 9787.

[104] Khandker S. R. (2003). Microfinance and Poverty: Evidence Using Panel Data from Bangladesh, World Bank Policy Research Working Paper No. 2945.

[105] King R. G. and Levine R. (1993). Finance and Growth: Schumpeter Might Be Right, *Quarterly Journal of Economics* 108, 717 – 738.

[106] Klapper L. (2006). The Role of Factoring for Financing Small and Medium Enterprises, *Journal of Banking & Finance* 30, 3111 – 3130.

[107] Laeven L. and Valencia F. (2012). Systemic Banking Crisis Database: An Update, International Monetary Fund Working Paper No. 08/224.

[108] Lamoreaux N. (1994). *Insider Lending: Banks, Personal Connections, and Economic Development in Industrial New England.* New York: Cambridge University Press.

[109] La Porta R., Lopez – De – Silanes F., and Shleifer A. (2002). Government Ownership of Commercial Banks, *Journal of Finance* 57, 265 – 301.

[110] La Porta R., Lopez – De – Silanes F., Shleifer A, and Vishny R. W. (1997). Legal Determinants of External Finance, *Journal of Finance* 52, 1131 – 1150.

[111] Levine R. (1997). Financial Development and Economic Growth: Views and Agenda, *Journal of Economic Literature* 35, 688 – 726.

[112] Levine R. (2005). Finance and Growth: Theory and Evidence. In: P. Aghion and S. Durlaff (Eds.), *Handbook of Economic Growth*, 866 – 934. The Netherlands: Elsevier Science.

[113] Levine R., Loayza N., and Beck T. (2000). Financial Intermediation and Growth: Causality and Causes, *Journal of Monetary Economics* 46, 31 – 77.

[114] Levine R. and Zervos S. (1998). Stock Markets, Banks, and Economic Growth, American Economic Review 88, 537 – 558.

[115] Loayza N. and Ranciere R. (2006). Financial Development, Financial Fragility, and Growth, Journal of Money, Credit and Banking 38 (4), 1051 – 1076.

[116] Love I. and Mylenko N. (2004). Credit Reporting and Financing Constraints, World Bank Policy Research Working Paper No. 3142.

[117] Lucas R. E. (1988). On the Mechanics of Economic Development, Journal of Monetary Economics 22, 3 – 42.

[118] Masciandaro D., Pansini R. V., and Quintyn M. (2011). The Economic Crisis: Did Financial Supervision Matter?, International Monetary Fund Working Paper No. 11/261.

[119] Merton R. C. and Bodie Z. (2004). The Design of Financial Systems: Towards a Synthesis of Function and Structure, Journal of Investment Management 3 (1), 6.

[120] Mian A. (2006). Distance Constraints: The Limits of Foreign Lending in Poor Economies, Journal of Finance 61, 1465 – 1505.

[121] Micco A. and Panizza U. (2006). Bank Ownership and Lending Behavior, Economics Letters 93, 248 – 254.

[122] Micco A., Panizza U., and Yañez M. (2007). Bank Ownership and Performance. Does Politics Matter?, Journal of Banking and Finance 31, 219 – 241.

[123] Miller M. (2003). Credit Reporting Systems and the International Economy. Cambridge, MA: MIT Press.

[124] Morck R., Wolfenzon D., and Yeung B. (2005). Corporate Governance, Economic Entrenchment, and Growth, Journal of Economic Literature 43, 655 – 720.

[125] Morduch J. (1998). Does Microfinance Really Help the Poor? New Evidence from Flagship Programs in Bangladesh, Princeton University Working Paper No. 198.

[126] Pitt M. M. and Khandker S. R. (1998). The Impact of Group – Based Credit Programs on Poor Households in Bangladesh: Does the Gender of Participants Matter?, Journal of Political Economy 106, 958 – 996.

[127] Raddatz C. (2006). Liquidity Needs and Vulnerability to Financial Underdevelopment, Journal of Financial Economics 80, 677 – 722.

[128] Rajan R. (2006). Separate and Unequal, Finance and Development 43, 56 – 57. Rajan, R. (2010). *Fault Lines: How Hidden Fractures Still Threaten the World Economy.* Princeton, NJ: Princeton University Press.

[129] Rajan R. and Zingales L. (1998). Financial Dependence and Growth, *American Economic Review* 88, 559 – 586.

[130] Rajan R. and Zingales L. (2003). *Saving Capitalism from the Capitalists.* New York: Random House.

[131] Rioja F. and Valev N. (2004). Does One Size Fit All? A Reexamination of the Finance and Growth Relationship, *Journal of Development Economics* 74, 429 – 447.

[132] Robinson J. (1952). *The Rate of Interest and Other Essays.* London: Macmillan.

[133] Roubini N. and Sala – I – Martin X. (1995). A Growth Model of Inflation, Tax Evasion, and Financial Repression, *Journal of Monetary Economics* 35, 275 – 301.

[134] Rousseau P. L. and Sylla R. (1999). Emerging Financial Markets and Early US Growth, National Bureau of Economic Research Working Paper No. 7448.

[135] Sapienza P. (2004). The Effects of Government Ownership on Bank Lending, *Journal of Financial Economics* 72, 357 – 384.

[136] Schaeck K., Čihák M., Maechler A., and Stolz S. (2011). Who Disciplines Bank Managers?, *Review of Finance* 16, 197 – 243.

[137] Schaeck K., Čihák M., and Wolfe S. (2009). Are Competitive Banking Systems More Stable?, *Journal of Money, Credit, and Banking* 41 (4), 711 – 734.

[138] Scott D. (2007). Strengthening the Governance and Performance of State – Owned Financial Institutions, World Bank Policy Research Working Paper No. 4321.

[139] Squam Lake Group. (2010). *The Squam Lake Report: Fixing the Financial System.* Princeton, NJ: Princeton University Press.

[140] Stigler G. (1971). The Theory of Economic Regulation, *Bell Journal of Economics and Management Science* 2, 3 – 21.

[141] Urdapilleta E., and Stephanou C. (2009). Banking in Brazil: Structure, Performance, Drivers, and Policy Implications, World Bank Policy Research Working Paper No. 4809.

[142] Vives X. (2011). Competition Policy in Banking, *Oxford Review of Economic Policy* 27 (3), 479 - 497.

[143] World Bank (2001). *Finance for Growth: Policy Choices in a Volatile World. A World Bank Policy Research Report*. Washington, DC: World Bank.

[144] World Bank (2007). *Finance for All: Policies and Pitfalls in Expanding Access. A World Bank Policy Research Report*. Washington, DC: World Bank.

[145] World Bank (2012). *Global Financial Development Report* 2013: *Rethinking the Role of the State in Finance*. Washington, DC: World Bank.

第33章　银行与实体经济

33.1　绪论

公元56年12月12日，Lucius Caecilius Jucundus记录了一笔与11039赛斯特斯贷款有关的交易，这笔贷款是为完成庞贝城举行的拍卖所发放的。[①] 公元79年8月24—25日维苏威火山喷发，在对其部分损坏的房子的考古挖掘中，发现了记录此笔和16笔其他类似贷款的蜡片合同，虽然被烧焦但仍然清晰可见。

L. Caecilius Jucundus是庞贝的一个非常富有的银行家，是一个自由职业者的儿子，他通过自己的努力成为一名银行家。按照这个术语的基本定义，他们是银行家，接受客户的存款，并使用收到的部分存款发放贷款。这种贷款合同的标准条款意味着，佣金加上利率通常为每月2%左右，期限最长为一年，但通常不超过几个月。

他们的主要角色，也就是上面提到的蜡片中记载的角色，是在拍卖中为出售财产、收成和奴隶提供信贷。在许多情况下，他们会安排出售与过去无法偿还的到期贷款抵押品相同的抵押品。他们还将充当硬币的鉴定人，提供外汇服务，发放与拍卖交易无关的其他贷款，并从事类似于目前被定义为信托管理的活动（Andreau，1999，第36页）。

虽然有大量的书面证据表明，公元1世纪和公元2世纪的罗马存在银行业活动，但职业银行家早在公元前5世纪的雅典就已经在运作，几乎在埃及和巴勒斯坦同时被发现（Andreau，1999，pp. 30－32）。

因此，即使在前现代、前资本主义社会的最早实例中，银行的作用在市场和经济的基本功能中是如此普遍和根深蒂固，以至于人们几乎怀疑是否有必要讨论银行机构对实体经济的重要性。然而，关于经济发展进程的基本决定因素的热烈讨论至少贯穿了整个20世纪。在这场辩论中，银行和整个金融部门的作用要么被轻易地忽略了（例如，参见Robinson，1952；Lucas，1988），或者被认为“太明显而不能进行严肃讨论”（Miller，1998，第14页）。对这一问题的现代分析通常与约瑟夫·熊彼特（Joseph Schumpeter）的研究有关，熊彼特在他的《经济发展理论》（*Theory of Economic Development*，1911）中综合了信贷（尤其是银行信贷）确实创造了真正价值的观点。事实上，熊彼特本人在挑战李嘉图如关于“银行业务不能增加一个国家的财富”（熊彼特，1911年，第98页）的观点时，引起了一个更古老的辩论。这一章首先说明了这场辩论持续了这么长时间的原因，并继续声

---

① 作为参考，在同一时期，劳动者的工资是每天2～4塞斯特斯，并且购买一个奴隶的平均价格是2000塞斯特斯（Stambaugh，1988）。

称学者们也许最终达成了共识。其次，对这一课题的最新研究方向进行了展望。

33.2 因果关系辩论

也许这次辩论持续存在的主要原因是，很难确定因果关系问题。[①] 来自历史案例研究的轶事证据或来自跨国数据的更广泛的非正式观察通常表明，任何实体经济活动的标准衡量指标（人均产出增长、人均资本增长和生产率增长）与金融市场发展的标准衡量指标之间都存在强烈的正相关关系。例如，在被广泛认为是最近重新激起这次辩论的首要贡献中，King 和 Levine（1993）利用了1960—1989年的77个国家的数据表明，金融体系“深度”的基本衡量指标（银行和非银行中介机构的货币需求和计息负债的总价值）与实际经济活动之间具有积极的且经济上非常重要的联系。

这一举措以及衡量金融部门规模的相关指标背后的基本理念是，更广泛、更深层次的金融业越来越有利于企业获得资本。这是经济增长的基本“金融引擎”。更确切地说，King 和 Levine 表明，如果一个国家能够将其金融部门的规模从分布的下四分位数增加到上四分位数，由此带来的资本获取的便利将反映在人均收入每年增长近1%。考虑到在这个样本期间，分布的上下四分位数之间的国家收入增长率差异约为5%，因此金融深度的变化将导致这样的缺口减少20%（King 和 Levine，1993，表7）。

在随后的工作中，使用类似的数据和经验方法也证实了银行信贷和实体经济活动之间的更具体的联系。Levine 和 Zervos（1998）利用1976—1993年的42个国家的资料显示，银行信贷增加一个标准差导致实际人均收入每年增长0.7%（Levine 和 Zervos，1998，表3）。这些研究的基本信息是，增加银行业总体规模带来的经济规模可能非常显著。然而，尽管这种结果存在稳健性，但持怀疑态度的人一直坚持认为，虽然这些实证证据清楚地表明了金融和实体经济之间的重要关联，但它并不能解决关键的根本问题，即银行活动和金融部门的扩张是否是外生决定的，如果是，它是否对实际经济部门产生独立影响。对金融在实体经济活动中的作用持批评态度的人一直认为，金融市场的特征是内生决定的——也就是说，任何金融活动的存在和发展都只是实体经济活动的反映。上面提到的实证证据不能反驳下述论述：金融市场只是同时发展以适应经济增长不断扩大的需求，或者甚至可以在预期未来经济增长的情况下，采取深化金融活动的措施。

随后的许多著作，大部分出自 Levine 及其合作者，专门研究了内生性和因果关系的问题。它是通过偏离基本的横截面分析并采用动态面板估算技术（例如，参见 Beck、Levine 和 Loayza，2000；Levine、Loayza 和 Beck，2000）和工具变量的更复杂的计量经济学工具来实现的（Levine，1998；Levine，1999；Levine、Loayza 和 Beck，2000）。从本质上讲，基本战略包括努力确定金融发展的外生因素。这是通过如下假设实现的：随着时间的推移，一国金融部门的发展水平很大程度上反映了该国基本制度环境的质量。反过来，研究发现这种制度背景（反映在产权保护程度、执法体系的质量、整体信任水平、腐败程度等方面）在很大程度上取决于该国的法律渊源（见 La Porta 等，1998）。更具体地说，基本

① 有关金融和增长文献的计量经济学的一个很好的例证，请参阅 Beck（2008）。

制度的性质和质量似乎与一个国家的法律制度是否源于英国、德国、法国或斯堪的纳维亚的法治传统密切相关。由于金融市场的基本活动依赖于根据未来付款的承诺编写明确界定的合同来描述交易的可能性，金融市场或多或少会发展到法律制度允许保护和执行这种合同的程度。而且，由于一国特定法律制度的建立在很大程度上是过去事件的结果，例如殖民地的经验，因此有理由认为该特征是外生确定的。

因此，无论是使用工具变量分析来增加基本横截面研究，还是在动态面板模型中使用工具变量，上述研究得出的结论与早期使用简单识别技术得出的结论非常相似。即金融发展（外生部分）对实体经济有重大的经济影响。

虽然这是解决因果关系问题的一个重要步骤，但仍然可以就工具变量质量提出问题，并且，也许最重要的是，金融部门和其他重要机构的质量都可能由其他遗漏的因素决定。因此，疑虑仍然存在，按照这种方法，观察到的金融部门变量的积极影响可能实际上是同时影响金融和实体经济的其他事物的反映（见 Zingales，2003）。

然而，同样重要的是，我们可以对一些研究作出解释，这些研究使用了较早说明的深度衡量方法，以捕捉金融市场对实体经济的重要性。深度或规模实际上是一种结果衡量标准，也就是说，无论我们为改善金融业做了什么或可以做什么，都会反映在金融业的相对规模上。然而，通过关注这一最终结果变量，我们离解决因果关系至少还有一步之遥，因为我们没有直接调查银行或金融业的其他部门如何对实体经济活动产生独立影响。这没有回应上述批评，即金融市场与其他经济变量一起发展，而那些变量才是实体经济增长的真正原因。此外，对深度变量的持续关注使得分析在其规范内容的质量方面也受到很大限制：如果银行规模从底部扩大到上四分位数，分配与更高的收入增长相关，但这些研究不能确定如何实现深化。

33.3　银行是重要的

在另一个影响深远的研究中，Jayaratne 和 Strahan（1996）直接论述了因果关系问题和规范内容问题，这在探索银行对实体部门的作用的最终结论方面又迈进了一大步。作者将分析的重点从跨国视角缩小到国家特定案例研究，即美国。虽然对于先前研究中更广泛的跨国变异性而言，这种选择可能看起来有些不足，但实际上对于银行业作用的研究带来了巨大的回报：由于数十年的监管限制阻止或限制了银行内部或跨州的扩张，到 20 世纪 70 年代中期，美国实际上划分了 50 个独立的银行市场（Morgan、Rime 和 Strahan，2004），每个市场的界限都是由州划分的。因此，仅限于美国银行的研究仍然允许实质性的横截面变化。与此同时，缩小到仅关注一个国家也减少了不可观测的异质性的潜在重要来源，而这种异质性更有可能困扰多个国家的数据。此外，最重要的是，20 世纪 70 年代末标志着放松管制的紧张过程的开始，各个州在不同时间点取消了阻止银行进入的监管障碍。到 20 世纪 90 年代中期，这一进程已经结束，允许最初总部位于任何地方的银行在不受限制的情况下，在任何其他地方扩张。

由于这一放松管制的过程，银行市场的竞争和效率越来越高。这会使得贷款更容易，对实体经济产生明确直接的影响。这正是 Jayaratne 和 Strahan（1996）研究的。关于个别州放松管制时间的横截面和随时间变化的同时存在代表了在接近“自然实验”的条件下进行分析的独特机会，这种情况在社会科学探究中是非常难以实现的。更准确地说，比较放松管制前后国家特有的实体经济变量，可以衡量银行放松管制的影响——以及相关的竞争和效率变化。用自然实验分析的语言表示，对照组由解除管制前的州的观察值表示，包括其他尚未解除管制的州的观察值，而处理组由解除管制后多年的所有观察值表示。因为放松管制并非在所有州同时实现，所以能够解释因变量的未观察到的州内特定遗漏因素和州间特定事件可以被国家和时间指标变量吸收，但仍有足够的变化来确定放松管制的具体效果。

这种识别策略在处理因果关系方面向前迈出了重要的一步，至少有两个原因：第一，它不是通过查看事后结果（如信贷规模）捕捉金融部门（尤其是银行业）的发展，而是捕捉能引起金融部门发展的特定事件（银行放松管制）的影响。而且因为理论表明，竞争和效率的提高与更合理的资本配置相关，因果关系现在更直接。第二，所讨论的事件可被认为是外生的，并且独立于实体经济的当前形势或预期发展而发生。例如，研究表明，早在20世纪30年代，小型银行就在严格限制扩张方面发挥了巨大的影响力，并且直至20世纪80年代初期，它们的影响力仍然很强（Economides、Hubbard和Palia，1996；White，1998）。此外，20世纪80年代储蓄机构的大规模倒闭被认为是放松监管的另一个原因，因为大型、更多样化的银行被允许收购破产银行（Kane，1996）。最后，Kroszner和Strahan（1999）发现存款和贷款活动的技术变化是放松管制后的主要变化。

有了这些前提，Jayaratne和Strahan（1996）找到了证据证明银行放松管制与国家收入增长之间的因果关系。特别是，运用1972年到1992年面板数据，他们发现，在银行业放松管制之后，一个州的收入增长每年要高出0.5个百分点以上。他们的贡献应在方法论上得到承认，因为其在解决因果关系的问题中缩小了研究范围，而且因为它集中于银行业的具体特征，从而使数据更接近理论，同时增强了规范性分析。在我看来，他们的证据是对因果关系争论的最有力的证明①。在本文发表之后，熊彼特关于“银行信贷确实创造价值”的论断就变得非常难以反驳，或者至少证明责任已经完全转移到了辩论的另一边。②

33.4 银行如何重要？

从这一点上，研究前沿不断向前推进。不再需要花费精力强调银行对实体经济的重要性。鉴于此，学者们关注的可能是更丰富、更令人满意的探索，即充分理解银行影响实体经济的机制。关键问题在于，对于收入或生产率增长等实际产出变量而言，银行和银行业的哪些具体特征可能最重要？同样，从另一个方面来看，经济中实际部门的哪些具体要素或特征真正受到银行活动的影响，从而最终反映在对实际产出的影响上？进一步深入了解

---

① 在一篇相关论文中，Morgan、Rime和Strahan（2004）重点研究了银行放松管制对宏观经济稳定性的影响，测试了国家特定的商业周期波动对放松管制事件的反应。他们发现，在放松管制之后，波动性大幅下降，降幅在30%～40%。

② Rajan和Zingales（1998）的一个论文也应该被视为一个转折点，尽管它侧重于整体金融发展和经济增长之间的更广泛的关系。他们的贡献在前一章中已详细描述。

银行与实体经济关系的微观细节，现在可以真正地考验银行业的具体理论。此外，如前所述，银行和实体经济最新研究的规范价值明显增加。随着经济学家发现微调最有效的方法，政策制定者越来越有能力驾驭银行业监管活动中有时会出现的动荡局面。

33.5 银行竞争的作用

在 Jayaratne 和 Strahan（1996）之后的十年中，该领域的研究工作向多个方向发展，其中重点是银行业的明确特征和特点。特别值得一提的是，大量的研究工作已经完成，并且将继续致力于研究银行竞争对实体经济的作用。关注这个行业特点的原因有两个。第一，与市场结构和竞争行为的发展是内生的多数行业不同，美国和其他国家的银行业历来都受到严格监管，原因各不相同。因此，在研究对实体经济的影响时，有理由认为这是一个外生决定的行业特征。第二，同样重要的是，有一个关于银行竞争影响的理论猜想的对比引人入胜[①]。Petersen 和 Rajan（1995）非常清楚地表达了这种对比的本质。作者质疑了传统观点，即加强银行竞争必然会带来更好的贷款条件和更好的信贷渠道。理论上的观点是，实际上银行至少需要一定程度的市场权力，才能拥有正确的激励机制，在筛选和监控方面进行适当的投资，以解决对新企业家素质的不确定性。直觉是，随着时间的推移，在缺乏“捕获”客户公司的能力的情况下，一家银行预计，一个成功的企业家有可能从竞争银行寻求更好的条款，而这些竞争对手不需要承担任何额外的筛查和监控成本（或者只会花掉原银行不得不花费的一小部分）。

因此，在竞争激烈的银行环境中，银行将被要求收取贷款条件，以反映企业家的高内在风险。一家有市场力量的银行可以提供更好的初始条件，因为它知道，建立这种贷款关系的前期成本可能在后期得到恢复。随之而来的非常规预测是，如果企业在更集中的银行市场运营，特别是年轻的企业，可能更容易获得信贷。

在 Cetorelli 和 Peretto（2012）的资本积累的一般均衡动态模型中，筛选激励和竞争之间的这种矛盾关系被形式化。他们表明，由于这种矛盾关系，实际上使长期经济增长最大化的银行市场结构实际上既不是完全竞争也不是垄断。此外，“最佳”市场结构本身在经济发展的不同阶段有所不同，过多的竞争也可能导致经济体出现发展陷阱，否则这些陷阱将以独特的均衡为特征。

另一篇关注银行竞争对实体经济的作用的论文是 Cetorelli 和 Gambera（2001）。本文探讨了银行业市场结构对工业增长的实证相关性。作者采取了由 King 和 Levine（1993）采用的基本横截面研究，然后问：如果大家都认为银行业的规模对资本积累很重要，那么基础产业结构是否不集中，从而近似于完全竞争条件，或者市场力量是否集中于少数银行机构，这还重要吗？从理论的角度来看，Cetorelli 和 Gambera 与 Petersen 和 Rajan（1995）提出的猜想相同。他们的方法论建立在 Rajan 和 Zingales（1998）的贡献之上，Rajan 和

① Petersen 和 Rajan 贡献背后的基本思想已经出现在 Schumpeter（1911）中，并在 Mayer（1988）中得到阐述。其他理论著作见，Rajan（1992），Pagano（1993），Shaffer（1998），Manove 和 Padilla（1998），Pagano（2001），Marquez（2002），Dell'Ariccia 和 Marquez（2004），Boot 和 Thakor（2000），Boyd 和 De Nicolo（2005）以及 Hauswald 和 Marquez（2006）。

Zingales 使用跨国数据集，但考察了银行集中度对一个国家各个工业部门的不同影响，在各个工业部门，由于其独特的原因，资本投资对外部资金来源的依赖程度各不相同。识别战略是基于这样一种直觉，即如果银行竞争起了作用，那么对于高度依赖外部融资的部门的企业来说，竞争应该更重要。在 Rajan 和 Zingales（1998）中，通过寻求这种差异效应，识别策略大大提高了潜在的反对的门槛，诸如内生性、遗漏变量偏差和反向因果关系。这些发现表明，银行集中度对工业增长的影响并非微不足道，事实上，它同时支持了理论争议的双方。首先，有证据表明银行集中对经济增长有一级负面影响。这一发现与理论预测一致，即较高的银行集中度会导致整体经济中可用信贷的减少。无论其外部融资依赖性如何，这种影响对所有工业部门都是普遍的。然而，本文也发现了银行集中在不同行业具有异质效应的证据。特别是，年轻企业更加依赖外部融资的部门从集中的银行部门中受益，这实际上可以补偿一级的负面影响。这一发现支持了 Petersen 和 Rajan（1995）预测的基本观点，即市场力量在银行业的集中促进了借贷关系的发展，进而促进了企业的成长。

33.6　银行和产品市场的行业动态

随着对银行竞争和实体经济的研究议程加快，研究也变得更加雄心勃勃。例如，目前已经做了许多工作，以了解银行竞争如何实际影响工业生产部门的生命周期动态。例如，更多的银行竞争是否意味着更多的非金融行业进入？对现有公司的相关影响是什么？银行竞争的变化会导致其他行业的结构性变化，比如影响企业平均规模，还是整个企业规模分布？

上述 Petersen 和 Rajan（1995）提出的框架提供了关于银行集中对行业集中作用的推测的关键见解。在他们的推理中，具有市场力量的银行有更强的动力来资助不知名的年轻公司。这将表明，当信贷市场竞争不那么激烈时，应加强进入，因此，信贷部门的市场力量应促进行业竞争。同时，同样的环境也可能产生相反的预测：拥有市场权力的银行会促进年轻公司进入，并在其生命周期的后期阶段进行租金抽取。如果这些年轻公司在后期阶段保持自己的盈利能力，那么这种租金提取能力将会得到加强，但实际上这可能意味着，一旦建立了贷款关系，拥有市场权力的银行就会有动机保留与已经成为行业老牌企业的关系，并限制新进入者获得信贷。正如 Petersen 和 Rajan（1995）所述，市场力量使银行在它们已经融资的公司中拥有隐性股权，而这种隐性股权扭曲了它们在产品市场上向各个公司发放贷款的动机。运用这一观点，银行市场力量应会导致行业集中。

这些不同的推测已经被引入到数据中。第一个例子是 Black 和 Strahan（2002）。[①]。消除进入壁垒并导致更有效率和更具竞争力的银行业的监管行动，应反映在对企业家精神的

① 经济史研究以前曾探讨过银行业和行业集中之间的关系，通常都发现了积极的联系。例如，Cohen（1967）对 19 世纪晚期意大利工业化的研究，Capie 和 Rodrik - Bali（1982）关于 19 世纪 90 年代早期英国银行业的研究，Haber（1991）关于1830—1930 年的墨西哥的研究。Cameron（1967）总结道：“银行业的竞争与行业的竞争有关。总的来说，这两种繁荣与衰落并存。无论这种现象是否是其他环境的共同副产品，或者是由于银行间竞争的减少或限制，这是一个值得进一步研究的问题。无论如何，产业结构——竞争的、寡头的或垄断的——倾向于反映金融结构，这是一个惊人的巧合”（Cameron，1967，第 313 页）。

直接影响上。更准确地说，如果遵循上述放松管制的方式，企业创业的进入率应该更高。使用 1976—1996 年的新企业数据，Black 和 Strahan 使用与 Jayaratne 和 Strahan（1996）相同的识别方法，比较了新公司的数量和新公司在放松管制前和后的增长率。作者发现，在放松管制后，银行可以在一个州内自由设立分支机构，新企业数量增加了近 10%，增长率在 3% ~4%。在放松监管、允许银行跨州扩张之后，新增业务进一步增加了约 6%，但对增长率没有显著影响。因此，开放银行市场对新业务创造的经济影响非常大。此外，允许更多的企业投入运营，可能反映在产出积累的增加上。因此，分析银行放松管制与企业形成的关系，把实质放在理解银行活动影响实体经济活动并最终影响长期经济增长的机制这一最初目标上。

同时，回到 33.1 节和 33.2 节概述的理论推测，虽然它肯定符合银行竞争增强企业进入的理论，正如前面提到的，银行可能也会减少对企业家进行筛选和监督的动机，这种推测可能并不矛盾。因此，更多的进入也可能与年轻公司的死亡率更高有关。在 Cetorelli（2003）中提出了对这个问题的第一个看法。作者使用了关于商业机构的美国普查数据集的公开版本，其中包含关于年限类别的信息，以测试银行放松管制对进入的影响，以及以工作岗位破坏率衡量的年轻企业的持续率的影响。这些证据与 Black 和 Strahan（2002）关于进入提出的证据一致。此外，它还表明，在放松管制之后，年轻企业的持续性实际上更高（因此，减少了工作破坏）。相比之下，使用更详细、保密的普查数据，Kerr 和 Nanda（2008）发现，三年及更年轻的企业的失败率（完全业务关闭）实际上在放松管制之后更高。由于作者还发现与更多进入相一致的证据，他们将这些结果结合起来解释为银行竞争的改善有利于进入过程的“民主化”。也就是说，潜在的企业家有更大的机会创业，但他们不一定有更大的机会生存和继续经营。

关于银行竞争对生命周期动态的影响，已经开展了更多的工作。在上述论文中，Cetorelli（2003）还研究了现有企业的增长率及其自身的持续率。有证据表明，银行竞争的减少意味着现有公司的延迟退出，这一发现与之前的观点一致，即垄断银行可能扭曲了有利于其老客户的动机，从而阻止了创造性破坏的更健康的过程。

仍然关注生命周期动态，Cetorelli 和 Strahan（2006）试图对更多的银行竞争对非金融行业市场结构的一整套指标的影响进行广泛分析。作者使用了美国 1977 年至 1994 年之间的普查数据，统计了美国不同州的企业数量及其规模（以就业水平衡量），以及在 20 个两位数标准工业分类（SIC）制造业中任何一个部门的运营情况。与之前的研究结果一致的是，这些研究结果表明，更激烈的竞争会导致更多的公司投入运营。此外，他们还发现，随着银行竞争力的提高，公司平均规模减小。较低的平均公司规模与更多的公司在运营的发现是一致的，这两种情况都强化了这样一种观点：更多的银行竞争有利于进入，并且允许进入规模较小。

此外，他们发现整个企业规模分布发生了变化，大量公司朝着小型公司发展。关于规模分布的额外证据增加了这样一种猜测，即不同的公司——新公司或老公司、小公司或大公司以及不同部门，可能会对竞争改善的影响有不同的感受。更多的运营公司和较小的平均规模可以反映非常小的机构进入。如果是这种情况，人们会期望在规模分布的最小端处的质量增加，并且分布中其他地方的质量减少。如果更好的银行竞争也有助于现有小企业的发展（由于总体金融资源供给的增加），那么我们应该看到，不仅是最小的公司，而且中型企业的比例也应该更大。此外，对整个规模分布的变化进行测试，我们可以比较中小型（可能是银行依赖型）企业的占比变化相对于另一种控制组，即规模最大的机构。这些机构（拥有 1000 名或 1000 名以上雇员的机构）不应该受到银行状况的影响，因为非常大的公司可以进入全国（和有竞争力的）证券市场。因此，它们的命运不应因当地信贷状况而改变（Cetorelli 和 Strahan，2006：455）。

最后，Cetorelli（2014）调查银行放松管制的过程是否如此重要，使放松管制后的公司本质上不同于放松管制之前开始运营的公司。这种想法通常在企业统计领域中被统称为“印记”效应，假设在外部资本相对更难获得的时候，潜在的企业需要一套组织和管理特征，这些特征不仅可以增加获得（稀缺）融资的机会，而且还可以在获得额外资金的情况下生存。相反，在放松管制和消除信贷供应的重要摩擦之后，新公司可能不需要开发以前需要的一套特征，从而导致一组本质上更脆弱的单位。Cetorelli 发现与这个猜想一致的证据。在放松管制之前成立的企业似乎比放松管制后成立的具有相似特征的企业具有“更厚的皮肤”。

本章中讨论的材料几乎完全是使用美国银行和美国生产部门的数据集开发的。可以对这些结论是否具有更广泛的国际有效性提出正当批评。最近基于特定国家研究或非美国国家的横截面的研究似乎证实了迄今为止所研究的结果。Haber（1991）写了一篇非常巧妙的论文，广泛地比较了几十年的经济史。作者基本上介绍了墨西哥、巴西和美国之间的赛马，从工业化的最初阶段开始，然后是随着资本市场的发展而产业结构的演变。Haber 将他的注意力集中在大约在 19 世纪 40 年代和 20 世纪 30 年代之间纺织工业的演变上。关注这样一个行业的原因是，除了它在过去具有更高的相关性这一事实之外，它还具有特定的特征（包括低进入壁垒、资本可分割性和小规模下耗尽的规模效率），该行业不会自然而然地倾向于鼓励集中化。进入的唯一实质障碍是获得外部资本的能力。关注这一行业是理解金融—实体经济关系的一个很好的案例，因为这三个国家可能发生的金融部门的任何变化都可以令人信服地辩称，不是由纺织业的事件内生决定的。

Haber 非常有说服力地记录了金融部门效率，监管改革（或缺乏）与纺织业结构之间的关系。具体来说，他表明美国在早期就对银行业和资本市场进行了重要的改革。特别值得一提的是，1863 年的《国家银行法》对银行业产生了重要的影响，它促进了生产部门获得信贷。正如 Haber 所言，“第一次世界大战结束后，纺织工业充斥着金融，许多公司利用信贷市场的膨胀来发行大量证券”（Haber，1991，第 564 页）。

墨西哥的经历恰恰相反。在 19 世纪的大部分时间里，纺织工业和整个生产都无法获得银行融资或资本市场。当银行最终出现时，它们实际上是作为与数量有限的企业家紧密相连的机构发展起来的，而这些企业家本身也与政府官员有联系。因此，外部融资仍然严重受限，市场上存在差异。其结果是纺织业高度集中发展。巴西与墨西哥有着非常相似的经历和发展轨迹，至少在初期是这样。金融市场极其不发达，但 1890 年的重要改革为银行业和资本市场的大规模扩张播下了种子。因此，在 20 世纪头几十年，巴西纺织工业的结构看起来更像美国，而不是墨西哥。

另一个非美国国家研究的例子是由 Bertrand、Schoar 和 Thesmar（2007）分析的法国应对 1985 年银行业改革的经验。法国的改革大大减少了政府对银行贷款活动的干预。这一改革自然地提高了私人银行的效率，增强了信贷市场的竞争。作者指出，银行业的改革在企业微观经济行为上产生了重要的变化，并对产业结构产生了强烈的影响。结合本章所分析的主题，作者认为法国银行业的监管改革对企业的进入和退出率有积极影响，对产品市场集中度有消极影响。

仍然在银行改革领域，但重点在欧洲，Cetorelli（2004）调查了欧盟第二次银行业指令实施——一项实质上为欧洲银行业市场一体化创造了条件的监管改革——对产业结构的影响。Cetorelli 使用了 29 个经济合作与发展组织（OECD）、欧盟和非欧盟成员国制造业的面板数据。证据表明，欧盟银行市场竞争加剧导致非金融部门市场的平均公司规模下降。这一结论与 Cetorelli 和 Strahan（2006）的研究结果一致，并指出了银行竞争对年轻企业获得信贷的有利影响。

最后，Beck、Demirgüç - Kunt 和 Maksimovic（2004）使用了世界银行在很多国家对公司的调查数据。调查询问的问题之一是，企业是否难以获得信贷。将这些信息和其他信息与这些公司所在地区银行部门的具体市场结构相匹配，作者发现，银行集中度越高，融资障碍就越多，尤其是对较小的公司而言。

关于银行竞争在促进实体经济活动中所起的作用，有两个重要的观点。第一，关于最佳银行市场结构，似乎没有一个帕累托主导的政策：银行竞争不一定主导垄断，反之亦然。第二，对金融业的监管与产业政策密切相关。根据银行业集中度的高低，各个行业将以不同的速度增长。因此，银行市场结构在塑造一个国家内跨行业规模分布方面发挥着重要作用。

33.7　大衰退意想不到的后果

2007—2009 年金融危机的经济破坏程度和地域范围仅次于“大萧条”期间经历的破坏。这一事件导致了在相当长一段时间内处于沉寂状态的经济学界的辩论再度兴起。有趣的是，这也导致了人们对银行在实体经济中角色的兴趣显著增加①。或许最值得注意的是，这种受欢迎程度的增加可以在那些试图解释和校准宏观经济模型中金融摩擦的影响的成熟文献中找到。

这些文献至少可以追溯到 Bernanke 和 Gertler（1989），Kiyotaki 和 Moore（1997）与 Bernanke、Gertler 和 Gilchrist（1999）。共同的主题是试图明确认识到金融市场摩擦作为实际变量中的显著周期性行为的驱动因素的重要性。然而，这些模型将金融摩擦描述为对借款人的约束，几乎没有关注（如果有的话）金融中介所扮演的角色。这种局限性在 Gertler 和 Kiyotaki 自己的话中得到了明确承认：“这些关于金融摩擦的文献强调信贷市场对非金融借款人的约束，并将中介机构很大程度上视为面纱”（Gertler 和 Kiyotaki，2010，强调补充）。

Gertler 和 Kiyotaki 本身是这些文献中最早尝试对金融中介进行建模的，并直接从中介

① 还有一些人认为，“过多的”银行业事实上可能不利于实体经济（参见，例如，Cecchetti 和 Kharroubi，2012）。

优化问题的解决中得出商业周期效应。Gertler 和 Kiyotaki 的贡献是明确地认识到金融中介的资产负债表，并根据明确的资产和负债约束特征描述中介机构的行为。特别地，在他们的模型中，中介机构同时筹集股本和债务，但是它们的杠杆（它们能够筹集的债务高于股本的金额）受到自身和提供债务的家庭之间存在代理问题的限制。因此，在出现导致股权枯竭的冲击时，中介机构将被迫进行大幅去杠杆，资产负债表的收缩将放大最初冲击的影响及其宏观经济后果。这种杠杆约束的重要性也是许多危机后研究贡献的核心要素，如 Gertler 和 Karadi（2011）与 Iacoviello（2013）。Brunnermeier 和 Sannikov（2014）使用了类似的框架，但他们也将反馈效应作为一种额外的放大渠道，这种反馈效应与中介机构去杠杆尝试对资产价格的影响有关（这是贱卖效应的一个例子）。

这些论文有助于弥合宏观经济和银行业之间的差距，它们证明了人们对于金融中介活动对实体经济的作用有了更强、更广泛的认识。然而，银行业和更广泛的中介活动仍在不断演变。对金融危机的分析表明，一种基于复杂系统的中介模式的重要性日益上升，该系统由相互关联的市场和实体组成，很大程度上在银行监管机构之外运作（即后来广为人知的影子银行）①。研究议程的下一步将需要考虑到金融中介机构的内生出现和演变，以及它们在实际经济活动中的角色演变②。

33.8 结论

Lucius Caecilius Jucundus 在庞贝城建立了自己的事业并繁荣昌盛，这不是偶然的。庞贝是一个发达的中心，靠近大海，市场定期举行。众所周知，像他这样的银行家在促进和发展商业活动方面发挥了重要作用。而且，虽然古罗马企业家精神的轮廓可能不适合现代的情况，但显然 Jucundus 和其他人仍然在协助生产活动中发挥了作用（Andreau，1999，pp. 145 – 152）。

Lucius Caecilius Jucundus 的故事是一个很好的例子，说明了围绕银行对实体经济作用的争论的核心。当然，银行和金融活动追随实体经济运行。从经济学到金融学的因果关系的方向，换句话说，从来没有被严重质疑。更难以证明的是，银行业可以独立于实体经济的发展，银行业的发展实际上可以改变经济活动。

捕捉这些动态关系的冲动激发了一系列研究，它既反映了人们对所涉问题的内在兴趣，也反映了其巨大的政策影响。毕竟，银行业政策控制的普遍性质取决于银行在实体经济中的基本作用的某些假设。在经过十多年的严格研究之后，我们现在能够坚信，银行业确实对实体经济活动至关重要。我们不仅了解到，银行业活动对衡量产出增长的各种指标有很大影响，而且在理解这是如何发生的方面也取得了重要进展。银行经营方式的发展给经济活动带来了深远的影响。在这一方向上进一步推进研究，预计将继续产生显著的成

① 例如，参见 Adrian、Ashcraft 和 Cetorelli，“影子银行监测”，本卷第 16 章。

② Woodford（2010）明确认识到了这一点：“无论是从金融中介中抽象出来的标准宏观经济模型，还是‘银行贷款渠道’的传统模型，都不足以作为理解近期危机的基础。相反，我们需要这样一种模型，即中介在其中发挥关键作用，但在这种模型中，中介的建模方式更符合当前的制度现实。特别是，我们需要认识到，以市场为基础的金融体系，即中介机构通过在竞争性市场上出售证券、而不是收取存款准备金的方式为自己融资的体系，与无摩擦的体系不同。”

果，而且目前还看不到收益递减的迹象。

参考文献

[1] Andreau J. (1999). *Banking and Business in the Roman World* (*Key Themes in Ancient History*), trans. J. Lloyd, Cambridge: Cambridge University Press.

[2] Beck T. (2008). Econometrics of Finance and Growth. In: T. Mills and K. Patterson (Eds.), *Palgrave Handbook of Econometrics*, 1180 - 1212. Basingstoke: Palgrave.

[3] Beck T., Demirgüç - Kunt A., and Maksimovic V. (2004). Bank Competition and Access to Finance: International Evidence, *Journal of Money*, *Credit*, *and Banking* 36, 627 - 648.

[4] Beck T., Levine R., and Loayza N. (2000). Finance and the Sources of Growth, *Journal of Financial Economics* 58, 261 - 300.

[5] Bernanke B. and Gertler M. (1989). Agency Costs, Net Worth and Business Fluctuations, *American Economic Review* 79, 14 - 31.

[6] Bernanke B., Gertler M., and Gilchrist S. (1999). The Financial Accelerator in a Quantitative Business Cycle Framework. In: J. Taylor and M. Woodford (Eds.), *Handbook of Macroeconomics*, 1341 - 1393. Amsterdam: Elsevier.

[7] Bertrand M., Schoar A., and Thesmar D. (2007). Banking Deregulation and Industry Structure: Evidence from the French Banking Reforms of 1985, *The Journal of Finance* 62, 597 - 628.

[8] Black S. E. and Strahan P. E. (2002). Entrepreneurship and Bank Credit Availability, *Journal of Finance* 57, 2807 - 2833.

[9] Boot A. W. A. and Thakor A. V. (2000). Can Relationship Banking Survive Competition?, *Journal of Finance* 55, 679 - 713.

[10] Boyd J. and De Nicolo G. (2005). The Theory of Bank Risk - Taking and Competition Revisited, *Journal of Finance* 60, 1329 - 1343.

[11] Brunnermeier M. and Sannikov Y. (2014). A Macroeconomic Model with a Financial Sector, *American Economic Review*, 104 (2): 379 - 421.

[12] Cameron R. (1967). *Banking in the Early Stages of Industrialization.* New York, NY: Oxford University Press.

[13] Capie F. and Rodrik - Bali G. (1982). Concentration in British Banking, 1870—1920, *Business History* 24, 280 - 292.

[14] Cecchetti S. G. and Kharroubi E. (2012). Re - assessing the Impact of Finance on Growth, Bank of International Settlements Working Paper No. 382.

[15] Cetorelli N. (2003). Life - Cycle Dynamics in Industrial Sectors. The Role of Banking Market Structure, *Federal Reserve Bank of St. Louis Review* 85, 135 - 147.

[16] Cetorelli N. (2004). Real Effects of Bank Competition, *Journal of Money*, *Credit and Banking* 36, 543 - 558.

[17] Cetorelli N. (2014). Surviving Credit Market Competition, *Economic Inquiry* 52, 320 - 340.

[18] Cetorelli N. and Gambera M. (2001). Banking Market Structure, Financial Dependence and Growth: International Evidence from Industry Data, *Journal of Finance* 56, 617 - 648.

[19] Cetorelli N. and Peretto P. F. (2012). Credit Quantity and Credit Quality: Bank Competition and Capital Accumulation, *Journal of Economic Theory* 147, 967 - 988.

[20] Cetorelli N. and Strahan P. (2006). Finance as a Barrier to Entry: Bank Competition and Industry Structure in Local US Markets, *Journal of Finance* 61, 437 – 461.

[21] Cohen J. (1967). Financing Industrialization in Italy, 1894—1914, *Journal of Economic History* 27, 363 – 382.

[22] Dell'Ariccia G. and Marquez, R. (2004). Information and Bank Credit Allocation, *Journal of Financial Economics* 72, 185 – 214.

[23] Economides N., Hubbard G. R., and Palia D. (1996). The Political Economy of Branching Restrictions and Deposit Insurance: A Model of Monopolistic Competition among Small and Large Banks, *Journal of Law & Economics* 39, 667 – 704.

[24] Gertler M. and Karadi P. (2011). A Model of Unconventional Monetary Policy, *Journal of Monetary Economics* 58, 17 – 34.

[25] Gertler M. and Kiyotaki N. (2010). Financial Intermediation and Credit Policy in Business Cycle Analysis, *Handbook of Monetary Policy* 3, 547 – 599.

[26] Haber S. (1991). Industrial Concentration and the Capital Markets: A Comparative Study of Brazil, Mexico, and the United States, 1830—1930, *Journal of Economic History* 51, 559 – 580.

[27] Hauswald R. and Marquez R. (2006). Competition and Strategic Information Acquisition in Credit Markets, *Review of Financial Studies* 19, 967 – 1000.

[28] Iacoviello M. (2013). Financial Business Cycles. Federal Reserve Board Working Paper.

[29] Jayaratne J. and Strahan P. E. (1996). The Finance – Growth Nexus: Evidence from Bank Branch Deregulation, *Quarterly Journal of Economics* 111, 639 – 670.

[30] Kane E. J. (1996). De Jure Interstate Banking: Why Only Now?, *Journal of Money, Credit, and Banking* 28, 141 – 161.

[31] Kerr W. and Nanda C. (2008). Democratizing Entry: Banking Deregulation, Financing Constraints and Entrepreneurship, *Journal of Financial Economics* 94, 124 – 149.

[32] King R. G. and Levine R. (1993). Finance and Growth: Schumpeter Might Be Right, *Quarterly Journal of Economics* 108, 717 – 737.

[33] Kiyotaki N. and Moore J. (1997). Credit Cycles, *Journal of Political Economy* 105, 211 – 248.

[34] Kroszner R. S. and Strahan P. E. (1999). What Drives Deregulation? Economics and Politics of the Relaxation of Bank Branching Restrictions, *Quarterly Journal of Economics* 114, 1437 – 1467.

[35] La Porta R., Lopez – de – Silanes F., Shleifer A., and Vishny R., (1998). Law and Finance, *Journal of Political Economy* 106, 1113 – 1155.

[36] Levine R. (1998). The Legal Environment, Banks, and Long Run Economic Growth, *Journal of Money, Credit, and Banking* 30, 596 – 613.

[37] Levine R. (1999). Law, Finance and Economic Growth, *Journal of Financial Intermediation* 8, 8 – 35.

[38] Levine R., Loayza N., and Beck T. (2000). Financial Intermediation and Growth: Causality and Causes, *Journal of Monetary Economics* 46, 31 – 77.

[39] Levine R. and Zervos S. (1998). Stock Markets, Banks, and Economic Growth, *American Economic Review* 88, 537 – 558.

[40] Lucas R. (1988). On the Mechanics of Economic Development, *Journal of Monetary Economics* 22, 3 – 42.

[41] Manove M., Padilla J., and Pagano, M. (2001). Collateral vs. Project Screening: A Model of Lazy

Banks, *RAND Journal of Economics* 32, 726 – 744.

[42] Marquez R. (2002). Competition, Adverse Selection, and Information Dispersion in the Banking Industry, *Review of Financial Studies* 15, 901 – 926.

[43] Mayer C. (1988). New Issues in Corporate Finance, *European Economic Review* 32, 1167 – 1183.

[44] Miller M. H. (1998). Financial Markets and Economic Growth, *Journal of Applied Corporate Finance* 11, 8 – 14.

[45] Morgan D. P., Rime B., and Strahan P. E. (2004). Bank Integration and State Business Cycle, *Quarterly Journal of Economics* 119, 1555 – 1585.

[46] Pagano M. (1993). Financial Markets and Growth. An Overview, *European Economic Review* 37, 613 – 622.

[47] Petersen M. A. and Rajan R. G. (1995). The Effect of Credit Market Competition on Lending Relationships, *Quarterly Journal of Economics* 110, 407 – 443.

[48] Rajan R. G. (1992). Insiders and Outsiders: The Choice between Informed and Arm's – Length Debt, *Journal of Finance* 47, 1367 – 1400.

[49] Rajan R. G. and Zingales L. (1998). Financial Dependence and Growth, *American Economic Review* 88, 559 – 586.

[50] Robinson J. (1952). *The Rate of Interest and Other Essays.* London: Macmillan.

[51] Shaffer S. (1998). The Winner's Curse in Banking, *Journal of Financial Intermediation* 7, 359 – 392.

[52] Schumpeter J. (1911). *The Theory of Economic Development: An Inquiry into Profits, Capital, Interest, and the Business Cycle*, trans. Redverse Opie, Brunswick, NJ: Transaction Books, 1983.

[53] Stambaugh J. E. (1988). *The Ancient Roman City.* Baltimore, MD: Johns Hopkins University Press.

[54] White E. (1998). The Legacy of Deposit Insurance: The Growth, Spread, and Cost of Insuring Financial Intermediaries. In: M. Bordo, C. Goldin, and E. N. White (Eds.), *The Defining Moment: The Great Depression and the American Economy in the Twentieth Century*, 87 – 124. Chicago: University of Chicago Press.

[55] Woodford M. (2010). Financial Intermediation and Macroeconomic Analysis, *Journal of Economic Perspectives* 24 (4), 21 – 44.

[56] Zingales L. (2003). Commentaries to More on Finance and Growth: More Finance More Growth? by Ross Levine, *Federal Reserve Bank of St. Louis Review* 85, 31 – 46.

第五部分　世界银行体系

第 34 章　美国的银行业

34.1　引言

在美国，“银行业”的概念在不同时间的意义也不相同。对于 20 世纪大多时间，银行服务由在不同的细分行业的金融机构混合提供，例如商业银行、投资银行、保险公司；每个行业专门提供某种类型的金融服务，其服务范围由严格的金融法规所确定。传统上来讲，商业银行是这一领域最大的组成部分和企业并且提供最多种类的金融服务。如表 34.1 所示，美国的存款机构（主要是商业银行）在 1980 年持有约一半的所有金融资产，而退休金公司只有 18%，是第二大的组成部分。虽然今天的商业银行不再占据这样一个明显的主导地位，它们仍是为美国企业和家庭提供金融服务的最大的提供商。基于这个原因，我们将以商业银行作为一个切入点从更广泛的意义上来检视美国的“银行业”。

表 34.1　　1980 年和 2012 年美国金融中介机构资产分布　　单位：%

	1980 年	2012 年
存款机构（银行、存款机构、信用合作社）	50.6	24.5
养老基金（公共和私人）	18.0	18.5
保险公司	14.8	11.5
抵押贷款金融公司*	7.1	16.3
金融公司	4.9	2.5
共同基金（证券、债务、货币市场）	3.3	19.9
证券公司（经纪人、经销商、基金公司）**	1.4	6.9
共计	100.0	100.0

注：① * 包括政府资助企业（GSEs）及其资金池，私人住房抵押贷款证券化及其资金池，抵押银行，房产投资信托（REITs）。

② * * 包括投资银行持有的资产。

来源：联邦储备系统资金流动账户。

我们也将通过另一个切入点来揭示这个行业：改变。在过去的 25 年里，美国经济没有一个部门受到了比银行业更为深刻的改变和冲击。我们目睹了银行放松管制和重新监管的历史事件，银行业的生产技术和经营策略向批发式转变，大大加剧的银行业市场竞争，以及深度的宏观经济下行（很大程度上是自己造成的）所造成的最大破坏是通过银行业实现的。现在，在这些变化和冲击都已尘埃落定之后，商业银行和其他存款机构现在只占美国所有金融资产的四分之一。银行失去的市场份额去了哪里？大赢家是抵押贷款融资公司、投资池和投资基金（其市场份额增长了超过一倍）。证券公司（市场份额增长四倍）和共同基金（市场份额增长六倍）。这些变化揭示了基于市场的金融中介相对于传统的基于银行的金融系统在西方经济中有着越来越重要的地位。此外，随着过去25年商业银行资产份额的减少，银行的现金流也变得更加不稳定。美国的商业银行业在盈利能力方面有着潜在的巨大波动，这与30年前稳定且受到严格监管的行业状况极不相同。

34.2 美国银行业的演变

我们若非熟悉银行业过去几十年里所受到的巨大冲击，是非常难理解当今的美国银行业的。当今的银行提供金融服务的生产技术，以及管理这些活动的监管框架，早已超出了20世纪80年代银行家的认知。

34.2.1 政府的限制性规定

在20世纪的大部分时间里，美国的银行业与地理竞争、产品竞争和价格竞争绝缘。1927年推出的《麦克法登法案》通过禁止银行跨州开设分支来使银行不用同本州以外的对手展开竞争，另外大多数的州也多少有一些在本州内开设分支的限制。1933年的《格拉斯—斯蒂格尔法案》禁止商业银行从事保险、承销和经纪活动，有效地防止商业银行和非银行机构（保险公司、投资银行、券商）之间的竞争。此外，专门从事住宅抵押贷款业务的存款机构（储蓄、信用社）不允许做商业贷款。美联储的Q条例对大多数存款机构规定了存款利率上限，有效地禁止这些不同的机构间为拉拢存款账户进行价格竞争。

在这个高度保护的环境中，整个20世纪60年代、70年代和80年代早期，美国商业银行的数量保持相对不变（见图34.1）。在这期间，所谓的“社区银行”拥有不超过10亿美元的资产（2006年的美元价值为基准），拥有约三分之一的行业总资产，并占有超过95%所有商业银行执照。从限制州际和州内的银行分支的保护条例中，社区银行在本地的贷款业务、本地的存款业务和支付服务中建立竞争优势。当时，美国的大部分付款都是用支票支付的。这个纸质的支付系统需要付款人和收款人同时有储蓄账户，并且用这个账户开支票和接受支票存款，并要求存款机构有便捷的物理位置来处理这些支票。在电子支付（如自动取款机、信用卡网络、互联网金融）尚未出现的世界里，社区银行为保证银行系统的运转提供了必要的“砖与砂浆”式的基础设施。

由于共同基金尚未建立完善，小家庭投资者只是将他们的资金以各种储蓄和定期存款账户的形式投资于银行。同样，银行与储蓄机构（thrift institutions）联合主导住宅抵押贷款市场。1983年（这些数据可从美联储的消费金融调查中获得的最早一年），美国家庭将

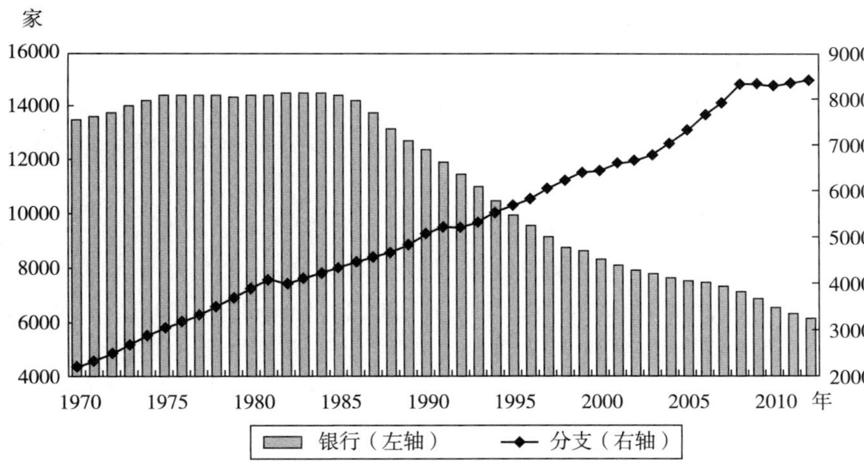

注：* 不包括银行总部。

来源：美国联邦存款保险公司。

图 34.1　美国 1970 年到 2012 年商业银行数量和商业银行分支

约 23% 的资产配置在存款机构中，并且所获得的抵押贷款和消费贷款中有约 60% 来自存款机构。对一个典型的家庭来说，五项基本金融服务需求——信贷、投资、交易、保管、保险当中，商业银行是除保险产品（保险及退休金产品，以及证券包销及经纪服务，由专业化的非存款机构提供，占金融服务市场的相对较小的部分）以外的其他四种产品的主要供应商。

顾名思义，商业银行也是美国企业贷款的主要提供者。大型商业银行向各种规模的企业发放贷款：它们是大型企业的长期和短期融资的主要来源，它们还向小型企业提供长期贷款，购买固定资产，如设备和房地产（Carey 等，1993）。社区银行为小企业提供贷款：商业和工业（C&I）贷款在 20 世纪 70 年代和 80 年代占银行贷款组合的 20% ~30%（DeYoung、Hunter 和 Udell，2004）。

34.2.2　创新与科技进步

在 20 世纪 70 年代，一系列的创新和技术变革开始侵蚀美国商业银行的竞争优势，迫使银行彻底改变它们提供金融服务的方式。到了 20 世纪 90 年代，放松管制成为银行相对于非银行金融服务公司保持竞争力的必要条件。

这些创新中最早的是货币市场共同基金（MMMF）。货币市场共同基金将大面额的货币市场工具（如商业票据、大额可转让存单、国债）转化为普通家庭负担得起的小面额的投资，允许投资者拥有有限的开具支票的权利，而不受 Q 条例的监管。家庭资金流出银行存款账户流入货币市场共同基金的过程被称为“脱媒”（disintermediation），在 20 世纪 70 年代末，紧缩的美联储货币政策推动货币市场利率高出 Q 条例存款利率 10% 以上。

自动取款机（ATM），也在 20 世纪 70 年代被广泛引用，对零售银行构成了同样强大的冲击。除了为零售存款客户提供更为方便的条件，ATM 让银行分支机构更为高效：

自动取款机是人工的一个便宜的替代品，并且它们允许银行向其他银行的客户提供提现服务并收取手续费。DeYoung、Hunter 和 Udell（2004）表明，美国的商业银行在 20 世纪 80 年代变得更加高效，表现在资产、营业收入以及每家银行交易数量的增加。这些变化有助于解释为什么银行分行的数量增加，尽管银行呈现整体数量合并的趋势（见图 34. 1）。

继 ATM 之后，电子支付技术也为客户提供了便捷的服务，降低了银行的生产成本。在 20 世纪 90 年代，在美国支票付款的数量每年下降约 3%，而信用卡和借记卡支付每年分别增长了 7. 3% 和 35. 6%（Gerdes 和 Walton，2002；Humphrey，2002）。美国联邦储备委员会在记的自动清算所（ACH）交易量（例如，自动支付账单、工资直接存款）在 1990 年和 2000 年之间的年增长率为 14. 2%（Berger，2003）。由于电子支付比支票付款更及时、更可预测，银行存款账户的预防性余额减少：家庭金融资产当中以交易账户的形式持有的比重从 1983 年的 7. 3% 下降到 2001 年的 4. 6%（美联储调查消费金融调查，2004）。

与 ATM 和电子支付一样，互联网金融进一步降低了银行的生产成本。网上银行基本交易的可变成本是用人工进行相同交易的成本的一小部分；不仅如此，有证据表明，网上银行的存在提高了中小银行的盈利能力（DeYoung，2005；DeYoung、Lang 和 Nolle，2007）。网上银行的主要策略是“鼠标加砂浆”的模式，将交易网站与传统的“砖和砂浆”式的办公室以及 ATM 网络相连接；只有不到 24 家银行仅在互联网上提供服务。在 2010 年后网上银行业务的快速增长（通过互联网或移动设备），是美国的分行数目逐年增加的趋势最终停止的最有可能的原因（见图 34. 1）。

贷款证券化有可能对美国银行业的结构和业绩产生了最为深刻的影响。这种贷款技术，即银行发起贷款但并不提供资金，已经大大地提升了银行的生产和融资效率，并增加了数以百万计的家庭和小企业获得信贷的途径。但这种贷款技术的失败与 2008 年到 2009 年的国际金融危机密切相关。

贷款证券化是一个独立的金融载体或者说是信托，以发行“资产支持证券”（ABS）然后用其收益从贷款人购买现有贷款为基本操作。最常见的贷款证券化发行抵押贷款支持证券（MBS）并向银行、储蓄机构、非银行抵押贷款经纪人购买住宅按揭贷款。抵押支持证券的收益率依赖于信托所持有的抵押贷款的表现。这个过程允许银行出售其原本非流动性的贷款，用所得资金额外发放贷款或其他投资。贷款证券化的生产过程中具有更大的规模经济效应；这种效率在很大程度上来源于使用信用评分（credit scoring）的应用，这是一个统计过程，可通过输入个人借款人的定量信息（例如，收入、就业、支付历史）而形成一个单一的数值化的“信用评分”（Mester，1997）。贷款方使用信用评分来快速筛选大量的贷款申请；投资银行利用信用评分来构建证券化的贷款池；债券评级公司使用信用评分来给出 ABS 的风险评级。美国大多数大型零售银行都利用这项技术将其零售信贷业务（房屋抵押贷款、信用卡贷款、汽车贷款）从传统的“发起和持有”模式转变为“发起并出售”模式。在这种新模式下，银行对贷款利息收入的依赖程度较小，更多地依赖于贷款发起、贷款证券化和贷款服务所产生的手续费收入。这一效率的大规模提升以及新的贷款模型创造了银行增加可证券化的抵押贷款和其他类型的零售信贷供给的激励（Frame、

Srinivasan 和 Woosley，2001；Berger、Frame 和 Miller，2005）。事后看来，我们现在知道这些激励措施助长了美国房地产泡沫和随后的国际金融危机。

金融创新也使美国商业银行在向大型企业提供信贷方面保持竞争力。在 20 世纪 80 年代和 90 年代的公司债券和商业票据市场的增长使得大型企业可以直接从市场投资者处获得低成本长期（债券）和短期（商业票据）的融资，从而绕过银行。对此，银行发明了银团贷款（Berlin，2007）。这些大型借贷便利——通常结合定期贷款与循环信贷额度——由多家银行组成的银团联合资助。通过将信贷拆分到多家银行，贷款人享受到了组合分散化的好处，同时因为借款企业是贷款人周知的大型企业，银团贷款可以在场外的二级市场进行交易，为贷款人提供流动性的好处。

34.2.3 放松监管

到了 20 世纪 80 年代，金融创新和高名义利率使得旧的监管体制变得不合时宜。已实施了五十年的限制性银行法规在三个方面上被废除：对银行存款利率的价格控制被取消，对银行扩张的地域障碍被解除，并放宽对银行能提供的金融服务种类的限制。这些变化有助于美国银行加速采用新的金融流程和信息技术。

1980 年的《存款机构放松管制和货币控制法案》开启了一个持续 6 年的取消美联储的 Q 条例中银行最高利率的过程。1982 年的《加恩—圣哲曼储蓄机构法》授权银行和储蓄机构提供货币市场存款账户（MMDAs）（该法案还允许储蓄机构提供商业贷款，从而更加直接地和小型商业银行竞争）。这两个法案通过允许银行与货币市场基金展开价格的直接竞争来阻止了银行存款的脱媒。

1980—1994 年，32 个州放开了对银行跨州和州内分支机构的地域限制，在 20 世纪 80 年代末，除了六个州以外所有的州都允许某种形式的州际银行业务。1994 年美国国会通过了《里格—尼尔州际银行业务及分支机构效率法案》，从而有效地废除了联邦层面对于银行业务的地理限制（《麦克法登法案》）并协调了各州各自制定的银行业务和分支的规则。商业银行公司的州际扩张仅受到一种限制：某银行的国内存款市场份额一旦超过 10%，那么其将被禁止通过收购其他银行而进一步增长。这些政策变化引起了历史性的商业银行并购浪潮。在 20 世纪 80 年代，美国大约有 3500 起运营良好的银行之间的并购活动，在 20 世纪 90 年代期间增加了近 5000 起，在 2000—2006 年增加了超过 2000 起。这些变化联合起来增加了各种规模的美国商业银行的规模和业务的地理范围，这是美国有史以来第一次出现大型的、多州的银行集团。

1987 年，美联储开始允许银行控股公司承销有限数量的“20 条款”的子条目下的公司证券，并逐渐在之后的十年里扩大开展此新业务的权限。1999 年，国会通过了《金融服务现代化法案》，这个法案授予了商业银行广泛的证券、保险公司的权利，并且有效地废除了《格拉斯—斯蒂格尔法案》。大型跨州银行比社区银行更快地采用新的金融和信息技术，例如，信用评分和贷款证券化，各种形式的电子支付，金融衍生产品和其他表外活动。但是，提供这些技术的成本下降，第三方技术供应商之间的激烈竞争，在某些情况下允许小银行在几年之后开始赶上（Frame 和 White，2004）。例如，成像技术使各种规模的银行将支票以电子图像的形式进行传递，节省了与纸质支票相关的大量的运输和处理费用；2003 年的《21 世纪支票清算法案》（“支票 21”）承认了可识别电子图像为纸质支票的合法替代品，从而为这些高效的变革提供了便利。

这些放松管制的行为，后来被批评为在 2008—2009 年国际金融危机之前助长（如果不是引起的话）美国房地产资产价格泡沫的重要因素。表面上，这个理论符合事实：新产品允许银行涉足甚至集中在风险相对较高的金融服务；地理管制的放松允许银行达到所需要的规模，以使这些新服务的提供实现规模经济；不受限制的存款定价允许银行吸引存款，从而融入这种规模扩张所需的资金。但实际的故事要复杂得多。为得到一个全面的解释，我们首先要了解创新和放松管制是如何改造美国银行业的策略路线图的。

34.3 银行策略的典型观点

放松管制与技术变革的结合为美国商业银行创造了策略十字路口。图 34.2 概括了美国银行业格局的典型特征（DeYoung 2000）。银行规模，以及由银行规模扩展所导致的规模经济程度，由两个垂直轴来测量。银行对客户信息的投资，以及由这些信息所提供的金融服务提供方式由两水平轴来测量。一家银行可以落在这个策略地图上的任何地方，或大或小，个性化或标准化，但经济逻辑、随机观察和实证分析（见下文）表明，只有两个相互竞争的策略将占优于其他策略。

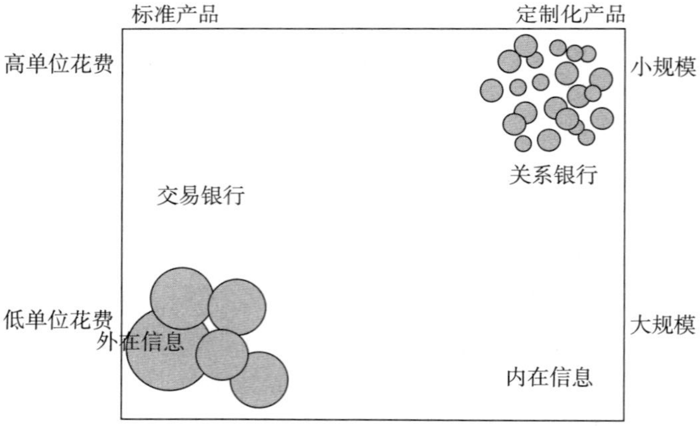

来源：DeYoung（2000）。

图 34.2 美国商业银行业策略路线

银行规模和规模经济是分析的关键，另外也需要认识到一个银行不需要完全规模效益也能盈利。以今天的标准衡量，拥有约 5 亿美元资产的银行是非常小的银行；与美国最大的银行相比，它将在很大的单位成本劣势下运作。但 5 亿美元的规模足够银行使用传统的“发起并持有”的银行模式盈利（DeYoung，2013）。这些银行可以通过增加规模来获得额外的规模经济效应，但这一点之后的单位成本降低要慢得多。更重要的是，规模越来越大，最终可能会危及其采取“发起并持有”业务模式的能力。通过保持相对较小的规模，这些“社区银行”可以与当地客户和潜在客户进行面对面互动，随着时间的推移，这将形成一种很有价值的软信息（非量化信息）的积累，以用于对信贷质量和客户的金融需求进行评估（Scott，2004）。这种基于关系的银行业务模式，让小银行在给那些无法进入公开发行资本市场的小公司贷款时有比较优势（Berger 和 Miller 等，2005），并且在服务于想要或急需面对面的财务关注的家庭时也表现出了比较优势。关系型银行牺牲了高销售量和低单位成本，以换取对本地经济的关注和优质服务。它们的客户愿意为个性化的产品和服务（例如，小企业贷款、财务规划）支付更高的价格，这抵消了这些银行的单位成本劣势。

小银行模型是建立在密切的客户关系上的，而大型银行模型是基于大量的交易。社区银行的资产通常以数亿美元衡量，而大型银行资产则以数千亿美元来衡量。在这种巨大规模下经营，充分利用与“发起并出售”的商业模式相关的潜在的规模经济是必要的（Hughes 等，1996；Rossi，1998），其成功仰赖于收集和运用关于借款人信誉的硬信息（可量化信息）。个人信用评分允许大型银行将成千上万的接受/拒绝消费贷款的决策（信用卡、汽车贷款、抵押贷款）自动化，从而为发起贷款证券化提供必要的信贷质量信息，最终使得银行得以出售这些贷款（Stein，2002）。大型银行青睐的零售存款服务提供渠道（例如，ATM 网络、电子支付、互联网金融）也是大规模和非个性化的。客户被视为交易，它们购买的本质上是量产的金融产品。因为所有的大银行都可以获得相同的硬信息（由征信企业提供）和相同的生产技术，它们面临激烈的价格竞争。交易银行牺牲个性化服务和高价格，以换取高销售量、标准化产品和低单位成本。

该模型的一个重要含义是，银行业自然会形成一种二元结构的均衡，如图 34.2 所示，在这个均衡中一个包含许多小银行的集群从一个较小的大银行集群中分离出来。Goddard 等（2014）分析了美国商业银行公司在 1980—2010 年的规模分布情况，他们发现，在这种情况下，美国银行确是以这种方式进行集群的，而且随着时间的推移，分布在左侧尾部的大银行的数量也越来越少。该模型的一个更重要的含义是，无论是小银行集群还是大银行集群都可以盈利。我们可以举出直接的证据以支持这一点。表 34.2 显示了 2006 年小型和大型美国商业银行的财务比率，这一时点恰在金融危机造成破坏之前。小银行群体由 434 家银行组成，资产规模介于 5 亿～20 亿美元；大型银行集团由 56 家银行组成，拥有至少 100 亿美元的资产。数据表明二者采取的是完全不同的银行业务模式。

表 34.2　　美国 490 家商业银行选择性的金融比率（平均值）

	“小”银行	“大”银行
银行数量	434 家	56 家
资产范围	5 亿美元到 20 亿美元	超过 100 亿美元
小额商业贷款（占贷款比）	8.55%	4.46%
证券化贷款（占消费贷款比）	0.14%	15.59%
核心存款（占资产比）	63.07%	50.70%
购买联邦基金（占资产比）	3.01%	7.85%
净利息收入（占资产比）	3.63%	2.82%
利息收入（占资产比）	6.18%	5.33%
利息支出（占资产比）	2.54%	2.51%

续表

	“小”银行	“大”银行
备用金融信用证（占资产比）	0.59%	3.98%
非利息收入（占营业收入比）	20.28%	38.66%
存款服务费（占营业收入比）	7.94%	8.39%
信托收益（占营业收入比）	1.71%	8.58%
交易收入（占营让收入比）	0.02%	2.03%
投资银行收入（占营业收入比）	0.60%	2.02%
保险收入（占营业收入比）	0.73%	1.29%
货款服务收入（占营业收入比）	0.01%	0.88%
共同基金销售支出（占营业收入比）	0.54%	1.16%
其他非利息收入（占营业收入比）	8.19%	13.15%
资产回报率	1.12%	1.23%
股票回报率	12.81%	13.70%

注：在这种分析中，每一家银行经营遵循州或联邦的商业银行纲领。如果一家银行隶属于银行持股公司，它只包括在其组织中最大的银行（即“牵头银行”）。小于 10 岁的银行被排除在外，以确保所有分析的银行在经济上成熟（德扬和哈桑，1998）。银行投资超过 10% 的资产，无论是农业贷款或信用卡贷款也被排除在外，因为这些银行往往面临着特殊的市场条件或使用更专业的生产功能。

来源：美国联邦存款保险公司。

对于一般的大型银行而言，其资产负债表上的消费贷款（汽车、房屋抵押贷款、房屋净值，或信用卡）中每 8 美元就有 1 美元（15.61%）被出售或证券化，而一般的小银行则持有几乎所有的消费贷款投资组合（0.14%）。与以交易为基础的经营方法一致，一般大银行的资产中投资于小企业贷款——本质上是关系型银行业务——的比重（4.46%）只及一般小银行的一半（8.55%）。资金结构的差异也支持策略上的二分法。在小银行，支撑 63% 的资产的资金来源是“核心存款”（指稳定的存款余额，其预计持续时间长，包括交易存款、小额存款，以及面值低于 10 万美元的大额存单）；相比之下，小银行的这一比重只有 51%。与这种基于关系的融资方法一致，小银行依赖于同业市场为其资产融资的程度（3.01%）远低于大型银行。

收入和利润也反映了贷款和存款资金来源的差异。大银行的净利差平均只有 2.82%，显著低于较小银行 3.63% 的平均水平；此外，这 81 个基点的差异是完全来自较小银行的较高的利息收入，而不是因为任何的利息支出上的优势。与这一引人注目的发现相一致的，是硬信息贷款模式与软信息贷款模式在回报率上的差别。不过，大型银行通过产生更高的非利息收入（例如，存款服务费、投资银行、经纪、保险活动）来弥补它们的低利差。平均而言，在大银行，非利息收入占营业收入的近 40%（净利息收入加上非利息收入），这一比重是小银行的两倍。总体而言，大银行相对小银行能赚取较高的资产回报率（1.23% 相比于 1.12%）和较高的股本回报率（13.70% 相比于 12.81%）。但这些收益没有经过风险调整（如 34.4 节所示），而且大银行需要产生更高的回报以补偿其所有者所承担的产生于其银行业务模型的高风险。

当然，上面的分析将商业银行的策略选择表现得过于简单化了。大型银行也在为客户提供定制的、基于关系的服务，如面向企业客户的投资银行业务和高净值私人消费客户的银行业务。大多数小银行在投放商业贷款时也都依赖于硬信息，如抵押担保和经审计的财务报表。此外，图 34.2 中的策略规划是静态的，但大型和小型银行都在不断试图迁移到地图的右下角，在那里它们可能会同时受益于高价格和低单位成本。例如，大型银行在销售标准化的存款和贷款产品的同时，它们也试图通过打广告在客户心中树立良好形象，从而将自己的产品同其他银行区别开，以支持其产品价格。小银行在倡导关系银行业务价值的同时，也鼓励它们的客户使用自动取款机、网上银行以及和其他并不人性化的服务渠道以试图降低运营费用。

34.4　行业结构

美国商业银行业的结构在过去的三十年里一直在变化，几乎没有稳定的迹象。直到 20 世纪 80 年代中期，监管扼杀了竞争并导致了一个非常稳定的产业结构。但是，当州和联邦立法者开始允许州际竞争时，银行迅速跨越州界扩张，最快的办法就是在其他州收购现有银行。在 20 世纪 80 年代，每年大约有 350 家的商业银行被收购，20 世纪 90 年代每年约 500 家，21 世纪头十年为每年约 300 家——整体而言，自 20 世纪 80 年代以来，超过 10000 家的银行被合并（见图 34.3）。这些收购大幅改变了美国银行业的结构，并持续到现在。美国商业银行的数量已经减少了一半，从 20 世纪 50 年代以来一直保持稳定的约 14000 家银行，到 2012 年只有约 6000 家（见图 34.1）。Berger、Kashyap 和 Scalise（1995）很好地概述了这段时间中前 15 年的转变；FDIC（2012）提供了 1984 年到 2011 年美国商业银行业结构变化的图形分析。

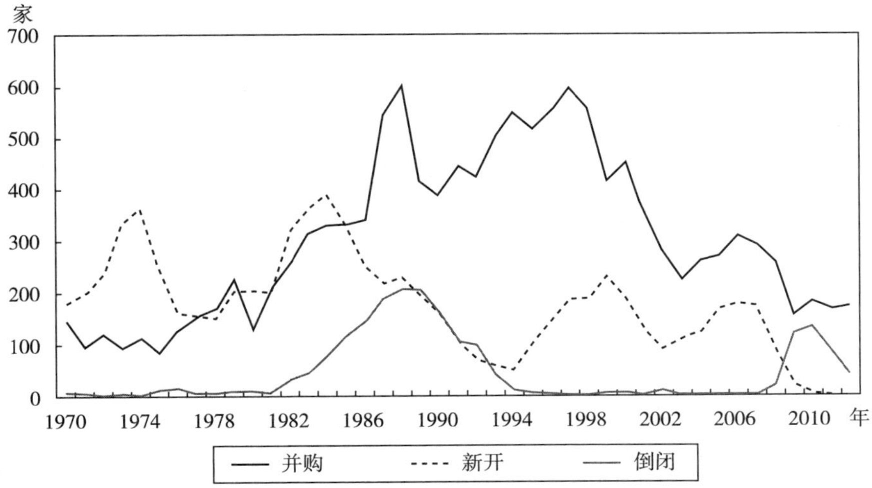

来源：联邦存款保险公司。

图 34.3　1970 年至 2012 年美国并购、倒闭以及新开的商业银行的数量变化

前后两次银行倒闭浪潮也减少了美国商业银行的数量。1982—1993 年，FDIC 关闭了超过 1400 多家破产的银行，大约占整个行业的 10%。这是美国自“大萧条”以来倒闭银行数量的最高峰。这些银行破产的主要原因是它们从事房地产相关的业务。当利率在 20 世纪 80 年代初出乎意料地大幅增加时，对于那些用短期存款为长期固定利率贷款（主要是按揭贷款）融资的银行而言，存贷利差变为负值（同样，利率风险暴露导致联邦政府特许的储蓄机构减少三分之一，从 1986 年的约 3600 家下降到 1992 年的仅约 2400 家）。当新英格兰和西南石油生产州的房地产价值下降时，这两个地区的银行所持有的企业贷款和零售贷款的信贷质量均大幅下降。最近一次的银行破产潮是在“大衰退”时期，破产也与房地产价值下降有关。这次，当全国范围的房地产泡沫破裂时，银行因为 MBS 产品而蒙受巨大损失。尽管这次经济衰退得非常严重，但是只有约 400 家商业银行在 2008—2012 年倒闭，约占行业的 6%。监管机构对前一次的银行倒闭浪潮作出的反应——特别是 1991 年的联邦存款保险公司改善法案——与此结果有关。当美国银行踏入金融危机时，其股权资本处于历史高位，被审查得比以往更频繁，且在它们的资本充足水平下降时受到早期的监管干预。

自 1970 年以来，在美国超过 7000 家新的商业银行已获批准建立，部分抵消了银行因倒闭或合并的数量减少。虽然“新设”（denovo）银行很少在美国外出现，但在美国，由于有 51 个独立的核准部门存在（联邦政府和所有 50 个州政府），新银行是相对较容易创建的。新的银行更有可能开始在当地银行被收购兼并不久后建立（Keeton，2000；Berger 等，2004）。当一个小的、本地集中的银行被一个较大的和非本地银行公司收购，部分地方储户、借款人和银行员工不可避免地对收购后的变化不满意，并希望换其他银行进行业务操作。将这三个基本的开展银行业务的投入——存款、贷款和熟练的银行从业人员——同相对少量的资本金投入相结合，构成了创建一家新银行所需的基本要素（在大多数情况下，美国银行部门无须多于 2000 万美元的启动资金）。

典型的美国银行的规模也随着时间的推移而改变，如图 34. 4 所示。大多数通过破产或收购在 1980—2011 年消失的银行持有的资产不到 5 亿美元。此外，其他资产少于 5 亿美元的银行通过收购其他小银行成长起来，走出这个规模级。与此形成鲜明对比的是，1980—2006 年，资产超过 10 亿美元的银行数目在 300 ~ 500 家保持相对稳定，资产规模在 5 亿美元和 10 亿美元之间的银行的数目也是如此。将这三个时间序列解读为一个“幸存者分析”（Stigler，1958），可以推断出资产少于 5 亿美元的银行存在最有意义的规模经济水平，当银行在此水平上继续扩大规模时，单位成本下降的效果会放缓。与此相一致，DeYoung 和 Rice（2004）与 DeYoung（2013）表明，通过将资产规模积累到 5 亿美元，小银行可以明确地改进其风险收益的状况（即预期收益将增加，而这些收益的波动将减少），但银行规模大幅增加超过 5 亿美元后，银行在追求高回报时必须承担高风险。

这并不是说产出或者成本的规模经济对于资产规模大于 5 亿美元的银行而言就不存在了。最近的研究指出：成本的规模经济即便是对于那些规模最大的美国商业银行而言也是存在的（Wheelock 和 Wilson，2012；Hughes 和 Mester，2013）。但是，全国规模的银行相比于地方性银行，采用的是不同的商业模式（交易型银行业务模式和关系型银行业务模

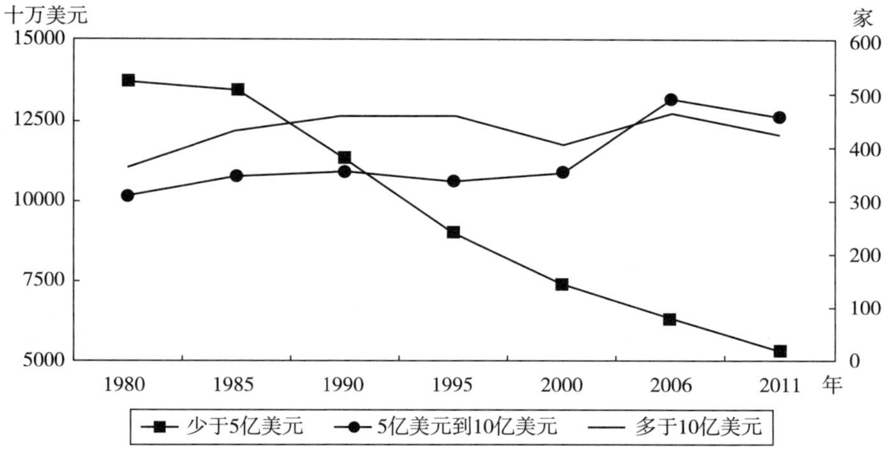

来源：联邦存款保险公司。

图 34.4　1980 年到 2011 年美国商业银行规模变化分布（以 2005 年美元计）

式），依靠的是不同的生产技术（更高的资本—劳务比例），因而产生的是不同的风险—收益权衡方式。例如，Rossi（1998）表明抵押贷款银行业务公司相比于传统的抵押贷款者展现出更大的规模经济效应，DeYoung（2005）发现只有网上服务的银行相比于开设了分支的银行有更大的规模经济效应。抵押贷款银行和互联网银行采用的都是纯粹的交易型银行业务策略。但是，虽然当大银行的规模不断变大时单位成本确实下降了，这种规模集约效应也确实支持着利差的扩大，不过更高的盈利能力或许是更为不确定的现金流的必要补偿，而这种现金流的不确定性则与大银行所采用的业务模式有关。考虑到美国最大的银行已经大到足以享受"大而不能倒"（TBTF）的待遇，这些银行所发行的债券没有违约风险因而利率更低，其成本规模效应可能仅仅是这种低利率的反映（Davies 和 Tracy，2014）。

无论是追求规模经济、策略优势还是单纯的盈利增长，美国最大的银行自行业放松管制以来，以惊人的速度增长。在 1988 年，只有一家美国银行公司拥有超过 1000 亿美元的资产（花旗银行）；今天，美国有四家银行的资产超过了 1 万亿美元（摩根大通、美国银行、花旗集团和富国银行）。如表 34.3 所示，在过去的二十年中，一些有名的美国银行品牌消失了，如化学银行（Chemical Bank）、信托银行（Banker Trust）和美联银行（Wachovia），它们的资产被表格上方列出的公司所收购。然而，美国大部分银行的增长都是通过地域扩张来实现的，即一个城市、一个州或一个地区的银行在其他城市、州或地区收购了银行。因此，美国银行业的迅速扩张，并没有导致本地银行业市场的集中度和价格控制力的提高；当一家本地银行被本地市场以外的银行收购时，其所有权发生变化，但其本地市场份额不受影响。事实上，竞争似乎开始：对于典型的小银行而言，当本地有相似规模的银行被本地市场外的某大银行收购之后，其成本效率会有所改进（DeYoung、Hasan 和 Kirchhoff，1998；Evanoff Ors，2008）。

表 34.3　　1988 年、1997 年、2007 年、2012 年十大美国银行　　单位：百万美元

	1988 年 6 月		1997 年 12 月	
1	花旗集团	194600	大通曼哈顿银行	365531
2	大通曼哈顿银行	98860	花旗集团	262159
3	美洲银行	96923	美国众国银行	260159
4	美国纽约化学银行	78410	J. P. 摩根	157274
5	J. P. 摩根	74681	美洲银行	140102
6	汉诺威公司	73826	第一联合公司	116182
7	太平洋证券股份有限公司	64714	纽约银行家信托公司	140102
8	纽约银行家信托公司	54700	第一银行	116182
9	第一洲际银行	51790	芝加哥第一国民银行	114096
10	富国银行	44721	富国银行	97456
	2007 年 6 月		2012 年 12 月	
1	花旗集团	2220866	摩根大通	2359141
2	美洲银行	1535684	美洲银行	2212004
3	摩根大通	1458042	花旗集团	1864660
4	美联银行	719922	富国银行	1422968
5	富国银行	539865	高盛	938770
6	华盛顿互惠银行	349140	摩根士丹利	780960
7	美国合众银行	222530	通用电气资本公司	548771
8	太阳信托银行	180314	纽约银行美隆	359301
9	第一资本金融公司	145938	美国合众银行	353855
10	美国城市银行	140648	第一资本金融公司	313040

来源：美国银行家。

根据定义，地理扩张增加了银行办事处之间的距离，增加了公司的管理挑战。Berger 和 DeYoung（2001，2006）发现，银行持股公司的分支机构与总部距离越是遥远，其经营效率越会下降。虽然通信和信息技术的进步有助于减轻这些由距离遥远引起的管理问题，但是这些低效率的存在本身意味着小型、业务集中在本地的银行存在边际竞争优势。美国银行与贷款客户之间的距离也随着时间推移而增加，这主要是由于在金融和信息技术的进步。信用评分模型的自动化，允许银行贷款给从来没见过的人贷款，满足其消费、抵押贷款、信用卡和小企业贷款需求；资产证券化和信用衍生工具可以帮助银行管理这类贷款的风险（Petersen 和 Rajan，2002；DeYoung、Glennon 和 Nigro，2008；DeYoung 等，2011）。

美国银行业的地域扩张并不局限于国内市场。如表 34.4 所示，在 2011 年世界上最大的 30 家银行公司中，有五家是美国拥有和经营的：JP 摩根大通（JP Morgan Chase）（资产规模排名第九位），美国银行（Bank of America）（第十位），花旗集团（Citigroup）（第十四位），富国银行（Wells Fargo）（第二十三位）和投资银行高盛（Goldman Sachs）（第二十八位）。虽然它们在资产规模方面略小于它们的欧洲与日本同行，但是在证券承销方面却是远胜非美国银行。如表 34.5 所示，在全球债券承销、股票承销和银团贷款承销排名当中，美国银行目前均占据第一、第二和第三的位置，以及前十位当中的五个。

表 34.4　2011 年 12 月世界上资产最多的银行集团　单位：百万美元

1	德意志银行	2799977
2	汇丰银行	2555579
3	法国巴黎银行	2542738
4	中国工商银行	2456287
5	三菱日联金融集团	2447950
6	法国农业银行	2431796
7	巴克莱集团	2417327
8	苏格兰皇家银行	2329726
9	**摩根大通**	**2265792**
10	**美洲银行**	**2129046**
14	**花旗集团**	**1873878**
23	**富国银行**	**1313867**
28	**高盛**	**942140**

注：美国的银行为加粗体。

来源：环球金融（www. gfmag. com）。

表 34.5　2012 年世界十大贷款承销商、股票承销商以及贷款财团　单位：亿美元

公司债承销		
1	**JP 摩根**	**2680**
2	**花旗**	**2130**
3	**美洲银行美林**	**1970**
4	德意志银行 AG	1850
5	**摩根士丹利**	**1720**
6	巴克莱	1710
7	**高盛**	**1710**
8	汇丰银行	1610
9	UBS	1170
10	瑞士信贷银行	1130
全球股票承销		
1	**摩根士丹利**	**510**
2	**高盛**	**510**
3	**JP 摩根**	**500**
4	**花旗**	**500**
5	**美洲银行美林**	**460**
6	德意志银行 AG	400
7	瑞士信贷银行	370
8	UBS	350
9	巴克莱	310
10	沙法银行	130

续表

银团贷款		
1	**JP 摩根**	**2670**
2	**美洲银行美林**	**2350**
3	**花旗银行**	**1480**
4	**富国银行**	**1350**
5	**巴克莱**	**860**
6	瑞士信贷银行	510
7	**摩根士丹利**	**490**
8	苏格兰皇家银行	440
9	**高盛**	**430**
10	德意志银行 AG	420

注：美国公司为加粗体。

来源：Bloomberg。

证券承销业务在很大程度上是基于服务费的业务：不像存款和贷款，为新股权和债权的发行做承销通常不会为银行产生利息收入和利息支出，银行的资产负债表几乎没有显示任何银行从事这些活动的痕迹。① 在1980—2000年间，不靠利息收入的证券承销和其他基于服务费的金融服务（如贷款证券化和服务、证券经纪、保险销售、承保、投资银行、存款账户服务费、私人银行和投资咨询服务费）在美国商业银行的重要性增加了1倍以上，如图34.5所示。

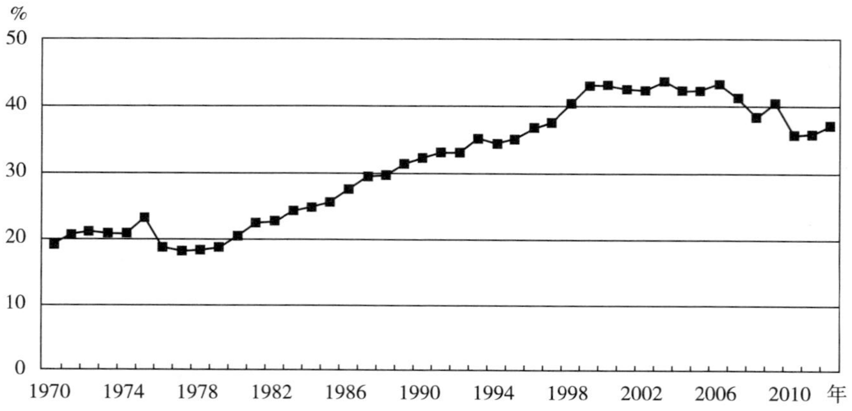

注：营业收入等于净利息收入加非利息收入。

来源：联邦存款保险公司。

图34.5 1970—2012年美国商业银行总非利息收入占总营业收入百分比

① 也有一些例外。在“完全承诺”承销合同中，银行不能立即出售的新问题的部分将在短期内保持在资产负债表上。在银团贷款牵头银行将信用证的一部分保留在其账本上。

对非利息收入的愈加依赖，以意想不到的方式改变了银行的盈利、支出和风险动态。DeYoung 和 Roland（2001）表明，非利息收入往往比利息收入更不稳定；而且，这种上层（营收）的波动将转化成更大的底层（利润）的波动，因为提供基于服务费的金融服务所应用的技术往往具有很高的经营（例如，固定和半固定的劳动力投入）与财务杠杆。在 20 世纪 80 年代和 90 年代，美国银行从依赖利息收入转向非利息收入来源，并由此赚取更高的利润，但这些收入也更不稳定。Clark 等（2007）使用较新的数据得出了相似的结论，而 Demirgüç－Kunt 和 Huizinga（2010）从一组国际银行身上找到类似的证据。DeYoung 和 Torna（2013）发现，有一些基于服务费的业务（如风险投资、投资银行、资产证券化）与最近金融危机期间的银行倒闭正相关，而另外一些（如证券经纪、保险销售）则能帮助银行从财务困境中恢复过来。

美国银行业在产业结构、竞争及风险方面向批发银行转变，这增加了银行业监管人员必须承受的压力。从外部看，美国银行监管体系显得复杂。商业银行的运营可以选择获得全国银行许可证或者州银行许可证。美国财政部下的美国货币监理署（OCC）有权颁发全国银行许可证，而 50 个州政府则有权颁发州银行许可证。过去，全国银行比州内银行有更大的可经营地理范围和更大的产品权限，但今天的州内银行基本上与全国银行有相同的经营权限。51 个审批部门主要负责监管自己的银行，但会以交替共执银行年度检查的形式，与联邦储蓄保险公司（FDIC）或美联储（Fed）共同承担监管责任。

联邦存款保险公司有两个重要的非监管职责：为全国银行和州内银行的存款提供保险（每个存款账户的上限为 25 万美元），以及在全国银行、州内银行、储蓄机构和金融控股公司无力偿还债务时对其进行处置。美联储是货币当局（中央银行），但它也有一些关键的银行监管职责：它是银行控股公司（BHCs）、金融控股公司（FHCs）和任何指定为系统重要性金融机构（SIFI）的商业银行的主要监管者。联邦层面的银行监管机构（FDIC、美联储和财政部与 OCC）之间开展了多方面的密切合作，比如与金融稳定监管委员会（FSOC）下属的多个联邦当局的配合，而 FSOC 的主要职责是减少银行业、金融和实体经济市场当中的系统性风险的产生和不良后果。

34.5　美国金融危机

尽管经受了 20 年不断变化的产业结构、银行服务产品的快速创新和加剧的竞争，美国商业银行业在 2005 年前后看上去还是稳健的。如图 34.6 所示，银行史无前例地赚取高利润并且股权资本充裕。Berger 等（2008）显示美国最大银行公司的股权资本充足率远高于银行监管机构设定的最低水平，并将盈利当中很大的比重用于留存而不是增加向股东分红。如果银行的收益遭受巨大的挫折，用这么大量的股权资本的储备来吸收冲击在当时被认为是绰绰有余的。这一个看法是错误的。

2007 年中期，美国的房价开始大幅下跌，异常大量的业主开始拖欠他们的抵押贷款。这些不良贷款大多为次级贷款，即信用记录不良、几乎没有抵押物以及长期偿付能力存疑的贷款。这些次级贷款使用“发起并出售”的交易模式，这个模式曾推动美国大型零售和投资银行在 20 世纪 90 年代和 21 世纪初的成长。数万亿美元的证券化的次级贷款（私人

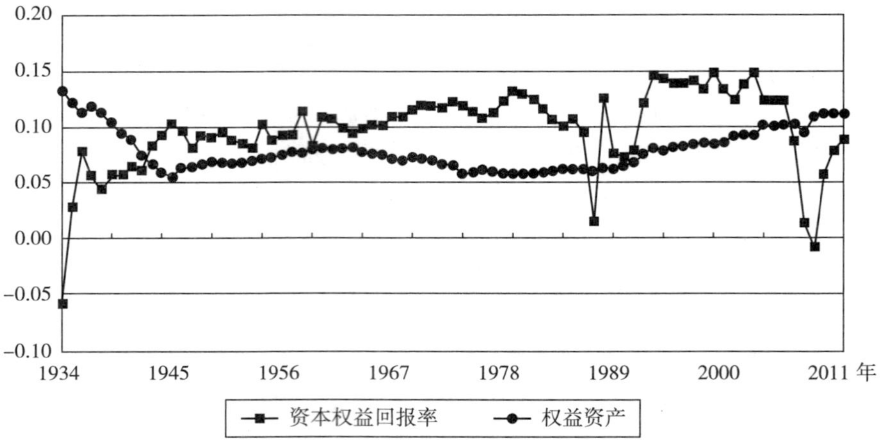

来源：联邦存款保险公司

图 34.6　1934—2012 年美国商业银行业平均股权回报率和权益资产比率

MBS）价值下降，对持有它们的商业银行、投资银行和其他机构投资者的投资组合造成重大损失。这些损失推动了一波银行倒闭（见图 34.3）以及三种信贷紧缩：投资者拒绝为短期商业票据和回购融资展期，而这些一直以来都是大银行赖以维持其业务的手段；非传统抵押贷款和私人 MBS 的融资崩溃；商业银行收缩了对中小企业的信贷配给（DeYoung，2013）。2008 年和 2009 年的行业总收入骤降至零左右（见图 34.6）。尽管抵押贷款违约和抵押证券投资损失是银行业暴跌的主要原因，这次衰退也反映出了非利息收入的潜在的不稳定性，其 2006—2010 年下跌了 17%（见图 34.5）。美国宏观经济所蒙受的整体损害是巨大的（2008 年和 2009 年的实际 GDP 增长均为负，2009 年 10 月的官方失业率达到了 10%），并且衰退迅速蔓延到欧洲经济体，因为该地区金融机构大量投资于以美国房地产贷款为担保的证券。

美国银行监管机构采取了一系列前所未有的政策行动，以防止金融体系全面崩溃。美国联邦储备委员会（以下只是其采取的众多难以详尽描述的政策行动当中的一部分）开设了新的贷款便利，以使流动性可以自由地供给所有类型的金融机构；暂时担保了所有货币市场共同基金投资的损失；承诺将从金融机构购买多达 6000 亿美元的机构［政府支持机构（GSE）］MBS；并自“大萧条”以来首次通过购买新发行的商业票据直接向非金融企业贷款。美联储还启动了一系列事件，标志着美国大型独立投资银行模式的终结。美联储资助摩根大通收购破产的贝尔斯登；几周后拒绝救助雷曼兄弟，迫使雷曼兄弟申请破产；一周后，将高盛和摩根士丹利转变为银行控股公司，本质上使这两家公司接受了更严格的监管，并作为条件允许其使用美联储的贴现窗口并吸收有存款保险的低成本的存款。Kroszner 和 Melick（2009）提供了一个危机期间美联储采取的政策行动的更详细的概述。

美国财政部将房利美和房地美收为国有（如上所述）；提供 1500 亿美元的贷款以及其他方面的支持，以资助并最终将美国国际集团（American International Group）国有化，这是美国最大的保险公司；并依照问题资产救助计划（TARP）获权于 2008 年 10 月开始，以入股的形式向商业银行注入高达 7000 亿美元的资本，用于购买抵押贷款支持证券。

FDIC 将存款保险覆盖范围从每账户 10 万美元增加到 25 万美元；提供数十亿美元的公开银行援助（open bank assistance），以防止当时世界上最大的银行花旗集团破产；并采用多种创新的结构和技术来重组丧失偿付能力的银行和储蓄机构，包括创下美国史上最大的存款违约纪录（截至今天）的华盛顿互助银行（Washington Mutual）。

尽管金融危机已经在 2010 年基本结束，然而直至 2013 年无论是美国经济还是美国银行体系都尚未完全恢复。美国家庭的经济财富（包含业主自用住房和退休储蓄）在金融危机期间大规模减少，而美国家庭的债务（包括初始抵押贷款和住房净值贷款）在金融危机之前增加到了创纪录的水平。为了消化债务/资产比率的飙升，美国家庭减少了支出并增加了储蓄，因此危机后的复苏速度非常缓慢。由于消费支出（占美国 GDP 的三分之二）增长缓慢、住房建设处于危机前水平的一半左右、企业扩张的条件不充分，银行贷款需求一直疲软。虽然美国商业银行有能力提供新的贷款——与危机前的约 4% 相比，危机之后它们持有的现金占资产的 10%，且权益资产比率约为 11%，而危机前则为 10% 上下——但是贷款却无处投放。整个行业的存贷比率在 2004—2007 年一直维持在略高于 90% 的水平，然而在 2013 年中期才刚刚超过 70%。

金融危机应该在多大程度上归咎于银行业？房地产泡沫的最初推手来自联邦政府的住房政策变化，也即联邦政府努力使更多的美国家庭住有其屋。在克林顿政府期间，房利美和房地美被授权为低收入家庭提供可负担得起的按揭贷款，由此投资数万亿美元。布什政府遵循其“所有制社会”政策，以增加家庭的房屋和退休储蓄的所有权。事实上，自 20 世纪 90 年代初以来，房屋拥有率从 64% 左右上升到了金融危机前的 69%。但如果没有大幅增加可用于住房抵押贷款的资金，扩大住房所有权是不可能的，而两个上文讨论过的根本性的变革使其变得可能。首先，抵押贷款金融机构（一些比较突出的例子是美国住房抵押贷款公司（American Home Mortgage）、新世纪金融公司（New Century Financial）、美国国家金融服务公司（Countrywide Financial）以及华盛顿互助银行，所有这些机构都在金融危机的早期便宣布破产）和大型的超区域商业银行引入并完善了“发起并出售”的贷款模式，以强化其既有的经营模式。其次，管制的放松（1994 年的《里格尔—尼尔法案》和 1999 年的《格雷厄姆—里奇—布里利法案》）允许银行使其业务规模达到必要的水平，以充分利用交易银行技术产生的高效率；管制放松同时使银行获得投资银行的经营权限，使其充分地将交易银行业务整合到银行的内部。

必须强调的是，商业银行公司并不需要直接地向房地产泡沫融资。事实上，相比于传统的基于利息的业务模式而言，基于服务费的交易银行业务模式会使金融机构暴露于一系列不同的（且可能是更大的）风险当中，而银行高级经理们可能对新方法的这种风险保持了沉默。DeYoung、Peng 和 Yan（2013）提供的证据表明，商业银行给了经理们合同上的激励来承担这些风险。他们发现，在大型的上市美国商业银行里，随着《格雷厄姆—里奇—布里利法案》的推出，CEO 的薪酬安排中承担风险的激励增加了；作为对此的反应，首席执行官们将业务结构向交易金融活动转换，因而这些银行的实际市场风险增加。

34.6　美国银行业展望

未来十年，美国银行业极有可能继续巩固。几乎可以肯定的是，小银行的数量（少于

5 亿美元资产的银行）将继续下降，这是由更大的竞争压力和银行业服务提供流程的经济机理所决定的。在该行业的另一端，目前还不清楚那些规模最大的银行是会继续增长、规模缩小，还是完全不复存在。广大民众厌恶大银行（他们本就如此，而大银行诱发金融危机的责任更是刺激了民众），同时专家们也在推敲是否可以终结“大而不能倒”这一教条，二者结合形成了一股运动，要求将最大银行拆分成若干家小银行。这一政策的强烈支持者包括 FDIC 副主席 Thomas Hoenig；美国独立社区银行家协会（ICBA）主席 Camden Fine；美国参议员 Sherrod Brown 和 David Vitter，这两位曾提出相关的立法。最有可能的结果是像现在一样，美国最大的银行业公司规模依旧庞大，但在战略上（政治上）却小心翼翼。

银行可能会削减一些战略交易银行业务并向传统银行业务模式转移。当住房抵押贷款和其他零售贷款比例增加时，它们将有可能通过银行存款而不是资产证券化工具来融资，从而减少信贷流向边际借款人和次贷借款人的可能。但技术并不会消失。虽然次级抵押贷款的证券化在 2008 年底基本停止，而且还没有任何实质性的反弹，但“先贷款再出售”的信贷渠道产生的财务和信息效率极高，因而不会被彻底放弃。此外，我们从新技术的应用中得到重要的经验教训，故有理由认为次级抵押贷款证券化将在未来再次被使用，不过贷款人会更谨慎，投资者会更勤勉，而监管与监督也会更多。

在危机期间，美国国会批准了超过 1 万亿美元纳税人的资金用于“救市”或其他资助美国金融机构的行为。此后，国会立即落实了更严格的监管，于 2010 年通过了《多德—弗兰克华尔街改革和消费者保护法案》（以下简称《多德—弗兰克法案》）。这项影响深远的立法设定了美国银行在今后的经营中必须达标的新的更严格的参数，并将在许多重要的方面重塑这个行业。例如，《多德—弗兰克法案》将严格限制商业银行的自营业务，要求银行通过中央结算所购买和出售大部分衍生品合约，并创建一个拥有广泛的权力的消费者金融保护局（CFBP），由其详细规定银行可以出售哪些类型的零售金融产品。不过到目前为止，《多德—弗兰克法案》中最重要的监管改革是将“有序清算权”（orderly liquidation authority，OLA）授予 FDIC。

有序清算权延伸了联邦存款保险公司的现有的法律权利，允许在不对其提供完全救助前提下控制并处置无力还债的具有系统重要性的金融机构。联邦存款保险公司提出的“单方面介入”方法包括：（1）控制无力还债的控股公司；（2）解雇控股公司高级管理层；（3）向股东索求 100% 的损失；（4）向债权持有人以及其他债务人索求进一步的损失；（5）将持股公司的资产和剩余负债放入临时的“桥梁银行”结构当中。“桥梁机构”拥有三年的特许权（可扩展至五年），期间它可接受 FDIC 额外提供的资金，以向其下属的银行、储蓄机构、投资银行、保险经纪机构提供资金支持。FDIC 将尽可能减小对这些附属公司的日常经营的干扰，同时确保受到保险的银行存款不受任何损失。新的经理将运作桥梁机构及其庞杂的分支机构，这些临时经理将使用包含在所谓的“生前遗嘱”（living will）（所有的系统重要性金融机构都需要编制归档的处置方案）当中的信息，去继续执行金融合约并恢复持股公司及其附属公司的稳定。一旦其稳定下来，管理层将整体或拆分出售该持股公司给健康的金融机构，而不给联邦存款保险公司带来任何进一步的费用。

OLA 的批评者认为 OLA 立法规范了针对“大而不能倒”的监管实践，从而保证了

"大而不能倒"的金融机构在未来会继续存在。如果 OLA 如上所述的方法奏效，那么这个批评毫无意义，因为无论是系统重要性金融机构的所有者，还是没有保险的债权人，抑或是其高级经理都不会受到保护。最重要的是，随着上述处置方针的可信性的建立，以及"大而不能倒"溢价（例如，"大而不能倒"的银行债务融资成本较低）被消除，成为"大而不能倒"的机构将不再是银行壮大规模的动机。然而，如果 OLA 方法不奏效，或者如果在危机中监管当局没有完全执行 OLA，那么这种可信性就不会被建立起来，成为"大而不能倒"机构的激励将继续存在。这才是 OLA 真正值得担忧之处，因为《多德—弗兰克法案》要求美国财政部、美联储和 FDIC 必须一致同意对资不抵债的银行持股公司实施 OLA；如果三个机构中的一个或多个认为这些完全救助（bailout）是更得当的行动方针，那么 OLA 的计划将不会实施。在严重的金融危机中，这种结果很有可能出现，因为监管当局会认为多家大型银行丧失偿付能力所造成的短期混乱将引发恐慌，由此带来的成本将超过允许"大而不能倒"的激励存在所带来的长期损害（DeYoung、Kowalik 和 Reidhill，2013）。

参考文献

[1] Berger A. N. (2003). The Economic Effects of Technological Progress: Evidence from the Banking Industry, Journal of Money, Credit, and Banking 35, 141 – 176.

[2] Berger A. N., Bonime S. D., Goldberg L. G., and White L. J. (2004). The Dynamics of Market Entry: The Effects of Mergers and Acquisitions on De Novo Entry and Small Business Lending in the Banking Industry, Journal of Business 77, 797 – 834.

[3] Berger A. N. and DeYoung R. (2001). The Effects of Geographic Expansion on Bank Efficiency, Journal of Financial Services Research 19, 163 – 184.

[4] Berger A. N. and DeYoung R. (2006). Technological Progress and the Geographic Expansion of the Banking Industry, Journal of Money, Credit, and Banking 38, 1483 – 1513.

[5] Berger A. N., DeYoung R., Flannery M. J., Lee D., and Öztekin Ö. (2008). Why Do Large Banking Organizations Hold So Much Capital? Journal of Financial Services Research 34, 123 – 149.

[6] Berger A. N., Frame W. S., and Miller N. H. (2005). Credit Scoring and the Availability, Price, and Risk of Small Business Credit, Journal of Money, Credit, and Banking 37, 191 – 222.

[7] Berger A. N., Kashyap A. K., and Scalise J. M. (1995). The Transformation of the US Banking Industry: What a Long, Strange Trip It's Been, Brookings Papers on Economic Activity 2, 55 – 218.

[8] Berger A. N., Miller N. H., Petersen M. A., Rajan R. G., and Stein J. C. (2005). Does Function Follow Organizational Form: Evidence from the Lending Practices of Large and Small Banks, Journal of Financial Economics 76, 237 – 269.

[9] Berlin M. (2007). Dancing with Wolves: Syndicated Loans and the Economics of Multiple Lenders, Federal Reserve Bank of Philadelphia Business Review Third Quarter, 1 – 8.

[10] Carey M., Prowse S., Rea J., and Udell G. F. (1993). The Economics of Private Placements: A New Look, Financial Markets, Institutions, and Instruments 2, 1 – 66.

[11] Clark T., Dick A., Hirtle B., Stiroh K., and Williams R. (2007). The Role of Retail Banking in the US Banking Industry: Risk, Return, and Industry Structure, Federal Reserve Bank of New York Economic Pol-

icy Review 13, 39 –56.

[12] Davies R. and Tracey B. (2014). Too Big to be Efficient? The Impact of Implicit Funding Subsidies on Scale Economies in Banking, Journal of Money, Credit and Banking 46, 219 –253.

[13] Demirgüç –Kunt A. and Huizinga H. (2010). Bank Activity and Funding Strategies: The Impact on Risk and Returns, Journal of Financial Economics 98, 626 –650.

[14] DeYoung R. (2000). Mergers and the Changing Landscape of Commercial Banking (Part II), Federal Reserve Bank of Chicago Fed Letter No. 150.

[15] DeYoung R. (2005). The Performance of Internet –based Business Models: Evidence from the Banking Industry, Journal of Business 78, 893 –947.

[16] DeYoung R. (2013). Economies of Scale in Banking. In: F. Pasiouras (Ed.), Efficiency and Productivity Growth: Modelling in the Financial Services Industry, 49 –76. Chichester: John Wiley.

[17] DeYoung R., Frame W. S., Glennon D., and Nigro P. (2011). The Information Revolution and Small Business Lending: The Missing Evidence, Journal of Financial Services Research 39, 19 –33.

[18] DeYoung R., Glennon D., and Nigro P. (2008). Borrower –lender Distance, Credit Scoring, and the Performance of Small Business Loans, Journal of Financial Intermediation 17, 113 –143.

[19] DeYoung R., Gron A., Torna G., and Winton A. (2013). Risk Overhang and Loan Portfolio Decisions: Small Business Loan Supply Before and During the Financial Crisis, <http: // papers. ssrn. com/sol3/papers. cfm? abstract _ id =2140952>.

[20] DeYoung R. and Hasan I. (1998). The Performance of De Novo Commercial Banks: A Profit Efficiency Approach, Journal of Banking and Finance 22, 565 –587.

[21] DeYoung R., Hasan I., and Kirchhoff, B. (1998). The Impact of Out –of –state Entry on the Efficiency of Local Commercial Banks, Journal of Economics and Business 50, 191 –203.

[22] DeYoung R., Hunter W. C., and Udell G. F. (2004). The Past, Present, and Probable Future for Community Banks, Journal of Financial Services Research 25, 85 –133.

[23] DeYoung R., Kowalik M., and Reidhill J. (2013). A Theory of Bank Resolution: Technological Change and Political Economics, Journal of Financial Stability 9, 612 –627.

[24] DeYoung R., Lang W. W., and Nolle D. L. (2007). How the Internet Affects Output and Performance at Community Banks, Journal of Banking and Finance 31, 1033 –1060.

[25] DeYoung R., Peng E., and Yan M. (2013). Executive Compensation and Business Policy Choices at US Commercial Banks, Journal of Financial and Quantitative Analysis 48, 165 –196.

[26] DeYoung R. and Rice T. (2004). How do Banks Make Money? A Variety of Business Strategies, Federal Reserve Bank of Chicago Economic Perspectives 28, 52 –67.

[27] DeYoung R. and Roland K. P. (2001). Product Mix and Earnings Volatility at Commercial Banks: Evidence from a Degree of Total Leverage Model, Journal of Financial Intermediation 10, 54 –84.

[28] DeYoung R. and Torna G. (2013). Nontraditional Banking Activities and Bank Failures during the Financial Crisis, Journal of Financial Intermediation 22, 397 –421.

[29] Evanoff D. and Ors E. (2008). Local Market Consolidation and Bank Productive Efficiency, Journal of Money, Credit and Banking 40, 897 –928.

[30] FDIC (Federal Deposit Insurance Corporation) (2012). FDIC Community Banking Study. Washington: Federal Deposit Insurance Corporation.

[31] Federal Reserve Board (2004). Survey of Consumer Finances. Washington, DC: Federal Reserve Board.

[32] Frame W. S., Srinivasan A., and Woosley L. (2001). The Effect of Credit Scoring on Small Business Lending, Journal of Money, Credit, and Banking 33, 813 – 825.

[33] Frame W. S. and White L. J. (2004). Empirical Studies of Financial Innovation: Lots of Talk, Little Action? Journal of Economic Literature 42, 116 – 144.

[34] Gerdes G. R. and Walton J. K. (2002). The Use of Checks and Other Retail Noncash Payments in the United States, Federal Reserve Bulletin August, 360 – 374.

[35] Goddard J., Liu H., McKillop D., and Wilson J. O. S. (2014). The Size Distribution of US Banks and Credit Unions, International Journal of the Economics of Business 21, 139 – 156.

[36] Hughes J. P., Lang W. W., Mester L. J., and Moon G. (1996). Efficient Banking under Interstate Branching, Journal of Money, Credit, and Banking 28, 1045 – 1071.

[37] Hughes J. and Mester L. (2013). Who Said Banks Don't Experience Scale Economies? Evidence from a Risk – Return – Driven Cost Function, Journal of Financial Intermediation, 22, 559 – 585.

[38] Humphrey D. (2002). US Cash and Card Payments Over 25 Years. Florida State University Unpublished Manuscript, <http://www.phil.frb.org/research-and-data/events/2002/financial-services-and-payments/papers/Humphrey.pdf.>.

[39] Keeton W. (2000). Are Mergers Responsible for the Surge in New Bank Charters? Federal Reserve Bank of Kansas City Economic Review First Quarter, 21 – 41.

[40] Kroszner R. S. and Melick W. (2009). The Response of the Federal Reserve to the Recent Banking and Financial Crisis. University of Chicago Booth School of Buinsess, December.

[41] Mester L. J. (1997). What's the Point of Credit Scoring?, Federal Reserve Bank of Philadelphia Business Review September/October, 3 – 16.

[42] Petersen M. A. and Rajan R. G. (2002). Does Distance Still Matter? The Information Revolution and Small Business Lending, Journal of Finance 57, 2533 – 2570.

[43] Rossi C. V. (1998). Mortgage Banking Cost Structure: Resolving an Enigma, Journal of Economics and Business 50, 219 – 234.

[44] Scott J. A. (2004). Small Business and the Value of Community Financial Institutions, Journal of Financial Services Research 25, 207 – 230.

[45] Stein J. C. (2002). Information Production and Capital Allocation: Decentralized versus Hierarchical Firms, Journal of Finance 57, 1891 – 1921.

[46] Stigler G. J. (1958). The Economies of Scale, Journal of Law and Economics 1, 54 – 71.

[47] Wheelock D. and Wilson P. (2012). Do Large Banks Have Lower Costs? New Estimates of Returns to Scale for US Banks, Journal of Money, Credit and Banking 44, 171 – 20.

第 35 章　欧盟银行业取消管制、危机与重建

35.1　引言

2005 年以后，欧洲银行业经历若干次重大冲击，包括 2007—2008 年美国次贷危机引发的后续混乱，和近期的欧洲主权债务危机。前者导致巨额损失和银行破产，迫使央行和政府进行前所未有的大规模干预（Goddard、Molyneux 和 Wilson，2009）。政府行动包括四类干预：银行债务担保、资本重组、资产支持（提供问题资产救助）、提高存款保险覆盖率。2008 年 10 月 1 日至 2011 年 10 月 1 日期间，欧盟委员会批准 4.5 万亿欧元（大约为欧盟 GDP 的 37%）用于政府对银行业的支持（Koopman，2011）。国家支持转移至资本重组与问题资产救助后，仅 2008 年，3.5 万亿欧元（28% 欧盟 GDP）被批准，主要以担保形式。大多数针对存款保险变化发生于 2008 年。

欧盟成员国没有完全使用批准救助额度。2008—2010 年，实际投放的国家支持数量大致为 1.6 万亿欧元（约为欧盟 GDP 的 13%、欧盟银行业资产的 2%）（Petrovic 和 Tutsch，2009；Pisani - Ferry 和 Sapir，2010；Stolz 和 Wedow，2010）。大约 1.2 万亿欧元采取的是担保和其他流动性措施的形式，剩余 0.4 万亿欧元则是资本重组和银行问题资产支持的形式。2008 年 10 月 1 日至 2011 年 10 月 1 日，大约 250 个关于国家支持银行业的决议被实施。欧盟国家中仅有几个未提供支持：保加利亚、捷克共和国、爱沙尼亚、马耳他与罗马尼亚。大规模国家基金的注入，伴随着一系列以巩固资本与流动性以及控制风险为目标的制度改革，成功避免了银行系统的崩溃。

2010 年至 2011 年，金融危机演变成欧洲主权债务危机。自 1999 年引入欧元，欧洲金融业经历了快速扩张，且不仅发生于欧元区，也发生于区外国家，例如，瑞士与英国。2000 年以来，一些南方欧洲经济体存在经常项目赤字，例如，希腊、意大利、葡萄牙和西班牙，由德国以及其他北方欧洲经济体盈余所补偿（Arnold，2012；Lane，2012；Correa 和 Sapriza，第 30 章）。欧元区核心部分金融业的迅速扩张，为注入爱尔兰、西班牙等国的房地产市场泡沫提供了充沛的信贷资金流入。政府赤字与债务上升，再加上危机后对银行的救助，共同引发了信心危机，表现为经常项目赤字国家与盈余国家之间的债券收益率差别和 CDS 利差的放大。欧元危机可视为金融危机通过其他渠道的延续。一方面，市场认为银行的资产负债表仍然在很大程度上受到隐藏的、未被申报的不良债务的不利影响，因而担忧未来银行还需要政府进一步的救助，进而担忧财政的可持续性。另一方面，银行是政府债务的主要投资者，因而欧元成员国潜在的违约和撤出单一货币区的可能性加剧了银行倒

闭的风险。有人提议组建欧洲银行业联盟，从而使得各国能联合承担救助受困银行的责任，以期打破银行业问题与主权债务问题之间的共生关系。

2010 年 5 月，欧元区当局与国际货币基金组织（IMF）批准向希腊提供 1100 亿欧元贷款，条件是实施严苛的紧缩措施。同月，欧洲金融稳定基金（European Financial Stability Facility）（由总计 1 万亿美元的广泛的援助计划所构成）成立，以确保欧元区金融稳定。希腊援助计划后，进一步的支持项目被批准给爱尔兰（2010 年 11 月 850 亿欧元）和葡萄牙（2011 年 5 月 780 亿欧元），持有大量主权债的欧洲银行因此受益。然而，在许多国家，银行仍被迫增加大量新资本，多数银行为达到高于资本成本的收益而步履维艰。2013 年 3 月，塞浦路斯被提供 100 亿欧元经济援助，以稳定金融体系，并解决财政赤字。最大且最具国际影响力的综合银行也需满足巴塞尔协议Ⅲ中更高的资本和流动性要求（EBA 2012；ECB，2012）。编纂本章期间，许多欧洲大银行正在通过减少风险调整资产规模来提高其资本充足水平。这主要通过减少贷款，以及缩减投资银行业务来实现（Vause 等，2012；Dermine，2013；Feyen 和 Gonzalez del Mazo，2013）。

在此背景下，本章讨论欧洲银行业发展，以及近期监管变化，包括关于欧洲银行业联盟的计划。本章其余部分安排如下所示：35. 2 节提供欧洲银行业结构与表现特点的概览。35. 3 节讨论信贷危机。35. 4 节概述 2011 年英国维克斯报告（*Vickers Report*）与 2012 年欧盟利卡宁报告（*Liikanen Report*）所提出的结构改革，并描述银行业联盟。35. 5 节提出结论。

35. 2 欧洲银行业的结构与表现特点

35. 2. 1 取消管制与一体化

自 1977 年通过第一银行指令（First Banking Directive）之后，欧洲银行业发生了深刻变化。随着诸如取消金融管制、建立金融服务单一市场以及引入欧元等变化的产生，银行为客户提供更多产品和服务，银行、保险公司与其他金融公司的界限变得模糊。外资银行进入导致某些市场竞争加剧。这增加银行削减成本、通过新产品和服务提高收入的压力。

自 1977 年通过第一银行指令，欧盟立法机构一直致力于减少跨境银行所有权与营业活动的障碍。国家层面也在取消金融市场管制，使银行与非银行机构界限变得模糊，促进了国内与跨境竞争。尽管存在上述发展，然而，截至 2010 年，欧洲金融完全一体化仍存在障碍。虽然欧洲批发银行已经高度一体化，但是西欧的零售银行与小企业借贷仍属于国家导向，仅存在少数跨境所有权或经营活动。相反，东欧存在大量外资零售银行。债权与股权市场同样具有明显国界线。关于银行业，金融危机导致欧洲金融一体化进程的倒退（Sapir 和 Wolff，2013）。银行间借贷的缩减导致一体化充分发展地区的经营活动减少。银行决策机构沿国界线分散化引发分歧，一些案例中，危机期间，母国偏好援助本国陷入困境的银行。

1990—2010 年，许多欧洲银行迅速扩张经营规模，大量兼并与收购（M&A）。合并主要以实现规模与范围经济、减少劳工成本、提高运营效率以及通过产品或地理多样化分散风险为目标。一些银行贷款组合迅速增加，其资金来源于未来现金流的证券化，例如，抵押与信用卡贷款，而这通常是表外业务。欧洲银行非利息收入的增加，反映出私人部门更多地通过发行证券来融资，以及家庭部门对保险、养老金和共同基金投资的需求提高。

欧洲公司条例（European Company Statute）发生变化，允许银行成立单独法律实体，可在欧盟范围内自由跨境经营，使得附属机构可以向分支机构转变。然而，附属机构仍是更受青睐的跨境组织形式（ECB，2007a），表明同一银行集团内部不同法律实体之间的风险分散好处仍具有战略重要性。1999—2004 年引入的金融服务法（Financial Services Action Plan），加速了银行系统一体化，增加了金融机构相互的跨境联系。技术进步也对银行行为产生影响，例如网络银行，以及新支付媒介的出现。技术使银行业的服务模式发生了革命性的变化，导致不同规模银行采取不同商业模式（Goddard、Molyneux 和 Wilson，2001，2010；Goddard 等，2007）。对业绩表现和股东价值的重视同样鼓励银行重新评估资产与负债管理策略。

金融危机与主权债务危机发生 20 多年前，欧洲银行转变受一系列变化影响：全球化、取消管制、技术变革，以及构建单一银行市场的立法举措所导致的银行业一体化（Goddard、Molyneux 和 Wilson，2010）。这些因素对欧洲银行业结构产生影响。表 35. 1 报告欧盟 15 个国家银行业结构指标。1985—2011 年，绝大多数国家银行总数在减少。同一阶段，法国、德国、意大利、西班牙和英国银行的名义总资产增加了 400%。

由于解除了对分支机构的限制，1985—2011 年，法国、希腊、意大利、西班牙和葡萄牙的银行分支机构数量持续增加。比利时和英国分支机构数量减少，这里的银行通过合理配置分支网络提高了运营效率。同期，欧盟 15 国银行业职工数量提高 13%，2011 年达到 265 万人。德国拥有最多数量银行员工（664000 人），其次是英国（454000 人）和法国（430000 人）。一般而言，银行业员工数量占金融业总数的三分之二。自 1970 年以来，提高女性以及兼职比例是大体趋势。例如，2012 年，英国前 10 位的银行雇用 288100 名职员，其中 60% 为女性。大约 37% 的女性职员，以及仅 4% 的男性职员是兼职人员（英国银行业协会，2012）。

表 35. 1 表明大多数国家的银行集中度有所提高。国内合并是该趋势的典型特点。如果并购公司文化同质，则相较于跨境 M&A，国内 M&A 有更直接的机会来实现效率收益，且复杂程度更低，因为合并双方的企业文化更相近（Buch 和 DeLong，第 31 章）。尽管如此，跨境并购如今较常见，这意味着相较于过去，国际扩张内在限制有所减少。该类障碍包括跨境销售一般商品时的困难；竞争、雇用和监管政策的区别；政治干预；以及外资银行缺乏客户信任。从前，一些国家的市场竞争监管当局倾向于不批准国内零售市场占主导地位银行的合并申请。这可能意外地导致跨境 M&A 的加速。例如，英国竞争委员会表明四大零售银行（HSBC、Barclays、Lloyds TSB 和 RBS）间并购受限。因此，这些银行通常寻找境外可行收购目标。例如，2007 年 Barclays 与一个包括 RBS 的财团竞价收购荷兰银行 ABN AMR。然而，许多欧洲政府不愿意批准外资收购国内重要银行，这给跨境合并造成一定障碍。

表35.1 **欧盟15国银行业的结构指标**

国家	银行数量（家）				资产（亿欧元）				分支机构数量（家）				员工（千人）				资产集中度（CR5）			
	1985	1995	2005	2011	1985	1995	2005	2011	1985	1995	2005	2011	1985	1995	2005	2011	1985	1995	2005	2011
奥地利	1406	1041	880	783	—	396.8	720.5	1010.4	—	4856	4300	4431	—	74	75	78	—	39.0	45.0	35.9
比利时	120	143	100	122	285.9	589.4	1055.3	1198.4	8207	7668	4564	3881	71	77	69	61	48.1	54.0	85.2	70.8
丹麦	259	202	197	164	96.3	125.5	722.1	1144.9	3411	2215	2114	1557	52	47	48	47	61.2	72.1	66.3	66.3
芬兰	498	381	363	358	—	196.3	234.5	642.4	—	1612	1616	1422	—	31	25	23	—	70.6	83.1	80.9
法国	1952	1895	1577	1147	1348.8	2513.7	5090.1	8391.5	25782	26606	27075	38323	449	408	430	379	46.0	41.3	53.5	48.3
德国	4739	3785	2089	1956	1495.1	3584.1	6826.6	8393.5	39925	44012	44044	37853	591	724	705	664	—	16.7	21.6	33.5
希腊	41	53	62	79	69.2	94.0	281.1	476.9	1815	2417	3576	3845	27	54	61	60	80.6	75.7	65.6	72.0
爱尔兰	42	56	78	590	21.0	45.8	941.9	1312.8	—	808	910	1099	—	38	38	36	47.5	44.4	46.0	53.2
意大利	1101	970	792	785	546.8	1070.5	2509.4	4065.0	13033	20839	31498	33561	319	337	336	316	—	32.4	26.7	39.5
卢森堡	177	220	155	554	169.8	445.5	792.4	1101.5	120	224	155	227	10	19	23	27	26.8	21.2	30.7	31.2
荷兰	178	102	401	297	226.7	650.0	1697.7	2428.7	6868	6729	3748	2653	92	111	117	105	729	76.1	84.8	83.6
葡萄牙	226	233	186	159	38.0	116.3	360.2	573.8	1494	3401	5427	6403	59	60	58	61	61.0	74.0	68.8	70.8
西班牙	364	506	348	415	311.3	696.3	2150.7	3643.0	32503	36405	41979	40103	244	249	253	246	35.1	47.3	42.0	48.1
瑞典	598	249	200	205	—	146.9	653.2	1140.4	—	2731	1910	2083	—	44	46	50	—	59.3	57.3	57.8
英国	772	564	400	405	1293.6	1999.5	8320.2	9708.2	22224	17522	13694	11686	375	445	483	454	—	28.3	36.3	44.1

注：2011年爱尔兰银行数量的大幅增加是由于银行信用合作社的重新分类。

来源：中央银行报告（各期）：ECB（2006），ECB（2007b），ECB（2010）和欧洲中央银行综合银行数据（网上数据）。

35.2.2 收益性与效率

欧洲拥有一个多元和有活力的银行体系，正如《高级专家组关于改革欧盟银行业的最终报告》（“利卡宁报告”）所强调的：

“欧盟银行业多样化，这很有价值。国与国之间的银行业有所不同，包括规模、市场集中度、外资所有权、资产负债结构、监管、信贷周期与公众参与度。多样化提高银行体系抗风险能力，减轻系统脆弱性，增加有效竞争。多样化明确受欧盟条款保护。”（Liikanen，2012，32 页）

传统商业银行将利差作为利润来源。收益性依赖于银行维持利差的能力，同时最大化运营效率。银行业自由化后，贷款与存款市场竞争加剧。1980—2010 年，许多欧洲国家明显存在此类趋势。利息下降促使银行通过非利息收入，或进入诸如保险和证券化等非传统领域，以补充收入来源。自 1989 年欧盟第二银行指令（Second Banking Directive）以来，非利息收入占比由 1989 年的 26% 上升至 1998 年的 41%（ECB，2000），并且至今仍保持相似水平。

转向非利息收入并不足以提高收益性。转向非传统银行活动不足以提高收益，且增加风险，例如股权交易。进一步而言，如果银行仅向同一群客户销售不同产品，多样化基本无法减少风险。大量文献表明银行无法受益于多样化（Laeven 和 Levine，2007；Stiroh，第 9 章）。Mercieca、Schaeck 和 Wolfe（2007）研究 1997—2003 年欧洲小银行样本，发现没有多样化收益的直接证据，而 Baele、De Jonghe 和 Vander Vennet（2007）发现多样化似乎损害欧洲大银行价值。1996—2002 年，Lepetit 等（2008）发现赚取较高佣金与费用收入的欧洲银行，存在较小利差幅度，这表明它们降低了贷款价格，以增加费用相关的服务。通过多样化非利息收入活动，银行可能丧失对传统借贷业务的关注，经理也在借贷活动中表现得不够保守。证券化蓬勃发展期间，信贷迅速扩张，且存在较少监管，风险通过抵押支持和其他资产支持证券的出售被转移至投资者。Brunnermeier、Dong 和 Palia（2012）认为相较于传统商业银行，高非利息收入业务（例如，证券化、风险资本与投资银行业务）占比的银行存在更多系统风险。

总体来说，依赖于非利息收入，尤其是证券化贸易与投资银行业务，对金融稳定性产生风险。这一认识使得英国提议将零售银行与投资银行相隔离，并使得欧盟提议在每个银行集团内分离高风险活动于低风险存款活动。

伴随着非利息收入占总收入比重的上升，技术创新也在大幅减少数据收集、存储、加工和传送成本，以及改变客户获取银行服务与产品的方式。前端创新可见于自动柜员机（ATM）、电子化即时转账（EFTPOS）、网络银行与电子货币服务使用数量上升。后端运营受新内部系统影响，例如，客户关系管理和商业管理技术、核心处理技术以及各种支持与整合技术。许多创新产生大量固定设备成本而非边际成本，而该影响并非总是节约成本。即使技术减少成本，但收入可能反而缩减（客户不满意新技术，需求减少）。通过成本收入比，我们可以粗略测度投入的效率。1980—1990 年，若成本收入比大约 70%，就会被视为比重过高，银行管理低效。截至 2005 年，该比重低于 60%，被视为合理。尽管银行家和分析家通常关注该效率的测度指标，但是学术界使用更复杂模型技术以计算银行效率得分。该类复杂技术方式通过参数统计或非参数统计方式获得，允许控制输入或输出变量的变化。Berger 和 Humphrey（1997）对 133 篇效率研究报告进行了综述，发现：通常而言，相较于小银行，大银行更有效率；相比于扩大规模（规模经济）或产品多样性（范围经济），仿效最佳实践更有可能实现成本的节约。

Weill（2009）发现伴随着欧洲一体化，各国银行业的效率也逐渐趋于一致。通过参数或非参数统计方法，Casu 和 Girardone（2010）发现欧洲一体化提高银行效率。研究欧洲银行业产出能力的文献与此相关。例如，Altunbas、Goddard 和 Molyneux（1999）发现 20 世纪 90 年代期间，技术变革减少欧盟银行平均成本，而 Battese、Heshmati 和 Hjalmarsson（2000）研究瑞士银行，发现技术变革的成本节约效果已经枯竭，这是因为"一般的"银行仿效了业内最佳实践。Casu、Girardone 和 Molyneux（2004）发现一些欧洲国家的银行受益于 20 世纪 90 年代生产力发展，但是情况各有差异。若干研究表明取消管制对银行生产力产生负面影响（Lozano - Vivas，1998；Canhoto 和 Dermine，2003）。这有些令人意外，因为研究发现除美国与欧洲的多数国家外，自由化提高生产力。Fioretino 等（2009）发现 1994—2004 年，合并与私有化提高意大利和德国银行的生产力。互相矛盾的生产力研究结果可能来源于研究假定不同国家和银行面临着相同的生产可能性边界，以及一致的运营环境。Casu 等（2013）研究 1992—2009 年 9 个欧元区国家商业全要素生产率的增长，其中允许存在技术异质性与"技术差距"。该分析表明尽管技术进步确实存在，但国与国之间银行业受益情况有所不同。有证据表明所有银行业都趋向于使用可获得的最好技术。自单一货币引入后，该趋势加速，但 2007—2008 年次贷危机使其减速。

欧洲银行收益性的差异仍继续存在。例如，表 35.2 强调 2005 年前后，德国银行收益相对较低，而比利时、瑞典和英国银行享有较高收益。国与国之间收益的差异性归因于一系列要素：会计与税收系统；结构因素，例如，特定产品市场的竞争程度；产品与地域多元化的程度；经济商业周期的影响（Llewellyn，2005；Carbo 和 Rodriguez，2007；Goddard 等，2007）。Goddard 等（2013）通过研究银行盈利能力的持续性，探究引入欧元以及 FSAP 实施前后的欧洲银行竞争行为。通过 1992—1998 年与 1999—2007 年，也即欧元与 FSAP 实施前后的对比，研究表明多数国家银行获利下降，竞争加剧。

35.2.3　竞争与风险

自银行危机以来，关于何种商业模式将产生最安全与高盈利的银行系统，政策与学术界存在诸多争议。基于 Liikanen（2012），尽管危机的不利影响很普遍，"抵抗能力差"的银行通常依赖于短期批发资金，从事大量杠杆与交易活动，存在过度借贷，以及较差的公司治理。危机与国家支持困境银行的行为对银行业竞争程度的影响引发了广泛的讨论。直到 20 世纪 80 年代，人们普遍认为银行竞争损害了金融稳定性（Carletti，2010）。竞争会鼓励银行在资产负债表的资产方过度冒险，提高单个银行破产可能性。近期，有研究表明竞争可能有助于减少风险。从理论上讲，银行资产分配通过组合构建问题的求解来决定，强调资产负债表的负债方。面对储蓄竞争加剧，银行倾向于提高利率，以吸引存款人。当支付较高存款利率并忽略贷款市场竞争的影响时，银行收入下降。为补偿收益，银行倾向于接受高风险投资。相反，当竞争受限时，银行占据市场主导权，支付较低存款利率，从而

表 35.2 1990—2011 年欧洲 15 国银行部门的平均收益（股本回报率）

单位：%

国家	1990—1994	1995—1999	2000	2001	2002	2003	2004	2005	2006	2007	2008	2009	2010	2011
奥地利	8.13	9.17	11.33	7.85	7.83	9.50	10.49	10.91	16.31	7.81	1.60	1.63	6.41	1.47
比利时	9.57	14.54	20.48	15.90	11.76	16.07	14.03	17.11	19.46	9.94	-1.74	6.89	10.48	1.36
丹麦	-2.77	15.70	15.24	10.23	11.26	15.75	16.46	12.06	16.84	9.00	-12.36	-6.90	2.39	0.60
芬兰	-21.57	8.05	22.07	22.79	8.40	18.11	12.12	7.36	10.92	6.71	1.23	7.92	6.96	8.11
法国	6.18	7.36	12.08	10.94	9.38	9.85	13.43	9.54	14.77	9.47	5.80	8.36	8.35	5.59
德国	12.97	12.48	7.86	0.84	-1.71	-2.70	2.26	8.33	11.02	4.79	2.87	3.57	15.2	2.16
希腊	24.60	21.16	19.21	11.80	7.71	14.01	11.54	10.86	13.93	11.44	2.86	-1.95	-4.73	5.88
爱尔兰	n. a.	19.80	17.88	10.77	11.90	14.50	18.30	12.46	17.84	7.07	-0.16	-49.97	-65.22	-11.12
意大利	11.14	9.29	17.54	8.42	6.44	7.59	11.45	8.17	10.50	8.74	6.75	3.47	3.68	-12.99
卢森堡	12.73	21.87	20.51	12.89	10.62	13.73	9.88	12.79	19.22	10.99	2.10	8.24	8.47	6.17
荷兰	13.99	15.92	17.19	12.39	9.75	14.73	19.50	14.14	16.96	18.63	11.43	9.41	7.54	6.16
葡萄牙	10.07	7.78	8.84	13.43	12.30	13.44	11.40	8.04	13.40	18.63	11.43	9.41	7.54	6.16
西班牙	9.73	10.40	10.37	12.30	12.65	13.35	14.60	8.94	15.22	11.53	8.65	1.74	8.04	0.09
瑞典	17.09	18.42	19.50	18.85	13.39	15.34	18.45	11.07	15.70	9.60	3.56	9.98	10.18	10.65
英国	15.40	27.88	21.49	13.47	11.59	14.43	19.90	9.84	16.10	12.59	10.38	4.37	4.37	4.24
EU-15 平均	8.48	14.65	16.11	12.19	9.55	12.51	13.59	10.77	15.21	10.46	3.62	1.08	1.98	2.30
EU-15	10.61	14.54	17.58	12.30	10.62	14.01	13.43	10.86	15.70	9.60	2.87	4.37	7.54	4.24
中位数														

来源：Bankscop 和欧洲央行综合银行数据。

提高收益。低竞争银行不愿意投资于高回报—高风险项目，减少破产倒闭的可能性。

竞争减少风险这一反方观点，由 Koskela 和 Stenbacka（2000），以及 Boyd 和 De Nicolo（2005）提出，他们发展了关于资产负债表存款方与贷款方的竞争理论模型。项目风险由借款方利率水平决定。组合构建问题演变成存在道德风险的契约问题。占市场主导权的银行支付低存款利率，收取高贷款利率。在此背景下，组合理论认为占主导权的银行缺乏冒险动力，因为它们能够赚取垄断收益，而无须冒险。然而，契约问题的视角颠覆该逻辑。高贷款利率迫使银行借款方寻求风险项目，提高（垄断）银行组合风险。相反，低竞争压力的银行提供较低贷款利率，这减少道德风险，于是使银行面临低风险，因为其借款方不太可能追求高风险投资。Martinez - Miera 和 Repullo（2010）认为竞争与稳定并非线性关系。Liu、Molyneux 和 Wilson（2013）利用 2000—2008 年的欧洲 10 国地区数据，描述竞争与经济活动。银行区域竞争与稳定性间存在倒置“U”形关系。“太少”或“太多”竞争均存在高风险。关于稳定性，地域经济情况扮演重要角色。

金融与主权债务危机后，关于大银行太大、太相互联系、太系统重要而不能倒的道德风险问题受到学术界与政策圈讨论。通过政府安全网，大银行获取间接（或直接）补贴，鼓励其过度风险投资（O'Hara 和 Shaw，1990；Stern 和 Feldman，2004，2009；Herring 和 Carmassi，2010；Brown 和 Dinc，2011；Demirguc - Kunt 和 Huizinga，2013）。关于竞争—脆弱与竞争—稳定假说的实证研究结果并不一致（Turk - Ariss，2010；Beck、De Jonghe 和 Schepens，2013；Jimenez、Lopez 和 Saurina，2013）。使用欧盟 25 国数据，Uhde 和 Heimeshoff（2009）发现国家银行市场集中度对银行稳定性存在负面影响。Berger、Klapper 和 Turk - Ariss（2009）研究 1999—2005 年，23 个发达国家 8000 余家银行样本的市场力量和风险问题。有更多市场力量的银行存在较少风险暴露。该结果为竞争—脆弱与竞争—稳定假说均提供支持：强市场力量提高信用风险，而减少了其他风险的暴露。整体而言，理论与实证表明银行竞争与风险的内在关系不确定。

至少，证据表明欧洲银行业近年来竞争加剧。产品与地域多样化障碍已经被减少或消除。银行发展非传统业务，例如，保险与共同基金，私人银行与资产管理。2007—2008 年信贷危机发生前，欧洲银行贷款组合证券化蓬勃发展。2007 年，证券化总计 4960 亿欧元，占住房抵押 50% [欧洲证券化论坛（European Securitisation Forum），2008]。与此同时，银行积极进入保险公司、投资与养老基金开始侵蚀原本属于银行的市场，这是因为家庭存款被投入于存款以外的储蓄与投资产品。截至 2010 年，非银行机构，例如，超市、电信公司，在金融服务市场展开激烈竞争。

表 35.3 展示 2005—2010 年，欧元区大型的综合性银行的表现。2008 年，出现巨额亏损，随后逐渐恢复。2009—2010 年，一级资本与偿付比率有所提高。2011 年 7 月，针对欧洲 21 国 90 家银行，EBA 实施压力测试，得出欧洲大银行表现的有用数据。EBA 允许银行在 2011 年前 4 个月提高特定类型的资本，改善其偿付比率，以应对压力测试。结果如下所示：

- 截至 2010 年 12 月，20 家银行没有实现 2010—2012 年所要求的 5% 一级资本比率，资本总计下降 268 亿欧元。
- 2011 年 1 月至 4 月，90 家银行额外增加 500 亿欧元。

- 16 家银行达到了 5% ~6% 的一级资本比率。

基于上述发现，EBA 向国家监管机构提出，一级资本比率低于 5% 的银行应该尽快进行补救。此外，EBA 还建议国家监管机构，要求所有一级资本比率高于但接近 5%（以及对有主权债问题的国家风险暴露较多）的银行采取措施增强偿付能力，包括（有必要时需）限制股息、去杠杆、发行新资本或将低质量工具转变成一级核心资本。

表 35.3 欧元区大型复杂银行集团的表现

年份	净资产收益率（%）		不良贷款/总资产（%）		成本收益比率（%）		一级资本比率（%）		偿债能力比率（%）	
	中位数	平均值	中位数	平均值	中位数	平均值	中位数	平均值	中位数	平均值
2005	10.04	11.93	0.08	0.11	60.69	58.87	7.89	8.20	11.05	11.23
2006	14.81	14.61	0.07	0.11	5595	56.40	7.75	8.07	11.01	11.16
2007	11.97	11.65	0.05	0.10	63.00	62.95	7.40	7.72	10.60	10.72
2008	2.26	-14.65	0.27	0.31	73.36	160.96	8.59	8.58	11.70	11.37
2009	2.97	0.34	0.45	0.55	60.35	62.47	10.15	10.33	13.60	13.37
2010	7.68	6.76	0.24	0.32	60.40	62.01	11.20	11.38	14.10	14.38

来源：ECB，金融稳定评估，2011 年 6 月，表 S5，S30 - S31 页。

主权债务危机对银行资金成本的影响，仍是一个持续关注点（详见 BIS 2011，IMF 2011）。主权风险增加导致各种债券相对于欧洲的无风险资产（德国国债）的息差增加，以及负债成本提高（尤其债券占银行资产负债表比重较大）。前文压力测试表明，2010 年 12 月，90 家银行拥有 8.2 万亿欧元的短期批发/银行间资金。替代该部分资金是一项挑战。ECB 金融稳定评估（ECB 2011，2012）发布风险警告。

35.3 欧洲银行危机

金融危机对欧洲银行的影响开始于 2007 年夏天，以 IKB 德意志工业银行（IKB Deutsche Industriebank）旗下的一家结构化投资载体［名为莱茵兰（Rhineland）］的破产为标志。该事件引发国家援助。银行系统流动性枯竭，隔夜拆借利率骤然上升。向欧元区银行系统注入流动性，对于规避重大银行破产十分有效。然而，2008 年 9 月，美国投资银行雷曼兄弟破产导致该情况变糟（DeYoung，第 34 章）。2008 年 9 月至 10 月，上述事件引发信任危机，使美国与欧洲银行系统几乎面临崩溃边缘（欧洲经济，2009；Goddard、Molyneux 和 Wilson，2009）。

2007—2010 年，欧洲最大银行披露其面临巨额信贷损失。若干家英国和瑞士银行成为最大受害者。自 2008 年 10 月，主要以政府购买优先股与其他准股权工具的形式进行的资金注入，许多欧洲大银行进行了资本重组（详见表 35.4）。多数欧洲政府宣布整合实施贷款担保、银行援助与财政刺激计划（Stolz 和 Wedow，2010；Pisani - Ferry 和 Sapir，2010；ECB，2011）。

表 35.4　2010 年 12 月欧洲银行资产减记和增资　单位：百亿美元

序号	名称	国家	减记和亏损	资本
1	Royal Bank of Scotland Group Plc	英国	75.9	97.8
2	UBS AG	瑞士	58.4	51.1
3	HSBC Holdings Plc	英国	56	28.8
4	Barclays Plc	英国	44.8	31.6
5	Banco Santander SA	西班牙	30.2	29.4
6	HBOS Plc	英国	29.5	25.7
7	UniCredit SpA	意大利	27.9	15.9
8	Credit Suisse Group AG	瑞士	27.4	22.3
9	Deutsche Bank AG	德国	24.5	28.9
10	BNP Paribas	法国	24	13.6
11	ING Groep N. V.	荷兰	19.8	24.6
12	Societe Generale	法国	19.5	17.8
13	Bayerische Landesbank	德国	19.3	21.4
14	Commerzbank AG	德国	17.1	26.3
15	KBC Groep NV	比利时	15	7.9
16	IKB Deutsche Industriebank AG	德国	14.8	11
17	Allied Irish Banks Plc	爱尔兰	13	18
18	Banco Bilbao Vizcaya Argentaria	西班牙	12.7	0
19	Danske Bank A/S	丹麦	10.8	0
20	Credit Agricole S. A.	法国	9.9	12.9
21	Intesa Sanpaolo	意大利	9.7	5.8
22	Fortis	比利时	9.4	23.2
23	Natixis	法国	9	8.3
24	Landesbank Baden – Wurttemberg	德国	8	7.2
25	DZ Bank AG	德国	7.8	0
26	Anglo Irish Bank Corp.	爱尔兰	7.6	4.4
27	Hypo Real Estate Holding AG	德国	7.2	11.2
28	Dexia SA	比利时	7	9.2
29	Erste Group Bank	奥地利	6.1	3
30	Dresdner Bank AG	德国	5.2	0
31	Banco Popolare	意大利	4.5	0
32	HSH Nordbank AG	德国	4.2	1.8
33	National Bank of Greece SA	希腊	4.1	0.8
34	Bank of Ireland	爱尔兰	4.1	11.7
35	WestLB AG	德国	4	7.2

续表

序号	名称	国家	减记和亏损	资本
36	EFG Eurobank	希腊	3.9	0
37	Lloyds Banking Group Plc	英国	3.6	51.2
38	Banco Popular Espanol SA	西班牙	3.6	1.7
39	Rabobank	荷兰	3.5	1.5
40	Northern Rock PLC	英国	3.3	5.6
41	Alliance εt Leicester Plc	英国	2.6	0
42	Landesbank Sachsen AG	德国	2.5	0
43	Deutsche Postbank AG	德国	2.5	1.4
44	ABN AMRO Holding NV	荷兰	2.3	0
45	Alpha Bank	希腊	2.1	0
46	Bradford εt Bingley PLC	英国	2.1	3.1
47	Piraeus Bank	希腊	2	0
48	Groupe Caisse d'Epargne	法国	1.2	5.2
49	Landesbank Hessen – Thueringen	德国	0.8	0
50	HVB Group	德国	0.7	0

来源：彭博。2010 年以后的数据不再被收集。

自政府援助、资本重组、流动性注入与信贷担保浪潮以来，欧洲银行商业模式引发了普遍关注。大规模银行救助引发对“大而不能倒（TBTF）”与“太过系统重要而不能倒”的社会与经济成本的担忧。此类担忧不局限于大银行，例如，英国的北岩银行（Northern Rock）也受到公共资金救助，因为它被视为存在系统重要性。政策制定者需要考虑，是否应该对银行规模、成长、集中度设限，以最小化 TBTF 或相关身份引发的道德风险。除各国政府的行动外，欧洲委员会也进行了一系列的沟通以应对危机的各个方面：对银行业应用国家救助规则；银行不良资产处理办法；金融机构资产重组；以及银行重组援助的条件。在许多关键方面，欧盟应对金融系统的监管框架被视为不足（Fonteyne 等，2010）。危机管理与存款人保护的国家措施被视为不充分，甚至可能对其他欧盟成员国银行系统产生负面溢出效应。应对危机引发的财政成本共担合作机制匮乏。由于银行商业模式透明度不足，监管效率受限，尽管危机迫使银行提供风险暴露的详细信息，但有关风险管理与估值的操作还是披露不足。同样，为了恢复公众对证券化资产和信用衍生品的 OTC 市场的信任，提高透明度、减少复杂性并加强监管是必需的。

35.4 新监管结构与银行联盟

危机前，欧洲银行过于依赖高风险非利息收入，尤其是证券交易与投资银行活动。为此，一系列结构建议和立法被制定，以减少银行风险，且最小化未来银行救助可能性。英国的银行业独立委员会［即维克托委员会（Vickers Commission），该委员会以主席约翰·

维克托爵士的名字命名］以对银行业结构与非结构改革为使命，促进竞争与金融稳定性。在 2011 年 9 月出版的《委员会最终报告》（*the Commission's Final Report*）当中，委员会建议如下：

- 零售银行活动应该“独立”于批发和投资银行业务。
- 系统重要性的大型零售银行要达到 10% 的权益—资产比率。
- 准备好或有资产与负债以改善对未来损失的吸收。
- 零售银行风险管理应该独立完整且降低复杂程度，而批发与投资银行风险管理应维持其复杂程度。

本书编纂期间，上述建议正在被写入银行法案。相较于金融危机引起的每年高达 400 亿英镑的损失，进行这些改革给英国经济带来的成本为每年 10 亿 ~ 30 亿英镑。如果被采用，截至 2019 年，变革能够完全贯彻落实。

欧盟关于银行业结构性改革的高级专家组的主席由 Erkki Liikanen 担任，由其提出的建议［即利卡宁报告（Liikanen Report），2012. 10］主张：如果在银行业务当中的占比很重的话，那么自营业务以及其他的重要交易活动应该划分到另一独立的法律实体下进行。银行应该草拟恢复与处置计划，并保持其有效且切实可行，正如恢复与处置指令（the Recovery 和 Resolution Directive）所提出的那样。如果处置机构认为必要，可以将相关业务进行比上述要求更为充分的分离。银行应该持有足够多的自救债券，且独立于银行系统。更稳健的风险权重应该被使用，以制定最低资本标准，且不同内部模型之间对风险的处理应该更加一致。最后，公司治理应该延伸：增强董事会与管理层；强调风险管理职能；修补公司高管与职工的薪酬计划；提高风险披露；加强制裁权。编纂本书期间，改革正在进行。比较 Vickers、Liikanen 和 Dodd - Frank 法案，三者均建议或要求对投资银行业务设立限制，拆分储蓄银行与投资银行，尽管机制细节上有所区别。在美国，所有受保险银行必须分离储蓄银行与投资银行业务。利卡宁报告建议仅当投行业务占比较大，或对稳定性构成威胁时，二者需要分离。维克托委员会最终报告之后白皮书声明零售存款业务量高于 250 亿英镑的银行需要隔离。假设不存在破产处置上的问题，从事交易与投行业务的公司可以与储蓄银行处于同一个企业集团之下（根据维克托规则与利卡宁规则）。美国的沃尔克规则（Volcker Rule）规定任何包含储蓄银行的集团均禁止开展自营业务；如果某银行涉足投行或交易业务，其母公司必须是金融控股公司。美国的存款银行禁止从事证券业务——例如，存款银行不允许投资多数证券，禁止从事证券交易（包括做市商）与承销。Dodd - Frank 法案规定银行禁止投资某些衍生品和 CDS，而目前，储蓄银行已被允许从事相关交易。在英国立法中，存在许多禁止的证券交易（包括自营交易、融券、股票交易、隔离圈以外的证券化的发起），但如果仅为“附属”业务，则允许从事该交易。利卡宁采取类似方式，禁止银行进行自营交易和投资对冲基金（尽管同一银行集团其他附属机构可以从事相关业务）。

关于同一公司实体下的储蓄银行与投资银行（法律）关系，美国立法限制更加严格。美国的立法不仅仅考虑到了集团内风险暴露的问题，还关注诸如“挖地道”（tunnelling，指内部人对公司资源的挪用）之类的操作。利卡宁与维克托对该问题表述模糊。针对集团内担保，英国提出尝试性建议。英国与 EC（后者还与其他立法有关联）均包含具体的银行处置机制，而 Dodd - Frank 法案要求银行独立制订处置方案［“生前遗嘱”（living will）］。尽管英国与 EC 都提议设立自救负债，Dodd - Frank 法案仅鼓励美联储要求美国大银行持有更多或有资本。关于资本要求，EC（和英国）的银行受资本金要求指令 4［Capital Requirements Directive 4（CRD IV）］和资本金要求规章（Capital Requirements Regulation，2011）的约束。利卡宁建议持有更多资本，以防范股票交易风险与房地产借贷；英国提出系统重要性银行要持有更多一级资本；美国还要求系统重要性金融机构（SIFIs）也要有资本缓冲。

尽管上述立法特点与改革建议有广泛的相似指出，但实施细节存在差异，且许多问题的法律地位不明确。该情况给跨国银行带来不便，其中有的声称需要创建三个不同法律实体，以确保遵循不同监管机制。编纂本书期间，少数改革已被落实，且美国比欧洲的进展更快。尤其是欧盟层面实施有效改革的前景尚不明朗，因为立法可能因欧洲银行业联盟意见分歧而立法推迟。

欧洲银行业联盟

2012 年 6 月，欧洲议会提议设立欧洲银行业联盟，作为欧洲金融体系稳定项目的一部分（欧洲议会，2012；Veron，2013；Veron 和 Wolff，2013）。创建银行联盟的提议从违约银行债务和主权债务之间的纠缠着手，旨在化解当前的欧洲金融与主权债务危机的根本成因。几乎所有的专家均认为有效的银行业联盟具有三大支柱。第一，银行监管责任应该提升至欧洲层面。第二，应该建立援助陷入困境银行的统一机制。第三，应该创立为客户存款提供保险的统一安排。银行联盟的提议演变得十分迅速，详见表 35.5。然而，实施的范围和节奏仍未确定，这是因为若干关键原则与细节上还存在分歧。

表 35.5　　欧洲银行业联盟：发展时间表

2012 年 6 月：《回收与处置指令提案》发表
2012 年 6 月：《范龙佩关于建立真正的经济和货币联盟的报告》发表
2012 年 6 月：欧洲理事会和欧元区成员国会议。四位总统要求制定“实现真正的经济和货币联盟的具体和有时限的路线图”
2012 年 9 月：发布单一监管机制立法提案，包括欧洲央行监管提议、EBA 修订建议、欧盟委员会沟通银行联盟路线图
2012 年 9 月：《范龙佩关于完成经济和货币联盟的问题文件》出版
2012 年 10 月：《范龙佩迈向真正的经济和货币联盟：中期报告》
2012 年 10 月：欧洲理事会会议。建议在 2012 年年底为单一监管机制的提案制定一个立法框架，并在 2013 年实施
2012 年 12 月：《单一监管机制立法框架》《恢复与解决指令》以及《单一规则手册》中现有的两个拟议要素达成协议的目标截止日期，资本要求指令和法规（CRD IV）和重铸存款担保计划指令
2012 年 12 月：《范龙佩迈向真正的经济和货币联盟：最终报告》
2012 年 12 月：欧洲理事会会议
2013 年：建议实施单一监管机制。银行联盟的进一步措施，包括共同解决方案，可能还有单一存款保险方案的公布日期 日期待定：ESM 参与欧元区银行直接资本重组的可能性

来源：上议院（2012，p. 9）。

银行业联盟第一支柱涉及将 150 家被认为“重要”银行的监管责任，由各国监管当局转移至欧洲中央银行（ECB）的单一监管机制（SSM）。其目标是贯彻落实基于巴塞尔协议Ⅲ的单一监管规则，而非各不相同的国家层面安排。国家层面标准差异导致信贷获得与成本存在区别，抑制金融服务统一市场的出现。国家层面的监管阻碍或者扭曲了跨境资本流动：危机中，母国监管者鼓励海外分支机构将资本或流动性输送回来；而东道国监管者不鼓励资金返回母国的行为（Gross，2012）。

银行获取直接 ECB 监管的条件为满足以下几点中至少一点：资产超过 300 亿欧元；资产超过 50 亿欧元且超过所在的欧盟成员国 GDP 的 20%；所在国排名前三位的银行；大规模跨境活动；或政府援助对象。欧洲银行管理局（European Banking Authority，EBA）根据新的监管安排调整其角色，且资本监管新规则（资本金要求规章与第 4 资本金要求指令 CRD IV）将生效。2014 年 SSM 成立前，ECB 计划针对其治下的银行展开资产质量审查（AQR）。AQR 对建立 ECB 监管可信度、处理未公开不良资产的法律问题十分重要，而未公开不良资产将对落实泛欧洲处置与存款保险安排构成障碍。过去出现过 EBA“压力测试”中表现良好的银行却后续破产的尴尬事件，这引发对 AQR 监管的怀疑。ECB 缺少相应的金融资源来对那些资产负债表当中有缺口的银行进行资本重组，也缺乏相应的法律权威来以其他方式对问题银行进行资本重组或处置，这进一步引发了担忧。

问题在于 ECB 是否能够吸引充足合格监管人员以贯彻 SSM。此外，ECB 与国家层面的监管者——欧元区国家与非欧元区国家——相互关系仍不明确。为了充分地进行有效监管，ECB 需要所有银行的详尽信息。经国家层面的监管者过滤的信息无法达到该要求，因为国家监管者会担忧干预带来的高财政成本，或者与银行或政客的关系过于密切以至于不能作出独立判断，故倾向于存在高监管容忍度。此外，只对最大的银行实施全欧洲层面监管，也可能会降低稳定性。如果 ECB 不对小银行负监管责任，则同样不能提供流动性或紧急援助支持。然而，金融与主权债务危机中，西班牙储蓄银行，或德国借贷公司 Hypo Real 证据显示，小银行破产是系统性风险的重要来源（Beck，2012；Wyplosz，2012）。最后，ECB 面临双重责任挑战，一方面通过货币政策实现价格稳定，另一方面通过监管政策实现金融稳定。关于后者，Schoenmaker（2013）提倡 ECB 宏观审慎（系统性）与微观审慎（单个银行）监管功能分离。

英国以及瑞士已经拒绝参与 SSM。该安排主要针对促进欧元区金融稳定，且解决欧元这种单一货币的存续所面临的威胁。非欧元区成员被邀请加入“紧密合作协议”。英国上议院（2012）的一项关于银行业联盟的研究发现 SSM 寻求为欧元区成员国制定一系列监管准则，其代价是 EBA 不再努力为所有欧盟成员国建立单一监管规则。欧洲系统风险委员会（European Systemic Risk Board）的角色也引发了类似的关于差别待遇的争论，BIS 的金融稳定委员会（其主席为英格兰银行行长）在协调不同国家的监管标准时也涉及类似问题。

第二支柱，即由银行出资的泛欧洲的处置机制，其宗旨在于为有序地关闭濒危的银行提供方案，以将动用纳税人资金救助银行的可能性降到最低。此处置机制的特征被包含在 2012 年恢复与处置指令（2012 Recovery 和 Resolution Directive）当中，而该指令适用于所有的信贷机构以及大多数的投资公司，包括财团。该指令要求金融企业制定“生前遗嘱”，赋予监管者早期干预权，规定了协调统一的最低限的处置工具（包括有权将金融企业出售给第三方、将金融企业置于国有过渡机构之下或向公共部门所有的资产管理公司转移“不良”资产），要求机构发行可以转换为股权自救债券；要求欧盟成员国设立事先筹资的处置基金；调整各国的存款担保机制，使其能够为机构的处置提供资金。

在欧洲，各国现存的破产框架之间是碎片化的，若要建立类似于美国的及时纠正行动（Prompt Corrective Action，PCA）那样的单一处置机制，大规模的改革是必需的。欧洲银行系统十分集中（见表35.1），且TBTF道德风险十分普遍。Sapir和Wolff（2013）认为必须加快欧洲金融一体化进程。各国间的零售银行业务呈碎片化，这给建立有效的泛欧洲处置机制造成不便，因为其增加了银行所面临的国家层面的冲击，且跨境并购作为一种处置手段的选择也受到限制。多数欧洲银行的这种本国局限性，也导致其倾向于为本国政府提供贷款，或向国家资助项目提供资金，尽管这些项目在财务上或商业上并非切实可行。作为交换，国家政府向银行提供直接或间接担保，有效降低银行资金成本。这强化了银行与主权的危险关系，损害了金融稳定性，妨碍了债务危机的处置。Acharya（2012）认为需要控制本国银行向本国政府过度借贷，并以此作为处置危机的又一前提条件（并作为加入银行业联盟的交换条件）。银行资产负债表上主权债务的风险权重应该切合实际（而不应设为零），银行流动性的监管要求也应该考虑主权信用风险。对单个银行向单个主权借款人提供的贷款量可以加以限制。

金融与主权债务危机期间，爱尔兰与西班牙案例表明，现存国家存款保险与处置基金可能被很快耗尽，导致需要进一步政府支持，从而引发主权破产危机。银行的联盟第三大支柱，就是建立欧洲存款保险计划，并使其同处置基金一道，在统一的管辖机关统治下运作。然而，该支柱引发了巨大争议，因为其意味着债务互助：在此形式下，存款保险的主要出资方是那些运转有序的银行系统，而资金则会用来保护那些崩溃的银行系统。德国尤其对该计划的可行性或必要性表示怀疑：

Boomgaarden大使明确表示，德国反对“各国干预基金集中化”的单一存款保险计划。他强调在考虑类似的集中计划前，必须进一步推动一体化进程。近期，针对德国法兰克福的互助银行事件发表评论时，ECB主席Mario Draghi表明统一存款保险计划或许不会重新启动。（上议院，2012，第36页）

问题在于有效的银行业联盟是否可以逐步实现，即在落实第三支柱之前先贯彻落实第一支柱并部分落实第二支柱，或无限期推迟第三支柱，这种渐进式的转变，在欧盟受到了广泛讨论。Pisani－Ferry和Wolff（2012）认为讨论中存款保险被高估。无论是国家层面还是欧洲层面，存款保险仅仅是用于保护储蓄者不受单一金融机构破产风险的影响，而非防范系统性危机。因此，银行联盟可以继续推进，而存款保险还是在国家层面运营。Schoenmaker（2012）持相反意见，认为只有通过从欧洲层面整合监管、处置和存款保险功能，并以ESM的财政支持为后盾，存款人的信心才能得以维持。若将监管从处置与存款保险职能中剥离，会导致矛盾与混乱，因为ECB倾向于提倡早期重组或披露以捍卫系统稳定性，而各国当局会延迟甚至规避大的动作以便最小化存款保险基金和财政部门的财务负担。专家们的意见似乎总体上倾向于后者，即三大支柱对于形成有效的银行业联盟而言是不可分割的。人们普遍担忧目前的渐进性方式会将金融稳定性与欧洲金融一体化项目置于危险境地。

35.5　总结与展望

自2007—2008年金融危机以来，欧洲银行业仍旧脆弱，并且正经历重大变革。巴塞尔协议Ⅲ与欧盟的（第4）资本金要求指令强制要求所有银行提高监管资本，尤其是大银行。通过减少风险资产、控制贷款与出售非核心业务，银行逐步达到相应要求。银行在流动性方面也面临相似的施压。投资者的要求与之相同，监管者与市场的目标高度一致。上述结构变革在英国的维克托报告与欧盟的利卡宁报告中均有所体现，包括限制银行自营业务以各种形式分离零售与投行业务以及新的处置程序。

欧洲银行业联盟包括三大支柱：单一监管机制、泛欧洲处置机制与存款保险计划。然而，考虑到核心准则与技术细节存在分歧，贯彻落实仍面临挑战。最终，如果欧洲想走出金融与主权债务危机，那么首先需要建立银行业联盟，以打破银行负债累累与衰弱主权信用衰弱之间的危险关系。建立银行业联盟不可避免的重大问题，是明确当系统性危机或单一金融机构破产事件发生时"由谁支付"援助和担保所需的资金。事件的发展还有待观察，但是短期内，成立有效的银行业联盟的困难仍十分艰巨。

参考文献

[1] Acharya V. (2012). Banking Union in Europe and Other Reforms. In: Beck, T. (Ed.), Banking Union for Europe: Risks and Challenges, 43 – 52. London: Centre for Economic Policy Research.

[2] Altunbas Y., Goddard J., and Molyneux P. (1999). Technical Change in Banking, Economics Letters 64, 215 – 221.

[3] Arnold I. J. M. (2012). Sovereign Debt Exposures and Banking Risk in the Current EU Financial Crisis, Journal of Policy Modelling 34, 906 – 920.

[4] Baele L., De Jonghe O., and Vander Vennet R. (2007). Does the Stock Market Value Bank Diversification?, Journal of Banking and Finance 31, 1999 – 2023.

[5] Battese G. E., Heshmati A., and Hjalmarsson L., (2000). Efficiency of Labour Use in the Swedish Banking Industry: A Stochastic Frontier Approach. Empirical Economics 25, 623 – 640.

[6] Beck T. (2012). Why the Rush? Short – term Crisis Resolution and Long – term Bank Stability. In: T. Beck (Ed.), Banking Union for Europe: Risks and Challenges, 35 – 42. London: Centre for Economic Policy Research.

[7] Beck T., De Jonghe O. G., and Schepens G. (2013). Bank Competition and Stability: Crosscountry Heterogeneity, Journal of Financial Intermediation 22, 218 – 244.

[8] Berger A. N. and Humphrey D. B. (1997). Efficiency of Financial Institutions: International Survey and Directions for Further Research, European Journal of Operational Research 98, 175 – 212.

[9] Berger A. N., Klapper L. F., and Turk – Ariss R. (2009). Bank Competition and Financial Stability, Journal of Financial Services Research 35, 99 – 118.

[10] BIS (Bank for International Settlements) (2011). The Impact of Sovereign Credit Risk on Bank Funding Conditions. Committee on the Global Financial System, Basel, July.

[11] Boyd J. H. and De Nicolo G. (2005). The Theory of Bank Risk Taking and Competition Revisited, Journal of Finance 60, 1329 – 1343.

[12] British Bankers Association (2012). Annual Abstract of Statistics, 29. London: British Bankers Association.

[13] Brown C. O. and Dinç I. S. (2011). Too Many to Fail? Evidence of Regulatory Forbearance When the Banking Sector is Weak, Review of Financial Studies 24, 1378 – 1405.

[14] Brunnermeier M., Dong G., and Palia D. (2012). Banks' Non – interest Income and Systemic Risk. Working Paper, January.

[15] Canhoto A. and Dermine J. (2003). A Note on Banking Efficiency in Portugal, New vs. Old Banks, Journal of Banking & Finance 27, 2087 – 2098.

[16] Carbó S. and Rodriguez F. (2007). The Determinants of Bank Margins in European Banking, Journal of Banking & Finance 31, 2043 – 2063.

[17] Carletti E. (2010). Competition, Concentration and Stability in the Banking Sector, Istituto Luigi Einaudi per gli Studi Bancari Finanziari e Assicurativi (IstEin), Rome, ISTEIN, Working Paper No. 8.

[18] Casu B. and Girardone C. (2010). Integration and Efficiency Convergence in EU Banking Markets, Omega 38, 260 – 267.

[19] Casu B., Girardone C., Ferrari A., and Wilson J. O. S. (2013). Integration, Productivity and Technological Spillovers: Evidence for Eurozone Banking Industries, <http: //ssrn. com/abstract = 1879963>.

[20] Casu B., Girardone C., and Molyneux P. (2004). Productivity Change in European Banking: A Comparison of Parametric and Non – Parametric Approaches, Journal of Banking & Finance 28, 2521 – 2540.

[21] Demirgüç – Kunt A. and Huizinga H. (2013). Are Banks Too – Big – Too – Fail or Too – Big – To – Save? International Evidence from Equity Prices and CDS Spreads, Journal of Banking & Finance 37, 975 – 894.

[22] Dermine J. (2013). Banking Regulations after the Global Financial Crisis, Good Intentions and Unintended Evil, European Financial Management 19, 658 – 674.

[23] EBA (European Banking Authority) (2012). Report on Risks and Vulnerabilities of the European Banking System, July. London: European Banking Authority.

[24] ECB (European Central Bank) (2000). EU Banks' Income Structure, Banking Supervision Committee, April. Frankfurt: ECB.

[25] ECB (European Central Bank) (2006). EU Banking Structures, September. Frankfurt: European Central Bank.

[26] ECB (European Central Bank) (2007a). Financial Integration in Europe. Frankfurt: European Central Bank.

[27] ECB (European Central Bank) (2007b). EU Banking Structure, September. Frankfurt: European Central Bank.

[28] ECB (European Central Bank) (2010). EU Banking Structures, September. Frankfurt: European Central Bank.

[29] ECB (European Central Bank) (2011). Financial Stability Review, June. Frankfurt: European Central Bank.

[30] ECB (European Central Bank) (2012). Financial Stability Review, June. Frankfurt: European Central Bank.

[31] ECB (European Central Bank) (2013). Consolidated Banking Data for 2012. Frankfurt: European Central Bank.

[32] European Council (2012). Report by the President of the European Council, Herman Van Rompuy, Towards a Genuine Economic and Monetary Union, June, <http://ec.europa.eu/economy_finance/focuson/crisis/documents/131201_en.pdf>.

[33] European Economy (2009). Economic Crisis in Europe: Causes, Consequences and Responses, European Economy, 2. Brussels: European Commission.

[34] European Securitisation Forum (2008). ESF Securitisation Data Report, Winter. London: European Securitisation Forum.

[35] Feyen E. and Gonzalez del Mazo I. (2013). European Bank De – leveraging and Global Credit Conditions, World Bank Research Policy Paper No. 6388.

[36] Fiorentino E., De Vincenzo A., Heid F., Karmann A., and Koetter M. (2009). The Effects of Privatization and Consolidation on Bank Productivity: Comparative Evidence from Italy and Germany, Deutsche Bundesbank Discussion Paper, Series 2 Banking and Financial Studies No. 03/2009.

[37] Fonteyne W., Bossu W., Cortavarria – Checkley L., Giustiniani A., Gullo A., Hardy D., and Kerr S. (2010). Crisis Management and Resolution for a European Banking System, IMF Working Papers No. WP/10/70.

[38] Goddard J., Liu H., Molyneux P., and Wilson J. O. S. (2013). Do Bank Profits Converge?, European Financial Management 19, 345 – 365.

[39] Goddard J., Molyneux P., and Wilson J. O. S. (2001). European Banking: Efficiency, Technology and Growth. Chichester: John Wiley and Sons.

[40] Goddard J., Molyneux P., and Wilson J. O. S. (2009). The Financial Crisis in Europe: Evolution, Policy Responses and Lessons for the Future, Journal of Financial Regulation and Compliance 17, 362 – 380.

[41] Goddard J., Molyneux P., and Wilson J. O. S. (2010). Banking in the European Union. In: A. N. Berger, P. Molyneux, and J. O. S Wilson, Oxford Handbook of Banking, 777 – 806. Oxford: Oxford University Press.

[42] Goddard J., Molyneux P., Wilson J. O. S., and Tavakoli, M. (2007). European Banking: An Overview, Journal of Banking & Finance 31, 1911 – 1936.

[43] Gros D. (2012). The Single European Market in Banking in Decline—ECB to the Rescue?. In: T. Beck (Ed.), Banking Union for Europe: Risks and Challenges, 49 – 54. London: Centre for Economic Policy Research.

[44] Herring R. J. and Carmassi J. (2010). The Corporate Structure of International Financial Conglomerates: Complexity and its Implications for Safety and Soundness. In: A. N. Berger, P. Molyneux, and J. O. S Wilson, Oxford Handbook of Banking, 195 – 232. Oxford: Oxford University Press.

[45] House of Lords (2012). European Banking Union: Key Issues and Challenges, Report House of Lords (HL) Paper No. 88, December 12.

[46] IMF (International Monetary Fund) (2011). Global Financial Stability Report, April. Washington DC: IMF.

[47] Jiménez G., López J. A., and Saurina J. (2013). How Does Competition Impact Bank Risk Taking?, Journal of Financial Stability 9, 185 – 195.

[48] Koopman G – J. (2011). Stability and Competition in EU Banking during the Financial Crisis: The Role of State Aid Control, Competition Policy International 7, 8 – 21.

[49] Koskela E. and Stenbacka R. (2000). Is There a Tradeoff between Bank Competition and Financial Fragility?, Journal of Banking & Finance 24, 1853 – 1873.

[50] Laeven L. and Levine R. (2007). Is There a Diversification Discount in Financial Conglomerates?, Journal of Financial Economics 85, 331 – 367.

[51] Lane P. (2012). The European Sovereign Debt Crisis, Journal of Economic Perspectives 26, 49 – 68.

[52] Lepetit L., Nys E., Rous P., and Tarazi A. (2008). The Expansion of Services in European Banking: Implications for Loan Pricing and Interest Margins, Journal of Banking and Finance 32, 2325 – 2335.

[53] Liikanen E. (2012). High – level Expert Group on Reforming the Structure of the EU Banking Sector, Brussels, October 2, <http: //ec. europa. eu/internal _ market/bank/docs/high – level _ expert _ group/report _ en. pdf>.

[54] Liu H., Molyneux P., and Wilson J. O. S. (2013). Competition and Stability in European Banking: A Regional Analysis, Manchester School 81, 176 – 201.

[55] Llewellyn D. T. (2005). Competition and Profitability in European Banking: Why are UK Banks so Profitable?, Economic Notes 34, 279 – 311.

[56] Lozano – Vivas A. (1998). Efficiency and Technical Change for Spanish Banks, Applied Financial Economics 8, 289 – 300.

[57] Marquez L. B., Correa R., and Sapriza H. (2013). International Evidence on Government Support and Risk Taking in the Banking Sector, International Monetary Fund Working Paper No. WP/13/94.

[58] Martinez – Miera D. and Repullo R. (2010). Does Competition Reduce the Risk of Bank Failure?, Review of Financial Studies 23, 3638 – 3664.

[59] Mercieca S., Schaeck K., and Wolfe S. (2007). Small European Banks: Benefits from Diversification and the Regulatory Environment, Journal of Banking & Finance 31, 1975 – 1998.

[60] O'Hara M. and Shaw W. (1990). Deposit Insurance and Wealth Effects: The Value of Being "Too Big to Fail," Journal of Finance 45, 1587 – 1600.

[61] Petrovic A. and Tutsch R. (2009). National Rescue Measures in Response to the Current Financial Crisis, European Central Bank, Frankfurt, Legal Working Paper Series No. 8, July.

[62] Pisani – Ferry J. and Sapir A. (2010). Banking Crisis Management in the EU: an Early Assessment, Economic Policy 62, xx – xxx.

[63] Pisani – Ferry J. and Wolff G. (2012). The Fiscal Implications of a Banking Union. Bruegel Policy Brief Issue, September.

[64] Sapir A. and Wolff G. (2013). The Neglected Side of Banking Union: Reshaping Europe's Financial System. Note Presented at the Informal ECOFIN, Vilnius, September.

[65] Schoenmaker D. (2012). Banking Union: Where We're Going Wrong. In: T. Beck (Ed.), Banking Union for Europe: Risks and Challenges, 95 – 102. London: Centre for Economic Policy Research.

[66] Schoenmaker D. (2013). An Integrated Financial Framework for the Banking Union: Don't Forget Macro – Prudential Supervision, European Economy Economic Papers No. 495, April.

[67] Stern G. H. and Feldman R. (2004). Too Big To Fail: The Hazards of Bank Bailouts. Washington: Brookings Institution Press.

[68] Stern G. H. and Feldman R. (2009). Addressing TBTF by Shrinking Financial Institutions: An Initial Assessment, The Region, June, 8 – 13.

[69] Stolz S. H. and Wedow M. (2010). Extraordinary Measures in Extraordinary Times—Public Measures in Support of the Financial Sector in the EU and the United States, European Central Bank Occasional Paper Series No. 117, July.

[70] Turk – Ariss R. (2010). On the Implications of Market Power in Banking: Evidence from Developing

Countries, Journal of Banking & Finance 34, 765 – 775.

[71] Uhde A. and Heimeshoff U. (2009). Consolidation in Banking and Financial Stability in Europe: Empirical Evidence, Journal of Banking & Finance 33, 1299 – 1311.

[72] US Government Accountability Office (2011). Modified Prompt Corrective Action Framework Would Improve Effectiveness. Washington: Government Accountability Office.

[73] Vause N., Von Peter G., Drehmann M., and Sushko V. (2012). European Bank Funding and De – leveraging, Bank of International Settlements Quarterly Review, March, 1 – 12.

[74] Véron N. (2013). A Realistic Bridge Toward European Banking Union, Bruegel Policy Contribution No. 9.

[75] Véron N. and Wolff G. B. (2013). From Supervision to Resolution: Next Steps on the Road to European Banking Union, Bruegel Policy Contribution No. 4.

[76] Vickers J. (2011). Independent Commission on Banking, Final Report. London: HMSO.

[77] Weill L. (2009). Convergence in Banking Efficiency across European Countries, Journal of International Financial Institutions, Markets & Money 19, 818 – 833.

[78] Weill L. (2013). Bank Competition in the EU: How Has It Evolved?, Journal of International Financial Institutions, Markets & Money 26, 100 – 112.

[79] Wyplosz C. (2012). Banking Union as a Crisis – management Tool. In: T. Beck (Ed.), Banking Union for Europe: Risks and Challenges, 17 – 22. London: Centre for Economic Policy Research.

第 36 章　日本银行业

36.1　概述

这一章重点关注日本的银行业。我们研究了其结构、表现和一些基本特征。出于以下几方面原因，对日本银行业的研究可能引发人们的兴趣。第一，日本银行业是作为世界最大经济体之一（以 GDP 规模而言）的日本经济的核心部分。第二，与德国等其他发达国家类似，日本的金融系统从过去到现在都为银行主导。第三，日本银行业具有一些有趣的独有特征，比如其“主银行制度”（Main Banking System），而这些特征与日本的企业环境有关。第四，像其他国家一样，日本银行系统正处于重大转变时期，其中一些转变是日本独有的，如 20 世纪 90 年代的银行业危机。

在 36.2 节中我们提供了对日本银行系统的概述。随后在 36.3 节我们讨论日本银行业的一些特殊话题，包括日本的主银行制度、日本银行的贷款技术，以及日本银行业危机。36.4 节进行总结[①]。

36.2　日本银行业概述

在这一节中我们对日本的银行业作一概览，包括对其市场结构、效率、许可的经营活动和监管的讨论。

36.2.1　银行业和中介金融在日本的重要性

银行和中介金融在日本的重要性可如表 36.1 所示。通过对日本金融资产的分解，我们可以看到在 6200 万亿日元的金融资产中，有 47% 由日本金融机构持有。目前，存款金融机构持有的比例最大，为国家金融资产的 26%；这些机构几乎全部可以被粗略地归为“银行”，也即本章的主要关注对象。银行业最大的部分是国有银行（占银行业资产的 58%），此外还包括外资银行（2%）、农林牧渔业“金融”（银行）机构（14%）以及小企业“金融”（银行）机构（26%）。

---

① 对于公司金融与日本银行业的综合分析，我们推荐读者参阅 Hoshi 和 Patrick（2000）以及 Hoshi 和 Kashyap（2001）。对日本经济的分析，我们推荐读者参阅 Flath（2000）。对于与近期衰退相关经济政策的综合评价，我们推荐读者参阅 Ito、Patrick 和 Weinstein（2005）。

表 36.1　**2012 年 3 月 31 日按持有者分日本金融资产**　单位：亿日元

金融机构	29175887（47%）			
央行		1485559（2%）		
存款机构		15965890（26%）		
银行			15885248（26%）	
国内的持牌银行				9188269（占银行总数的 58%）
日本的外国银行				277793（占银行总数的 2%）
农业、林业和渔业的金融机构				2261014（占银行总数的 14%）
小企业的金融机构				4158172（占银行总数的 26%）
集体管理的信托			80642（0%）	
保险和养老基金		5158326（8%）		
保险			3928129（6%）	
人寿保险				3095224
非人寿保险				347667
互助保险				485238
养老基金			1230197（2%）	
其他金融中介机构		6452619（10%）		
证券投资信托			954346（2%）	
非银行机构			781198（1%）	
财务公司				523358
结构融资的特殊目的公司和信托				257840
金融机构	29175887（47%）			
公共金融机构			3342984（5%）	
财政贷款基金				1596539
政府金融机构				1746445
金融交易商和经纪人			1374091（2%）	
金融辅助机构（中间人以外的金融机构）		113493（0%）		
非金融公司	8605487（14%）			
一般政府	4845633（8%）			
住户	15166016（24%）			
为家庭提供服务的私营非营利机构	459392（1%）			
海外	3662810（6%）			
总计	61915225（100%）			

来源：资金流量账户（日本银行）。

我们同时可以从日本公司、政府和私人部门的依赖上看到银行系统的重要性。表 36.2 显示了上述部门按金融工具类型划分的金融资产和负债的构成。在公司部门，私人金融机

表 36.2 **2012 年 3 月 31 日日本企业、政府和家庭部门的资产负债** 单位：亿日元

	私人非金融公司				政府				家庭			
	资产		负债		资产		负债		资产		负债	
货币和存款	2123610	（26.2%）	—	—	409456	（8.5%）	—	—	8330680	（54.9%）	—	—
货币	224861	（2.8%）	—	—	23	（0.0%）	—	—	523977	（3.5%）	—	—
政府存款	—	—	—	—	18324	（0.4%）	—	—	—	—	—	—
可转让存款	1261165	（15.5%）	—	—	187625	（3.9%）	—	—	3106529	（20.5%）	—	—
时间和储蓄	440476	（5.4%）	—	—	98424	（2.0%）	—	—	4642127	（30.6%）	—	—
存款												
存款证明	146191	（1.8%）	—	—	90294	（1.9%）	—	—	179	（0.0%）	—	—
外币	51217	（0.6%）	—	—	14766	（0.3%）	—	—	57868	（0.4%）	—	—
存款												
存入财政贷款基金	—	—	—	—	415409	（8.6%）	—	—	—	—	—	—
贷款	383573	（47%）	3345350	（31.5%）	317457	（6.6%）	1603725	（15.0%）	33	（0.0%）	2977963	（81.8%）
赎回贷款和资金	30270	（0.4%）	—	—	1408	（0.0%）	—	—	—	—	—	—
私人贷款	—	—	2464740	（23.2%）	—	—	521540	（4.9%）	—	—	2486008	（68.3%）
金融机构												
住房贷款	—	—	—	—	—	—	—	—	—	—	1641908	（45.1%）
消费者信贷	—	—	—	—	—	—	—	—	—	—	226608	（6.2%）
贷款给公司和政府	—	—	2464740	（23.2%）	—	—	521540	（4.9%）	—	—	617492	（17.0%）
公共金融机构贷款	—	—	348947	（3.3%）	—	—	1040037	（9.7%）	—	—	431213	（11.8%）
其中：住房贷款	—	—	—	—	—	—	—	—	—	—	273336	（7.5%）
非金融部门的贷款	322126	（4.0%）	369978	（3.5%）	207692	（4.3%）	38605	（0.4%）	33	（0.0%）	58245	（1.6%）
分期付款信贷（不包括在消费信贷内）	—	—	161643	（1.5%）	—	—	—	—	—	—	2497	（0.1%）
回购协议和证券借贷交易	31177	（0.4%）	42	（0.0%）	108357	（2.2%）	3543	（0.0%）	—	—	—	—
股份以外的证券	372424	（4.6%）	671047	（6.3%）	1145711	（23.6%）	8739018	（81.6%）	942665	（6.2%）	—	—
融资费用	—	—	—	—	120027	（2.5%）	1586794	（14.8%）	—	—	—	—

续表

	私人非金融公司				政府				家庭			
	资产		负债		资产		负债		资产		负债	
中央政府证券及 FILP 债券	113568	(1.4%)	—	—	714336	(14.7%)	6454028	(60.2%)	276729	(1.8%)	—	—
地方政府债券	19236	(0.2%)	—	—	83913	(1.7%)	694736	(6.5%)	12550	(0.1%)	—	—
上市公司证券	32253	(0.4%)	2267	(0.0%)	114453	(2.4%)	1536	(0.0%)	6032	(0.0%)	—	—
银行债券	6080	(0.1%)	—	—	13464	(0.3%)	—	—	7208	(0.0%)	—	—
兴业证券	20761	(0.3%)	509097	(4.8%)	93944	(1.9%)	—	—	25470	(0.2%)	—	—
居民发行的对外证券	—	—	70917	(0.7%)	15	(0.0%)	1924	(0.0%)	—	—	—	—
商业票据	15104	(0.2%)	52972	(0.5%)	16	(0.0%)	—	—	—	—	—	—
投资信托受益人证明	26554	(0.3%)	35794	(0.3%)	1302	(0.0%)	—	—	593000	(3.9%)	—	—
信托受益人的权利	20023	(0.2%)	—	—	4066	(0.1%)	—	—	21676	(0.1%)	—	—
结构融资工具	118845	(1.5%)	—	—	175	(0.0%)	—	—	—	—	—	—
股票及其他权益	1414959	(17.4%)	3813962	(36.0%)	968158	(20.0%)	151336	(14%)	1062432	(7.0%)	—	—
其中：股票	692907	(8.5%)	2665126	(25.1%)	195024	(4.0%)	—	—	628294	(4.1%)	—	—
金融衍生品	11033	(0.1%)	48401	(0.5%)	—	—	576	(0.0%)	2909	(0.0%)	4716	(0.1%)
保险及退休金储备	—	—	—	—	—	—	—	—	4225527	(27.9%)	—	—
保险储备	—	—	—	—	—	—	—	—	2234613	(14.7%)	—	—
养老金储备	—	—	—	—	—	—	—	—	1990914	(13.1%)	—	—
存款的资金	308565	(3.8%)	352660	(3.3%)	32026	(0.7%)	42776	(0.4%)	108984	(0.7%)	—	—
贸易信贷和对外贸易信贷	2240510	(27.6%)	1740337	(16.4%)	6310	(0.1%)	—	—	—	—	559548	(15.4%)
应付/应收账款	84853	(1.0%)	386356	(3.6%)	169182	(3.5%)	68224	(0.6%)	317738	(2.1%)	50681	(1.4%)
对外直接投资	451680	(5.6%)	—	—	—	—	—	—	—	—	—	—
证券对外投资	485984	(6.0%)	—	—	1257733	(26.0%)	—	—	88782	(0.6%)	—	—
其他对外债权债务	94188	(1.2%)	20394	(0.2%)	84983	(1.8%)	18390	(0.2%)	—	—	—	—
其他	140508	(1.7%)	227822	(2.1%)	39208	(0.8%)	89985	(0.8%)	86266	(0.6%)	47616	(1.3%)
总计	8111887	(100.0%)	10606329	(100.0%)	4845633	(100.0%)	10714030	(100.0%)	15166016	(100.0%)	3640524	(100.0%)
(金融资产与负债的差额)	—	—	-2494442	(debtor)	—	—	-5868397	(debtor)	—	—	11525492	(creditor)

来源：资金流动账户（日本银行）。

构贷款和所有者权益（即“股权”）是负债与权益中的最大种类。其分别占企业总融资的23.2%和25.1%。其他相对次要的债务形式包括商业票据（0.5%）和企业债券（即“产业证券”）（4.8%）。相比之下，美国国内银行贷款占公司债务的4.3%，商业票据占1.0%，企业债券占42.2%［2013年第一季度美国资金流量统计（US Flow of Funds Accounts）］。

与发达国家的普遍情况一样，日本的政府部门是最大的债务人。毫不意外地，该部门严重依赖长期和短期债券进行融资［包括“融资票据”“中央政府证券和财政投融资计划（Fiscal Investment 和 Loan Program，FILP）证券”以及“地方政府证券”，共占81.5%］。许多这些长期短期债券由银行部门持有，只有相对少量的直接由公众（即“家庭部门”）持有（874万亿日元中的29万亿日元）。

对于消费者，在家庭持有的1517万亿日元金融资产中，51.1%投资于支票（“可转换”）、定期以及活期存款。消费者持有的第二大类的资产是保险和养老金资产（27.9%），随后是权益投资（股权和其他权益）（7.0%）。消费者债务的最大组成部分是从私有或公立金融机构获得的房屋贷款（52.6%）。总的来说，这些数据表明日本是一个主要以银行为中介的金融体系，与英国和美国的市场导向型系统不同。

一种观点认为金融系统由银行主导的特征可能促进了日本战后的高增长，并有人进一步认为这类强调金融中介作用的金融系统可能是适合于发展中经济体的（Aoki 和 Patrick，1994）。然而，同样值得注意的是日本遭遇了始于20世纪90年代的银行业危机，其成因与银行业系统相关。对银行业的依赖自此下降。特别是，银行持有金融资产的比例自20世纪90年代至21世纪初呈现总体下降趋势（见图36.1），虽然这一下降趋势可能已在21世纪前十年末结束①。

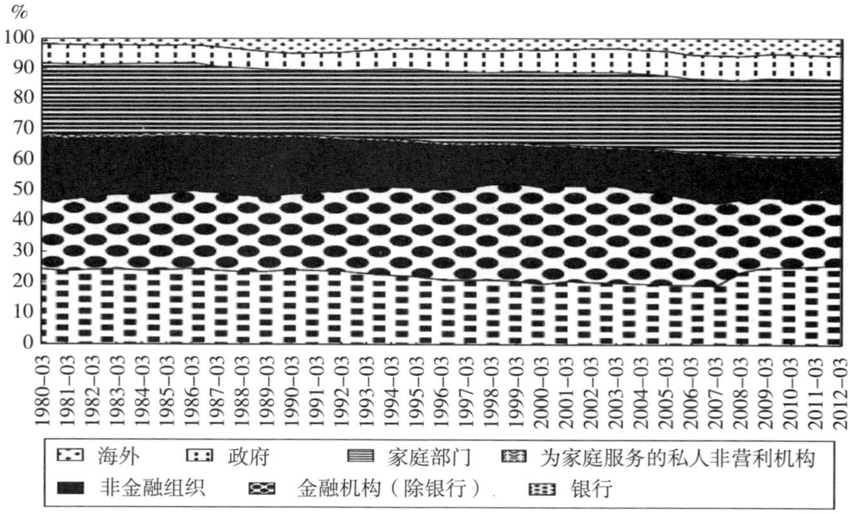

图36.1　按持有者分类的日本金融资产构成

① 注意2008年的飙升是由日本邮政银行归为“银行业”所造成的。

36.2.2　日本银行业市场分割

用"分割"形容日本银行业最为恰当。特别是，自从第二次世界大战后，由于每种金融机构可以提供的服务各不相同，日本银行业出现分化。这一监管分割起始于危机模式下的战时金融系统。其目的是限制竞争以提高银行业利润，从而加强银行体系的安全性和稳健性。虽然 20 世纪 80 年代和 90 年代的金融自由化使得不同种类金融机构间的界限变得模糊，但界限仍然存在（Hoshi 和 Kashyap，2001，第 4 章）。

在当今日本，商业银行和商业银行业务由 1981 年银行业法案所定义。这一法案将银行业务定义为同时提供贷款和吸收存款，或者只是提供支付/结算服务。在该法案监管下的金融机构中，普通银行（futsuu ginko）是最为普遍的。另外，其他的金融机构和公立银行（public bank）也参与到银行业当中。

银行业法案也允许银行参与包括投资债券和股票在内的其他活动——在日本银行被允许持有非金融公司的股权。[①] 正如我们将在 36.3.1 节中看到的那样，银行的股权持有使得银行既是债权人也是股东，从而使其在公司治理当中扮演重要角色。在开展诸如保理和租赁等业务时，银行必须通过附属企业非直接地参与。基于以上背景，我们现在转向对不同种类日本银行的描述[②]。

36.2.2.1　城市银行

城市银行是一种普通银行。虽然目前日本只有四家城市银行（三井住友、三菱东京 UFJ、瑞穗和理索纳银行），但其规模在各类别中是最大的（见表 36.3）。20 世纪 80 年代，城市银行在绝对和相对重要性上提高很快（见图 36.2）。这四家城市银行都是全能银行，提供全国范围的分支银行业务，其中三家城市银行拥有广泛的国外银行网络（三井住友、三菱东京 UFJ 和瑞穗）。由于其规模巨大，城市银行有时被称为巨型银行（mega bank）。

表 36.3　日本不同银行类型的描述性统计　单位：亿日元

		银行数量（家）	资产	贷款	存款	贷款/资产	贷款/存款	监管机构
私人银行	城市银行	4	4527792	1798636	2758508	0.40	0.65	FSA（日本金融厅）
政府金融机构	区域银行	64	2535602	1616955	2207560	0.64	0.73	FSA
	二级区域银行	41	656557	446643	596704	0.68	0.75	FSA
	信托银行	16	667073	349022	364226	0.52	0.96	FSA
	外资银行	57	313210	42364	59475	0.14	0.71	FSA
	日本邮政银行	1	1958199	41345	1756354	0.02	0.02	FSA
	《银行法》规定的其他银行	15	390164	163445	312790	0.42	0.52	FSA

① 目前对此有两个主要限制。为防止控股，银行不可以持有超过一家公司 5% 的权益，并且银行持有的权益总和不能超过其自身资本，以加强其安全性和稳健性。

② Liu 和 Wilson（2010，2012）分别比较了银行的利润和风险，并检验了不同银行种类间的决定因素（城市银行、区域银行、二级区域银行、信用社银行和信用合作社）。

续表

			银行数量（家）	资产	贷款	存款	贷款/资产	贷款/存款	监管机构
政府金融机构	信用金库 +		270	1319587	637886	1225883	0. 48	0. 52	FSA
	信用合作社		157	190598	94760	177766	0. 50	0. 53	FSA
	农业合作社		714	1064117	235244	880635	0. 22	0. 27	FSA（农业、林业、渔业部）
	日本住房金融局		1	336065	213555	0	0. 64	n. a.	国土交通省
	日本开发银行		1	155633	137050	0	0. 88	n. a.	财政部
	日本商工中金银行		1	122728	96270	38308	0. 78	2. 51	（经济贸易部）
	日本金融公司	微型企业和个人部门（原国家人寿财务公司）	1	70970	70656	0	1. 00	n. a.	卫生、劳动和福利部和财政部
		农业、林业、渔业和食品事业部（原农林业和渔业金融公司）	1	26275	25445	0	0. 97	n. a.	农业、渔业、林业部
		中小企业（SME）单位（原日本中小企业金融公司）	1	61655	62848	0	1. 02	n. a.	经济贸易部
		日本国际合作银行	1	126932	81104	0	0. 64	n. a.	财政部

注：①存款不包括 CDs（存单）和一些银行发行的金融债券（类似于定期存款）。

②信托银行的这些数字适用于日本银行家协会正式成员的 6 家银行。

#银行法下其他银行的这些数据是 14 家银行（Aozora Bank、AEON Bank、Shinhan Bank Japan、Citibank Japan、Jibun Bank、Japan Net Bank、Shinginko Tokyo、Shinsei Bank、SBI Sumishin Net Bank、Seven Bank、Sony Bank、Daiwa Next Bank、Rakuten Bank 和 Saitama Resona Bank）。决议和收款银行被排除在外，因为它不是通常意义上的商业银行。

来源和日期：[私人银行的银行数量]：FSA（农业合作社除外，截至 2013 年 7 月 1 日）和 Norinchukin 研究所（农业合作社，截至 2012 年 3 月）。[资产负债表数据]：日本银行（针对城市、区域、第二地区和外国银行），日本银行家协会（信托银行），国家新银行财务报表（Kin – yu Tosho Consultant Inc.：Shinkin 银行），国家中央信用合作社（信用合作社），Norinchukin 研究所（农业合作社）和各自的银行（银行法下的其他银行和政府金融机构），截至 2012 年 3 月 31 日。

36. 2. 2. 2　区域银行与二级区域银行

区域银行是中型银行，其银行业务集中于某个地区。日本有 64 家区域银行，虽然其单个规模远小于城市银行，但其总规模在所有类别中位居第二（见表 36. 3）。与区域银行一样，二级区域银行同样在区域范围内运营，但其规模更小。历史上这些银行在成立时称为相互（Sogo）银行，其目的是对中小企业（small 和 medium enterprises，SMEs）提供融资。虽然它们不再局限于这一部分的业务，但其仍倾向于关注中小企业。作为一个整体，二级区域银行大大小于城市银行和区域银行，但其仍在提供 SME 融资中起到重要的作用。经济学家经常将区域银行和二级区域银行分为一组，因为这两者都倾向于关注当地和零售银行业务。

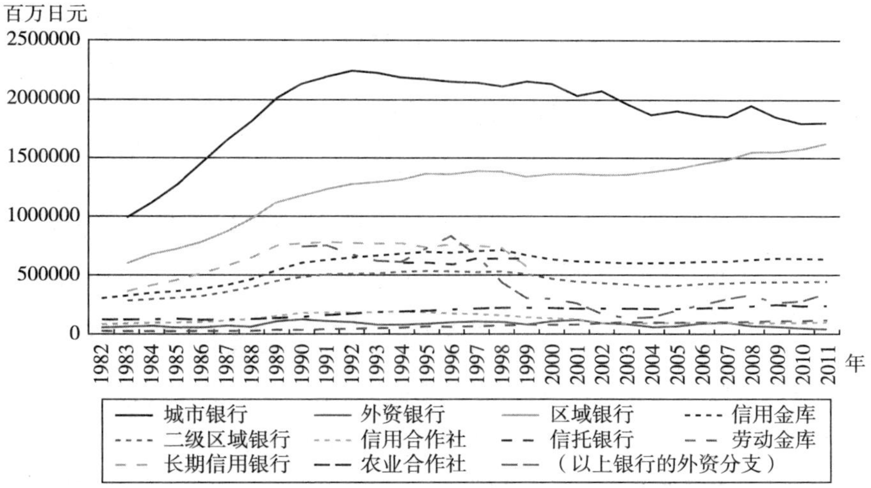

图 36.2　私人银行贷款余额

36.2.2.3　信托银行

根据 1943 年金融机构信托业务法案的规定，一类称作信托银行的特殊类型银行被允许提供信托服务。然而，它们也可以提供普通银行业服务（存款、贷款和支付/结算），这时它们是服从银行业法案的商业银行。这些银行对其消费者提供资金信托（kinsen shintaku），其本质上是一种中长期定期存款。这些资金信托使银行能够提供长期商业贷款并投资于债券和股权。也就是说，从资产负债角度来看，这些银行专精于以长期债务支持的长期贷款。因此，信托银行在对日本公司借款者提供长期融资中占据重要地位。由于战后日本国内公司债券市场不发达，信托银行的这一角色十分重要。

36.2.2.4　长期信用银行

从历史上看，长期信用银行也在战后日本金融体系中的长期公司贷款提供方面发挥了重要的作用。直到 20 世纪 90 年代的银行业危机前，其经营都遵循 1952 年长期信贷银行业法案。然而，如今它们不再以原来的形式存在。它们最初是为了作为普通银行的补充，因为资金来源于短期支票存款的商业银行不得投资于长期贷款，根据此资产负债管理原则，普通银行（应该）仅限于提供短期贷款。长期信用银行可以发行债券，而在历史上由于存款利率上限以及其他原因，对投资者而言债券比定期存款更有吸引力。

在 20 世纪 90 年代中期，只有三家长期信用银行。在银行业危机时，日本兴业银行（Industrial Bank of Japan）与两家城市银行合并，共同成为瑞穗银行和瑞穗实业银行（后又进一步合并为瑞穗银行）。另外两家，日本长期信用银行（Long - Term Credit Bank of Japan）和日本债券信用银行（Nippon Credit Bank）均在 1998 年破产，这是日本银行业危机的一个关键事件。在短暂的国有化之后，这两家银行现在依据银行业法以不同的名称经营，分别是新生银行和青空银行。长期信用银行及其对大型日本公司提供的长期债务融资的消失，部分是因为日本国内公司债券市场的发展，以及日本公司可以更多地进入欧洲债券和其他国际债券市场融资。

36.2.2.5 外资银行

有大量的外资银行在日本设有分支机构或代表处。这些分支机构需要银行执照，并在银行业法案下与国内银行接受相同监管。总体而言，外资银行主要提供外汇相关的业务，其在日本金融中介中只扮演次要角色，正如表36.3和图36.2所示。

36.2.2.6 信用金库和信用合作社

信用金库（Shin－you Kinko）和信用合作社（Shin－you Kumiai）都是专门为作为会员的中小企业和个人提供商业银行服务的合作社银行。虽然由于其在一套特别的法律下经营，因而法律上讲不是“银行”，但它们开展的业务与银行业法案下的银行相同，即贷款、吸收存款以及支付/结算。然而，就贷款而言，它们仅限于向其会员企业提供贷款。信用金库可向非会员提供存款业务，但信用合作社只能对其会员提供存款业务。信用金库会员企业的雇员数量必须少于300名或者资本金必须低于9亿日元，而信用合作社的成员必须少于300名雇员或者市值低于3亿日元。这些银行的业务范围在地理上也受到限制，通常是在某一行政辖区之内。由于20世纪80年代的金融去监管，这两种银行都被允许扩张其营业范围，例如对非成员提供贷款、发行共同基金。

36.2.2.7 提供商业银行业务的其他金融机构

正如表36.3所示，有许多其他金融机构提供商业银行业务。银行业法案下的其他银行包括上文中两家长期信贷银行（见36.2.2.4节），互联网银行，管理、收集和处置破产金融机构资产的处置银行，以及近期成立的不符合以上分类的银行。

也有以其会员的利益为经营目标的合作银行：劳动金库、农业合作社、渔业合作社以及林业合作社。其中，农业合作社［通常简称JA银行（日本农业银行）］（在数量上相对较多）（见表36.3）。与信用金库和信用合作社类似，对这些合作社的一些限制已经被取消，例如现在已允许其对非会员提供服务以及销售共同基金。因此，在某种程度上这些银行已经与在银行业法案下运营的银行越来越相似。

36.2.2.8 公立银行

与其他一些国家类似，历史上邮政储蓄在日本扮演了重要的角色。邮政储蓄长期以来一直由政府（邮电部）提供。通过邮政储蓄收集的资金流向财政部，再由财政部通过财政投融资计划（FILP）将资金划拨给政府金融机构和其他官方账户（例如可参见Cargill和Yoshino，2000）。

该计划已被重组。2001年1月，邮政署（Postal Services Agency）开始负责三项邮政业务（邮政储蓄、邮政保险以及邮件服务）的运营，并于2001年4月停止向财务省输送资金并开始自行分配资金。2003年这三项业务被进一步转移至日本邮政，这是一家国有企业。最后，2007年10月，邮政储蓄业务的运营由一家新成立的私营银行——日本邮政银行所接管。日本邮政银行的所有股权被一家政府持股公司（日本邮政控股）所持有。这些股权应以循序渐进的方式在市场出售，该私有化过程计划于2017年完成。但是在写作这一章的时候，是否和如何将日本邮政银行私有化仍是一个有争议的政治问题（参见Sawada，2013）。

邮政储蓄虽然在过去具有税收和机构优势，但现在几乎与其他私营银行提供的存款相同，而日本邮政银行事实上是日本最大的单个储蓄机构（见表36.3）。由于历史惯性，日本邮政银行大部分资产现在投资于风险很低的工具，导致其实质上近似于狭义（100% 准备金）银行，尽管其有意拓展其资产组成结构，如纳入住房和企业贷款。

也有一些其他政府金融机构，其中一些严格来讲并不是银行（见表 36.3）。它们曾是通过邮政储蓄（和其他相关来源）募集的 FILP 资金的使用者。然而，现在其通过发行特殊政府担保债券自己募集资金。它们也处于私有化和合并进程中。日本住宅金融支援机构（原住宅金融公库）在过去提供住房贷款，但其已经停止投资于这些贷款，而是聚焦于私营银行住房贷款的证券化。日本政策投资银行是一家向企业提供长期资金的公立银行。它在日本战后的发展中发挥了重要作用。也有一些机构专注于对中小企业的贷款：日本商工中金银行以及日本政策金融公库（JFC）。后者在 2008 年成立，以作为国民生活金融公库和中小企业金融公库［原日本小企业金融公司（Japan Finance Corporation for Small Business）］的接替者（对于这些为中小企业设立的政府金融机构的作用，参见 Fukanuma、Nemoto 和 Watanabe，2006）。JFC 也合并了农林渔业金融公库并暂时合并了日本国际协力银行（JBIC）。然而，对日本政府的对外经济政策和经济合作项目提供支持的 JBIC，又在 2012 年 4 月 1 日成为一家独立的机构。

36.2.3　日本银行业的市场结构与竞争

上述各部分的分割使日本银行业的市场结构变得难以描述。存款市场没有由于银行种类不同而出现市场分割，因为即使在银行存款与邮政储蓄之间也不存在产品差异。然而，贷款市场更为复杂。一方面，金融监管放松很可能促进了不同种类银行间的市场整合（重叠）。另一方面，不同类的银行很可能会针对不同借款者具有不同的比较优势。此外，地理分割可能仍然是重要的，特别是对于很可能具有空间特征的特定种类贷款来说，如关系贷款。因此，可能存在两种类型的分割：空间分割和银行类型分割。界定日本贷款市场的范围是一个重要的实证问题。

很少有考察日本的细分市场的实证研究。一个少见的例外是 Kano 和 Tsutsui（2013），他们研究了辖区分割（即空间分割）。他们发现信用金库贷款市场按辖区分割（可能是由于其经营的地域限制），而区域银行被证明只存在微弱的辖区分割。然而，他们没有调查银行类型分割，而是隐含地假设信用金库和区域银行的贷款市场是分割的。因此，银行类型分割的存在与否仍然未被检验。Ishikawa 和 Tsutsui（2013）也发现了辖区分割。

无论市场是否存在类型或地域分割，银行可通过分支机构竞争。然而，日本对设立分支机构有严格的规定。为开办一家新银行分支机构，银行必须满足监管要求，并及时得到作为银行监管当局的财务省的批准。20 世纪 80 年代至 90 年代期间，标准逐步放宽，而在 2002 年银行业法案修正案之后，银行现在在开办分支机构方面几乎不受约束。此外，银行现在可以通过它们的代理来提供银行业服务，如其他银行、保险公司、证券公司以及非金融公司等。

表 36.4 显示了四种主要银行类型的分支机构数量。城市银行在全国范围内拥有许多分支机构（除了主要聚焦于大企业的瑞穗银行①）。通常一个辖区（日本共有 47 个辖区）

① 由于瑞穗银行与瑞穗实业银行在 2013 年 7 月合并，本表中有五家城市银行。

内有一家至两家区域银行和一家至两家二级区域银行。这些银行通常在其辖区内和周围以及东京、大阪等大城市设有分支机构。区域银行比二级区域银行拥有更多分支机构。

表 36.4　　日本的四种主要银行类型

	分支机构数量（家）			员工数量（人）		分支机构数量（家）			员工数量（人）
	总计	国内	国外			总计	国内	国外	
5 家城市银行	2378	2259	119	89773	42 家二级区域银行	3129	3128	1	47395
Mizuho Bank	459	459	—	20052	North Pacific Bank	189	189	—	3833
Bank of Tokyo – Mitsubishi UFJ	818	757	61	30243	Shokusan Bank	117	117	—	981
Sumitomo Mitsui Banking	679	654	25	24602	Kita – Nippon Bank	81	81	—	979
Corporation									
Resona Bank	347	347	—	9698	Sendai Bank	72	72	—	760
Mizuho Corporate Bank	75	42	33	5178	Fukushima Bank	53	53	—	523
					Daito Bank	62	62	—	634
64 家区域银行	7504	7489	15	132888	Towa Bank	94	94	—	1535
Hokkaido Bank	139	139	—	2385	Tochigi Bank	95	95	—	1821
Aomori Bank	105	105	—	1465	Keiyo Bank	120	120	—	2025
Michinoku Bank	102	102	—	1315	Higashi – Nippon Bank	77	77	—	1397
Akita Bank	99	99	—	1527	Tokyo Star Bank	31	31	—	1181
Hokuto Bank	82	82	—	923	Kanagawa Bank	34	34	—	475
Shonai Bank	80	80	—	827	Taiko Bank	70	70	—	992
Yamagata Bank	79	79	—	1355	Nagano Bank	55	55	—	775
Bank of Iwate	109	109	—	1511	First Bank of Toyama	67	67	—	773
Tohoku Bank	58	58	—	628	Fukuho Bank	39	39	—	545
77 Bank	141	141	—	2898	Shizuoka Chuo Bank	43	43	—	537
Toho Bank	113	113	—	1995	Gifu Bank	49	49	—	605
Gunma Bank	149	148	1	3325	Aichi Bank	105	105	—	1741
Ashikaga Bank	150	150	—	2788	Bank of Nagoya	112	111	1	2119
Joyo Bank	176	176	—	3762	Chukyo Bank	93	93	—	1319
Tsukuba Bank	146	146	—	1915	Daisan Bank	98	98	—	1568
Musashino Bank	93	93	—	2187	Kansai Urban Banking	159	159	—	2733
Chiba Bank	177	174	3	4308	Taisho Bank	27	27	—	339
Chiba Kogyo Bank	72	72	—	1280	Minato Bank	107	107	—	2167
Tokyo Tomin Bank	77	77	—	1738	Shimane Bank	34	34	—	436
Bank of Yokohama	205	204	1	4614	Tomato Bank	60	60	—	848
Daishi Bank	121	121	—	2385	Momiji Bank	118	118	—	1848
Hokuetsu Bank	89	89	—	1394	Saikyo Bank	63	63	—	710
Yamanashi Chuo Bank	91	91	—	1704	Tokushima Bank	77	77	—	984

续表

	分支机构数量（家）			员工数量（人）		分支机构数量（家）			员工数量（人）
	总计	国内	国外			总计	国内	国外	
Hachijuni Bank	156	155	1	3355	Kagawa Bank	85	85	—	1116
Hokuriku Bank	188	188	—	2755	Ehime Bank	102	102	—	1517
Toyama Bank	35	35	—	357	Bank of Kochi	71	71	—	945
Hokkoku Bank	117	117	—	1951	Fukuoka Chuo Bank	41	41	—	522
Fukui Bank	97	97	—	1282	Saga Kyoei Bank	35	35	—	398
Shizuoka Bank	195	192	3	3122	Bank of Nagasaki	30	30	—	341
Suruga Bank	127	127	—	1696	Kumamoto Family Bank	70	70	—	1082
Shimizu Bank	80	80	—	1055	Howa Bank	42	42	—	519
Ogaki Kyoritsu Bank	147	147	—	2885	Miyazaki Taiyo Bank	53	53	—	670
Juroku Bank	147	147	—	2971	Minami – Nippon Bank	63	63	—	714
Mie Bank	75	75	—	1247	Okinawa Kaiho Bank	52	52	—	631
Hyakugo Bank	132	132	—	2465	Yachiyo Bank	84	84	—	1757
Shiga Bank	129	128	1	2358					
Bank of Kyoto	162	162	—	3286	6 家信托银行	282	273	9	21548
Kinki Osaka Bank	128	128	—	2342	Mitsubishi UFJ Trust and Banking	69	64	5	7033
Senshu Ikeda Bank	141	141	—	2956	Mizuho Trust & Banking	50	50	—	3741
Nanto Bank	130	130	—	2803	The Chuo Mitsui Trust and Banking	92	92	—	4373
Kiyo Bank	107	107	—	2383	Sumitomo Trust & Banking	66	62	4	5273
Tajima Bank	75	75	—	702	Nomura Trust and Banking	2	2	—	361
Tottori Bank	71	71	—	723	Chuo Mitsui Asset Trust and Banking	3	3	—	767
San – in Godo Bank	144	144	—	2017					
Chugoku Bank	162	161	1	3259	其他银行	194	194		6524
Hiroshima Bank	167	167	—	3399	Shinsei Bank	42	42	—	1895
Yamaguchi Bank	141	138	3	2024	Aozora Bank	20	20	—	1543
Awa Bank	98	98	—	1392	Saitama Resona Bank	132	132	—	3086
Hyakujushi Bank	122	122	—	2194					
Iyo Bank	151	150	1	2752					
Shikoku Bank	114	114	—	1539					
Bank of Fukuoka	166	166	—	3832	总计	13487	13343	144	298128
Chikuho Bank	43	43	—	642					
Bank of Saga	100	100	—	1443	（对比）日本邮政银行	24249	24249	—	12796

续表

	分支机构数量（家）			员工数量（人）		分支机构数量（家）			员工数量（人）
	总计	国内	国外			总计	国内	国外	
Eighteenth Bank	100	100	—	1479					
Shinwa Bank	88	88	—	1473					
Higo Bank	122	122	—	2276					
Oita Bank	103	103	—	1715					
Miyazaki Bank	95	95	—	1516					
Kagoshima Bank	126	126	—	2527					
Bank of the Ryukyus	71	71	—	1216					
Bank of Okinawa	65	65	—	1099					
Nishi - Nippon City Bank	206	206	—	3782					
Kitakyushu Bank	28	28	—	389					

注：仅包括日本银行家协会的正式成员。

来源：日本银行家协会和日本邮政银行主页（截至 2012 年 3 月 31 日）。

日本银行业市场竞争如何？研究依然十分稀少。Molyneux、Thornton 和 Lloyd - Williams（1996）通过将城市和区域银行放在一起研究，指出日本银行业在 1986—1988 年期间竞争程度低。另一项研究通过使用 1974—2000 年的城市和区域银行样本，运用边际价格（勒纳指数）方法按银行种类分别估计了竞争程度（Uchida 和 Tsutsui，2005）。他们发现竞争度在样本期间有所改善，特别是在 20 世纪 70 年代和 80 年代前半段金融管制开始放松的时候。他们还发现城市银行面临的竞争压力大于区域银行。

36.2.4 日本银行效率

大多数关于日本银行业效率的研究主要集中于普通银行（加上长期信贷银行和信托银行）。① 总的来说，至少对于一般银行而言他们发现了规模经济的证据。一些研究发现有证据表明银行不论大小在直到 20 世纪 90 年代早期的时间里都存在规模经济（Fukuyama，1993；Mckillop、Glass 和 Morikawa，1996），而另一项研究则发现了规模不经济的证据（Tadesse，2006）。Fukuyama（1993）发现区域银行是规模无效率的，二级区域银行比区域银行效率更高，且城市银行接近有效率，表现出规模报酬不变。

然而，随后的研究并没有在之后的时期一致地发现规模经济的证据。Altunbas 等（2000）发现在 1993—1996 年只有规模最小的银行（不大于 1 万亿 ~2 万亿日元资产）具有规模经济，但对大银行发现了规模不经济。它们也发现当不控制银行资产质量和流动性风险的影响时，最优银行规模要大得多。然而，作为它们的资产质量的代理变量，不良贷款率可能由于 1993—1996 年的不精确披露而存在问题。Drake 和 Hall（2003）在 1996 年发现了类似的结果，但其研究中的最优银行规模更大：未偿还贷款为 6 万亿 ~10 万亿日

① Fukuyama（1996）考察了信用金库的效率，Fukuyama、Guerra 和 Weber（1999）研究了信用合作社的效率。

元。此外，悬而未决的问题是，实证研究中 20 世纪 90 年代后普遍的规模经济消失，究竟是由于潜在环境改变还是由于方法改进。

Drake 和 Hall（2003）也发现比较银行类型时普通银行的规模无效率，而长期信贷银行和信托银行规模有效。然而，本研究和其他研究发现的长期信贷银行和信托银行的效率结果，可能是因为对这些银行与普通银行间在资产/债务结构方面的差异，研究中缺少恰当的控制。

基于数据包络分析的研究考察了纯技术无效率，或称为投入的充分/过度使用。Fukuyama（1993）发现一般的银行是纯技术无效率的，其中区域银行的无效程度最为严重。Drake 和 Hall（2003）发现纯技术无效率的影响（程度）大于规模无效率——也就是说，相比于扩大业务规模，银行通过引进降低投入的技术可以节约更多成本。Drake 和 Hall（2003）还发现在纯技术无效率方面，区域银行以及二级区域银行是无效率的，城市银行是接近有效率的，而信托和长期信用银行是有效率的。它们还表明银行规模越大，纯技术无效率程度越低。[①]

只有少数研究考察了日本银行的范围经济，并且其结果相互不一致。[②] Tachibanaki、Mitsui 和 Kitagawa（1991）发现 1987 年对于城市、区域、长期信贷和信托银行而言，贷款和证券投资间具有成本互补性。然而，McKillop、Glass 和 Morikawa（1996）发现五家城市银行在 1978—1991 年，其贷款、持有流动性资产和证券投资之间不存在全球范围经济。相反，他们发现在贷款与持有流动性资产之间以及贷款和证券投资之间具有逆向成本互补性，而在持有流动性资产和证券投资之间具有成本互补性。

通过采用 1994 年至 2003 年的区域银行样本，Harimaya（2008）发现在贷款和证券投资之间以及贷款和信托业务之间具有成本逆向互补性，但在证券投资和信托业务间具有成本互补性。他还指出虽然平均而言能观测到规模经济，银行信托业务的特定产品存在规模不经济，这令人怀疑银行通过聚焦收费业务增加其盈利的前景。总的来说，目前还不清楚银行业是否存在范围经济。

有趣的是，最近的一项研究表明，效率的结果可能取决于建模方法（Drake、Hall 和 Simper，2009）。通过 1995—2002 年的数据，他们表明不同类型日本银行的效率排序随着建模方法的变化而大幅改变，这对先前研究提出了一些质疑。[③]

36.2.5　日本的商业银行与全能银行

从历史上看，日本对全能银行的监管是美国监管的翻版（股权持有除外）。与美国的《格拉斯—斯蒂格尔法案》相似，1948 年日本《证券和交易法案》第 65 条将投资银行与商业银行分离。与在美国一样，从 20 世纪 80 年代开始，当城市、长期、信托和区域银行获准承销和交易公共债券时，这种分离开始瓦解。除上文讨论过的银行业务外，1993 年开始允许分支机构进行企业承销，在 1998 年银行可以成立金融控股公司。这些举措是与英

① Glass 等（2004）研究了信用社银行和信用合作社的效率。也可参见其他近期研究。

② 正如 Berger、Hunter 和 Timme 指出的那样，范围经济的测量在技术上具有挑战性。

③ Assaf、Barros 和 Matousek（2011）利用拔靴法（bootstrap）和贝叶斯法分析了 2000—2006 年信用金库的生产率和效率。

国和美国类似的“大爆炸”式金融体系自由化的一部分（参见 Horiuchi，2000 和 Royama，2000）。然而，投资银行业务和信托业务仍然必须在与银行法人分开的附属机构中进行。截至2013年7月1日，日本共有17家银行控股公司，其中包括四家城市银行和日本邮政银行。

已有一些研究检验了与日本全能银行相关的问题，包括利益冲突问题与商业银行和投资银行业务间的关系建设。结果并不明确。Hamao 和 Hoshi（2000）表明新发行的公司债券收益率价差并不依赖于承销商是否为银行子公司。然而，Takaoka 和 McKenzie（2004）发现当主承销商是银行控股的证券公司时包销佣金更小。他们也发现在银行附属证券公司进入市场后，包销佣金和收益率价差都下降了。Takaoka 和 McKenzie（2004）进一步发现佣金和价差不取决于银行—发行者的关系强度，但 Yasuda（2007）通过使用一种更为精细的方法，发现银行—发行者关系确实具有有益作用。①

36.2.6 日本银行体系的监管

在日本金融危机之前，从20世纪90年代中期开始，财务省（MoF）在大部分银行系统的审慎监管当中发挥支配性的作用。在1998年银行的监管责任转移至新的金融监督厅，并在2000年改组为金融厅（FSA）。正如表36.3所示，FSA监管银行系统的大部分，最重要的是包括普通银行和金融控股公司，并为其发放执照。其他一些私人银行机构由各种不同的政府部门监管，所有的政府金融机构也是如此。②

作为中央银行，日本银行也有能力管控其往来银行（所谓“现场检查”），以履行其在制定和执行货币政策、为银行系统提供流动性、充当最后贷款人的角色等方面的职责。日本的存款保险制度于1971年建立，由存款保险机构提供。

36.3 日本银行业专题研究

36.3.1 主银行制度和关系银行业务

日本的主银行制度可以更为精确地定义为“一种公司金融与治理体系，涉及工商企业、各类银行、其他金融机构与监管当局之间的一系列非正式的做法、机构安排与行为，其核心是主银行和企业间的关系”（Aoki、Patrick 和 Sheard，1994）。这些产业集团起初在战时的日本依托于财阀而建立，以帮助协调战时生产；战后作为“系列”（keiretsu）为人们所熟知，据称是经济增长的动力（参见 Hoshi 和 Kashyap，2001；Teranishi，1994）。

这种关系具有多个维度，包括相互持有股权、提供管理资源和主管，以及提供各种金融服务（包括贷款、担保、受托管理、结算账户操作、外汇交易、证券承销以及投资银行咨询服务）。同样重要的是，主银行与公司其他投资者间的关系（Sheard，1994b）以及监管主体和其他各方间的关系。在这一体系下结合起来的金融机构和企业被称为“金融系

① 对商业银行和投资银行业务的其他研究包括 Kang 和 Liu（2007），Kutsuna、Smith 和 Smith（2007）以及 Suzuki 和 Yamada（2012）。

② 对 FSA 和包括金融稳定在内的银行监管的进一步讨论，参见 IMF（2012）。

列”（水平系列）。这可以与“公司系列”（垂直系列）概念相区分，后者主要聚焦于供应商和销售商间垂直关系（对主银行制度的更多内容可参见 Aoki 和 Patrick，1994）。

在 20 世纪 90 年代中期的美国（例如，Petersen 和 Rajan，1994）和随后的欧洲（例如，Angelini、DiSalvo 和 Ferri，1998）对关系银行的研究之前，日本银行业和商业贷款的从业者与学术界主要聚焦于日本主银行制度的作用。正如我们将在 36.3.1.1 节中看到的，这些早期聚焦于主银行的研究与关系贷款的新文献之间在理论基础方面有许多相似之处。

然而，关系贷款的新文献与有关金融系列当中主银行作用的研究之间，有两个主要不同之处要加以区分。首先，主银行的相关文献中有公司治理的内容，这是新的关系贷款文献中不具备的。其次，大多数情况下主银行文献的重点是大企业，而大部分新的关系贷款文献重点关注中小企业。这些区别是很重要的，因为公司治理问题对于中小企业而言影响不大，因其通常没有所有权和管理权的分离。需要强调的是，有一些对日本中小企业贷款的研究着眼于中小企业与主银行之间的关系，而遵循的则是新的关系贷款文献的研究思路。

36.3.1.1　传统的主银行研究

自从 20 世纪 80 年代以来的无数学术研究检验了主银行在金融系列中的作用。这些研究的早期重点是在系列成员间的风险分担（Nakatani，1984；Osano 和 Tsutsui，1985），随后逐渐转为研究银行作为公司治理提供者的角色（Aoki，1994）。一些研究强调了主银行在企业陷入危机时的特殊公司治理作用（Sheard，1994a；Osano，1998）。其他研究强调了主银行的相机治理作用：主银行在正常时期作用较小，但在金融困境时银行接过管理控制权（Berglöf 和 Perotti，1994）。从一定程度上讲，日本的主银行制度在公司治理方面可视为与德国历史上的主持银行（Hausbank）制度类似，二者与类似英国和美国的市场导向经济体制不同，那种体制下市场化的公司控制权以及股东的作为发挥着更重要的作用（Prowse，1995）。

从实证上看，就连如何定义“主银行”都是具有挑战性的。一个常用的方法是利用数据源所提供的信息，如：（1）《系列的研究》（*Keiretsu no Kenkyu*）的数据中记录的系列内附属关系；（2）《季度公司报告》（*Quarterly Corporate Report*）［即日本公司手册（Japan Company Handbook）］中记录的系列中首家挂牌的银行；（3）多德韦尔市场顾问公司的《日本产业集团汇编》（*Dodwell Marketing Consultants' Industrial Groupings in Japan*）中的附属关系。另外，主银行被定义为（4）在借款者的董事会中有一名董事；（5）是最大的贷款者；（6）是第一大股东，或（7）包含（5）、（6）两者（以及其他特点）的银行。

这里的实证研究也可根据其对主银行作用的关注重点进行大致分类。一些强调主银行在缓和流动性约束中的作用（例如，Hoshi、Kashyap 和 Scharfstein 1990a，1990b，1991；Ogawa 和 Suzuki，2000）。[①] 其他研究主要关注主银行的管理干预。Kaplan 和 Minton（1994）、Kang 和 Schivdasani（1995，1997）以及 Morck 和 Nakamura（1999）发现在 20 世纪 80 年代末期银行以及时有效的方式任命新董事会成员。Shin 和 Korali（2004）发现：

① 虽然 Hoshi、Kashyap 和 Scharfstein 文章中的方法受到批评（Kaplan 和 Zingales，1997；Hayashi，2000），利用改进后的方法的跟进研究也发现了类似结果（Hori、Saito 和 Ando，2006）。

在1995—1997年银行业危机期间，主银行在信息提供方面起到了独特的作用。[①]

然而从某种程度上看，主银行研究的总基调可能反映了研究本身的时代性以及对日本经济的观点转变：危机前的视角更为积极而危机后的视角更具批判性。后来的其他研究发现带有主银行的公司表现更差（例如，Weinstein 和 Yafeh，1998；Hanazaki 和 Horiuchi，2000；Wu 和 Xu，2005），表明主银行对贷款人收取了过高的费用。Kang 和 Shivdasani（1999）以及 Kang 和 Stultz（2000）对依赖银行（虽然不一定是主银行）的公司发现类似的结果。一些作者甚至认为主银行制度乃至系列的重要性是一个"谜团"，且文献中的许多实证结果不能被复制（Miwa 和 Ramseyer，2002，2005）。

这些看似矛盾的结果可以解读为：主银行制度带来的收益（例如，提供流动性）是以更高的服务费用为代价的。有趣的是，Weinstein 和 Yafeh（1998）发现有（实质上的）证据表明存在一种权衡，即主银行虽然能够缓解流动性约束，但是会降低企业业绩。此外，更早的研究已经指出，这种主银行关系中的收益和成本权衡可能是存在的（Nakatani，1984）。

这里还需着重强调的是，近来日本的公司治理发生了根本性变化——这一变化与系列关系的解体有关（Aoki、Jackson 和 Miyajima，2007）。这表明对于大企业而言主银行关系的重要性在未来可能大幅下降。然而，这种趋势似乎不会改变主银行关系对中小企业的重要性。近期的这种趋势也揭示了某种可能性，即如果战后的日本不存在进入资本市场的约束，那么企业集团和主银行的作用就不会如此显著。[②]

36.3.1.2 中小企业关系贷款

近来学者对日本中小企业的关系贷款研究具有越来越浓厚的兴趣。近年来，关于日本中小企业的可用数据越来越多，这使得针对中小企业部门的融资约束的新实证研究不断涌现，其中涉及银行—借款者关系的影响，以及该关系通过软信息生产给借款者带来了何种程度的好处。[③] 与此同时，业界和政策制定者对中小企业融资越发关注，FSA 也采取措施促进中小企业和小银行之间的关系银行业务［"关于强化关系银行业务功能的行动方案"（2003 和 2004），以及其后续"确保区域性关系银行业务进一步推进"项目（2005 和 2006）］。

从国际视角来看，关于日本中小企业贷款实践的学术发现十分有趣。Kano 等（2011）发现：只有当关于借款人的硬信息不可获得、银行规模小且面对严苛竞争时，才会出现与长期银行业务往来有关的低贷款利率和高信贷可得性。然而，与其他国家相比，这一样本中的贷款关系持续时间很长（平均32.2年）。Uchida、Udell 和 Watanabe（2008）发现日本的关系建立模式与 Berger 等（2005）报告的美国模式有所不同。Uchida、Udell 和 Yamori（2012）也认为在日本信贷员的作用与美国不同。

36.3.2 日本的贷款技术

近年来，在关于商业贷款特别是小型商业贷款的文献中，贷款的分类依据的是贷款技

① 对近年来主银行作用的实证研究参见 Gao（2008），Inoue、Kato 和 Bremer（2008）以及 Kang 等（2011）。

② Kobayashi 和 Osano（2000）与 Wu 和 Yao（2012）提供了对主银行制度更为详细的理论评估。

③ 例如，对关系贷款的理论与实践工作的总结可参见 Boot（2000）。

术的不同，（上述讨论的）关系贷款就是其中一种技术（Berger 和 Udell，2002，2006）。从贷款技术角度看，日本商业贷款有许多有趣之处。[①] 在这一部分，我们讨论其中的三点：抵押品作用、企业信用评分以及政府信贷担保项目。

36.3.2.1　日本商业贷款中抵押品的作用

在缓解信息不对称带来的问题方面，抵押品是银行家所使用的最有效的契约工具之一，也是许多中小企业贷款技术的重要组成部分。例如，以房地产为抵押的贷款在全球中小企业贷款中十分普遍。日本也不例外（参见 Ono 等，2010）。事实上，历史上抵押品的作用在日本具有特殊的重要性，当时日本的银行践行"抵押原则"，依惯例所投放的商业贷款几乎完全基于房地产——这些房产或为企业所有，或为企业家所有。然而有趣的是，危机后时期的分析表明，抵押原则不再是最重要的中小企业贷款技术（参见 Uchida、Udell 和 Yamori，2008；Uchida，2011）。

已有文献全面地研究了使用抵押品与借款人风险的关联性，特别是在美国（John、Lynch 和 Puri，2003）。日本一项研究的证据表明，二者具有正相关关系，并且使用抵押品降低了事后道德风险（Ono、Sakai 和 Uesugi，2012），但另一项研究表明，事前借款者风险不改变使用抵押品的可能性（Ono 和 Uesugi，2009）。日本的另一项有趣发现（可能与抵押原则相关）是：更密切的银行业务关系似乎与更高的提供抵押品的可能性相联系（Ono 和 Uesugi，2009；Kano 等，2011）。

最近，日本引入了必要的法律和商业基础设施条件，使得以动产（即应收账款和存货）为抵押的贷款成为可能（参见 Ono 等 2010，4.1 节）。因此，日本的商业银行已经开始提供一种被称为基于资产贷款（asset - based lending，ABL）的中小企业贷款，这种贷款的抵押品是应收账款和存货，且抵押动产受到严格的监控。ABL 在过去几乎完全局限于普通法系国家，例如澳大利亚、加拿大、新西兰、英国和美国等，并且通常与高风险类借款者相关（Carey、Post 和 Sharpe，1998；Udell，2004）。一些研究表明 ABL 仍然处于发展阶段（Kinio，2013）。

36.3.2.2　日本的小企业信用评分

日本银行也采取了另一种贷款技术——小企业信贷评分（SBCS），该技术产生于 20 世纪 90 年代中期的美国。据日本银行（2007）所述，大银行及随后的区域银行在 2000 年后开始在中小企业贷款中采用 SBCS 技术。截至 2005 年，其规模迅速增至 2 万亿日元（日本银行，2007）。

如上文所述，政府出台了一项政策［"关于强化关系银行业务功能的行动方案"（2003 和 2004）］以推动小银行的关系银行业务，这促进了 SBCS 技术的推广。这项鼓励向中小企业贷款的政策涵盖内容广泛，并不局限于关系银行业务。SBCS 作为一种无须抵押品的贷款形式，也在被推广之列。

然而，BCS 贷款蒙受了巨额损失，特别是那些由新银行东京（一家东京都政府建立的重点关注中小企业贷款的银行）发放的贷款，由此各银行在 20 世纪前 10 年后期减少了其 SBCS 贷款量（Hasumi 和 Hirata，2010）。甚至在这些损失实现之前，日本银行（2007）

① 日本银行多种贷款技术的不同使用参见 Uchida（2011）。

已经认识到 SBCS 表现不佳，并将其部分归因于日本的信息基础设施建设不足——例如，无法将企业金融数据与所有者的私人信贷历史数据相关联。此外，日本银行发现当将评分模型用于相对较大的借款人时适用程度普遍较差。Hasumi 和 Hirata（2010）认为财务报表粉饰（影响 SBCS 的输入数据来源）加剧了逆向选择问题，这是巨额损失的主要原因。[①]

36.3.2.3 日本商业贷款的政府保证项目

有广泛的证据表明，中小企业面临系统性融资约束，“融资鸿沟”（funding gap）一词特指此现象。因此，发达国家和发展中国家的政府都直接或间接地对中小企业提供大量资金（例如，Cressy，2000，2002）。也有证据表明宏观冲击影响银行系统，进而放大了这一融资鸿沟（例如，Jimenez 等，2012；Popov 和 Udell，2012）。

除了直接由政府金融机构提供的贷款（见 36.2.2.8 节），日本长期以来对小型企业实施了大规模的政府贷款担保计划。全国有多个信贷担保公司（CGRs），这是基于信用担保公司法设立的公立机构，为对中小企业的贷款提供担保；同时日本政策金融公库的中小企业部也为贷款相关的担保责任提供保险。截至 2012 年 3 月，信贷担保公司担保的债务总额为 34.4 万亿日元。[②]

从历史上看，这些担保项目（CGR）假定所有的风险都来自 100% 担保制，这是这些项目最重要的特征。为缓和 100% 担保制带来的筛选和监控问题，自 2007 年起“责任分担制度”开始实施，原则上将担保覆盖率减少为 80%。然而，存在某些重要的例外，这些担保项目采取了“特别”的 100% 担保制，其中包括应对国际金融危机的担保项目［2008 年起的“紧急（安全网）信贷担保计划”］，以及应对日本东北大地震的项目（2011 年起的“东日本大地震复苏紧急担保计划”）。

总的来说，日本的信贷担保计划为相关研究提供了独特的机会，以分析这类政府干预，以及其好处是否超过其可能导致的逆向选择问题。1998—2001 年执行的“金融稳定特别信贷担保计划”中的一些证据表明其益处是显著的，且许多公司——特别是低风险公司——确实变得更加有效率了（Uesugi、Sakai 和 Yamashiro，2010）。同一项目的其他证据表明，其可能对非项目参与者的资金供给有更大的影响（Wilcox 和 Yasuda，2008）。但是在另一项重点关注“紧急（安全网）信贷担保计划”的研究中，出现了更为微妙的观点。Ono、Uesugi 和 Yasuda（2013）发现相关计划在使得借款企业更容易获得信贷的同时，也鼓励了借款者的主银行调整其资产组合，用担保贷款替代无担保贷款。他们也发现与从其主银行得到无担保贷款的企业相比，那些得到担保贷款的企业事后表现更差。

36.3.3 日本银行业危机

日本的银行业危机在 20 世纪 90 年代中期作为一个公共政策层面的问题而浮出水面，随后问题迅速蔓延，并持续至大约 21 世纪前 10 年中期。[③] 受限于篇幅，我们只简述危机

① Hasumi、Hirata 和 Ono（2010）研究了 SBCS 借款者的事后表现，并特别关注了关系与非关系贷款者。

② 对日本的信贷担保体系的更多信息，可参见信贷担保国家联盟（2012）。

③ 我们阅读的文献表明对危机何时开始何时结束的确切时间没有一致意见。正如下面所述，第一家银行破产出现在 20 世纪 90 年代初期，虽然其规模很小，但问题在这个十年内迅速蔓延。然而，银行资本和不良贷款直到 21 世纪前 10 年中期才开始稳定。

的成因以及其对银行行为的影响。我们也会适当记述国际金融危机期间日本银行的状况。

36.3.3.1 *危机的简要回顾*

危机的可见开端是 1994 年两家信用合作社的倒闭。最终，日本在 1994—2003 年共有 171 家银行倒闭，其中包括 1 家城市银行，2 家长期信贷银行，1 家区域银行，12 家二级区域银行，23 家信用金库，132 家信用合作社（Nikkin，2005）。从 20 世纪 90 年代早期直到 21 世纪初，银行业危机的破坏性是分阶段显现的。[①] 面对迅速升级的态势，监管当局的反应只能用“后知后觉”来形容。特别是，危机开始时的监管政策和基础设施根本无法处理这种规模的危机。政府推出了新的政策和基础设施以解决这一问题，但这些举措都显著地滞后了。

1994 年以前，通过传统的政府安排合并的方法，有限的几次银行倒闭事件得以解决。然而 1994 年底，随着东京协和（Tokyo Kyowa）与安全（Anzen）这两家城市信用合作社的倒闭，危机之严重已经显而易见了。它们的规模太大，不能通过政府安排合并的方式来处置，而存款保险基金也不足以弥补这一前所未有的损失。出于对传染效应的担忧，监管者没有以清偿的方式进行处置，以免储户蒙受损失。对两家破产机构的最终处置方案是“手工制作”（Nakaso，2001）般地拼凑出来的，由存款保险机构、日本银行和一些私营金融机构（其中几家与这两家信用社无任何关联）联合出资作为资本金，成立了一家新的银行接手其业务。

在接下来的一年内许多其他银行倒闭了，其中有一家更大的城市合作社。此外，一批称为“住专”（jusen，住宅金融专门会社）的房地产金融公司破产。“住专”起初由商业银行所建立，用于增加其住房按揭贷款，但当其破产时，它们已将重心移至对房地产开发商的融资。由于这些机构的总体规模庞大，其破产处置若不动用纳税人的资金则无法处理。此时政府也采取了其他的紧急措施，包括创建清盘与托收银行（the Resolution 和 Collection Bank），以及临时实施 100% 存款保险担保等。[②]

在其他几家银行倒闭后，危机在 1997 年升级，因为就连日本那些最大的银行的存续也明显地受到了问题贷款的威胁。三家长期信用银行之一的日本债券信用银行（Nippon Credit Bank）接受了紧急援助，两家证券公司破产，并且大银行倒闭开始在秋季定期发生，其中包括北海道拓殖银行（一家城市银行）以及一些二级区域银行。政府在拖延到了 1997 年时，才采取了应急和永久性措施以应对危机。这些措施导致 1998 年有 21 家大银行获得了资本注入。

然而，银行系统的问题在 1998 年继续恶化，有两家长期信贷银行——日本债券信用银行（先前被紧急援助）以及日本长期信贷银行破产，它们均被暂时国有化。1998 年年初，法案决定再注入 2300 亿美元公共资金，其中一部分被配置于存款保险公司，剩余部分被用于直接的资本注入。1998 年年底，国会通过了两项法案，大幅度扩张了监管部门的架构，以负责对破产银行的处置并向可能存活的银行注入资金。可用资金也比原来的 2300

---

① 接下来对银行业危机阶段的讨论基于 Nakaso（2001）。

② 即使在这些临时措施之前，在“护送船队”方式（护送船队方式，convoy system）下存款已经隐含地得到 100% 担保（Hoshi，2002）。参见 Hoshi（2002）对“护送船队”方式的讨论，该模式一直持续到危机的早期阶段，在此模式下大藏省保护所有的金融机构使其不至于破产，包括那些效率最低的机构。

亿美元翻了一番。此外，1998 年 6 月对银行审慎监管的职责由财务省转移至金融监督厅，随后在 2000 年改组为金融厅。

2002 年 10 月，金融厅正式宣布金融复兴计划：借由主要银行不良贷款问题的处置复兴日本经济。其中，该机构宣布通过采取必要措施，将尽力使大银行的不良贷款率减少约 50%。随着各项措施的落实，包括上述以及随后采取的几次分散的资本注入后，危机逐步平息。与该项目的目标一致，重要银行的不良贷款率从 2002 年 3 月的 8.4% 下降至 2005 年 3 月的 2.9%，降幅超过一半（来自 FSA 的网页：不良贷款状况）。[①] 自从足利银行（一家区域银行）在 2003 年倒闭并国有化后，没有发生过大的银行倒闭。

事后来看，在处置危机的过程中，政府和银行监管者运用了世界上其他地方已经使用过（或将被使用）的各种工具。这些措施包括为隔离不良贷款而建立过渡银行，以及暂时将大银行国有化。最终这些措施与大量政府资金的注入相关联，共同为 100% 的存款保险覆盖提供了支撑。[②]

36.3.3.2 *危机原因*

Cargill（2000）认为危机有五个内在原因：僵化的金融制度，日本银行的货币政策错误，面对浮现的问题时政策响应迟缓且优柔寡断，在采用公共资金处理陷入困境的金融机构方面缺乏公众的支持（并缺乏相应的政治意志），以及金融机构在其管理政策遭受批评时采取的拒不妥协的态度。Hoshi（2001）以及 Hoshi 和 Kashyap（2001）的观点也与之有关，即银行业危机的基本成因在于金融系统 20 世纪 80 年代的放松管制是缓慢及不完全的，这导致了银行贷款市场的优质借款人的流失（去中介化），这迫使银行向其不了解的借款者放贷。

Ueda（2000）指出对房地产和相关产业的过度放贷可能是不良贷款积累的因素之一。[③] 这个因素本质上是金融监管放松的结果。如上所述，去中介化鼓励银行向其不熟悉的借款人贷款，特别是那些房地产业（Hoshi 和 Kashyap，2001）。通过直接渠道以及经由附属机构的间接渠道，银行激进地向该行业放贷。

Ueda（2000）认为，不断上涨的地价使得房地产贷款中的风险被低估，这引致了更多的事前贷款。他也发现有证据表明，事后土地价格大幅下降是不良贷款恶化的决定性因素。上面讨论的“抵押品原则”也可能加剧了这种扭曲状态。Ogawa 等（1996）以及 Ogawa 和 Suzuki（2000）发现具有更多房地产的大公司与那些缺少房地产的公司相比面临的融资约束更少。

传闻性的证据显示，资产价格泡沫的形成促使银行情绪高涨地放贷，最终使银行体系

---

① 至于如何处置更小银行的不良贷款问题，FSA 承认：若在短期内对其采用与大银行一样的激进措施的话，是比较困难的。为振兴中小企业、刺激区域经济以解决此问题，FSA 通过“关于强化关系银行业务功能的行动方案”（2003 和 2004），以及其后续“确保区域性关系银行业务进一步推进”项目（2005 和 2006），以促进关系银行业务的发展（见 36.3.1.2 节）。虽然因果关系尚不清楚，但区域银行不良贷款确实从 2002 年 3 月的 8% 降至 2005 年 3 月的 5.5%，随后降至 2007 年之后的低于 4%（来自 FSA 网页，不良贷款状态）。

② 对危机政策响应相关的研究包括 Hoshi 和 Patrick（2000），Hoshi 和 Kashyap（2001），Spiegel 和 Yamori（2003）以及 Montgomery 和 Shimizutani（2009）。

③ 他还发现有证据表明，银行管理的无效率以及由安全网所驱动的道德风险问题也是导致贷款表现较差的驱动因素。

中出现问题贷款。这与懒惰银行假说（lazy bank hypothesis）（Manove，Padilla 和 Pagano，2001）有一致之处。非理性的羊群行为也可能存在（Uchida 和 Nakagawa，2007；Nakagawa 和 Uchida，2011）。[①][②]然而，Kashiyap（2002）认为在危机后期最终显现的贷款问题过大，因此不能完全归结于泡沫形成过程中随意鲁莽的贷款。此外，Ono 等（2014）发现贷款增加额远低于土地价格增加，这至少在定量意义上与情绪高涨或羊群效应的情景设定不同。尽管存在这些观点，有一处的证据看来是清晰的，即银行业问题的初始成因是 1990 年左右破裂的房地产价格泡沫（Hoshi 和 Kashyap，2010）。

36.3.3.3　*危机的影响*

是银行业危机导致的信贷紧缩吗？很明显日本央行的政策制定者认定国家正在遭受信贷紧缩，在其货币政策会议纪要当中有如下记录（1998 年 1 月 16 日）：“详细讨论了金融机构收紧贷款的态度及其可能影响的前景”。同时，日本银行对企业预期进行的季度调查，即“短观”调查（TANKAN survey，企业短期经济观测调查）表明日本企业在 1997 年年末对信贷收紧预期的显著增强。[③]

一些研究已经表明，银行资本恶化以及银行业的健康状况的下降使银行贷款减少（Ito 和 Sasaki，2002），降低了企业资本支出和企业业绩（Gibson，1997；Fukuda、Kasuya 和 Nakajima，2005；Hosono 和 Masuda，2005；Miyajima 和 Yafeh，2007），并增加了借款者破产的可能性（Fukuda、Kasuya 和 Akashi，2009）。[④] Woo（2003）以及 Watanabe（2007）发现资金紧缩的负面影响在 1997 财年最为严重，当时大藏省对银行资产的估值变得越发严格。[⑤]

然而，关于信贷紧缩具有显著实际影响，大家的观点并不一致。Hayashi 和 Prescott（2002）提供的证据表明，日本经济在 20 世纪 90 年代的停滞不是由于金融体系崩溃，而是由于实体经济的生产率增长［由全要素生产率（TFP）测度］较低。Motonishi 和 Yoshikawa（1999）也表明，至少对于大型企业而言，收紧的银行贷款态度并没有限制企业投资，虽然他们也发现小企业受到了收紧的贷款行为的约束。

然而，一些研究认为低 TFP 是银行部门问题的一个结果。Peek 和 Rosengren（2005）发现“常青化”的做法（银行展期或更新其问题贷款以使之表现得没有问题）导致 TFP 降低。“常青化”的做法使得经济中不可持续经营、本该被清算的企业（“僵尸”企业）得以生存。[⑥] 有证据表明，这些“僵尸”企业的持续存在导致实体经济扭曲并导致更低的

---

① 更宽泛的定义下，“不计后果的贷款”可以包括常青化（evergreening，银行保持僵尸企业存活的行为），正如我们将在 36.3.3.3 节中讨论的那样。

② 日本的一项被称为“官员空降”（amakudari）的做法——雇用退休政府官员作为董事会成员——也可能是导致不良贷款的一个因素。Horiuchi 和 Shimizu（2001）发现对于区域银行而言，从 1979 年到 1991 年更多的官员空降与更低的银行资本资产比率和更高的不良贷款率相关。然而，采用更详细方法的另一项研究没有发现这一关系（Konishi 和 Yasuda，2004）。

③ 对日本银行 1998 年 1 月会议纪要和“短观”调查的详细讨论，参见 Hoshi 和 Kashyap（2008）。

④ 此外，也有研究分析了银行破产对借款者业绩的影响，例如，Yamori 和 Murakami（1999）、Brewer 等（2003）、Hori（2005）、Fukuda 和 Koibuchi（2006）以及 Minamihashi（2011）。Giannetti 和 Simonov（2013）考察了银行紧急援助对银行信贷供给及其借款者业绩的影响。

⑤ 一些研究也发现巴塞尔资本标准的引入可能减少了银行贷款（Hall，1993；Konishi 和 Yasuda，2004）。

⑥ Watanabe（2010）发现证据表明，在 2007 年监管者变得强硬，银行因而蒙受很大的资本损失，这导致了银行的“常青化”行为。

生产率（Caballero、Hoshi 和 Kashyap，2008）。也有一些证据表明，在危机期间，好公司得以生存而差公司消失的达尔文主义自然选择过程失效了（例如，Nishimura、Nakajima 和 Kiyota，2005）。

应该指出的是，资本紧缩的机制与“常青化”机制对信贷规模的影响方向是不同的。前者理应使贷款下降，而后者理应使之上升。对哪种效应占主导地位的进一步研究将是有益的：实体经济停滞和金融停滞的关联、经济停滞与银行业危机间的因果关系等问题均未得到充分研究。①

36.3.3.4 日本银行与国际金融危机

在日本银行业危机持续的不利影响减弱后不久，2007 年年初开始的美国次级住房抵押贷款市场动荡引起了一场前所未有的国际金融危机。国际金融危机的影响在 2008 年 9 月雷曼兄弟破产后蔓延至日本经济。然而，总体上讲，这一影响是微乎其微的，与欧洲和美国的情况不同，日本没有受到国际金融危机的显著影响（参见 IMF，2012，p. 7）。如表 36.5 所示，其展示了主要银行和区域银行的利损情况，表明其不利影响只是昙花一现。

表 36.5 近年来主要银行和区域银行的利损

银行类型	时间段（财年）	信贷相关费用①（十亿日元）	股票和债券持有的销售损失和折旧损失（十亿日元）	净收益（十亿日元）
主要银行②	2006	272.9	99.7	2575.0
	2007	411.0	-41.3	1452.7
	2008	1911.4	-1561.3	-1606.9
	2009	965.5	62.2	1159.4
	2010	392.2	-299.7	1880.4
	2011	170.1	-209.7	1748.6
	2012	163.4	-231.2	2215.2
区域银行和二级区域银行③	2006	773.0	189.1	805.6
	2007	712.8	97.0	640.1
	2008	1183.4	-413.2	-413.8
	2009	720.6	-33.8	643.7
	2010	614.5	-107.0	652.7
	2011	291.2	-123.0	727.2
	2012	365.0	-81.1	815.7

注：①在 2009 财年之前，标为“不良贷款处置”。

②瑞穗银行、瑞穗实业银行、瑞穗信托银行、三菱东京 UFJ 银行、三菱 UFJ 信托银行、三井住友银行、Resona 银行、三井住友信托银行（2011 财年，中央三井银行和住友信托银行）、新生银行和 Aozora 银行。

③区域银行（64 家银行）、二级区域银行［从 45 家（2006 财年）到 41 家银行（2012 财年）］和埼玉资源银行。

来源：金融厅（根据各银行的披露信息）。

① 一项与之相关且有启示作用的研究是 Ishikawa 和 Tsutsui（2013），他们尝试以县级面板数据来判断 20 世纪 90 年代的信贷收缩是受供给驱动还是需求驱动。

这有几个原因。首先，在日本所发放住房抵押贷款都是优质抵押贷款。其次，证券化在日本的发展相对落后。表 36.6 显示了每年的住房按揭（房屋贷款）发放量以及 RMBS 发行量。即使在 2006 财年高峰时，RMBS 发行量也只是住房抵押贷款发放量的四分之一。再次，日本在此期间没有经历房地产泡沫，并且日本的银行也没有大量购买美国次级抵押贷款支持证券。[①] 最后，与欧洲不同，危机没有通过资本受损的外国银行（例如，Popov 和 Udell，2012）传播到日本，因为日本银行业由本国银行主导。

表 36.6　　近年来的抵押贷款发行和 RMBS 发行　　单位：亿日元、%

财年	（A）住房抵押贷款承保	（B）RMES 发行	（B）/（A）
2004	227203.0	24517.4	(10.8)
2005	236955.0	49245.6	(20.8)
2006	211917.0	51214.5	(24.2)
2007	195830.5	32628.1	(16.7)
2008	197537.7	19680.9	(10.0)
2009	193211.3	19603.4	(10.1)
2010	194490.7	19473.5	(10.0)
2011	197911.8	25805.6	(13.0)

来源：日本住房金融局（A）和日本证券交易商协会（B）。

然而，在国际金融危机期间，日本的银行引起了广泛关注，不是作为危机受害者，而是作为用于借鉴的一个反例。20 世纪 90 年代的日本银行业危机和美国的金融危机间有许多相似之处，包括其根源性的原因——房地产泡沫的破灭。其他相似之处包括投资银行和其他非银行金融机构破产，以及“手工制作”/特事特办的监管反应。[②] 对日本银行业危机和当前美国金融危机的更完整比较，参见 Udell（2009），Hoshi 和 Kashyap（2010）以及 Allen、Chakraborty 和 Watanabe（2011）。

36.4　结论

在本章中我们研究了日本银行业的结构、表现及其一些关键特征。除了这一概述之外，我们还回顾了有关文献，涉及日本银行业体系的三个有趣话题：日本主银行制度、日本的贷款技术以及 20 世纪 90 年代的日本银行业危机。

本章最后指出了对日本银行业研究的不足。即使在上面讨论的选定主题中，仍存在许多悬而未决的问题。例如，日本银行市场是如何、在何种程度上分割的？日本银行业是否存在规模或范围经济，程度如何？过去以及现在，主银行制度的利弊如何？银行危机是否导致了日本经济的长期停滞，还是相反？日本银行业的未来如何，企业与主银行间通过系

① 日本银行的金融系统报告（日本银行，2008）显示“虽然随着美国次级抵押贷款问题变得更为严重，日本银行的相关损失也随之增加，但该损失似乎仍处在当前利润水平和资本实力所能承受的范围之内，因为日本的银行与之相关的暴露主要在于对结构化信贷产品的投资。”

② Imai（2009）发现证据表明，政治压力影响了区域性金融机构的破产宣告。

列建立起来的纽带将会变得怎样？

银行导向的日本金融系统是该国经济的重要组成部分——该经济体已发展为世界最大的经济体之一。尽管日本银行业具有独特性质，但我们似乎可以从日本的经验中学到许多，这将使我们更全面地了解全球金融体系结构中银行的作用。显然需要对日本银行业做更多的研究。

参考文献

[1] Allen L, Chakraborty S., and Watanabe W. (2011). Foreign Direct Investment and Regulatory Remedies for Banking Crises: Lessons from Japan, Journal of International Business Studies 42, 875 – 893.

[2] Altunbas Y., Liu M. – H., Molyneux P., and Seth R. (2000). Efficiency and Risk in Japanese Banking, Journal of Banking and Finance 24, 1605 – 1628.

[3] Angelini, P., DiSalvo R., and Ferri G. (1998). Availability and Cost of Credit for Small Businesses: Customer Relationships and Credit Cooperatives, Journal of Banking and Finance 22, 925 – 954.

[4] Aoki M. (1994). Monitoring Characteristics of the Main Bank System: An Analytical and Developmental View. In: M. Aoki and H. T. Patrick (Eds.), The Japanese Main Bank System, 109 – 141. New York: Oxford University Press.

[5] Aoki M., Jackson G., and Miyajima H. (2007). Corporate Governance in Japan. Oxford: Oxford University Press.

[6] Aoki M. and Patrick H. T. (1994). The Japanese Main Bank System: Its Relevance for Developing and Transforming Economies. New York: Oxford University Press.

[7] Aoki M., Patrick H. T., and Sheard P. (1994). The Japanese Main Bank System: An Introductory Overview. In: M. Aoki, and H. T. Patrick (Eds.), The Japanese Main Bank System, 1 – 50. New York: Oxford University Press.

[8] Assaf A. G., Barros C. P., and Matousek R. (2011). Productivity and Efficiency Analysis of Shinkin Banks: Evidence from Bootstrap and Bayesian Approaches, Journal of Banking and Finance 35, 331 – 342.

[9] Bank of Japan (2007). Financial System Report, September 2007.

[10] Bank of Japan (2008). Financial System Report, September 2008.

[11] Berger A. N., Hunter W. C., and Timme S. G. (1993). The Efficiency of Financial Institutions: A Review and Preview of Research Past, Present and Future, Journal of Banking and Finance 17, 221 – 249.

[12] Berger A. N., Miller N. H., Petersen M. A., Rajan P. G., and Stein J. C. (2005). Does Function Follow Organizational Form? Evidence from the Lending Practices of Large and Small Banks, Journal of Financial Economics 76, 237 – 269.

[13] Berger A. N. and Udell G. F. (1995). Relationship Lending and Lines of Credit in Small Firm Finance, Journal of Business 68, 351 – 381.

[14] Berger A. N. and Udell G. F. (2002). Small Business Credit Availability and Relationship Lending: The Importance of Bank Organizational Structure, Economic Journal 112, F32 – F53.

[15] Berger A. N. and Udell G. F. (2006). A More Complete Conceptual Framework for SME Finance, Journal of Banking and Finance 30, 2945 – 2966.

[16] Berglöf E. and Perotti E. (1994). The Governance Structure of the Japanese Financial Keiretsu, Journal of Financial Economics 36, 259 – 284.

[17] Boot A. W. A. (2000). Relationship Banking: What Do We Know? Journal of Financial Intermediation 9, 7 - 25.

[18] Brewer E., Genay H., Hunter W. C., and Kaufman G. G. (2003). The Value of Banking Relationships during a Financial Crisis: Evidence from Failures of Japanese Banks, Journal of the Japanese International Economies 17, 233 - 262.

[19] Caballero R. J., Hoshi T., and Kashyap A. K. (2008). Zombie Lending and Depressed Restructuring in Japan, American Economic Review 98, 1943 - 1977.

[20] Carey M., Post M., and Sharpe S. A. (1998). Does Corporate Lending by Banks and Finance Companies Differ? Evidence on Specialization in Private Debt Contracting, Journal of Finance 53, 845 - 878.

[21] Cargill T. F. (2000). What Caused Japan's Banking Crisis? In: T. Hoshi and H. T. Patrick (Eds.), Crisis and Change in the Japanese Financial System, 37 - 58. Amsterdam: Kluwer Academic.

[22] Cargill T. F. and Yoshino N. (2000). The Postal Savings System, Fiscal Investment and Loan Program, and Modernization of Japan's Financial System. In: T. Hoshi and H. T. Patrick (Eds.), Crisis and Change in the Japanese Financial System, 201 - 230. Amsterdam: Kluwer Academic.

[23] Cressy R. C. (2000). European Loan Guarantee Schemes: Who Has Them, Who Pays, and Who Gains? In: B. Green (Ed.), Risk Behaviour and Risk Management in Business Life, 235 - 246. Amsterdam: Kluwer Academic.

[24] Cressy R. C. (2002). Funding Gaps: A Symposium, Economic Journal 112, F1 - F16.

[25] Drake L. and Hall M. J. B. (2003). Efficiency in Japanese Banking: An Empirical Analysis, Journal of Banking and Finance 27, 891 - 917.

[26] Drake L., Hall M. J. B., and Simper R. (2009). Bank Modeling Methodologies: A Comparative Non - Parametric Analysis of Efficiency in the Japanese Banking Sector, Journal of International Financial Markets, Institutions and Money 19, 1 - 15.

[27] Flath D. (2000). The Japanese Economy. Oxford: Oxford University Press.

[28] Fukanuma H., Nemoto T., and Watanabe W. (2006). Do Governmental Financial Institutions Help Startups Grow? Evidence from Japan. Keio University: Mimeo.

[29] Fukuda S., Kasuya M., and Akashi K. (2009). Impaired Bank Health and Default Risk, Pacific - Basin Finance Journal 17, 145 - 162.

[30] Fukuda S., Kasuya M., and Nakajima J. (2005). Bank Health and Investment: An Analysis of Unlisted Companies in Japan, Bank of Japan Working Paper Series No. 05 - E - 5.

[31] Fukuda S. and Koibuchi S. (2006). The Impacts of "Shock Therapy" under a Banking Crisis: Experiences from Three Large Bank Failures in Japan, Japanese Economic Review 57, 232 - 256.

[32] Fukuyama H. (1993). Technical and Scale Efficiency of Japanese Commercial Banks: A Non - Parametric Approach, Applied Economics 25, 1101 - 1112.

[33] Fukuyama H. (1996). Returns to Scale and Efficiency of Credit Associations in Japan: A Nonparametric Frontier Approach, Japan and the World Economy 8, 259 - 277.

[34] Fukuyama H., Guerra R., and Weber W. L. (1999). Efficiency and Ownership: Evidence from Japanese Credit Cooperatives, Journal of Economics and Business 51, 473 - 487.

[35] Gao W. (2008). Banks as Lenders and Shareholders: Evidence from Japan, Pacific - Basin Finance Journal 16, 389 - 410.

[36] Giannetti M. and Simonov A. (2013). On the Real Effects of Bank Bailouts: Micro Evidence from Japan, American Economic Journal: Macroeconomics 5, 135 - 167.

[37] Gibson M. S. (1997). More Evidence on the Link between Bank Health and Investment in Japan, Journal of the Japanese and International Economies 11, 296 – 310.

[38] Glass J. C., McKillop D. G., Quinn B., and Wilson J. O. S. (2014). Cooperative Bank Efficiency in Japan: A Parametric Distance Function Analysis, European Journal of Finance 20, 291 – 317.

[39] Hall B. J. (1993). How has the Basle Accord Affected Bank Portfolios?, Journal of the Japanese and International Economics 7, 408 – 440.

[40] Hamao Y. and Hoshi T. (2000). Bank – owned Security Subsidiaries in Japan: Evidence after the 1993 Financial System Reform. In: M. Aoki and G. R. Saxonhouse (Eds.), Finance, Governance, and Competitiveness in Japan, 105 – 117. Oxford: Oxford University Press.

[41] Hanazaki M. and Horiuchi A. (2000). Is Japan's Financial System Efficient?, Oxford Review of Economic Policy 16, 61 – 73.

[42] Harimaya K. (2008). Impact of Nontraditional Activities on Scale and Scope Economies: A Case Study of Japanese Regional Banks, Japan and the World Economy 20, 175 – 193.

[43] Hasumi R. and Hirata H. (2010). Small Business Credit Scoring: Evidence from Japan, RIETI Discussion Paper Series No. 10 – E – 029.

[44] Hasumi R., Hirata H., and Ono A. (2011). Differentiated Use of Small Business Credit Scoring by Relationship Lenders and Transactional Lenders: Evidence from Firm – Bank Matched Data in Japan, RIETI Discussion Paper Series No. 11 – E – 070.

[45] Hayashi F. (2000). The Main Bank System and Corporate Investment: An Empirical Reassessment. In: M. Aoki and G. R. Saxonhouse (Eds.), Finance, Governance, and Competitiveness in Japan, 81 – 98. Oxford: Oxford University Press.

[46] Hayashi F. and Prescott E. C. (2002). The 1990s in Japan: A Lost Decade, Review of Economic Dynamics 5, 206 – 235.

[47] Hori K., Saito M., and Ando K. (2006). What Caused Fixed Investment to Stagnate during the 1990s in Japan? Evidence from Panel Data of Listed Companies, Japanese Economic Review 57, 283 – 306.

[48] Hori M. (2005). Does Bank Liquidation Affect Client Firm Performance? Evidence from a Bank Failure in Japan, Economics Letters 88, 415 – 420.

[49] Horiuchi A. (2000). The Big Bang: Idea and Reality. In: T. Hoshi and H. T. Patrick (Eds.), Crisis and Change in the Japanese Financial System, 233 – 252. Amsterdam: Kluwer Academic.

[50] Horiuchi A. and Shimizu K. (2001). Did Amakudari Undermine the Effectiveness of Regulator Monitoring in Japan?, Journal of Banking and Finance 25, 573 – 596.

[51] Hoshi T. (2001). What Happened to Japanese Banks?, Bank of Japan Monetary and Economic Studies 19, 1 – 30.

[52] Hoshi T. (2002). The Convoy System for Insolvent Banks: How it Originally Worked and Why it Failed in the 1990s, Japan and the World Economy 14, 155 – 180.

[53] Hoshi T. and Kashyap A. (2001). Corporate Financing and Corporate Governance in Japan. Cambridge, MA: MIT Press.

[54] Hoshi T. and Kashyap A. (2008). Will the US Bank Recapitalization Succeed? Lessons from Japan. Paper Presented at 2008 American Economic Association Meeting.

[55] Hoshi T. and Kashyap A. K. (2010). Will the US Bank Recapitalization Succeed? Eight Lessons from Japan, Journal of Financial Economics 97, 398 – 417.

[56] Hoshi T., Kashyap A., and Scharfstein D. (1990a). Bank Monitoring and Investment: Evidence

from the Changing Structure of Japanese Corporate Banking Relationships. In: R. G. Hubbard (Ed.), Asymmetric Information, Corporate Finance, and Investment, 105 – 126. Chicago: University of Chicago Press.

[57] Hoshi T., Kashyap A., and Scharfstein D. (1990b). The Role of Banks in Reducing the Costs of Financial Distress in Japan, Journal of Financial Economics 27, 67 – 88.

[58] Hoshi T., Kashyap A., and Scharfstein D. (1991). Corporate Structure, Liquidity, and Investment: Evidence from Japanese Industrial Groups, Quarterly Journal of Economics 106, 33 – 60.

[59] Hoshi T. and Patrick H. T. (2000). The Japanese Financial System: An Introductory Overview. In: T. Hoshi and H. T. Patrick (Eds.), Crisis and Change in the Japanese Financial System, 1 – 36. Amsterdam: Kluwer Academic.

[60] Hosono K. and Masuda A. (2005). Bank Health and Small Business Investment: Evidence from Japan, RIETI Discussion Paper Series No. 05 – E – 030.

[61] Imai M. (2009). Political Influence and Declarations of Bank Insolvency in Japan, Journal of Money, Credit, and Banking 41, 131 – 158.

[62] IMF (2012). Japan: Financial Sector Stability Assessment Update, IMF Country Report No. 12/10, August.

[63] Inoue K., Kato H. K., and Bremer M. (2008). Corporate Restructuring in Japan: Who Monitors the Monitor?, Journal of Banking and Finance 32, 2628 – 2635.

[64] Ishikawa D. and Tsutsui Y. (2013). Credit Crunch and its Spatial Differences in Japan's Lost Decade: What Can We Learn From It?, Japan and the World Economy 28, 41 – 52.

[65] Ito T., Patrick H. T., and Weinstein D. E. (2005). Reviving Japan's Economy: Problems and Prescriptions. Cambridge, MA: MIT Press.

[66] Ito T. and Sasaki Y. N. (2002). Impacts of the Basle Capital Standard on Japanese Banks' Behavior, Journal of the Japanese and International Economies 16, 372 – 397.

[67] Jimenez G., Ongena S., Peydro J., and Saurina J. (2012). Credit Supply and Monetary Policy: Identifying the Bank – Balance Sheet Channel with Loan Applications, American Economic Review 102, 2121 – 2165.

[68] John K., Lynch A. W., and Puri M. (2003). Credit Ratings, Collateral and Loan Characteristics: Implications for Yield, Journal of Business 76, 371 – 409.

[69] Kang J. K., Kim K. A., Kitsabunnarat – Chatjuthamard P., and Nishikawa T. (2011). The Effects of Bank Relations on Stock Repurchases: Evidence from Japan, Journal of Financial Intermediation 20, 94 – 116.

[70] Kang J. K. and Liu W. L. (2007). Is Universal Banking Justified? Evidence from Bank Underwriting of Corporate Bonds in Japan, Journal of Financial Economics 84, 142 – 186.

[71] Kang J. – K. and Shivdasani A. (1995). Firm Performance, Corporate Governance, and Top Executive Turnover in Japan, Journal of Financial Economics 38, 29 – 58.

[72] Kang J. – K. and Shivdasani A. (1997). Corporate Restructuring during Performance Declines in Japan, Journal of Financial Economics 46, 29 – 65.

[73] Kang J. – K. and Shivdasani A. (1999). Alternative Mechanisms for Corporate Governance in Japan: An Analysis of Independent and Bank – Affiliated Firms, Pacific – Basin Finance Journal 7, 1 – 22.

[74] Kang J. – K. and Stulz R. (2000). Do Banking Shocks Affect Borrowing Firm Performance? An Analysis of the Japanese Experience, Journal of Business 73, 1 – 23.

[75] Kano M. and Tsutsui Y. (2003). Geographical Segmentation in Japanese Bank Loan Markets, Regional Science and Urban Economics 33, 157 – 174.

[76] Kano M., Uchida H., Udell G. F., and Watanabe W. (2011). Information Verifiability, Bank Organization, Bank Competition and Bank – Borrower Relationships, Journal of Banking and Finance 35, 935 – 954.

[77] Kaplan S. N. and Minton B. (1994). Appointments of Outsiders to Japanese Boards: Determinants and Implications for Managers, Journal of Financial Economics 36, 225 – 257.

[78] Kaplan S. N. and Zingales L. (1997). Do Investment – Cash Flow Sensitivities Provide Useful Measures of Financing Constraints?, Quarterly Journal of Economics 112, 169 – 215.

[79] Kashyap A. (2002). Sorting out Japan's Financial Crisis, Federal Reserve Bank of Chicago Economic Perspectives 26, 42 – 55.

[80] Kinjo A. (2013). Function of Collateral When Asset Class is Accounts Receivables and Inventory: A Comparative Analysis of Japanese and US Bank Inspection Manuals, Presented at the Japan Society of Monetary Economics 2013 Spring Annual Meeting.

[81] Kobayashi M. and Osano H. (2011). The New Main Bank System, Journal of the Japanese and International Economies 25, 336 – 354.

[82] Konishi M. and Yasuda Y. (2004). Factors Affecting Bank Risk Taking: Evidence from Japan, Journal of Banking and Finance 28, 215 – 232.

[83] Kutsuna K., Smith J. K., and Smith R. L. (2007). Banking Relationships and Access to Equity Capital Markets: Evidence from Japan's Main Bank System, Journal of Banking and Finance 31, 335 – 360.

[84] Liu H. and Wilson J. O. S. (2010). The Profitability of Banks in Japan, Applied Financial Economics 20, 1851 – 1866.

[85] Liu H. and Wilson J. O. S. (2012). Competition and Risk in Japanese Banking, European Journal of Finance 19, 1 – 18.

[86] Manove M., Padilla A. J., and Pagano M. (2001). Collateral versus Project Screening: A Model of Lazy Banks, Rand Journal of Economics 32, 726 – 744.

[87] McKillop D. G., Glass J. C., and Morikawa Y. (1996). The Composite Cost Function and Efficiency in Giant Japanese Banks, Journal of Banking and Finance 20, 1651 – 1671.

[88] Minamihashi N. (2011). Credit Crunch Caused by Bank Failures and Self – Selection Behavior in Lending Markets, Journal of Money, Credit, and Banking 43, 133 – 161.

[89] Miwa Y. and Ramseyer J. M. (2002). The Fable of the Keiretsu, Journal of Economics & Management Strategy 11, 169 – 224.

[90] Miwa Y. and Ramseyer J. M. (2005). Does Relationship Banking Matter? The Myth of the Japanese Main Bank, Journal of Empirical Legal Studies 2, 261 – 302.

[91] Miyajima H. and Yafeh Y. (2007). Japan's Banking Crisis: An Event – Study Perspective, Journal of Banking and Finance 31, 2866 – 2885.

[92] Molyneux P, J., Thornton P., and Lloyd – Williams D. M. (1996). Competition and Market Contestability in Japanese Commercial Banking, Journal of Economics and Business 48, 33 – 45.

[93] Montgomery H. and Shimizutani S. (2009). The Effectiveness of Bank Recapitalization Policies in Japan, Japan and the World Economy 21, 1 – 25.

[94] Morck R. and Nakamura M. (1999). Banks and Corporate Control in Japan, Journal of Finance 54, 319 – 339.

[95] Motonishi T. and Yoshikawa H. (1999). Causes of the Long Stagnation of Japan during the 1990's: Financial or Real?, Journal of the Japanese International Economies 13, 181 – 200.

[96] Nakagawa R. and Uchida H. (2011). Herd Behaviour by Japanese Banks after Financial Deregula-

tion, Economica 78, 618 –636.

[97] Nakaso H. (2001). The Financial Crisis in Japan during the 1990s: How the Bank of Japan Responded and the Lessons Learnt, BIS Papers No. 6.

[98] Nakatani I. (1984). The Economic Role of Financial Corporate Grouping. In: M. Aoki (Ed.), The Economic Analysis of the Japanese Firm, 227 –258. Amsterdam: Elsevier.

[99] National Federation of Credit Guarantee Corporations (2012). Credit Guarantee System in Japan 2012.

[100] Nikkin (2005). Nikkin Data Annual (in Japanese).

[101] Nishimura K. G., Nakajima T., and Kiyota K. (2005). Does the Natural Selection Mechanism Still Work in Severe Recessions? Examination of the Japanese Economy in the 1990s, Journal of Economic Behavior and Organization 58, 53 –78.

[102] Ogawa K., Kitasaka S. –I., Yamaoka H., and Iwata Y. (1996). Borrowing Constraints and the Role of Land Asset in Japanese Corporate Investment Decision, Journal of the Japanese and International Economies 10, 122 –149.

[103] Ogawa K. and Suzuki K. (2000). Demand for Bank Loans and Investment under Borrowing Constraints: A Panel Study of Japanese Firm Data, Journal of the Japanese and International Economies 14, 1 –21.

[104] Ono A., Sakai K., and Uesugi I. (2012). The Effects of Collateral on Firm Performance, Journal of the Japanese and International Economies 26, 84 –109.

[105] Ono A., Uchida H., Kozuka S., Hazama M., and Uesugi I. (2010). Current Status of Firm – Bank Relationships and the Use of Collateral in Japan: An Overview of the Teikoku Databank Data, Institute of Economic Research, Hitotsubashi University Research Center for Interfirm Network Discussion Paper Series No. 4.

[106] Ono A., Uchida H., Udell G. F., and Uesugi I. (2014). Lending Pro – Cyclicality and Macro – Prudential Policy: Evidence from Japanese LTV Ratios. Mizuho Research Institute, Kobe University, Indiana University, and Hitotsubashi University.

[107] Ono A. and Uesugi I. (2009). Role of Collateral and Personal Guarantees in Relationship Lending: Evidence from Japan's SME Loan Market, Journal of Money, Credit, and Banking 41, 935 –960.

[108] Ono A., Uesugi I., and Yasuda Y. (2013). Are Lending Relationships Beneficial or Harmful for Public Credit Guarantees? Evidence from Japan's Emergency Credit Guarantee Program, Journal of Financial Stability 9, 151 –167.

[109] Osano H. (1998). Default and Renegotiation in Financial Distress in the Multiple Bank Model: An Analysis of the Main Bank System, Japanese Economic Review 49, 138 –157.

[110] Osano H. and Tsutsui Y. (1985). Implicit Contracts in the Japanese Bank Loan Market, Journal of Financial and Quantitative Analysis 20, 211 –230.

[111] Peek J. and Rosengren E. S. (2005). Unnatural Selection: Perverse Incentives and the Misallocation of Credit in Japan, American Economic Review 95, 1144 –1166.

[112] Petersen M. A. and Rajan R. G. (1994). The Benefits of Lending Relationships: Evidence from Small Business Data, Journal of Finance 49, 3 –37.

[113] Popov A. and Udell G. F. (2012). Cross – Border Banking, Credit Access, and the Financial Crisis, Journal of International Economics 87, 147 –161.

[114] Prowse S. (1995). Corporate Governance in an International Perspective: A Survey of Corporate Control Mechanisms among Large Firms in the USA, UK, Japan and Germany, Financial Markets, Institutions and Instruments 4, 1 –63.

[115] Royama S. (2000). The Big Bang in Japanese Securities Markets. In: T. Hoshi and H. T. Patrick

(Eds.), Crisis and Change in the Japanese Financial System, 253 – 276. Amsterdam: Kluwer Academic.

[116] Sawada M. (2013). Measuring the Effect of Postal Saving Privatization on the Japanese Banking Industry: Evidence from the 2005 General Election, Pacific – Basin Finance Journal 21, 967 – 983.

[117] Sheard P. (1994a). Main Banks and the Governance of Financial Distress. In: M. Aoki and H. T. Patrick (Eds.), The Japanese Main Bank System, 188 – 230. New York: Oxford University Press.

[118] Sheard P. (1994b). Reciprocal Delegated Monitoring in the Japanese Main Bank System, Journal of the Japanese and International Economies 8, 1 – 21.

[119] Shin G. H. and Kolari J. W. (2004). Do Some Lenders have Information Advantages? Evidence from Japanese Credit Market Data, Journal of Banking and Finance 28, 2331 – 2351.

[120] Spiegel M. M. and Yamori N. (2003). The Impact of Japan's Financial Stabilization Laws on Bank Equity Values, Journal of the Japanese and International Economies 17, 263 – 282.

[121] Suzuki K. and Yamada K. (2012). Do the Use of Proceeds Disclosure and Bank Characteristics Affect Bank Underwriters' Certification Roles?, Journal of Business Finance & Accounting 39, 1102 – 1130.

[122] Tachibanaki T., Mitsui K., and Kitagawa H. (1991). Economies of Scope and Shareholding of Banks in Japan, Journal of the Japanese and International Economics 5, 261 – 281.

[123] Tadesse S. (2006). Consolidation, Scale Economies and Technological Change in Japanese Banking, Journal of International Financial Markets, Institutions and Money 16, 425 – 445.

[124] Takaoka S. and McKenzie C. R. (2004). The Impact of Bank Entry in the Japanese Corporate Bond Underwriting Market, Journal of Banking and Finance 30, 59 – 83.

[125] Teranishi J. (1994). Loan Syndication in War – time Japanese and the Origins of the Main Bank System. In: M. Aoki and H. T. Patrick (Eds.), The Japanese Main Bank System, 51 – 88. New York: Oxford University Press.

[126] Uchida H. (2011). What Do Banks Evaluate When They Screen Borrowers? Soft Information, Hard Information and Collateral, Journal of Financial Services Research 40, 29 – 48.

[127] Uchida H. and Nakagawa R. (2007). Herd Behavior in the Japanese Loan Market: Evidence from Bank Panel Data, Journal of Financial Intermediation 16, 555 – 583.

[128] Uchida H. and Tsutsui Y. (2005). Has Competition in the Japanese Banking Sector Improved?, Journal of Banking and Finance 29, 419 – 439.

[129] Uchida H., Udell G. F., and Watanabe W. (2008). Bank Size and Lending Relationships in Japan, Journal of the Japanese and International Economies 22, 242 – 267.

[130] Uchida H., Udell G. F., and Yamori N. (2008). How Do Japanese Banks Discipline Small – and Medium – Sized Borrowers?, An Investigation of the Deployment of Lending Technologies, International Finance Review 9, 57 – 80.

[131] Uchida H., Udell G. F. and Yamori N. (2012). Loan Officers and Relationship Lending, Journal of Financial Intermediation 21, 97 – 122.

[132] Udell G. F. (2004). Asset Based Finance. New York: Commercial Finance Association.

[133] Udell G. F. (2009). Wall Street, Main Street, and a Credit Crunch: Thoughts on the Current Financial Crisis, Business Horizons 52, 117 – 125.

[134] Ueda K. (2000). Causes of Japan's Banking Problems in the 1990s. In: T. Hoshi and H. T. Patrick (Eds.), Crisis and Change in the Japanese Financial System, 59 – 84. Amsterdam: Kluwer Academic.

[135] Uesugi I., Sakai K., and Yamashiro G. M. (2010). The Effectiveness of Public Credit Guarantees in the Japanese Loan Market, Journal of the Japanese and International Economies 24, 457 – 480.

[136] Watanabe W. (2007). Prudential Regulation and the "Credit Crunch": Evidence from Japan, Journal of Money, Credit and Banking 39, 639 – 665.

[137] Watanabe W. (2010). Does a Large Loss of Bank Capital Cause Evergreening? Evidence from Japan, Journal of the Japanese and International Economies 24, 116 – 136.

[138] Weinstein D. E. and Yafeh Y. (1998). On the Costs of a Bank – Centered Financial System: Evidence from the Changing Main Bank Relations in Japan, Journal of Finance LIII, 635 – 672.

[139] Wilcox J. A. and Yasuda Y. (2008). Do Government Loan Guarantees Lower, or Raise, Banks' Non – Guaranteed Lending? Evidence from Japanese Banks. World Bank Workshop.

[140] Woo D. (2003). In Search of "Capital Crunch": Supply Factors Behind the Credit Slowdown in Japan, Journal of Money, Credit, and Banking 35, 1019 – 1038.

[141] Wu W. and Xu L. L. (2005). The Value Information of Financing Decisions and Corporate Governance during and After the Japanese Deregulation, Journal of Business 78, 243 – 280.

[142] Wu X. and Yao J. (2012). Understanding the Rise and Decline of the Japanese Main Bank System: The Changing Effects of Bank Rent Extraction, Journal of Banking and Finance 36, 36 – 50.

[143] Yamori N. and Murakami A. (1999). Does Bank Relationship have an Economic Value?, The Effect of Main Bank Failure on Client Firms, Economics Letters 65, 115 – 120.

[144] Yasuda A. (2007). Bank Relationships and Underwriter Competition: Evidence from Japan, Journal of Financial Economics 86, 369 – 404.

第 37 章　非洲银行业[①]

37.1　介绍

非洲的银行业在过去 20 年里经历了巨大的变化。虽然该大陆在 20 世纪 80 年代由政府所有的银行所主导并受到限制性监管——包括利率上限和信贷配额制——但是金融自由化、机构层面和监管层面升级以及全球化改变了该地区金融体系的面貌。如今，虽然仍然存在市场集中程度高、限制竞争、成本高、期限短、普及程度有限等挑战，但大多数国家拥有更加深化和更加稳定的金融系统。

本章盘点了撒哈拉以南非洲地区银行体系的现状，并讨论了最近的发展，其中的某些创新可以帮助非洲跨越相对传统的银行模式。我们使用不同的数据源来记录非洲银行体系发展的不同维度，突出了该区域内的差异以及随时间的变化。我们将非洲的银行体系与该地区之外的低收入和中低收入国家的银行体系进行比较，以判断银行业发展是否存在“非洲特有”因素。关于支持金融深化的政策和机构，我们讨论了其进展，并考察了一些特定的创新结果，包括新型分支拓展计划、移动银行，以及那些过去没享受过银行服务的细分人群也能得到的金融产品。总的来说，我们将展示出一个包含成就与挑战的图景，虽然在某些方面取得进展，但是在当下与未来仍存在挑战。

当谈到非洲的金融系统时，必须考虑到该区域内的巨大变化。[②] 一方面，南非和毛里求斯的银行系统和资本市场相对发达。另一方面，较小和较贫穷的国家，如中非共和国或南苏丹，仅拥有粗浅的银行体系，只提供最基本的金融服务，且几乎没有非银行金融机构或资本市场。然而，虽然该区域内存在差异，但是大多数非洲经济体（如果不是全部）都具有下述四点特征，这些特征使非洲银行业的发展比其他发展中地区更加困难（参见 Honohan 和 Beck，2007；Beck 等，2011）。

第一，许多经济体的规模小，金融服务机构无法获得规模经济的好处。非洲经济中的大部分人对储蓄、保险、信贷甚至简单支付交易的需求有限，也就意味着其不是具有商业价值的客户。许多非洲国家人口分散，这意味着在城市中心之外提供金融服务是得不偿失的。第二，经济体及其参与者中的一大部分没有正规地经营，于是没有促进金融交易所必要的正式文件，如企业登记信息、土地权证，甚至正式地址。这增加了金融机构的成本和

---

① 我们要感谢 Blaine Stephens、Scott Gaul 和 MIX 给予小额信贷数据以及 Lppei Nishida 给予了优秀的研究帮助。本文的研究结果、解释和结论完全属于作者，并不一定代表世界银行、其执行董事或其代表的国家的观点。

② 请注意，在下文中，“非洲”和“撒哈拉以南非洲”所指相同。我们的分析不包括北非国家。

风险，并且将大部分人排除在正规金融服务之外。第三，经济的波动性增加了成本并破坏了风险管理。在个体层面，波动性来自许多企业和家庭的不规范经营，以及由此导致的收入流的不稳定。这意味着这些经济主体对金融机构的吸引力较低。在总体层面，波动性是指许多非洲经济体对初级产品出口的依赖，这使得其经济易受大宗商品价格经常性大幅波动的影响，此外还有政治与社会的动荡，非洲自独立以来的 50 余年里一直饱受其折磨。第四，治理问题继续困扰着整个非洲大陆的许多私人和政府机构，这不仅破坏了以市场为基础提供金融服务的机制，而且破坏了旨在纠正市场失灵的改革尝试与政府干预。

这些特点使非洲的银行业面临更多挑战，也就更加需要解决方案的创新。技术可以降低交易成本和风险，从而使小额交易的处理变得可行，并将更多的家庭和企业变成有商业价值的客户。创新产品和交付渠道可以应对上述限制。关键的是，这些干预和政策改革必须在供给和需求两方面发挥作用。在下文中，我们将通过几个例子来讨论这些普惠金融的创新方法。

尽管大量的文献表明了金融与增长之间的正相关关系（Levine，2005），但近期发达经济体的危机使人们开始怀疑银行系统发展对经济发展的正向影响。在全球宏观经济失衡带来的流动性过剩、监管不作为以及“这次不一样”的心态等因素的共同推动之下，美国和欧洲的消费信贷膨胀，而金融危机则给其画上了句号。如果说非洲的银行业应该从这次危机当中吸取一条教训的话，那似乎就是：若要从金融深化当中获得经济增长的好处，那么就必须具备稳定的宏观经济环境和适当的风险防范机制，后者既包括外部的监管又包括内部的银行治理。尽管金融深化程度最高的国家最近产生了负面经验，但是非洲的银行体系可以而且必须在该区域的经济发展进程中发挥关键作用。

本章其余部分结构如下。37.2 节以国际比较的视角、从不同的维度记述了该地区的金融发展，同时说明了区域内的差异和随时间的变化。37.3 节通过最新的证据，讨论了有助于提高非洲金融系统深度和广度的政策和干预措施。37.4 节讨论了该地区今后的政策挑战，结束本章。

37.2　盘点：非洲的情况如何？

早期对非洲银行业和金融业的总体状况的研究，缺乏截面足够大的数据，以涵盖该地区的大多数国家（Honohan 和 Beck，2007 年）。大多数关于金融发展的跨国研究只包括几个较大的非洲金融市场，且其的关注点是世界上其他的发展中地区和新兴地区。这种情况在过去的几年中发生了变化，非洲的大部分地区以及其金融系统若干个部门都具有了可用数据。全球范围内收集金融系统的深度、外延、稳定性和效率等方面数据的努力，在收集非洲金融系统数据方面取得了更大的成功。[①] 总量数据之外，又有一些企业调查数据作为补充，对一些国家的调查已经有了面板维度（即在不同的时间点上对同一组企业进行调查）。同样地，专门对金融服务进行的家庭调查，例如在几个非洲国家进行的 Finscope 和

① 参见 Beck、Demirgüç - Kunt 和 Levine（2000，2010）、Demirgüç - Kunt 和 Klapper（2012）、Laeven 和 Valencia（2012）。

Finaccess 调查，涉及个人和家庭如何获得并使用正式与非正式的金融服务，对此给出了深刻的洞见。在下文中，我们将使用一系列数据库和其他来源的数据来记录整个区域的银行体系的发展和结构。

37.2.1 国际比较中的非洲金融发展总体水平

非洲的银行体系规模小，成本高，专注于收益率曲线的短期一端，对此我们将在下面说明。此外，我们还将记录非洲银行体系在过去十年中取得的发展。

为了将非洲的银行系统与某个适当的参照物进行比较，我们将样本限制在撒哈拉以南非洲的低收入和中低收入国家，并将该组的中位数与非洲以外中低收入国家样本的中位数进行比较。因此，我们在统计比较中明确地删除了几个中高收入的非洲国家①，不过我们将它们包括在后面关于区域内变化的讨论中。

图 37.1 显示，非洲国家金融体系深度的中位数明显低于非洲以外国家。我们展示了 2011 年时反映金融发展水平的三个典型指标：流动负债占 GDP 比率、银行存款占 GDP 比率和私人信贷占 GDP 比率。非洲以外发展中国家流动负债比 GDP 的中位数为 47%，而非洲国家的中位数只有 32%。类似地，非洲以外国家存款占 GDP 比率的中位数为 38%，而非洲的中位数为 25%；对于私人信贷占 GDP 比率，非洲之外国家的中位数为 34%，而在非洲仅为 18%。通过将非洲的存款与贷款额之差与其他地区相比，我们也能看到非洲银行作为社会储蓄的中介而言效率较低，我们将在下面再次讨论这一主题。

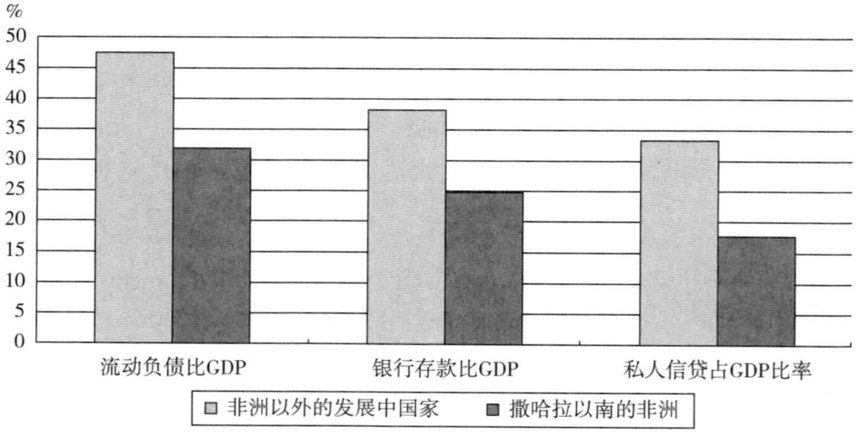

来源：全球金融发展指标，世界银行。

图 37.1 总体金融发展的国际比较

值得注意的是，在中位数国家之外，非洲其他国家之间还存在着很大的差异。即便是不考虑金融最发达的非洲经济体，例如毛里求斯和南非，在该区域低收入和中低收入国家之间，私人信贷占 GDP 比率的变化范围依旧很大，从乍得的 5% 到佛得角的 61%。相比之下，南非为 141%，毛里求斯为 87%。

① 未包括在统计比较中的国家是博茨瓦纳、加蓬、毛里求斯、纳米比亚、塞舌尔和南非。

虽然非洲的金融体系在国际比较中较为落后，但在过去十年中有了显著的改善，如图 37.2 所示。在 2000—2011 年，其金融发展的三个典型指标都有了明显改善①。流动负债占 GDP 比率的中位数从 20% 增加到 31%，而银行存款占 GDP 比率的中位数从 12% 增加到 22%。私人信贷占 GDP 比率的中位数从 11% 增加到 18%。此外，这种进步也已有了广泛的基础。如果考虑同一时期内私人信贷占 GDP 比率的 25%、50% 和 75% 分位数，可以看到处于分布中不同位置的国家都有了改善。

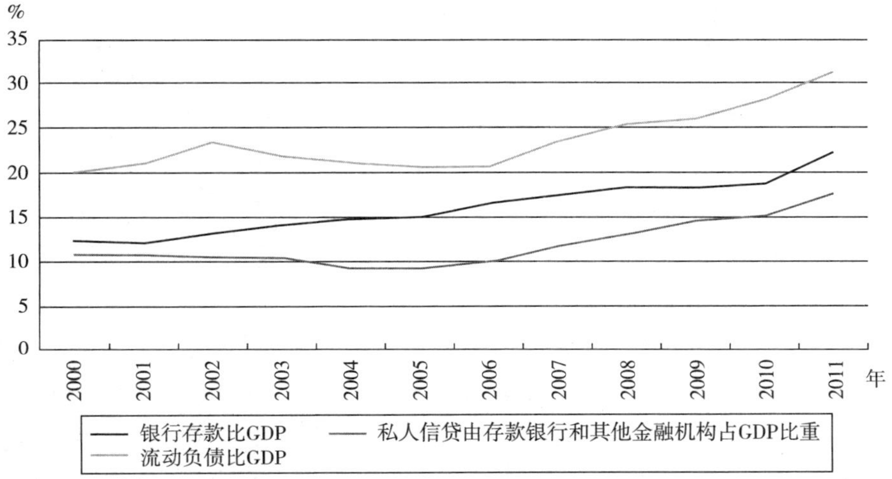

来源：全球金融发展指标，世界银行。

图 37.2　近十年非洲的金融深化

相比于非洲以外的发展中国家，非洲的银行体系不仅深度不足，而且普及性也更低（见图 37.3）。在这里，我们展示了有关金融服务获取和使用的四个指标。首先是两个总体指标：每 1 万成人的银行账户数目和每 10 万成人的银行分支数目。非洲国家的两个指标的中位数都显著低于非洲以外发展中国家。具体来说，非洲的中位数国家每 100 名成年人只有 15 个银行账户，而非洲以外则为 42 个。非洲每 10 万成年人有 3.1 个银行分支机构，非洲以外则为 9.6 个。其次，也有指标描述了企业和家庭使用正规金融服务的程度，同样反映了非洲银行体系服务范围的不足。在非洲中位数国家，只有 21% 的企业表示有正规金融机构的信用额度或贷款，然而这一比例在非洲以外是 43%②。同样，非洲中位数国家有 16.5% 的成年人表示他们在某正规金融机构开设了账户，而这个份额在非洲以外是 21%。

平均而言，非洲银行的效率较低，但利润更高，并且其运营环境的竞争程度更低。2011 年，非洲中位数国家的净利息收益率（net interest margin）为 5.9%，而在非洲以外为 4.7%。同样，非洲贷款和存款利率之间的利差为 10.3%，非洲以外国家为 8.2%。导致非洲的利差和利润率较高的原因有很多，其中一个重要的原因是运营成本较高。具体来

① 中位数是在 28 个非洲国家的平衡样本中计算的，在所有 12 年中都有数据。

② 之前所有比较的数据都是 2011 年的，与此不同的是，企业调查的数据是 2009 年至 2011 年的平均数。

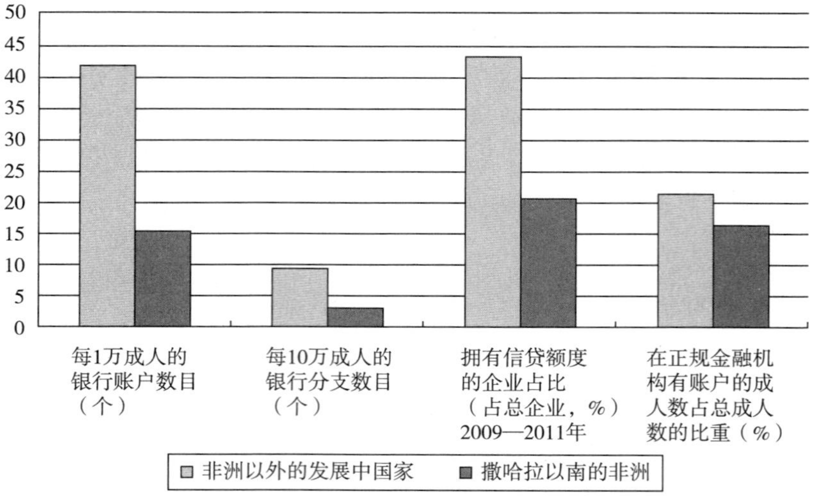

来源：全球金融发展指标，世界银行。

图 37.3 获得和使用金融服务的国际比较

说，非洲中位数国家金融体系的管理费用占总资产的 5.5%，而非洲以外的国家则是 3.4%。同时，非洲银行的盈利能力要强于非洲以外的银行。非洲中位数国家的资产回报率（ROA）为 2.1%，非洲以外国家为 1.5%。在下文中，我们将通过银行层面的微观数据再次讨论该问题。

与较高的利差相伴而生的，是非洲银行市场的较高集中度和较低的竞争程度。2011 年，在非洲中位数国家中，5 家最大银行的总市场份额为 81%，非洲以外国家则为 64%。有一些非洲国家的前五大银行占据整个或几乎是整个银行系统（佛得角、冈比亚、莱索托、斯威士兰和多哥），而在非洲以外发展中国家中，虽然国家的个数要多得多，但是有上述情况的国家只是极少数。较高的市场集中度可以部分地解释非洲银行体系较低的竞争程度。以勒纳指数（Lerner index），即边际收入相对于边际成本的加成比率来衡量，其中位数在非洲国家为 30%，而在非洲以外则为 25%。应当着重留意的是，在非洲内部，市场集中度和衡量市场力量的勒纳指数之间的相关性相对较低，仅为 11%，这表明对于非洲而言，市场结构只是导致竞争程度低下的因素之一，且很可能不是最重要的决定因素，这一点与跨国数据中所得证据一致（Claessens 和 Laeven，2004）。

非洲银行资产负债表的资产和负债两者的期限结构（Beck 等，2011）表明，非洲银行体系主要侧重于收益率曲线的短期一端。其超过 80% 的存款是见票即付存款或到期期限不到 1 年的存款，只有不到 2% 的存款的到期期限超过 10 年。与此类似，贷款的期限结构也偏重于短期，但没有存款那么极端。几乎 60% 的贷款期限不到 1 年，仅不到 2% 的贷款期限超过 10 年。与这一期限结构相一致的是，银行以外的长期金融工具是缺乏的，例如各类合同储蓄机构，包括保险公司、养老基金和共同基金等均发展不足。该地区仅不到半数的国家有证券交易所，且几乎所有的交易所流动性都极差。非洲银行业偏重于短期的另一个表现是，这里缺乏抵押贷款融资。非洲中位数国家的抵押贷款额占 GDP 比率低于

1%，但在非洲以外这一比率高于 2%（Badev 等，2013）。有传闻称许多较小的非洲国家的抵押贷款系统只包含几百笔抵押贷款，而且集中在富有的个人之中，这与上述总量数据一致。

非洲银行体系虽然落后，但过去几年的经验表明，其具备较好的稳定性和抗冲击能力。似乎正是由于这种落后，非洲银行体系与世界其他一些地区相比更好地抵御了 2008 年的国际金融危机，危机主要是通过实体经济对非洲产生影响，例如对出口商品的需求下降以及外国直接投资的降低。由于非洲银行体系与国际金融市场的联系有限并且对“有毒”资产的暴露较少，该地区的金融机构大部分避开了国际金融危机的直接影响。

非洲银行的总资产负债表指标也说明了其更具有稳定性。2011 年，非洲中位数国家的资本与风险加权资产的比率为 19%，而非洲以外国家为 17%。从系统层面来看，自 20 世纪八九十年代发生系统脆弱性问题以来，非洲几乎没有发生过银行业危机（Laeven 和 Valencia，2012 年）。尽管上述主要指标的表现良好，局部上的（隐藏的）脆弱性仍旧存在，这通常与政治危机、政府赤字有关。

由于该地区的经济发展水平低以及具有四个特征——规模小、非正规性、波动性和治理缺陷，非洲金融市场的薄弱并不令人意外。然而，许多非洲以外的低收入和中低收入国家也都有类似的问题。那么是否存在某种非洲特有的因素导致了其金融发展落后？我们将在下文中探讨这个问题，在此之前我们将详细阐述非洲银行业的几个具体方面，包括银行体系的结构和效率、企业和家庭获得金融服务的程度以及小微金融部门的发展。

37.2.2　建立非洲银行系统的基准

非洲的金融发展水平不仅与世界上其他发展中地区相比是偏低的，而且还低于基于推动金融发展的基本因素所预测的水平。Allen 等（2012b）使用跨国回归，根据其在其他发展中国家得出的相关性，建立了非洲金融发展的基准水平，发现非洲金融发展的预测水平和实际水平之间存在巨大差距。此外，国家层面和企业层面的检验结果均表明，非洲银行业发展的决定因素与世界其他地区不同。例如，测度宏观经济管理质量的指标（通货膨胀和经常账户余额）与非洲国家的金融发展水平并不相关，而其他发展中国家则不是这样。测度制度发展水平的指标（例如是否坚持法治）与非洲国家的金融发展水平呈正相关系，但相关程度与发展中世界其他地区相比要低很多。

最引人注目的差异或许是：在非洲，人口密度与金融发展的相关程度要高于其他地方。在非洲，人口密度与银行分支机构的覆盖率之间的相关性也比其他发展中经济体更强，而两个指标同企业外部融资获取的相关性也都强于非洲以外的地区（Allen 等，2012b）。据推测，由于在人口稀少、低收入地区分行难以达到可维持经营的最低规模，因而非洲的银行分行覆盖率仍然很低，不过为了应对这一挑战的金融机构、战略和技术创新正不断涌现，对此我们将在下文讨论。

上述基准测定显示：从非洲以外发展中国家得出金融发展相关因素，并据此预测非洲国家 2001—2006 年私人信贷与 GDP 之比，其结果比实际水平高出 10% ~15%。只有很少几个非洲国家的实际金融发展水平超过预测的水平，而这些国家的情况在撒哈拉以南非洲并不是很有代表性，如佛得角和毛里求斯。同一批学者使用 2007—2011 年的数据重复了上述的基准测定（见图 37.4），结果表明在过去几年中，私人信贷的实际水平与预测更加接近了，特别是尼日利亚（图 37.4 中的“NGA”）、肯尼亚（KEN）和纳米比亚（NAM）等国家。佛得角（KPV）和毛里求斯（MUS）继续超过预测的金融发展水平，南非（ZAF）也是如此，但其并未出现在 2001—2006 年的分析之中。然而，大多数非洲国家仍然没有达到预测的发展水平，不过差距有所缩小。

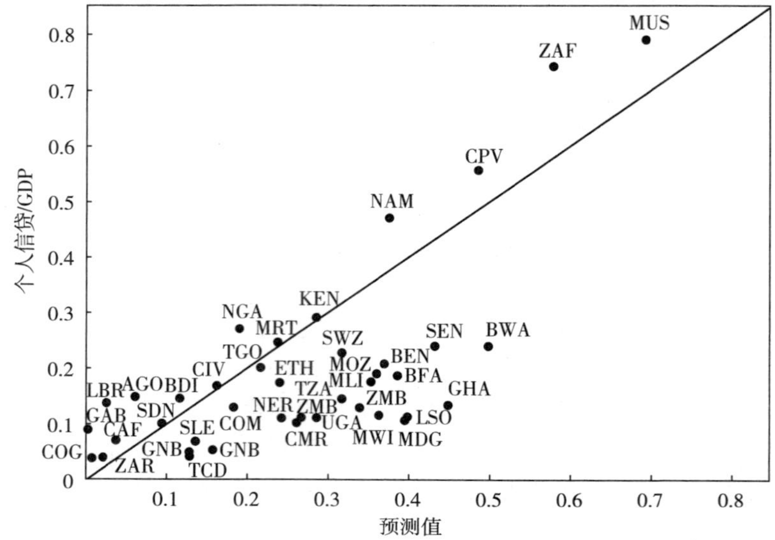

注：银行部门发展水平的预测值，是以储蓄银行的私人信贷投放量占 GDP 的比重度量的，得出此预测值的 OLS 回归控制了一组国家层面的变量，包括禀赋（人口和资源）、宏观经济、制度、银行业结构和其他变量。注意，图中用零替换了负的预测值。

来源：Allen 等，2013。

图 37.4　2007—2011 年私人信用/GDP 在非洲国家的实际与预测值

此外，全球普惠金融指数（Global Findex）中需求侧的证据表明，金融机构提供的信贷服务并不会在全部人口中平均分配。对于几乎所有的非洲国家（包括南非），其调查对象当中获得了金融机构贷款的人所占比重的预测值（同样是基于其他发展中国家的回归模型）都超过了实际值，且许多国家的这一差距明显大于分析私人信贷比 GDP 时的差距。尽管基准测定回归这一工具比较粗略，但还是表明：非洲的私人信贷服务虽然有所改善，但仍落后于基于基本面的预测水平，且其分配并没有惠及广大群众。非洲在储蓄方面的发展也是落后的，只是差距更小。对于大多数国家，流动负债与 GDP 之比的预测值超过了实际水平，不过其差距自 2001—2006 年之后有所收窄；另外，在许多国家，关于 15 岁及以上的个人当中在正规金融机构开设账户的比重，则是实际值超过了预测值（Allen 等，2013）。其实在该指标上，大多数非洲国家接近预测水平，且预测线以上、以下的国家数目大致相当。

37.2.3　深入探析——银行层面的证据

虽然我们从总体数据当中已经能够看到非洲银行系统的落后，但是银行层面的数据提供了更多针对细节的洞察。来自非洲低收入和中低收入国家的 307 家银行和来自非洲以外发展中国家的 720 家银行的样本显示，非洲银行的流动性比率明显更高。具体来说，非洲银行的流动资产占短期融资与存款之和的比重为 42.9%，而非洲以外的银行为 29.3%。同样，非洲银行的资本金更为充足，权益—资产比率为 14.3%，非洲之外的银行为 13.3%。如 Honohan 和 Beck（2007 年）与 Beck 等所述（2011），这些比较所反映的状况是：非洲银行资本充足，流动性过剩，且只为实体经济提供有限贷款。

如上所述，非洲银行的效率低于世界其他发展中区域的银行，因此金融服务更加昂贵。在这方面的很多讨论都集中在利率差和利润率上，即贷款利率和存款利率之间的差异。但是什么推动了非洲的高利率利差？有两种不同的方法来分析利率差和利润率：一种是将利差分解成不同的成分，而另一种则是分析与之相关的银行、行业和国家层面的特征。

表 37.1 列出了乌干达利率差的分解，表明高运营成本是一个重要因素，而反映贷款损失和准备金要求的贷款损失准备只是利率差相当小的组成部分。然而，利率利差的最高组成部分是由竞争不充分而导致的高边际利润，还有高风险溢价。比较本国银行和外资银行，我们看到本国银行的利差水平高得多，因为其贷款利率较高，这很有可能是贷款组合风险较高的反映。利差分解表明，相比于外资银行的客户，本国银行的借款人偿付的贷款利率更高，从而使得本国银行的利润率更高。外资银行具有相对较高的管理费用和较低的利润率，这是因为外资银行以“蓝筹”客户为服务对象，其项目的评估和维持成本都较高。此外，较高的工资可能会增加外资银行的成本；另外，较高的成本也可能是由于外资银行倾向于投资得更多，包括投资于 IT 和其他技术以开发新产品。①

表 37.1　　2008 年乌干达利率利差分解　　单位：%

	所有银行	本国银行	外资银行
平均贷款利率	16.72	18.44	15.24
平均存款利率	1.97	2.31	1.90
利差	14.75	16.13	13.34
间接费用	4.66	2.74	6.22
贷款损失准备金	0.72	0.38	1.01
储备要求	0.22	0.26	0.21
税	2.51	3.34	1.64
利润率	6.65	9.42	4.26

来源：Cull 和 Trandafir（2010）。

表 37.2 使用回归分析将银行层面的管理费用差异与银行、国家层面的特征联系起来，并将非洲的银行与非洲以外的发展中国家的银行进行比较。由于管理费用是利率差的主要组成部分之一，因此我们针对 2011 年银行的跨国样本，用管理费用在：（1）非利息收入份额；（2）股权资产比率；（3）流动性比率；（4）上年的贷款增长；（5）总资产对数；

① 有关更详细的讨论，请参见 Cull 和 Trandafr（2010）与 Beck 等（2011）。

（6）增长率；（7）Kaufman、Kraay 和 Mastruzzi 的法治指标等变量上做回归分析。表 37.2 中的结果展示出这些不同因素在多大程度上导致了非洲银行（6.05%）的管理费用显著高于非洲以外银行（4.51%）。非洲银行对非利息收入的较高依赖性和其较小的规模分别可以解释 93 个和 18 个基点的管理费用差额。非洲国家的高通胀和较为低效的合同框架分别可以解释 11 个和 12 个基点。即使在考虑了这些银行和国家的特点之后，仍然有 18 个基点不明原因。

表 37.2　　非洲银行管理费用的分析　　单位：个

	管理费用
非洲银行	605
世界其他银行	451
不同	154
其中：合同框架	12
非利息收入	93
银行规模	18
股权资产比率	5
其他银行的特点	-3
通货膨胀	11
非洲残留	18

来源：Bankscope。

如前所述，非洲银行体系的所有权结构在过去几十年中发生了重大变化，更多的国家以外资银行为主，只有少数银行体系以政府所有的银行为主，这是 20 世纪八九十年代非洲私有化浪潮的结果。过去十年中，外资银行的覆盖率在已有的较高水平之上又有所增加，而外资银行数量的构成也发生了巨大变化。非洲银行体系长期以欧洲银行为主导，而来自新兴市场的银行，特别是来自非洲内部的银行在过去几年中已经变得越来越重要。在非洲的种族隔离结束后，几个南非银行，最著名的是标准银行和 ABSA，开始在该大陆扩张。最近，两个西非银行——泛非经济银行（Ecobank）和非洲银行（Bank of Africa）——已开始在整个撒哈拉以南非洲地区扩张。同样，摩洛哥的银行已开始向南扩展。最后，由于最近在尼日利亚的合并浪潮，尼日利亚银行开始在整个西非扩张，在该大陆其他地区的活动也在增加。

外资银行的比重增加带来的影响是什么？是效率、稳定性，还是非洲银行业的服务范围？[①] 外资银行的进入似乎给非洲带来了几个特有的好处：国际银行可以帮助改进治理；它们可以带来急需的技术和经验，这可以提高金融中介的效率；它们可以帮助小型东道国获得规模经济的好处。然而，特别是在非洲，由于这里有许多小型、风险高和不透明的企业，外资银行进入的坏处可能变得很明显，在外资银行已经占据几乎 100% 的银行市场的国家中更是如此。具体来说，由于外资银行更多地依赖硬信息而不是软信息，如果外资银

① 关于外国银行进入的效应的文献综述，见 Cull 和 MartínezPería（2012）。

行将本国银行挤出市场，那么对于风险更大和更不透明的借款人而言可能产生负面影响。缺乏合理的合同和信息体系导致小企业更难以获得贷款，从而进一步降低了外资银行进入的积极效应（Claessens 和 van Horen，2014）。最后，撒哈拉以南非洲许多金融市场规模小，可能使外国银行不愿意投入引进新产品和技术的固定成本。

尽管缺乏涵盖整个区域的证据，但针对单个国家的分析表明银行私有化和外资银行的进入总体上来说是有积极作用的。Beck、Cull 和 Jerome（2005）发现，尼日利亚国有银行的私有化导致绩效的改善，尽管这些作者还发现，保留大量未达到控股规模的政府股份对私有化银行的业绩造成了不利影响。在乌干达，UCB，最大的政府所有的银行，也是该系统中最大的银行，在南非标准银行的第二次尝试中成功实现私有化。协议规定在私有化 UCB 之后的两年内不得关闭任何分支机构，而南非标准银行不仅保留了所有分支机构，还开设了新的分支机构。它还引入了新产品并增加了农业贷款（Clarke、Cull 和 Fuchs，2009）。在坦桑尼亚，国家商业银行（the National Bank of Commerce）在私有化过程中被一分为二：其中的一家商业银行承袭了原有资产负债中的绝大部分，另一家则为国家小微金融银行（National Microfinance Bank），继承了大部分的分行网络并承担了增进金融服务可得性的使命。尽管新的国家商业银行最初信贷增长缓慢，但其盈利能力和投资组合质量得到改善。虽然找到国家小微金融银行的买家被证明是困难的，但最终其盈利能力有所改善，贷款增加，而不良贷款的比例仍然很低（Cull 和 Spreng，2011）。

37.2.4　企业融资能力的国际比较

如上所述，非洲中位数国家获得正规金融服务的机会低于非洲以外的中位数发展中国家（见图 37.5）。这些总体指标都是通过跨国的企业调查得到的。然而，企业调查数据也使我们能够更深入地区分不同规模的公司。图 37.5 显示，无论是在非洲还是在非洲以外发展中国家，不同规模企业之间的正规账户服务使用程度的差距都很小。然而在贷款方

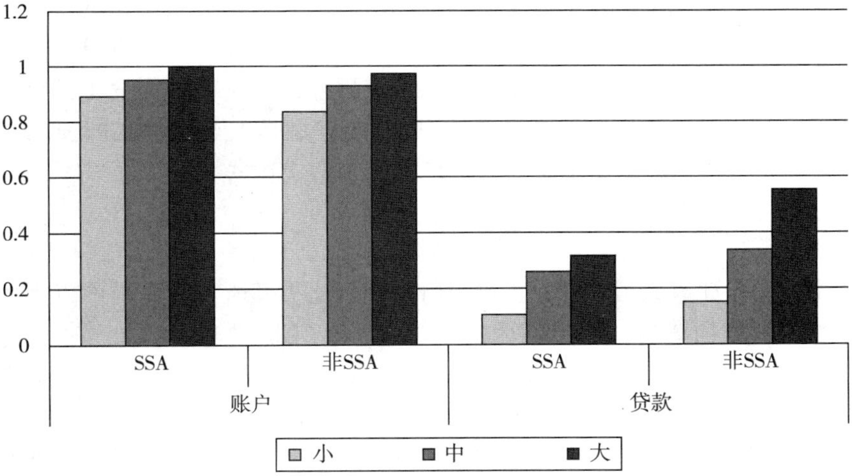

来源：作者基于企业调查的计算（http：//www.enterprisesurveys.org）。

图 37.5　不同规模的企业使用正式账户和贷款服务情况的跨国比较

面，小型、中型和大型企业之间存在明显差异，不过在非洲内部不同规模间的差距反而比外部要小。然而，纵观这三个规模的群体，非洲的企业相比于非洲以外的企业还是更不容易获得贷款。非洲的大型企业获得贷款的能力大致相当于非洲以外的中型企业。

我们还可以从企业调查数据中看出企业没有向正规金融机构贷款的原因。具体来说，企业被要求说明其在过去一年没有向正规金融机构申请贷款的原因。非洲的企业中声称贷款需求缺乏者所占份额（43%）明显低于其他发展中国家（62%），这表明相比其他地方，缺乏需求在非洲并不是重要的因素。高利率也是不申请贷款的原因（非洲为14%，其他发展中国家为10%），这可能表明项目的投资回报率太低。同时，正如非洲金融的许多观察家所指出的，信贷的高成本可能阻碍银行融资。非洲的利率差和贷款利率明显高于非洲以外发展中国家。这些高信用成本不仅可以通过上述的缺乏竞争来解释，而且可以通过货币和社会政治不稳定导致的高风险溢价来解释。对于刚果（金）（DRC）和津巴布韦而言，当考虑其高利率、低贷款申请率的原因时，货币和社会政治稳定性的影响就更加重要。比较两个地区的调查对象当中将不申请原因归为申请程序的企业的比重，可以看到更令人震惊的差距：在非洲为不申请企业的16%，而在其他发展中国家为7%。在非洲，抵押品要求带来的障碍似乎也比发展中国家的其他地区更大（9% 对 4%），索贿问题也是如此（4%对2%）。这些数据指出了宏观经济层面上以及银行层面上存在着限制了非洲企业获得正规的外部融资。

因此，中小型企业的融资问题依旧是重大挑战，且不仅仅是对于非洲金融系统而言。然而，我们有必要对具有不同融资需求和条件的企业加以区分。非洲企业的很大一部分是非正规微型企业，它们的建立通常源于缺乏其他的经济机会。由于这部分企业无法出具正式的财务账目或正式担保，故很难获得中长期融资，至少是难以获得信贷服务。它们似乎自然地成为小额信贷机构的目标群体，并且比其他企业更多地依赖非正规融资提供者。第二部分是中型企业，往往是成熟的出口导向型公司。在大多数情况下，它们可以获得银行融资，但很难获得股权融资以及通过金融市场的融资。最后，还有小型的正规企业，其中一些企业可能具有高增长潜力。这些公司——也被称为被忽视的中间部分——通常对于小额信贷机构来说太大，但对银行来说不够正式或成熟。尤其是这最后一个部分似乎受到了薄弱的金融市场的影响。这也展示在图37.5中，在中型和大型企业之间使用正规贷款的差异很小（26%对32%），而小型企业使用这种贷款的份额要小得多（11%）。

37.2.5 家庭融资能力的国际比较

如上所述，在非洲家庭当中拥有正规银行账户的比重低于非洲以外的发展中国家。然而，在较低的中位数的背后，是地区内的巨大差异。在肯尼亚，42%的家庭使用正规账户，这一比例在刚果（金）、几内亚、中非共和国和尼日尔则低于5%。在中高等收入国家，例如南非（54%）和毛里求斯（80%）的份额更大。

全球Findex调查不仅展示了使用正规金融服务的家庭份额的总体情况，而且更详细地考察了不同人群使用什么样的金融服务。一个引人注目的结果是，非洲使用正规金融服务方面的性别差距大于非洲以外。虽然在整个发展中世界，男性都比妇女更可能使用正式的金融账户，但在非洲内部的这种差距明显大于外部。然而，这种比较没有控制其他条件。

Aterido、Beck 和 Lacovone（2013）对一些东部和南部非洲国家金融部门进行了更详细的调查。调查表明，当考虑了个人的主要可观察特征时，性别差距就不存在了。女性较少接受正规金融服务这一现象，可以用与使用金融服务有关的其他方面的性别差距来解释，例如其收入水平和教育水平较低，以及家庭和就业状况上的差异。

有关使用金融服务的家庭数据再次证实了在技术的帮助下跨越式进步的重要性。虽然具有正式账户的家庭比例在非洲以外大于非洲以内，但是使用手机进行支付服务的家庭比例在非洲以内的家庭所占的比例更大。具体来说，非洲中位数国家的5%的人口使用手机付款服务，而非洲以外发展中国家为3.8%。

与企业数据的情况类似，全球 Findex 数据也给了我们一些启示，以研究家庭部门没有正式金融机构账户的原因。在非洲中位数国家，有68%的人指出缺乏资金是没有账户的原因，而非洲以外国家这一比例只有52%。非洲中位数国家25%的人表示原因是高成本或缺乏必要的文件，22%的人表示原因是地理障碍。在非洲以外，中位数发展中国家18%的人认为原因在高昂的成本，13%的人认为是地理障碍，11%的人认为缺乏必要的文件。几乎相同的比例的人将没有账户的原因归为缺乏金融机构的信任（非洲12%，外部11%），而宗教原因在非洲（2%）的影响并不及外部（4%）。最后，在非洲认为不需要账户的人所占的比重（5%）比外部（9%）要低。总体而言，这表明非洲和其他发展中国家存在的障碍类似，但某些障碍在撒哈拉以南非洲地区似乎更大。

37.2.6　非洲小微金融的作用

像其他发展中地区一样，小微金融在撒哈拉以南非洲迅速增长。非洲小微金融机构（MFI）向小微金融信息交流中心（Microfinance Information eXchange，MIX）报告，其所服务的借款人数从2003年的160万增加到2009年的850万①。该增长一部分可归因于向MIX所报告的微型金融机构的数量的扩大，但即使是对于在2005—2009年的所有年份中一直向MIX报告信息的48个非洲小微金融机构，活跃借款人数也从230万增加到480万。

非洲和发展中世界其他国家在机构方面的表现非常相似。例如，截至2009年，作为银行组织的小微金融机构占机构总数的比重，在非洲和在其他地方都是7%。在非洲，银行持有小微金融资产的42.1%，而其他发展中国家则为48.6%（见表37.3）。在非洲，非政府组织在金融机构总数中所占的比重比非洲以外的地区要低（26%对35%），不过非洲国家的非政府组织持有更大份额的小微金融资产（20.4%对11.6%）。非银行金融机构似乎在非洲以外地区发挥了更重要的作用，而信用合作社和合作社则在非洲发挥了更大的作用。总的来说，非洲的金融机构类型似乎与其他地方一样多样化，类似地也依赖于更为商业化的小微金融形式。以下证据进一步支持了该结论：根据MIX数据，较少商业化机构通常青睐的集体责任贷款（group liability loans）仅占非洲小微金融资产的15%和非洲贷款的26%，相比之下，在其他发展中国家这一比例是15%和20%。Beck 等（2011）还指出，非洲的小微金融机构在其发展过程中已经偏离了集体责任贷款机制，该机制因穆罕默德·尤努斯早年在孟加拉国的实践而闻名。在西非，机构只采用个体责任机制。

---

① 关于数据的获得和使用，我们非常感谢 MIX 的 Blaine Stephens，以及 Scott Gaul（曾属于 MIX）。

表 37.3　　2009 年按机构类型划分的小额信贷资产份额

	资产份额，按小额信贷机构类型划分			
	非洲		非洲以外地区	
	机构数量（家）	资产份额（%）	机构数量（家）	资产份额（%）
银行	12	42.06	59	48.57
合作社/信用合作社	39	23.71	109	8.39
NGO	44	20.42	297	11.60
NBFI	70	13.46	320	29.68
村镇银行	3	0.33	55	1.65

在借款人数量增长的同时，非洲小微金融机构的财务业绩却在下降，MIX 编制的运营自我维持（Operational Self－Sufficiency，OSS）指数捕捉到了这一趋势，且这一趋势比其他发展中地区更为明显（见图 37.6，B 图）①。在一定程度上，这反映了新的非洲微型金融机构被纳入 MIX，这些微型金融机构的利润低于现有的微型金融机构，但即使是对于在 2005 年至 2009 年的所有年份中都报告了盈利能力数字的 50 个非洲小微金融机构而言，其 OSS 水平也表现为下降（见图 37.6，图 A）。与此同时，无论是考察始终向 MIX 报告的机构的平衡面板数据还是考察全样本，非洲小微金融机构的平均贷款规模（相对于人均 GDP）的增长都超过了其他地区（见图 37.7）。同样，在始终向 MIX 报告的小微金融机构当中，女性借款人的比例表现出了平稳下降，但图 37.7 中没有显示。在非洲小微信贷机构的全样本中（见图 37.7，图 B），女性贷款的平均比例相对稳定，这表明新进入的非洲金融机构更多地专注于向女性贷款，而较为成熟的小微金融机构正在撤出该细分市场。

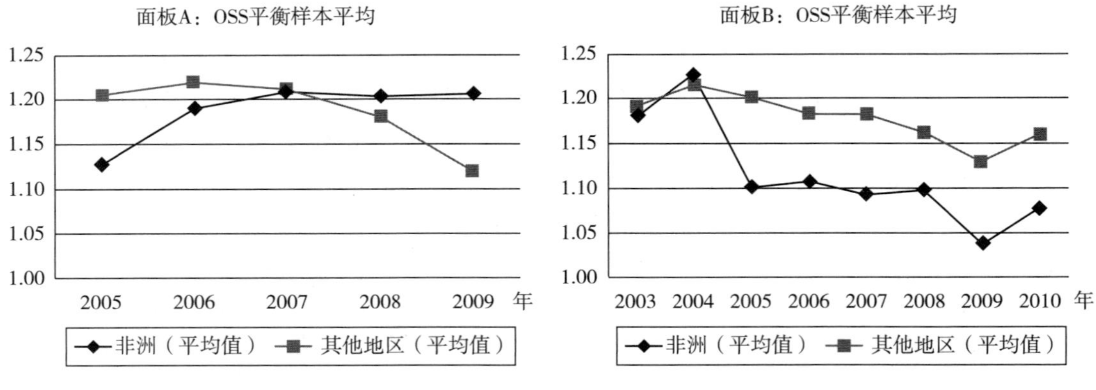

图 37.6　小额信贷机构的运行自给自足

非洲小微金融机构的覆盖面将继续扩大，使更多的客户都能接受金融服务。与此同时，这里提供的数据表明，持续扩张可能使 MFI 的利润面临更大的竞争压力，并可能使其不再那么注重向最贫穷的人提供服务。至少，自 2000 年以来，非洲小微金融的爆炸性增长，使其成为在未来几年中需要被关注的子部门。

① 业务可持续性比率是财务收入除以财务费用、净贷款损失准备和经营费用之和。

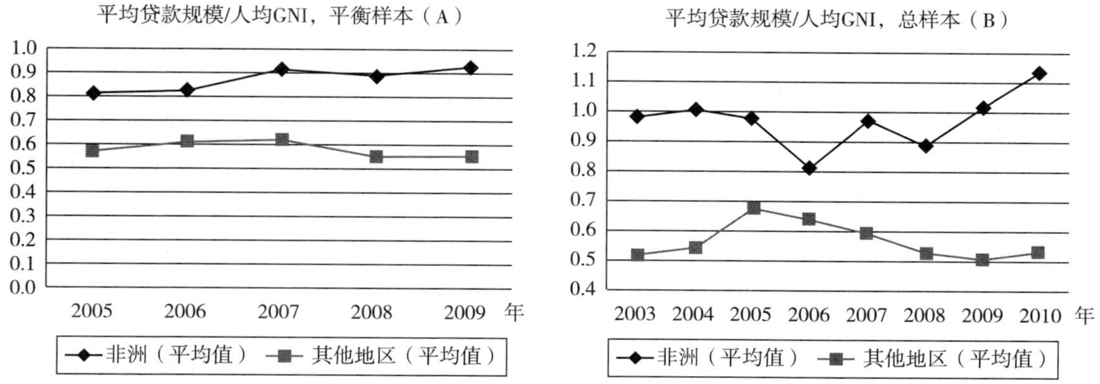

图 37.7　小额信贷机构的平均贷款规模随时间的变化

37.3　克服金融包容的障碍：分支扩张、实地实验和技术

非洲在过去几年，不仅在金融深度和普及性方面取得了重大进展，而且在宏观经济稳定性方面有所进步——几乎没有几个国家的通胀率达到两位数。同样，体制方面也有一些进步，包括在债权人权利、合同执行和信用信息共享方面。具体来说，在 2004—2012 年，财产登记的平均成本从财产价值的 13% 下降到 9%，而债权人权利在同期从平均 4.2 增加到平均 5.6（最大值 10）。虽然在 2004 年，只有不到一半的国家有公共或私人的信用登记系统，但 2012 年该区域已有 70% 的国家建立了信用登记系统。但是，合同执行的平均成本仍然很高，从 2004 年的平均索赔额的 56% 至 2012 年的 54%，几乎没有降低。①

虽然宏观经济管理和体制发展已显示出一定程度的改善，但 37.2.2 节中讨论的基准测定工作表明，这些是撒哈拉以南非洲金融深化的必要条件，而不是充分条件；包括地理上的不利因素在内，其他障碍还在阻碍非洲银行体系的进一步深化。然而，正如 37.2 节所间接提到的，金融创新，即新的交付渠道、新的参与者和新产品，可以帮助克服这些障碍，特别是地理障碍。在过去几年中，非洲已经出现了很多这样的创新，正如 Beck 等所述（2011）。其中大部分来自国内和外国的不同金融机构，银行、NGO 和小微金融机构，它们往往得到了捐助者的支持。在许多国家，监管机构已经开始灵活应对，在现有监管框架内为创新打开空间，或在必要时调整现有体制。

在本节中，我们展示了不同形式的金融创新，总结了有关一些银行最近在一些人口稀少地区进行的分行扩张的研究成果，并分析了银行使用代理网络进一步扩大覆盖面的可能性。代理人通常是由正规金融机构（通常是银行）培训的小型零售业经营者，负责收集存款和支付清算，包括小额贷款支付。我们还总结了最近在非洲的实地实验结果，这些结果揭示了哪些类型的金融服务可能帮助某些欠缺金融服务的细分市场并克服其中的障碍。最后，我们探讨了在弥合非洲金融体系现存的地理和信息鸿沟方面，技术创新可以发挥的一

① 这些数字基于来自商业数据库（http：//www.doingbusiness.org）的数据。

些作用。

37.3.1 设立银行分支

在肯尼亚，银行分支总数从2006年的576家增加到2009年的970家，而有银行账户的成年肯尼亚人口的比例从14%增加到23%。许多肯尼亚银行，包括一些国有和外资银行，在此期间扩大了其分支机构范围，特别是一家私人的国内银行——肯尼亚股份银行（Equity Bank）的扩张战略，因其对缺乏金融服务的细分市场的影响而显得尤为突出。作为其扩张战略的一部分，肯尼亚股份银行强调在其分支机构中使用当地语言，这是一项很为当地人着想的措施，因为肯尼亚中部的30%~40%的人不会说英语或斯瓦希里语。

Allen等（2012a，2012b）利用了肯尼亚股份银行在肯尼亚的分支政策比其他银行更偏重少数族裔地区的事实，并使用工具变量和双重差分方法来确定肯尼亚股份银行分行的扩张对家庭获得银行服务的影响。他们发现，肯尼亚股份银行分行的存在对家庭使用银行账户和银行信贷有显著的正向影响。[①] 通过运用不同的估计方法，他们发现肯尼亚股份银行使拥有银行账户的可能性上升了4%~9%。类似的回归结果表明，肯尼亚股份银行的出现使得借款活动增加，不过相比之下贷款使用的增加并不多，从2006年的2.9%上升到2009年的4.4%。

如上所述，在人口稀少地区促进普惠金融的另一种潜在方法是开展代理银行业务。[②] 然而，据我们所知，没有人对代理银行业务的影响进行严格的研究，当然也没有人研究其在非洲的影响。然而，拉丁美洲的经验表明，代理可以有效地接触到那些无银行账户者[普惠金融联盟（Alliance for Financial Inclusion），2012]。在肯尼亚，肯尼亚股份银行也有力地推进了代理银行业务，将代理人数量从2011年初的不足1000名扩大到2012年底的6000多名。这些代理现在贡献了肯尼亚股份银行总交易的30%以上。

总而言之，肯尼亚股份银行和其他发展中国家的少数银行的经验表明，通过某种商业模式，重点向那些商业银行通常忽略的细分人口提供金融服务，这是可能产生可持续利润的。与此同时，相关研究的数量很少（且大多数不是针对非洲国家），这使得我们很难确定成功的战略需要具备哪些因素。

37.3.2 以实地随机抽样评估定向干预政策

虽然对于非洲的金融服务来说，很少有针对其进行的基于随机对照试验（RCT）的实地实验，但是我们还是能够看到有关普惠金融的主要障碍的一些规律。在储蓄方面，一些承诺机制可以防止来自外部的需求（通常来自亲戚和朋友）获得所积累的资金，这使得投资增加并使公司快速增长。例如，Dupas和Robinson（2013）表明，肯尼亚的女性店主比

---

① 对于类似的研究，参见Bruhn和Love（2014）关于墨西哥的阿兹台克银行（Banco Azteca）扩张的研究，Burgess和Pande（2005）关于利用印度分支机构限制的外生变化以确定增加分支对减贫影响的研究，以及Brown、guinn和Kirshenmann（2013）的研究，他们记录了一家重要的小微金融服务提供者（即ProCredit）扩张其在阿尔巴尼亚、保加利亚、马其顿和塞尔维亚的分支之后，给当地带来的巨大的金融普惠好处。

② 不确凿的证据显示，代理银行业务可以克服地理上和社会文化的障碍，而这些障碍可能阻止低收入人口获得正规银行服务。

男性店主更有可能使用有着高提款手续费的无息银行账户（该账户理应比标准的付息账户的吸引力低），并且对这些业主是女性的企业的投资几乎是对照组中女业主企业的两倍。Brune 等（2011）记录了马拉维烟草种植者生产方法的变化，起因是银行向他们提供了一种“承诺”储蓄账户服务：直到指定的日期之前，该账户内的资金都将被冻结起来（该日期通常在种植季节之前，因此资金得以保留并用于购买农场所需的投入品）。在种植季节到来之前存款和取款活动出现飙升，耕种的土地增加了 9.8%，在该种植季中的农业投入品使用量增加了 26.2%，随后收获的作物产量增加了 22%，以及收获后立即的家庭支出增加了 17.4%（均相对于对照组的平均值）。来自西肯尼亚的另一项研究显示，承诺储蓄机制如何使农民增加了对化肥的使用（Duflo、Kremer 和 Robinson，2011）。

涉及非洲信贷产品的实验证据少于储蓄产品。但是，来自发展中世界其他地区的小额信贷实验的证据表明，其效应比识别储蓄更难。例如，有关小额信贷的最著名的研究之一是 Banerjee 等（2013），表明小额信贷对印度海得拉巴贫困家庭的收入和消费没有显著影响，不过有多个研究发现对投资有微弱影响①。关键的是，最近的研究已经认定了不同的借款人群体之间有着不同效应，创业型借款人在获得外部融资时增加了投资，而非创业型则增加了消费。

非洲进一步扩大信贷的主要障碍是缺乏可靠的个人身份识别方法。没有抵押品和信用记录的个人（这是大部分非洲人口的特征）若要克服信息不对称是困难重重的，这使得他们几乎不可能从正规渠道获得信贷。建立抵押品和信用的登记系统可能有所帮助，但这些功能只有在可以准确识别人们身份的情况下才能发挥作用。对马拉维种植辣椒的农民进行的实地实验，测试了在某个身份盗窃很普遍的国家，生物识别方法是否能够改善信用市场的功能（Giné 等，2013）。来自国有银行的农业投入贷款申请人被随机分配到实验组和对照组，前者的每个成员会被采集指纹以作为贷款申请的一部分，后者则不收集指纹。实验组和对照组都参加了培训课程，其中讲述了信用记录在确保未来获得信贷方面的重要性。对于被认定为具有较高的预期违约风险的农民群体，指纹识别导致偿还率提高了 40%。②

与发展中世界其他地区一样，小额保险产品可能在非洲——特别是在农业地区产生效益。例如，降雨保险，即当降雨量低于（或超过）预定阈值时支付一笔赔偿，这对非洲农民可能是有用的。③ 然而，小额保险的实证研究很少。在加纳，Karlan 等（2013）发现降雨保险抵消了农民的风险规避倾向并改善了其决策，不过这种效应的最大化需要保险与补贴资本相结合。当农民们同时受到这两种支持时，其农业化学品投入的支出增加了 47%，将种植的土地扩大了 22%，且不太可能报告说其家庭正遭受饥饿的折磨。但在马拉维的另一个实验中，Giné 和 Yang（2007）发现，当贷款与在降雨不足的情况下支付的保险政策（按照精算公平的价格定价）相结合时，农业贷款产品的领取率反而有所降低。一定程度

① 参见 Roodman（2012）和 Bauchet 等（2011）对各类评估小微金融的研究当中有关证据的总结。在对非洲小微金融研究的综述中，Van Rooyen、Stewart 和 De Wet（2012）发现，针对小额信贷和小额储蓄的干预措施对家庭收入和资产积累的影响是复杂的。在一定程度上，这可能是因为他们回顾的研究在质量上参差不齐。

② 此外，粗略的成本效益分析表明，改进偿还的好处大大超过设备和指纹收集的成本。

③ 由于农民的行为对赔付没有影响，降雨保险不存在道德风险问题，因而对于金融服务提供者而言是一种可行产品。

上讲，农民不愿意购买保险产品可能源于以下信念，即他们在恶劣天气的情况下仅对其贷款承担有限责任（因此他们已经获得了一种形式的隐性保险）。在这两个实验中，保险产品的领取率都意外的低，这表明保险产品和农民的需求之间的匹配不够和/或农民不完全理解这些产品如何能够惠及他们。在保险领域，有必要进行更多的相关研究。

37.3.3　技术创新

移动货币转账（mobile money transfer，m – transfer）系统通过移动电话促进金融交易，允许用户使用移动设备访问账户并存取现金。用户可以通过短信、菜单命令和个人识别号将财产存入账户并在用户之间传输（Aker 和 Mbiti，2010）。因此相比与使用本地化的非正规支付渠道，m – transfer 使用户能够在更广泛的地理区域上以相对低的成本进行支付和转移资金。Aker 等（2011）报告说，自 2005 年以来，非洲、亚洲和拉丁美洲的 80 个发展中国家建立了 m – transfer 系统。

M – Pesa 是由肯尼亚的移动网络运营商 Safaricom 在 2007 年发起的移动支付钱包服务，截至 2012 年年初，其注册用户数已经达到 1500 万，其网络中共有 35000 个现金收付代理，每月交易量达 6.65 亿美元（Mark，2012；Rotman、Ferrand 和 Rasmussen，2012）。M – Pesa 的运用已使得转账的成本大大降低了、交易量（尤其是汇款）大量增加，提高了获得正规银行服务的可能性，并减少了非正规储蓄机制的使用（Jack 和 Suri，2011；Mbiti 和 Weill，2011）。与此同时，M – Pesa 很少被用于长时间的价值储藏（大多数交易属于现金的即时收付类型），且绝大多数 M – Pesa 交易是由相对较为富裕的肯尼亚所进行的，不过有一些迹象表明较贫穷的人口群体也在使用，但并不频繁。[①]

Blumenstock、Eagle 和 Fafchamps（2011）展示了移动支付服务能够在多大程度上促进一个经济体内在空间层面上的风险共担。据他们所述，2008 年在卢旺达发生基伍湖地震时，居住在地震影响范围之外的人们向居住在地震中心附近的人们发起了大量的移动转账。他们还表明，这些转账与互惠的风险共担有关，并不是处于慈善或捐赠的动机，这意味着虽然似乎仍是较富裕的人口受益最多，但移动支付服务促进了个体之间非正式的保险机制。

另一个例子来自尼日尔，这里的 m – transfer 系统为实施现金转账提供了一种更为节约成本的方法。虽然 Bold、Porteous 和 Rotman（2012）认为，当电子支付方式搭载在现有的支付基础设施上时，其现金转账的功能才会发挥最大效果，但是尼日尔的经验表明，在缺乏更传统的支付基础设施时也可以通过 m – transfer 系统进行电子现金转账。[②]

在尼日尔 96 个“粮食短缺”村（指在 2009 年的收获季，这些村的产出不及其消费需求的一半），一项实验比较了传统现金转账与通过被称为 Zap 的 m – transfer 系统进行的转账（Aker 等，2011）。三分之一的村庄接受传统的现金援助；另有三分之一的村庄收到了手机，并由此通过 Zap 接受电子转账形式的援助；而其余村庄的受助人则收到一部手机，

① 限时储蓄的一个潜在解释是存储在 M – Pesa 账户中的余额没有积累利息（虽然这可能随着 M – Pesa 与银行合作伙伴合作将 M – Pesa 账户链接到主流银行账户而改变）。

② 在尼日尔，每 10 万居民中有不到一家银行。

但继续得到现金援助。第三组旨在从电子转账的影响当中剔除手机的使用对财务和其他结果的影响。Zap 大大降低了分配和收取现金援助的成本，且家庭使用援助购买了更多样化的商品，增加了他们的饮食多样性，减少了资产的耗费，并且种植了更多样化的作物（包括通常由妇女种植的边缘作物）。作者推测，Zap 的使用降低了成本，特别是节省了电子转移支付接收者的时间、更好地保护了他们的隐私（从而减少其将援助分给社群内其他人的义务），从而推动了家庭选择的变化。

虽然仍在初级阶段，但到目前为止的实验结果表明，金融产品可以低成本（无论是对提供者和还是对穷人自身）惠及穷人，可以加入某些约束以确保资金用于满足借款人/储蓄者的财务需求，并有望推动非洲的普惠金融发展。

37.4　总结与展望

虽然我们在深化和扩展非洲金融系统方面取得了成就，但挑战依然存在。在本结论部分，我们总结出五个在未来需要研究以支持政策制定的领域。第一个挑战是整个区域金融业务的短期性质，这不仅体现在银行的资产负债表结构中，而且在合同储蓄机构和金融市场的有限发展中也能显示出来。虽然普惠金融在最近的政策讨论和研究议程中占主导地位，但家庭、企业和政府对长期融资的需求同样是巨大的。满足非洲有形基础设施需求的成本估计为每年 930 亿美元，约占非洲国内生产总值（GDP）的 15%（Foster 和 Briceño - Garmendia，2010）。随着非洲迅速城市化，非洲大陆的住房需求，特别是城市地区的住房需求继续上升。公司仍然缺乏长期投资所需的融资来源。

因此，无论对于研究人员和还是决策者来说，长期融资领域还有许多值得研究的问题。首先，关于长期融资安排的数据仍然缺乏，包括公司债券市场结构和成本、保险市场和私募股权基金等方面。其次，对于各种干预措施和政策，至关重要的是找出其中有积极影响的例子和评估其效果；另外，有少量文献研究了美国、欧洲和（越来越多的）新兴市场经济体当中的股权基金及其对企业的影响，相关的研究也应该拓展到非洲市场上。上文提到有一个重要的限制妨碍了长期融资的发展，即缺乏缓解风险的工具。部分信用担保制度可能发挥了重要作用，但其设计和实际影响尚未得到充分研究。

第二个挑战涉及小企业。关于普惠金融的研究已经认定，有一些政策可以改善家庭和微型企业对金融服务的获得和使用；展望未来，无论是针对供给还是需求方面的限制，这项研究必须从微型企业拓展到小企业。之所以要强调这一点，是因为工作密集型、转型式的增长更可能通过正规的而不是非正规的企业来实现。虽然有大量的文献度量了不同规模的公司的各自受到的融资约束，但是很少有证据显示出具体政策和干预措施给不同规模的企业带来的影响究竟有何差异。虽然获得正规融资可能不是小企业面临的最严峻的（可检验的）挑战，但所获取融资的质量很重要，包括期限、货币选择和抵押要求等方面。对指向小企业贷款的不同贷款技术、交付渠道和组织结构进行评估是很重要的，同样重要的是评估企业融资约束与其他制约因素（包括缺乏管理能力和金融素养）的相互作用。

第三个重要议程涉及监管改革。虽然全球讨论和改革进程的主导议题是最近的国际金融危机以及针对发达（甚至是很复杂的）金融市场的脆弱性担忧，但是这与非洲的脆弱性担忧不尽相同，非洲的改革能力也更低。一些被提议或实施的改革，或是看似对几乎所有非洲国家都没有意义（例如集中柜台交易），或是只适用于高频交易越来越多的发达市场，而不能给落后的非洲金融市场带来多少好处（如证券交易税）。这并不是说支付和结算系统在非洲不如其他地方那么重要，而是说非洲需要的是基础性的支付系统建设。些许令人惊讶的是，迄今为止的研究只是集中在非洲的移动支付上，而不关注其他使用自动结算所（ACH）机制的各种支付选择［如直接存款、用于支付消费者账单的自动重复扣款（direct debit）、B2B 交易和其他形式的电子商务］。

Kasakende、Bagyenda 和 Brownbridge（2012）认为面对非洲的情况，仅仅有巴塞尔协议Ⅲ所提议的改革措施是不够的，需要额外的监管工具，包括对银行资产敞口施加限制，以及加入对贷款集中度和外汇敞口的规定。在监管改革的问题上，相比于盲目地采用国际通行的最佳方法，选择最符合当地情况的方法会更为合适。因此，在推行监管改革时，要在风险与金融深化、金融普惠的机会损失这二者间权衡，这一点至关重要。

在监管改革的背景下，第四个值得一提的主题是国际化和跨境银行监管，部分是吸取国际金融危机的教训，部分是由于非洲国家与新兴市场、发达国家以本地区内其他国家之间的金融一体化程度正在提高。识别国家之间的跨境联系是至关重要的，Claessens 和 Van Horen（2014）所收集的数据集开启了重要的第一步。至关重要的是，我们要了解跨境银行可以通过哪些渠道促进金融体系深化和真正的一体化，以及可能通过哪些渠道威胁金融稳定。在这种情况下，改进跨境的监管合作就显得尤为重要，这可以在最小化风险的同时最大化跨境银行业务带来的好处（Beck 和 Wagner，2013）。

我们尚未触及的最后一个重要领域是金融部门改革的政治经济学问题。政治家主要追求私人利益的最大化，这种私人利益可能是其选民或者某特殊利益集团的利益。短期选举周期削弱了对长期金融发展目标的重视；维持精英阶层主导地位的目标破坏了这些精英进行改革的动机，因为这些改革会开放金融体系，从而削弱精英阶层的主导地位。政治结构有着路径依赖，其背后是资源与权力的社会经济分布状况，这些使得促进经济增长的政策（例如金融部门政策）是难以或不可能实施的，因其有可能降低现有精英的相对支配地位。同时，金融部门是开放、竞争和有竞争力的经济的重要组成部分，因为它为新进入者提供必要的资源，从而可以支持经济转型。于是，更好地了解金融部门改革中的政治制约因素、确定机会窗口就很重要。应着眼于使进一步的金融业务深化与更多人的切身利益息息相关，这是有助于推动金融部门改革的动态发展。

在这五个领域的研究必须得到一系列新数据和各种研究方法的支持。在过去十年里，数据可得性的增加催生了关于非洲金融的丰富研究议程。进一步的研究进展一方面需要将这种数据可用性扩展到非银行机构，如股票基金，另一方面也要更好地利用现有的数据源，包括信用登记和中央银行数据库。除了对更广泛的微观数据库的更充分利用，还需要探索更多的研究方法。首先，对家庭、微型和小型企业进行的随机实验将阐明具体是哪些技术和产品有助于非洲克服普惠金融的障碍。未来研究要克服的挑战之一是将溢出效应纳入考量，进而从局部均衡上升到总体结果。其次，评估特定干预政策效果的进一步研究可以揭示哪些政策改革在持续促进金融深化、改善实体经济等方面最为有效。

参考文献

［1］ Aker J. C. , Boumnijel R. , Mc Clelland A. , and Tierney N. (2011). Zap It to Me: The Short－Term Impacts of a Mobile Cash Transfer Program, Center for Global Development Working Paper No. 268.

［2］ Aker J. C. and Mbiti I. M. (2010). Mobile Phones and Economic Development in Africa, Journal of Economic Perspectives 24 (3), 207－232.

［3］ Allen F. , Carletti E. , Cull R. , Qian J. , Senbet L. , and Valenzuela P. (2012a). Improving Access to Banking: Evidence from Kenya. Paper Presented at the 2012 Summer Research Conference on "Recent Advances in Corporate Finance", at the Centre for Analytical Finance, Indian School of Business in Hyderabad.

［4］ Allen F. , Carletti E. , Cull R. , Qian J. , Senbet L. , and Valenzuela P (2012b). Resolving the African Financial Development Gap: Cross－Country Comparisons and a Within－Country Study of Kenya, National Bureau of Economic Research, Cambridge, M A, Working Paper No. 18013, <http: //www. nber. org/papers/w18013>.

［5］ Allen F. , Carletti E. , Cull R. , Qian J. , Senbet L. , and Valenzuela P. (2013). The African Financial Development and Financial Inclusion Gaps, Journal of African Economies (Forthcoming).

［6］ Alliance for Financial Inclusion (2012). Agent Banking in latin America. AFI Discussion Paper, march.

［7］ Aterido R. , Beck T. , and Iacovone L. (2013). Access to Finance in Sub－Saharan Africa: Is There a Gender Gap?, World Development 47, 102－120.

［8］ Badev A. , Beck T. , Vado L. , and Walley, S. (2013). Housing Finance across Countries: New Data and Analysis. World Bank: Mimeo.

［9］ Banerjee A. , Duflo E. , Glennerster R. , and Kinnan C. (2013). The Miracle of Microfinance? Evidence from a Randomized Evaluation. Cambridge, M A, MIT Working Paper.

［10］ Bauchet J. , Marshall C. , Starita L. , Thomas J. , and Yalouris A. (2011). Latest Findings from Randomized Evaluations of Microfinance, Access to Finance FORUM, CGAP and Its Partners Reports No. 2.

［11］ Beck T. , Cull R. , and Jerome A. (2005). Bank Privatization and Performance: Empirical Evidence from Nigeria, Journal of Banking and Finance 29, 2355－2379.

［12］ Beck T. , Demirgüç－Kunt A. , and Levine R. (2000). A New Database on Financial Development and Structure, World Bank Economic Review 14, 597－605.

［13］ Beck T. , Demirgüç－Kunt A. , and Levine R. (2010). Financial Institutions and Markets Across Countries and Over Time: The Updated Financial Development and Structure Database, World Bank Economic Review 24, 77－92.

［14］ Beck T. , Munzele Maimbo S. , Faye I. , and Triki T. (2011). Financing Africa: Through the Crisis and Beyond. Washington, D C: The World Bank.

［15］ Beck T. and Wagner W. (2013). Supranational Supervision: How much and for Whom?, CEPR Discussion Paper No. 9546.

［16］ Bold C. , Porteous D. , and Rotman S. (2012). Social Cash Transfers and Financial Inclusion: Evidence from Four Countries, CGAP Focus Note No. 77.

［17］ Blumenstock J. , Eagle N. , and Fafchanps M. (2011.) Risk and Reciprocity Over the Mobile Phone Network: Evidence from Rwanda, CSAE Working Paper No. 2011－2019.

［18］ Brown M. , Guinn B. , and Kirshenmann K. (2013). Microfinance Banks and Household Access to

Finance. University of St. Gallen: Mimeo.

[19] Bruhn M. and Love I. (2013). The Economic Impact of Expanding Access to Finance in Mexico. In: R. Cull, A. Demirgüç – Kunt, and J. Morduch, (Eds.), Banking the World: Empirical Foundations of Financial Inclusion, 137 – 156. Cambridge, M A: MIT Press.

[20] Bruhn M. and Love I. (2014). The Economic Impact of Banking the Unbanked: Evidence from Mexico, Journal of Finance (Forthcoming).

[21] Brune L., Giné X., Goldberg J., and Yang D. (2011). Commitments to Save: A Field Experiment in Rural Malawi, World Bank Policy Research Working Paper No. 5748.

[22] Burgess R. and Pande R. (2005). Can Rural Banks Reduce Poverty? Evidence from the Indian Social Banking Experiment, American Economic Review 95 (3), 780 – 795.

[23] Clarke G. R. G., Cull, R., and Fuchs M. (2009). Bank Privatization in Sub – Saharan Africa: The Case of Uganda Commercial Bank, World Development 37 (9), 1506 – 1521.

[24] Claessens S. and Laeven L. (2004). What drives Bank Competition? Some International Evidence, Journal of Money, Credit, and Banking 36, 563 – 583.

[25] Claessens S. and van Horen N. (2014). Foreign Banks: Trends and Impact, Journal of Money, Credit and Banking (Forthcoming).

[26] Cull R. and Martínez Pería M. S. (2012). Foreign Bank Participation in Developing Countries: What do we know about the drivers and Consequences of this Phenomenon? In: J. Caprio (Ed.), Encyclopedia of Financial Globalization. Amsterdam: Elsevier.

[27] Cull R. and Spreng C. P. (2011). Pursuing Efficiency While maintaining Outreach: Bank Privatization in Tanzania, Journal of Development Economics 94 (2), 254 – 261.

[28] Cull R. and Trandafir M. (2010). Credit Market Segmentation in Uganda. World Bank: Mimeo.

[29] Demirgüç – Kunt A. and Klapper L. (2012). Measuring Financial Inclusion: The global Financial Inclusion Index, World Bank Policy Research Working Paper No. 6025.

[30] Duflo E., Kremer M., and Robinson J. (2011). Nudging Farmers to Use Fertilizer: Theory and Experimental Evidence from Kenya, American Economic Review 101 (6), 2350 – 2390.

[31] Dupas P. and Robinson J. (2013). Savings Constraints and Microenterprise Development: Evidence from a Field Experiment in Kenya, American Economic Journal: Applied Economics 5, 163 – 192.

[32] Foster V. and Briceño – Garmendia C. (2010). Africa's Infrastructure: A Time for Transformation. Washington, DC: World Bank.

[33] Gine X. and Yang D. (2007). Insurance, Credit, and Technology Adoption: Field Experimental Evidence from Malawi, World Bank Policy Research Working Paper No. 4425.

[34] Giné X., goldberg J., Sankaranarayanan S., Sheerin P., and Yang D. (2013). Use of Biometric Technology in Developing Countries. In: R. Cull, A. Demirgüç – Kunt, and J. Morduch (Eds.), Banking the World: Empirical Foundations of Financial Inclusion, 429 – 446. Cambridge, MA: MIT Press.

[35] Honohan P. and Beck T. (2007). Making Finance Work for Africa, World Bank Working Paper No. 6626. Jack, W. and Suri, T. (2011). The Economics of M – PESA. MIT Sloan Working Paper.

[36] Karlan D., Osei R., Osei – Akoto I., and Udry C. (2013). Agricultural decisions after Relaxing Credit and Risk Constraints, Quarterly Journal of Economics (Forthcoming).

[37] Kasakende, Louis, Justine Bagyenda and Martin Brownbridge, 2012, "Basel Ⅲ and the Global Reform of Financial Regulation: How should Africa respond? A Bank Regulator's Perspective", Bank of Uganda Mimeo.

[38] Laeven L. and Valencia F. (2012). Systemic Banking Crises Database: An Update, IMF Working

Paper No. 12/163.

[39] Levine R. (2005). Finance and Growth: Theory and Evidence. In: P. Aghion and S. N. Durlauf (Eds.), Handbook of Economic Growth, 865 –934. Amsterdam: Elsevier.

[40] Mark O. (2012). M – Pesa drives Safaricom as Profit Declines to Sh12. 8bn, Business Daily may 10.

[41] Mbiti I. and Weil D. (2011). Mobile Banking: The Impact of M – Pesa in Kenya, NBER Working Paper No. 17129.

[42] Roodman D. (2012). Latest Impact Research: Inching Toward Generalization, CGAP Blog, April 11, <http: //microfinance. cgap. org/2012/04/11/ latest – impact – research – inching – toward – generalization/>.

[43] Rotman S., Ferrand D., and Rasmussen S. (2012). "The Jipange Ku Save Experiment in Kenya." CGAP Brief, October, Washington D C.

[44] van Rooyen C., Stewart R., and de Wet T. (2012). The Impact of Microfinance in Sub – Saharan Africa: A Systematic Review of the Evidence, World Development 40, 2249 –2262.

第38章　亚洲发展中国家的银行业

——所有权结构与贷款在金融危机期间的变化

38.1　导言

东亚和南亚地区发展中经济体的银行部门已经经历了重要的变革。在过去十年中，1997年东亚危机带来的压力和全球金融一体化的趋势导致了重大改革和结构变化。特别是一些东南亚国家已经开始着手清理银行系统，减少国家所有权银行，并允许更多外资参与进来。然而，金融改革的进展并不均衡，一些经济体在这些领域的进展比其他国家更快。巴基斯坦和韩国等国家的改革议程相对激进，而包括印度和中国在内的其他国家进展则较为缓慢。特别是，印度和中国的银行部门仍由政府所有制银行占主导，并且对外资相对封闭。此外，相比于拉丁美洲和东欧等其他地区，东亚的中国和南亚的印度的金融改革中没有那么全面而深远，特别是在私有化和外资进入方面。

本章主要介绍了东亚和南亚银行业的一些基本统计数据，重点介绍了该地区银行业的所有权结构特征，讨论了最近结构的改革和变化，并总结了目前影响改革进程的相关证据。鉴于最近全球的金融动荡，本章还讨论了危机对亚洲银行业的影响，并实证分析了危机期间该地区外国银行贷款的行为。本章组织如下。38.2节介绍了东南亚银行业的规模、深度、效率和服务范围的一些基本统计数据。在东亚地区，我们重点关注中国、印度尼西亚、韩国、马来西亚、菲律宾和泰国，而在南亚，我们重点关注的是孟加拉国、印度和巴基斯坦。38.3节说明了东、南亚经济体中银行为公共和外资所有的程度，并将其与其他区域的发展中国家的经验作了比较。38.4节描述了最近影响当前银行结构的一些改革和变革。38.5节回顾了关于最近所有权变更的影响的现存证据。38.6节讨论了2008—2009年国际金融危机对亚洲发展中国家的影响。38.7节实证分析了外资银行所有权对危机期间银行贷款的影响。38.8节对本章进行了总结。

38.2　亚洲银行业部门特征

东亚和南亚的银行业有许多相似之处，但在许多方面也存在较大差异；在每个地区，各国之间也存在显著差异。例如，相对于国内生产总值（GDP）的规模而言，东亚银行业的规模是其在南亚的两倍（见表38.1）。2007—2009年，东亚各国银行资产占GDP比重平均为80%～90%，而在南亚这一比重仅为50%左右。在东亚地区内部，这一比重也存在很大差异。尽管中国、马来西亚和泰国的银行资产份额超过了GDP，但印度尼西亚

(30% ~32%) 和菲律宾 (35% ~44%) 的银行部门资产份额明显小于该地区其他国家，事实上，印度尼西亚和菲律宾在规模上与孟加拉国 (52% ~55%)、印度 (58 ~64%) 和巴基斯坦 (37% ~39%) 的银行部门更加相似。相对于其他地区，东亚银行部门比所有其他地区的银行部门规模要大得多，而南亚银行部门的规模与东欧 (46% ~52%)、拉丁美洲 (40% ~42%)、中东和北非 (58% ~65%) 和撒哈拉以南非洲 (48% ~57%) 等地区相似。

银行部门深度用银行对私人部门的信贷占 GDP 的比重来度量，各国在这方面的表现与银行部门规模类似。2007—2009 年，东亚银行业深度指标（即银行信贷占 GDP 比重）达到 71% ~79%，是南亚银行业 (35%) 的两倍多，并远远超过如东欧、拉丁美洲、中东、北非和撒哈拉以南非洲的其他地区。此外，印度尼西亚和菲律宾是一个例外，它们银行信贷占私人信贷的份额不到 GDP 的 30%，接近南亚银行业的深度度量均值。反过来，南亚的银行业深度度量小于东欧、中东、北非和撒哈拉以南非洲的银行业深度。

表 38.1　亚洲发展中国家银行部门统计数据

国家或地区 \ 年份	银行资产比 GDP (%)		私人信贷比 GDP (%)		管理费用比资产 (%)		净利息收益率 (%)		网点数量 (每 10 万人)		ATM 数量 (每 10 万人)		ATM 数量 (千个/平方公里)	
	2007	2009	2007	2009	2007	2009	2007	2009	2007	2009	2007	2009	2007	2009
中国	109.5	122.5	99.7	112.5	1.5	1.1	3.7	2.3	n. a.	n. a.	n. a.	n. a.	n. a.	n. a.
印度尼西亚	31.5	30.4	22.7	23.9	3.8	3.8	6.5	6.6	5.9	7.5	11.3	13.9	10.4	13.2
韩国	99.5	111.3	93.1	104.7	1.2	1.4	1.9	2.1	18.4	18.3	235.4	248.6	967.1	1045.7
马来西亚	102.9	120.7	97.0	107.6	1.4	1.4	3.2	2.8	10.7	10.4	39.4	53.1	22.2	31.3
菲律宾	35.0	43.6	22.4	28.7	3.6	3.0	4.2	3.9	7.7	7.7	12.7	14.4	24.0	28.4
泰国	100.9	108.0	89.6	95.9	2.4	2.2	3.6	3.3	9.6	10.7	46.9	72.6	48.7	77.2
东亚太平洋地区	79.9	89.4	70.7	78.9	2.3	2.2	3.8	3.5	10.5	10.9	69.1	80.5	214.5	239.2
孟加拉国	51.8	55.5	34.6	37.7	3.4	2.7	2.5	4.2	7.0	7.3	0.5	1.3	3.7	9.7
印度	57.7	63.6	41.1	44.6	2.1	1.9	31	3.1	9.0	9.6	3.4	5.2	9.1	14.7
巴基斯坦	38.8	36.6	27.2	23.8	2.5	2.8	5.1	5.2	7.9	8.3	2.7	3.9	3.6	5.5
南亚地区	49.4	51.9	34.3	35.4	2.7	2.5	3.6	4.2	8.0	8.4	2.2	3.5	5.5	9.9
东欧与中亚地区	51.8	45.6	41.7	44.9	4.9	2.5	3.9	3.5	25.6	26.9	42.3	55.1	33.1	39
拉丁美洲	42.2	40.5	21.7	24.6	4.5	4.6	5.6	5.2	21.1	22.3	50.7	55.6	10.5	11.8
中东与北美地区	58.6	65.1	38.6	42.2	1.7	1.5	2.9	2.6	7.3	9.8	7.8	10.5	3.4	4.7
撒哈拉以南的非洲	47.6	57.1	39.1	47.2	4.6	6.9	5.3	5.9	4.9	6.7	13.3	23.7	4.8	9.6

来源：世界银行，世界发展指数（世界银行，2012）；BankScope (2012)；金融可得性调查数据库 (IMF, 2012)。

在效率措施方面，东亚和南亚的平均值较为相似，总体上比除中东和北非以外的其他地区均值要好。东亚的平均间接成本为 2.2%，南亚为 2.5%，东欧和拉丁美洲的平均间接成本超过 4%，撒哈拉以南非洲的平均成本接近 6%。在东亚，印度尼西亚和菲律宾的银行似乎比其他国家的银行业效率更低。在印度尼西亚和菲律宾的间接成本通常超过 3%，而中国、韩国和马来西亚的成本接近 1%。在南亚，印度的间接费用占银行资产的比例下降到不到2%，孟加拉国和巴基斯坦的比例接近3%。

金融中介的成本在东亚和南亚也较接近，都低于除中东和北非以外所有地区中介成本水平。拉丁美洲和撒哈拉以南非洲的平均净利息率接近5%～6%。对净利息收益率决定因素的跨国分析表明，拉丁美洲和撒哈拉以南非洲的利润率往往较高，主要是因为间接成本较高（见 Gelos，2006；Honohan 和 Beck，2007）。在东亚，韩国（2009 年为 2.1%）和马来西亚（2.8%）的净利息收益率最低，印度尼西亚的最高（6.6%）。2011 年，孟加拉国的净利息收益率为4.2%，印度为3.1%，巴基斯坦为5.2%。在银行外展衡量指标的人均分支数量这一数据指标上，东南亚国家排名低于东欧和拉丁美洲①。

在东亚和南亚，人均分支渗透率分别为每 10 万人中约 11 个和 8 个分支机构。相比之下，2011 年拉丁美洲、东欧的人均分支渗透率约为每 10 万人中 20 个分支机构。然而，按人口和地区的 ATM 数量对银行外展进行衡量时，东亚远远超过了其他地区的外展（由于缺少数据，东亚的平均值不包括中国）。同时，南亚在这两种外展措施方面落后于大多数其他区域。

东亚和南亚似乎落后于其他地区的另一个领域是银行部门私人和外资所有权的程度。由于所有权是一个正在发生重大变化的领域，本章的其余部分致力于描述这些变化并探索其影响的证据。

38.3　亚洲银行业结构：发展及与其他地区的比较

自 2005 年前后，亚洲发展中国家的银行部门结构发生了显著的变化。一般来说，如图 38.1 所示，银行业发展的趋势是政府所有的银行越来越少而外资银行越来越多。然而，各国的改革程度有所不同。在南亚，巴基斯坦在减少政府参与银行业方面起了带头作用。在 1997—2009 年，政府在银行的所有权从 68%下降到 21%。

尽管孟加拉国和印度在银行业所有权改革上取得了一些进展，但印度政府在银行领域仍然发挥着主导作用。在此期间，孟加拉国将政府持有的银行资产份额从 70%降至 35%，而印度政府持有份额仅从 80%降至 72%。在外资参与方面，南亚各国进展缓慢。印度在 1997 年几乎没有外资银行存在，但截至 2009 年，外资银行占印度银行系统近 8%。在孟加拉国，外资银行持有的银行资产份额在 1997—2009 年仅从 6%上升到 7%。

在东亚，政府在银行业的所有权比例虽然全面下降，但是在印度尼西亚和中国，政府对银行业的影响依然很严重。虽然自 2001 年以来中国政府已经实施了重要的银行部门改革，使私有制银行出现增加，但 2009 年政府的银行所有权仍占银行业的 79%。在印度尼西亚，1997—2009 年政府拥有银行的份额仅从 44%下降到 40%。韩国和泰国也经历了政府银行所有权的下降，但这些国家的政府参与银行业的基准水平要低得多。在后两个经济

① 以下国家被列入区域平均值：在东欧，我们考虑包括捷克共和国、匈牙利、波兰和俄罗斯；在拉丁美洲，我们考虑包括阿根廷、巴西、墨西哥和委内瑞拉；在中东，我们考虑包括阿尔及利亚、埃及和摩洛哥；在撒哈拉以南非洲，我们考虑包括肯尼亚、尼日利亚和南非。财务外展指标，即人口可以获得金融服务的程度很难获得。Beck、Demirgüç－Kunt 和 Martinez Peria（2007）收集了许多国家分行（分支机构）、ATM、贷款和存款数量的信息。但是，为了这个目的跨区域和国家地进行比较，分支机构的信息是最全面的。

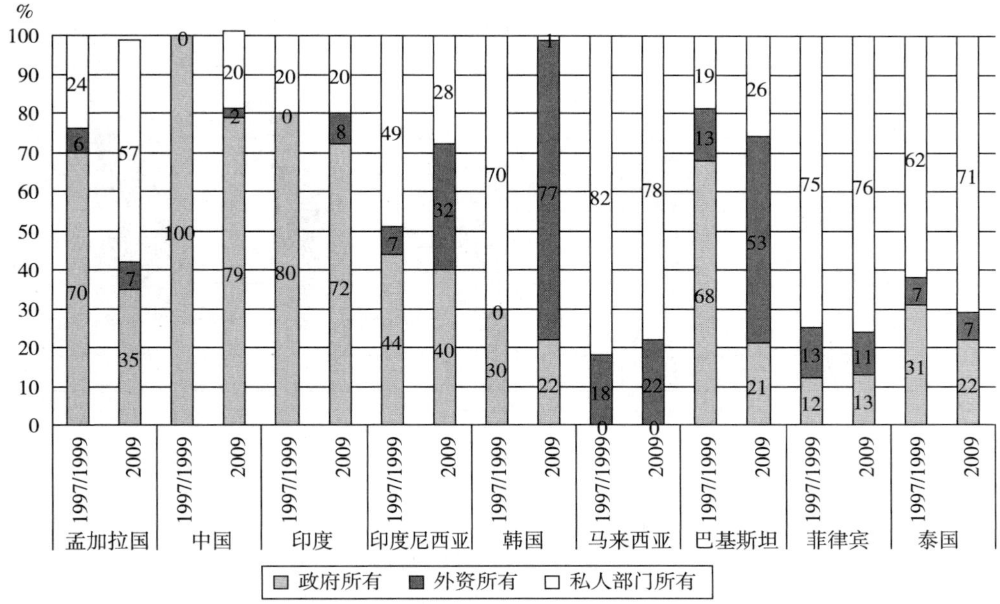

来源：Barth、Caprio 和 Levine 的监管数据库。

图 38.1　东南亚银行所有权结构变化

体中，政府银行在 1997 年控制了大约 30% 的银行部门资产。到 2009 年，韩国和泰国政府参与银行业的比例下降到 22%。在菲律宾，政府参与率基本保持在 12% ~13%。

除了中国近年来才允许外资参与银行所有权并且 2009 年外资占银行资产近 2%，外资银行在东亚的参与率远远高于在南亚，外资参与的变化也更加显著。例如，在印度尼西亚，外国银行持有的资产份额从 2009 年的 7% 上升到了 32%。韩国的外资银行参与度显著增加，外国银行持有的资产份额从接近零上升到接近 77%。马来西亚和菲律宾的外国银行持有资产份额也在增加，但这些国家的变化不那么明显。在马来西亚，外国银行持有的资产份额从 18% 上升到 22%。泰国的外国银行持有资产份额一直保持在 7% 附近，几乎没有变化。

尽管最近在东南亚银行业的私有和外资所有权发生了显著变化，即使不包括中国，亚洲政府在银行业的所有权仍然高于世界上大多数其他地区（见图 38.2）。亚洲政府持有银行资产平均为 28%，而在撒哈拉以南非洲地区政府持有比例平均为 10%、拉丁美洲为 17%、东欧为 23%。北非和中东的国家表现出相对更高的政府所有权（37%）。在外资所有权方面，亚洲排名低于除中东和北非之外的其他地区。平均而言，亚洲外资银行持有 27% 的资产，在撒哈拉以南非洲为 61%，在东欧为 51%，在拉丁美洲为 46%。

虽然亚洲经济体在银行业所有权结构方面发生了重大变化，但是在集中度方面却没有明显变化的迹象（见图 38.3）。除了韩国和马来西亚外（顶级银行持有的资产份额分别从 48% 增加到 80%、从 30% 增加到接近 60%），在其他国家的集中度水平保持不变或略有下降。特别是，孟加拉国和巴基斯坦的行业集中度从 1997 年到 2009 年下降了 16%。

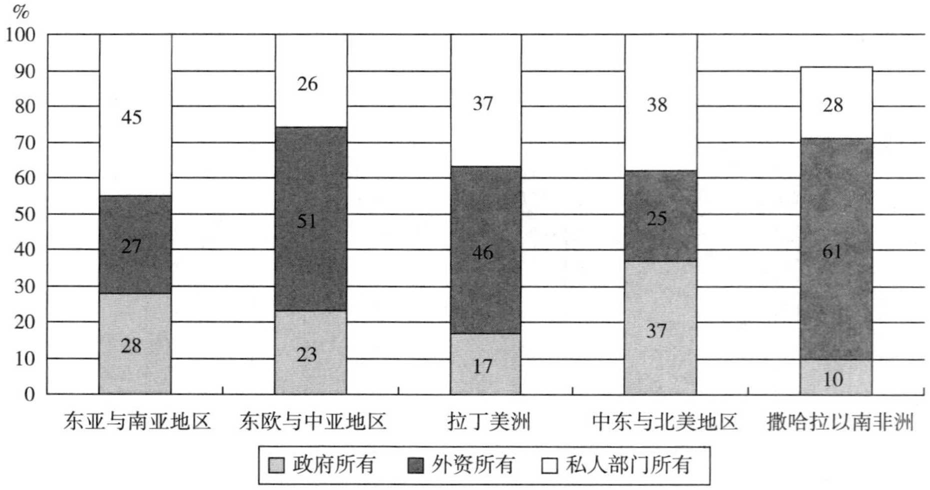

来源：Barth、Caprio 和 Levine 的监管数据库。

图 38.2 银行所有权地域

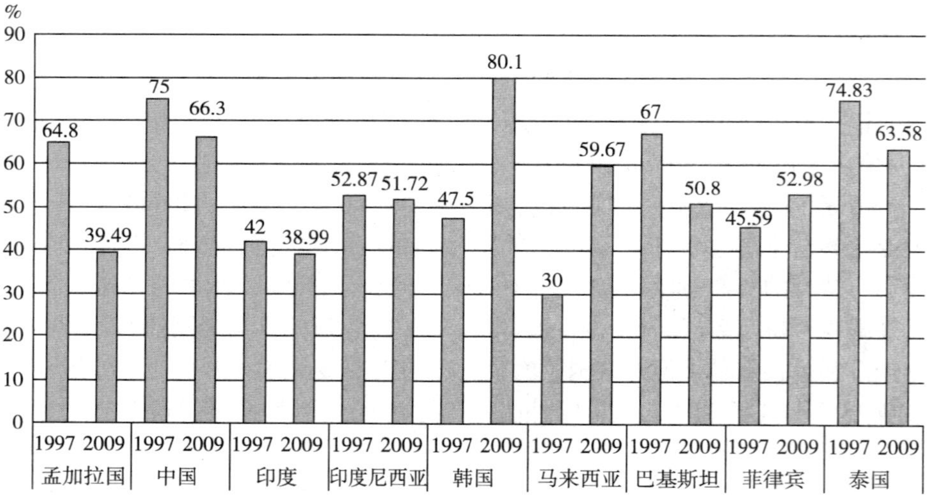

来源：Barth、Caprio 和 Levine 的监管数据库。

图 38.3 东南亚银行业集中度（前五大银行资产所占比例）

38.4 亚洲银行业近期结构变化的相关解释

尽管如前文所述，亚洲的大多数银行业政府参与率下降、外资银行参与率上升，但各国在实施这些变革的方式和速度方面存在显著差异。此外，某一区域银行业的发展根植于该地区的政治和经济等历史事件。例如，印度银行国有化沿袭了民粹主义的社会主义运动，中国的国有银行是在社会主义制度下建立的，东亚银行的重组和国内外销售是为了应对经济危机。本节讨论了东亚和南亚主要经济体的改革进程。

38.4.1　中国

中国于 2001 年加入世界贸易组织（WTO），这给中国主要的国有银行和几乎完全封闭的银行业带来了压力。20 世纪 90 年代，外国银行被禁止与中国居民进行以人民币计价的个人银行业务。直到 1999 年底，只有 25 家外国银行获准与中国企业开展本币业务。在加入世界贸易组织后，中国允许外国银行为中国居民和企业提供外汇服务，并且 2004 年中国开放了本地货币市场，允许外国银行向指定城市和地区的中国企业提供人民币服务。

零售市场原本应在 2006 年 12 月向外资银行开放；然而，2006 年年底中国政府强行附加了额外要求，要求银行必须与本地银行合作以满足中国居民需求，这一要求延迟了外国银行进入中国。尽管如此，2007 年 4 月 4 家外资银行（花旗集团、汇丰银行、渣打银行和东亚银行）获得了中国监管机构的批准，并开始接受中国居民的人民币存款（Berger、Hasan 和 Zhou，2009）。

中国监管机构也放宽了外资收购国内银行的相关规定。自 2003 年以来，外国机构投资者可以持有国内银行 25% 股份，但外国个人投资者可持有的所有权份额被限制在 5% ~ 20%，并且需要经过监管机构批准。随着这些变化的产生，外国战略投资者对中国四大银行以及其他小银行进行了股权收购。2004 年 8 月，香港上海汇丰银行（HSBC）收购交通银行 19.9% 股权。2005 年 6 月 17 日，美国银行达成协议，购买了中国建设银行 9% 股权。同样在 2005 年，苏格兰皇家银行和淡马锡各自收购了中国银行 10% 的股份；2006 年，高盛、安联股份有限公司和美国运通共同购买了中国工商银行总股份的 10%。

在改善中国银行的管理和治理方面，监管机构近期还允许银行在证券交易所上市。2005 年至 2006 年，交通银行、中国银行、中国建设银行和中国工商银行在香港和上海证券市场成功进行了首次公开募股，募集资金总额超过 400 亿美元。

38.4.2　东亚其他国家

东亚危机开始于 1997 年中期的泰国，当时其金融部门状况恶化、出口增长放缓以及中央银行投向脆弱金融机构的信贷大幅增加引发了对该国银行的挤兑。由于经济体系脆弱性和国际投资者情绪的变化导致大量资本外流，危机迅速蔓延到印度尼西亚和韩国。东亚各国政府最初面对银行业日益严重的困境反应迟缓（Kho 和 Stulz，2000）。首先，政府试图通过注入流动性来保护无力偿债的机构。然而，这一战略带来了大量（和不受欢迎）的成本。政府对危机的迟缓反应和部分反应造成了金融动荡，并严重影响了金融机构运作。各国政府为应对公众信心危机（印度尼西亚和泰国）和外汇流出问题（韩国），对其金融体系的负债进行了无限担保。这些担保阻碍了信任危机的发生，但也削弱了政府采取全面行动的必要性（Djankov、Jindra 和 Klapper，2005）。

这三个危机国家，针对金融危机的重建措施和进展各不相同。韩国积极地通过重组、国有化、清除坏账和并购来强化银行体系。虽然韩国关闭了 100 多家非银行金融机构，但没有银行倒闭。相反，11 家银行与其他国内银行合并，4 家银行进行了国有化（Delhaise，1999）。

泰国应对方式基于市场，允许银行在更长的时间内筹集资本金。政府关闭了三分之二的金融公司，但允许银行在过渡期通过逐步提高贷款损失准备计提要求的方式筹集资本金。与此同时，政府注资一级资本，但要求任何接受公共资金的银行必须满足某些严格的条件，例如满足严格的贷款损失准备和管理变更。因此，泰国政府只需要关闭 1 家银行。此外，3 家银行与其他国内银行合并，4 家银行国有化。

三个危机国家中，印度尼西亚在改革银行业方面取得的进展最小。到 1999 年 10 月，64 家小银行被关闭，12 家银行被国有化，9 家大银行被重新注资。然而，大多数金融机构仍然无力偿还或资金不足。作为回应，政府为所有印度尼西亚银行的存款做了担保，并令中央银行对已关闭银行的存款人进行偿付。

此外，所有三个危机国家都改革了现有的银行监管条例，允许外国银行在危机后的短期内购买国内银行资产。这项措施的预期效益是注入外国资本并带来银行相关专业知识。

然而，如上文和前几章所述，外国银行在这些国家的参与相对于其他发展中地区仍然很低。

38.4.3 印度

在 1945 年独立后，印度储备银行（RBI）成为印度的中央银行，中央银行对农村地区和小型企业高度重视并给予了信贷支持。1955 年，政府接管了最大的银行——印度帝国银行，并成立了印度国家银行（SBI）。1959 年印度国家银行法令指导 SBI 接管与地方政府有关联的地区银行，并将其作为 SBI 的附属机构，后来被称为“联营公司”。SBI 现在是印度最大的商业银行机构，也是世界上最大的银行之一。SBI 机构及其七个区域具有大量分支机构——这些银行约有 14000 个分支，74% 位于农村和半城市地区（印度银行协会，2003 年）。

由于持续承受将银行信贷扩大到农业和小企业部门的压力，印度政府在 1969 年将 14 家大银行国有化，并在 1980 年再增加了 6 家银行，将信贷重新转向“服务不足”的部门和人口。与 SBI 不同，国有化银行仍然是公司实体，保留了其大部分管理层和员工。虽然它们的董事会被国家所取代，被任命者来自政府和私营企业的代表（Banerjee、Cole 和 Duo，2005）。RBI 继续实施贷款利率管制，并且国有银行的很大一部分存款基础被重新调整，以通过法定措施来支持政府支出，这些措施要求银行在其存款总额中保留一定比例，以现金余额的形式存入 RBI，并另外拿出一定的比例投资于政府和准政府证券。这些贷款限制和其他印度储备银行的监管限制了印度银行的信贷扩张（Bhaumik 和 Piesse，2005）。然而，国有化银行发展到今天，仍维持了与国有化前的大公司的关系。

印度的银行业自由化和放松管制作为全面改革议程的一部分始于 20 世纪 90 年代初。改革包括允许建立新的银行和外国银行的进入，放宽分支机构管制和国有银行的私有化。同时，利率也得到自由化，银行被允许进行股权投资。然而，商业银行仍然需要以低于市场利率向“优先部门”发放贷款。“优先部门”主要包括农业、出口商和小企业。[①]

大多数外国银行在 20 世纪 90 年代获得开设分支许可证后开始经营，并根据当地银行

---

① 2007 年的改革允许银行持有优先部门贷款的证券化组合，但信贷在很大程度上仍然难以进入私人部门商业贷款领域。

法和 RBI 法规接受存款和提供信贷[①]。截至 2005 年，有 33 家外资银行在印度开展业务，但在印度分行中所占比例不到 0.5%，存款比例不到 5%，资产比例不到 7%（Federal Reserve Bank of San Francisco，2005；Hindu Times，2007，respectively）。外国银行一般不购买印度当地银行的股份，因为在 2006 年以前，外国银行被限制不能拥有超过 10% 的投票权，即使外国银行可以合法拥有 74% 的股权。外国银行通常将业务重点放在该国排名靠前的 25 个城市，这可能是由于对分行扩张的限制[②]；外国银行通常使用更现代化的设备、支付更高的工资、吸引更为训练有素的员工（IndiaMart，2007）。

2005 年，政府宣布对外国银行法进行改革，这些法律将在 2005—2009 年逐步实施，并允许外国银行建立或转让现有业务为全资子公司。此外，印度储备银行将私人银行的外国直接投资限额从 49% 提高到 74%，并宣布修订“银行监管法”的计划，以允许外国银行的投票权限反映其所有权水平，消除当前 10% 上限。2009 年 6 月，RBI 宣布，由于国际金融危机，允许外国银行收购私人银行的规定将受到拖延。此时，全资子公司被允许通过 IPO 或出售将其股权上市或稀释至 74%。即使 2008 年印度市场行情和银行股价下跌，这一改革仍然得到民众的支持。例如，Raghuram Rajan（2008）金融部门改革委员会强烈赞同废除分行许可，并强调应该对银行收购和合并给予更大自由。

私人银行主要是在 20 世纪 90 年代初的金融自由化期间获得银行牌照的新进入者。从 1994 年到 2000 年，共有 25 家新成立的私人银行开始运营。也有一小部分私人银行诞生于 1990 年以前，还有一些已经成功私有化的国有机构。成功私有化的国有机构中一个例子是 ICICI，它于 1955 年成立，是印度政府和世界银行发起的一个国有机构，旨在创建提供中期和长期的项目融资的金融发展机构。在 20 世纪 90 年代，ICICI 成功私有化并发展成为一家私人的、全方位服务的银行。ICICI 现在已经发展成为印度第二大银行，为零售和公司客户提供广泛的服务。

总而言之，虽然印度有许多外资银行，但它们的分行和账户数量相对较少，存款和资产也比其他类型银行少。从分行、账户、存款和资产的数量来衡量，国有银行是银行业中最大的类型。国有银行合并——SBI 加上国有银行——占银行业总存款和资产的 80% 左右。

38.4.4　巴基斯坦

1974 年，为了打破少数大型企业（在工业和银行部门）的垄断，巴基斯坦的银行业（主要由私营部门拥有）在政治压力下被国有化。在超过 27 年的时间里，银行业仍然不对私营部门开放。此外，外汇市场通过对外汇供应商和用户的直接外汇管制制度进行高度监督。

在 1996 年年底，银行系统处于危机的边缘。世界银行报告总结了困扰许多由国家主导银行系统存在的问题：

---

① 几十年来，一些外国银行，如渣打银行，在印度的业务有限。

② 外国银行目前仅能在分行执照的基础上运营，在此情况下，它们必须为前三家分行在当地保留 2500 万美元的资本，进一步扩张不需要额外资本，但需要 RBI 批准，然而批准很难获得。

在1996年年底，巴基斯坦的银行体系正处于危机的边缘。政治干预削弱了银行体系的金融中介功能，并且借款人希望能够不偿还他们所取得的贷款，特别是来自国有银行的贷款。过多的人员编制和分支机构，以及工会对银行人员和业务的不当干涉造成了巨大的经营损失。不良的披露标准使得银行得以通过报表粉饰来掩饰真实情况，从而助长了腐败（世界银行，2000年）。

2000年，巴基斯坦政府开始了银行改革的进程。改革方案的目标是增加金融机构、市场之间的竞争，修订银行法以加强银行治理和监督，采用以市场为基础的货币、汇率和信贷间接管理制度（信贷管理的间接体系），以更好地配置财政（金融）资源（Husain，2003）。银行业由国有化商业银行完全控制开始向私营部门开放：14家新的国内私有商业银行和16家私有投资银行、19家外国商业银行开始在巴基斯坦开展业务。此外，5家国有化商业银行中的4家被私有化。最大的巴基斯坦银行HABIB银行私有化之后，2004年国有化银行的市场份额降至20%，其余80%的银行资产由私人银行掌控。这对于一个十几年前几乎90%的银行资产由政府部门控制的国家而言是一个伟大的成就，正如前文所述，该区域很少有国家完成了这一壮举。

38.5 近年来亚洲银行部门结构的变化

虽然亚洲银行业的所有权结构的变化仍在进行中，但调查目前为止的证据仍十分有趣。在大多数情况下，这些研究对银行不同所有权类型的绩效差异进行了测试，并评估了近期所有权变更对银行效率和银行信贷可用性的影响。

关于亚洲银行业绩的跨国研究发现尽管存在一些实证问题，但外国银行所有权和银行业绩之间存在正相关关系。Laeven（2005）利用1994—2004年中国香港、印度尼西亚、韩国、马来西亚、菲律宾、新加坡和泰国的商业银行的数据进行研究，发现以其营业收入/总资产的比率作为指标，外资银行的表现明显优于国有银行。事实上，Laeven指出即使对各国政治控制程度和银行多元化水平的变量进行控制，外国所有权增加和银行业绩提高之间仍存在大致一一对应的关系。

Laeven衡量银行业绩时假设所有银行都是追求利润最大化的，资产一定的情况下营业收入越高表面业绩越好。然而，国有银行可能有某些与营业收入无关的社会目标，例如向某些发展部门贷款。尽管如此，Laeven却发现，根据同样的绩效指标，私人银行在营业收入/总资产这一指标上的表现并不优于国有银行。此外，这项研究建立在Laeven（2005）提供的额外数据基础上，外资银行不仅在东亚享有更强的效率，而且能够保持较小风险的投资组合。Laeven（1999）对1992—1996年印度尼西亚、韩国、马来西亚、菲律宾和泰国的商业银行样本进行了数据包络分析，结果表明那些投资组合风险更大的银行——主要是国有银行——在亚洲金融危机时更有可能进行重组。关注银行效益研究，Williams和Nguyen（2005）根据1990—2003年的数据进行一个与前文相似的跨国银行分析，认为外国银行的整体业绩较好，但在这些银行效益的实现上具有显著的滞后性。此外，作者调查结果指出，在外国银行的选择上，外国并购银行在收购前就具有明显的优势，因此研究突出了这种选择的偏差。另外，银行私有化带来的效率提高比外国收购银行要早得多。虽然有类似的证据表明，政府将其表现最佳的银行进行私有化，这些银行在私有化后比未私有化时效率提升更为明显。

虽然跨国研究显示银行所有权和银行业绩之间存在一定程度的一致关系，但来自亚洲国内研究的证据却非常复杂。特别是在衡量银行部门放松管制的影响时情况尤为如此，在同一国家的研究都会显示出矛盾的结果。

中国银行业的研究主要集中在比较四大银行（中国农业银行、中国银行、中国建设银行和中国工商银行）的绩效——相对于多数国有、外资和其他股份制银行。集中于银行成本效益的研究（Chen、Skully 和 Brown，2005；Fu 和 He ernan，2007；Kumbhakar 和 Wang，2007）得出来不同的结论：Chen、Skully 和 Brown 认为四大银行在成本效益方面优于中型股份制银行，而其他人（Fu 和 He ernan，2007；Kumbhakar 和 Wang，2007）认为四大银行的成本效益低于股份合作银行。关于 20 世纪 90 年代中期放松金融管制的影响，这些成本效率研究却得出了相互矛盾的结果。Chen、Skully 和 Brown（2005）认为放松管制具有积极的影响，而 Kumbhakar 和 Wang（2007）认为放松管制对效率的提升没有显著作用。

除了成本效益测度，Berger 等（2005）与 Yao 和 Jiang（2007）主要关注利润的效率，他们认为这种衡量方法能够更好地衡量成本与利润表现。在 1994—2003 年，Berger、Hasan 和 Zhou（2009）对 38 家中资银行的分析显示，银行大股东的身份对利润具有显著影响。拥有多数外国所有权的银行是最有效率的，其余依次是股份制商业银行银行、非四大国有银行和四大银行。少数股东的身份会产对效率产生更显著的影响——例如，非四大国有银行中少数外资股权的存在使其经营效率高出其他非四大国有银行近 20%。为了解决样本选择问题，Berger 等（2008）使用不同的方法来检验在少量外资股权投资后银行效率的变化情况，发现私有银行和非四大国有银行的经营效率得到显著改善。具体来说，他们比较了外资投资前四年、后四年平均效率的变化。因此，他们能够控制所有银行在样本期间内由行业效率改进带来的对所有银行影响。然而，与其他研究一样，由于外国投资者投资是基于对这些银行未来效率提升的期望，因此仍无法完全排除选择带来的偏差。

Yao 和 Jiang（2007）基于 1995—2005 年数据对中国商业银行的研究得出来互补的结论，他们指出尽管银行效率总体提高，但国有银行在效率方面仍然落后。此外，Yao 和 Jiang 认为外资收购与长期效率的提高有关，但对于进行 IPO 的银行来说，没有找到这样的证据。

在菲律宾，Unite 和 Sullivan（2003）指出虽然放松对外国银行的进入管制产生了成本效益（运营费用的减少），但放松对外国所有权股权的限制并没有产生显著的效益。1990—1997 年，Williams 和 Intarachote（2002）研究泰国银行体系发现在放松管制之后，外国银行的进入确实增加了，但期间整个银行体系的效率实际上下降了。这一结果是引人注目的，因为 Williams 和 Intarachote（2002）不仅考察了成本，还考察了非标准利润效率（alternative profit efficiency）情况①。虽然日本国有银行在其效率方面似乎有所增加，但很少有证据表明外资银行比国内银行享有更普遍的效率优势。Rajan 和 Montreevat（2001）研

① 非标准利润效率考察的是利润，而不是简单的基于成本的效率。即使当标准利润效率估计所需的某些条件不满足时，也可以估计利润。

究了外国银行效率以及 1997 年外资进入的法规改革后发现，外国银行的进入确实带来了新技术的引进和运营成本的降低。然而，这些国内研究并不能完全区分国内银行效率的改善是否与外国银行进入带来竞争加剧或改革进程等其他方面有关。

在印度，Sanyal 和 Shankar（2005）发现印度银行部门私人所有权的扩张与银行效率的提升没有因果关系。在 20 世纪 90 年代中期放松管制之后，国有银行与私人银行在生产力与效率等大多数衡量指标上表象一致。相比之下，其他对印度放松管制影响的研究发现外资或私人所有权与银行业绩之间存在积极关系的一些证据。Sahoo、Sengupta 和 Mandal（2007）利用包络分析法研究了 1997—2005 年印度商业银行生产力绩效的变化趋势，发现私人银行比国有银行具有更高的成本效益。此外，作者还指出，外国银行在基于成本和基于价格的绩效衡量方面均优于国有银行。Reddy（2005）提出了类似的结果，他们指出外资银行和新成立的私人银行在 1996—2002 年在整体技术效率方面享有优势。与此同时，Ghosh、Harding 和 Phani（2006）研究了印度政府取消商业银行外资所有权限额后私营和公共部门银行的股票价格的变动。由于他们根据银行的实际资产和收入对股票价格进行了调整，Ghosh、Harding 和 Phani 可以评估出由银行在外资所有权下的改善的预期（即“收购溢价”）所带来的股票收益。他们的研究结果表明，外国收购的好处集中在经营管理不善、市场估值较低的银行。同时，Ataullah、Cockerill 和 Le（2004）利用包络分析法对 1988—1998 年印度和巴基斯坦的商业银行数据进行研究，结果表明印度金融自由化带来了公共和私营银行的效率提高。然而，在巴基斯坦，公共银行在自由化之后并没有提高其技术效率。最后，Casu、Ferrari 和 Zhao（2013）研究了监管改革对印度银行全要素生产率增长的影响，发现银行业受益于 20 世纪 90 年代末和 21 世纪初的技术进步，出现持续的生产力增长。

对亚洲银行和公司关系的研究带来了更多有趣的结论，研究认为外资银行、私营银行与国有银行的运营方式有很大不同。例如，Berger 等（2008）研究了银行所有权形式在印度国民银行和银行关系中的作用，发现与外国银行保持关系的公司和那些与国有银行有联系的公司有许多不同：它们更有可能保持多元关系、与更多银行互动、多元化跨银行所有权关系。此外，诸如 Mian（2006）在巴基斯坦和 Gormley（2010）在印度的论文表明，外国银行的受限程度取决于它们能在多大程度上为当地企业提供贷款。Mian（2006）证明外国银行在贷款给信息不透明企业时较为艰难，并且不太可能基于“软”信息给予贷款。反过来，这又使外国银行难以重新谈判和回收不良贷款，这一过程需要强大的“软”信息技能。

同样，Gormley（2010）证实了外国银行进入印度导致了贷款被重新分配给了最赚钱的公司。他指出，1994 年取消对外国银行管制之后，外国银行在某一特定地点的进入大大降低了该地点的一般公司获得长期贷款的可能性。这一现象在与商业团体相关的公司中尤其明显，其中与通道业务和信息不对称相关的道德风险可能是最明显的，因此外国银行在服务中可能处于不利地位。基于这些证据，Gormley 指出，印度外国银行所有权的增长可能会进一步导致市场细分，可能并不足以（事实上可能会抵消）扩大可获信贷数量。

除了研究银行所有制类型的一般性和特定性能之外，亚洲的一些研究还检验了外国银行对亚洲金融危机的反应。大量的证据表明，这些银行增加了银行体系的稳定性，而不是削弱了银行体系的稳定性。Jeon 和 Miller（2005）研究了 1994—1999 年在韩国的 26 家国内银行和 59 家外国银行的情况，认为当韩国国内银行资产和股本收益在 1998 年急剧下降时，外资银行的下跌并不严重（具有统计意义上的显著性）。

将样本扩展到 2005 年，Jeon、Miller 和 Yi（2007）使用广义 Bennet 动态分解来评估银行整体调整、银行间重新分配以及银行进入或退出对银行业绩的影响程度。作者认为，尽管韩国内资银行在经济危机中具有优势，但外资银行在危机前和危机期间都享有着更高的股本回报率。尽管如此，没有多少证据表明外资或内资银行的重组在促进总体业绩方面发挥了重要作用，业绩变化主要还是由银行内部的变化带来的。

同样，Detragiache 和 Gupta（2004）在 1996—2000 年研究了 39 家马来西亚银行机构，没有证据表明外国银行在危机期间比国内银行更快地缩减业务，这与外国银行危机期间可能带来市场动荡的观点相反。他们指出，在危机期间，在亚洲活跃的主要外资银行表现与国内银行类似，但不以亚洲为主的外国银行利润水平明显高于国内银行。同时，关于外国银行进入决策的证据表明，亚洲银行在该地区经营或进入其他国家时实际上享有优于非亚洲银行的优势。例如，Leung、Digby 和 Young（2003）使用生存分析法对 1985—1996 年进入中国的银行决策进行研究，发现亚洲银行在中国建立分支机构的可能性要大于非亚洲银行这样做（或更早这样做）。

总而言之，对亚洲银行所有权的研究产生了不同的结论。外国和私人所有权通常与银行业绩增强相关，特别是在选取跨国银行样本的背景下。然而，关于所有权对金融服务获取的影响并不清晰，针对本区域许多研究认为是有限的积极作用，而另一些研究则认为对银行具有负面影响。值得注意的是，虽然许多关于银行外国和私人所有权效应的研究都集中在效率方面，但这种所有权类型对效益的贡献可以通过改变服务的性质来实现，而不仅仅是通过提供现有的服务来提升效率。例如，He 和 Fan（2004）指出，外国进入中国银行业时引入了信用卡服务、金融衍生品和交叉销售投资和保险产品使用等。对这些新产品带来的影响进行研究仍是具有意义的。

38.6　国际金融危机对亚洲的影响

最近的国际金融危机对世界经济产生了深远的影响，尽管与其他地区相比，金融危机对亚洲市场的影响相对较弱①。部分原因在于许多亚洲国家的银行业，即使是像印度这样大型的经济体，也没有明显受到美国衍生产品和次级抵押贷款的影响。例如，在国际清算银行 2009 年关于泰国的一份报告中，银行资产负债表中对美国抵押债务（CDOs）的担保不到 1%（BIS，2009）。同样，其他国家的银行，如新加坡这样更广泛暴露在 CDO 风险下的国家，也额外保有安全资产作为保险，因此，银行业杠杆明显低于美国和欧洲同业。

然而，亚洲金融部门并没有完全脱离危机的影响，最终消费者普遍丧失信心、发达经

① 在全世界估计的 3000 亿美元的总资产减记和信用损失中，亚洲的资产减记占比预计低于 6%（根据报告的标准普尔公司 Crisil 咨询公司的估计，印度联合新闻，2008 年 5 月 9 日）。这并不是说亚洲没有受到国际金融危机的影响。银行同业拆借利率上升，股市价值大跌，外汇储备下降，亚洲中央银行被要求向金融体系注入流动性。巴基斯坦是受影响最严重的国家之一，并被迫与国际货币基金组织签署 76 亿美元的备用贷款安排（Stand – by Arrangement）。

济体的需求不断减少、流入资金减少都对亚洲金融产生了影响。Goldstein 和 Xie（2009）给出了亚洲新兴市场由于危机导致的增长下降的证据，但也强调了这些下降并不像 1997—1998 年亚洲金融危机期间那样严重。作者认为，虽然亚洲经济体在出口和股票价格方面出现下跌，金融压力指数出现峰值，但该地区的政府没有必要像美国和其他大型发达经济体一样承诺尽可能多地给予资源和经济支持①。此外，国际储备、汇率和国内信贷流量受到的影响也相对较少。

公共部门也迅速对亚洲经济进行了干预，一些中央银行削减了储备金率，其中斯里兰卡、越南和印度削减幅度最大，其次是中国、韩国、印度尼西亚、中国台湾和泰国（Kawai，2009）。为了减轻危机蔓延到当地金融体系的风险，几个亚洲经济体，特别是韩国和新加坡，利用美国联邦储备委员会 300 亿美元的信贷额度提前提高其外汇储备。这一步骤导致货币市场利率显著下降。最后，许多国家为银行存款制定了广泛的保护措施，以防止银行挤兑，一些国家甚至为银行贷款提供担保（Kawai、Mayes 和 Morgan，2012）。例如，印度储备银行为房屋贷款、出口信贷和中小企业贷款建立了再融资机制（Sinha，2012）；韩国政府设立了一个债务稳定基金，为非银行金融机构和中小企业提供流动性（BIS，2009）；中国香港、韩国和日本出台便利措施帮助在当地注册的银行筹集额外资本（Kawai，2009）。

虽然关于国际金融危机对亚洲经济影响的文献总结了政府及其预防措施的影响，但对不同银行（比如从类型、规模等方面看）影响的差异性的严格证据却出人意料的稀少。Ree（2011）是其中一个例外，他使用来自亚洲十个低收入和新兴市场经济体的 Bankscope 数据来分析金融危机对亚洲银行业的影响。他指出，虽然金融危机的平均影响不大，但最大的亚洲银行跨境银行间资本流动受到金融危机的严重影响，导致贷款增速相对于存款增速大幅下降。

在本章的下一节中，我们采用类似的方法，通过所有制类型，特别是外国和国内银行之间的差异，对亚洲银行的不同反应进行了新的分析。这一分析有其必要性，因为关于银行的学术文献表明外国银行贷款在危机蔓延中发挥了重要作用（Cetorelli 和 Goldberg，2011；de Haas 等，2012）。Xu（2012）致力于解决这个问题，并利用 Bankscope 数据来分析亚洲外资银行与源自美国和欧洲的外资银行以及在亚洲其他地区拥有所有权的区域外资银行之间的金融危机的影响。Xu 的分析显示，亚洲区域外资银行之间的增长和趋势在危机期间保持强劲，而全球外国银行的贷款增长大幅减少。

我们现在转向对亚洲国内外银行的贷款增长进行分析。

38.7 国际金融危机期间亚洲银行业借贷的实证研究

为了研究亚洲银行贷款在国际金融危机前后的行为并比较外国银行与国内银行的贷款

① G3 经济体占亚洲出口需求的 60%。世界经济展望更新（2008 年）预测，亚洲发展中国家的增长将从 2007 年的 10% 下降到 2008 年和 2009 年的 8.3%、7.1%。亚洲开发银行预测 2008 年和 2009 年的增长速度更慢：7.5% 和 7.2%（ADB，Asian Development Outlook Update，2008）。

增长，我们按照 Cull 和 Martinez - Peria（2012）对东欧和拉丁美洲的分析，通过一个模型来解释总贷款（以美元表示）的年增长率。我们的主要变量旨在研究 2008 年和 2009 年的外国所有权，捕捉了外国银行所有权相对于国内银行在危机期间对贷款增长的影响。我们还控制了影响银行贷款的其他特征（例如规模、资本、流动性和融资结构）。①

我们发现，虽然 2008 年国际危机开始时银行贷款没有显著下降，但银行贷款增长在 2009 年下降了近 50%。相对于国内银行，外国银行在亚洲的贷款增长率下降超过 13%。不考虑中国和印度，这些结果是显著的，在我们的基准估计中国和印度的观测值占三分之一。我们还估计了只有亚洲最大经济体（我们在表 38.1 中所关注的那些，即孟加拉国、中国、印度、印度尼西亚、韩国、马来西亚、巴基斯坦、菲律宾、泰国）的样本，研究结论与前文一致。总体而言，我们发现在危机期间亚洲的贷款有所下降，而外国银行的贷款增长相比于国内银行来看下降幅度更大。这些结果在一定程度上反映了东欧和拉丁美洲（Cull 和 Martinez - Peria，2012；de Haas 等，2012）以及其他很多发达国家和发展中国家（Claessens 和 van Horen，2012）的情况。

38.8　结论

本章描述了亚洲银行所有权结构的最新变化，并详细介绍了该地区主要经济体的改革进程，评估了金融危机之前和危机发生时这些变化带来的影响。

最近在亚洲发生了银行部门结构的重要变化。在全球范围内，我们目睹了国有银行减少和外资银行增多的趋势。然而，该地区最大的国家，如中国、印度和印度尼西亚，仍然有办法促进私人银行和外资银行的所有权，为所有类型的银行机构创造一个平等的竞争环境。

现有文献分析了亚洲最近所有权变化的影响：在绩效改善方面，研究结果并不一致；而外资进入对金融服务可得性的影响则相当消极。这些研究结果与对东欧和拉丁美洲的结论相反，许多对东欧和拉丁美洲的研究发现了私人和外国所有权的好处，特别是在绩效和效率改进方面（见本卷第 33 章和第 34 章，Cull 和 Martinez - Peria，2007）。解释了这些区域间的差异？是一个超出本章范围的重要问题。

然而，我们有两个潜在的解释。首先，虽然拉丁美洲和东欧在 20 世纪 90 年代初期实施了促进外国和私人所有权的改革，但这些改革对亚洲来说是非常新的。亚洲的经济可能需要更长的时间来展现这两个地区已经产生的变化。此外，实际上，实证研究可能需要更多的数据来检验这些变化可能带来的好处。

其次，亚洲相对于拉丁美洲和东欧，改革的程度（即它们在产生所有权变化方面有多

---

① 总资产、银行权益、流动资产和存款对总负债的银行层面数据来自 Bankscope，是 Bureau van Dijk 提供的商业数据集。所有权信息来源多种多样，包括 Bankscope、惠誉研究、银行家年鉴、银行网站、中央银行出版物、母公司报告和银行监管机构。

为最小化异常值的影响，我们排除了顶部和底部 1% 的贷款增长的观测值。同样，我们对银行资产、流动性和资金结构的观测值也做了这种处理。我们的数据库涵盖 1988 年亚洲 14 个国家 567 家银行的观测值。在另外的分析中，我们用银行固定效应和国家 × 年度固定效应来控制国家特征（例如宏观经济增长、汇率变化等），这些特征可能随着时间的推移而改变，并影响贷款增长。

大）是相当不同的。虽然这些地区的改革大幅改变了银行部门的结构，促进了大多数私人和外国所有权，但亚洲迄今为止采取了一种更加零碎的方法。我们希望未来的研究将确定这些解释的优点，并阐明为什么外资和私人所有制似乎在亚洲相对于其他地区有不同的影响。

金融危机对亚洲的影响是什么？现有证据表明，虽然亚洲经济受到最近全球危机的影响，但影响不如1997年亚洲危机的影响深，而且受影响程度低于世界其他地区。尽管如此，我们对银行贷款的分析表明在危机期间亚洲的银行贷款增长下降，外国银行贷款增长的下降幅度明显超过国内银行贷款。

技术附件

国际金融危机下亚洲银行贷款的实证分析

为了检验亚洲银行贷款在国际金融危机之前和期间的行为，并对比外国银行相对于国内银行的贷款增长，我们遵循 Cull 和 Martinez Peria（2012）对东欧和拉丁美洲的分析，并估计公式（1）在2005—2009年期间：

$$\Delta L_{i,t,j} = Foreign_{i,t,j} + Crisis\_2008_t + Crisis\_2009_t + Crisis\_2008_t \times Foreign_{i,t,j} + Crisis\_2009_t \times Foreign_{i,t,j} + X_{i,t-1,j} + Crisis\_2008_t \times X_{i,t-1,j} + Crisis\_2009_t \times X_{i,t-1,j} + \alpha_j + \mu_{i,t,j}$$

其中 $\Delta L_{i,t,j}$ 是银行 i 在时间 t 国家 j 的总贷款总额的年增长率（按美元计算）。*Foreign* 代表一家外资银行的价值。$Crisis\_2008_t$ 和 $Crisis\_2009_t$ 分别代表了2008年和2009年的危机。此二者在其他时期均为零。Foreign 与 Crisis 的相互作用反映了外国银行在危机期间对贷款增长的影响，相对于国内银行在此期间的贷款行为。$X_{i,t-1,j}$ 是银行特征的矩阵，也可以影响贷款增长（例如规模、资本、流动性和融资结构）。这些变量滞后一段时间以避免内生性问题。我们还包含了该矩阵与 Crisis 的相互作用，以使银行特征对贷款增长的影响在危机期间发生变化。α_j 代表国家固定效应。在另外的分析中，我们将银行固定效应和国家×年固定效应包括在内，以控制可能随时间变化并影响贷款增长的国家特征（例如，宏观经济增长、汇率变化等）。

总资产、银行权益、流动资产和存款对总负债的银行层面数据来自 Bankscope，是 Bureau van Dijk 提供的商业数据集。所有权信息来源多种多样，包括 Bankscope、惠誉研究、银行家年鉴、银行网站、中央银行出版物、母公司报告和银行监管机构。

为最小化异常值的影响，我们排除了顶部和底部1%的贷款增长的观察结果。类似地，我们从分析中排除了银行资产，同样，我们从分析观察中排除了相同1%范围内的银行股权、流动性和融资结构。我们的数据库包括1988年对亚洲14个国家567家银行的观察数值，它们是孟加拉国、柬埔寨、中国、印度、印度尼西亚、韩国、马来西亚、蒙古国、尼泊尔、巴基斯坦、菲律宾、斯里兰卡、泰国和越南。

表 A.1 显示了我们的基线结果。表 A.2 显示了亚洲最大经济体（我们在表 38.1 集中讨论的经济体，即孟加拉国、中国、印度、印度尼西亚、韩国、马来西亚、巴基斯坦、菲律宾、泰国）。

表 A.1　　关于 2005—2009 年亚洲银行贷款增长的基准回归

变量	(1)	(2)	(3)
Foreign	-0.0336 (0.0268)	-0.027 (0.0273)	
Crisis _2008	0.0385 (0.192)		
Crisis _2009	-0.506 *** (0.166)		
Foreign × *Crisis* _2008	0.0182 (0.0396)	0.000925 (0.0374)	0.00634 (0.0335)
Foreign × *Crisis* _2009	-0.130 *** (0.0380)	-0.140 *** (0.0386)	-0.130 *** (0.0349)
$t-1$ 期净资产比率	0.00287 (0.00197)	-0.00263 (0.00213)	-0.000429 (0.000371)
$t-1$ 期资产总额对数	-0.0126 ** (0.00594)	-0.0150 ** (0.00689)	-0.233 *** (0.0532)
$t-1$ 期流动资产比总资产	0.00137 (0.00101)	0.00146 (0.00114)	0.00691 *** (0.00116)
$t-1$ 期消费者存款比总负债	-0.000213 (0.000589)	-6.51e-05 (0.000593)	-0.000399 (0.000951)
$t-1$ 期净资产比率 × *Crisis* _2008	-0.00324 (0.00336)	-0.00145 (0.00366)	0.00239 (0.00326)
$t-1$ 期净资产比率 × *Crisis* _2009	0.00247 (0.00268)	0.00256 (0.00288)	0.00598 * (0.00325)
$t-1$ 期资产总额对数 × *Crisis* _2008	-0.0169 * (0.009121)	0.0102 (0.0101)	0.0117 (0.00814)
$t-1$ 期资产总额对数 × *Crisis* _2009	0.0187 ** (0.00763)	0.0102 (0.00885)	0.0117 (0.00812)
$t-1$ 期流动资产比总资产 × *Crisis* _2008	0.000782 (0.00152)	-0.000885 (0.00195)	0.000693 (0.00192)
$t-1$ 期流动资产比总资产 × *Crisis* _2009	0.000269 (0.00151)	0.000680 (0.00173)	0.00245 (0.00206)
$t-1$ 期消费者存款比总负债 × *Crisis* _2008	0.00102 (0.000852)	0.000852 (0.000851)	0.000398 (0.000891)
$t-1$ 期消费者存款比总负债 × *Crisis* _2009	0.00218 ** (0.000869)	0.00199 ** (0.000878)	0.00215 *** (0.000829)
常数项	0.303 *** (0.112)	0.182 (0.132)	3.186 *** (0.832)
国家固定效应	Yes		
国家 × 年份固定效应		Yes	Yes
银行固定效应			Yes
观测数	1988	1988	1964
R-squared	0.181	0.260	0.362
银行数量			567

注：*、**、***分别表示估计系数在 0.1、0.05、0.01 水平上显著。

表 A.2　　关于 2005—2009 年亚洲最大经济体银行贷款增长的回归

变量	(1)	(2)	(3)
Foreign	-0.00813 (0.0289)	-0.00856 (0.0294)	
Crisis _2008	0.185 (0.226)		
Crisis _2009	-0.362 * (0198)		
Foreign × *Crisis*_2008	-0.0134 (0.0441)	-0.0153 (0.0411)	-0.00634 (0.0340)
Foreign × *Crisis* _2009	-0.130 ** (0.0412)	0.133 *** (0.0402)	-0.133 *** (0.0359)
t-1 期净资产比率	0.00313 (0.00234)	0.00280 (0.00247)	-0.00170 (0.00394)
t-1 期资产总额对数	-0.00681 (0.00622)	-0.00941 (0.00678)	-0.209 *** (0.0582)
t-1 期流动资产比总资产	0.000605 (0.00118)	0.00127 (0.00133)	0.00619 *** (0.00122)
t-1 期消费者存款比总负债	0.000172 (0.000662)	8.23*e*-05 (0.000668)	-0.000393 (0.000953)
t-1 期净资产比率 × *Crisis* _2008	-0.00462 (0.00381)	-0.00213 (0.00399)	0.00213 (0.00285)
t-1 期净资产比率 × *Crisis* _2009	0.00105 (0.00340)	0.00160 (0.00340)	0.00468 (0.00340)
t-1 期资产总额对数 × *Crisis* _2008	-0.0222 *** (0.0109)	-7.85*e*-05 (0.0103)	0.00298 (0.00775)
t-1 期资产总额对数 × *Crisis* _2009	0.0101 (0.00884)	0.00614 (0.00922)	0.00704 (0.00834)
t-1 期流动资产比总资产 × *Crisis* _2008	0.00138 (0.00170)	-0.00168 (0.00208)	0.000913 (0.00184)
t-1 期流动资产比总资产 × *Crisis* _2009	0.000842 (0.00176)	0.000716 (0.00197)	0.00306 (0.00225)
t-1 期消费者存款比总负债 × *Crisis* _2008	0.000381 (0.000983)	0.000719 (0.000968)	-0.000204 (0.000904)
t-1 期消费者存款比总负债 × *Crisis* _2009	0.00219 ** (0.00100)	0.00251 ** (0.00102)	0.00204 ** (0.000903)
常数项	0.196 (0.124)	0.0912 (0.138)	2.993 *** (0.905)
国家固定效应	Yes		
国家 × 年份固定效应		Yes	Yes
银行固定效应			Yes
观测数	1673	1673	1655
R-squared	0.148	0.214	0.313
全局 R^2			0.0274
银行数量			474

注：*、**、*** 分别表示估计系数在 0.1、0.05、0.01 水平上显著。

参考文献

[1] Asian Development Bank (2008). *Asian Development Outlook Update.* Manila, Philippines: Asian Development Bank.

[2] Ataullah A., Cockerill T., and Le H. (2004). Financial Liberalization and BankEfciency: A Comparative Analysis of India and Pakistan, *Applied Economics* 36, 1915 – 1924.

[3] Banerjee A., Cole S., and Dufo E. (2005). *Banking Reform in India*, National Council for Applied Economic Research (NCAER), New Delhi and Brookings Institution, Washington, DC, India Policy Forum No. 1.

[4] Barth J. R., Caprio Jr. G., and Levine R. (2012). Te Evolution and Impact of Bank Regulations, World Bank Policy Research Working Paper No. 6288.

[5] Beck T., Demirguc – Kunt A., and Martinez – Peria M. S. (2007). Reaching Out: Access to and Use of Banking Services across Countries, *Journal of Financial Economics* 85, 234 – 266.

[6] Beck T. and Honohan P. (2007). *Making Finance Work for Africa.* Washington DC: World Bank.

[7] Berger A. N., Clarke G., Cull R., and Klapper L. (2005). Corporate Governance and Bank Performance: A Joint Analysis of the Static, Selection, and Dynamic Efects of Domestic, Foreign and State Ownership, *Journal of Banking & Finance* 29, 2179 – 2221.

[8] Berger A. N., Hasan I., and Zhou M. (2009). Bank Ownership and Efciency in China. What will Happen in the World's Largest Nation?, *Journal of Banking & Finance* 33, 113 – 130.

[9] Berger A. N., Klapper L., Martinez – Peria M. S., and Zaidi R. (2008). Bank Ownership Type and Banking Relationship, *Journal of Financial Intermediation* 17, 37 – 6.

[10] Bhaumik S. K. and Piesse J. (2005). Te Risk Aversion of Banks in Emerging Credit Markets: Evidence from India, William Davidson Institute Working Paper No. 774.

[11] BIS (Bank for International Settlements) (2009). Te International Financial Crisis: Timeline, Impact and Policy Responses in Asia and the Pacifc. BIS Representative Ofce for Asia and Pacifc.

[12] Bureau van Dijk (2012). *BankScope.* London: Bureau van Dijk. Casu B., Ferrari A., and Zhao T. (2013). Regulatory Reform and Productivity Changes in Indian Banking, *Review of Economics and Statistics* 95 (3), 1066 – 1077.

[13] Cetorelli N. and Goldberg L. (2011). Global Banks and International Shock Transmission: Evidence from the Crisis, *IMF Economic Review* 59, 41 – 76.

[14] Chen X., Skully M., and Brown M. (2005). Banking Efciency in China: Application of DEA to Pre – and Post – Deregulations Era: 1993—2000, *China Economic Review* 16, 229 – 245.

[15] Claessens S. and van Horen N. (2012). Foreign Banks, Trends, Impact and Financial Stability, IMF Working Paper No. 12/10.

[16] Cull R. and Martinez – Peria M. S. (2007). Crises as Catalysts for Foreign Bank Activity in Emerging Markets. In: J. Robertson (Ed.), *Power and Politics Afer Financial Crises: Rethinking Foreign Opportunism in Emerging Markets*, 52 – 81. New York: Palgrave Macmillan.

[17] Cull R. and Martinez – Peria M. S. (2012). Bank Ownership and Lending Patterns during the 2008—2009 Financial Crisis: Evidence from Latin America and Eastern Europe, World Bank Policy Research Working Paper No. 6195.

[18] de Haas R., Kominyenko Y., Loukianova E., and Pivorarsky A. (2012). Foreign Banks and the Vi-

enna Initiative: Turning Sinners into Saints?, EBRD Working Paper No. 143.

[19] Delhaise P. (1999). *Asia in Crisis: Te Implosion of the Banking and Finance Systems.* 1st edition. New Jersey: John Wiley & Sons.

[20] Detragiache E. and Gupta P. (2004). Foreign Banks in Emerging Market Crises: Evidence from Malaysia, IMF Working Paper No. 04/129.

[21] Djankov S., Jindra J., and Klapper L. (2005). Corporate Valuation and the Resolution of Bank Insolvency in East Asia, *Journal of Banking & Finance* 29, 2095 – 2118.

[22] Federal Reserve Bank of San Francisco (2005). Indian Banking Reforms: A Changing Landscape for State – Owned and Foreign Banks, *Asia Focus* May.

[23] Fu X. and Hefernan M. S. (2007). Cost X – Efciency in China's Banking Sector, *China Economic Review* 18, 35 – 53.

[24] Gelos G. (2006). Bank Spreads in Latin America, IMF Working Paper No. 06/44. Ghosh, A., Harding, J., and Phani, B. V. (2006). Te Efect of Liberalization of Foreign Direct Investment (FDI) Limits on Domestic Stocks: Evidence from the Indian Banking Sector. Mimeo.

[25] Goldstein M. and Xie D. (2009). Te Impact of the Financial Crisis on Emerging Asia, Peterson Institute for International Economics Working Paper Series No. WP09 – 11.

[26] Gormley T. (2010). Banking Competition in Developing Countries: Does Foreign Bank Entry Improve Credit Access?, *Journal of Financial Intermediation* 19, 26 – 51.

[27] He L. and Fan X. (2004). Foreign Banks in Post – WTO China: An Intermediate Assessment, *China and the World Economy* 12, 3 – 16.

[28] *Hindu Times* (2007). Banking Reform: A Balancing Act, March 7.

[29] Husain I. (2003). Reforms of Public Sector Banks: Case Study of Pakistan. World Bank Conference on Transforming Public Sector Banks, Washington, DC, April 9.

[30] Honohan P. and Beck T. (2007). Making Finance Work for Africa, World Bank Working Paper Number No. 6626.

[31] Indian Banks' Association (2003). *Indian Banking Yearbook* 2003. Mumbai: Indian Banks' Association. IndiaMart (2007). India Finance and Investment Guide, October 23.

[32] IMF (International Monetary Fund) (2008). *World Economic Outlook Update.* Washington, DC: International Monetary Fund.

[33] IMF (International Monetary Fund) (2012). *Financial Access Survey Data.* Washington, DC: International Monetary Fund.

[34] Jeon Y. and Miller S. (2005). Performance of Domestic and Foreign Banks: Te Case of Korea and the Asian Financial Crisis, *Global Economic Review* 34, 145 – 165.

[35] Jeon Y., Miller S., and Yi I. (2007). Performance Comparisons and the Role of Restructuring for Foreign and Domestic Banks. Mimeo.

[36] Kawai M. (2009). Te Impact of the Global Financial Crisis on Asia and Asia's Response, Kiel, July 7, AEEF Conference Paper.

[37] Kawai M., Mayes D., and Morgan P. (2012). Implications of the Global Financial Crisis for Financial Reform and Regulation in Asia. Asian Development Bank Institute.

[38] Kho B. C. and Stulz R. (2000). Banks, the IMF, and the Asian Crisis, *Pacifc – Basin Finance Journal* 8, 177 – 216.

[39] Kumbhakar S. C. and Wang D. (2007). Economic Reforms, Efciency, and Productivity in Chinese

Banking, *Journal of Regulatory Economics* 32, 105 - 129.

[40] Laeven L. (1999). Risk and Efciency in East Asian Banks, World Bank Policy Research Working Paper No. 2255.

[41] Laeven L. (2005). Banking Sector Performance in East Asian Countries: Te Efects of Competition, Diversifcation, and Ownership. Mimeo.

[42] Leung M., Digby D., and Young T. (2003). Entry of Foreign Banks in the People's Republic of China: A Survival Analysis, *Applied Economics* 35, 21 - 31.

[43] Mian A. (2006). Distance Constraints: Te Limit of Foreign Lending in Poor Economies, *Journal of Finance* 61, 1465 - 1505.

[44] Rajan R. and Montreevat S. (2001). Financial Crisis, Bank Restructuring, and Foreign Bank Entry: An Analytic Case Study of Tailand, Adelaide University Centre for International Economic Studies Working Paper No. 131.

[45] Reddy A. (2005). Technical Efciency and Its Decomposition in Indian Banks in Post Liberalization. Indian Institute of Capital Markets Paper.

[46] Ree J. (2011). Impact of the Global Crisis on Banking Sector Soundness in Asian Low - Income Countries, IMF Working Paper No. 11/115.

[47] Sahoo B., Sengupta J., and Mandal A. (2007). Productive Performance Evaluation of the Banking Sector in India Using Data Envelopment Analysis, *International Journal of Operations Research*, 4, 63 - 79.

[48] Sanyal P. and Shankar R. (2005). Financial Sector Reforms and Bank Efciency in Developing Countries: Lessons from India. Brandeis University Working Paper.

[49] Sinha A. (2012). Impact of the International Banking Crisis on the Indian Financial System. Bank for International Settlements Working Paper.

[50] Unite A. and Sullivan M. (2003). Te Efect of Foreign Entry and Ownership Structure on the Philippine Domestic Banking Market, *Journal of Banking & Finance* 27, 2323 - 2345.

[51] Williams J. and Intarachote T. (2002). Financial Liberalization and Proft Efciency in the Tai Banking System, 1990—1997: Te Case of Domestic and Foreign Banks. Mimeo.

[52] Williams J. and Nguyen N. (2005). Financial Liberalization, Crisis, and Restructuring: A Comparative Study of Bank Performance and Bank Governance in South East Asia, *Journal of Banking & Finance* 29, 2119 - 2154.

[53] World Bank (2000). Financial Sector Update, Washington, DC, May 31.

[54] World Bank (2012). World Development Indicators, Washington DC, December.

[55] Xu Y. (2012). Foreign Bank Lending and Shock Transmission: Te Case of Asia. Australian National University Working Paper.

[56] Yao S. and Jiang C. (2007). Te Efects of Governance Changes on Bank Efciency in China: A Stochastic Distance Function Approach, University of Nottingham Research Paper No. 2007/19.

第 39 章　转型国家的银行业

39.1　导言

转型国家的银行业特别有趣，因为银行在苏联式计划经济中没有经济作用，而大多数转型国家的金融部门现在由银行而不是股票市场占主导地位。银行转型的第一阶段是 20 世纪 80 年代末到 90 年代初计划经济体中银行业的出现。银行出现的过程（本章 39.2 节）并不顺畅，它发生在巨大的宏观经济崩溃和相当大的经济不确定性时期。毫不奇怪，这些新兴的银行部门经历了从严重的不良贷款问题到全面崩溃的危机。39.2 节讨论了现代银行体系的出现，特别是对不良贷款问题和银行私有化进程的反应。

39.4 节描述了银行转型的第二阶段，在 20 世纪 90 年代末和 21 世纪初期更成熟的银行部门迅速崛起，这一阶段外国银行发挥了主导作用。2005 年以后，许多转型经济体中的银行部门与其他国家的银行部门没有什么不同，除了外国所有权特别高的百分比。银行转型的第三阶段与 2008 年开始的金融危机和全球经济衰退同时发生。金融危机测试了新机构和监管结构的复原力，并带来了外国所有权问题。外国所有权带来的优势被拿来和全球化金融冲击带来的缺点相比较。总而言之，银行部门不可能不出现任何问题，也并不总是为经济发展提供足够的动力，这是有问题的，因为大多数转型经济体的金融部门是由银行业所主导的。39.6 节考虑了银行在转型国家中扮演的角色、可能带来的问题以及发展前景。

为了说明转型经验的共性和差异，我们选择了 14 个来自中东欧（CEE）、东南欧（SEE）和苏联（FSU）的代表性国家。我们将国家分组如下：中东欧由捷克共和国、匈牙利、波兰和斯洛伐克组成；东南欧包括保加利亚、克罗地亚、罗马尼亚、塞尔维亚和斯洛文尼亚；而苏联由俄罗斯、爱沙尼亚、拉脱维亚、立陶宛和乌克兰组成。这些国家从 1995—2010 年每隔一年的银行和宏观经济数据列在表 39.1 中，文中使用的例子均来自这些国家。①

39.2　银行机构的出现

与实体经济相比，欧洲的转型经济体银行部门相对欠发达，主要是由于转型前中央计

① 转型银行的数据有时是不可靠的或需要修订的。表中的数据来自欧洲重建与发展银行，包括在线数据文件（结构变更指标）和年度报告。表和文本中其他数据来源是 Barisitz（2007）、Raifeisen CEE 银行部门报告和世界银行在线数据集。

划经济遗留下的问题造成。作为实体部门发展的例子，捷克斯洛伐克有一个相对现代的汽车工业、匈牙利生产公共汽车、保加利亚制造苏联集团内部使用的电脑和软件。然而，在规划框架中，储户和借款人之间的金融中介完全在国家银行机构内部进行。资本通过一个定向信用系统分配给国有企业（SOEs），用于投资需求和预算分配，以满足输出计划所需的流动资金。信贷评估和风险管理在贷款决策中没有发挥作用，国家银行仅作为企业间交易的会计结算所。企业的现金支付基于计划中的工资账单，这些账单是根据以管理价格销售给家庭的消费品的预期总价值进行校准的。金钱在企业交易中被用作集合账户、在家庭和国家分配部门之间作为交易中介是完全被动的。家庭储蓄是由于购买所需消费品不可用而造成的强制积累货币余额的结果，由国家储蓄银行收取，该银行在全国各地经营一个广泛的分支网络。

转型前银行部门通常包括外汇银行和专业银行。外汇银行处理所有外汇交易，以将这些与国内金融体系隔离开来；专业银行用来监督农业和建筑部门的纳税。在这种环境下，银行业务沿着职能部门分割、信贷分配完全服从计划。因此，结构分割、银行业务的国家控制和高集中率是转型经济体银行部门在计划经济时期的主要遗留问题。尽管有这些共同点，各国在转型前后的差异却各具特色。例如，我们首先简要讨论作为东南欧转型国家典型的前南斯拉夫共和国的银行业，因为它们的部门遗留了一些特殊的特点。我们继续考虑转型前五年期间银行业的发展，然后更详细地审视几个转型国家。这部分也探讨了外资银行在转型初期的参与情况。

在 20 世纪 50 年代，南斯拉夫建立了一个两级银行体系，位于贝尔格莱德的传统中央银行，南斯拉夫国家银行（NBY）和共和国商业银行。和南斯拉夫自我管理制度下的其他所有企业一样，银行也是集体所有的。由于南斯拉夫是一个小型、开放的经济体，商业银行在 80 年代以外币计值的贷款数量很大。然而，这些共和国银行被要求将其大部分外汇存款汇至 NBY，以换取第纳尔的信用。因此，共和国银行的资产负债表在 80 年代后期显示了资产和负债之间严重的货币错配。1991 年克罗地亚和斯洛文尼亚分离后，南联盟冻结了这两个国家的共和银行的外汇存款，造成了资产负债表的巨大差距。虽然这些国家的许多私人银行可以追溯到 70 年代，公司拥有、高度集中、资本弱化和大量积累的次级贷款是南斯拉夫过去的重要遗留问题。旨在处理银行破产的政府复兴政策使大量银行进行了国有化；国有银行就这样开始在斯洛文尼亚和克罗地亚出现（Bonin，2004）。

大多数转型经济体的银行部门改革的第一步是建立一个由国家单银行组合所开发的商业活动的双层体系。该体系顶层由一个传统的中央银行组成，负责执行货币政策，包括汇率政策，并负责监督和管理新生银行部门。该体系第二层包括所有运营中的外资银行和合资银行，以及所有国内私人银行，包括那些在政治转型后进入的银行。通常情况是，不严格的准入要求导致了许多新的私人银行的建立，其中一些银行质量存在疑问，甚至是具有欺诈性的，几乎所有的私人银行都有严重的资本金不足的问题。因此，在几乎所有转型期国家，银行危机的种子是从转型时期甚至更早就埋下的，部分原因是为了促进银行间的竞争而采取了宽松的进入要求。此外，新生的监管体统所面临的繁重任务与其有限的能力极不匹配，这一方面是受到人才缺乏的严重制约，另一方面匆忙套用的标准金融监管规则所赋予的责任也使其难以适应，而 SOCB 所继承的贷款组合的质量更是让其处境雪上加霜。

虽然每个国家的金融重组计划都涉及剥离国家银行的商业银行资产组合，以建立两级体系，但是不同国家还是采取了不同的方法来创建 SOCBs，而所有 SOCB 最初都是作为完全国有的股份实体建立的。在匈牙利，商业投资组合按照行业类别被归入不同的 SOCB，例如工业、农业和基础设施以及新兴的小企业部门划分。在波兰，商业投资组合按区域线划分，从国家单一银行的区域办事处创建 9 个 SOCB。捷克斯洛伐克国家单银行的商业投资组合被分为捷克和斯洛伐克两个部分。同样，在罗马尼亚，只有一个 SOCB 是从国家单一银行的整个商业组合中创建的。所有中欧和东欧国家以及俄罗斯都拥有获得全能银行执照的专业银行，它们在转型后进而成为国有商业银行。

在相反的极端情况下，所有商业活动与保加利亚国民银行资产负债表在 1990 年完全分离，当时其 145 个分支机构中都被授予银行执照，允许其作为个体实体或通过与其他分支机构合并的方式从事商业业务。同样，这一政策的目的是促进竞争。因此，成立了 59 个 SOCB，并于 1992 年成立了银行合并公司来监督和协调保加利亚银行部门。到 1995 年，有 41 家银行在保加利亚经营，其中两家最大的银行是前国家外贸银行和前国家储蓄银行。

在俄罗斯，即当时的苏联，两层银行系统成立于 1987 年，所有商业银行职能与国家单银行分离，企业或前分行部门创建成为部门银行。例如在保加利亚，国家银行的分行成为独立实体，然后重组成为大型银行。此外，新银行进入俄罗斯银行业是戏剧性的。到 1995 年，约有 2300 家银行在俄罗斯获得执照并开始经营。大多数新创立的银行规模小、资本化不足，其中一些只是由工业企业拥有的内部或家族银行。然而，到 1996 年，6 家新诞生的国内私人银行已经迅速成长为俄罗斯十大银行之一，其中包括前国家外贸银行和前国家储蓄银行作为两个最大的银行。然而，如下所述，俄罗斯私人银行业在 1998 年卢布危机期间由于许多银行倒闭而规模收缩。

在第一个过渡阶段，外国银行参与的政策在全国范围内都大大减少，无论是在建立子公司还是在购买 SOCBs 的股权。一些国家为邀请企业进入提供了如税收优惠期、鼓励外资开展绿地投资（Greenfield，指跨国公司通过创建新企业而非收购原有企业的方式进入某国市场，译者注）等相关政策。在其他国家，进入许可是具有限制性的，外国银行只有在 SOCBs 中吸收少数股权，或参与对贫困的小型国内银行的发展的情况下方可进入。Claeys 和 Hainz（2014）表明，外国银行进入的模式——绿地投资或收购——具有重要的影响。绿地投资银行作为新进入者，收取较低的利率，使国内银行同样受到竞争压力。引进外国参与银行部门最初被大多数政府视为引进银行专门知识和培训人才以增加该部门稀缺的国内人力资本的工具。即使在政治变革之前，匈牙利政府对外国金融机构采取了自由的许可政策。中欧国际银行有限公司是一家 1979 年由 6 家外国银行和匈牙利国家银行共同成立的一家离岸合资银行。1986 年，花旗银行布达佩斯有限公司作为外资多数股权合资银行开始运营。到 1995 年，外资金融机构持有匈牙利三分之一以上的银行资产，在很大程度上是由于两个 SOCBs 私有化给外国所有者。

在过渡的十年中，该地区的大多数绿色运营业务是来自奥地利（Raieisen，Creditanstalt，奥地利银行和 Hypo - Alde - Adria）和荷兰（ING 和 ABN - Amro）的银行。几家德国银行（BNP – Dresdner，Commerzbank 和 HypoVereinsbank）也在此建立。在这十年的后期，通过私有化获得了前国有银行股权的银行，除了上述两家荷兰银行外，还有 Erste（奥地利）、SociétéGénérale（法国）、KBC 银行（比利时）、爱尔兰银行、Bayerische Landesbank（德国）、花旗银行和 GE Capital（美国）。Swedbank AB 占波罗的海国家外资银行的大部分。

如表 39.1 所示的早期过渡时期，1995 年匈牙利、斯洛伐克和拉脱维亚境内的外国金融机构拥有大约三分之一的银行资产，而捷克共和国和波兰的外债规模较小，外国所有权则在该地区的其他地方极少。斯洛伐克相对较高的比例是由于捷克拥有的银行资产被视为外国资产，而斯洛伐克的所有权在“天鹅绒分裂”时期则被解除。在捷克共和国，国有银行被列入私有化方案，从而限制了外国所有权。在波兰，9 个 SOCBs 被提前私有化，作为美国财政部支持计划的一部分。然而，具有两级投标和员工参与的折中私有化计划抑制了外资进入。政府采取了更加保护主义的战略，即一种新兴的工业方法，根据这种方法，国内银行被培养成足够在大多数情况下抵御外资竞争的强大银行。

表 39.1　　银行在转型的第一个十年：部分数据

	银行数量（外资所有）（家）	外资银行资产占比（%）	国内信贷比 GDP（%）	净利息收益率（%）	不良贷款占比（%）	EBRD 银行转轨指数
转轨早期——1995 年						
CEE						
捷克	55（23）	15.5	62.5	3.44	31.5	3
匈牙利	43（21）	36.8	22.7	5.99	12.1	3
波兰	81（18）	4.4	16.7	8.84	23.9	3
斯洛伐克	33（18）	32.7	26.3	3.93	41.3	2.7
SEE						
保加利亚	41（3）	<1	39.4	2.17	12.5	2
克罗地亚	54（1）	<1	33.4	5.73	12.9	2.7
罗马尼亚	24（8）	<1	7.8	8.27	37.9	3
塞尔维亚	103（3）	<1	9.2	3.62	12.0	1
斯洛文尼亚	39（6）	4.8	27.3	4.48	9.3	3
FSU						
爱沙尼亚	19（5）	1.8	1.44	9.26	2.4	3
拉脱维亚	41（17）	34.6	7.5	10.29	18.9	3
立陶宛	15（0）	0	15.2	10.87	17.3	3
俄罗斯	2297（21）	3	8.7	8.89	4.6	2
乌克兰	230（1）	<1	1.5	5.43	—	2

续表

	银行数量（外资所有）（家）	外资银行资产占比（%）	国内信贷比GDP（%）	净利息收益率（%）	不良贷款占比（%）	EBRD银行转轨指数
转轨中期——2000年						
CEE						
捷克	40（26）	65.4	44	2.03	33.8	3.3
匈牙利	42（33）	67.4	29.9	4.01	3.1	4
波兰	73（46）	72.6	26.9	4.36	16.8	3.3
斯洛伐克	23（13）	42.7	43.7	2.69	26.2	3
SEE						
保加利亚	35（25）	75.3	12.5	5.52	10.9	3
克罗地亚	45（21）	84.1	39.9	4.89	22.6	3.3
罗马尼亚	33（21）	46.7	7.2	7.57	5.3	2.7
塞尔维亚	81（3）	0.5	63.6	3.31	27.8	1
斯洛文尼亚	28（6）	15.3	36.7	3.75	9.3	3.3
FSU						
爱沙尼亚	7（4）	97.4	23.3	3.55	1.3	3.7
拉脱维亚	22（12）	74.4	19.5	3.38	4.5	3
立陶宛	13（6）	54.7	11.3	3.78	10.8	3
俄罗斯	1311（33）	9.5	13.3	5.26	9.6	1.7
乌克兰	154（14）	11.1	11.2	6.35	12.5	2

注：数据来自EBRD的各期《转轨国家报告》（*Transition Report*），以及EBRD的在线“结构与体制转变”（*Structural* 和 *Institutional Change*）指标。有些年份的数据还额外来自世界银行的在线数据库，1995年的某些数据来自Barisitz（2007）。EBRD指数介于1.0与4.0+。对于2010年的缺失值，我们用上一个可观测年度的值代替。CEE表示中欧和东欧地区，SEE表示东南欧地区，FSU表示苏联加盟国，“—”表示该数据不可得。

总体而言，转型期国家的政府在过渡阶段的早期成功地建立了商业银行部门的基础。然而，发展银行部门需要完成三个相互关联的任务，即解决不良贷款、SOCB的私有化以及建立有效的监管机构。我们在39.3节中将讨论过渡期的十年期间在这些方面取得的进展。随着现代银行业的发展，外资所有权迅速扩大。如表39.1所示，中期过渡时期，大多数中东欧和东南欧国家以及波罗的海国家的外国资产份额都超过50%，到2000年其所占份额更是都大于50%。其他的苏联加盟国家的情况则明显不同，比如俄罗斯和乌克兰。此外还有斯洛文尼亚和塞尔维亚，前者在2002年KBC入股新卢布尔雅那银行（Nova Ljubljanska Banka）之前都不允许外资进入，后者则是因为政局仍不稳定。

39.3 现代银行部门的发展

如上一节所述，转型经济中的典型银行部门最初由国有银行组成，这些银行在计划经济体结构与新建立的小型国内私人银行一起成立。一些国家开始将大型SOCB快速私有化，并在转型初期向外国银行开放。然而，建立以市场为基础的立法和制度并没有带来良好的银行业务。相反，由于扭曲的激励措施，SOCB 和新创立的银行并不像正规的商业银行那样经营。

首先，SOCB 继续与其大客户国有企业（SOEs）保持银行关系。这种贷款要么是政治授权的，要么仅仅是长期客户关系的结果，客户在选择可行项目方面缺乏经验，银行无法评估贷款风险。其次，在许多国家，没有适当的监管监督就创建了新银行。结果，一些银行设立初期就被用来向其所有者发放不正当贷款，其中许多是企业，使这些银行成为其股东的口袋银行。因为基于错误的观念制定政策，国内银行的准入要求最初非常宽松，即放松行业准入门槛来加剧竞争。经常资本不足的银行的激增，给不发达的监管结构增加了额外的负担。虽然大多数国家立即采取了现代银行和监管立法，但是部分由于知识的缺乏，监管并没有特别有效。

毫不奇怪，不良贷款是所有转型经济体的一个严重问题，不仅是因为这是遗留问题，还因为这会影响到未来的贷款做法。如表 39.1 所示，1995 年四个中东欧国家不良贷款占总贷款的比例平均为 27%。除了罗马尼亚以外，SEE 和 FSU 国家 1995 年该比率较小。然而，在快速变化的环境中借款人的信息，在最好的情况下也只能缓慢地披露，因此这些措施仅仅是说明不良贷款这一整体问题的严重性。大多数政府对通过资本重组和从资产负债表中清除不良贷款来避免经营不善的银行倒闭。对于小型无力偿债银行，通常与国有银行合并。重复的问题是不可避免的，因为资本重组只涉及现有不良贷款的存量。

在没有独立的市场化银行机构的情况下，新的不良贷款的流入会不断累积。监管机构没有适当的激励措施、必要的专业知识或足够的独立性来应对这个问题。在一定程度上，不良贷款问题是不可避免的，因为过渡性衰退和苏联集团内贸易关系的解散产生了严重的实体经济冲击，这些冲击反映在银行的资产负债表上。然而，即使这个问题的根源难以解决，不良贷款与贷款总额的平均比率大幅下降；到 2005 年，波兰是我们数据中唯一一个比率大于 10% 的国家。为了更详细地研究不良贷款问题的解决方案，我们研究了几个国家的经验。

匈牙利政府在 20 世纪 90 年代初颁布了强有力的破产法，按照新的会计法规和新的银行法开始清理银行的资产组合。当时，由于企业不断累积拖欠债务，匈牙利政府为偿还国有企业债务提供担保。政府用银行资产负债表取代不良贷款与政府证券，并将这些资产转移到政府代收机构（government collection agency）。重复资本重组在银行业中引入了道德风险的因素。这一情况只有当局开始采取积极的战略，向外国投资者出售大型 SOCBs 的控股权时方可转变，表明这是一个可信的承诺。然而，这样的私有化战略并不像早期交易那样具有代表性。1995 年出售匈牙利第三大 SOCB 的布达佩斯银行控股股权饱受争议，因为买方有权利支付不良贷款。尽管如此，匈牙利三大 SOCB 的外国所有者强加的银行专业知识和纪律带来了银行环境的快速改善。到 20 世纪 90 年代末，匈牙利银行部门资本变得充足、贷款质量改善、对国家的债权下降、银行资产份额下降、银行利率下降、银行利润率下降，同时银行监管明显改善（Hasan 和 Marton，2003）。

捷克共和国政府制订了一个明确详细的计划，使大多数国有机构（包括 SOCB）使用凭证而不是直接销售来实现私有化。最初于 1991 年，不良贷款从银行资产负债表中移除，替换为政府债券，而不良资产则由新成立的 Konsolidacni 银行接管。通过将银行股票的少数股权置于凭证计划中，使资本充足的 SOCB 私有化。因此，这些私有化银行的非国有所有权被银行相关投资基金持有的最大股份分散。此外，银行相关的基金持有其非结构化工业客户的所有权权益，使大型银行继续向国有企业贷款，带来了更多的不良贷款。捷克共和国的关键问题是银行与其客户之间的相互关联，这是由于凭证私营化和银行管理不独立于继续持有银行控股权的政府造成的。因此，不良贷款的解决需要政府进行几轮资本重组，这进一步增加了国家的股份，并迫使第二轮私有化。在最后一轮中，外国投资者被允许在捷克大型银行取得多数股权，银行行为也相应改变。在过渡十年期间继续重组捷克银行代价极大，总成本超过 1998 年国内生产总值的 25%（Bonin 和 Wachtel，2005 年）。

在波兰，第一银行私有化利用国内首次公开发行的组合和投标将非多数股权出售给战略性外国投资者。波兰股市不是很大、交易不是很广泛，银行股是交易中最大的一部分。因此，银行首次公开招股定价困难，市场操纵的指责导致了早期政府的政治失败。新政府制订了一个银行合并计划作为私有化的替代方法，并企图强行并购银行，但这一计划也存在争议。在一个案例中，试图将一个已经部分私有化的银行（BPH）纳入该计划引起了公众的哗然。随后私有化延误；到 2005 年，超过 20% 的波兰银行资产仍然在国家手中，包括最大的没有参加合并或私有化方案的兹罗提储蓄银行。

在其他国家，银行危机达到了系统性的程度，并严重阻碍了向市场经济的整体过渡。在保加利亚，银行治理薄弱以及由原始单一银行的商业投资组合创造的许多小型银行的监管不力，导致相当大的资产剥离和内幕信贷。银行资本反复重组导致政府总成本占 1998 年国内生产总值的 42%，这使保加利亚银行危机成为所有转型国家中代价最高的一个。1997 年推出的货币局恢复了保加利亚的宏观经济稳定，银行系统通过货币局的建立得到迅速合理化。在罗马尼亚，主导的 SOCBs 积累了大量不良贷款组合，还需要政府大量注资。不良贷款在 1998 年达到 58% 的高峰。在这两个 SEE 国家，严重的宏观经济冲击导致严重的银行危机，可持续经济增长恢复只有依靠这些危机的解决。罗马尼亚、保加利亚、克罗地亚和捷克共和国大多数后银行私有化计划涉及政府和一家外国银行之间的谈判协议或招标。

俄罗斯银行业的特点远远来自中东欧和东南欧的模式。除了三个主要的 SOCBs，俄罗斯有大量非常小的私人商业银行和许多袖珍的工业企业建立的银行。其中一些银行参与投机活动，而且当俄罗斯政府在 1998 年拖欠债务时，许多银行无力偿债。当时，弱势的破产法和不良的监管使得这些银行不愿意关闭，而管理者或业主可以剥离银行任何剩余的良好资产。1998 年的银行危机对实体经济没有太大的影响，因为现金被广泛用于整个金融服务的交易，俄罗斯信贷占 GDP 比率远远低于中欧和东欧转型国家。1998 年经济危机的加剧是经济、法律环境的不确定性增加导致的。

俄罗斯银行部门自 1998 年以来出现改善的迹象。虽然约有 1100 家银行仍在经营，但合并和关闭的数字大约是 1995 年的一半。此外，外国银行的影响力正在增加，3 家外国控股银行成为俄罗斯 15 家最大的银行之一。此外，金融中介功能不断发挥，银行资产占 GDP 的比率是 1998 年水平的两倍，但仍然低于欧洲转型国家。尽管如此，一些私人银行仍然作为其所有者的私人金融服务机构运作，几乎不提供中介服务。俄罗斯银行系统仍然分散，存在许多小型和资本不足的金融机构，其特点是政府治理不善、风险管理不足、运营成本高。尽管存款增加，但家庭储蓄仍主要由国家储蓄银行、Sberbank 或现金储蓄形式存在（Steinherr，2006）。前外贸银行 Sberbank 和 Vneshtorgbank 已开始向私营部门提供信贷。Sberbank 仍然是俄罗斯的主要银行，在 2012 年占所有银行资产的 27%①。俄罗斯两个最大的银行也是 SOCBs：Vneshtorgbank 的市场份额约为 6%，Gazprombank 的市场份额为 3%。有趣的是，俄罗斯并没有明确的私有化计划；此外，国有银行和 Vneshtorgbank 是该地区其他国家银行的"外国所有者"。

在所有国家，金融部门的成功重组和私有化取决于建立有效的监管体制和立法框架以及破产法和适当的会计准则。为了改变习惯于在非市场环境中经营的经济代理人的行为，需要银行和监管机构与国家之间建立长期关系。此外，需要培训银行监管人员和其他类型的专业人力资源，以促进法律的有效执行。虽然现代银行业的基本法律框架是在转型初期确立的，匈牙利是转型国家中率先在 1992 年通过立法计划促进了这种体制发展。1 月，政府颁布了新的现代银行立法，制定了国际会计标准，并修订了破产法，在破产法中包含了触发破产的相关内容。此外，波兰在过渡时期开发了一个由计算机支持的银行监督系统，甚至在政治变革之前就已经制定了相当严格的关于私营企业的破产立法。其他国家花费相当长的时间来解决这些问题，因此，银行重组和私有化需要更长时间才能完成。

39.4 转型国家银行部门的完善

几乎所有转型国家银行部门的独特特征是外国占主导地位的所有权迅速出现。如表 39.2所示，在危机后时期，除了斯洛文尼亚和俄罗斯（外国参与率分别为 30% 和 18%），到 2010 年外国银行在研究样本中的所有国家的银行部门都占主导地位。外资银行在中东欧和东南欧国家的资产份额现在是世界上所有银行部门中最高的。塞尔维亚银行在过去十年里经历了显著的变革；外国所有权从 2000 年的不可逆数额增加到 2010 年的 72.5%（见表 39.2）。

表 39.2　　银行在转型的第二个十年：部分数据

	银行数量（外资所有）（家）	外资银行资产占比（%）	国内信贷比 GDP（%）	净利息收益率（%）	不良贷款占比（%）	EBRD 银行转轨指数
转轨后期——2005 年						
CEE						
捷克	36（27）	84.4	35.8	2.39	4	4
匈牙利	38（27）	82.6	49.9	4.46	3.1	4
波兰	61（50）	74.3	33.4	2.96	11.6	3.7
斯洛伐克	23（16）	97.3	35.1	2.08	5.5	3.7

① 银行资产股份数据来自 Raiffeisen CEE 银行部门报告。

续表

	银行数量（外资所有）（家）	外资银行资产占比（%）	国内信贷比GDP（%）	净利息收益率（%）	不良贷款占比（%）	EBRD银行转轨指数
转轨后期——2005年						
SEE						
保加利亚	34（23）	74.5	41	3.96	3.8	3.7
克罗地亚	34（13）	91.3	56.4	3.50	6.2	4
罗马尼亚	33（24）	59.2	19.9	4.23	1.7	3
塞尔维亚	40（17）	66	30.7	5.69	—	2.7
斯洛文尼亚	25（9）	22.6	56.3	219	6.4	3.3
FSU						
爱沙尼亚	13（10）	99.4	56.6	3.01	0.2	4
拉脱维亚	23（9）	57.9	67.8	2.93	0.7	3.7
立陶宛	12（6）	91.7	40.9	2.02	3.4	3.7
俄罗斯	1253（52）	8.3	25.7	5.57	2.7	2.3
乌克兰	165（23）	21.3	32.2	3.96	2.2	2.7
后金融危机时期——2010年						
CEE						
捷克	37（15）	84.8	75.3	2.68	2.8	4
匈牙利	38（23）	81.3	66.5	3.82	6.7	3.7
波兰	67（57）	72.3	55.2	3.18	8	3.7
斯洛伐克	26（13）	91.6	51.1	2.77	5.2	3.7
SEE						
保加利亚	30（22）	84	75.3	3.59	6.7	3.7
克罗地亚	32（15）	91	69.6	2.95	7.8	4
罗马尼亚	31（25）	84.3	40.7	4.35	8.5	3.3
塞尔维亚	33（—）	72.5	45	4.54	16.9	3
斯洛文尼亚	25（11）	29.5	92.7	2.36	6	3.3
FSU						
爱沙尼亚	17（14）	98.3	98.8	3.21	5.3	4
拉脱维亚	27（18）	69.3	103.3	1.57	1.64	3.7
立陶宛	175（5）	91.5	69.8	1.44	20.8	3.7
俄罗斯	1058（108）	18.3	44.4	5.08	9.7	2.7
乌克兰	182（151）	50.8	73.3	4.66	47.9	3

注：数据来自EBRD的各期《转轨国家报告》（*Transition Report*），以及EBRD的在线“结构与体制转变”（Structural 和 Institutional Change）指标。有些年份的数据还额外来自世界银行的在线数据库。EBRD指数介于1.0与4.0+。对于2010年的缺失值，我们用上一个可观测年度的值代替。CEE表示中欧和东欧地区，SEE表示东南欧地区，FSU表示苏联加盟国，“—”表示该数据不可得。

在大多数转型国家，国有银行在以世纪之交为中心的十年间基本上消失了。样本中只有波兰（20%）、斯洛文尼亚（18%）、塞尔维亚（24%）和俄罗斯（34%）在2005年国有制占资产比例达到两位数。

1995年以后，欧洲复兴开发银行银行改革指数有所上升，表明情况有所改善，在我们的样本中的所有国家逐渐上升，只有几个出现了逆转。如表39.2所示，我们样本中的4个国家在2005年达到4.0的评级，从1.0到4+，其中最高分数反映了与先进工业经济体的绩效规范和监管标准的完全融合。这4个国家分别是捷克共和国、匈牙利、克罗地亚和爱沙尼亚。然而，塞尔维亚和罗马尼亚2005年的得分低于前几年，匈牙利的评级在危机期间降低。到2010年，塞尔维亚、罗马尼亚、斯洛文尼亚、俄罗斯和乌克兰是我们样本中分数低于3.7的国家。因此，大多数转型国家的银行部门已经达到或正在快速接近发达市场经济体，其中一个主要差异即外国银行存在度极高。

基于银行初始的建立情况以及合并计划，大多数转型国家的银行集中度很高。[①] 使用银行资产，2012年我们样本中所有国家的前三大企业集中度都高于30%；在截至2012年的六年间，捷克共和国（49.5%）、匈牙利（38.2%）和波兰（31.6%）的集中率都下降了，而俄罗斯（48.4%）和乌克兰（30.7%）出现上升。虽然集中度很高，但与规模相近、金融深化程度相近的国家相似。此外，相对较高的集中率并未阻止这些银行部门的竞争发展。

如表39.3所示，自转型开始以来利率利差大幅下降，这可能归因于宏观经济环境的改善以及银行竞争的加剧。在早期过渡年份，贷款和存款利率之间的非常高的息差（通常超过10%）是不稳定的环境和通胀导致的。然而，过渡期间，各国状况也存在相当大的差距。在2000年后的十年中，匈牙利的利差最低，一般低于2.5%。捷克共和国和波兰的利差高出2个或多个百分点。仍然有许多国家，特别是克罗地亚、罗马尼亚和俄罗斯，利差高于5%，我们认为这是银行部门相对有竞争力的标志。有趣的是，匈牙利自2000年以来增长率高于邻国——捷克共和国、克罗地亚和波兰——利差较高。总体而言，转型国家的经验表明，外国银行业的高参与率和低利率均不是具有竞争力利差产生的必要条件。

表39.3 转型期间平均存贷利差与通货膨胀率

	平均存贷利差				通货膨胀率			
	1991—1995年	1996—2000年	2001—2005年	2006—2010年	1991—1995年	1996—2000年	2001—2005年	2006—2010年
CEE								
捷克	6.5	4.7	5.6	4.7	20.1	6.4	2.2	1.7
匈牙利	7.2	4.4	2.3	2.4	24.9	14.0	5.4	5.5
波兰	5.6	6.7	7.0	4.1	38.7	11.7	2.2	3.1
斯洛伐克	5.7	5.8	5.7	3.6	22.3	8.0	5.6	3.0
SEE								
保加利亚	29.4	61.9	6.5	5.9	127.4	181.6	5.0	6.6

① 我们使用Raiffeisen CEE银行部门报告中的银行资产股份数据计算所有集中度。

续表

	平均存贷利差				通货膨胀率			
	1991—1995 年	1996—2000 年	2001—2005 年	2006—2010 年	1991—1995 年	1996—2000 年	2001—2005 年	2006—2010 年
克罗地亚	489.2	10.5	8.7	7.6	467.6	4.9	2.8	2.9
罗马尼亚	23.1	19.5	15.9	6.7	161.4	68.9	1.60	6.1
塞尔维亚	86.4	72.2	15.7	7.9	12.4	52.5	18.6	8.5
斯洛文尼亚	13.5	6.0	4.7	3.5	78.3	8.2	5.2	3.0
FSU								
爱沙尼亚	7.9	4.0	4.3	4.4	272.8	7.9	3.8	5.1
拉脱维亚	25.5	8.6	3.2	5.8	261.1	5.6	4.5	12.5
立陶宛	28.6	6.4	3.7	2.4	355.1	5.9	1.8	5.2
俄罗斯	155.3	25.8	9.1	6.0	767.8	34.8	14.2	10.4
乌克兰	43.0	31.1	13.4	6.6	2725.6	23.0	7.3	14.4

注：利差是根据 EBRD 的各期《转轨国家报告》上登载的各国存款利率、贷款利率计算的。到期期限全部低于 1 年，但不同国家的具体值有差异。对于《转轨国家报告》的个别缺失值，我们用世界银行的世界发展指数（World Development Indicator，WDI）数据来补充。如果 WDI 中也是缺失的，我们使用 EBRD 的《年度指标与预测》（*Annual Indicators* 和 *Projections*）报告中的预测值代替。通货膨胀率用年度消费价格指数变化率的平均值来表示。其数据来源与利差相同，出现缺失值时的替代方法也相同。对于某些年的缺失值，我们用上一个可观测年度的值代替。CEE 表示中欧和东欧地区，SEE 表示东南欧地区，FSU 表示苏联加盟国。

财政深度、国内信贷及私营部门与国内生产总值的比率，是金融部门发展和经济中介程度的常用指标。1995 年转型国家之间差距相当大，随后这一比率增长也呈现巨大差异。表 39.1 和表 39.2 中的数据表明，捷克共和国在 1995 年拥有最深的金融市场；其财务深度比率为 62%，并在 2010 年增长到 75%。银行部门的稳定带来了 2005 年的整个地区的金融深化。2005 年，除罗马尼亚和俄罗斯之外的所有国家显示的信贷对 GDP 的比率都超过 30%。大约 50% 的比率高于那些银行存款不足、缺乏中介活动的发展中国家的银行，并且与许多新兴市场类似。

财务深度比率也可以被视为金融脆弱性的指标，因为当信贷繁荣时它会显著增加。有时很难区分金融部门的改善与信用的潜在危险增加。例如，如表 39.2 所示，2000 年保加利亚十年期间的财务深度从 12% 增加到 75%，匈牙利从 30% 增加到 67%，克罗地亚从 40% 增加到 70%。很难确定其中哪些反映了银行体系（可能是保加利亚）增加了公众信任程度，并且反映了贷款的过度扩张。到 2010 年，大多数过渡国家的信贷占国内生产总值的比率在 40% ~80%，尽管在一些信贷繁荣的小国家（斯洛文尼亚和波罗的海地区）的信贷占比比较高。这一范围与世界其他中等收入国家一致。然而，2010 年最先进的转型国家的信贷深度远低于欧盟的平均水平，2005 年为 86%。甚至 4 个主要转型国家也远低于欧盟向私营部门提供信贷的平均水平。

如 2006 年《欧洲复兴开发银行转型报告》中关于财务深度的讨论所指出，中东欧和东南欧国家的金融深化是由于对居民贷款，特别是抵押贷款的急剧增加带来的。家庭信贷，特别是抵押贷款，取决于对抵押品的良好财产权和有效的立法基础设施，以便在违约情况下收集抵押品。因此，在许多转型国家，两种类型贷款的急剧增长反映了支持性机构的显著改善。然而，这种贷款的快速增长也可以表明资产价格的繁荣（通常在房地产）以及金融部门的潜在脆弱性。一些转型国家零售信贷的爆炸性增长导致国际金融危机发生时银行部门的不稳定。

2005 年，捷克共和国和波兰的零售信贷占克罗地亚所有贷款的一半以上，占捷克共和国和波兰总贷款的一半左右。2005 年抵押贷款占国内生产总值的百分比，克罗地亚和匈牙利最高，保加利亚和波兰略低，在罗马尼亚和俄罗斯几乎不存在。在转型的开始，许多人反对外国银行的所有权和维护国家的金融体系的身份。然而，到了 20 世纪 90 年代末，人们普遍承认外国所有权能够促进银行业务有效性，并对国内银行体系产生了溢出效应。向外国所有者私有化既是收入的来源，也是提高银行业绩的手段。

总之，过渡银行的第二阶段成功地在整个地区建立了成熟和稳定的银行体系。到 21 世纪初，更先进的转型国家的银行体系与其他中等收入和新兴市场国家的银行体系略有不同。2008 年开始的国际金融危机，紧接着是欧洲主权债务危机，这一结论受到了考验。在面临重大冲击的情况下，过渡银行的弹性是过渡银行发展的第三阶段。

39.5　金融危机期间的转型国家银行

2008 年开始的国际金融危机考验了过去十年转型银行的进展。首先，作为行业管理和技术改进的重要来源的银行外资所有权也有助于连接银行和东道国的金融系统。其次，许多转型国家在金融危机爆发的前几年经历了零售信贷热潮，危机是对这些国家相对较新的金融体系和监管能力的测试。在若干情况下，转型经济体能够及时地对信贷繁荣作出适当的政策反应，这使得它们在危机爆发时显得有先见之明。虽然金融危机对该地区的影响是严重的，但是各国的系统性问题并不多，该地区的许多银行一般表现出超越其他发达国家的银行的水平。这与银行体系的两个重要特征——外国所有权和信贷热潮——是相关的。《欧洲复兴开发银行过渡报告》（2009 年）表明，在危机爆发前，通常由外国银行充当中介的大量外国融资促成了零售信贷的繁荣。在许多国家，由于银行大部分是以外币计值，这使国内借款人面临外汇风险。

当外国银行进入该区域时，资源和资本从发达国家到转型主体。专业知识、技术以及银行的股权投资和国内产业的溢出效应是影响过渡银行转型的重要因素。在 21 世纪的信贷热潮中，资本也从母国流向转型国家。没有人讨论过资源向反方向流动的可能性，因为脆弱的国际银行将危机冲击传递给转型经济体。危机引发了外国所有权可能扩大东道国对母国的冲击的可能性（De Haas，2014）。

在 2004—2013 年，11 个转型国家加入欧盟，进一步巩固和合并了银行体系，使外国所有权集中在少数国家具有广泛利益的银行。六大西欧银行集团（the Big 6）——Unicredit（Austria）、4 Erste、Rai eisen、Société Générale、KBC 和 Intesa——在 2010 年占该地区三分之二的外国银行资产[①]。此外，Swedbank 主导波罗的海国家的银行部门。这种外国

① 虽然 Unicredit 是一个银行集团，其总部在意大利，但该集团在该地区活跃的银行中，有一部分是 Unicredit 奥地利分部的成员。

收购的根源在该地区外国银行早期参与以及后来的并购。联合信托通过收购和兼并收购了几个奥地利银行（奥地利银行和信贷银行）和一个前德国银行（HypoVerinsbank），该银行自从转型开始以来在该地区开展业务。Erste 的战略包括建立一个小型绿色运营机构，随后收购国有储蓄银行，专注于拥有稳固的国内存款基础的零售银行业务。Raiffeisen 的业务战略包括增加绿色领域的业务，该业务自转型开始以来一直以企业贷款为重点。法国兴业银行收购了此前在三个国家拥有混合存款基础的国有银行。KBC 参与收购了早期进入欧盟的三家银行，并收购了斯洛文尼亚最大的银行的少数股权，随后在 2013 年出售。Intesa 是该地区的后来者，收购了塞尔维亚最大的银行和在斯洛伐克和克罗地亚的第二大银行。2010 年，六大银行合计占据了捷克和斯洛伐克最大的五家银行，克罗地亚最大的四家银行，塞尔维亚最大的五家银行中的四家，罗马尼亚、匈牙利和斯洛文尼亚最大的五家银行中的三家。对于每一家银行来说，这一地区都成为 Epstein（2014）所称的“第二个本土市场”，这六家大银行在危机期间一直致力于这个市场。

金融危机开始时，外资银行所有权的优势很快就受到了质疑。人们对外国银行感到担忧，特别是如果它们依靠来自其母公司的资金和流动性，将把危机冲击传递给该地区。母国较差的经济环境可能会导致母国银行减少资金，甚至试图撤离资本。如果母国银行试图通过减少外资敞口来控制其损失，那么它们可能会在外资控股的银行体系中引发系统性危机。

这些问题导致了一项联合行动计划，即 2009 年 1 月通过的“维也纳倡议”（VI）。欧洲复兴开发银行、国际货币基金组织和欧洲投资银行等国际金融机构和私人机构参加了 VI。银行同意保持其对转型国家的敞口并在必要时重组银行，而国际金融机构提供 330 亿欧元以维持该区域的稳定。六大跨国银行中的五家作为该计划的一部分，签署了对东道国承诺的信函（第六家银行，KBC 受到来自其本国比利时的支持计划的限制）。2012 年，为应对欧洲主权债务危机，通过了 VI 的一项扩展计划，即 VI2.0。

根据 De Hass 等（2012）研究，在 2008 年和 2009 年危机期间，30 个转型国家的外国银行补贴的信贷收缩较早并且深于国内银行。但是作者认为，参与维也纳倡议的银行在该地区签订信贷的可能性低于没有参与的银行。Popov 和 Udell（2012）表明，过渡国家在危机期间获得信贷受到外国母公司资产负债表条件的影响。Ongena、Peydro 和 van Horen（2013）表示，在国际借款或外国借贷的转型国家中，银行在危机期间比依赖国内资金来源的银行减少了更多的贷款。有迹象表明，国际传播将危机带给了转型国家。尽管如此，Epstein（2014）认为银行本身的商业模式，而不是 IFI 的干预，保持了 the Big 6 的长期目标，维持了它们在“第二市场”的市场份额和声誉。事实上，the Big 6 在 2008 年 11 月送交欧洲联盟委员会的一封信中表示了对该地区财政稳定性的想法，促使了 VI 的产生。the Big 6 仍然致力于该地区并在欧洲转型国家保持相对稳定的信贷形势。

随着国际金融危机形成的经济体，尤其是与欧元区（匈牙利和波罗的海）紧密结合或易受能源价格波动（俄罗斯和哈萨克斯坦）的国家，信贷增长放缓。全球信贷紧缩减少国际债券和银团贷款市场的数量。此外，当欧洲主权债务危机蔓延到欧洲边缘时，存在宏观经济失衡的国家特别容易受到抵御能力的影响。

匈牙利是最早的新兴市场国家之一，是受到国际金融危机严重影响的国家。它是脆弱的，它依赖于外部金融支持和国内特别是家庭的外国借款。信贷紧缩导致压力和国家风险溢价的增加。2008 年 10 月，货币基金组织、世界银行和欧盟联合提供了一个 250 亿美元的资助方案。重要的是，该计划包括对银行资本的先发增量和银行间市场的担保。宏观经济问题和金融部门稳定是不可分割的问题。随着匈牙利货币贬值，由于该国大额抵押贷款市场中的绝大多数贷款以瑞士法郎计值，国家面临着相当严重的问题。监管机构和政府通告允许以优惠汇率偿还这些抵押贷款进行干预。然而，该计划并不是特别的成功，因为抵押持有人必须有足够的资金以优惠汇率购买整个抵押贷款。虽然匈牙利经济衰退加剧、信贷紧缩，但匈牙利避免了像过渡时期第一阶段那样的系统性银行危机。

克罗地亚还面临着危机前几年家庭借款的迅速扩张。与世界其他国家不同，它通过一系列创新的中央银行行动对贷款活动施加了审慎限制，使其能够减轻对繁荣的影响。回想起来，这些步骤很可能已经被更先进的国家效仿。

克罗地亚遇到了共同的问题。第一，信贷增长超过 GDP 增长，这得益于银行部门能力的改善和外部借款成本的降低。第二，由此产生的资本创造了巨大的外部失衡。第三，克罗地亚三分之二以上的抵押贷款以欧元计价。即使银行的存款基础也是欧元，这种匹配也不会消除外汇风险，因为国内减速或汇率冲击将影响国内借款人以欧元偿还的能力（如匈牙利）。

克罗地亚国家银行在 2003 年开始的短期内采取的第一项措施是信贷增长超过 16% 的上限。进一步的措施包括银行采购中央银行票据，需要持有流动外币资产以平衡本国货币敞口和银行外部借款的边际准备金要求。从 2006 年开始，中央银行增加了向国内客户提供外币贷款的风险权重，目的是减少这类贷款。各种计划和其应用的频繁变化给银行环境带来了一些不确定性。然而，克罗地亚能够在整个危机期间保持其银行部门的稳定。

信贷在波兰也迅速扩大，在 2004—2008 年，信贷占 GDP 的比率几乎翻了一番，许多新的贷款以外币计价。这似乎是导致金融不稳定的一个因素，但银行监管机构依赖银行增加资本缓冲，并维持贷款组合的质量。虽然更加正式地收紧监管标准直到危机很久以后才出现，但波兰没有在全球危机期间发生任何系统不稳定。

俄罗斯银行体系在危机之前，2004 年和 2008 年末都遇到严重的流动性问题。缺乏信任使银行间市场在 2004 年短期内瘫痪，但这种情况并没有产生太大的影响，因为存款集中在大型国有银行。在 1998 年之后的十年中，银行信贷占 GDP 的比率翻了一番。当 2008 年油价下跌、卢布贬值、许多机构以外币计价的形式借入海外资金时问题更加严重。这时俄罗斯银行间市场关闭可能引发一场重大的系统性危机。存款转为外币，总存款下降。不良贷款增加，贷款余额下降，一些银行出现倒闭。然而，与十年前的危机不同，没有大型银行倒闭。此外，还有一个迅速和全面的政策反应。中央银行放宽了再融资条件，延长了存款保险的覆盖面，政府向有困难的企业提供支持。俄罗斯的银行体系比 1998 年危机前更加强大，但它仍然容易受到巨大的宏观经济冲击。

这些事件表明，过渡银行在其最近或第三阶段的发展仍然容易受到外部和内部冲击的影响。尽管国际上发生了危机冲击，但外国所有权继续增强了过渡国家银行系统吸收冲击的能力。此外，许多转型国家的中央银行家及时作出反应的能力成为危机的减震器。罗马尼亚等国提出了正式的“金融稳定性报告”，以监测系统性风险并引入宏观审慎政策反应。

虽然过渡银行业是脆弱的，但在面对国际金融危机时，它们表现出令人惊讶的弹性。

39.6 对转型国家银行的历史回顾与未来展望

自20世纪90年代初以来在改善业绩和服务方面取得了长足的进步，但转型经济体中的银行部门不仅没有欧盟同行的财务深度，并且转型国家的银行服务也不够发达。尽管如此，除了少数例外，银行业的转型是完全的。国有单一银行结构已被独立于政府和国有客户的私有、市场导向型、资本充足的银行机构所取代。破产法、附带法律以及适用法律等相关法律环境。此外，银行监管和监管能力得到了显著发展。因此，对转型国家银行结构的任何评价都必须是积极的。然而，银行业是一个有点不同的事情；任何评估银行正在做什么以及它们如何对转型经济体的经济表现作出贡献都必须更加细致入微。

对于转型国家，财务深度比率远低于工业国家水平，尽管这些数字对于GDP水平相似的国家并不罕见。在一些中东欧国家，财务深度比率下降，因为不良贷款已经从资产负债表中删除，而GDP出现增长。财务深度在金融稳定委员会主要国家发生了深化，取得了金融稳定，带来银行公共财政回报。金融深化或增加金融中介已被证明与跨国研究中更迅速的经济增长有关（Wachtel，2001）。我们认为，增加的信用率应被视为银行业积极的发展，尽管有理由担心信贷深化以抵押贷款和其他形式的消费信贷快速增长的形式出现。正如危机所暗示的，这种快速的信贷增长可能表明过度的风险承担和经济脆弱性，而不是金融深化和长期增长的前兆。

许多国家家庭的贷款增长迅速。转型国家家庭贷款的扩张可能与外资银行的主导地位有关。一旦法律环境改善，对家庭的贷款是一种商品业务，可以通过从国外应用银行技术轻松地进入，因此对外国银行特别有吸引力。按发达国家标准，转型国家家庭信贷与国内生产总值的比率仍然不大。然而，克罗地亚和其他地区家庭信贷与消费部门财政财富的比例很高，表明信贷扩张增加了消费者经济冲击的脆弱性。

相比之下，对企业的贷款需要发展客户关系，并具有评估独特情况的能力，这两种情况都需要外国银行普遍缺乏的专业知识，尽管并购银行可能带来这样的本地知识。Haselmann和Wachtel（2010）使用EBRD银行环境和绩效调查表明，许多转型经济体的银行将其政府证券的资产组合转移到抵押贷款和消费信贷。外国银行增加了消费贷款，只保持了对企业的现有贷款水平。欧洲复兴开发银行/世界银行对转型国家企业的调查表明，许多公司受到金融约束，无法获得银行贷款。根据这些调查，欧洲复兴开发银行认为“尽管存在一些地区差异，银行贷款在企业方面仍发挥有限的作用”（《欧洲复兴开发银行转型报告》，2006，第47页）。由于企业贷款对于支持经济增长很重要，因此这对转型国家银行业的评估具有重要意义。

欧洲复兴开发银行调查表明，银行法律环境的改善与更大的风险承担和更多的信贷扩大到中小型企业相关联（《欧洲复兴开发银行过渡报告》，2006；哈塞尔曼和瓦赫特尔，2007）。然而，这种贷款规模仍然很小；调查受访者表示，缺乏信誉良好的借款人和难以评估风险是贷款增长缓慢的主要原因。在它们的贷款活动中，转型国家的银行倾向于支持大额的外国直接投资。然而，法律和监管环境的改善，如良好的破产法、有效的所有权结构、可靠的法院系统的应用、信用注册管理机构和定义的抵押品的法定权利，应带来更多的企业贷款，并为当地企业家提供更多的支持（De Haas 和 Lelyveld，2006）。

转型国家的大型企业，特别是那些属于欧盟的企业，由于跨国公司的增长在获得金融贷款方面遇到的问题较少。这类机构可以进入欧洲银团贷款市场，直接进入法兰克福和伦敦的银行和资本市场。这种活动进一步加剧了高度集中的国内市场的竞争。然而，在金融危机期间，跨境活动停止，特别是银团贷款迅速增长，复苏缓慢。

母银行与其当地合作伙伴之间的关系喜忧参半。在某些情况下，母银行为困难的当地机构提供援助。例如，在自己的危机之前，来自比利时的 KBC 支持其陷入困境的波兰子公司 Kredytbank。然而，母银行的支持不能被视为理所当然——当发现欺诈时，Bayerische Landesbank 离开其克罗地亚子公司 Rijecka Banka。此外，母银行的所有权变更可能影响东道国银行业的结构。当 HypoVerinsbank 于 2005 年年底加入 Unicredito 银行集团时，尽管波兰当局提出异议，波兰的几家子公司也被合并成波兰第二大银行。

欧盟的银行监管遵循母国原则，即母国监管机构监督跨国银行的合并资产负债表。与此同时，东道国监管机构对地方补贴负责。因此，这存在一个潜在的矛盾，即本国监管机构可能对外国子公司的影响力不足，即使外国公司份额较少却是东道国金融部门的一个重要参与者。缺乏银行监管跨边界的明确协调是一个问题，目前正在进行的关于包括新成员国的欧洲银行联盟的讨论，这一问题引起了更多的关注。

总之，几乎所有的欧洲转型国家都发展了成熟的银行部门，其他转型国家的银行在这方面也取得了巨大的进步。FSU 国家现在有模仿的模式，因此，它们在实现成熟和有效的银行机构方面的努力值得更加仔细地观察，看看是否已经学到相关的经验。此外，世界各地的银行都有对转型国家最近的经验、外国银行在冲击传递中的作用以及中央银行应对信贷繁荣的能力有所了解。转型经济体中的银行已成为竞争性全球金融业的一部分。

参考文献

[1] Barisitz S.（2007）. Banking in Central and Eastern Europe 1980—2006：A Comprehensive Analysis of Banking Sector Transformation in the Former Soviet Union，Czechoslovakia，East Germany，Yugoslavia，Belarus，Bulgaria，Croatia，the Czech Republic，Hungary，Kazakhstan，Poland，Romania，the Russian Federation，Serbia and Montenegro，Slovakia，Ukraine，and Uzbekistan. New York and London：Routledge.

[2] Bonin J. P.（2004）. Banking in the Balkans，the Structure of Banking Sectors in Southeast Europe，Economic Systems 28，141 – 153.

[3] Bonin J. P.，Hasan I.，and Wachtel P.（2005a）. Bank Performance，Efciency and Ownership in Transition Countries，Journal of Banking and Finance 29，31 – 53.

[4] Bonin J. P.，Hasan I.，and Wachtel P.（2005b）. Privatization Matters：Bank Efciency in Transition Countries，Journal of Banking and Finance 29，2155 – 2178.

[5] Bonin J. P. and Wachtel P.（2005）. Dealing with Financial Fragility in Transition Economies. In：D. Evanof and G. Kaufman（Eds.），Systemic Financial Crises：Resolving Large Bank Insolvencies，141 – 159. Singapore：World Scientifc Publishing.

[6] Claeys S. and Hainz C.（2014）. Modes of Foreign Bank Entry and Efects on Lending Rates：Teory and

Evidence, Journal of Comparative Economics 42, 160 – 177.

[7] De Haas R. (2014). Te Dark and Bright Side of Global Banking: A (Somewhat) Cautionary Tale from Emerging Europe, Comparative Economic Studies 56, 271 – 282.

[8] De Haas R., Korniyenko Y., Loukoianova E., and Pivovarsky A. (2012). Foreign Banks and the Vienna Initiative: Turning Sinners into Saints, EBRD Working Paper No. 143, March.

[9] De Haas R. and Lelyveld I. V. (2006). Foreign Banks and Credit Stability in Central and Eastern Europe: A Panel Data Analysis, Journal of Banking and Finance 30, 1927 – 1952.

[10] EBRD (2006, 2009). Transition Report. London: European Bank for Reconstruction and Development.

[11] Epstein R. (2014). When do Foreign Banks "Cut and Run"? Evidence from West European Bailouts and East European Markets, Review of International Political Economy 21, 847 – 877.

[12] Hasan I. and Marton K. (2003). Banking in Transition Economy: Hungarian Evidence, Journal of Banking and Finance 27, 2249 – 2271.

[13] Haselmann R. and Wachtel P. (2007). Risk Taking by Banks in the Transition Countries, Comparative Economic Studies 49, 411 – 429.

[14] Haselmann R. and Wachtel P. (2010). Bankers Perception of the Legal Environment and the Composition of Bank Lending, Journal of Money, Credit and Banking 42, 965 – 984.

[15] Ongena S., Peydro J. L., and van Horen N. (2013). Shocks Abroad, Pain at Home? Bank – Firm Level Evidence on the International Transmission of Foreign Shocks, Tilburg University Center for Economic Research Discussion Paper No. 2013 – 040.

[16] Popov A. and Udell G. (2012). Cross – border Banking, Credit Access and the Financial Crisis, Journal of International Economics 87, 147 – 161.

[17] Steinherr A. (2006). Russian Banking since the Crisis of 1998, Economic Change and Restructuring 39, 235 – 259.

[18] Wachtel P. (2001). Growth and Finance—What Do We Know and How Do We Know It?, International Finance 4, 335 – 362.

第40章　拉丁美洲的银行业

40.1　引言

在2008年编写本章第一版时，我们尚不清楚正在发生的金融危机有多严重，它将对各经济体的非金融部门产生多大的影响，以及它的影响将持续多久。自20世纪30年代“大萧条”以来最严重的世界经济危机尚未显示出对许多国家，特别是美国和西欧国内金融系统和公共财政的破坏性。欧盟长期的主权债务危机在未来两年内仍会持续，同时，国际贸易尚未成为危机蔓延到新兴和发展中经济体的渠道。尽管2008年9月，雷曼兄弟破产导致了一波经济震荡，但拉美经济体只经历了当时的巴西总统卢拉·达席尔瓦所称的“小波浪”，这与美联储前主席艾伦·格林斯潘所描述的海啸形成了鲜明对比。

事实上，经济危机对拉丁美洲银行体系造成的损失相对较小。因此，自2008年以来，该地区的国内银行市场没有发生过多根本性变化。美国和西欧持续破坏性的金融动荡主要是通过金融渠道而不是宏观经济震荡。与此同时，对大多数拉丁美洲国家，工业化经济体进口需求的收缩则被中国（众多进口国中发挥较大作用的国家）补偿。此外，正如我们将要说明的那样，危机爆发前的几十年见证了拉丁美洲银行体系结构的剧烈变革。在20世纪80年代，尤其是90年代，拉丁美洲的银行体系发生了深刻的变化。这些地区广泛采用了自由改革。这些改革的共同特点是利率自由化，减少提供银行服务的进入壁垒，国有银行的大规模私有化以及促进外资银行进入（见Singh等，2005；Stallings和Studart，2006）。与此同时，在一个基本上独立的过程中，国际收支资本账户的自由化也影响了国内金融体系的演变，因为它为居民财富持有者创造了新的投资机会，同时也使为非居民购买资产和向居民提供金融服务成为可能。当然了，这一进程的缺点是，这些经济体日益暴露于国际金融市场的波动之中。

所有这些变化的综合性影响深深地改变了拉丁美洲金融系统的工作方式。事实上，转型过程仍在继续，尽管现在的形势是证券市场的急剧扩张，以及私人借款人的银行信贷供给的迅速增加，尽管它一般从该区域的非常低的水平开始。这些变化中，已经实现且作用最明显的就是，在这一时期发生的巨大的银行合并过程。而我们最感兴趣的是这一整合对银行部门竞争和效率的影响。

在后次贷危机时期，最重要的变化发生在金融监管领域，特别是审慎监管领域。拉丁美洲国家不仅认为金融监管和监督在确保金融稳定方面（特别是在银行部门）失败，而且地缘政治变化（特别是二十国集团国家的崛起）加强了这些国家的地位，或至少其中一些国家，在诸如金融稳定委员会和巴塞尔银行监督委员会之类的国际论坛上，对监管问题进行辩论并参与制定。在其他感兴趣的话题中，与20世纪八九十年代的改革相比，现在的变化更加循序渐进。

本章内容结构如下：在本节引言之后，40.2节概述了拉丁美洲最近整合的银行部门。在40.3节中，我们考虑了金融政策的演变以及它如何对最近的合并过程作出贡献。40.4节研究了这类合并对银行部门的影响。除了更新前面的章节之外，本章还包括了一个关于危机后期银行监管和监管变化的新章节（40.5节），这些章节是为应对金融危机而设置的。最后，在40.6节进行了一些结论性的说明。

40.2 拉丁美洲银行业的整合：一个快速概述

银行危机、金融监管的放松和金融服务的全球化，这些因素导致了20世纪90年代后半期外资银行对新兴市场的银行部门渗透率显著增加。我们可以对这些发展的效果进行如下总结："全球市场和技术发展、90年代的宏观经济压力和银行危机，这些因素迫使银行业和监管机构改变旧的经营方式，并取消国家层面对银行业的监管，并开放金融市场以应对国外竞争。这些变化大大增加了新兴经济体中银行的竞争压力，并导致银行业结构的深刻变化。"（Hawkins 和 Mihaljek，2011，第3页）

虽然工业化和新兴市场中银行整合的过程已经在上述力量的作用下初步成型，但新兴市场的整合仍有它自己独特的特征（IMF，2007；Gelos 和 Roldós，2004）。首先，跨国并购已成为新兴市场整合的重要来源，但工业化市场则不是。其次，整合是用来重组金融危机发生后的新兴市场银行业的，而不是像工业化市场中的那样消除过剩产能或提高效率。最后，新兴市场国家的政府积极参与整合过程，而工业化市场的整合往往是"市场驱动"的，因为它代表着金融机构对20世纪七八十年代实施的金融放松监管政策的回应。

和其他新兴市场相比，拉丁美洲的银行业整合更加领先。各国政府积极参与银行重组，并实施了大量银行私有化方案，尽管在阿根廷和巴西等国家，一些大型银行仍由国家所有。自20世纪90年代末以来，整合进程（特别是在巴西和墨西哥）已经变得越来越受市场驱动（如在工业化市场）。一般来说，在某些情况下，加强竞争提高效率、重组公共财政的愿望，是以该区域银行几乎私有化为背景的。此外，不能低估外资银行在国内银行部门间重组和巩固方面发挥的作用。20世纪90年代中期，银行业危机为外资银行提供了"一次性的投资金融机构的机会和扩张业务的机会……在国际金融机构的鼓励下，EME（新兴市场经济体）政府对危机的标准反应是加速金融自由化，并在外国投资者的帮助下重组银行"（CGFS，2004，第6页）。这种情况发生在阿根廷、巴西和墨西哥。在拉丁美洲，外资银行的银行部门资产份额大幅增加，虽然外资银行渗透率不如中欧和东欧那么广泛，但总体上还是要高于亚洲的（Domanski，2005）。尽管如此，2010年外资银行渗透率水平低于十年前，这反映了外资银行在该地区一些国家面临的困难，在最近的危机中，私营银行大幅扩张，利用国有银行提供信贷的情况也大量增加（见表40.1）。

表 40.1 银行部门资产份额（按所有权） 单位:%

年份	阿根廷	巴西	智利	墨西哥	委内瑞拉
国有银行					
1990	69.65	53.65	22.79	98.44	11.75
2000	26.56	32.16	14.03	0.87	3.60
2010	44.82	34.14	18.60	0.29	53.75
外资银行					
1990	0.00	3.03	41.98	0.29	0.00
2000	55.18	27.89	38.32	49.88	59.88
2010	29.76	17.38	23.96	73.00	0.73
私营银行					
1990	30.35	43.26	72.94	1.27	82.33
2000	18.26	39.87	42.14	49.25	33.95
2010	22.13	48.48	47.11	25.80	14.48

来源：作者根据 BankScope 数据库计算得出。

在20世纪90年代，拉丁美洲获得了创纪录水平的外商直接投资（FDI）。仅在1998年，该区域就流入了767亿美元，相当于发展中国家外商直接投资总额的41%（拉加经委会，2000，第35~36页）。大多数投资都是投资于银行部门。在1991—2005年，涉及新兴市场银行收购的跨国并购支出总额为1210亿美元（Domanski，2005）。在总数中，48%用于拉丁美洲，亚洲和中欧、东欧分别占36%和17%。拉丁美洲的主要投资来源是西班牙银行（占该地区国内银行的外资银行收购价值的46.6%），其次是美国（26.5%）、英国（10.0%）、荷兰（6.4%）、加拿大银行（3.6%）。

银行重组提高了区域银行部门的集中程度。但同时，虽然一些国家的银行数量已经大幅下降，但随之而来的集中程度并没有那么明显。表40.2显示了该地区银行部门中业务规模前三名的公司所占的市场份额（CR3）数据，并和日本、英国、美国的数据进行对比。2000—2005年，在所有国家（除去厄瓜多尔和委内瑞拉）中，三个最大的银行获得了市场份额。在2005—2010年，一些国家的银行集中水平持续上升，包括最大的经济体巴西。其中CR3比2000年扩大近1.6倍。这表明了该国整合进程的程度大大提高。此外，在哥伦比亚、乌拉圭和智利，集中程度也有着显著的增加。在此期间，委内瑞拉CR3的明显上升表明银行部门的压力和持续进行的银行重组。

表 40.2 银行部门集中度（CR3 比） 单位：%

国家	2000年	2005年	2010年
阿根廷	32.3	46.4	34.0
玻利维亚	47.4	50.3	57.1
巴西	38.7	46.1	61.7
智利	38.4	55.1	52.1

续表

国家	2000 年	2005 年	2010 年
哥伦比亚	32.1	43.4	50.1
厄瓜多尔	54.4	49.7	54.5
墨西哥	57.4	60.4	53.3
秘鲁	61.9	76.9	74.2
巴拉圭	45.4	47.8	49.5
乌拉圭	34.9	57.7	61.6
委内瑞拉	44.7	36.4	68.7
日本	35.0	40.0	44.2
英国	30.4	49.4	56.0
美国	21.4	29.8	31.6

注：对于智利，2010 年一栏的数值是 2007 年的观测值。

来源：世界银行金融结构数据库。

在墨西哥和阿根廷等国家，合并水平的上升与外资银行的渗透密切相关。在墨西哥，外资银行不受限制地进入银行市场中的所有部门，成为市场领导者。虽然外资银行在阿根廷主导着国内银行［因为它们的市场份额从 1994 年 11 月的银行存款总额的 16.1% 增加到 2001 年 12 月的 51.8%（Fanelli，2003，第 52 页）］，但它们在 2001—2002 年的金融危机之后发生了部分波动（市场份额有所下降），而私人银行和大多数公有银行的市场份额增加。在巴西，国内私人和公有银行是金融市场的领导者。事实上，私营银行积极应对外资银行渗透，并积极参与国内并购（Paula 和 Alves，2007）。相比之下，智利的整合过程则更加循序渐进：由于西班牙（智利两大银行的母银行的所在国）的并购，这种情况有所增加；从技术上讲，扩大后的西班牙母公司将其智利子公司作为单独实体经营（Ahumada 和 Marshall，2001）。

银行重组和私有化迎来了新一轮的跨境（和国内）并购活动。跨国银行并购部分反映了国家特定因素：与共同语言（西班牙银行条目，Sebastián 和 Hernansanz，2000）和地理接近度（北美银行条目，Buch 和 DeLong，2001）正相关；以及与是否能够利用人口众多且金融部门不发达的相对贫穷国家有关（Buch 和 DeLong，2001；Focarelli 和 Pozzolo，2001）。可以根据对买方和目标财务状况的分析进行并购。对巴西的申请区进行分类，可以分为涉及国内银行和涉及外资银行的并购。结果表明，国内外买家需要具有可替代投资组合的目标银行：国内买家倾向于购买表现不佳的银行，而外国买家倾向于收购大型的、增长缓慢的机构。这就意味着外资银行已经将并购作为增加银行规模和市场份额的手段（Cardias Williams 和 Williams，2008）。

在这之后，作为并购的结果，巴西一个重要的发展就是，Itaú 和 Unibanco 之间合并带来的危机。这相当于需要一个联合银行，这一需求被雷曼兄弟破产导致的更加严重的威胁所减弱，当大量企业认为巴西货币将持续升值时，雷曼兄弟破产导致的冲击波影响了巴西货币，结果这些企业遭受了严重的损失。

40.3　拉丁美洲财政政策的演变过程

虽然拉丁美洲银行体系转型的进程基本上具有相同的特点，并且发生在大致相同的时期，但其原因却因国而异。1945 年后，拉丁美洲的金融体系受到明显压制。从 20 世纪 40 年代后期开始，该地区各国政府都进行了各自的努力，并取得了不同的成功，加速了经济增长并改变了国家社会和经济的结构。大多数人认为，尽快实现工业化是成为发达国家的关键。受中欧国家经验的启发（Geschenkron，1962），拉丁美洲各国政府，特别是最大的国家（巴西、墨西、阿根廷和智利），都认为银行系统是集中和指导必要资源的有力工具，以支持制造业生产的增长。不愿意依赖自由运营金融市场以支持加速增长进程的最终能力，这些国家的政府施加了金融管制（Fry，1995），这种情况主要是为了创造或扩大现有国有企业的职能、设定私人银行贷款的最高利率（在高利贷法律的情况下经常采用），并将这些银行提供的信贷引导到被认为具有战略意义的部门以促进经济增长。

这不是评估这些举措在促进增长方面取得成功的地方。① 该地区在 20 世纪 70 年代遭受了巨大的石油冲击。通过增加短期外债来处理这些冲击带来的影响，这种努力导致了 20 世纪 80 年代初的债务危机，使得该地区最重要的经济体持续了如此长时间的债务危机，被称为“倒退十年的经济增长”。作为谈判解决危机的一部分，拉丁美洲几乎所有国家都接受了促进自由化改革，包括金融部门的改革，从而结束了金融管制措施。

智利是这一进程的先驱者（Foxley，1983；Stallings 和 Studart，2006）。银行市场的自由改革，包括开始于 1973 年军事政变之后，即当时的萨尔瓦多·阿连德总统进行的国有金融机构私有化改革。在智利的案例中，金融自由化的根本原因是皮诺切特总统领导的极端保守的军事政权，其目的是消除所有以前所发布政策的任何痕迹。正如在类似经历中所发生的那样，强有力的自由化政策为银行创造了新的盈利机会，提高了它们的竞争力。然而，金融监管和银行监管都是存在一定缺陷的，因为监管机构缺乏开放市场的经验，或者因为国家被认为在经济游戏中是一个低效率的玩家，所以没有投资提高监管者的技能。正如一般经验一样，最终在 20 世纪 80 年代初第一波自由化浪潮不可避免地产生了严重的银行危机。为了解决这一危机，政府对银行体系进行了大量干预。一方面，当危机预计结束时，银行被允许向政府出售其不良资产，随着时间的推移，它们有义务重新购买。此外，政府采取了更严格的银行监管，以防止过去的无序扩张重演。

和智利相比，墨西哥的银行改革动机则没有那么戏剧性（Singh 等，2005；Avalos 和 Trillo，2006；Stallings 和 Studart，2006）。该国也遵循拉丁美洲最大经济体在战后时期为创造强大的国有银行以刺激经济发展而确立的一般模式。私人银行的发展空间十分有限，几乎禁止外资银行在国内市场经营。直到 20 世纪 80 年代初，外资银行仍然无法持有超过银行最大净值的 7%。1982 年的债务危机，随后的经济停滞期以及墨西哥政府与债权银行和多边机构谈判的救助方案中的条件条款导致墨西哥当局转变了心意。政府努力促进经济的自由改革，其中银行改革是一个重要组成部分（de Vries，1987）。后来，由于墨西哥加入

① 虽然以出现一些重要的不均衡为代价，但实际上实现了较高的增长率。

北美自由贸易协定（NAFTA），这一驱动力得到加强，这导致美国和加拿大银行的进入壁垒在逐渐稳步减少。① 然而，墨西哥改革的决定性行动是1991年失败的私有化进程，当时仍对外国参与国内银行业有严格限制。银行被缺乏银行业务经验的商人收购，收购价格被普遍认为过高。急于收回投资并获取利润的做法导致了信贷繁荣，而信贷繁荣不受任何适当监管的约束。信贷无限扩大，但是没有人关注可能产生的信贷风险。信贷的快速扩张最终导致了1994年的危机，当时的银行资产实际上被重新国有化。事实上，墨西哥政府，曾在1995年和1996年两次购买了银行资产负债表中大量的不良资产，以解决危机问题（Fobaproa）。② 然而，和智利政府的做法相反，这些资产不会被银行系统吸收，而是将银行亏损转变为公共债务，由纳税人为银行损失进行埋单。银行体系的弱点导致墨西哥政府最终修改法律，允许外资银行越来越多地参与国内市场，包括收购地方问题银行。因此，在2000年，墨西哥的外资银行市场份额超过了80%（Hernandez－Murillo，2007，第416页）。

在巴西和阿根廷，由于持续的高通货膨胀，自由化进程的原因更为复杂。在这两个国家中，大多数（但不是全部）改革是作为价格稳定战略的要素之一而进行的。直到20世纪70年代，巴西的银行体系受到严重压制（Carvalho，1998）。尽管私人银行的存在感很强，但银行体系的主要支配者仍是国有机构。外资银行被限制在只能参与大多数外资公司的金融交易，并且，和其他国家一样，禁止国内客户使用外资银行（Carvalho，2000）。20世纪60年代中期，巴西金融体系的结构发生了变化，并采用了类似于美国的《格拉斯—斯蒂格尔法案》所设定的市场模式。商业银行将提供短期信用和付款服务，投资银行应帮助处于发展初期的证券市场，专门机构将资助购买耐用消费品，公共机构将为制造业、农业和建筑业的生产性投资提供财政支持。

20世纪70年代末和80年代初，由于立法的漏洞，对几乎所有金融体系部门和非金融部门感兴趣的金融集团开始出现。与此同时，70年代遭受石油冲击后，通货膨胀加速，私人借款人进入信贷市场的情况稳步减少。银行开始将它们控制的资源越来越多地投入购买联邦政府发行的公共债务之中，因为后者已经无力控制其财政赤字。而在接受存款和购买公债之外的市场部门，以及应该操作它们的机构，则在整个过程中逐渐失去作用并消失。1988年，在这种情况下，巴西央行通过了一个决议，采用德国式的全能银行模式代替上述分割模式。③ 在这一决议中，利率管制被解除了。因此，巴西的金融自由化开始于对过去规章已经过时的承认，而不是以一个明确的战略作为第一步（Paula，2011）。

在阿根廷，类似的发展进程发生在相同的时期中。④ 和在巴西一样，不断加剧的通货膨胀是当时政策制定者面临的最重要的问题。20世纪80年代后期，在进行过许多失败的

---

① 1995年，一项法律修订增加了根据北美自由贸易协定建立的外国参与限制（最初外国银行无法购买市场份额超过1.5%的国内银行）。1998年12月，墨西哥国会批准了进一步修订，允许外国投资在国内银行达到100%。随后，最大的银行机构（Bancomer、Banamex和Serfin）被外国银行收购（Maudos和Solis，2011）。

② 到1996年12月，不良贷款与贷款总额的比率估计达到52.6%（Hernandez－Murillo，2007，第421页）。

③ 在巴西，全能银行被称为复合银行（Multiple Bank）。

④ 阿根廷自20世纪80年代末以来关于金融自由化的决定在Studart和Hermann（n.d.）上（以葡萄牙语）列出，并在Carvalho（2008）上转载和讨论。有关这一过程的概述，请参阅O'Connell（2005）。

价格稳定尝试之后，控制通货膨胀的工具武器迅速耗尽。此外，国外债权人要求执行金融自由化政策，作为 1982 年债务危机的一揽子解决方案中的条件条款。阿根廷政府别无选择，只能开始一个自由化进程，通过释放利率并走向全球银行模式，让每个金融机构自由选择要经营的部门。

1991 年以后，随着可兑换计划（也被称为卡瓦洛计划，以当时财政部部长多明戈·卡瓦洛的名字命名）的通过，政府制定了一项激进的自由化战略，这一举措与巴西当时的务实经验刚好相反。这一战略的中心要素是国内银行市场向外资银行开放。因此，阿根廷银行体系的国外渗透率急剧增加，这是由于重组和集中政策有意推动的，这项政策是在墨西哥龙舌兰岛危机（该危机严重影响了兑换系统和金融部门）蔓延之后实施的。在 2000 年 12 月阿根廷十大银行中，有七家银行是外资所有，两家是公有的银行（联邦银行和布宜诺斯艾利斯省银行，这两家银行作为市场领导者），最后唯一一家为国内的私有银行（Paula 和 Alves，2007，第 97 页）。

阿根廷将国有银行私有化的进程表明，在如智利和乌拉圭的这些拉美国家中，一项重大的意见转变已经发生。在这些国家中，私有化既不被视为暂时的便利，也不被看做不可避免的弊病。自由化作为一种战略在贯彻着，而不是一项权宜之计。银行私有化作为整个自由化进程的一个要素，无论多么重要，都是一个预期有助于该区域克服其长期低效率的工具。21 世纪初，严重的经济危机使阿根廷部分反对了这一观点。但是，即使在 21 世纪初，智利和乌拉圭推选出中左翼政府之后，这一工具仍然占据着主导地位。

相反，巴西却在探索自由化的道路上更为谨慎。事实上，1994 年通货膨胀的结束给许多银行造成了巨大的压力，这些银行主要通过获得存款来为购买公债提供资金，其收益率以通货膨胀率为指数。当 1994 年实施“实际计划”后，通货膨胀急剧下降时，许多银行都几乎破产。为了避免恐慌，巴西政府及时采取措施，允许将问题银行分为两个部分：“健康的”银行，具有健康的资产及其相应的负债份额；“失败的”银行，持有不可恢复的资产。健康的部分可以出售给其他银行；而失败的部分则由中央银行进行清算。

20 世纪 80 年代中期，美国在处理大陆伊利诺伊银行问题时制定了一个规则。受到该方案的启发，阿根廷通过了同样的法案（De la Torre，2000）。阿根廷和巴西避免了恐慌，而代价则是银行合并进程的推动。在巴西，中央银行决定邀请外资银行购买那些正在私有化或面临可能导致失败困难的国内银行。允许外资银行入境的决定是为了防止过度集中，如果允许国内主要银行购买问题银行，政府预期会出现资本过度集中。虽然巴西政府从未解除对新外资银行进入国内的法律限制，但它允许在有需要时发生“例外”。一旦经济稳定，问题银行的存货被出售，便几乎没有新的外资银行被授权进入该国。墨西哥是拉丁美洲最后一个向外资银行开放市场的大国。然而，它也是外资银行被允许最不受限制地进入国内市场的国家，这导致国内私营银行几乎完全消失，更不用说国有银行了。

2008 年的国际金融危机改变了国有银行在一些国家的作用。在巴西，三个最大的联邦银行（国家开发银行，BNDES，巴西银行和国家储蓄银行，CEF）作为执行反周期政策的工具，当私营银行面临增加的不确定性而选择退出时，由这三大银行负责提供信贷。结果，在危机期间，联邦银行的市场份额增加，即使私人银行认为有必要扩大恢复至少部分损失的市场份额，它们也依旧保持领先。最近，国有银行也被用来通过降低贷款利率从而推动银行利差，进而迫使私人银行跟随它们。最近，国有银行在阿根廷也被用作反周期政策的工具（BCRA，2012）。事实上，阿根廷中央银行的作用范围在2012年4月就开始扩大，包括促进增长、充分就业和收入分配，同时维持比索的购买力。因此，许多计划被制造出来，以刺激非金融公司的信贷增长。

在拉美地区，整合的趋势对人们来说并不陌生。以前，一些国家发生银行整合浪潮，主要是由国内政策引起的。例如，20世纪70年代初，在巴西，联邦政府推动了一个强大的合并进程，期望利用强大的规模经济减少必要的利率，以保持经济增长。此外，金融管制仍然有效，预计不会增加外资参与。通过规模经济来提高效率应该减轻银行利率控制的负担，削弱逃避这些控制的动机。不过无论如何，这些拉丁美洲经济体规模仍然很小。如果在这些经济体规模较小的前提下，再考虑到其总体上高度集中的收入，那么银行服务的市场就会更小。如果银行业存在规模经济，那么无论如何，人们都希望在该地区得到相对较高的集中度。

20世纪80年代，甚至更典型的是在90年代，推动整合的来源有很多。70年代的智利，政治和意识形态因素十分重要。这些因素允许银行决定自己的政策，包括更大更强的银行吸收更小的银行。在80年代初的危机之后，整合的推动力量被加强了。这是由于较大的银行特别是外资银行能够更有效地管理风险，特别是如果谨慎监管得到改善，该系统将变得更加稳定。

无论如何，对系统稳定性的研究有助于解释最近大部分地区发生的整合现象。为加强银行体系的稳定性而采取的许多监管措施都有助于推进银行合并。现代支付系统的引入，越来越多地使用自动柜员机和网上银行等，以及如果私人银行必须提供自己的设备和其他设施，也会导致合并增加。甚至有的时候，私有化倡议经常为系统性安全辩护，因为人们渐渐意识到，国有金融机构养活裙带关系的风险在增加。因此，在2000年到来之际，拉丁美洲最重要的银行体系表现出相对类似的所有制结构。

40.3.1 拉丁美洲的金融渗透

拉丁美洲金融系统的特点如下：财务深度有限；金融部门是基于银行的，因为股票市场大多较小且流动性不好，公司债务市场更甚；国际标准的中介利润率很高；银行业集中度正在提高；银行贷款相对于整体经济活动较低。事实上，获得银行信贷的机会有限以及金融系统的不稳定性是造成该地区经济波动的主要因素（Singh 等，2005，第1章）。

尽管和十年前相比，拉丁美洲的金融体系有所深化（Rojas Suarez，2007，第3页），但与工业化国家和一些其他新兴市场区域（如东亚）相比，金融深度水平依然较低。不过，由表40.3所示，该区域所有国家的银行部门和股票市场在国内生产总值中所占的份额都有所增加，只有少数例外。同时，表40.3还显示，拉丁美洲的金融深度存在相当大的异质性：2010年，智利的金融渗透显著更深，其次是巴西、秘鲁和哥伦比亚。而在1990—2010年，这三个国家的金融部门虽然基数相对较低，但深化程度却很大。在阿根廷和玻利维亚，1990—2000年，金融部门在国内生产总值中所占份额迅速增加。尽管2010年金融深度有所降低，但依然高于1990年的深化水平。只有在乌拉圭和委内瑞拉，2010年与1990年相比，金融部门占国内生产总值的比例较低。智利是唯一实现与工业化国家相当的深化程度的国家（Betancour、De Gregorio 和 Jara，2006；Rojas Suarez，2007）。此外，智利的家庭获得金融服务的机会最接近工业化国家的水平；在西方工业化国家，超过 90% 的家庭可以获得金融服务，而智利则为 60% ~80%，巴西和哥伦比亚为 40% ~60%，阿根廷和墨西哥为 20% ~40%（Honohan，2007）。表 40.3 跟踪研究了银行业中介机构的发展。一般来说，大多数国家在 1990—2000 年中介水平有所提高（显著的例外包括阿根廷、巴西和墨西哥较大经济体）。2010 年的数据表明，2008 年的金融危机对几乎所有国家的私营部门的信贷提供都产生了不利影响。然而，2010 年，巴西、墨西哥和委内瑞拉的中介机构数目却高于十年前。

表 40.3　GDP 中金融部门的占比

国家	GDP（百万美元）	金融部门规模比 GDP（%）			金融中介率（%）		
	2010 年	1990 年	2000 年	2010 年	1990 年	2000 年	2010 年
阿根廷	434406	22.59	116.24	40.71	167.37	74.48	47.92
玻利维亚	12240	41.32	96.82	77.66	101.72	114.44	52.21
巴西	919487	50.95	111.93	131.41	121.88	68.17	71.19
智利	110042	190.05	182.93	208.60	116.14	142.76	87.18
哥伦比亚	149.691	56.92	53.34	99.07	100.75	85.96	83.34
厄瓜多尔	24996	39.16	42.22	40.02	74.68	150.97	83.89
墨西哥	692.479	45.33	62.25	68.96	84.98	59.80	60.14
巴拉圭	10463	33.22	41.46	40.69	70.10	95.29	79.38
秘鲁	92507	28.57	94.87	90.14	34.06	80.63	68.04
乌拉圭	30534	75.60	56.44	39.73	61.67	106.00	52.59
委内瑞拉	159405	69.16	34.04	31.69	47.62	50.57	56.84
日本	5094423	358.05	347.80	295.13	90.78	80.63	45.99
英国	1744580	275.68	330.91	304.94	123.25	118.83	115.22
美国	11547905	214.06	268.47	196.87	75.31	70.85	67.37

注：GDP 使用了 2000 年的价格；我们用流动负债和股票市值总和来衡量金融部门规模；“金融中介率”是银行部门对私人部门信贷与银行部门流动负债的比率。

来源：世界银行发展指标；世界银行金融结构数据库。

表 40.4 对银行业深度，包括存款（流动负债）、信贷（作为国内生产总值的份额），进行了更进一步、更长时间的观察（1980—2010 年）。观察存款数据，一般来说，在金融衰退期内，1980 年的观察水平较低，远低于 2010 年的水平。在玻利维亚、巴西和巴拉圭，则发生了显著的增加。虽然信贷方面出现了类似的情况，但 2010 年的数据表明，次贷危机的一个影响似乎是为了减少 2000 年至 2010 年几个国家，即阿根廷、玻利维亚、厄瓜多尔、秘鲁和乌拉圭的金融深化率。相反，信贷市场在巴西、智利、哥伦比亚、巴拉圭和委内瑞拉则有所加深。智利和巴西在 2010 年具有程度最深的信贷和存款市场。

表 40.4 **银行部门的金融深度（信贷和存款市场）** 单位：%

国家	流动负债比 GDP				信贷比 GDP			
	1980 年	1990 年	2000 年	2010 年	1980 年	1990 年	2000 年	2010 年
阿根廷	21.45	7.64	31.83	25.65	16.01	12.79	23.70	12.29
玻利维亚	16.12	19.58	52.19	62.19	14.38	19.92	59.73	32.47
巴西	12.57	25.26	43.30	64.34	24.20	30.79	29.51	45.80
智利	22.69	35.45	41.76	79.05	30.72	41.17	59.62	68.92
哥伦比亚	24.20	26.50	25.90	36.00	25.18	26.70	22.26	30.00
厄瓜多尔	21.77	17.31	22.99	31.81	17.20	12.93	34.71	26.69
墨西哥	27.48	17.10	27.87	29.48	16.69	14.53	16.66	17.73
秘鲁	16.10	9.66	32.48	33.38	5.55	3.29	26.18	22.71
巴拉圭	22.43	18.82	28.02	40.69	17.87	13.19	26.70	32.30
乌拉圭	31.38	40.44	41.49	39.36	29.05	24.94	43.98	20.70
委内瑞拉	43.98	32.31	18.68	30.15	22.10	15.38	9.45	17.14
日本	137.94	182.04	238.89	224.86	115.71	165.26	192.63	103.41
英国	30.56	88.01	100.60	175.48	26.00	108.47	119.55	202.18
美国	69.01	73.33	68.68	84.87	55.94	55.22	48.66	57.17

来源：世界银行金融结构数据库。

如果想增加金融深度和获得金融服务的机会，就必须进一步完善影响金融中介机构和金融市场有效运作的制度环境。世界银行治理指标显示，巴西、智利和墨西哥（1996—2004 年）的治理水平有所提高，但只有智利达到了与工业化国家相当的水平（Rojas Suarez，2007）。

拉丁美洲金融自由化的有效性可以用利率差的演变来衡量。以国际标准衡量所观察到的利差相对较高、整个区域利差的差异较大的状况，可以部分地由制度环境的弱点所解释（Gelos，2006）。IADB（2005）显示，在 20 世纪 90 年代中期到 21 世纪初期，拉丁美洲的利息率（8.5%）超过了东亚和太平洋国家（5.1%）以及发达国家（2.9%），但还是稍微落后于东欧和中亚（8.8%）。

在本书的第一版中，我们强调了拉丁美洲从 1993 年到 2005 年以后银行利差的收窄，尽管国际标准的利差很高，而且国家之间差异很大。利差的趋同持续到现在。价差与贷款利率的相关性更大于存款利率（特别是在阿根廷和秘鲁），这意味着导致利差扩大的冲击将提高贷款利率而不是降低存款利率。虽然巴西的利差仍然最高，但目前（2012 年）低于 2003 年水平约 15 个百分点；利差风险特别受风险变量（风险溢价，利率波动）、产出增长和短期利率水平的影响（Oreiro 和 Paula，2010）。自 2008 年以来，由于当局放松了货币政策，作为缓解次贷危机影响战略的一部分，巴西利差已经缩小了约 5 个百分点。虽然巴拉圭和秘鲁的利差超过该地区大多数其他国家，但 2008 年后阿根廷、智利和墨西哥的利差有所收窄，并低于 5%。

拉丁美洲几乎没有分析市场集中度和利率、利润率之间的关系。最近的证据表明，市场份额对边际利率几乎没有影响；而实际上，较低的利差来自更有竞争力的市场和更高的效率（Chortareas、Garza - García 和 Girardone，2012）。然而，这样的发现并没有推广到整个地区：例如，墨西哥将最近银行体系盈利能力的增长归因于垄断竞争（Maudos 和 Solis，2011）。

除了表 40.4 中确定的信用水平普遍较低但正在加深之外，拉丁美洲信贷增长模式的特点是繁荣和萧条循环，特别是在银行信贷与 GDP 最低的经济体中。20 世纪 90 年代初，该区域的信贷大幅度扩张，部分原因是资本流入的增加，但在 90 年代中期银行业危机后，信贷崩溃，并且多年来一直处于低迷状态。只有 2004 年以后，由于经济增长强劲，全球货币条件更加便利，以及银行重组进程的开始，信贷才开始恢复。阿根廷和巴西的信贷增长特别强劲（Jeanneau，2007）。然而，在大多数拉丁美洲国家，不稳定的宏观经济环境是阻碍金融体系发展和产生信贷增长高度波动的一个关键因素。例如，用于对抗通货膨胀或保护汇率的超短期利率增加了银行的融资成本和贷款违约率（Singh 等，2005）。

有人这样担心，银行组合的组成可能会挤出私人部门信贷。这样的担心不无道理。这是因为银行倾向于在其投资组合中持有高比例的政府证券，这可能反映了与过度通货膨胀相关的历史行为模式。在 20 世纪 90 年代后期，阿根廷、墨西哥和委内瑞拉的银行取代了大量政府证券组合的不良贷款。最近，由于财政整顿（阿根廷、墨西哥和巴西），银行投资组合中的政府证券数量有所下降。

表 40.5 显示了 1980—2010 年银行部门国内信贷在国内生产总值中所占的份额。它提供了分配给私营和国有部门的银行信贷的差别。表 40.5 显示，与工业化国家相比，拉丁美洲的信贷分配水平相对较低并且还将持续存在此类问题。2010 年，在巴西和墨西哥以及阿根廷的大型经济体中特别显著的是，私人部门和公共部门之间的银行信贷分配相对均匀。而在大多数其他国家中，私营部门接受了大部分国内信贷。

表 40.5　　由银行业分配的国内信贷（占 GDP 的百分比）

国家	1980 年	1990 年	2000 年	2010 年	国家	1980 年	1990 年	2000 年	2010 年
阿根廷	32.96	32.42	34.45	29.18	巴拉圭	16.83	14.92	31.34	32.48
对私营部门	25.40	15.60	23.89	14.62	对私营部门	18.37	15.80	29.76	37.81
对国有部门	7.56	16.82	10.56	14.56	对国有部门	-1.54	-0.88	1.59	-5.33
玻利维亚	28.80	22.97	62.03	49.37	秘鲁	20.66	20.21	25.97	18.09
对私营部门	17.09	24.03	58.72	40.34	对私营部门	12.89	11.80	25.96	24.32
对国有部门	11.71	-1.06	3.31	9.03	对国有部门	7.77	8.41	0.01	-6.23
巴西	43.04	87.63	71.86	95.22	乌拉圭	39.85	46.67	50.23	32.13
对私营部门	42.48	42.08	31.66	55.14	对私营部门	37.24	32.44	45.09	22.78
对国有部门	0.57	45.54	40.20	40.07	对国有部门	2.61	14.23	5.13	9.35

续表

国家	1980 年	1990 年	2000 年	2010 年	国家	1980 年	1990 年	2000 年	2010 年
智利	46.96	70.18	82.40	88.85	委内瑞拉	45.98	38.64	14.91	22.51
对私营部门	46.85	45.31	73.62	84.85	对私营部门	49.86	26.21	12.47	18.83
对国有部门	0.10	24.88	8.77	4.00	对国有部门	-3.88	12.43	2.44	3.68
哥伦比亚	30.84	36.45	30.24	65.59	日本	185.66	255.34	304.74	325.99
对私营部门	30.46	30.78	20.85	43.44	对私营部门	129.36	191.94	219.28	169.66
对国有部门	0.38	5.67	9.39	22.15	对国有部门	56.30	63.40	85.46	156.33
厄瓜多尔	21.28	15.49	35.16	26.44	英国	36.20	118.23	130.15	222.61
对私营部门	22.53	13.64	29.94	30.85	对私营部门	27.33	113.15	129.34	202.86
对国有部门	-1.24	1.86	5.22	-4.40	对国有部门	8.87	5.09	0.82	19.75
墨西哥	43.76	37.34	34.10	45.06	美国	120.22	151.00	198.41	232.85
对私营部门	19.37	17.45	18.31	24.67	对私营部门	97.42	119.03	168.41	202.64
对国有部门	24.39	19.89	15.79	20.39	对国有部门	22.81	31.97	30.00	30.22

注：WBDI 记录了国内信贷总额的分配，但中央政府的信贷是净值。我们将国有部门的信贷规模计算为国内信贷与国内生产总值与私营部门信贷对国内生产总值的差额，起指示性作用。私营部门信贷可能包括对公共企业的一些贷款。

来源：世界银行发展指标。

40.3.2 银行业中的异质性和美元化

在拉丁美洲金融体系中观察到的异质性源于各种不同的历史和制度特征。金融部门对经济的渗透（深度）是高度可变的，但与国家规模和人均收入无关。阿根廷和墨西哥的相对较大经济体的银行部门比其经济发展水平所显示的要小，这可能是由于金融危机的长期影响。由于 20 世纪 90 年代的龙舌兰危机，墨西哥银行资产与 GDP 的比率从 1994 年的近 70% 的历史高位下降到 2000—2005 年的 32% ~35% （Sidaoui，2006）。根据阿根廷的经济规模进行估计，结果表明，私人部门信贷应该大约占 GDP 的 50% ，而不是观察到的 90 年代的平均值 20% （IADB，2005，第 6 页）。乌拉圭是该地区最国际化、最开放的金融系统之一，银行部门发挥着区域离岸金融中心的作用。由于其较稳定的宏观经济稳定性、经济的持续增长和早期金融部门改革，智利实现了更加均匀的信贷增长模式。

拉丁美洲金融体系的特点是不同程度的美元化。在一些国家，相对较大份额的银行存款和贷款都是以美元计价的：1998 年至 2004 年的平均美元化比率表明，在玻利维亚、秘鲁和乌拉圭，银行部门存款总额中有超过 75% 的外币，而巴拉圭则约为 60% （见表 40.6）。在这些国家中，非正规的美元化部分可能是对 20 世纪 80 年代（玻利维亚和秘鲁）恶性通货膨胀的反应，当时这些国家对本国货币价值的信心受到严重损害。

表 40.6 拉丁美洲部分国家的美元化率 单位:%

国家	1998 年	2000 年	2001 年	2004 年
阿根廷	58.4	66.6	2.9	11.0
玻利维亚	93.1	93.8	92.1	90.5
巴西	0.0	0.0	0.0	0.0
智利	6.2	0.0	11.5	13.0
哥伦比亚	0.0	0.0	0.0	0.0
哥斯达黎加	44.4	44.9	48.0	48.0
厄瓜多尔	—	—	100.0	100.0
墨西哥	8.0	5.6	4.7	3.4
巴拿马	100.0	100.0	100.0	100.0
巴拉圭	47.5	61.6	68.5	61.9
秘鲁	76.5	76.9	73.2	68.9
乌拉圭	90.6	91.6	93.6	90.0
委内瑞拉	0.0	0.1	0.2	0.1
南美地区	21.4	23.2	27.5	27.0

注：美元化率指国内银行体系中的外币存款总额/国内银行体系中的存款总额。

来源：国际清算银行（2007，第 68 页）。

在秘鲁，美元化开始于 20 世纪 70 年代中期的通货膨胀进程，尽管在 1985 年，秘鲁政府强迫外币存款转换为国内货币，并且努力使金融系统去金融化，但在 1988—1990 年恶性通货膨胀期间出现了资本外逃和金融脱媒的高峰。当对外币存款（主要是美元）的限制被取消时，重新美元化的进程被迅速重新取消，因此，大约 80% 的存款在 90 年代末以外币计价（见表 40.6）。特别是，在 2000 年年初实施通货膨胀目标制度之后，秘鲁经历了逐步和持续地由市场驱动的金融脱离美元化：信贷美元化从 90 年代末期的 80% 左右下降到 2009 年的低于 55%（Garcia – Escribano，2010）。应当予以补充的是，审慎措施，例如引入非对称准备金要求（对外币存款提取的准备金较高）和由货币引起的信用风险准备金，已经影响到银行借款和借贷本国货币（soles）的动机。

在厄瓜多尔，1999 年实现了以稳定价格为目的的全面美元化。在其他方面，通过了刺激国内经济美元化的经济政策。1991 年，阿根廷实施了保证美元和比索完全可兑换的货币委员会制度；金融中介日益成为美元计价，直到该国政权 2002 年崩溃。相比之下，其他国家（巴西、智利、哥伦比亚、墨西哥和委内瑞拉）通过禁止大多数外汇存款或对这种持有量施加审慎限制来避免美元化。禁令已经对境外存款和贷款产生不利影响；因此，由于更大的流动性和偿付能力风险，金融系统的脆弱性增加（Jeanneau，2007）。

40.4 银行业整合的影响

40.4.1 市场结构、私有化、外资银行渗透和银行业绩

国有银行的私有化极大地改变了国内银行部门的市场结构。私有化转变了国内银行的

管理结构，因为新的私人所有者（国内和国外）控制了银行。一般来说，在整个地区，国有银行是服务于政治和社会的，它们具有一定的特点：贷款质量较低，绩效不佳，成本控制不善。事实上，私有化被认为是比改组和资本重组成本更低的选择。银行私有化的结果在不同国家有所不同。证据表明，对于阿根廷和巴西，在实行私有化政策之后，私有化银行的业绩有所改善（Berger 等，2005，阿根廷；Nakane 和 Weintraub，2005，巴西）。形成鲜明对比的是，由于20世纪90年代中期龙舌兰危机的爆发，墨西哥于1991年颁布的私有化方案以失败告终。

危机揭示了银行部门中存在的深层次问题，这些问题一直被薄弱的财产权和无效的银行监管（无法阻止新私有化银行的不慎行为）所掩盖。在花费了大约650亿美元之后，银行私有化仍未能达成救助的目标（Haber，2005）。然而，与阿根廷和巴西不同，1991年的墨西哥计划禁止外资银行参与拍卖。从1995年2月开始，龙舌兰危机后的第二轮重组和私有化放宽了对外资对国内银行所有权的限制。该进程于1996年完成并从1997年起生效。这就导致了银行所有权大规模地从国内转移到国外手中：外资银行在1995年持有银行业资产的5%，到2003年上升到82%（Haber，2005）。2007年，墨西哥最大的三家银行中有两家由外资持有。

必须谨慎解释银行私有化带来的显著积极结果。私有化之后，可以观察到银行业绩有所改善。这一改善可能反映了选择偏差。为了提高国有银行对潜在买家的吸引力，有专门的机构对银行资产负债表进行了审查，健康银行可以被私有化，而不良银行则利用公共资金进行融资资助（Clarke 和 Cull，2000）。当然，阿根廷对私有化和非私有化国有银行资产负债表的结构进行了统计，其结果表明二者的差异显著（Berger 等，2005）。类似的情况也在巴西发生着。较差的银行模式的应用可能会影响私有化后的银行绩效。

外资银行收购了许多大型的国内银行，因此银行私有化有助于外资银行在拉丁美洲的渗透。对于政策制定者来说，外资银行进入市场将提高竞争，从而提高效率并改善银行部门的资本结构。在1997—2004年，在墨西哥，外资银行的进入使得银行业资本总额超过88亿美元，相当于2004年银行业资本总额的42%（Schulz，2006）。而国家层面的证据表明，随着外资银行渗透率的提高，银行的效率也随之提高。不过，这一说法还有些笼统，因为仍有其他要考虑的注意事项。首先，应该区分现有外资银行和被外资银行收购的国内银行（主要是通过跨境银行并购所购买的大型银行）的业绩。我们将后者称为外资银行的收购。其次，很难分清外资银行进入的影响和可能影响银行效率的其他自由化效应。最后，许多研究在衡量效率时都使用了一些替代指标，例如间接成本与资产的比率；而用来估计银行效率的经济计量模型所使用的数据也较为有限（Berger，2007）。

一个例外的报告说，银行的成本效率在不同国家之间存在差异，过大和过小的银行效率都低于大银行。成本效率低的银行往往规模小，资金不足，相对无利可图，厌恶风险，面临不稳定的存款基础，且金融中介较少。国家层面的因素也决定了银行层面的成本效率：经济增长率较高、银行服务需求更高、市场力量水平较低的国家实现了更好的成本效率绩效（Carvallo 和 Kasman，2005）。

很难确定银行私有化和外资银行的进入对银行状况和业绩的单独影响。一项研究报告表明，私人国有银行和外资银行的表现没有什么不同，尽管前者的表现要优于国有银行

（Crystal、Dages 和 Goldberg，2002）。外资银行实现了比国内银行（阿根廷、智利和哥伦比亚）更高的平均贷款增长，并且，和被收购的外资银行相比，现有外资银行的贷款增长更快。因此，有人建议，外资银行收购的管理应侧重于对前国内银行的重组方面，并整合母公司（外国）银行的业务。这就意味着外资银行的收购对市场份额和市场增长采取了防御策略，直到整合过程完成。外资银行战略中的谨慎性质解释了为什么外资银行，尤其是外资银行在收购时，比国内银行有更好的贷款质量，尽管外资银行将更高的配置和贷款回收率转化为盈利的能力较低。相比之下，外资银行的流动性更强，且对存款融资的依赖更小，在财政困难时期实现了比国内银行更好的贷款增长。现有证据表明，外资银行在中介方面实现了更高的效率，因为它们能够更好地评估信贷风险，并以比国内竞争对手更快的速度分配资源（Crystal、Dages 和 Goldberg，2002）。

在阿根廷，外资银行进入市场的方式通常是进行跨国并购，而不是重新进入。此外，外资银行的目标往往是更大且更有利可图的国内银行。平均而言，外资银行获得了更好的贷款质量，比国内银行资本化程度更大、利润也更高（Clarke、Crivelli 和 Cull，2005）。Berger 等（2005）总结了管理改革对银行绩效的影响：和国内外资银行不同，管制之下的国有银行发行的贷款质量不高，这可能与定向贷款和补贴信贷有关。省级银行的私有化提高了效率，因为不良贷款的数量下降，所以利润率提高。然而，利润率的提高可能仅仅反映了选择偏差，因为成本效率在私有化前后是一致的。据报道，涉及国内银行和外资银行进入的并购活动对银行业绩没有什么影响（Berger 等，2005）。

不过，这些调查结果似乎并不适用于巴西。巴西的外资银行在适应巴西银行业的特殊性时面临着困难，巴西银行业以私人国内银行为主（Paula，2002）。顺便提一下，实证数据并不支持外资银行或多或少比国内银行有效的假设（Guimarães，2002；Paula，2002；Vasconcelos 和 Fucidji，2002），虽然最近的证据表明，由于外资银行建立了新的附属公司或收购国内银行，其成本效率和利润效率方面业绩良好（Tecles 和 Tabak，2010）。鉴于国内外银行的经营特点和资产负债表类似（Carvalho，2002），这并不奇怪。因此，外资银行进入的预期效益尚未在巴西实现。因为外资银行见证并逐步具备国内大型私营银行的类似经营特征（Paula 和 Alves，2007）。

40.4.2　市场集中和竞争效应

正在进行的合并过程已经使拉丁美洲的银行部门趋于集中。由于政策制定者的预期是更高的集中度将导致更多的竞争和效率改进，因此竞争性收益有可能不会实现，而银行市场力量将会增加。后者意味着高度集中的市场结构的演变有可能会限制金融中介的深化和更有效的银行部门发展（Rojas Suarez，2007）。鉴于非竞争性市场结构经常使银行产生寡头垄断行为，我们的建议是，进一步整合可以激励银行开发市场力量，而不是变得更有效率。

要确定一家银行进行合并（集中度更高）是否提高了竞争、提高了银行部门效率、或是否实现了银行的市场收益，仍是一个实证问题。一定程度的市场力量可以及时发现银行存在的风险，并且在加剧竞争和金融稳定性之间进行权衡。要考虑合并和竞争条件之间的关系，其中一个困难就是对竞争的衡量。文献通常采用 H 统计量来显示银行收入相对于投入价格的弹性之和（Panzar 和 Rosse，1987）。利用这种方法得到结论：拉丁美洲的银行实际上是在垄断条件下进行经营，这与工业化国家和其他新兴市场的结果一致。

一些研究在所谓“安逸生活”假设（Quiet Life Hypothesis）下进行测试，集中研究拉丁美洲市场集中度和银行效率（通过参数或非参数技术测量）之间的关系。结果显示，银行效率和市场力量之间呈负相关关系，由并购带来的更大程度的集中可以允许银行利用市场力量，同时行为竞争力也可以相对较低。这一结论与“效率结构假说”形成对照。“效率结构假说”提出的预期关系是正向的（除其他因素外，还要考虑大型银行开发规模经济的可能性）。文献表明，拉丁美洲银行部门拒绝了所谓“安逸生活”假设（Quiet Life Hypothesis），银行重组促进了竞争，并在垄断竞争条件下提高了银行的效率收益（Williams，2012）。效率增益，特别是在规模效率方面，似乎对银行盈利能力有着重大影响。这一观点支持了一些拉丁美洲国家的效率结构假设（Chortereas、Garza - García 和 Girardone，2010）。然而，当考虑集中度如何影响成本效率和利润效率时，利润效率高于成本效率，说明效率的大部分来自收入方面，并且可能来自一定的市场力量（Tabak、Fazio 和 Cajueiro，2011）。

重要的是，最近合并的增加并没有削弱环境的竞争程度（Gelos 和 Roldós，2004；Yeyati 和 Micco，2007；Yildirim 和 Philippatos，2007）。尽管有这一普遍的发现，国家层面现有的特点和研究结果之间仍存在着一些不一致。例如，有人认为，阿根廷银行部门间的竞争在增加，而墨西哥从 20 世纪 90 年代中期到 2000 年就一直保持不变。另外，巴西和智利的竞争条件几乎没有变化（Gelos 和 Roldós，2004；Yildirim 和 Philippatos，2007）。

一般来说，现有文献反驳了银行之间串谋的观点，但来自巴西的证据表明，银行拥有一定程度的市场支配力（Nakane、2001；Nakane、Alencar 和 Kanczuk，2006）。其他巴西的证据表明了与识别竞争效应相关的复杂性。虽然银行部门在垄断竞争条件下运作，但这一发现不能在银行的所有权和规模大小方面进行推广。虽然小银行和国有银行在上述银行业条件下经营，但还是大银行和外资银行更有竞争力。这意味着当地市场和国家市场的竞争条件明显不同（Belaisch，2003）。在当地市场，私人银行比国有银行更具有竞争力，尽管后者能够服务于前者无法涉及的市场（Coelho、de Mello 和 Rezende，2007）。在阿根廷和智利，小型和大型银行也面临不同的竞争条件（Yildirim 和 Philippatos，2007）。来自哥伦比亚的证据表明，更多的竞争降低了银行的市场力量（Barajas、Steiner 和 Salazar，1998）。与巴西和哥伦比亚不同，整体来看，由于银行市场竞争对手的减少，墨西哥银行部门的效率和盈利能力有所提高，可能已经转化为银行的超额利润。银行采用了交叉补贴策略，发放利润很小的贷款，并通过提高存款利润率来弥补这种损失，这对银行来说已经证明是非常有利可图的（Maudos 和 Solis，2011）。

表 40.7 显示了银行部门金融稳定性、盈利能力和效率指标。五年的数据显示，智利、墨西哥和巴西的银行部门是最稳定的。对于巴西和智利，2000 年至 2005 年盈利能力有所提高；2005—2010 年，巴西发生了轻微的逆转，而智利则出现了更大的减少。数据表明，稳定性的维持是通过银行资本头寸的加强来实现的。然而，拉丁美洲银行部门的盈利能力超过了工业化国家的稳定性，这也反映（支持）了资本水平。从数据中可以清楚地看出，随着时间的推移，通过实施更低的成本收入比率，该区域的银行部门已经变得更有效率，

尽管乌拉圭和委内瑞拉表现出令人担忧的迹象。观察 2000 年和 2010 年的数据，几个拉丁美洲银行部门的效率与美国银行部门相比并不相同。

表 40.7　银行部门稳定性和业绩指标

国家	稳定性（Z 分数）			盈利能力（ROA）			经营效率（成本收入比）		
	2000 年	2005 年	2010 年	2000 年	2005 年	2010 年	2000 年	2005 年	2010 年
阿根廷	3.8	4.5	5.3	0.50	0.65	2.47	67.0	69.3	54.0
玻利维亚	9.0	12.4	10.1	-0.87	0.63	1.40	65.5	82.8	62.2
巴西	17.5	18.4	17.4	0.95	1.67	1.28	78.1	59.4	52.0
智利	18.6	19.3	20.1	1.42	1.79	0.61	57.5	55.0	56.3
哥伦比亚	4.9	8.2	8.5	-1.94	8.19	2.21	81.6	57.6	48.1
厄瓜多尔	-6.7	-4.7	2.1	-18.00	-5.08	1.37	165.9	94.2	65.7
墨西哥	24.1	29.8	20.3	1.10	0.21	0.67	70.5	73.5	58.2
秘鲁	11.1	12.5	13.3	0.34	2.17	2.41	67.9	55.5	42.4
巴拉圭	12.6	11.8	12.2	1.29	1.95	2.87	101.0	81.1	57.8
乌拉圭	2.5	2.0	2.8	1.02	0.94	0.90	67.6	68.3	79.1
委内瑞拉	10.7	16.6	9.1	2.46	3.00	9.14	74.6	62.1	95.7
日本	10.5	12.7	11.7	-0.07	0.50	0.25	58.3	53.8	55.2
英国	14.8	8.2	7.8	11.6	0.78	-0.02	50.6	54.6	68.7
美国	20.7	24.3	25.3	11.6	1.30	0.66	61.2	58.8	54.0

注：对于智利，2010 年的 Z 分数为 2009 年和 2008 年的成本收入比。

来源：世界银行金融结构数据库。

乍一看，20 世纪 90 年代银行业的变化所带来的更剧烈的竞争并没有削弱银行的安全。表 40.8 显示了拉丁美洲和其他新兴市场银行部门的资本化程度。从 2006 年起，拉丁美洲的资本化水平与其他地区一致，并且相对较高，但东南亚、俄罗斯和土耳其的相关部门资本化程度也很高。令人惊讶的是，智利是拉丁美洲资本化程度最低的部门，其水平与中国相当。

表 40.8　银行资本与资产比率　单位：%

国家	2003 年	2006 年	2007 年	2008 年	2009 年	2010 年	2011 年	2012 年
拉丁美洲								
阿根廷	11.90	13.60	13.10	12.90	13.30	11.90	11.60	12.10
玻利维亚	12.10	10.00	9.00	9.30	8.70	8.40	8.40	8.30
巴西	9.60	10.80	11.30	10.70	11.30	11.00	10.50	10.40
智利	7.30	6.80	7.10	6.90	7.40	7.10	7.00	6.90
哥伦比亚	11.60	13.30	12.90	12.60	14.20	10.30	14.30	14.80
厄瓜多尔	8.80	8.20	8.10	8.90	9.40	8.90	8.60	n. a.
墨西哥	11.40	9.50	9.60	9.20	10.70	10.40	9.90	10.10

续表

国家	2003 年	2006 年	2007 年	2008 年	2009 年	2010 年	2011 年	2012 年
拉丁美洲								
巴拉圭	9.50	8.50	9.70	10.20	9.50	9.40	9.00	10.30
秘鲁	9.30	9.50	8.80	8.30	10.20	9.50	10.10	9.80
乌拉圭	7.20	9.40	10.50	8.90	9.80	9.50	8.50	8.50
委内瑞拉	14.30	9.80	9.40	9.40	8.60	9.80	10.40	10.30
其他新兴市场国家								
中国	3.80	5.10	5.70	6.00	5.60	6.10	6.40	6.30
印度	5.70	6.60	6.40	7.30	7.00	7.10	7.10	6.90
俄罗斯	14.60	12.10	13.30	10.80	13.10	12.90	11.80	12.40
南非	8.00	7.90	8.00	5.60	6.70	7.10	7.30	7.30
土耳其	13.70	11.90	12.80	12.10	12.50	12.30	11.70	12.00
东欧国家								
捷克	5.70	6.00	5.70	5.50	6.10	6.50	6.50	6.80
波兰	8.30	7.80	8.00	7.50	8.10	7.80	7.70	8.60
斯洛伐克	8.90	7.00	8.00	8.20	9.60	9.70	10.80	11.00
东南亚国家								
印度尼西亚	10.40	10.10	9.20	9.10	10.10	10.70	11.00	11.90
马来西亚	8.50	7.60	7.40	8.10	9.00	9.40	8.90	9.00
菲律宾	13.10	11.70	11.70	10.60	9.50	10.20	11.10	13.10
泰国	7.40	9.20	9.80	10.10	11.00	11.30	9.40	10.50

来源：世界银行发展指标（WBDI）。

但是应该仔细阅读这些数据。的确，20 世纪 90 年代和 21 世纪在该区域各地都出现了广泛的监管与监督方法和机构的现代化。然而，部分数据可能隐藏了金融脆弱性的一个重要来源，那就是对政府信贷提高严重依赖的银行业，至少在一些最大的经济体中是这样的。公共债务证券往往受益于零风险加权（因此不需要任何资本来支付信用风险），再加上一个持有它们而不是持有私人信贷的有动机的银行。因此，在阿根廷、巴西或墨西哥这样的国家，高资本化并不一定意味着对破产的更高抗辩，而实际上是对财政政策的更高依赖。

在迄今为止的讨论中，我们并没有尝试去分析外资银行加入竞争所带来的影响。对外资银行更大的预期渗透率将增加竞争并抵消由于更高的集中而导致的国内银行市场力量的潜在上升。与期望一致，跨国证据表明外资银行渗透率的提高将同时提高竞争水平（Yildirim 和 Philippatos，2007）。另一种观点认为，集中度的提高对竞争和金融稳定性几乎没有影响。相反，外资银行进入还会导致竞争条件削弱（Yeyati 和 Micco，2007）。这种说法的理由是，外资银行通常会收购压力较大的国内银行，因此利息率相对较高。对于新的外国所有者，高利润的特许价值和改变其收购财富所需的时间可以解释为什么增加外资银行的渗透度会导致竞争减弱而不是增强。虽然这一显而易见的特征与决策者的目标不一致，但高利润银行的特许价值需要银行承担更大风险，因为其盈利能力在此期间可能会减弱。总之，虽然外资银行的进入可能削弱了竞争，但这似乎已经对银行业稳定性产生了有益的影响（Yeyati 和 Micco，2007）。

外资银行的进入增加了竞争威胁，限制了国内银行的行为并降低了其市场力量（Claessens、Demirgüç－Kunt 和 Huizinga，2001）。证据表明，这在拉丁美洲已经发生：更大的外资银行渗透已经导致国内银行的利息和利润低于以往（Yildirim 和 Philippatos，2007）。对此，个别国家的研究提供了更丰富的解释。来自哥伦比亚的证据表明，在 1990 年宣布实施金融自由化政策后（Barajas、Steiner 和 Salazar，2000），外资银行和国内银行的行为开始有所不同。

这项研究能够控制影响银行行为的其他自由化改革，例如，它区分了外资银行进入和新的国内机构进入，并控制资本账户的开放以及对银行监管进行了改善。而外资银行的进入确实影响了国内银行的行为。通过减少过度超过边际成本的中介利差，新的国内进入者对银行行为的影响更大，这减少了非财务成本和利差。哥伦比亚的证据表明银行行为反映了银行集团的市场力量；因为外资银行的市场力量相对较小，它们更能适应竞争条件的变化（Barajas、Steiner 和 Salazar，2000）。

在墨西哥，外资银行的行政成本降低，这就对所有银行的行政成本施加了下行压力，从而提高了银行效率（Haber 和 Musacchio，2005）。其他人则建议，外资银行的进入对银行效率的影响有限，由于银行部门竞争强度较低，因此会减缓银行提高运营效率的压力（Schulz，2006）。来自阿根廷和巴西的证据表明，外资银行和国内银行的行为没有显著差异；两种银行都对宏观制度环境产生了类似的反应（Paula 和 Alves，2007）。

40.4.3　合并和信贷分配

银行私有化和外资银行渗透带来的治理变化引起了大家对银行信贷供应的担忧。主要关注点有三个：第一，提高外资银行的渗透率将影响银行贷款的稳定性；第二，外资银行进入和/或银行的新私人所有权可能导致将信贷重新分配到某些地区或产品市场；第三，鉴于管理的变化，银行信贷将对市场信号作出反应。

外资银行的渗透率提高了外资银行在拉丁美洲银行业贷款总额中的份额。外资银行贷款往往集中于特定的市场部分，主要是阿根廷、哥伦比亚和墨西哥的商业贷款市场（包括政府和银行同业部门）（Barajas、Steiner 和 Salazar，2000；Dages、Goldberg 和 Kinney 2002；Paula 和 Alves，2007）。在这些国家，外资银行限制了它们在家庭和抵押部门的风险敞口。在智利，家庭信贷主导外资银行的贷款组合。从 1990 年至 1999 年以及 2000—2005 年，外资银行贷款总额由 18.4% 增加到 27%（Betancour、De Gregorio 和 Jara，2006）。在阿根廷和巴西，外资和国内银行在贷款市场竞争中贷款组合特征类似（Dages、Goldberg 和 Kinney，2002；Paula 和 Alves，2007）。然而，阿根廷的外资银行将贷款组合加权为相对较低风险的贷款（Dages、Goldberg 和 Kinney，2002），而在巴西，外资银行和国内银行收取的利率没有区别。这说明该变化同时发生于外资银行和国内银行部门，而不是两个部门之间（Carvalho，2002）。

有趣的是，2008 年金融危机对外资银行向拉丁美洲贷款的负面影响已经被外资银行在该地区开展的具体业务所抵消。这就是为什么外资银行对该地区的信贷的减少与其他新兴市场相比减少的更为明显的原因之一。实际上，过去几年拉丁美洲外资银行活动的扩大主要采取了其本地附属机构增加本国货币贷款的形式，而不是直接从总部跨境外币贷款。此外，当地分支机构的资金主要来自扩张的国内存款基础，而不是来自母国银行或离岸批发市场，这就为危机期间提供了更稳定的资金来源。因此，国内金融体系往往对外部金融冲击更有弹性（Kamil 和 Rai，2010）。

外资银行已成为特定客户群体的重要资金来源。事实上，它们实现了比国内银行（特别是国有银行）更高的贷款增长（质量更好、更不稳定）（Dages、Goldberg 和 Kinney，2002）。外资银行以及私人国内银行对市场信号作出反应：特别是，贷款是顺周期的，对 GDP 和利率的变动十分敏感，这就表明，基于交易的活动，外资银行有着更高的贷款增长和更低的波动性，即使是在危机期间也是如此。这一发现意味着它们是银行信贷的重要稳定器（Dages、Goldberg 和 Kinney，2002）。

和其他国家相比，墨西哥银行业在 1997 年获得无限制进入后，外资银行更快地主导墨西哥银行业：1997 年，外资银行提供了 11% 的银行信贷，2004 年增长到 83%（Haber 和 Musacchio，2005）。在此期间，1997 年 12 月至 2003 年 12 月发生了信贷紧缩，私营部门实际贷款下降了 23%（Haber，2005）。似乎外资银行的渗透改变了银行贷款策略，但情况并非如此，因为被收购的外资银行已经开始在收购前就减少私人贷款。在 1991 年银行私有化之前，商业银行贷款占 GDP 的比率为 24%，1996 年上升到 26%；随后，它在 2003 年下降到 14%（Haber，2005）。此外，外资银行进行并购，并购之前和之后的行为与国内银行略有不同。简言之，信贷紧缩是由影响所有银行的因素驱动的，与外资银行的入境无关。

在阿根廷，银行私有化和外资银行的进入增加了人们对重新分配银行贷款的担忧。起初，恐惧的出现是因为省级银行私有化的收购者往往是小型批发银行，总部设在布宜诺斯艾利斯，预计在各省筹集存款，并在由中央更多地分配资源（Clarke、Crivelli 和 Cull，2005）。国有银行贷款在地域上多样化，但更多地集中在公共部门，而制造业贷款减少。其他人担心的是，私有化后银行信贷的数量会减少，因为不良贷款转移到“坏”银行意味着省银行私有化的规模小于私有化前（Berger 等，2005）。由于外资银行主要位于布宜诺斯艾利斯，并且倾向于为该省的大型制造业和公用事业公司提供资金，评论人质疑外资银行对向省份贷款多样化的承诺（Berger 等，2005）。

暂时来说，私有化和外资银行的进入破坏了 20 世纪 90 年代的信贷。在银行私有化的省份，这种干扰最为明显；信贷水平下降，但一旦私有化银行规模扩大，信贷水平就会迅速回到私有化前的水平。私有化并不影响私人国内银行或外资银行的贷款。对于外资银行的收购，贷款的重要性和总资产的比例增加，贷款增长分配给消费者而不是制造业（Berger 等，2005）。担心外资银行将集中它们的贷款在布宜诺斯艾利斯没有实现。外资银行进入省市，积极地在当地实行银行私有化。相比之下，新私有化银行的贷款相对于总资产来说有所减少，以通过更谨慎的贷款来控制风险（Berger 等，2005）。总之，外资银行的渗透导致了省级贷款的增加，因为外资银行抵消了国内银行贷款的变化（Clarke、Crivelli 和 Cull，2005）。

40.4.4　合并和利率差

最后，我们来回顾外资银行渗透和市场集中对银行利率差异和金融中介过程演变的影响。通过比较外资银行和国内银行收取的利差，我们得出了结论。证据来自几个国家（阿根廷、智利、哥伦比亚、墨西哥和秘鲁）。一般来说，外资银行与国内银行（特别是新生外资银行）相比，利差较低，但外资银行渗透的主要影响是所有银行降低成本的诱因，而不是使利差显著下降。同时，集中可以抵消外资银行渗透的明显好处，因为较高的集中可能会提高运营成本，从而扩大利差，特别是国内银行的利差（Martinez、Peria 和 Mody，2004）。

40.5　2008 年及以后的国际金融危机

在 2008 年 9 月，由雷曼兄弟倒闭导致的冲击对拉丁美洲的经济造成了巨大影响。外国投资者在这些市场遭受了大量损失，使得他们撤回了他们的投资，造成了当地市场的货币贬值（或者使得国际储备大幅度减少，使得这些国家的国币当局试图减少当地货币贬值）。几乎所有的拉丁美洲国家在最近的时间内都遭受了一定程度的打击，而与之相伴的是资金回流困难导致的资金平衡危机，而这又使得对这些国家的预期进一步恶化导致了原始冲击的负面影响进一步加大。

然而相较以往，拉丁美洲国家的经济和金融系统已经得到了改善以应对类似于此的外生冲击。自从 2003 年以来，拉丁美洲正在经历前所未有的经济周期，具体表现为宏观经济稳定增长并且通胀率下降，财政储备增加。而这一经济增长周期是由格外支持的国际金融环境作为支撑的。在许多区域经济中，经常账户盈余取代了以往的赤字，与此同时的是外国直接投资的增加和相应汇款的增加，这将使得国际储备的大幅度汇集。相应地，外部借款大幅减少，而这又要归功于金融结构的重要改革——比如，当地的债券市场的发展。

当前的金融危机主要是由于 2007 年美国的次级抵押贷款市场的崩溃所导致的，这一危机在一开始并没有立即对这一地区的经济和银行市场产生影响。尽管拉丁美洲的证券化经过了快速的发展，但证券化市场还相对不够成熟，即便考虑到当地的资产支持证券的发行从 2003 年到 2006 年已经增加了五倍。在 2006 年，拉丁美洲国家当地的资产支持证券价值已经达到了 136 亿美元，这些资产主要集中在巴西和墨西哥（占到总价值的 40% 和 32%），紧跟着就是阿根廷（占总价值的 18%），其中房产抵押贷款证券占到市场价值的 21%。然而相应区域的次级贷款证券市场还未成立。面对低收入人群的房产金融主要是有国家银行或其附属机构提供的。同时，拉丁美洲的银行并没有太多的与美国次级贷款市场相关的风险敞口，这与欧洲国家形成对比。这就导致了它们将信用和市场价值损失控制在一定范围内，而这些损失却在美国、欧洲蔓延，并在一定程度上影响了亚洲。

在最初的冲击发生之后，这些区域内并没有发生明显的金融冲击后所导致的金融动乱，这与美国和西欧国家的发展情况大为不同。事实上，风险在暴风眼中心向外传播的最重要途径已经变成了贸易的收缩效应，这一效应是由于2009年金融危机转变为一场全面的经济危机所导致的。甚至，对相关区域的负面影响已经超过了其他新兴经济体。许多原因共同导致了这一现象。

首先，正如以上提及的，拉丁美洲的银行业从没有在次级贷款市场上持有大额头寸，这是因为国内对于国外投资设置的限制和不具备这些市场的准入资格（主要发生在巴西，这是因为没有任何证券投资可以拥有比当地公共债务更高的收益率，而后者是一种更为保险的投资）。

一种可能的危机传播途径是国际银行对于相关拉丁美洲的资金撤资。2008年发生的资金流入在2009年发生了相反的变化。市场分析师和财富管理者显然不断意识到，这次在实体经济中发生的金融危机将比起初所预期的更深更久，他们进而将新兴经济体作为他们的投资选择。随后采取的量化宽松的货币政策进一步增加了当地货币的世界供给进而刺激了相关区域的投资。事实上，在一些国家资金流入的迅速增加使得这些国家不得不限制国外投资，重新采取了20世纪90年代的资本限制政策。

经济动力的减少或国际贸易的减少都将导致相关区域的风险增加。事实上，像墨西哥这样的国家，其经济主要依赖于美国在该国的活跃程度，与其他拉丁美洲国家相比其展现出更加糟糕的宏观经济依赖性。与美国和西欧国家的贸易往来的减少被与中国的贸易快速增加所弥补。像智利、秘鲁、阿根廷和巴西，它们都增加了对中国的出口，尤其是原材料。因此，随着经济危机在这些国家进一步发展，它们的经常账户和资本账户都得到了改善，这一现象至少持续到2012年年底中国自身增长动力减少。

由于放松了收支平衡的强制性限制和对中国出口的限制，以及其他新兴经济允许拉丁美洲国家通过发展反周期货币财政政策来支撑产出和就业从而减弱了危机的影响，这些对于许多拉丁美洲国家都是一种全新的体验。在这一过程中，许多国家，主要是巴西和阿根廷，利用公共银行去增加公司和家庭的信用额度，从而进一步增加了总需求。

这些因素共同导致了拉丁美洲国家以一种更加快速和相对不痛苦的方式来克服在2008年年末发生的第一波衰退。但是，之前叙述中所遗漏的最后一个因素现在应该被添回去了，因为它代表了该地区银行市场的一个重要的结构性发展。

金融监管的现代化进程正在拉丁美洲国家中如火如荼地进行着，这一进程至少是从1990年初开始的，基本上所有拉丁美洲国家都遵循着1988年颁布的巴塞尔协议和其附加准则。到了2008年，当金融危机变成全球性的以后，许多国家正在实施巴塞尔协议Ⅱ。但这一准则遭到了广泛的负面评价，因为其过于复杂和顺周期性以及它们对于银行和监管者的需求。然而，这一危机增加了对这一准则的另一个批判：巴塞尔协议Ⅱ所规定的基于风险的资本系数不能确保银行体系的安全。一个新的努力是开始制定更为有效的规则以建立更安全的银行系统。不过这一努力要涉及的国家比以前更多。巴塞尔银行监管委员会旨在增加其成员，包括G20成员，而不是原来的G10成员。金融稳定论坛也变成了金融稳定委员会。这些实体的成员扩大现在包括三个拉丁美洲国家、二十国集团成员阿根廷、巴西和墨西哥。

作为这些实体的成员，三个拉丁美洲国家认为自己在道义上有义务遵循其决定。因此，它们承诺实施巴塞尔协议Ⅲ，即一系列强化后的资本系数，这些资本系数不仅用于处理巴塞尔协Ⅱ和巴塞尔协议 2.5 中已经定义的风险，而且还符合巴塞尔协议Ⅲ中包含的新规则和杠杆率。因此，至少对阿根廷、巴西和墨西哥来说，加强银行监管，使其银行系统更有能力应对危机的努力与发达经济体速度相同（有时甚至更快）。巴塞尔委员会（巴塞尔委员会，2013）在 2013 年 4 月报告说，墨西哥已经在“资本规则”中实施了巴塞尔协议Ⅲ，而阿根廷和巴西则已经公布，将于 2013 年年底通过类似规则。有趣的是，该报告显示了这三个国家实施巴塞尔协议Ⅲ的速度要领先于美国和欧盟。

由世界银行提供的关于风险加权资本系数的最新数据加强了拉丁美洲银行遭受国际金融危机的影响（见表 40.8）的概念。它们表明，来自 9 个拉丁美洲国家的银行，其资产负债比接近 10%。[①] 例外和令人惊讶的是，2003 年至 2012 年的厄瓜多尔和智利。根据世界银行的数据显示，智利事实上是所有 10 个国家中比率最低的，其次是厄瓜多尔和乌拉圭。2003 年阿根廷的比例为 11.9%，2012 年为 12.1%，而在巴西，从 2003 年到 2012 年，这一比例由 9.6% 增加到 10.4%。这一系列数据的变动不是特别大，在 2008 年左右没有明显的突破。

世界银行还发布了作为总贷款一部分的不良贷款数据。除了十年前，一些国家，特别是阿根廷和乌拉圭发生了国内金融危机，导致问题贷款率高，其他所有 10 个国家的不良贷款率都不高。从各国开始为期十年的信贷问题和稳定性问题时起，利率就开始下降。虽然 2003 年阿根廷不良贷款与总贷款比率达到 17.7%，乌拉圭为 14.3%，但到 2012 年这两个国家的比例分别下降到 1.5%。事实上，2012 年，阿根廷和乌拉圭的比率从 1.5% 的低点到巴西的 3.6%，而在美国为 3.9%。此外，国际金融危机似乎对这些机构的国内业绩没有影响，数据表明，银行管理者或银行监管机构或两者的贷款管理在整个区域有所改善。

表 40.9 显示了 2003—2012 年各国和各地区的资产质量指标。一般来说，自 21 世纪初以来不同地区的资产质量都随着时间的推移有所改善。这些数据表明，拉丁美洲国家的改革进程，包括银行私有化和外资银行收购，已经管制了以前高比例的不良贷款，并在一些国家将其大大减少到比其他新兴市场更好水平的银行部门。然而，与这一趋势相反，次贷危机对 2008 年和 2009 年的资产质量产生不利影响，尽管拉丁美洲与其他地区相比似乎较少。事实上，拉丁美洲银行部门比其他新兴市场更快地摆脱了危机的影响。

表 40.9　资产质量（不良贷款占总贷款的百分比）　单位:%

国家	2003 年	2006 年	2007 年	2008 年	2009 年	2010 年	2011 年	2012 年
拉丁美洲								
阿根廷	17.7	3.4	2.7	2.7	3.0	1.8	1.2	1.5
玻利维亚	16.7	8.7	5.6	4.3	3.5	2.2	1.7	1.7
巴西	4.1	3.5	3.0	3.1	4.2	3.1	3.5	3.6
智利	1.6	0.8	0.8	1.0	2.9	2.7	2.4	2.4

① 阿根廷、玻利维亚、巴西、智利、哥伦比亚、厄瓜多尔、墨西哥、秘鲁和乌拉圭。

续表

国家	2003 年	2006 年	2007 年	2008 年	2009 年	2010 年	2011 年	2012 年
拉丁美洲								
哥伦比亚	6.8	2.7	3.2	3.9	4.0	2.9	2.5	3.0
厄瓜多尔	7.9	4.1	3.7	3.4	4.1	3.5	3.2	n. a.
萨尔瓦多	2.8	1.9	2.1	2.8	3.7	3.9	3.6	3.4
墨西哥	3.2	1.8	2.4	3.0	2.8	2.0	2.1	2.2
巴拉圭	20.6	3.3	1.3	1.1	1.6	1.3	1.7	2.4
秘鲁	14.8	4.1	2.7	2.2	2.7	3.0	2.9	3.1
乌拉圭	14.3	3.7	1.1	1.0	1.2	1.0	1.3	1.5
委内瑞拉	7.7	1.1	1.2	1.9	3.0	3.4	1.4	1.2
其他新兴市场国家								
中国	20.4	7.1	6.2	2.4	1.6	1.1	1.0	0.9
印度	8.8	3.3	2.7	2.4	2.4	2.5	2.3	3.0
俄罗斯	5.0	2.4	2.5	3.8	9.5	8.2	6.6	6.7
南非	2.4	1.1	1.4	3.9	5.9	5.8	4.7	4.6
土耳其	11.5	3.9	3.3	3.4	5.0	3.5	2.6	2.5
东欧国家								
捷克	4.9	3.6	2.4	2.8	4.6	5.4	5.2	5.1
波兰	21.2	7.4	5.2	4.4	7.9	8.8	8.2	8.4
斯洛伐克	3.7	3.2	2.5	3.2	5.3	5.8	5.6	5.3
亚洲东南部								
印度尼西亚	6.8	6.1	4.0	3.2	3.3	2.5	2.1	2.1
韩国	2.6	0.8	0.7	1.1	1.2	1.9	1.4	1.5
马来西亚	13.9	8.5	6.5	4.8	3.6	3.4	2.7	2.2
菲律宾	16.1	7.5	5.8	4.5	3.5	3.4	2.6	2.4
泰国	13.5	8.1	7.9	5.7	5.3	3.9	2.9	2.7

来源：世界银行发展指标（WBDI）。

表 40.10 显示了 IMF 的数据，表明 2013 年年初的数据将拉丁美洲三个最大经济体的风险加权资本系数列为二十国集团国家中最高的。总而言之，迄今为止，国际金融危机没有以显著的方式威胁到拉丁美洲银行体系的稳定性。该地区银行表现出的弹性主要面临来自美国，然后来自欧洲的不利冲击时维持总体宏观经济稳定的成功结果。但它也是衡量这些国家在金融稳定监管系统现代化方面取得成功的尺度。目前，在一些拉丁美洲国家，如果按照巴塞尔协议Ⅲ规则的实施情况来衡量，其现代化进程比一些工业化经济体更加先进。

表 40.10 有关资本的系数

国家	可获得的最新数据截至	监管资本比风险加权资产	一级监管资本比风险加权资产
阿根廷	2012Q3	16.6	12.9
巴西	2012Q4	16.7	11.9
墨西哥	2013Q2	16.7	14.8
中国	2012	13.3	10.6
印度	2012Q4	13.1	9.3
俄罗斯	2012Q4	13.7	10.6
美国	2012Q4	14.5	12.7
德国	2012Q4	17.9	14.2
英国	2011Q4	15.7	13.3
日本	2012Q3	14.2	11.7

40.6 结论

在过去的 20 年里，银行业的发展发生了深刻变化，但毫无疑问，这些变化在拉丁美洲尤为突出。在这 20 年中，墨西哥的金融管制逐渐消失或急剧衰减。国有银行的作用通过私有化或通过增加向特定类别的借款人（如中小型企业）提供资金支持而得到优化，如墨西哥。然而，在少数国家，特别是在阿根廷和巴西，大部分国有银行在金融自由化过程中幸存了下来，并继续成为其国内银行部门的领导者。

金融自由化进程在整个地区的一个共同特点是，外资银行在国内市场持续发展。在美国和西班牙银行的带领下，几乎整个大陆的外资机构都积极放宽了对外资银行的经营限制。

自由化、私有化和外资银行的进入，加上更大的宏观经济政策改革和战略，使本区域所有国家的银行部门不断得到巩固。整合得到了地方政府政策的积极支持，旨在利用银行服务生产中可能的规模和范围经济。然而，虽然有一些证据表明该地区银行业务的效率有所提高，这些主张的结果依然十分清晰。

在拉丁美洲的主要国家，银行面临着要适应金融管制和自由化新背景的重要障碍。在智利这一自由化进程的先驱中，银行业发生了严重的问题；阿根廷、墨西哥也在自由化的早期阶段发生过同样的问题。在巴西，由于放松管制和价格稳定进程在 20 世纪 90 年代中期的综合影响，银行承受着巨大的压力，迫使政府制订一项特别的危机解决方案。2001 年，阿根廷又发生了另一次银行危机，与国际收支危机相关，结束了其可兑换性计划。

总而言之，从实际上说，这本书所讨论的所有变化，自 20 世纪 80 年代后期以来在该地区都得到了实施。利率目前由市场确定，但在委内瑞拉，由政府控制利率的现象仍然存在。私有化在各地强势推进，除了巴西，都是由联邦政府掌握着银行领导者。整个区域减少或消除了定向信贷，但巴西也有一部分例外，其中联邦开发银行（BNDES）几乎是长期信贷的唯一提供者。拉丁美洲所有地区的货币政策都是通过公开市场操作实施的。

20 世纪 80 年代后期，人们对自由化进程有着很高的期望，但该进程的结果却相对令人失望。当然，鉴于这些改变发挥作用的时间相对较短，以及 20 世纪 90 年代某些时期的动荡，目前还没有定论。在许多情况下，都有一些改善的迹象，但仍不足以激发人们的热情。然而迄今为止，银行危机和压力没有导致金融自由化进程的逆转。相反，该地区的大多数国家一直在投资建立监管和监管机构，同时遵循巴塞尔协议等现代监管模式。如果金融自由化进程所依据的假设在事实上是真实的，那么在短期内，更好的结果应该是指：较低的资本成本、更广泛的金融渠道、更好的资源分配形式以及更好的金融稳定性程度。这是一个很艰难的进程，但是金融自由化不会让我们等待太久。

参考文献

[1] Ahumada A. and marshall J. (2001). The Banking Industry in Chile: Competition, Consolidation and Systemic Stability, BIS Papers No. 4, August.

[2] Avalos M. and Trillo F. (2006). Competencia Bancaria en mexico, UN CEPAl, August.

[3] Barajas A., Steiner R., and Salazar N. (1998). Interest Spreads in Banking: Costs, Financial Taxation, market Power, and loan Quality in the Colombian Case 1974 – 1996, ImF Working Paper No. WP/98/110.

[4] Barajas A., Steiner R., and Salazar N. (2000). The Impact of liberalization and Foreign Investment in Colombia's Financial Sector, Journal of Development Economics 63, 157 – 196.

[5] BCBS (Basel Committee on Banking Supervision) (2013). Report to G20 Finance Ministers and Central Bank governors on monitoring Implementation of Basel Ⅲ Regulatory Reform, April.

[6] BCRA (Banco Central de la República Argentina) (2012). Financial Stability Report, October.

[7] Belaisch A. (2003). Do Brazilian Banks Compete?, IMF Working Paper No. WP/03/113.

[8] Berger A. N. (2007). International Comparisons of Bank Efficiency, New York University Salomon Center, Financial Markets, Institutions and Instruments 16 (3), 119 – 144.

[9] Berger A. N., Clarke G. R. G., Cull R., Klapper L., and Udell G. F. (2005). Corporate governance and Bank Performance: A Joint Analysis of the Static, Selection, and dynamic Effects of domestic, Foreign, and State Ownership, Journal of Banking and Finance 29, 2179 – 2221.

[10] Betancour C., de gregorio J., and Jara A. (2006). Improving the Banking System: The Chilean Experience, BIS Papers No. 28, August.

[11] BIS (Bank for International Settlements) (2007). Annex Tables, BIS Papers No. 33, February.

[12] BIS (Bank for International Settlements) (2008a). New Financing Trends in latin America: A Bumpy Road Towards Stability, BIS Papers No. 36, February.

[13] BIS (Bank for International Settlements) (2008b). Monetary and Financial Stability Implications of Capital Flows in latin America and the Caribbean, BIS Papers No. 43, November.

[14] BIS (Bank for International Settlements) (2008c). International Banking and Financial market developments, BIS Quarterly Review december, 1 – 91.

[15] Buch C. M. and Delong G. L. (2001). Cross – border Bank mergers: What lures the Rare Animal?, kiel Institute of World Economics Working Paper No. 1070.

[16] Cardias Williams F. and Williams J. (2008). Does Ownership Explain Bank M&A? The Case of domestic Banks and Foreign Banks in Brazil. In: P. Arestis and l. F. Paula (Eds.), Financial Liberalization and Economic Performance in Emerging Countries, 194 – 215. Basingstoke: Palgrave macmillan.

[17] Carvalho F. C. (1998). The Real Stabilization Plan and the Banking Sector in Brazil, Banca Nazionale del Lavoro Quarterly Review 206, 291 –236.

[18] Carvalho F. C. (2000). New Competitive Strategies of Foreign Banks in large Emerging Economies: The Case of Brazil. Banca Nazionale del Lavoro Quarterly Review 213, 135 –170.

[19] Carvalho F. C. (2002). The Recent Expansion of Foreign Banks in Brazil: First Results, Latin American Business Review 3 (4), 93 –119.

[20] Carvalho F. C. (2008). Financial liberalization in Brazil and Argentina. In: P. Arestis and l. F. Paula (Eds.), Financial Liberalization and Economic Performance in Emerging Countries, 121 – 141. Basingstoke: Palgrave macmillan.

[21] Carvallo O. and Kasman A. (2005). Cost Efficiency in the latin American and Caribbean Banking Systems, Journal of International Financial Markets, Institutions and Money 15, 55 –72.

[22] CgFS (Committee on the global Financial System) (2004). Foreign direct Investment in the Financial Sector of Emerging market Economies. Report Submitted by a Working group Established by the CGFS, Basel, BIS, March.

[23] Chortareas G., Garza – garcía J. G., and Girardone C. (2012). Competition, Efficiency and Interest Rate margins in latin American Banking, International Review of Financial Analysis 24, 93 –103.

[24] Claessens S., demirgüç – kunt A., and Huizinga H. (2001). How does Foreign Bank Entry Affect domestic Banking markets?, Journal of Banking and Finance 25, 891 –911.

[25] Clarke G. R. G. and Cull R. (2000). Why Privatize? The Case of Argentina's Public Provincial Banks, World Development 27, 865 –886.

[26] Clarke G. R. G., Crivelli J. M., and Cull R. (2005). The direct and Indirect Impact of Bank Privatization and Foreign Entry on Access to Credit in Argentina's Provinces, Journal of Banking and Finance 29, 5 –29.

[27] Coelho C. A., De mello J. M. P., and Rezende L. (2007). Are Public Banks Pro – competitive? Evidence from Concentrated local markets in Brazil, Pontifícia Universidade Católica do Rio de Janeiro Texto para discussão No. 551.

[28] Crystal J. S., Dages B. G., and goldberg L. (2002). Has Foreign Bank Entry led to Sounder Banks in latin America?, Current Issues in Economics and Finance 8 (1), 1 –6.

[29] Dages B. G., Goldberg L., and Kinney D. (2002). Foreign and domestic Bank Participation in Emerging markets: lessons from mexico and Argentina, FRBNY Economic Policy Review September, 17 –36.

[30] De la Torre A. (2000). Resolving Bank Failures in Argentina: Recent developments and Issues, World Bank Policy Research Working Paper Series No. 2295.

[31] De Vries M. G. (1987). Balance of Payments Adjustment, 1945 to 1986: The IMF Experience. Washington, DC: IMF.

[32] Domanski D. (2005). Foreign Banks in Emerging market Economies: Changing Players, Changing Issues, BIS Quarterly Review december, 69 –81.

[33] EClAC (Economic Commission for latin American and Caribbean) (2000). Foreign Investment in Latin America and the Caribbean—1999 Report. Santiago: EClAC.

[34] Fanelli J. M. (2003). Estrategias para la Reconstrucción Monetariay Financiera de la Argentina. Buenos Aires: Siglo XXI.

[35] Focarelli D. and Pozzolo A. F. (2001). The Patterns of Cross – border Bank mergers and Shareholdings in OECd Countries, Journal of Banking and Finance 25, 2305 –2337.

[36] Foxley A. (1983). Latin American Experiments with Neo – Conservative Economics. Berkeley: University of California Press.

[37] Fry M. (1995). Money, Interest, and Banking in Economic Development. 2nd edition. Baltimore, MD: The Johns Hopkins University Press.

[38] Garcia – Escribano M. (2010). Peru: drivers of de – dollarization, Banco Central de Reserva del Perú Working Papers Series No. 2010 – 11, July.

[39] Gelos R. G. (2006). Banking Spreads in latin America, ImF Working Paper No. WP06/44.

[40] Gelos R. G. and Roldós J. (2004). Consolidation and market Structure in Emerging market Banking Systems, Emerging Markets Review 5, 39 – 59.

[41] Gerschenkron A. (1962). Economic Backwardness in Historical Perspective. Cambridge, MA: The Belknap Press of Harvard University Press.

[42] Guimarães P. (2002). How does Foreign Entry Affect domestic Banking market? The Brazilian Case, Latin American Business Review 3 (4), 121 – 140.

[43] Haber S. (2005). Mexico's Experiments with Bank Privatization and liberalization, 1991—2003, Journal of Banking and Finance 29, 2325 – 2353.

[44] Haber S. and Musacchio A. (2005). Foreign Banks and the mexican Economy, 1997—2004. Stanford Center for International development Working Paper.

[45] Hawkins J. and Mihaljek D. (2001). The Banking Industry in the Emerging markets Economies: Competition, Consolidation and Systemic Stability, BIS Papers No. 4, August.

[46] Hernandez – murillo R. (2007). Experiments in Financial liberalization: The mexican Banking Sector, Federal Reserve Bank of St Louis Review 89 (5), 415 – 432.

[47] Honohan P. (2007). Cross – country Variation in Household Access to Financial Services. Paper Prepared for World Bank Conference on Access to Finance, March 15 – 16.

[48] IADB (Inter – American development Bank) (2005). Unlocking Credit: The Quest for Deep and Stable Bank Lending. Washington, DC: IAdB.

[49] IMF (2007). Global Financial Stability Report. Washington, DC: IMF.

[50] Jeanneau S. (2007). Banking Systems: Characteristics and Structural Changes, BIS Papers No. 33, 3 – 16, February.

[51] Kamil H. and Rai K. (2010). The global Credit Crunch and Foreign Banks' lending to Emerging markets: Why did latin American Fare Better?, IMF Working Paper No. WP/10/102, April.

[52] Martinez Peria M. S. and Mody A. (2004). How Foreign Participation and Market Concen – tration Impact Bank Spreads: Evidence from latin America, Journal of Money, Credit and Banking 36 (3), 511 – 537.

[53] Maudos J. and Solis L. (2011). Deregulation, liberalization and Consolidation of the Mexican Banking System: Effects on Competition, Journal of International Money and Finance 302, 337 – 353.

[54] Nakane M. I. (2001). A Test of Competition in Brazilian Banking, Banco Central do Brasil Working Paper Series No. 12.

[55] Nakane M. I., Alencar L. S., and Kanczuk F. (2006). Demand for Bank Services and market Power in Brazilian Banking, Banco Central do Brasil Working Paper Series No. 107, June.

[56] Nakane M. I. and Weintraub D. B. (2005). Bank Privatization and Productivity: Evidence for Brazil, Journal of Banking and Finance 29, 2259 – 2289.

[57] O'Connell A. (2005). The Recent Crisis—and Recovery—of the Argentine Economy: Some Elements and Background. In: g. Epstein (Ed.), Financialization and the World Economy. Cheltenham: Edward Elgar.

[58] Oreiro J. L. and Paula L. F. (2010). Macroeconomic determinants of Bank Spread in latin America: A Recent Analysis with Special Focus on Brazil, International Review of Applied Economics 24 (5), 573 – 590.

[59] Panzar J. C. and Rosse J. N. (1987). Testing for monopoly Equilibrium, Journal of Industrial Economics 35, 443 – 456.

[60] Paula L. F. (2002). Expansion Strategies of European Banks to Brazil and Their Impacts on the Brazilian Banking Sector, Latin American Business Review 3 (4), 59 – 91.

[61] Paula L. F. (2011). Financial Liberalization and Economic Performance: Brazil at the Crossroads. London and New York: Routledge.

[62] Paula L. F. and Alves Jr. A. J. V. V. (2007). The determinants and Effects of Foreign Bank Entry in Argentina and Brazil: A Comparative Analysis, Investigación Económica 66 (259), 63 – 102.

[63] Rojas Suarez L. (2007). The Provision of Banking Services in Latin America: Obstacles and Recommendations, Center for global development Working Paper No. 124, June.

[64] Schulz H. (2006). Foreign Banks in Mexico: New Conquistadors or Agents of Change? . Pennsylvania: University of Pennsylvania.

[65] Sebastián M. and Hernansanz C. (2000). The Spanish Banks Strategy in Latin America, SUERF Working Paper No. 9.

[66] Sidaoui J. (2006). The mexican Financial System: Reforms and Evolution 1995—2005, BIS Papers No. 28, August.

[67] Singh A., Belaisch A., Collyns C., de masi P., Krieger R., Meredith G., and Rennhack R. (2005). Stabilization and Reform in latin America: A macroeconomic Perspective on the Experience Since the Early 1990s, IMF Occasional Paper No. 238.

[68] Stallings B. and Studart R. (2006). Finance for Development: Latin America in Comparative Perspective. Washington, DC: The Brookings Institution.

[69] Studart R. and Hermann J. (n. d.). Sistemas Financeiros Argentinoe Brasileiro, Manuscript.

[70] Tabak B. M., Fazio D. Mm., and Cajueiro D. O. (2011). Profit, Cost and Scale Efficiency for Latin American Banks: Concentration – performance Relationship, Banco Central do Brasil Working Paper Series No. 244, May.

[71] Tecles P. and Tabak B. (2010). Determinants of Bank Efficiency: The Case of Brazil, Banco Central do Brasil Working Paper Series No. 210, May.

[72] Vasconcelos M. R. and Fucidji J. R. (2002). Foreign Entry and Efficiency: Evidence from the Brazilian Banking Industry. Brazil: State University of maringá.

[73] Williams, J. (2012). Efficiency and market Power in Latin American Banking, Journal of Financial Stability 8, 263 – 276.

[74] Yeyati E. L. and Micco A. (2007). Concentration and Foreign Penetration in Latin American Banking Sectors: Impact on Competition and Risk, Journal of Banking and Finance 31, 1633 – 1647.

[75] Yildirim H. S. and Philippatos G. C. (2007). Restructuring, Consolidation and Competition in Latin American Banking markets, Journal of Banking and Finance 31, 629 – 639.

译后记

近年来，随着银行业市场化改革的不断推进，我国的银行体系发生了前所未有的变革。与其他国家的银行系统类似，我国的银行业出现了业务规模、范围和复杂程度不断增加的现象，促使管理信贷、流动性和其他风险管理的技术发生改变；与此同时，系统重要性金融机构（SIFIs）等全新、复杂的金融组织结构给传统的金融监管带来挑战，要求监管改革朝着控制银行风险承担能力的方向转变。《牛津银行业手册》及时、全面地介绍了全球银行系统的最新发展，有助于读者理解我国目前的银行业发展、改革现状及相应的监管改革措施。

近年来，南开大学金融学院从事银行理论与金融系统性风险管理的范小云教授、刘澜飚教授、段月姣博士等组织博士研究生、硕士研究生们成立了学习小组，在每周 2 次的小组活动中研读包括《牛津银行业手册》在内的诸多关于银行业研究的权威文献，交流研究成果与心得。参与本手册翻译和校译工作的人员均为该学习小组的成员。

本手册翻译的分工：张潇（ 第 1 章），李炼炫（第 2 章、18、19 章），王开元（第 3、25 章），邸馨逸（第 4、34 章），何心怡（第 5、27 章），张佳乐（第 6、21、22 章），贾昱宁（第 7、36 章），黄佳（第 8、35 章），王珏潇（第 9、20 章），陈杨翼（第 10、28、29 章），周鑫（第 11、38、39 章），金晶（第 12、32、33 章），梁梓琪（第 13、26 章），李晗珺（第 14、40 章），曹浥清（第 15、23、24 章），李昊然（第 16、37 章），刘永旭（第 17、30、31 章）。

本手册的校译由张潇博士负责，史攀博士、邸超伦博士参加了本书第一部分（第 2 章—第 9 章）的校译工作，李博韬博士、徐飘扬博士承担了本书第二部分（第 10 章—第 17 章）的校译工作，陈昂博士、李昊然博士、张博博士校译了本书的第三部分（第 18 章—第 26 章），本书的第 1 章及第四部分（第 27 章—第 33 章）的校译工作由张少东博士和郭亮博士承担，邹小备博士及李浩若负责本书第五部分（第 37 章—第 40 章）的校译工作。

在此对上述同志们的工作表示感谢，同时对该书出版给予极大支持的肖丽敏编辑表示深深的感谢！

范小云

2019 年 3 月 19 日

南开大学津南校区